中国年鉴精品工程
High Quality Project of China's Yearbook

淮安年鉴

2023 HUAI AN YEARBOOK

淮安市市志编纂委员会办公室　编

方志出版社
Publishing House of Local Records

图书在版编目(CIP)数据

淮安年鉴. 2023 / 淮安市市志编纂委员会办公室编.
北京：方志出版社, 2023.12
ISBN 978-7-5144-6053-7

Ⅰ. ①淮… Ⅱ. ①淮… Ⅲ. ①淮安—2023—年鉴
Ⅳ. ①Z525.34

中国国家版本馆CIP数据核字（2023）第252738号

责任编辑：陈菁
责任校对：张玉霞
责任印制：梅中英
出 版 者：方志出版社
地　　址：北京市朝阳区潘家园东里9号（国家方志馆4层）
邮　　编：100021
网　　址：http://www.zgfzcb.cn
发　　行：方志出版社图书营销中心（010-67110500）
印　　刷：南京凯德印刷有限公司
开　　本：889毫米×1194毫米 1/16
印　　张：29.25
字　　数：1318千字
版　　次：2023年12月第1版
印　　次：2023年12月第1次印刷
定　　价：280.00元

《淮安年鉴（2023）》编纂委员会

主任委员 顾　坤

副主任委员 顾　强

委　　员（以姓氏拼音为序）

陈俊祥　陈孝红　陈兴红　邓　萌　范　彬　方庆华

龚晓琴　郭士贵　何　喆　胡长青　黄克清　江　山

姜耀武　蒋继贵　金德海　李金平　李　萍　李尚武

刘晓松　马乃骏　马　雪　祁德霞　沈启涛　孙邦宾

唐卫东　汪　冲　王　剑　王　锐　王长俊　王子政

吴　苏　谢　鹏　徐成东　徐洪云　徐加晔　徐亚平

许长坡　许　军　严三国　杨　凯　杨国仁　杨维东

印亚琴　张　灏　张春荣　赵洪涛　赵志鹏　郑东辉

周海滨　朱永兴

《淮安年鉴（2023）》编辑部

主　　编 顾　强　周　平　许　军

副 主 编 方宏伟　王信波

执行副主编 周永达

编辑部主任 周永达

编　　辑 刘志平　李　想　王若霜　汪　洁　孙　虎

李静华　李　慧

序

国务院办公厅2015年8月印发的《全国地方志事业发展规划纲要（2015—2020年）》（以下简称《规划纲要》）要求，到2020年要做到地方综合年鉴一年一鉴，公开出版，实现省、市、县三级综合年鉴全覆盖。《规划纲要》还要求，坚持存真求实，正确处理质量与进度的关系，将精品意识贯穿于年鉴编纂出版工作全过程。2015年12月，中国地方志指导小组办公室启动中国年鉴精品工程，将其与先期实施的中国志书精品工程视为姊妹工程，一道作为加强地方志质量建设的重要抓手。

实施中国年鉴精品工程有助于推动中华优秀传统文化传承发展。近年来，在党中央、国务院的高度重视和关心支持下，全国地方志事业发展迎来最好的发展时期。年鉴编纂发端于欧洲，鸦片战争后被引入我国，在我国走过了100多年的发展历史。在长期的编纂中，年鉴在内容和形式上不断发展，逐渐演变成为适合反映中国国情、具有鲜明中国特色的一种文化载体，并在改革开放后出现了快速发展的局面。2006年5月，国务院《地方志工作条例》颁布施行，明确将地方综合年鉴纳入地方志工作范畴，年鉴工作走上了有法可依的轨道。《规划纲要》出台，为从依法编鉴转变到依法治鉴指明了方向。2016年12月，中国地方志指导小组印发《全国年鉴事业发展规划（2016—2020年）》，更进一步明确了到2020年全国年鉴事业的任务书、时间表、路线图。经过多年的发展，年鉴工作已经成为地方志工作的重要组成部分，成为中华民族优秀文化传统的有机组成部分，其存史、育人、资政作用日益彰显。实施中国年鉴精品工程，是年鉴工作者紧扣时代脉搏、坚持创新发展的一项重要举措，对于坚定文化自信，传承弘扬好中华优秀传统文化意义重大。

实施中国年鉴精品工程有助于为全面建成小康社会提供更多智力支持和历史借鉴。党的十八大作出全面建成小康社会的战略部署。党的十八届五中全会提出到2020年如期实现全面建成小康社会的目标要求。完成《规划纲要》确定的目标任务是年鉴工作者的神圣使命，更是年鉴工作者以自身力量为全面建成小康社会献上的厚礼。一方面，可以更好地利用年鉴这种年度资料性文献，及时记录各地区在全面建成小康社会伟大征程中每年取得的新成绩和新经验、出现的新情况和新问题、涌现的优秀人物和典型事迹等；另一方面，可以更好地积累地情、国情资料，为推动经济社会发展和深化改革提供智力支持，为推进国家治理体系和治理能力现代化提供历史借鉴。

实施中国年鉴精品工程有助于全面推进地方志事业转型升级。地方志不是单纯修志编鉴工作，而是全体方志人"修志问道，以启未来"的一项事业，这项事业包含着巨大的时代担当与使命追求。地方志工作要在"五大建设"总体布局和"四个全面"战略布局中发挥与其自身价值、功能相匹配的作用，就要因时而谋、乘势而上、顺势而为，全面推进地方志事业转型升级。转型升级，当下最重要的目标就是完成"两全"目标，包括"年鉴全覆盖"目标；长远的目标就是基本形成地方志编修体系、理论研究和学科建设体系、质量保障体系、资源开发利用体系、工作保障体系"五位一体"的地方志事业发展综合体系，包括"五位一体"的年鉴事业发展综合体系。中国年鉴精品工程是一项探索工程，也是一项创新工程，是推进地方志事业转型升级的重要内容。通过实施中国年鉴精品工程，不仅有助于确保年鉴质量，不断编纂出版具有鲜明时代特征、年度特点和地域特色的精品年鉴，也有助于推动年鉴工作适应经济社会发展形势和时代需要，不断改革创新，与时俱进。

多年来，在中国地方志指导小组办公室的指导和全国各级地方志工作机构的共同努力下，年鉴种类数量快速增长，年鉴成果粲然可观，为实施中国年鉴精品工程奠定了坚实的基础。实施中国年鉴精品工程，就是要在全国地方志系统起到示范作用，进一步培育精品意识，打造精品年鉴，以点带面，在提高年鉴质量方面探索出一条切实可行之路，使这项探索工程和创新工程能够积累经验，发挥引领作用。

"万山磅礴，必有主峰；龙衮九章，但挈一领。"实施中国年鉴精品工程，是筑牢地方志事业特别是年鉴事业发展根基之举，其意义与价值不言而喻。但编修出年鉴精品佳作，绝非朝夕之功，需要付出长期艰辛的努力。希望通过实施中国年鉴精品工程，能够进一步推进年鉴质量建设，使年鉴真正成为传承中华民族优秀传统文化的重要载体，成为展示中国国情、地情的重要窗口，成为"为当代提供资政辅治之参考、为后世留下堪存堪鉴之记述"的资源宝库，在全面建成小康社会过程中作出更大贡献。

是为序。

中国社会科学院原副院长
原中国地方志指导小组常务副组长

编 辑 说 明

一、《淮安年鉴（2023）》以马克思列宁主义、毛泽东思想、邓小平理论、“三个代表”重要思想、科学发展观、习近平新时代中国特色社会主义思想为指导，坚持辩证唯物主义和历史唯物主义的立场、观点和方法，实事求是记载2022年淮安市政治、经济、文化、社会、生态文明等方面发展情况，为各级领导提供准确的信息，为各界人士了解、研究淮安提供基本资料。

二、《淮安年鉴》是由淮安市市志编纂委员会办公室编纂的年度资料性文献。前身为首次出版于1995年的《淮阴年鉴》，2002年更名为《淮安年鉴》，本卷是第29卷。

三、《淮安年鉴（2023）》记述起止时间为 2022年1月1日至12月31日，组织机构及负责人名录中市领导内容截至2023年10月。

四、《淮安年鉴（2023）》共设特载、大事记、市情概览、中国共产党淮安市委员会、淮安市人民代表大会、淮安市人民政府、中国人民政治协商会议淮安市委员会、中国共产党淮安市纪律检查委员会　淮安市监察委员会、民主党派　工商联、群众团体、法治、军事、淮河生态经济带建设、经济管理、世界美食之都、数字经济、开放型经济、台资集聚示范区、农业、工业、建筑业、商贸服务业、金融业、旅游业、房地产业、交通枢纽建设、城市建设、乡村振兴、区域发展、生态环境、科学技术、教育、大运河文化带建设、文化、卫生健康、体育、收入与分配、社会事务、公共安全、辖区发展、人物　荣誉、附录42个部分。体例为条目式，分为类目、分目、条目，以条目为基本记述层次。部分交叉和相关内容采用参见法。全书收录条目1808条、表格72个、图片172幅。

五、《淮安年鉴（2023）》新设世界美食之都类目，对部分分目也做了调整，突出地方特色和时代特征。

六、《淮安年鉴（2023）》中所用数字，由于统计来源、口径、方式、时间不同而可能有差异，引用时以统计部门数据为准。数字用法、标点符号用法分别采用国家标准《出版物上数字用法》（GB/T 15835—2011）、《标点符号用法》（GB/T 15834—2011），计量单位采用国家技术监督局1993年12月发布的《量和单位》系列国家标准。为保持文献原貌，文献及统计资料未作变动。地图由淮安市自然资源和规划局提供。

七、《淮安年鉴（2023）》主要内容按市政府要求，经编纂委员会研究确定，主体文字资料由市各部门、单位和县（区）人民政府指定专人撰写并经主管领导审核。图片资料由各供稿单位、市摄影家协会会员及视觉江苏网提供。视频资料由市农业农村局提供。

八、为便于读者阅读检索，《淮安年鉴（2023）》卷首设目录，卷末置索引。

淮安速览

土地面积 10030平方千米　　**2022年末常住人口** 455.31万人

城市荣誉

世界美食之都	中国优秀旅游城市	全国水生态文明城市
全国文明城市	全国双拥模范城	全国社会信用体系建设示范区
全国历史文化名城	淮扬菜之乡	全国综合性交通枢纽
国家卫生城市	运河之都	全国健康城市样板市
国家园林城市	全国生态市	国家知识产权强市建设试点城市
国家环保模范城市	国家低碳试点城市	

淮安名人

开国总理周恩来	巾帼英雄梁红玉	《温病条辨》作者吴鞠通
军事家韩信	民族英雄关天培	经学大师阎若璩
《西游记》作者吴承恩	《老残游记》作者刘鹗	京剧表演艺术家王瑶卿、周信芳
汉赋大家枚乘、枚皋		

新时期淮安精神　包容天下　崛起江淮

河流湖泊

主要河流：京杭大运河、淮河、淮河入江水道、苏北灌溉总渠、淮河入海水道、盐河、古黄河、六塘河、淮沭新河

主要湖泊：洪泽湖、白马湖、高邮湖、宝应湖

下辖县区

清江浦、淮安、淮阴、洪泽四区和涟水、盱眙、金湖三县

国家AAAAA级旅游景区

周恩来故里旅游景区

国家AAAA级旅游景区

古淮河文化生态景区	淮安市博物馆	里运河文化长廊清江浦景区	淮安府署
漕运博物馆	吴承恩故居	新四军刘老庄连纪念园	洪泽湖古堰景区
涟水五岛湖旅游区	涟水今世缘旅游景区	铁山寺国家森林公园	第一山景区
黄花塘新四军军部纪念馆	金湖荷花荡景区	金湖水上森林	西游记文化体验园
白马湖生态旅游景区	明祖陵	向日葵的故事景区	尧想国文化旅游区

全国文化品牌

中国书法之乡　中华诗词之市　中国农民画之乡　中国秧歌之乡　中国锣鼓之乡　淮海琴书之乡

国家级非物质文化遗产代表性项目：楚州十番锣鼓、金湖秧歌、南闸民歌、洪泽湖渔鼓、淮海戏、京剧、淮剧

国家级非物质文化遗产代表性项目代表性传承人：杨秀英（淮海戏）　宋长荣（京剧，已故）　张中祥（金湖秧歌，已故）　荣光辉（淮剧）

数字淮安 2022

地区生产总值
单位：亿元

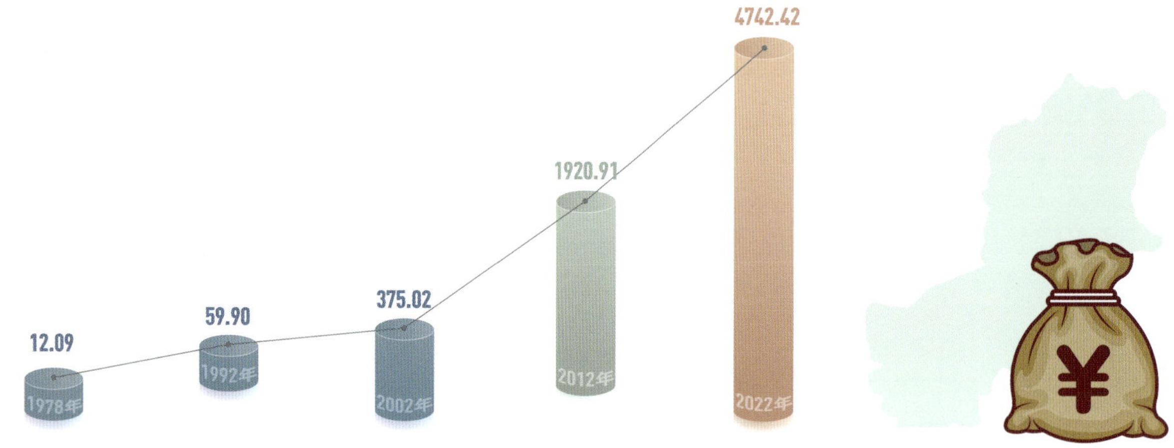

人均地区生产总值
单位：元

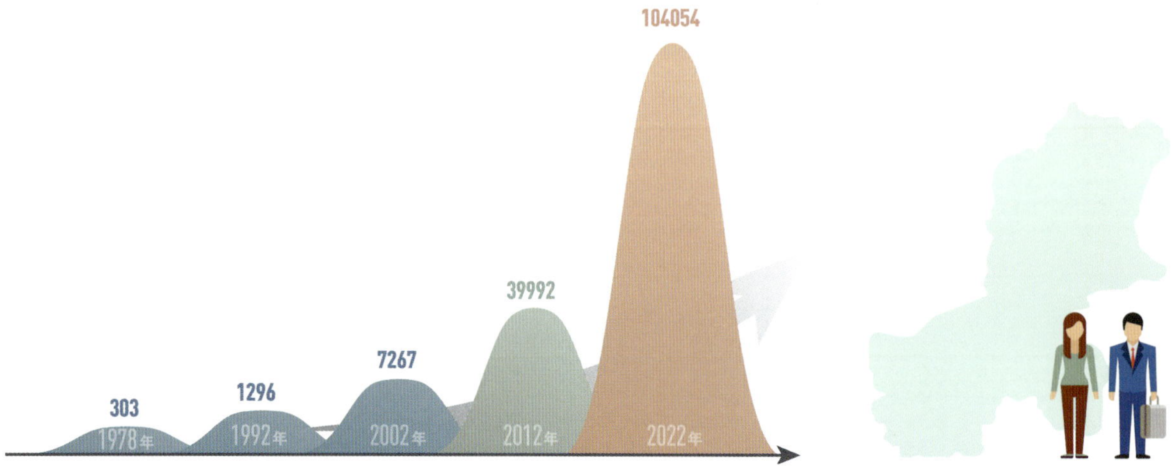

财政总收入
单位：亿元

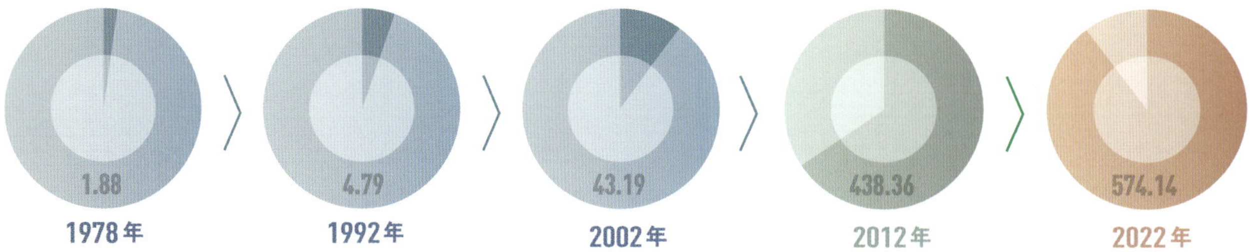

社会消费品零售总额

单位：亿元

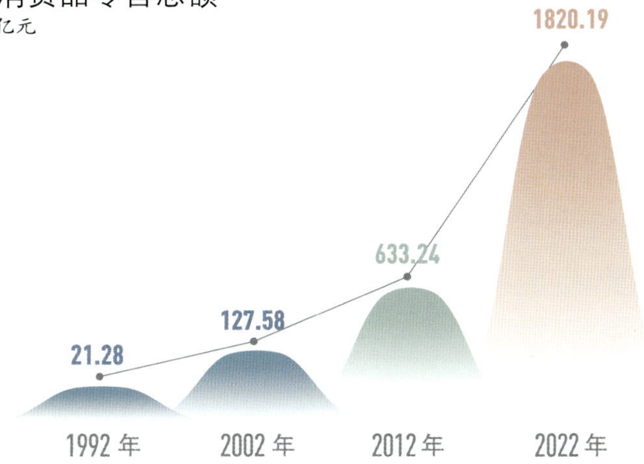

城镇人均可支配收入

单位：元

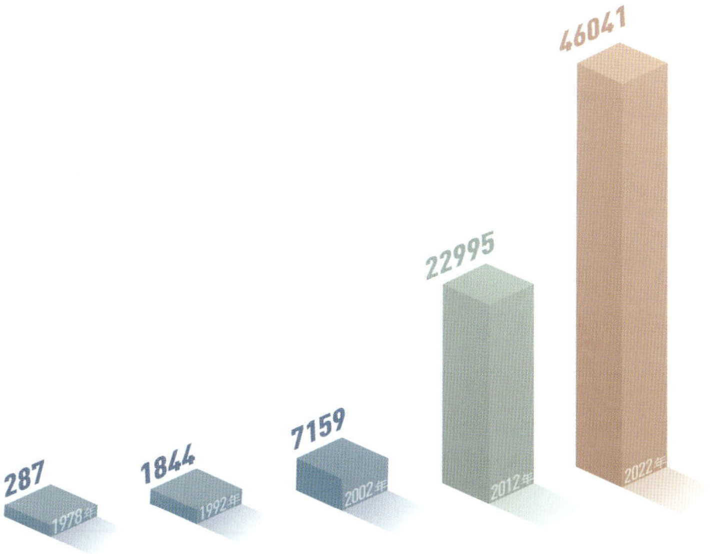

农村人均纯收入

单位：元

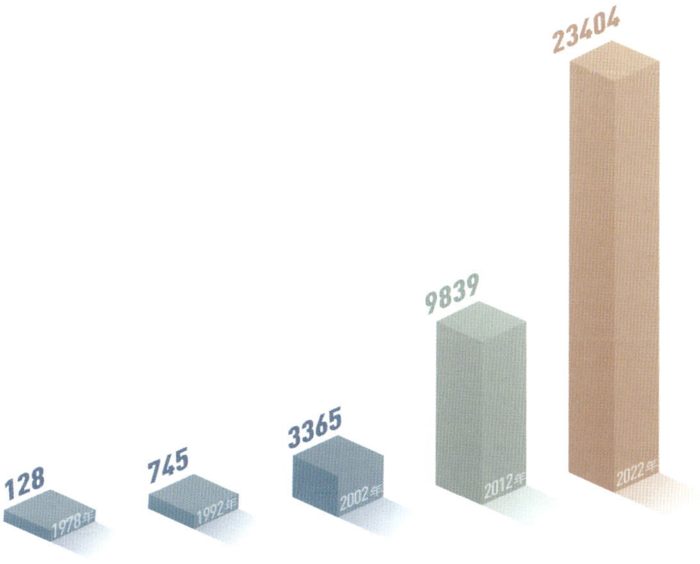

聚焦淮安

2022

迎接中共二十大，学习宣传贯彻中共二十大精神

2022年上半年开始，淮安市围绕“喜迎二十大”，组织开展形式多样的文化活动和宣传活动，形成强大的宣传声势。中共二十大召开期间，组织全市各级党组织收听收看。

大会结束后，淮安市各级党组织迅速集中传达学习中共二十大精神，实现全覆盖。各地各单位以党支部为单位，依托“三会一课”、主题党日等组织党员干部全员学习，并交流心得体会，对离退休党员、农村党员、“两新”组织党员、流动党员等开展送学、帮学活动。中共淮安市委安排中共二十大代表深入基层宣传阐释；组建市委宣讲团和全市理论宣传联盟，赴各地、各单位集中深入宣传阐释中共二十大精神，推动中共二十大精神进教材、进课堂、进头脑。

10月16日，中国共产党第二十次全国代表大会在北京隆重开幕，全市各界集中收看开幕盛况　　管伟法　摄

多项主要经济指标增幅居全省前列

2022年，淮安市全力巩固经济回稳向上基础，主要经济指标增速持续位居全省前列。19项指标中有13项增速位居前六、7项位居前三。地区生产总值同比增长3.6%，一般公共预算收入同口径增长7.9%，规模以上工业增加值增长8.2%，规模以上固定资产投资、工业投资分别增长9.7%和20.7%，外贸进出口总额增长9.1%，全体居民人均可支配收入增长5.7%。

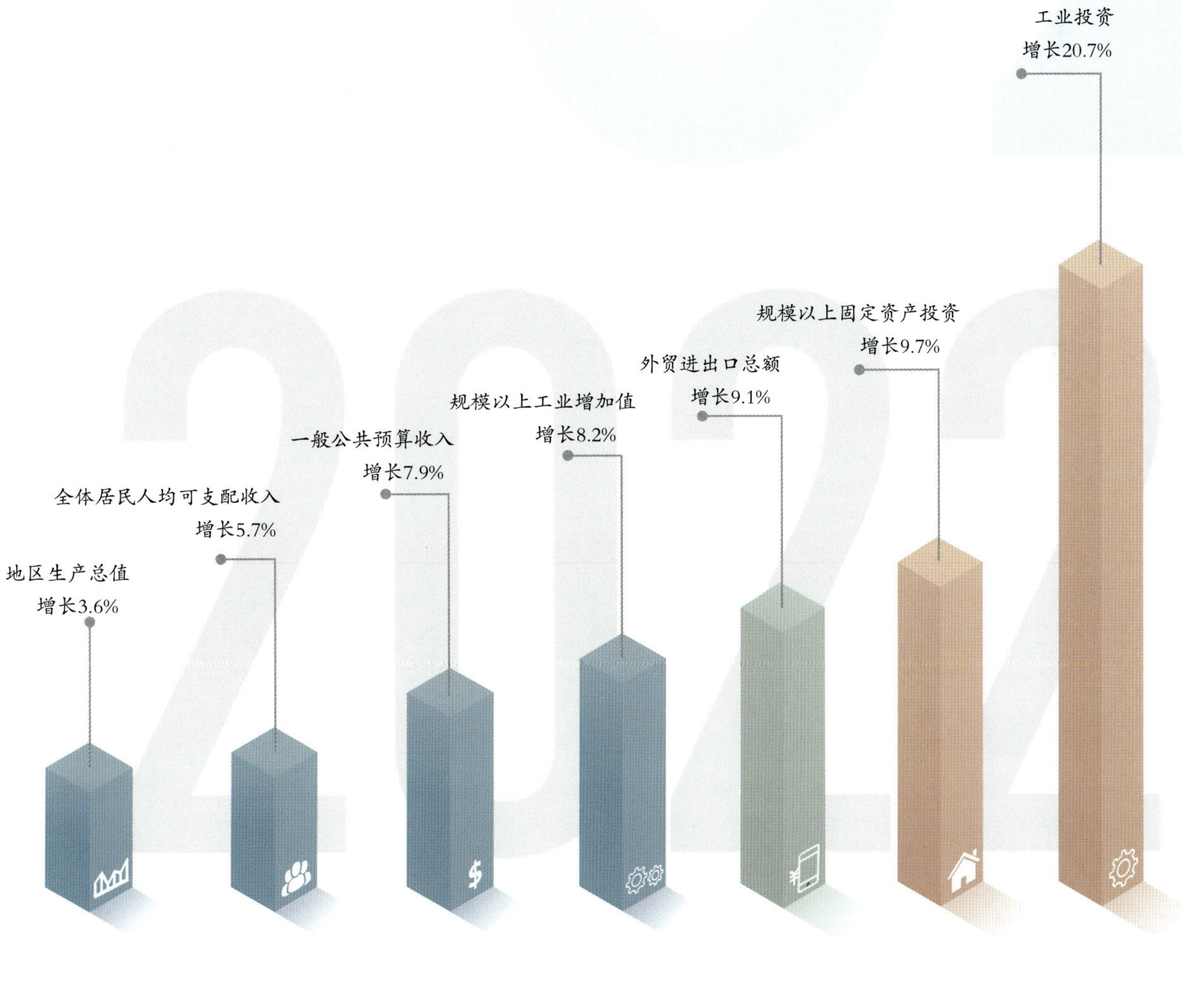

项目攻坚和产业培育突破成势

2022年，淮安市成功举办中国（淮安）国际食品博览会暨金洽会等系列活动，新签约亿元以上项目789个、协议引资额4045亿元。其中，亿元以上工业项目533个，50亿元以上项目31个，玻纤新材料、天合光能高效光伏电池和组件等百亿级项目7个，全面完成“3530”（全年协议引资额超3000亿元，新签约亿元以上工业项目500个，其中50亿元以上产业项目30个）项目招引任务。

1月8日，总投资120亿元的台华新材绿色多功能锦纶新材料一体化项目开工。图为奠基现场　　市工信局　供

10月26日，天合光能高效光伏电池和大功率光伏组件项目开工奠基。图为奠基现场　　管伟法　摄

城市建设和乡村建设融合发展

2022年，淮安市实施十大类249个城建重点项目，完成投资315亿元。中央活力区建设步伐加快，大运河百里画廊渐次展开。宜居水平不断提升，都天庙、“新旅”周边片区入选城市更新省级试点，创成省级宜居示范居住区10个。全力打造“不淹不涝”城市。获批“无废城市”建设试点。初步建成智慧城市一体化基础支撑和城市运行“一网统管”平台，数字政府建设入选智慧长三角数字化转型优秀案例。建成美丽宜居村庄103个，创建省级特色田园乡村12个。

11月，琨华·云沧海民宿入选国家甲级旅游民宿　市文广旅游局　供

整治建设后的金湖塔集镇村居新貌　市文广旅游局　供

11月，金融中心二期竣工交付使用　市国联集团　供

枢纽建设和绿色发展相得益彰

2022年，淮安市加大建设全国性综合交通枢纽城市，完成交通基础设施投入101.5亿元。坚持生态优先、绿色发展，开展环境基础设施提升行动，是全省唯一实现优良天数比率、$PM_{2.5}$年均浓度双改善、双达标的设区市，创成全国绿色出行城市。白马湖湿地被推荐列入国际重要湿地名录。

1月24日，“淮安—连云港”海铁联运班列首发

6月15日，淮安涟水国际机场三期改扩建工程开工建设。图为开工仪式现场　　淮安涟水国际机场　供

7月30日，淮河入海水道二期工程开工
苏北灌溉总渠管理处　供

2022年，淮安港建成全国性内河航运中心　　陈光晰　摄

民生保障和社会治理统筹推进

2022年，淮安市全面完成十大类50件民生实事项目。防返贫保险、重点帮促村集体经济收入保险实现全覆盖；社区养老服务设施“五统一”做法获评全国改革试点优秀案例；困境妇女儿童“一户一策”精准微关爱服务项目入选省级改革试点；医保公共服务专项评价全省第一，医保支付方式改革入选国家示范点；入选省推动基础教育高质量发展实验区；全国青少年思政教育核心基地投入使用；市妇幼保健院新院区建成；市三院创成三级甲等医院；获评全国健康城市样板市；实体化运行市域社会治理现代化指挥中心。

6月，淮安市组织新就业形态劳动者加入工会　　市总工会　供

8月，淮安市举办全民健身活动　　市体育局　供

9月，淮安市启动“一户一策”精准帮扶微关爱项目。图为项目启动现场　　市妇联　供

11月，市妇幼保健院白云路院区建成　　市妇幼保健院　供

安全稳定局势总体向好

2022年，淮安市刑事案件和治安案件实现“双下降”，公众安全感位居全省第三。生产安全事故起数和死亡人数全省最少、“双下降”幅度位居全省第二。食品安全监管工作保持全省前列。

4月，江苏省安全应急科普环省行活动走进淮安　　市红十字会　供

6月，淮安消防部门开展全市化工救援演练
淮安消防支队　供

12月15日，淮安举办2022年城市轨道交通综合应急演练　　王　昊　盛晓宇　摄／视觉江苏网　供

改革创新合力发展

2022年，淮安市持续推进“淮上关爱一件事”改革，“数字化联合审图”入选全国典型案例，“拿地即开工”项目占比、招投标不见面交易率全省第一，创新推出惠企“码上贷”。在全省率先编制市级部门职责边界清单。天士力药业创成国家企业技术中心，淮安精密配件特色产业基地获批国家火炬特色产业基地。入选首批国家知识产权强市建设试点城市。实现企业参与国际标准修订“零”的突破。

9月，淮安精密配件特色产业基地获批“国家火炬淮安精密配件特色产业基地” 淮安区志办 供

10月，举办2022中国·淮安创新创业选拔赛，图为决赛现场 江苏银行淮安分行 供

11月，江苏天士力帝益药业有限公司创成国家企业技术中心。图为公司外貌 市工信局 供

开放合作持续推进

2022年，淮安市举办淮安城市发展上海推介月、淮河华商大会、对日投资环境说明会等活动，加快对接实施长三角区域一体化发展、大运河文化带、淮河生态经济带等国家战略。启动宁淮科创走廊和自贸区联动创新发展区建设，新能源动力系统等20个项目落户宁淮智能制造产业园。台资集聚示范区建设新获7项省政策支持，建立政企互通台商台胞服务机制，淮昆台资经济协同发展成效显著，新设及增资台资项目65个。新增跨境电商企业50家，整体通关效率保持全省前列。

8月23日，中国·淮安第二届淮河华商大会开幕　　管伟法　摄

11月10日，第五届中国（淮安）国际食品博览会暨首届金秋经贸洽谈会开幕　　管伟法　摄

11月17日，2022年宁淮智能制造产业园高质量发展推介会在南京江北新区召开　　管伟法　摄

疫情防控取得阶段性成果

2022年上半年,江苏省内多地及上海等地相继发生新冠病毒疫情。淮安市高效有力做好疫情常态化防控和应急处置,实现了“有输入无扩散”防疫目标,在全省13个设区市中疫情控制得最好,为稳定经济社会发展奠定坚实基础。11月,淮安市相继发生数例疫情,都能迅速激活应急指挥体系,妥善处置。12月初,根据国家疫情防控新要求和省有关规定,逐步放开,进入疫情防控新常态。

1月28日,淮安市第五人民医院组织医护人员、行政后勤人员拍摄视频,用家乡话说新春祝福,倡导“就地过年”

刘须连 王 昊 摄/视觉江苏网 供

12月20日,涟水县一处街头发热诊疗站正在开展便民服务。发热诊疗站配备医务人员,提供咨询诊疗等便民服务。

周树东 卜海娟 摄/视觉江苏网 供

非凡十年

党风建设

2013年全国两会期间，习近平总书记在参加江苏代表团审议时，对淮安提出殷殷嘱托：“把周总理的家乡建设好，很有象征意义。”赋予了淮安光荣使命，标定了淮安发展航向。2021年5月，习近平总书记给淮安市新安小学少先队员回信，对淮安给予饱含深情、寄予厚望的再次激励。

牢记嘱托，感恩奋进。10年间，淮安坚持以习近平新时代中国特色社会主义思想为指导，坚定贯彻落实新时代党的建设总要求，全面推进党的政治建设、思想建设、组织建设、作风建设、纪律建设，为推进全市经济社会高质量发展提供了坚强政治保证。

2021年，淮安市白马湖旅游度假区举办“百年荣光·菊世无双”主题菊花展　陈光晰　摄

2012年中共十八大后，中共淮安市委党校开办中共十八大精神轮训班　　市委宣传部　供

2012年11月18日，淮安区淮城镇城郊社区理论说唱团在为群众表演说唱快板《十八大精神照万家》　市委宣传部　供

2014年，淮安市组织开展党的群众路线教育实践活动动员大会　　市委组织部　供

2015年，淮安市组织开展"三严三实"（严以修身、严以用权、严以律己；谋事要实、创业要实、做人要实）专题教育。图为团市委机关开展实境教育　　团市委　供

2016—2017年，淮安市组织开展“两学一做”（学党章党规、学系列讲话，做合格党员）学习教育。图为2016年8月，淮安日报社举办“两学一做”文艺会演　　淮安日报社　供

2017年9月，淮安市举办喜迎十九大·“两聚一高”中的你我他　江苏省百姓名嘴风采展示比赛　　市委宣传部　供

2018年1月，淮安市监察委员会成立　　市纪委监委　供

2019—2020年，淮安市组织开展"不忘初心、牢记使命"主题教育。图为市纪委监委召开动员会　　市纪委监委　供

2021年，淮安市开展“百年风华路”党史学习教育活动。图为党史展览现场　　管伟法　摄

2022年6月，省委常委、省纪委书记、省监委主任王常松（中）调研淮安市廉洁文化阵地　　市纪委监委　供

2022年1月，中共淮安市委连续第八年在新年伊始召开全市领导干部警示教育大会　　市纪委监委　供

2022年10月25日，淮安市召开传达中共二十大精神大会　管伟法　摄

2022年10月17日，淮安经济技术开发区总工会走进江苏和兴汽车科技有限公司，与企业劳模、党员、工人代表一起学习讨论中共二十大报告　王　昊　于　洋　摄/视觉江苏网　供

2022年11月21日，中共二十大代表李银江（中）到江苏财经职业技术学院会计学院开展“学习二十大精神　青春奉献祖国”宣讲活动　赵启瑞　沈　玲　摄/视觉江苏网　供

非凡十年

绿色高地

10年间，淮安市城乡人居环境品质持续提升，单位国内生产总值能耗强度累计下降36.6%，公众生态环境满意率居全省前列，入选国家黑臭水体治理示范城市、全国绿色出行城市，获批全国“无废城市”建设试点。入选国家黑臭水体治理示范城市，创成国家水生态文明试点市，白马湖国家湿地公园成为国际重要湿地，国家和省级水利风景区数量居全省第一。

淮安城市名片的直观呈现——淮安里运河上“绿色高地 · 枢纽新城”景观标识　沈　勇　摄

2015年9月，淮安生态文旅区成为全国首个绿色园区示范工程。图为生态文旅区远眺　　陈光晰　摄

2018年11月，盱眙天泉湖入选年度《中国国家旅游》最佳生态旅游目的地　　陈光晰　摄

2020年12月，涟水五岛湖旅游区被批准为国家AAAA级旅游景区。至2022年末，全市有国家AAAA级以上旅游景区21家

市水利局 供

2022年11月，白马湖湿地被推荐列入国际重要湿地名录　　陈光晰　摄

淮安城区远眺（2022年）　陈光晰　摄

古运河畔美丽乡村　　陈光晰　摄

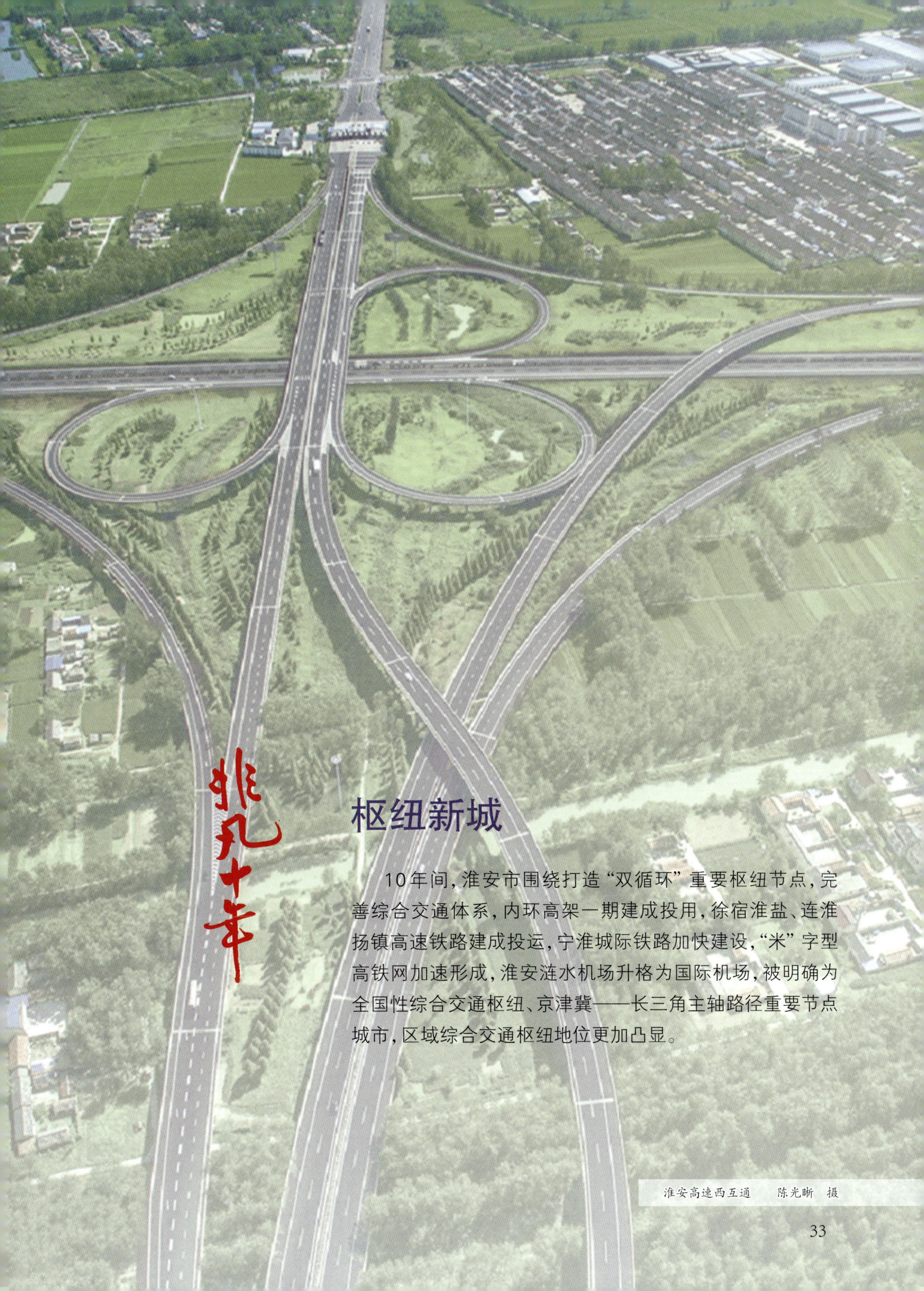

非凡十年

枢纽新城

10年间，淮安市围绕打造“双循环”重要枢纽节点，完善综合交通体系，内环高架一期建成投用，徐宿淮盐、连淮扬镇高速铁路建成投运，宁淮城际铁路加快建设，“米”字型高铁网加速形成，淮安涟水机场升格为国际机场，被明确为全国性综合交通枢纽、京津冀——长三角主轴路径重要节点城市，区域综合交通枢纽地位更加凸显。

淮安高速西互通　陈光晰　摄

2015年1月，淮安一类航空口岸对外开放通过国家验收，同年4月，淮安机场开通首条国际航线——韩国首尔航线　　淮安涟水国际机场　供

2015年12月28日，淮安现代有轨电车开通运营。图为行进的淮安有轨电车　　王　昊　摄

2017年，淮安新港获批为国家二类水路口岸。图为繁忙的淮安港　　陈光晰　摄

2019年8月，淮安市海铁联运班列首发　　王　昊　摄

2019年12月15日，淮安快速路一期工程通车。图为快速路景会寺立交夜景　　陈光晰　摄

2019年12月16日，徐宿淮盐、连淮铁路开通运营，淮安进入高铁时代。图为徐宿淮盐、连淮铁路淮安并行段　　陈光晰　摄

2020年5月，淮安涟水机场更名为“淮安涟水国际机场”　　淮安涟水国际机场　供

2021年5月，淮安机场开通首条国际全货机航线——越南—河内国际航线　　淮安涟水国际机场　供

项目为王

10年间，淮安市围绕绿色食品、新一代信息技术、新型装备制造、新材料四大主导产业，坚持项目为王，攻坚突破。尤其是中共十九大后，亿元以上开竣工项目比上一个五年分别增长15.3%、81.6%。仅2022年，全市新签约50亿元级项目31个、百亿元级项目7个。

比亚迪电动汽车生产线　　赵启瑞　摄

2013年9月，总投资13亿美元的江苏实联化工有限公司投产。图为公司全貌　　陈光晰　摄

2013年，江苏天淮钢管有限公司508毫米高等级无缝钢管项目入选“世界冶金十大技术要闻”。图为公司生产车间　　市工信局　供

2014年7月3日，江苏今世缘股份有限公司在A股主板上市，成为淮安市首家国内主板上市企业。图为今世缘公司概貌　　薛余超　供

2015年12月31日，江苏井神盐业股份有限公司在A股主板上市。图为公司生产区　　市工信局　供

2017年8月2日，淮安市人民政府与比亚迪股份有限公司全面战略合作暨系列项目签约仪式举行　　管伟法　摄

2018年4月19日，首届中国（淮安）国际食品博览会在淮安市举办　　市商务局　供

2019年8月23日，淮昆台资合作产业园揭牌成立　　市委台办　供

2019年12月3日，中国优材（淮安）科技产业园签约落户淮安工业园区　　淮安工业园区　供

2020年7月，鹏鼎控股公司与淮安经济技术开发区签订增资50亿元建设第三园区项目协议。图为鹏鼎公司淮安厂区　　朱亚东　摄

2020年9月30日，江苏共创人造草坪有限公司在A股主板上市　　市工信局　供

2021年4月28日，淮安·长三角台资产业合作促进会项目签约仪式举行　　市委台办　供

2021年6月9日，中国·淮安首届淮河华商大会在淮安市开幕　　管伟法　摄

2022年1月8日，总投资202亿元的中天钢铁集团精品钢帘线项目开工　　市工信局　供

2022年8月3日，总投资50亿元的比亚迪新能源商用车及零部件项目签约落户淮安　　管伟法　摄

2022年11月10日，总投资106亿元的修正药业集团项目签约仪式在淮安区举行　　管伟法　摄

2022年11月28日，捷泰新能源高效太阳能电池片项目开工奠基仪式举行　　管伟法　摄

环境是金

10年间，淮安对标“全国一流、全省领先”标准，深化营商环境集成改革，优化提升101%优质服务品牌。获评中国“2021（区域）高质量发展最具投资价值城市”，在全国工商联“万家民企评营商环境”调查中，淮安得分位居全省第二。富民增收成效显著，人民生活显著改善，社会保障更加健全。2021年，全体居民恩格尔系数达到联合国粮农组织提出的富裕标准。文明程度不断提升，高分高位创成全国文明城市。文化引领突出彰显，社会事业加速发展。加快教育强市建设，打响“学在淮安”品牌。提升医疗水平，打造苏北区域医疗高地。

淮安金融中心　国联集团　供

2013年1月30日，淮安综合保税区（一期）顺利通过海关总署牵头的国家十部委联合验收组验收，获颁综合保税区验收合格证书。图为淮安海关报关大厅，工作人员为企业解读原产地优惠政策　　张　昆　供

2014年8月25日，省统计局发布2013年江苏“两个率先”进程监测统计结果，淮安市24项指标达到或超过目标值，提前4年以市为单位总体达到省定全面小康社会标准　　厉德胜　摄／市档案馆　供

2014年9月26日，江苏省第十八届运动会在淮安市闭幕　　曹　政　摄

2014年10月30日，淮安市委、市政府确定的十项重点工程之一的淮安市金融中心开工建设，该项目旨在建成苏北地区重要的区域性金融中心，打造全市地标性建筑群及城市经济综合体。左为规划设计图，右为城市实景图　　陈[illegible]晰　摄

2014年9月26日，江苏省第十八届运动会在淮安市闭幕　　王　鑫　摄

2017年2月13日，经国务院批复，江苏省淮安高新技术产业开发区正式升级为国家级高新技术产业开发区。图为淮安国家高新区全貌　刘须连　摄

2018年，淮安市每千老年人口养老床位数达到全面小康社会标准　单　楣　陆爱玲　摄 / 市档案馆　供

2020年9月，淮安市台商台胞服务中心成立。淮安市财政奖补资金直达市场主体机制改革入选全国法治政府建设示范项目

市委台办　供

2020年11月，淮安市获评全国文明城市　　管伟法　摄

2021年9月29日，“揽梦入淮 青春澎湃”2021级淮安大学生集体开学典礼举行　　管伟法　摄

2021年，淮安市推动“淮上关爱一件事”集成服务改革，推进实现“一件事一次办”　　市行政审批局　供

2021年10月，“双减”政策落地后，淮安体育中考增加选考项目，充分发挥学生潜能　　市教育局　供

2022年，淮安市召开全市重特大项目攻坚暨优化营商环境大会　　市委营商办　供

2022年1月2日，RCEP全面落地，淮安迎来首份RCEP原产地证书。图为淮安海关为江苏理士电池有限公司签发淮安首份RCEP原产地证书　　问　欣　摄

运河之都

淮安位于大运河与淮河交汇处，在大运河的发展史上有着特别重要的地位，是大运河申遗的主要城市之一。2014年6月24日，中国大运河被列入《世界遗产名录》。淮安涉及申报的遗产区共有清口枢纽、漕运总督部院遗址2个部分，包含1段河道和5处遗产点。申报的遗产区面积为3979公顷，缓冲区面积 6289 公顷。2018 年后，淮安积极围绕大运河文化带和国家文化公园建设，聚力打造大运河文化带建设“淮安样板”。淮安大运河百里画廊选择大运河沿线精华段125千米，东起淮安船闸，经里运河、京杭运河至五河口，向南经二河、洪泽湖大堤、蒋坝、马坝、官滩至老子山镇龟山村，规划范围涵盖4个区、1个县、14个乡镇（街道）和85个行政村。全省率先成立“大运河办” 实体机构，全省率先出台综合性文物保护法规《淮安市文物保护条例》、大运河文化遗产保护地方性法规《大运河文化遗产保护条例》。

清口枢纽　淮阴区志办　供

2013年，淮安市委、市政府将里运河文化长廊建设列入全市十大重点工程，并提出“一年打基础、二年造环境、三年见成效”的总体目标。图为建成后里运河文化长廊景区夜景　　陈光晰　摄

2014年6月24日，中国大运河被列入《世界遗产名录》，淮安遗产点有清口枢纽、双金闸、清江大闸、洪泽湖大堤、总督漕运公署遗址。

清口航拍　　市水利局　供

双金闸　　市水利局　供

洪泽湖大堤　　陈光晰　摄

清江大闸　　朱天鸣　摄

总督漕运部院旧址　　陈光晰　摄

2019年7月，重建的淮安大运河桥通车，大桥始建于1960年，2016年9月开工重建　陈光晰　摄

2020年3月30日，淮安市在全省率先成立“大运河办”实体机构，统筹推进相关工作　管伟法　摄

2022年1月6日，淮安大运河百里画廊项目开工　　管伟法　摄

淮安大运河百里画廊淮安区汇行广场　　朱天羽　刘　武　摄/视觉江苏网　供

非凡十年

文化名城

10年间，淮安入选江苏省舞台艺术精品工程的剧目有：京剧《如姬》《都市寻梦》《鹤舞云天》，淮海戏《老县长的第二春》《秋月》《天下民心》，淮剧《吴承恩》《韩信》《鸡村蛋事》《留守村长留守鹅》《村里来了花喜鹊》《哎呦我的憨哥哥》，儿童剧《新安旅行团》等。截至2022年末，淮安市有市级以上非物质文化遗产代表性项目227项，其中国家级7项（楚州十番锣鼓、淮海戏、京剧、淮剧、金湖秧歌、洪泽湖渔鼓、淮安区南闸民歌）、省级32项、市级188项。

洪泽湖渔鼓　王昊 摄

2014年10月，新编京剧《如姬》参加第七届中国京剧艺术节　　市文广旅游局　供

2015年，淮安市“四馆”（规划馆、图书馆、文化馆、美术馆）建成，成为淮安市标志性文化建筑群　　陈光晰　摄

淮安人杰地灵，底蕴丰厚，名人辈出。一代伟人周恩来诞生于斯，成长于斯。2015年，淮安市周恩来故里旅游景区（包括周恩来纪念馆、周恩来故居、驸马巷、河下古镇）批准为国家AAAAA级旅游景区。图为游人在周恩来纪念馆参观

刘建华　摄／视觉江苏网　供

千年古镇河下景区，这里曾诞生过巾帼英雄梁红玉、《西游记》作者吴承恩、抗倭状元沈坤等历史名人　　王　昊　摄

2015年11月1日，淮阴区古戏台上演淮剧《赵五娘》　　王　昊　摄

2017年9月，“楚州十番锣鼓”赴敦煌参加“一带一路”文化艺术交流展演　　市文广旅游局　供

2018年，淮安市举办“运河传情 匠心筑梦”——中国（淮安）大运河文化带城市非遗展暨2018年“文化和自然遗产日”。图为群众观看非遗传承人现场表演　　市文广旅游局　供

2018年，淮安市举办“思念与前行”——纪念周恩来同志诞辰120周年主题文艺演出活动　　市文广旅游局　供

2019年9月13日，中央广播电视总台中秋晚会在淮安市举办　　管伟法　摄

淮安是“掼蛋”文化的发源地。淮安“掼蛋”是一款起源于淮安区南闸镇的扑克游戏，入选淮安市第五批市级非物质文化遗产代表性项目名录。2020年10月30日，首届“洪泽湖杯”中国人工智能掼蛋大赛举办，全国50余所高校、7家企业的154支队伍参赛，借助“掼蛋”算法大赛，发掘算法精英人才　严启龙　费　闲　摄／视觉江苏网　供

2021年，淮安市新安小学举办学习习近平总书记回信精神主题班会　无线淮安　供

2021年7月10日，具有鲜明中国文化特质的国内外首座《西游记》主题的综合性主题公园——淮安西游乐园开园　　市文广旅游局　供

2022年5月30日，由中国儿童艺术剧院与淮安市携手合作，共同打造的儿童剧《新安旅行团》在淮安大剧院成功首演　　视觉江苏网　供

2022年6月28日，“文化赋能　产业兴淮”2022淮安文化产业嘉年华启动　　管伟法　摄

2022年7月1日，以红色文化为主题的淮安方特东方欲晓主题公园正式开园　　管伟法　摄

非凡十年

美食之都

淮安美食始于春秋，兴于隋唐，盛于明清，弘扬发展于现当代，以“和、精 、清、新”的特色闻名于世。2002年，淮安被中国烹饪协会命名为“淮扬菜之乡”；2021年，被联合国教科文组织授予“世界美食之都”称号。现存经典名菜名点1300余种，其中298道名菜名点烹饪技术入选省级非遗名录，为全国设区市之最。

中国淮扬菜文化博物馆　王　昊　摄

① 盱眙龙虾
② 蒋坝鱼圆
③ 开洋蒲菜
④ 软兜长鱼
⑤ 码头羊肉
⑥ 大烧马鞍桥
⑦ 平桥豆腐
⑧ 朱桥甲鱼羹

陈光晰　王　昊　摄

① ② ③ ④

2015年，淮安市国家地理标志商标总数达到100件，居全国地级市之首。

① 淮安大米种植田
② 芡实采摘
③ 洪泽湖螃蟹
④ 涟水芦笋

2018年6月12日，第十八届中国·盱眙（金诚）国际龙虾节在盱眙县启动　　王　昊　摄

2018年9月8日，“一带一路”淮扬菜国际化高端研讨会召开，现场展示淮扬菜烹饪技艺表演及非遗菜　　王　昊　摄

2019年5月9日,第二届中国(淮安)国际食品博览会隆重开幕。图为主题小火车驶经主城区　　王　昊　摄

第二届中国(淮安)国际食品博览会举办地——淮安国际食品博览中心　　陈光晰　摄

2021年11月14日，“淮安世界美食之都”无人机表演在淮安西游乐园上演　　王　昊　摄

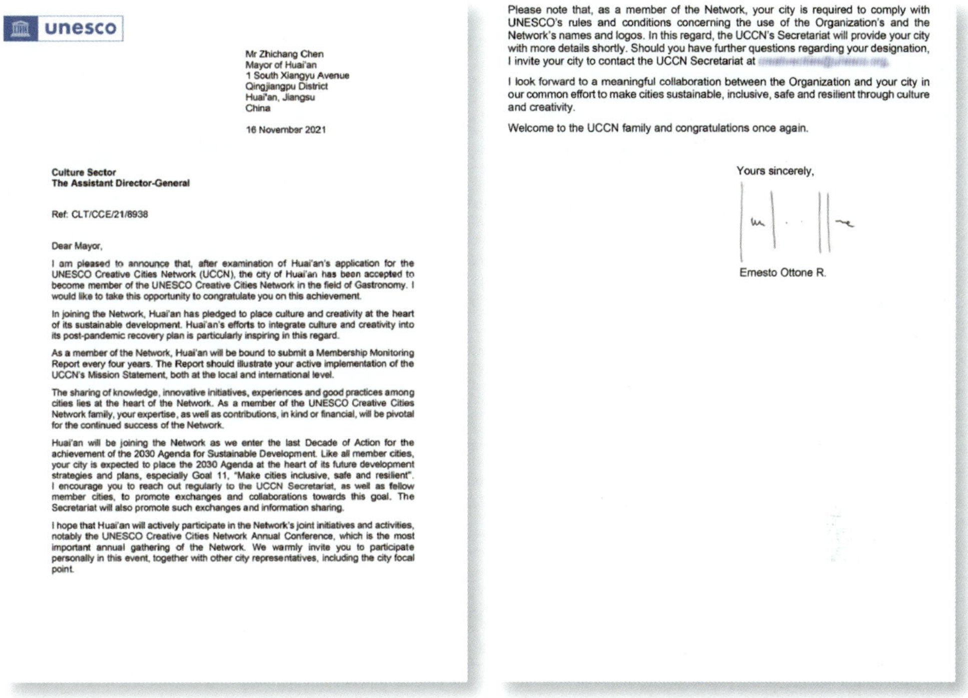

Mr Zhichang Chen
Mayor of Huai'an
1 South Xiangyu Avenue
Qingjiangpu District
Huai'an, Jiangsu
China

16 November 2021

Culture Sector
The Assistant Director-General

Ref: CLT/CCE/21/8938

Dear Mayor,

I am pleased to announce that, after examination of Huai'an's application for the UNESCO Creative Cities Network (UCCN), the city of Huai'an has been accepted to become member of the UNESCO Creative Cities Network in the field of Gastronomy. I would like to take this opportunity to congratulate you on this achievement.

In joining the Network, Huai'an has pledged to place culture and creativity at the heart of its sustainable development. Huai'an's efforts to integrate culture and creativity into its post-pandemic recovery plan is particularly inspiring in this regard.

As a member of the Network, Huai'an will be bound to submit a Membership Monitoring Report every four years. The Report should illustrate your active implementation of the UCCN's Mission Statement, both at the local and international level.

The sharing of knowledge, innovative initiatives, experiences and good practices among cities lies at the heart of the Network. As a member of the UNESCO Creative Cities Network family, your expertise, as well as contributions, in kind or financial, will be pivotal for the continued success of the Network.

Huai'an will be joining the Network as we enter the last Decade of Action for the achievement of the 2030 Agenda for Sustainable Development. Like all member cities, your city is expected to place the 2030 Agenda at the heart of its future development strategies and plans, especially Goal 11, "Make cities inclusive, safe and resilient". I encourage you to reach out regularly to the UCCN Secretariat, as well as fellow member cities, to promote exchanges and collaborations towards this goal. The Secretariat will also promote such exchanges and information sharing.

I hope that Huai'an will actively participate in the Network's joint initiatives and activities, notably the UNESCO Creative Cities Network Annual Conference, which is the most important annual gathering of the Network. We warmly invite you to participate personally in this event, together with other city representatives, including the city focal point.

Please note that, as a member of the Network, your city is required to comply with UNESCO's rules and conditions concerning the use of the Organization's and the Network's names and logos. In this regard, the UCCN's Secretariat will provide your city with more details shortly. Should you have further questions regarding your designation, I invite your city to contact the UCCN Secretariat at

I look forward to a meaningful collaboration between the Organization and your city in our common effort to make cities sustainable, inclusive, safe and resilient through culture and creativity.

Welcome to the UCCN family and congratulations once again.

Yours sincerely,

Ernesto Ottone R.

2021年11月16日，联合国教科文组织文化助理总干事厄内斯特·奥托内致市委书记陈之常的淮安市当选“世界美食之都”确认函　　市商务局　供

2022年6月2日，在2022淮安夏季购物节启动仪式上，淮安“世界美食之都”揭牌　　王志峰　供

2022年11月10日，淮安市举办第二届RCEP成员国食品产业合作圆桌会议　　市商务局　供

2022年12月，淮安市作为5个“世界美食之都”城市之一参加澳门五都荟萃交流会　　市商务局　供

目 录

特 载

大事记

市情概览

中国共产党淮安市委员会

淮安市人民代表大会

淮安市人民政府

中国人民政治协商会议淮安市委员会

中国共产党淮安市纪律检查委员会 淮安市监察委员会

民主党派　工商联

群众团体

法　治

军　事

淮河生态经济带建设

经济管理

世界美食之都

数字经济

开放型经济

台资集聚示范区

农　业

工　业

建筑业

商贸服务业

金融业

旅游业

房地产业

交通枢纽建设

城市建设

乡村振兴

区域发展

生态环境

科学技术

教 育

大运河文化带建设

文 化

卫生健康

体　育

收入与分配

社会事务

公共安全

辖区发展

人物　荣誉

附　录

索　引

特 载

责任编辑：周永达

学习宣传贯彻中共二十大精神

2022年是中共二十大召开之年，淮安市将学习宣传贯彻中共二十大精神作为首要政治任务，全面贯彻中央决定和省委《关于深入学习宣传贯彻中共二十大精神的通知》以及省委系列会议部署。印发《中共淮安市委关于深入学习宣传贯彻中共二十大精神的通知》《中共淮安市委办公室关于做好学习贯彻中共二十大精神宣讲工作的通知》，中共淮安市委宣传部印发《学习贯彻中共二十大精神宣传报道方案》《淮安市学习宣传贯彻中共二十大精神社会宣传和文艺宣传工作方案》，市委先后召开八届四十九次常委会、淮安市传达中共二十大精神大会、市委财经委第七次会议暨百日攻坚推进会、市委理论学习中心组集中学习会，在全市上下迅速兴起学习宣传贯彻中共二十大精神高潮。

一、抓好理论武装，营造学思用贯通、知信行合一的理论学习氛围

突出关键少数，打造有意思有成效的理论学习平台。紧跟中央、省委部署，结合淮安发展需求，遴选重量级师资，精心策划实地观摩学、专家辅导学、交流研讨学等学习形式，强化巡学旁听，优选发布参考书单，向全市各级党委（党组）中心组成员提供丰富多样、个性定制的学习内容。

加强校地合作，组建素质高能力强的理论宣讲队伍。谋划中共二十大精神学习宣传，组织驻淮安高校、市委党校组建全市理论宣传联盟，遴选首批9名特聘讲师。召开全市理论宣传联盟成立大会，推动成员单位与各县区新时代文明实践中心签署共建协议，组织集中备课，打磨推出一批精品课程、精品报告。

聚焦绝大多数，探索接地气广覆盖的理论宣传形式。集中创作推出一批群众喜闻乐见的理论宣传文艺作品，开展公开征集活动，组建“新思想 这样讲”创作专班，首部视频《不忘初心》于2022年7月1日推出。将理论作品融入基层文艺表演、广场活动和民俗展演中，充分用好“两个喇叭三块屏”（乡村大喇叭、手持小喇叭和电视屏、手机屏、宣传大屏），定期推送展播通俗理论宣传作品。

二、抓好新闻质效，营造正能量充盈、主旋律昂扬的舆论宣传氛围

提升中共二十大宣传热度。启动“奋进新征程、建功新时代”全媒体重大主题采访行动，做好庆祝中国共产党成立101周年宣传报道，推出“非凡十年”等专题报道，全方位多层次展示党的十八大后淮安经济社会发展取得的非凡成就和宝贵经验，推出一批现象级爆款产品。中共二十大召开期间及会后，做好系列宣传报道，引导广大干部群众用中共二十大精神统一思想、指导实践、开拓奋进。

深化“四张城市名片”推介展示。配合全市系列招商活动，优化完善城市形象宣传片、招商电子画册等外宣品。统筹推进淮安方特东方欲晓项目开园等市、县区联动宣传项目和“四张城市名片”主题宣传，深化与扬州市合作，开展淮安·扬州美食“双城记”等宣传活动，创排儿童剧《运河故事——淮小厨奇遇记》，策划开展“世界美食之都”主题原创歌曲创作、“百里画廊 书香淮扬”大型音乐诗会等活动。策划开展“一带一路一堂课——淮安厨艺海外推广”外宣行动，制作推出多语种融媒体作品，线上线下互动推介淮安。

推进经济社会发展引导。巩固新闻宣传统筹统合和对外宣传联动机制，定期召开全市新闻评估与重大题材策划会。加强经济形势和重要经济政策的宣传解读，持续做好“项目为王、环境是金”“一号招商员在行动”等专题宣传，结合淮河华商大会、中国（淮安）国际食品博览会、台商论坛以及专场招商推介活动，精心策划宣传报道方案，多角度、多形式开展宣传，推出一批特色稿件、深度报道。邀请中央、省级媒体开展采风、采访，推出特色报道，为夺取疫情防控和经济社会发展“双胜利”营造浓厚氛围。

三、抓好宣传教育，营造奋进新时代、鼓舞新征程的社会环境氛围

打造文艺精品力作。深入学习贯彻习近平总书记重要回信精神，实施中共二十大重大主题创作工程，打磨提升儿童剧《新安旅行团》质量，推进实施省内巡演。与中国数字集团合作拍摄戏剧电影《安国夫人》。进一步打磨淮剧《哎呦，我的憨哥哥》，创排淮剧《村官八把手》等，申报淮剧《村里来了花喜鹊》参评中宣部全国“五个一工程”评选，冲刺国家级奖项。组织优秀文艺作品参评省2022年紫金文化节、新时代颂等重要评比表彰活动。举办“奋进新时代·跨越新征程”喜迎中共二十大主题文艺活动、“喜迎二十大、幸福连万家”群众性文化活动，深入开展专业剧团演出、惠民演出、群文演出、合唱比赛、主题音乐会、书法绘画及篆刻作品展、剧本及文学作品征集等系列活动，在全社会营造喜迎中共二十大浓厚氛围。

丰富优质文化供给。推进主城区文化场馆整合工作，推动新时代文明实践提质扩面、提档升级，促进高水平全国文明城市建设，打造富有淮安特色、全国影响的新时代文明实践品牌。推进书香城市示范市创建，举办周恩来读书节、第十二届江苏书展淮安分展、阅读地图打卡等主题阅读活动，打响“为中华之崛起而读书”全民阅读品牌。创新推进高雅艺术、文化活动、文艺电影进机关等活动。

造浓主题宣教氛围。组织开展“强国复兴有我”群众性主题宣传教育活动，策划开展“喜迎二十大、见证新淮安”学习体验、“礼赞新时代、追梦复兴路”主题宣讲、“榜样引领前行、奋斗成就梦想”先进模范学习宣传、“赓续红色血脉、传承红色基因”宣传教育、“喜迎二十大、筑梦向未来”青少年教育实践、“奋进新征程、建功新时代”主题网络宣传等系列活动。

四、抓好文化产业，营造抢抓大项目、推进高质量的产业发展氛围

推进文化产业“五个一行动”。重点发布一套系统化集成性的文化产业扶持政策，用活用好一个文化产业基金，重组好一个文化产业协会，搞好一次特色文化产业嘉年华活动，招引一批文化产业项目，以补短强特为目标，切实提升全市文化产业质效。

做好文化产业嘉年华“后半篇文章”。用好用活与省属8家重点文化企业签订战略合作协议的重要契机，持续对接推动合作落实和框架落地，助力淮安文化产业打开发展格局。放大文化产业嘉年华首次发布的文化产业白皮书、文化企业榜单以及一系列政策惠企包、金融工具包、人才集聚包等综合激励效应，将集聚资源、聚焦产业，凝聚共识、优化环境的发展信心夯得更稳更实。

实施产业集聚“五项工程”。深化实施产业项目招引、规模以上企业培育、龙头企业壮大、特色产业统计、产业政策引领“五项工程”，持续推动56个年度重大产业项目和96家规模以上文化单位培育，围绕华强方特、西游乐园、淮扬菜等中国化、淮安式文化IP，做好“文化+”文章，推进文旅深度融合发展。加强集中签约项目信息跟踪，及时跟进政策服务，加快建设进度，确保如期建成。

五、守牢底线，营造主心骨坚定、主阵地牢固的安全稳定氛围

守牢意识形态安全底线。督促全市各级党组织始终把牢政治方向，坚决扛起全面领导责任，落实好《党委（党组）意识形态工作责任制实施细则》、2022年度《意识形态工作要点》，推动意识形态领域持续向上向好。紧扣迎接宣传贯彻中共二十大工作主线，常态化开展维护意识形态领域安全专项行动。加强讲座、论坛、报告会、研讨会等管理，严格落实背景和内容“双审”机制。深化“扫黄打非”专项行动，深入开展“正道”“清风”等集中行动。健全阵地管控机制，联合网信、公安、新闻、宗教、教育等部门共同守好全市各类意识形态阵地。

守牢网络空间安全底线。制定并实施中共二十大专项宣传方案，用好《习语嘹亮》专栏，办好网上“大思政课”。制定印发做好中共二十大网络安全保障专项方案，深入实施“网安2022·淮安行动”专项行动，完善全市网络安全监管平台建设，确保全市重要网站、信息系统以及关键信息基础设施安全稳定运行。以“清朗2022”专项行动为统领，统筹开展28项专项行动，加强网络传播秩序规范管理，加大网络执法力度，严厉打击各类互联网违规违法乱象。推进全市网络文明建设十大专项行动，组织“网聚文明力量 奋斗E起出发”网络文化季系列活动，形成共治共享、共建共育的网络生态良好局面。

六、迅速传达学习中共二十大精神，原原本本读原文悟思想谈收获

现场聆听学。10月14日，中共淮安市委印发通知，组织全市各级党组织集中收听收看中共二十大开幕会，现场聆听习近平总书记在中国共产党第二十次全国代表大会上作的报告。

10月16日，金湖县银涂镇湖滨村湖区养殖渔民在船头集中收看中共二十大会议开幕会　梁德斌　摄/视觉江苏网　供

集中传达学。10月25日，中共淮安市委先后召开常委会扩大会议，传达中共二十大精神大会，传达学习中共二十大、二十届一中全会和习近平总书记重要讲话精神，以及省委省级党员领导干部会议、全省传达学习贯彻中共二十大精神大会精神，研究部署全市学习宣传贯彻工作。全市各级党组织集中传达学习中共二十大精神，实现全覆盖。

逐字逐句学。11月7日，中共淮安市委理论学习中心组开展“学习贯彻中共二十大精神”专题学习会，中心组成员原原本本、逐字逐句领学报告全文，交流研讨学习体会。全市各级党委（党组）广泛开展中心组学习研讨，逐字逐句学习中共二十大报告。

及时跟进学。10月28日，中共淮安市委召开八届四十九次常委会，跟进学习习近平总书记在中央政治局会议、中央政治局第一次集体学习、政治局常委集体瞻仰延安革命纪念地时的重要讲话精神和习近平总书记在《求是》杂志发表的《坚持人民至上》重要文章精神，研究部署学习宣传贯彻中共二十大精神工作等。11月9日，中共淮安市委召开八届五十次常委会，跟进学习习近平总书记在陕西延安和河南安阳考察时的重要讲话精神。

广泛深入学。各地各单位以党支部为单位，确保《党的二十大报告辅导读本》《党的二十大报告学习辅导百问》《中国共产党章程》人手1册，依托“三会一课”、主题党日等组织党员干部全员学习，并交流心得体会，对离退休党员、农村党员、“两新”（新经济组织、新社会组织）组织党员、流动党员等开展送学、帮学活动。

集中培训学。把中共二十大精神以及党章作为市委党校、恩来干部学院、社会主义学院干部教育培训必修课程，作为学校思想政治教育和课堂教学的重要内容，推动中共二十大精神进教材、进课堂、进头脑。

七、广泛宣传阐释中共二十大精神，全方位、多角度、立体式形成声势

中共二十大代表深入基层宣传阐释。11月5日，中共二十大代表、市委书记陈之常赴淮安区向基层党员干部群众宣讲中共二十大精神。中共二十大代表李银江、邓红深入教育、民政、消防等系统和基层乡村社区宣传阐释中共二十大精神。

组建市委宣讲团和全市理论宣传联盟。印发《关于做好学习贯彻中共二十大精神宣讲工作的通知》，组建由65名领导专家组成的市委宣讲团，成立由6家驻淮高校及市委党校组成的淮安市理论宣传联盟，组织召开淮安市宣讲工作动员会暨市委宣讲团备课会，全面部署中共二十大精神基层宣讲工作。

创新开展领导干部访谈、笔谈等特色活动。突出市级领导示范学、全市各有关部门主要负责人跟进学，开展“学习贯彻中共二十大精神·领导干部笔谈”活动，组织市四套班子领导围绕学习中共二十大精神撰写理论文章，在《淮安日报》开辟《领导干部笔谈》专栏，连载刊发学习体会文章。

制作播出中共二十大精神系列通俗理论作品。围绕学习宣传阐释好中共二十大精神，以动漫、微视频、主播说等形式，创作推出《真理之光照亮复兴之路》等二十大精神主题系列理论产品，在“理论之光”网站、“淮安发布”微信公众号等媒体平台和全市各基层单位电子大屏集中刊播。

组织新闻媒体全方位宣传阐释。制定《学习贯彻党的二十大精神宣传报道方案》，召开淮安市学习贯彻中共二十大精神新闻工作部署会，组织各级各类媒体同步开设《深入学习贯彻党的二十大精神》等专题专栏，及时转载央媒、省媒重点评论言论和专家解读，刊发领导干部学习体会和专家学者解读文章，聚焦各地各单位学习动态，迅速形成正面宣传声势。

集中宣传阐释中共二十大精神。各新媒体平台开设《诵读二十大报告》《二十大精神、我说给你听》《网络主播云上说》《伟人故里、热血青春》《青年说》等专栏，组织党员干部、网红主播、青年群体等宣传阐释中共二十大精神。11月2日，向全市大中专院校领导专家约稿，在市主流媒体开设《观点》《专家学者解读》等专版专栏，组织撰写、刊载理论阐释文章。

八、聚力迎接宣传贯彻中共二十大，持续掀起工作热潮，团结奋进的旋律愈加昂扬

社会氛围喜庆热烈。聚焦“喜迎喜庆二十大”，浓墨重彩开展“奋进新征程、建功新时代”全媒体重大主题采访行动，推出“非凡十年”“喜迎二十大　十年看变化”等专题报道1100篇，形成强大的宣传声势。围绕“喜迎二十大、幸福连万家”主题，组织开展内涵丰富、形式多样的群众性文化活动1100场。创新推出“喜迎中共二十大”系列互动式H5，在线互动网友近400万人次。大会闭幕后，组织实施“新时代新征程新伟业”主题采访，各级各类媒体同步开设《深入学习贯彻党的二十大精神》等专题专栏，持续营造浓厚氛围。

宣传阐释广泛深入。全网置顶做好中共二十大、习近平总书记系列重要讲话重要活动网上宣传报道，策划制作的新媒体产品和专题网上报道点击量超1000万人次。聚焦“落细落实二十大”，第一时间学习宣传研讨阐释中共二十大精神，组织党员干部逐字逐句学习中共二十大报告，开展中共二十大精神主题宣讲。创新举办“深入学习贯彻中共二十大精神·领导干部笔谈”“中共二十大精神学习笔记写·读·听”“中共二十大　主播云上说”等形式新颖的宣传宣讲活动，推动中共二十大精神“飞入寻常百姓家”。

精神力量有效提振。开展“强国复兴有我”群众性主题宣传教育活动，学习体验、教育实践等七大类7000余场活动内容丰富、形式多样，全市干部群众广泛参与，并为之振奋。组织开展“喜迎二十大　筑梦向未来”青少年系列教育实践活动，激发同心跟党走、奋进新征程的力量。新安小学学生学习习近平总书记重要回信精神等多个淮安元素亮相全国“奋进新时代”主题成就展，5人（组）入选新时代江苏重大先进典型主题影像展。

（市委宣传部）

新时代淮安经济社会发展成就综述

2012年11月，中国共产党第十八次全国代表大会在北京召开。2013年3月全国两会期间，习近平总书记在参加江苏代表团审议时殷切嘱托淮安代表“把周总理的家乡建设好，很有象征意义”。进入新时代，淮安市以习近平总书记嘱托为遵循，全面加快经济转型、深化改革开放、推动城乡融合、促进富民增收，成功夺取脱贫攻坚、决胜高水平全面建成小康社会的重大胜利。10年间，淮安市紧扣聚焦打造“绿色高地、枢纽新城”、全面建设长三角北部现代化中心城市奋斗目标，不断擦亮伟人故里、运河之都、美食之都、文化名城四张名片，构建低碳循环发展经济体系，对接实施长三角区域一体化发展、大运河文化带、淮河生态经济带等重大战略，“国际机场”“高铁”“城市轨道交通”“高架”从梦想照进现实。

一、经济发展突飞猛进，经济实力不断跨越

经济实力历史性跃升。10年间，淮安经济总量不断实现新跨越，分别于2013年、2016年超越2000亿元、3000亿元。在新冠疫情的考验冲击下经济韧性十足，地区生产总值于2020年突破4000亿元，2022年达到4742.42亿元，全国排名前进21位，位列第59。

人均水平不断增加。10年间，淮安市的人均地区生产总值由2013年的44774元增加到2022年的104054元。按照平均汇率折算，2017年人均地区生产总值突破1万美元，2021年达到1.57万美元，超过世界银行认定的中高等收入国家行列的偏高水平。

财政收支结构合理。10年间，财政收支结构不断调整优化，日趋合理。一般公共预算收入继续保持平稳增长，2018—2021年均增长6.5%，快于全省1.3个百分点；2022年，一般公共预算收入首次突破300亿元，达到300.08亿元；税收占比稳定在78%以上，收入结构保持合理。一般公共预算支出从2013年的385亿元增加至2022年的660.43亿元，累计增长71.54%；民生支出占一般公共预算支出比重稳定在70%以上。

二、特色产业加快发展，产业体系加速构建

特色农业不断发展。10年间，淮安市重点发展特优高效种植、特种健康养殖、特色生态休闲三大产业，加快国家粮食保供基地、各类农业产业园区、“淮味千年”品牌建设，实现由农业大市向农业强市转变。第一产业增加值由2013年的271.64亿元增加至2022年的445.42亿元，总量增长64%。粮食产量从2016年开始，连续6年增产，以全省9%的地域面积贡献13%的粮食产量。至2022年末，累计建成国家级农业园区5个，地理标志商标数居全国设区市第三；稻虾综合种养面积、产量居全省第一，盱眙龙虾、洪泽湖大闸蟹品牌价值持续保持全国同类领先。

“制造强市”根基稳固。10年间，坚定不移地推进制造业高质量发展，加快构建主导产业“六个一”生态，实施百亿企业培育行动，重点发展绿色食品、新型装备制造、新一代信息技术产业等特色产业，并着力打造食品加工业、化学制造业、钢铁冶炼和压延加工业、电子信息制造业、电气机械及器材制造业、非金属矿物制品业、金属制品业7个产值超百亿元产业集群。制造业增加值由2017年的1140.21亿元增加至2022年的1560.62亿元，总量增长36.87%，2022年制造业增加值占地区生产总值比重达32.9%。

现代服务业加快发展。10年间，加快服务业提档升级，聚焦“生态文旅、现代物流、现代商贸”三大主导产业，服务业快速发展成为经济增长的新引擎。2015年，第三产业增加值占地区生产总值的比重首次超过第二产业，成为全市国民经济第一大产业。服务业增加值由2013年的900.13亿元增加至2022年的2285.1亿元，累计增长1.5倍。2022年，服务业占地区生产总值的比重提升至48.2%，比2012年上升6.4个百分点。

三、需求拉动不断增强，发展动能持续释放

内需市场潜力释放。10年间，持续推动现代商贸业提档升级，全面提升消费供给能力，满足各层次消费需求，推进特色商业街区和“一刻钟便民生活圈”建设，加快成为长三角北部消费中心。社会消费品零售总额由2013年的721.22亿元增加到2022年的1820.19亿元，累计增长1.5倍。尤其是中共十九大后，网络消费等新消费模式不断丰富和拓展，限额以上网络消费品零售额2018—2021年年均增长34.5%，高于限上批发零售业零售额平均增速32.4个百分点。

项目招引量质齐升。10年间，坚持项目为王、项目就是未来发展思路，凝心聚力，攻坚突破，以项目集聚加速发展裂变。规模以上固定资产投资2013—2021年年均增长8.2%，2022年比上年增长9.3%，保持较快增长。尤其是中共十九大后，坚持项目“第一抓手”，聚力招引、建设、培育优质项目，打造全国一流服务软环境、载体硬环境，亿元以上开竣工项目数较上一个五年分别增长15.3%、81.6%。仅2022年就新签约50亿级项目31个、百亿级项目7个，取得历史性突破。

对外开放不断深化。10年间，坚持全方位“走出去”和高规格“请进来”，全面拓展对外开放的广度和深度，不断扩大协同发展朋友圈。对接实施长三角区域一体化发展、大运河文化带、淮河生态经济带等重大战略，台资高地和航空货运枢纽建设得到省委、省政府支持。进出口总额由2013年36亿美元增加到2022年的64.3亿美元，总量增长78.6%。其中，出口由27.8亿美元增加到48.3亿美元，进口由8.2亿美元增加到16亿美元。2022年，新设外资项目

142个；协议外资38.3亿美元，实际到账注册外资10.18亿美元，同比增长7.1%。新设总投资3000万美元以上外资项目67个。台资项目加快集聚，新设及增资台资项目65个，实际到账台资3.6亿美元，比上年增长33.3%。

四、人民生活显著改善，高水平小康全面建成

富民增收成效显著。10年间，坚持以人民为中心的发展思想，围绕推动"腰包鼓起来"增强群众获得感。城镇居民人均可支配收入从2013年的23107元增加到2022年的46041元，增长近1倍。农村居民人均可支配收入从11045元增加到23404元，增长超过1倍，城乡居民收入差距逐步减少。居民口袋越来越鼓，住户存款余额由2013年末的934.3亿元增加到2022年末的2845.86亿元，累计增长2倍。务实推进全面小康补短板强弱项专项行动，将70%以上财力用于保障改善民生，脱贫攻坚成效显著，提前一年完成省定"十三五"脱贫任务，42.2万名低收入人口全部脱贫，170个省市定经济薄弱村和548个低收入村全部达标出列。

人民生活显著改善。10年间，人民生活水平显著改善、城乡居民消费水平不断提高。城镇居民人均消费支出由2013年的16919元增加到2022年的24785元。农村居民人均消费支出由2013年的7373元增加到2022年的15184元。同时人民消费观念不断转变，消费结构持续改善，从注重基本生活需求的满足，逐步转向质的提升，从有形物质商品向更多服务消费转变。全体居民恩格尔系数2021年为29.99%，达到联合国粮农组织提出的富裕标准。尤其是党的十九大后，因地制宜、积极稳妥推进农房改善，开展农村人居环境整治三年行动，改善农房5万余户，进一步缩小城乡生活品质差距。

社会保障更加健全。10年间，围绕民生，市政府每年滚动实施为民办十件实事，着力解决群众急难愁盼问题。深化社会救助制度改革，制定印发《关于贯彻落实江苏省临时救助实施办法的意见》《改革完善社会救助制度的若干措施》等系列政策文件，构建覆盖全面、分层分类、综合高效的社会救助格局，不断织牢兜底保障网。人均城乡低保标准分别从2013年的290元、410元统一提高至2022年的655元。持续推进异地就医直接结算，实现与全国所有省份、420个统筹地区间的跨省门诊直接结算，省内第3家开通部分门诊慢特病跨省直接结算，在全省首创单病种价格监测发布机制，成为"双通道"管理药品及单独支付药品经办结算系统全省唯一试点地区。2022年，全市医保参保率98.5%，实施门诊和住院救助153.03万人次。城乡居民基础养老金标准年年增加，2022年达205元/月，比省定最低标准187元高出18元。深入实施全民参保计划，加大新业态从业群体参保力度，稳步提高特殊困难群体保障标准，健全城乡居民基本养老保险待遇确定和基础养老金正常调整机制。2022年末，全市城乡居民基本养老保险参保人数197.35万人，职工养老保险参保人数117.64万人（含离退休待遇领取人数），工伤保险参保职工人数80.53万人，失业保险参保人数58.15万人，无雇工的个体工商户、灵活就业人员企业职工基本养老保险参保人数21.59万人。2022年，支出企业职工基本养老保险112亿元，机关事业单位养老保险49.98亿元，城乡居民基本养老保险23.33亿元。养老金按时足额100%社会化发放，其中城居保60岁以上参保老人每月增加14元基础养老金，实现"十一连增"。养老模式不断创新发展，居家和社区养老服务改革试点获得全国优秀等次，养老多元化服务能力覆盖率达100%。

五、枢纽新城加速崛起，美丽淮安映入眼帘

中心城市地位显现。10年间，全面提升城市功能品质，完善服务功能，常住人口城镇化率由2013年末的55.06%提升至2022年末的66.83%。2022年，淮安中心城市建成区面积达216平方千米，人口达164.4万人。尤其是中共十九大后，加快完成"两区一县"区划调整、乡镇布局优化，大运河"百里画廊"、高铁商务区等战略全局性、重大功能性项目规划建设；中心城市长高变靓，生活环境更加宜居。围绕打造"双循环"重要枢纽节点，完善综合交通体系，内环高架一期建成投用，徐宿淮盐、连淮扬镇高速铁路建成投运，宁淮城际铁路加快建设，"米"字形高铁网加速形成，淮安涟水机场升格为国际机场，被明确为全国性综合交通枢纽、京津冀—长三角主轴路径重要节点城市，区域综合交通枢纽地位更加凸显。

绿色发展深入人心。10年间，城乡人居环境品质持续提升，单位地区生产总值能耗强度累计下降36.6%，公众生态环境满意率居全省前列，入选国家黑臭水体治理示范城市、全国绿色出行城市，获批全国"无废城市"建设试点。全市$PM_{2.5}$年均浓度从79微克/立方米下降到36微克/立方米，改善率达54%；优良天数比例从62.9%提升至81.6%。累计投入90亿元完成城市建成区51条黑臭水体整治，全面完成100条样本河道建设，国省考核断面水质全面提升，大运河淮安段9个国省考断面优Ⅲ比例均为100%。持续推动落后产能淘汰，完成60万吨水泥、120万米印染、10万吨钢加工等低端低效产能化解。完成709家"散乱污"企业的关停、搬迁或升级改造工作；加快构建绿色制造体系，淮安经济技术开发区跻身国家生态工业示范园区和国家循环化改造示范试点园区。入选国家黑臭水体治理示范城市，创成国家水生态文明试点市，白马湖国家湿地公园成为国际重要湿地，国家和省级水利风景区数量居全省第一。颁布施行永久性绿地保护首部地方性法规。2013年，淮安城市绿化覆盖率、绿地率、人均公园绿地面积分别为40.85%、38.42%、12.56平方米；2022年，淮安市绿化覆盖率、绿地率和人均公园绿地面积分别增加到43.23%、40.02%、15.32平方米。全市有"城市绿色小客厅"100余个，惠及周边群众60多万人。

文旅淮安加速崛起。10年间，持续打响伟人故里、运河之都、美食之都、文化名城四张城市名片。接待游客人数最高年份突破3658万人，国内旅游收入最高年份突破465

亿元，国际旅游外汇收入最高年份达2387万美元。优化"一核两圈多线路"全域旅游发展格局，周恩来故里景区升级为国家AAAAA级旅游景区，全市有国家AAAA级旅游景区20家。华强方特东方欲晓主题公园、淮安西游乐园盛大开园，大运河"百里画廊"标志性工程全面建成，白马湖国家级旅游度假区加快创建，洪泽区、淮安区创成省全域旅游示范区，大云山考古遗址公园等一批重大文旅项目不断建成。夜间文旅消费、商务会展旅游等新业态快速发展，淮安跻身全国五大新晋红色旅游目的地，成为长三角乃至全国重要旅游目的地。

六、文化引领突出彰显，社会事业加速发展

文明程度不断提升。10年间，积极培育和践行社会主义核心价值观，社会文明程度不断提高，获评全国未成年人思想道德建设工作先进城市，以高分高位创成全国文明城市。繁荣发展文化文艺，承办2019年中央电视台中秋晚会，举办首届淮安马拉松赢得广泛赞誉，电影《童年周恩来》正式公映，纪录片《红色苏皖边》在中央电视台播出，现代淮剧《村官三部曲》获得文华奖、紫金文化艺术节优秀剧目奖，文化美誉度不断提升。"书香淮安"不断推进，公共图书馆图书藏量由2013年初的299.7万册增加到2022年的446.1万册，年均增加12.1万册。扎实推进文化资源保护，在全省率先出台综合性文物保护法规、大运河文化遗产保护地方性法规，连续举办4届中国（淮安）大运河文化带城市非遗展。持续优化公共文化服务，在全省率先完成县级融媒体中心挂牌任务，实现新时代文明实践中心市、县区、镇（街道）三级网络全覆盖，基层综合性文化服务中心建成率达100%，城市"15分钟文化圈"、农村"十里文化圈"基本形成，群众精神文化生活更加丰富多彩。

教育事业快速发展。10年间，努力加快教育强市建设，深化教育综合改革，建强教师队伍，推动学前教育公益普惠发展，落实义务教育"双减"工作，规范民办义务教育发展，深入实施县域高中振兴计划，提高职业教育、高等教育与产业发展融合度，创建区域性高水平大学，打响"学在淮安"品牌。学校总数由2013年的748所增加到2022年的960所；在校生总数由2013年的80.42万人增加到2021年的92.75万人。义务教育优质均衡供给水平不断提升。

医疗卫生水平提升。10年间，深化医药卫生体制改革，建设淮安市第五人民医院、宁淮集聚区三甲医院、市妇幼保健院白云路院区等一批重点工程和省级专科类区域医疗中心，提升紧密型县域医共体建设运行质效，推动基层医疗卫生机构健康发展，振兴"山阳医派"中医品牌，争创公立医院综合改革省级示范市，打造苏北区域医疗高地。卫生机构数（不含村卫生室）由2013年的710所增加到2022年的878所；卫生机构床位数由2013年的2.35万张增加到2022年的3.13万张。卫生机构从业人员由2013年的2.78万人增加到2022年的3.82万人。

（市统计局　淮　鉴）

2021年7月10日，淮安西游乐园开园　市文广旅游局　供

大事记

责任编辑：周永达　孙　虎

1月

2日　淮安海关为江苏理士电池有限公司一批出口日本、价值4.5万美元的蓄电池，签发淮安市首份RCEP原产地证书。

6日　2022·淮安大运河百里画廊项目开工。省委常委、宣传部部长张爱军作出专门批示。副省长马欣作视频致辞。市委副书记、代市长史志军主持开工仪式。

◎　江苏威博液压股份有限公司作为北交所注册制第一股、2022年江苏第一股，在北交所上市，这也是淮安市首家北交所上市企业。

7日　科技部发布支持新一批城市开展国家创新型城市建设名单。全国25座城市入围，淮安市进入创建名单。

8日　淮安市举行台华新材绿色多功能锦纶新材料一体化项目和中天钢铁集团精品钢帘线项目开工仪式。台华新材绿色多功能锦纶新材料一体化项目总投资120亿元；中天钢铁集团精品钢帘线项目总投资202亿元，是淮安市首个投资超200亿元重特大项目。

◎　歌剧《周恩来》2022全国巡演淮安首站首场演出在淮安大剧院举行。

10日　"扛起新使命　谱写新篇章——学习贯彻省第十四次党代会精神"全媒体新闻行动走进淮安。市委书记陈之常接受省主要媒体采访。

12日　市委书记陈之常率队赴昆山市考察交流，商讨推进淮昆台资经济协同发展，并与昆山市签署《2022年度台资经济协同发展合作协议》。

13日　《新华日报》头版刊发文章《淮安搭建"有事好商量——'码'上议"平台　打造永不落幕的协商议事室》，点赞淮安打造群众协商民主议事平台，实现政协协商与基层协商有效衔接，方便群众全过程参与协商议事，使决策更好地体现"最大公约数"的做法。

◎　南水北调东线工程联合调研组到淮安考察。调研南水北调一期工程运行情况、后续工程线路布局，评估后续工程投资规模，并对工程提出优化建议。副省长马欣，省水利厅厅长陈杰，市领导陈之常、史志军、赵正兰、顾坤等参加调研活动。

14日　淮安市政府与省水利厅签署战略合作协议，共谋幸福河湖建设，助推高质量跨越发展。

◎　淮安市政府与省交通运输厅签署战略合作协议。省交通运输厅支持淮安开展交通运输现代化示范区建设，为淮安加快打造全国性综合交通枢纽、全方位融入长三角一体化发展提供支撑。

15日　2022年江苏省职业院校技能大赛高职电子与信息类虚拟现实（VR）设计与制作项目比赛首次在江苏食品药品职业技术学院举行。

21日　江苏省文化和旅游厅举办"水韵江苏·乡村过大年"主题活动启动仪式，公布"水韵江苏·这里夜最美"网红打卡地名单，淮安市3处网红打卡地上榜。

26日　江苏古庄牛生态农业开发有限公司获评2021年全国休闲农业与乡村旅游五星级精品企业。

30日　2021年长三角及全国部分城市"最美公共文化空间"大赛结果发布，淮安市清江浦区图书馆泊埣空间翔宇书房获"网络人气奖"。

2月

7日　市新冠肺炎疫情防控工作领导小组召开扩大会议。市委书记、市新冠肺炎疫情防控工作领导小组组长陈之常主持会议。

10日　洪泽区总投资60亿元的源涌绿色差别化功能性纤维项目开工。

13日　交通运输部、国家铁路局、中国民用航空局等国家五部门联合印发《现代综合交通枢纽体系"十四五"发展规划》，淮安与连云港、徐州以城市组群的形式入选"十四五"重点打造的80个全国性综合交通枢纽城市。

15日　国家卫健委网站发布"全国爱卫会关于2021年度国家卫生城镇复审结果的通报"，淮安市连续第5次通过国家卫生城市复审。

21—24日　中国人民政治协商会议淮安市第九届委员会第一次会议召开，会议学习讨论中共淮安市委书记陈之常在政协淮安市九届一次会议上的讲话等。

22日　江苏纽泰格科技股份有限公司在深交所上市，该公司成为淮安市在创业板上市的第一家公司。

◎　南京市党政代表团到淮安市考察宁淮智能制造产业园建设情况，并与淮安市举行宁淮智能制造产业园建设工作座谈会。省委常委、南京市委书记韩立明，淮安市委书记陈之常分别讲话。南京市委副书记、代市长夏心旻，淮安市委副书记、市长史志军参加活动。

22—25日　淮安市第九届人民代表大会第一次会议召开，系统总结2021年各项工作，讨论确定2022年发展任务和以后5年发展目标，选举产生新一届地方国家机关组成人员等。

23日　国家发展改革委网站公布国家企业技术中心2021年评价结果以及2021年新认定国家企业技术中心名单，江苏天士力帝益药业有限公司获批国家企业技术中心分中心，成为国家发展改革委批复的3家企业之一。

◎　江苏省农业农村厅公布全省“共同富裕百村实践”新型农村集体经济发展典型案例，淮安市有6个村（社区）上榜。

3月

1日　市长史志军会见法国驻沪总领事纪博伟一行，双方就推动多渠道、全方位合作进行深入交流。

2日　副省长胡广杰到淮安实地调研城镇人口密集区危化品生产企业搬迁工作，走访清江石化、安道麦安邦（江苏）和淮安工业园区等地。

2—3日　省人大常委会副主任、党组副书记樊金龙到淮安市走访联系基层省人大代表，了解代表工作和履职情况，提出工作要求。

3—4日　省人大常委会副主任曲福田率立法调研组到淮安市，围绕洪泽湖保护条例制定开展调研考察和立法征求意见。

8日　省政协副主席王荣平率调研组到淮安市，围绕省委贯彻落实中办《关于加强和改进新时代市县政协工作的意见》的《实施意见》起草工作开展专题调研。

9日　省文化和旅游厅公布2022年江苏省重点文化和旅游产业项目，淮安御码头运河文化美食中心入选在建项目名单。

12日　国务院联防联控机制召开全国新冠肺炎疫情防控工作电视电话会议。江苏省随后召开续会，省委书记吴政隆主持会议，省长许昆林作工作部署。淮安市设分会场收听收看会议，并召开续会，就贯彻落实全国、全省新冠肺炎疫情防控工作电视电话会议精神作出部署。

16日　民政部办公厅、财政部办公厅联合印发《关于公布居家和社区养老服务改革试点工作优秀案例名单的通知》，遴选出51个优秀案例，淮安市“明确产权归属实现社区养老服务设施‘五统一’”案例上榜。

17日　江苏共创人造草坪股份有限公司入选第一批省级现代服务业高质量发展领军企业。

19日　省工业和信息化厅公布江苏省工业和信息化领域督查激励成效明显地区名单，遴选出10个制造业“智改数转”成效明显地区，淮安市成为苏北地区唯一入选设区市。

24日　淮安市政府印发《关于进一步帮助市场主体纾困解难着力稳定经济增长的具体实施细则》，明确45条纾困解难措施。

31日　省委书记吴政隆主持召开省疫情防控工作领导小组会议。会议结束后，市委副书记、市长史志军主持召开续会，传达贯彻省疫情防控工作领导小组会议精神和省委书记吴政隆的讲话精神，就进一步做好疫情防控工作进行部署。

是月　淮安市14个项目入选《江苏省“十四五”时期文化及相关产业重点项目清单》，涵盖创新创意载体、重点产业项目、文化基础设施、文化保护传承及文旅融合等多个领域，项目总数位居全省前列、苏北地区第一。

4月

2日　淮安龙宫大白鲸世界景区极地海洋世界被认定为2021—2025年度第一批全国科普教育基地。

◎　农业农村部计划财务司、财政部农业农村司联合公示2022年全国农业产业强镇创建名单，江苏8个镇入围，金湖县塔集镇为淮安市唯一入选乡镇。

8日　淮安市体育中心被命名为国家田径（集训）队2022—2024年思想政治工作共建基地，全国共4家。

18日　省疫情联防联控指挥部视频会议召开。副省长陈星莺出席会议并讲话，对淮安市前期疫情防控工作给予充分肯定，并就早发现、溯源头提出四点要求。市委副书记、市长史志军主持续会并就贯彻落实省会议精神提出要求。

19—20日　副省长陈星莺率队到淮安市实地调研督导疫情防控工作。

20日　淮安市重特大项目拉练活动走进淮安区、盱眙县，市委、市政府对全市9个县区园区18个项目进行现场拉练。

2022年，淮安龙宫大白鲸世界景区极地海洋世界被认定为2021—2025年度第一批全国科普教育基地。图为景区进行白鲸表演

淮安西游产业集团有限公司　供

26—27日　第二轮第六批中央生态环境保护督察通报淮安市部分区县污水收集处理不到位，生活污水直排、溢流现象多发，水环境问题突出。副省长储永宏赴淮安市现场督办并召开整改专题会。

27日　市政府发布关于命名第二届“淮安工匠”和颁发淮安市“五一”劳动奖的通报，授予10人第二届“淮安工匠”称号，向8人颁发第二届“淮安工匠”提名奖；向60家单位颁发淮安市“五一”劳动奖状，向167人颁发淮安市“五一”劳动奖章。

28日　全市政银企合作支持重大产业项目重点服务业企业融资对接会召开，20家银行机构、3家担保机构分别与项目建设单位签约，金额分别为313.9亿元、11.4亿元。其中，服务业项目签约127.5亿元，占总签约金额的39%。

29日　“云聚淮安共促振兴”2022·淮安农业春季招商推介会举行，通过视频连线方式进行招商推介。

◎　淮安市召开政校企合作保障企业用工推介对接会，通过市县区视频联动现场签约方式，有关高职院校和人力资源服务机构为40余家企业提供2300余名用工保障。

5月

2—4日　首届淮扬菜集聚区名菜培训班在中国淮扬菜文化博物馆举行。

9日　淮安市江苏省环洪泽湖生态农业生物技术重点实验室（淮阴师范学院）、南京农业大学淮安研究院等4家机构入选2022年度第二批省科技创新券服务机构入库名单。

11日　淮安市入选全国“‘科创筑梦’助力‘双减’科普行动”试点城市，成为苏北地区唯一入选城市。

12日　在国际博物馆日江苏主会场活动启动仪式上，淮安市“大鸾翔宇　时代追梦”“淮水安澜　稻香两岸”2条线路入选“喜迎二十大　见证新江苏”红色旅游精品线路，淮安三河闸水利风景区入选“江淮明珠　南水北上”精品线路。

17日　省人大常委会调研组到淮安市就现代服务业发展情况和代表议案办理、重点处理代表建议督办等内容开展调研。

18日　省人大常委会副主任、党组副书记王燕文率队到淮安市开展残疾人保障“一法一条例”执法检查、养老服务条例立法调研。

20日　2022年“揽才入淮　共赢未来”淮安市人才发展云推介暨“百校千企”云端引才招聘会举行。

◎　2022届淮安大学生云毕业典礼举行。活动发布高校毕业生留淮就业岗位和“淮安有礼”大学生专属文旅礼包，并启动2022年淮安大学生暑期实习岗位征集。颁发“留凤奖”“青梧桐奖”，表彰对青春留淮做出突出贡献的驻淮高校院系以及对吸纳毕业生留淮就业作出突出贡献的企业。

◎　淮安市启动“中国·淮安创新创业大赛”。经过层层选拔，20个项目进入决赛，决赛于11月22日举行，产生一等奖1名、二等奖3名、三等奖6名。

24—25日　省政协“全省民族团结进步创建情况”调研组在淮安市开展调研。

25日　全国公安系统英雄模范立功集体表彰大会在北京举行，淮安市3名个人和盱眙县公安局交警大队车辆管理所、淮安市公安局洪泽分局城东派出所2个集体受表彰。

27日　淮安经济技术开发区在广东深圳举行重大项目集中签约仪式，集中签约6个重大项目，总投资123.4亿元。

28日　淮安市举行“满‘淮’诚意、与‘昆’同行”——淮昆台资合作产业园重大项目现场推进会。

◎“创新争先、自立自强”——淮安市2022年全国科技工作者日主题宣传教育活动在市广播电视台演播大厅举行。活动现场为淮安市第三届“青年科技之星”、“优秀青年科技工作者”、科技创新团队颁奖，举行“党建引领科建、助力乡村振兴”活动启动仪式。

30日　现实题材儿童剧《新安旅行团》在淮安大剧院首演。

30—31日　省委书记吴政隆在淮安市调研，强调发扬历史主动精神，迎难而上砥砺前行。

31日　省委书记吴政隆到淮安市新安小学，与师生们一起重温、一起学习习近平总书记重要回信精神，向全省少年儿童致以节日祝贺，向辛勤工作的广大教师和少儿工作者表示诚挚问候。

6月

1日　省政协副主席周健民带领调研组到淮安就完善能源电力保供长效机制情况开展专题调研。

◎　省科技厅公布2021年全省科技创新主要指标进展情况，淮安市科技进步贡献率为58.6%，增幅1.2%，居全省第一。

7日　盱眙县入选2022年全国县域旅游综合实力百强县，列第44名。

8日　省委常委、省纪委书记、省监委主任王常松到淮安市调研。

8—10日　全国人大常委会副委员长曹建明率调研组到淮安市，瞻仰周恩来纪念馆、周恩来故居，并就人民法院涉外审判工作情况和人民检察院未成年人检察工作情况开展调研。曹建明对淮安市人大及其常委会工作给予肯定，并对市人大常委会发挥人大职能、推进公益诉讼和加强人大司法监督、提升监督实效等工作作出批示。

9日　省委、省政府举行全省科学技术奖励大会。淮安市14个项目获省科学技术奖，其中二等奖2个、三等奖12个。

◎　国务院办公厅发布《关于对2021年落实有关重大政策措施真抓实干成效明显地方予以督查激励的通报》，淮安市因河长制湖长制工作推进力度大、成效明显，全面推行林长制工作成效明显受到督查激励。

11日　2022年淮安（深圳）投资环境说明会在深圳举行。市委副书记、市长史志军作主旨推介。珠三角地区200多位企业家代表应邀参加。

◎ 淮安市举行国家医保平台参保征缴功能切换上线启动仪式，成为全省首家上线国家医保信息平台参保征缴功能的设区市。

12日 第22届中国·盱眙国际龙虾节开幕，活动持续到8月22日。

13日 洪泽湖滞洪区撤退转移演练在洪泽区西顺河镇举行。

15日 省委常委、政法委书记邓修明到淮安市调研政法工作。

◎ 淮安涟水国际机场三期改扩建工程开工。

◎ 江苏省第二批100个红色地名正式向社会发布，淮安市6个红色地名入选。

18日 首届江苏省荷产业高层论坛暨第22届中国·金湖荷花节开幕。

◎"为荷而来共创辉煌"理士新能源智造园区开工典礼暨第22届中国·金湖荷花节开工项目集中展播活动举行，总投资53亿元的理士新能源智造园区项目正式开工。活动还对金湖县39个重大开工项目进行集中展播。

19日 淮安经济技术开发区党工委组织经开区领导班子成员、各部门单位主要负责人、企业代表集中观摩15个开竣工项目，总投资40亿元。

22日 "中国外贸出口先导指数样本企业"授牌仪式在淮安海关举行，淮安市9家企业获授牌。

24日 全省政协提案工作经验交流座谈会在淮安市召开，并举行淮安市政协"慧提案"系统启用仪式。

25日 科技部公布2021年国家级"星创天地"备案资格评估结果，淮安市洪泽食品产业星创天地、淮阴现代农业星创天地、淮安智慧猪业星创天地、洪泽区互联网特色农业星创天地、清江浦区柴米河现代农业星创天地通过评估。

27日 江苏省第二十届运动会青少年部自行车（山地）赛在泰州举行。涟水县自行车队代表淮安市参赛，在6个项目决赛中，为淮安市代表团夺取4金、1银、3铜，金牌数居全省首位。

28日 "文化赋能产业兴淮"2022淮安文化产业嘉年华在华强方特东方欲晓主题公园开幕。

◎ 江苏省地方财政补贴型生猪期货价格保险首单在盱眙县落地。

30日 淮安市庆祝香港回归25周年艺术展在淮安国际摄影馆开幕。

是月 淮安市首部全媒体名镇志——《江苏名镇志·高沟镇志》正式发行。

7月

1日 江苏省首家大型红色文化高科技主题公园——淮安方特东方欲晓主题公园开园。

5日 江苏省生态环境厅、江苏省精神文明建设委员会办公室联合发布《关于公布首批全省生态文明建设典型、生态文化宣传示范点的通知》，"淮安市白马湖生态修复项目"入选全省生态文明建设典型。

6日 第九批次江苏省特色田园乡村名单公布，淮安市10个村庄位列其中，数量居全省第三。

11—12日 全国人大常委会执法检查组在淮安市检查指导，瞻仰周恩来纪念馆、周恩来故居，并在淮安区石塘镇张兴新型农村社区、江苏天丰种业有限公司、淮安兰花科技园等处调研。

◎ 省长许昆林在淮安市调研考察江苏宇特光电科技公司、江苏迈尔汽车零部件公司、西派集团等企业，走访中天钢铁精品钢帘线、南高齿（淮安）高速齿轮等项目建设现场，实地考察盱眙国家现代农业产业园、象山地质公园、白马湖旅游度假区等地。

12日 洪泽湖流域环境资源法庭启用暨洪泽湖流域环境资源保护司法协作框架协议签约仪式举行。

19日 市委、市政府举行2022年第二次重特大项目攻坚拉练。

◎ 淮安（福建）夏季现代农业推介会在厦门举行。

20日 由江苏省交通运输厅、淮安市人民政府联合主办的2022年度江苏公路交通省市联合应急演练在淮

7月1日，淮安方特东方欲晓主题公园开园　　市文广旅游局　供

安市举行。

25日 “运河之都 百里画廊”——淮安文脉丹青传承展暨书法美术晋京展开幕式在中国美术馆举行。

26日 省委常委、统战部部长惠建林到淮安市调研统战工作，走访江苏天士力帝益药业有限公司、淮印时光文创园、清江浦统战阵地综合体“大闸口·同心小镇”等地。

27—28日 市委副书记、市长史志军率队赴苏州市开展招商考察活动。

28日 “诚意满淮 共创未来”——2022淮安投资环境说明会在苏州市举行。130多位企业家代表受邀参加。

◎ 淮安市“雁归兴淮”专项行动暨洪泽区“洪雁回归”促进大学生就业创业现场会举行。返乡就业大学生代表与意向企业签订就业协议，“雁归兴淮”高校青年人才联络站揭牌。

30日 新中国成立后江苏省投资额和工程量最大的水利工程——淮河入海水道二期工程开工动员会举行。省委书记吴政隆出席动员会并宣布淮河入海水道二期工程开工。水利部部长李国英、省长许昆林出席并讲话，省委副书记、省委政法委书记邓修明出席会议。

是月 第三届全国市辖区旅游研究成果《全国市辖区旅游研究报告2022》暨“2022年全国市辖区旅游综合实力百强区”“2022年全国市辖区旅游发展潜力百佳区”名单发布。清江浦区、淮安区在旅游发展潜力百佳区中排名分列第76、第81位。

8月

2日 淮安市在南京举行智能制造产业发展恳谈会。南京市近30家智能制造标杆企业、“专精特新”企业负责人参加恳谈会。

3日 淮安比亚迪新能源商用车及零部件项目云签约仪式举行。

◎ “水韵江苏·这里夜最美”璀璨夏夜主题活动启动仪式在清江浦景区中洲岛举行。清江浦景区、御码头运河文化旅游中心获评第二批省级夜间文化和旅游消费集聚区，白马湖向日葵的故事景区星空营地、高桥村黄庄、洪泽区水釜城非遗传承基地、淮安西游乐园系列文创、尧想国文化旅游区《少年尧帝》御码头实景演出被评为“2022水韵江苏·网红打卡地”。

4日 国家知识产权局公布首批国家知识产权强市建设示范城市及试点城市名单，淮安市入选国家知识产权强市建设试点城市。

5日 江苏省农业农村厅、江苏省财政厅联合公布《2022年省级现代农业产业高质量发展示范园建设名单的通知》。洪泽区现代农业产业高质量发展示范园、淮安区现代农业产业高质量发展示范园入选，全省共21家。

8日 中国共产党淮安市第八届委员会第四次全体会议召开。全会由市委常委会主持。市委书记陈之常代表市委常委会作报告。全会审议通过《中国共产党淮安市第八届委员会第四次全体会议决议》。

9—10日 市委常委、统战部部长吴晓丹率队赴深圳开展中国·淮安第二届淮河华商大会推介及考察招商活动。

10日 省委常委、常务副省长费高云到淮安市调研重大产业项目建设工作。

13—14日 由市委人才办、团市委、市人社局、市文广旅游局、市文旅集团联合主办的“才聚里运河 青春夜未央”淮安青年人才创业文化集市在里运河文化长廊河畔开市。

18日 “同心永向党·喜迎二十大”——淮安市书画名家作品邀请展在淮安市博物馆开幕。

21日 “凌韬杯”2022年全国蹦床青少年锦标赛在金湖县开赛。

22日 市委书记陈之常、市长史志军会见参加中国·淮安第二届淮河华商大会嘉宾代表。

◎ 苏工暖“新”——淮安市新就业群体“8+X”综合服务集市暨“有事码上说”平台启动仪式举行。活动推出新就业群体健康体检、困难帮扶等“十大行动”。

◎ 国家标准化管理委员会、司法部联合发布2022年度社会管理和公共服务综合标准化试点（司法行政领域）项目，淮安市司法局“市级公共法律服务标准化试点”项目获批立项，这也是全国设区市中获批的首个市级公共法律服务标准化试点项目。

23日 中国·淮安第二届淮河华商大会开幕。与会嘉宾代表共同发布“中国·淮安第二届淮河华商大会华商宣言”。开幕式上，举行重大项目签约活动，签约项目69个，总投资876.2亿元。

◎ 第二届淮河生态经济带食品产业链联盟峰会在金湖县举行。会上发布30个淮河生态经济带食品产业创新案例。

29日 江苏省淮安台资集聚示范区建设联席会议第四次会议在淮安召开。副省长方伟出席会议并讲话。

◎ 全国推进农业生产“三品一标”培训班在淮安市开班，盱眙县在会上作典型发言。

9月

2日 淮安港与上海港、省港集团成立合资公司签约暨揭牌仪式举行，上港（淮安）国际集装箱码头有限公司正式成立。

◎ 洪泽区农业农村局与深圳柏能低碳环境技术有限公司签订碳汇交易合作协议，洪泽区农业减碳增汇价值实现工作正式启动，洪泽区也成为江苏省首个在农业领域进行碳汇转换的县区。

5日 江苏省第20届运动会闭幕，淮安体育代表团共获得107枚金牌，金牌数位居全省第六。

9日 第五届中国（淮安）大运河城市非遗展暨江苏省首届淮海戏艺术展演月在里运河畔启幕。活动集中展示大运河沿线8省90余个“非遗”代表性项目及以淮海戏为代表的传统戏剧保护成就。

◎ 淮安市首个智能立体停车库启用。该车库位于淮安市第一人民医院西南侧，车位430个，进出口12个，平均存取车时间设定少于90秒。

11日 第三届吴承恩长篇小说奖颁奖典礼在淮安区举行，7部长篇小说获第三届吴承恩长篇小说奖。

13日 淮安高投毅达贰号创业投资基金完成工商注册，为淮安市政府重点产业发展基金与省高投集团、毅达资本、今世缘投资、市金融发展集团共同发起设立的第二只基金。

17日 江苏省人民政府印发《省政府关于授予2022年江苏省省长质量奖的决定》，授予全省10家组织2022年江苏省省长质量奖，江苏今世缘酒业股份有限公司入选。

19日 盱眙县获评"2022浙商最佳投资城市"。

◎ 盱眙国际龙虾节获评江苏十佳丰收节庆特色活动。

20日 淮安市召开市政府法律顾问委员会会议并举行市政府第三届法律顾问聘任仪式。市长史志军向13位市政府法律顾问代表颁发聘书。

21日 淮安市专用设备精密配件特色产业基地上榜2022年国家火炬特色产业基地名单，成为淮安市获批的第六家国家火炬特色产业基地。

22日 "诚意满淮 共创未来"——淮安对日投资环境说明会在上海举行。长三角地区50多位日资企业家代表参加活动。

23日 中日美食文化交流活动在淮安市举行。

◎ 第22届中国·盱眙国际龙虾节走进澳门活动正式启幕。

24日 天合光能股份有限公司高效光伏电池和大功率光伏组件项目签约落户淮安经济技术开发区。项目总投资约60亿元。

26日 淮安至成都首条全货机航线开通，为淮安涟水国际机场首条直飞西南地区的全货机航线。

27日 淮安市政府与江苏证监局战略合作协议签约仪式举行。

29日 2022级淮安大学生云开学典礼举行。市委书记陈之常热情欢迎驻淮安高校新生，邀请同学们"淮"抱梦想，与淮安携手开启新征程、奔向新未来。

◎ 南高齿（淮安）高速齿轮制造项目一期竣工投产暨二期项目签约仪式举行。项目总投资50亿元。

◎ 江苏省省级紧急医学救援基地淮安急救中心项目开工仪式举行。项目总投资2.1亿元，总建筑面积2.37万平方米，将成为苏北区域首个系统配备空中医疗救援体系、单体最大的现代化救援中心。

30日 中天超高强精品钢帘线项目银团签约仪式举行。中天钢铁集团与建行、农行、浦发银行和民生银行签署银团贷款协议，获得35亿元规模银团贷款额度。

10月

1日 淮安市开展"喜迎二十大 共祝祖国好"主题实践活动。"中国好人""江苏好人"和新时代淮安好人、新时代江苏好少年、淮安市道德模范代表等齐聚周恩来纪念馆，共同祝福祖国生日快乐。

7日 华润新材料（盱眙）产业项目签约座谈会举行，项目总投资102.6亿元。

8日 海南钧达新能源科技股份有限公司高效太阳能电池片项目签约。项目总投资130亿元。

11日 最高人民法院召开新闻发布会，发布人民陪审员参审十大典型案例。淮安中院审理的曾某侵害烈士名誉公益诉讼案名列十大案例之首。

13日 副省长马欣率队到淮安调研农业农村和淮河入海水道二期工程建设工作。

15—17日 在苏港澳代表人士在淮安市开展国情研修活动。在淮安期间，学员们参观张纯如纪念馆，考察丰瑞实业（淮安）有限公司、西游记文化体验园。

21日 2022年淮安市第五届"鑫智力杯"暨"专精特新"中小企业赋能提升活动举行。5家企业获淮安市"2022年度行业引领之星"称号，10家企业获淮安市"2022年度行业成长之星"称号。

24日 江苏省工信厅公示第七批国家级制造业单项冠军企业通过名单，江苏天一超细金属粉末有限公司入选，成为淮安市首家获国家级制造业单项冠军认定企业。

25日 淮安市召开传达中共二十大精神大会。

31日 国家知识产权局印发《关于确定2022年新一批及通过复核的国家知识产权示范企业和优势企业的通知》，江苏康乃馨织造有限公司上榜"2022年新确定的国家知识产权示范企业"，江苏纽泰格科技股份有限公司、江苏神华药业有限公司上榜"2022年新确定的国家知识产权优势企业"。

月内 全国爱卫办公布2021年度全国健康城市建设评价结果，淮安市入选2021年度全国健康城市建设样板市。

◎ 淮安市委人才办、共青团淮安市委共同打造首批15家青年人才驿站，为到淮安求职高校毕业生（毕业前1年至毕业后2年期间）提供14天免费住宿、就业指导等服务。

11月

2日 淮安市4个集体、1名个人获全国"安康杯"竞赛活动表彰。

4日 淮安（上海）电子信息产业链供应链对接交流会在上海陆家嘴举行。

5—6日 市委副书记、市长史志军参加2022上海·淮安城市发展推介月相关活动，密集拜访企业，推介淮安发展前景和投资环境。

6日 江苏省淮阴中学举行建校120周年发展大会。

7日 水利部办公厅、财政部办公厅公布2023—2024年水系连通及水美乡村建设县名单，淮阴区入选名单。

9日 2022"三品"全国行江苏站暨数字化助力食品工业"三品"战略高峰论坛在淮安市举行。

10日 第五届中国（淮安）国际食品博览会暨首届金秋经贸洽谈会在淮安国际食品博览中心开幕。

◎ 修正集团淮安项目签约仪

式在淮安区举行。项目总投资约106亿元，主要规划建设医药制剂、药膳、保健食品、功能性食品等板块，设立全国药品销售结算中心及相关配套产业。

◎ 第五届中国（淮安）国际食品博览会重要活动第二届RCEP成员国食品产业合作圆桌会议举行。会上宣读中国—东盟中心贺信，中国国际商会与淮安市政府签订共建RCEP产业合作备忘录。

◎ 联合国教科文组织“世界美食之都”城市创新发展大会在淮安市召开。会上举行淮安市“世界美食之都”示范店、特色店授牌仪式以及淮安“国际淮扬菜学院”揭牌仪式，发布《2022“世界美食之都”城市绿色健康可持续发展淮安宣言》。

11日 比亚迪淮安项目开工启动暨“五证”联发仪式举行。

◎ 2022首届“中国预制菜买手节”开幕式暨预制菜买手联盟采销大会在淮安国际食品博览中心举行。

13日 第三届“郎静山杯”中国新画意摄影双年展开幕，1100余件摄影作品参展。

15日 江南大学和淮安市（淮安经开区）科技人才合作洽谈会暨合作签约仪式在无锡市举行。

16日 首届枢纽城市发展论坛在淮安举行，200多位全国各地专家学者参加论坛。论坛启动仪式上，签署《中国公路学会与淮安市人民政府战略合作协议》。

17日 2022年宁淮智能制造产业园高质量发展推介会在南京市举行，宁淮科创走廊和自贸区联动创新发展区启动建设，一批重大项目和相关合作协议签署。

◎ 淮安市—东南大学市校合作工作座谈会及《东南大学淮安市人民政府战略合作框架协议》签约仪式在东南大学举行。

18日 2022年中国中小城市高质量发展指数研究成果发布，公布全国综合实力百强区、全国投资潜力百强区榜单，清江浦区分别列第96位、第74位。

◎ 淮安市2项国家级农业标准化示范区项目通过考核评估验收，分别是盱眙县稻虾共生和涟水县芦笋设施栽培项目。

19日 2022年中国创新方法大赛江苏赛区擂台赛在淮安市举办。13支赛队进入擂台赛环节，最终决出7支赛队代表江苏参加全国总决赛。

22日 2022年中国·淮安创新创业人才团队精英赛总决赛举行。20个项目参加路演评比，产生一等奖1名、二等奖3名、三等奖6名。

28日 捷泰新能源高效太阳能电池片项目在涟水空港产业园开工。项目总投资130亿元。

12月

5日 金湖县尧想国文化旅游区被省文广旅游厅确定为国家AAAA级旅游景区。

◎ 中国科协发布2021—2025年第一批补充认定的全国科普教育基地名单，金湖荷花荡景区莲荷培育科普教育基地入选。

7日 中共江苏省委、江苏省人民政府印发《关于表彰“江苏制造突出贡献奖”优秀企业先进个人和先进单位的决定》。江苏今世缘酒业股份有限公司、江苏苏盐井神股份有限公司被评为优秀企业，施彬、蒋建平被评为先进个人，淮安市工业和信息化局、金湖县金信融资担保有限公司被评为先进单位。

9日 中央全面依法治国委员会办公室公布第二批全国法治政府建设示范地区和项目名单，淮安市财政奖补资金直达市场主体机制改革入选全国法治政府建设示范项目。

◎ 盱眙县马坝镇至天长市铜城镇省际毗邻公交正式开通试运行。该线路是淮安市首条长三角毗邻公交线路，简称马铜毗邻公交1路线。

11日 江苏京华智能科技有限公司项目在淮阴区开工，现场颁发项目“五证”。项目总投资50亿元。

12日 交通运输部公布首批50条国内水路旅游客运精品航线试点单位及试点内容，其中淮安大运河夜景游航线入选，为长三角地区入选的10条航线之一。

15日 市委书记陈之常会见台湾电电公会理事长李诗钦一行，双方就进一步深化淮台经贸合作进行深入交流。

◎ 2022年度“最美家乡人”全国评选结果揭晓，于洪军当选全国二十佳，获2022年度全国“最美家乡人·责任担当奖”，陈华中、王正道获“最美家乡故事讲述者”称号；周祝君获2022年度全国“最美家乡人·入围奖”。

21日 “第二批长三角高铁旅游小城”评选结果发布，淮安区入选长三角高铁旅游小城。

23日 淮安区以大运河“百里画廊”红色旅游融合发展带试点主题入选全国红色旅游融合发展试点单位，成为全国10个、全省唯一上榜的城市。

27日 中国共产党淮安市第八届委员会第五次全体会议举行。出席全会的有市委委员43名、候补委员9名，市纪委委员列席会议。

◎ 淮安涟水国际机场航站区改扩建工程举行开工仪式。

28日 中国共产党淮安市第八次代表大会第二次会议召开。在第一次全体代表会议上，市委书记陈之常代表中共淮安市第八届委员会作题为《践行嘱托再出发 逐梦复兴向前进 奋力在新时代新征程更好展示“象征意义”》的工作报告。市委副书记、市长史志军主持会议并宣布会议开幕。第二次全体代表会议审议通过关于市委工作报告的决议、关于市纪委工作报告的决议，审议通过《中共淮安市委关于深入学习贯彻中共二十大精神在全面推进中国式现代化新征程上更好展示“象征意义”的决定》，市委书记陈之常主持会议。

（淮 鉴）

市情概览

责任编辑：周永达

城市名片

【伟人故里】 淮安市是一代伟人、中华人民共和国国务院第一任总理周恩来的故乡。1897年，周恩来出生于淮安，12岁时离开家乡，走上求学与革命的道路。境内有国家AAAAA级旅游景区——周恩来纪念地景区，包括周恩来纪念馆、周恩来故居等。纪念馆位于古城淮安北门外夹城内的桃花垠，馆区由纪念岛、宽阔的水面和湖四周环形绿地组成，庄严肃穆。在这里，瞻仰周恩来坐像，参观周恩来生平陈列馆和仿西花厅，可以重温周恩来在淮安的12年岁月和为新中国奋斗一生的博大情怀与高尚人格。周恩来故居 位于淮安区驸马巷，有周恩来的读书房、诞生地、主堂屋、嗣父母住房、乳母住房等房间，还有周恩来童年时用过的厨房、水井、菜地以及亲自栽种的榆树等。清江浦区还有省文保单位——周恩来童年读书处。习近平总书记曾殷切嘱托："淮安人杰地灵，是周总理的家乡，把周总理的家乡建设好，很有象征意义。"

【运河之都】 淮安市是大运河的重要节点城市。春秋时期，中国最早的运河邗沟得到开凿，其末端就在淮安市境内。隋唐时期，大运河首次实现南北贯通，通济渠的南端、山阳渎的北端均在淮安市境内。明清时期，黄河、淮河、运河三条河流在淮安市境内交汇，淮安成为全国性的漕运治理中心和河道治理中心，此外还是漕船制造中心、漕粮转输中心、淮北食盐集散中心等。淮安市于2005年开始打造"运河之都"城市名片，先后召开两次全国性学术研讨会进行论证。2008年，被中国古都学会正式授予"运河之都"称号。2009年以后，在大运河申报世界文化遗产的过程中，淮安市发挥"运河之都"城市名片的效应，保护、宣传好境内的运河文化遗产，为大运河"申遗"成功作出了重要贡献。2017年后，在大运河文化带和大运河国家文化公园建设的号召下，淮安市持续擦亮"运河之都"城市名片，全力打造大运河国家文化公园"淮安样板"。2021年，淮安市策划启动大运河百里画廊建设。2022年，"淮安以大运河百里画廊引领'运河之都'"入选中国大运河智库联盟发布的年度大运河文化保护传承利用10件大事。

【文化名城】 淮安历史上是漕运枢纽、盐运要冲，南北文化在此交汇融合，在长期的历史发展进程中，形成内涵丰厚的运河文化、美食文化、红色文化、西游文化、戏曲文化等特色文化资源。至2022年末，全市有世界文化遗产项目1项，有全国重点文物保护单位13处，有国家级非物质文化遗产项目7项、国家级非遗项目代表性传承4人。全市获得的国家级文化品牌有中国书法之乡、中国农民画之乡、中国秧歌之乡、中国锣鼓之乡、淮海琴书之乡、中华诗词之市、中国荷文化传承基地等。淮安市深入挖掘深厚文化底蕴，持续擦亮文化品牌，"文化名城"城市名片焕发出更多的时代光彩。创排大型现代京剧《杰出楷模周恩来》，创编儿童剧《新安旅行团》，原创舞剧《我的刘老庄》等舞台艺术赓续红色血脉。淮海戏《天下民心》、现代京剧《杰出楷模周恩来》、现代淮剧《哎呀，我的憨哥哥》、舞剧《血战刘老庄》等突出地方特色、乡土特色，展现乡村振兴现实。打造优秀群众文化团队，开展文化志愿服务活动、送戏下乡活动万余场次，丰富群众文化生活。

【美食之都】 2021年11月8日，淮安市被联合国教科文组织授予"世界美食之都"称号，成为中国第五个世界美食之都。淮安市是淮扬菜主要发源地和传承地之一。淮安的烹饪历史，最早可追溯至7000多年前的新石器时代。隋唐运河开通后，水陆交通发达，清真菜、南方菜、北方菜和地方菜相互影响借鉴，形成多元融合的独特风味。因淮安、扬州两地相邻，菜肴风格口味相近，又经长期相互渗透、交流、融合，逐渐形成统一的风味流派。清末民国初期，国人名之为"淮扬菜"，成为与鲁菜、川菜、粤菜齐名的四大菜系之一。中华人民共和国成立时，淮扬菜成为"开国第一宴"的基准菜系。此后，淮扬菜更是得到不断的创新和发展，淮扬菜和淮扬菜文化走向全世界。淮安市有1300余种经典名菜名点、400余种淮扬菜独创或首创经典肴馔，298道淮安菜入选江苏省非物质文化遗产名录，为全国传统烹饪技艺列入省级非物质文化遗产保护范畴最多的城市。有资深淮扬菜大师3人、中国烹饪大师65人、中国烹饪名师13人、中国服务大师名师10人、江苏烹饪大师名师7人、淮扬菜名厨72人。有烹饪大师工作室、非遗美食工作室30家。

（淮　鉴）

自然地理

【位置面积】 淮安市地处江苏省北部中心地域，淮河下游，处于中国地理分界线“秦岭—淮河”线上。位于北纬32°43′~34°06′、东经118°12′~119°36′30″。北接连云港市，东毗盐城市，南连扬州市和安徽省滁州市，西邻宿迁市。东西最大直线距离132千米，南北最大直线距离150千米，面积10030平方千米。

【地形地貌】 淮安市地形西高东低，除市境西南部的盱眙县有丘陵岗地外，全市以平原为主体，地势平坦。境内河湖交错，水网纵横，京杭运河、淮沭河、苏北灌溉总渠、淮河入江水道、淮河入海水道、古黄河、六塘河、盐河、淮河干流9条河流纵贯横穿，全国五大淡水湖之一的洪泽湖大部分位于市境内。淮安市平原面积占总面积69.39%，湖泊面积占总面积11.39%，丘陵岗地面积占总面积18.32%。

【土壤条件】 淮安市属黄淮和江淮冲积平原。土壤主要有5种类型，分别是水稻土、潮土、黄褐土、火山灰土、砂姜黑土。土壤生态类型区有里下河土壤、古淮河土壤、环洪泽湖土壤、丘陵土壤4个生态类型区。有机质含量值2.7%，pH值在6~8。

（周　平）

【气候水文】 气候气象　淮安地处南暖温带和北亚热带过渡地区，季风性气候，光热水整体配合较好。全市分为淮南亚热带偏湿农业气候区、古黄河沿岸过渡带农业气候区。2022年，全市年平均气温较常年显著偏高，全市年平均降水量较常年偏少，年日照时数略多。冬季和秋季气温略偏高，春季显著偏高，夏季异常偏高，12月显著偏低。全市年降水量在627.3~712.6毫米，较常年相比偏少2.8（涟水）~3.6（淮安）成；冬季降水显著偏少、春夏季偏少、秋季略少、12月异常偏少。全市年日照时数2020.7（淮安）~2654小时（淮安区），略多于常年同期。

年平均气温平历史最高。全市各站平均气温15.9℃(淮安、洪泽)~16.4℃（金湖、淮安区），与常年同期相比，全市一致偏高0.6℃~1.4℃。全市年平均气温16.1℃，较常年同期15.2℃偏高0.9℃，与2021年同为历史最高。淮安、涟水、淮安区和金湖站创历史同期新高，洪泽达历史次高。

全年冬春夏降水一致偏少。全年各站降水量为627.3（洪泽）~712.6毫米（涟水），全市较常年值（971.6~1075.8毫米）一致偏少2.8（涟水）~3.6（淮安）成。全市年暴雨日仅1~4天。2021年至2022年冬季，全市降水量23.6（涟水）~62.8（盱眙）毫米，全市较常年值（78.8~104.3毫米）偏少4（盱眙）~7（涟水）成。春季全市各站降水量76.2（涟水）~180.2毫米（金湖），较常年同期涟水显著偏少5.2成，其他县区偏少0.7~4.2成。其中，3月显著偏多，4月显著偏少，5月异常偏少。夏季全市各站降水量在262.7（金湖）~456（涟水）毫米，全市较常年同期（538.7~580.8毫米）一致偏少2.1（涟水）~5.1（金湖）成。

夏季平均气温和高温强度同创历史新纪录。夏季平均气温在28.2℃（淮安）~28.7℃（淮安区、金湖），与常年同期相比，全市各站平均气温比常年偏高1.9℃（盱眙）~2.7℃（淮安区），夏季平均气温异常偏高，为1961年后最高，全市6个站均突破夏季历史极值。6月和8月气温异常偏高，7月显著偏高。夏季全市各站高温天数为23（淮安）~33天（淮安区），淮安高温日数23天。全市平均高温日数27天，较常年夏季（5天）偏多22天，为1961年后历史同期最多；夏季极端高温为39.2℃，出现在8月15日的金湖。全市有2个国家气象站的日最高气温突破本站历史极值，为金湖（39.2℃，8月15日）、淮安区（38.5℃，8月13日）。

秋季冷空气和寒潮来得早降温幅度大。9—11月，冷空气活动频繁，秋季有8次强冷空气过程影响淮安。10月3—5日，全市48小时气温降幅为13.9℃（盱眙、金湖）~16℃（淮安），5日早晨最低气温降至9.9℃（淮安）~11.6℃（淮安区），6个站均达到强冷空气标准，10月初出现这样的强降温过程历史罕见。11月28—30日，强寒潮天气自北向南影响淮安市，48小时最低气温降幅达14℃~18.3℃（淮安），极端最低气温-3.7℃出现在淮安（30日）。28日夜里至29日，全市6个站均达到寒潮标准，该次寒潮天气降温幅度历史少见。

全市高温终日创历史最晚纪录。10月2—3日，淮安市出现历史同期极端高温天气，最高气温普遍超过35℃；3日，6个气象观测站最高气温在35.7℃~38.3℃，区域站最高气温出现在盱眙新街村40.5℃（3日），全市6个观测站高温终日均打破历史最晚纪录。

水文水系　境内河湖众多，水网密布，水利工程众多，属于平原水网地区。包含淮河、沂沭泗两大水系，过境水量较多，来水水源丰沛，水资源条件较好，多年平均本地水资源总量为32.64亿立方米。主要河流呈“七横二纵”排列，“七横”为淮河干流、淮河入江水道、苏北灌溉总渠、淮河入海水道、废黄河（古淮河）、盐河、六塘河，“两纵”为京杭大运河、淮沭新河。全国五大淡水湖之一的洪泽湖大部分位于市境内，还有白马湖、高邮湖、宝应湖等中小型湖泊。经过多年建设，基本形成河湖相连、脉络相通、排蓄兼顾、调度灵活的防洪和水资源配置格局。境内有省骨干河道61条，河道总长约1830千米。其中，流域性河道9条，总长约580千米；区域性骨干和其他重要河道52条，总长约1250千米。

2022年，淮安市入境水量187.8亿立方米。其中，淮河水系入境147.1亿立方米，占78.3%；沂沭泗水系入境7.9亿立方米，占4.2%；江水北调入境32.8亿立方米，占17.5%。全市出境水量149.9亿立方米，其中淮河水系出境75.2亿立方米，沂沭泗水系出境74.7亿立方米 。洪泽湖入湖水量153.3亿立方米，高良涧闸、高良涧水电站、三河闸和二河闸累计出湖水量129.3亿立方米。

（市水利局　杨丽烨）

【资源物产】 土地资源　2022年，淮安市土地总面积为10030平方千米。第三次国土调查显示，全市耕地面积4771.17平方千米，园地面积63.95平方千米，林地面积529.5平方千米，草地面积45.76平方千米，湿地面积92.96平方千米，城镇村及工矿用地1476.42平方千米，交通运输用地276.99平方千米，水域及水利设施用地2747.46平方千米。

水资源　淮安市境地处淮河流域中下游，境内河湖众多，水网密布，水资源条件较好，南水北调工程初具规模。全市水资源总量18.77亿立方米。境内年平均降水径流深在199~262.5毫米。总体上地表水资源较为贫乏，年际变化较大，年内分配不均，而地下水资源储量丰富，过境水量较多。

矿产资源　淮安市主要有石盐、芒硝、凹凸棒石黏土、石油、玄武岩、石灰岩和白云岩、地热、矿泉水等矿产资源。石盐、凹凸棒石黏土、芒硝保有资源储量居全省第一位。其中，探明石盐矿石资源储量315.96亿吨，主要分布于淮安区、淮阴区、清江浦区、洪泽区；探明凹凸棒石黏土资源储量1960.52万吨，主要分布于盱眙县；探明无水芒硝矿石资源储量6.79亿吨，主要分布于淮阴区、洪泽区。

生物资源　淮安市有植物104科、219属、275种，有木本植物82科、213属、674种（含品种）。除古树名木以外的原生林木资源主要分布在盱眙丘陵山区，树种主要是朴树、黄连木、檀树、栎树、乌桕、桑树等；建成区范围内有登记在册古树名木65株。野生动物资源丰富，有浮游动物、底栖动物、鱼类、两栖类、爬行类、兽类和鸟类7个类群300余种。

物产　淮安市地处北亚热带和南暖温带之间的过渡气候带，温、光、水、土等自然资源极为丰富，生产条件优越，适宜多种农作物栽培和动物饲养，是著名的“鱼米之乡”和全国重要绿色农副产品生产基地。淮安市盛产优质稻麦、棉花、油料、林木、水果、畜禽、鱼虾、鳖蟹、珍珠等。至2022年末，淮安市成功申创“盱眙龙虾”“淮安大米”“淮安黑猪”“淮安红椒”“金湖大米”“淮安黄瓜”“洪泽湖螃蟹”“洪泽银鱼”“洪泽芡实”等129件地理标志证明商标，数量居全国前列。

（市自然资源和规划局）

ha20nj8 盱眙龙虾　ha20nj9 淮安黑猪　ha20nj17 淮安红椒

历史人文

【历史沿革】 淮安为国家历史文化名城，早在6000年前就有先民们活动的踪迹，并留下载入史册的“青莲岗文化”。夏商周时期，市境为“淮夷”“徐夷”聚居地。春秋战国时期，既有吴王夫差开凿的邗沟（淮扬运河）沟通江、淮，又有陆上干道——善道通达南北。《淮系年表·序言》称包括市境在内的古淮河中下游地区“交通灌溉之利甲于全国”，成为各诸侯国争夺的重要地区，先后为吴、越、楚国所有。秦统一六国后，推行郡县制。市境分属泗水郡和东海郡，始置县邑有淮阴（治今淮阴区马头镇）、盱眙（治今盱眙县城东北）、东阳（治今盱眙县马坝东南）。西汉年间，市境大体属临淮郡，又增置淮浦（治今涟水县西）、射阳（治今淮安区东南）、富陵（治今洪泽湖中）等县。东汉分属下邳国和广陵郡。

魏晋南北朝时期，市境长期处于战争和对峙的前沿，建置混乱，隶属多变，今市区马头镇、淮城镇其时均为军事要塞，多设州郡治所，为边帅驻节之地。长年战乱带来的是“江淮之间，赤地千里”的凄惨景象，经济和文化遭到严重破坏。南齐永明七年（489），割直渎县破釜以东，“淮阴镇下流杂”100户置淮安县，“淮安”之名始见。

隋唐五代时期，境内长期处于安定的环境，建置也较稳定，大抵淮北属泗州（治今盱眙县城北淮河对岸），淮南属楚州（治今淮安区淮城镇），经济得以持续发展和重新繁荣。楚州、泗州成为运河沿线的两座全国性名城，楚州更被白居易誉为“淮水东南第一州”。北宋年间，境内较为太平，市境先属淮南路，分属楚州、泗州；后分淮南路为淮南东、西路，市境属淮南东路。南宋和金、元对峙时期，市境再度成为前线，为双方反复争夺，建置亦复杂多变。元代，境内先后置淮东安抚司、淮东总管府、淮安路（治今淮安区淮城镇）。淮安路辖境包括今苏北地区大部和皖北一部。

明清时期，境内置淮安府。明代淮安府辖山阳、清河、安东、盐城、桃源、宿迁、沭阳、睢宁、赣榆、邳州、海州，共九县二州，范围包括今苏北五市绝大部分地域。其间，还有漕运总督、南河总督驻节淮安。漕运总督还经常兼巡抚江淮，节制淮（安）、扬（州）、庐（州）、凤（阳）四府及徐（州）、滁（州）、和（州）三州，管辖范围包括今江苏、安徽两省的长江以北广大地区。清末，一度设立江淮行省，淮安是江淮巡抚驻节之所，即省会所在地。

民国元年（1912），淮安府撤销，市境大部始属淮扬道（道署设今清江浦区），后属淮阴行政督察区、第七行政督察区。抗日战争和解放战争时期，淮安境内成为重要的抗日民主根据地和解放区，中共中央华中局、新四军军部、中共中央华中分局、华中军区、苏皖边区政府等都曾驻节境内。由于处在敌后环境，根据地和解放区的政区变化很大，大抵分属淮海区、盐阜区、淮南区、淮北区。抗日战争胜利至1946年9月，淮安是华中解放区的中心、苏皖边区的首府，时苏皖边区南界长江、北界陇海铁路、东至黄海、西至裕溪口一线，横跨苏皖豫鲁四省之境，辖53个旧县。1948年12月，市境全部解放。1949年5月，成立淮阴专区。

中华人民共和国成立后，淮阴专区先属苏北行政区，后属江苏省。经过1950年6月、1954年8月、1954年12月、1971年3月的区划调整，今市境始全属淮阴专区。1983年，淮阴专区改为淮阴市，辖宿迁、沭阳、灌南、泗洪、泗阳、涟水、淮阴、淮安、洪泽、盱眙、金湖11个县和清河、清浦2个区，原辖县灌云划归连云港市。1987年，辖县淮安、宿迁改为县级市。1996年8月，宿迁、泗阳、沭阳、泗洪4个县（市）从淮阴市析出，成立地级宿迁市，同时灌南县划归连云港市。2001年2月，淮阴市更名为淮安市，原县级淮安市改为淮安市楚州区，原淮阴县改为淮安市淮阴区。2012年2月，楚州区更名为淮安区。2016年，清河区、清浦区合并成立清江浦区，洪泽县更名为洪泽区。

（荀德麟　周　平）

【行政区划】　淮安市是江苏省省辖市，下辖清江浦、淮阴、淮安、洪泽4个区和涟水、盱眙、金湖3个县。淮安经济技术开发区、淮安工业园区计划单列，统计单独列统。至2022年末，全市有57个镇、38个街道，1382个行政村、202个居委会。

（徐　俊）

【人口方言】　人口　2022年末，淮安市户籍人口551.11万人，其中男性282.69万人、女性268.42万人。常住人口小幅减少。年末，常住人口455.31万人，比上年减少0.91万人。其中，城镇常住人口304.29万人，常住人口城镇化率66.83%。全年人口出生率4.78‰，死亡率3.82‰。

方言　淮安方言属江淮方言。淮安市区自古以来就是运河沿线上的交通重镇，人文荟萃，商贾云集，南北方言交汇，因此境内方言兼有南方方言和北方方言的特点，尤其在语音方面，具有南北方言的过渡性。境内各县区方言差异不大。淮安方言与普通话相比，在语音方面，主要特点有3个。声调方面，普通话声调有4个，阴平、阳平、上声、去声。淮安方言声调比普通话多一个，保留古入声。入声声调带有明显的喉塞音。声母方面，舌边音“l”和鼻音“n”不分。鼻音“n”声母字，大都读成舌边音“l”声母；舌尖音“z”“c”“s”和舌根音“zh”“ch”“sh”不分。舌根音“zh”“ch”“sh”声母字，大都读成舌尖音声母。韵母方面，主要是舌尖音“en”“in”和舌根音“eng”“ing”不分。只有舌尖音，没有舌根音。舌根音韵母字大都读成舌尖音韵母。还有，普通话中的复元音韵母，在淮安方言中有单元音化的趋势。淮安方言，在词汇和语法方面，虽然跟普通话差异不大，但也有其自身的一些特点。比如，亲属称谓，一般称“父亲”为“爹”，而淮安方言称“父亲”为“爷”“爸”“大”，称“祖父”为“爹”。普通话讲“我非去不可”，淮安方言通常表述为“我非去”。普通话说“给我一本书”，淮安方言说成“给本书我”。由于地域性的关系，淮安方言各县区之间乃至县区内部东南西北之间都存在着一定的差异。

（杨义春）

表1　2022年淮安市行政区划一览表

县区	类别	名称
清江浦区	镇（2个）	黄码镇、和平镇
	街道（14个）	府前街道、水渡口街道、长东街道、长西街道、淮海街道、柳树湾街道、清河街道、清浦街道、闸口街道、清江街道、浦楼街道、城南街道、武墩街道、盐河街道
淮安区	镇（13个）	平桥镇、石塘镇、朱桥镇、施河镇、车桥镇、流均镇、博里镇、复兴镇、苏嘴镇、钦工镇、范集镇、漕运镇、顺河镇
	街道（3个）	淮城街道、河下街道、山阳街道
淮阴区	镇（9个）	马头镇、渔沟镇、淮高镇、丁集镇、徐溜镇、刘老庄镇、南陈集镇、三树镇、高家堰镇
	街道（4个）	王家营街道、长江路街道、新渡口街道、古清口街道
洪泽区	镇（6个）	蒋坝镇、岔河镇、西顺河镇、三河镇、老子山镇、东双沟镇
	街道（3个）	高良涧街道、朱坝街道、黄集街道
涟水县	镇（12个）	高沟镇、南集镇、岔庙镇、红窑镇、黄营镇、大东镇、唐集镇、石湖镇、梁岔镇、成集镇、五港镇、东胡集镇
	街道（4个）	涟城街道、朱码街道、陈师街道、保滩街道
盱眙县	镇（10个）	马坝镇、官滩镇、桂五镇、管仲镇、河桥镇、鲍集镇、黄花塘镇、淮河镇、天泉湖镇、穆店镇
	街道（3个）	盱城街道、太和街道、古桑街道
金湖县	镇（5个）	金南镇、塔集镇、银涂镇、前锋镇、吕良镇
	街道（3个）	黎城街道、戴楼街道、金北街道

注：另有淮安经济技术开发区钵池街道、南马厂街道、徐杨街道、枚乘街道

（资料来源：市民政局）

【民族宗教】 民族 2022年，淮安市有48个民族，是江苏省民族成分最多的市之一。其中，汉族约占总人口的99.7%；47个少数民族户籍人口约2万人，以回族人口为最多，约占少数民族总人口的67%。其他少数民族中，千人以上的民族有苗族；百人以上的民族有蒙古族、彝族、壮族、布依族、满族、侗族、白族、土家族、哈尼族、傈僳族、傣族、藏族、黎族、朝鲜族14个；百人以下的民族有维吾尔族、瑶族、哈萨克族、佤族、畲族、高山族、拉祜族、水族、纳西族、景颇族、柯尔克孜族、土族、达斡尔族、仫佬族、羌族、布朗族、撒拉族、毛南族、仡佬族、锡伯族、阿昌族、普米族、怒族、俄罗斯族、鄂温克族、德昂族、裕固族、京族、独龙族、鄂伦春族、基诺族31个。除回族属早期迁居外，其他少数民族大都是改革开放后婚嫁进来的。

宗教 淮安市有佛教、道教、伊斯兰教、基督教四大宗教。有市级宗教团体5个，分别是市佛教协会、市道教协会、市伊斯兰教协会、市基督教三自爱国运动委员会、市基督教协会，有县级宗教团体17个。2022年，全市有清真饭店8家、清真食品生产企业3家；有新疆班（高中、中职）2个，分别是江苏省淮州中学新疆班、淮安生物工程高等职业学校。认定和谐宗教活动场所60家。

（市民宗局）

【地方文化】 淮安市历史文化悠久，底蕴深厚，南北兼容，尤以运河文化为魂，形成开放包容和合作共赢的城市特征。六七千年前，在淮安青莲岗等地区就居住着氏族部落。他们会用石头、兽骨制作捕猎和生活用具，还学会烧制陶器，有的红陶钵内壁还绘上彩色图案，这种文化形态被称为“青莲岗文化”，是江淮地区母系氏族社会繁荣阶段的文化典型代表。5000年前左右，在洪泽区的共和、盱眙县的管镇、涟水县的笪巷等地的母系氏族公社演变到父系氏族公社，制陶技术有了较大进步，男子在财产和家庭中处于支配地位，该文化形态与大汶口晚期文化相近。4000多年前，境内先民进入“龙山文化”时期。盱眙县的范家岗和涟水县的杨庄遗址显示，当时陶器普遍采用轮制，器壁厚薄均匀，造型优美，以黑陶为主。氏族成员内部出现明显贫富分化。

淮安民间文艺源远流长，战国刻文铜器中的击磬音乐、舞蹈，汉代画像石刻的吹箫、宴饮乐舞、百戏、杂技和铜戏俑及说书木俑等各种艺术形象，反映古代淮安文化艺术的灿烂。民间演唱艺术历史久远、形式多样，有秧田锣鼓、淮红调、淮海锣鼓、琴书、大鼓、清淮小曲、三括调、渔鼓、评书、评词、花船、花车、高跷、龙灯、跑驴、花鼓、花灯、抬（架）阁、莲花落、评话等。公元五六世纪至清末民国初期，先后形成多个地方剧种。文学、书法、绘画、雕塑等名人佳作历代都有。

文学 西汉淮阴人枚乘是汉大赋的开山鼻祖，被后人推崇为“文章领袖”。枚乘之子枚皋所作辞赋甚多，比较可读者120篇。东汉末“建安七子”之一的陈琳，善为诗赋，《饮马长城窟行》为其代表作之一。晚唐诗人赵嘏长于七律，有《渭南诗集》传世。北宋淮阴人张耒为“苏门四学士”之一，善诗文，存有诗集《柯山集》等。明代吴承恩创作神话小说《西游记》，为中国古代四大古典小说之一。清代大学者阎若璩长于诗文，曾一个晚上创作七言绝句百首，名为《陇右倡和诗》。古文家鲁一同，其诗“气象雄阔”，今存《通甫诗存》。清光绪年间，寓居淮安的刘鹗，创作《老残游记》，为晚清四大谴责小说之一。当代作家有陈白尘、吴强、陈登科、袁鹰、司马中原、张贤亮等。

戏剧 早在公元前206—25年，淮安地区就有表演艺人活动。后经长期发展，逐渐形成诸多地方戏曲剧种，先后有僮戏、泗州戏、淮海戏、淮剧、淮红戏、小调剧以及外地流入的京剧、吕剧、黄梅戏、越剧、扬剧等多个剧种。自清代起，民间戏班在淮安地区出现。至清咸丰年间，清江浦观剧风气已大盛。清末民国初期，淮安地区各地方剧种民间班社日益增多，演出活动频繁，表演形式、唱腔等不断丰富。较著名的戏剧表演艺术家有王瑶卿、周信芳、宋长荣、杨秀英等。

歌舞曲艺 早在古代，淮安民间举行大傩时，就跳傩舞，傩舞在秦汉时期盛行。迄今洪泽湖区尚流传独特的渔家傩舞——渔傩。长期以来，每逢佛事道场，巫人祭神弄鬼，均有以娱神为目的的歌舞。淮安说唱艺术历史悠久，盱眙东阳曾出土有汉末新莽时期的说书木俑。唐元和年间，淮阴有曲艺女艺人刘彩春演唱甚佳。明代中叶以后，以两淮民歌为主要形式的清淮小曲在清江浦、淮安民间兴起。清光绪年间，清淮小曲发展极盛，多流行于酒楼茶馆。清代中后期，琴书和淮海锣鼓艺术开始形成。清末民国初期，诸多曲种得到发展，淮海锣鼓分为郯门等四大门派。主要曲种有淮海锣鼓、琴书、清淮小曲、苏北大鼓、扬州评话等。

（周永达）

【历代名人】 淮安地区人杰地灵，英才辈出。河下古镇在明清两朝，出过56名进士、160多名举人和贡生，河下“三鼎甲”更是成为传奇。历代主要名人有韩信、枚乘、枚皋、梁红玉、吴承恩、吴鞠通、关天培、刘鹗、周恩来等。

韩信 生年不详，卒于西汉高祖刘邦十一年（前196），淮阴人，中国历史上杰出军事家。始附项梁，继属项羽，屡次进言，不被采纳，遂投刘邦。汉高祖元年（前206）被刘邦拜为大将。作为统帅，他率军出陈仓、定三秦、擒魏、破代、灭赵、降燕、伐齐，直至垓下全歼楚军，无一败绩，天下莫敢与之相争。韩信是中国军事思想“谋战”派代表人物，作为军事理论家，他与张良整理兵书，并著有兵法3篇。被萧何誉为“国士无双”，被后人奉为“兵仙”“战神”。“功高无二，略不世出”是楚汉之时人们对其的评价。平定齐地后，韩信自请为齐王，致刘邦疑忌，由齐王改封楚王。后又被诬谋反，因无实据，贬为淮阴侯。后终为吕后、萧何诱杀于长乐宫。与韩信有关的成语典故有：胯下之辱、一饭千金、晨炊蓐食、执戟之郎、筑坛拜将、匹夫之勇、妇人之仁、暗度陈仓、背水一战、拔帜易帜、置之死地而后生、半渡而击、解衣推食、三分天下、垓下之战、四面楚歌、十面埋伏、羞与哙伍、兔死狗烹、成亦萧何败亦萧何等。

枚乘　字叔，淮阴人，生年不详，逝于西汉武帝刘彻建元元年（前140）。西汉辞赋家。枚乘创作有赋9篇，今留存下来的有3篇，其中《七发》对汉赋特点的形成有重要影响。后世将枚乘与司马相如并称"枚马"。

枚皋　枚乘的儿子，幼秉父教，加之天赋极高，才华横溢，17岁便成为梁共王刘买的文学侍从。其所作佳赋有120篇。枚皋可倚马作露布（公告文书），成语"倚马可待"形容人文思敏捷，其典故即源出于此。

梁红玉　（？—1153），宋楚州北辰镇人。大将韩世忠之妻，抗金名将。南宋建炎四年（1130），与韩世忠镇守京口，登橹楼，冒流矢，亲操桴鼓，留下"击鼓抗金"之千古佳话。南宋绍兴六年（1136），与韩世忠驻防楚州，带领兵士以芦苇织箔为屋，挖蒲根以充饥，使蒲菜留下"抗金菜"之千古美名。

吴承恩（约1500—1582）　字汝忠，号射阳山人，祖籍安东（今涟水县），后迁居山阳（今淮安区），住河下镇打铜巷，出生于一个由书香门第没落为小商人的家庭。他少时聪慧，博涉群籍，"髫龄即以文鸣于淮""为诗文下笔立成，清雅流丽，有秦少游之风"。他的文才很早就受到郡守、前辈名公的赏识，与淮安知府陈文烛以及嘉靖状元、同乡人沈坤等均过从甚密，但仕途不顺，61岁那年谋得长兴县丞职务，因为不谙吏道，两年后就拂袖而去。吴承恩对野言稗史有浓厚的兴趣。因对当时社会不满，他用文学发泄长期郁积在胸中的愤懑，写出富于积极浪漫主义精神的著名长篇小说《西游记》，成为中国四大名著之一。

吴鞠通（1758—1836）　名瑭，字配珩，以号行。清淮安府山阳县河下镇人。生于清乾隆二十三年（1758），卒于清道光十六年（1836）。吴鞠通是中国医学史上颇有建树的代表人物之一。其撰著的《温病条辨》为中医必读的"四大经典"之一。

关天培　字仲因，淮安府山阳县人。幼时读书，后弃文习武从军，官至总兵，为试行海运的功臣之一。清道光十四年（1834），任广东水师提督。1841年2月25日，英军大举进攻虎门炮台，关天培率部死战，以身殉国，是中国近代反侵略战争中最早牺牲的高级将领。

刘　鹗（1857—1909）　原名孟鹏，字云博，后更名鹗，字铁云，别号老残，又署洪都百炼生。原籍丹徒，随父母迁居淮安府山阳县，并成长于淮安，死后亦归葬山阳。刘鹗一生坎坷。其著作《老残游记》被列为清末四大谴责小说之一。他还是20世纪甲骨文、古文字学研究的先驱之一。

周恩来（1898—1976）　字翔宇，原籍浙江绍兴，生于江苏淮安。1917年在天津南开学校毕业后赴日本求学。1919年回国，9月入南开大学，在五四运动中成为天津学生界领导人，组织进步团体觉悟社。1920年赴法国勤工俭学。1921年加入中国共产党8个发起组之一的巴黎共产主义小组。1924年秋回国，在国共合作期间任广东黄埔军校政治部主任。1927年3月领导上海工人第三次武装起义，在中共五届一中全会上当选为中央政治局委员，8月1日领导南昌起义。1928年在中共六届一中全会上当选为中央政治局常务委员，后任中央组织部部长、中央军委书记。1931年12月，离开上海到中央革命根据地，先后任中央苏区中央局书记、中国工农红军总政治委员兼第一方面军总政治委员、中央革命军事委员会副主席。1935年1月在遵义会议上，支持毛泽东正确主张，继续被选为中央主要军事领导人之一。在1945年中共七届一中全会上当选为中央政治局委员、中央书记处书记。中华人民共和国成立后，周恩来一直任政府总理，1949—1958年曾兼任外交部长；当选为中共第八、九、十届中央政治局常委，第八、十届中央副主席，中央军委副主席；政协全国委员会第一届副主席，第二、三、四届主席。

周恩来是伟大的马克思主义者，伟大的无产阶级革命家、政治家、军事家、外交家，党和国家主要领导人之一，中国人民解放军主要创建人之一，中华人民共和国的开国元勋，是以毛泽东为核心的党的第一代中央领导集体的重要成员。

（淮　鉴）

经济社会发展

【古代经济社会】　距今六七千年前的青莲岗文化时期，淮安市境内出现种植稻谷的原始农业，还有畜牧饲养业。当时随葬物有少量陶器和石器，出现男女合葬墓，可见婚姻形态已相对稳定。延至距今5000年左右，人们改进生产工具，发展农业，同时发展畜牧业。饲养的家畜有牛、羊、猪、狗等。夏商周时期，徐国人创造发达的农牧渔猎业。种植的农作物有稻、麦、粟等，并饲养狗、牛、马、羊、猪等家畜。纺织业颇为发达。秦汉时期，淮安地区优越的自然条件得到较好的利用。西汉初期，生产力水平有了提高，铁制农具和牛耕得以广泛使用。秦汉时期淮安农业经济得以繁荣。秦代的"淮阴市"商业繁荣，商业是居民的主要谋生手段。隋唐五代时期，安定的环境，使经济得以持续发展和重新繁荣。经济的繁荣成就了文化的昌盛。其间，大运河对淮安市境的繁荣产生巨大作用。楚州城、泗州城因此成为南漕北运的重要枢纽。淮北海盐生产进一步发展，涟水县以其资源和地理环境优势，成为全国四大盐场之一，也是海、楚、泗州的海盐生产、囤积、运销管理中心。北宋前期，由于社会安定和政府采取一些鼓励扶持垦殖的政策，大量的无主荒田得到垦种。大中祥符元年（1008）以后，从福建引进耐旱早熟、适应性强的占城稻加以推广，对稻米稳产高产起到重要作用。这一时期的淮境依然是鱼米之乡。北宋时期，淮安市境至沿海是重要的食盐产地，供销到徐、光、泗、寿州以及江南的苏、杭、湖、常、润州与江阴军。楚、泗等州的酿酒业也得到发展，酿制曲酒已经出现，当时有大酒、小酒之分。一般乡镇都有经营酿制业的“酒户”。丝、麻编织亦较发达，生产的绢、绫、苎布和孔雀布作为贡赋，每年都有规定的上缴额。这期间，不仅原有的城镇持续繁荣，而且产生未见载于前史的新城镇。府、州、县学普遍建设，受教育者增多。佛教、道教进一步传播。

明清时期，尽管处于全面萧条的广大农村包围之中，但是由于扼河、漕、盐、榷、驿的机杼，淮安仍进入鼎盛时期，与扬州、苏州、杭州并称运河沿线的“四大都市”。民间手工业主要有酿酒、榨油等。明正德以前，淮酒就很有名，以山阳县为最，有酒坊100多家，每年需耗粮几十万石。至清中叶，高沟大曲酒名播大江南北。淮北盛产大豆，榨油业颇发达。豆油、豆饼在清道光以前大量转贩江南各地。淮安还是仿古镏金铜器的著名产地。生产的仿古小鼎炉、香鸲等物，做工细腻，可以乱真。明清时期，境内办起了不少书院、义学、社学，仅淮安、清江浦两地，就有书院20余所。医学方面，形成较有影响的山阳医派。吴鞠通撰写了中医四大经典之一的《温病条辨》。

【近现代经济社会】 清代后期，黄河北徙，漕粮转由海运，漕运式微，淮安运河沿线城市渐形衰落。清宣统三年（1911）津浦铁路通车以后，淮安“南船北马”地位丧失，衰落速度加快。清江浦人口骤减到不足10万人。市面也明显冷落，旅馆饭店纷纷倒闭。近代交通运输业开始发展，清光绪二十三年（1897）六月，立生洋行挂英商旗号的火轮班船开通镇江航班。淮安的近代工业，发端于19世纪末。光绪二十四年（1898），邓佐廷于王家营创办境内第一家近代工业企业——南洋广机利公司，有织机200张。清光绪三十二年（1906），在清江浦开设赐福斋帽庄、恒泰和广货庄、中法药房的南京商人刘少甫，约同陈子英到上海招集股份，到清江浦创设面粉厂。上海南市商会会长、金融资本家顾馨一在清江浦创办大丰盈记面粉厂。北洋军阀统治时期，淮境农工商等实业有所发展。如开办农事试验场，推广农业良种及良种禽畜等；开办淮阴第四工场、增新祥蛋厂等。随着科举的废除，新式学校兴起，创办了江北师范学堂、江北农林学堂、淮安府中学堂等。在反对封建礼教、解放妇女方面也做出不少努力。晚清时期，境内医学代有人才。北洋政府时期，文化教育事业有了较大发展。一般县里都设民众教育馆，负责扫盲教育和文化娱乐等开启民智工作。

抗日战争时期，抗日民主根据地发动群众实行减租减息，开展大生产运动，做到土布基本自给。解放战争时期，发放农工商业贷款，把部分公营工厂改为公私合营工厂。农村纺织业发展极快，城市工业也迅速恢复，还兴建一批日用品工厂，基本实现生产自给。商业更趋活跃。各抗日根据地民主政府努力恢复各级学校，新办新校，鼓励私人办学，创办江淮大学、华中建设大学等学校。1943年，淮海区有中学9所、小学100余所。各根据地都办有报纸、刊物，如《淮海报》《淮海大众》等。各级各种剧团、文艺宣传队异常活跃，以群众喜闻乐见的京剧、淮剧、淮海戏、打鼓说书等表演形式，揭露敌人、教育群众。结合农村扫盲，开展群众性冬学运动。解放战争时期，边区政府大力发展教育、文化、卫生事业。成立文化协会、文艺协会、新闻协会、社会科学协会、自然科学协会等。各行政区、县区成立文工团和地方戏剧团，巡回演出。在清江市出版的报刊有十五六种，新书店印刷厂承印书籍60余种、近30万册。在两淮开办的大学和专科学校有华中建设大学、雪枫军政大学、苏皖教育学院、苏北工专、华中医科学校等。医院也从1所发展到5所，其中苏北国家和平医院有钢丝床250张。卫生行政部门医务人员开展巡回医疗，防治疫病。

【当代经济社会】 中华人民共和国成立后，淮安市境内开展土地改革，治水、治蝗，努力发展农业和工商业，经济得到长足发展。婚姻法得到贯彻，取缔卖淫嫖娼、贩毒吸毒、聚众赌博等丑恶现象。改革开放后，随着经济发展进入快车道，各项社会事业得到相应发展，人民生活水平显著提高。1989年，淮安市摆脱整体贫困。2005年，城镇居民人均可支配收入9115元，农村居民人均可支配收入4000元，农村合作医疗覆盖面88.4%，城镇养老、医疗、工伤、事业保险覆盖面分别为88%、85%、96%、85%。2013年，全市总体达到省定2003版全面小康社会标准；2020年，淮安市全面建成小康社会。2022年，淮安市实现地区生产总值4742.42亿元，比上年增长3.6%。其中，第一产业增加值445.42亿元，增长4.2%；第二产业增加值2011.9亿元，增长5.4%；第三产业增加值2285.1亿元，增长1.9%。三次产业结构比例优化调整为9.4∶42.4∶48.2。人均地区生产总值104054元，增长3.6%，按当年平均汇率折算为15470美元。全体居民人均可支配收入36706元，全体居民人均消费支出20826元。年末，全市城乡居民基本养老保险参保人数197.35万人，职工养老保险参保人数117.64万人，工伤保险参保职工人数80.53万人，失业保险参保人数58.15万人，无雇工的个体工商户、灵活就业人员企业职工基本养老保险参保人数21.59万人。全年共支出企业职工基本养老保险112亿元，机关事业单位养老保险49.98亿元，城乡居民基本养老保险23.33亿元。养老金按时足额100%社会化发放。

（周永达）

中国共产党淮安市委员会

责任编辑：李　想

综　述

【党的建设】 2022年，中共淮安市委做好迎接中共二十大召开主题采访、系列宣传、群众性文化活动，开展传达学习、宣讲宣传、贯彻落实等一系列工作，推动中共二十大精神深入人心。举办学习贯彻习近平重要回信精神一周年系列活动，儿童剧《新安旅行团》在全国引发热烈反响。创新打造市理论宣传联盟和智库联盟，党建引领乡村治理等工作纳入全国、全省试点，恩来干部学院被列入中组部“党性教育干部学院目录”，纪巡审“三类监督”贯通协同等工作经验被中央纪委、省委推介，全面从严治党群众满意度稳步提升。“大统战”工作格局不断完善、效能加速提升，从组织上实现党管武装工作全域落实，获批全国首个市级公共法律服务标准化试点项目。产教融合产改经验、“梦想小屋”建设做法、困境妇女儿童“一户一策”精准微关爱服务项目成为全省亮点。

【统筹疫情防控和经济社会发展】 2022年，中共淮安市委落实习近平总书记关于疫情防控工作的重要讲话和指示精神，落实党中央“疫情要防住、经济要稳住、发展要安全”的重大要求，紧紧围绕省委、省政府决策部署，众志成城，统筹疫情防控和经济社会发展。围绕“力争实现最好结果”，巩固经济回稳向上基础。综合实力持续增强，全年实现地区生产总值4742.42亿元，比上年增长3.6%。就业创业总体稳定，消费价格温和上涨，粮食生产再获丰收，林牧渔业平稳增长，现代农业加速发展。工业生产较快增长，建筑业稳定健康发展。固定资产有效投资快速增长，消费市场总体平稳。方特东方欲晓主题公园开园，创成省级全域旅游示范区1个、省级夜间文旅消费集聚区3个，淮安区获批全省唯一全国红色旅游融合发展试点单位，内河集装箱吞吐量增幅近50%。全面落实上级稳增长政策，精准制定助企纾困“45条”、“20条”和稳增长“15条”等“一揽子”措施，累计为各类市场主体退减免缓税费105.8亿元，江苏纽泰格科技股份有限公司、江苏威博液压股份有限公司成功上市，江苏天一超细金属粉末有限公司获评国家制造业单项冠军，省级以上“专精特新”企业达到136家，入选全国首批国家知识产权强市建设试点城市。

【重大项目攻坚】 2022年，中共淮安市委突出重特大产业项目攻坚，开展深圳、苏州投资环境说明会以及上海城市推介月、淮河华商大会、中国·淮安食品博览会等系列招商活动。对外贸易再创新高，对外贸易结构不断改善，利用外资稳中提质，外资重大项目取得突破，台资项目加快集聚，迎来淮安产业项目发展高峰期。加快重大工程建设，省重大项目数量和年度投资较上年分别增长1倍和2倍，市重大产业项目数和年度投资分别增长70%、62%，国家政策性开发性金融工具投放额度居苏北地区第一。中心城市建设项目有力推进，淮河入海水道二期、淮安港三期开工建设，里运河文化长廊“四行”系统、板闸遗址公园基本完工，环洪泽湖公路基本贯通，京沪高速扩建淮安段、宁淮城际铁路先开段主体建成，淮安涟水国际机场三期货站国际区竣工投用。持续深化营商环境集成改革，重特大项目落地速度不断刷新，财政奖补集成服务改革被评为全国法治政府建设示范项目，“数字化联合审图”入选全国典型案例，“拿地即开工”项目占比、不见面交易率居全省第一，全国工商联“万家民企评营商环境”满意度居全省第二。完成“三区三线”划定工作，进一步拓展未来发展空间。

【民生保障和改善】 2022年，中共淮安市委做好稳岗、减负、扩就业工作，民生类支出506.5亿元，占一般公共预算支出比重76.7%。在全国首创“村集体经济收入保险”。全面完成为民办实事十大类50个项目，入选省推动基础教育高质量实验区、全国健康城市建设样板市、全国DIP改革示范城市名单，通过省书香城市建设示范市验收。深化文艺院团改革，整合成立淮安市文化艺术中心，6部作品获评省“五个一工程”奖，在江苏省第十二届运动会上取得历史最好成绩。出台城市长效管理“16项”标准、物业管理“20条”措施，改造老旧小区156个，乡村振兴“三级先导”工程取得成效。抓好生态环境保护督察整改，获批“十四五”时期无废城市建设试点，完成生态环境质量省定任务，创成全国绿色出行城市，白马湖湿地被推荐列入国际重要湿地名录，河湖长制工作获得国务院督查激励。

【巡视整改】 2022年，中共淮安市委制定出台《巡视整改责任交接衔接暂行办法》《市委巡察整改质效评估实施办法（试行）》，组建5个督查组，对巡视巡察反馈意见整改落实情况开展督查。中共淮安市委主要领导签发整改交办单51份，市党政分管领导一线调度23次，市委常委会4次听取巡视巡察整改情况汇报。针对国企平台债务风险管控、公益性墓地转为经营性等问题，推动国有企业投融资、殡葬等领域开展综合治理和专项整治。推动44个群众急难愁盼问题立行立改。牵头对中央巡视江苏、省委巡视淮安反馈意见整改落实情况进行专项督查，推动整改各类问题66个。组织群众参与评议整改，建立"整改好不好，群众说了算"机制，提升巡察工作群众知晓率、参与率、满意率。

【重要决策】 重特大项目攻坚 2022年2月10日，中共淮安市委、淮安市人民政府印发《2022年度全市重特大项目攻坚实施方案》，明确项目招引目标、落地目标。方案提出12项工作重点，即强化招商工作力量、深化招商活动组织、优化招商方式方法、细化招商项目研判、强化项目推进机制、增强项目服务实效、加强项目建设管理、建强园区平台载体、降低交通物流成本、提升要素保障水平、提优项目服务环境、提高审批服务效能。

推动制造业高质量发展 2月10日，中共淮安市委、淮安市人民政府印发《关于推动制造业高质量发展的实施意见》，明确"规模总量实现新跨越、发展质量实现新跨越、产业培育实现新跨越"发展目标。意见提出6项主要措施，即实施规模企业培育工程、实施上市企业培育工程、实施高科技企业培育工程、实施绿色制造培育工程、实施企业"智改数转"推进工程、实施创新平台载体培育工程。

乡村振兴 2月18日，中共淮安市委、淮安市人民政府印发《关于聚焦乡村振兴重点工作加快农业农村现代化的实施意见》，提出23条意见：稳固粮食等重要农产品供给、强力推进产业集群建设、着力提升农产品质量效益、加快发展农业新型业态、强化园区载体建设、培育壮大新型农业经营主体、大力促进农业绿色发展、科学编制治理方案、精准把握治理任务、充分激发治理动能、切实提升治理实效、全面提高治理能力、坚持系统谋划、强化规划引领、抓好试点示范、集成聚合资源、做好巩固拓展脱贫攻坚成果同乡村振兴有效衔接、大力发展农村集体经济、推动农民就业创业、压实全面推进乡村振兴责任、健全工作推进机制、强化资源要素保障、严格督查考核。

法治政府建设 4月3日，中共淮安市委、淮安市人民政府印发《淮安市法治政府建设实施方案（2021—2025年）》。方案提出推进政府机构职能优化协同高效、全面推行清单管理制度、巩固拓展"放管服"改革成效、不断提高政务服务效能、持续优化法治化营商环境、提高公共法律服务供给水平、加强重要领域立法制规、完善政府立法工作机制、完善行政规范性文件制定监督管理、强化依法决策意识、加强政府法律顾问和公职律师工作、严格落实重大行政决策程序规定、加强行政决策执行、评估和责任追究、深化综合行政执法体制改革、稳步推进行政执法重心下移、加大重点领域执法力度、完善行政执法程序、创新行政执法方式、完善突发事件应对机制、提高突发事件依法处置能力、加强突发事件应对保障、加强行政调解工作、推进行政裁决工作、发挥行政复议化解行政争议主渠道作用、提升行政应诉工作质效、推动多元监督形成合力、加快推进政务诚信建设、加快推进信息化平台建设、加快推进政务数据有序共享利用、深入推进"互联网+"监管执法、坚持党对法治政府建设的领导、完善法治政府建设推进机制等42条意见。

营商环境建设 5月16日，中共淮安市委、淮安市人民政府印发《淮安市持续深化"放管服"改革打造一流营商环境若干措施》。提出优化"投资淮安"全程服务，全面加强土地供给保障，强化环境容量统筹调度，深化项目建设"并联审"（将项目流程从串联审批改为并联审批，缩减审批时限）、"容缺办"（对符合信用条件的建设单位，在不影响工程质量、安全、用能、环境保护和公共安全的事项中推行"容缺办理"），加强工程建设领域改革成果应用，加快审图市场化运行，推行竣工联合验收，开展涉审事项和中介服务集中整治，减免工业项目行政审批费用，优化水电气报装服务，全面落实市场准入负面清单制度，促进市场公平竞争，深化"一照多址"（在淮安市范围内，企业可以跨县区直接向登记机关申请增加、变更和减少经营场所，无须频繁更换营业执照）、"一址多照"（允许同一地址登记注册多个营业执照）改革，打造"涉企经营许

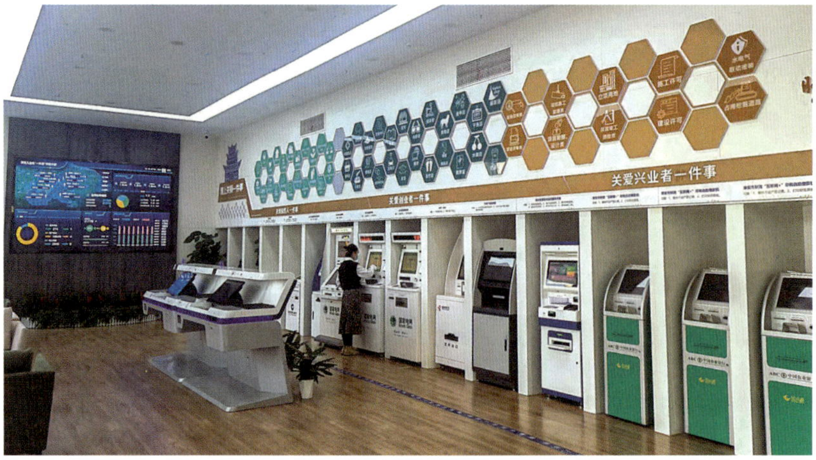

2022年，"淮上关爱一件事"推广56类"一件事一次办"，以特殊人群视角将"一揽子"单个事项合成"一件事"。图为市政务服务中心服务点

市行政审批局　供

可自助超市”，严查涉企违规收费，深化跨境贸易便利化改革，完善人才招引培育政策，落实行政许可事项清单管理，推进政务服务标准化、规范化、便利化，持续推进招标投标改革，提升不动产登记便利度，实现政务服务事项跨区域“通办”，深化“淮上关爱一件事”改革，深化“双随机、一公开”监管（指在监管过程中随机抽取检查对象，随机选派执法检查人员，抽查情况及查处结果及时向社会公开），完善重点领域监管，健全营商服务“黄牌警告”问责机制等61项措施。

生态环境建设　11月14日，中共淮安市委、淮安市人民政府印发《关于深入打好污染防治攻坚战的实施意见》。意见提出要积极开展碳达峰行动，加速产业绿色转型升级，抓好能源绿色低碳转型，坚决遏制高能耗、高排放，低水平项目盲目发展，狠抓清洁生产和能源资源集约高效利用，注重生态环境分区管控，强力推进重污染天气消除攻坚战，强力推进臭氧污染防治攻坚战，继续打好京杭运河保护修复攻坚战，扎实推进生态碧水三年行动，全力推进农业农村绿色发展，聚力提升生态环境质量，推进噪声污染治理攻坚，加强生态环境法治保障，全面提升生态环境执法监管效能等51条意见。

人口长期均衡发展　12月30日，中共淮安市委、淮安市人民政府印发《淮安市优化生育政策促进人口长期均衡发展实施方案》。提出应依法实施三孩生育政策、建立健全人口服务体系、加强人口监测分析、完善妇幼健康服务体系、加强出生缺陷综合防治、保障妇女儿童健康、加强母婴设施建设、强化政策支持、大力发展普惠托育、积极促进多元发展、加强综合监管、完善生育休假制度、完善生育保险制度、完善用工成本分担机制、保障女性就业合法权益、加强财税支持政策、加强住房支持政策、促进教育优质均衡、推进“双减”取得实效、维护计划生育家庭合法权益、加强计划生育特殊家庭保障、做细做实扶助关怀工作等29条意见。

干部队伍建设　12月30日，中共淮安市委印发《关于加强新时代镇（街道）党政正职队伍建设的实施意见》。提出18条意见，即突出政治标准、拓宽选拔渠道、优化整体结构、注重长远谋划、深化理论武装、加强专业训练、注重实践锻炼、考准政治素质、考清发展政绩、考实乡语口碑、保持任职稳定、实行事前备案、突出政治监督、加强履职监督、推进能上能下、加大选拔力度、持续激发活力、突出关心关爱。

（赵　程）

重要会议

【中共淮安市第八次代表大会第二次会议】 2022年12月28日，中国共产党淮安市第八次代表大会第二次会议召开。会议应到代表471人，实到代表377人。市委常委会主持会议。会议审议通过《关于市委常委会2022年工作情况的报告》《中共淮安市委关于深入学习贯彻中共二十大精神在全面推进中国式现代化新征程上更好展示“象征意义”的决定》，决定批准陈之常代表市委所作的题为《践行嘱托再出发 逐梦复兴向前进 奋力在新时代新征程更好展示“象征意义”》的报告。会议强调，学习宣传贯彻中共二十大精神，是当前和今后一个时期的首要政治任务。全市上下要贯彻中央和省委部署要求，在前期推进的基础上持续兴起学习宣传贯彻热潮，进一步向深处走、往实处落，坚定自觉用中共二十大精神统一思想、统一意志、统一行动。要深刻领悟“两个确立”的决定性意义，内化为信仰，实化为行动，固化为制度，矢志不渝做“两个确立”的坚定捍卫者、忠实践行者，坚定不移在思想上政治上行动上同以习近平为核心的党中央保持高度一致。要深刻领悟习近平新时代中国特色社会主义思想的世界观和方法论，坚持好、运用好贯穿其中的立场观点方法，在深学中领会真理，在细照中纠正偏差，在笃行中务求实效，坚定不移用马克思主义中国化时代化最新成果武装头脑、指导实践、推动工作。要深刻领悟新时代新征程党的使命任务，牢记和践行习近平嘱托要求，不断开辟发展新境界，坚定不移在中国式现代化淮安新实践中更好展示“象征意义”。要深刻领悟新时代党的建设新的伟大工程新部署新要求，突出政治首位度，注重制度体系化，增强严的坚定性，坚定不移以党的自我革命引领社会革命，确保党始终成为淮安现代化建设坚强领导核心。会议还从8个方面对2023年工作作出部署。

【中共淮安市委八届四次全会】 2022年8月8日，中国共产党淮安市第八届委员会第四次全体会议召开。出席会议的有市委委员45人、候补委员8人。市纪委委员和有关方面负责人列席会议。市委常委会主持会议。全会听取和讨论陈之常代表市委常委会所作的题为《扛牢责任 勇毅前行 以实际行动迎接中共二十大胜利召开》的报告。全会指出，全市上下要坚决贯彻习近平重要讲话指示精神，认真落实中央和省委决策部署，坚持稳中求进工作总基调，坚定不移把“疫情要防住、经济要稳住、发展要安全”重大要求落到实处，把“勇挑大梁”重大责任扛上肩头，锚定全年目标任务，树牢底线思维保大局之稳，聚焦主要矛盾求项目之进，强化高效统筹求整体之进，保持定力韧劲求梦想之进，推动经济持续回升向好，确保地区生产总值增速高于全省平均水平、力争走在全省前列，争取经济社会发展实现最好结果，着力保持平稳健康的经济环境、国泰民安的社会环境、风清气正的政治环境，以实际行动迎接中共二十大胜利召开。

【中共淮安市委八届五次全会】 2022年12月27日，中国共产党淮安市第八届委员会第五次全体会议举行。出席全会的有市委委员43人、候补委员9人，市纪委委员列席会议。市委常委会主持会议。全会审议通过拟提请市第八次党代会第二次会议审议的市委工作报告、关于市委常委会2022年工作情况的报告、《中共淮安市委关于深入学习贯彻中共二十大精神在全面推进中国式现代化新征程上更好展示“象征意义”的决定（草案）》、市第八次党代会第二次会议议程（草案）、市第八次党代会第二次会议日程（草案）、关于出席市第八次党代会第二次会议代表资格审核情况的报告（草案）和市第八次党代会第二次会议各代表团团长、副团长建议名单。全会决定，中国共产党淮安市第八次代表大会第二次会议于2022年12月28日召开。

【市委常委会会议】 2022年1月4日，市委常委会召开会议，学习贯彻习近平总书记对党史学习教育、老干部工作、“三农”工作重要指示和在全国政协新年茶话会上的重要讲话精神、2022年新年贺词，听取2022年全市经济社会发展主要指标和重点项目编排情况汇报，研究部署有关工作。

1月13日，市委常委会召开会议，研究通过关于推进党史学习教育常态化长效化的实施意见和全市党史学习教育总结会议方案，部署市委常委会党史学习教育专题民主生活会有关事项，研究部署有关工作。

1月24日，市委常委会召开会议，学习贯彻中央政治局常委会会议、习近平总书记对党的建设研究和政法工作重要指示精神，听取市人大常委会、市政府、市政协、市法院、市检察院党组工作汇报，研究部署有关工作。同日，市委常委会召开扩大会议，传达学习省十三届人大五次会议、省政协十二届五次会议精神和省委书记吴政隆参加淮安代表团审议时的讲话精神，研究部署贯彻落实工作。

2月8日，市委常委会召开会议，学习贯彻习近平总书记在考察山西、同党外人士共迎新春和2022年春节团拜会、中央政治局会议上的重要讲话精神，传达学习中央纪委全会、省纪委全会精神，听取市两会筹备工作、市政府工作报告起草情况汇报，研究通过全市重特大项目攻坚暨优化营商环境大会相关文件，研究部署有关工作。

2月18日，市委常委会召开会议，学习贯彻习近平总书记在中央政治局第三十六次集体学习时的重要讲话精神，研究省委涉粮问题专项巡视整改工作，听取市委常委会2022年工作要点、市政协2022年工作要点和协商计划编制等情况汇报，研究部署有关工作。

2月22日，市委常委会召开会议，学习贯彻全国统战部长会议、省委统战工作领导小组会议精神，听取全市统战工作情况汇报，研究通过关于推进新时代人才强市建设的实施意见等事项。

2月25日，市委常委会召开会议，听取市人大常委会2022年工作要点、工作项目计划安排和部分市直单位纪检监察组织设置调整事项汇报，研究部署有关工作。

3月8日，市委常委会召开会议，学习贯彻习近平总书记在中央政治局会议、中央政治局第三十七次集体学习、中央党校中青年干部培训班开班式上的重要讲话精神，研究部署有关工作。

3月14日，市委常委会召开扩大会议暨市委中心组学习会，学习贯彻习近平总书记在全国两会召开期间的重要讲话、全国两会及省相关会议精神，研究部署贯彻落实工作。

3月29日，市委常委会召开会议，学习贯彻习近平总书记在中央政治局常委会会议上的重要讲话精神，传达学习省疫情防控工作领导小组会议精神，研究通过市委2022年度全面从严治党主体责任清单，研究部署有关工作。

4月6日，市委常委会召开会议，学习贯彻习近平总书记在中央政治局常委会会议和参加首都义务植树活动时的重要讲话精神，听取关于贯彻落实国务院安委会安全生产十五条重要举措实施意见起草情况汇报，研究部署有关工作。

4月19日，市委常委会召开会议，学习贯彻习近平总书记在北京冬奥会冬残奥会总结表彰大会、海南考察调研时的重要讲话精神，研究通过市委常委意识形态工作责任清单，听取2021年度省市综合考核有关情况汇报，研究部署有关工作。

4月26日，市委常委会召开会议，学习贯彻习近平总书记关于防汛抗旱和防灾减灾救灾工作重要指示、致首届全民阅读大会贺信精神，研究部署有关工作。

5月6日，市委常委会暨市疫情防控工作领导小组召开会议，学习贯彻习近平总书记在中央政治局常委会会议上的重要讲话精神和省委常委会会议暨省疫情防控工作领导小组会议部署要求。

5月10日，市委常委会召开会议，学习贯彻习近平总书记在中央政治局会议上和中央政治局第三十八次集体学习时的重要讲话精神，在庆祝中国共产主义青年团成立100周年大会上、在中国人民大学考察时重要讲话和给中国航天科技集团空间站建造青年团队的重要回信精神，对湖南长沙居民自建房倒塌事故重要指示精神，研究部署有关工作。

5月26日，市委常委会召开会议，传达学习全国稳住经济大盘电视电话会议及省续会精神，研究部署有关工作。

5月31日，市委常委会召开会议，传达学习省委书记吴政隆在淮安调研时的讲话精神，研究部署贯彻落实工作。

6月17日，市委常委会召开会议，学习贯彻习近平总书记在中央政治局第三十九次集体学习、在四川考察时的重要讲话精神，习近平致2022年六五环境日国家主场活动的贺信和《努力建设人与自然和谐共生的现代化》重要文章精神，研究部署有关工作。

6月27日，市委常委会召开扩大会议，学习贯彻习近平总书记在中央政治局会议、中央政治局第四十次集体学习时的重要讲话精神，传达学习省委十四届二次全会、省党代表会议精神，研究部署贯彻落实工作。

7月4日，市委常委会召开会议，学习贯彻习近平总书记在庆祝香港回归祖国25周年大会暨香港特别行政区第六届政府就职典礼上的讲话、武汉考察时重要讲话和《正确认识和把握我国发展重大理论和实践问题》重要文章、给种粮大户回信重要精神，研究部署有关工作。

7月14日，市委常委会召开会议，听取淮河入海水道二期工程（淮安段）等情况汇报，研究部署有关工作。

7月29日，市委常委会召开会议，学习贯彻习近平总书记在省部级主要领导干部专题研讨班上、在新疆考察时的重要讲话和近期重要回信重要贺信重要指示精神，传达中央和省委学习《习近平谈治国理政》第四卷部署要求，研究部署有关工作。

8月6日，市委常委会召开会议，学习贯彻省委工作会议精神，研究通过市委八届四次全会报告和建议方案。

8月19日，市委常委会召开会议，学习贯彻习近平总书记在中央统战工作会议、中央政治局第四十一次集体学习、在辽宁考察时的重要讲话精神，研究部署有关工作。

9月9日，市委常委会召开会议，学习贯彻习近平总书记在中央政治局会议上的重要讲话精神，传达学习省委常委会会议关于进一步抓紧抓实当前工作的有关要求，听取省考半年评估反馈结果及开展全市“勇挑大梁”百日攻坚行动有关情况汇报，研究通过2022年淮安市高质量跨越发展考核指标目标任务分解方案。

9月18日，市委常委会召开扩大会议，传达学习省委设区市市委书记座谈会精神，研究部署贯彻落实工作。

9月19日，市委常委会召开会议，学习贯彻习近平总书记在中央政治局会议上的重要讲话精神，研究部署有关工作。

9月29日，市委常委会召开会议，学习贯彻习近平总书记近期重要讲话重要文章重要贺信精神，研究部署国庆假期期间重点工作。

10月9日，市委常委会召开会议，学习贯彻习近平总书记《新时代中国共产党的历史使命》重要文章、在参观“奋进新时代”主题成就展时的重要讲话、给山东省地矿局第六地质大队全体地质工作者的重要回信精神，研究部署有关工作。

10月25日，市委常委会召开扩大会议，学习贯彻中共二十大、二十届一中全会和习近平总书记重要讲话精神，传达省委省级党员领导干部会议、江苏省传达中共二十大精神大会精神，研究部署贯彻落实工作。

10月28日，市委常委会召开会议，学习贯彻习近平总书记在中央政治局会议、中央政治局第一次集体学习、中央政治局常委集体瞻仰延安革命纪念地时的重要讲话和《坚持人民至上》重要文章、致中国国际可持续交通创新和知识中心成立重要贺信精神，部署安排学习宣传贯彻中共二十大精神工作，研究部署有关工作。

11月9日，市委常委会召开会议，学习贯彻习近平总书记在陕西延安、河南安阳考察时的重要讲话和近期重要贺信精神，听取全面从严治党工作情况汇报，研究部署有关工作。

11月21日，市委常委会暨市疫情防控工作领导小组召开会议，学习贯彻习近平总书记在中央政治局常委会会议、亚太经合组织第二十九次领导人非正式会议、二十国集团领导人第十七次峰会上的重要讲话和近期重要致辞重要回信精神，研究部署有关工作。

11月30日，市委常委会召开扩大会议，传达学习省委十四届三次全会精神，研究部署贯彻落实工作。

12月9日，市委常委会召开会议，学习贯彻习近平总书记在江泽民同志追悼大会上的悼词和在中共中央政治局会议、党外人士座谈会上的重要讲话精神以及习近平强军思想和新时代军事战略方针，研究部署有关工作。

12月20日，市委常委会召开会议，学习贯彻习近平总书记在中央经济工作会议上的重要讲话、对非物质文化遗产保护工作重要指示和近期重要致辞重要贺信精神，研究通过市委常委会关于坚决维护党中央权威和集中统一领导的规定、市委关于贯彻落实《中共中央政治局贯彻落实中央八项规定实施细则》的实施办法（修订稿），研究部署有关工作。

12月27日，市委常委会召开会议，传达学习省委经济工作会议精神，研究通过关于加强新时代镇（街道）党政正职队伍建设的实施意见，研究部署有关工作。

（市委办）

组织工作

【党员队伍】 至2022年末，淮安市有中共党员287270人，其中男性党员226343人、女性党员60927人，35岁及以下党员60296人、36~60岁党员139097人、61岁及以上党员87877人，在岗职工党员124704人、农牧渔民党员97223人、学生党员3722人、离退休党员50252人、其他党员11369人，当年新发展党员4689人。

【基层党组织建设】 至2022年末，淮安市有中国共产党基层组织15236个，其中基层党委579个、党总支1915个、党支部12742个。有市委直属党（工）委23个，其中县区党委7个、开发园区党工委3个、市直部门党工委5个、驻淮高校党委7个、援疆工作组党委1个。市政府工作部门建立党组20个、党委13个。有城市街道党工委38个；城市社区党组织204个，其中党委133个、党总支50个、党支部21个。有乡镇党委57个；建制村党组织1252个，其中党总支1213个、党支部39个；乡镇居委会（社区）党组织128个，其中党委3个、党总支123个、党支部2个。非公企业单独建立党组织1400个，其中党委47个、党总支40个、党支部1313个；建立联合党组织225个，覆盖非公企业793家。

【领导干部政治素质考察】 2022年，淮安市在全省率先试点省委组织部优化后的政治体检“5+X”测评体系（指设置政治标准正向指标5个、反向“X”指标不超过10项），建立干部政治考核正反向评价清单。规范政治素质考察操作口径，确保结果具体化、能评判。全面推行政治素质“一线考察法”，定期到经济主战场、民生第一线了解干部曾经做、正在干的事，及时在疫情防控、应急处突等关键节点开展专项考察，跟进关注干部在面对重大原则问题时的立场和行动、急难险重任务时的担当和作为，全面立体评价识别领导干部政治素养。制定政治素质档案管理办法，通过巡视巡察、日常考察、来信来访等10种渠道，汇集党内政治生活、急难险重任务表现等13类信息，将政治理论测试成绩、考核考评、问责处理等信息分类入档，作为干部选拔任用重要依据。

【优秀年轻干部培养选拔】 2022年，淮安市实施年轻干部挂职锻炼“双百计划”，各择优选派100名年轻干部到省级以上机关、省属企业以及上海等发达地区“培优锻炼”，赴镇街、开发园区等基层一线“墩苗历练”，配套出台管理办法，推行“季度谈体会、半年晒成果、年度考实绩”跟踪管理机制。设立市级机关年轻干部选配“周转池”，坚持总量控制、专编专用、动态流转，统筹调剂30个行政编制，专项用于年轻干部选配周转。从严从实教育管理监督护航年轻干部成长，出台《关于加强年轻干部教育管理监督若干措施的通知》，构建思想教育引领、跟踪激励管理、日常监督提醒的常态化工作机制。坚持“供需对接、双向选择”，结合部门所需，开展市级机关年轻干部“二次选岗”，采取“党组提出需求、个人自愿报名、组织统筹把关”方式，在市级机关组织开展专业型年轻干部“二次选岗”，10名35岁以下、具有全日制本科以上学历的年轻干部实施跨部门交流。

【人才资源】 2022年，淮安市人才总量为87.02万人，有专业技术人才41.86万人，较上年增加3.52万人；高技能人才20.02万人，较上年增加1.63万人。有海外留学回国人员540人，较上年增加48人；有享受国务院特殊津贴专家117人，省级突出贡献中青年专家61人，市级突出贡献专家533人。有国家级博士后科研工作站10家，省级博士后创新实践基地27家。有省级以上技能大师工作室项目9个，高技能人才公共实训基地项目6个，省首席技师项目57个。至年末，全市累计申报入选国家级重点人才项目专家7人，入选省“双创人才”198人、省“双创团队”6个；入选江苏省乡土人才“三带”（带领记忆传承、带领产业发展、带领群众致富）名人24人、“三带”能手65人、“三带”新秀169人。

【人才政策】 2022年，淮安市召开市委人才工作会议，成立市委人才工作领导小组，形成人才工作齐抓共管格局。配套完善大学生就业12条、科技创新16条、人才安居17条等人才新政，形成行业领域覆盖面广、区域竞争力强的政策“磁场”。制定“人才强市22条”及系列配套文件，打造覆盖面广、支持度大、竞争力强的“1+N”人才政策体系。出台《关于推进新时代人才强市建设的实施意见》，制定《“淮安市333产业人才”集聚行动方案》《促进大学生来淮留淮就业创业的若干措施》《促进科技创新高质量发展建设国家创新型城市的若干政策》《淮安市高层次人才医疗保健实施办法（试行）》《关于推进淮安市基础教育人才队伍建设的实施方案》等专项人才政策以及《关于加强淮安市人才安居保障工作的实施意见》、淮上英才卡、人才子女入学等人才服务政策，推动人才强市战略实施。

【人才引进】 2022年，淮安市服务主导产业技术需求，深化政产学研合作，有针对性遴选重点高校，开展“产才对接高校行”活动。与南京大学、东南大学、上海交通大学、东华大学等建立战略合作关系，达成人才合作、科技孵化项目100余项，形成“以人才兴产业、以产业促发展、以发展聚人才”良性循环。举办淮安人才科技“双招双引”（苏州）推介会，发布总金额达8500万元年度企业关键核心技术需求“揭榜挂帅”项目悬赏新榜单。开展“乡贤引才”专项行动，摸排高校院所、科技企业等乡贤人才3.2万人，建设淮安乡贤人才大数据库。上线“淮安乡贤人才地图”小程序，通过乡贤收集海外人才、人才创新创业项目有效信息200余条。举办2022中国·淮安创新创业人才团队精英赛，吸引征集196个参赛项目，增长78.2%，其中博士团队项目占比71.4%，另有院士领衔团队1个，超过30个项目在淮安签约落地。年内，引进入选省“双创人才”12人、“双创博士”11人；引进资助市“淮上英才计划”创新创业团队13个、创业领军人才4人、创新人才15人。引进入选市“淮上英才计划”高层次人才团队13个，人才42人；引进“人校优生”483人；引进本科学历以上人才13866人，其中硕士研究生学历（副高

5月20日，“揽才入淮 共赢未来”淮安市人才发展云推介暨“百校千企”云端引才招聘会举行 淮安市人才中心 供

级职称）以上人才1665人。加大专家和专技人才培养服务力度，新增专业技术人才3.54万人，完成专业技术人才知识更新培训6.44万人次，新招收博士后6人，新增留学回国人员102人。

（戴菁菁）

【人才平台建设】 2022年，淮安市举办人才发展推介会暨综合性招聘活动，在全国40余所高校开展淮安名校优生推介、综合性招聘。落实领导干部联系服务专家制度，举办党政亲商会人才专场、“尚贤荟”人才沙龙活动。投入市级人才专项资金6682万元，比上年增长16.4%。以宁淮智能制造产业园为载体，打造宁淮科创走廊，园区入驻科技型企业和人才创业项目15家。在南京软件谷科创城和江北新区研创园购置载体建设“人才飞地”，面积约1万平方米，集聚6家企业研发机构近30名高层次人才。上海交通大学、兰州大学、中国科学院水生所等21家高校院所在淮安市设立研发平台或技术转移机构。在北京市、上海市、南京市、深圳市4个城市设立人才工作站，选派优秀年轻干部组建招才引智专业队伍，驻点开展招才引智和人才服务。在省级就业指导中心和重点高校建立30个引才工作站，直接对接高校毕业生在淮安市就业工作。在淮安籍学子集中的地区设立“雁归兴淮”青年人才联络站，打造常态化联络、综合性服务平台。

【人才服务】 2022年，淮安市持续打造“9·20”淮安人才日品牌，举行大学生集体开学典礼、青年人才大型集体婚礼。实施人才安居提升工程，扩大惠及对象范围，明确硕士以上人才到淮安免费入住人才公寓，大专以上人才有租金补贴。拓展人才公寓筹集建设渠道，全市新增人才公寓1120套，比上年增长4.6倍，推动实现人才“来淮即安居”。实施“人才服务一件事”改革，将“333”产业人才生活补贴、就业补贴等纳入全市财政奖补集成服务。升级“淮才通”人才服务信息化平台，实现项目申报、补贴申领等一网通办，累计发放奖补资金4577万元，办理淮上英才卡97张、人才贷276次、快捷落户18次，总计服务5689人次。建立产业人才举荐制，重特大项目、高新技术企业、专精特新“小巨人”企业、“独角兽”企业可自主举荐人才。以人才实绩贡献和企业给付薪酬为主要评价标准，分两批认定60家举荐企业、举荐产生66名人才，举荐人才可享受高层次人才住房安居、子女入学同等待遇。拓展“淮上英才卡”服务功能，征集遴选一批“智汇坞”人才服务合作单位，为人才提供优质餐饮茶点等细节服务，上线运行“淮安人才号”主题有轨电车。

【首届淮安青年人才创业文化集市】 8月13—14日，由市委人才办、团市委、市人社局、市文广旅游局、市文旅集团联合主办的“才聚里运河 青春夜未央”首届淮安青年人才创业文化集市活动在里运河文化长廊河畔开市。60余家青年人才创业店铺参加活动，线上线下销售金额近40万元，累计吸引市内外游客4万余人次，提升里运河文化长廊景区周边实体商户营业额近40%。

（市委人才办）

【基层党建“强基提质”行动】 2022年，淮安市统筹抓好各领域各层级党组织建设，夯实组织体系根基。出台基层党建“强基提质”三年行动计划，构建以三年定位、五个目标、九大行动、三项机制为主要内容的“3593”体系，提请市委召开深化“五聚焦五落实”（“五聚焦”指聚焦基本组织、基本队伍、基本活动、基本制度、基本保障，“五落实”指把党的全面领导、党的坚强力量、党的号召要求、党的纪律规矩、党的关心服务落实到基层）系列会议，分专题推进党建引领城乡基层治理、基层党建书记项目、新业态新就业群体党建等重点工作。制定出台加强治理体系和治理能力现代化建设的若干措施，探索社区管小区等社区物业党建联建模式，党建引领物业管理服务工作省级示范点数量居苏北地区第一。围绕新形势对基层干部队伍建设新要求，全省首家全市域实施村（社区）干部专岗化专业化建设，推行员额管理、资格认证、市县乡三级共管、优秀书记常态化进班子进编制，实施党组织书记履职正负清单管理，建设数量充足、结构合理、素质优良的基层骨干队伍。

【全国知名党性教育新高地打造】 2022年，淮安市以建设周恩来崇高风范弘扬高地、全国青少年思政教育高地、长三角地区红色文化体验高地为重点，打造全国知名党性教育新高地。恩来干部学院通过中组部办学质量评估，入选中组部“党性教育干部学院目录”，累计培训中央部委和国家机关以及全国28个省（市、自治区）学员超过10万人次。构建高质量教学体系，

11月17日，淮安市在市委党校组织新录用公务员初任培训

市委党校　供

推进“党课名师工程”“青蓝结对计划”，新开发干部教育培训精品课程22门，新评审命名“恩来干部学院现场教学点”14个，1门案例教学课程入选全国基层干部培训优秀网络课程。纪录片《红色苏皖边》《中华小号手》分别获评省“五个一工程”奖、全省党员教育作品观摩交流活动一等奖。与外交部等中央部委和央企建立长期稳定办班机制，承办“周恩来思想生平研究会会员代表大会暨第三届理事会第一次会议”、全国“周恩来与新时代党的建设”学术座谈会等活动，加强与全国周恩来纪念场馆联学联建，共同策划“周恩来精神+”系列主题活动，提升党性教育工作知名度、影响力。

【乡村振兴人才党支部建设】2022年，淮安市坚持以组织链整合人才链、赋能产业链、提升治理链，在乡村振兴“三级先导”（指乡村振兴先导区、先导镇、先导村）工程覆盖乡镇试点基础上，陆续推动57个镇成立乡村振兴人才党支部，打造乡村人才工作的规划中心、孵化中心、服务中心、调度中心。建立重点人才信息库，推动人才党支部建设，跟踪联系培养1981名重点人才；依托农业龙头示范企业、省级以上示范合作社和省百名示范村书记所在党组织，建设乡村振兴实训基地58个，组织重点人才参加教育培训、跟班学习、挂职锻炼，实现政治素养和专业能力双提升，346人被推荐发展入党，53人进入村级后备干部队伍。构建党委领导下的“镇办农业公司+村办集体合作社+种植大户”模式，组建镇乡村特色产业农业公司22家，带动成立农村经济组织791个。

【新就业群体“爱骑日”制度建立】2022年，淮安市在全国首创每月27日“爱骑日”制度，面向快递员、外卖配送员等新就业群体，开展教育培训、提供关爱服务、举办技能竞赛、征集诉求意见、组织志愿服务5类活动主题，健全专题调研、活动发布、活动积分、项目评比4项工作机制。组织部门和行业主管部门统筹协调，行业党委、平台企业和镇（街道）村（社区）具体负责，集中开展党建和服务活动370余次。建成综合型服务中心、标准型服务站、便捷型歇脚点、嵌入型党群之家四型温馨驿站801个。开通“淮小新·有事码上说”网上直通平台，根据新就业群体意见诉求优化活动内容，办结反馈450余件。开展百人学历提升、千人党性教育、万人技能培训成长成才行动，106人参加学历提升，1400余名党员参与主题党日活动和专题培训，5000余人获得新业态职业技能等级认定。引导新就业群体融入地方发展和基层治理，2500余人担任社区网格员、食品安监员、暖企助农“红”主播。

（市委组织部）

宣传工作

【概况】2022年，淮安市紧扣学习宣传贯彻习近平新时代中国特色社会主义思想和迎接中共二十大、学习宣传贯彻中共二十大精神工作主线，围绕中心、服务大局，落实“举旗帜、聚民心、育新人、兴文化、展形象”的使命任务，提升“理论武装、新闻宣传、文化服务”质效，推进“百里画廊、文明城市、书香淮安”建设，推动“文旅融合、文化产业、文艺事业”发展，为聚焦打造“绿色高地、枢纽新城”、全面建设长三角北部现代化中心城市提供思想保证和精神力量。

【中共二十大精神宣传】2022年，淮安市聚焦“喜迎喜庆二十大”，开展“奋进新征程、建功新时代”全媒体重大主题采访行动，推出“非凡十年”“喜迎二十大　十年看变化”等专题报道1100余篇，形成强大的宣传声势。参见《特载·学习宣传贯彻中共二十大精神》

【理论学习宣传】2022年，淮安市抓好习近平总书记最新重要讲话指示精神和中共二十大精神学习，市委理论学习中心组开展专题学习18次。制定县处级党委（党组）理论学习中心组学习计划，以常态化巡学旁听为着力点，督促指导县处级党委（党组）中心组学习，面向县处级以上领导干部开展专题读书调研活动。组织全市党员干部学好用好《习近平谈治国理政》第四卷和有关权威辅导读本，跟进学习习近平总书记最新重要讲话重要指示精神，努力做到学思用贯通、知信行统一。推动基层党员冬训全覆盖，采取多种方式灵活组织冬训骨干培训和基层党员集中学习，55个“我是冬训主讲人”视频被“学习强国”学习平台、“理论之光”等省级以上平台采用推介。整合驻淮高校及党校资源，成立淮安市理论宣传联盟。依托市委宣讲团、特色宣讲队、理论宣讲志愿者，构建形成立体化宣讲体系，有

10月24日，淮安市宣传思想文化系统举办《中国共产党宣传工作简史》专题知识竞赛　市委宣传部　供

效增强理论宣讲力量。在全省率先开展“理论宣讲基层行”活动，以“农船党课”“庭院课堂”等形式开展理论宣讲活动2000余场，相关做法被《人民日报》报道。发挥新思想通俗理论作品创传中心等作用，组建“新思想 这样讲”专班，创作系列通俗理论作品169个，并依托“两中心一平台”（新时代文明实践中心、县级融媒体中心和“学习强国”学习平台）以及各地“两个喇叭三块屏”（应急喇叭、广播喇叭和电视屏、手机屏、户外广告屏）进行广泛传播，13个作品被省委宣传部“理论之光”采用。结合淮安实际，组织社科智库专家学者深入研究阐释习近平新时代中国特色社会主义思想，推出一批重要文章。成立淮安市决策咨询研究基地（智库）联盟，推动研究基地雁阵式发展。发挥科研成果咨政作用，组织开展淮安市第十六届哲学社会科学优秀成果评奖，19项社科课题获市委、市政府主要领导批示或在省级以上期刊发表。

【新闻宣传】 2022年，淮安市加快推进媒体深度融合和出版传媒融合，打造全媒体服务、智慧化传播的新型主流媒体，淮安日报社率先成立“融媒体指挥中心办公室”，“淮安发布”和“无线淮安”微信公众号“粉丝”量分别突破150万人和190万人。淮安日报社集体报道获中国新闻奖二等奖，市广播电视台广播系列报道获江苏新闻奖，70多件新闻作品获得全国省级奖项。开展淮河华商大会、中国·淮安食品博览会、淮河入海水道二期开工以及深圳、苏州等专场招商等活动宣传，邀请中央、省级媒体记者200多家次到淮安市参与宣传报道。中央和省级主流媒体用稿创新高，《人民日报》用稿43篇，其中头版6篇；中央广播电视总台用稿165条，其中《新闻联播》栏目用稿23条；《新华日报》头版用稿77篇，其中头条17篇；省电视台、广播电台用稿量位列地市台前列。《十年连笔描绘枢纽新城》《味道淮扬》《运河三千里，为何“醉美”是淮安？》《养蜂人滞留淮安，暖到心

8月3日，2022“打卡中国·最美地标——你好，江苏！”暨“运河情 淮扬味”网络国际传播活动启动仪式在淮安举办　　市委宣传部　供

“甜”！》等一批现象级产品和暖新闻多次上微博热搜。

【网络宣传】 2022年，淮安市常态化运营维护《习语嘹亮》等专题专栏，做好中共二十大精神网上宣传，多部纪念习近平总书记重要回信一周年新媒体产品登上全国主要网媒和重点商业网站首页首屏。启动网络文明建设十大专项工程，市县联动实施多种网络公益计划，打响“e品梅香”互联网党建工作品牌。组织开展“淮抱复兴梦 E起向未来”等网络主题宣传活动，策划组织“我在追寻中更懂你”“运河情 淮扬味”主题网宣活动，“运河情 淮扬味”获评2022年度全省网信工作创新奖。全年20篇稿件被中央网信办全网推送，258篇被省委网信办推送。

【新时代文明实践活动】 2022年，淮安市打造“德润淮安”品牌，加强文明礼仪教育，完善先进典型选树、学习宣传和礼遇帮扶机制，获评“江苏最美人物”4人，上榜“中国好人”4人、“江苏好人”23人。推进志愿服务制度化常态化，获评全国学雷锋活动示范点、全国最美志愿服务社区各1个。巩固全国社会信用示范市的创建成果，持续开展诚信缺失突出问题专项治理。加大淮安“六种文明风尚”（指保持自然简约的人生态度、坚持绿色低碳的生活方式、坚持学习阅读的良好习惯、涵养向上向善的精神力量、积蓄奋发奋斗的磅礴力量、凝聚同心同向的发展合力）宣传力度。落实立德树人根本要求，获评“全国新时代好少年”1人、“新时代江苏好少年”5人，中央文明办《未成年人思想道德建设工作简报》推介淮安相关经验做法。出台《关于深化拓展新时代文明实践中心建设的实施方案》，举办11场专题培训班，对全市各县区新时代文明实践中心、所、站工作人员和志愿者3000余人进行轮训。聚焦“一老一小”（老人和小孩）等重点群体，广泛开展文明实践行动。动员15万余名志愿者协助做好联防联控等工作，《人民日报》在头版报道中点赞淮安市创造性地开展主题文明实践活动的做法。推动文明实践阵地提档升级，打造盱眙县新时代文明实践中心、金湖县塔集镇新时代文明实践所、清江浦区引河社区新时代文明实践站等一批示范阵地。牵头组织召开全国文明城市建设工作推进会。常态长效抓好全国文明城市建设，对全市7583个点位开展高频巡查督查，对县区（园区）开展12次不同层次实地考评，完成国测、省测迎检工作。

【党史学习教育】 2022年，淮安市印发《关于印发推动党史学习教育常态化长效化重点任务的通知》，组织市委

中心组围绕习近平关于党的历史的重要论述开展专题学习，组织全市县处级以上党员领导干部深入基层党建联系点开展“联系点上过党日”活动，组织党员领导干部到所在党支部讲专题党课。挖掘全市党史资源，持续开展形式多样的活动，紧扣重大纪念日、重要节日、传统佳节等节点，开展“节日里的党史教育”。持续推进习近平重要回信精神贯彻落实，在市主流媒体常态化推出专栏报道。面向全市中小学生，组织开展“请党放心、强国有我，我们都是收信人”教育实践活动831场次。在习近平总书记给江苏省淮安市新安小学少先队员回信一周年之际，省委主要领导到新安小学与师生一起重温回信精神。承办“牢记谆谆嘱托、争做强国少年”全省青少年党史学习教育成果展，展示全市、全省未成年人贯彻回信精神状况。精心组织开展“‘我在追寻中更懂你！’@全国少先队员，跟着习爷爷的足迹学党史”等主题网宣行动，在主流网站、商业网站首页首屏置顶，形成破圈刷屏效应。立足“新安旅行团”红色资源，实施新安旅行团历史纪念馆展陈改造提升工程，推进全国青少年思政教育核心基地建设。

创作推出系列文艺精品，与中国儿童艺术剧院合作创排儿童剧《新安旅行团》，省委主要领导观看彩排并给予肯定，中央电视台《新闻联播》《朝闻天下》栏目两次聚焦报道演出情况，该剧被列入文化和旅游部“新时代现实题材创作工程”重点项目、纪念《在延安文艺座谈会上的讲话》发表80周年舞台艺术优秀剧目等国家及省级5个重点项目。创作推出长篇小说《中国少年》、报告文学《新安旅行团》、歌曲《新时代的好少年》等艺术作品，报告文学《新安旅行团》获第五届江苏省报告文学奖。以“六个一”活动（创排“一部剧”、成立“一个团”、提升“一个馆”、创作“一套书”、推出“一堂课”、发出“一倡议”）传承新旅光荣传统项目获2022年度全省宣传思想文化工作创新奖。

【淮安十年成就宣传】 2022年，淮安市制定《“奋进新征程　建功新时代”重大主题宣传工作方案》，组织各地各媒体分阶段开展“总书记请放心”“非凡十年”“党代表话十年”等系列专题宣传，推出相关报道1000余篇，分地区分领域分行业开展蹲点采访，通过党代表、基层群众的口述以及数据图表、现场画面对比，全面充分展示中共十八大后淮安取得的非凡成就、巨大变化和宝贵经验。提前谋划，主动对接央广网，争取将淮安市“大时代”系列专访、走访、采访纳入“大时代”迎二十大全国主题宣传。策划开展“喜迎二十大　十年看变化”成就展示专题采访报道活动，发表原创稿件87篇，受到《人民日报》、中央电视台《新闻联播》栏目、新华社等中央权威媒体持续关注。

【主题宣传创新】 2022年，淮安市建立健全统筹统合宣传机制和重大主题定期策划、月度传播力分析等工作制度。聚焦“项目为王、环境是金”“四张名片”（伟人故里、运河之都、美食之都、文化名城）、系列招商推介活动，加强选题策划，创新宣传形式，制定各类宣传方案38个，推出媒体传播力分析报告12期。开展“奋进新征程、建功新时代”等重大主题宣传。习近平总书记给新安小学少先队员回信一周年、“喜迎二十大　十年看变化”等主题宣传亮点纷呈，《新安旅行团》首演宣传实现中央、省级主流媒体全覆盖。在全国两会和中共二十大召开期间策划淮安主题宣传，中央、省级主流媒体及网络平台发稿近6000件次，高频率推介淮安特色优势。

（市委宣传部）

统战工作

【概况】 2022年，淮安市有7个民主党派，分别为中国国民党革命委员会淮安市委员会、中国民主同盟淮安市委员会、中国民主建国会淮安市委员会、中国民主促进会淮安市委员会、中国农工民主党淮安市委员会、九三学社淮安市委员会6个市级组织和中国致公党总支委员会，共有成员4660人，主要集中在市直及清江浦、淮阴、淮安、洪泽4个区。淮安无党派知识分子联谊会有会员755人。2022年，淮安市创新举办第二届淮河华商大会，推动周恩来统战理论和实践研究，在全国推广商会商事调解“淮安模式”，科学构建民主党派代表人士“双重评价”体系。承接省“510工程”（指在5年周期内，每年选举10个项目）民族团结进步项目，全面打造基层统战阵地。

【思想建设】 2022年，淮安市统战部门围绕学习宣传贯彻中共二十大精神，创新开展“火红七月 同心向党”演讲比赛等全市统一战线迎接中共二十大系列活动。组织民主党派开展“矢志不渝跟党走、携手奋进新时代”政治交接主题教育活动，市各民主党派围绕“强化理论武装”“坚定历史自信”等6个主题，累计开展各类活动180余场。组织欧美同学会常务理事学习习近平回信精神，参训300余人次。开展无党派人士、党外知识分子“喜迎二十大 同心跟党走”主题教育，新的社会阶层人士“凝聚新力量　筑梦新时代”2022年“寻美·淮安”系列活动30多场，为中共二十大召开营造良好氛围。组织市各民主党派参加省委统战部“讲多党合作故事　献礼中共二十大”短视频大赛，淮安7部短视频作品入围终评，获一等奖1部、二等奖5部、优秀作品奖1部，获奖质量、数量居全省前列。广泛动员、组织参与“同心向党 强国有我”全省统战系统学习中共二十大精神青年党员演讲比赛。全市50余名党外干部参加省社会主义学院举办的党外干部培训班，将中共二十大精神解读、中国共产党统一战线工作条例等纳入培训课程，开展系列读书交流活动和现场教学。

【政党协商】 2022年，淮安市委统战部召开党外代表人士协商会、情况通报会5次，就重要人事安排、市第八次党代会第二次会议工作报告征求党外人士意见建议，市各民主党派、工商联、无党派代表人士围绕淮安市深度融入长三角一体化发展、建强现代产业体系等重大课题，收集社情民意、议案提案1300余条，提交调研报告105篇。其中，518条社情民意被上级组织采用，67篇调研报告得到民主党派上级组织和中共淮安市委、市政府主要领导批示肯定，98条可行性高、针对性强的意见建议被吸收采纳并加以落实。在全省率先出台中共淮安市委《关于加强和改进全市民主党派建设工作的实施意见》。推动《淮安市进一步加强和规范特约人员工作的实施办法》落地落实，9个必配部门完成特约人员配备工作。与省委统战部联合开展的课题《民主党派纪律处分运用促进作风建设研究》获全国统战理论政策研究创新成果三等奖。民主党派代表人士"双重评价"（本职工作和党派工作的两项评价）工作信息被中央统战部《每日汇报》采用，并被写入市委八届四次全会报告。组织"榜样引领前行 同心共向未来"主题访谈暨无党派人士风采展。

【非公有经济领域统战】 2022年，淮安市在南通市举办民营经济代表人士理想信念教育培训班，90多名民营经济代表人士参加。"淮商情"光彩行动被评为第六届江苏慈善奖"最具影响力慈善项目"，江苏今世缘酒业集团公司获评"最具爱心慈善捐赠企业"。弘扬优秀企业家精神，举行百名民企淮商风采摄影展。加强非公有制经济代表人士队伍建设，每季度举办一期"淮商大讲堂"，常态化开展"淮商学院""民企私董会"等学习交流活动。实施"青年企业家培养工程"，推荐4名优秀青年企业家参加"新时代江苏民营企业家培养计划"。健全政企沟通协商制度，打造"党政亲商会"品牌，开展市直商会走进县区"看发展成就 议营商环境"活动。开展"民营企业服务月"活动，实施服务民营企业"六大行动"（开展中共二十大精神宣讲活动、组织全市民营经济代表人士理想信念教育培训、开展民营经济协调机制系列活动、开展"法润民企"双走进活动、开展"千企大走访活动"、开展"科技服务团"对接活动），发挥市民营经济统战工作协调机制作用，完成民营企业科技服务团101名专家学者与101家民营企业科技服务结对，开展科技需求对接服务活动3期。淮安商会商事调解工作创新案例入选国家发展改革委《优化营商环境百问百答》；在全国工商联"万家民企评营商环境"满意度评价中，淮安市排名全省第二。

【新的社会阶层人士统战】 2022年，淮安市召开新的社会阶层人士统战工作联席会议，打造全市"新阶层'1+3+N'活动体系"（"1"指聚焦政治引领一个核心，"3"指统战部、新联会、各分会三级活动实施主体，"N"指主题活动开展过程中形成的N个特色品牌）。组织各类新的社会阶层人士集中收看中共二十大开幕会，启动"寻美·淮安"系列活动，举办公益书法培训、惠农直播、关爱儿童公益普法走访、城市形象公益宣传等活动30多场，12篇活动报道被"寻美中国"官方微博转发。举办"统一战线献礼中共二十大"淮安首届油画学术作品展，赴盱眙县黄花塘镇等地开展"寻访家乡红址，再忆峥嵘岁月"活动，300多名新阶层人士主动前往社区一线参与疫情防控志愿服务活动。新的社会阶层人士根据自身专业特长开展"暖冬公益行""翰墨飘香""守护花开""淮上新语"等特色活动，对全市200多名困境儿童、事实孤儿及农村贫困家庭开展爱心捐助。组织书画名家赴社区、校园等开展10余场"翰墨飘香"走基层迎新春送祝福活动。实施"新阶层实践创新基地'333'工程"（指在3年内，各县区按照省级标准打造不少于3家新的社会阶层人士实践创新基地，实现基层省级示范基地全覆盖，市级层面新建四星级基地不少于30家），建成新阶层实践创新基地66个，其中省级4个、市级22个、县区级40个。年内，自由职业人员统战工作推进会（苏北苏中片会）在淮安市召开，省委领导、省委统战部领导调研"淮印时光"等新阶层实践创新基地并对淮安新的社会阶层人士统战工作给予肯定。

【民族和宗教工作】 2022年，淮安市开展打造县区民宗工作品牌特色行动，推动各县区根据自身特点，打造1~2个特色品牌。在全市开通11条"民族团结号"公交专线。常态化开展"流动少数民族群众游淮安""我在淮安有个家"等系列品牌活动。开展"红石榴家园优化行动"，争取少数民族发展资金600万元。淮安市基督教"三自"爱国运动委员会被中央统战部表彰为首届全国宗教界先进集体。淮安生物工程高等职业学校申报的"新疆少数民族地区学生职业技能培养新模式实践"项目入选国家民族事务委员会2022年度各族群众互嵌式发展计划试点示范项目。淮阴区和淮安生物工程高等职业学校被评为江苏省第一批全省民族团结进步示范区示范单位。

【港澳台统战】 2022年，淮安市2次在香港特区举办"同乡文化名胜展"活动，展出6项18件特色展品，包括扎染、淮安烙铁画、绢花、淮安茶馓技艺、淮安蛋雕、博里农民画等。举行庆祝香港回归25周年书画展，推出"讲述我的淮港故事"系列文章，在香港开展唱红歌、学习习近平总书记讲话等活动。承办在苏港澳代表人士国情研修活动，省政协港澳地区委员、省工商界执委和各设区市在苏港人联谊组织负责人等近40人相聚淮安，集中收听收看中共二十大并讨论交流。全年组织香港淮安联谊会、义工队开展各类公益宣传、志愿派发、义务服务活动17次，捐赠防疫物资4万元，参加义工和乡亲达182人次，香港淮安联谊会1人获"香港义工联盟"优秀义工银奖，成为香港江苏社团总会历史上首个"个人银奖"，1人获香港工联会"杰出义工奖"。成立淮安市港澳企业（同胞）联谊会，吸纳50余家在淮安港澳企业和在淮安港澳同胞代表。

【侨务工作】 2022年，淮安市举办第三届淮河华商大会，200余名与会华商联合发布《淮河华商大会华商宣言》，投资额超800亿元的69个项目集中签约。推进基层侨情调查，新增华人华侨数据621人，建成淮河华商数据库，涵盖各领域知名华商500余人。夯实基层侨务工作基础，建成侨务工作“三区”（走进社区、走进校区、走进园区）省级示范点3家、市级示范点8家，实现县区全覆盖。开展侨法宣传、节日慰问等活动100余场，惠及侨界群众及社区居民2000多人次。推进惠侨品牌建设，创新打造“中医惠侨 医在淮安”“中餐惠侨 食在淮安”活动品牌，在洪泽中医院、盱眙技师学院、盱眙龙虾博物馆等地分别建成中医惠侨基地1家、中餐繁荣文化交流基地1家、中餐繁荣实践培训基地1家。承办省新生代华商考察团在淮安调研活动，组织美国、英国、法国、加拿大、日本、澳大利亚、意大利、新加坡、荷兰9个国家的20余位青年华商一行接受红色教育洗礼，感受淮安运河文化，体验城市发展魅力。建成全省首批“华创苑”，为留学归国人员创新创业提供更高层次平台。提升华文教育师资水平，6人入选省首批华文教育专家人才库。

（王　猛　宋爱静）

市级机关党建

【政治建设】 2022年，淮安市委市级机关工委有直属党组织73个，其中党委（机关党委）48个、党总支12个、党支部13个。共有党员17982人。市级机关坚持旗帜鲜明讲政治，深入学习贯彻习近平新时代中国特色社会主义思想。举办《习近平谈治国理政》第四卷学习研讨班、“千字文”征文、读书分享会等活动，编印《习近平总书记关于党的建设和机关党的建设重要论述摘编》，举办市级机关讲坛7期。推进“学习二十大、实干走在前”主题活动，开展“喜迎二十大 服务进社区”广场服务活动，推动市级机关在迎接中共二十大和学习宣传贯彻中共二十大精神中走在前作表率。对71个党委（党组）理论学习中心组进行巡学旁听，成立73个青年理论学习小组，举办“红心向党、不负韶华”主题实践活动，坚定党员干部理想信念。定期开展机关意识形态工作分析研判，加强机关党建网、微信公众号等平台建设，对72个直属党组织问题整治情况实行全覆盖督查指导，坚决守好意识形态主阵地。

【基层基础建设】 2022年，淮安市级机关坚持党的一切工作到支部，推进党支部“标准+示范”建设，开展基层党组织建设问题排查专项行动，共排查问题51个，下发整改通知单44份，评选党支部“优秀案例”20个，新命名“党员之家”6个。印发《关于加强市级机关党务干部专职化专业化建设的意见》，举办党务干部培训班2期，提升党务干部队伍建设规范化水平。统一开展市级机关党小组学习11次，列席指导12个直属党支部组织生活会。组织开展“寻初心・担使命・谱新篇”主题党日活动，集中慰问生活困难党员176人，发放慰问金19.1万元，增强机关党员凝聚力、向心力。

【机关作风建设】 2022年，淮安市推进市级机关纪委建设，举办市级机关纪检干部培训班，召开“家庭家教家风”建设座谈会，指导审核备案党员处理案件10件，对55件违纪党员处分执行情况进行专项检查，持之以恒正风肃纪。市级机关工委联合市委组织部印发《关于明确市级机关“在职党员进社区”服务活动有关工作要求的通知》，组织开展“建设文明城、党员做先锋”等活动，累计投入资金204余万元，参与人数近1.5万人次，提升机关服务意识。

【书香机关建设】 2022年，淮安市级机关工委服务书香城市建设，组织书香机关阅读推广人培训暨“悦读・善为”主题读书活动，举办书香淮安大讲堂法治专题讲座，举办“百里画廊”专题讲座。评选出淮安市中级人民法院、淮安市行政审批局等2021年度“书香机关”12个，引导市级机关全面“动起来”。

（张抗抗）

机构编制管理

【基层“三整合”改革】 2022年，淮安市开展基层“三整合”（审批、服务、执法三项整合）巩固提升行动。制定全市实施基层力量优化工程提升基层治理效能工作方案和22条支持经济发达镇改革配套政策，赋予镇街对派驻机构的考核评价、综合指挥、人事任免建议权，将县级37项审批事项、186项执法事项分类赋予镇街行使。推行全科窗口服务工作机制，基层为民服务中心窗口由平均12个精减至5个。施河镇、银涂镇、渔沟镇被省委编办表彰为“全省推进基层整合审批服务执法力量工作先进单位”，施河镇全科窗口、银涂镇综合执法改革做法被省委编办列为典型案例在全省推广。

【综合行政执法改革】 2022年，淮安市建立“1+6”综合行政执法改革制度框架，即以《淮安市深化综合行政执法体制改革实施方案》为主线，细化完善文化市场、市场监管、生态环境、交通运输、农业农村、应急管理6个领域综合行政执法改革制度框架。推广实施“大数据+指挥中心+综合行政执法”新模式，调整完善市大数据管理局、市市域治理指挥中心职能配置和机构设置，与市智慧城市建设工作相衔接，建设全域统一、上下贯通、左右联动的综合执法指挥平台。

【开发园区体制机制改革】 2022年，淮安市按照“一区多园”管理模式，即在同一县区范围内，以一个国家级或发展水平高的省级开发区管理机构为主体，统筹管理其他区位相邻、产业相近、规模较小的特色产业园和工业集中区，实行统一领导体系、统一发展规划、统一政策保障、统一招商引资、统一运营管理、统一考核评价的管理模式。优化职能机构设置，承担经济发展、安全生产职能机构比例达70%以上，县区10个功能园区纳入开发区管理。全部建立“党工委(管委会)+”运行模式,公共服务、社会稳定等社会事务职能逐步剥离。淮安经济技术开发区和淮安工业园区开展人事薪酬改革试点,实现“身份管理”向“岗位管理”转变。

【事业单位整合优化】 2022年,淮安市整合省淮海剧团、省长荣京剧院、市淮剧团和市人民大会堂、市戏曲非物质文化遗产传承发展中心相关职责和人员编制,组建市文化艺术中心,进一步统筹资源、激发活力。加强市、县区文物保护和考古等方面职能配备和机构设置,在文物资源富集、工作任务重的淮安区、盱眙县综合设置考古和文物保护事业单位,承担相关专业技术性工作。服务重点产业发展需求,组建市知识产权保护中心,优化市技术改造管理服务机构设置,批复设立相关县区营商服务中心,完善市场经济体制,做好机构编制服务保障工作。

【编制资源统筹】 2022年,淮安市按照“标准核定、备案管理、岗位设置、分类聘用”原则实行人员总量管理,支持公办幼儿园公开招聘在编和备案制人员,优化市红十字会、市中心血站、市医保稽核中心等相关医疗卫生机构设置,推动医疗卫生资源合理配置。全面建立教职工编制市域统筹机制,统筹4个县区、1364名教职工编制使用权,有效破解县域之间、城乡之间“有编不用”和“无编可用”的结构性矛盾。

【机构编制管理评估试点】 2022年,淮安市按照机构编制管理评估试点要求,推动完善“1333”(1个评估方案、3级指标体系、3种评估方式、3套挂钩机制)配套制度构架,搭建“多评合一”评估体系。结合电子政务信息、政务热线大数据分析、一体化系统等平台,完成60%基础性评价。开展多轮专家评审论证,优化反馈形式,开展百日回访行动,督查评估事项9大项、1000余次。创新“先算再批”管理模式,将常住人口、民生保障、财政收支、规模以上企业税收、基础设施投入等要素作为主要依据,从源头上对编制资源配置开展前置性预判,相关做法得到省委编办肯定。

【四类编制周转池建立】 2022年,淮安市探索编制“所有权”和“使用权”相分离的“多元配置、开放共享”新模式。创新建立中小学教职工、基层医疗卫生、市级机关年轻干部选配、市直事业单位人才4个编制周转池,完善管理方式,优化使用流程,有效保障重点部门、重点领域、基层一线用编需求。全年保障全市教育卫生系统用编1199人,引进经济社会发展领域高层次人才用编22人,省人校优生和年轻干部选配用编16人。

【《市级部门职责边界清单》出台】 2022年,淮安市在全省率先出台《市级部门职责边界清单》,监管主体涉及45个市级部门,内容涵盖安全应急管理、自然资源环境保护、市场监督管理、食品药品安全、城市建设管理服务、公共卫生、公共管理服务、退役军人管理服务、农业农村9个类别共148项职责边界事项。配套制定《淮安市党政工作部门职责分工协调办法》,规范部门职责分工,明确职责边界调整程序,督促部门履职尽责。相关经验做法被省政府办公厅《每日要情》采用,并被《新华日报》专题宣传推介。

(黄舒竑)

对台事务

【概况】 2022年,淮安市有大运河文化带国家级海峡两岸交流基地、台商学院国家级两岸青年就业创业示范点、金湖荷花荡景区省级对台交流基地、古淮河文化风光带省级对台交流基地、天泉湖旅游度假区市级对台交流基地等对台交流基地。年内,淮安市出台对台交流基地管理实施意见,发挥各对台交流基地平台功能,举办两岸婚姻家庭运河行、台商台胞走淮安、第四届海峡两岸食品加工技能大赛、纪念摄影大师郎静山130周年诞辰、传统节日联谊等20多次特色交流活动。

【涉台宣传】 2022年,淮安市加强涉台宣传,提升淮安在两岸知名度和美誉度。全年在《人民日报》、新华社、中央广播电视总台、《光明日报》、“学习强国”学习平台、《新华日报》、江苏电视台等中央、省级主流媒体、新媒体刊发涉台宣传稿件及报道超百篇。

【“台淑荟”品牌建设】 2022年,淮安市妇联、市台办在全省率先探索建立女性台商台胞关爱服务交流机制,创新打造“台淑荟”品牌,围绕联谊交流、讲座培训、公益慈善、荣誉表彰、经贸交流等方面,丰富项目活动形式,推动在淮女性台商台胞更好融入淮安。举办“台淑荟”揭牌暨淮台家庭端午联谊、淮台女性人才沙龙等特色活动,受到《人民日报》(海外版)关注和广大台商台胞好评。

【2022两岸婚姻家庭交流联谊活动】 2022年8月,由省台办、省台联共同举办的“爱越海峡 情融江苏”——2022两岸婚姻家庭交流联谊活动在淮安市举行,全省13个设区市40余名两岸婚姻家庭代表与淮安优秀家庭代表参加活动。活动中,大家欣赏淮安古韵、品读周恩来总理爱情、学习非遗技艺,共叙“两岸一家亲,家和万事兴”情谊。全国最美家庭、书香家庭代表陆功勋和经宇,在现场分别展示剪纸技艺和书法,国家一级演员刘梅为大家演唱黄梅戏《牛郎织女》选段。

【第五届两岸大学生运河文化体验营】 11月25日,由淮阴师范学院与台中科技大学共同主办的2022年“邂逅醉美运河 踏浪最美青春”第五届两岸大学生运河文化体验营在淮阴师范学院开营。台湾东吴大学、台中科技大学、辅仁大学以及北京师范大学、江苏师范大学等两岸高校100余名师生参加线上线下活动。体验营活动期间,两岸

11月13日，第三届“郎静山杯”中国新画意摄影双年展在淮安开展
赵启瑞　摄/视觉江苏网　供

高校大学生围绕“感悟运河文化”主题，开展翔宇论坛、运河文化体验、西游文化体验、古诗词吟唱教学、诗词创作交流等沉浸式体验活动。

【纪念摄影大师郎静山130周年诞辰活动】 8月4日，淮安市举行纪念摄影大师郎静山130周年诞辰活动。60余名与会代表参观郎静山故居、郎静山艺术馆，观看郎静山女儿郎毓文的视频讲话。摄影专家就郎静山摄影的艺术特色，如何弘扬郎静山摄影艺术、推动淮安摄影事业发展，郎静山文化品牌的内涵及现实意义等话题展开交流与研讨。

【纪念“九二共识”30周年书画篆刻摄影巡展】 6月30日，为纪念“九二共识”达成30周年，凸显30年两岸关系发生的巨大变化，清江浦区启动“画”说港台“镜”观两岸书画篆刻摄影巡展。该次巡展共展出50余名香港、台湾以及淮安艺术家们115件书法、绘画、篆刻和摄影作品。

（宗　豹）

老干部工作

【概况】 至2022年末，淮安市有离休干部599人、退休干部57390人。离休干部中，市直204人、县区395人，平均年龄93.2岁；男性494人，中共党员465人，90岁及以上的551人；离退休单位为机关性质的177人，事业性质207人，企业性质215人；享受省部级单项待遇的14人，副厅局级待遇的37人；抗日战争时期参加工作的82人，解放战争时期参加工作的517人。退休干部中，原正厅级干部4人、副厅级45人。持续落实老干部待遇，发挥老干部作用，注重离退休干部组织建设。

【待遇保障】 2022年，淮安市、县区两级实行离休干部“两费”（离休费和医疗费）落实季查季报制度，确保离休干部工资待遇得到落实。开展走访慰问活动，为离休干部及地市职退休干部祝寿34人次，慰问地市级离休干部及老干部工作顾问17人次，无主管单位离休干部11人次，住养老院离休干部20人次，“空巢”、独居、失能离休干部25人次。春节、中秋节期间慰问地市职老领导96人次。登门吊唁去世离退休干部46人次。开展“喜迎二十大 欢度老年节”离休干部大走访活动，对全市离休干部进行走访慰问，为600余名离休干部送去组织关怀和慰问金慰问品合计约90万元。坚持老干部及遗属特殊困难帮助制度，投入资金13万元，帮助困难老干部及特困遗属68人次。针对离休干部“三有一落实”（有就医绿色通道、有签约家庭医生、有医疗特困帮扶机制，落实好离休干部提高享受医疗待遇政策）工作，全年开展2轮签约卫生服务中心工作情况调研督查，提出整改意见。每季度对县区离休干部开展电话抽查，并及时向各县区委老干部局反馈抽查结果。按1200元/人的标准支付离休干部家庭签约医生服务费用。开展离休干部家庭适老化改造工程。组织部分地市职老干部参观考察涟水县成集镇苏北小延安红色纪念园、红窑镇万亩芦笋基地和今世缘南厂区技改项目，组织老干部赴洪泽区开展“我看淮安新变化之重特大项目参观考察”活动，组织老干部赴金湖县、扬州市疗养。

【老干部党支部建设】 2022年，淮安市新增单建离退休干部党支部15个，共计551个。加强“银发头雁”队伍建设，动态调整14名市直离退休干部党支部书记。对全市离退休干部党组织建设进行专项督查。开展首批省、市“六好”（部班子好、党员管理好、组织生活好、制度落实好、作用发挥好、群众反映好）离退休干部党支部示范创建活动，建成9家省级和24家市级“六好”示范党支部。开展喜迎和学习宣传贯彻中共二十大系列活动，举办“迎接二十大，学习二十大，当好新征程银发先锋”党日活动、“喜迎二十大，永远跟党走”征文和“银发共颂二十大，不忘初心向未来”演讲比赛等。金湖县探索构建由银发管家、先锋管家、新就业群体、社区挂钩部门组成的“3+N”治理模式，让老干部党建融入基层治理；盱眙县、淮安区打造“都梁银龄”“维度党建联盟”等党建联盟模式，实现党建资源共融共建共享。

【作用发挥】 2022年，淮安市发挥老干部经验优势，开展“朝·夕缘”结对助才成长活动，助力青年人才快速成长。1月27日，开展“朝·夕缘 庆新年”——淮安老干部·客籍优秀青年人才代表迎新春活动。5月27日，开展“朝·夕缘”市直市管退休女干部结对客籍优秀青年人才启动仪式暨励志逐梦主题活动，并为15位退休女干部颁发“青年人才成长导师”聘书。6月15日，开展“朝·夕缘”地市职老干部结对“名校优生”赴淮阴区马头镇参观交流活动。10月16日，开展“朝·夕缘”市直市管退休女干部结对客籍优秀青年人才走进市守护花开巾帼律师公益联盟活动，该项目被评为2022年度全省老干部工作“十佳创新项目”。研究出台《淮安老干部志愿服务实施办法（试行）》，对组建队伍、开展志愿服务活动、促进和保障措施等进行详细说明，相关做法被中组部老干部离退休干部微信公众号、省委老干部局微信公众号宣传报道。在全市离退休干部中开展“建言二十大”和“我看中国特色社会主义新时代”调研活动，通过召开座谈会、视频电话连线、撰写调研文章等线上线下方式深入开展调研，全市累计收集意见建议近300条，专题调研报告40余篇。开展“永远跟党走、奋进新征程”银发宣讲进基层活动。开展全市第三届及全省第二届“最美老干部志愿者、最美老干部志愿服务团队、最佳老干部志愿服务项目”推选活动，盱眙县离退休干部“赶大集”志愿服务项目获评全省第二届最佳老干部志愿服务项目，1人获评全省第二届最美老干部。开展银发人才库建设，有1003名银发人才入库。

【老干部学习】 2022年，淮安市举办全市党建知识竞赛，2万余名离退休干部党员和党务工作者参加。组织离退休干部党员10万余人次观看由中组部和省委老干部局举办的10多场网上专题报告会，提升政治理论水平。中共淮安市委老干部局全年编印《情况通报》9期，及时传达省、市重要会议精神，并为离休干部及部分退休干部征订《银潮》《淮海晚报》等，丰富他们的精神文化生活。

【文体活动】 2022年8月，淮安市组织开展“喜迎二十大”首届老干部线上掼蛋比赛。9月，举办“喜迎中共二十大 诗书画影颂党恩”全省离退休干部书画摄影巡展（淮安站），举办“庆祝中华人民共和国成立73周年 喜迎中国共产党二十大胜利召开”协会文艺演出、“方寸忆党恩 邮票寄党情”周恩来总理邮品主题展。10月，举办“喜庆二十大 同心携手向未来”——全市离退休干部书画摄影展，共展出作品228幅。

【老干部居家养老超市服务】 2022年，淮安市委老干部局根据与中国移动通信集团江苏有限公司淮安分公司签订的合作协议，督促指导淮安移动公司完善老干部居家养老超市服务平台功能。与淮安千一物业服务公司、清河区永恒保洁搬家服务中心等4家家政服务企业续签《加盟服务协议》。服务超市全年接到老干部服务需求电话1000余人次，服务项目663件，总服务费11.6万元。

（许　玥）

党校工作

【教育培训】 2022年，中共淮安市委党校举办各类培训班41期，培训学员3522人。其中，春秋两季主体班15期，培训学员1302人；联办班20期，培训学员2000余人。全年开展中共二十大精神等宣讲50余场次，受教育党员干部群众1.2万人次。周恩来“五德”教育馆、好干部教育馆接待参观学习50批1549人次。

【科研资政】 2022年，中共淮安市委党校围绕市委、市政府中心工作立项开展重点课题40项，在《学习时报》《新华日报》等发表理论宣传文章41篇。报送资政报告17篇，其中《“健康码”使用中的问题与改进建议》被省政府内参采用并获省委常委、宣传部部长张爱军批示，《关于进一步筑牢淮安疫情防控坚固屏障的几点建议》《福建宁德培育千亿锂电产业的实践及其启示》《突破沿线融合困境进一步发挥大运河百里画廊战略牵引作用》等11篇报告得到市委、市政府主要领导批示肯定。牵头举办“喜迎二十大·党建促发展”“扛起新使命 谱写新篇章”理论研讨会，开展主题征文活动，推动党的创新理论更加深入人心。

【精品课程建设】 2022年，中共淮安市委党校开展“党校教师人人要有精品课”工作，构建40门以上省、市、校三级精品课程体系，“《社会主义从空想到科学的发展》及其当代价值”“习近平关于社会公平重要论述”2门课程分别被评为全省党校（行政学院）系统第六届精品课、优秀课。全市党校系统有7门课程（市委党校6门）获评2022年度全市干部教育培训精品课，占全市干部教育培训精品课总数的50%。

【“一主多辅”阅读空间建设】 9月23日，淮安市委党校举行“淮安书房·枚乘书吧”启用仪式，“枚乘书吧”“淮安书房”“凤凰新华·阅读空间”“淮安市图书馆市委党校分馆”共同揭牌。标志市委党校“一主多辅”阅读空间建设建成。“一主”是指“淮安书房·枚乘书吧”，“多辅”是指专门收藏与一代伟人周恩来相关的图书阅读空间“翔宇书屋”，以及学员宿舍走廊图书角以及行政办公区教职工专属的“求是悦空间”。“枚乘书吧”建筑面积190平方米，主要面向学员，具有鲜明的党校特色，先期藏书主要包括党政类、人文社科类、文学艺术类、综合类等22类3800余册，其中马克思主义经典著作和习近平新时代中国特色社会主义思想相关著作1300余册。书吧与市图书馆联合共建，实现全市范围内通借通还。“翔宇书屋”由周恩来“五德”教育馆会客厅改造而成，有藏书670种、1254册。行政办公区阅读空间有藏书1100余册。

（田　文）

淮安市人民代表大会

责任编辑：李　想

综　述

【人大代表构成】 2022年，淮安市第九届人民代表大会有代表433人。其中，工人34人，占7.85%；农民24人，占5.54%；专业技术人员121人，占27.94%；公务员190人，占43.88%；国有企业领导人员15人，占3.46%；非国有企业负责人32人，占7.39%；解放军和武警部队人员9人，占2.08%；其他人员8人，占1.85%。中共党员294名，占67.9%；非中共党员139名，占32.1%，其中民主党派和无党派代表人士124名，占28.64%。女性137名，占31.63%。少数民族人士5名，占1.15%。

【服务全市发展大局】 2022年，淮安市人大常委会聚焦全市发展大局，依法履职彰显使命担当。把人大工作放在市委整体工作布局中谋划，放在全市发展大局中推进，瞄准重点、难点和关键点发力。全年向市委报告重大事项50余次，提请市委常委会研究人大工作6次。举行市人大常委会会议9次、主任会议13次；审议并通过地方性法规2部；听取和审议“一府一委两院”专项工作报告17项，听取和审议计划、预算执行情况及审计工作报告等6项；组织人大代表视察、调研11次，开展专题询问、执法检查6次；作出决议决定7项；任免国家机关工作人员187人次。

【履职能力提升】 2022年，淮安市人大常委会不断提高依法履职、服务大局能力水平，适应新时代人大工作新要求。综合运用学习大讲堂、专题讲座、掌上课堂等方式，提升人大代表、人大常委会组成人员、人大机关干部综合素养。组织“调查研究月”活动，形成一批有价值的调研成果，编发《人大专报》24期。完善出台常委会议事规则、提高会议质量、高质量考核、人大代表履职担当等相关制度26项。将创新创优融入重点任务、融入岗位职责，形成争创“一县一品牌、一委一特色”氛围。按照全省“数字人大”统一部署，建设完善富有淮安特色应用场景。密切对上沟通对下联系，推动人大工作上下贯通、整体协同。实行对市人大机关和各县区人大工作高质量发展的过程性考核，加强市、县区、镇三级人大联动。

（邢文峰）

重要会议

【市九届人大一次会议】 2022年2月22—25日，淮安市第九届人民代表大会第一次会议召开。会议系统总结2021年各项工作，讨论确定2022年发展任务和以后5年发展目标，选举产生新一届地方国家机关组成人员，聚焦“绿色高地、枢纽新城”发展定位，围绕“四个淮安”（美丽淮安、开放淮安、创新淮安、幸福淮安）工作布局，以高质量发展为主题，以深化供给侧结构性改革为主线，全面推进发展转型跨越。

会议选举陈之常为市九届人大常委会主任；赵洪权、赵权、范更生、徐利华、周茂萱为市九届人大常委会副主任；殷强为市九届人大常委会秘书长。选举出31人为市九届人大常委会委员。会议选举史志军为淮安市人民政府市长；顾坤、王向红、赵立宏、邱华康、张笑为副市长；王逍霄为市监察委员会主任；章润为市中级人民法院院长；薛国骏为市人民检察院检察长。会议通过市第九届人民代表大会财政经济委员会、法制委员会、监察和司法委员会、社会建设委员会组成人员名单。会议确定市政府2022年度为民办实事项目。会议通过关于淮安市人民政府工作报告的决议；通过关于淮安市2021年国民经济和社会发展计划执行情况及2022年国民经济和社会发展计划的决议；通过关于淮安市2021年财政预算执行情况及2022年财政预算的决议；通过关于淮安市人大常委会工作报告的决议；通过关于淮安市中级人民法院工作报告的决议；通过关于淮安市人民检察院工作报告的决议；通过《关于强化工业重特大项目招引，带动先进制造业加速发展的议案》的决议。

【市人大常委会会议】 1月10日，市八届人大常委会第四十六次会议召开。会议补选史志军为江苏省第十三届人民代表大会代表。

1月27日，市八届人大常委会第四十七次会议召开。会议听取市政府关于快速路二期工程建设方案有关情况的报告；听取市人大常委会环资城建委关于对市政府《关于提请审议快速路二期工程建设方案的议案》的审查报告；听取市人大常委会代表资格审查委员会关于淮安市第九届人民代表大会代表资格的审查报告。会议通过有关人事任免事项，并举行宪法宣誓仪式；通过市人大常委会关于快速路二期工程建设方案的决定；通过市人大常委会代表资格审查委员会关于淮安市第九届人民代表大会代表资格的审查报告。

2月19日，市八届人大常委会第四十八次会议召开。会议通过市人大常委会关于市九届人大一次会议筹备工作情况的报告；通过市人大常委会关于市九届人大一次会议列席人员范围的决定；通过市九届人大一次会议主席团成员和秘书长建议名单；通过市九届人大一次会议国民经济社会发展计划和财政预算审查委员会组成人员建议名单；通过市九届人大一次会议议案审查委员会组成人员建议名单。

3月21日，市九届人大常委会第一次会议召开。会议传达学习习近平在全国两会期间的重要讲话和十三届全国人大五次会议精神。会议通过新一届市政府工作部门主要负责人，通过市人大常委会、市人民检察院有关人事任免事项。

4月26日，市九届人大常委会第二次会议召开。会议通过《淮安市农贸市场管理条例（表决稿）》；通过《淮安市人大常委会审计查出突出问题整改情况监督办法》和《淮安市人大常委会国有资产管理情况监督办法》；通过《关于建立淮安市九届人大常委会基层立法联系点的决定》《关于建立淮安市九届人大常委会立法咨询专家库的决定》；通过《淮安市人大常委会关于从市级层面统筹大运河百里画廊建设重大项目实施议案处理意见的决定》《淮安市人大常委会关于全力推进龙头文旅项目5A创建、不断擦亮淮安文旅新地标议案处理意见的决定》《淮安市人大常委会关于创新农村金融服务助力乡村振兴议案处理意见的决定》。会议对市政府关于2021年度环境状况和环境保护目标完成情况的报告、市中级人民法院关于全市法院刑事审判工作情况的报告进行满意度表决。

6月23日，市九届人大常委会第三次会议召开。会议听取市政府关于淮安市2021年市级财政决算和2022年以来财政预算执行情况的报告、淮安市2021年度市级预算执行和决算草案及其他财政收支的审计工作报告；听取市人大财经委关于淮安市2021年市级财政决算草案的审查结果报告；听取市人大常委会执法检查组关于检查《中华人民共和国环境保护法》贯彻实施情况的报告；听取市人大常委会代表资格审查委员会关于淮安市第九届人民代表大会个别代表资格变动的报告，市人大常委会研究室关于《市人大常委会重点工作五年计划（2022—2026）（草案）》《市人大常委会关于进一步提高常委会会议质量的意见（草案）》的说明。会议通过《市人大常委会关于修正〈淮安市永久性绿地保护条例〉〈淮安市地下管线管理条例〉的决定》；通过《市人大常委会关于批准淮安市2021年市级财政决算的决议》；会议通过《市人大常委会关于进一步加大助企纾困政策实施力度的决定》《市人大常委会关于统筹推进大运河百里画廊建设 全力打造大运河国家文化公园"淮安样板"的决定》；会议通过市政府关于全市公安机关开展队伍教育整顿情况、环洪泽湖公路建设情况2份工作报告；会议通过市政府关于全市医疗保障工作情况报告审议意见落实情况、市乡村振兴战略实施情况报告审议意见落实情况、全市公安机关执法规范化建设工作情况报告审议意见落实情况、全市教师队伍建设情况报告审议意见落实情况等5份反馈报告，以及检察院关于全市检察机关刑事检察工作情况报告审议意见落实情况，并进行满意度表决。会议还对省人大代表淮安团省直组和部分省人大代表的履职情况进行满意度表决。

8月25日，市九届人大常委会第四次会议召开。会议听取关于人事任免事项的提请说明；听取市人大法制委关于《淮安市建筑垃圾管理条例（草案）》审议结果的报告；听取市政府关于淮安市2022年上半年国民经济和社会发展计划执行情况的报告；听取市人大财经委关于2022年上半年全市经济运行情况的分析报告；听取市政府关于全市义务教育"双减"工作落实情况的报告；听取市人大常委会教科文卫委关于全市义务教育"双减"工作落实情况的调研报告；听取市人大常委会执法检查组关于检查《中华人民共和国慈善法》《江苏省慈善条例》贯彻实施情况的报告；听取市人大常委会研究室关于《市人大常委会议事规则（草案）》和《市人大常委会关于进一步提高常委会会议质量的意见（草案）》的说明；听取市人大常委会法工委关于《市人大常委会关于废止〈淮安市授予荣誉市民称号办法〉的决定（草案）》的说明；听取市政府部分工作部门主要负责人，"两院"部分员额法官、员额检察官履职情况报告。会议通过有关人事任免事项并举行宪法宣誓仪式；通过《淮安市建筑垃圾管理条例（表决稿）》；通过《市人大常委会议事规则》；通过《市人大常委会关于进一步提高常委会会议质量的意见》；通过《市人大常委会关于废止〈淮安市授予荣誉市民称号办法〉的决定》。会议对市政府关于全市义务教育"双减"工作落实情况的报告，市政府部分工作部门主要负责人履职情况，"两院"部分员额法官、员额检察官履职情况进行满意度表决。

10月27日，市九届人大常委会第五次会议召开。会议决定任命岳岭为淮安市监察委员会副主任，决定代理主任职务。会议表决通过关于接受王逍霄辞去淮安市监察委员会主任职务请求的决定。会议听取并审议市政府关于2021年度市级企业国有资产管理情况的专项报告、2022年市级地方政府新增债务限额及市级预算调整方案（草案）的报告；听取并审议市政府关于全市高标准农田建设情况的报告、全市养老服务体系建设情况的报告，市检察院关于全市检察机关法律监督工作情况的报告，并进行满意度表决；会议听取并审议市人大常委会执法检查组关于检查《淮安市市容管理条例》《畜禽规模养殖污染防治条例》贯彻实施情况2份执法检查报告。会议通过《市人大常委会关于批准2022年市级地方政府新增债务限额及市级预算调整方案的决议》；通过市人大常委会代表资格审查委员会关于淮安市第九届人民代表大会个别代表的代表资格的报告。

12月23日，市九届人大常委会第六次会议召开。会议通过有关人事任免事项，并举行宪法宣誓仪式。会议听取并审议市政府关于市九届人大一次会议《关于强化工业重特大项目招引带动先进制造业加速发展议案的决议》执行情况的报告，市政府关于市九届人大一次会议代表建议、批评和意见办理情况的报告，市政府、市中级人民法院关于市人大常委会2022年上半年有关审议意见落实情况的反馈报告，市政府关于市人大常委会《关于从市级层面统筹大运河百里画廊建设重大项目实施议案处理意见的决定》办理情况的报告，市政府关于市人大常委会《关于全力推进龙头文旅项目5A创建、不断擦亮淮安文旅新地标议案处理意见的决定》办理情况的报告，市政府关于市人大常委会《关于创新农村金融服务助力乡村振兴议案处理意见的决定》办理情况的报告，并进行满意度表决；会议听取并审议市政府关于《淮安市餐厨废弃物管理条例（草案）》起草情况的说明，市人大常委会环资城建委关于《淮安市餐厨废弃物管理条例（草案）》审查意见的报告。会议听取市政府关于贯彻乡村振兴促进法和省乡村振兴促进条例，发展壮大村级集体经济情况的报告；听取市政府关于开发园区创新发展制度体系实施情况的报告；听取市政府关于2021年度审计查出突出问题整改情况的报告；听取市人大常委会法工委关于规范性文件备案审查工作情况的报告。会议通过《淮安市人民代表大会常务委员会关于召开淮安市第九届人民代表大会第二次会议的决定》；通过《市人大常委会关于批准2022年市级地方政府新增债务限额及市级预算调整方案的决议》。会议讨论《淮安市人大常委会工作报告（讨论稿）》。会议对市政府2022年民生实事项目实施情况测评打分。

【市人大常委会主任会议】1月26日，市八届人大常委会第九十四次主任会议召开。会议听取市人大常委会环资城建委《关于提请审议快速路二期工程建设方案的议案》的审查报告；听取市人大常委会代表资格审查委员会关于淮安市第九届人民代表大会代表资格的审查报告；讨论通过市八届人大常委会第四十五次会议有关审议意见。

2月17日，市八届人大常委会第九十五次主任会议召开。会议讨论市人大常委会关于市九届人大一次会议筹备工作情况的报告；讨论市人大财经委、市人大法制委、市人大监察和司法委、市人大社会建设委工作报告；讨论关于淮安市2021年国民经济和社会发展计划执行情况与2022年国民经济和社会发展计划草案的审查结果报告、关于淮安市2021年预算执行情况与2022年预算草案的审查结果报告；讨论市九届人大一次会议2022年度民生实事项目票决办法。

3月18日，市九届人大常委会第一次主任会议召开。会议讨论市九届人大常委会第一次会议筹备情况说明及建议议程等有关事项；讨论市人大常委会2022年主要工作项目安排情况；听取关于市九届人大一次会议代表议案办理和督查工作意见的汇报；听取关于市九届人大常委会代表资格审查委员会组成人员建议名单的汇报；听取关于市人大常委会工作委员会委员建议名单的汇报；对市人大机关2022年招商引资工作、省对市考核工作提出要求。

4月21日，市九届人大常委会第二次主任会议召开。会议讨论市九届人大常委会第二次会议议程和日程，以及常委会第三次会议内容的初步安排；听取市人大法制委关于《淮安市农贸市场管理条例（草案）》审议结果的报告；听取市人大常委会环资委关于《淮安市建筑垃圾管理条例（草案）》审查意见的报告；听取市人大监察和司法委关于全市法院刑事审判工作情况的调研报告；听取市人大财经委关于《淮安市人大常委会关于审计查出突出问题整改监督办法（草案）》《淮安市人大常委会关于国有资产管理情况监督办法（草案）》以及《淮安市人大常委会国有资产管理情况监督五年规划（2022—2026）》起草情况的说明；听取市人大法制委关于《淮安市人大常委会关于确立市九届人大常委会基层立法联系点的决定（草案）》《淮安市人大常委会关于建立市九届人大常委会立法咨询专家库的决定（草案）》的说明；听取市人大常委会教科文卫委《关于统筹大运河“百里画廊”建设重大项目实施》议案处理意见的报告；听取市人大常委会教科文卫委《关于全力推进龙头文旅项目5A创建、不断擦亮淮安文旅新地标》议案处理意见的报告；听取市人大常委会农经委《关于创新农村金融服务助力乡村振兴》议案处理意见的报告。会议还对全市人大代表开展主题活动的选题进行研讨。

4月26日，市九届人大常委会第三次主任会议召开。会议听取市人大法制委关于《淮安市农贸市场管理条例（草案修改稿）》的修改说明，并研究形成《淮安市农贸市场管理条例（表决稿）》。

6月17日，市九届人大常委会第四次主任会议召开。会议传达全国人大常委会副委员长曹建明到淮安市调研相关指示精神和有关情况；会议听取并讨论筹备市委人大工作会议方案（草案）、有关文件（代拟稿）、市人大常委会重点工作（2022—2026）计划（送审稿）；听取并讨论市人大常委会第三次会议议程、日程、通知以及市人大常委会第四次会议审议内容的初步安排；听取并讨论市政府关于南宁广场部分永久性绿地占用补偿和调整情况的报告；听取并讨论《淮安市建筑垃圾管理条例（草案）》《〈淮安市永久性绿地保护条例〉〈淮安市地下管线管理条例〉(修正草案)》《市人大常委会基层立法联系点工作规定(草案)》《淮安市人大常委会五年立法规划(草案)》;听取并讨论2021年市级财政决算草案的审查结果报告,全市公安机关开展队伍教育整顿情况的调研报告,环洪泽湖公路建设情况的调研报告,相关委员会关于市政府、市检察院对2021年下半年审议意见落实情况反馈报告的审查报告,《环境保护法》执法检查报告;听取并讨论《关于进一步加大助企纾困政策实施力度的决定(草案)》《市人大常委会关于推动大运河百里画廊建设的决定(草案)》《关于进一步提高常委会会议质量的意见(草案)》;会议还听取个别代表的代表资格审查报告,听取并讨论履职评议工作实施方案。

6月23日,市九届人大常委会第五次主任会议召开。会议听取市人大法制委关于《淮安市永久性绿地保护条例》《淮安市地下管线管理条例》修正案草案审议结果的报告和修改建议说明,并形成《市人大常委会关于修改〈淮安市永久性绿地保护条例〉〈淮安市地下管线管理条例〉的决定(表决稿)》。

8月19日,市九届人大常委会第六次主任会议召开。讨论市人大常委会第四次会议议程、日程、通知,以及市人大常委会第五次会议审议内容的初步安排;听取市人大法制委关于《淮安市建筑垃圾管理条例(草案)》审议结果的报告;听取市人大财经委关于2022年上半年全市经济运行情况的分析报告;听取市人大常委会教科文卫委关于全市义务教育“双减”工作落实情况的调研报告;听取市人大常委会执法检查组关于检查《中华人民共和国慈善法》《江苏省慈善条例》贯彻实施情况的报告;听取市人大常委会执法检查组关于检查《畜禽规模养殖污染防治条例》贯彻实施情况的报告;听取4个履职评议调研组关于市政府部分工作部门主要负责人的评议意见;听取市人大监察和司法委关于“两院”部分员额法官、员额检察官的评议意见;听取市人大常委会研究室关于《市人大常委会议事规则(草案)》的说明;听取市人大常委会研究室关于《市人大常委会关于进一步提高常委会会议质量的意见(草案)》的说明;听取市人大常委会法工委关于《市人大常委会关于修改〈淮安市人民代表大会常务委员会人事任免办法〉的决定(草案)》的说明;听取市人大常委会法工委关于《市人大常委会关于废止〈淮安市授予荣誉市民称号办法〉的决定(草案)》的说明;听取市人大常委会预算工委关于《审计查出问题整改跟踪监督工作方案》的说明。

8月25日,市九届人大常委会第七次主任会议召开。会议听取市人大法制委关于《淮安市建筑垃圾管理条例(草案修改稿)》审议结果的报告和修改建议说明;并形成《淮安市建筑垃圾管理条例(表决稿)》。

9月28日,市九届人大常委会第八次主任会议召开。会议讨论关于市政府部分部门主要负责人的评议意见;研究加快推进“数字人大”建设工作;讨论重大工业项目调研视察工作方案和民生实事代表专题履职调研活动方案。

10月20日,市九届人大常委会第九次主任会议召开。会议传达学习中共二十大报告精神,讨论市人大常委会第五次会议议程、日程、通知,以及市人大常委会第六次会议审议内容的初步安排;听取和讨论关于国有资产管理情况的调研报告、关于市级预算调整方案(草案)的审查结果报告、关于全市高标准农田建设情况的调研报告、关于全市养老服务体系建设情况的调研报告、关于全市检察机关法律监督工作情况的调研报告、关于市人大代表变动情况的报告,以及《淮安市市容管理条例》和《畜禽规模养殖污染防治条例》执法检查报告。

12月15日,市九届人大常委会第十次主任会议召开。会议讨论市人大常委会第六次会议议程、日程、通知,以及市人大常委会第七次会议审议内容的初步安排;听取和讨论关于《淮安市餐厨废弃物管理条例(草案)》审查意见的报告、关于规范性文件备案审查工作情况的报告、关于市政府2022年度民生实事项目完成情况的调研报告、关于《淮安市国土空间总体规划(2021—2035年)》审查意见的报告;听取和讨论关于市九届人大一次会议《关于强化工业重特大项目招引带动先进制造业加速发展议案的决议》执行情况的审查报告、关于对市政府《从市级层面统筹大运河百里画廊建设重大项目实施议案办理情况报告》的审查报告、关于对市政府《全力推进龙头文旅项目5A创建,不断擦亮淮安文旅新地标议案办理情况报告》的审查报告、关于对市政府《创新农村金融服务助力乡村振兴议案办理情况报告》的审查报告、关于市九届人大一次会议代表建议办理情况的报告,以及关于全市公安机关开展队伍教育整顿情况报告审议意见落实情况反馈报告的审查报告、关于全市法院刑事审判工作情况报告审议意见落实情况反馈报告的审查报告、关于环湖公路建设情况报告审议意见落实情况反馈报告的审查报告;讨论关于提请审议《淮安市人民代表大会常务委员会关于召开淮安市第九届人民代表大会第二次会议的决定(草案)》的议案、《淮安市人大常委会工作报告(讨论稿)》。

12月30日,市九届人大常委会第十一次主任会议召开。会议讨论市人大常委会2023年度工作要点以及《淮安市国土空间总体规划2021—2035年(草案)》编制情况。

(邢文峰)

立法工作

参见《法治·人大立法》

决议决定

【概况】 2022年,淮安市人大常委会依法任免国家机关工作人员。作出决议决定7项，分别是《关于建立淮安市九届人大常委会基层立法联系点的决定》《关于建立淮安市九届人大常委会立法咨询专家库的决定》《关于批准淮安市2021年市级财政决算的决议》《关于进一步加大助企纾困政策实施力度的决定》《关于统筹推进大运河百里画廊建设 全力打造大运河国家文化公园“淮安样板”的决定》《关于废止〈淮安市授予荣誉市民称号办法〉的决定》《关于批准2022年市级地方政府新增债务限额及市级预算调整方案的决议》。

【国家机关工作人员任免】 2022年，淮安市人大常委会坚持党管干部与人大依法任免有机统一，依法任免国家机关工作人员187人次，保证市委人事安排顺利实现；加强任后监督，对市发展改革委等4个政府部门主要负责人和10名员额法官、检察官进行履职评议，促进干部履职尽责。

【地方立法方面决定】 2022年，淮安市人大常委会根据中央人大工作会议，省、市委人大工作会议关于地方立法工作要求，开展新一届立法咨询专家遴选和基层立法联系点建立工作。经过组织推荐，充分酝酿、无记名投票等环节，市九届人大常委会第二次会议通过决定，确定42名立法咨询专家和18家基层立法联系点。10月13日，市人大常委会举行立法咨询专家聘任、基层立法联系点授牌仪式，并召开基层立法联系点工作经验交流会。会上宣读《关于建立淮安市九届人大常委会立法咨询专家库的决定》和《关于建立淮安市九届人大常委会基层立法联系点的决定》。

【助企纾困政策实施决定】 6月23日，淮安市九届人大常委会第三次会议全票通过《关于进一步加大助企纾困政策实施力度的决定》。全文共11条，突出政策惠企顶格推进、服务助企跨前一步、环境活企优无止境3个方面内容。决定要求各级政府加强对助企纾困政策推进工作领导，建立高位协调推进机制，推动政策措施加速落地见效；要求有关职能部门扛起助企纾困的政治责任、主体责任，严格按照任务分工，加强助企纾困政策宣传解读，用好用足国家、省政策资源，量化实化淮安市配套措施，形成政策叠加效应。决定明确要求政府有关部门全面梳理助企纾困政策清单，明确政策适用范围、享受条件和申报流程，推动助企政策精准“导航”。决定要求围绕退税减税、财政支持、金融服务、降本增效和稳企扩岗等，推动助企纾困直达快享，助力中小企业稳产增效；深入推进涉企收费专项治理，加强中介服务事项监管，确保政策红利落地。

【大运河百里画廊建设决定】 6月24日，《关于统筹推进大运河百里画廊建设 全力打造大运河国家文化公园“淮安样板”的决定》由淮安市第九届人民代表大会常务委员会第三次会议通过，7月9日公布并正式施行。参见《大运河文化带建设·建设规划》

人大监督

【高质量发展监督】 2022年，淮安市人大常委会围绕项目建设，组织专业代表调研视察项目招引“3530”工程（全年协议引资额3000亿元，新签约投资亿元以上项目500个，其中50亿元以上产业项目30个）和项目建设“1320”工程（全年工业投资不低于1000亿元，开工投资亿元以上工业项目不少于300个，其中50亿元以上项目不少于20个），助力重大工业项目建设。在环洪泽湖公路建设关键时期，组织对项目进行现场监督，助力项目建设顺利推进。作出统筹推进大运河百里画廊建设的决定，以刚性约束推动大运河文化带建设步入法治轨道。围绕乡村振兴，加强对农业重特大项目、发展村级集体经济、高标准农田建设、粮食生产安全等工作监督。

【经济运行监督】 2022年，淮安市人大常委会围绕财经运行，运用人大分析评价经济运行指标体系，审议经济运行情况报告。制定人大审查监督政府债务实施、国有资产管理情况监督、审计查出突出问题整改3个办法，推动政府债务管理强化、国有资产作用发挥、审计整改机制健全。在省内率先作出关于进一步加大助企纾困政策实施力度的决定，用法治力量护航政策直达快享。开展“线上下、场内外、市县镇”三结合模式电视问政活动，现场交办重点建议，以点带面助推重点镇产城融合发展。

【民生工作监督】 2022年，淮安市人大常委会听民声、解民忧，把责任落在解决事关民生的热点难点上。围绕县域高中建设与发展等群众关心事项，开展专项调查，提出有针对性的意见建议。开展义务教育“双减”实施一周年情况调查，发放问卷4万多份，提出推动教育优质均衡等审议意见，以大数据准确反映群众呼声。围绕不淹不涝城市建设、生态环境保护、养老服务体系完善、妇女儿童合法权益保护等工作，加大调研、视察、审议力度，推动民生福祉不断增进。组织民生实事代表票决，通过听、看、查、问、督5个环节，推动50项民生实事项目有序实施。洪泽区人大建立“代表+”督办民生实事机制，组织代表多渠道参与民生实事监督工作，推动实事办好办实。

【依法治市监督】 2022年，淮安市人大常委会维护公平正义，优化法规制度供给，精准有效促进良法善治。围绕打造共建共治共享的社会治理格局，审议刑事审判、法律监督、公安机关队伍教育整顿等工作，调研行政争议纾解、涉企纠纷案件办理等情况。创新代表“点、听、评、议”庭审新模式。按照“突出重点、为民所用”要求，明确“围绕中心重立法、贴近需求抓立法、服务发展立好法”标准，全面提高地方立法质量和效率。在立法工作中践行全过程人民民主，按照“升级、扩面、增效”原则，高起点建立18

个基层立法联系点，聘请42名立法咨询专家，拓宽公众参与立法渠道。围绕政府管理和社会治理需要，科学制定2022—2026年立法规划，安排立法计划项目28件。提高立法质效，以小切口解决突出问题，以快速度满足现实需求，以灵活性增强立法实效。制定农贸市场管理条例；制定建筑垃圾管理条例；起草餐厨废弃物管理条例；修正永久性绿地保护条例、地下管线管理条例。完善备案审查。有件必备，有备必审，有错必纠，全年备案审查规范性文件41件，实现制定水平、审查水平双提升。

发挥执法检查“法律巡视”作用，检查慈善法、残疾人保障法、市容管理条例等法律法规实施情况。

（邢文峰）

代表工作

【概况】 2022年，淮安市人大常委会发挥代表主体作用，让代表建议落地落实、代表活动出新出彩、代表履职见行见效。提高代表对常委会工作参与度，邀请代表参加立法、监督等活动和列席常委会会议200多人次。做到定期接待代表、到基层必访代表、常态化联系代表，实施代表学习培训5年计划。全市建有人大代表之家115个、人大代表联络站431个、人大代表联系点475个。代表议案建议均按规定时间办结并回复代表。

【代表履职活动】 2022年，淮安市三级人大联动，五级代表参与，创新开展“惠民生、助发展”代表履职建功主题活动，动员全市7000多名人大代表进村入户助增收促振兴、进园入企助纾困促发展、进网入站助解难促和谐，汇集察民情、聚民智、惠民生、助发展合力。以“进乡村助增收促振兴”为阶段性重点，发动百名人大代表结对帮扶全市百个行政村，市、县区四套班子中的人大代表带头参加活动，全体代表共慰问帮扶困难家庭8043户、帮办解决实事1789件、实施助推发展项目167个，被《人民日报》《中国人大》《新华日报》等10多家主流媒体专题报道100多篇次。淮安经济技术开发区人大工委组织代表“进企业、问需求”，形成继续执行企业住房公积金缴存比例浮动区间政策的建议，市级层面及时研究采纳并落实。完善常委会组成人员联系基层代表机制，开展“主任接待代表日”活动5次。组建市人大代表小组22个，组织闭会期间代表视察、调研等活动。密切代表与群众联系，发挥“家、站、点”阵地作用，建立“人大代表专业工作室”49个，打通代表联系群众的“最后一公里”。金湖县人大创新打造“群众议事会”，拓宽人民群众表达利益诉求渠道。

【代表履职服务保障】 2022年，淮安市人大常委会优化代表履职服务保障，实施代表学习培训5年计划，组织开展代表初任培训、履职能力提升培训，制定代表履职担当意见，加强履职积分管理办法运用，以“三量提升”（代表联系群众的数量、群众通过代表反映诉求的数量、代表推动解决问题的数量）来考量代表履职情况，激励代表规范高效履职。全年交办代表议案建议344件，均按规定时间办结并回复代表，办成率、满意率分别达89.8%、100%。评选优秀代表建议20件、先进承办单位25个，推动建议与办理质量双提升。加强镇街人大规范化建设，推行镇民生实事人大代表票决制，实行街道议政代表会制度。盱眙县人大开展镇街人大建设“五星级”动态评定，推动镇镇有特色、家家有亮点。

（邢文峰）

【重点议案建议】 2022年，淮安市人大常委会交办代表议案建议344件，其中市人大常委会领导督办、市政府领导领办代表议案建议5件。

《关于强化工业重特大项目招引带动先进制造业加速发展的议案》 淮安市第九届人民代表大会第一次会议决定，将淮安区代表团朱书文等10名人大代表提出的《关于建立重特大项目建设保障机制的议案》、淮安经济技术开发区代表团韩高峰等11名人大代表提出的《关于完善重特大项目建设推进机制，加快装备制造业发展的议案》、金湖代表团顾善群等11名人大代表提出的《关于加大重特大项目招引力度的议案》，综合形成《关于强化工业重特大项目招引带动先进制造业加速发展的议案》，并作为该次大会议案，交由市人民政府办理。主要内容：聚力聚焦，加大项目招引力度。发挥主要领导“一号招商员”示范作用，瞄准北京、上海、南京、深圳等城市，举办多场综合性投资环境说明会。发挥品牌招商活动引领作用，精心办好淮安食博会暨首届金秋经贸洽谈会、台商论坛、淮河华商大会等活动。发挥专业招商团队优势力量，推动省级以上开发区组建招商集团公司；提速提效，加大项目攻坚力度。强化目标导向、结果导向，全面落实重特大项目攻坚实施方案、推动制造业高质量发展实施意见等文件。加大考核力度，将项目招引、开工、竣工、实际有效投资等指标作为高质量跨越发展考核的重要内容。完善推进机制，健全管理机制，抓好重大项目建设；优配资源，加大项目保障力度。集中全市最优资源力量，优先保障重大项目。优化环境，加大项目服务力度。进一步擦亮101%服务品牌，健全重大项目、重点企业挂钩帮扶制度，强化科技创新赋能，加快国家创新型城市创建步伐，深化开发园区“去行政化”、人事薪酬制度和“放管服”集成改革。

《关于全力推进龙头文旅项目5A创建不断擦亮淮安文旅新地标的议案》 淮安市第九届人民代表大会第一次会议上，肖琴等12位代表提出《关于全力推进龙头文旅项目5A创建不断擦亮淮安文旅新地标的议案》。主要内容：市级高位推动，统筹指导国家AAAAA级旅游景区创建工作。建议市级层面成立领导小组，设立园区管理委员会，所在地区设立推进机制，并且纳入县区（园区）高质量跨越发展考核，通过高位推动，统筹协调国家AAAAA级旅游景区创建及后期运营管理等工作；完善规划体系，提升景区空间品质与功能。加强旅游产业规划编制工作，制定旅游基础服务设施发展规划、土地利用规划等全市性规划时，充分考虑旅游产业发展的需要，留足发展空间。增加景区配套，营造文明典范城市全域旅游的浓厚氛围，强化资源整合，探索建立联营联动机制。建立全市景区的合作机制和议事制度，建立市级层面重大节假日、活动协调机制，优化市内各景区公共交通线路；完善相关政策，保障文旅全面复苏发展。实施以奖代补政策，缓交社会保险费，强化金融信贷支持，核准停车收费，建议高校增设旅游专业。

《关于从市级层面统筹大运河百里画廊建设重大项目实施的议案》 淮安市第九届人民代表大会第一次会议上，王永红等10位代表提出《关于从市级层面统筹大运河百里画廊建设重大项目实施的议案》。主要内容：建议中共淮安市委、市政府从市级层面对大运河沿线“四区一县”的业态布局和重大项目编排实施进行统一把关、扎口处理，根据各县区的产业发展现状和不同特点资源禀赋，寻求各自亮点与代表性名片，搞好分工与协作，对节庆活动、旅游产品、功能定位进行合理安排，避免产业雷同、重复建设和恶性竞争等同质化现象，形成各美其美、美美与共放的发展格局。

《关于创新农村金融服务，助力乡村振兴的议案》 淮安市第九届人民代表大会第一次会议上，朱彩涛等15位代表提出《关于创新农村金融服务，助力乡村振兴的议案》。主要内容：创新金融供给产品，建立金融服务乡村振兴纽带。拓宽金融服务领域、推进金融产品创新、延伸金融授信触角；创新金融供给渠道，搭建金融服务乡村振兴桥梁。建立金融机构协同机制，高起点规划、全区域整合金融机构资源，形成金融机构支持农业农村现代化的整体合力。深化数字化转型，构建“线上+线下”综合金融服务模式。打造“银行+”合作模式，开展银企、银保、银担、银协等对接活动，帮助乡村企业建立和完善融资体系，建立健全政府性融资担保和风险分担机制，整合乡村产业资源，发挥农业信贷担保与农业保险作用以及共享银行与协会信息，促进金融资源回流“三农”；创新金融供给平台，构建金融服务乡村振兴体系。发挥“党建+”优势，打造党建业务融合发展机制；发挥政银合力，提升金融服务深度与广度。

《关于建立完善居民居家养老体制的建议》 淮安市第九届人民代表大会第一次会议上，代表钱晓晖提出《关于建立完善居民居家养老体制的建议》。主要内容：以社区牵头，由社区招募社工，对辖区类80岁以上高龄、60岁以上失能、70岁以上独居老人进行登记、每周回访，录入平台，根据需求划分不同养老服务方式。社区医院登记、备案辖区内符合条件老人，提供上门有偿医疗服务，针对失能半失能、失智老人需求，可与社区服务养老机构联合建立家庭病床。发展社区居家养老服务。支持社会力量举办多种形式社区服务养老机构，鼓励“物业+居家服务”模式。建设小面积的公租房，满足能自主生活的老年人抱团养老，亦有利于集中服务。

（邢文峰）

表2 2022年淮安市人大重点议案建议一览表

议案建议标题	提议案建议者
关于加强营商环境建设解决企业用工问题的建议	池忠秋
关于规范物业管理公司收费等物业管理工作的建议	宋 燕
关于加快开展房屋安全评估、鉴定工作的建议	潘 虹
关于进一步提高老旧小区改造质量的建议	褚忠琴
关于“单病种医保控费”的建议	黄 曙
关于优化直播电商创业环境 促进淮扬预制菜产业发展 扶持本地预制菜小微企业做大做强的建议	韩文静
关于在市级层面统筹建设打造15分钟服务圈的建议	朱桂前
关于积极先行开展长三角社会保障居民服务卡一卡通的建议	李利军
关于建议加快建设城乡一体化养老服务体系 努力实现社区养老“9小时”服务的建议	邓 红
关于支持今世缘创建国家级科技创新平台的建议	顾祥悦
关于加强我市乡村留守儿童的心理健康教育和法制宣传教育的建议	庞其芳
关于对淮安市开发区、工业园区、生态文旅区三个园区街道（办事处）配备残疾人专职委员的建议	朱海童
关于进一步加强城市道路交通设施科学管理维护提升交通安全的建议	张 磊
关于对民生实事项目进行立法规范的建议	葛志军
关于进一步提升建筑垃圾资源化利用能力的建议	唐士海

注：表格中重点议案建议不含已记载的5件市人大领导督办、市政府领导领办议案建议
（资料来源：市人大）

淮安市人民政府

责任编辑:李　想

综　述

【产业发展】 2022年,淮安市举办第五届中国(淮安)国际食品博览会暨金洽会等系列活动,新签约投资亿元以上项目789个、协议引资额4045亿元,其中投资亿元以上工业项目533个、50亿元以上项目31个,玻纤新材料、天合光能高效光伏电池和组件等投资百亿级项目7个。完善重大项目要素保障和服务机制,各县区均储备500亩以上集中连片工业用地,百亿级项目从签约到落地,由100天降低到32天。省重大项目数量、年度投资较上年分别增长100%和200%,市重大产业项目数量、年度投资较上年分别增长70%和62%。

工业经济快速增长,出台推动制造业高质量发展实施意见,整合设立工业强市发展专项资金,四大主导产业开票销售增长8.5%,新增销售超150亿元、超80亿元工业企业各2家。现代服务业提档升级,商贸物流业加快转型,完成内河集装箱吞吐量47.3万标准箱,同比增长52%。放大"世界美食之都"品牌效应,加快发展预制菜产业。打造3个省级夜间文旅消费集聚区,涟水创成省全域旅游示范区,淮安区入选全国红色旅游融合发展试点单位,方特东方欲晓主题公园开园。现代农业提质增效,加快建设五大产业集群,粮食生产实现丰收,绿色优质农产品占比达70%。小龙虾产业入选全国优势特色产业集群,金湖县入选新一轮国家制种大县,淮阴区获批省级农业现代化先行区,洪泽区、淮安区获批建设省级现代农业产业高质量发展示范园。

【创新开放】 2022年,淮安市持续推进"淮上关爱一件事"改革,简化厂房和仓储类项目审批手续,推行工业用地供应管理权限委托试点。"数字化联合审图"入选全国典型案例,"拿地即开工"项目占比、招投标不见面交易率居全省第一,创新推出惠企"码上贷"。在全省率先编制市级部门职责边界清单,推进开发园区去行政化系列改革。实现行政事业单位经营性资产集中统一管理,完成国企改革三年行动预定任务。整合利用存量土地资源2086.67公顷,获省用地指标奖励。推进国家创新型城市建设,有效期内高新技术企业670家,年内增加90家,全社会研发投入增长10%以上。天士力药业有限公司创成国家企业技术中心,淮安精密配件特色产业基地获批国家火炬特色产业基地。淮安市入选首批国家知识产权强市建设试点城市,技术合同成交额200亿元。新增省级质量标杆企业200家,实现企业参与国际标准修订"零"的突破。与南京大学、东南大学开展战略合作,新备案省级校企联盟102家。出台"人才强市22条",举办人才发展云推介、创新创业大赛等活动。

开放合作水平持续提高,全年到账外资10.3亿美元,外贸进出口增长15%。举办淮安城市发展上海推介月、淮河华商大会、对日投资环境说明会等活动,加快对接实施长三角区域一体化发展、大运河文化带、淮河生态经济带等国家战略。启动宁淮科创走廊和自贸区联动创新发展区建设。台资集聚示范区建设新获7项省支持政策,建立政企互通台商台胞服务机制,淮昆台资经济协同发展成效显著,新设及增资台资项目65个,实际利用台资3.6亿美元。新增跨境电商企业50家,整体通关效率位居全省前列。

【城乡发展】 2022年,淮安市实施十大类249个城建重点项目,完成投资315亿元。中央活力区建设步伐加快,华信商业综合体正式运营,金融中心二期竣工交付,淮安华润万象城开工建设。大运河百里画廊先导段和示范区建设入选全国大运河文化保护传承利用十件大事,建成里运河文化长廊"四行"(步行、骑行、车行、船行)系统和东港体育公园,中国水工科技馆项目有序实施,萧湖旅游度假区、板闸遗址公园主体竣工,环洪泽湖公路基本贯通。都天庙、"新安旅行团"纪念馆周边片区入选城市更新省级试点,新开工棚户区改造1.92万套,改造老旧小区156个,创成省级宜居示范居住区10个,建成城市绿色小客厅15个,古黄河生态休闲带全线贯通。获批"无废城市"建设试点。开展"超期过渡安置"攻坚行动,惠及4457户家庭。初步建成智慧城市一体化基础支撑和城市运行"一网统管"平台。文明城市建设迈向高水平,建立城市长效综合管理机制,制定出台《淮安市农贸市场管理条例》和《淮安市建筑垃圾管理条例》。

推进乡村建设行动,完成"三级

先导”（乡村振兴先导区、先导镇、先导村）区域村庄规划编制，建成美丽宜居村庄103个，创建省级特色田园乡村12个，培育省级生态宜居美丽示范村48个。开展乡村公共空间治理，整治先导村160个、问题3万多个，促进资源资产高效利用和集体经济增收。推动灌区与高标准农田建设有效衔接，建设改造农村公路170千米、桥梁68座，新建农村生态河道644千米，改造农村供水管网895千米。淮阴区入选全国水系连通及水美乡村建设试点县。

【枢纽建设】 2022年，淮安市打造全国性综合交通枢纽城市，完成交通基础设施投入101.5亿元。宁淮高速铁路先开段建成，淮安高铁东站宁淮场加快建设。实施淮安涟水国际机场三期改扩建工程，其中货站国际区竣工投用、航站区改扩建工程开工，开通淮安至成都季节性全货机航线。开工建设淮河入海水道二期、淮安港三期、黄码港、洪泽新港产业园码头等工程，与上港集团、省港集团合资成立上港（淮安）国际集装箱码头公司。京沪高速扩建工程淮安段主体建成，长深高速扩建工程连淮段有序推进，331省道金湖东段开工建设，建成420省道洪泽段、344国道淮河大桥、白马湖景区连接线。

【绿色发展】 2022年，淮安市完善国土空间规划体系，完成“三区三线”（“三区”指生态空间、农业空间、城镇空间，“三线”指永久基本农田控制线、生态保护红线、城镇开发边界）划定工作。开展环境基础设施提升行动，完成投资33.3亿元，实施重点项目95个。开展“三源整治”（从点源、面源、内源三个方面治理）和秋冬季空气质量改善多项行动，优良天数比率82.5%，比上年提升0.9个百分点，改善幅度位居全省第一，首次达到国家空气质量二级标准，创成全国绿色出行城市。实施生态碧水三年行动，建成污水处理提质增效达标区12个、幸福河湖96条。白马湖被推荐列入国际重要湿地名录，金湖县入选生态产品价值实现机制省级试点。建立“两高”（高耗能、高排放）项目动态清单，创成省级绿色工厂20家。

【民生保障】 2022年，淮安市完成十大类50件民生实事。推动富民增收，全体居民人均可支配收入同比增长6%，城镇新增就业6.7万人，防返贫保险、重点帮促村集体经济收入保险实现全覆盖。城乡居民基础养老金标准实现“十一连增”，出台“一老一小”整体解决方案，社区养老服务做法获评全国改革试点优秀案例，困境妇女儿童“一户一策”精准微关爱服务项目入选省级改革试点。基本医保覆盖率达98.3%，困难群众住院费用实际报销比例达80%以上，医保支付方式改革入选国家示范点。新改扩建中小学幼儿园20所，新增学位1.5万个，推进“双减”（减轻义务教育阶段学生作业负担和校外培训负担）工作，入选省推动基础教育高质量发展实验区。加快县域高中振兴步伐。高等教育、职业教育快速发展，校地合作成效提升。学习贯彻习近平总书记重要回信精神，全国青少年思政教育核心基地投入使用。市第一人民医院在全国公立医院绩效考核中位居全省前列，市第三人民医院创成三级甲等医院，建成农村区域性医疗卫生中心4个，获评全国健康城市样板市。提档升级镇街书房95个，改革组建市文化艺术中心，6部作品获评省“五个一工程”奖。承办中国女子排球超级联赛淮安赛区比赛。

（市政府办）

重要会议

【市政府常务会议】 1月28日，代市长史志军主持召开市政府八届第八十五次常务会议，传达贯彻习近平总书记关于统计工作重要论述及相关统计法律法规、省两会精神等，审议政府工作报告（讨论稿），研究招商引资等工作。

2月7日，代市长史志军主持召开市政府八届第八十六次常务会议，研究部署重特大项目攻坚、安全生产工作。会议研究并通过《关于持续攻坚安全生产“三年大灶”的实施意见》和有关表彰评选情况。

3月11日，市长史志军主持召开市政府九届第一次常务会议，研究部署2022年经济社会发展目标任务分解落实、营商环境优化、乡村公共空间治理、生态环境保护、智能化改造和数字化转型等工作。

4月6日，市长史志军主持召开市政府九届第二次常务会议，传达学习习近平总书记对安全生产工作重要指示精神、全国全省安全生产电视电话会议精神，研究部署安全生产、生态环保、工业用地提质增效等相关工作。

5月9日，市长史志军主持召开市政府九届第三次常务会议，学习贯彻习近平法治思想，研究部署行政复议和行政应诉、深化医疗保障制度改革、自建房安全隐患专项整治、人才安居保障等工作。

6月2日，市长史志军主持召开市政府九届第四次常务会议，深入贯彻“疫情要防住、经济要稳住、发展要安全”重大要求，全面落实国家和省稳定经济增长工作部署，坚持高效统筹、真抓实干，奋力夺取疫情防控和经济社会发展“双胜利”。

6月20日，市长史志军主持召开市政府九届第五次常务会议，研究部署迎峰度夏能源保供、“同级审”、市政府为民办实事跟踪审计标准化以及建设工程项目施工图审查改革等工作。

7月29日，市长史志军主持召开市政府九届第六次常务会议，讨论研究台华新材料项目有关问题。

8月9日，市长史志军主持召开市政府九届第七次常务会议，学习贯彻省委工作会议、市委八届四次全会精神，明确目标要求和重点举措，抓细抓实下半年各项工作。

9月15日，市长史志军主持召开市政府九届第八次常务会议，研究部署数字政府高质量建设、行政许可事项清单管理、“无废城市”建设、生态文明建设、全域旅游高质量发展等工作。

9月20日，市长史志军主持召开市政府九届第九次常务会议，研究淮安经济技术开发区与天合光能股份有限公司洽谈合作的20GW光伏电池及组件项目。

10月12日，市长史志军主持召开市政府九届第十次常务会议，研究部署稳增长促发展、深入打好污染防治攻坚战、优化政务服务环境、加强物业管理、建立绿色低碳循环发展经济体系等工作。

11月30日，市长史志军主持召开市政府九届第十一次常务会议，传达学习贯彻省委十四届三次全会精神，研究部署数据共享、医保、信访等工作。

12月29日，市长史志军主持召开市政府九届第十二次常务会议，传达学习贯彻市第八次党代会第二次会议精神，研究部署2023年相关工作以及安全生产、低效闲置资源盘活利用等工作。

【市政府专题会议】 2022年，淮安市人民政府市长、分管副市长和秘书长、副秘书长召集相关部门召开8次专题会议。专题会议主要研究以下问题：快速路一期工资支付、清隆桥及泵站建设涉及招标和清障等事宜以及棚改安置房涉税、建筑产业现代化、市区公交站台和公交专用道项目建设、市中医院中医药综合楼装配式建筑、淮阴区城乡公交一体化运营、市区拆除垃圾资源化利用、推进淮安市公共停车收费（静态交通综合管理平台及公共停车智能化改造）项目。

【市长办公会议】 2022年，淮安市政府召开10次市长办公会议，主要研究解决以下问题：市区2020年度污染物排放统筹资金返还及奖励资金分配、2022年中央财政城镇保障性安居工程补助资金分配、2019—2020年度宁淮粮食产销合作资金分配、2022年中央财政林业改革发展资金分配、2022年市级福彩公益金预算资金安排、2022年市级体育彩票公益金项目支出计划、市四院闭环管理场所建设工程、农发基金股权回购资金安排、2022年度第一批市级乡村振兴发展专项资金分配、2021年度全市耕地保护先进单位激励、2022年度中央和省级林业发展资金分配、2022年省和市垃圾分类专项奖补资金分配、2022年省级城镇污水处理提质增效补助资金分配、2022年保障性安居工程中央补助资金和省级引导资金分配、追加第四届食博会项目经费、2022年度省政法转移支付资金分配、明确2023年城乡居民基本医疗保险个人筹资标准、2022年度第二批市级乡村振兴发展专项资金分配、2022年度老旧小区改造第二批市级补助资金分配、2022年农房改善市级专项资金分配、2022年度重点水利工程建设项目结余资金使用计划安排、2022年工业强市发展专项引导资金分配、2022年中央自然灾害救灾资金分配、2022年度省级环保专项资金入库项目、2022年市生态文明及污染防治专项资金申报项目补助资金分配、2022年度第三批市级乡村振兴发展专项资金分配、油价补贴“退坡资金”分配、2022年市本级统计基层基础建设补助资金分配、2022年度省政法转移支付资金其他项目资金分配、2022年宁淮南北结对帮扶合作资金安排、2020—2021年度宁淮粮食产销合作项目补贴资金分配、2022年度农村公路市级奖补资金分配、2022年度第二批市级农村人居环境整治专项资金分配、2022年第二批洪泽湖治理保护市级奖补资金分配、2022年省级以上商务发展专项资金和市级商务流通发展资金分配。

【淮安市高质量跨越发展总结动员大会】 4月25日，“对标找差、补短强特、创新实干”淮安市高质量跨越发展总结动员大会召开。市委副书记、市长史志军出席会议并讲话。他强调，淮安市上下要更加紧密地团结在以习近平同志为核心的党中央周围，弘扬伟大建党精神，始终不忘初心、锚定奋斗目标，一起向未来、争创新荣光，奋力谱写淮安高质量跨越发展新篇章，以实际行动迎接中共二十大胜利召开。市领导戚寿余、赵正兰、李森、吴晓丹、孙虎、王逍霄、周青、徐子佳、张立军、赵洪权等出席会议。会议由市委副书记赵正兰主持。会议通报2021年度市综合考核结果，对年度综合考核第一等次部分单位进行颁奖，6个县区、单位作大会发言。

【全国文明城市建设工作推进会】 4月29日，2022年度淮安市全国文明城市建设工作推进会召开，市委副书记、市长、市全国文明城市建设指挥部总指挥史志军出席会议并讲话。会议强调，全市上下要始终坚持以习近平新时代中国特色社会主义思想为指导，拿出争先创优的闯劲、攻坚克难的干劲、久久为功的韧劲，不断开创全国文明城市建设新局面，为推动淮安高质量跨越发展作出新的更大贡献。市委常委、市委秘书长、市委宣传部部长、市全国文明城市建设指挥部副总指挥李森主持会议。市领导吴晓丹、顾坤、王逍霄、周青、徐子佳、范更生、王向红、赵立宏、张笑、周毅出席会议。李森通报2021年度中央和省级测评情况及2022年度全国文明城市建设工作安排。市委常委、常务副市长、市全国文明城市建设指挥部副总指挥顾坤宣读《关于2021年度全国文明城市建设工作先进集体和先进个人的通报》。清江浦区、涟水县、市公安局、市城管局、市住建局作会议发言。各县区和市级责任单位签订《2022年度淮安市全国文明城市建设工作目标责任状》。

（市政府办）

民生实事

【概况】 2022年，淮安市政府实施并完成10大类50个为民办实事项目，总投资137.65亿元。其中“招引和培养名师名校长”“打造15分钟医保服务圈”“棚户区改造新开工”“新改建农村公路和桥梁”“省级垃圾分类达标小区建设”等23个子项目超额完成年度目标任务。

【教育资源布局】 2022年，淮安市优化教育资源供给，加大项目建设力度，提高教育普惠水平。全年新改扩建中小学幼儿园20所，新增学位1.5万个。招引和培养各类教育人才、名师名校长1633人，组织教师培训超1.1万人次。完成100所中小学教室照明改造提升，提升教室3767间。关注普惠托育能力建设，新增15个市级普惠托育机构、1200个普惠托位。构建具有淮安特色的课后服务模式，全市义务教育学校100%开展课后服务，100%满足有需求的学生，课后服务时间达标率100%。

【公共卫生服务】 2022年，淮安市优化公共卫生服务，提高医疗卫生服务能力。实现产前筛查和新生儿疾病筛查“愿筛尽筛”全覆盖。加强疫情防控能力建设，健全完善应急指挥调度平台，按7天以上需求量储备10类应急防疫物资，开工建设市第四人民医院发热门诊和应急病房楼，新增床位400张。开展重点癌症免费筛查与早诊早治，筛查癌症高危人群31125人次。在全市人员密集场所配备自动体外心脏除颤仪，完成投放300台，面向群众开展急救知识培训。加强基层医疗卫生能力建设，新建农村区域性医疗卫生中心4个，达到二级综合医院服务能力。推动5.65万名产业工人加入职工医疗互助保障项目，发放医疗补助金751.37万元。

【城乡人居环境】 2022年，淮安市提高市民生活幸福指数，统筹推进人居环境提升工程。建设不淹不涝城市，实施低洼易涝片区整治、外排河道整治、雨水管网改造等排水防涝项目21个。加快老旧小区和棚户区改造，改造老旧小区154个，完成棚户区改造新开工1.92万套。提档升级城市绿色小客厅15个，高标准建设东港体育公园。建成美丽宜居乡村100个，建设高标准农田3万公顷，农田秸秆综合利用率提升至96%以上。实施古黄河两岸生态休闲带开放连通工程，改造贯通步道、栈桥44.8千米。建成省级垃圾分类达标小区167个，全市垃圾分类集中处理率96%，生活垃圾无害化处理率100%。

【群众出行】 2022年，淮安市完善城乡路网，优化公共出行服务。启动快速路二期项目前期工作，完成项目选址、可行性研究、初步设计、施工图和交评、洪评审查等。改善乡村出行条件，完成农村公路开工里程169.6千米，完成率212%；桥梁开工68座，完成率170%。实施“出门有公交”行动，新建公交站台50个，优化公交线路21条，建设公交专用道45.6千米。实施清安路、创业路等区域路网改善工程8个，2022年度投资3.19亿元。环洪泽湖公路路基全线贯通。

【公共文体服务】 2022年，淮安市优化公共文体服务，建设公共健身设施，开展各类文体活动。全年建成体育公园10个、健身步道125千米，更新健身器材700套。建成7个标志性淮安书房并投入使用，并提档升级镇（街道）文化服务中心95个。完成志愿服务活动2.02万场次、文博场馆公教活动189场次，发放文旅惠民卡5.6万张。举办科学健身大讲堂100场次、体育培训103场次、群体性体育活动1000场次。打造智慧广电乡镇，完成22个乡镇（街道）建设任务。

【就业创业】 2022年，淮安市关注重点人群劳动技能提升和就业稳定，提供精准服务保障。面向符合条件的城乡劳动者开展职业技能培训6.73万人次，利用公益性岗位托底安置就业困难人员1645人。举办各类残疾人技能培训36班次，创建残疾人之家示范点10个，帮助5727名残疾人实现稳定就业。审核推荐富民创业担保贷款5291笔，贷款金额9.59亿元。开展“老兵新农人”训练营等退役军人特色培训班6期，培训学员300人。新打造退役军人创业孵化基地1个，可容纳20家以上企业入驻。

【基本生活保障】 2022年，淮安市按照省定每人每月最低增加14元的标准，将年满60周岁老年居民基础养老金标准调增到位并按时足额发放。开展特殊困难老年人家庭适老化改造，至年末完成施工2417户，完成率121%。明确困难群体在县域定点医疗机构住院合规费用报销比例低于90%的部分，全部由财政兜底负担。关爱困境儿童，新建“梦想小屋”740间，超额完成40间。关注残疾人群体，在清江浦区、淮阴区等7个县区及淮安经济技术开发区，各建立残疾人无障碍示范社区1个。

【食品安全保障】 2022年，淮安市关注食品安全和美食文化提升，放大“美食之都”品牌影响。实施美食街区提升工程，打造特色美食街区3条，全部完成现场验收。整治提优食品小作坊69家。在全市范围内评选打造“世界美食之都”示范店、特色店21家。

【惠企惠民服务】 2022年，淮安市打造“15分钟医保服务圈”，建成镇（街道）医保服务站103个，覆盖所有镇（街道）；建成村居医保服务点1446个，覆盖率达93.05%，超额完成镇（街道）、村居覆盖率超50%年度目标。新上线29类“一件事”服务定制开发。扩大法律援助覆盖面，全市年度受理法律援助案件6638件。扶持工业企业做大做强做优，“工业强市”战略取得成效，核心经济指标增幅保持全省前列。

【安全发展】 2022年，淮安市对城乡86.02万栋、总建筑面积4.17亿平方米既有建筑开展安全鉴定和分类整治，判定隐患建筑4902栋，当年整治2603栋。提高农村生活污水治理水平，完成30个农村生活污水治理设施建设工作。在淮安工业园区新建容纳能力6

万吨的公共应急池及抽水泵站等配套设施，有效应对突发水环境事件。在涉农镇村开展农机年度检验服务216场次，免费上门检验农机7666台。

（市政府办）

政务服务

【公共资源交易】 2022年，淮安市公共资源进场交易3803宗次，比上年减少20.09%；交易额741.35亿元，比上年减少13.26%。其中，市公共资源交易中心交易量1757宗次，比上年减少1.51%；交易额526.97亿元，比上年减少15.86%。各县区分中心交易量2046宗次，交易额214.38亿元。

【联合图审】 2022年，淮安市通过数字化联合图审系统审查项目2275个，审查面积2102万平方米，审查图纸80万张，为企业节省费用1250余万元，平均每个项目节约5500元。

【重大项目帮代办】 2022年，淮安市印发《服务全市重大项目落地落实工作方案》，完善市、县区、镇街三级代办队伍。全年为374个全市重特大项目，市委、市政府交办项目、县区项目累计提供2664次代办服务。

【财政奖补集成服务】 2022年，淮安市深化财政奖补集成服务改革，确保财政奖补资金直达基层。全年上线668个财政奖补业务项，受理各类业务13368件，累计发放奖补资金10.27亿元，惠及市场主体超2万户，获评第二批全国法治政府建设示范项目。

【15分钟农村政务服务圈】 2022年，淮安市在全市镇街为民服务中心设置“一件事”服务专窗，提供帮办、代办个性化定制服务。线上依托一体化政务服务平台，线下依托全市镇（街道）为民服务中心、村居便民服务中心，打造线上线下融合的“市县镇村一体化”政务（审批）服务体系，解决好服务群众“最后一公里”问题。在政务服务网内建设镇村专属站点，实现全市所有镇村信息传输平台、政策标准、办事指南统一；接入民政、卫健、医保、残联等部门高频服务事项，使基层群众办事能够“网上办、就近办、一次办”。

【“12345”政务服务便民热线】 2022年，淮安市“12345”政务服务便民热线受理各类群众诉求1590931件。其中，电话受理1564696件，网络受理26235件，群众诉求在线解答率51.64%。在全省率先推行工单直派镇（街道），实现一单到底、直达基层。全年直派各镇（街道）工单115871件，响应率99.72%，办结率99.93%，满意率94.84%。常态化组织各县区党委、政府，市直各部门开展“三走进”活动26期，全市118名处级干部、307名科级干部到企业群众诉求现场，会办解决企业群众急愁难盼问题696件。选派疾控防治专家、医疗护理专家进驻“12345”政务服务便民热线，组建疫情防控服务专班，累计解答各类诉求2529件。组建物流保障工作专班，受理企业物流诉求3977件，在线解答3591件，会办协调386件，诉求响应率、办结率均达100%。淮安市“12345”便民热线服务中心获全国政务热线“服务企业优秀单位”称号，综合服务质量获评A类A级，获评全国政务热线数字发展优秀创新案例遴选优秀单位。

【企业开办一体化服务】 2022年，淮安市通过线上推广“全链通”申报平台，线下设立“一件事”服务专区，实现企业设立登记、公章刻制备案、银行预约开户、发票票种核定、社保账户登记、公积金账户登记、医保账户登记7个环节一体化服务。推行新设企业开办全流程免费办，提供办件寄递、营业执照自助打印不见面服务，实现企业开办全流程零收费。

【“拿地即开工”系统】 2022年，淮安市完善“拿地即开工”审批管理系统，通过“拿地即开工”方式落地项目114个，其中金湖县37个、淮阴区20个、盱眙县16个、淮安经济技术开发区13个、淮安区4个、清江浦区3个、涟水县15个、洪泽区5个、淮安工业园区1个，超额完成年度目标计划项目数。根据省工改办数据统计，淮安市“拿地即开工”项目总数位列全省第二，占比全省第一。

【中介超市】 2022年，淮安市投资建设项目市本级中介超市进场交易项目777个，随机抽取45项，直接选取479项，均价比选223项，信用择优30项，交易资金总预算1981.64万元，实际成交1589.94万元，节约资金391.7万元。

【淮安市政务服务中心】 2022年，淮安市政务服务中心共常态化入驻36个行政机构的882个权力事项，事项类别涵盖行政征收、行政确认、行政许可、行政奖励、行政服务、行政给付6大类政务服务和公共服务；进驻自来水、供电、燃气、邮政等12个公共服务部门的事项，涉及代办代缴等便民服务。全年受理各类政务服务事项约99.6万件，办结率100%。

（严 斌 陈 静）

营商环境建设

【概况】 2022年，淮安市推动各地各部门抓改革、提指标、优服务，持续优化营商环境，在全省营商环境评价中综合得分首次进入全省上游。其中，办理工程建设项目审批、政府采购、政务服务满意度3项得分排全省第1名，9项进入全省前3名，领先项目数占比50%。7个参评县区中有4个高于省平均分，金湖县、淮阴区、盱眙县、清江浦区得分位于全省上游，进步明显。

【制度建设】 2022年，淮安市优化营商环境建设顶层设计，制定《淮安市进一步深化“放管服”改革为市场主体创造更优营商环境若干措施》。借鉴全国标杆城市经验，融合“放管服”改革和营商环境综合改革边界，设置58项237条改革任务，通过清单式分解、项目化推进和定期督查、及时通报等方式，明确责任部门和完成时限，保障各项具体任务落实。制定《淮安市2021年度优化营商环境评价办法》《淮安市违反营商环境“十个严禁”问责办法（试行）》，与改革主体方案形成“一体两翼”，将营商环境工作质量主要评判权交给市场主体，对损害营商环境行为进行问责，通过正向激励、负向倒逼和第三方支撑，全力促进营商环境优化。

3月3日，在中重科技智能装备生产基地建设项目开工现场，市长史志军（中）向中重董事长发放用地规划许可证、工程规划许可证、图审合格证、施工许可证和不动产权证　　市行政审批局　供

【党政亲商会】 2022年，中共淮安市委、市政府主要领导坚持定期召开党政亲商会，面对面听取企业家意见建议，零距离会办企业难题，共同谋划推动产业发展思路举措。全年围绕智改数转、产才融合、抢抓RCEP机遇、同心战“疫”等主题开展活动6期，93家企业参会，提出问题建议204件，办结202件，回访满意率100%。在解决具体诉求同时，定期开展分析研判，针对扶持资金、产业链配套、人才集聚等共性需求，推动职能部门健全工作机制、实施集成服务、完善惠企政策，为产业发展提供优良环境。

【项目全周期嵌入式服务管理】 2022年，淮安市聚焦破解项目审批速度慢、推进效率低、手续烦琐等问题，创新开发项目全周期嵌入式监督管理平台，实时跟踪项目进度，精准发现问题堵点，双向联动帮办服务。打造智能监管平台，通过对接“工改”（工程建设项目审批综合管理系统）、“联合图审”等审批系统数据，实时监测各类项目审批情况，实现项目进展“一图绘制”。按照签约项目180日开工、竣工项目30日办结验收要求，将项目全流程分为前期准备、立项用地、建设许可、施工许可、竣工验收、生产达效6个阶段，倒排每个阶段审批时限，开发智能监管模型，实现项目问题精准定位与超期提前预警。推行联动帮办机制，将平台预警存在问题的项目，交办到项目帮办单位和手续审批单位联动处理，责任单位按照101%营商服务要求主动对接项目方，在7个工作日内解决问题并上报结果。开展多元服务评价，建立项目推进“黄旗”评价制度，对30日内未解决问题的责任单位给予“黄旗”警告，倒逼相关单位提升服务效率。定期邀请项目投资方开展“1+5+N”服务评价。“1”指项目所在县区（园区）；“5”指项目服务保障核心部门，主要是发改委、工信局、资规局、住建局、生态环境局；“N”指项目服务保障其他部门中的一个或多个，主要包括台办、科技局、公安局、财政局、人社局、城管局、交通局、水利局、农业农村局、商务局、文广旅游局、卫健委、应急管理局、市场监管局、金融监管局、行政审批局、税务局、淮安海关、供电公司、自来水公司、燃气公司等，找出项目服务短板弱项，对责任部门制定针对性改进建议，推动项目营商环境持续优化。

【“经济网格化”服务】 2022年，淮安市划分骨干网格383个、小微网格3745个，PCB（印制电路板）、石油机械、蹦床等产业链网格13个，将所有市场主体纳入网格单元。配备7811名帮办员，帮办员每季度至少一次上门走访市场主体，实地采集市场主体经营信息，主动征集各类问题建议，开展惠企政策宣传和申报辅导，一体解决市场主体需求。全年累计收集诉求建议2971条、办结2917条，办结率98.2%，市场主体满意率98.3%。丰富风险监测模型，新增房地产、农业重点企业监测，针对市场主体营收下降、安全生产和环境污染隐患及时预警，提请帮办员和相关单位上门辅导，提供帮助。

【“惠企直播间”节目】 2022年，淮安市升级“惠企直播间”节目，共开展直播节目4期。市税务局、市财政局、市民政局、市自然资源和规划局等部门走进节目现场，聚焦助企纾困、项目攻坚，与28位企业代表面对面交流问题70个，节目直播点击量29.88万人次，点赞量2.36万次。

【营商环境监督】 2022年，淮安市完善部门单位自查、监督员常态检查、窗口政企服务体验式检查等机制。公开聘请营商环境监督员101名，吸纳社会各界人士参与营商监督，涵盖法律工作者、社会组织机构、市县区机关工作人员、企业负责人、高校教职工等。全年市、县区两级共受理各类投诉298件，公开通报曝光负面典型案例32起，对损害营商环境行为保持零容忍。坚持以整促改、以改促建，在“淮安发布”微信公众号《小布e评》栏目推出《项目为王 环境是金》系列短评7期，引导各地各部门树牢理念、创新机制、改进服务。

（于　飞）

人事管理

【人事考试】 2022年，淮安市组织竞争类考试笔试8次，报考人数50989人。其中，2022年度江苏省考试录用公务员淮安考区笔试考生22676人，2022年淮安市事业单位公开招聘工作人员笔试考生25862人；组织面试8次，计4447人。全年完成资格考试报名21项，组织资格考试考务工作18项，累计报考人数45693人，计113282科次。

【人员聘用】 2022年，淮安市全面推行岗位设置和人员聘用制度，动态调整完善事业单位岗位设置，提升事业单位人员聘用合同签订率。全年重新核准岗位2281个，岗位聘用备案3659人，市、县区及以下所属事业单位工作人员聘用合同签订率均达95%以上。继续实行事业单位公开招聘制度，全年核准公开招聘方案40个批次，公开招聘3828人，其中招聘高层次人才405人。按照中央和省要求，稳定招聘应届毕业生规模，应届毕业生定向招聘占比32.87%。

【职称资格评定】 2022年，淮安市首次开展职称评审线上申报，实现报名、审核、打证、查询全流程线上办理。试点开展乡村振兴技艺师（中级职称）认定工作，311人被直接评定为乡村振兴技艺师。建立完善急需紧缺人才评价绿色通道，在工程技术、艺术文化两个领域开展紧缺人才考核认定。促进职称资格与国际职业资格有效衔接，研究制定《淮安市国际职业资格比照认定职称资格办法（试行）》，印发首批62条淮安市国际职业资格比照认定职称资格目录。

【高层次人才管理】 2022年，淮安市加强博士后人才载体建设，制定出台《淮安市博士后经费资助和管理办法（试行）》，全市累计建成国家级博士后科研工作站10家、省级博士后创新实践基地37家。做好高层次人才管理服务，完成第十五批“六大人才高峰”高层次人才项目9个项目结项验收。鼓励乡土人才技艺技能传承与创新、技术成果运用与推广，11名乡土人才大师工作室获批省级乡土人才大师工作室，2家省级乡土人才大师工作室入选省级乡土人才大师示范工作室，金湖县良氏狐狸养殖专业合作社入选江苏省乡土人才传承示范基地。

【事业单位人事综合管理】 2022年，淮安市统筹推进县区以下事业单位管理岗位职员等级晋升，全市共有295家事业单位完成首批职员等级晋升，共晋升613人。完善事业单位人才选拔制度，全年引进“名校优生”372人；创新使用“人才周转池”编制，引进成熟型专业人才9人。深化事业单位人事制度改革，各县区在教育、卫生等行业推行“县管校聘”“县管乡用”管理模式改革，均衡教育、卫生人才资源配置。加强农村订单医学生、定向师范生培养，申报农村订单医学生培养需求164人、定向师范生培养需求205人。

（戴菁菁）

外事工作

【概况】 至2022年末，淮安市有国际友好城市14个。其中，市本级友好城市11个，分别是法国韦尼雪市、厄瓜多尔昆卡市、白俄罗斯戈梅利市、美国亚柏林达市、韩国完州郡、意大利卢卡省、俄罗斯圣彼得堡科尔宾诺区、德国萨斯尼兹市、波兰普沃茨克市、俄罗斯马格尼托哥尔斯克市、加拿大奥克维尔市；缔结县区友好城市3个，分别是淮安区与日本柏崎市、吉备中央町，盱眙县与加拿大圣托马斯市。另有30个国际友好交流城市。

【国际交流】 2022年，淮安市借助中国（淮安）国际食品博览会平台，邀请泰国、荷兰、越南、印度尼西亚等国驻沪总领事馆参加第五届中国（淮安）国际食品博览会及第二届RCEP（《区域全面经济伙伴关系协定》）成员国食品产业合作圆桌会议，寻求产业合作，实现共同发展。作为友城代表受邀参加德国友城萨斯尼兹市政府主办的“I.V.E.2022年波罗的海舞蹈大赛”文艺交流活动。在日本东京、京都、仙台举办“海棠樱花永相传——周恩来与中日友好”图片展。举办外国驻沪总领事馆官员高铁淮安行活动，邀请法国、泰国、荷兰等国20多位驻沪外交官员到淮安赏运河风韵、品淮扬美食。

【因公出国管理】 2022年，淮安市印发《关于进一步规范国家工作人员因公临时出国审批程序的实施细则》，制定全年出访计划，严格任务审批把关，审批办理因公团组7批25人次，实际出访团组6批19人次。审批团组中，经贸合作类团组1批6人次、人文交流类团组1批8人次、友好访问类团组2批7人次、学习研修类团组2批3人次、其他团组1批1人次。出访团组中，人文交流类团组1批8人次、友好访问类团组2批7人次、学习研修类团组2批3人次、其他团组1批1人次。

【与厄瓜多尔波托维耶霍市缔结友好交流城市关系】 12月21日，淮安市与“世界美食之都”厄瓜多尔波托维耶霍市正式缔结友好交流城市关系。两地就经贸科技、文化旅游、教育环保等领域开展合作达成一致意向。市长史志军和波托维耶霍市市长力克·瓦尔迪维耶索代表两市通过视频签署协议。波托维耶霍市是厄瓜多尔首都马纳比省首府，人口约25万人，面积967平方千米，距离首都基多329千米。该市是波托维耶霍河谷的主要政治和经济中心，农业和海运业发达，盛产西红柿、洋葱、辣椒以及香蕉、芒果等热带水果。

【中日美食文化交流活动】 9月23日，中日美食文化交流活动在淮安举行，日本驻上海总领事馆总领事（大使衔）赤松秀一，市委常委、宣传部部长李森等出席活动。活动中，日本料理推广亲善大使本多淳一、淮扬菜美食文化研究会会长高岱明分别进行日本、淮扬美食宣传推介。中日双方厨师现场制作淮饺、甲鱼羹、寿司等美食，观众现场体验制作流程、品尝各类美食。麒麟（中国）投资有限公司、上海日清油脂有限公司等日本食品企业与江苏今世缘酒业股份有限公司、江苏苏盐井神股份有限公司等淮安知名食品企业进行产品展示。中日食品产业企业家就美食文化发扬、食品产业开展进行深入交流。

【江苏护理职业学院与韩国又石大学缔结国际友好学校关系】 6月9日，江苏护理职业学院与韩国又石大学以视频连线方式举行缔结国际友好学校签约仪式。两校以该次合作签约为契机，相互学习借鉴先进教育理念和管理经验，探索国际交流的有效模式和长效机制，实现合作再升级。韩国又石大学成立于1979年，位于韩国全州，是中国教育部认定高校。

（夏葛飞）

涉港澳事务

【概况】 2022年，淮安市办理因公赴港澳团组6批19人次，签发因公港澳通行证19本。市、县区两级开展港澳资企业信息数据摸底排查，初步建立238家港澳资企业数据库和港澳居民信息数据库。淮安市与澳门中联办、香港特区政府驻沪办、香港贸发局等建立定期联络机制，坚持季度联络，定期开展互访。同时，加强与香港江苏社团总会、澳门江苏联谊会、香港淮安联谊会、澳门淮安联谊会等群团组织的交流互动，举办系列联谊座谈活动。

6月9日，江苏护理职业学院与韩国又石大学以视频连线方式缔结为国际友好学校　市外办　供

【港澳代表人士在淮安市国情研修活动】 10月15—17日，在江苏港澳代表人士在淮安市开展国情研修活动。在内地的省政协港澳地区委员、省工商界执委和各设区市在江苏港人联谊组织负责人等40余人参加活动。学员们集中收听收看中共二十大开幕实况，并就听取报告的感受和下一步的计划展开讨论和交流。在淮安期间，学员们还参观张纯如纪念馆，考察丰瑞实业（淮安）有限公司、西游记文化体验园，并参加淮安经济技术开发区招商推介会等。

【澳门大学生大运河文化主题实践走进淮安活动】 7月9—10日，中国人民大学、北京师范大学、南京大学等高校的澳门大学生走进淮安，开展实地参观考察和现场教学活动，深化淮港澳青少年文化交流。澳门大学生一行围绕大运河文化主题，参观中国漕运博物馆、淮河入海水道大运河立交工程，直观了解大运河与淮安历史渊源、千年漕运文化与淮安古城历史以及亚洲规模最大的水上立交和河工科技。

（颜　页）

中国人民政治协商会议淮安市委员会

责任编辑：李　想

综　述

【政协委员概况】 2022年，淮安市、县区政协共有委员2193人，其中市政协委员426人、县区政协委员1767人。政协淮安市第九届委员会委员分为26个界别，分别为中共、民革、民盟、民建、民进、农工、九三、致公党、无党派代表人士、工商联、总工会、共青团和青年联合会、妇联、科协、侨联台联、文化艺术界、科学技术界、社会科学界、教育体育界、新闻出版界、医药卫生界、经济界、农业农村界、社会福利和社会保障界、少数民族和宗教界、特邀人士。政协淮安市第九届委员会有委员426人，其中女性委员125人、党内委员169人、党外委员257人，大专以上学历占98.59%。常委会会议组成人员74人，其中党内常委26人、党外常委48人。

【服务中心大局】 2022年，淮安市政协以"主动接轨大上海、加快建设新淮安"为题召开议政性常委会会议，采取线上线下、市内市外相结合方式开展调研，从理念、通道、产业等7个方面提出23条接轨路径建议。召开"聚力强化核心功能、推动淮安城市复兴"议政性常委会会议，提出推动产业优化、注重项目招引、培育骨干企业等对策。督办《加快融入长三角一体化建设》重点提案，助推淮安借势借力加快发展。围绕"建设'美食之都'""打造'百里画廊'""打响赛事品牌"等议题，组织多方力量调研、广泛协商，县区为打造城市文化名片贡献智慧。围绕"发挥比较优势、发展生态经济"，召开主席专题协商会，从强化规划引领、突出项目拉动等方面建言资政。召开"加快数字赋能、推动经济转型"市、县区政协联动网络远程协商会，形成1篇综合调研报告和18篇自主调研报告。召开"推行'拿地即开工'、促进环境更优化"政企协商座谈会，前期调研覆盖16个职能部门、80余家民营企业。围绕"加快环洪泽湖公路建设"，坚持调研、协商、监督一体推进，助推重大工程如期完成建设目标。围绕"加快乡村振兴'三级先导'工程建设"，采取市、县区政协联动方式视察调研，形成专题报告。

【服务民生】 2022年，淮安市政协聚焦履职为民，提升民生福祉。在新冠疫情防控期间，市、县区政协41名主席会议成员担任疫情防控督导组组长，带领政协机关干部和委员1100多人次驻点督导，协力打赢疫情防控攻坚战。召开"优化托育服务、解决家庭之忧"主席专题协商会，开展"加强卫生监督体系建设"对口协商，多个建议被转化为政策选项。召开"加快县中振兴、促进教育均衡"专题协商座谈会。就"提升行政公益诉讼质效""智慧法院建设"等开展调研，提出对策建议。按照省、市委关于"信访突出问题攻坚化解年"行动部署和省政协工作要求，制定《关于开展助力化解信访突出问题活动的实施方案》，明确6项具体举措，推动活动开展落到实处。向政协委员发出就近就地开展群众工作倡议，市、县区政协联动开展送文化、送科技、送教育、送医疗、送法律"五送"下乡活动40余场次，实施实事项目82个。

【合作共事】 2022年，淮安市政协围绕全市重大部署和协商议题需要，15次邀请市领导和有关部门通报经济社会发展情况，帮助委员更好知情明政、参政议政。组织市、县区两级政协开展"政协主席深入走访委员聚共识助发展"专题活动，走访企业465家、委员426人，收集各类信息216条，活动报告得到中共淮安市委主要领导批示和相关部门及时办理，推动涉及交通物流、用人用工、企业资金等6个方面问题解决。开展"书香政协·同心筑梦"委员读书活动110余场次，建立委员读书群7个，线上线下参与近7000人次。支持各民主党派、工商联和无党派人士在政协履行职能、发挥作用，各党派团体以集体名义提交提案、大会发言、社情民意198件。组织党外委员开展"喜迎二十大、同心跟党走"专题视察活动7次。引导港澳委员线上收听收看中共二十大开幕会，通过移动履职平台参与政协重要会议。联系走访在淮港资、台资企业，连续5年举办淮台产业融合发展座谈会，开展"发挥侨务资源优势、助推淮安对外开放"对口协商。

【智慧政协建设】 2022年，淮安市政协创新思路理念、制度机制以及平台载体，推动政协工作提质增效。谋划打造以"一微一网一端一程序一平台一中心”（“淮安政协”微信公众号、淮安市政协门户网站、淮安政协手机客户端、“码”上议微信小程序、淮安政协数字智慧平台、“码”上议服务管理中心）为主要内容的淮安智慧政协数字系统。打造以“码”上议、“慧”提案、“云”履职、“同心读书”、“政协文史”为特色的数字品牌，实现协商议政在线化、委员管理数字化、机关办公信息化、委员读书常态化。出台《关于“码”上议与基层社会治理融合的指导意见》，推进“码”上议与基层社会治理有效衔接。创新打造提案语义智能标准化“慧”提案系统，实现提案“提、审、办、评”全链条“线上”管理，“慧”提案工作获评2022年全省政协工作优秀创新案例。

（孙笑天）

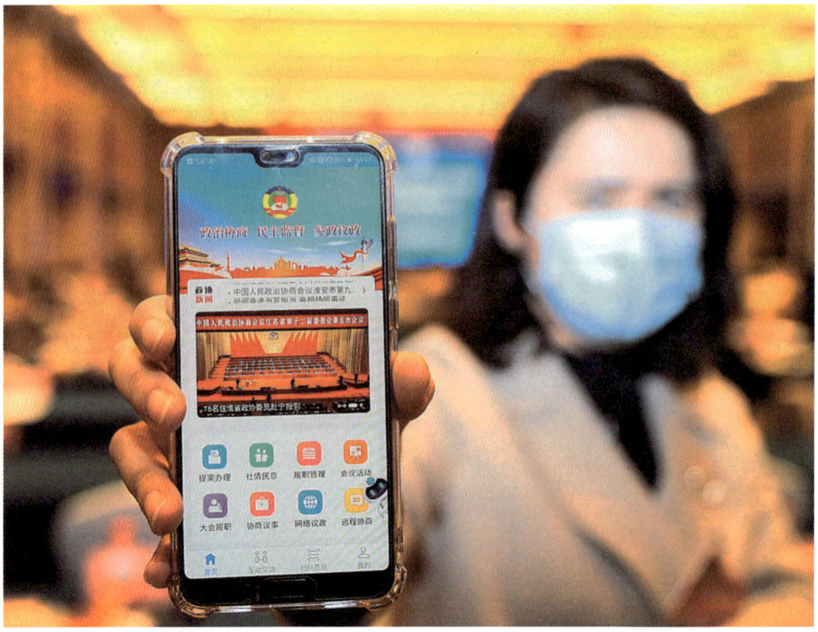

6月24日，淮安市政协“慧提案”系统正式启用

赵启瑞　陈　哲　摄/视觉江苏网　供

重要会议

【政协淮安市九届一次会议】2月21—24日，政协淮安市九届一次会议召开。会议学习讨论中共淮安市委书记陈之常在政协淮安市九届一次会议上的讲话；听取和审议政协淮安市第八届委员会常务委员会工作报告；听取和审议政协淮安市第八届委员会常务委员会关于提案工作情况的报告；列席淮安市第九届人民代表大会第一次会议，听取和讨论政府工作报告及其他有关报告；选举政协淮安市第九届委员会主席、副主席、秘书长、常务委员；通过政协淮安市第九届委员会第一次会议决议。

【市政协主席会议】1月7日，市政协召开八届三十四次主席会议。会议审议通过政协淮安市八届二十五次常委会会议议程、日程；协商讨论“委员履职年度优秀人物”候选人名单；协商通过2021年度“有事好商量—‘码’上议”工作五类“百优”以及“十佳优秀提案”“优秀提案”“优秀提案办理单位”“优秀提案工作者”建议名单。

2月24日，市政协召开九届一次主席会议。会议审议通过市政协九届一次常委会会议议程、日程；协商讨论政协淮安市第九届委员会常务委员会关于设置专门委员会的决定（草案）、政协淮安市第九届委员会副秘书长名单（草案）等。

3月1日，市政协召开专题主席会议。会议学习贯彻全市重特大项目攻坚暨优化营商环境大会精神，部署市政协重特大项目攻坚行动任务。

5月26日，市政协召开九届二次主席会议。会议围绕“优化托育服务　解决家庭之忧”开展专题协商。副市长王向红到会听取意见。

7月28日，市政协召开九届三次主席会议。会议协商讨论市政协关于《主动接轨大上海　加快建设新淮安》调研报告和建议案；协商通过政协淮安市九届二次常委会会议议程、日程；协商讨论《政协淮安市委员会常务委员履职报告制度》等5份文件；协商讨论有关人事事项。

9月2日，市政协召开九届四次主席会议。会议围绕“发挥比较优势　发展生态经济”进行专题协商。相关市直单位领导参加会议。

9月28日，市政协召开九届五次主席会议。会议协商讨论《聚力强化核心功能　推动淮安城市复兴》调研报告和建议案；协商通过政协淮安市九届三次常委会会议议程、日程；协商讨论有关人事事项。

11月9日，组织召开市政协主席专题会议。会议审议《关于加强和改进新时代市县区政协工作的实施意见（代拟稿）》《政协淮安市委员会关于加强和改进新时代文史资料工作的实施意见》《淮安市政协文史工作规划（2023—2027年）》。

12月13日，市政协召开“淮安市国土空间总体规划（2021—2035年）”主席专题协商会，市政协主席戚寿余主持会议并讲话，副主席周毅、张志勇、毕丰书、张惠扬，秘书长徐效文出席会议。

12月16日，市政协召开九届六次主席会议。会议听取各委办室2022年工作报告。

12月29日，市政协召开九届七次主席会议。会议协商讨论关于学习贯彻中国共产党第二十次全国代表大会精神的决议，协商讨论政协淮安市第九届委员会常务委员会工作报告（审议稿）、提案工作情况报告（审议稿）、政协淮安市九届二次会议议程（草案）和日程（草案）、政协淮安市委员会

2023年协商计划（审议稿）、工作要点（审议稿）。

【市政协常委会会议】 1月14日，政协淮安市八届二十五次常委会会议召开。会议推选“委员履职年度优秀人物”和2021年度“有事好商量——‘码’上议”工作五类“十佳”名单；评议市政协各委办室2021年度述职报告；审议通过有关人事事项。

2月15日，政协淮安市八届二十六次常委会议召开。市委常委、秘书长、宣传部部长李森通报市政协八届五次会议以来建议案、社情民意领导批示落实和重点提案督办推进情况。市委常委、常务副市长顾坤通报《政府工作报告（征求意见稿）》主要内容。市政府秘书长王苏君通报市政协八届五次会议以来提案办理情况。

2月24日，政协淮安市九届一次常委会议召开。会议审议通过政协淮安市第九届委员会常务委员会关于工作机构设置的决定；审议通过政协淮安市第九届委员会副秘书长名单；审议通过政协淮安市第九届委员会办公室、研究室、专门委员会主任、副主任名单。

7月28日，政协淮安市九届二次常委会会议召开。会议学习贯彻《中国共产党政治协商工作条例》，传达学习省政协主席张义珍到淮安调研政协工作时的讲话精神，听取并讨论市政府关于“主动接轨大上海 加快建设新淮安”情况通报，审议通过市政协关于《主动接轨大上海 加快建设新淮安》调研报告和建议案。

9月28日，政协淮安市九届三次常委会会议召开。会议听取并讨论市政府关于“聚力强化核心功能 推动淮安城市复兴”情况通报，审议通过市政协关于《聚力强化核心功能 推动淮安城市复兴》调研报告和建议案，审议通过有关人事事项。市政协主席戚寿余主持会议并讲话，副市长王向红到会通报情况。

12月29日，政协淮安市九届四次常委会会议召开。会议传达学习中国共产党第二十次全国代表大会精神、省政协十二届二十二次常委会会议精神、市第八次党代会第二次会议精神，听取并讨论市政府关于《政府工作报告（征求意见稿）》主要内容通报，听取市委关于市政协九届一次会议以来建议案、社情民意领导批示落实和重点提案督办推进情况通报，听取市政府关于市政协九届一次会议以来提案办理情况通报。市委常委、秘书长、宣传部部长李森，市委常委、常务副市长顾坤到会通报情况。

（孙笑天）

协商议政

【概况】 2022年，淮安市政协紧扣中共淮安市委重大决策部署，充分发挥协商民主重要渠道和专门协商机构作用，开展重要协商活动16场次，形成建议案、调研报告11篇。围绕“主动接轨大上海 加快建设新淮安”“聚力强化核心功能 推动淮安城市复兴”，召开议政性常委会会议；围绕“优化托育服务 解决家庭之忧”“发挥比较优势 发展生态经济”，召开主席专题协商会，向中共淮安市委提出可行性建议。

【监督调研】 2022年，淮安市政协围绕“加强住宅小区物业管理 提升文明城市内涵品质”开展专题民主监督，查找全市住宅物业管理存在问题和原因，从7个方面提出22条意见建议，推动淮安市出台加强住宅小区物业管理相关文件。专题视察市停车场管理条例贯彻落实情况，调研督导全国文明城市建设工作。视察淮安海关工作，就海关更好服务外向型经济发展提出意见建议。督办《强化产业配套能力、推动重大项目落地》重点提案，组织委员集中视察重特大项目建设情况，助推重特大项目攻坚突破。组织委员对淮安大运河百里画廊重点项目建设进行集中视察，为打造大运河国家文化公园“淮安样板”提出意见建议。就“推进乡村振兴‘头雁’创业创新”“加强洪泽湖治理保护”“深化供销合作社综合改革”“幸福河湖建设”等开展专项视察，为委员知情明政、履职建言创造条件。配合省政协联动开展“大力推进‘双减’工作、促进学生全面发展”专题民主监督，形成一批较高质量协商成果。根据中共淮安市委统一部署，牵头成立6个疫情防控督导组，分赴6个县区（园区）驻点督导，助力疫情防控。

【咨政建言】 2022年，淮安市政协围绕“加快数字赋能 推动经济转型”开展专题协商，形成1篇综合调研报告和18篇自主调研报告，“重抓智改数转”“搭建融合平台”等多条建议获采纳。就“加快县中振兴 促进教育均衡”开展网络远程协商，形成的《关于加快县中振兴促进教育均衡的建议》获市政府主要领导批示落实。围绕“建设‘美食之都’增强城市魅力”组织调研并开展对口（界别）协商，为建设“世界美食之都”献计出力。召开“全面加快淮昆合作 合力打造台资高地”对口协商座谈会，为增强台资集聚发展动能建言献策。围绕“推行‘拿地即开工’促进环境更优化”召开政企协商座谈会，市政府主要领导到会与企业家委员面对面互动，共研问题、共商对策、共谋发展。围绕市委主要领导交办任务开展专题协商，聚焦“加快环洪泽湖公路建设”，坚持调研、协商、监督一体推进，助推重大工程如期完成建设目标；紧扣“加快乡村振兴‘三级先导’工程建设”，采取市、县区联动方式视察调研，形成专题报告。

【社情民意信息工作】 2022年，淮安市政协紧盯经济发展难点、民生热点，广泛利用全市“社情民意信息联系点”，向省政协报送社情民意信息367篇，被省政协采用或转报全国政协75篇，其中2篇专报获省政府副省长批示；向市领导专题上报39期社情民意信息，其中23期得到党委、政府领导批示，其中主要领导批示21期，社情民意信息工作实现“质”“量”双提升。

【基层协商平台建设】2022年，淮安市政协开展基层协商议事，巩固提升“有事好商量”协商议事室、委员之家、委员工作室、社情民意联系点“四位一体”建设，促进政协协商有效服务基层治理。支持政协委员有序参与基层协商，市政协委员在挂钩县区的镇（街道）设立委员之家，参与镇（街道）协商议事，每年至少参加2次以上挂钩联系协商议事室组织的“有事好商量——‘码’上议”活动。县区所有政协委员在镇（街）协商议事室设立履职小组，并挂钩所在镇（街）所有村（社区）。在全市开展“喜迎二十大 码上议民生”民生专题协商议事月活动。全年通过“码”上议征集各类议题10万多条，开展协商议事活动3.32万场次，推动解决群众急难愁盼问题2.95万个，做法经验被省政协在全省推广，被新华社《要情动态》《省委改革简报》推介。协助中共淮安市委在全省率先出台淮安《关于加强和改进新时代市县区政协工作的实施意见》，从6个方面明确23条具体工作举措，帮助基层政协解决实际难题、提升履职能力、提高工作水平。

（孙笑天）

委员工作

【提案办理】2022年，淮安市政协委员、各参加单位和各专门委员会、各县区政协围绕人民群众和社会各界普遍关注的热点难点问题，认真履职，积极建言，共提交提案505件，经审查立案416件。其中，集体提案92件，占比22.1%；委员个人提案324件，占比77.9%。提案经过63家主办单位牵头办理，全部办复完毕。其中，提案所提建议被采纳或所提问题解决的397件，占比95.4%；列入计划准备解决的9件，占比2.2%；留作参考的10件，占比2.4%。提案人对提案办理态度和实际效果满意率分别达98.8%、98.1%。第三方绩效评议提案质量平均得分84.6分，提案办理平均得分89.5分，委员对提案办理态度满意率达98.7%、办理实效满意率达97.4%，均比上年大幅提高。

【委员服务】2022年，淮安市政协加强委员学习培训和履职服务管理。年初组织专题集中学习培训4次，在恩来干部学院举办新任委员培训2期，140人参加培训。开展走访看望委员、“委员接待日”等工作。建立委员履职档案，制定委员履职清单。出台《政协淮安市委员会委员履职服务工作办法》《政协淮安市委员会委员履职管理及考核实施办法》等制度文件，开展委员履职考评，落实常委提交履职报告制度，评选“委员履职年度优秀人物”。组织委员走进企业、走进社区、走进乡村、联系群众“三走进一联系”活动40余次。

【重点提案】2022年，淮安市政协共提交提案505件，经审查立案416件。

加快融入长三角一体化建设 在淮安市政协九届一次全会上，徐承光委员提交《关于淮安市加快融入长三角一体化建设的建议》提案。提案建议：融入长三角，要在陆地线路方面、空中航线方面和水上航运方面，推进交通的互联互通，加强淮安的交通枢纽地位；融入长三角，要打造优质农产品供应基地、先进制造业基地和高质量生态红色旅游基地，提高淮安产业基础；融入长三角，要发挥好淮安的饮食文化、历史文化、运河文化和酒文化等特长，展现淮安风采；融入长三角，要与上海建立多层次对口交流合作，引进较多的以长三角地区为主的金融机构进驻淮安，引导长三角的企业到淮安投资、人民到淮安旅游，兴建更多的有主题特色的合作园区等。该提案由市发改委主办，市委组织部、市商务局、市人社局、市工信局、市农业农村局、市财政局、市金融监管局、市交通局、市文旅局、市大运河办协办。

强化产业配套能力 推动重大项目落地 在淮安市政协九届一次全会上，民建淮安市委提交《强化产业配套能力 推动重大项目落地》提案。提案建议：建议市级层面建立产业配套管理和统筹扶持资金机制，完善各类供给；实施跨地区、跨园区资源整合，实现产业基地由物理空间集聚向产业链条集群转变，为重大项目引进落地提供系统保障；推进以主导产业重大项目为重点的产业链招商，加大基础性、核心配套产品或关键配套环节项目的引进，补齐产业链、供应链各链条配套的短板；建立多方机构共同参与的产业联盟，推动企业形成本地化协作配套体系；加快完善重大项目配套平台，实现资源共享。该提案由市商务局主办，市发改委、市财政局、市科技局、市工信局、市交通局、市邮政管理局协办。

推进“百里画廊”建设 打造淮安运河文化品牌 在淮安市政协九届一次全会上，叶蓓委员提交《关于推进“百里画廊”建设 打造淮安运河文化品牌的建议》提案。提案建议：坚持传承运河文化与发展运河旅游并进，打造独具魅力的文化之河；坚持系统谋划与创新创优并举，打造引领发展的致富之河；坚持“百里画廊”建设与生态保护修复并抓，打造水清岸绿的幸福之河。该提案由市大运河办主办，市工信局、市住建局、市生态环境局、市交通局、市水利局、市文旅局协办。

高位推动侨务工作 做大协同发展朋友圈 在淮安市政协九届一次全会上，刘天培委员提交《高位推动侨务工作 做大协同发展朋友圈》提案。提案建议：在全市开展一次全面、系统、科学的基本侨情调查，分类建立老归侨、侨眷、侨企侨商、海外留学归国人员、海外华侨华人侨情数据库；构建侨务工作协作机制，交流全年涉侨重大活动计划和总结活动成效，互通涉侨活动信息，促进全市涉侨工作全面发展；加强全市侨务工作力量，适情增设相关专门机构，系统化推进全市侨务工作。该提案由市政府办主办，市委组织部、市委统战部协办。

提升淮安金融中心产业集聚辐射能力 在淮安市政协九届一次全会

上，许昌盛委员提交《关于提升淮安金融中心产业集聚辐射能力的建议》提案。提案建议：加强顶层设计，发挥政府主导作用，创新体制机制，谋求推动淮安金融中心建设上升为省级战略；注重产业集聚，加快与万达广场、金地广场、丰汇广场等功能性建筑的深度融合，对水渡口大道、翔宇大道周边金融载体进行优化重组，吸引各类金融企业和金融业态集聚发展；在风险可控的前提下，为传统金融机构适度提供信用担保，支持入驻金融企业做大做强。持续优化营商环境，建立包容审慎的监管机制，营造宽松和谐的氛围。该提案由市金融监管局主办，市国联集团、清江浦区政府协办。

“全国知名党性教育高地”建设　在淮安市政协九届一次全会上，周海生委员提交《关于加快我市“全国知名党性教育高地”建设步伐的建议》提案。提案建议：打通全市具备教育职能的各场馆之间的横向联系，同时鼓励党委、政府条线和国资平台参与，共同构建淮安党性教育大格局；精心打造一批展现淮安的“根植性”的党性教育“场景”的课程，丰富完善淮安原有的党性教育课程体系，适时邀请知名专家学者到淮安授课，提升党性教育内容吸引度和外界关注度；推动相关党性教育方面的各成员单位，提升引流意识，向上级延伸、向外地扩展，扩大党性教育受众群。该提案由市委组织部主办，市文旅局、市委党校、恩来干部学院协办。

市属国有企业法律风险防范　在淮安市政协九届一次全会上，蒋维林委员提交《关于加强对市属国有企业法律风险防范的建议》提案。提案建议：国资管理部门履行好对市属国企的监督管理职能，加强对国有企业的指导，采取办班培训等多项举措，提升企业防范法律风险的能力；要科学合理制定企业发展规划；建立完善现代企业制度和内控机制，形成决策、经营和监督既分工明确，又相互制约的机制；增强企业法治理念，配齐配强企业法务部门，全面提升对合同履行、项目管理全过程管控能力；国有企业法律纠纷处理中，合理选择诉讼或仲裁方式。该提案由市财政局主办，市司法局、市仲裁委协办。

新时代法律监督　在淮安市政协九届一次全会上，九三学社淮安市委提交《关于检察院深化新时代法律监督的建议》提案。提案建议：检察机关要有计划、有步骤地推动《中共中央关于加强新时代检察机关法律监督工作的意见》的学习贯彻；进一步巩固、拓展、深化新时代检察机关法律监督的领域；进一步提升新时代检察机关法律监督的水平和能力；进一步优化新时代检察机关法律监督的外部环境和保障机制。该提案由市检察院主办，市纪委监委机关、市委宣传部、市法院、市市场监管局、市财政局、市城管局、市生态环境局、市公安局、市司法局协办。

中小高科技型项目招引培育　在淮安市政协九届一次全会上，嵇栩委员提交《关于鼓励加大对中小高科技型项目招引培育力度的建议》提案。提案建议：将中小高科技工业项目纳入市招商引资考核体系，按照相应比例折算并参与到项目考核或出台其他专项考核办法，激励各招商部门围绕高科技项目和高水平研发机构招商；提高产学研投入，出台补贴科技成果转化成功团队的专项资金，加大高科技项目人才培养和引进工作；出台中小高科技企业新技术项目，企业的培源、培基、培强专项政策，促进企业升级转型，助力科技型中小企业加速成长，实现高科技项目的可持续、健康发展。该提案由市科技局主办，市委组织部、市发改委、市商务局、市工信局、市财政局、市金融监管局协办。

全国文明城市创建　在淮安市政协九届一次全会上，邹勇委员提交《关于扎实推进我市全域全国文明城市创建的几点建议》提案。提案建议：重视宣传教育，创新文明城市创建工作的宣传形式，进一步提高广大群众创建意识；创建过程中，加强组织领导，实行党政“一把手”负责制，进一步充实专业创建人员，明确各部门创建职责，实行常态长效管理；对创建中的难点、堵点问题，加大预算投入，确保各项资金及时拨付到位，切实解决问题；加大监管力度，规范居民小区管理；在城市建设中要建管并重，统筹好各类工程项目建设，明确牵头单位，进一步做好统筹项目之间的衔接，避免重复施工。该提案由市委宣传部主办，市文明办、市住建局、市城管局、中共涟水县委、中共金湖县委、中共盱眙县委、涟水县政府、金湖县政府、盱眙县政府协办。

饮用水水源安全　在淮安市政协九届一次全会上，民进淮安市委提交《综合施策，协同发力，切实保障我市饮用水水源安全》提案。提案建议：加快城区和各县区应急备用水源地规划建设，增加区域间互联互通供水管径，提高应急处置能力；加强水源地保护区及上下游区域的常态化巡查，排查可能产生的水源安全隐患并及时采取措施；开展水源地安全评估和水污染事件应急演练，完善水质在线自动监测设施布局，提高水源地水质实验室检测范围和频次，进一步提升水源地监测预警能力；强化住建、水利、生态环境等部门和自来水厂协调联动机制，完善饮用水水源保护定期磋商机制，各部门按照职责分工，做到精准施策、综合发力，推进水源地水质持续改善。该提案由市水利局主办，市住建局、市生态环境局、市供销社、市农业农村局协办。

实行中心城区急救“120”一体化运行　在淮安市政协九届一次全会上，俞伟男委员提交《关于推动实行中心城区急救“120”一体化运行的建议》提案。提案建议：完善院前急救站点，使市、区急救服务覆盖更趋科学合理，重点补强淮阴区、洪泽区、淮安区3个区；整合改造“120”指挥通信系统，整合优化指挥调度队伍，建立统一指挥调度工作机制，实行全市设区“120”呼号统一指挥调度。该提案由市卫健委主办，市财政局、淮安区政府、淮阴区政府、洪泽区政府、市人社局、市委编办、清江浦区政府、市政府办协办。

表3　2022年淮安市政协重点提案一览表

序号	案由	提案者
1	关于淮安市加快融入长三角一体化建设的建议	徐承光
2	强化产业配套能力 推动重大项目落地	民建淮安市委
3	关于推进“百里画廊”建设 打造淮安运河文化品牌的建议	叶　蓓
4	关于加快我市农业产业园提档升级的建议	农工党淮安市委
5	关于增强文化自信 在城市更新中守护传承好城市文脉的建议	市无党派知识分子联谊会
6	高位推动侨务工作 做大协同发展朋友圈	刘天培
7	关于提升淮安金融中心产业集聚辐射能力的建议	许昌盛
8	关于加快我市“全国知名党性教育高地”建设步伐的建议	周海生
9	关于加强对市属国有企业法律风险防范的建议	蒋维林
10	关于检察院深化新时代法律监督的建议	九三学社淮安市委
11	关于鼓励加大对中小科技型项目招引培育力度的建议	嵇　翊
12	关于进一步筑牢餐饮安全防线的建议	市政协教卫体和人资环委
13	关于在宁淮智能产业园设立二级综合医院的建议	包胜学
14	打出“组合拳”让城市飙车族“无街可炸”	市政协文化文史委
15	关于我市深入开展居家和社区养老服务的几点建议	刘　凌
16	关于快速融入长三角机场群成员发展的建议	黄凯军
17	关于扎实推进我市全域全国文明城市创建的几点建议	邹　勇
18	建议建立“淮安金融中心司法护航”机制	李丹青
19	综合施策 协同发力 切实保障我市饮用水水源安全	民进淮安市委
20	关于加快提升美丽宜居乡村建设的建议	徐礼球
21	关于推动实行中心城区急救“120”一体化运行的建议	俞伟男
22	关于开展洪泽湖生态安全评估的建议	岳　方
23	关于密切关注民营企业劳资关系 切实帮助解决民营企业用工风险的建议	陶光华

（资料来源：市政协）

中国共产党淮安市纪律检查委员会
淮安市监察委员会

责任编辑：李　想

综　述

【监督体系建设】 2022年，淮安市在全省率先探索推进纪巡审“三类监督”（纪检监察监督、巡察监督、审计监督）贯通协同，市、县区开展联动监督38项，发现问题2388个，党纪政务处分432人、留置33人，推动专项治理34项，受到省纪委主要领导批示肯定，并向中央纪委推介。整合优化办案力量，组建49支市县办案团队，参与办理留置案件77起，加强反腐败斗争的组织保证和人才支撑。推动派驻监督体制创新，市级派驻、派出机构累计实施联动监督402次，发挥派驻监督作用。

【纪检监察队伍建设】 2022年，淮安市纪委监委开展“打铁必须自身硬”专项行动，加强自身建设，打造忠诚干净担当的纪检监察干部队伍。开展两轮纪检监察干部人力资源分析，制定干部选拔任用规划，分层分类开展科级干部、派驻干部等规模化培训17次，对27名优秀年轻干部进行重点跟踪培养，推动32人在系统内外岗位交流，13人被市委提拔重用或晋升职级。出台简单案件办理、职务犯罪案件中从宽情节调查指引等规定，指导县区监委依法向本级人大常委会报告专项工作。一体推进智慧纪委监委建设，推广应用检举举报平台和基层小微权力“监督一点通”，提升现代信息技术运用水平。加强县区监督审查技术工作专班机制运用，建立行政刑事处罚监督、挂证取酬等9大类69个数据筛查比对模型，发现重点问题线索917个、成案902件。主动开展市纪委监委机关履职尽责情况监督检查，开展4轮“五项监督检查”（开展问题线索管理处置、涉案财物管理、措施使用、大数据平台查询、审查调查安全等五项监督检查）。加大自我净化力度，立案查处2人，党纪处分2人。

【派驻工作】 2022年，淮安市纪委监委构建“344”派驻工作格局，即实施每月通报、季度督导、半年考评3项举措；推动完善工作情况报告、多方协作联动、日常监督与专项监督互补、工作实绩评价4项机制；明确监督实效更加彰显、办案质效更加提升、工作机制更加完善、队伍素能更加过硬4个工作目标。对市纪委监委23家派驻机构和16家企事业单位纪检监察机构开展专题调研，重点针对自然资源和规划、生态环境两大垂管系统开展深度调研，找准制约派驻和内设纪检监察机构监督质效提升难点与堵点，探索派驻监督高质量发展路径与举措。结合省考指标和调研情况，科学设置监督检查、审查调查和自身建设三大类12项具体指标，对考核指标逐条解读，帮助各派驻工作组履职定位。按月审核把关各派驻及企事业单位纪检监察机构工作实绩，制发月度通报，结合年度目标任务完成进度分析短板弱项，适时优化调整考核指标，倒逼各家对标找差，督促履职尽责。做好经验推广，按季度收集汇总各机构工作特色亮点及委机关推动情况。

（葛　焱）

重要会议

【淮安市第八届纪律检查委员会第二次全体会议】 2月11日，中国共产党淮安市第八届纪律检查委员会第二次全体会议召开。全会学习贯彻习近平在十九届中央纪委六次全会上的重要讲话精神，全面落实中央纪委、省纪委部署要求，总结2021年全市纪检监察工作，研究部署2022年党风廉政建设和反腐败工作。全会审议通过王道霄代表市纪委常委会所作的《忠诚履职担当、护航逐梦前行，以实际行动迎接中共二十大胜利召开》工作报告。市委书记陈之常在全会上作讲话。会议要求，全市纪检监察机关必须进一步提高政治站位，创新理念思路和方式方法，凸显政治性，强化核心意识，推动政治监督走深走实；突出人民性，强化民本意识，推动“分内小事”见行见效；增强斗争性，强化主责意识，推动“三不”一体治标治本；注重系统性，强化全局意识，推动监督治理做优做强；展示先进性，强化革命意识，推动队伍建设从紧从严，为全市改革发展稳定大局保驾护航。

【省委第八巡视组巡视清江浦区工作动员会】 4月12日，省委第八巡视组召开巡视淮安市清江浦区工作动员会。会前，巡视组组长张兆江主持召开与淮安市清江浦区委书记朱海波的见面沟通会，传达学习省委书记吴政隆关于巡视工作的讲话精神。会上，张兆江作动员讲话，对做好巡视工作

4月12日，省委第八巡视组召开巡视淮安市洪泽区工作动员会

市纪委　供

提出要求。淮安市委副书记、市长史志军就清江浦区委接受巡视监督、配合和支持巡视工作提出要求。

【省委第八巡视组巡视洪泽区工作动员会】 4月12日，省委第八巡视组召开巡视淮安市洪泽区工作动员会。会前，巡视组组长张兆江主持召开与洪泽区委书记张冲林的见面沟通会，传达学习省委书记吴政隆关于巡视工作的讲话精神。会上，张兆江作动员讲话，对做好巡视工作提出要求。淮安市委副书记、市长史志军就洪泽区委接受巡视监督、配合和支持巡视工作提出要求。

（葛　焱）

党风廉政建设

【概况】 2022年，淮安市加大群众身边腐败和不正之风整治力度，查处违反中央八项规定精神问题434起，批评教育帮助和处理480人、党纪政务处分471人，坚决防反弹回潮、防隐形变异、防疲劳厌战。运用“四种形态”处置问题线索共6188人次，其中第一种形态处置3446人次，占比55.7%；第二种形态处置2456人次，占比39.7%；第三种形态处置94人次，占比1.5%；第四种形态处置192人次，占比3.1%。

【作风问题整治】 2022年，淮安市纪委监委加强整治享乐主义、奢靡之风，探索信息化、模型化监督路径，整治违规发放奖金津补贴、违规收送礼品礼金等顽瘴痼疾，专项治理快递“隔空送礼”、公车违规租赁、酒驾背后吃喝等隐形变异问题。坚持以案查风、由风挖腐相结合，严肃查处不正之风背后的利益交换、请托办事等问题，深挖腐败案件中的享乐主义、奢靡之风问题，破除特权思想和特权行为。抓住普遍发生、反复出现的“四风”（形式主义、官僚主义、享乐主义和奢靡之风）问题，建立一批切口小、要求明、好落实的“小特精”制度，推动党风政风社风持续优化向好。

【压紧压实“两个责任”】 2022年，淮安市纪委监委深化运用“一单两函”（党风廉政建设主体责任工单，个性任务交办函和重点任务提醒函），协助中共淮安市委制发党风廉政建设主体责任季度工单4期，下发个性任务交办函、重点任务提醒函78份，全市累计问责党组织44个、党员干部932人、通报典型案例244起，促进责任层层传导、落实到位。严把党风廉政意见回复关，全市共回复37730人次，提出暂缓或否定性意见275人次，协助把好选人用人关。

【形式主义和官僚主义纠治】 2022年，淮安市纪委监委查处形式主义、官僚主义问题155个，给予党纪政务处分169人，制发纪检监察建议18份，挂牌督办解决重点问题9个。推进为基层减负工作，深入排查纠治“文山会海”、频繁填表报数字、检查考核过多等顽瘴痼疾，整治“指尖上的形式主义”，帮助基层腾出更多精力抓落实。

【享乐主义和奢靡之风整治】 2022年，淮安市纪委监委查处违规收送礼品礼金、公款吃喝等“节日病”问题，累计发现问题86个，党纪政务处分7人，公开通报8批次、66起典型案例。围绕反复性顽固性问题，集中开展违规使用工会经费变相发放福利问题专项治理，推动出台《工会经费使用负面清单》，纠正违规购买商业预付卡等问题137个。推进开发园区津补贴问题专项整治，推动出台《规范奖金津补贴发放意见》，查处问题47个，督促556人次退款749万元。开展公务用车定位系统安装专项检查，督促新安装定位系统1235套，推动出台《公车使用负面清单》，堵塞监管漏洞，织密制度笼子。

【廉洁文化建设】 2022年，淮安市抓好警示教育和廉政文化建设，推动形成不想腐的思想自觉。召开全市领导干部警示教育大会，拍摄教育、政法、涉粮等行业领域警示教育片13部，开展系列廉政教育活动300余场次。持续开展纪法宣讲“千百万”行动，引导广大党员干部筑牢纪法防线。打造“清风盈淮”廉洁文化品牌，挖掘淮安优秀传统文化和红色文化资源，建设区域性廉洁文化示范点。淮安历史上清官廉吏事迹《长淮清韵》、“金湖植莲”廉洁文化浸润工程等成为全省品牌。

（葛　焱）

监督执纪

【经济社会发展监督】 2022年，淮安市实施“新官不理旧账”专项治理，全市问责处理30人，立案审查调查12

人，推动解决政策承诺不兑现、招商协议不履行等问题108个，督促支付拖欠企业资金5603万元。开展发展环境专项监督，拍摄播放优化营商环境专题片《勇毅前行》，保障淮河入海水道二期等重大工程项目建设。对373个省市重大项目开工、推进情况进行现场监督，督促解决拨付上级补助资金较慢、审批服务不及时等各类问题81个。围绕科技创新、人才经费、社会保险、创业扶持等重点领域，有针对性地开展“小切口”监督行动，推动资金规范高效使用、政策快速落地见效。运用国企融资监督平台，推动各地各部门、融资平台规范融资行为，压降债务成本，防范化解金融风险。监督推动开发园区完善制度，规范管理，加强权力制约，防止“发展高地”沦为“腐败洼地”。围绕“疫情要防住、经济要稳住、发展要安全”要求，开展疫情防控监督，推动整改问题2432个，“监督推动解决疫情防控期间老年群体实际困难”做法被省纪委主要领导批示肯定。

【民生领域监督】 2022年，淮安市纪委监委探索构建“惠民实事·群众点题”监督模式，市、县区两级实施民生领域专项治理项目122个，查处群众身边腐败和作风问题472起，党纪政务处分532人，推动解决各类问题276个。开展社会保险领域突出问题专项整治，立案查处210人，推动4518名失地农民新纳入社保，累计追回或拒付违规社保基金2.45亿元。实施教育领域财务管理专项整治，市、县区联动立查立改问题48个，立案查处128人。推动压减校外培训机构745家，退回资金1947万元。开展侵害“老妇幼”群体利益问题专项治理，纠治挤占挪用伙食费、康复费等问题212个，推动74名儿童纳入最低生活保障范围。围绕实施乡村振兴战略，开展农房改善后续管理专项监督，推动解决改善对象不精准、房屋闲置等10个方面问题。开展中央环保督察交办信访问题办理情况督查和生态环保领域专项监督，问责处理75人、推动解决问题305个。淮阴区精准整治公租房“不公”乱象，洪泽区实施殡葬领域专项监督，推动墓穴均价下降65%。

【安全生产监督】 2022年，淮安市纪委监委开展安全生产专项整治三年行动重点监督检查，巩固安全生产专项整治三年行动成果，筑牢安全发展底板。围绕餐饮燃气、危化、消防等重点领域开展监督，交办处理各类问题1541个，党纪政务处分91人，全市生产安全事故起数、死亡人数比上年分别减少38.9%、43.9%。

（葛　焱）

审查调查

【概况】 2022年，淮安市纪检监察机关共立案3234件，其中涉及县处级干部37件、乡科级干部359件；给予党纪政纪处分2671人，留置84人，依法移送检察机关追究刑事责任90人。围绕“围猎”“腐蚀”党员干部和公职人员行为，立案审查调查行贿人员118人。

【重点领域反腐败】 2022年，淮安市纪委监委紧盯政法、工程建设、开发园区建设、金融融资等重点领域，保持不敢腐的高压态势。政法领域，重点查处市公安局原党委委员苏某伟等典型案件、市公安局黄河驾校原负责人孙某军案件、涟水县“异地摩托车上牌年检”执法领域案件。工程建设领域，重点查处市人防办原主任纪某德、金湖县供销社原主任闵某鸿等典型案件；开发园区建设领域，重点查处盱眙县委原常委、开发区党工委原书记张某等典型案件；融资平台领域，重点查处市交通控股集团原党委副书记、董事徐某兵，洪泽区资产公司原董事长梁某等典型案件。

【行贿案件查处及追逃追赃】 2022年，淮安市纪检监察机关坚持行贿受贿一起查，探索建立对行贿人处置的综合分析研判、多方联合惩戒等工作机制。严肃查处“围猎”“腐蚀”党员干部和公职人员行为，立案审查调查行贿人员118人，同步录入行贿人信息，推动构建亲清政商关系，斩断利益输送贪腐链。坚持“办案与追赃同步，惩治与挽损并举”，整合公安、财政、税务等力量，建立健全追逃追赃工作协调机制，对违纪违法所得特别是涉及国有资产、财政资金、民生民利的违纪违法所得一追到底，挽回损失4.1亿元。

（葛　焱）

巡察工作

【概况】 2022年，淮安市开展3轮常规巡察、专项巡察，对35个国有企业、园区平台和营商环境重点部门进行“政治体检”，发现各类问题1365个，移交问题线索337件，推动巡中成案134人，向市委呈报巡察专报24份，督促规范管理各类资金资产13.57亿元，推动追赃挽损8.02亿元，推动清缴应退未退投标保证金等3200余万元。开展“一把手”巡察监督，对37名被巡察党组织“一把手”进行政治画像，首次形成“一把手”巡察监督报告。在全省率先建立巡中成案工作机制，推动巡中立案89人，主动投案自首2人，留置审查16人。

【全市巡察工作会议暨八届市委首轮巡察动员部署会】 2月25日，淮安市委巡察工作会议暨八届市委首轮巡察动员部署会召开，会议传达省委书记专题会议精神，总结回顾七届市委巡察实践，研究推进八届市委巡察工作，对八届市委首轮巡察进行动员部署，宣布市委巡察组组长、副组长授权任职和任务分工决定。市委常委、市纪委书记、市监委主任、市委巡察工作领导小组常务副组长王道霄出席会议并讲话。淮安区委、市医保局党组、市委第四巡察组作交流发言，市国联集团党委代表被巡察党组织作表态发言。

【八届市委第二轮巡察动员部署会】 7月12日，八届市委第二轮巡察动员部署会召开，会议传达中央和省委巡视巡察工作最新要求，对八届市委第二轮巡察进行动员部署。市委常委、市委组织部部长、市委巡察工作领导小组副组长孙虎宣布市委巡察组组长、副组长授权任职和任务分工决定；市委常委、市纪委书记、市监委主任、市委巡察工作领导小组常务副组长王逍霄出席会议并讲话。会议指出，要提高政治站位，深刻认识本轮巡察的重要意义。优先部署对开发园区和部分国有企业开展常规巡察，对城市管理领域突出问题开展专项巡察，是深入贯彻新发展理念的现实需要，是加强全面从严治党的内在要求，是持续深化市县联动、纪巡审协同的具体实践，要以有力的政治监督，督促被巡察党组织履职担当尽责，推动构建优良政治生态和优质发展态势。

【八届市委第三轮巡察动员部署会】10月17日，八届市委第三轮巡察动员部署会召开。会议认真学习贯彻中共二十大精神，落实中央和省市委关于巡视巡察工作最新部署要求，对市委第三轮巡察工作作出安排。市委常委、市纪委书记、市委巡察工作领导小组常务副组长岳岭出席并讲话。市委常委、市委组织部部长、市委巡察工作领导小组副组长孙虎传达学习十四届省委第二轮巡视动员部署会精神，宣布巡察组组长、副组长授权任职及任务分工决定。会议指出，要精准把握第三轮巡察监督重点，聚焦营商环境主题，营造良好营商环境。要服务中心大局，检视投资环境是否高效便捷、政策环境是否精准直达、市场环境是否开放包容、政务环境是否惠企便民、法治环境是否公平公正和人文环境是否亲清有序，深入查找优化营商环境工作中的痛点、难点、堵点问题。要聚焦基层民生，围绕物业管理、老旧小区改造、人防工程、防震减灾、园林绿化等方面，深入查找住建领域不作为、慢作为、乱作为问题。要紧盯关键少数，关注目标考核情况、巡察谈话反映情况、干部群众测评情况、管党治党责任履行情况、"一把手"廉洁自律情况等五个方面，精准开展"一把手"政治监督。要突出巡中见效，坚持问题边巡边改、线索边巡边移、损失边巡边追、制度边巡边建，把工作重心落到取得更大治理成效上。

【常规巡察与专项巡察结合】2022年，中共淮安市委巡察机构坚持常规巡察和专项巡察结合整体思路，围绕社保、城管、住建领域突出问题开展三轮专项巡察，查纠养老、失业、工伤3个方面"欺诈保""重复保""刑事保"等"九类保"问题，督促推动"城市保洁""渣土清运""停车管理""广告发包"等领域规范管理，加强"老旧小区改造""园林绿化""人防工程""防震减灾""物业管理"等领域监督检查。

【温暖巡察】淮安市是省委巡视办确定的创建巡察品牌2个试点市之一。2022年，按照省委巡视办"打造巡察工作品牌"要求，中共淮安市委巡察工作领导小组研究确定温暖巡察品牌，制定出台《关于深化推进温暖巡察工作的实施意见》，实施用心走基层、贴心办实事、真心促发展、齐心树形象"四心"工作法。市、县区一体培育打造"1+7"品牌矩阵，"1"指市委巡察办创建"温暖巡察"主品牌；"7"指7个县区分别创建7个巡察子品牌，即清江浦区创建"心连心"巡察品牌，淮安区创建"乡情走访"巡察品牌，淮阴区创建"与民同巡"巡察品牌，洪泽区创建"大湖情"巡察品牌，涟水县创建"红背心"驻村巡察品牌，盱眙县创建"你点我巡大家评"巡察品牌，金湖县创建"户户通户户暖"巡察品牌。该项工作得到省委巡视办肯定。

【对村巡察蹲点调研】淮安市是省委巡视办确定的对村巡察3个试点市之一。2022年，淮安市委巡察机构按照"蹲点调研、重点培育、全面指导、市县联动"工作思路，配合省委巡视蹲点调研，出台《关于深化推进对村（社区）巡察工作的指导意见》以及对村（社区）巡察监督指引、整改质效评估、整改示范点创建等制度，统筹推进巡察监督625个村（社区）。

（葛　焱）

民主党派　工商联

责任编辑：李　想

中国国民党革命委员会淮安市委员会

【概况】 2022年，中国国民党革命委员会淮安市委员会（以下简称民革淮安市委）新发展党员30人，其中具有民革界别特色党员24人、中高级以上职称11人。至年末，民革淮安市委有1个基层委员会、3个总支部、22个基层支部，党员537人。

【参政议政】 2022年，民革淮安市委围绕"如何全面建设长三角北部现代化中心城市""建强现代产业体系"开展专题调研，完成《推动农商文旅深度融合，打造长三角城市新范本》《做大做强高新技术企业，推动构建现代产业体系》专题协商调研报告。《防止耕地"非粮化"，保障粮食安全》等4项调研课题入选为民革江苏省委2022年度立项调研课题，并完成调研报告。在市政协九届一次会议上，民革淮安市委作《聚力打造淮安农业"芯片"，加快推进种业创新发展》口头发言和《多措并举提升大运河水环境风险防范能力》书面发言，提交集体提案3件。《关于切实解决我市主城区内涝问题的建议》被市政协表彰为2022年度优秀提案。

【社情民意信息和宣传工作】 2022年，民革淮安市委报送社情民意信息240篇，市政协采用6篇，民革江苏省委采用123篇，省委统战部采用6篇，省政协采用43篇，中共江苏省委采用1篇，民革中央采用64篇。11篇社情民意信息获得中共淮安市委书记批示。全年编发宣传稿件160余篇，其中《新华日报》刊用3篇，《团结报》刊用5篇，新华网刊用6篇，《江苏民革》刊用8篇，《淮安日报》《淮安政协》等刊用22篇，90余篇稿件被省级以上网站、微信公众号采用。民革淮安市委被民革中央表彰为"民革全国宣传思想工作先进集体"。

11月11日，民革淮安生态文化旅游区支部成立　　民革淮安市委　供

【社会服务】 2022年，民革淮安市委开展"中山博爱工程"系列社会服务活动，各基层组织围绕"博爱·牵手""博爱·微愿望"等开展社会公益活动20余次。慰问环卫工人洪泽微山湖路中转站，慰问物资计1.8万余元；开展爱老敬老活动，慰问物品计3万余元；看望市社会福利院儿童，捐赠慰问物资计5.8万余元；共建"同心学校"，发放民革助学金1.7万余元；向淮阴区高家堰镇老场村捐赠3万元。推荐11名民革党内专家与市内民营企业建立一对一结对服务关系，指导企业开展科技创新，解决技术难题。每月赴企业开展"101%"挂钩服务，协助企业解决生产经营过程中发生的实际困难。

【民革淮安生态文旅区支部成立】 11月11日，民革淮安生态文旅区支部成立。淮安市人民政府副市长、民革淮安市委主委邱华康，淮安生态文旅区党工委书记、管理办主任方庆华和生态文旅区全体民革党员出席会议。全体党员通过投票，选举产生第一届支部委员会。董进当选为支部主委，顾海波、张晓菁当选为支部副主委，李笑当选为支部委员。

（张　洁）

中国民主同盟淮安市委员会

【概况】 2022年，中国民主同盟淮安市委员会（以下简称民盟淮安市委）

发展新盟员38名，平均年龄36.47岁。其中，女性21人，代表性人士2人，中高级以上职称29人，博士7人、硕士8人。至年末，民盟淮安市委设有基层委员会4个、总支部2个、基层支部29个，有专门工作委员会、盟内监督委员会、民盟淮安市新的社会阶层人士联谊会10个，有盟员1056人。

【参政议政】 2022年，民盟淮安市委围绕“融入长三角一体化”“建设长三角北部现代化中心城市”等重要战略规划和重大决策部署，聚焦产业体系、乡村振兴、职业教育、公共卫生、社区养老等重点领域，深入调查研究，组织召开职业教育高质量发展座谈会、市农业现代化体系建设专题研讨会、提案协商办理工作会、老年友好型社区建设等调研活动20余次，打造参政议政“精品”。组织盟内人大代表、政协委员开展“进企业、进社区、进乡村”等联系群众活动，建强用好“有事好商量协商议事室”，叠加创立“社情民意联系点”“委员工作室”，推动议事室标准化建设，为政协委员参与基层协商搭建平台。参加“季季谈”“双月谈”等中共淮安市委、市政府各类协商会和座谈会，开展特约人员监督工作。与市水利局等对口联系部门举办“美丽库区　幸福家园”项目调研活动，提高对口联系实效。1篇提案被列为市领导重点督办提案，1篇政协提案被列为主席重点督办提案，《聚焦农业绿色发展 助推淮安建设美丽宜居城市》获评优秀提案。民盟议事室获评市政协“百优协商议事室”，议事案例《乡村振兴》被评为“百优协商议事案例”。

【社情民意信息和宣传工作】 2022年，民盟淮安市委收集上报社情民意信息100余条、议案提案7条，调研报告24篇。其中，20条社情民意被上级组织采用，16篇调研报告获市委、市政府主要领导批示肯定，13条意见建议被吸收采纳并加以落实。“淮安民盟”微信公众号、淮安民盟网站全年推送报道110条。在新华网、《新华日报》、《团结报》、《华人时刊》等省级以上新闻媒体刊登宣传稿件14篇，被团结网、民盟中央、江苏省统一战线等网站采用25篇，被“江苏民盟”微信公众号采用23篇。《远山的烛光》短视频在全省“讲多党合作故事 献礼中共二十大”大赛中获二等奖，被民盟江苏省委评为“最佳人气奖”“最佳创意奖”。

4月21日，民盟淮安市委首家法律特色“盟员之家”在江苏尚淮律师事务所成立　　民盟淮安市委　供

【社会服务】 2022年，民盟淮安市委通过各种渠道捐赠抗疫物资超40万元，开展心理咨询30余次。持续开展“农村教育烛光行动”，组织17名学科带头人赴贵州毕节六中开展教育帮扶，组织励志演讲、课堂示范、教学研讨、备课指导等形式多样的教育教学管理交流活动，赴淮阴区等地举办捐资助学活动，送教育、送辅导、送理念、送关怀。开展乡村振兴帮促工作，挂牌“名医服务站”“乡村振兴联系点”，提供科技兴农、“盟医送诊”、文化志愿服务，开展“月满中秋　情暖朱桥”等慰问活动。为挂钩企业提供帮办服务，提供政企沟通、法律、金融、税政等多方位服务，举办“同心抗疫——金融支持中小微企业发展”座谈会、“助企纾困促发展”等专场服务活动，为助企纾困“保驾护航”。组织“书画家新春送福”“敬佑生命 为健康助力”“粽情粽意迎端午 爱心传递筑梦行”“相约初夏 瓜分快乐”“情暖金秋 爱在重阳”等多场惠民公益活动，增进民生福祉。

（杨　萌）

【“书香润民盟”品牌打造】 2022年，民盟淮安市委打造“书香润民盟”品牌。4月30日，举办“喜迎二十大 书香润民盟”读书系列活动启动仪式。6月28日，举办“书香润民盟 同心向未来”读书分享会，收到35个基层组织的稿件55篇，评出特等奖10名、一等奖15名、二等奖30名、优秀组织奖6名。民盟各基层组织相继开展“书香润民盟”系列活动，分享读书心得，畅谈读书感悟。

【全市首家法律特色“盟员之家”成立】 4月21日，民盟淮安司法支部在江苏尚淮律师事务所举行“盟员之家”揭牌仪式，为淮安民盟首家以法律为特色的“盟员之家”。民盟司法支部根据“盟员之家”创建要求和“一家一品”建设原则，利用“法律援助”基础和优势，推行开展特色法律援助品牌活动，突出司法支部特色，将“盟员之家”打造成服务盟员、联系群众、有影响力的新平台。

（刘　彦）

中国民主建国会淮安市委员会

【概况】 2022年，中国民主建国会淮安市委员会（以下简称民建淮安市委）新发展会员36人，平均年龄34.2岁，其中硕士研究生学历6人。至年末，民建淮安市委下辖基层委员会3个、总支部4个、基层支部42个，有专门工作委员会、内部监督委员会10个，有会员989人。

【参政议政】 2022年，在省政协十二届五次会议期间，民建淮安市委主委韩文军发表《加快徐淮连组合枢纽建设 构建江苏北部新发展格局》《陆海统筹 区域联动 以沿海大开发推动区域经济聚合发展》书面大会发言，提交《建议高质量推进江苏省轨道交通体系建设》《建议提高苏北地区国省干线公路建设补助标准》等提案；由民建淮安市委组稿，经住淮安市省政协委员和民建江苏省委推荐的《加快建设新淮高铁 推动江苏枢纽经济发展》《实施“快递进村”助力乡村振兴》《苏北农村康居小区亟待做好农房改造“后半篇”文章》等入选大会书面发言和提案。市政协九届一次会议期间，民建淮安市委及民建会员提交《建议强化产业配套能力，推动重特大项目落地》等调研成果7篇，提交集体提案5篇，其中《强化产业配套能力，推动重大项目落地》集体提案被列为市长督办重点提案，民建市委委员嵇栩提出的《关于鼓励加大对中小科技型项目招引培育力度的建议》被列为市委常委督办重点提案。围绕重要人事安排、市第八次党代会第二次会议工作报告征求意见以及“深度融入长三角一体化发展战略，推动淮安高质量跨越发展”战略实施等，参加中共市委民主协商活动。根据省政协2022年协商计划，联合民建省委围绕预制菜产业发展、中小企业营商环境、地理标志特色产业等重点课题开展调研，形成《四网融合赋能宁淮 促进江苏一体化发展》《抢抓预制菜发展机遇 加快我省绿色食品产业集群发展》等一批调研成果。围绕淮安打造“绿色高地　枢纽新城”，全面建设长三角北部现代化中心城市重要部署，以“降低物流成本”“强化产业配套能力建设”等为切入点，赴淮安经济技术开发区、淮阴区等地开展专题调研。

【社情民意信息和宣传工作】 2022年，民建淮安市委收集会员撰写的社情民意260余篇，向民建江苏省委报送105篇，向市委统战部报送信息88篇，其中17篇信息被民建中央、省委统战部、民建江苏省委等采用，12篇信息获得中共淮安市委、市政府主要领导批示。其中，《关于完善排污权有偿交易工作的建议》等被民建中央及全国政协采用，《乡村振兴背景下淮安农村电商高质量发展建议》《主动对接上海临港新片区　深度融入长三角一体化》《加快推进智能工厂（车间）建设　全面提升企业“智改数转”水平》等获得中共淮安市委、市政府主要领导批示。

【社会服务】 2022年，民建淮安市委各基层组织开展各类社会服务活动130余次，帮扶资金累计140.25万元，其中46.2万元用于疫情防控。开展第八届慈善书画拍卖，连续十三年开展关爱大学生健康成长、支持民建中央和民建江苏省委在淮安定点帮促活动。发动民建会员参与宿迁市花园村梨树认养，认养梨树100余棵，合计近5万元。对挂钩重点项目和企业开展定期走访，了解企业诉求，帮助解决困难。推荐8位民建专家会员担任淮安市民营企业科技服务团成员，结对服务民营企业。走访调研帮促村发展状况，及时拨付帮促资金，研究推介增收项目，帮助提高集体经济收入。联络服务会员企业，组织企业家开展对内对外交流合作，举办各类惠企政策线上线下宣讲活动。支持民建会员为在校大学生设立创新创业基金、为救助白血病患者设立博爱基金。利用春节、儿童节、中秋节等特定时间节点，组织会员慰问困难群众，关注孤独症儿童，关爱“空巢”老人等特殊群体。

【民建淮安市委第八届委员会专委会成立】 6月14日，民建淮安市委召开第八届委员会专委会成立大会。民建淮安市委第八届委员会共设置10个专门委员会，包括参政议政委员会、社会服务委员会、企业工作委员会、宣传委员会、理论委员会、文卫体委员会、法律工作委员会、青年委员会、妇女委员会和老龄委员会。市委领导班子成员根据分工职责，分别联系和指导相应的专委会工作。

【民建江苏省委会助力涟水百强县建设战略合作启动仪式举行】 11月17日，民建江苏省委会助力涟水百强县建设战略合作启动仪式在涟水县举

11月17日，民建江苏省委会助力涟水百强县建设战略合作启动仪式在涟水县举行　　民建淮安市委　供

行。民建江苏省委与涟水县签订战略合作协议。根据协议，民建江苏省委和民建淮安市委将充分发挥民建组织优势、界别优势和人才优势，结合涟水地域发展实际和特色，全力助推涟水高质量跨越发展，早日建成全国百强县。该协议是江苏民建服务县域经济的一项创新举措。

（陈倩倩）

中国民主促进会淮安市委员会

【概况】 2022年，中国民主促进会淮安市委员会（以下简称民进淮安市委）发展新会员29人，平均年龄36.4岁。其中，主界别20人，占比69.0%；中高级职称16人，占比55.2%；研究生以上学历6人，占比20.7%。至年末，民进淮安市委下辖基层委员会3个、总支2个、支部38个、小组1个，有会员752名。

【参政议政】 2022年，民进淮安市委建立专家智库，吸纳各方面专家学者，围绕全面深化改革中遇到的重点问题以及群众关心的热点、难点问题开展调研。在中共淮安市委两次专题协商会上，分别作《在淮高校与上海高校加强对接的方法路径》《淮安文博场馆建设服务全市文旅产业发展的建议》专题发言，就淮安市高质量发展中的关键环节议政建言。在市政协全委会上，作题为《关于我市积极申创世界文学之都的建议》大会发言，并提交集体提案和个人提案28件。组织民进界别政协委员走访淮安工业园区、淮安高新区相关企业，开展“访企拓岗”调研。召开经济界会员联谊会座谈会，为助推经济增长、促进民营企业健康发展献计出力。主动承接民进省委“基层自治组织公共卫生建设与发展”及“乡镇社会工作站建设状况和对策”调研，服务全省社会事业发展。淮安民进会员撰写的《促进非艺术类高校美育建设的建议》《积极推进苏北生态旅游产业融入长三角一体化发展建议》《进一步完善新能源充电桩布局，助力能源消费结构优化》3篇调研报告被民进江苏省委评为年度关注课题三等奖。

【社情民意信息和宣传工作】 2022年，民进淮安市委举办社情民意信息专题培训20余场，参训人数200余人，实现所有基层组织培训全覆盖。全年报送信息424篇，被各级各类采用170篇。其中，1篇被中共中央办公厅采用，1篇被全国政协采用，1篇被中央统战部采用；中共江苏省委办公厅采用3篇，江苏省政协采用3篇，民进中央采用17篇，民进江苏省委采用136篇。获中共淮安市委书记批示6篇，市长批示2篇。在“淮安民进”微信公众号上推送文章79篇。在《华人时刊》《团结报》和《民主》杂志刊登文章30篇。短视频《同心共绘振兴梦》获省“讲多党合作故事，献礼中共二十大”短视频大赛二等奖，被民进江苏省委评为一等奖。参加民进中央、民进江苏省委和中共淮安市委统战部理论研究课题申报，1篇论文被评为2022年度全市统战理论政策研究创新成果。

【社会服务】 2022年，民进淮安市委组织高校科技界会员参与淮安民营企业科技服务团活动，对接江苏利宏科技发展有限公司、江苏纽泰格科技股份有限公司等开展技术指导。组织法律界会员走访淮安一片天设备有限公司、淮安威盛织造有限公司等开展法律服务。提供6万元支持淮安区土楼村改造扩建村部，协调民政专项资金15万元支持该村居家养老服务中心建设。在白马湖湿地公园开展第五届“民进公益林”活动，会员捐款近8万元，种植红梅树苗500株。与市民政局联合开展民政干部、民进会员“同进村·共入户·促发展”活动，挂钩服务全市30个村居。组织书画界会员赴市城管局、营东社区、南马厂小学开展“春联万家”活动。组织艺术家赴钦工镇、老子山镇、古清口街道等地开展“送戏下乡”文化惠民演出。举办“情暖童心”送艺术课进校园公益活动。举办叶圣陶教育思想公益讲座，邀请民进教育专家为小学年轻教师授课。

（何滨宇）

中国农工民主党淮安市委员会

【概况】 2022年，中国农工民主党淮安市委员会（以下简称农工党淮安市委）发展新党员29人，平均年龄35.5岁。至年末，全市共有农工党党员668人。其中，医卫、环境保护和人口资源等主界别人士515人，占比77.1%；硕士以上学历占比12.7%。党员平均年龄42.8岁。有基层组织36个，其中基层委员会3个、总支2个。

【参政议政】 2022年，农工党淮安市委向市政协九届一次会议提交大会发言报告2篇、集体提案5篇。主委郑劲松代表农工党淮安市委作题为《建议发挥特色优势、加大传承力度，推动淮安中医药事业高质量发展》的发言。全年完成省市年度重点课题、联合调研课题10多项，并在农工党江苏省委联合调研评比中获得一等奖，提交的调研报告《加强农田退水污染综合防治，保障生态清洁型小流域建设》在全省评比现场会上作线上视频发言。

【社情民意信息和宣传工作】 2022年，农工党淮安市委收集整理上报各级社情民意信息100余篇，其中31篇被省政协采用并报送全国政协，12篇获得中共淮安市委、市政府主要领导批示。“淮安农工”微信公众号发布30余组、100余篇讯息，出版《淮安农工》内部刊物4期。1篇文章被《团结报》采用，2篇文章被《新华日报》采用，在《淮安日报》《淮海商报》发布多篇宣传文章。微视频《爱的约定——“中国好人”农工党党员李海丽的爱心故事》获省“讲多党合作故事 献礼中共二十大”微视频大赛二等奖及农工党江苏省委一等奖。

9月21日，农工党淮安市委会“法润淮商　护航青创”——法律公益服务行动启动仪式　　农工党淮安市委　供

【社会服务】 2022年，农工党淮安市委和各基层农工党组织开展进学校、进社区、进乡镇义诊咨询活动20余次，服务群众2000余人次。整合全市法律界农工党党员，创新开展“法润淮商 护航青创”品牌社会服务项目，为到淮留淮创业就业大学生提供个性化、定制型、系统性法律公益服务。走访挂钩帮办企业，了解企业发展现状和诉求，及时上报企业需求。赴淮阴区马头镇张庄镇村开展“2022环境与健康宣传周”讲座及义诊活动，联合中共淮安市委营商办、交通银行淮安分行在涟水县东胡集镇复兴村举办“第43届国际科学与和平周送医送药下乡”义诊活动。常态化开展“开心锁”心理援助宣讲活动，利用专业优势为在校生举行按需心理援助。赴挂钩帮扶的贵州省大方县帮促，捐赠“特殊党费”2万元用于专项养羊致富项目。联合农工党江苏省委举办“同心喜庆二十大”书画作品展暨第三届“携手童行”书画公益活动。

（臧　剑）

九三学社淮安市委员会

【概况】 2022年，九三学社淮安市委员会（以下简称九三学社淮安市委）发展社员24人，其中博士及博士在读6人、硕士7人；发展高级职称人员15人，占比62.5%。至年末，九三学社淮安市委共有社员583人，平均年龄51.3岁。其中，具有高级职称338人，占比57.9%；博士及硕士152人，占比26.1%；科学技术、高等教育、医药卫生三大主界别453人，占比77.7%。下设工作委员会7个，有基层组织51个，其中基层委员会8个、支社10个。

【参政议政】 2022年，九三学社淮安市委围绕全市重点工作，组织并指导社员撰写调研报告33篇。其中，5篇得到中共淮安市委书记批示，2篇上报市政协、市委统战部，1篇被列入省政协大会集体提案，2篇被推荐作为省人大代表个人议案。在市政协九届一次会议上，提交大会口头发言1份、书面发言1份、集体提案9份，1篇集体提案被评为“优秀提案”；在“有事好商量‘码’上议”工作中，九三学社淮安市委协商议事室、盱眙县支社磨涧村协商议事室被评选为“百优协商议事室”。

【社情民意信息和宣传工作】 2022年，九三学社淮安市委上报社情民意信息213条，被九三学社中央采用3条，省政协采用并转报全国政协3条，九三学社江苏省委采用31条，市主要领导批示1条，市政协刊用3条。社情民意信息《疫情防控期间零售药店运营中三个问题亟需关注》落实情况在《淮安日报》头版重点宣传。组织社员参加省委统战部举办的“多党合作与中华民族伟大复兴”主题征文，1篇文章获二等奖、1篇文章获三等奖。1部短视频获省“讲多党合作故事 献礼中共二十大”微视频大赛优秀奖。全年报送各类宣传稿件90余篇，被《团结报》录用1篇、团结网录用3篇、九三学社中央网站录用30篇、新华日报·交汇点新闻录用2篇、九三学社江苏省委微信公众号录用9篇、市委统战部微信公众号录用7篇。

【社会服务】 2022年，九三学社淮安市委创新举办首届“九三科教论坛”，以“科技创新、智慧未来”为主题，邀请5位专家社员作主题演讲，提升服务企业和基层能力。在新安旅行团历史纪念馆授牌创建“传统教育基地”，举办“同心德赛”大讲堂首期讲座，发挥传统教育基地以史育人、凝聚共识独特作用。与市工商联联合举办困难群众家庭重症患儿慈善救助活动，统筹社内资源提供救助支持，帮助解决多项急难愁盼问题。在清江浦区长西街道组织多学科专家义诊，调研“15分钟医保服务圈”建设，开展卫生健康科普讲座，服务群众500余人次。投入6万元，帮助涟水县梁岔镇卜圩村探索富民强村项目，对甘薯种植试验田项目进行专业指导。赴4家挂钩企业开展帮办服务，协力打造一流营商环境。

【九三学社淮安市委“传统教育基地”揭牌】 9月2日，九三学社淮安市委“传统教育基地”揭牌仪式在淮安市新安小学新安旅行团历史纪念馆举行。淮安市人大常委会副主任、九三学社淮安市委主委范更生和九三学社江苏省青工委副主任、南京大学天文与空间科学学院教授陈鹏飞共同为“传统教育基地”揭牌。揭牌仪式后，九三学社淮安市委主办的“同心德赛”大讲堂首期讲座在新安旅行团历史纪念馆“小好汉剧场”举行，陈鹏飞

8月19日，九三学社淮安市委在清江浦区长西街道开展“‘医’心向党　踔厉奋进”多学科联合义诊活动　　九三学社淮安市委　供

以“太阳还有多少小秘密”为题做天文知识科普讲座，并探讨地球未来命运以及人类对宇宙、星辰、未知世界的探求。

（刘铭铭）

淮安市工商业联合会

【概况】 2022年，淮安市工商业联合会（以下简称淮安市工商联）下辖212家商会，其中市直商会43家。全年筹备组建市直商会3家，其他各类商会12家。有7家商会获评全国“四好”（班子建设好、团结教育好、服务发展好、自律规范好）商会，20家商会获评省级“四好”商会，11家商会获评全省商会组织先进集体。市工商联商事调解工作创新案例入选国家发展改革委《优化营商环境百问百答》；市工商联与市法院结对，被评为全国工商联与人民法院沟通联系机制建设100对典型单位；“淮商情”光彩行动获省政府第六届江苏慈善奖“最具影响力慈善项目”称号。

【参政议政】 2022年，淮安市工商联成立参政议政委员会，引导企业家发挥智慧力量，反映社情民意，为经济社会发展献计献策。依托市工商联界别“有事好商量”协商议事室，围绕民营企业关心关注的急难愁盼问题，开展“码上议”协商议事活动。组织专门力量，深入企业一线，围绕电子制造业转型升级、民营企业技改、“专精特新”中小企业发展等方面开展专题调研，反映企业呼声，提出针对性调研建议。1篇社情民意被全国工商联《工商动态》采用，3条调研信息被省工商联《工商联信息》采用，2篇调研报告获中共淮安市委主要领导批示。

【服务经济】 2022年，淮安市工商联与市委营商办共同办好“党政亲商会”，建立常态化政企联系机制。全年举办“党政亲商会”24期，300多位企业家参加。开展市直商会走进县区“看发展成就　议营商环境”活动，编印《惠民企　助发展》惠企政策一本通，面向列统以上民营企业发放。依托淮商服务中心窗口，与17家市直部门建立协作机制，开辟多条涉企审批绿色通道。优化金融服务，累计为466家企业办理提供“淮商易贷”转贷资金7.54亿元。参与调解商事纠纷60余件，帮助企业节省诉讼、执行成本200余万元。赴北京、上海、南通、南京等地招商考察并设立招商引资联络站，开展以商引商、产业链招商和投资洽谈，完成4个亿元项目签约、2个亿元项目开工任务。与省工商联联合开展“名企淮安行”活动，邀请美国江苏总商会、美国南京商会企业代表到淮安市考察。在第二届淮河华商大会框架内，举办第二届淮河生态经济带食品产业链联盟峰会，促进区域食品企业交流合作，助力淮安绿色食品产业发展。

【光彩事业】 2022年，淮安市工商联推动“淮商情”光彩行动，引导民营企业家扶贫济困，奉献社会，助力乡村振兴。全市各级工商联、商会累计组织民营企业家开展助力抗疫走访慰问、稳岗送温暖、公益植树、夏季送清凉等公益活动50余场次，为抗疫一线人员、企业困难员工、农村留守儿童捐款捐物100余万元。兴建涟水果玩生态农业综合体等多个有影响的乡村振兴项目。

【“淮商情”光彩行动被省政府评为第六届江苏慈善奖最具影响力慈善项目】 2022年，淮安市工商联“淮商情”光彩行动被省政府评为第六届江苏慈善奖最具影响力慈善项目。2020年后，淮安市工商联在全市各级工商联、商会中开展“淮商情”光彩行动，号召广大淮商履行社会责任，投身困难群体帮扶，彰显奉献情怀和责任担当。至2022年，累计救助困难家庭重症患儿102名、困难大学生105名，帮扶留守儿童、孤寡老人等困难群体1000多人次，累计捐款捐物500多万元。新冠疫情期间，捐款及捐赠各类防疫物资价值2000余万元；开展稳岗送温暖等帮扶慰问活动20余次，为一线产业工人、城管员工捐款捐物价值120多万元。组织1200多家民营企业和商会参与联建260多个涉农村（居），举办民营企业村企联建项目签约推进会，签约项目80个，总投资10.7亿元。

（张　森）

群众团体

责任编辑：孙　虎

淮安市总工会

【概况】 2022年末，淮安市有工会组织5940个，比上年减少215个，其中女性职工组织5612个，覆盖法人单位19753个；有工会会员984009人，比上年增加1.5万人。有专兼职工会干部16247人，其中专职1667人、兼职14580人。淮安市工会工作多次被中央广播电视总台、《新华日报》、"学习强国"学习平台、《工人日报》等省级以上主流媒体报道。非公有制企业党建带工建"三创争两提升"工作经验在全省活动现场推进会上作交流发言。推动市道路运输行业工会、市外卖配送行业工会、新就业形态劳动者四大重点群体工会组织全覆盖。淮安新业态新就业群体党建工作经验成果被新华社《国内动态清样》刊载推介，在全国总工会推进网约车司机群体工会工作在线调研会上作交流发言。开展"网约车司机建会入会攻坚行动"。

【劳动技能竞赛】 2022年，淮安市总工会开展"建功'十四五'奋进新征程"主题劳动技能竞赛，在重点产业、重点工程和重点企业组织技能大赛、岗位练兵50场次。淮安代表队在长三角G60科创走廊城市暨江苏省职工云计算技能大赛中获团体二等奖。参加2022年第六届江苏技能状元大赛，全市10名选手获奖。开展"十百千万"（十大行业、百个工种、千家企业、万名职工）技能竞赛，组织市级一类竞赛30多场，企业内部岗位练兵2000多场次，参加职工20万多人次，覆盖100多个工种。全市100多家企业、10万人次职工参与职工创新活动，产生技术创新成果2000多项。

【劳模工匠选树】 2022年，淮安市有劳动模范4502人，其中全国劳模51人、省（部）级劳模925人、市级劳模3526人。全年选树全国五一劳动奖章获得者3人、全国工人先锋号2个、全国五一劳动奖状1个；表彰省五一劳动奖章获得者8人、省五一劳动荣誉奖章获得者2人、省工人先锋号21个、省五一劳动奖状6个；通报表扬市五一劳动奖章获得者167人、市工人先锋号140个、市五一劳动奖状60个。开展第二届"淮安工匠"评选，选出第二届"淮安工匠"10人、第二届"淮安工匠"提名奖8人。年内，2个劳模创新工作室入选第二届中国长三角地区劳模工匠创新工作室。开展"劳模工匠进学校思政教师进企业"活动，在全市优选48名劳模先进，结对22所学校，打造15堂精品课，培育55名思政教师，走进73家企业，开展147场宣讲等示范行动。

【职工读书活动】 2022年，淮安市推进"职工书屋"示范点建设，推荐全国职工书屋示范点3个、省职工书屋示范点7个、省最美职工书屋1个；命名市职工书屋示范点20个、市企业职工书房6个、市书香企业示范点10个。依托职工悦读会，开展读书征文、阅读交流、微感言等活动。打造《悦读·职工书简》职工读书访谈品牌栏目升级版，累计播出28期。《悦读·职工书简》品牌栏目、"把一切献给党"吴运铎精神接力阅读系列活动获评全省"十佳阅读推广活动"。举办第13届淮安职工读书节活动，围绕主题阅读等5个板块，开展数十项活动。

4月8日，淮安经济技术开发区举行新就业形态劳动者工会建会仪式。图为快递（外卖）员入会仪式　　市总工会　供

【职工文体活动】 2022年，淮安市整合优质社会资源，首批命名7家“职工文体共享基地”，为全市职工提供免费、就近的规范化活动场届次运动会8个项目比赛，承办职工部掼蛋比赛，获得各类奖项66个。举办全市职工乒乓球、羽毛球周周赛，80个单位组队参加，1.4万余人次在线观看赛事直播。举办淮安市首届职工运动会。

【产业工人队伍建设改革】 2022年，淮安市构建“市—县区、产业（系统）—园区—乡镇（街道）—企业”五级产业工人队伍建设改革试点体系，分层分类分项目覆盖全市7个县区、9个经济开发区（园区）、8个产业集群、705家试点企业。出台《关于开展产业工人技能提升培训的意见》，规模化开展岗前培训、农民工技能培训、新型学徒培训，对培训合格、取得相关证书的每人给予1500~4000元的补贴。出台《淮安市推进产业工人队伍建设改革评价考核实施办法》，首次对产业工人队伍建设改革进行量化考核。建设产业工人“1+10+N”技能培训体系，依托淮安技师学院，成立淮安市产业工人技能培训中心；依托富士康科技集团、淮钢特钢股份有限公司、江苏井神盐化股份有限公司等10家企业，建立电子信息技术、机械冶金、盐化工、纺织、绿色食品、龙虾特色、建筑、电力、通信、烹饪10个行业技能培训基地；依托全市各企业，建立多个职工培训点。成立淮安工匠学院，下设8个分院，通过实施“英才名匠”培训工程、推行“互联网+职业技能培训”计划、开展“求学圆梦”行动，累计完成各类职业技能培训18.3万人次，发放职业技能提升行动资金3.15亿元，帮助4200多名农民工和一线职工实现学历提升。推进台资集聚示范区产改“5+10”工程，即实施强基铸魂行动、技能锻造行动、关爱暖心行动、和谐共建行动、协同推进行动，深化党工共建、加大培训补助力度、加大竞赛奖励力度、加大职工教育投入、建设高技能人才培养载体、鼓励群众性创新活动、延长稳岗补贴政策、完善困难职工帮扶体系、关注特殊群体需求、深化就业指导服务。推出“工惠贷”贴息、科企同行等“十大服务礼包”。

【新就业群体建会入会】 2022年，淮安市总工会制定出台《关于在全市深入开展新就业形态劳动者建会入会“1+7+N”工程的实施意见》，推动新就业群体建会入会。“1”即市级层面组建一个具有示范引领作用的行业工会联合会；“7”即7个县区根据区域产业特色，各组建一个行业工会联合会；“N”即组建多个独立工会、联合工会，聚焦重点行业、重点领域，推动互联网平台企业特别是头部企业及所属子公司、分公司，以及货运挂靠企业、快递加盟企业、外卖配送代理商、劳务派遣公司等关联企业普遍建立工会组织，完善组织架构，广泛吸收新就业形态劳动者入会，实现组织网络从“多领域”向“全领域”延伸。推动成立市道路运输、外卖配送行业工会，推进市快递行业工会规范化建设。至年末，全市新建新业态基层工会84家、行业工会联合会32家，发展会员3万余人。开展新就业群体综合服务集市活动，向新就业形态劳动者提供健康体检、专项保险、入会服务、暖“新”礼包、困难帮扶、能力提升、法律服务、心理咨询等服务。首批向2000名外卖配送员、快递员等赠送工会免费体检服务卡，发放关爱服务礼包、交通意外保险价值10.5万元。

【工会服务就业】 2022年，淮安市开展“促进就业高质量，推动创业助发展”为主题的全市工会促进职工就业服务行动，加大困难职工转岗培训和创业扶持力度。组织免费再就业技能培训班27期，培训1285人次。推广“江苏工会服务网”就业服务系统，上线企业709家，发布岗位1611个，招聘人数2955名，排名全省第三。举办“职等你来”等专场线下线上招聘会13场，进场单位240余家，提供岗位1100多个，为4700余人提供就业机会。组织线上直播招聘活动，吸引近80万人参与活动。

【职工帮扶】 2022年，淮安市累计开展困难职工帮扶2330人次，发放资金和物资439.4万元。推进稳岗留工、农民工维权服务，累计慰问职工群众11411人次、慰问资金308.2万元。在全省率先实施医疗救助兜底，投入18.28万元，为17户患病建档困难职工兜底解决医保自费部分。

【职工医疗互助保障】 2022年，淮安市职工互助保障项目被市政府列入“民生十件实事”。7月，“淮安职工互助保障管理系统”正式上线运行，为会员单位和会员职工办理互助保障业务提供便利。推动产业工人加

8月22日，淮安市举办新就业群体“8+X”综合服务集市暨“有事码上说”平台启动仪式　　市总工会　供

入职工医疗互助保障，新发展会员5.56万人，发放各类互助金751.37万元，惠及职工3000多人次。年内，市职工医疗互济会累计新增会员职工85770人，收取会费93.31万元，服务会员职工4480人次，发放互济金1078万余元。

【职工权益维护】 2022年，淮安市完善政府、工会、企业共同参与的劳动关系三方协调机制。市总工会联合人力资源和社会保障、工商联等部门实施“千户企业培育共同行动计划”。参与制定出台文件30多份，解决市级涉及职工权益问题21项。“工会维权促和谐”案例获评全国工会互联网+维权服务优秀案例，市总工会8项维权服务工作被江苏省总工会通报表扬，排名全省第三。签订首份物流行业“能级工资”专项集体合同，新培育行业性、区域性集体协商示范点10个、企业集体协商示范点80个。承办全省首届集体协商技能竞赛，淮安市总工会代表队获团体第一名，并获评优秀组织奖，7人被评为江苏省金牌劳动关系协调员。

【女性职工关爱】 2022年，淮安市总工会推行女职工“康乃馨633服务计划”，打造女性职工全周期健康服务平台，建成女性职工康乃馨服务站120家。培树市级示范点20个，开展康乃馨志愿服务行动55场，提供专家面对面服务60次，直接服务女性职工近5000人次。江苏共创人造草坪股份有限公司女性职工康乃馨服务站获评省级女性职工康乃馨服务站示范点。向808家用人单位发放女性职工“两癌”（宫颈癌、乳腺癌）筛查落实情况监督提示函及女职工特殊权益监督评估表。向828家单位发出孕产期女性职工权益落实情况监督提示函，排查隐患23个，督促用人单位制定整改措施56条，维护女性职工合法权益和特殊利益。

【小微企业工会经费返还】 2022年，淮安市发挥工会组织在支持实体经济发展等方面的作用，严格落实小微企业工会经费实行全额返还支持政策。全年全市返还小微企业工会经费1464.8万元，惠及企业2597家，其中市直工会返还工会经费626.8万元，惠及企业938家。

10月26日，淮安市首届职工运动会在经开区文体中心开幕。图为乒乓球比赛场景　　市总工会　供

【工会经费审查】 2022年，淮安市创新“1+N”工会经费审计模式，即以监督检查经费收支情况真实合法效益审计为基础，以小微企业扶持政策落实情况、新冠疫情防控专项资金、困难职工帮扶资金、送温暖专项资金、劳模专项资金分配管理使用情况等专项审计为支撑，将所有工会经济活动内容纳入审计监督范围，实现“一审多项、一审多果、一果多用”。制定出台《淮安市工会经费管理使用负面清单》，全年实施审计项目52个，检查基层工会645个。市总工会在省总工会经费审查工作考核中获特等奖，首次进入全省第一梯队。

【淮安市首届职工运动会】 10月26日，淮安市首届职工运动会开幕式暨职工乒乓球团体赛在淮安经济技术开发区文体中心篮球馆举行。运动会由淮安市总工会主办，设广播操、乒乓球、羽毛球、游泳、掼蛋、三人制篮球、象棋7个项目，全市近100个单位3000多名运动员参赛。因疫情原因，运动会未举办闭幕式。

【首批“职工文体共享基地”启动】 5月27日，淮安市首批“职工文体共享基地”启动仪式在市工人文化宫举行。淮安市总工会与首批“职工文体共享基地”7家单位举行签约仪式并授牌，分别是市工人文化宫乒乓球馆、和平乒乓球馆、淮安市第一人民医院羽毛球馆、今世缘佳佳羽毛球馆、淮海北路全民健身中心程明羽毛球馆、淮安市游泳馆、新城全民健身中心。职工文体共享基地活动采用“线上+线下”模式，线上运用淮安“智慧工会”平台，开展网上发放免费活动券抢票活动，让职工通过指尖享受文体普惠服务。线下由市总工会根据职工情况，安排选择就近便利的场馆进行文体活动。

（李文静）

共青团淮安市委员会

【概况】 2022年，淮安市新增共青团组织852个，新增团员7545人。全市有共青团组织11962个，其中团（工）委476个、总支301个、支部11185个。农村、非公企业和社会组织领域的团组织分别为2485个、3596个和263个。有团员171532名，其中学生团员60163名，有14~35周岁青年常住人口150万人，有少先队员52万人。年内，共青团淮安市委员会开展“喜迎二十大、永远跟党走、奋进新征程”主题教育实践活动、基层团组织固本强基工程、青商助力高质量发展行动、“青春留淮”促进行动、青年人才引进服务计划、淮安青年乡土人才培育行动、青少年法治教育及心理关爱行动、深化全市少先队工作改革、“梦想改造+”关爱计划、乡村学校少年宫服务提升行动10项重点工作。出台《淮安市青年高质量发展监测指标体系》。获全省少先队辅导员少先队活动辅导技能展示大赛综合团体特等奖、“菁菁杯”第七届江苏省中学中职学校微团课大赛团体总分一等奖。获评全国五四红旗团委1个、团支部2个，全国优秀团干部1人、团员1人，全国优秀少先队员2人、全国优秀少先队辅导员1人、全国优秀少先队集体2个。

【青少年思想引领】 2022年，共青团淮安市委推出主题宣传片《对话百年向未来》，编印团史画册《永跟党走 青春激昂》。组建150余人的市县两级青年讲师团队伍，举行学习宣传贯彻中共二十大精神和“青春礼赞新时代、青年追梦复兴路”青年讲师团市级示范宣讲活动，开展小规模、互动式“六进”宣讲130余场，覆盖青少年近4万人。联动全市186家青年学习社及线路开展“‘青年学习社’开讲啦！”学习云接力活动。开展“喜迎二十大、永远跟党走、奋进新征程”主题征文活动，收到参赛作品200余篇，最终评选出7个组织奖和123篇获奖作品。在“青春淮安”微信公众号开设专栏，策划拍摄多部系列新媒体作品，建团百年主题宣传片《对话百年向未来》被团中央、团省委官媒转载，综合点击量破10万，获得“百年飞扬青春向党”江苏优秀短视频展播大赛一等奖。开展以“青春阅读·书香淮安”为主题的“青春阅读达人”评选活动，引导青少年自主开展阅读活动，为其提供立体展示阅读素养的舞台，各类青少年近300人参加，收到投稿作品近1400件。

【基层组织建设】 2022年，共青团淮安市委推进基层团组织整顿、“学社衔接”“智慧团建”等工作。推动团干部协管，对下级团委领导班子任免、调动提出意见建议。定期统计更新团县区委书记、书记班子和机关干部配备情况，注重加强与市县两级组织部门沟通，推动配齐配强团委班子。筹备市、县团代会换届，选优配强领导班子，筹备市、县青年工作联席会议，凝聚促进青年发展工作合力。抓好团委、青协、学生会、少先队组织体系建设，完善联青服务机制。按照《关于加强新形势下发展团员和团员管理工作的实施办法》，加强县域统筹，严格入团标准，合理降低共青团员与28周岁以下适龄青年总数比例。开展淮安青年五四奖章评选。

【青年人才招引】 2022年，共青团淮安市委牵头举办“520”“929”淮安大学生集体云毕业典礼、云开学典礼，吸引在淮大学毕业生留淮建淮。组织“学子新春沙龙”“海外学子对话会”“大学生看淮安”等活动，扩大“雁归兴淮”高校青年人才联络站覆盖。实施“缘聚青春”品牌行动，市县联动举办青年交友联谊活动40余场，联合市委人才办开发线上交友小程序“淮青缘”，让青年人才知淮、爱淮、留淮、建淮。启动2022年淮安大学生暑期实习工作，累计提供岗位1200余个。

【青少年关爱】 2022年，共青团淮安市委贯彻《淮安市青年发展规划（2021—2025年）》要求，召开市青年工作联席会议第三次全体会议，开展“青春自护·平安春节”青少年自护教育活动，累计组织活动146场，覆盖青少年近1.4万人。联合西游集团开展2022年淮安市“法护青春·西游课堂”活动；联合市检察院共同招募未成年人公益诉讼观察员，开展普法进村居活动；联合市司法局成立青少年法律援助中心。结合“喜迎二十大 护苗助成长”主题活动开展慰问帮扶，开展活动60场，服务925人次。开展共青团“暖冬行动”，筹资物资40余万元，覆盖受益青少年1800余人。举办“希望满淮·8小时关爱”系列公益活动，组织困境青少年“走出农村、走进城市”，帮助开阔视野。面向淮籍在外困难大学生发放“雁归兴淮”助学补贴近百万元。建成“梦想小屋”740个、惠及受助儿童773名，提前半年超额完成省、市政府民生实事——2022年新增建设700个事实无人抚养儿童“梦想小屋”项目。新建市青少年宫新城分中心。

【青年志愿服务】 2022年，淮安市建立全市疫情防控青年志愿服务工作群

9月29日，“拥你入淮 奔涌热爱”——2022级淮安大学生云开学典礼举行 管伟法 摄

8个，组建志愿服务团队176个，助力疫情防控。全市青年志愿服务点位数超200个，累计招募青年志愿者1800余人，上岗志愿者11046人次，服务时长87668小时。开展2022年“志愿服务乡村振兴计划”，招募近244名应届毕业生为市县有关部门提供青年人才支撑。

【青年人才驿站】 2022年，淮安市委人才办、共青团淮安市委共同打造淮安市青年人才驿站（以下简称淮青驿站），首批建成15家。驿站内热水淋浴、空调、书桌等设施齐全，设有“共享空间”，包括学习办公区、信息咨询区、互动交流区等，为到淮安求职的高校毕业生（毕业前1年至毕业后2年期间）提供14天免费住宿、就业指导等服务，解决住宿贵、求职难问题。

【“青春留淮 虎力全开”2022届淮安大学生云毕业典礼】 5月20日，淮安市举办“青春留淮 虎力全开”2022届淮安大学生云毕业典礼，发布高校毕业生留淮安就业岗位和“淮安有礼”大学生专属文旅礼包，并启动2022年淮安大学生暑期实习岗位征集。活动颁发“留凤奖”“青梧桐奖”，表彰对青春留淮做出突出贡献的驻淮安高校院系以及对吸纳毕业生留淮安就业做出突出贡献的企业。驻淮安高校应届毕业生代表讲述留淮就业故事，发出留淮建淮青春宣言。云毕业典礼在淮安电视台综合频道、“淮安发布”视频号、“无线淮安”微信公众号、“知遇淮安”哔哩哔哩UP号等同步播出，吸引80余万人次在线观看。

（蔡振颖）

淮安市妇女联合会

【概况】 2022年，淮安市市、县区、乡（镇、街道）和村（社区）四级妇联组织健全，新建新兴领域妇联122个、市直行业和高校妇联9个，有各级各类机关事业单位、驻淮高校以及系统妇联（妇委会）269个，有新兴领域妇联组织、各类妇女微家483个。实施“一户一策”困境妇女儿童精准微关爱服务，提供“一站式”免费婚检。清江浦区妇联成立全市首家快递行业妇联和首家网络主播行业妇联。新增全国巾帼志愿服务“十佳组织”1个、江苏省“在你身边”文明实践巾帼志愿服务阳光站5个。市妇联获评全国家庭工作先进集体，获全国公益集体奖。市妇联微信公众号传播指数、宣传信息积分居全省第二、苏北地区第一，全年被《人民日报》《中国妇女报》《新华日报》等省级以上媒体报道105篇。

【妇联改革】 2022年，淮安市在全省首创妇儿工委成员单位轮值制度。出台集成示范社区建设、新兴领域妇联组织建设、示范三八红旗手工作室建设、家政服务提升行动等多个长效机制。在全省率先建立女性台商台胞关爱服务机制，打造“台淑荟”项目品牌，举办淮台家庭端午联谊、两岸婚姻家庭亲子阅读沙龙等。实施“朝·夕缘”离退休女干部与客籍优秀青年人才结对项目，助力客籍青年人才安心留淮。金湖县妇联成立全市首家新业态新就业群体法律援助站。

【妇女儿童权益维护】 参见《社会事务·妇女儿童事务》

【妇女儿童公益服务】 参见《社会事务·妇女儿童事务》

【家庭文明建设】 2022年，淮安市开展“三全”社区家庭教育支持行动，一体推进首批13个以家庭教育指导服务、参与基层社会治理、儿童友好社区建设为重点的“3+N”集成示范社区试点建设，扩面提质65个家庭教育指导服务示范社区。清江浦区成立全市法院系统首个家庭教育指导工作站和全市首个农村儿童议事会，形成洪泽区“幸福母亲大学堂”、涟水县“涟姐姐”普法维权、淮安经济技术开发区“美妈团”、淮安工业园区“火凤凰”巾帼志愿服务、淮安生态文旅区儿童友好社区建设等“一地一品”服务品牌。开展家庭教育“一法一条例”宣传，开设“送法进万家 家教伴成长”——“幸福树”家庭教育微课堂8期，推送家教微课堂25期。设计推广全市家庭服务“一码通”。全市入选全国五好家庭2户、全国最美家庭2户、江苏省五好家庭7户、江苏省书香家庭7户、江苏省最美家庭11户、江苏省教子有方家庭4户，评选市最美家庭94户、市五好家庭47户、市级文明典范庭院100户。出台《关于建立涉未成年人案件家庭教育指导工作合作机制的意见》，开展“清风盈淮”家庭助廉活动，打造“运河书韵”经典诵读、

2022年端午节前，淮安市妇联举办“台淑荟”端午节活动　　市妇联　供

"童心向党"主题活动、"党的故事我来讲"亲子阅读云展播等多个工作品牌。

【妇女创业就业】 参见《社会事务·妇女儿童事务》

【恩来社区妇联获评全国妇联系统先进集体】 2022年，淮安市恩来社区妇联被评为全国妇联系统先进集体，为全省唯一获评的社区妇联。恩来社区妇联开展海棠先锋女党员"1+10"组团服务，即每个楼栋确立1户党员中心户，每个党员中心户就近联系10名女性党员，每名女性党员联系10名妇女群众。开展党员楼栋长负责制、女党员责任区海棠先锋行动。建成"恩来家风传承小区"，编演《海棠依旧》等展现恩来精神的文艺节目，常态化开设恩来精神专题讲课；按季度举办"海棠文化节"；节日期间，通过观看红色电影、集体舞蹈、淮剧演出等方式，丰富妇女群众精神文化生活。探索"党建引领·温暖服务"金色品牌，提炼形成温暖服务参考体系30条。开展"感悟恩来精神，温暖他人四季"的巾帼志愿服务行动，建立13支巾帼志愿服务团队。建立由法院、检察院、律师组成的社区小法庭，每月针对妇女儿童权益、女性民事纠纷开庭一次，维护妇女儿童合法权益，推动社区法治化建设，实现无讼、无访、无案、无黑、无恶、无乱、无事故"七无"社区。

【7家单位入选江苏省女大学生创业就业实践基地】 7月14日，江苏省妇联、省人力资源和社会保障厅、省女企业家协会联合印发《关于命名2022年度江苏省女大学生创业就业实践基地的通知》，全省118家单位入选。淮安市有7家单位入选，分别是淮安淮印时光文化发展有限公司、江苏金卫机械设备有限公司、江苏今世缘酒业股份有限公司、淮阴师范学院淮师创客中心、江苏精英人力资源集团有限公司、万香科技股份有限公司、淮安我爱尚服饰有限公司。

（刘守成）

淮安市科学技术协会

【概况】 2022年，淮安市在全省率先完成市县区全部出台《全民科学素质行动规划实施方案（2021—2025年）》。淮安市科学技术协会围绕市委、市政府百里画廊建设战略规划，嵌入打造淮安大运河百里科普长廊，制定馆、园、廊、屏、街一体化百里科普长廊建设初步方案。承办首届枢纽城市发展论坛。淮安市龙宫大白鲸极地海洋世界和金湖荷花荡景区被中国科协命名为全国科普教育基地。"党建引领科建　助力乡村振兴"成为全省设区市唯一被中国科协立项的项目。淮安市被中国科协评选为全国"科创筑梦、助力双减"科普行动试点城市；淮安区获批"科创江苏"试点县区；淮阴区创成全国科普示范县区。全市国家级专精特新"小巨人"企业科协建设实现全覆盖。

【科协组织】 2022年，淮安市有科协基层组织1753个，其中企业科协96个、镇街科协91个、高校科协4个、村社区科协1508个，所有县区实现镇街科协组织全覆盖；有市级学会54个，涵盖理、工、农、医、交叉学科等领域；有科普场馆46个、科普教育基地146个，其中国家级科普教育基地2个、省级44个、市级100个；有国家级海智基地1个、省级海智（离岸）基地5个。

【科技交流】 2022年，淮安市科协加强与海外创新中心、运营机构合作，完成5个科技项目落地。拓展韩国京畿道经济科学振兴院、江苏省对外科学技术促进会等组织的海外合作渠道。推荐2个海外高层次专家团队参加2022年中国·淮安创新创业大赛。组织园区、企业参加欧盟可持续智能交通项目、科技型中小企业赴美融资方式解读、企业智改数转之道等线上对接交流活动9场。与南京市科协共建宁淮新一代电子信息技术学会联合体。推动市级科技学会、企业加入国家及省级科技学会、协会。至年末，全市有加入国家级、省级学会单位会员808家、个人会员7158人。组织631名专家赴162家企业开展科技咨询、技术研发、人才培训等系列活动。

【科学普及】 2022年，淮安市举办全国科技活动周暨淮安市第34届科普宣传周，集中开展269个专项科普活动，发放科普宣传资料7万多份，播放科普视频300多次，惠及群众90多万人次。全国科普日期间，举办301项专项科普活动，发放科普宣传资料8万多份，播放科普视频400多个，惠及群众80多万人次。航天员陈全给淮安市周恩来红军小学的某同学回信，被"科普中国飞天梦大课堂"系列活

2022年，淮安市举办"创新争先　自立自强"——2022年淮安市"5·30全国科技工作者日"主题宣传教育活动　　市科协　供

动收录。举办青少年水利与气象科普知识大赛，参与青少年近10万人次。利用“机器人大赛”等科技赛事平台，服务学生20余万人次。邀请省科学传播专家、市级科普讲师团走进校园开展线上线下科普讲座，开发科普课程110节、科普资源包44个。出台关于疫情防控科普宣传工作的通知，动员市医学会、市预防医学会等100多支科技志愿队10万余人次协助街道、社区、商场开展志愿服务。印刷、发放新冠疫情接种科普折页、宣传挂图2万余份。3名科技志愿者、1个科技志愿服务队、1个科技志愿服务项目获长三角科技联盟表彰。制作并组织“大国重器”科普巡回展。

【科技工作者服务】 2022年，淮安市科协联合市委宣传部、市委组织部等部门开展市第三届青年科技奖选树活动，青年科技工作者业绩成果在网络展示中获得323.65万次点赞。5月28日，开展“创新争先 自立自强”——淮安市2022年“5·30全国科技工作者日”主题宣传教育活动。推荐科技人才参加江苏省“最美科技工作者”、青年人才托举工程评选，2人入选江苏省青年人才托举工程，1人获第十八届江苏省青年科技奖。

【科普宣传】 2022年，淮安市有全国科普示范区1个，即淮阴区；有全国科普教育基地2个，即淮安龙宫大白鲸极地海洋世界、金湖荷花荡景区莲荷培育科普教育基地；淮安市入选全国“科创筑梦”助力“双减”科普行动试点城市；有“科创江苏”示范试点县区1个，即淮安区。年内，全市中小学生观看神舟十三号中国空间站“天宫课堂”第二课，淮阴师范学院第二附属小学等3所学校5000多名师生参与“太空授课”互动。科普云大屏在300多个社区不间断推送疫情防控内容。年内，市科协数字科技馆基本建成，新获批淮安民防科技馆、有轨电车展示基地等省级科普教育基地10个，新认定市级科普教育基地62个。

（市科协）

【“党建引领科建 助力乡村振兴”项目被中国科协立项】 2022年，淮安市科协“党建引领科建 助力乡村振兴”项目入选中国科协深化改革试点示范与研究项目，该项目也是全省设区市唯一入选项目。年内，淮安市科协贯彻落实中央及省、市委乡村振兴战略重大决策部署，积极争取省科协支持，组织“院士专家科技服务进农村淮安行”等活动，累计提供“科技+服务”1000余项，惠及群众100余万人。

（邵正浩）

淮安市归国华侨联合会

【概况】 至2022年末，淮安市有回国定居的华侨9人、侨眷近4万人、海外侨胞约2万人。年内，淮安市归国华侨联合会参与提交政协提案15件，提交社情民意50条，提交调研报告及大会发言20篇。开展第二届淮河华商大会暨“创业中华·筑梦江苏”淮安行活动、张纯如图片展等省市级经济文化活动12场。洪泽湖古堰景区创成“中国华侨国际文化交流基地”，洪泽区“侨胞之家”成为中国侨联典型选树单位，新创“江苏省侨联新侨创新创业基地”2家，获批“中医文化海外推广中心”1个，“中国·淮安首届淮河华商大会”品牌打造项目获市委、市政府创新创优项目一等奖。

【参政议政】 2022年，淮安市侨联上报《关于进一步优化营商环境 切实维护在淮侨商权益的建议》等提案建议15份。《关于推进淮扬菜海外推广的建议》获评年度全市党委优秀信息，2篇信息以专报形式报送中国侨联。《主动对接上海优质侨务资源 积极助推淮安高质量跨越发展》调研报告被列入市政协专题议政常委会会议调研报告集，1篇文章被列入市政协委员“喜迎二十大 同心跟党走”读书心得汇编。《主动发挥侨界优势 促进我市高水平对外开放》建议在市政协港澳台侨委员协商议政活动中交流。

【服务经济发展】 2022年，淮安市侨联邀请60位海内外侨商侨领参加第二届淮河华商大会，承办“创业中华·筑梦江苏”淮安行活动，签约落地亿元项目2个。组织侨商侨企参加江苏省创新创业联盟年会、侨创大赛、侨创沙龙等活动10场，淮安高新技术开发区等2家园区申报并获批“江苏省新侨创新创业基地”，推荐5家侨企申报江苏省优秀侨资企业。

【侨界服务】 2022年，淮安市侨联处理侨胞来信来访50人次，处理涉侨涉诉问题20起。为侨商协调争取权益，减少经济损失400万元；为新加坡侨眷解决盱眙创业难题。建立“一对一”精准帮扶机制，开展“侨界空巢老人关爱行动”，帮助协调解决朝鲜归侨廉租房租金等侨界群众民生问题38件，挽回经济损失400余万元。慰问困难归侨侨眷200人次，物资价值4万元。

【淮扬菜海外推广】 2022年，淮安市侨联邀请15位海外中餐侨领参加第五届中国（淮安）国际食品博览会，联合市商务局承办世界美食之都城市创新发展大会。参加2022第三届东北亚餐饮产业发展国际论坛、广东顺德世界美食之都联盟圆桌会议，签订多方合作协议，为淮扬餐饮文化融入“一带一路”倡议服务。在“学习强国”学习平台、“中国侨联”官方微信公众号和《中国侨联工作》上推出题为《淮安市侨联为创成“世界美食之都”聚力赋能》的专题文章。3家餐饮企业获批“中餐文化海外推广中心”，3名淮扬名厨获“中餐推广使者”称号。

【海外联谊联络】 2022年，淮安市侨联举办第四届“寻根之旅”海内外华裔青少年网上夏令营，向200多名海外华裔青少年讲述周恩来纪念馆、张纯如纪念馆、洪泽湖古堰等中国华侨国际文化交流基地和世界美食之都的历史文化故事。张纯如系列课件入选“中国侨联”官方抖音账号优秀课件。

加强与泰国江苏青年商会、菲律宾江苏商会等“一带一路”国家侨领和企业家联系，加强人文和经贸交流合作。联合市公安部门建立菲律宾方向侨胞侨企权益维护保障机制，合作建成巴布亚新几内亚图书漂流站。

【侨界志愿服务】 2022年，淮安市侨联组织侨界志愿服务队开展抗疫防疫、社区劳动、图书捐赠等志愿服务40余次，向困难群众捐赠口罩、酒精、耳温枪等价值2万元的防疫物品。开展“八五”普法宣传进挂钩社区、农村和企业，发放普法知识宣传单，专题宣传《中华人民共和国民法典》和侨法知识。推动文明创建和乡村振兴，开展书香淮安主题阅读活动4次。

【淮侨文化品牌打造】 2022年，淮安市侨联持续打造淮侨文化品牌，放大品牌影响力。联合淮安日报社在《淮安日报》、融媒体平台和海外华文媒体推出《侨瞧淮安》专栏，分8期讲述淮安籍或在淮侨胞投身经济社会发展的故事。11月23日，与张纯如纪念馆联合在江苏省美术馆承办“不能忘却的纪念”张纯如图片展。12月11日，联合加拿大和枫会、咸氏金融集团，举办“传承记忆 弘扬和平”——南京大屠杀遇难同胞85周年教育国际论坛，美国、加拿大、淮安三地1000多人线上联动。

（方宇晗）

淮安市台湾同胞联谊会

【概况】 2022年，淮安市有在淮安定居台胞29人，比上年新增3人，其中中共党员1人。全市有两岸婚姻家庭70多户。淮安市台湾同胞联谊会走访慰问在淮安台商、台属、台籍教师80余人次，服务在淮安台胞200余人次。

【台胞联谊】 2022年，淮安市台联组织举办台胞联谊活动10多场次。举办两岸婚姻家庭年终叙餐、“两岸一家亲”掼蛋联谊赛、中秋座谈会、台胞理事会等活动，与市台办联合举办“爱越海峡，情融江苏”两岸婚姻家庭联谊。8月，组织3名在淮安台胞参加省台联举办的“喜迎二十大，共祝中国梦”主题教育活动。全年走访慰问在淮台胞29人，包括老年台胞2人、困难台胞4人。

【台胞台商服务】 2022年，淮安市台联坚持服务台胞、台属，做好帮扶，提高服务台胞台商的针对性和精准性。帮助1名台胞解决厂房用地问题，帮助2名台胞落实中考加分政策，帮助1户台胞认定台籍身份。及时发放困难台胞补助金。

（方小青）

淮安市青年联合会

【概况】 2022年，淮安市青年联合会有青年商会等12个团体会员，由委员204人，由农业、工业、教育、科技信息、医药卫生、文化体育和旅游、新闻出版和新媒体、社会与法制、交通建设、金融商贸、宗教及海外学人、社会组织、技能人才13个界别组成。年内，市青联加强青年思想引领、促进青年干事创业、拓展对外交流合作，服务全市经济社会发展。

【青年发展】 2022年，淮安市青联组织评选出“淮安青年五四奖章”个人20名、集体15个，发挥青年榜样引领作用。组织开展“920淮安青年人才户外集体婚礼”“青春相伴 留淮安家”青年人才交友联谊等活动，为200余名青年提供婚恋服务。开展2022年“团青聚力 联心致远”走访慰问暖冬行动、“笔墨融情 淮安书画名家”春节送福、“留淮过大年”港台青年新春慰问等活动，募集关爱物资13余万元，受益青少年500余名。

【交流合作】 2022年，淮安市青联主导建立市青年书画院等3个覆盖体制外青年的团属社团，提升青联组织对青年群体的影响力和覆盖面。打造涵盖周恩来纪念馆、漕运博物馆、淮安水利枢纽大运河立交工程等在内的港澳台青年“醉美淮安”交流精品线路，邀请10名澳门青年参与首批线路体验，到淮安感受红色文化和运河文化魅力。落实共青团第三次对口支援新疆工作会议精神，动员会员团体及委员采购新疆农产品、结对关爱新疆青少年，组织50余名新疆学生到淮安开展美育教育、看淮安等活动，丰富受援地青少年“第二课堂”。

【青春建功】 2022年，淮安市青联开展“青年科技成果直通车”首场活动，组织20余位淮安高校科研院所青年专家学者、科技工作者代表走进淮安经济技术开发区，深入企业生产一线，推动青年科技成果落地转化。组建7个“青联委员服务团”与乡村结对，开展乡村规划和产业振兴咨询、手绘乡村、直播助农等服务活动。组织青联委员及青年科学家走进青联“希望小屋”，开展进校园服务活动30余次。完善“联青服务组”制度，加强13个青联界别与县区结对共建，引导界别力量下沉、资源下倾、载体下移，积极参与“梦想小屋”建设、希望工程“圆梦行动”、暖冬行动等各项公益活动，为青少年群体解决生活、学习中的实际困难。

（蔡振颖）

淮安市文学艺术界联合会

【概况】 至2022年末，淮安市文学艺术界联合会有市作家协会、市戏剧家协会、市电视艺术家协会、市音乐家协会、市舞蹈家协会、市美术家协会、市摄影家协会、市书法家协会、市曲艺家协会、市杂技家协会、市民间文艺家协会、市文艺评论家协会、市青年文艺家协会13个专业协会，会员6645人。其中，国家级会员381人，省级会员1592人，市级会员4672人。实现7个县区级文联组织全覆盖，有行业文联2个，即市公安文联、市金融文联。

【文艺创作】 2022年，淮安市在省级以上入展、获奖、发表、出版文艺作品近200件。淮剧《村里来了花喜鹊》、电影《童年周恩来》、纪录片《红色苏皖边》获省“五个一工程奖”，淮剧《村官八把手》获省紫金文化艺术节优秀剧目奖，电视诗歌《黄花塘》获江苏文艺大奖·电视奖最佳电视艺术（文学）专题片奖，中国画《高铁进山啦》入展中宣部“礼赞新时代”主题性美术作品展，中国画《新溪山映像》入展第七届全国青年美术作品展，4件作品分别获江苏省文艺大奖美术奖、摄影奖和书法奖，1人获评江苏省紫金文化艺术节优秀表演奖，8人次在《诗刊》《中华辞赋》《中国校园文学》等文联系统重点期刊发表作品，3人作品入展全国草书展，获“新时代颂”江苏省第四届“戏剧小戏小品”展演优秀演员奖3人，入选第16届中国民间文艺山花奖·优秀民间工艺美术作品展1人。6—11月，组织文艺工作到清江浦区、淮阴区、洪泽区、盱眙县、金湖县，开展“运河之都 百里画廊”主题采风活动，创作各类文艺作品50余件。

【文艺成果研讨】 2022年，淮安市文联组织举办多次文艺成果研讨会。5月31日，由中共淮安市委宣传部、中国儿童艺术剧院、江苏省艺术评论学会、淮安市文学艺术界联合会、淮安市文广旅游局共同举办儿童剧《新安旅行团》作品研讨会，省文旅厅、省艺术评论学会、中国儿童艺术剧院以及北京、南京、苏州、淮安等市的40余位戏剧、评论专家通过视频线上参与研讨。7月4—5日，举办当代诗人、文艺评论家沙克诗集《诗意的运河之都》研讨会，全国文学界、文艺评论界专家50多人，以线下或线上方式出席活动。7月25日，举办“相析共赏 薪火传文”淮安市文化“名师带徒”文学、剧本研讨会，《人民文学》副主编等10多位专家学者参与研讨。11月18日，举办“中国大运河全景图”摄影展暨艺术研讨会。

【文艺活动】 2022年，淮安市文联举办或与其他单位联合举办多个展览、演出活动。2月15日，在市美术馆举办“运河之都 百里画廊”美术摄影作品展开幕式暨《运都淮安 百里画廊》新书首发式。7月25日，在中国美术馆举办“运河之都 百里画廊”——淮安文脉丹青传承展暨书法美术晋京展开幕式，展览荟萃150余位书画家的近200件作品。8月15日，在市美术馆举办“运河之都　百里画廊”——淮安文脉丹青传承展暨书法美术作品展；在市文化馆举办“淮韵清籁 梨园芬芳”淮安文化“名师带徒”舞台艺术演出活动。10月31日，举办“新时代颂”2022江苏美术摄影主题联展“水韵淮安”美术摄影作品展，该展由省委宣传部、省文旅厅、省文联联合举办，推出近2万幅美术摄影作品。11月13日，在淮安市国际摄影馆举办第三届“郎静山杯”中国新画意摄影双年展。3—10月，举办“喜迎二十大、逐梦向未来”淮安市优秀主题演唱作品征集评选活动、“党旗飘扬军旗红”、“喜迎二十大、庆祝建军节”淮安文艺轻骑兵巡演、“喜迎二十大、翰墨绘藏蓝”淮安市书画名家警营慰问活动、“强国正当时　奏响最强音”淮安市首届器乐大赛、“喜迎二十大、花漾淮安城”淮安市书画名家作品邀请展、“向日葵的故事”淮安市摄影作品展、百名民企淮商风采摄影展等。

【文艺人才培养】 至2022年末，淮安市第一批文化“名师带徒”行动创作文学、戏剧、美术、书法篆刻、民间工艺等作品389件（部）。其中，出版著作13部；参与全国性展览、展演、发表32件（部），省级展览、演出、发表35件（部）；获全国性奖项12件（部），省级奖项30件（部）。入选各类文艺人才计划6项，新加入国家级文艺协会2人次，获国家艺术基金3项、省级艺术基金2项。

【文艺惠民】 2022年，淮安市文联组织各文艺家协会会员开展文艺“六进”活动50余场。2月25日，组织作家走进白鹭湖小学开展文学进校园讲座，举行小作家会员证书颁发仪式。6月2日，组织诗人30余人走进淮安工业园区人力资源服务有限公司，举行“江苏诗歌网”上线揭牌仪式暨端午诗会。7月2—4日，在清江浦区府前街道文印时光、淮安区淮城街道、清江浦区黄码镇政府举办“我的中国梦·文化进万家”广场惠民演出活动。11月19日，在淮印时光文创园进行采风，举行市作家协会创作基地揭牌仪式。

【文艺讲坛】 2022年，淮安市文联组织开展多场文艺讲坛活动。举办第18期文艺家读书班，邀请多名专家学者授课，共130多人参加。邀请作家30余人次于淮安书房开展文艺活动，联合目耕缘读书会、嘤鸣读书会、菁灿读书会、邱心如女子文学研究会等开展文学活动10余场。4月19日，举行诗人邵志彬《一路繁花》诗歌分享会；4月23日，市作协与市广电总台、凤凰集团淮安新华书店联合举办苏宁、胥全迎领阅分享会；6月12日，举办吴苏蓉《水成集》作品分享会；6月26日，举办纪念赛珍珠130周年诞辰座谈会；10月25日，举办郭应昭《淮水悠悠文集》新书分享会。

（吴　冰）

淮安市残疾人联合会

【概况】 2022年，淮安市、县区、镇（街道）三级全部建立残联组织机构。全市有各类残疾人服务机构228家。其中，儿童康复机构33家，社区康复示范点18家，寄宿制托养机构12家，常态化运营“残疾人之家”157家，残疾人就业服务机构8家（其中市级1个、7个县区各1个）。有公办托养机构8个，其中，清江浦区2个，淮安区、淮阴区、洪泽区、涟水县、盱眙县、金湖县各1个。全市有残疾人33.35万人，占全市总人口的6.26%。其中持证残疾人10.6万人。一、二级重度残疾人5.16万人，占比48.7%；三级中度残疾人3.24万人，占比30.6%；四级轻度残疾人2.2万人，占比20.8%。全市就业年龄段持证残疾人中，就业（含务农）24243人，就业率44.3%。

【残疾人就业】 2022年，淮安市残疾人联合会系统帮助5727名残疾人实现稳定就业。累计为89家市场主体提供90万元的达比例补贴和超比例奖励。投入23万元，改善37个“残疾人之家”无障碍设施；投入96万元，创建“残疾人之家”示范点30个。依托“残疾人之家”，为3031名无法进入企业正规就业的残疾群众提供辅助性就业岗位。推进企业“不见面”审批，通过全国按比例就业联网认证系统服务企业614家，实现残疾人稳岗就业2696名。建立数据共享机制，确保残疾人证、残疾人社会保险及医疗保险等基础信息数据流在残联、税务、人社等部门畅通无阻。开展盲人按摩、抖音“新媒介”、居家客服等各类培训班36个班次，培训1050人。开展“春风助残”行动，向全市从事补鞋、换拉链等灵活创业的残疾人，捐赠155辆便民服务车。开展“强兜底、保就业”公益性岗位招聘活动，通过“残疾人之家”安置就业困难残疾群众111人。

【残疾人康复】 2022年，淮安市残疾人联合会系统为2127名残疾儿童提供康复救助，帮助14203名残疾人签约家庭医生，帮助5935名精神残疾人免费服药，落实白内障复明手术2458例。开展孤独症儿童康复服务全覆盖，累计投入1400多万元，惠及823名孤独症儿童。开展“蓝色联动 爱伴成长”关爱孤独症儿童系列活动，动员5000余人参加。服务有康复需求的残疾人，全市康复服务率99.66%，辅具适配率99.95%，康复服务绩效排名居全省前列。

【残疾人文体事业】 2022年，淮安市残疾人联合会系统开展文化进家庭、读书分享会、书画征集评比、乐器培训班等活动，满足残疾人精神文化需要。选派60名残疾人运动员代表参加省第11届残疾人运动会，获得金牌35枚、银牌16枚、铜牌10枚。开展“送欢乐、进机构”文艺助残活动，引进社会文化艺术团体到涉残服务机构开展表演，演出100余场。

【残疾人公共服务】 2022年，淮安市开展特殊困难群体专项排查整治，排查残疾人服务机构368家、残疾人4917名。结合中秋、国庆等重要节日，向特殊困难残疾人赠送10余万元慰问物资。投入240万元，在残疾人活动相对集中区域，建成8个无障碍示范社区，改善残疾人出行条件。向残疾人赠送通信、保险、出行等“特殊福利”。淮安市残疾人联合会联合通信运营商推出残疾人手机通信资费优惠套餐。投入258万元，为9万多名中轻度残疾人购买意外伤害保险。联合市公交公司落实残疾人免费乘坐市内公共交通工具实施办法。

【残疾人法治建设】 2022年，淮安市残疾人联合会开展“残疾人‘1+2+N’法援惠残”行动（一个市级法律援助工作站，线上线下两种方式，N个典型案例），为全市所有残疾人法律救助工作站配备线上视频系统。在国家宪法日、全国助残日等重大节点，联合市检察院、市移动公司、律师事务所为残疾群众提供释法解惑、公益听证、法治宣传、零距离维权等法律援助服务。开展“12345”政务服务便民热线办理活动，对残疾人反映的残疾车营运、残疾证审核等热点问题，及时答复并反馈办理情况。开展重大决策专家论证，聘请法律顾问严格审核把关重大活动经费开支。全年发放法治宣传资料100余份，开展线上法援服务12次，办理“12345”便民热线反馈60件。

（孙振羽）

8月6日，淮安市第8届残疾人运动会在市体育中心举行。图为比赛场景
杨 俊 贺敬华 摄/视觉江苏网 供

淮安市红十字会

【概况】 2022年，淮安市有红十字基层组织767个、志愿服务基地84个、红十字会员团体376个、会员28.71万人。建有景区红十字救护站12个、生命健康安全体验教室8个、培训基地8个，接受社会公众和学生体验6.2万人次。在车站、码头、行政审批大厅等人员密集场所累计投放AED（自动体外除颤仪）649台，占全省总数的七分之一。

【应急救援能力建设】 2022年，淮安市红十字会修订完善自然灾害、突发公共卫生事件应急预案。全市成立8

支救援队，有骨干队员126人，开展红十字救援综合演练10次。改造物资储备库，扩充物资储备品种，与苏果超市淮安公司、麦德龙卖场两家大型超市签订应急物资储备供应合同，与邮政速递、顺丰速运两家快递公司协商签订救灾应急物资运输协议。

【群众性应急救护培训】 2022年，淮安市红十字会完成群众救护培训15万人次，其中普及培训13.3万人次，救护员和CPR+AED（心肺复苏认证证书和自动体外除颤器操作认证证书）持证培训1.7万人次，成立市直机关红十字应急救护志愿服务队。组织参加省级应急救护师资职业技能竞赛，获心肺复苏和创伤救护操作一等奖。

【募捐慰问】 2022年，淮安市红十字会做好“博爱在淮安 慈善一日捐”筹资活动，线上筹资和线下动员相结合，开展“99公益日”互联网筹资操作培训，提高网络筹资能力。与市市场监督管理局签订食品安全抽检合格备份样品捐赠协议，将合格备份样品用于救助困难群众。全年完成社会募捐款物1203万元。其中，“博爱在淮安 慈善一日捐”筹款255万元，“99公益日”网络筹资210.41万元。

【造血干细胞和遗体器官捐献】 2022年，淮安市红十字会推进造血干细胞和遗体器官捐献工作。全年完成造血干细胞血样采集入库613人份，全市总捐献突破50人次，接收遗体器官捐献登记4658人，实现器官组织捐献7人、遗体捐献5人。为成功捐献造血干细胞、遗体器官捐献者困难家庭制定关爱政策，温暖激励大爱人群。

【无偿献血】 2022年，淮安市红十字会推动无偿献血宣传工作，开展“互联网+”宣传活动，普及献血知识，提高公众对无偿献血的认识。红十字无偿献血志愿服务队定期举办献血主题活动，吸引大量献血者参与。全年全市血液采集6.45万人次，全血采集10.28万单位。

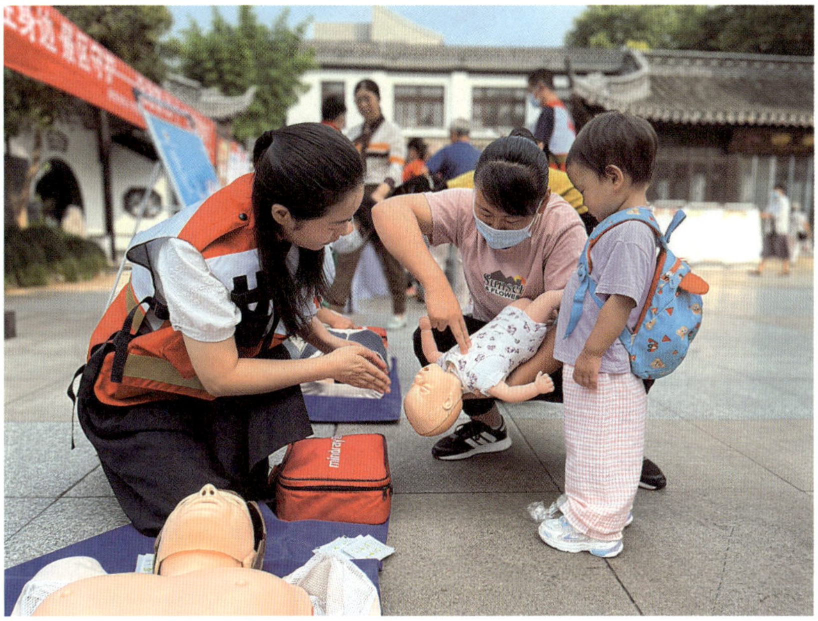

2022年，市红十字会开展世界急救日活动。图为工作人员指导市民进行儿童急救　　市红十字会　供

【红十字志愿服务】 2022年，淮安市有红十字志愿服务队87支、红十字注册志愿者4808人。市红十字会系统在世界红十字日、世界急救日等节点，组织志愿者开展志愿服务活动，关爱“空巢”独居老人、残障儿童等特殊困难群体，受益人群3万多人次。实施“博爱青春”学生暑期志愿服务，获批省红十字会支持项目3个、市红十字会支持项目19个。

【“博爱家园”项目】 2022年，淮安市新建“博爱家园”47个，累计建成“博爱家园”109个，开展各类志愿服务活动600多次。在全市范围内常态化开展“红十字博爱送万家”活动，累计发放慰问金869.4万元；帮助38名白血病患儿申请天使基金项目，救助128万元。

【红十字宣传】 2022年，淮安市红十字会开展“博爱家园”优秀评选宣传活动，宣传滕庆春等先进志愿者、基层组织干部以及京南社区博爱家园、天泉湖镇陡山村博爱家园等优秀“博爱家园”先进事迹。联合淮安方特乐园开展纪念第八个“世界骨髓捐献者日”宣传活动。联合市第四人民医院、清江浦区红十字会、清江街道洪门社区，在清晏园开展以“救在身边　景区守护”为主题的世界急救日活动。联合市应急管理局、团市委、市卫健委、市科协、市消防救援支队、市气象局等多家单位，开展江苏省安全应急科普环省行（淮安）暨国际减灾日主题宣传活动，建立健全政府主导、社会参与、多方协同的自然灾害早期预警与应急响应行动机制，提高全社会灾害风险防范应对能力。范金虎等4人获中国红十字会“会员之星”称号，盱眙县人民医院（盱眙县红十字医院）被评为全国红十字模范单位。

（吴　涛）

法　治

责任编辑：王若霜

人大立法

【概况】 2022年，淮安市按照“突出重点、为民所用”要求，明确“围绕中心重立法、贴近需求抓立法、服务发展立好法”标准，提高地方立法质量和效率。制定《淮安市农贸市场管理条例》，守护好人民群众的“菜篮子”；制定《淮安市建筑垃圾管理条例》，创新建立全链条、闭环式、立体化建筑垃圾监管体系；修正《淮安市永久性绿地保护条例》《淮安市地下管线管理条例》，确保与上位法不相抵触。完成《淮安市海绵城市规划建设管理办法》《淮安市城市绿化赔偿补偿办法》《淮安市气象管理办法》《淮安市市级国有资本经营预算管理办法》《淮安市市级财政专项资金管理办法》等13件市政府规范性文件制定。

【民意征集】 2022年，淮安市政府通过官方网站及官方微信公众号向社会群众广泛征集意见建议，将人民群众反映的重点议题、关系人民群众切身利益的重要立法项目纳入立法年度计划，从源头汇聚民意基础。立法审查团队深入基层立法联系点、企业车间、田间地头等，现场采集最原始意见建议。发挥立法民意征集区“直通车”作用，让95个立法民意征集区变成汇聚基层一线民智平台，为民主立法提供民意参考。在全省率先成立行政立法审查委员会，邀请行业领域专家参与立法项目审查、规章立法后评估环节的集体“会审”，为科学立法提供智力支持。

【《淮安市农贸市场管理条例》颁布实施】 4月27日，淮安市第九届人民代表大会常务委员会第二次会议通过《淮安市农贸市场管理条例》（以下简称《条例》）。5月31日，江苏省第十三届人民代表大会常务委员会第三十次会议批准《条例》；2022年9月1日起，《条例》正式施行。《条例》共5章27条，分为总则、规划建设、经营管理、法律责任和附则。《条例》针对淮安市农贸市场经营中的热点难点问题进行制度设计，明确和规范农贸市场规划、建设、管理、监督等方面事项。针对农贸市场内禁止活禽宰杀、场外缺乏监管造成的场内外不平等问题，《条例》规定市、县区人民政府应当根据情况决定城市特定区域禁止家畜家禽活体交易。明确市场开办者未印制统一格式的批发产品销售凭证供场内经营者批发经营使用，以及场内经营者拒绝向购货者提供批发产品销售凭证等行为的罚则，解决农产品溯源问题。

【《淮安市建筑垃圾管理条例》颁布实施】 8月26日，淮安市第九届人民代表大会常务委员会第四次会议通过《淮安市建筑垃圾管理条例》（以下简称《条例》）。9月29日，江苏省第十三届人民代表大会常务委员会第三十二次会议批准《条例》。《条例》于2023年1月1日起施行。《条例》包括总则、处置、监督管理、法律责任、附则共5章34条。《条例》适用于淮安市行政区域内建筑垃圾的产生、收集、分类、贮存、运输、调配、固定填埋、利用等处置活动及其监督管理。

【《淮安市永久性绿地保护条例》《淮安市地下管线管理条例》修正】 6月24日，淮安市第九届人民代表大会常务委员会第三次会议通过《淮安市人民代表大会常务委员会关于修改〈淮安市永久性绿地保护条例〉〈淮安市地下管线管理条例〉的决定》（以下简称《决定》）。7月29日，江苏省第十三届人民代表大会常务委员会第三十一次会议批准《决定》。《决定》从多方面对原条例进行修正完善，确保与上位法不相抵触、法规可操作性与时俱进。

【《淮安市停车场管理条例》颁布实施】 1月1日，《淮安市停车场管理条例》（以下简称《条例》）正式施行。《条例》于2021年9月3日经淮安市第八届人民代表大会常务委员会第四十三次会议通过，2021年9月29日经江苏省第十三届人民代表大会常务委员会第二十五次会议批准，2021年10月8日由淮安市人大常委会公布。《条例》共6章40条。《条例》强调停车场管理应当坚持统筹规划、配套建设、有效利用、社会共治的原则，从根本上依法解决停车场审批不规范、管理职责不清晰、停车难、收费乱以及违法违规占用公共资源等问题。

（邢文峰）

政法委及综治

【概况】 2022年，淮安市政法系统围绕系列专项行动，推动“精网微格”工程，深化政法改革创新。法律援助覆盖率居全省第一，连续17年有案件入选全省法律援助十大优秀案件，全省唯一。开展城乡基层“援法议事”活动，市级以上范例覆盖率82%。推进公共法律服务标准化建设，“市级公共法律服务标准化试点”获批国家级试点项目。全市群众安全感为99.24%，对政法机关和政法队伍满意度96.3%。全市政法系统11个集体、15名个人获国家级表彰。

【平安淮安建设】 2022年，淮安市开展“平安中国建设示范市”创建。实施政治安全“红墙工程”、社会矛盾风险隐患拉网式大排查大起底大化解等系列专项行动，全领域清查各类风险隐患并落实管控措施。常态化开展扫黑除恶斗争，打击整治养老诈骗和电信网络诈骗，推进严重精神障碍患者服务管理、特殊困难群体救助帮扶和妇女儿童权益保障问题专项排查整治，重点线索全部甄别查办。推进信访突出问题攻坚化解，化解142件事关群众切身利益的疑难问题，信访突出问题攻坚化解质效位居全省前列，高分通过信访标准化全国试点中期评估。

【市域社会治理现代化】 2022年，淮安市开展“市域社会治理现代化试点建设攻坚年”活动。社会化推进、市场化运作、全民化参与“三化协同”经验进入全国20个地市试点巡展，防范化解教育领域涉众风险经验在第四次全国市域社会治理创新研讨班上交流推介。市、县两级社会治理现代化指挥中心全部建成，102个镇街网格化服务管理中心建成运行，建成率99%。雪亮技防工程建设实现全覆盖，优化升级并常态运行市域社会治理“1+4+N”指挥调度系统，即以市域社会治理现代化指挥系统为主框架，开发平安智防、善治智理、社会智服、共建智融4大智慧支撑系统，汇聚治安防控、五色预警、四源共治等N个具体应用场景。

【智慧政法建设】 2022年，淮安市实施政法系统“精网微格4.0”工程。完成2.1万个微网格划分和微网格联络员选配，核录491.2万条全市实有人口信息，推行“微积分”激励管理模式，打造“网格睦邻驿站”“微格议事凉亭”“农旅微网格”等系列典型。

【政法领域改革】 2022年，淮安市推进政法系统司法责任制综合配套改革，司法运行机制、诉讼制度等四大类24项改革任务全部落地见效。修订完善重大敏感案件请示报告制度，构建形成多方参与、党委政法委牵头抓总的执法司法监督格局。推广轻微刑事案件“一站式”办理模式，实现跨部门信息在线流转。实行司法救助审批权限改革，全年办理救助案件658件，发放资金1320万元。推进政法领域“放管服”改革，车驾管、户政等174项业务实现网上办理。建立公检法司案件专题会商机制和洪泽湖流域生态环境保护司法协作机制，建成启用洪泽湖流域环境资源法庭。

【法治营商环境优化】 2022年，淮安市开展法治护航发展专项行动，创新推进政法机关和企业“双走进季季行”活动，建成运行知识产权纠纷诉调对接中心。健全市场主体救治和退出机制，失信企业退出率全省第二。推动包容审慎监管执法，应用不予、从轻、减轻处罚“三张清单”办理涉企行政处罚案件1.1万件，为企业减负1.8亿元。

【社会矛盾多元化解】 2022年，淮安市健全社会矛盾多元化解机制，建成运行市（区）、县、镇（街道）三级实体行政纾解平台，全年纾解涉诉行政争议66件，行政纾解工程获评全省法治政府建设示范项目。在全市推广“一码解纷”智调平台，初次受理的矛盾纠纷录入系统后自动生成调解码，对同类型矛盾纠纷自动归类，对同一当事人在不同层级和部门反映的同一矛盾纠纷自动合并调解码与预警，避免重复调解。年内，全市线上调解矛盾纠纷11万余件，民事案件万人起诉率比上年下降10.3%。

（市委政法委）

法治政府建设

【概况】 2022年，淮安市提高政府各项工作法治化水平，争创全国法治政府建设示范市。严格落实重大行政决策程序，提升决策科学化、民主化、法治化水平。推进综合行政执法改革，加强行政复议应诉、执法监督等，规范

2022年，淮安市推进精网微格4.0工程，夯实社会治理根基。图为淮阴区长江路街道网格员正在化解群众矛盾纠纷　市委政法委　供

行政裁量权基准制定和实施，提高行政执法质量和效能。加强诚信政府建设，推进政务公开。“财政奖补资金直达市场主体机制改革”入选第二批全国法治政府建设示范项目，金湖县及“行政纾解工程”分别入选全省法治政府建设示范地区和项目。

【机制保障】 2022年，淮安市通过《关于进一步规范基层综合行政执法工作的实施意见》《关于进一步健全普法责任制的实施意见》等重要文件，印发《关于进一步加强全市领导干部述法考评工作的通知》。确定2022年为法治政府示范创建攻坚年，印发实施方案，成立由市委、市政府主要领导为组长的领导小组。对全市7个县区及3个园区平台党政主要负责人和90个市直单位主要负责人开展履行法治建设第一责任人职责述职，对998名市管县处级领导干部开展述法考评，压实法治建设责任落实。

【行政复议】 2022年，淮安市各级行政复议机关接收行政复议申请894件，受理791件，审结773件，作出撤销、变更、确认违法、限期履行等纠错决定94件，直接纠错率12.16%，实质性化解319件，实质性化解率41.27%。其中，市政府本级接收行政复议申请403件，受理347件，审结343件，作出撤销、变更、确认违法、限期履行等纠错决定36件，直接纠错率10.5%。

【行政应诉】 2022年，淮安市各级行政机关负责人出庭应诉600余次，出庭应诉率97.16%，连续2年实现县区行政首长出庭应诉全覆盖，行政机关败诉率比上年下降2.17个百分点。其中，市政府本级发生行政应诉案件153起，结案110余件，未发生败诉案件。

【行政执法】 2022年，淮安市22个重点执法部门推出不予处罚以及从轻、减轻处罚“三张清单”，涉及512项具体清单事项。全年运用“三张清单”办案1.1万件，累计为企业减负1.8亿余元。在全国工商联开展的“万家民企评营商环境”调查中，淮安市行政执法满意度位列全省第二。包容审慎监管执法工作获省司法厅推广宣传，被《新华日报》等多家主流媒体专题报道。

【行政规范性文件管理】 2022年，淮安市实行规范性文件目录化管理，公布县区和部门年度规范性文件制定计划。督促指导全市贯彻落实《江苏省行政规范性文件管理规定》等上级规定，统一规范性文件制定程序、审核标准、报备规范及归档管理等工作。组织开展市政府规章项目《淮安市餐具饮具集中消毒服务单位监督管理办法》实施周年报告工作。组织对《淮安市地下水资源管理办法》等4部规章实施情况开展后评估。根据实施单位提交的报告情况，决定对《淮安市地下水资源管理办法》开展重点后评估，组织行政立法审查委员会部分委员召开专题论证会对后评估报告开展论证。

【政府法律顾问工作】 2022年，淮安市组建新一届市政府法律顾问委员会，形成法律顾问委员会、律师事务所、法律助理“三位一体”法律顾问服务模式。构建司法行政机关与承办部门、法律顾问“1+2”法制审核体系。在全省率先编制对党政机关和法律顾问双重规范的地方标准，出台《淮安市党政机关法律顾问管理办法》，制定《市政府法律事务办理工作暂行规定》，推动全市法制审核进入“标准化+规范化”轨道。全年为招商引资、民生工程等291件法律事务提供合法性审查，组织重大事项论证32件次，参加市政府涉法事务会商会办28场次，提出规范决策程序、保障公民权益、维护公平竞争等意见建议1000余条。接收报备文件27件，审查予以备案27件，处理公民建议审查3件。

【行政执法监督】 2022年，淮安市聚焦行政执法源头、过程和结果3个关键环节，推动各级行政执法机关落实行政执法公示、全过程记录和重大行政执法决定法制审核规定。印发《关于申报实施行政执法“三项制度”示范点的通知》，开展集中评审、实地核查、集体研究、网站公示，对全市5个“行政执法三项制度”示范点予以授牌确认。召开镇街综合执法规范化建设推进会，打造一批镇街行政执法“三项制度”示范点，推动各级行政机关行政执法规范化。实施全市规范房屋征收行为专项行动，开展专题培训、公开庭审、实境课堂、督查检查等，征收拆迁领域专项执法工作更加规范。

【普法工作】 2022年，淮安市实施推进“八五”普法规划［中央宣传部、司法部关于开展法治宣传教育的第八个五年规划（2021—2025年）］，印发《2022年国家机关普法责任清单》，确定9项共性任务和183项个性任务。围绕个性化特色任务、重点年度普法任务、系统薄弱问题等推动普法责任制落实，全年开展“一对一”指导32次。对29家“谁执法谁普法”联席会议成员单位采取“线下+线上”“专家+互评”评议方式开展集中评议，评选优秀单位13家。创成全国民主法治示范村（社区）3个、省级民主法治示范村（社区）48个，创建率48%。

【1项目入选全国法治政府建设示范项目】 12月9日，淮安市财政奖补资金直达市场主体机制改革项目入选全国法治政府建设示范项目。2020年，淮安市在全国设区市首创财政奖补集成服务改革，根除财政奖补领域“政策信息不对称、奖补标准不透明、服务审批不规范、办理时限不确定”的顽瘴痼疾，优化法治化营商环境，激发市场活力，提升政府工作法治化水平。改革后，累计为市场主体兑付奖补资金33.5亿元，财政奖补事项环节数量、材料数量、时限分别压减45%、50%、71%，年均兑付资金16.3亿元，资金兑付效率较改革前提升50%。

（市司法局）

公 安

【概况】 2022年，淮安市“110”公安报警电话接报有效警情66.03万起，其中违法犯罪警情13.61万起、群众求助9.54万起、交通事故19.66万起、纠纷警情15.6万起。全市刑事案件发案数比上年下降24%，六类街面重点警情（入室盗窃，汽车被盗案件，抢劫、抢夺案件，交通事故，打架斗殴，走失人口）比上年下降20%，八类案件（社会治安工作中对故意杀人、故意伤害致人重伤或者死亡、强奸、抢劫、贩卖毒品、放火、爆炸、投毒罪）破案率96.48%，连续8年保持现行命案全部破获。年内，36个集体、102名个人获国家级、省级表彰。其中，1名民警被人力资源和社会保障部、公安部联合表彰为“全国特级优秀人民警察”，3名民警被公安部表彰为“全国优秀人民警察”，盱眙县公安局交警大队车辆管理所被公安部表彰为“全国优秀公安基层单位”，市公安局洪泽分局城东派出所被公安部表彰为“全国公安机关爱民模范集体”；2个集体、3名个人记一等功，4个集体、23名个人记二等功。

【刑事案件侦办】 2022年，淮安市公安机关常态化推进扫黑除恶斗争，打掉黑恶团伙以上组织16个，破获九类涉恶案件（强迫交易罪、敲诈勒索罪、寻衅滋事罪、聚众斗殴罪、非法拘禁罪、故意毁坏财物罪、组织卖淫罪、强迫卖淫罪、开设赌场罪）264起，查封、扣押、冻结黑恶资产8000余万元。侦破涉网犯罪案件205起，“11·26”网络专案被公安部通令嘉奖。推进电信网络诈骗案件“每案必研”，拦截、止付、冻结被骗损失1.99亿元，电诈案件发案数比上年下降5.5%，破案率比上年增加8.9个百分点。开展“拔钉”行动、“打盗抢”专项行动，全市侵财案件发案数比上年下降25.2%，盗窃案件发案数比上年下降34.94%，破案率比上年增加6.61个百分点。破获养老诈骗案件102起，追赃挽损1.74亿元。开展打击整治枪支爆炸物品违法犯罪专项行动，侦破非法制造、买卖、持有枪支弹药刑事案件7起、非法经营烟花爆竹案件8起。开展各项专项行动，侦破涉渔刑事案件62起。推进“昆仑2022”专项行动，侦破食品、药品、生态环境、知识产权和野生动物安全违法犯罪案件175起，“2·28”生产销售假药案被公安部评为“全国打击药品犯罪典型案例”。

【治安管理案件查处】 2022年，淮安市公安机关受理违反治安管理处罚法行政案件6.08万起，其中殴打他人案件2.75万起、盗窃案件2.47万起。年内，查处黄赌治安案件1181起，处罚违法行为人5201人；查处涉网行政案件1086起、涉渔行政案件221起。

12月14日，淮安市举行全市公安机关功臣模范表彰活动　　市公安局　供

【经济案件侦办】 2022年，淮安市公安机关侦破经济犯罪案件246起，破获操纵证券市场案2起。与市税务局建立警税协作机制，侦破“9·30”虚开增值税发票案等一批涉税大要案件。联合淮阴工学院计算机学院，组建成立虚拟货币数据分析联合研究中心，提升新型经济犯罪打防攻坚能力。开展“猎狐2022”专项行动，抓获外逃经济犯罪嫌疑人13人，追赃挽损2200余万元。全年清理积案967起，清理率63.62%，其中非法集资陈案处置56起，处置率70.88%。

【禁毒工作】 2022年，淮安市公安机关加强“六全”毒品治理体系建设（全覆盖毒品预防教育体系、全环节服务管理吸毒人员体系、全链条打击毒品犯罪体系、全要素监管制毒物品体系、全方位毒情监测预警体系、全层级落实禁毒工作责任体系建设），完善党委领导、政府负责、社会共治、公众参与的禁毒工作格局。开展“清源断流”、禁毒“百日行动”等专项行动。推进社区戒毒社区康复标准化建设，全市101个乡镇（街道）全部建成标准化社区戒毒（康复）办公室，其中一类12家、二类15家、三类74家，社区戒毒社区康复执行率100%。加强易制毒化学品单位监管，登记核查办理许可证明单位625家。成立“天下无毒志愿者服务联盟”，在全市范围招募志愿者1300余名，开展毒品预防集中宣传教育活动52场次。“青骄·第二课堂”“全国青少年禁毒知识竞赛活动”网络平台学校注册率、学生参与率均为100%，全民禁毒宣传教育覆盖面达90%以上。

【2022年全民禁毒宣传月启动暨毒品集中销毁活动】 6月8日，淮安市禁毒委、市委宣传部、市公安局、市生态

环境局等部门联合举办“美丽淮安、净土安澜”2022年全民禁毒宣传月启动暨毒品集中销毁活动。全民禁毒宣传月期间，相继开展禁毒教育进校园、国际禁毒日集中宣传、禁毒知识竞赛、“禁毒杯”篮球赛等系列活动，发放各类宣传品、宣传册5000余份，接受群众咨询900余人次。

【治安防控】 2022年，淮安市出台《关于创建全国社会治安防控体系建设示范城市的实施意见》，明确5个方面21个建设任务。建立治安防控体系联席会议机制，投入资金10.3亿元，推进公安检查站、警务工作站、智能感知体系等重点项目建设。推进升级版技防城建设，技防县区、技防乡镇、技防村居建成达标率分别为100%、100%、97.2%。依托22个公安检查站、市际治安卡口、警务查报站，23个高速公路出入口堵控点以及主城区106个巡区、46个快反圈、53个武装巡逻组等巡防单元，形成环市、环城、环核心区地面防线。建立宁淮水上警务协作机制，建设12个水上公安检查站，设置19处移动查控点，形成水域环市堵控网。制定无人机反制工作规范，加强警用无人机和反制装备配备。建立“睿剑”现代巡防体系，打造市县两级巡逻防控中心。

【因私出入境管理】 2022年，淮安市有常驻境外人员428人，其中越南、韩国、缅甸、美国、巴基斯坦、刚果（布）、塔吉克斯坦居多。受理因私出入境业务6288件，比上年下降28.16%。其中，护照业务2386件，增长49.78%；往来港澳通行证业务3814件，下降35.8%；往来台湾通行证业务72件，增长10.77%；外国人证件业务435件，下降56.06%；五年期台胞证业务185件，增长26.71%。年内，临时停留淮安市境外人员5077人次，其中外籍人士4427人次、中国台湾居民644人次、中国港澳居民4人次。

【特种行业管理】 2022年，淮安市公安机关加强场所行业核查监管，登记备案场所行业单位7337家、从业人员2.32万人。开展重点场所行业专项整治，全年清查娱乐服务场所4100余家次、重点特种行业2300余家次，依法查处违反特种行业管理行政案件1300起、违反娱乐场所管理行政案件535起。研发应用场所行业自主登记报备系统，嵌入公共场所、特种行业、网约房、无人机、寄递物流5大类23小类自主登记模块，实现业主云端备案、公安机关远程不见面审核。加强治安基础信息研判预警，全年发布指令产品86篇，推送核查问题单位153家次，研判抓获网上在逃人员及其他违法犯罪人员170余人。实施保安监管服务改革，自行招用保安员单位备案审批事项下放至县级公安机关受理，全年县级公安机关办理审批自招单位备案57家。

【智慧警务】 2022年，淮安市公安机关围绕公安工作数字化转型，实施智慧警务“睿安”计划，搭建“一云六网”公安大数据智能化技术体系（涵盖警务云、新一代公安信息网、数据网、感知网、移动网、安全网、通信网的公安大数据智能化技术体系）。制定《淮安市新一代住宅小区智慧防范工程技术规范》，开展全市技防质效提升攻坚行动，新增智能感知前端3.3万台，比上年增加1倍。成立数据支援赋能中心，完成242类数据深度融合治理，新研发数据模型39个，提供数据应用服务297个。推进移动警务分中心一体化建设，上线公共数据服务10项、技术服务3项、移动警务应用30个，全市移动警务终端民警配备率100%。开办智慧警务大讲堂，上门送教18场次，培训民警2000余人次。

【公安政务服务改革】 2022年，淮安市公安机关推进公安政务服务标准化建设，编制形成市、县区、派出所三级事项全要素清单和业务规范库。实施公安窗口综合服务改革，在市政务服务中心设立公安“全科窗口”，原7个警种77项业务审批事项实现“一窗办”，年内办理各项业务9400余件。新增派出所综合窗口18个，统一拓展下放派出所综合窗口服务事项11个、市县政务服务中心公安窗口事项5个，全年公安窗口办件量22.73万件。开展“减跑动”“减材料”攻坚行动，对21个服务事项落实33条优化措施。依托“淮安公安微警务”建设“网办中心”平台，打造苏北地区首家公安网办中心，提供10类86项业务在线服务，原由派出所办理的无犯罪证明、临时身份证明等事项，提

2022年，淮安市公安机关在全市建立推广社区联勤模式。图为工作人员在吾悦广场开展社区联勤工作　　余剑飞　摄/市公安局新城分局　供

级赋权网办中心线上集中办理，至年末在线办理业务2.1万件。建设多功能公安便民服务直通车，全省首创搭载自助体检机。在主城区设置12个固定停靠地点，同步提供30人以上团体预约和节假日延时服务，实现车驾管、户政、出入境等163项业务“车上办”，其中驾驶证补换证、提交身体条件证明等业务实现“车上一次办结”。推动实现11项业务“跨省通办”和9项业务“省内通办”，累计服务异地办事群众5959人次。

【社会治理创新】 2022年，淮安市公安机关加强移动互联网时代社会动员体系建设，成立全国首家实体化运行的市级公安社会动员中心。制定《人民群众参与平安淮安建设表彰奖励办法（试行）》，推出“淮上义士”社会动员品牌，10余万名群众注册参与。在全市范围推广治理未成年人违法犯罪“多元帮教”模式，针对性开展帮教矫正、行为纠偏、教育引导、劝返复学、技能培训等。

【基础管控中心建设】 2022年，淮安市公安机关深化基础管控中心建设，构建市、县区、派出所三级贯通的专业化基础管控体系，省公安厅专门在淮安市召开现场会推广该做法。将基础管控中心建设纳入市域社会治理创新重点工程，推动培育“翔宇智慧社区”、5G社区、社区“110”等特色亮点。依托基础管控中心，建立正、负面清单，年内累计减少下发采集任务76项，比上年下降48.7%；归并过滤同类任务24项，派出所常态化基础工作任务减少30%。10个县公安分局全面建成基础管控中心，全市32个一类、二类派出所综合指挥室设置基础管控岗，统一市、县区、派出所基础管控职能定位、总体架构、运行机制及管控要素。研发应用基础管控工作平台及App，实现37个业务系统一个界面调用、7个系统数据关联复用，集成应用54个研判工具，自动生成27项统计报表，支撑基层民警在线工作。

【电子物证全息监管】 2022年，淮安市公安机关创新构建“电子物证全息监管体系”，在全国率先出台《电子物证执法实战标准指引》。首创电子物证全息监管平台，打造横向覆盖警种、纵向贯通市县、外部连接检察院和法院的电子物证监管中心，破解电子物证执法监管领域突出问题。该创新项目入围江苏公安机关先进实践示范点，获评全省公安网安“十大品牌项目”。

（市公安局）

检 察

【概况】 2022年，淮安市检察机关办理刑事、民事、行政、公益诉讼“四大检察”案件17371件，未成年人检察、公益诉讼检察等工作获全国人大常委会、最高人民检察院领导批示肯定。全市检察机关29个集体、25名个人获得省级以上表彰，31件案件获评全国、全省检察机关典型案例、参考性案例，3件案件入选《江苏检察名案录》，13项工作在省级以上会议作经验介绍。

【刑事检察】 2022年，淮安市检察机关批捕各类刑事犯罪644人，起诉4476人。加强刑事侦查活动监督，健全侦查监督与协作配合机制，提前介入重大疑难复杂案件167件，依法监督立案119件，监督撤案289件，纠正漏捕、漏诉219人。加强刑事审判活动监督，提出抗诉20件，抗诉意见法院采纳率94.4%，3件案件获评全省检察机关刑事抗诉典型案例。加强刑事执行活动监督，对全市6家看守所开展“巡回检察”，纠正刑事执行和监管活动违法861件，1件财产刑执行监督案件被最高人民检察院评为典型案例。

【民事检察】 2022年，淮安市检察机关通过开展专项监督、跟进监督和类案监督，提升民事诉讼活动监督层次。依法提出民事抗诉和再审检察建议44件，获法院采纳42件。市检察院在办理一起涉民营企业申诉案件中，经审查发现多份证据系伪造，制发再审检察建议推动改判，帮助该企业挽回经济损失840万元。加大对民事虚假诉讼打击力度，依法监督84件。盱眙县检察院办理的某公司买卖合同纠纷虚假诉讼监督案入选最高人民检察院指导性案例适用指引。

【行政检察】 2022年，淮安市检察机关通过督促纠正违法、促进和解、释法说理等方式，加强审判机关行政诉讼和行政机关行政行为同步监督，发出检察建议103件，获采纳整改100件。监督纠错中实质性化解行政争议56件，行政裁判结果争议化解率居全省第一。淮安区检察院综合运用公开听证、司法救助等方法，成功化解一起历时17年之久的用工性质问题行政争议。市检察院与市自然资源和规划局签订加强检察监督与行政执法协作实施办法，开展土地执法领域行政非诉执行专项行动，办理监督案件20件。

【公益诉讼检察】 2022年，淮安市检察机关助推美丽淮安建设，办理生态环境领域公益诉讼案件161件，诉前检察建议整改率100%。督促恢复受损耕地、湿地270.53公顷，清理违规堆弃固体废物1.24万吨，放流鱼苗13万尾。加强公益诉讼检察和食药行政执法衔接，办理该领域案件41件。制发检察建议31份，推动修缮乡镇道路49千米、农村危桥27座，消除出行安全隐患。办理非法侵犯公民个人信息刑事附带民事公益诉讼18件，就相关部门信息公开不规范问题发出检察建议29份。

【未成年人司法保护】 2022年，淮安市检察机关从最有利于未成年人原则出发，综合运用刑事检察、民事检察、行政检察、公益诉讼检察“四大检察”职能，构建以司法保护融入家庭、学校、社会、网络和政府保护形成合力的全方位立体保护网。加强融合履职，对涉罪未成年人贯彻“保护、教

7月12日，淮安市法院系统举办“薪火——建设现代化法院、打造高质量司法”主题报告会　　市法院　供

育、管束”办案理念，依法严惩侵害未成年人权益犯罪，提高未成年人保护水平。创新普法形式，主动挖掘西游故事中的普法元素，《法话西游》普法漫画被列入全国“法治进校园”系列普法图书。联合淮安西游产业集团在西游乐园设立《法话西游》研学基地，开展沉浸式、取经式、寻宝式普法。全市检察机关186名检察官担任法治副校长，实现中小学法治副校长全覆盖。

【检察为民】 2022年，淮安市检察院联合市公安局、市中级人民法院、市司法局出台轻伤害刑事案件办理机制，办理各类邻里纠纷、偶发矛盾等轻微刑事案件47件，刑事和解案件23件。做好司法救助工作，救助被害人328人，发放救助金443万元，比上年分别增长34%、98%。对农民工、残疾人等弱势群体维权案件支持起诉186件。开展妇女权益保护专项行动，依法办理拐卖、猥亵妇女等犯罪案件62件66人，监督立案7人。严厉打击养老诈骗犯罪，起诉11件19人，开展法治宣传49场次，推出防诈新媒体作品15个。

【服务经济社会发展】 2022年，淮安市检察机关办理扰乱市场秩序、侵犯知识产权犯罪54件128人。在办理涉经营类犯罪案件中慎用刑事强制措施，对民企经营者、技术骨干等不批捕22人、不起诉65人，依法提出宽缓刑建议32件，保护企业正常生产经营秩序。推进企业合规工作，与市委营商办联合开展“同心合力”护企行活动，与市工商联联合出台加强沟通联系与协作配合9项制度，办理案件15件，发出风险提示函25份，对完成合规整改的6家涉罪企业依法不起诉，2件案件入选最高人民检察院案例指引。

（市检察院）

法　院

【概况】 2022年，淮安市法院系统受理各类案件108226件，审执结100345件。其中，市中级人民法院受理各类案件8124件，审执结7701件。在省高级人民法院通报的11项重点审判质效指标中，淮安市有9项进入全省前五，其中4项第一、2项第二。13个案例作为全省法院典型案例发布，14个案例作为全国法院典型案例发布。左某等污染环境刑事附带民事公益诉讼案入选最高人民法院指导性案例，裁判文书获评全国法院环境资源刑事审判优秀业务成果一等奖。高某等掺入西药冒充祖传中药销售案入选最高人民法院药品安全十大典型案例。年内，市法院被最高人民法院命名为“为群众办实事示范法院”，获评人民法院政治工作先进集体。清江浦区法院少年及家事审判庭获评全国法院先进集体。盱眙县法院洪泽湖流域环境资源法庭获评人民法院环境资源审判工作先进集体。

【刑事审判】 2022年，淮安市法院系统一审审结刑事案件3009件。推动扫黑除恶斗争常态化开展，一审受理的10件涉黑恶犯罪案件全部按期审结。一审审结“杀抢绑”“黄赌毒”“食药环”等犯罪案件223件。惩治多发性侵财犯罪，一审审结电信网络诈骗犯罪案件201件。保护公民个人信息安全，一审审结侵犯公民个人信息、“帮信”犯罪（帮助信息网络犯罪）案件125件。严厉打击各类金融犯罪，依法惩处融资中介违规获利行为，一审审结非法集资等涉众型经济犯罪案件14件，追赃挽损5319万元。严防安全生产领域风险，一审审结重大责任事故犯罪案件28件。惩腐肃贪，一审审结职务犯罪案件79件。

【商事审判】 2022年，淮安市法院系统一审审结商事案件15186件。市法院审理的全省首例外卖平台强制“二选一”不正当竞争案，在法治剧《底线》中播出，并入选全省法院反不正当竞争十大典型案例（2019—2022）。在省工商联“万家民企评营商环境”报告中，市法院涉企工作位列全省第二。协同市信用办等单位为2455家企业修复信用，失信企业退出率居全省第二，3项做法被评为全省法院信用修复创新机制。助推开放型经济发展，一审审结涉外和涉港澳台案件116件，淮安经济技术开发区法院涉台纠纷调处中心调解纠纷434件，相关做法入选《江苏改革案例》。畅通市场主体救治和退出渠道，推进长期未经营、吊销未注销企业强制清算，帮助21家企业转危为安，引导1730家企业有序出清。推行“破中取金”破产财产联合推荐机制，释放沉淀资产5.78亿元，盘活土地厂房60.72万平方米。

【民事审判】 2022年，淮安市法院系统一审审结民事案件40452件。联合市消保委等单位建立消费纠纷多元化解机制，一审审结消费者权益纠纷案件49件，2件案件入选全省消费者权益保护十大典型案例。平衡保护劳资双方利益，一审审结劳动争议案件3455件。打造“法护家园”工作品牌，调判结合化解婚姻家庭纠纷7849件。排查整治特殊困难群体救助帮扶和妇女儿童权益保障问题，移送及处置线索73条，制发人身安全保护令27份，发出家庭教育指导令151份。市法院开放青少年法治教育基地，接待“师生看法院”88批次，组织“送法进校园”102场次，被评为全省妇女儿童工作先进集体。协调解决62家房企融资展期、引资续建等问题。加强建设工程领域违法行为专项整治，向住建部门移送问题线索93条，相关做法被省法院推广。加强物业纠纷诉前联动化解，纠纷成讼数量同比下降52.03%。

【环境资源案件审判】 2022年，淮安市法院系统一审审结各类环境资源案件102件。淮阴区境内环境资源一审案件纳入市法院管辖范围，基本形成洪泽湖流域环境资源案件管辖闭环。杨某某等盗掘古墓葬案入选全省法院环境资源十大典型案例。构建“保护、打击、预防、修复、联动”五位一体生态司法模式，加强生物多样性司法保护，审结李某某等非法捕捞芡实案，系全国首例非法捕捞水生植物入刑案件。拓展恢复性司法实践，新建生态林司法修复基地，建立生态复绿管护合作机制，判令52名刑事被告人缴纳生态修复基金828万元，补栽树木5000余株，放生鱼苗2.1万余尾。联合市生态环境执法部门制发《环境违法风险提示函》，牵头建立环洪泽湖环境资源保护司法协作机制。

【知识产权案件审判】 2022年，淮安市法院系统一审审结知识产权案件603件。优化知识产权案件管辖布局，实行最严格知识产权司法保护，1件案件入选中国法院50件典型知识产权案例，2件案件入选全省法院知识产权保护十大典型案例。市法院公开宣判陶某私设网站销售冒牌仪器仪表案，判处其有期徒刑并处罚金。就“西游乐园”商标不当抢注问题，组织相关各方多轮磋商，促使抢注人将商标权利无偿转让给淮安西游产业集团，为西游乐园相关产品推向市场扫除障碍。与市市场监管部门共建知识产权纠纷诉调对接中心，联动调处纠纷408件。参与共建南京都市圈知识产权保护联盟。

7月12日，盱眙县人民法院洪泽湖流域环境资源法庭启用暨司法协作框架协议签约仪式在盱眙县管仲镇举行　　市法院　供

【行政审判】 2022年，淮安市法院系统一审审结行政案件1411件。正确处理规范权力与保障权利的关系，以撤销或变更、确认违法或无效、责令履行法定职责等方式结案108件，以调解、撤诉方式结案476件，2件案件入选全省法院行政审判十大典型案例。为全市各辖区量身定制依法行政参考，行政机关败诉率比上年下降2.17个百分点。推动县区政府“一把手”示范出庭，行政机关负责人出庭应诉率97.16%。联合市司法局完善行政争议纾解机制，诉前成功调处行政争议265件。规范房屋征收补偿等4篇司法建议获评全省优秀司法建议。

【案件执行】 2022年，淮安市法院系统破解“执行难”问题，执行结案28325件，执行到位标的额55.78亿元，执行完毕率、实际执行到位率等指标位居全省前列。与市出入境管理部门建立限制出境协作机制，与市民政局等10家单位构建协助查控专用平台，在全省率先实现预售房等不动产查控一键提起和反馈。组织开展集中或专项执行行动361次，搜查被执行人237户次，拘留60人，以涉嫌拒执罪移送侦查142人。对因无产可执而裁定终止执行的案件定期“回头看”，恢复执行案件6385件。构建“执破融合”新机制，以破产程序促进债务概括清偿，执行移送破产案件382件，带动执结案件3573件。

【民商事矛盾调处】 2022年，淮安市法院系统充分发挥“一码解纷”智调平台功能，在线调处矛盾纠纷110504起，调处成功98163起。全市新收一审民商事案件数量下降8.8%，民事案

1月11日，淮安中院当庭宣判全国首例酒吧侵害未成年人权利民事公益诉讼案　市法院　供

件万人起诉率下降10.3个万分点，诉前调解成功率和民事案件调解撤诉率均居全省第一。融入基层政治、法治、德治、自治、智治“五治”融合治理体系，开展“法官进网格”活动，推进法院调解平台进乡村、进网格、进社区“三进”工程。盱眙县法院推动建成“盱小e”平台，实现法院调解平台与社会治理指挥中心平台互联互通。

【诉讼服务】 2022年，淮安市法院系统坚持导诉与分流、诉讼与非诉、线上与线下、一站与全域相融合，形成全过程辅导、全时段办理、全要素服务、全方位评价的“优+”诉讼服务新模式，被最高人民法院和省法院推广。加强诉讼服务标准化建设，落实诉讼服务“十项承诺”，推广律师服务专门平台，全市法院诉讼服务平台质效评估得分保持全省领先。提高在线服务精细化水平，推进全模式“淮法云达”集约送达，升级“安澜云审”全景庭审系统。全市法院网上立案13917件、电子送达528898件次、线上开庭7735次。开展“春风化雨·法润民心”双线普法活动，全国首例酒吧侵害未成年人权益民事公益诉讼案等3个案件入选江苏法院弘扬中华优秀传统文化典型案例。联合市见义勇为基金会等4家单位，推进见义勇为人员合法权益保障。应助尽助困难当事人690余万元，缓减免交诉讼费290余万元。

【审判体制改革】 2022年，淮安市法院系统完善院庭长带头办案机制，将院庭长全部编入办案团队。健全司法权制约监督体系，落实类案检索强制报告等统一法律适用机制，拓宽案件质量评查范围，全体员额法官文书和庭审全覆盖。推动诉讼制度改革，抓好审级职能定位改革试点，增强案件办理服判息诉效果。全市法院一审和二审服判息诉率均在90%以上，居全省法院前列。贯彻修正后的《中华人民共和国民事诉讼法》，推进案件繁简分流改革，法定正常审限内结案率居全省第一。推进执行指挥中心“854模式”实体化运行，即由执行指挥中心集约办理执行当事人初次接待、制发法律文书、线上线下查控、办理委托执行事项、录入强制措施信息、网络拍卖辅助、接待执行来访、接处举报电话8类事务性工作，提供视频会商、执行过程记录、执行公开、决策分析等5类技术服务，承担繁简分流管理、案件质效管理、执行案款管理、终本案件管理4项管理职责。上线被执行人履行能力分析系统，推行执行案件无纸化办理。探索“无书记员记录”速裁庭审模式，提高案件审判效率。淮安区法院构建法官担责量化体系做法被最高人民法院推广。

【“易执行”项目】 2022年，淮安市法院系统创新打造“易执行”项目，构建“规范、协同、智慧、高效”的执行工作新模式。构建左右协同“益执行”模式，加强府院联动、坚持立审执破各环节全流程配合、形成法院与其他单位组织高效联动、执行与其他业务部门合力攻坚的工作格局。完善上下统管“宜执行”体系，加强全市法院执行工作统一协调与指挥，统一管理与考核，统一跟踪与督办“三统一”管理，形成符合执行规律特点和淮安实际的执行改革模式。搭建线上办理“E执行”平台，运用现代科技为执行工作赋能，推进执行体系和执行能力现代化。健全长效常治“一直行”机制，推进执行规范化建设，提高执行工作的群众满意度和社会公信力。该项目受到省法院肯定，被《法治日报》《人民法院报》《新华日报》等多家媒体宣传推广。

【2022年度淮安法院十大最具影响力案例发布】 2022年，淮安市组织开展“力度与温度”全市法院十大最具影响力案件评选活动。从当年审结的100345件案件中推选出典型案件43件，经职能部门初评及专家评审，精选出10件案件向社会发布，涵盖刑事、民事、行政、环资、执行等各个领域。“十大最具影响力”案件分别为某酒吧招用接纳未成年人公益诉讼案，韩某诉某公司劳动争议案，某科技公司破产清算案，张某某诉叶某某等公共道路妨碍通行损害责任案，陶某假冒注册商标案，杨某某等19人组织、领导传销活动案，某商务公司诉某区人社局、徐某撤销工伤决定案，杜某等21人与某电子公司执行案，江苏某工具公司执行案，李某某等非法捕捞艾实入刑案。

（市法院）

司法行政

【概况】 2022年，淮安市司法行政系统落实省基层综合执法规范化建设专项行动部署要求，全面清除行政执法权违法外包隐患，率先完成186项赋权事项评估和明确归口管理部门工作，规范基层综合执法制度建设，加强基层综合执法队伍建设，高标准完成基层综合执法规范化建设专项行动任务。在全省综合绩效考核评比中，市司法局位列全省综合绩效考核第5、排位第4，金湖县司法局被评为全省"2022年度高质量发展先进司法局"，淮安"'筑基浚渠'法制审核优化升级工程"获省改革创新奖。淮安司法行政系统有3家（名）单位（个人）受到全国性表彰，7个集体（项目）获省级以上表彰，"财政奖补奖金直达市场主体机制改革"成为全国法治政府建设示范项目。

【人民调解】 2022年，淮安市完善非诉讼纠纷多元化解综合体系，全市5个组织、6名个人获省司法厅表彰。全市各级调解组织和调解员调解各类矛盾纠纷55212件，调解成功率99.99%，5篇案例入选司法部人民调解指导案例库，数量位居全省第一。开展"百所进千企 法治体检"专项法律服务活动，全市108个基层法律服务所、219名基层法律服务工作者深入1132家小微企业开展法治体检，向企业赠阅《中小企业疫情防控常见法律问题汇编》1200本，化解涉企矛盾纠纷685件，挽回经济损失1216万元，相关经验做法在全省工作会议上作经验交流。

【医患纠纷调处】 2022年，淮安市医患纠纷调处中心接待医疗纠纷咨询280余件，受理215件，调解198件，成功化解187件，调解成功率92%，协议履行率100%，赔付金额计1069万余元。召开专家评鉴会112场，县区调处纠纷21件。

【社区矫正】 2022年，淮安市推动"孤雁"回归工程，实施精准矫治"学做矫"服务套餐项目，全年特殊人群管理工作实现无脱漏管、无重新犯罪、无个人极端事件等"五无"。年内，全市在册社区矫正对象2489人，累计接收社区矫正对象40253人，累计解除社区矫正对象37764人；全市在册安置帮教对象14649人，接收刑满释放人员（含解除矫正）3535人，衔接率100%，安置率100%，落实"必接必送"337人，通报公安列管率100%。

【公共法律服务】 2022年，淮安市市、县、乡、村四级公共法律服务平台为群众提供服务36.7万件次，服务总量居全省前列。在全省率先实现全市8家省级以上园区公共法律服务建设全覆盖，推进法律服务产业园建设提档升级。"一村（社区）一法律顾问"按比例配备到位，推广"网格+公证律师""网格+法律顾问"等工作模式，法律顾问每月8小时现场打卡率100%。

【法律援助】 2022年，淮安市法律援助机构常态化开展"法援惠民生"系列专项行动，完成市政府"扩大法律援助覆盖率"民生实事项目。全市受理法律援助案件7351件，法律援助覆盖率16.11/万，位列全省第一，超额完成12/万的指标任务；连续第17年有案件入选全省法律援助十大优秀案件，全省唯一。42件案件获省法律援助基金会资助，法律援助案件质效位居全省前列。

【行政纾解工作】 2022年，淮安市围绕行政争议化解，实施行政纾解工程。市、县两级行政争议纾解机构纾解疑难复杂行政争议66件，推动行政案件败诉率下降2.17个百分点，实现行政案件败诉率低于全省平均水平的阶段性目标。行政纾解工程获评全省法治政府示范项目，行政争议纾解实践探索的调研文章被《中国司法》第九期刊发。

【法治宣传教育】 2022年，淮安市以"法润淮商 共创共赢"为主题，征集书法、美术、摄影、动漫、微视频等作品617件，评选出获奖作品134件。举办"法润淮商 共创共赢"书画家笔会暨主题法治文化作品展，展览书画名家作品等100余件，《心中的他》《民法"典"亮生活》《明白》等被司法部视频号推广，《宪法十二时辰》入选第七届平安江苏"三微"比赛作品展播。培育"法律明白人"5201名，实现全市"1个网格2名法律明白人"全覆盖。在周恩来纪念馆举办"周恩来与法治"展览，编印《周恩来与法治》画册1000余册。新创成省级法治文化建设示范点3个、大运河法治文化品牌项目1个。

（市司法局）

仲 裁

【概况】 2022年，淮安市提升仲裁质效，探索仲裁管理机制，加强仲裁队伍建设。继续实行重大、疑难案件专家咨询制度、仲裁办案考核制度、办案监督和裁决反馈追踪制度。连续第9年无仲裁案件被法院撤销或不予执行，进一步巩固提高仲裁公信力及影响力。

【仲裁办理】 2022年，淮安仲裁委受理案件865件，争议标的额24亿元，审结案件1121件（含往年结转）。其中，裁决结案666件，占59.4%，累计结案标的12.3亿元。和解、调解及当事人撤案结案455件，调撤率40.6%。案件标的额比上年增长101.7%，案件争议标的额和审结案件数均创历史新高。案由涉及建设工程、商品房买卖、货物贸易、股权转让、金融信贷、知识产权、物业等32种类型，其中物业纠纷案件497件，为年度仲裁第一大类案件。

【仲裁服务】 2022年，淮安仲裁委加强共建合作，与淮安经济技术开发区

9月21日，市仲裁委开展仲裁法律制度宣传服务月仲裁进社区系列活动
市仲裁委　供

法院新建诉讼仲裁联络站，在全市各级法律服务中心设立仲裁服务窗口，在行政审批中心及法院立案庭发放仲裁宣传资料1000余份。加强部门联动共建，出台《关于在金融领域推广运用仲裁制度的实施意见》《关于建立信访与仲裁相衔接机制的意见》《关于建立旅游投诉调解与仲裁衔接工作机制的实施意见》等相关制度，建立相应仲裁中心或工作站，推广仲裁法律制度。发挥行业协会作用，在市工商联、企业信用协会等建立纠纷仲裁调解机构，与汽车4S店行业协会、建筑业协会、金融业协会等建立微信工作群等紧密联系机制。

【仲裁与信访衔接】 2022年，淮安市出台《关于建立信访与仲裁衔接机制的意见》，整合信访、仲裁优势，在信访工作中发挥仲裁职能。信访部门对依法应当通过仲裁途径解决的各类信访事项，告知信访人依照法律规定的程序向仲裁机构提出；对信访人没有仲裁协议，但信访反映情况适合通过仲裁途径解决的，促成信访人达成仲裁协议并向仲裁机构申请仲裁。

【仲裁案件网络平台建设】 2022年，淮安仲裁委继续构建“1+3”仲裁管理机制，即通过升级仲裁案件网络平台，实现仲裁案件全流程管理；实行重大疑难案件专家咨询制度、仲裁办案考核制度、办案监督制度。打造智慧仲裁品牌，升级仲裁案件网络平台，实现仲裁案件全流程管理。当事人可在线立案、开庭、提交证据材料以及查询仲裁进度、调解进度等。年内，“仲裁员移动微办案平台”微信小程序投入使用。全年累计网上立案4件，网上开庭及合议91次。

【仲裁员管理】 2022年，淮安仲裁委完善办案制度，重新修订仲裁员监督管理办法和过错责任追究办法，出台《淮安仲裁委员会关于提高仲裁办案效率的规定》，对超审限仲裁员发出黄牌提示。委托淮安仲裁研究院研究制定《仲裁员选聘及指定规则》，对已聘仲裁员不能胜任的不再指定办案。完成仲裁委换届，增加市场主体专家担任仲裁委委员比例，增选70余名上海等长三角地区知名专家作为淮安市仲裁员，选聘第六届仲裁委仲裁员268名。

（梁　璟）

军 事

责任编辑：李静华

淮安军分区

【概况】 2022年，中国人民解放军淮安军分区（以下简称淮安军分区）贯彻中央军委决策指示，抓基层保稳定，攻难关破难题，部队建设稳中有进。

【思想政治建设】 淮安军分区突出中共二十大精神主线，开展“政治能力培训季”活动，固化“每周一学、每月一讲、每年一题”学习机制，党委中心组26次集体研学，制定“20条措施”。常态组织学习《纪委工作规定》《师旅团级单位纪委监委工作清单》法规制度，开展“四严四整”（严抓政治意识、严防政治风险、严实政治担当、严格政治淬炼，整顿思想、整肃纪律、整饬作风、整治队伍）学习教育。开展“三心两争”（思想安心、工作尽心、守纪入心，争创一流、争当先进）专题教育。邀请全国道德模范唐真亚作事迹报告。盱眙县人武部利用民兵远程教育网开展中共二十大精神宣讲，受到省军区肯定。

（扬雨生 张 威 马兆跃）

【军事训练】 2022年，淮安军分区坚持以战领训，区、团两级首长机关带全体专武干部、部分民兵应急分队骨干按实战行动“一个过程”展开训练。组织开展收拢集结、摩托化开进、指挥所开设、野外生存等7个课目训练，临机处置突发情况，完成现地使用地图、动员分析计算、通信装备操作、轻武器操作等基础技能训练。全年首长机关训练、体能训练参训率达90.4%，总体训练成绩达标。完成专武干部训练、民兵军事训练，坚持督训一体。参加省军区2022年度军事训练考核。

（常仁连 许 谦）

9月1日，淮安干休所老功臣蒋德礼（中）为周恩来红军小学少先队员讲授中国海军发展历史 淮安军分区 供

【应急应战能力提升】 2022年，淮安军分区制定《民事力量侦察报情实施意见》《民兵遂行任务清单》，规范战备秩序。成立31个教学小组，组织11批次首长机关训练，完成民兵基地化轮训和跨区联训。开展洪泽湖滞洪区人员撤退转移、危化品企业火灾事故救援应急演练。保障战区陆军梯队机动过境。组织民兵参加疫情联防联控。淮安区完成民兵教练员“选训管用”建设试点任务，金湖县探索实践民兵与地方应急力量联指、联训、联用、联保新路子。完成22篇课题研究成果，“全要素快速反应、全链路迅即响应”战备建设模式被省军区推广。

（王文跃）

【党的建设】 2022年，淮安军分区完善《军分区党委常委会议事规则》《首长办公会议事规则》，落实“三会一课”制度，召开军分区常务委员会会议27次，按程序完成党代表大会、军人代表大会代表人选推荐提名和选举工作。将党管武装教育、国防教育、安全形势纳入地方党委中心组学习内容、嵌入市委党校主体班课程体系，每季度编印《军分区要报》报送市、县区两级党政机关，推动地方党委政府和领导干部加强党管武装政治担当。发挥双重领导、双向兼职制度优势，与地方党委、政府密切关系，及时整改省军区主要首长点评指出的问题，协调市委专题召开会议研究解决。落实党管武装各项制度，协调制定《淮安市党管武装工作目标责任考核办法及评分细则》，推动市直机关及县区党管武装工作纳入全市绩效及党建工作考核范围，明确县区、市直单位考核分值。

（扬雨生　张　威　马兆跃）

【国防动员建设】 2022年，淮安军分区走访、调研企业，形成重点潜力、基础潜力数据库，完成2022年度基干民兵编建任务。制定《量化积分审批定兵实施办法》《定兵会议规范》，省兵员征集“五率”（报名率、上站率、合格率、择优率、退兵率）考核排名创历史最好成绩。管控征兵过程，与市纪委监委机关联合印发《淮安市廉洁征兵“十条措施”》，编印《廉洁征兵告知书》和“廉洁征兵监督卡”发放给应征青年及家长，聘请廉洁征兵监督员，创新“转磨盘”式交叉检查、敏感岗位3年轮换等做法，被省军区《廉洁征兵工作细则》吸纳。

（潘　鹏）

【国防教育】 9月17日是第22个“全民国防教育日”，淮安军分区在教育场馆、旅游景点、学校、新兵训练基地等场所，举办欢送新兵入伍、喜迎老兵复员、展示训练装备、演示训练课目、开展国防教育讲座、发放宣传手册等活动，开展系列国防教育宣传，推动全民国防教育升温。

（扬雨生　张　威　马兆跃）

【基层武装部建设】 2022年，淮安军分区召开市级机关人武部成立大会，推动市级机关设立人武部，在武装工作责任相对较轻的市直单位和驻淮机构，指定1名副职领导分管武装工作。指导淮安生态文旅区和淮安工业园区设立人民武装部，实现全市基层武装工作全域覆盖。抓专武干部队伍建库储备业务集训，落实《江苏省乡镇、街道专武干部选拔任用工作规范》，建立专武部部长人才储备库，清理兼职状况，调整补缺，优化专武干部队伍结构。

【民兵建设】 2022年，淮安军分区抓普通民兵营连部建设规范化建设，打造市、县区、镇（街道）三级规范化建设示范点，编拍《规范化抓建示范片》，全市普通民兵营连部建设全部达标。区分兵员征集、民兵整组、基层规范化建设等7个专题组织推动基层武装建设集训，提高专武干部业务水平。洪泽区抓“兵网融合”示范点创建，淮阴区抓“刘老庄民兵连”品牌重塑，走在省军区前列。组织人员分片包干到各县区集中点验。联合市职业技能鉴定中心、淮安技师学院和炎黄职业技术学院，组织2个批次19个课目专业技能考核，确保重点岗位专业对口率。市委、市政府投入资金用于民兵训练基地升级改造。

（潘　鹏）

【后勤保障】 2022年，淮安军分区组织保障人员全程贴紧上级和军分区演训活动，修订后装保障分支方案，提升备战打仗保障能力。落实应急应战物资器材规范化存储，多次赴现场察看。利用市民兵应急营集中点验时机，将装备预征预储协议签订仪式合并到点验工作之中，现场为预征预储单位授牌。全程指导淮阴区和清江浦区人武部，完善三级区域综合保障中心建设任务。完成安全收发弹药工作。

（扬雨生　张　威　马兆跃）

【红色宣讲团成立】 2022年，淮安军分区干休所党委成立由8人组成的红色宣讲团，深入部队、学校、社区开展红色革命故事和国防教育知识宣讲，全年开展宣讲活动20场次。结合新冠疫情防控实际，宣讲团参与网上祭奠英烈、社区义诊、看望慰问困难群众、校园捐资助教等活动。利用春节、端午节、重阳节等节假日，前往无锡联保中心教导大队、淮阴师范学院第一附属小学、周恩来红军小学、人民路社区等单位宣讲红色文化，主要做法被中央电视台国防军事频道报道。

（刘长江）

武警淮安支队

【概况】 2022年，武警淮安支队围绕迎接保卫中共二十大召开、学习贯彻中共二十大精神，聚焦“稳中求进、精益求精”奋斗目标，部队建设向上向好。围绕实干兴队讲好支队故事，全年刊发稿件363篇，其中在《解放军报》《人民武警报》发表8篇，在省级媒体发表19篇。

【思想政治建设】 2022年，武警淮安支队采用机关“4个1”、基层“1+2”（“4个1”指支队每季度召开1次主题鲜明的教育宣讲、制作1部质量过硬的教育视频、开展1场生动活泼的现地教学、组织1轮深入人心的广泛讨论；“1+2”指基层每月组织1次贴近中队实际、引发官兵思考的小课串讲，2次带动官兵参与、激发成长成才的实践活动）组教模式，聚焦“忠诚维护核心、矢志奋斗强军”深化主题教育，按照“三个全面”“三个强化”（“三个全面”指在全面学习上下功夫、在全面把握上下功夫、在全面落实上下功夫；“三个强化”指强化思想引领、强化氛围营造、强化成果转化）要求学习中共二十大精神。组织歌咏比赛、篮球赛、仪式教育和读书分享会，发挥驻地红色资源和营区军史长廊、书香军营等熏陶激励作用，提升部队信仰信念。

【军事训练】 2022年，武警淮安支队聚力练兵备战，严格开展首长机关训练，抓好特战力量和专业分队训练。支队年度军事训练综合成绩总评优秀，1人被武警江苏总队评为“优秀教导队队长”，1篇作战问题研究成果被武警江苏总队评为二等奖。开展“过中队”活动2次，安排支队党委机关深入基层精准帮建3次，开展支部班子岗位练兵、新毕业学员岗前培训、班长骨干在岗轮训，执勤二中队和涟水中队被评为“四铁”先进中队，洪泽、金湖、勤务保障中队全面建设水平提升。

【执勤备战】 2022年，武警淮安支队推进执勤安保规范化建设，开展“过勤务”活动，纠治执勤隐患74个。聚焦迎接保卫中共二十大召开和应对强敌斗争准备，加强战备值班力量建设，稳步提升部队“两个不经”（不经人员装备补充、不经临战训练即能投入战斗）备战水平。年内，累计用兵4286人次，完成专项勤务68起，协同市公安局抓获网上通缉在逃人员1名。

（蔡缪卫）

人民防空

【概况】 2022年，淮安市人防工程标识标注基本实现全覆盖。淮安市获评全省人防工作综合考核先进单位、安全生产先进单位。

【实战化能力建设】 淮安市人民防空办公室（以下简称市人防办）牵头参加“苏防-2022 A”全省人防机动指挥所暨淮扬泰防护区联演联训活动，组织“9·18”防空警报试鸣活动。至年末，全市有各类防空警报器291台，城区警报音响覆盖率100%，警报系统实现全域覆盖。

【人防宣传】 2022年，淮安市结合重要节日，组织开展“5·12”全国防灾减灾日主题直播、“与生命同行”急救知识公益科普课堂、“勿忘国耻 强国有我”主题诵读会等系列活动。市、县人防宣教场馆全年接待各类社会团体、市民散客等1400多批次、2万余人次。市人防宣教场馆获得“淮安市青年文明号”“省防震减灾科普教育基地”“淮安市十佳网络公益项目”“恩来干部学院党性教育基地”“生命安全体验教室”“省科普教育基地”等称号。

（胡润琢）

双拥工作

【概况】 2022年，驻淮安部队基层单位与党政机关、学校、社会组织建立“资源联享、人才联育、经验联学、难题联解”四联共建机制。定期召开双拥和国防教育工作协调会，组织2次军地联合督查检查，形成“双拥”和国防教育工作闭环。坚持节日慰问向经常性互办实事转移、生活物资慰问向科技拥军慰问转移、解决常规问题向解决热点难点问题转移“三个转移”双拥工作理念，打造“幸福双拥”工作品牌。至年末，全市建成双拥公园13处、双拥广场15个、双拥街路10条、双拥永久性宣传牌228块、省级双拥示范基地4个。

【拥军优属】 2022年，淮安市连续23年开展“我为部队办实事”活动，援建交付作战政治工作辅助决策系统、拥军法治广场、公寓改造等项目，化解遗留难题。遴选专业技术人才充实拥军支前队伍，增建军供保障基地，形成综合运输军供保障功能。组织开展驻淮安部队“最暖家庭”“最美军嫂”“最萌军娃”评选活动，举行庆祝中国人民解放军建军95周年文艺展演暨驻淮安部队“最暖家庭”“最美军嫂”“最萌军娃”颁奖典礼，为受表彰的军人军属颁奖。开展驻淮安部队“三八”红旗手推荐申报工作，2名女兵获得市“三八红旗手”表彰。协调军人子女入学，139名军人子女进入市优质学校。做好10名随军家属就业安置，举办2022年淮安市随军家属就业专场招聘会，为25名随军家属提供岗位50余个。在春节、“八一”建军节、中秋节等节假日期间，组织举办军人集体婚礼，开展“幸福专车千里行”、“慈善双拥行”、关爱“边海防”官兵家庭系列活动。开展慰问驻淮安部队、慰问外训部队官兵返营和慰问淮安舰、清江团、刘老庄连等活动。春节、“八一”建军节期间，走访慰问驻守边海防官兵家庭，帮助2位边海防军人协调子女就近入学问题，为家属送去慰问金、慰问品计10.2万元。

【拥政爱民】 2022年，驻淮安部队官兵参加地方义务植树和采血车进军营无偿献血活动，做好驻淮安高校和淮安学生军训相关工作，完成2022年学生军训工作任务。组织民兵参加新冠疫情防控工作。开展军队移交资产遗留问题工作，淮安军分区对接中国融通集团公司，梳理出资产划入、土地分割、权证办理、项目运营等12项具体问题，建立起解决移交资产遗留问题“绿色通道”。

【双清单制度】 2022年，淮安市紧贴部队备战需求，制定出台《2022年双拥基础工作任务和军地互办实事计划》，明确共建单位和共建内容，建立互办实事“双清单制度”，135家单位与7支驻淮安部队结对共建，完成各类互办实事216件，投入金额700余万元。摸排全市拥军企业基本情况，遴选推荐2家优秀拥军企业至省退役军人事务厅，拓宽优待目录和服务范围。市退役军人事务局联合市文广旅游局，走进部队开展“喜迎二十大 书香‘浸’军营”世界读书日主题活动，为“图书借阅流通点”揭牌，签订双拥共建及图书借阅流通协议。市退役军人事务局联合市委宣传部为军地共建武警支队图书馆揭牌，赠送部队图书2000册和听读设备8套，丰富部队官兵文化生活。运用拥军优属专项资金帮助驻淮安部队解决重大困难，救助困难官兵9名。

（李 孟）

淮河生态经济带建设

责任编辑：周永达

“一中心五枢纽”建设

【建设规划】 2018年，国务院印发《淮河生态经济带发展规划》（以下简称《规划》），规划期为2018—2035年。淮河生态经济带包括江苏省淮安市、盐城市、宿迁市、徐州市、连云港市、扬州市、泰州市，山东省枣庄市、济宁市、临沂市、菏泽市，安徽省蚌埠市、淮南市、阜阳市、六安市、亳州市、宿州市、淮北市、滁州市，河南省信阳市、驻马店市、周口市、漯河市、商丘市、平顶山市和南阳市桐柏县，湖北省随州市随县、广水市和孝感市大悟县，共5省、25个地级市、4个县（市），规划面积24.3万平方千米，人口约1.5亿人。

淮河生态经济带战略定位为流域生态文明建设示范带、特色产业创新发展带、新型城镇化示范带、中东部合作发展先行区。构建“一带、三区、四轴、多点”的总体格局。其中，“一带”指淮河干流绿色发展带，“三区”指东部海江河湖联动区、北部淮海经济区、中西部内陆崛起区，“四轴”依托新（沂）长（兴）铁路等建设临沂—连云港—宿迁—淮安—盐城—扬州—泰州发展轴等，“多点”指区域中心城市之外的其他城市。《规划》将淮安市定位为“一中心五枢纽”，即东部海江河湖联动区区域中心城市和铁路枢纽、航空货运枢纽、成品油输储网络中心枢纽、淮河水运中心枢纽、区域物流中心枢纽。

【东部海江河湖联动区区域中心城市】《规划》中的东部海江河湖联动区包括淮安、盐城、扬州、泰州、滁州等市。发挥淮安市、盐城市区域中心城市引领作用，依托洪泽湖、高邮湖、南四湖等重要湖泊水体，统筹海江河湖生态文明建设，加强与长江三角洲、皖江城市带等周边区域对接互动。淮安市在流域内牵头成立9个行业联盟和淮河生态经济带农业农村专门委员会。2022年，淮安市举办第二届淮河华商大会，召开淮河生态经济带食品产业链联盟峰会。位于淮安市、盐城市境内的淮河入海水道二期工程正式开工。盱眙县与明光市签署一体化发展新型功能区共建合作协议。首次开展苏皖边界地区农资打假联合执法行动。

【铁路枢纽】《规划》以信阳市、阜阳市、驻马店市、蚌埠市、淮安市、临沂市为枢纽，建设横贯东西、连接南北的铁路大动脉。提升信阳市、蚌埠市、淮安市、徐州市铁路枢纽地位，完善铁路网结构，增加铁路网密度，扩大铁路网覆盖面，加快融入全国高速铁路网络。2021年，淮安市被列为全国综合性交通枢纽城市。2022年，淮安市境内有新长铁路、宿淮铁路两条普速铁路，有徐宿淮盐、连淮扬镇两条高速铁路，通达国内50多个大中城市。宁淮城际铁路淮安区境内先开段完成项目主体施工。

【航空货运枢纽】《规划》提出优化运输机场布局，在机场密度较低且需求潜力较大的地区，规划新建一批支线机场。加快通用机场建设，大力发展通用航空业，形成沿淮通用航空作业走廊。协调沿淮各运输机场分工定位，强化各机场业务合作，实现协同发展，促进空域资源有效利用。推进淮安航空货运枢纽建设。江苏省委、省政府着力打造淮安航空货运枢纽，使之与徐州陆港、连云港海港形成互为支撑的物流“金三角”。至2022年，淮安涟水国际机场开通运行全货机航线6条，当年完成货邮吞吐量1.54万吨。

【成品油输储网络中心枢纽】《规划》以现有油气输送管网为基础，积极接入全国主干管网，加强与相邻区域互联互通。加快建设淮安地下储气库，规划建设连云港原油储备库。依托淮安—连云港、淮安—滨海港、淮安—蚌埠输卤管道，推进跨区域盐卤输送管道、配套建设输配体系和储备设施建设；建设泌阳—桐柏—淮滨—蚌埠—淮安—滨海港的天然碱输送管道，同步完善沿线地区天然碱储配设施；以淮安为中心枢纽，建设覆盖整个淮河生态经济带的成品油输储网络。位于淮安市的齐湖油库是一座智能化管道油库，承担淮安乃至苏北地区油品收发任务。2022年，淮安市成品油储运进入“管道输送”模式，彻底打通苏中、苏北区域成品油仓储和物流瓶颈，提升成品油供应能力。

【淮河水运中心枢纽】《规划》提出进一步提升港口专业化、集约化与现代化水平，积极发展主要港口，适度在淮河支线发展一般港口，推进河流、湖泊内河渔港建设，实现沿海、沿淮主要港口与内河航道、内河港口协调发展，推进淮安、徐州、宿迁、枣庄、济宁、菏泽、阜阳、蚌埠、淮南、亳州、周口、漯河、固始、淮滨等内河港口二类口岸建设。支持信阳淮滨、蚌埠、淮安、连云港、盐城滨海港等临港经济区建设，推进有条件的海港建设煤电油气生产储运基地。2022年，淮安市有港区7个、码头103个、泊位370个，港口综合通过能力超1亿吨。上海港、江苏省港与淮安港合作成立上港（淮安）国际集装箱码头有限公司，开通至连云港海铁联运班列。完成集装箱吞吐量47.3万标准箱，占全省内河集装箱总量的39.4%，长期稳居江苏省内河第一。

【区域物流中心枢纽】《规划》支持信阳、驻马店、漯河、淮安、蚌埠、菏泽、临沂、阜阳等建设区域性物流中心。依托合肥、徐州、淮安、盐城、菏泽、临沂、阜阳等机场和淮安港、蚌埠港、淮南港、淮滨港、漯河港、周口港、固始港、霍邱港、菏泽港、凤阳港等内河港口，建设内河、空港物流园区。至2022年，传化集团、华润万家有限公司等物流龙头企业在淮安设立区域总部或大型物流园区，全国快递业前10强企业均在淮安设立区域分拨中心，全市有国家A级物流企业27家，淮安市区域物流中心枢纽初步形成。

（淮　鉴）

表4　2022年淮河经济带各市主要经济指标一览表（一）

地　区	土地面积（万平方千米）	常住人口（万人）	地区生产总值（亿元）		服务业增加值（亿元）		规模以上工业增加值增长（%）	固定资产投资增长（%）
			2022年	增长（%）	2022年	增长（%）		
徐州市	1.18	901.9	8457.84	3.2	4092.73	2.5	5.9	3.0
连云港市	0.76	460.1	4005.03	2.4	1766.55	−0.1	7.3	1.5
淮安市	1.00	455.3	4742.42	3.6	2285.10	1.9	8.2	9.7
盐城市	1.77	669.0	7079.78	4.6	3358.20	3.6	9.3	9.4
扬州市	0.66	458.3	7104.98	4.3	3308.34	3.1	8.7	10.0
泰州市	0.58	450.6	6401.77	4.4	2909.35	3.0	8.5	9.4
宿迁市	0.85	497.5	4111.98	3.6	1893.45	1.8	8.4	9.5
枣庄市	0.46	383.0	2039.04	4.5	1040.67	4.4	7.0	10.1
济宁市	1.12	829.1	5316.88	4.4	2637.81	4.1	8.6	−16.1
临沂市	1.72	1099.3	5778.52	4.2	2973.17	3.4	7.0	12.3
菏泽市	1.22	868.3	4205.34	4.2	2055.64	3.3	8.1	18.3
淮北市	0.27	195.0	1302.79	0.2	643.26	0.5	−1.9	2.9
亳州市	0.85	496.0	2101.50	4.2	1082.30	3.4	10.6	8.8
宿州市	0.99	530.0	2224.59	3.9	1114.84	3.3	5.7	9.6
蚌埠市	0.60	330.9	2012.28	2.0	1061.07	1.8	1.0	0.5
阜阳市	1.01	814.1	3233.32	3.9	1577.84	3.1	5.7	6.5
淮南市	0.55	302.7	1541.07	2.0	734.05	1.4	0.5	3.6
滁州市	1.35	405.0	3609.98	5.5	1500.46	3.5	10.1	16.5
六安市	1.50	437.9	2004.64	4.2	951.92	1.9	8.7	16.2
平顶山市	0.79	496.1	2839.33	4.1	1320.81	2.8	6.4	9.6
漯河市	0.27	236.8	1812.89	5.2	855.86	3.6	7.1	13.4
商丘市	1.07	773.0	3262.68	5.1	1424.14	3.4	7.0	13.0
信阳市	1.88	616.6	3196.23	3.2	1485.54	2.1	3.2	12.9
周口市	1.20	881.2	3616.99	2.9	1530.25	2.6	1.9	11.7
驻马店市	1.51	689.9	3257.36	5.2	1402.28	3.9	6.0	13.5

（资料来源：市统计局）

表5 2022年淮河经济带各市主要经济指标一览表（二）

地区	社会消费品零售总额（亿元）		一般公共预算收入（亿元）		进出口总额（亿元）		注册外资实际到账（亿美元）	
	2022年	增长（%）	2022年	增长（%）	2022年	增长（%）	2022年	增长（%）
徐州市	4102.73	1.6	517.43	-3.7	1291.09	2.9	12.24	-48.9
连云港市	1197.69	-0.5	212.81	-22.6	1075.68	14.8	7.80	5.7
淮安市	1820.19	-0.4	300.08	1.0	428.32	12.4	10.18	7.1
盐城市	2700.59	0.6	453.26	0.5	1372.38	23.3	11.83	9.0
扬州市	1518.91	2.6	325.49	-5.4	1101.19	13.9	15.35	-14.3
泰州市	1588.36	0.7	416.65	-0.9	1307.33	8.2	11.39	-32.2
宿迁市	1465.89	0.4	271.78	1.5	560.07	30.1	11.76	48.2
枣庄市	1014.50	-2.6	168.88	6.3	430.96	42.8	6.73	48.7
济宁市	2463.00	0.1	447.66	1.6	848.17	25.0	12.92	14.5
临沂市	2918.80	-0.4	420.20	2.6	1875.10	6.7	13.88	0.9
菏泽市	1889.56	-1.4	300.61	5.9	654.29	15.1	6.16	23.8
淮北市	494.87	-5.1	101.00	13.8	95.29	-17.7	0.42	-52.0
亳州市	1188.22	-0.2	148.13	5.6	43.68	4.5	0.16	153.9
宿州市	1224.01	-1.3	155.35	5.1	120.67	12.1	0.20	-44.6
蚌埠市	1256.24	-2.4	174.03	4.0	199.70	13.4	0.20	211.5
阜阳市	2296.50	3.0	184.80	-2.5	136.10	-1.6	1.29	694.7
淮南市	883.13	2.0	120.31	9.8	79.28	21.3	0.32	32.4
滁州市	1555.97	4.0	277.85	10.8	417.11	7.3	1.63	23.4
六安市	1183.25	2.4	161.26	9.3	101.80	3.6	0.16	136.8
平顶山市	1115.78	1.4	225.93	11.2	57.50	37.0	0.56	27.6
漯河市	734.20	2.5	131.87	15.1	51.40	-13.1	0.60	2.1
商丘市	1518.31	1.9	207.33	9.0	65.60	20.6	0.23	1995.4
信阳市	1270.12	1.4	136.96	1.2	55.40	-10.4	0.41	-20.7
周口市	1837.29	1.8	180.12	13.8	118.50	16.5	0.08	-55.1
驻马店市	1125.95	2.7	204.48	12.6	99.60	34.4	0.27	4.0

（资料来源：市统计局）

表6 2022年淮河经济带各市主要经济指标一览表（三）

地区	城镇常住居民人均可支配收入（元）		农村常住居民人均可支配收入（元）	
	2022年	增长（%）	2022年	增长（%）
徐州市	42610	4.3	25210	6.4
连云港市	41282	3.6	22667	6.1
淮安市	46041	4.7	23404	6.9
盐城市	45896	4.8	27794	6.7

续表6

地区	城镇常住居民人均可支配收入（元）		农村常住居民人均可支配收入（元）	
	2022年	增长（%）	2022年	增长（%）
扬州市	53673	5.4	29332	7.2
泰州市	56576	5.1	29417	7.4
宿迁市	36756	4.8	23058	6.9
枣庄市	39727	5.0	20858	6.7
济宁市	42989	4.2	22137	6.7
临沂市	44457	4.3	19000	6.8
菏泽市	33334	4.6	18040	6.9
淮北市	41701	5.1	17495	6.0
亳州市	39364	5.5	17872	6.6
宿州市	38910	4.4	16897	6.2
蚌埠市	44652	4.7	20687	5.9
阜阳市	39240	5.0	16871	6.3
淮南市	43353	4.8	17722	6.1
滁州市	41043	5.2	18630	7.1
六安市	38883	5.7	17216	7.6
平顶山市	38375	3.6	17984	6.3
漯河市	38681	5.2	21251	6.4
商丘市	35975	3.5	15868	7.3
信阳市	34819	4.0	17923	8.0
周口市	31720	2.9	15202	7.5
驻马店市	34771	4.8	16366	7.2

（资料来源：市统计局）

生态走廊建设

【概况】 2022年，淮河生态经济带各成员城市协同推进生态文明建设，加强跨界河流污染防控，推动建立生态补偿机制，维护流域生态安全。徐州、临沂、枣庄、宿州四市签订《跨省流域上下游突发水污染事件联防联控机制框架协议》，协同处置跨界水污染事件；泰州市、盐城市、扬州市实施超标补偿、达标受益双向补偿制度；淮南市、阜阳市建立焦岗湖联合保护机制，作为两市共同考核目标。宿州市入选全国首批区域再生水循环利用试点城市，淮北市采煤沉陷区生态综合治理工程获中国建设工程“鲁班奖”。淮安市2个项目创成首批淮河流域幸福河湖暨江苏省级幸福河湖。全年淮河生态经济带25市实现地区生产总值9.53万亿元，服务业增长值4.5万亿元。

【河湖生态改善】 2022年，淮河流域各地聚焦群众身边突出水环境问题，推动流域河湖水环境质量持续好转。至年末，流域五省纳入全国“清四乱”（对乱占、乱采、乱堆、乱建等河湖管理保护突出问题开展专项清理整治行动）专项行动的7787个突出问题全部完成整改，拆除违法建筑面积1032万平方米，清理非法占用河湖岸线1.46万千米，清除河道内垃圾766万吨，拆除非法采砂船只5373艘。清理整治“四乱”问题228个。水利部门清退南四湖、骆马湖、洪泽湖等流域重要湖泊圩区、网箱235平方千米，恢复水面面积61平方千米。推进洪泽湖、骆马湖至南四湖段全面禁采。非法采砂船只全部清零。淮河流域陆续建设16个流域级幸福河湖和1000余个省、市级幸福河湖，形成一批治水效果明显、管护机制完善、可复制可推广的典型经验。

【河湖管护机制】 2022年，水利部淮河水利委员会与流域各省全面落实河湖长制，推进河湖保护治理。完成淮河流域内12.86万千米河道、242个河湖管理范围划界。淮河流域有各级河湖长27.2万名，管理范围覆盖流域所有河流、湖泊、沟渠和水库。流域各省

2022年，古淮河生态发展带步道实现无障碍通行。图为古淮河文化生态景区　　市文广旅游局　供

建成流域突发水污染事件联防联控机制、河湖长制沟通协商机制，广泛建立“河长+警长”“河长+检察长”等协作机制。河南省创建省级河长制信息管理平台，实现一个平台五级共用，借助卫星遥感、无人机航拍、视频监管、人工巡查，构建“天、空、地、人”立体化监管网络，以信息化推动河湖管理现代化。安徽省启动实施集提高防洪能力、改善两岸交通、修复淮河生态、提升人居环境于一体的“靓淮河”工程，打造“相看两不厌，最美淮河岸”的生态绿轴、文化长廊、城市客厅和市民公园。江苏省创新“大数据+网格化+铁脚板”管理模式，全面建立河湖管理系统和河长制信息化平台，采取任务交办单、督办单等形式推动解决重点难点问题，形成务实管用、履职顺畅的工作体系。山东省选取地市、河段、水闸和所有大型水库，开展数字河湖试点工作，全面提升河湖工程管护数字化、标准化、可视化、智慧化水平。湖北省在淮河流域内的随州市、孝感市建立每季度一次工作督查、一次巡河履职通报、一次水质监测通报、一次“四乱”问题暗访的“四个一”工作机制。

【古淮河保护建设】 古淮河，又称废黄河（古黄河）、黄河故道，古黄河淮安段位于古淮河京杭运河河口至淮安区苏嘴镇与盐城市交界处。2016年，制定出台《淮安市古淮河保护条例》，设立古淮河保护区，保护区范围为古淮河水域及其两岸迎水坡坡顶外延100米陆域。2021年，编制《江苏省淮安市古黄河生态发展带研究规划》，确定打造“中国淮河文化承载区、淮安市生态文明示范走廊”总体定位。从东到西串联起古淮河湿地公园、樱花园、中国南北地理分界线标志园、桃花坞、柳树湾、动物园等10个生态公园，形成一条长约40千米的城市绿脉和辐射43平方千米的“十五分钟社区生活圈”，为沿线居民提供更加开放、绿色、舒适的休闲活动空间。2022年，淮安市将古黄河生态休闲带开放连通工程列为市中心城市建设重点项目、市政府为民办实事重点项目。工程依托公园、步道和沿线绿化空间，按照“先贯通、后亮化、再提升”原则，统筹设计绿化景观、慢行系统、配套服务设施、交通衔接设施、标识导视系统五大建设内容，实施步道、栈桥改造、上下通道连通、桥下空间整治、城市家具完善、景观绿化提升等具体项目。年内，该步道实现无障碍化贯通，初步形成一条“水绿贯通”的城市绿脉。

（淮　鉴）

【洪泽湖保护与管理】 2022年，江苏省洪泽湖水利工程管理处增设湖泊监测保护中心3个，增强洪泽湖现场监测保护能力。全年恢复河湖生态岸线13千米，累计恢复河湖生态岸线超50千米。编制《洪泽湖健康状况报告》《洪泽湖管理年报》，以及“数字洪泽湖”平台构建初步方案。推进洪泽湖退圩还湖年度工作，对退圩还湖现场进行监督性测量。更新升级洪泽湖网格化管理平台，加强涉湖项目监管，做好洪泽湖退圩还湖与滞洪区近期工程建设衔接。开展监督巡查105次，全湖湖长办、网格员开展网格化管理巡查14263次，开展滞洪区建设监督巡查28次、退圩还湖巡查20次、专项巡查2次。石港泵站更新改造工程获评江苏省优质工程奖“扬子杯”，三河闸、石港抽水站被认定为2022年度第一批省精细化管理工程。

防汛防旱　三河闸累计泄洪29天，最大泄洪流量1191立方米/秒，累计泄洪19.6亿立方米，石港抽水站运行2642台时，抽水2.06亿立方米，全年累计执行调度指令21次，执行准确率100%。召开联防工作会议，联合开展险工患段检查、入江水道行洪督查，现场复核淮安、宿迁、扬州三市碍洪疑似图斑925处，编制完成洪泽湖大堤、入江水道淮安段防汛工作手册和布防“一张图”。

水政执法　洪泽湖管理处与洪泽区公安、渔政部门达成联合执法合作协议，在省水利厅属管理处中率先建立水利、公安、渔政联合执法机制，开展4次联合执法行动。通过省水政监察总队水行政执法基地标准化建设验收。开展洪泽湖禁采巡查监管，日常巡查、重点巡查和联合巡查相结合，维护洪泽湖禁采成效。参与省水利厅关于洪泽湖周边17个引水口门运行情况核查，提高水资源利用效率。

（曹恒楼）

【灌溉总渠和淮河入海水道保护与管理】 2022年，江苏省灌溉总渠管理处暨淮河入海水道工程管理处完成年度调水任务。淮安三站、淮安引江闸、通榆立交、六垛闸4座工程完成工程精细化管理初评。淮安一站开展工程垂直位移精密监测，高良涧闸持续开展流量率定与同步实测精准调度，海口闸安全监测研究及精密监测项目投入运行。

申报淮安枢纽数字孪生项目，被列入19项省级数字孪生流域与工程先行先试项目清单。编制完成以淮安站变电所为例的水利行业智能变电所建设标准。获中国职工技术协会年度职工技术创新成果奖1项，江苏省技术进步奖1项、实用新型专利18项。全年完成省财政批复下达维修养护项目62个。

防汛防旱　完善防汛防旱物资储备，抓好防汛抢险突击队实训演练，加强防汛防旱及工程维护管理。淮安站全年开机178天，抽水36.7亿立方米，最大抽水流量335立方米/秒；淮阴站（一、三站）开机156天，抽水19.9亿立方米，最大抽水流量258立方米/秒，淮安站、淮阴站年度抽水量分别突破或接近历史极值33.6亿立方米、19.97亿立方米。灌溉总渠渠首泄水39亿立方米；六垛南闸泄洪9.5亿立方米；南、北运西闸分别引水供调138天、149天，引水约16亿立方米；入海水道海口枢纽排水13亿立方米以上。

水政执法　常态开展湖泊网格化管理、河道段格化管理，开展水生态监测和遥感监测。累计开展河湖巡查检查79次、专项检查22次、湖泊网格化巡查380次，巡查总里程2800千米。完成961个碍洪问题点排查复核。加强与淮安、盐城两市及省水利厅联系，为省级河长巡河提供基础信息及服务。加强日常水政巡查和水事案件查处，完成执法支队省级标准化示范点创建。

（陆　洋）

【白马湖保护与管理】 白马湖位于江苏省淮安市区东南约30千米，是南水北调工程东线过境湖泊、江苏省十大湖泊之一、全国15个生态良好重点保护湖泊之一。白马湖生态保护功能片区土地利用规划面积887平方千米，核心区面积320平方千米，湖体南北长17.8千米、东西宽6.4千米。白马湖湿地是中国南水北调东线工程重要的调蓄湖泊和水源地，水草覆盖率50%以上。2013年，淮安市实施白马湖退圩还湖、清淤净湖、栖息地修复等工程，白马湖恢复成为自然湖泊湿地。2017年起，淮安市对白马湖进行保护性开发，实施退圩还湖、清水入湖、清淤净湖、生态养湖“四大工程”。对白马湖上游10条中小入湖河道进行集中整治，实施控源截污、驳岸清淤、湖岸生态修复工程。

2022年，淮安市加强白马湖水域岸线管控，以水域岸线功能分区作为项目审批依据。推进白马湖网格化管理系统建设，设立湖区应急监控、水质监测、应急处置等设施，加强白马湖生态环境常态长效保护。白马湖湖区水质持续稳定在Ⅲ类标准，部分断面水质达到Ⅱ类。1月，白马湖开展实地调查，发现青头潜鸭125只，“2022年青头潜鸭越冬期全国同步调查”将白马湖收录为青头潜鸭在江苏的新分布地点。淮安环境监测中心在白马湖检出鱼类70种属，多次多点位检出鳑鲏、马口鱼、宽鳍鱲、青鳉等对水生态环境质量较为敏感的良好环境指示鱼类。至2022年末，淮安市累计投入30亿元对白马湖进行整治及生态修复，全面实施湖泊水体总磷治理等36项生态环境保护工作。共退养湖面9433公顷，水面面积较治理前增加1倍。转移安置855户3319名专业渔民，清淤4000万立方米，湖区净水面扩大到86.7平方千米，较治理前增加1倍。实施湖岸生态修复约50千米，恢复湖滨带约34千米，增加生态涵养林533公顷，湖泊生态安全水平稳步提升。

2022年，淮安市继续加大白马湖生态修复力度。图为白马湖国家湿地公园鸟类栖息地　　赵启瑞　摄/视觉江苏网　供

【淮河流域省级河湖长第一次联席会议】 7月21日，淮河流域省级河湖长第一次联席会议以视频形式召开，主会场设于河南省郑州市。会议听取淮河水利委员会关于淮河流域河湖长制及河湖保护工作情况的汇报，审议通过《淮河流域省级河湖长联席会议工作规则》，明确淮河流域“十四五”时期幸福河湖建设计划及2022年度建设任务，就加强联防联治、推进河湖“四乱”和碍洪问题清理整治、开展江河湖海水域清漂专项行动等事项进行部署。

【全省淮河流域入河（湖）排污口排查整治】 2022年上半年，江苏省启动淮河流域入河（湖）排污口排查整治。将农村生活污水散排口纳入排查范围，将城镇雨洪排口、水质异常沟渠等突出问题纳入排查范围，确保问题排口不遗漏。使用可见光无人机对可飞行区域进行排查，分辨率提高至0.05米，全面识别出水面以上排口；使用热红外无人机对工业园区内河道进行重点排查，识别出有水外排的水下排口；利用卫星遥感对禁飞区开展排查，识别出禁飞区内排口。收集整合淮河流域水文资料，绘制流域水系图。开发江苏省入河（湖）排污口排查整治系统和App，编写排污口现场排查、监测、溯源工作手册。涉及8个设区市，河湖岸线长度超2万千米。至9月，省生态环境厅完成一级排查，投入213名技术人员、62架无人机，完成淮河流域500条河道和55个重点湖泊排查，排查总面积7895.2平方千米；通过信息解译发现疑似排口70296个、可疑区域12063个，梳理地方前期排查发现排口14926个。9月22日，江苏省生态环境厅部署启动二、三级排查工作。

【创成首批淮河流域幸福河湖暨江苏省级幸福河湖】 2022年，淮安市淮河入江水道金湖城区段、涟水县五岛湖高分通过水利部淮河水利委员会和省水利厅联合验收，创成首批淮河流域幸福河湖暨江苏省级幸福河湖，其中淮河入江水道金湖城区段成为全省首个省级领导担任河长的幸福河湖，形成可复制推广的大江大河治理管护典型经验。五岛湖建设幸福河湖为小微湖泊治理管护提供可借鉴经验。验收组肯定淮安市幸福河湖建设工作成效，认可淮安打造千里淮河的工作亮点。在淮安市淮河入江水道金湖城区段项目中，淮河入江水道为淮河下游干流，承泄淮河上、中游大部分的洪水，上起洪泽湖三河闸经高邮湖至三江营汇入长江，全长157.2千米。金湖县境内入江水道长31千米，水面宽3千米，幸福河湖建设范围位于西北至与洪泽区交界处，西南至黎城与戴楼交界处，东至东、西漫水闸，长约12千米。在五岛湖建设幸福河湖项目中，五岛湖水利风景区地处涟水县县城中心，西至涟水县大关挡洪闸，南至涟水县中山路，北至渠北路，东至城东节制闸，景区总面积1.67平方千米，水域面积0.97平方千米，景区包含五岛湖公园板块、能仁寺景区板块、涟水历史博物馆板块和涟河生态景观带板块四大部分。幸福河湖建设范围西至卧佛路，南至涟漪路，北至常青路，东至同乐路。

【《江苏省洪泽湖保护条例》施行】 3月31日，《江苏省洪泽湖保护条例》在江苏省十三届人大常委会第二十九次会议上表决通过，于2022年5月1日起施行。条例共7章58条，对洪泽湖规划与管控、资源保护与利用、水污染防治、水生态修复等作出明确规定。

（淮　鉴）

城市合作

【概况】 2022年，淮河生态经济带各成员城市贯彻落实淮河生态经济带第三次省际联席会议和市长会商会精神，围绕《淮河生态经济带发展规划》和省、市重点合作事项，加强交流合作，合力打造绿色生态廊道，完善基础设施建设，推动上下游协同发展。沿淮城市地区生产总值总量为9.65万亿元，同比增长5.5%，增幅高于全国2.5个百分点。

【城市互联互通】 2022年，淮河生态经济带各成员城市协同推进公、铁、水、空等基础设施建设，构建布局合理、功能完善、智能绿色、安全高效的现代化基础设施体系。枣菏高速、徐淮快速通道淮北段等建成通车，加快建设阜阳至淮滨高速公路安徽段、徐州至淮北至阜阳高速公路阜阳段等项目。建成运营鲁南高铁、宁盐高铁联络线，开工建设宁淮铁路、京港台高铁商丘段、阜淮铁路、淮宿蚌城际铁路。连云港港30万吨级航道投入使用，淮河入海水道二期工程开工建设，周口市相继开通上海港等7条国内集装箱航线和直达美国洛杉矶长滩港等6条国际集装箱航线。完成淮安涟水国际机场三期项目货站国际区改造，完成盐城南洋机场T1航站楼建设，枣庄翼云机场、亳州机场项目开工建设。

2022年，涟水县五岛湖创成省级幸福河湖　　市水利局　供

【产业协同发展】 2022年，淮河生态经济带各成员城市立足各地产业基础和比较优势，加强产业分工合作，提高协同创新能力，构建现代化产业体系。平顶山市打造国际一流尼龙新材料产业基地，枣庄市推动建设绿色安全新能源典范城市、打造中国北方锂电之都，随州市广水风机产业集群入选湖北省科技创新型产业集群。漯河、淮安两市构建国内一流食品全产业链商品交易和招商引资合作平台；济宁市牵头组建“鲁南经济圈品牌促进委员会”，成为山东省第一家专业品牌推进机构；亳州市和阜阳市联合打造的“安徽省亳药产业集群”入选农业农村部2022年优势特色产业集群建设名单。

【文旅融合发展】 2022年，淮河生态经济带各成员城市挖掘区域文旅资源，策划旅游线路，推动旅游业与文化创意、美食购物、休闲娱乐等业态融合发展。宿迁市举办“相约酒都创赢未来”2022中国酒都（宿迁）文化旅游节，济宁市举办2022山东省旅游发展大会和中国（曲阜）国际孔子文化节，菏泽市举办第32届国际牡丹文化旅游节和世界牡丹大会，桐柏县打造集淮河源头探秘、红色传统教育和民俗风情体验等于一体的最佳区域性文旅目的地，大悟县2条路线入选全国百条红色茶乡旅游精品路线。安徽沿淮8市联合开展2022年风情淮河春游季活动;信阳市实施大别山百家主题民宿示范工程,编印全国首部区域民宿发展白皮书。

【民生事业合作】 2022年,淮河生态经济带各成员城市加强基本公共服务共建共享,提升区域基本公共服务均等化水平。枣庄、临沂、济宁、菏泽四市签署《鲁南经济圈中医药学术交流合作协议》,加强医疗学术、人才培养、学术交流等方面合作。淮北市与宿迁、连云港、徐州等市签订跨省异地就医基金监管协同联查合作协议,开展异地就医费用互审核查。扬州市对接泰州市、盐城市就业服务网络,推动就业失业登记、就业指导、职位发布、政策咨询等服务对接。宿迁、枣庄等市签署劳务合作协议,共同举办用工劳务对接会。阜阳经贸旅游学校与江苏东台市海鹏职业培训学校共建人才培养基地,江苏徐州技师学院和淮北技师学院结成友好帮扶学校。

【开放合作】 2022年,淮河生态经济带各成员城市扩大对外开放,构建陆海内外联动、东西双向互济开放格局。淮安市举办第二届淮河华商大会。盐城市发挥淮河生态经济带出海门户作用,打造江苏沿海综合能源保供基地。商丘市与郑州航空港区、河南中豫国际港务集团合作,共同建设商丘国际陆港和"一带一路"商丘基地中心。阜阳市与毗邻13个县(市、区)签署《阜阳城市圈城市合作协议》,打造皖豫城镇协调发展示范区和新兴增长极。淮安市、蚌埠市发挥行业联盟牵头作用,推进港口联盟和气象灾害联防合作联盟建设,依托云平台,实现联盟成员信息共享。淮安市举办2022年淮河生态经济带气象灾害联防合作联盟学术交流会。

【河湖管理合作】 2022年,水利部淮河委员会与流域各省完善淮河流域省级河湖长联席会议机制、"淮委+省河长办"沟通协商机制以及淮河干流苏皖、鄂豫、豫皖省界采砂联防联控机制;与皖苏鲁三省河长制办公室签署南四湖、高邮湖"一湖一策"修编和实施合作协议。完善淮河"水利一张图"功能,实现河湖管理范围、涉河建设项目、"四乱"(乱占、乱采、乱堆、乱建)问题等信息上图。开展淮河等重要跨省河流水资源统一调度;加强河湖生态流量监管,确定淮河流域17条(个)跨省重点河湖生态流量保障目标;提升流域上游地区、南水北调东线水源区水源涵养和水土保持生态保育能力。淮安市全面建立县级以上跨界河湖协同共治机制,与安徽省滁州市以及省内宿迁市、连云港市、扬州市等地建立联合河湖长机制,市域内同步签订跨界河湖协同共治协议。

7月30日,淮河入海水道二期工程开工。图为开工仪式　　市发改委　供

【盱眙县与明光市签署一体化发展新型功能区共建合作协议】 6月9日,淮安市盱眙县与安徽省明光市签署一体化发展新型功能区共建合作协议。双方按照统筹规划、分步实施,重点突破、一体推进原则,在交通基础设施、产业合作、生态环保、社会治理等方面实现一体化发展。依托两地共有的占全球储量50%高品质凹凸棒矿产资源,推动上海交通大学—明光凹凸棒新材料联合研究中心与中国科学院盱眙凹土应用技术研发与产业化中心共同开展产品研发,开展产业发展重大瓶颈、重大关键共性技术攻关,实现产业协同发展。

【淮河入海水道二期工程开工】 7月30日,淮河入海水道二期工程正式动工。二期工程位于淮安市、盐城市境内,在一期工程基础上进行扩挖,西起洪泽湖二河闸,东至滨海县扁担港入黄海,全长162.3千米,工程涉及淮安市清江浦区、淮安区、淮安工业园区、洪泽区,盐城市阜宁县、射阳县、滨海县和省属淮海农场。工程工期7年,投资预算438亿元,将洪泽湖防洪标准提升至300年一遇,入海行洪能力提高至7000立方米/秒并兼顾2000吨级航道功能。年内,入海水道二期工程成功申报国家基础设施投资基金,投放到位资金15.93亿元,累计完成投资额16.25亿元,超额完成年度建设任务。

【首个淮河跨省河流水资源调度计划】 2022年,水利部淮河水利委员会编制完成、印发实施淮河跨省河流2022年度水资源调度计划。该计划是淮河流域首次跨省水资源调度计划。调度计划根据相关河流水量分配方案,结合年度来水预测、水库蓄水情况,综合分析湖北省、河南省、安徽省、江苏省报送的年度用水计划建议和工程运行计划建议,明确各省级行政区域年度水量分配指标、重要断面下泄水量控制指标以及纳入流域水资源统一调度的水工程运行计划,提出水资源调度计划执行与调整、水量监测与信息共享及有关保障措施,为开展年度水资源调度提供工作基础和技术支撑。

【淮河生态经济带高校专场云端招聘】 2022年，淮安市加强与淮河生态经济带城市人力资源合作，助力经济社会发展。市人力资源和社会保障部门组织淮安捷泰新能源科技有限公司、江苏沙钢集团淮钢特钢股份有限公司、江苏今世缘酒业股份有限公司等16家市重特大项目、重点企业深入淮河生态经济带城市高校开展产业人才招聘活动。走进安徽理工大学、淮南师范学院和安徽财经大学，通过高校网站、高校毕业生就业群宣传发布淮安市情才情、企业招聘信息，吸引众多毕业生到场应聘。招聘活动提供优质岗位85个，用工需求1107人，涉及材料、电子信息、化工、金融类等相关专业，3场招聘活动收到毕业生简历719份，达成就业意向116人。

（黄永东）

产业转型升级

【传统产业绿色升级】 2022年，淮安市加强节能降耗工作，遏制"两高"（高耗能、高排放）项目盲目发展，开展传统产业绿色化改造，以化工、钢铁等主要耗能行业为重点，组织实施多项节能项目；推进绿色制造体系建设，推动可挥发性有机物清洁原料替代工作。以制造业智能化改造和数字化转型推动工业经济跨越赶超，做好强基础、树典型、优服务等方面工作。引进智能设备，优化生产工艺，推动企业智能化、信息化、绿色化融合发展。全年创成省级智能制造示范工厂4家、省级智能制造示范车间9家、省级工业互联网标杆工厂4家、省级"专精特新"中小企业75家、星级上云企业171家。

【特色优势产业发展】 2022年，淮安市起草制定《关于加快推动先进制造业集群发展的实施意见》，提出"7+3"优势产业和先导产业集群定位。突出建群强链，加强产业集聚，集中发力，围绕打造长三角先进制造业融合发展集聚区，重点打造新能源及节能装备、新能源汽车及零部件、纤维新材料、化工新材料、PCB电子元器件、绿色食品、生物技术及新医药7个优势产业集群，培育人工智能、集成电路、新兴数字产业3个先导产业集群。围绕引进集群核心企业，对上下游核心原料、关键零部件企业实施精准招引，在项目审批、资源要素供给等方面给予充分保障，优化调整市领导挂钩帮扶机制，推进一批龙头项目加快发展，台华新材绿色多功能锦纶新材料一体化项目、今世缘南厂区技改项目等一批富有竞争力、特色鲜明的优势特色产业集群项目加快建设。

【战略性新兴产业发展】 2022年，淮安市坚持把培育发展战略性新兴产业作为推进产业重构升级的重要路径，通过做精做深产业分析研判和项目预评估等工作，推动新一代信息技术、高端装备、新能源汽车、新材料、生物医药等战略性新兴产业加快发展。建立战略性新兴产业企业库，开展保产业链和供应链稳定工作，做好新兴产业项目招引，促进项目尽快竣工投产，帮助新兴产业企业稳定生产，壮大战略性新兴产业发展规模。在新签约工业项目中，有上市企业、高新技术企业、"专精特新"、行业"小巨人"、行业"独角兽"类企业项目161个，占比30.7%。全市规模以上工业战略性新兴企业实现产值1498亿元，占全市工业总产值的41.4%，较上年提升2.8个百分点。

（淮　鉴）

平台建设

【概况】 至2022年，淮安市在淮河流域内牵头成立淮河生态经济带工商联盟、青商联盟、卫生健康联盟、文化旅游联盟、报业融媒体联盟、地理标志品牌保护联盟、气象灾害联防合作联盟、侨务工作联盟、食品产业链联盟9个行业联盟；牵头成立淮河生态经济带农业农村专业委员会，联合蚌埠市、信阳市共同发起成立淮河生态经济带水利专业委员会。与国家发展改革委主管的中宏网合作，在中宏网首页国家战略版块增设《淮河生态经济带》专栏。年内，举办中国·淮安第二届淮河华商大会，连续第三年举办淮河生态经济带体育产业博览会。

8月23日，中国·淮安第二届淮河华商大会签约仪式举行　淮安日报社　供

【第二届淮河华商大会】 8月23—25日，中国·淮安第二届淮河华商大会在淮安市举行。海内外知名侨领、华商代表以及淮河沿线5个省28个市的代表近200人出席开幕式。大会由江苏省委统战部、江苏发展大会秘书处、淮安市委、淮安市政府主办，旨在进一步放大淮河华商大会资源集聚和示范引领效应，主动融入国内国际“双循环”新发展格局，推动淮安高质量跨越发展。大会期间，举行第二届淮河生态经济带食品产业链联盟峰会、“创业中华筑梦江苏”淮安行和数字经济产业发展论坛3个子活动；发布《第二届淮河华商大会华商宣言》，呼吁海内外侨领华商主动融入淮河生态经济带建设规划，寻求具体项目及合作机会，发挥华商群体人才荟萃、联系广泛、融通中外的优势。开幕式当天，签约项目69个，总投资876.2亿元，其中50亿元以上项目9个，总投资586.5亿元。

【第二届淮河生态经济带食品产业链联盟峰会】 8月23日，第二届淮河华商大会重要活动板块——第二届淮河生态经济带食品产业链联盟峰会在金湖县举行。峰会现场，专家、学者、企业家就激发食品企业发展动能深入交流。围绕产业前沿新理念、新模式，发布30个淮河生态经济带食品产业创新案例，放大峰会引领效应。各县区结合自身资源优势、产业特色进行招商推介，组织与会嘉宾实地考察洽谈，通过双向对接，助推一批有突破、有影响、有实效的项目落地。

【第二届淮河华商大会数字经济发展论坛】 在中国·淮安第二届淮河华商大会期间，淮安市委统战部主办数字经济发展论坛。论坛主题为“抢抓数字经济新赛道，增创跨越发展新优势”，淮安市、县区政府部门和企业及客商代表近200人参加。论坛旨在盘点数字经济发展面临的机遇与挑战，搭建学术理论研究和产业实践应用桥梁，为淮安未来数字经济发展建言献策，加快经济社会数字化发展进程。江苏省发改委原主任、南京大学教授、博士生导师、江苏沿海开发研究院首席专家钱志新，江苏省工程咨询中心有限公司副总经理、正高级工程师周义作分别作主旨演讲报告。

【世界水谷淮河生态经济文化研究院（盱眙）成立】 12月26日，世界水谷淮河生态经济文化研究院（盱眙）成立仪式在盱眙县举行。河海大学、水利部淮河水利委员会、中国水力发电工程学会、江苏省水利厅等部门专家，江苏省、河南省、安徽省、山东省、湖北省5省淮河流域县市代表出席活动。活动以“共建淮河生态经济带、共促淮河水文化创新”为主题，参会代表对淮河生态经济带现状进行分析，对淮河生态经济带文化创新提出建议，并就如何将潜力转化为动力、如何推广淮河文化形成水领域全球影响力等热点话题进行探讨交流。盱眙县与南水北调东线江苏水源有限公司、中国电建集团第十一工程局有限公司、中国电建集团华东勘测设计研究院有限公司签署战略合作协议，盱眙县淮河镇与湖北省随县淮河镇建立友好合作关系。各方研究谋划推进开展“淮河国际论坛”活动相关事宜。

【中宏网淮河生态经济带专栏】 2022年，中宏网《宏·观淮河生态经济带》栏目推出12期、108篇文章。每期栏目设淮河生态经济带最新动态、淮河视角、淮河文脉、淮河朋友圈动态4个版块，集中展现淮河沿线城市发展成就，打造淮河生态经济带建设对外宣传的全媒体平台，扩大淮河生态经济带影响力。中宏网在首页国家战略版块设置《淮河生态经济带》专栏，2021年正式运行。

（淮　鉴）

经济管理

责任编辑：李静华

宏观经济调控

【经济发展规划】 2022年，淮安市落实《淮安市国民经济和社会发展第十四个五年规划和2035年远景目标纲要实施方案》。印发《淮安市"十四五"信息化发展规划》《淮安市"十四五"工业经济发展规划》《淮安市"十四五"现代服务业发展规划》《淮安市"十四五"开放型经济发展规划》《淮安市"十四五"文旅产业发展规划》。市发改委编制《淮安市区热电联产规划（2022—2025）》，提高能源利用效率，助力地方经济高质量发展。

【经济运行监测】 2022年，淮安市完善经济运行分析机制，进一步增强经济运行监测的时效性、精准性。对纳入全市经济社会发展预期的主要统计指标实施常态化、全过程动态监测预警，为保持经济运行在合理区间提供科学、客观的信息支撑。综合运用宏观数据和微观情况，分析研判经济运行走势与特点，提出前瞻性对策建议。6月，制定"淮十条"扶持措施，提振市场主体信心，增强经济发展动力。7月，印发《淮安市涉企行政事业性和政府定价的经营服务性收费目录清单》，列出19项涉企行政事业性和9项涉企政府定价的经营服务性收费项目。出台《关于推动制造业高质量发展的实施意见》，整合设立工业强市发展专项资金，全年全市规模以上工业总产值、增加值分别增长9.6%、8.2%，规模以上工业企业实现利润总额189.84亿元、同比增长2.9%。落实"疫情要防住、经济要稳住、发展要安全"的要求，全市经济社会发展呈现出大局稳定、动能增强、预期改善的局面，主要指标保持在合理区间运行。

【产业结构优化】 2022年，淮安市提出新能源及节能装备、新能源汽车及零部件、纤维新材料、化工新材料、PCB电子元器件、绿色食品、生物技术及新医药以及人工智能、集成电路、新兴数字产业"7+3"优势产业和先导产业集群定位，推动经济社会发展全面绿色转型。全市服务业增加值同比增长1.9%，其中金融业、信息传输软件和信息技术服务业、租赁和商务服务业等现代服务业保持较快增长，分别增长7.1%、8.9%、7.5%。农业、工业、服务业三次产业结构比例优化调整为9.4∶42.4∶48.2。绿色食品产业、新一代信息技术产业、新型装备制造产业、新材料产业四大主导产业开票销售额同比增长8.5%。

【固定资产投资】 2022年，淮安市持续优化投资结构。全年全市规模以上固定资产投资比上年增长9.7%，其中民间投资增长11.4%，占全部投资比重的82.43%。房地产开发投资下降11.0%，项目投资增长17.1%。基础设施投资增长6.9%，工业投资增长20.7%，工业投资拉动规模以上固定资产投资增长10.4个百分点，其中制造业投资增长20.8%；高技术投资增长46.74%，占全部投资比重的14.76%。

【重大项目建设】 2022年，淮安市签约投资1亿元以上项目789个、协议引进投资金额4045亿元，其中投资50亿元以上项目31个、百亿级项目7个。省重大项目数量、年度投资金额分别是上年的2倍、4倍，市重大产业项目数量、年度投资金额分别增长70%和64%。新开工投资1亿元以上工业项目310个，新竣工投资1亿元以上工业项目201个，比上年分别增加64个和22个，其中新开工投资50亿元以上工业

1月8日，中天钢铁集团精品钢帘线项目开工仪式在淮安高新区举行

市工信局　供

项目10个。总投资202亿元的中天钢铁集团有限公司钢帘线项目和120亿元的浙江台华新材料股份有限公司台华新材绿色多功能锦纶新材料一体化项目开工建设，投资50亿元的南京高速齿轮制造有限公司高速齿轮制造项目一期建成投产，天合光能股份有限公司高效光伏电池和大功率光伏组件、中国巨石股份有限公司高性能玻璃纤维、上饶捷泰新能源科技有限公司高效太阳能电池片、修正药业集团生物医药等一批投资百亿级项目签约落地。

（胡润琢）

自然资源管理

【概况】 2022年，淮安市守住永久基本农田、生态保护红线、城镇开发边界“三条控制线”，巩固农村乱占耕地建房问题、“大棚房”问题和违建别墅问题专项整治成果。推行重大工程建设项目“并联审、容缺办”新模式，打造“阳光登记、幸福办证”、“苏小登”红旗窗口、“线上苏小登·淮安E通办”等服务品牌。《淮安市化解因用地手续不完善导致“登记难”》作为全省唯一案例，入选自然资源部《化解因历史遗留问题导致不动产“登记难”典型案例汇编》。

【地理信息数据】 2022年，淮安市按照基础测绘年度计划，完成开展755平方千米1∶1000数字线划图建设、236平方千米倾斜摄影及三维模型采集、30万平方米重点场所室内空间实景三维数据采集项目招标、1330平方千米0.1米分辨率航拍及正射影像图制作工作。依靠智慧淮安时空大数据云平台，向地理信息数据重点使用单位推介淮安市地理信息系统情况，扩大测绘地理信息资源应用，服务政府决策、经济社会发展和人民群众生活，为全市各单位提供地理信息服务32次。

【土地卫片执法检查】 2022年，淮安市常态化开展土地卫片执法，采购第三方技术服务，持续跟踪督导各地核查工作，及时整改销号发现问题。2018—2021年，全市土地卫片执法检查发现违法用地1244宗373.49公顷（耕地246.65公顷），整改到位776宗287.2公顷（耕地195.02公顷），违法用地面积整改率76.9%。

【建设用地管理】 2022年，淮安市完善土地市场化配置机制，推广“标准地+双信地+定制地”出让模式，完成“标准地”出让工业用地37宗，各县区均形成500亩以上集中连片工业用地储备地块。制定建设用地使用权二级市场管理办法，市政府出台工业用地提质增效配套实施意见，试点委托行使工业用地供应管理权限，助力工业项目加速落地投产。

【农村房地一体确权登记】 2022年，淮安市持续推进房地一体农村不动产登记“总登记”收尾工作，全市各县区按时完成成果上报、核实确认、现场检查、资料完善等，常态化开展“日常登记”，实现从“总登记”到“日常登记”的过渡衔接。10月底，全市集体土地数据汇交工作完成，以集体土地所有权确权登记成果更新汇交工作为基础，加强集体土地所有权确权登记成果在项目用地报批等方面的应用，提高建设用地审批权属审查通过率和规范性。

【不动产登记】 2022年，淮安市利用“线上苏小登·淮安E通办”平台，在全市范围内启用统一的不动产登记“一事一码”服务，提升不动产服务效能，工作经验获自然资源部专刊推广。全年办理各类不动产登记业务17.1万宗，办理企业按幢（层）登记947件，抵押金额128亿元。12月，全市完成200套总建筑面积10129.75平方米的保障性租赁住房“交房即发证”工作，成为全省首家保障性租赁住房“交房即发证”设区市。

【自然资源监测】 2022年，淮安市推进2021年度国土变更调查工作任务。盱眙县自然资源综合调查监测试点取得阶段性成果。深化地表、地下、水下自然资源三维建模技术方法研究，“一查多用”基础调查技术方法与流程研究，自然资源动态监测网络建设技术研究，完善自然资源综合分析评价指标体系，为全国自然资源综合调查监测提供可复制、可推广的经验。推进全市林草湿地调查监测，2022年度林草湿调查监测成果严格实行“县级自查、市级复查、省级检查”的质量审核机制，开展全市林草湿调查监测市级检查汇总。

【审批服务模式创新】 2022年，淮安市推行“提位并联”“并联审+容缺办”审批模式，建立“前台受理、后台审核”机制，变“地后审”为“地前审”“联合审”，完成239个项目设计方案审查。工业项目（不含化工项目）“两

2022年，淮安市启用不动产登记“一事一码”服务。图为淮安市政务服务中心企业类不动产登记服务专窗　　市政务服务中心　供

证”（“建设用地规划许可证”“建设工程规划许可证”）推行“即办件”模式，办理时限均压缩到0.5个工作日，实现工业项目规划许可政务服务“零等待”。

【自然资源行政执法】 2022年，淮安市编制和公布涉企行政处罚事项“三张清单”（涉企不予行政处罚事项清单、从轻行政处罚事项清单、减轻行政处罚事项清单），开展不合理罚款清理，统一管理行政处罚案件编号，报备重大行政处罚案件，对行政处罚全过程加强监督。组织开展全市行政执法案卷评查，2本卷宗被评为优秀。全面启用行政执法监督平台，录入行政执法证件、人员信息、行政处罚案件信息等。对接“互联网+监管”平台，实现平台数据互通，所有涉及处罚事项的数据上传平台。做好规范行政许可和行政处罚“双公示”，补录2020年1月1日以后的所有应录未录案件，维护好市场监管平台。组织开展行政执法人员考试、执法证注册管理、执法证考试培训，确保全体执法人员全部持证上岗。

（陈浩田）

国有资产监管

【概况】 2022年，淮安市国有企业运行良好，持续深化改革，营业收入继续保持较快增长，国有资产总量稳步增加。全市国有企业资产总额10792.82亿元，比上年增加493.48亿元，增长4.79%；所有者权益4155.92亿元，比上年增加325.92亿元，增长8.51%；国有企业平均资产负债率61%，比上年下降2个百分点。其中，市属企业资产总额3564.65亿元，比上年增加10.51亿元，增长0.3%；所有者权益1738.51亿元，比上年增加89.85亿元，增长5.45%。国有企业实现营业收入335.75亿元，其中市属企业165亿元，比上年分别增加27.19亿元、5.79亿元，分别增长8.81%、3.64%。

【国资国企改革】 2022年，淮安市以“国资管理十项重点工作”为着力点，推动“国企改革三年行动”收官。将国企改革落实情况纳入企业年度经营业绩考核，开展2次市属企业完成情况督查。截至年末，市级层面127项改革任务全部完成，市属企业、清江浦区、淮安区、洪泽区、盱眙县等任务完成率均为100%。加强外部董事日常管理，完成市属企业12名专职外部董事、11名兼职外部董事委派，市属企业董事会全面实现“外大于内”。推进混合所有制改革，印发《关于在市属企业进一步推进混合所有制的实施意见》，发送2家企业2022年混合所有制试点任务。

【国企产权监管】 2022年，淮安市市属监管企业办理产权登记64户、变更登记132户、注销登记42户。全年完成227项资产评估项目，其中市属企业项目22项、县区（园区）项目205项；涉及评估价值70.73亿元，其中市属企业评估价值23.67亿元、县区（园区）评估价值47.06亿元，主要涉及股权转让、公有房屋出租出售、收购非国有企业资产、核剥资产处置、股权投资等。全市各类国有资产交易项目325项，其中产权转让交易项目118项、评估价值33.62亿元，资产转让项目207项、评估价值5.39亿元。加大企业内部资源整合力度，注销连续3年亏损企业5家，保留整合、转型升级14家，盘活处置存量低效闲置房屋资产40处、0.84万平方米。推进市级行政事业单位经营性资产集中统一管理，增强市属企业“造血”功能，指导市属企业接收517处、26.2万平方米房屋产权和2处、2.98万平方米土地产权。指导市属企业完成612处、25.35万平方米房屋资产经营管理权和10处、21.61万平方米土地资产经营管理权移交，增加市属企业净资产16.57亿元。市级行政事业单位12家正常经营企业、6支参股投资股权划入市属企业，同时指导完成127家市场化处置企业工商注销。完善产权管理体制机制，修订《淮安市市属国有企业公有房屋出租管理办法》。完成年度国有资本经营收益收缴，调整后的国有资本经营收益1.61亿元全部上缴国库。

【国企财务监管】 2022年，淮安市组织市属企业成立资金结算中心，加强子企业财务集中管理，修订资金管理制度，实现企业资金集中监管达到80%以上。委托5家会计师事务所对170家市属企业及各级子企业开展财务决算审计和企业经营绩效等专项审计。组织全市国有企业开展月度财务快报、年度财务决算以及融资月报等统计分析，对拟注销市属国有企业开展清产核资。开展全市国有企业商业承兑汇票和虚假贸易风险排查，发送市属企业购地财务风险预警提示函，督促国有企业清理拖欠账款，强化国有企业对外借款风险防控。

【国企经营业绩考核】 2022年，淮安市调整完善市属国有企业高质量跨越发展考核实施细则，考核指标体系由“经济效益、经营效率、重大任务、改革创新、风险防控、国资监管”6个板块构成。完成2021年度监管企业负责人经营业绩考核，在企业自我评价基础上，依据会计师事务所出具的专项审计报告，形成考核结果，经市政府批准后兑现领导人年度薪酬。开展2021年度工资总额预算执行情况清算，出台《关于进一步加强市属企业工资总额管理的通知》，明确从2022年起，市国资委对市属企业集团本部及二级子企业实行工资总额预算核准制管理，对各市属企业子企业工资总额执行情况进行调查，规范子企业工资总额管理。加强市属企业员工招录管理，出台《关于规范和加强市属国有企业员工招聘管理工作的通知》，明确净利润为亏损或下降的企业原则上不能新增人员，对部分企业人员招录等工作开展审核备案管理。

（许中华）

【国有企业融资交易服务平台上线试运行】 2022年12月，淮安市国资委会同市纪委监委机关搭建、市金融发

2022年，由市国联集团开发建设的市金融中心全面投入使用

市国联集团 供

展集团具体运营的淮安市国有企业融资交易服务平台正式上线，为全省首个竞争性融资交易信息化平台。该平台为淮安市国有企业和金融机构之间开展项目贷款、信托贷款、融资租赁、流动资金贷款、债券承销商比选、资金存放等业务提供信息发布、项目展示、竞价比选、专家评审、交易撮合等功能。市国资委通过平台可对全市国有企业融资大数据进行分析、预警处置等，强化国有企业融资成本管控，促进国有企业规范融资行为，防范融资风险。

（淮安市财政局官网）

【市属五大国资企业】 2022年，淮安市有市属五大国资平台，分别为市国有联合投资发展集团有限公司（以下简称市国联集团）、市投资控股集团有限公司（以下简称市投资控股集团）、市交通控股集团有限公司（以下简称市交通控股集团）、市文化旅游集团股份有限公司（以下简称市文旅集团）、市金融发展集团有限公司（以下简称市金融集团）。

淮安市国联集团 2022年，市国联集团下辖市城市资产公司、市工投集团、市工贸资产公司、市热电集团、市金融中心公司和市保安公司等60多家子企业，职工5000余人。投资项目39个，年度投资67亿元，实现年度收入45亿元、利润5.3亿元，总资产逾1400亿元。实施华润国联润府、保利国联和府、河西公园社区、国联·融创广场等18个市场化项目，以及保障性住房、方舱医院、市第四人民医院病房楼改造、市中医院综合楼等10余个功能性项目和民生服务项目，房地产开发项目总面积565万平方米，总投资约543亿元。市金融中心累计入驻银行、券商等金融、类金融、泛金融企业230余家。综合能源业务覆盖南京、扬州、连云港、宿迁等地。国联基金公司成为市大运河基金管理人兼执行事务合伙人，以500万元撬动认缴总规模为4亿元的各方资本，投资盱眙第一山历史文化街区和清江浦区御码头等项目，进入2022年度大运河基金投融资十佳。

淮安市投资控股集团 2022年，市投资控股集团下辖市淮上英才公司、市水建集团、市新城镇集团、江苏水利房地产公司和市产业投资公司等14家一级管控子企业，有职工1300多人。系统内在建项目164个（含投资建设和承建施工），总投资金额955.23亿元，其中投资建设在建项目36个，总投资832.23亿元；施工承接在建项目128个项目，签约合同额123亿元。完（竣）工项目59个，涉及产值155.51亿元。实施中心城市建设工程项目10个，年度计划总投资28.16亿元，年内完成投资28.56亿元，占年度投资计划的101%。其中，市妇幼保健院新院项目完工验收；中心城区建筑垃圾资源化利用项目实现当年开工、当年投产；洪泽区方特东方欲晓项目于2022年7月1日开园；徐家湖路地块城市更新安置房项目开工建设；海棠宾馆完善功能定位、建设内容和运营模式。市殡仪馆、清隆桥改造及天津路接线工程、清江中学新校区建设工程等7个集中建设项目有序推进，确保政府基础建设按计划实施。

淮安市交通控股集团 2022年，市交通控股集团有有轨电车公司、城市公交公司、港口物流公司等一级子企业20家，二级子企业34家。总资产538亿元，比上年增长6%；累计营收28.61亿元，增长27.67%；利润1.71亿元（不包含公益类企业），增长23%；税收1.5亿元，增长42%。旗下现代物流、开发建设、数字经济3个板块营收额分别为5.45亿元、16.48亿元、0.87亿元，分别比上年增长31%、35%、77%，全部实现盈利，分别为772万元、8248万元、366万元。酒店餐饮和粮食收储贸易板块减亏近80%。

淮安市文旅集团 2022年，市文旅集团聚力文旅项目打造、深化文旅融合发展，年内获批AA+主体信用等级资质，取得Gc-2绿色企业认证证书，增强企业的市场认可度、融资运作能力和抗风险能力。全年实施中心城市建设项目7个，年度计划投资6.6亿元，实际完成投资8.7亿元。里运河"四行"（步行、骑行、车行、船行）系统提升工程中的清江浦景区、1415片区、清隆桥片区完成景观绿化并进入日常养护期，淮安龙首湾驿站投入试运营，淮安船厂遗址公园项目进入收尾阶段；中国水工科技馆地下主体结构全面封顶，转为地上工程施工。白马湖渔乐湾一期体验性项目运行，餐饮集市对外开放，白马湖大道历经3年建成通车；白马湖星空营地项目完成主体工程。里运河文化长廊景区获评"水韵江苏 这里夜最美"十佳夜

1月9日，由市文旅集团负责、省交通工程集团承建的白马湖大桥完成主体施工，年内完成亮化工程

杨　默　摄/视觉江苏网　供

景、省级夜间文旅消费集聚区、省级文明旅游示范单位；白马湖片区被命名为“全国休闲农业与乡村旅游五星级企业”“全省中小学劳动教育与综合实践优秀基地”“江苏省科普教育基地”。

淮安市金融集团　2022年，市金融集团金融服务业务规模186.48亿元，比上年增长24.12%；服务中小微企业2050家次，比上年增长75.21%，各项指标实现增长。产业投资板块实缴基金金额6.75亿元，其中市政府重点产业发展基金（有限合伙）金额5.15亿元、淮安润涟产业基金（有限合伙）金额1亿元、淮安市致远股权投资企业（有限合伙）金额0.6亿元。投资3个子基金项目金额2.96亿元。

2022年2月，淮安市金控创业投资有限公司管理的市重点产业发展基金首只参股子基金收获首个IPO（首次公开募股）项目——江苏纽泰格科技股份有限公司登陆创业板。出台“上市担”等多个融资个性化定制普惠金融产品。“上市担”产品为6家上市储备实体制造业企业提供8950万元信用贷款担保；“小微贷”“微企易贷”“见贷即保”产品服务小微企业545笔，合计金额9.79亿元。年内，下属子公司淮安市融资担保集团有限公司注册资本由26.22亿元增至30.22亿元，获评AA+主体信用评级，成为苏北地区首家获评AA+主体信用评级的担保机构。

（纪　吉　周　丹　薛　晗　许海明　陶　源）

财　政

【概况】 2022年，淮安市实现一般公共预算收入300.1亿元，增幅1%，全省排名第二；同口径增幅7.9%，全省排名第三，其中完成税收210亿元，税收占公共预算收入的70%。加上上级补助、上年结转等，全市完成一般公共预算支出659.3亿元，增幅7.7%。其中，市本级实现一般公共预算收入57.6亿元，加上上级补助、上年结转等，完成一般公共预算支出122.4亿元。全市实现政府性基金收入（含国有土地出让金收入）504.3亿元，完成政府性基金支出（含国有土地出让金支出）473.5亿元。其中，市本级实现政府性基金收入（含国有土地出让金收入）106.7亿元，完成政府性基金支出（含国有土地出让金支出）104.8亿元。全市实现国有资本经营预算收入19.9亿元，完成国有资本经营预算支出9.5亿元。其中，市本级实现国有资本经营预算收入1.6亿元，完成国有资本经营预算支出0.8亿元。全市实现社会保险基金收入183亿元，完成社会保险基金支出164.3亿元。其中，市本级实现社会保险基金收入107.8亿元，完成社会保险基金支出98.5亿元。完成年度化债任务，政府性债务率较上年末下降28个百分点，降幅排名全省前列、Ⅲ类地区第一，建制县区均降至200%以内，全市债务风险等级降至“浅黄色”较低区间。

【城乡发展投入】 2022年，淮安市设立5亿元乡村发展投资基金、1.5亿元创业投资基金，助力实体经济发展。整合设立市级普惠金融发展风险补偿基金，累计发放低利率优惠贷款68.54亿元。推行“见贷即保”支小支农融资担保服务，减免担保费0.68亿元。设立0.6亿元乡村振兴发展专项资金，发放市级农房改善专项资金0.5亿元，支持农村重大项目建设、基础设施提升。

【民生投入】 2022年，淮安市民生类支出506.5亿元，占一般公共预算支出的76.7%，比上年提高1.3个百分点。

其中，农林水支出77.6亿元，增长32.3%；科学技术支出13.2亿元，增长9%；社会保障和就业支出96.5亿元，增长4.8%。筹集就业补助2.32亿元，对不裁员、少裁员企业发放普惠性失业保险稳岗返还1.5亿元，惠及35.5万名职工。筹集资金2.3亿元，保障清江中学新校区、淮阴师院附中高中部二期工程等项目建设。安排资金2500万元，实施“明眸工程”，加快中小学教室照明系统改造。落实行政事业单位和国企房租减免1.3亿元，惠及小微企业、个体工商户7500余户。

【疫情应对投入】 2022年，淮安市完善公共卫生和重大疫情防控救治体系，争取0.8亿元省财政专项防疫资金，保障疫情防控和应对处置。安排争取1.7亿元资金，建设市第四人民医院发热门诊和应急病房楼，增加床位290张。安排争取4.5亿元资金，购置疫情防治设备和防控物资，保障人民生命安全。统筹安排1.3亿元资金，支持新建4个农村区域性医疗卫生中心，达到二级综合医院服务能力。

【财政奖补集成服务改革】 2022年，淮安市在全国率先启动财政奖补集成服务改革。至年末，全市梳理形成财政奖补政策项266项，细化成财政奖补业务项720项，其中“免申直补”业务项323项，累计办理各类业务3.3万件，兑付财政奖补资金33.85亿元，惠及市场主体近2万户，材料精简率50%，环节优化率45 %，时限压缩率71%，解决以往奖补政策分散、流程烦琐、办理过程慢、足额兑付难等企业反映的突出问题。10月，财政奖补集成服务改革被中央全面依法治国委员会办公室评为第二批全国法治政府建设示范项目。

【财政政策支持】 2022年，淮安市财政系统签约淮河入海水道等9个重特大项目，投入资金31.9亿元，国家政策性开发性金融工具投放额度居苏北地区第一。整合设立工业强市发展专项引导资金2.43亿元、招商专项经费0.3亿元。重大资金统一扎口管理、统一支出计划，放大财政资金规模效益。建立企业合法权益补偿救济机制，出台进一步加强政府采购领域营商环境12条举措，促进中小企业发展。

（徐 赟）

【政府债券发行】 2022年，淮安市搭建专项债储备库系统平台，累计新增专项债券61.3亿元，增幅59.2%。申报发行9批江苏省政府债券，均为再融资债券，全年全市发行再融资债券74.32亿元，缓解地方政府财政偿债压力，降低财政运行风险。

【财政资金管理】 2022年，淮安市国资委对市级80个有资产的行政事业单位开展全覆盖清产核资，集中统一管理市级行政事业单位经营性资产，推动744处、面积38.64万平方米用于出租出借、住宅和闲置等经营性房产，11处、面积24.19万平方米经营性土地，12家行政事业单位所属企业划转移交市属企业集中统管，数十亿元“沉睡资产”被盘活利用、转化为资本资金，实现国有资产保值增值。

（市财政局网站）

【财政收支管理】 2022年，淮安市优化支出，注重支出精准度，保民生、补短板、促发展。市委、市政府出台“过紧日子”13条要求，配套制定16项措施。淮安市“三公”经费［政府部门人员因公出国（境）经费、公务车购置及运行费、公务招待产生的消费］、一般性支出分别压减3.89%、7.18%，争取中央、省新增留抵退税补助资金38.1亿元，弥补因退税形成的财力缺口；向上争取资金134.1亿元、增幅39.7%，资金全部直达基层；向各区调度资金149.5亿元，增加37.1亿元，保障基层平稳运行。对70家预算单位实施国库集中支付改革，发放用款计划133.32亿元，同比增长20.43%，累计结余资金同比减少7.34亿元、降低98.79%。

表7　2022年淮安市财政收支统计表

指标	淮安市	市区						涟水县	盱眙县	金湖县
			淮安区	淮阴区	清江浦区	洪泽区	淮安经济技术开发区			
财政总收入（万元）	5606867	4267740	534669	482304	499308	379365	482137	610369	279994	448764
上划中央收入（万元）	2606087	2044627	185845	162370	160313	140382	182025	310185	75314	175961
增值税（万元）	838142	568550	110838	104637	60187	64761	102566	94972	36655	137965
消费税（万元）	1153060	1011501	150	562	4542	445	2401	128019	8172	5368
企业所得税（60%）	430033	316399	40531	39277	75271	31447	60178	67422	23565	22647
个人所得税（60%）	184852	148177	34326	17894	20313	43729	16880	19772	6922	9981
一般公共预算收入（万元）	3000780	2223113	348824	319934	338995	238983	300112	300184	204680	272803
税收收入（万元）	2100002	1553096	245675	244077	238293	168973	251722	208383	118428	220095

续表7

指标	淮安市	市区	淮安区	淮阴区	清江浦区	洪泽区	淮安经济技术开发区	涟水县	盱眙县	金湖县
增值税（万元）	830165	561890	110838	104637	60186	64761	102567	93655	36655	137965
企业所得税（40%）	279849	204067	27010	26193	50078	20965	40093	44974	15710	15098
个人所得税（40%）	123235	98786	22884	11930	13542	29153	11253	13181	4614	6654
一般公共预算支出（万元）	6593452	4485467	918813	821345	444816	619548	338549	789856	702315	615814
一般公共服务（万元）	634712	434385	88993	93414	37139	45368	23645	87647	51727	60953
科学技术（万元）	132248	91382	6826	20623	11547	29129	10919	5992	19175	15699
教育（万元）	959612	647088	170666	118407	84722	66102	52458	168235	91964	52325
文化旅游体育与传媒（万元）	138595	111538	9691	6062	2447	37324	476	9382	12301	5374
卫生健康（万元）	603664	374761	75858	64675	38095	28624	21432	100763	77953	50187
节能环保（万元）	82566	62234	16132	10694	1273	6422	7080	3662	11000	5670
城乡社区事务（万元）	563962	468372	32554	77663	86055	53467	114949	17919	41497	36174
交通运输（万元）	293953	229777	30193	25135	1608	23013	342	19443	26872	17861
社会保障和就业（万元）	964556	599987	170332	160248	51376	103871	20754	150634	125796	88139
住房保障（万元）	422303	323184	108695	65065	56676	41061	13920	20222	43772	35125
农林水事务（万元）	775970	478944	84899	125937	14113	64384	1573	90905	137413	68708

（资料来源：市财政局）

【财政预算绩效管理】 2022年，淮安市持续推进预算绩效管理，对2021年市本级377个100万元以上项目和部门整体支出开展绩效自评价。完善事中绩效跟踪，指导相关单位对348个项目资金执行率和项目完成进度实行绩效监控。根据项目实施内容和产出效果，组织市本级70个主管部门科学制定绩效指标和指标标准，提高绩效目标编制质量。

【会计行业管理】 2022年，淮安市有会计师事务所12家，合伙人（或出资人）57人，所属员工205人，收入总额2583.3万元。其中，执业注册会计师33人，其他人员115人，取得其他资格17人，其中注册税务师7人、注册评估师7人、工程造价师1人、其他2人。全市有会计专业技术人员28725人，其中具有初级会计资格20210人、中级会计资格7961人、高级会计资格554人，有4人获“省先进会计工作者”称号。年内参加会计人员继续教育14434人，其中13813人通过考试，合格率95.5%。

【全省率先实施财政补贴型生猪期货价格保险项目】 2022年，淮安市开展“生猪保险+期货”项目试点，提升生猪养殖行业应对“猪周期”和抗风险能力。盱眙县、淮阴区、淮安区纳入省级试点，为107户中、小养殖户的7.2万头生猪提供近2亿元风险保障，农户缴纳保费154.1万元，部分投保养殖户赔付213.71%。相关经验做法被《人民日报》、《新华日报》、“学习强国”学习平台、江苏卫视等媒体报道。

（徐　赟）

税　务

【概况】 2022年，淮安市税务系统统筹疫情防控和经济社会发展，印发《进一步提升税收营商环境行动方案》，构建智能化、一体化、精细化、标准化、协同化办税缴费新体系，纳税指标位列全省Ⅲ类地区第一，全国纳税人满意度调查列全国414个参评县区第17位。全年组织税费收入1102.3亿元，首次突破1000亿元，同比增长48.1%，其中税收收入和一般预算税收收入分别为480.1亿元、211.2亿元；还原留抵退税后，分别入库543.1亿元、242.7亿元；组织社保费收入209亿元、非税收入412.4亿元。1名税务干部在“岗位大练兵 业务大比武”中被国家税务总局通报表扬，政府采购条线成绩居全省税务系统第一名，被省税务局评为“2022年全省税务系统业务大比武优胜单位”。

【减税降费】 2022年，淮安市税务系统全面落实组合式税费支持政策。全年办理退税、减税、免税、缓税费用107亿元，其中办理0.6万家企业增值税留抵退税额63亿元，4.4万家中小微制造业企业缓缴税款19.5亿元，研发费用加计扣除减免税额16亿元，“六税两费”［资源税、城市维护建设税、房产税、城镇土地使用税、印花税（不含证券交易印花税）、耕地占用税，教育费附加、地方教育费附加］减免4.4亿元，向全市纳税人发放3万余份红利账单，支持市场主体发展。退税减税工作得到国家税务总局肯定，退税案例被国台办新闻发布会推介，被《人民日报》《经济日报》等媒体报道。

【征管改革】 2022年，淮安市税务系统推进精确执法、精细服务、精准监管、精诚共治、智慧税务“四精一智”建设。拓展“税费服务专业职能一体化整合”，前移35个跨机构税费服务事项，90%业务实现当场办结。集约化运作市、县区两级200人提示、提醒团队，优化执法方式。发挥精准监管改革全国4个直联点作用，组建监管专业团队，制作应用134个监管数据产品，精准监管做法得到省税务局主要领导批示并在全省税务系统发文推广。上收专业化复杂事项，土地增值税管理、出口退税等工作水平显著提升。落实《中华人民共和国印花税法》及配套细则。划转国有土地使用权出让等4项非税收入至税务部门征收。

【税务服务】 2022年，淮安市税务系统优化“淮税通·安心办”品牌，拓展10项新服务产品。推进办税缴费“零跑动”改革，实现首批10类92项事项全市通办。实施“走访问需+快速响应”“周期辅导+个性服务”“提示提醒+办税指南”重特大产业项目全生命周期税收组合套餐服务，服务全市重大产业项目1340家次，解决237个涉税问题。开展“大企业体检”活动，为全市120家重点税源企业出具《办税行为建议书》《税务体检报告书》。打造“小淮说税”云课堂，在线解决纳税人缴费人疑难问题，累计直播35场，在线人数超2万人次。实行“12366”服务热线整合，实体打造“热线呼叫、宣传辅导、咨询互动、权益保护”四个中心样板工程，做到“问办协同”。

【税务监管】 2022年，淮安市税务系统作为全国税务系统精准监管改革直联点，初步建立起新型监管机制。成立精准监管办公室，组建各税费种、督查审计、专项工作、属地管理等72个细分团队，涉及300余人，形成推进精准监管改革试点的主力军。借助大数据、云计算、智慧税务、移动互联网等数字技术，提高监管精度和力度，以数治税。市税务局明确内外部5大类风险141项监管事项，为基层管理单位和业务部门开发134个监管数据产品和11个指标模型，为县区税务局监管办处置税收风险提供产品支撑。出具720余份《税务体检报告书》和1200余份《办税行为建议书》，将精准服务融入精准监管，丰富“淮税通·安心办”纳税服务品牌内涵。

【税务宣传】 2022年，淮安市税务系统依托“淮税通”征税纳税平台，分类推送信息2500余条，让纳税人、缴费人尽快享受政策。在全市范围内发放《办税一册通（2022版）》5200余册，方便新办纳税人业务办理。开展税费服务产品体验师“走流程”和“税懂我心”问需求活动，修改完善各类产品建议80余条。围绕“助力物流企业恢复元气”“支持小微企业复工复产”等社会关注问题，在《人民日报》、中央电视台新闻频道等主流媒体开展宣传报道300余次。

（朱昕潭）

表8 2022年淮安市税务部门组织收入情况统计表

项目	收入额（万元）
税务部门收入	11023020
（一）税收收入	4800797
国内增值税	1676409
国内消费税	1153060
企业所得税	716721
个人所得税	310306
车辆购置税	70718
其他税收	873583
（二）社保费	2089782
（三）非税收入	4124347
（四）其他收入	8094
出口退税	298100

（资料来源：市税务局）

金融监管

【地方金融监管】 2022年，淮安市地方金融监督管理局深化“内控合规管理年”建设，加强员工准入管理和异常行为监测排查，督促银行、保险机构突出内控合规在绩效考核中的正向激励作用。全年全市新增地方金融组织6家，商业保理公司1家；3家“僵尸”典当企业、1家长期不经营的融资担保公司被注销经营资格；14家待清理农互社吸纳互助金全部清零，其中2家实现注销。

（赵　晨）

【货币政策】 2022年，人民银行淮安市中心支行利用政策性、开发性金融工具支持全市10个重大项目建设资金26.6亿元；推动碳减排支持工具、科技创新、设备更新改造再贷款在辖区落地。全年累计为超过26万家市场主体减免支付手续费3100余万元。发挥LPR（贷款市场报价利率）改革在优化资源配置中的作用，巩固贷款利率下降成果，全市一般贷款、企业贷款、普惠小微贷款平均利率同比分别下降15.52个、13.67个和4.6个基点。

（张　志）

【银行业监管】 2022年，淮安市金融监管局审核辖内法人银行年度不良资产和不良贷款处置计划，银行业不良贷款呈“双降”态势，年内处置不良贷款27.57亿元，同比增长9.65%。防范法人机构风险，组织辖内法人机构开展风险排查，逐家摸清风险底数，监测风险状况。建立地方法人银行挤兑风险联防联控机制，保证辖内法人机构平稳运行。成立安全生产委员会，进一步完善安全保障体系，对10家银行保险机构开展安全保卫检查，实现3年安保检查机构类型、县域全覆盖。开展邮储银行代理机构管理改革再部署，推进改革工作落地见效。

【保险行业监管】 2022年，淮安市金融监管局纠治保险行业乱象。建立医、保、患三方沟通协调机制，推动保险业虚列费用、虚假承保、虚假退保、虚假理赔和虚挂保费问题整治。严惩数据造假行为，遏制不合理收费和客户信息泄露等问题。开展资金中介重点打击和“代理退保”黑产专项治理行动，遏制金融诈骗等违法犯罪行为。加大车险、农险等重点险种监测力度，确保车险市场稳定、农险遴选规范运行。

（市金融监管局官网）

【金融风险防范】 2022年，人民银行淮安市中心支行明确地方政府属地责任，推动成立淮安市金融风险化解委员会，定期开展重大金融风险研判。支持房地产市场健康发展，推动首套房、二套房按揭贷款利率降至政策下限。做好金融支持“保交楼”工作。综合运用现场检查和非现场监管等手段，强化对市场主体落实金融规章制度的监管力度。全年洗钱定罪案件宣判增长迅速，拒收现金、非法使用人民币图样行政处罚实现“零”的突破。推进“征信修复”乱象治理，维护辖区金融秩序和金融消费者权益。

（张　志）

【外汇管理】 2022年，淮安市推动金融机构、企业参与贸易外汇收支便利化试点，支持跨境电商、海外仓、新型离岸国际贸易等贸易新业态发展，参与企业数量是上年同期的5倍，跨境金融区块链服务平台贸易融资额是上年同期的4倍。苏北首笔高新技术和“专精特新”企业跨境融资便利化试点业务落地淮安，服务贸易外汇收支便利化试点、外籍人才便利化试点和外债账户便利化试点实现“零”的突破。开展企业汇率风险管理服务提升活动，推动辖内外汇衍生品签约规模和参与汇率套保企业数量均高于上年同期，跨境人民币结算额同比增长33%。加大对外汇异常行为管理力度，管控异常外资企业5家，约谈2家企业和13家次银行。

（张　志）

【反洗钱工作】 2022年，人民银行淮安市中心支行落实“打击治理洗钱违法犯罪三年行动”，宣判洗钱罪案件8起。推动市反诈联席办印发《关于警银协作做好涉诈洗钱账户处置工作的通知》，提升基层派出所与银行网点间的横向对接协作能力，累计向各级公安机关移送可疑线索5215条、柜面堵截异常开卡事件375起，协助破获买卖银行卡案件32起、协助抓获犯罪嫌疑人43人，挽回客户损失共计131.2万元。

（张　志）

【涉赌涉诈资金监管】 2022年，人民银行淮安市中心支行开展电信网络诈骗和跨境赌博“资金链”专项治理，协助破获买卖银行卡案件29起，堵截电信网络诈骗106次，追赃挽损150余万元。全年针对涉案账户问题约谈银行机构4次，督导核查6家银行15个网点涉案账户，对5家银行机构发放账户监管提示函。围绕“反诈拒赌、安全支付”主题，开展打击治理电信网络诈骗犯罪集中宣传月活动，制作《反诈纲目》宣传片，打造淮安特色的反诈宣传品牌。

（张　志）

【非法集资治理】 2022年，淮安市持续开展涉嫌非法集资风险集中排查，打击整治养老诈骗活动，组织涉粮领域非法集资摸排处置等专项行动，及时预警提示风险。常态化开展防范非法集资等金融风险宣传教育活动，营造良好的金融生态环境，全市组织各类宣传活动近200次，发放宣传材料11万份，参与人数13万人次。

（赵　晨）

审　计

【概况】 2022年，淮安市审计机关完成审计项目173个，其中审计163个、专项审计调查10个。查出主要问题金额598.8亿元，其中违规金额8.25亿元、损失浪费金额2.67亿元、管理不规范金额587.88亿元；审计发现非金额计量问题1677个；损益（收支）不实金额617万元；审计处理处罚金额19.24亿元，其中应上缴财政1.77亿元、应归还原渠道资金13.02亿元、应缴纳其他资金6万元、应调账处理金额4.44亿元；移送司法机关、纪检监察机关等有关部门处理事项17件。审计促进整改落实有关问题资金5.64亿元；审计后挽回（避免）损失770万元；核减投资额1386万元。审计提出建议456项，被采纳395条；推动被审计单位制定整改措施336项。年内，市审计机关创新纪检监察监督、巡视巡察监督、审计监督“三类监督”做法，在中央纪委监委机关2篇宣传通稿中推介；民生实事审计标准化、招商引资审计监督服务30条指引等工作在“审计署”微信公众号、《中国审计报》、《新华日报》等媒体刊发推介。

10月21日，淮安市审计局工作人员对重点工程开展实地勘查　　徐　延　摄

【重大政策措施落实跟踪审计】 2022年，淮安市分类编制108条助企纾困措施执行情况审计指引，对26个部门落实情况进行审计，推动涉企专项资金加快拨付、投标保证金及时清退，帮助中小企业解决痛点难点、堵点问题。市审计局联合市纪委监委机关、市国资委、市机关事务局对80家市级行政事业单位开展资产清查，累计查清账外土地240多万平方米、房产380多万平方米、开办企业330余家，助推资产划转平台公司统一管理、国有资产保值增值、国资国企高质量发展。编制招商引资审计监督服务30条指引，从项目招引、管理等6个方面列出审计关注重点、提出工作指引，指导推动全市开发园区规范17类招商引资问题。

【财政审计】 2022年，淮安市在"同级审"中，首次由市政府牵头召开会议部署，将人大监督、纪检监察、审计监督、财政监督在"同级审"中同部署、同要求、同落实，实现监督关口前移、监督力量联合，"同级审"质效提升。通过揭示"未明款"逐年增长、项目经费超期审批等小切口问题，提出提升财政资金绩效和规范管理建议。通过揭示64个政府专项资金使用中存在的部分资金管理不规范、执行率低等问题，推动盘活长期沉淀的4亿余元财政资金、2000余万元生态环保专项资金加快拨付、市级财政专项资金管理办法修订出台、8个专项资金管理子办法起草报审。

【经济责任审计】 2022年，淮安市出台《淮安市高质量开展经济责任审计工作实施办法》，推动经济责任审计工作高质量开展。坚持党政同责、同责同审，全市对96名领导干部开展经济责任审计，同步对7名领导干部开展自然资源资产离任审计，落实"三个区分开来"（把干部在推进改革中因缺乏经验、先行先试出现的失误和错误，同明知故犯的违纪违法行为区分开来；把上级尚无明确限制的探索性试验中的失误和错误，同上级明令禁止后依然我行我素的违纪违法行为区分开来；把为推动发展的无意过失，同为谋取私利的违纪违法行为区分开来）要求，正确处理好审计监督与服务发展的关系，促进领导干部更好地履职尽责、担当作为。

【自然资源资产审计】 2022年，淮安市组织开展全市生态环境保护专项资金审计，重点关注生态环境保护政策落实，专项资金投入、分配、管理，资金使用绩效和目标实现等情况，促进全市生态文明建设，打好污染防治攻坚战。聚焦生态优先绿色发展，对2020年以后自然资源资产审计中发现的问题开展"回头看"，推动相关部门出台加强耕地保护、环境信息依法披露等制度，防范耕地非法占用和生态环保事故风险。

【民生审计】 2022年，淮安市组织编制《淮安市政府为民办实事跟踪审计标准化指引》，以标准倒逼民生实事办理规范化和高质量。组织33个民生实事实施单位对照标准自查自纠，促进增收节支6.76亿元，推动56个项目加快实施，惠及群众53万人，解决民生领域屡审屡犯问题。审计养老服务体系，对全市养老服务行业进行问卷调查，摸清摸准养老真实需求，推动出台相关制度7项。审计困难群众救助资金和社保基金，推动221名困难群众纳入社会保障，追回或避免社保基金损失6700余万元。

【公共投资审计】 2022年，淮安市对2019—2021年全市编排实施的660个重大项目推进、管理、服务、质效等情况开展审计调查，推动相关部门规范管理、优化服务。组织市、县区审计人员开展大运河百里画廊项目推进情况专项审计调查，推动被审计单位建章立制，助力淮安市率先形成大运河国家文化公园建设"淮安样板"。印发《淮安市政府投资项目审计监督办法》，为审计监督更好服务政府投资项目建设提供制度保障。对市区快速路一期、高铁枢纽等重点工程合同价款进行审计复核，追回多付建设资金3200余万元、测绘费用750余万元。

【企业审计】 2022年，淮安市对5家市属集团、4家市属企业分别开展资产负债损益审计，融合开展市属企业经营运行情况专项审计调查，全面审计企业资产管理、资金运行、债务结构及规模、市委市政府决策部署落实及国企改革等情况，并结合最新的经济发展形势、金融信贷政策、国企改革经验，提出审计建议20余条，推动出台企业债券发行管理、投资监管等制度10余项，推动国有企业、国有资产做大、做强、做优。

【内审工作】 2022年，淮安市审计机关督查38家单位内审工作，推动内审机构设置、人员配备、职责履行、作用发挥到位，实施内审项目588个，查出问题254个，促进增收节支3000万元，推动监督关口前移，初步形成国家审计、内部审计和社会审计同向发力的工作格局。

【审计整改】 2022年，淮安市审计机关推动市委、市政府在公共工程项目决算等6个领域组建专班，开展专项行动。推动20余亿元专项债券资金加快支出，7461套延期安置房完成交付，完成119个公共工程项目决算，252.87亿元国有投资规范管理，民生领域“数据壁垒”等一些长期未解决的问题整改取得突破。

（赵　昕）

统　计

【概况】 2022年，淮安市统计系统开展“统计基层基础推进年”活动，提高统计数据质量，提升统计服务能级，发挥统计监督职能。完成新一轮农作物对地调查样本启用工作，其中采用无人机调查比例60.8%。开展第五次全国经济普查筹备工作，全面完成第七次全国人口普查总结表彰、资料开发等后续工作。

【统计方法与制度创新】 2022年，淮安市巩固地区生产总值统一核算成果，健全“大核算”工作机制，加强地区生产总值核算基础指标跟踪监测和月度测算，修订《主要统计指标评估认定办法》，实现统一核算各项业务工作无缝对接。组织开展“大个体”统计联网直报试点，推动实施流程再造，淮阴区作为试点地区，所有批零住宿餐饮个体工商户基本实现联网直报。市统计系统牵头制定《淮安市数字经济发展综合评价工作方案（试行）》，建立全市数字经济发展综合评价工作联席会议制度，初步核算数字经济核心产业增加值。组织实施村（社区）“统计一套表”制度，推动实现以数赋能、基层减负。推广住户调查电子记账，全市电子记账率超80%。

【统计监测】 2022年，淮安市统计局牵头起草《全市经济运行分析调度暨重特大项目会办推进机制》，增强经济运行监测的时效性、精准性。开展省考指标“月度监测、季度评估”，推动各县区、各部门数据采集、分析流程规范高效运作。邀请绩效评价考核指标相关部门进行专题授课，提升全市高质量发展监测业务能力。

【统计数据质量】 2022年，淮安市制定《淮安市统计调查数据质量管理实施办法（2022）》，涵盖全部统计专业，提升统计调查能力、统计数据质量和统计公信力。印发《淮安市统计调查数据全程质量管理实施办法（2022）》，对统计数据生产全过程进行考量和评价。组织开展分专业、多批次的新增列统单位核查、联网直报情况检查、数据质量核查、统计执法检查等工作，提高源头数据和专业数据质量，确保真实、准确、完整、及时反映经济社会发展状况。

【国家统计调查】 2022年，国家统计局淮安调查队组织落实住户收支与生活状况调查、种植业抽样调查、主要畜禽监测调查、流通与消费价格调查、工业生产者价格调查、房地产价格调查、月度劳动力调查、采购经理调查等常规调查，以及国家宏观调控和国民经济核算所需重要统计信息的抽样调查任务。进行统计调查、数据综合处理和开发应用，为市委、市政府和有关部门提供统计信息服务。

（汪大庆）

【统计法治建设】 2022年，淮安市统计局做好省统计局第四统计督察组督查淮安的反馈意见整改，建立常态长效机制，逐项对账销号。出台《关于更加有效发挥统计监督职能作用的实施方案》，抓好各项具体任务的落地落实落细。落实防范和惩治统计造假弄虚作假责任制，组织开展统计数据质量专业核查和“双随机”执法检查，抓好联网直报专项治理，打击违规代填代报等统计违法行为。制定《淮安市统计造假不收手不收敛专项纠治工作实施细则》，强化与纪检监察机关的协作配合，在全市范围内开展自查自纠、抽查复查。受省统计局委托编印《推进依法统计服务高质量发展》统计普法读本，在全省领导干部中推广。

【统计基层基础建设】 2022年，淮安市出台《全市“统计基层基础推进年”活动实施方案》，明确镇（街道）统计工作职责并挂牌“统计站”。打造统计基层基础“四个一”工程（一个机构

9月28日，淮安市统计局、国家统计局淮安调查队、清江浦区人民政府联合举办第十三届“中国统计开放日”宣传活动　　市统计局　供

固根基、一名能手领队伍、一套制度立标准、一本台账提质效），得到省统计局肯定，《中国信息报》、国家统计局网站、“学习强国”学习平台等媒体宣传报道淮安经验做法。市统计局加强对部门统计工作的业务指导和服务，推进部门统计规范化建设。修订完善部门统计“一套表”制度，将数字经济、共同富裕、现代化进程监测指标纳入部门联网直报平台。完善市、县区、镇（街道）三级统计信息网络和安全系统，加大设备、技术、安全等软硬件投入，为统计工作提供信息化基础保障。

【统计服务】 2022年，淮安市统计系统加大一线调研力度，按月制定调研任务清单，了解基层基础建设、企业生产经营等情况。创新统计产品，按月发布《统计快报》，编发月度监测报告，印发主要指标情况随身卡片，为市委、市政府提供精准统计服务。在“淮安统计调查”微信公众号开展“数说这十年”专题宣传，推送图文信息、视频、动漫等原创作品30余个，排名全国设区市统计类微信公众号综合影响力第九。全年编发统计分析、统计专报、统计快报80余期。《江苏反映工业经济企稳回升仍面临五方面突出难题》等3篇文章被国务院办公厅采用。152篇工作信息、统计分析被江苏省统计局官网采用，分析报告、统计文化、工作交流等43篇文稿被国家统计局采用；统计基层人物事迹《于金凤和她的“藏宝室”》和统计工作经验《打造统计普法“五型”阵地 营造优良统计法治环境》《“五个一”推动统计基础建设再创新局面》被“学习强国”学习平台采用。

（张建国）

4月18日，清江浦区市场监管局执法人员在利群时代超市解放东路店开展新冠疫情防控期间民生商品价格检查　方孟玮　摄

价格管理

【概况】 2022年，淮安市保障重要商品市场供应，稳定民生商品市场价格，强化市场价格监测预警，加强市场价格监督检查，落实困难群众生活保障，确保供需双方平稳运行，为经济社会发展营造良好的价费环境。市市场监管局组织开展违规收费专项治理，发放价格提醒函4000余份，罚没、退还违规收费480余万元，减轻实体企业及群众负担。

（周　泉）

【价格调控管理】 2022年，淮安市持续完善价格调控机制。印发《淮安市2022年价格调控目标责任制的实施意见》《淮安市完善重要民生商品价格调控机制实施方案》，完善重要民生商品价格调控机制，确保重要民生商品市场正常供应，全年全市居民消费价格指数平均涨幅1.9%。制定出台《淮安市市级价格调节专项资金使用管理办法》，明确管理职责、使用范围、分配和使用、绩效管理和监督检查。制定出台《关于进一步完善淮安市社会救助和保障标准与物价上涨挂钩联动机制的通知》，确保困难群众基本生活水平不因物价上涨而降低。年内，市发改委分2批次投放市级储备猪肉，投放市级储备肉51.56吨，补贴企业20.62万元，发挥价格调节专项资金在稳定市场价格方面的作用。

【重要商品保供稳价】 2022年，淮安市建立市重点保供企业名单130家，指导帮助华润苏果、大润发、利群时代、江苏商联等在淮安的大型连锁超市，以及明远农产品批发市场、淮安润淮农产品批发有限公司、江苏省苏食肉品有限公司、双汇集团等企业丰富商品种类，拓宽货源渠道，做好保供稳价。落实原粮储备、成品粮储备和成品油储备，常年建立市级冻猪肉储备和中心城区蔬菜应急保供储备。建立36家粮食应急加工企业、176家应急供应网点、4家应急配送企业、8家应急储运企业。抽调淮安互通运输有限公司和淮安市雷杰物流有限公司30辆重型集装箱半挂车近1000吨运输能力，建立应急运力储备库。

【清费降本减负】 2022年4月，淮安市贯彻落实省免征医院的电梯、锅炉、压力容器定期检验和监督检验收费，减半收取餐饮住宿业的电梯、锅炉、压力容器定期检验和监督检验收费政策；贯彻落实省降低水土保持补偿费、水资源费标准等降费政策。6月，印发《关于工业项目免缴土地交易服务费的通知》。8月，印发《关于工业项目建设审批环节行政事业性收费实行企业方零缴费有关事项的通知》。12月，印发《协助企业方缴纳工业项目建设审批环节行政事业性收费操作规定》，减轻企业负担。给予每月通行次数在30次（含）以上的

ETC公路客运班线客车通行费八五折优惠；延续实施“运政苏通卡”货运车辆通行费八五折优惠政策；对进出南京港、连云港港、太仓港的集装箱运输车辆及中欧班列集装箱主要装车点和集货点的运输车辆，继续在全省所有高速公路、普通公路收费站全免车辆通行费。

【收费目录清单动态管理】2022年，淮安市落实收费目录清单动态管理机制，及时在市发改委网站公布。5月，公布《淮安市执行政府定价的价格和收费减免与优惠政策清单》《淮安市政府定价管理的经营服务性收费目录清单》。6月，公布《淮安市行政事业性收费项目目录（2022年版）》《淮安市口岸收费目录清单（2022年版）》。7月，公布《2022年淮安市涉企行政事业性和政府定价的经营服务性收费目录清单》，增强缴费透明度，减轻企业和群众负担。

（胡润琢）

【水电气价格管理】2022年，淮安市加强市场价格监测和工作研判，开展管道天然气配气价格等成本监审（成本调查），完成居民阶梯气价政策调整、非居污水处理收费标准调整，水电气热价格全省保持低位。市市场监管局持续开展农产品初加工用电比例审核；开展水电气暖领域涉企违规收费自查自纠及专项整治，电力方面落实政企共担项目16个。

（周　泉　胡润琢）

【公共住房租售价格管理】2022年，淮安市优化、简化房价备案，引导开发企业合理定价。全年主城区（不含淮安区、淮阴区、洪泽区）备案新建商品住房56批次，备案面积154.56万平方米。按需开展公有住房出售价格核定审批，核定市区18个涉及公共租赁住房小区租金标准等。

（胡润琢）

【食品市场价格管理】2022年，淮安市强化重点民生领域价费监管。加强对粮油肉蛋菜奶等重要民生商品价格监管，防范异常波动，打击价格违法行为。加强粮食价格监管，开展粮食市场秩序专项整治，依法查处破坏市场秩序的价格违法行为。全市出动执法人员340余人次，检查粮食购销主体180余家，对5家存在明码标价不规范问题的粮食经营主体发出责令改正通知书，立案1件，罚款3000元。关注高端白酒、高档月饼等节庆商品礼品市场价格，加大节假日旅游市场巡查力度，及时办理投诉举报，维护市场秩序，累计检查市、县区两级各类市场主体3500余家，出动检查执法人员1700余人次，发放价格提醒函近4000份。

（周　泉）

【教育行业价格管理】2022年，淮安市印发《淮安市校外培训机构预收费管理办法（试行）》，规范学科类校外培训机构收费行为。制定淮安空港卓文学校收费标准，核定淮安生态文旅区文锦苑、天然之府、滨河幼儿园保育教育费和淮安体育学校学生公寓收费标准。组织开展教育收费专项检查，重点查处自立项目收费、超标准收费、扩大范围收费等价格违法问题，年内出动检查执法人员300余人次，检查单位160余家，立案3件，罚款、没收款、退款金额437.69万元。

（周　泉　胡润琢）

【停车收费治理】2022年5月，淮安市出台《关于进一步完善市区机动车停放服务收费政策的通知》，规范市区机动车停放服务收费管理，提高停车资源配置效率，并指导县区做好机动车停放服务收费工作。

【涉企收费专项治理】2022年，淮安市组织开展涉企收费治理专项行动。在2021年涉企收费专项检查的基础上，继续对重点领域、重点地区、重点问题开展专项交叉检查，减轻实体经济企业负担。印发《关于开展涉企违规收费专项整治工作的通知》《淮安市行业协会商会乱收费专项清理整治“回头看”工作计划的通知》《关于开展淮安市行业协会商会乱收费专项清理整治联合抽查的通知》《淮安市水电气暖领域涉企违规收费联合检查督导工作方案》《关于开展涉企违规收费联合抽查检查工作的通知》，确保降费减负政策措施落实。整治涉企乱收费、乱罚款、乱摊派行为，年内出动执法人员348人次，检查涉企收费主体83家，查处完成案件数3件，退还金额43.1万元，没收金额93.62万元，罚款金额17万元。

【农产品成本调查工作获国家发展改革委通报表彰】2022年，淮安市开展年度大豆种植成本收益调查，为加强农业宏观调控、组织指导农业生产、优化农业生产结构提供重要支撑。开展农产品成本调查70周年宣传活动，创新完成常规调查、直报调查、专项调查等任务，农产品成本调查工作受到国家发展改革委通报表彰。

（胡润琢）

市场监督管理

【概况】2022年，淮安市市场监管局统筹推进疫情防控和市场监管工作。开展民生领域执法办案“铁拳”行动、长江禁渔、药品安全专项整治暨“2022雳剑”等专项整治行动30项。联合市公安局、市委网信办等15个部门开展2022淮安市网络市场监管专项行动。印发《淮安市“十四五”市场监督管理专项规划》。制定出台市场监管领域110项免罚轻罚清单和14项不实施强制措施清单，得到市场主体好评。承办首届全国市场监管系统食品抽检技能大比武决赛。全市立经济案件220起，破案219起，抓获犯罪嫌疑人357人，移诉324人，挽回经济损失445亿元。监测市级大众媒体发布广告89.23条次，其中涉嫌违法广告1583条次；监测互联网广告958.36条次，其中涉嫌违法广告107条，办理广告案件59件，罚没款80.12万元。淮安市食品小作坊整治提优连续第3年获全省"优秀"等次。

【市场主体】 2022年，淮安市深化住所与经营场所分离登记改革，解锁住所登记限制，实行"一照多址、一址多照"企业开办新模式。出台《关于开展长期吊销未注销企业强制注销工作的实施意见》，进一步畅通市场主体退出渠道。探索实施个体户豁免登记，对销售农副食品、日常用品等便民劳动服务、新冠疫情期间群众基本保障的零售业予以豁免登记。至年末，淮安市有各类市场主体81.25万家，总量居全省第7位。其中，第一产业2.29万家，占全市市场主体总数的2.82%；第二产业6.72万家，占全市市场主体总数的8.27%；第三产业72.24万家，占全市市场主体总数的88.91%。全市有在业企业15.02万家，注册资本2万亿元。全年新登记企业25455家，同比减少15.03%，其中私营企业新登记21298家，占新登记企业数83.67%。从行业分布看，新登记企业主要集中在第二产业和第三产业，其中排名前5的行业分别是批发和零售业6242家、建筑业5616家、租赁和商务服务业3546家、科学研究和技术服务业3378家、制造业1686家。全年新登记企业注册资本2590亿元，同比增加16.89%，其中新登记外资企业注册资本164.73亿美元，同比增长57.25%。新登记企业户均注册资本约1000万元，同比增长38%，其中外资企业户均注册资本约为1亿美元。

【惠企纾困】 2022年，淮安市在全省率先出台市场监管领域惠企纾困12条意见，制定发展壮大市场主体16条措施、深化"六减"（减环节、减材料、减时限、减费用、减频次、减机构）优化营商环境28条举措，建立个体工商户发展联席会议制度和支持个体工商户健康发展20条意见，推动省、市共计2000万元专项资金发放至企业。在市政务服务中心设立外商投资企业登记"一件事"专窗，实施行政许可远程评审、免现场评审工作模式，落实"加急办""邮寄办""延期办""远程办""一网通办""特事特办"等便民化举措，得到市场主体认可。"第一类医疗器械备案、工业产品生产许可助企措施案例"连续入选全省助企纾困、稳企强链十大典型案例。

【质量标准建设】 2022年，淮安市市场监管局指导纺织品、金属磁粉芯2项国际标准修订，实现全市国际标准修订"零"的突破；稻虾共生、芦笋设施栽培国家级标准化示范区通过考核评估验收；发布淮安掼蛋扑克游戏全国首部地方标准；主导编制的国家标准《体育用人造草》获得首届省标准创新贡献项目二等奖。围绕盱眙龙虾产业开展全产业链标准体系建设，新增立项1项省级标准，发布3项市级标准。江苏康乃馨织造有限公司成为全国纺织行业首批"三同"（出口企业的内外销产品在同一生产线、按相同的标准、达到相同的质量水平）认证获证企业。

【智慧监管平台建设】 2022年，淮安市市场监管局智慧化推进"一体化信息平台"建设，完成第二阶段建设，整合融入22个功能子系统，657项数据目录、3.2亿条海量数据，市场监管"政务服务一扇门"格局基本形成，被省市场监管局列为创新创优项目。

【放心消费创建】 2022年，淮安市制定《淮安市美丽乡村放心消费三年工作计划》，全年培育60家企业申报省级放心消费示范单位，为200余家实体店发放"7天无理由退货"标识，受理投诉举报2.38万件，为消费者挽回经济损失1013万元。

【计量惠民】 2022年，淮安市以省粮食购销领域专项巡视为契机，推动县级计量技术机构全部建立涉粮计量标准；指导金湖县创建全省首批仪器仪表产业园，推进省计量科学研究院在金湖县设立工作站，助力地方仪器仪表产业发展。对全市基层医疗机构和农贸市场在用计量器具实施免费检定。落实包容审慎监管，办理免罚轻罚案件1581件，免罚、从轻减轻处罚4535万元，减免检验检测费用200余万元。

【质量监管】 2022年，淮安市统筹推进面向中小微企业的计量测试、检验检测、认证提升等质量帮扶行动，打造线上线下相结合的质量基础设施"一站式"服务体系，获批省教育装备产品质量监督检验中心；指导江苏今世

表9　2022年淮安市市场主体净增（减）情况统计表

单位：家

类型	本期登记	本期注销	本期吊销	净增加
合计	88621	313230	2766	-227375
企业	25455	21933	2745	777
国有、集体及其控股企业	3986	4403	212	-629
私营企业	21298	17391	2519	1388
外商投资企业	171	139	14	18
个体工商户	63040	290695	0	-227655
农民专业合作社	126	602	21	-497

（资料来源：市市场监管局）

10月3日，淮安市市场监督管理局开展保健食品监督检查，重点对商超和药店等销售单位销售商品进行督查　　赵启瑞　陈丹丹　摄/视觉江苏网　供

缘酒业有限公司获得2022年省长质量奖，3家企业获省质量信用AAA级认定，10家企业获“江苏精品”称号。全年抽查产品893批次，涉及日用及纺织品、轻工产品、电子电器、农业生产资料、建筑和装饰装修材料、机械及安防产品、电工及材料产品、食品相关产品8大类58种产品，经检验合格850批次，平均合格率95.19%。对不合格商品经营者依法进行立案查处，并通过企业信用信息公示系统进行公示。

【反垄断和反不正当竞争监管】 2022年，淮安市建立全市反不正当竞争工作联席会议制度，完善公平竞争审查工作机制，组织开展网络不正当竞争专项治理，加强商业秘密保护。11月，淮安市公平竞争审查智慧化监管系统上线，年内通过平台监测总数22.95万条，其中市场相关数13.2万条、专家复审数4214条。

反不正当竞争监管执法　创新构建“四全四审”公平竞争审查模式（机制建设全覆盖、审查环节全链条、宣传培训全方位、督查评估全周期，政策起草机构初审、内部特定机构复审、数据监测平台协审、联席会议组织会审），推动建立反不正当竞争工作联席会议制度，加强统筹协调，形成监管合力。国家市场监督管理总局推介宣传报道《江苏省淮安市全力打造公平竞争审查“四全四审”淮安模式》，《中国价格监管与反垄断》杂志第8期、第10期分别刊登淮安公平竞争审查工作宣传报道，新浪网和中国江苏网宣传报道《淮安市公平竞争审查监测评估系统上线》，公平竞争网宣传报道《淮安市开展公平竞争审查抽查工作》。

公平竞争审查抽查　建立公平竞争审查投诉举报受理回应机制。市、县区联席会议办公室及成员单位，依托“12345”“12315”热线平台以及来访等渠道接收公平竞争审查投诉举报。开展增量审查，研究重点领域和行业专项公平竞争审查规则，细化审查标准，提高审查质量。开展政策措施定期评估与动态存量清理，清理和废除妨碍统一市场与公平竞争的各种规定做法。清理存量文件148件，废止修订2件，审查文件79件，修改调整10件。

网络不正当竞争专项治理　全年开展网络不正当竞争各类宣讲、培训、合规指导188次。重点整治“刷单炒信”“流量造假”等问题，组织查办一批典型案例，维护网络市场竞争秩序。

商业秘密保护　推进全市商业秘密保护示范点、维权联系点和基地建设，制定《商业秘密保护三年工作计划》，完成高新技术企业商业秘密保护培训、宣传686家，达到企业总数的83.9%；创建示范点322个，达到企业总数的39.4%；28家优秀企业入选“淮安市商业秘密保护示范点”，建立8个维权联系点、1个联系基地。

【食品监督管理】 参见《公共安全·食品药品和医疗器械安全》

【药品监督管理】 参见《公共管理·食品药品和医疗器安全》

【新冠疫情防控期间物资监管】 2022年，淮安市成立稳价保供工作专班，发布涉疫物资生产经营“九不得”等通告，检查相关单位600余家，处理群众投诉举报200余起，查处价格违法案件并向社会发布涉疫典型案例，保障涉疫物资市场稳定，其中“淮安百源堂药房有限公司哄抬连花清瘟价格案”被国家市场监管总局收录至第二批查处涉疫药品和医疗用品违法典型案例。建立24小时应急响应机制，根据国务院疫情防控“第九版”“二十条”和“新十条”因时因势调整措施，坚决守好进口冷链食品输入关口。

【网络市场监管】 2022年，淮安市开展日常网络市场适时监测及专项监测。在“6·18”“双11”“双12”等重要节点开展网络监测，全市15个部门联合开展网络市场监管专项行动。监测全市网站、网店、小程序、微信公众号等1.93万余个，抽取商品页面3.78万个，发现并固定涉嫌违法违规电子数据证据94条，对电商开展行政指导3个，督促删除非法交易信息2条，“红盾云桥”系统协查线索18条。

【农贸市场管理】 2022年9月1日，《淮安市农贸市场管理条例》正式实施，明确和规范农贸市场规划、建设、管理、监督等方面的事项。市市场监管局对照制定考评细则及协调工作机制，完成26家农贸市场“四统一”（标识标牌、公示栏、公益广告、农残检测公示）标准化工程，督查农贸市场495家次，对主城区63家农贸市场开展第三方月度测评，完成10家农贸市场智慧视频监管安装，持续提升农贸市场管理服务质效。

【化妆品安全监管】 2022年，淮安市加强化妆品不良反应监测网络，建成以市不良反应中心为核心，县区不良反应中心为分支，覆盖全市的监测主线。开展化妆品“线上净网 线下清源”专项行动，规范网络销售市场秩序，强化线下化妆品经营监管，保障公众用妆安全。

【产品质量安全监管】 2022年，淮安市建立产品质量“巡回问诊”机制，组织技术专家对口帮扶企业211家。完善不合格产品后处理“六个一”（建立一个产品质量追溯体系、健全一套质量管控制度、推行一份质量承诺书、落实一次复查检验报告、举办一场行政约谈会、组织一项专家问诊活动）措施，优化追溯体系，完成199个批次不合格产品的后处理。持续推进燃气具及消防产品整治，全覆盖、多轮次对“灶管阀”生产、销售企业实施检查。

【直销传销监管】 2022年，淮安市强化打击传销、规范直销，维护社会稳定。加强对直销企业经营活动的日常监管和行政指导。采取悬挂横幅、设置展板、发放宣传册页等方式，组织开展形式多样的打击传销工作宣传教育活动，教育引导群众远离传销。制定《打击网络传销专项执法行动方案》，重点防范、整治网络传销。

【药店“一件事”改革】 2022年，淮安市对市、县区两级“一件事”服务窗口软件硬件设施进行升级。建立完善新的督查检查制度，采取引入第三方评价监督等措施，加强对新开办零售药店“一件事”改革试点工作的督查、通报和指导。全年审批核发零售药店行业综合许可证206张。开办药店由原来需要办理6个许可证减至只需申请1个综合许可证，申请材料由原62份减少至18份，办理时间由37个工作日压缩至10个工作日，降低行业准入成本，提高行政效能和办事效率。新开办零售药店“一件事”改革被省药品监督管理局列为试点项目。

【“12315”平台维权】 2022年，淮安市市场监管投诉举报热线完成市“12345”平台与全国“12315”平台对接集成，实现全渠道、全业务、全系统诉求集中汇集帮办，做到诉求统一登记、信息资源共享、业务实时交互。推进在线消费纠纷解决（ODR）机制，全年新增ODR企业17家，加强维护消费者权益能力建设，把消费纠纷解决在基层、化解在源头。设置4条话务专线，配备10名话务员，提供7×24小时人工服务，全年“12315”平台接收投诉举报咨询85294件，其中投诉15499件、举报8312件、咨询61483件，挽回经济损失1026.18万元。

8月31日，首届全国市场监管系统食品安全抽检监测技能大比武决赛在淮安举行　　市市场监管局　供

【执法稽查】 2022年，淮安市推进民生领域“铁拳”行动、药品安全整治“霹雳”行动、网络市场监管“网剑”行动、违法违规从事商业广告宣传整治行动等专项执法。全市市场监管系统立案查办案件2778件，其中“7·25”非法制售医美用医疗器械案被国家药品监督管理局挂牌督办并通报表彰，“白某等生产销售假药案”等多起案件入选国家、省典型案件，执法工作4次在全省系统会议上作经验交流。年内，执法稽查部门出动执法人员11348人次，罚没款金额5512.19万元，查办案件3174件，案值1494.97万元，罚没款金额合计5521.19万元，移送司法机关45件。

【承办首届全国市场监管系统食品安全抽检技能大比武决赛】 2022年8月31日，淮安市承办首届全国市场监管系统食品安全抽检监测技能大比武决赛，上海、江苏、浙江、山东、四川、吉林6支代表队参加决赛，上海队获团体总分第一名。同日，全国食品安全抽查工作研讨交流会与食品安全抽检监测工作座谈会在淮安市举行。

【全市首张养老服务证书认证】 2022年，淮安市市场监管局推进养老机构认证。加强翔宇养老服务中心标准化、规范化管理，促进硬件设施改善和管理水平提升，推进品牌建设和服务质量升级。12月，翔宇养老服务中心通过养老服务认证，获全市首张养老服务认证证书，实现淮安市养老服务认证“零”的突破。

（周　泉）

知识产权管理

【概况】 至2022年末，淮安市企业知识产权贯标备案129家；贯标绩效评价18家；处理专利侵权纠纷立案26件；新增1家国家知识产权示范企业、2家国家知识产权优势企业；“涟水草鸡蛋”“蒋坝螺蛳”地理标志证明商标注册，全市地理标志证明商标达到129件。全市有效发明专利量5427件，高维持有效发明专利量580件。设立市级高价值专利培育项目、正版正货示范项目，形成省市项目联动推进、分层培育的工作格局。开展知识产权示范企业认定，激励知识产权创造运用和保护。

【知识产权保护体系建设】 2022年，淮安市成立市知识产权战略实施工作领导小组，强化工作部署指导。印发《2022年淮安市知识产权行政保护工作实施方案》，明确年度工作目标、重点内容和保障措施。推进市知识产权保护中心建设，完成事业单位法人登记、场地预选和建设方案设计，新招人员全部到位。强化“以案说法”宣传，发布“专利商标行政保护典型案例”，以案为鉴，规范行为，增强全社会知识产权保护意识。

【知识产权发展】 2022年，淮安市推进各地高新技术企业和规模以上工业企业注册商标、发明专利清零工作，推动创造产出。强化校企联合，促进校企对接，推动产学研深度融合；加强与外地高校对接，打造“研发飞地”，促进重点企业创新创造。加快授权进度，从推进专利快审、预审备案、对已通过一审的进行针对性辅导等方式，加快发明专利授权。通过任务下达、定期通报、促进运用、加强激励等方式，促进全市有效发明专利的维持。

【知识产权服务】 2022年，淮安市强化知识产权服务机构建设。建设高品质服务机构，创建国家级、省级服务网点，开展市级服务网点认定。建设商标品牌指导站、知识产权工作指导站等。强化品牌服务，聚焦“市监护航知企同行”“淮知行”服务品牌打造，强化国家知识产权局商标业务淮安受理窗口建设。围绕商标业务和专利咨询“一窗通办”，全年受理商标业务1006件，受理量在全国同批窗口中位列第二。提升对全市无商标企业商标注册的服务效能。

【专利预审备案】 2022年，淮安市督促高端装备制造业和新材料产业创新主体参加专利预审备案。组织66家企业申报备案，30家获复核通过。联系省知识产权保护中心，梳理全市4851件被国家知识产权局通过第一次审查的发明专利申请清单，重点跟踪推进加快授权。

【知识产权交易】 2022年，淮安市提升知识产权许可转让成效。探索建立知识产权交易机制，促进知识产权市场化配置与交易流转；优化、加强对在淮安大中专院校的考核，促进知识产权许可转让。开展“知惠万家”知识产权普惠金融行动、“知惠行”专项活动，组织开展“淮知贷”集中签约。

【知识产权全链条保护】 2022年，淮安市加大知识产权全链条保护力度。加大协同保护力度，市市场监管局与市中级人民法院建立知识产权纠纷诉调对接机制，共同维护企业知识产权。加大司法保护力度，与市公检法等部门加强沟通联系。扩大行政保护领域，关口前移，联合网络专项行动，发布商标风险监测信息，出具风险告知书，助企维权。组织开展北京冬奥会和冬残奥会奥林匹克标志知识产权保护专项行动，立案查处侵犯奥林匹克标志案件5件。

【专利代理机构监管】 2022年，淮安市组织开展代理机构“双随机”检查，完成平台抽取的4家和省知识产权局转派的2家商标代理机构的抽查。辅导全市6家代理机构（主营机构）完成年报申报。印发《关于规范专利申请和质押登记等行为的通知》，召开非正常专利申请整治工作座谈会，约谈4家专利代理机构负责人，推动3批非正常专利核查，撤回率位居全省前列。

【知识产权质押融资】 2022年，淮安市加快知识产权质押融资进度。市市场监管局联合县区开展调研，掌握企业商标专利及融资需求；联合银行等金融机构，开发知识产权质押融资产品，搭建银企对接平台。全年实现知识产权质押融资18.63亿元，目标任务完成率位居全省第一。

【知识产权保护宣传】 2022年，淮安市采用多种形式，营造良好的知识产权保护环境。借助世界知识产权日宣传周、配合首届知识产权执法竞赛等，提升执法人员实战能力和办案水平，向社会宣传知识产权知识。通过座谈调研、项目检查、走访企业等，普及和宣传知识产权政策法规，提升知识产权保护普法效果。

【淮安市入选全国首批国家知识产权强市建设试点城市】 2022年，淮安市入选全国首批国家知识产权强市建设试点城市名单，涟水县、金湖县、淮安国家高新技术产业开发区、涟水经济开发区入选省知识产权建设示范县区（园区）。全市新增国家级知识产权示范企业1家、国家级知识产权优势企业2家。11月8日，市政府印发《淮安市国家知识产权强市建设试点城市工作方案（2022—2025年）》并正式启动实施。工作方案分为总体思路、基本原则、主要目标、重点任务、时序进度和保障措施6个部分，按启动、实施、评估、验收4个阶段有序推进。

（周　泉）

信用体系建设

【概况】 2022年，淮安市推进政务诚信建设，开展信用领域市场主体严重失信治理，印发《淮安市信用领域突出问题专项治理工作方案》，推进"诚信淮安"建设。召开全市社会信用体系建设工作大会，全面部署和推进全市社会信用体系建设工作。举办信用管理师职业技能培训，2014—2022年，培训二级、三级信用管理师600名。江苏中资信用管理有限公司、淮安中信达信用管理有限公司被全国信用示范城市组织遴选为信用服务机构。

【信用制度建设】 2022年，淮安市贯彻落实《淮安市"十四五"社会信用体系建设规划》《淮安市进一步完善约束制度构建诚信建设长效机制实施办法》《关于淮安市全面推进证明告知承诺的通知》等制度性文件。制定发布全市社会信用体系建设年度工作要点及考评方案，印发淮安市政务诚信建设第三方评价实施方案和任务分工文件；印发《关于联动推进1+4专项行动优化法治化营商环境的实施方案》。印发《关于建立淮安市企业合法权益补偿救济工作机制的通知》。市级财政列支信用工作专项经费，开展信用信息系统建设和信用推进。

【政务诚信建设】 2022年，淮安市开展政务信用信息共享应用，建立政务诚信建设第三方评价机制，统筹推进重点领域政务诚信制度建设。按时在市政府网站发布年度政府信息公开工作报告。对符合法定要求的依申请公开政府信息答复率100%。市信用办与市法院联合签署《淮安市党政机构失信治理备忘录》和《淮安市关于开展涉党政机构"零债"工程推进"惠企"专项执行行动的实施意见》，签订"点对点"执行信息平台建设合作协议书，保持政府机构失信"清零"目标，全市政府部门、事业单位和国企拖欠账款清偿率保持100%。在公务员录用、调任时查询信用记录，对全市"一把手"监督信用审查列为"一把手"监督评价指标，定期或不定期开展信用信息核查。委托第三方利用互联网信息采集和大数据挖掘技术，建立政务诚信建设评价指标体系，对市司法局等21个重点部门在政务公开、廉洁守诺、政务诚信、信用信息归集等方面诚信建设情况进行季度综合评价，形成部门政务诚信综合指数。出台《淮安市人民政府重大行政决策程序规定（试行）》《市政府重大行政决策合法性审查程序规定》等制度文件。在政府和社会资本合作领域、招商引资领域、地方政府债务建设领域、统计领域、政府采购领域等出台多个制度文件。

【商务诚信建设】 2022年，淮安市推进行政管理从"门槛管理"走向"信用管理"，建立健全事前、事中和事后全流程监管环节的新型监管机制，优化营商环境。构建信用分级分类监管机制，落实《淮安市加快推进社会信用体系建设 构建以信用为基础的新型监管机制的实施办法》，推进信用监管，33个监管部门在45个相关领域出台信用分级分类监管实施方案，形成"1+45"实施体系。全面推行信用告知承诺制，建立信用承诺人信用档案。提升信息归集质效，在"信用淮安"网站建立行政许可和行政处罚信用信息"双公示"专栏，市级部门"双公示"专栏建设实现全覆盖。完善守信联合激励和失信联合惩戒机制，拓展联合奖惩系统与政务服务及相关部门业务办事系统对接范围，推进淮安市联合奖惩系统与政务服务平台、招标投标、政府采购等审批系统实现嵌入式对接。加强合同履约信用监管，结合淮安市政府投资工程嵌入式监督系统，建立淮安市合同履约信用信息管理系统，对合同签约、履约、违约信息进行归集、处置与预警，实现跨地区、跨部门全流程联动监管。淮安市成为全省首批省、市、县区信用信息系统"一体化"建设市和全国"一体化"信用网站建设试点市。至年末，淮安市"一体化"信用平台和"一体化"信用网站建设全部完成。

【社会诚信建设】 2022年，清江浦区、洪泽区、盱眙县、金湖县开展省级信用建设示范县区创建。推进完善农村信用体系评价机制。盱眙县推进家庭信用积分应用，建立管理系统和网格化管理机制，创新信用惠民便企，推进"信易+"活动，开展农村经济主体信用信息采集，以及信用户、信用村、信用乡镇评定。

【司法公信建设】 2022年，淮安市落实《关于贯彻执行防止干预司法"三个规定"的实施意见》和《领导干部插手干预重大事项记录制度》，完善律师、公证、司法鉴定和基层法律工作者信用档案系统，落实司法从业人员诚信承诺制度。年内，市人民法院开展信用领域突出问题专项治理，出台《关于联动推进1+4专项行动优化法治化营商环境的实施方案》，为企业发展排忧解难。依托"公安执法公示平台"和"淮安微警务"微信公众号，解决有案不受、有案不立、涉案财物管理不规范等群众反映强烈的突出问题。

【企业信用监管】 2022年，淮安市印发《关于进一步推进包容审慎监管执法持续优化法治化营商环境的实施意见》《淮安市信用领域严重失信治理方案》，在全市范围推行包容审慎信用监管执法。启动实施涉企"不予、从轻、减轻"行政处罚事项"三张清单"制度，全市严重失信主体退出率、行政处罚占比下降幅度位于全省前列。市税务系统建立"通用+专业"分级分类监管机制，精准掌握纳税人信用评价，做到"无风险不打扰、有违法要追究、全过程强智控"，企业年报率位居全省第一。市市场监管局在全省率先出台"双随机、一公开"抽查工作指引，抽查各类市场主体6.1万家，跨部门联合抽查4.1万家，全市监管部门参与率居全省第一。强化执法信息归集，市本级涉企数据归集部门覆盖率100%，其中归集3类及以上数据部门28个，居Ⅲ类地区第一。

（市发改委）

【建筑行业信用管理】 2022年，淮安市印发《关于进一步做好淮安市建设工程施工企业信用管理工作的补充通知》，通过信用体系引导建设工程施工企业诚信经营。开展严厉打击建筑工程发包与承包违法行为专项整治行动。严格职业工程造价咨询企业信用考核，日常发布造价信息。编印《2022年淮安市建设工程典型工程造价指标》，对183家在淮执业的工程造价咨询企业信用进行考核，开展造价咨询企业及注册造价师业务活动双随机联合抽查，成立3个检查组，对随机抽取的15家工程造价咨询企业及注册造价师的执业行为、合同履行、业务操作程序、档案管理、工程造价咨询成果质量等开展抽查，抽查结果向社会公布并录入企业信用平台。

（王灵敏）

【信用修复】 2022年，淮安市印发《关于做好企业信用修复的通知》，支持破产重整、和解企业重建信用。提升企业信用修复初审质效，企业信用修复线上初审半天内办结，全年帮助企业审核2650次，965家企业完成1775条行政处罚修复。下发行政处罚和信用修复"两书同达"通知，全市25个监管部门全部建立"两书同达"机制。市人民法院与市信用办等单位为2455家企业修复信用，企业失信名单退出率居全省第二，3项经验获评全省法院信用修复创新机制。市市场监管局开展"稳企强链 助企塑信"信用修复，不见面、容缺式修复3600家企业信用。

【第三方企业信用报告线上备案系统项目验收】 2022年，淮安市依托已有信用平台，总结10年的信用报告应用工作经验，创新开发第三方信用报告线上备案系统。系统主要包括报告评级流程、评委库及评委抽取功能、企业信用报告库、服务机构库、身份认证、电子签章功能、推送数据接口、报告防伪8个方面架构内容。11月，淮安市第三方信用报告线上备案系统在市政务服务中心通过验收。

【市级信用管理示范企业创建】 2022年，淮安市组织开展市级信用管理示范企业创建活动，通过企业自主申报、信用审查、企业信用承诺、信用服务机构辅导和评估等程序，32家企业入选市级信用管理示范企业名单。

2022年淮安市市级信用管理示范企业名录（32家）

江苏威博液压股份有限公司
淮安易云科技有限公司
江苏力帆建设有限公司
江苏冲浪软件科技有限公司
江苏增力商贸发展有限公司
淮安金鹰国际购物中心有限公司
淮安市城市建设设计研究院有限公司
江苏特利洁保洁有限公司
淮安顺丰速运有限公司
江苏双丰教学用品有限公司
江苏千之顺建设工程有限公司
淮安市圣玉米业有限公司
江苏康乃馨纺织科技有限公司
江苏康德餐饮企业管理服务有限公司
江苏晋源包装有限公司
江苏恒梦建设工程有限公司
江苏元明装饰工程有限公司
江苏洪泽湖纸业有限公司
江苏悦新装饰工程有限公司
淮安市洪泽区自来水有限公司
涟水深燃新星旺燃气有限公司
淮安锦纶化纤有限公司
江苏中信华电子科技有限公司
涟水金信商贸服务有限公司
江苏沃钛有色金属有限公司
江苏保利精工机电有限公司
江苏爱美塑业有限公司
江苏新海电子制造有限公司
江苏神舟车业集团有限公司
金湖杰辉铸造有限公司
和跃运动器材（江苏）有限公司
金湖县华明客车门系统有限公司

【诚信宣传】 2022年，淮安市在《中国信用》《淮安日报》等媒体开展诚信宣传近100次。推出"信易+"28类近80项活动，群众参与高质量建设信用示范城市的积极性不断提升。推动30个监管部门出台39个信用分级分类监管实施方案，实现全市重点领域信用监管机制全覆盖，推进各行业部门实施信用监管示范行动。出台《关于印发〈淮安市进一步完善失信约束制度构建诚信建设长效机制实施方案〉的通知》《淮安市政务诚信状况监测评价指标（2022版）》，统筹推进政务诚信建设。召开全市信用领域严重失信治理工作部署会，印发《淮安市信用领域严重失信治理工作方案》，对严重不良行为依法实行联合惩戒。召开失信专项治理工作会议，印发《淮安市"征信修复"失信治理工作方案》，推动各行业主管部门依法依规归集医疗、教育、工程建设、人社等重点领域从业人员信用信息3万余条，全市严重失信占比从年初的2.54%下降至年末的0.81%。印发《关于做好防范和化解政府机构列为失信被执行人的通知》，出台《关于联动推进1+4专项行动优化法治化营商环境的实施方案》，在全市范围内开展涉党政机构"零债"工程，全市党政机构失信保持"清零"状态。5月，淮安市入选全省商务信用监管试点地区；11月，盱眙县入选江苏省"信用+社会治理"试点县。

（淮　鉴）

世界美食之都

责任编辑：李静华

综　述

【淮扬菜溯源】 淮安市是淮扬菜主要发源地和传承地之一。淮安的烹饪历史，最早可追溯至7000多年前的新石器时代。在青莲岗文化遗址出土的文物中，用于饮食的陶器，如钵、鼎、杯等占有相当比重。秦汉之后，淮地美食频现典籍。西汉时，汉赋大家枚乘在《七发》中有笋蒲脍制小牛腹腴等淮地精美菜肴的描述。

隋唐运河开通后，水陆交通发达，淮安出现“歌楼酒馆满堤，灯影筝声连宵”的繁华盛景，海内外众多官宦商贾、文人士子在此流连忘返。清真菜、南方菜、北方菜和地方菜相互影响借鉴，形成多元融合的独特风味。唐代的酒焖黄鸡、宋代的清蒸淮白鱼等佳肴在李白、苏轼、杨万里等文人雅士的诗文中也有赞誉。明清时期，漕运总督、河道总督、户部分司、工部分司、淮北盐运分司和淮关监督驻节淮安，官署林立，豪商云集，大大推高淮安消费水平，促进淮菜创新发展。《清稗类钞》云：“肴馔之有特色者，为京师、山东、四川、广东、福建、江宁、苏州、镇江、扬州、淮安。”并记载淮安名庖创制的全羊席、全鳝席。因淮安、扬州两地相邻，菜肴风格口味相近，又经长期相互渗透、交流、融合，逐渐形成统一的风味流派。清末民国初期，国人名之为“淮扬菜”，成为与鲁菜、川菜、粤菜齐名的四大菜系之一。

明清两朝，国家“漕河盐榷”萃于此地，淮安成为达官麇集、盐商集聚、骚客流连的富庶之地。在物流、人流、商贾高消费以及政治因素推动下，淮扬菜发展日臻成熟。据《河下志》载，该地“市不以夜息，人不以业名。富庶相沿，奢侈成俗”。独特的区位优势，庞大的多层次饮食需求以及开放的文化氛围，刺激和推动淮安餐饮业发展兴盛。康乾盛世后，清朝国势衰微，盐商走向衰败，当时的河道总督吴棠提出“不准远购奇珍异味，唯以淮产烹淮菜”。改良后的淮扬菜更重生态、更注节俭，以地产凡鱼野蔬，烹制出精美人间至味。淮扬菜从此走向寻常百姓餐桌，既是文化菜、文人菜，也是百姓菜和家常菜。中华人民共和国成立时，淮扬菜成为“开国第一宴”的基准菜系。此后，淮扬菜更是得到不断创新和发展，淮扬菜和淮扬菜文化走向全世界。

【美食资源】 淮安市地处北亚热带和南暖温带之间过渡气候带，温、光、水、土等自然资源极为丰富，生产条件优越，适宜多种农作物栽培和动物饲养，是著名的“鱼米之乡”和全国重要绿色农副产品生产基地。生态环境优良，市内河湖交错，物产丰饶，水域面积约占四分之一，被称为“漂浮在水面上的城市”，盛产小龙虾、螃蟹、银鱼、芡实、蒲菜等绿色食材。至2022年末，淮安市有国家地理标志证明商标129件，数量居全省第一，全国领先。“盱眙龙虾”品牌价值超过300亿元，连续7年位居全国地理标志产品区域品牌水产类第一。全市拥有淮安旺旺食品有限公司、江苏今世缘酒业股份有限公司、江苏全稳农牧科技有限公司等一大批骨干龙头企业。

【“世界美食之都”申创与建设】 2017年，淮安市启动申创“世界美食之都”。2021年11月8日，联合国教科文组织公布新一批49个城市加入联合国

6月2日，在2022淮安夏季购物节启动仪式上，淮安“世界美食之都”揭牌

市商务局　供

教科文组织创意城市网络，淮安入选“世界美食之都”，成为继成都、顺德、澳门、扬州之后，中国第五个跻身“世界美食之都”行列的城市。

2017—2021年，淮安市加强美食文化国际交流，促进文明互鉴。赴联合国教科文组织总部举办淮扬美食品鉴会，到20多个国家和地区开展美食推介，通过“走出去”“请进来”“云互动”等方式与“世界美食之都”城市互动交流。新冠疫情最严峻的时刻，向23个“世界美食之都”城市发出慰问信、捐赠口罩等防疫物资。连续举办四届中国（淮安）国际食品博览会，开展淮扬菜大师邀请赛等系列活动。打造“一县一特”品牌，每年举办盱眙国际龙虾节、洪泽湖国际大闸蟹节等美食类节庆。出台进一步加快淮扬菜产业发展实施意见，市财政每年安排1000万元，支持引导美食文化传承创新。累计研发112道创新菜品，推出62家美食名店，培育45家餐饮龙头企业，评选出40位烹饪大师，建成16条特色美食文化街区。推进退渔还湖，以美食就业等方式，实现洪泽湖10万名渔民上岸安置。推进龙虾富民，发挥“盱眙龙虾”品牌价值优势，开设龙虾餐饮连锁店3000多家，全市20万人从事相关产业。2022年，淮安市成立“世界美食之都”建设工作领导小组，市商务局、市人社局、市外办、市文广旅游局以及各县区（园区）共32个单位作为成员单位，完成年度22项“世界美食之都”建设任务。

（淮　鉴）

美食产业

【产业布局】 2011年末，淮安市成立全国唯一以八大菜系名称命名的“国字号”集团——淮扬菜集团股份有限公司。2012年，成立淮安市振兴淮扬菜文化产业工作委员会。同年8月，建设淮扬菜文化产业园，作为淮扬菜产业发展的平台和基础。2022年，淮安市政府常务会议制定印发《淮安市“世界美食之都”建设实施方案（2022—2025年）》，重点围绕加强交流合作、突出守正创新、坚持开放包容、促进产业融合、强化传播推广5个方面安排18项工作任务。组建市创意美食促进中心，专门从事“世界美食之都”建设推广。引进其他菜系品牌，招引川菜老字号峨嵋酒家、鲁菜品牌京八大楼、川菜品牌蜀九香、湘菜品牌火宫殿以及国内知名日料品牌“鱼四季”苏北首店“鮨·梅子”等八大菜系餐饮名店和特色美食。在上海开设特色餐厅，推动淮扬菜集团“走出去”。发布《淮扬菜菜品标准编写通用规范》（DB3208/T 168—2022）、《淮扬菜烹饪技能培训服务规范》（DB3208/T 169—2022）2项淮安市地方标准。

（王志峰）

【食品产业】 参见《工业·食品产业》

【预制菜产业】 2022年，淮安市引进益海嘉里金龙鱼粮油食品股份有限公司预制菜、利群集团中央厨房等一批预制菜龙头项目，全市有江苏百斯特鲜食有限公司、江苏省食品集团有限公司、双汇集团等全国预制菜重点生产企业10余家。6月，世界中餐业联合会预制菜专业委员会成立大会在淮安市召开，会议审议通过《世界中餐业联合会预制菜专业委员会工作条例》，举办淮安预制菜产业投资环境说明会，淮扬菜集团与省农科院签订《发展预制菜战略合作协议》。11月，在第五届中国（淮安）国际食品博览会暨首届金秋经贸洽谈会期间，设置食材预制菜专业展馆1个，预制菜创新联合体馆、淮扬菜预制研究院馆预制菜特色展区2个，突出预制菜主题；举办首届“中国预制菜买手节”暨预制菜买手联盟采销大会，促成意向交易额1亿元。新华社等21家省级及以上媒体进行报道，全网阅读量超1.7亿人次。淮扬菜集团研发软兜长鱼、钦工肉圆、蒲菜、朱桥甲鱼羹4款淮扬菜预制菜，在全国36座城市的万达酒店推广；与熊猫传媒集团洽谈合作，规划建设全国预制菜选品中心和直播基地。

（王志峰）

【餐饮业】 2022年，淮安市限额以上餐饮营业额258.32亿元，增幅2.8%。放大世界美食之都、国际食品博览会品牌效应，培育餐饮市场主体，打造“淮扬美食IP”和“超级品类”，举办第五届中国（淮安）国际食品博览会暨首届金秋经贸洽谈会，办好“世界美食之都”创新发展大会和中国淮扬菜大师邀请赛。国庆假期，根据市烹饪协会监测，淮安迎宾馆、翠和嘉华、福地豪都、涟水宾馆等10家大型酒店，销售同比增长22.5%；古文楼、老复兴、老淮安、淮安宴等15家中小特色餐饮店，销售增幅20%。年内，评选出首批“淮安早茶名店”40家。

（淮　鉴）

2022年11月，“中国预制菜买手节”知名预制菜品牌路演大会在淮安市举行　　市商务局　供

【美食街区建设】 2022年，淮安市有放心消费美食街区8条，分别是淮安区“桃花垠放心消费美食街”、清江浦区“宝龙爱情小镇放心消费美食街”、淮阴区“曙光路放心消费美食街”、洪泽区“华润苏果南街放心消费美食街”、淮安经济技术开发区“南昌路放心消费美食街”、淮安生态文旅区“红悦里放心消费美食街”、涟水县“上海路放心消费美食街”和“深圳路放心消费美食街”。6月，市商务局印发《淮安市美食街区建设工作方案》，决定在全市范围内打造8条特色餐饮街区。年内，重点改造提升清江浦区御码头、淮安经开区威海路、盱眙经济技术开发区第一山3条美食街，打造“有文化的品牌，有故事的商业，有活力的街区”。

（王志峰）

【“淮味千年”品牌打造】 2022年，“淮味千年”农产品区域公用品牌推进实体化、市场化、规范化经营，加强“淮味千年+基地+标准+溯源+电商+门店”发展，累计投入省级、市级财政资金4000万元。至年末，“淮味千年”授权各类农产品生产主体60家，涉及盱眙龙虾、洪泽湖大闸蟹、淮安大米等在内的14个特色优势农产品品类。在北京、上海、南京等城市举办“淮味千年”品牌农产品推广展销活动40多场，建立线下星级直营门店42家，建立全程质量控制系统门店13家，入选江苏农业品牌目录18家。

（市农业农村局）

【美食消费】 2022年，淮安市打造“幸福满淮•安心消费”品牌，扩大美食消费，促进消费升级。启动夏季和冬季购物节，组织餐饮企业参加商贸流通企业贸易竞赛活动，对消费总量和增幅综合排名靠前的30家餐饮企业给予共150万元奖励。组织开展“十城千店”餐饮促消费活动。盱眙县举办第二十二届中国•盱眙国际龙虾节“都梁宴”发布暨餐饮行业促消费活动，金湖县举办“金”情消费乐享“湖”城秋季购物节暨荷美龙虾宴美食文化周，洪泽区举办第十七届中国洪泽湖大闸蟹节湖鲜美食宴。清江浦区、淮安经济技术开发区发放200万元餐饮消费券，激发餐饮消费市场活力。全市限额以上餐饮业企业实现营业额44亿元，比上年增长7%，全省排名第二。

（王志峰）

【美食营销网络建设】 2022年，淮安市联合北京三快在线科技有限公司（美团公司）绘制淮扬菜区域美食地图。北京三快在线科技有限公司（美团公司）为淮安市50多家餐饮企业提供免费互联网营销培训，推动淮扬菜品牌化运营、创新性发展。市商务局联合市人力资源和社会保障局，举办首期抖音短视频直播运营培训班，为30家餐饮企业负责人讲解短视频内容创作、获客技巧等，帮助拓宽营销渠道。鼓励美团等电商平台加大线上美食促销力度。

（王志峰）

【淮扬菜集团股份有限公司】 淮扬菜集团股份有限公司成立于2011年12月，是淮安市为发展淮扬菜文化产业成立的市属国有企业，是国内唯一一家以菜系命名的餐饮产业集团。主营业务包括餐饮门店经营、淮扬菜文化研究与推广、淮扬菜系菜品研究开发、淮扬菜预包装食品生产、餐饮企业管理服务、预包装食品销售等。集团下设淮扬菜烹饪学院、淮扬菜文化研究院、淮扬菜预制研究院。集团多次选派厨师团队保障国宴级政务、商务接待宴会服务。集团曾获“中国菜・全国省籍地域经典名菜代表品牌企业”“江苏省服务业名牌”“中国淮扬菜饮食文化传承基地”“淮扬菜非遗美食体验中心”等称号。淮扬菜品鉴堂被中国烹饪协会授予“中华餐饮名店”称号，软兜长鱼、钦工肉圆、平桥豆腐、开洋蒲菜4道菜品被认定为“中国名菜”。2022年，淮扬菜集团有中国烹饪大师15人、中青年名厨28人、享受国务院政府特殊津贴专家1人、享受省政府特殊津贴专家2人、省级企业首席技师1人。

（张天石）

美食节会

【中国（淮安）国际食品博览会】 2018年，淮安市举办首届中国（淮安）国际食品博览会。2022年11月10—13日，第五届中国（淮安）国际食品博览会暨首届金秋经贸洽谈会在淮安市国际博览中心举行。该届食博会延伸拓展活动内容，同步举办首届金秋经贸洽谈会，以“诚意满淮 共创未来”为主题，分主题展览、经贸洽谈、美食嘉年华三大板块。主题展览区面积3万平方米，设国际标准展位810个，设休闲食品、食材预制菜、配餐调味料3个专业展馆和淮安特色主题展区、预制菜创新联合体馆与淮扬菜预制研究院馆3个特色展区。澳大利亚、巴西、德国、俄罗斯等20多个国家和地区的食品企业参展，境内外嘉宾和客商280人受邀参加，参展商、采购商均在1500人左右，现场参展参会5.13万人次。

展会期间，各类参展商、采购商现场开展贸易洽谈合作，现场成交1.21万单，促进意向交易额40.3亿元，现场零售1707万元。签约产业项目41个，总投资903.55亿元，其中总投资50亿元以上重特大项目4个、总投资100亿元以上重特大项目4个。达成经销代理、特许加盟等合作意向600余个。网红直播间观看人数9.33万人次，成交9883单。新华社、《经济日报》、《光明日报》、香港《大公报》、澎湃新闻、“学习强国”学习平台等21家省级以上媒体予以报道，推出宣传报道70余篇，全网阅读量超1.7亿次。

（王志峰）

【中国・盱眙国际龙虾节】 2001年，盱眙县举办首届中国龙虾节。2005年，盱眙中国龙虾节被国际节庆协会（IFEA）评选为中国最具发展潜力的十大节庆活动，被第三届中国会展（节事）财富论坛评为中国节庆50强。2006年，盱眙中国龙虾节被正式命名为中国・盱眙国际龙虾节，并被授予“中国十大节庆”称号，获评中国十大饮食类节庆第一名、国家级示范性渔业文化节庆。2022年6月12日至8月20日，第22届中国·盱眙国际龙虾节举行。该届龙虾节以“有滋有味龙虾节 同心筑梦向未来”为主题，举办中国龙虾产业高质量发展大会、百城千店·火红龙虾宴、盱眙龙虾新味大赛、2022“江苏味道”盱眙龙虾美食促消费等系列活动。8月20日，盱眙县在北京广播电视台举办特色农产品暨文化旅游推介直播活动。展区共分为山水景点、文物板块、文创产品、龙虾美食、直播助农、特色农产品6个板块。其中，龙虾美食板块包含十三香、泡菜、蒜香等10种经典口味，草本、麦香、榴莲酥等10种获奖创新口味。“盱眙龙虾”品牌价值306.51亿元，连续7年蝉联中国水产类区域品牌榜首。至年末，盱眙龙虾养殖面积5.57万公顷，其中虾稻共生面积4.43万公顷，拥有龙虾产品加工企业70余家，全县龙虾产业链从业人员20多万人，占全县人口近四分之一。

（盱眙县人民政府网站）

【中国·金湖荷花节】 2001年，金湖县举办首届荷花艺术节。2022年6—10月，首届江苏省荷产业高层论坛暨第22届中国·金湖荷花节举行。该届荷花节设“以荷为媒、集聚产业”“以花引客、美丽生金”“以节造势、展示金湖”三大板块。开展近20项活动，有露天电影、奇幻帐篷、音乐舞蹈、野餐烧烤、龙虾啤酒等，举办“休闲集市、主题演艺、网红打卡”等节日特别活动，提升主题夜间文旅消费经济。发放总价值超过100万元的消费券，组织重点娱乐、餐饮、商业单位配套开展各类打折促销、新品上市活动，促进美食消费。

【中国·洪泽湖大闸蟹节】 中国·洪泽湖国际大闸蟹节始办于2005年，获“中国十大品牌节庆”“中国十佳节庆”“中国十佳物产类节庆”等称号。洪泽区与数十个国家开展美食交流、合作，品牌价值150.16亿元。2022年，洪泽区举办第17届中国·洪泽湖大闸蟹节，突出大闸蟹产业链主体地位。把开幕式办到饭店、办到企业、办到市场，由大闸蟹养殖、经营、加工一条龙产业链主体唱主角，以节兴市、以节兴商、以节聚势。活动现场发布《2022年洪泽区洪泽湖大闸蟹养殖报告》，洪泽区大闸蟹养殖总面积5666.7公顷，总产量8000吨以上。活动期间，洪泽区政府为5家“洪泽湖大闸蟹放心店”、8家“洪泽湖大闸蟹最佳生态养殖基地”举行授牌仪式，发布“洪泽家宴”菜品12道。年内，洪泽湖大闸蟹节入选全国100个丰收节庆特色活动名单。

（严　格）

9月29日，第十七届中国洪泽湖大闸蟹节开幕　　市商务局　供

名店名菜名厨

【淮扬菜名店】 2019年2—4月，淮安市开展由中国（淮安）国际食品博览会组委会主办，市商务局、市烹饪协会承办的“淮扬菜名店”评选活动。评选活动以“打造淮扬菜品牌，弘扬淮扬菜美食文化”为主题，评选出淮安市淮扬菜品鉴堂、淮安迎宾馆、金蝶苑宾馆、开元名都大酒店等15家“淮扬菜美食名店”，古文楼饭店、翠和园大酒店、狮王府大酒店、淮安区朱桥甲鱼馆等26家“淮扬菜特色名店”。2022年，淮安市商务局启动第一批“世界美食之都”示范店、特色店评选工作，按照《淮安市世界美食之都示范店、特色店评定办法（试行）》评选工作流程，评选出首批淮扬菜博物馆店等10家“世界美食之都”示范店，古文楼餐饮、老淮安餐饮、茗庐餐饮等11家“世界美食之都”特色店。

（王志峰）

【淮扬菜名菜名点】 2022年，淮安市有1300余种经典名菜名点，400余种淮扬菜独创或首创经典肴馔，298道淮安菜入选江苏省非物质文化遗产名录，为全国传统烹饪技艺列入省级非物质文化遗产保护范畴最多的城市。经典名菜有软兜长鱼（又称淮安软兜）、白煨脐门、白袍虾仁、朱桥甲鱼、江淮一品、清蒸淮白鱼、酸汤鱼圆、钦工肉圆、樱桃肉、码头羊肉、淮山鸭羹、淮杞翡翠羹、梨汁淮山、开洋蒲菜、平桥豆腐等；精品面点有“淮点三绝”（蟹黄汤包、烫面饺、淮饺）、乌龙戏珠盖浇面、阳春面、黄焖烧卖、翡翠烧卖、淮安豆腐卷、萝卜丝酥饼、淮安春饼、四喜团圆、花色野菜包、花色米糕、桂花黑芝麻圆、花卉馅烧饼、桂花糯米藕、淮安茶馓等。有7道菜品入选《江苏省百道乡土地标菜名单》，分别是洪泽杂鱼锅贴、洪泽蒋坝酸汤鱼圆、金湖蒜泥龙虾、盱眙十三香龙虾、淮安钦工肉圆、涟水鸡糕、淮阴码头汤羊肉。

表10　2022年淮安市“世界美食之都”示范店入选企业一览表

序号	县区	企业名称
1	洪泽区	洪泽湖国际大酒店有限公司
2	清江浦区	淮安富力万达嘉华酒店
3	清江浦区	淮安开元名都大酒店
4	清江浦区	白鹭湖山庄
5	清江浦区	德为先烤鸭店
6	清江浦区	淮安曙光国际大酒店
7	洪泽区	大千天鹅湾温泉酒店
8	淮阴区	淮安金陵大酒店
9	盱眙县	盱眙金谷园饭店
10	清江浦区	淮扬菜博物馆店

（资料来源：市商务局）

表11　2022年淮安市“世界美食之都”特色店入选企业一览表

序号	县区	企业名称
1	淮阴区	淮安淮扬府大酒店
2	盱眙县	盱眙红胖胖龙虾店
3	金湖县	金湖尧帝城大酒店
4	淮安区	淮安市翠和嘉华大酒店
5	淮安区	老淮安餐饮宙辉店
6	金湖县	太明生态园大酒店
7	淮安区	古文楼餐饮
8	淮安经济技术开发区	茗庐餐饮管理有限公司
9	盱眙县	盱眙於氏虾神龙虾
10	涟水县	涟水安东王大酒店
11	淮安区	淮安区狮王府饭店

（资料来源：市商务局）

钦工肉圆

软兜长鱼

盱眙龙虾

蟹黄狮子头

【淮扬菜名厨】 至2022年末，淮安市有资深淮扬菜大师3人，分别是田德俊、屠兆福、孙锦奎；有中国烹饪大师65人；中国烹饪名师13人；中国服务大师名师10人；江苏烹饪大师名师7人；淮扬菜名厨72人。有烹饪大师工作室、非遗美食工作室30家。

【名厨选介】 屠兆福　男，1937年出生，淮扬菜大师。擅长长鱼宴、文楼汤包制作，精通菜点制作。江苏省烹饪协会理事，中国烹饪协会会员，1991年被中国烹饪协会收入中国烹饪名人录，2003年被评为“江苏省名誉烹饪大师”，2007年被评定为“淮安十大名厨”之一。

田德俊　男，1941年出生，淮扬菜大师。擅长长鱼菜制作，叉烤菜各有千秋。挖掘“长鱼席”菜谱，抢救淮菜经典，传承和挖掘出60多种长鱼菜肴，2007年被评定为“淮安十大名厨”之一。

孙锦奎　男，1941年出生，淮扬菜大师，特二级烹饪师。精通淮扬菜系烹调技艺，具有深厚的烹饪理论知识和扎实的实践操作技能。1984年任胜利饭店经理，1988年当选为淮阴市第二届政协委员。多次应邀参加国内外技术交流、比赛、表演和展销活动，多次担任市厨师考评工作。

2022年淮安市名厨名录

一、中国烹饪大师（65人）

王素华	吴志华	冯祥文	毛玉平
杨发明	蔡俊明	相进军	李永林
王建中	曹乃荣	胡永军	郭卫平
葛跃进	汪卫星	吴志淮	杜文宗
李启兵	戴素涛	孙传虎	朱银超
姬寿坤	丁玉勇	董道顺	张胜来
高行恩	卞志敏	翟长东	於新凯
赵新芳	唐　刚	丁长军	杨　军
周祖敏	杨钱龙	刘文勇	朱玉林
王　斌	皮金祥	钱炳强	张爱萍
方　俊	谢　飞	陈　飞	阵喜兵
张　军	程　龙	刘　建	培玉权
汤学兵	禹兆才	曹树华	韩　林
谢　亮	汪晓琳	谷　绒	周达龙
蔡国兵	杨玉昌	李　红	吴成芳
王金龙	史智远	李青山	沈建国
陶爱节			

二、中国烹饪名师（13人）

罗来庆　周佳佳　沙晓春　姬佩书
陶爱节　宋学林　董　恒　程锋顺
罗　成　周　干　李东亚　李林海
李　超

三、中国服务大师名师（10人）

成　平　刘成娟　阮迎玲　沈子杨
钱惠新　张　丽　胡晓涛　李　研
王文清　李　建

四、江苏烹饪大师名师（7人）

郭春荣　金　宏　刘江林　芮　明
黄　海　张　辉　戚加友

【淮扬菜人才培养】 江苏食品药品职业技术学院、淮扬菜烹饪学院等10所院校开设有烹饪专业课程，累计培训中高级厨师10多万人次。2022年，淮安市政府、江苏食品药品职业技术学院、世界中餐业联合会等联合成立国际淮扬菜学院，开展淮扬菜学历和非学历厨师培训，全年培训厨师技能人才2000余人次。6月12—16日，淮扬菜烹饪学院首届培训班在淮安市万达酒店举办，全国各地万达酒店及度假村的36位厨师长和淮扬菜集团青年厨师参加培训，淮扬菜烹饪学院及万达酒店及度假村签订《淮扬菜烹饪学院联合培训协议》。10月28日，江苏食品药品职业技术学院成立龙虾产业学院、龙虾研究院、淮扬菜预制研究院，推进淮安市小龙虾、预制菜产业技能人才培养，开展小龙虾、预制菜制作技艺研究，形成"互联网+小龙虾/淮扬菜预制产业链+技术人才+创业"一体化创新驱动发展模式。江苏省淮阴商业学校牵头成立的淮扬菜职业教育集团入选2022年江苏省示范性职业教育集团（联盟）培育单位。江苏食品药品职业技术学院与市厨师协会举办校企合作烹饪工艺与营养专业成人大专班。举办首届淮扬菜集聚区名菜培训，围绕上海市、浙江省、安徽省、江苏省等淮扬菜集聚区省份城市，精选21道代表性名菜，组织全市主城区30家酒店、淮扬菜名店和重点餐饮企业厨师长参加培训。

【首批"淮安早茶名店"评选】 2022年，淮安市文广旅游局联合市旅游协会开展首批"淮安早茶名店"评选工作，出台《淮安早茶名店评定标准》《淮安早茶经营规范》，提出打造淮安早茶餐饮名片，助力弘扬淮安"世界美食之都"品牌。经过报名与评选，最终确定40家饭店为首批"淮安早茶名店"。

表12　2022年首批"淮安早茶名店"一览表

序号	县区	单位	地址
1	主城区（含清江浦区）（9家）	日月洲度假村	清江浦区南马厂大道99号
2		白鹭湖山庄	清江浦区水渡口大道101号
3		中国淮扬菜文化博物馆	清江浦区河畔路88号
4		国联奥体名都酒店	清江浦区通甫路9号
5		京仕国际酒店	清江浦区健康东路55号
6		栖凤阁园林餐厅	清江浦区清江浦路59–2号
7		天下粮仓	清江浦区师专路1号华信花漾城F1
8		壹日叁餐	清江浦区越秀路1号
9		清江浦小吃	清江浦区健康西路51号2号商铺
10	淮安区（7家）	文楼	淮安区河下古镇花巷99号
11		天时晋国际大酒店	淮安区梁红玉路17号
12		老淮城长鱼面	淮安区北门大街599号
13		楚楼面馆	淮安区府前路华夏小区北门19–20号
14		运河宴·知膳堂	淮安区友谊路2号
15		焉独鲜	淮安区城西北路河下新城1号楼
16		淮安金陵国际酒店	淮安区楚州大道818号
17	淮阴区（1家）	淮安金陵大酒店	淮阴区翔宇北道1号
18	洪泽区（8家）	洪泽湖度假村	洪泽区滨湖路148号
19		大千天鹅湾温泉酒店	洪泽区蒋坝彭祖大道1号
20		芳草谷大酒店	洪泽区高良涧街道东风路296号
21		俏厨娘	洪泽区东三街1号
22		尧掌柜洪泽店	洪泽区高良涧健康东路杜甫广厦

续表12

序号	县区	单位	地址
23	洪泽区（8家）	渔家风情美食馆	洪泽区西顺河镇于圩村108号
24		清欢小苑	洪泽区高良涧东风路水木清华北门
25		白马湖艳阳度假	洪泽区岔河镇东陈村李庄组
26	涟水县（4家）	国缘宾馆	涟水县高沟镇今世缘大道1号
27		德润酒店	涟水县海安路2号
28		涟水金陵国际饭店	涟水县红日大道36号
29		思倍思精致餐厅	涟水县涟州路1-12号
30	金湖县（6家）	江苏三禾国际大酒店	金湖县园林南路29号
31		冶春茶舍	金湖县人民南路尧帝古城16幢
32		郑点饺面	金湖县大兴路1-3号
33		面上煌	金湖县朝阳路兰亭熙园109号
34		金湖尧掌柜面馆	金湖县利民路65-7号
35		我家好面	金湖县衡阳路228-14号
36	盱眙县（5家）	都梁大酒店	盱眙县淮河东路37号
37		水韵长淮智慧酒店	盱眙县盱城山水大道89号
38		馅实煮艺饺子馆	盱眙县金源北路苏宁广场对面
39		香飘飘龙虾	盱眙县奥体路游泳馆对面
40		观淮·望湖私宴味道	盱眙县中澳锦绣乾城4-11

（资料来源：市文广旅游局）

美食文化研究

【淮扬菜美食文化研究会】 2010年9月，淮安市淮扬菜美食文化研究会成立，为一级法人社团。该研究会宗旨为传承淮扬菜传统烹饪技艺和养生方法，创新适合不同国家和地域消费者的淮扬菜名菜名点，传播淮扬菜美食文化。出版《中国美食淮扬菜》《淮安饮食文化》《淮扬菜普及菜谱》等专著，完成《中国淮扬菜志》淮安部分撰稿及修改。挖掘整理淮扬菜资料，助力淮扬菜制作技艺申报国家、省、市非物质文化遗产名录。其中，108道淮安全鳝席及185道淮帮菜传统烹饪技艺于2016年被列入江苏省非物质文化遗产名录，60道淮安山花斋素宴于2021年被列入淮安市非物质文化遗产名录。2022年，该研究会有会员56名，其中教授2名、副教授4名、中国烹饪大师27名、高级技师19名。与江苏省淮安技师学院淮扬菜学院共同编写完成并出版发行《淮安全鳝席》一书。

（高岱明）

【中国淮扬菜文化博物馆】 2009年，中国淮扬菜文化博物馆建成开馆，是当时全国最大以菜为主题的博物馆。中国淮扬菜文化博物馆以淮扬菜发展历程为主线，通过现代高科技手段布展，集学术性、知识性、趣味性、参与性于一体，展示淮扬菜文化发展、创新、鼎盛过程，馆区分为古黄淮文化馆、淮安民俗馆、淮扬菜文化博物馆、品尝馆四大功能区。整个馆群融合中国庭园合院和中式园林风格，亭台楼阁、小桥流水、休闲长廊、园林绿化一应俱全。

中国淮扬菜文化博物馆　王　昊　摄

展馆内不仅有介绍淮扬菜的各种书籍，还有展示淮安软兜、清蒸鲥鱼、清炒虾仁、扬州炒饭、蟹粉狮子头、千层油糕等淮扬名菜、名点的精美菜模。

【淮安市厨师协会】 淮安市厨师协会是淮扬菜烹饪技术传承和淮扬饮食文化研究的重要社会力量，并依法登记取得社会团体法人资格。该协会开展烹饪技术和烹饪文化研究、交流、推广活动，提高烹饪从业人员素质，推广应用烹饪新技术新成果，促进淮扬菜烹饪技术发展和地方餐饮经济发展。2022年，该协会开展2022年度淮安市优秀厨师评选，12人获“2022年淮安市优秀厨师”称号。

（“淮安市厨师协会”微信公众号）

【淮安市烹饪协会】 淮安市烹饪协会前身为淮阴市烹饪学会，1996年更名为淮安市烹饪协会。2022年，该协会有团体会员160家、个人会员62人。协会编有《中国淮安·淮扬菜名菜谱》等一批烹饪书籍。举办万人品尝华夏美食活动。2018年起，连续承办中国（淮安）国际食品博览会美食板块相关工作，举办淮扬菜烹饪大赛、淮扬菜乡土菜烹饪比赛、淮扬菜大师邀请赛暨总决赛、江苏省烹饪技能职业竞赛，首创淮扬菜传统名菜点首席烹饪师竞技赛，命名一批淮扬菜传统名菜点年度首席烹饪师。开展友好交流，组织接待菲律宾等国家及中国台湾、上海、成都、顺德、澳门、长垣、镇江、扬州等地烹饪代表团，抽调一批淮安名厨分赴法国、约旦、朝鲜等国家及中国台湾、香港、澳门、上海、北京、成都、南宁等地开展淮扬菜传统名菜点推介活动。2022中国淮扬菜大师赛被列入省人社厅《2022年“江苏工匠”岗位练兵职业技能省级一类竞赛活动备案目录》。2022年8月，淮安市烹饪协会第三届会员代表大会召开，全市各县区211家餐饮商户代表以及淮安烹饪餐饮研究方面专家学者等参会，为淮安烹饪餐饮业可持续发展建言献策。

（王志峰）

【淮扬菜集聚区城市名菜展评】 2022年10月，淮安市举行淮扬菜集聚区城市名菜展评交流活动，交流烹饪技艺，推进菜品融合。活动由市商务局主办，市烹饪协会、淮扬菜集团承办。24家餐饮企业的40名厨师同台竞技，制作61道名菜。评委根据观感、味感、质感、融合创新、卫生营养五大维度，对菜品打分，进行评奖。

（“淮安市烹饪协会”微信公众号）

淮扬菜文化交流

【概况】 淮安市积极参与国内外美食交流活动。2017年，参加国务院“中餐繁荣惠侨计划”，赴美国、日本、英国、瑞典、丹麦、匈牙利、朝鲜等国参加饮食文化交流活动。2019年6月，赴法国巴黎、意大利展示淮扬菜。2019年，接待朝鲜和中国澳门两地到淮安的交流访问团。2022年9月，以中日邦交正常化50周年为契机，市政府与日本驻上海总领事馆共同举办中日美食文化交流活动。参加商务部等五部委联办的“中华美食荟”活动，作为全国仅有的2个场外现场连线城市，全方位展示淮安美食文化和餐饮消费场景。组团参加2022中国品牌日“江苏味道”餐饮品牌促消费主题活动、成都中国美食发展交流论坛。12月，淮安市厨师协会、淮安市烹饪协会、江苏省职业教育淮扬菜技艺技能传承创新平台（淮安）组队参加乐山“中华美食盛宴”活动，制作展示淮安特色宴席。团队制作的水韵淮安宴和盐商家宴获得最佳宴席奖。

（高岱明　王志峰　淮安新闻网）

【淮扬菜文化推广】 2022年，淮安市创作歌曲《淮扬美食美名扬》，宣传淮安市淮扬美食。举办全国淮扬美食主题诗词征集大赛，通过赛事宣传淮安市淮扬美食文化，收集优秀淮扬美食文化诗词作品并出版成书。10月，中国国际电视台CGTN推出英文短视频《走进淮安：品味地道淮扬菜》，展现淮扬菜美食魅力。

【美食系列文化作品】 2018年，美食影视作品《泡菜爱上小龙虾》上映。2019年9月20日，淮安市创作的淮扬菜宣传片《献给世界的礼物——淮扬美食》，获2019迈阿密——美洲·中国电视艺术周短视频金奖“金珍珠奖”。2022年，淮安市与扬州市联合摄制《味道淮扬》百集系列短视频。至年末，制作完成35集。设计制作《淮扬菜——献给世界的礼物》一书。

【淮安市淮扬菜文化中外交流协会】 淮安市淮扬菜文化中外交流协会成立于2019年4月，为一级法人社团。

2022年9月，淮安市政府与日本驻上海总领事馆共同举办中日美食文化交流活动　市商务局　供

2022年，有会员51名，其中教授1名、副教授5名、中国烹饪大师32名、高级技师21名。协会宗旨为：通过淮扬菜文化对外专项课题研究、参赛参展参会，提升淮扬菜国际形象和地位；密切与世界中餐业联合会及全球中餐企业联系与合作，培养推荐淮扬菜烹饪高级人才；推动民间淮扬菜文化国际密切交流，加强与获得“世界美食之都”荣誉称号各城市间文化交流与往来。协会多次组织淮扬菜非遗传承人参与历届淮安食品国际博览会、历次大运河非遗展示活动，多次到中国香港、澳门、台湾地区进行淮扬菜美食文化交流。

（高岱明）

12月16日，“澳门之味巡礼——五都荟萃”活动开幕　　市商务局　供

【“世界美食之都”城市创新发展大会】 2022年11月10日，第五届中国（淮安）国际食品博览会期间，淮安市举办“世界美食之都”城市创新发展大会，成都、顺德、澳门、扬州等创意城市代表参会。会议期间，《“世界美食之都”城市绿色健康可持续发展淮安宣言》发布；举行淮安市“世界美食之都”示范店、特色店授牌仪式以及淮安“国际淮扬菜学院”揭牌仪式。根据宣言，中国五大“世界美食之都”将对传统烹饪食材、烹饪技法、风味特色进行挖掘与推广，使传统饮食文化不断发扬光大，结合现代饮食理念，烹制出更多适应当代消费者的美食。同时依托城市丰厚文化积淀及创新产品，推动美食产业化。

（王志峰）

【参加“澳门之味巡礼——五都荟萃”活动】 12月16—26日，“澳门之味巡礼——五都荟萃”活动在中国澳门举办，淮安市组团参加活动。活动由澳门新口岸区工商联会主办、澳门特别行政区政府旅游局协办，以“展现全国五个美食之都风采”为主题，邀请成都、顺德、扬州、淮安4个城市参加。在澳门期间，淮安市商务文旅代表团拜访澳门贸易投资促进局，就淮安与澳门两地美食产业合作，品牌餐饮企业引进以及两地经贸文化交流等方面进行沟通对接。组织淮扬菜名厨及地方戏曲演艺单位，开展多场厨艺展示和艺术表演。考察澳门“世界美食之都”建设，与世界各地美食之都城市代表和专家开展交流，推介淮安1415街区、河下古镇、西游乐园项目，招引世界餐饮品牌，推进淮安美食街区建设，推动淮安特色美食走出中国、走向世界。

（淮　鉴）

ha21nj13 淮安黄瓜　ha20nj19 淮安蒲菜　ha21nj12 淮安草鸡　ha20nj18 淮安茶馓　ha21nj18 文楼汤包　ha20nj21 金湖龙虾

数字经济

责任编辑：周永达

综　述

【数字产业发展】 2022年，淮安市聚焦绿色食品、新一代信息技术、新型装备制造、新材料四大主导产业，开展百亿企业培育、重大项目攻坚和“千企技改”工程。统筹设立工业强市资金2.43亿元，其中1.3亿元专门用于扶持企业智能化改造和数字化转型。全年滚动实施智能化、数字化项目500多项。全市累计创成省级智能制造示范工厂6家、示范智能车间50个。培育国家级电子商务示范基地1家、省级数字商务企业4家，全年全市电子商务交易额180亿元。培育国家级现代农业产业园区1个、省级现代农业产业高质量发展示范园创建单位2个、省级数字农业农村基地3个。全市创成4家省级智慧园区，集约化可视化智慧安监平台全面建成。实现数字经济核心产业增加值327.23亿元，占地区生产总值的6.9%，较上年提高0.3个百分点，在Ⅲ类地区年度排名第三，年度排名与上年相同。全市规模以上高新技术企业中有与数字经济核心产业相关领域企业55家，培育形成186家科技型数字经济中小企业。

【政策体系建设】 2022年，淮安市建立完善数字经济发展“1+2+7”政策体系，包括1个实施方案，即《淮安市“十四五”数字经济发展实施方案》；2个三年行动计划，即《数字经济发展三年行动计划》《制造业智能化改造和数字化转型三年行动计划》；7个专项行动方案，即数字强基、数字产业化、产业数字化、数字政府、数字科技、数字安全、智慧城市专项行动方案。编制印发《淮安市2022年数字经济发展工作要点》《淮安市数字经济工作领导小组及办公室工作规则》《淮安市数字经济发展综合评价工作方案（试行）》等文件，明确发展目标，确定发展路径。市委、市政府专门成立市数字经济工作领导小组，统筹推进全市数字经济工作开展。

【公共数据共享开放】 2022年，淮安市加强公共数据共享利用，实现“系统通、数据通、应用通”，为“一网通办”“不见面审批”等提供数据支撑。印发《淮安市数据共享交换平台管理使用办法》和《淮安市首席数据官制度实施方案》，建立完善全市统一的公共数据管理运行机制。建成投用市级数据共享交换平台，实现省市数据共享交换平台级联。依托市数据共享交换平台体系，建成市公共数据开放平台，通过市政府门户网站为社会公众提供数据开放服务。围绕政务服务、社会治理、政府运行等重点领域，探索公共数据创新应用，打造各类标志性应用场景。至年末，有65个部门和单位接入市数据共享交换平台，共完成4990项数据资源目录发布，归集数据约10.52亿条，累计数据共享调用超1.1亿次，公共数据按需共享率和应开放数据开放率均为100%。

【数据汇聚管理】 2022年，淮安市加强数据源头治理，开展全市公共数据汇聚治理攻坚行动，摸排全市政务信息系统和数据资源底数，完善公共数据目录体系，从源头开展数据资源汇聚、治理，提升数据质量。建成并持续完善市人口、法人、电子证照、社会信用、自然资源和空间地理五大基础数据库，为疫情防控、公积金办理等应用场景提供基础数据支撑。完善全市统一的公共数据管理机制，提升跨部门、跨层级数据共享开放和应用创新水平。聚焦群众企业办事重点、难点、堵点问题，推进公共数据资源供需对接，建成商贸流通、市场监管、科技创新等主题、专题数据库。

（赵　倩）

数字基础设施建设

【5G网络建设】 2022年，淮安市推进5G网络等新型基础设施建设，组织开展5G宣贯暨服务大项目现场对接系列活动。完成新建5G基站2368座，全市5G基站累计达7327座。5G网络有效面积覆盖率90%以上，其中市区覆盖率97%、县城覆盖率92%、乡镇覆盖率90%。实现高铁沿线、机场、车站、政府大楼、商业中心、景区等重点场景5G深度覆盖和镇（街道）中心全面覆盖，重点场所5G网络通达率100%。每万人拥有5G基站数15.4个，居苏北地区第一。

【数据中心建设】 2022年，淮安市推进大数据中心建设，全市有5个数据中心，分别是淮安市智慧城市云计算中心、银川路数据中心、中移在线数据中心、淮安北京路IDC数据中心、江苏天好富兴数据中心。部署10G-PON(万兆光网)端口4.6万个,网络IPv6活跃用户数超200万户,在用数据中心机架数近3000架。工业互联网标识解析二级节点正式上线运行,标识注册量超10亿个。工业互联网标识解析接入企业1743家,标识注册量88.2亿条、解析量35.7亿次。江淮智慧工业互联网二级节点的企业接入数、标识注册量和标识解析量在省内54个节点单位中排名均在前15名,其中标识注册量排名全省第四。

【"云、网、数、用、安"基础设施建设】 2022年,淮安市加快统筹"云、网、数、用、安"基础设施建设。全市初步建成以城市操作系统为载体,以云网安一体化为技术底座,以智链数据引擎为驱动,整合现有信息化基础资源的共性平台。淮安市智慧城市一期建设以"1+3+N"为重要架构,即一个城市操作系统作枢纽,"一网同用、一网统管、一网通办"三个"一网"为技术抓手,N个应用为服务,建设全市统一的智慧城市指挥运营中心。推进市场监管一体化平台、应急管理信息系统、国土空间一体化平台、"互联网+监管"等重点领域智慧化项目建设。建成政务"一朵云",政务云资源实现统一申请、统一管理、高效利用。构建政务"一张网",完成全市电子政务外网骨干网IPv4/IPv6双栈改造,支撑各类基于IPv6部署的业务系统应用,实现市、县区、镇(街道)、村居四级高速互联互通。至12月底,市级电子政务外网整合率为88%。

(戴从柏)

产业数字化

【智改数转】 2022年,淮安市通过恳谈会、党政亲商会、专题调研等活动,推动"智改数转"工作。市工信局设计《淮安市2022年工业企业"智改数转"需求清单问卷调查》,通过"i淮安"App提前调查企业"智改数转"需求,将企业需求分为智能工厂(工业互联网标杆工厂)、智能车间、数字化转型等层级;公开招标诊断服务商,全年为800户规模以上工业企业开展免费诊断,走访企业1300余次,形成诊断报告800份,指导企业有针对性开展"智改数转"工作。全市工信系统成立"智改数转"工作专班、制定《"智改数转"年度推进方案》,编印"智改数转"宣传手册,举办"5G+工业互联网"等各类宣贯培训30余场次。淮安市被省政府评为"智改数转"成效明显地区。

【数字农业建设】 2022年,淮安市印发《关于"十四五"深入推进农业数字化建设的实施方案》,明确农业数字化发展目标和保障措施。发布《关于申报2022年度市级数字农业农村基地的通知》,组织专家集中评审,江苏益南农业发展有限公司、盱眙泗州城农业开发有限公司、淮安市洪泽区锐步电子商务管理服务有限公司3家企业被评为省级数字农业农村基地。推动农产品电子商务发展,打造"一站式"选品集采、直播"淮味千年"品牌农产品电商基地。全市实现农产品网上销售额超98亿元,全市数字农业农村发展水平为67%。

【两化融合】 2022年,淮安市工信局联合江苏省企业信息化协会、三大运营商等单位开展工业互联网专题培训活动,组织线上培训5场、线下培训3场、现场实训2场,参训人员5000余人次。指导江苏施塔德电梯有限公司、西派集团有限公司、淮安威灵电机制造有限公司、江苏湖润泵业科技有限公司4家企业创成省工业互联网标杆工厂,全市累计创成省工业互联网标杆工厂9个,位列苏北第一;淮钢特钢股份有限公司等44家企业通过两化融合贯标认定,全市累计创成两化融合贯标企业248家,位列苏北第一;江苏康乃馨织造有限公司等4家企业创成五星上云企业,全市累计创成五星上云企业12家。

(刘圣明　宁新匡)

【服务业数字化】 2022年,淮安市加快实施服务业数字赋能工程,利用数字技术对传统产业进行全方位、全角度、全链条改造,在提高数字化效率同时实现价值创造和提升。加快多式联运信息平台建设,提升信息共享深度与广度以及智能化应用水平,推动建设一批数字化物流平台和电商运营中心,提升现代物流服务业发展水平。组织电商企业参加淘宝直播惠企新政淮安专场对接会活动,引导电商向直播转型,帮助企业与直播运营企业架设联络桥梁。促进农村物流和电商融合发展,提升农产品流通效率。探索"农业+电商"新模式,拓宽农产品流通渠道。全年实现电子商务零售额170亿元,零售量6.6亿件,实现跨境电商交易额15.4亿元。

【淮安入选全省制造业"智改数转"成效明显地区】 2022年,江苏省遴选出10个制造业"智改数转"成效明显地区,有4个设区市入选,淮安市成为苏北地区唯一入选设区市。淮安市高度重视制造业智能化改造和数字化转型工作,累计建成省级示范智能车间41家、示范智能工厂2家,打造省重点工业互联网平台2家、工业互联网标杆工厂5家,培育星级上云企业449家。2022年,《淮安市制造业智能化改造和数字化转型三年行动计划(2022—2024年)》出台。三年内,淮安市将实施制造业"智改数转"应用升级、基础设施保障、支撑产业培育三大工程,提升"智改数转"应用水平、基础保障水平和自主供给水平。

【数字化助力食品工业"三品"战略高峰论坛】 11月9日,由江苏省工信厅主办、淮安市工信局承办的数字化助力食品工业"三品"(增品种、提品质、创品牌)战略高峰论坛在淮安市白鹭湖山庄举办。论坛聚焦食品产业高质量发展、以高品质供给满足消费升级需求,围绕食品工业发展新趋势新技

表13 2022年淮安市市级智能车间一览表

序号	企业名称	车间名称
1	江苏施塔德电梯有限公司	乘客电梯智能制造车间
2	江苏淮盐矿业有限公司	采输卤智能车间
3	江苏双环齿轮有限公司	精密齿轮分厂智能制造车间
4	江苏瀚康新材料有限公司	氯代碳酸乙稀酯生产车间
5	江苏新源太阳能科技有限公司	光伏组件智能制造车间
6	江苏永安化工有限公司	智能“三废”运行车间
7	江苏嘉立创电子科技有限公司	5G高速印制电路板精密钻孔车间
8	江苏永创医药科技股份有限公司	对氯三氟甲苯智能车间
9	江苏三正新能源有限公司	电极制造车间
10	江苏宇特光电科技股份有限公司	注塑成型车间
11	跃马轮毂（盱眙）有限公司	超轻量化高强度锻造铝合金轮毂智能制造生产车间
12	江苏润仪仪表有限公司	雷达物位测控制造及系统集成车间
13	江苏海科纤维有限公司	云绒涤纶短纤智能车间
14	江苏阿路美格新材料股份有限公司	芯材生产车间

（资料来源：市工信局）

术、数字化助力食品工业“三品”战略实施等主题，开展交流探讨。活动现场对《数字化助力消费品工业“三品”行动方案（2022—2025年）》进行解读，交流食品工业发展新趋势新技术，发布一批食品行业智能制造典型场景。行业专家分别围绕食品行业智能场景建设、消费品工业“三品”数字化改造和创新能力评估、食品工业面临的挑战和发展趋势等方面发表主旨演讲。江苏苏盐井神有限公司、江苏今世缘酒业股份有限公司、江苏百斯特鲜食有限公司等重点企业围绕数字化助力食品工业“三品”战略进行经验介绍。

【第一批市级“智改数转”标杆企业评选】 2022年，淮安市开展“智改数转”标杆企业（第一批）评选工作，经企业申报、县区推荐、材料评审、现场核查、信用查询、网上公示等程序，确定江苏中信华电子科技有限公司高端印制线路板智能制造示范工厂、西派集团有限公司西派石油钻采设备柔性制造智能工厂、江苏天明乳化炸药智能制造工厂3个工厂为2022年淮安市第一批市级智能工厂，江苏施塔德电梯有限公司乘客电梯智能制造车间等14个车间为2022年淮安市第一批市级智能车间。

（淮　鉴）

【淮安市江淮智慧科技有限公司】 淮安市江淮智慧科技有限公司成立于2007年，是一家以从事互联网和相关服务为主的企业，是江苏省工业互联网标识行业应用解决方案服务商。2022年，公司入驻淮安市企业智改数转服务商资源池，完成工业互联网展厅建设、工业互联网综合应用平台上线。至年末，二级节点完成企业接入数1742户，其中规模以上工业企业接入603户，占全部规模以上工业企业的33.1%，覆盖率高于全省平均水平9.3个百分点。应用企业35家，标识注册量87亿个，标识解析量35亿个，由年初在省内48个节点单位中排名倒数，到9月均进入全省前列，年底标识注册量排名全省第四，标识解析量排名全省第五。基于工业码技术的化妆品智慧监管追溯体系“标杆工厂”1.0版本正式上线运行，其中牵头研发的全国首创化妆品智慧监管追溯体系（平台）作为典型创新案例上报国家市场监督管理总局；完成全国首家工业互联网应用于共享单车行业创新应用；完成第五届中国（淮安）国际食品博览会线上平台建设及运营；开展淮安市工业互联网标识解析县区宣贯活动，多次赴金湖、盱眙等县区，对当地多家企业开展工业互联网标识应用及“智改数转”一对一专项辅导。

（江淮智慧科技公司）

新一代信息技术产业

【概况】 2022年，淮安市拥有规模以上电子信息工业企业156家，实现规模以上工业销售409亿元，比上年增长6%。其中年开票销售10亿元以上企业7家、1亿元以上企业42家。骨干企业有庆鼎精密电子（淮安）有限公司、富誉电子科技（淮安）有限公司、宏恒胜电子科技（淮安）有限公司、淮安达方电子有限公司、淮安澳洋顺昌光电技术有限公司、立创电子科技（江苏）有限公司、淮安市文善电子有限公司等。

【产业格局】 至2022年，淮安市新一代信息技术产业已形成印刷电路板、电子元器件等特色行业集群。具备年产电路板900万平方米、手机接插件3亿件、基础元器件18亿只、LED外延片及芯片1800万片的生产能力。全市呈现以淮安经济技术开发区为核心，淮安区、清江浦区、涟水县等为补充的“一核多点”发展格局。淮安经济技术开发区为全市新一代信息技术产业集中之地，5家企业销售过10亿元，开票销售占比60%。淮安区是全国重要的电感元件生产基地，文善电子公司是全国五大贴片电感生产企业之一。清江浦区以淮安澳洋顺昌光电技术有限公司为依托推进LED外延片、LED芯片生产，打造光电产业园。涟水县打造江苏嘉立创电子科技有限公司、江苏洲旭电路科技有限公司、江苏中信华电子产业园发展（涟水）有限公司等多家印刷电路板生产企业集聚区。加快打造长三角知名印制线路板产业集聚区、省内新兴的集成电路产业基地和高成长型光伏产业新高地。

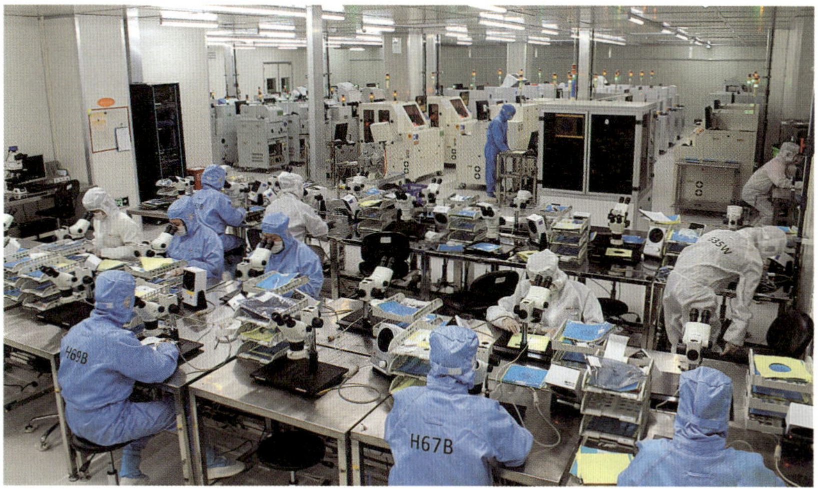

2022年，淮安澳洋顺昌光电技术有限公司克服疫情影响，保证正常生产

市工信局　供

【项目建设】 2022年，淮安市新一代信息技术产业有在建项目58个，计划总投资超600亿元，比上年翻一番。天合光能光伏电池和组件、捷泰新型高效太阳能电池2个项目总投资均超100亿元，荣芯半导体12英寸CIS晶圆、鹏鼎控股HDI高密度电路板及SLP类载板、天鹏锂能锂电池和特创多层线路板4个项目总投资均超50亿元。

【主要企业】 富誉电子科技（淮安）有限公司　成立于2006年12月，注册资金29620万美元，位于淮安经济技术开发区。公司是全球最大的手机和计算机连接器生产商，主要生产用于手机和计算机的接口设备、服务器、网络通信设备、音像、影视设备以及汽车电气系统的电子接插件、线缆组件等新型电子元器件。2022年，公司有厂房12栋，年产接插件8亿件、线缆组件2亿件，实现销售收入34.4亿元。

庆鼎精密电子（淮安）有限公司　成立于2014年，系鹏鼎控股在淮安投资设立的全资子公司，总投资额62亿元，规划总建筑面积58万平方米。2022年，公司占地面积33.67公顷，建成面积42万平方米，用工1万余人。主要产品为多层柔性线路板（FPC），主要用于手机、消费性电子等3C产品，客户遍布中国、日本、韩国、美国、欧洲等世界各地。全年实现销售收入133亿元。

江苏纳沛斯半导体有限公司　由淮安兴盛建设投资有限公司、淮安市中盛投资发展有限公司以及韩国纳沛斯株式会社共同出资设立，注册资本9599.81万美元，位于淮安工业园区。2022年，公司有员工350名，其中技术团队162人。公司主要从事晶圆片级芯片封测服务，提供8英寸、12英寸等多元化晶圆凸块服务、相关测试和后段“一站式”服务。全年实现销售收入2.36亿元。

淮安特创科技有限公司　由惠州市特创电子科技股份有限公司投资兴建，位于江苏涟水经济开发区，总投资4.2亿元，注册资本3000万元。2022年，公司占地面积6.8公顷，建筑面积6万平方米。有员工734人。主要生产高精密度线路板产品，年产高精密双面多层线路板、HDI线路板、刚挠结合印制板600万平方米，产品主要销往中国大陆、中国台湾、欧洲、美国、日本和韩国等地方。全年实现销售收入4.3亿元。

淮安澳洋顺昌光电技术有限公司　成立于2011年8月，总投资40亿元，位于清江浦区。2022年，公司占地面积8.83万平方米，总建筑面积约9万平方米。公司主营产品有LED外延片、芯片及部分应用产品，拥有国际最先进的MOCVD设备近100台（腔），月产140万片2英寸外延片及相应芯片。全年实现销售收入11.4亿元。

淮安达方电子有限公司　成立于2007年3月，注册资本4900万美元，位于淮安经济技术开发区。公司主要生产笔记本电脑键盘及相关配套产品。2022年，公司有员工约2500人，每月键盘产量约170万台，市场占有率30%左右。全年实现销售收入14.4亿元。

淮安市文善电子有限公司　成立于2009年10月，注册资本3044.42万元，位于江苏淮安经济开发区。2022年，公司占地面积1.6万平方米。有职工800人。主要产品为高品质多规格SMD电感，为全国五大贴片电感生产企业之一。全年实现销售收入3.5亿元。　（刘圣明　宁新匡）

软件服务业

【概况】 2022年，淮安市软件和信息技术服务业实现收入35.54亿元，同比增长43.35%。主要企业有冲浪软件科技有限公司、淮安天泽星网信息产业有限公司、淮安易云科技有限公司、江苏楚淮软件科技开发有限公司、江苏极光网络技术有限公司、江苏科学梦创展工程有限公司等。

【政策支持】 2022年，淮安市鼓励企业申报各项资质认证与评估，全年新通过软件产品评估30个。对在淮安具备业务所需技术装备及经营场所的软件和信息服务企业，按软件和信息技术服务收入超1000万元、2000万元、5000万元及1亿元4个档次给予不同数额的奖励；对获得CMMI或ITSS三级以上能力的企业给予定额奖励。易云科技、迪达科技、楚淮科技等企业获得资金奖励。落实财税优惠政策，软件服务企业税收优惠政策应享尽享。

【特色产业打造】 2022年，淮安市鼓励支持软件服务企业打造具有核心竞争力的特色产业。江苏楚淮软件科技开发有限公司在阳光信访综合服务、智慧人大、退役军人事务管理等政务软件服务领域，淮安易云科技有限公司在政务平台建设、网站群建设、数据中心及网络信息化维护服务等领域形成比较优势。冲浪软件科技有限公司打造好冲浪宜居品牌，拓展民政、文旅、企业管理、慈善捐助等市场，淮安数智高新科技公司深度参与智慧城市建设，开发的"i淮安"App上线运营。淮安软件园区成立淮安市跨境电商基地和瀚唐创业孵化基地，与淮阴师范学院立足跨境电商领域签署政校企合作，开展跨境电商培训4场，培训学员超200人，累计孵化新市场主体120余家。涌现江苏康乃馨纺织科技有限公司、江苏佳境生态工程技术有限公司、江苏寒舟乐器批发有限公司、淮安小口木商贸有限公司等一批优秀电商企业。中储智运公司集成互联网、云计算、大数据等前沿技术，打造突破时空界限的中储智运网络货运平台，为货主企业降本增效，为货车司机降低车辆空载率。该平台整合形成货主企业超2.9万家、公路货车运力超300万辆、水运船舶资源超过2万艘的全国性数字物流基础设施平台。

【试点示范】 2022年，淮安市对软件和信息服务企业实施分类分策培育，一批企业入选省各类试点示范名单。淮安易云科技有限公司、江苏迪达科技有限公司2家企业进入江苏省"专精特新"软件企业培育库，江苏迪达科技有限公司"基于信创标准的智慧运维管理解决方案"进入2022年江苏省信息技术应用创新优秀解决方案名单，江苏润仪仪表有限公司"应用在井下原油采集罐中的智能防爆高频雷达液位远程透传测控系统"进入江苏省工业软件优秀产品和应用解决方案推广名单，淮安天泽星网信息产业有限公司、江苏冲浪软件科技有限公司等16家企业进入"苏信贷"企业白名单。

（刘圣明　宁新匡）

【淮安软件园】 淮安软件园成立于2008年2月，是淮安市重点打造的软件产业核心基地，获批"国家级科技企业孵化器"和江北地区唯一"国家版权示范园区"，园区核心启动区占地面积133.33公顷。形成淮安软件园、浙大网新（淮安）科技园、创新创业园和移动呼叫中心"三园一心"特色发展格局。有以大数据、云计算、物联网为代表的新一代信息技术产业；以航空航天、高端装备为代表的特色产业以及以新能源、生物医药等为代表的新兴产业已经形成产业集群，重点发展电子信息、生物医药、智能装备、汽车零部件、新材料等主导产业。2022年，园区集聚省级双软认证企业50余家、科技型中小企业40余家，年版权登记服务数量超3万件，园区整体产值超60亿元。

【淮安智慧谷】 淮安智慧谷位于淮安科教产业园，规划用地面积173.33公顷，主要用于科研院所服务保障、商务办公及生活配套，服务科技研发、总部经济、创意设计、三产服务相关产业落户。一期项目建成185万平方米科研载体并于2015年投入使用。至2022年末，智慧谷内入驻企业92家，入驻上海交通大学苏北研究院等经市科技局备案的新型研发机构12家，建有研究生工作站2个、省级产学研联合创新载体5家、产业技术协同创新联盟5个、省级众创空间1个，集聚国家杰青、省双创博士、省双创团队及实用型应用人才等200余人。

【淮安·中关村信息谷创新中心建设】 2月21日，淮安市洪泽区（苏州）投资环境推介会暨淮安·中关村信息谷创新中心重点企业签约仪式在苏州工业园区举办。会上，洪泽区、淮安·中关村信息谷创新中心与利亚德光电股份有限公司、鼎捷软件股份有限公司、金证集团、苏州高甲防护科技有限公司等12家意向入驻企业进行签约。淮安中关村信息谷创新中心是洪泽区与北京中关村共同打造的协同创新示范体，服务淮安接轨北京，形成"北京—淮安"创新廊道，建设长三角北部区域科技创新中心、企业总部基地、新兴产业聚集地。项目依托芳草谷大厦、洪泽科技馆等载体，总规划面积11万平方米。计划通过5~10年运营，在洪泽区打造战略性新兴产业聚集区、产城融合示范区。至2022年末，有10家科技企业入驻。

（淮　鉴）

通信服务业

【概况】 2022年，淮安市有中国移动通信集团江苏有限公司淮安分公司（以下简称淮安移动公司）、中国电信股份有限公司淮安分公司（以下简称淮安电信公司）、中国联合网络通信有限公司淮安分公司（以下简称淮安联通公司）、中国铁塔股份有限公司淮安分公司（以下简称淮安铁塔公司）等通信运营企业。至年末，全市出口带宽达22.1兆比特每秒。市区所有新

2022年5月，淮安移动公司工程师在港口路5G基站安装5G配套设备
淮安移动公司 供

建楼盘都按照淮安驻地网“通信运营企业平等接入，一纤到户”管理模式实施接入。行政村光纤通达率100%。全年完成电信业务收入44.8亿元，增长10.5%。年末移动电话用户数504.8万户、增长4.1%，固定电话用户29.9万户、下降4.5%，固定互联网宽带接入用户212.9万户、增长2.9%。

【淮安移动公司】 2022年，淮安移动公司纳税1.76亿元，收入增长10.12%。服务个人用户300万户、5G手机用户140万户、有线宽带用户105万户、物联网用户600万户，个人、宽带、物联网用户数均居全市行业第一。

数字基础设施建设　实施“5G+”计划，加大5G网络建设力度，全年开通5G基站1636座，累计站点数4402座，实现城镇连续覆盖、乡村广覆盖，站点规模、网络速率处于行业领先位置；全面推进千兆宽带建设，全年新上线小区337个，累计覆盖用户261.38万人次，实现千兆带宽接入能力全覆盖。优化网络结构，承载今日头条有限公司、金山集团等互联网头部企业互联网数据中心业务；部署腾讯云游戏加速系统，开展B2BCDN试点运行，压降传统端游、热点内容资源访问时延超10毫秒。

助力数字经济　实施“智改数转”三年行动计划，承建“淮安市智改数转诊断服务”第三标段项目，全年诊断企业201家，为企业提供5G+工业互联网、系统上云、数据中台等专业解决方案。完成淮安市经济网格化服务管理平台、淮安市疫情防控指挥调度信息平台、淮安市智慧城市区块链、淮安市交通大数据平台等一批重点信息化项目，其中淮安市经济网格化服务管理平台项目获评江苏省优秀数字政府奖。借助5G、云计算、大数据等信息化手段，建成淮安市智慧文旅平台、江苏食品药品职业技术学院洪泽湖产业基地智慧校园、淮安体校新校区智能化等项目。

助力乡村振兴　举办数字乡村推介会，为全市682个乡村提供“平安乡村”服务；推进互联网+党建、互联网+政务、互联网+安防等场景应用，面向996个行政村开通乡村振兴平台；聚焦“智慧农业”，建成盱眙县农业农村局网格+农机安全监管系统等一批农业信息化项目。

助企纾困　针对企业宽带和互联网专线用户，给予9折资费优惠及1~3个月免费体验期等活动，涉及企业宽带60435条、互联网专线1727条，覆盖中小微企业6万余家。

助力疫情防控　配合市卫生健康委开发淮安市疫情防控指挥调度信息平台；助力淮安市新冠肺炎疫情联防联控工作指挥部开展工作，开通防疫专线，服务通话近170万次；发送疫情防控短信6700万条，安装疫情防控产品1.2万台，新增云视讯会场400余个，提供会议保障服务1000余场。

（袁　耀）

【淮安电信公司】 2022年，淮安电信公司完成主营业务收入14.27亿元，比上年增长13.6%，位列全省第四。完成产数收入近2.5亿元，增长45.8%，位列全省第四。收入市场份额提升0.86%，位列全省第三。全区天翼出账用户累计净增超过10万户，完成目标106%；天翼有效发展率31.7%，位列全省第三。天翼市场份额32.2%，位列全省第三。全区宽带用户累计净增超过5.7万户，宽带用户有效发展率42.1%，位列全省第六；宽带用户活跃率84.1%，位列全省第四。

数字基础设施建设　推进低成本高质量网络建设，实现市县城区5G连续覆盖，乡镇镇区基本覆盖。完成电梯网络信号覆盖1559部，地下室信号覆盖496处。加快云网能力全要素升级，完成大厦T8000核心出口路由器割接上线，实现T级平台双备份保障；在北京路互联网数据中心机房扩容104个可用DC舱机架，北京路互联网数据中心机架达到332架。全面提升光网能力，全年新增2.9万余个10千兆无源光网络端口，实现所有机房10千兆无源光网络端口覆盖，10千兆无源光网络端口占比提升至65%。

助力数字经济　设立云中台，成立云专班，推进云建设。提升软件自研能力，组成14人研发团队，开发外部系统16个。加快内部数转，推出“小微看数”等一批项目成果。加速云改数转人才培养，研发工程师认证考试通过46人次，完成112%；云网工程师认证考试通过63人，完成190%。全区产数收入完成率121%，增长45%。其中，数字平台及集成服务收入增长45.2%，云收入增长102.6%，物联网增长17%。

客户服务　建立装维服务体系，行为记录仪全面覆盖，服务不规范率从63.4%下降到11.9%，装机服务满意度从99.81%提升到99.94%。在集团公司和省公司开展的6次满意度测评中，5次获得同业第一，1次获得同业第二。有效申诉39件，完成年控制值的76.5%；无限制变更套餐、限制停机销户、不明扣费有效申诉。有效申诉率、省内重复投诉率均值位列全省第二，月均全业务投诉率、投诉处理满意率均值位列全省第三。5G分流比38%、5G流量驻留比70.6%，均位列苏北第一。

（魏曙光）

【淮安联通公司】 2022年，淮安联通公司完成主营收入4.65亿元，增幅位列全省第七，其中基础业务收入3.18亿元，创新业务收入1.47亿元，预算完成率位列全省第七。

数字基础设施建设　提升移动网络覆盖，累计共享电信5G基站3486个，4G站点达3964个，电梯覆盖数397个。完成补盖、覆盖小区411个，覆盖23.43万户，完成年计划107.5%。城区及县城以上场景覆盖率提升至83.9%。完成改造小区264个，覆盖14.97万户，完成年计划的111.7%。

助力数字经济　全面落实“5G扬帆”“算网融合发展”“大数据创新应用”行动计划。组织9个专家团队，为259家工业企业提供“智改数转”解决方案；助力41家企业申报星级上云，从业务上云到数据上云，帮助企业迈出数字化转型第一步；开展标识县区行活动，接入今世缘酒业股份有限公司、江苏康乃馨织造有限公司等1569家企业，标识量超过86亿个，解析量超过34亿个。中标淮阴区警务通、新一代雪亮工程、清江浦区雪亮工程等项目，累计签约金额4799万元。

助力乡村振兴　研发针对农村市场的“数字乡村”平台，为基层治理和服务注入“智慧基因”，平台面向乡村干部与农户，利用信息化手段推进乡村信息化建设，提升乡村治理智能化、精细化、专业化。至年末，淮安联通数字乡村平台建成200余个。

客户服务　健全大服务体系，以客户问题为导向，完善服务管理机制。开展“服务之星”评比、“银龄专享”智慧助老服务等活动。自有营业厅设置绿色通道和爱心专座、开设老年“智慧课堂”，辅导使用智能手机、宣传防诈知识。集团攻坚2.0投诉处理客户评价“三率”（客户问题满意率、投诉问题解决率、问题工单响应率）均达标，其中响应率97.5%，位列全省第三；解决率92.2%，位列全省第四；满意率95.7%，位列全省第一。

（孙友美）

2022年，淮安联通公司完善服务管理机制，为客户尤其是老年客户提供周到服务　淮安联通公司　供

【淮安铁塔公司】 2022年，淮安铁塔公司推进“新基建”战略落地，加强通信基础设施共建共享。全年累计投资超1亿元，新建物理基站97个，新建室分226个，改造升级5G基站742个，提升淮安市5G通信覆盖水平，实现市县区城区及乡镇中心全覆盖，农村覆盖率超过60%。

助力数字经济建设　助力“智改数转”三年行动计划，承建淮安市智改数转诊断服务第四标段项目，全年诊断化工企业121家，为企业提供5G+工业互联网、智能工厂、智能车间建设等专业解决方案。服务园区以及自然资源、水利、住建等行业，升级软件平台，完善运维制度，保障平台平稳运行，辅助监管部门合理决策，帮助淮安市工业园区完成省应急厅对园区的风险等级复核；建设洪泽湖湿地智慧监测项目，实现对洪泽湖东部湿地生物多样性监测；建设水利综合信息化平台，实现高低视频结合，服务防汛抗洪。

服务老旧小区改造　推动全市各县区全面落实《淮安老旧小区通信及广电基础设施改造实施办法》，完成城镇老旧小区通信及广电基础设施改造154个，建筑面积约200万平方米。完成1450部电梯、147个地下室信号覆盖，惠及群众近10万户。

共建“5G+智慧社区”　落实国家“双碳”战略，布局5G换电柜200余座，为快递员、外卖员提供基于5G网络电瓶智能置换服务，实现电池车辆的实时定位、实时电量显示。建设“骑手之家”，为外卖骑手及其他户外劳动者提供休息、换电等“一站式”服务，惠及1500多名外卖员、800多名快递员。年内，“骑手之家”获省部属企事业工会"劳动者港湾"称号。结合老旧小区改造，提供"充电+配套"信息化管理"一揽子"解决方案，在淮阴区30个住宅小区建设低速充电桩和梯阻系统。

（李泽宇）

数字政府建设

【概况】 2022年，淮安市加快推进政府数字化转型，提升政务服务"一网通办"效能。建立健全全系统、全过程、全覆盖的数字政府市县区一体化建设管理机制。至年末，政务服务网实现1067个依法申请行政权力事项、656个公共服务事项网上查询办理。54个"淮上关爱一件事"线上运行。建成"一网统管"事件通平台，打通"12345"政务服务便民热线、数字城管、消防基层监管、"110"接处警、应急多源接报等公共事件平台，实时流转协同各类事件，数据底座数据总量达到690万件。公共数据按需共享率100%。

【数据管理机制建设】 2022年2月，淮安市市域指挥中心正式组建，挂"市大数据管理中心"牌子，由市政府办公室管理。8月，在市政府办公室（大数据管理局）增设数字政府建设处，具体承担智慧城市及政务信息化项目的规划、建设和管理相关职能。形成"一局、一中心、一公司"体制架构，即市大数据管理局统筹推进，市大数据管理中心负责具体实施，江苏数智高新科技有限公司负责运维保障，各地各部门协同推进的一体化、集约化共建共享工作格局。成立由市政府主要领导担任组长的市数字政府建设领导小组。印发实施《淮安市加快统筹推进数字政府高质量建设实施方案》，明确数字政府建设时间表、路线图、任务书。编制印发淮安市政府数字化转型任务分解表，形成项目化、责任化任务清单。制定实施《市级政务信息化项目建设管理办法》，制定第三方参与政府信息化建设、运营的管理规范，确保政务系统和数据安全。印发实施《淮安市数据共享交换平台管理使用办法》，编制《数据资源共享交换规范》等标准规范，从源头上规范平台系统互联互通和数据共享利用。

【社会治理"一网统管"】 2022年，淮安市实现社会治理"一网统管"，建成城市运行可视化监测系统，涵盖28个主题板块、30个部门行业、526个模块、2558个指标项、605万条数据，打造经济运行、智慧运输、疫情防控等城市运行实时监测场景，城市运行监测实现"一屏统览"。接通全市35个部门视频会议，融合集成16个部门22个业务系统，实时在线率超过80%。建成综合指挥调度平台，为应急指挥提供实时事态总览、一键关联预案、中心现场图传、文字信息报送、调度指令下达、救援资源匹配和综合研判赋能等指挥调度能力支撑，实现应急指挥调度"一网指挥"。市"一网统管"事件通平台入选2022年度智慧江苏重点工程，全市唯一；《从数字政府到"一网统管"，探索淮安治理数字化转型新模式》案例获2022年智慧长三角数字化转型优秀案例二等奖。

【政务服务"一网通办"】 2022年，淮安市升级改造市政务服务受理平台，新增44个事项全市域"一网通办"，线上认领1067个权力事项、656个公共服务事项，六大类政务服务事项一网通办率提升至85.6%。完成市资规局、市住建局、市城管局、市水利局、市市场监管局等部门15个自建政务服务类系统整合。落实160项重点政务服务事项"省内通办"。推进"淮上关爱一件事"改革，54类"一件事"线上运行，平均减少环节68%、精简材料55%、压缩时长72%，实现交通、农业农村、文广旅游等条线部门政务服务系统省市统合，省定试点部门事项与市一体化政务服务平台实现数据双向流转。

【全省首家上线国家医保信息平台参保征缴功能】 6月11日，淮安市举办国家医保平台参保征缴功能淮安切换上线启动仪式，为全省首家上线国家医保信息平台参保征缴功能的设区市。此次参保征缴功能模块上线，为淮安市医保业务办理标准化、经办流程规范化、公共服务便捷化提供支撑，实现待遇享受、经办管理、基金财务管理、公共服务等业务统筹管理，实现医保公共服务全市范围内规范统一。全市500万名参保人员和3万余家参保单位可通过市医保局官网、政务App、微信公众号等多种途径，便捷办理职工医保参保、医保关系转移、城乡居民医保个人登记、异地就医备案等相关业务。

【不动产登记"全市通办"获自然资源部推广】 2022年12月，自然资源部印发专刊《登记与法治》，淮安市不动产登记全面实现"全市通办"做法得到推广。2022年，淮安市加快实施"互联网+不动产登记"，加强部门协同配合，动态对接群众办事需求，提升登记机构服务能力，提升不动产登记标准化、规范化、便利化服务水平，全面实现不动产登记业务"全市通办"。建立全市统一标准化办事指南，设置"全市通办"专窗，开通不动产高频事项"网上通办"服务模式，企业群众可不受地域限制，实现"就近办、便利办、掌上办"。构建全市不动产登记、办税、缴费"办事一窗化、征缴一体化、票据电子化"智能服务体系，打通数据壁垒，实现全市"统一收费、统一票据、统一清分、统一共享"。优化金融机构一窗受理办事流程，精简收件材料，实行"不动产抵押登记+金融信贷"的"一件事"改革，部分业务可通过"i淮安"和"苏服办"App办理，支持证书邮寄，提供全程不见面服务。全市实现8个部门31个共享校验总接口打通调用，其中2022年新增民政、卫健相关共享查询等5个接口，信息共享水平持续提高。

（戴从柏　朱云丽）

智慧城市建设

【概况】2022年，淮安市统筹智慧城市建设，推进交通、教育、医疗、人社、民政、文旅等公共服务领域数字化转型，加快公共服务"一网惠民"，上线"i淮安"App综合服务应用。"领导驾驶舱"对接32个委办局业务系统，汇聚全市重要领域核心数据指标197项、3000多个城市重要点位等信息，推动城市治理由经验判断型向数据分析型转变。

【智慧交通】2022年，淮安市建成市级国省干线公路养护大中修工程"智慧工地"管控平台，农路"一网一平台"建管养运智能化信息化管理和服务平台投入运行。完成智慧路网"云控平台"二期工程配套建设，公路网运行监测密度居全省第一，所有新建公路项目实现智慧工地建设全覆盖。完成327省道涟水城东至淮安宋集段"科技兴安"示范路建设。淮安机场6个信息化项目投入验证运行，实现空地一体化协同高效运行，相关建设经验入选中小机场四型机场建设优秀案例候选名单。航道管理部门结合视频登记、便捷过闸系统、智能调度等方法，提高船闸运行效率，缩短船舶待闸时间，实施"到闸即放"。

【智慧教育】2022年，淮安市实施教育信息化2.0行动，提升师生信息素养，探索教育数字化转型，累计建成省级智慧校园356所、省级智慧校园示范校11所。依托省市网络名师工作室，开展线上线下研修、城乡同步课堂、同课异构等活动300余次，建设优质教学资源1.2万余件。举办2022年淮安市智慧课堂（中小学组）创新教学大赛课例评比，提升教育教学智慧化水平。江苏省淮阴商业学校与江苏镇淮建设集团有限公司共建智慧建造仿真虚拟实训基地，获评江苏联合职业技术学院示范性虚拟仿真实训基地。江苏护理职业学院推进智慧医护实训中心中医中药实训区、数字生命科学馆、思政VR实训馆、健康中国实境课堂、虚拟仿真实训平台建设，打造跨界融合、跨专业整合、信息化契合的智慧医护实训中心。

【智慧医疗】2022年，淮安市推动智慧医院建设，探索推进数字化运行模式。第一人民医院上线使用经济合同全生命周期动态管理系统，全面完成HIS（医院管理信息系统）、LIS（实验室信息管理系统）、PACS（影像归档和通信系统）三大基础系统迭代升级和WINEX临床信息平台框架建设。市二院围绕智慧医院建设，实施基础信息化建设、运营管理、单病种、VTE（静脉血栓栓塞症）智能防治系统、科研平台、物资管理、人力资源管理等。8月27日，市二院承办的"互联网+医疗健康，打造智慧医疗新宏图"分论坛在苏州太湖国际会议中心举行，知名学者、行业人士共探智慧医疗发展之路。市医保局全省首家上线医保参保征缴及业财一体化功能，省内率先建立"智慧医保"管理服务中心。淮安医院、淮安市肿瘤医院引入一网无限医疗专用无线物联网平台，以及"无线输液监控系统""无线体温监护系统""无线冷链管理系统""资产定位管理系统""婴儿防盗系统"等多款物联网应用产品，建立一套基于物联网技术的智慧管理体系，满足临床、后勤、管理等多方面需求。

（淮　鉴）

【智慧人社】2022年，淮安市推进"智慧人社"建设，省社会保障卡持卡人数566.12万人。多渠道推广电子社保卡申领，电子社保卡领取人数235.47万人。开通社保卡"网上办理"，参保后可在线申请社保卡，实现社保卡申领、挂失补卡零见面。推动合作银行提高社保卡服务能力，增加快速发卡网点建设，至年末，全市有社保卡合作银行快速制卡网点385个。"12333"人社便民热线呼入总量52.2万人次，拨入人工服务18.8万个，接通17万个，人工服务接通率90.37%，服务满意率99.89%。

（吴冠卿）

【智慧城市一期项目】2022年，淮安市智慧城市一期项目完成终验并投入运行，打造事件通、融讯通、网格通、标码通、地信通、区链通、认证通7类通用技术组件，以及"i淮安"App平台、视频管理平台两大基础平台，为避免技术组件和基础平台重复建设提供支持。在统一的数字底座之上，推动市级各部门数据资源目录梳理和全量汇聚，推动数据融合和开放。年内，"城市大脑"实现具备数据体系层、城市操作系统层、业务应用层，以及协同管理体系、协同服务体系、组织建设及运营保障体系、标准规范及运行维护保障体系和信息安全保障体系，形成淮安智慧城市"三横五纵"。

【"i淮安"App】2022年，淮安市城市综合服务门户"i淮安"App上线，构建"市民版"和"企业版"2个服务板块，接入超30个部门和单位数据资源，涵盖医、食、住、行、游、学等方面341项服务事项。市民端实现各类政务服务、便民服务、城市运营服务汇聚整合，提供包括衣、食、住、行、游、学、医等全方位服务；企业端汇聚企业全生命周期办事事项、惠企政策、企业服务等主要需求，提供统一服务入口，为企业创造数字化、便捷化、精准化、高效化营商环境。功能设计上，"i淮安"App迎合淮安市民和企业办事需求，以"一件事""一码通城""千人千面"三大能力，最大化提高日常办事效率。至年末，累计注册用户数近200万个，提供应用服务突破1亿次。

（戴从柏　朱云丽）

【智慧药品监管系统入选省区块链产业发展试点示范项目】7月20日，淮安市市场监管局"市场监管智慧药品监管系统"入选2022年江苏省区块链产业发展试点示范项目名单，为淮安市首次入选该试点示范项目。智慧药品监管系统利用区块链具有去中心化、防伪造、防篡改等特性，通过搭建市场监管区块链底座，实现药械生产、流通以及使用的各个环节信息上链保存，且数据信息无法编辑、修改或删除，让药械“来源可查，去向可追，责任可究”。

【全国首个MaaS生态出行系统启用】2022年，淮安市依托“城客e家” App打造MaaS（出行即服务）一体化出行平台，整合全品类交通出行服务，推行支付体系“一体化”，初步形成全国首个全出行场景MaaS生态体系。市民点开“城客e家”App，即可享受城市公交、有轨电车、共享单（电）车、智慧停车、网约车、高铁、旅游等出行服务，实时获取各类出行信息。年内，“MaaS一体化出行服务生态体系”获评2022年长三角企业数字化创新标杆案例；《淮安智慧出行MaaS平台建设及运营服务》入选2022年世界交通运输大会学术论文；“江苏淮安市出行即服务科技示范工程”入选2022年度交通运输科技示范工程创建名单。

（江淮智慧网站）

【全市首个智能立体停车库启用】9月9日，淮安市首个智能立体停车库启用。该智能立体停车库位于淮安市第一人民医院西南侧，车位430个，进出口12个，平均存取车时间设定为小于90秒。该停车库是苏北地区体量最大、投资最多的停车库项目，占地面积1500平方米。车库采用机械手大轿厢9层垂直升降类全智能立体车库，设计6座智能车库、6套升降系统、6台可在巷道内实现旋转调头的机械手取车器；车库66%的车位可以容纳长5.2米、宽1.95米、高1.85米、重2500千克以内的SUV车辆。采用垂直升降停车设备，在不增加占地面积的情况下，成倍提高停车数量。车主可通过App预约车位或提前取车，通过车牌、指纹及人脸识别等方式取车。

（淮　鉴）

9月9日，位于淮阴区体育场路南侧全市首个智能立体停车场投入试运营

王　昊　王树文　摄/视觉江苏网　供

开放型经济

责任编辑：周永达　孙　虎

参与“一带一路”建设

【概况】 2022年，根据《江苏省“十四五”“一带一路”交汇点建设重点任务清单》和《江苏省“一带一路”交汇点建设2022年工作要点》要求，淮安市积极参与“一带一路”交汇点建设。加强境外基础设施和重大标志性项目建设，做好境外风险防控与民间交流。中国国际商会与淮安市政府正式签订共建RCEP（《区域全面经济伙伴关系协定》）产业合作备忘录。全年完成对“一带一路”沿线国家和地区进出口129.8亿元，比上年增长11.9%。

【基础设施互联互通】 2022年，淮安市加强航空货运枢纽和临空经济区谋划建设，全面融入“一带一路”倡议，推进淮安空港、徐州陆港、连云港海港“物流金三角”建设。规划打造淮河生态经济带航空货运枢纽。构建临空产业体系，引导电商物流、保税服务、物流金融、科技制造等产业集聚。加强空港与高铁枢纽、水港枢纽等交通联系。宁淮铁路先开段主体完工，京沪高速扩建路基工程基本完成，淮安涟水国际机场三期货站国际区改造主体工程基本完成。开通淮安—连云港、淮安—宁波海铁联运班列，推出上海至淮安进出口新通道“陆改水”项目，开通淮安—上海—釜山内河支线。

【市场主体培育】 2022年，淮安市建立健全全市重点外贸企业挂钩联系机制，将年进出口超500万美元的外贸企业、新投资过亿元人民币或有科技含量、有品牌优势、成长性好的工业项目作为培育重点，组织参加“一带一路”、RCEP在线培训、宣讲会10余场次。“一企一策”推动企业布局“一带一路”沿线市场。指导企业在“一带一路”沿线国家开展境外商标注册、专利申请和市场准入认证，构建自主营销网络，扩大淮安出口产品在“一带一路”沿线国家品牌影响。年内，全市有8家与“一带一路”沿线国家发生贸易往来的企业获评2020—2022年江苏省重点培育和发展国际知名品牌。

9月26日，淮安至成都首条全货机航线开通　淮安涟水国际机场　供图

【民间交流】 2022年，淮安市参加文化和旅游部海外国家文化中心和驻外旅游办事处举办的“中国文化旅游周”活动，推荐市乡村旅游全国重点村——金湖县前锋镇白马湖村成为2022年“中国旅游文化周”视频宣传展示单位；选拔全市优秀舞蹈人才参加由德国萨斯尼茨市政府线上举办的“2022年波罗的海舞蹈大赛”，参加“中国希腊文化和旅游年”系列活动。在文化和旅游部举办的2022“美丽中国·心睇验”线上推广活动暨2022对港澳文化和旅游推广季启动仪式上，淮安市运河文化旅游产品向全球进行宣传推广。组织市重点文旅企事业单位赴澳门参加第十届澳门国际旅游（产业）博览会。江苏护理职业技术学院与淮安国际友城韩国完州郡开展“汉语+中医适宜技术”空中课堂云端培训，提升汉语和中医学的国际认可度与影响力，打造中韩教育、人文交流亮点。柬埔寨淮安总商会向柬埔寨实居省优秀学生发放奖学金，江苏共创人造草坪股份有限公司向越南西宁省展鹏市贫困居民捐赠生活物资，提升淮安企业在境外项目所在地正面形象，增进贸易合作，促进民心相通。

【政策服务】 2022年，淮安市发挥政策性金融工具“保护伞”“助推器”功能，提升企业抗风险能力，拓展“一带一路”国际新市场。鼓励从事“一带一路”沿线国家进出口的企业通过短期出口信用保险降低收汇风险，对投保短期出口信用保险企业发生的保费给予扶持。至年末，全市有192家小微企业投保、续保信用保险，累计扶持信用保险项目80余个，扶持金额超1000万元。对“苏贸贷”等普惠金融产品给予贴息支持，帮助企业解决融资问题。新增23家企业为淮安市跨境人民币结算便利化优质可信企业，扩大重点领域重点企业贸易投资人民币结算占比。制定《2022年淮安市贸易促进计划》，将“一带一路”沿线国家展会列入贸易促进计划，对企业参加“一带一路”沿线国家展会展位费给予不低于50%的政策扶持。与越南、印度尼西亚、保加利亚等10多家“一带一路”沿线国家商协会、会展机构建立工作联系，通过商协会帮助淮安市出口企业在“一带一路”沿线国家开拓市场。

（王志峰）

招商引资

【概况】 2022年，淮安市高标准谋划招商引资活动。完成第二届淮河华商大会、第五届中国（淮安）国际食品博览会暨首届金秋经贸洽谈会、台商论坛等活动招商引资任务；7场“走出去”活动完成既定任务；5场境外招商活动突出招引日韩、欧洲等外资项目。全年全市累计新签约亿元以上项目789个，协议引资额4045.6亿元。人均高技术产业实际使用外资额排名苏北四市（徐州市、连云港市、宿迁市、淮安市）第一；人均实际利用外资额排名苏北四市第二。

【招商体制建设】 2022年，淮安市构建“一号招商员”带头招商、驻外招商局冲锋在前、部门靠前服务、各地积极承接、多方广泛联动的招商体系，打造懂产业、懂政策、懂谈判的专业招商队伍。推动“撒网式招商”向“产业集群、产业链集聚”转变。围绕全市7个优势产业集群和3个先导产业集群，市县联动组建研究专班，绘制产业、企业、产品和研究机构“四张图谱”，开展强链、补链、延链招商。完善重特大项目会办机制，投资50亿元以上重特大项目提请市招商引资工作领导小组统筹调度，投资50亿元以下项目由领导小组办公室牵头会办解决。落实签约督查跟踪机制，提高签约项目转化率。

【外资及港澳台资引进】 2022年，淮安市新设外资及港澳台资项目142个，其中总投资3000万~1亿美元项目62个，总投资1亿美元以上项目5个。协议外资及港澳台资38.3亿美元，到账外资及港澳台资10.2亿美元，比上年增长7.1%。从产业类别看，新设外资及港澳台资项目中，二、三产项目分别为48个、93个，其中制造业项目38个。台资集聚示范区建设新获7项省支持政策，新设及增资台资项目65个，实际利用台资3.6亿美元。

【重大项目引进】 2022年，淮安市制定“3530”项目招引方案，即全年协议引资额超3000亿元，新签约投资亿元以上工业项目500个，其中50亿元以上30个。年内完成招引百亿级项目7个、50亿元以上项目31个、亿元以上工业项目533个，超额完成年度目标任务。完成工业投资920亿元，新开工亿元以上工业项目310个、新竣工201个，分别增加64个和22个，其中新开工50亿元以上工业项目10个。当年签约、当年开工工业项目数占全部开工工业项目数的73.5%。50亿元以上重特大项目中，中天钢铁超高强精品钢帘线、天合光能光伏电池及组件、比亚迪新能源商用车及零部件、南高齿（淮安）高速齿轮制造、理士新能源智能制造园等11个项目实现当年签约、当年开工。省重大项目数量、年度投资额较上年分别增长1倍和3倍，市重大产业项目数量、年度投资额分别增长70%和62%。

【2022年淮安（深圳）投资环境说明会】 6月11日，2022年淮安（深圳）投资环境说明会在深圳市举行。珠三角地区200多名企业家代表参加，签约项目37个，总投资额509.41亿元，其中工业项目34个，总投资额497.21亿元；服务业项目3个，总投资12.2亿元，涉及电子信息、新能源、新材料、智能制造等产业。

【诚意满淮　共创未来——2022淮安投资环境说明会】 7月28日，诚意满淮　共创未来——2022淮安投资环境说明会在苏州市举行。苏州当地及长三角地区130多名企业家代表参加，签约项目40个，总投资237.3亿元，其中台资项目13个，总投资9.5亿美元，涵盖绿色食品、新一代信息技术、新型装备制造、新材料等主导产业。

（王志峰）

2022年年底，总投资202亿元的中天钢铁（淮安）项目一厂部分竣工生产。图为公司生产车间一角　　刘志均　摄

表14　2022年淮安市利用外资及港澳台资情况表

地区	实际到账（亿美元）	协议注册（亿美元）
全市	10.18	38.27
淮安区	1.61	3.05
淮阴区	1.29	2.91
清江浦区	0.60	3.06
洪泽区	1.06	6.11
涟水县	1.61	1.60
盱眙县	0.64	3.49
金湖县	1.20	4.55
经开区	2.02	12.66
工业园区	0.56	0.62

（资料来源：市统计局）

对外及对港澳台贸易

【概况】 2022年，淮安市实现外贸进出口总值428.3亿元，首次突破400亿元大关，比上年增长12.4%。其中，出口321.4亿元，增长15.5%；进口106.9亿元，增长4.3%。全年完成外经营业额3081亿美元。

【贸易主体】 2022年，淮安市有进出口实绩外贸企业1134家，较上年增加91家，增长8.7%。全市民营企业实现进出口额269.9亿元，增长14.3%，占进出口总值的63%。外商及港澳台商投资企业和国有企业分别实现进出口额144亿元、14.5亿元，分别增长7.6%、30.4%，分别占进出口总值的33.6%、3.4%。有出口实绩企业1037家。进出口超1亿美元和超5000万美元的企业分别为12家、21家。有省级重点培育和发展的国际知名品牌企业8家，即卧龙电气淮安清江电机有限公司、江苏康乃馨织造有限公司、江苏共创人造草坪有限公司、江苏三禾鞋业集团有限公司、江苏万香生物科技有限公司、江苏理士电池有限公司、江苏悦丰晶瓷有限公司、江苏新源太阳能科技有限公司。

【出口产品】 2022年，淮安市前五大类出口商品分别是机电产品、高新技术产品、纺织纱线及其制品、基本有机化学品美元、橡胶轮胎，出口额分别为23.5亿美元、8.96亿美元、3.23亿美元、3.19亿美元、3.02亿美元，占出口总额的比重分别为48.7%、18.6%、6.7%、6.6%、6.3%。机电产品出口较上年增长10.8%，其中电子信息产品、汽车零配件、蓄电池出口分别增长4%、22.2%、1.9%。出口劳动密集型产品81.9亿元，增长10.8%，其中纺织品衣帽服装鞋靴、塑料制品和箱包出口分别增长7.8%、25.1%和101.6%。出口化工品总额49.2亿元，增长39%；出口农产品总额3.2亿元，增长57.2%。电子元件、棉花、基本有机化学品、乳粉等进口额分别增长3.5%、33.3%、24.4%和15.6%。

【进出口地区】 2022年，淮安市出口规模前三位的国家和地区分别是欧盟、东盟、美国，出口额分别为10.08亿美元、8.42亿美元、8.13亿美元，占全市出口总额的比重分别为20.9%、17.4%、16.8%，增长14.3%、7.5%和17.9%。对RCEP区域国家进出口额148.8亿元，增长14.6%。其中，对韩国、日本进出口额分别增长12.7%、42.3%。

【服务贸易】 2022年，淮安市完成服务贸易进出口总额2.94亿美元，比上年增长9.7%。印发《关于组织申报2022年中央外贸发展专项资金及省级商务发展专项资金（第一批）的通知》，发放推动服务贸易创新发展资金52.48万元。开展“敢为善为 勇挑大梁”百日攻坚行动，对各县区可能存在服务贸易的企业点对点辅导，做好服务贸易类业务合同拆分和统计监测系统注册、报备等。指导企业将海运、技术转让、保险、信息服务等服务贸易业务从货物、设备等进出口合同中剥离，鼓励企业单独签署服务贸易类合同。指导施尔丰生物科技公司、江苏佳一教育公司、江苏共创人造草坪公司等重点境外投资企业，将技术进出口业务单独签订合同。调研新上重点项目企业设备进口以及商业服务进口情况，鼓励企业将知识密集型服务进口业务从设备进口等合同中剥离。指导和督促企业注册商务部服务贸易统计检测系统，及时向平台报送登记服务贸易类业务合同，确保服务贸易合同应统计尽统计。

【跨境电商业务】 2022年，淮安市新增跨境电商企业50家，完成跨境电商交易额15.4亿元，在全国105个跨境电商综合试验区首次评价中位列第二档次。通过政策扶持和认定评选，全市7家企业设立13个海外仓，总面积超4万平方米。其中，至善机械美国海外仓为市级公共海外仓，服务全国近20家跨境电商企业。初步形成“1+1+4+5”全市域跨境电商产业总体布局，即1个线上综合服务平台、1个省级跨境电商产业园、4个市级跨境电商产业园、5个市级跨境电商创业孵化基地。规划布局汇金云谷跨境电商产业集聚基地和综保区江淮地区全球集采中心，打造全市跨境电商发展新高地。组织开发控股集团、留学生创业园等平台赴浙江、深圳、济南等地招引跨境电商头部企业和专业服务商。参见《商贸服务业·电子商务》

【第五届中国（淮安）国际食品博览会暨首届金秋经贸洽谈会】 11月10—13日，第五届中国（淮安）国际食品博览会暨首届金秋经贸洽谈会在淮安

11月10日，第五届中国（淮安）国际食品博览会暨首届金秋经贸洽谈会在淮安国际食品博览中心开幕　　管伟法　摄

国际食品博览中心举行。线下主题展览面积约3万平方米，设食材预制菜展区及RCEP国家展区、调味品展区、休闲食品境内展区、休闲食品境外展区、预制菜联合创新展区、淮安特色主题展区、淮安预制菜产业园展区和买手大会8个专业展区。线下吸引305家境内外知名食品企业参展，邀请参展商1419人、采购商1249人，现场参展参会51252人次。各类参展商、采购商现场贸易洽谈对接6779人次，达成商品采购、供销合作、经销代理、特许加盟等合作意向600个以上。搭建食博会“云平台”，参展企业903家，注册展商2245个，注册采购商14221个，展品数量3846个，人气展品数量201个，展品总浏览量289.7万人次。同步举行首届金秋经贸洽谈会，300余家企业集中展示特色产品成果，开展系列特色交流活动。开幕式集中签约项目41个，总投资903.55亿元。新华社、中央广播电视总台、中新社、《光明日报》、《中国日报》、江苏广电总台等主流媒体报道食博会。

【淮安高新区获批对外贸易经营者备案赋权】 2022年7月，商务部公布第60批对外贸易经营者备案登记机关名单，淮安高新技术产业开发区入选，全省仅4家单位获批。“对外贸易经营者备案登记”属于商务部委托省商务厅实施的省级管理事项。淮安高新区获得赋权后，区内从事进出口贸易的市场主体可由淮安高新区以委托审批方式予以直接审批准入。年内，淮安高新区根据商务部《对外贸易经营者备案登记办法》相关要求，加强备案登记工作软硬件建设，指导区内企业拓展外贸业务，推动高水平对外开放。

（淮　鉴）

表15　2022年淮安市进出口情况表（一）

地区	进出口		出口		进口	
	美元值（万元）	美元值同比（%）	美元值（万元）	美元值同比（%）	美元值（万元）	美元值同比（%）
总计	640894.38	8.81	480611.91	11.64	16028.47	1.14
亚洲	318678.65	2.10	198463.44	7.36	120215.22	-5.55
中亚	1078.52	27.90	1078.52	28.15	0.00	-100.00
东亚	146502.25	-4.89	68986.68	-9.66	77515.57	-0.20
东南亚	111664.70	4.04	84158.34	12.84	27506.36	-16.00
南亚	36351.16	18.49	24202.18	25.00	12148.98	7.35
西亚	23082.02	19.87	20037.71	46.08	3044.31	-45.03
非洲	14815.33	-1.98	14537.99	-2.77	277.34	70.25
北非	2136.62	-19.01	2136.48	-18.98	0.14	-89.36
撒哈拉以南非洲	12678.71	1.62	12401.51	0.70	277.19	71.57
东部非洲	1900.62	3.05	1731.84	2.91	168.78	4.48
中部非洲	891.45	-12.17	878.80	-13.42	12.66	—
南部非洲	4827.65	16.57	4731.94	14.26	95.71	2392737.50
西部非洲	5058.98	-7.62	5058.94	-7.62	0.04	215.63
欧洲	126987.11	11.93	113200.58	14.77	13786.53	-7.00
东欧	19705.25	6.39	18031.04	0.92	1674.21	155.78

续表15

地区	进出口		出口		进口	
	美元值（万元）	美元值同比（%）	美元值（万元）	美元值同比（%）	美元值（万元）	美元值同比（%）
北欧	20896.16	11.04	20138.65	10.38	757.51	32.09
南欧	18961.82	12.19	18487.03	13.07	474.79	−13.78
西欧	67423.88	13.87	56543.86	22.48	10880.02	−16.60
拉丁美洲和加勒比	60590.24	40.39	49938.36	27.70	10651.88	162.67
加勒比	790.99	59.27	790.99	59.27	0.00	−100.00
中美洲	21933.64	38.27	21909.78	38.36	23.86	−14.08
南美洲	37861.15	41.27	27233.14	19.59	10628.02	163.89
北美洲	99345.54	14.64	90076.56	11.02	9268.98	67.87
大洋洲	20477.44	10.96	14394.98	21.81	6082.46	−8.36
其他	0.06	293.87	0.00	—	0.06	293.87

（资料来源：淮安海关）

表16　2022年淮安市进出口情况表（二）

县区	进出口（万美元）		出口（万美元）		进口（万美元）		累计比上年同期增长（%）		
	12月	1—12月	12月	1—12月	12月	1—12月	进出口	出口	进口
进出口贸易总值	48171	643001	38617	482716	9554	160285	9.1	12.1	1.0
淮安经济技术开发区	22921	287272	15415	177651	7506	109621	1.7	12.2	−11.6
综合保税区	7474	62123	5345	35044	2129	27079	−4.7	−15.2	13.6
清江浦区	3382	64469	2890	52178	492	12291	14.0	12.9	19.3
金湖县	4025	59790	3912	57832	112	1959	−4.3	−6.3	171.9
洪泽区	3553	50541	3094	44319	459	6222	26.3	30.6	2.2
工业园区	4028	49768	3136	37263	892	12505	51.0	43.1	81.0
淮安区	5332	48343	5267	44231	65	4111	2.0	−0.9	47.8
涟水县	2968	45591	2704	40903	264	4688	19.1	26.2	−20.2
淮阴区	1391	30271	1285	18615	106	11656	64.0	14.8	422.7
盱眙县	1697	21544	1657	20548	40	996	3.6	8.1	−43.8
淮安生态文旅区	545	3754	538	3744	7	10	823.6	821.2	1422942.0

（资料来源：淮安海关）

境外经济技术合作

【境外投资】 2022年，淮安市举办RCEP、“一带一路”等政策宣传会，鼓励企业用好国内、国际两个市场，加快“走出去”步伐，新设对外投资企业7家。江苏盛弘包装有限公司成为全市首家入驻柬埔寨西哈努克经贸合作区企业。全年全市完成对外直接投资额7869万美元，比上年增长249%，增速居全省第二、苏北地区第一。至年末，全市境外投资企业淮安方累计协议投资额6.05亿美元，境外投资企业（含境外办事机构）累计备案87家。人均对外直接投资额排名苏北地区第一。

【工程承包】 至2022年末，淮安市在境外有在建工程4个，全年完成建筑业境外营业额2.89亿美元。江苏镇淮集团在乌兹别克斯坦、赤道几内亚和科特迪瓦等国家和地区承揽道路和水泥厂工程项目，年内在建工程安全有序推进。集团普通出国务工人员人均年收入16.8万元。

【劳务合作】 2022年，淮安市有拥有对外劳务合作经营资质企业2家，分别是淮安金泰国际经济技术合作有限公司、江苏力通国际劳务有限公司。市商务局分别于4月7日、9月20日对这两家企业开展“双随机”抽查专项行动。两家企业制度规范，因新冠疫情原因，暂未开展业务。

【“淮安制造”服务2022年国际足联世界杯】 11月20日至12月18日，2022年国际足联世界杯在卡塔尔举办，众多“淮安制造”商品为世界杯提供服务。1—10月，由淮安海关监管的世界杯相关出口货物价值为1.2亿元。江苏宏保运动用品有限公司出口世界杯训练用球7.8万个，江苏亚源制帽有限公司出口帽子1469万顶，江苏紫山生物股份有限公司向卡塔尔出口罐头220吨，江苏康乃馨纺织科技有限公司向卡塔尔出口各类布草产品为700万元以上，比上年增长153%。

（淮　鉴）

贸易促进

【对外联络交流】 2022年，淮安市贸促会优化RCEP成员国联络渠道，与中国泰国商会、中国马来西亚商会、中国新加坡商会，以及柬埔寨、印尼、老挝、尼日利亚驻上海总领馆建立常态联系。1月8日，中国贸促会商业行业委员会会展部到淮安市调研，就线上展会、跨境电商、企业培训等开展业务交流。5月11日，淮安市贸促会与中国泰国商会围绕旅游合作、货运通航、贸易往来、双边投资等方面开展线上交流。5月16日，市贸促会联合省贸促会主办“2022江苏—中东轻工消费品线上对接会”，18家企业参加线上“一对一”对接活动。组织万香科技集团股份有限公司、江苏科润膜材料公司、红胖胖龙虾产业集团3家企业参加第六届丝绸之路国际博览会。

【商事认证】 2022年，淮安市贸促会办理产地证6040份，其中一般产地证4664份，下降12.3%，FOB（离岸价）金额3.33亿美元；优惠原产地证书1376份，增长77%，FOB金额7654.15万美元，其中RCEP证书662份，FOB金额2758.42万美元，为企业减免进口国关税约261.34万美元；办理国际商事证明书761份，代办领事认证96份。丰富企业原产地核查内涵，走访淮安华顶鞋业有限公司、江苏联创国际贸易有限公司等7家企业，了解对日本出口情况，指导对日关税筹划运用。

【企业服务】 2022年，淮安市新增国际商会会员企业25家，总数达到584家。淮安市贸促会向会员企业发布自贸协定政策利用、经贸预警、展会信息、法律微课堂及法律案例。开展对日进出口、俄乌冲突对企业影响、欧盟和美国营商环境专项调研。8月17日，组织国际商会会员企业“跨境电商主题分享会”活动，围绕传统外贸营销与数字化外贸营销的核心差异、产品营销到品牌出海的战略策划、外贸团队的搭建和角色定位进行教学和分享。参与筹备第19期市党政亲商会，就“抢抓RCEP机遇，推动外资外贸扩量提质”组织宣讲。全年组织RCEP、跨境电商、内外贸一体化等业务线上培训4批次，200余家外贸企业参加。

【商事法律服务】 2022年，淮安市贸促会开通商事法律咨询热线，为企业咨询解答商事法律问题，帮助淮安市禾田贸易有限公司追收阿联酋客户拖欠货款；帮助江苏伟之健国际贸易有限公司解读贸易合同条款；帮助江苏绿城风尚智能科技有限公司调解解除加盟合约和追讨剩余货款。利用省级“FTA智慧应用公共服务平台”指导企业填制、申办各类优惠证书，帮助部分企业协调证书后期在目的国海关使用受阻情况。5月31日，联合市市场监管局组织80家企业参加知识产权服务暨国际贸易法律风险防范培训班。

【第二届RCEP成员国食品产业合作圆桌会议】 11月10日，第二届RCEP成员国食品产业合作圆桌会议在淮安市举行。泰国驻上海总领事馆、荷兰驻上海总领事馆、中国国际商会、江苏省贸促会、中国—东盟中心贸易投资部相关人员出席会议。会议聚焦“共享新机遇、共谋新发展”主题，重点围绕消除RCEP成员国食品产业贸易壁垒、提升贸易便利化、推动食品产业国际合作等议题，探讨构建食品产业高水平开放型经济新体制，搭建RCEP成员国政府机构、商协会组织、企业界的对话沟通平台。与会嘉宾围绕深化贸易投资合作、促进贸易和投资自由化便利化发展进行主题交流。中国国际商会与淮安市政府正式签订共建RCEP产业合作备忘录。

【全市首批RCEP项下优惠原产地证书签发】 1月7日，淮安市贸促会为淮安星雅国际贸易有限公司签发全市首批RCEP项下优惠原产地证书3份，出口目的国日本，产品为雨靴、全胶鞋等，货值16.96万美元，企业据此可以享受减免关税465.53美元。2022年1月1日，区域全面经济伙伴关系协定（RCEP）对中国、日本、新西兰、澳大利亚、文莱、柬埔寨、老挝、新加坡、泰国和越南10个国家正式生效。为做好区域全面经济伙伴关系协定项下

11月10日，中国国际商会与淮安市政府签订共建RCEP产业合作备忘录
王昊　摄

优惠原产地证书开签工作，助力企业扩大出口，淮安市贸促会在企业商品备案环节耐心为企业答疑解惑，在原产地证书签发环节细心审查、严格把关，确保企业产品符合RCEP协定原产地规则。首批证书利用中国贸促会原产地证书签证平台的技术优势，采用“互联网+政务服务”的不见面模式审批签发，由企业“自主打印”完成。

（市贸促会）

开发园区

【概况】 2022年，淮安市有省级以上开发区9个。其中，国家级开发区2个，即淮安经济技术开发区、淮安高新技术产业开发区；省级开发区7个，分别是淮安工业园区、江苏清江浦经济开发区、江苏淮安经济开发区、江苏洪泽经济开发区、江苏涟水经济开发区、江苏金湖经济开发区、江苏盱眙经济开发区。有淮安经济技术开发区、淮安高新技术产业开发区、淮安台资企业转移集聚服务示范区、淮安综合保税区、淮安留学人员创业园、淮安国家大学科技园、淮安国家农业科技园等“国字号”开放平台。全年全市省级以上开发区实际利用外资及港澳台资8.5亿美元，实现外贸进出口额431.1亿元。

【淮安经济技术开发区】 2022年，淮安经济技术开发区（以下简称淮安经开区）下辖4个街道、2个办事处，实际管理面积166平方千米，常住人口29.82万人，有台资企业500余家。全年实现一般公共预算收入30亿元，税收占比83.88%，工业税收占比37.7%，较上年增长5.23个百分点，服务业税收增长1.15%。争取国家政策性开发性金融工具5亿元，争取政府债券资金4.9亿元。规模以上工业总产值、增加值、应税开票分别为584.5亿元、165亿元、553亿元，分别增长8.2%、8.2%、10.56%，工业入库税收16.37亿元、总量居全市第二。完成规模以上固定资产投资148.22亿元。新设外资及港澳台资项目35个，其中1亿美元以上4个，实际到账外资及港澳台资1.94亿美元。实现外贸进出口额190亿元，全市占比45%，其中出口额118亿元，增长15.7%。跨境电商公共服务平台成交额2.1亿美元，增长近6倍。新一代信息技术、新能源汽车及零部件两大主导产业开票销售306.74亿元。鹏鼎淮安园区实现产值148.09亿元，增长14.34%。新增开票销售超30亿元企业2家、超10亿元企业2家，累计分别为4家、11家。江苏和兴汽车有限公司获评全区首家省外资研发中心，淮安威灵电机制造有限公司获评2022年度全市唯一跨国公司功能性机构。

项目建设　全年新签约亿元以上项目57个、计划总投资334.9亿元，其中超10亿元13个，占比22.8%，百亿元项目实现突破。天合光能项目用时32天实现全面开工，累计申报新开工、新竣工亿元以上项目45个、27个，其中超10亿元分别为9个、3个，鹏鼎第三园区、大艺智能工具生产等省市重特大项目完成投资65.53亿元，超额完成全年目标。

科技创新　全年实现研发投入18.6亿元，居全市第一；新增省级专精特新“小巨人”企业4家、企业研发中心6家，国家高新技术企业累计增加到114家，净增10家；技术合同成交额预计超80亿元，增长373%。创新搭建“政校企”工作联盟，推动产学研合作，淮安综合保税区获批全市唯一省“两业”（先进制造业和现代服务业）融合试点区域，国家级众创空间实现“零”的突破。

城市建设　优化城乡人居环境，整治低洼易涝片区，建设不淹不涝城市。改造老旧小区5个，提档升级城市绿色小客厅2个。淮安旭辉广场建成开业，商场地上建筑面积6万平方米。奎文小学、城开御园幼儿园建成招生；天津路小学北校区幼儿园完成装修，小学教学楼完成建设；通甫路初中进场施工。

社会事业　全年民生类支出超10.63亿元，居民人均可支配收入增

表17　2022年淮安市省级以上开发园区经济发展情况表

开发园区	规模以上工业企业开票收入（亿元）	规模以上工业企业入库税收（亿元）	实际利用外资（万美元）	外贸进出口总额（亿元）
淮安经开区	582.68	14.77	20734.6	191.78
淮安高新区	248.80	8.03	10671.0	29.90
淮安工业园区	234.31	9.25	5614.9	33.12
淮安开发区	235.53	7.62	12405.0	28.70
洪泽开发区	238.53	8.87	10003.0	26.26
清江浦开发区	150.93	8.32	1939.0	35.79
涟水开发区	284.89	34.65	10348.0	28.35
金湖开发区	372.86	9.61	10008.0	38.60
盱眙开发区	188.89	6.81	3775.0	12.77

（资料来源：市统计局）

长5%以上。完成10大类26项民生实事。徐杨卫生院创建成江苏省农村区域性医疗卫生中心，实现产前筛查和新生儿疾病筛查全覆盖。九龙湖淮安书房建成运营。举办健康大讲堂4场、体育项目培训4场、群众活动赛事40场。利用公益性岗位托底安置就业困难人员37人，帮助215名残疾人就业。为70户特殊困难老年人家庭开展居家适老化改造，建成1个无障碍示范社区。

营商环境　实现“拿地即开工”“五证联发”常态化，全省率先推行重特大项目先行用地审查建议，工程建设领域全链条审批时间压减85%以上。落实“减税红利”，累计办理减免退增值税12.76亿元，全市占比21%。为实体企业提供“速易贷”等金融支持68.49亿元，发放稳岗补贴2301万元，兑现企业高质量发展奖金4622万元。

淮安留学人员创业园　2022年，创业园有硅谷国际和海创空间两个园区，有载体孵化面积约12万平方米。集聚各类高层次人才164人，其中国家重点人才项目专家22人、省“双创计划”及“333”人才44人、“淮上英才”人才39人。在园科技企业126家，其中省市级高新企业49家、省市级高新产品42项、列统企业17家。

（池潇雨）

2022年，淮安经济技术开发区鹏鼎淮安园区实现产值148.09亿元。图为园区一角　　市工信局　供

【淮安高新技术产业开发区】 2022年，淮安高新技术产业开发区（以下简称淮安高新区）有装备制造（渔沟）产业园、新型建材（南陈集）产业园、医疗健康（淮高）产业园、循环经济（徐溜）产业园、轻工科技（三树）产业园五大特色子园区，总面积12平方千米。围绕“全国百强高新区”目标，发挥“园区保”资源优势，与南京证券股份有限公司签订战略合作协议，推进综合金融服务平台注册，帮助企业拓展融资渠道，全年累计放款20.8亿元。支持“头部企业”做大做强，帮助32家企业申请专项资金2600余万元，江苏纽泰格科技股份有限公司在深圳证券交易所上市。完成入库税金3.86亿元，增长33.96%，实现规模以上工业总产值169.1亿元，增长12.49%，新申报工业列统企业17家、贸易业列统企业4家、服务业列统企业3家。

项目建设　利用驻点招商、委托招商、以商引商等方式，加快“走出去”步伐，全年累计外出招商450余人次、拜访客商200余家，新签约投资亿元以上项目38个。中天钢铁淮安项目一厂投产，在“中国这十年·江苏”新闻发布会上被江苏省省长许昆林作为典型案例推介。荣芯半导体项目启动量产，加快推进模具产业园、江苏迈尔汽车零部件有限公司扩产等项目，重特大项目新招引、新开工、新竣工数量和体量均破历史纪录。

科技创新　开展科技型中小企业孵化、高新技术企业倍增等专项行动，引导企业加强科技创新、加大研发投入，全年新获批高新技术企业27家、科技型中小企业202家、市级以上“瞪羚”企业4家。实施“园中园”提质增效工程，江淮科技园引进网易、蚂蚁区块链、启迪物联网等国内知名孵化器运营机构。引进总投资10亿元的联东U谷项目，科技园区集群效应显现。获批科技部火炬中心“企业创新积分制”实施单位，创成江苏省知识产权建设试点园区。

城市建设　完成“三区三线”方案划定，将国道233以北区域357.6公顷土地纳入集中建设区，279.93公顷纳入弹性发展区，为淮安高新区远期发展和重特大项目落户留足空间。加强配套设施建设，完成临河路、洪东路、沙荡路等10条道路建设和景观提升。加强安置房源统筹，建成东城美居三期，完成青园污水处理厂提标改造，全季酒店（淮安国家高新区店）投入运营。

营商环境　放大经济网格化优势，印发《淮安高新区挂钩企业人员“全要素”服务制度》，为每个企业明确1名挂钩服务人员，担任企业帮办服务员、安全生产监督员、疫情防控指导员、创新发展引导员、绿色环保宣传员、党群工作协理员，为企业提供定制式、全要素服务。发挥“园区保”等资源优势，促进产业资源与金融资源全面对接，帮助企业解决融资、贷款等困难问题。引导企业加快转型升级，推动46家规模以上工业企业开展智改数转诊断，完成省三星上云企业1家、四星上云企业7家、两化融合贯标企业1家。

（陈　锋）

【淮安工业园区】 2022年，淮安工业园区下辖3个办事处，户籍人口5万人，分南北两个片区。南区为化工片区，北区为非化工片区。出台纾困解难系列政策，为各类市场主体退减税费3.4亿元，向上争取各类奖补资金1.4亿元，保障实体经济健康稳定发展。全年实现工业总产值273亿元、增加值71亿元，分别同比增长16.4%、12%；完成外贸进出口额33亿元人民币、外资及港澳台资到账5014.9万美元，分别增长64.8%、567.6%。

项目建设　全年新招引亿元以上项目37个，其中50亿元项目5个、10亿元5个，协议引资额380.72亿元，超额完成目标任务。新开工亿元以上项目18个，其中50亿元1个、10亿元4个；新竣工亿元以上项目16个，其中10亿元2个。总投资50亿元的比亚迪新能源商用车零部件项目90天内实现"五证联发""拿地即开工"，雅居乐、利成新材料、公元管道等重特大项目建成投产。32个市重大产业项目年度计划投资86.28亿元，实际完成投资94.83亿元，投资完成率110%；固定资产、工业、技改等投资指标分别增长25%、45%、35%。

科技创新　实施《园区科技创新三年行动计划》，发挥上海交大（淮安）新材料创新中心优势，建立"科技项目、中小科企、市级高企、国家高企"梯队培育体系。"一企一策"支持技改扩能、推动提质增效，富强新材料产业园、实联化工（江苏）有限公司产值首次突破40亿元。江苏麒祥高新材料有限公司获批国家级"专精特新"企业，祥霖美丰生物科技（淮安）有限公司获批省示范智能车间，江苏艾科维科技股份有限公司等2家企业获批省级上云企业，江苏格罗瑞化学有限公司等4家企业被认定为省级企业技术中心，江苏瑞洋安泰新材料科技有限公司等23家企业申报国家高新技术企业。全年研发投入4.3亿元，增长45.5%；研发人员占比21.2%。新增"四上"（规模以上工业企业、资质等级建筑业企业、限额以上批零住餐企业、国家重点服务业企业）企业10家，重点企业研发投入3.35亿元，增长20%。

城市建设　启动城市核心区规划建设，实施311县道改造、205国道照明等13个中心城建项目。落实"河长制"，交办整改问题170余个，完成古盐河、花河、安邦河等6条河流幸福河湖建设。创成苏北地区首批、全市首家省级节水型工业园区。实施张玉河泵站、安邦河泵站、张施沟整治、胜天河节制闸、公共事故应急池、雨水明渠等工程，建成水环境"三级防控体系"。开展大气攻坚专项行动，$PM_{2.5}$平均浓度、优良天数比率实现双达标。推进淮河入海水道二期工程前期工作，完成年度房屋征收拆除任务，保障工程有序进场施工。提升住宅小区物业管理水平，花河佳苑获评省级"红色物业"示范点。

社会事业　完成助残就业、困难家庭适老化改造、基础养老金提标等10大类37项民生实事项目；12个"问题楼盘"全部销号，栖霞花园三期、花河佳苑D组团等3个安置小区建成交付；总投资3400万元的感染性疾病楼投入使用，总投资1亿元的淮安工业园区实验学校二期项目完成建设。开展特殊困难群体救助帮扶专项排查整治行动，做到应救尽救、应帮尽帮。推进"15分钟医保服务圈"建设，提升改造村级便民服务大厅。建成"和园"二期项目和永济河健身步道，举办各类文体活动30余场。开展"富民强村帮促"行动，6个村实现集体经济收入超60万元，4个村实现集体经济收入超100万元。

营商环境　召开5次以助企战"疫"解困为主题的党政亲商会，化解企业在疫情防控、生产经营等方面的问题。实行企业挂钩帮办服务机制，实现经济网格企业走访全覆盖。出台《园区扶持企业高质量发展实施办法》，落实"江苏省助企纾困40条""稳外资十条措施"等政策。创新推出运输保畅、稳产保供等多项举措，受到国务院督查组肯定。

（颜　悦）

【江苏淮安清江浦经济开发区】 2022年1月，省政府办公厅正式发文同意江苏淮安清河经济开发区更名为江苏淮安清江浦经济开发区（以下简称清江浦开发区），其原有的总体规划、土地利用规划和四至范围等保持不变。清江浦开发区有清河新区、西安路工业园、和平工业新区、生物医药产业园、新能源产业园、食品产业园等特色园区，初步形成现代制造、生物医药、绿色食品三大主导产业。全年完成税收收入7.9亿元、一般公共预算收入4.7亿元；实际到账外资及港澳台资7306万美元；规模以上工业企业产值121亿元，增长11%；工业入库税金7亿元，应税开票销售136亿元，增长16.7%；工业固定资产投资39.5亿元，增长113%。新增江苏赛隆环境工程有限公司、天鹏锂能技术（淮安）有限公司、江苏祺昌包装有限公司等10家列统企业。

项目建设　加速集聚天鹏锂能技术（淮安）有限公司、江苏橙柳新能源科技有限公司等主导产业项目。全年签约中国电建700MW/1400MWh储能电站、旺旺健康功能食品产业园、澳洋半导体封装、智能家电配件生产基地、复星医药医疗器械等14.5个亿元项目，协议总投资额68.77亿元。橙柳新能源、复星医疗器械、捷舟工程机械、中泰印刷包装、家电配件生产5个项目开工建设，旺旺健康功能食品产业园、维奥食品加工、浦奥高科工业园3个项目申报开工考核；淮安保时捷中心、赛隆环保设备2个项目通过亿元项目竣工考核验收。

科技创新　完成43家"千企入库"工作，新增高新技术企业6家、省级及以上研发机构3家、省"333人才"19人、发明专利56项。淮安湘大骆驼饲料有限公司等3家企业通过省级企业技术中心、省级工程中心认定，淮安旺旺食品有限公司、江苏盈德气体有限公司完成省级智能车间项目申报。

营商环境　与辖区内301家企业签订安全生产责任状，组织开展风险申报、消防等培训8次，开展检查105次，检查企业258户，检查隐患1142条，整改1103条，隐患整改率97%。开展"厂中厂"专项检查40余次，排查出租企业41家、租赁企业132家。完成执法检查23家、立案17家、处罚14家，罚款金额20余万元，责令2家企业停产整顿。组织10支党员志愿者团队、150余名志愿者分散到5个社区（村）和500多家企业中，助力企业开展文明城市创建、安全风险排查、疫情防控。

（唐　南）

【江苏淮安经济开发区】 2022年，江苏淮安经济开发区（以下简称淮安开发区）实现开票销售414.26亿元，入库税金11.1亿元。其中，规模以上工业企业实现开票销售252.7亿元，增长3.9%；规模以上工业企业入库税收8.4亿元，增长17%。亿元以上新开工工业企业完成投资额7亿元，亿元以上新竣工工业企业完成投资额39.4亿元。实际使用外资及港澳台资总额1.4亿美元，增长109%；外贸进出口总额4.4亿美元，增长0.9%。有开票销售超70亿元企业1家、超20亿元企业2家、超10亿元企业5家，入库税金超1亿元企业1家、2000万元到1亿元企业8家。新增列统企业8家，其中工业列统3家、服务业列统2家、贸易业列统2家。

项目建设　全年签约亿元以上工业项目29个，协议引资额334.43亿元，修正药业项目签约投资106亿元，实现淮安区百亿元项目“零”的突破。开工亿元以上项目23个、竣工亿元以上项目17个，其中开工工业项目18个、服务业项目2个、农业项目3个，竣工工业项目10个、服务业项目3个、农业项目4个。

科技创新　13家规模以上工业企业申报研发费用，计1.72亿元。高新技术产业产值占规模以上工业产值比重的28.62%，通过国家级高新技术企业认定7家。评价入库科技型中小企业36家，技术合同成交额1.01亿元，完成质押融资2000万元，完成高科技项目1个。江苏永安制药有限公司获批省级研发中心，江苏飞特尔通信有限公司通过市级工程技术研究中心认定，“荣安智创孵化器”获批市级科创业载体，江苏达康智能装备产业园通过市级科创载体绩效评估，淮安区创客中心通过市级众创空间绩效评估，淮安专用设备精密配件特色产业基地正式获得科技部火炬中心批准。

城市建设　淮昆产业园建成山阳大道、经十九路、东六路、经十八路、纬三路等主要干道和部分支道。东一路开工建设，总投资约3000万元。广州路—老一支渠部分通车。建设管网8.2千米，其中完工7.1千米。经十八路边沟工程全线贯通，新建桥梁1座。

营商环境　为128家企业建立“一企一档”环保档案。开展危险化学品、粉尘涉爆、消防、有限空间等重点行业领域排查整治，开展“安全生产月”宣讲、安全宣讲等系列宣传。制定《淮安经济开发区项目帮办推进工作机制》，落实项目流转机制、专题会办机制、项目预警机制、问题销号机制。帮助昆淮智创园、荣康PCB、润阳电子产业园等13宗项目地块完成挂牌。完成淮昆产业园境内193.8公顷地块文物评估与荣康PCB、哈思孚机械、新莱洁净等项目地块林地审批，保障裕庆金属、哈思孚机械、环欧智能传动等6个项目开工。

（杨　静）

【江苏洪泽经济开发区】 2022年，江苏洪泽经济开发区（以下简称洪泽开发区）有工业企业510家，实现工业开票销售收入249.43亿元，一般公共预算收入8.4亿元，占年目标任务的109%，入库税收7.8亿元，分别增长5.46%、76.8%、15.2%。有规模以上工业企业179家，完成开票销售收入238.7亿元，增长7.28%。新培植规模以上企业11家，其中工业企业8家、批发业企业2家、建筑业企业1家。建成江苏省高新纺织产业基地。

项目建设　2022年签约亿元以上项目49个，总投资265.38亿元，其中10亿元以上项目5个，包括工业项目3个、服务业项目2个。完成新开工项目33个，核定投资155.9亿元，台华新材料一期项目建筑面积超45万平方米，完成有效投资超21亿元。通过市竣工验收工业项目20个，总投资46.32亿元，其中10亿元以上项目1个。江苏沃盾耐磨新材料有限公司实现当年开工、当年竣工、当年获批市级专精特新“小巨人”企业；江苏欧西建材科技发展有限公司当年实现开票销售5612万元，被纳入中国建筑防水协会理事单位。

科技创新　深化与东华大学合作，协助拟上市企业建设市级以上“两站三中心”（院士工作站、博士后工作站，工程技术研究中心、企业技术中心和工程中心）等研发平台，获评全市唯一省级高新纺织产业基地。江苏新源太阳能科技有限公司获批全市唯一省外专家工作室、江苏省智能制造示范车间；江苏智盈人才科技有限公司入选2022年度省级中小企业公共服务示范平台；久耀电子科技（江苏）有限公司、江苏欧西建材科技发展有限公司、江苏港缆新材料科技有限公司等9家企业入选江苏省2022年度“专精特新”中小企业；江苏瀚康新材料有限公司入选淮安市第一批绿色

2022年，洪泽经济开发区建成省高新纺织产业基地。图为园区纺织业代表企业之一——天虹纺织淮安有限公司车间　　赵启瑞　摄/视觉江苏网　供

标杆企业；江苏新源太阳能科技有限公司、中绿新材料（江苏）有限公司、江苏棋成化工有限公司、江苏瀚康新材料有限公司4家企业入选淮安市2022年度瞪羚企业名单。

城市建设　启动新一轮建设规划和规划环评。完善园区规划布局，适度超前布局生态环境等基础设施项目，加快推进绿色生态办公区项目实施进度。接管清润污水处理厂特许经营权，完成洪港污水处理厂和尾水湿地扩容提标改造工程可行性研究，获得国家开发银行授信8.8亿元。启动实施低碳化、集约化改造项目，清理闲置低效用地11块、63.47公顷。推动新港产业项目建设，完成水利先导段、港池开挖和下游闸站等工程；新建提升排涝泵站6座、节制闸5座、道路雨水排口综合管治设施23座，排查雨水管网20千米，实施砚临沟、北和平沟、三邱沟、管季河等河道清淤工程总长8.3千米。建设科技中小企业加速器、智能制造产业园、数字经济产业园、生态经济示范园等平台载体近50万平方米。

（胡　怡）

【江苏涟水经济开发区】 2022年，江苏涟水经济开发区（以下简称涟水开发区）实际开发面积45.95平方千米。形成以经济开发区为主体，空港产业园、食品产业园、新材料产业园一体发展的“一区三园”发展格局。有规模以上工业企业113家，实现工业总产值310.7亿元，增长21.3%；开票销售246.6亿元，增长15.9%，分别占全县的68.7%、75.2%。

项目建设　签约亿元以上项目53个，总投资额394.08亿元，其中百亿级项目2个，即巨石高性能玻纤智能制造基地项目、捷泰N型TOPCon高效太阳能电池智慧工厂项目，总投资额分别为116亿元、130亿元，实现重特大项目攻坚“双百”突破。全年新开工、新竣工亿元以上工业项目分别为35个、14个，其中捷泰新能源项目创造涟水县重特大项目21天签约、51天开工最快速度。

城市建设　提升园区基础设施配套能力，落实重大项目服务保障措施，完善供热供气、道路管网等配套设施建设，推进食品产业园污水处理厂、电子产业园污水处理厂二期等5座环保配套设施扩容建设。推进食品产业港、临港智能制造产业园等28万平方米标准化厂房建设。

科技创新　加快创新驱动发展，江苏绿艺杭萧钢结构工程有限公司等16家企业获批国家级高新技术企业，久恩金属制品（江苏）有限公司、江苏众力新能源（集团）有限公司等13家企业申报成为规模以上企业，大量科技（涟水）有限公司、江苏洲旭电路科技有限公司等4家企业成功申报市级“专精特新”企业，淮安仲益电机有限公司获批省级工程技术研究中心，江苏从一家居股份有限公司、江苏洲旭电路科技有限公司获批省级企业技术中心。推进知识产权工作取得新进展，被评定为省知识产权建设示范园区。

营商环境　提前储备一批33.33公顷以上工业用地，实现从“项目等地”到“地等项目”的转变。推动环保、能耗、资金等要素优先向重特大项目倾斜，巨石玻璃纤维零碳智能智造基地、捷泰科技N型TOPCon高效太阳能电池智慧工厂等重特大项目顺利推进，开工前实现“五证齐发”。在2022年度全省31个省级产城融合开发区土地集约利用评价中，涟水开发区排名第12，位居苏北地区第二。

（薛　猛）

【江苏盱眙经济开发区】 2022年，江苏盱眙经济开发区（以下简称盱眙开发区）建成区面积44.8平方千米，户籍人口2.23万人，常住人口4.83万人。有工业企业700余家，完成工业开票销售305.3亿元，工业入库税收7.21亿元。实现外贸进出口额14.34亿元，利用外资及港澳台资0.68亿美元。主导产业有规模以上企业129家，实现开票销售121.62亿元，入库税收3.44亿元。

项目建设　2022年，盱眙县新招引亿元以上工业项目63个，其中48个落户盱眙开发区。新开工亿元以上项目60个，其中44个落户盱眙开发区。新开工亿元以上工业项目47个，其中41个落户盱眙开发区。邦宇宇狮薄膜，南汽锻造，环赢磁材，科创园二、三期等重大项目有序推进；投资超百亿元的华润新材料（盱眙）项目签约，实现百亿元项目历史性突破。

科技创新　江苏天一超细金属粉末有限公司申报制造业单项冠军并获公示，成为淮安市首家获此荣誉的企业；江苏宇特光电科技股份有限公司、安顿雷纳新材料（江苏）有限公司、跃马轮毂（盱眙）有限公司、江苏亿美电器有限公司、盱眙县中材凹凸棒石粘土有限公司、江苏嘉瑞科技有限公司、江苏瑞德磁性材料有限公司、江苏力赛柯环保材料科技有限公司、江苏嘉亦特液压有限公司9家企业获批2022年省级“专精特新”企业；江苏柏林大通电子科技有限公司、佳力机械股份有限公司、江苏神力特生物科技股份有限公司、中信元钧环保（江苏）有限责任公司等10家获批市级“专精特新”企业认定；天生服装智能制造车间通过江苏省智能制造示范车间认定；宇特光电智能化注塑成型车间、跃马轮毂超轻量化高强度锻造铝合金轮毂智能制造车间获批第一批淮安市市级智能车间；江苏宇特光电科技股份有限公司、江苏亿美电器有限公司获批省级企业技术中心；江苏联星机械科技有限公司、江苏阿米巴材料有限公司等5家企业获批市级企业技术中心；江苏神力特生物科技股份有限公司被市科技局评选为“瞪羚”企业，被市工信局拟认定为省四星级上云企业。

城市建设　至年末，盱眙开发区具备“九通一平”硬环境条件，“十二纵十二横”道路网全部建成，建成变电站所10个，总容量85万千伏安；建成110千米天然气配套管网，日供气能力40万立方米；供热项目主道路管网铺设到位，年供热能力40万吨；日处理污水能力4万吨。

营商环境　开展“百企帮扶”活动，创新建立政务服务企业微信直通平台,及时回应并解决企业诉求。对开票销售、入库税收和未实现序时产出的新增长点等重点企业,定期开展企业问题专题会办,逐户上门送服务。实施企业家素质提升工程,对企业高层,组织领军型企业家专题培训。开展"千名干部进企业纾困解难"活动,"一企一策",扩大扶持资金惠及面。落实国家和省、市稳增长政策,滚动推进清欠减负专项行动,发挥省、市、县扶持资金引导激励作用。

(周振斌)

【江苏金湖经济开发区】 2022年,江苏金湖经济开发区(以下简称金湖开发区)建设面积28.5平方千米,主要产业有石油机械、煤矿机械、仪器仪表等高端装备产业,新材料、新能源、大健康等战略新型产业。完成战略性新兴产业产值42.1亿元,占比61.3%;研发投入1.18亿元,占全年目标任务的114.42%;一般预算收入113637万元;其他服务业收入22877.30万元,增长51%。实现规模以上工业总产值68.8亿元,增长12.3%。完成外贸进出口额7070.7万美元。规模以上工业开票销售32.8亿元,批发业收入销售36834.2万元,增长25.9%。

项目建设 完成项目招引13个,占全年目标任务的108%,其中10亿元项目2个;完成项目开工12个,占全年目标任务的133%,其中10亿元以上项目2个;完成项目竣工11个,占全年目标任务的171%;申报有效投资29.38亿元,超额完成全年目标任务。

科技创新 推进淮安市级科技创业载体建设,加快培育经济新动能,金湖(南京)协调创新中心众创空间、江苏聚智产业园科创综合体、湛钢(江苏)智能仪表产业园科创综合体通过认定。完成科技中小型企业入库41个,占全年目标任务的110.81%;有效发明专利维持率全年任务达到100%;完成工业技改项目投资4.58亿元;完成高新技术投资4.16亿元。归属金湖开发区规模以上高新技术企业17家,完成工业产值21.8亿元,占工业总产值的31.7%。

城市建设 水系提升改造工程、金荷路调整平纵断面工程、金湖开发区道口信号灯工程、基础设施养护工程、重大项目基础设施配套工程、金湖天恒新能源等项目配电工程、金湖开发区污染物限值限量自动监测工程7个政府投资工程投入使用。金湖(南京)离岸孵化器项目完成装修竣工验收开展相关业务。电子产业园项目完成整体概念设计、立项、重大事项审批。职工公寓项目完成7幢公寓楼、3栋商务办公楼封顶和主体验收。

营商环境 整治盘活各类地块152.5公顷,为南高齿(淮安)高速齿轮制造、理士智造园区、中重科技智能装备生产基地等重特大项目落地提供土地保障。完成第二批两个挥发性有机化合物气站及33个空气监测微站建设。开展安全生产大检查大整治行动,检查企业2103家,查出隐患3126条,整改3028条,整改率97%。落实厂中厂专项整治行动,排查出租企业88家,承租企业337家,对64家企业排查出的128条隐患进行交办整改。

(张建华)

【淮安综合保税区】 2022年,淮安综合保税区(以下简称淮安综保区)完成公共预算税收收入1.9亿元,增长31.54%;实现进出口额15.38亿美元,占全区进出口总量的54.6%;实现规模以上工业总产值197.15亿元,增长4.1%,实现应税开票销售195.35亿元,增长12.5%。80余家企业利用综保区跨境电商平台开展出口业务,完成跨境电商进出口总值2.1亿美元,增幅636%。在海关总署发布的2021年度综合保税区发展绩效评估中,淮安综保区考核结果为B类,在全国143个综保区中,排名第104。获评"江苏省先进制造业和现代服务业深度融合试点"单位。

项目建设 全年外出招商120多批次,接待客商180多批次。签约高速线缆、以太网接口、顺海保税维修3个投资亿元以上项目,完成台资到账2530万美元。高速线缆项目实现当年开工、当年竣工,并通过市考核验收。

城市建设 建成10万平方米标准厂房、2万平方米监管仓库、6万平方米保税仓库及设施完善、功能齐备的口岸作业平台、跨境电子商务平台等。实施南、北区围网内河道整治、绿化提升工程。口岸作业区建有专用验货场地和查验平台;建有监管仓库,仓库内安装有照明设施和视频监控系统。跨境电商监管中心建筑面积1万平方米,配有全自动海关智能查验分拣线及公共服务信息化平台,预留近7000平方米保税仓储区,满足保税网购进口业务开展。

营商环境 为区内企业定制专班,开展企业"点餐"服务,精准护航企业发展,为企业处置化解矛盾30余件。定期向企业发放政策清单,全年累计为区内企业向上争取政策支持10余件次,协助淮安新国纺织有限公司按政策减免关税340多万元,为小微企业减免租金近100万元。获批一般纳税人资格试点区域,宏恒胜电子科技(淮安)有限公司等4家公司因此增加利润近亿元。复制推广自贸区创新监管制度、政策,有22项试点经验在区内推广。

(张 娟)

海关监管

【概况】 2022年,淮安海关出台系列措施,从保畅通、快通关、提效率、减税降费、保供给、强化服务、简政放权、技贸措施帮扶、问题清零、升级发展开放平台10个方面,细化51 项任务清单,促进淮安外贸平稳健康发展。制定"四个机制"执行反馈表,聚焦50个风险领域,确定58个风险事项和77项关键风险节点,整改安全隐患36个。开展口岸危险品综合治理百日专项行动,编制完成52种危险化学品、196种危险货物"检验明白纸"。开展"海关重点项目和财物管理以权谋私"专项整治。10篇研究成果被海关总署《海关要情》采用,3篇研究成果被江苏省信息载体采用,95篇食品预警、植物疫情等信息被海关总署采用。出具RCEP原产地证书1462份，进出口企业税收享惠440余万元。完成税收入库9.8亿元。

【通关监管】 2022年，淮安海关探索精准监管和高效监管，减少对外贸企业生产经营干扰。组织海关动、植、食、卫、商、关税、保税7个执法条线业务骨干，对淮安市进出口主要商品、重点企业开展“全息画像一张表”工作，运用科技赋能形成以可视化为核心的创新监管模式。在这种模式下，通过智慧查检中心电子地图，可以直观展示淮安地区各种不同类型的外贸企业和监管风险。通过点击相应企业的图标，监管人员可以快速调取该企业的全息画像，查询企业的经营范围、主要商品、信用等级、进出口情况和监管记录等丰富的信息。全年完成监管进出口货运量54.3万吨，监管进出口集装箱1.8万箱。

【检验检疫】 2022年，淮安海关整合口岸查验和属地查验业务，通过在淮安港建设综合性查验场地，将口岸和属地查验指令在综合查验场同步实施，实行“一次报关一次查验一次放行”，显著缩短淮安市进出口商品的查验周期，保障国门生物安全。全年完成检验检疫进出口货物9785批，货值64.5亿元，检出有害生物445种次，同比增长近3倍，其中检疫性有害生物72种次；检验出口危险化学品783批。开展出口危险货物包装检验2803批，检出各类不合格49批；办结稽查作业22起，查发问题14起；办结核查作业90起，查发问题66起。

【打击走私】 2022年，淮安海关立案侦办刑事案件6起，案值约1743万元，涉税约530万元，依法扣押涉案货物2787件，追缴违法所得296.43万元。立案调查行政案件32起，案值1784.32万元，涉税50.5万元，罚没入库36.25万元，补缴税款51.59万元。

【企业服务】 2022年，淮安海关推出“关淮8条”“促进外贸保稳提质26条”助企纾困，压缩通关时长，“两步申报”应用率73%；通过“覆盖+精准”培育方式，指导高级认证企业用好用足AEO（经认证的经营者）便利措施；落实落准减免税政策，出具征免税证明103份，减免税款3731万元；落实区域全面经济伙伴关系协定政策，组织专题培训18次，企业享受优惠440余万元。编制40余家企业及重点项目单位服务台账，实行企业问题挂账销号“一本清”。叠加运用综合保税区功能，助力进出口额超40亿元。完善航空货运口岸功能，高分通过口岸公共卫生核心能力建设复核。协助地方积极申报水果等指定监管场地资质，推进淮安港“口岸—属地”一体化查验场所建设，打造智慧查检中心。

【改革创新】 2022年，淮安海关加大监管模式改革力度，推动保税维修新业态项目落地。落实上海港、淮安港“联动接卸、视同一港”举措，探索物流可视化等改革措施。推进商检领域一体化改革、属地查检改革，推进进口棉花“依申请检验”监管模式改革，推进“多证合一”改革。加大科技赋能力度，完成三级监控指挥中心升级改造，构建“线上+线下”“中心+现场”“监管+服务”淮关“智慧大脑”。依托视频监控开展内部疫情防控监督，运用智能查检车和无人机辅助现场执法，全年完成99个新项目开发。

【全省首份RCEP项下输缅甸原产地声明】 5月1日，经淮安海关审核认定的经核准出口商江苏理士电池有限公司自主出具RCEP项下输缅甸原产地声明，成为全省首份RCEP项下输缅甸原产地声明。经核准出口商制度是RCEP实施的亮点之一，企业经海关认定为经核准出口商后，可以自行为货物出具原产地声明，作为在进口成员国的享惠凭证，效力等同于原产地证书，帮助企业进一步降低贸易成本，提升通关效率。凭借该声明，该公司出口的一批蓄电池产品在缅甸可享受零关税优惠。

【9家企业入选“中国外贸出口先导指数样本企业”】 6月22日，淮安市“中国外贸出口先导指数样本企业”授牌仪式在淮安海关举行。全市9家企业入选，分别是庆鼎精密电子（淮安）有限公司、江苏共创人造草坪股份有限公司、江苏悦丰晶瓷科技有限公司、东威（淮安）五金工业有限公司、江苏洛克弗实业有限公司、淮安凯勤运动器材制品有限公司、翔升香料（淮安）有限公司、丰瑞实业（淮安）有限公司、江苏苏盐井神股份有限公司。全国有3118家出口企业入选，淮安市入选数量比上年增加5家。

（方　刚）

台资集聚示范区

责任编辑：周永达　孙　虎

综　述

【台资高地建设】 2022年1月，淮安市政府办公室印发《"十四五"台资高地建设规划》（以下简称《规划》）。《规划》以建设"大陆有重要影响力的台资高地"和"长三角台商投资最佳目的地"为目标，明确提出淮安将持续推动重特大项目攻坚突破和特色产业集聚，推进淮台全方位交流合作，创新对台服务机制，探索海峡两岸融合发展新道路，着力打造江北两岸合作的新高地、江苏协同发展的新典范、两岸深度融合的新家园。《规划》提出重点发展新一代信息技术、精密机械、绿色食品与现代农业和大健康四大优势台资产业。提出"一核、多区"空间布局，形成以淮安经济技术开发区为核心、各县区为发展承载区的发展格局。《规划》明确创新台资产业发展模式、强化台资载体支撑能力、构建台资发展人才高地、全面深化区域协作发展、创新淮台互动合作模式、丰富特色服务品牌内涵六个方面重点任务。提升淮昆台资合作产业园、两岸信息家电产业园、两岸新能源汽车及零部件产业基地、淮阴台湾农民创业园、两岸现代农业合作试验区、PCB产业链科技园等一批产业载体水平；深化淮昆协作，精准融入长三角一体化发展，拓展珠三角、闽三角等区域合作关系。

【台资规模】 淮安市是长江以北知名台资企业落户最多的设区市，也是大陆台资集聚最快的地区之一。淮安台资经济总体表现出投资规模大、产业支撑强、投资领域广的特点。在新一代信息技术产业中，富士康科技公司、鹏鼎控股公司、达方电子公司等一批龙头企业落户淮安，敏实集团公司是新能源汽车及零部件产业的龙头企业，实联化工公司、旺旺食品公司分别是盐化新材料、绿色食品行业的领军企业。台资企业在发展中与淮安地方优势特色产业相互促进，台资行业龙头企业与中小企业配套协作、互相促进的作用凸显，助推淮安加速形成现代工业体系，对淮安经济发展拉动作用显著。台资制造业由传统劳动密集型产业向技术和资本密集型产业升级，呈现与现代农业、现代服务业融合发展之势。淮安台资投资领域不断拓宽，遍及工业、商贸业、农业、房地产业和服务业。至2022年末，全市累计设立台资企业1400多家，总投资220多亿美元，实际到账台资达70亿美元，占全市利用外资及港澳台资总额的50%，形成"千家台企落户、千亿产值贡献、千名台商汇聚"局面。

【政策支持】 8月30日，淮安台资集聚示范区建设联席会议第四次会议召开，议定7项台资集聚示范区建设支持政策，包括支持淮昆台资合作产业园项目落地要素保障、引导省内台资企业优先向淮安集聚、加大对台资企业环保政策支持力度等。

年内，淮安市委、市政府出台《2022年淮安台资集聚示范区建设实施方案》。在全国率先将台资发展纳入对县区、园区专项大目标考核。提出壮大台资重点产业，围绕产业链招大引强、协作配套，重点打造四大台资重点产业。优化台资招引策略，推动全市台资产业链前伸后延，加快集聚一批突破性、标志性、龙头性的重特大项目。加快集聚长三角产业链、价值链转移项目，深度参与长三角优势产业集群产业分工、省内全产业链协作。深化淮昆台资经济协同发展，做实建强淮昆城际产业链，全年新引进昆山台资项目10个以上。深度融入长三角一体化发展战略，将淮台产业合作融入长三角一体化发展战略，打造长三角台商投资最佳目的地。拓展与珠三角、闽三角地区台资产业协作，主动承接资金、技术密集型项目和辐射带动大、技术溢出能力强的产业转移集聚。对标"大陆一流、全省领先"目标，为企业发展提供全生命周期服务保障。落实落细惠台政策，完善服务联动机制，优质高效运行"一站即成"台商台胞服务中心和101%在线服务系统，完善市县区联动、部门协作服务机制。

（市台办）

产业发展

【概况】 2022年，淮安市围绕打造新一代信息技术、精密机械、绿色食品与现代农业、大健康等台资重点产业，深化淮昆台资经济协同发展，开展系列涉台经贸活动，推动台资重特大项目和"专精特新"项目攻坚提质增效。全市新设及增资台资项目65个，实际利用台资3.6亿美元；台资企业完成进出口额358亿元，占全市进出口总量的52%。台资利用水平位居全省前列、苏北地区第一。

【新一代信息技术产业】 新一代信息技术产业是淮安市重点打造的四大千亿级主导产业之一。2006年，台湾鸿海集团在淮安投资建设富士康科技城。此后，淮安相继引进鹏鼎控股、达方电子、时代芯存、澳洋顺昌、纳沛斯半导体等一批重大项目，以及与之配套的一大批中小电子信息企业，逐步拓展到计算机接插件、电子元器件、PCB多层线路板等行业领域。创建大陆首家两岸信息家电产业园、台资半导体产业园等特色平台。2022年，庆鼎精密电子公司、富誉电子公司、达方电子公司、宏恒胜电子公司等开票销售均达10亿元以上。淮安经济技术开发区与富士康集团旗下富誉电子科技（淮安）有限公司签订高速线缆生产项目、新一代数据中心25G高速以太网接口和PCIe5.0高速产品项目建设协议。

【精密机械产业】 精密机械产业是淮安市重点发展产业之一，主要涉及石油机械、工程机械、农业机械、智能装备、电工电器、机械基础件等领域。淮安市新一代信息技术产业快速发展带来电子及半导体生产检测设备、配套零部件需求增加，淮安空港建设为装备制造、精密零件加工等枢纽偏好型产业提供重要载体，促进精密机械产业快速集聚。至2022年末，淮安台资精密机械产业集群以江苏和兴汽车科技有限公司、大量科技（涟水）有限公司为代表，集聚和旺汽车部件（淮安）有限公司、江兴（淮安）汽车部件有限公司、淮安旭正机械有限公司、高锋机械工业（淮安）有限公司等30余家企业。其中，江苏和兴汽车科技有限公司开票销售超10亿元。

【绿色食品产业与现代农业】 绿色食品产业是淮安市重点打造的四大千亿级主导产业之一。淮安市连续5年举办中国（淮安）国际食品博览会，累计吸引130多家台资食品企业参展。设立两岸现代农业合作试验区，打造国家级农业科技园区（台创园）、清江浦食品产业园、涟水食品产业园等一批专业园区。至2022年末，旺旺集团、85度C公司、元祖食品等台湾知名食品加工企业、连锁品牌以及全稳生技公司、比米农牧公司、皇达花卉公司等农业企业相继入驻淮安，台资绿色食品与现代农业企业形成集聚格局。其中，淮安旺旺食品有限公司开票销售超10亿元。

7月28日，2022淮安投资环境说明会在苏州举办　　市台办　供

【大健康产业】 2022年，淮安市与台湾省加大大健康产业领域的交流合作，为台资高地建设培育新的增长点。淮安台资大健康产业初步形成多点突破发展格局。医疗服务方面，合富医疗公司专注于科技引进、临床检验、层峰计划、医院管理、学科共建，宝岛母爱医院致力于引进台湾优质诊疗、保健及相关服务；生物制药方面，锦旗生物公司具备益生菌研发和制造的核心能力；健康养老及康养旅游方面，盱眙县利用良好生态环境，打造包括翰联农艺淮安公司、蓝莓谷庄园、乐颐养老公司等台资企业在内的产业集群；体育健身用品方面，落户环球自行车公司、京永自行车公司、明伦运动器材公司、顶碁运动用品公司、宏保运动用品公司、欣颖新材料公司等一批企业。与台湾“中华卫生医疗协会”“中华海峡两岸健康旅游休闲协会”等团体及医疗、养老健康业者合作，打造医院管理论坛、卫生交流合作恳谈会、生命健康产业合作恳谈会等一批特色品牌活动。

【台资招引活动】 2022年，淮安市建立市县联动、条块协作的台资招引机制，各县区、园区和市直部门赴长三角、珠三角、闽三角等台资密集区开展招商60余场次。邀请台湾三三企业交流会、工商协进会等台商团组到淮安市考察。隆扬电子电磁屏蔽领域相关材料项目等一批台资重特大项目签约落地。举办苏州投资环境说明会和上海台资产业合作对接会等活动，签约40个项目，总投资237.3亿元，其中台资项目13个，总投资9.5亿美元。

【淮安国家农业科技园区（台创园）】 淮安国家农业科技园区（台创园）核心区位于淮阴区马头镇，总面积58.06平方千米。园区重点建设大运河国家文化公园、农业科技创新集聚区、农高新城示范区和花漾年华田园综合体四大板块。重点发展种子种苗主导产业，协同发展农产品精深加工、装备制造和废弃物资源化利用等产业，带动全市“一稻（水稻）、一果（甜瓜）、一菜（百合）、一花（蝴蝶兰）”4个基础产业提质增效。至2022年，园区建成皇达花卉、渔业产业示范园、“四新”成果展示基地等农业项目近20个。带动示范区建成优质稻麦面积3.19万公顷、高效园艺面积1.57万公顷，年出栏生猪68.14万头，年出栏家禽1125.37万只，年产特色水产品2万吨。与上海交通大学、台湾义守大学、扬州大学、江苏省农业科学院等21所高校院所建立产学研合作关系，建成园区科技服务超市、桂建芳院士工作站、皇达兰花组培中心、江苏省区域现代农业与环境保护协同创新分中心等科研平台15个，其中省级以上平台4个。

【敏微PT3工程样车在淮安下线】 12月20日，敏微PT3工程样车在位于淮安经济技术开发区的江苏敏安研发中心下线。敏微PT3是继敏微ET1后，江苏艾达出行科技有限公司打造的又一款多场景、多用途纯电微型车，计划2023年正式投产。PT3工程样车下线，标志着敏安智慧工厂生产线具备混线规模量产能力。

（市台办）

台商服务

【概况】 2022年，淮安市放大“一站即成”台商台胞服务中心枢纽功能，推动服务供给侧改革，提升涉台服务精度和成效，打造101%服务3.0版。各县区、园区优化涉台服务，市台办与市科技局、市生态环境局、市妇联等单位建立政企互通服务机制，出台服务文件，完善服务网络。全年开展环保服务进台企、高企服务直通车、台企税务专题讲习会、台资企业智改数转与信息化建设交流会等特色服务活动近30场。在全省率先为台胞申报省中级专业技术资格、为台企办理增值税留抵退税，省内首创“台淑荟”女性台商台胞关爱服务机制、涉台民商事纠纷集中调处服务中心。累计解决台商台企求助事项近1200项，比上年增加1倍。

【涉台纠纷调处中心】 9月20日，淮安市涉台纠纷调处中心成立一周年系列活动在淮安经济技术开发区法院举办。活动通过召开座谈会、新闻发布会以及走访台商台企等形式，对调处中心运行1年取得的成果进行回顾和总结。该中心成立1年，通过诉前、诉中调解结案416件，调解成功率92.4%，解决争议标的7506万元，帮助企业节约诉讼费35.45万元，平均审理天数38.42天，同比压降28.84天，帮助企业实现经济成本、时间成本和信誉值“两降一升”。进企业开展巡回审判13场次，47名台企负责人到庭观摩，开展就案讲法专题普法活动16场次，为企业提供“上门巡诊”法律体检、车间讲法46次，在4家重点台企建立“驻企联络站”。十三届全国人大常委会副委员长曹建明、江苏省委副书记邓修明到淮安调研该工作并予以肯定。

【“科企同行”助力在淮台企】 2022年3月，淮安市台办与市科技局联合成立台资企业科技服务小组，制定《2022年“科企同行”服务活动实施方案》。全年开展“科技服务进台企”“高企直通车”等系列活动近10场，覆盖淮安经济技术开发区、淮阴区、淮安区、涟水县等科技型台企30余家，为台资企业在科技成果转化、校企产学研合作、国家高新技术企业和省级工程技术研究中心申报等方面提供靠前服务和精准服务。围绕企业自主品牌研发、技术改造、专利申请等，提出针对性意见和建议，鼓励企业创新发展。全市有5家台资企业获国家高新技术企业认定，2家台企获批设立省级研发机构，12家台资企业获研发投入财政奖补资金，最多获奖补资金150万元。10家台企享受高新技术企业减征企业所得税金额7200余万元，40家台企享受研发费用加计扣除总额2.03亿元。全年累计为台资企业争取科技类扶持政策和减免税额近3亿元。

【台资企业环保服务】 2022年，淮安市台办与市生态环境局联合成立台企环保服务小组，出台《建立台资企业“政企互通”服务机制的意见》，联合开展以“精准服务‘绿’惠台企”为主题的“台资企业环保服务月”活动。年内，走进10余家台企，宣传解读《生态环境保护常用法律法规汇编》《江苏省建设项目环评审批与企业排污许可服务指南》等政策，察看生产现场并就企业在环保方面遇到的问题、困难进行针对性辅导和帮办服务，指导38家台企填报排污许可证，帮办审批台企环保项目13项。

【台资企业财政奖补】 2022年，淮安市落实财政资金直达机制，在全国地级市首创财政奖补集成服务改革。创新提出政策推送精准化、办事指南标准化、系统申办便利化、部门审核协同化、审批过程透明化的“五化”服务新模式，实施“一表申请、一窗受理、一网通办、一键支付”的“四个一”集成改革。年内，为淮安源通制帽有限公司、江苏全稳康源农业发展有限公司、淮安达方电子有限公司等30家台企在平台申报各类奖补事项60项，累计发放奖补资金近5000万元。

【淮安台资集聚示范区产业工人自动化技术专题培训班】 10月11日，以“聚力赋能 同心前行”为主题的2022年淮安台资集聚示范区产业工人自动化技术专题培训班开班仪式在淮阴工学院举行。培训班由市台办、市总工会、淮阴工学院以及淮安台商学院共同组织举办，为期4天，围绕4项培训内容进行理论讲述和实操演练，50余人参加。

【增值税留抵退税政策落实】 2022年，淮安市实施组合式税费支持政策，税务人员上门服务辖区台资小微企业，详细解读涉及企业的退、减、免、缓政策。淮阴区税务局在爱之澍环保

6月24日，淮安市举办“台淑荟”淮台女性人才沙龙活动
赵启瑞　马佳佳　摄/视觉江苏网　供

产业（淮安）有限公司宣讲组合式税费支持政策，帮助该公司获得增值税留抵退税33万元，该公司成为全省首家获得退税的台资小微企业。4月13日，在国务院台湾事务办公室例行新闻发布会上，该案例获发言人点赞，并被《人民日报》（海外版）、《经济日报》等媒体报道。

【苏北地区首笔跨境融资便利化试点业务】 2022年5月，国家外汇管理局出台跨境融资便利化政策，支持符合条件的高新技术企业和“专精特新”企业在一定额度内自主借用外债。人民银行淮安市中心支行召开跨境融资便利化试点政策推进政银企交流会，上门指导企业运用好该项政策。帮助台资高新技术企业——淮安仲益电机有限公司办理低成本跨境融资1000万美元，解决企业新冠疫情防控期间流动资金缺口问题，成为苏北地区首笔跨境融资便利化试点业务。

（市台办）

淮昆台资合作

【概况】 2022年，淮安市与昆山市完善淮昆台资合作机制，推动淮昆台资合作项目落地，促进经济协同发展。两地签署《2022年度台资经济协同发展合作协议》，在深化台资产业合作、加快淮昆台资合作产业园建设、强化昆山试验区政策经验复制推广等方面展开合作。

【政策经验复制应用】 2022年，淮安市加强淮安台资集聚示范区建设省级联席会议与昆山试验区部省际联席会议联动，分批分步复制推广昆山在两岸产业合作、服务业扩大开放等领域先进经验，实现政策互通、功能互补、优势叠加，探索形成一批具有区域合作特色的创新成果。对照9次昆山试验区部省际联席会议形成的134项政策措施，梳理出可复制性较强的政策46条。印发《2022年度淮昆台资经济协同发展行动方案》，将复制任务下发至相关县区及部门，每季度进行督查推进。至年末，扩大两岸人才交流合作、扩大两岸跨境电子商务合作、开展跨境人民币创新业务试点等32条政策措施复制应用取得阶段性进展。

【昆山台资转移项目引进】 2022年，淮安市基于淮昆两地台资产业基础条件、现实产业转型要求、未来产业变革趋势，有针对性开展产业承接。通过开展“请进来”和“走出去”招商活动，全年签约伟时电子、博俊汽车零部件、莱捷自行车零部件等昆山转移项目10个，投资额超过50亿元。

【淮昆台资合作产业园重大项目现场推进会】 5月28日，淮安市举行“满‘淮’诚意、与‘昆’同行”——淮昆台资合作产业园重大项目现场推进会。会上，16个项目集中开竣工，总投资20.1亿美元，涵盖电子信息、精密机械等重点产业。其中，开工项目10个，总投资17.1亿美元；竣工项目6个，总投资3亿美元。活动中，淮安市台办、市金融监管局、淮昆台资合作产业园与江苏银行淮安分行等金融机构签署金融赋能淮昆台资合作产业园发展合作协议。根据协议，金融机构将为园内企业提供综合融资支持资金310亿元。

（市台办）

农 业

责任编辑：汪 洁

综 述

【农业生产】 2022年，淮安市实现农林牧渔业总产值768.8亿元，一产增加值445.4亿元，第一产业增加值占地方生产总值的9.4%，农业总产值居江苏省第四、增幅全省第一。全年粮食播种面积稳中有增，单位面积产量稳中略升，总产量实现“六年”增；蔬菜生产稳中有升，水果产量增幅明显；生猪产能保持稳定，猪肉供应安全保障能力稳步提高，生猪供应稳中有增；家禽产能有所放量，牛羊生产保持平稳；渔业产值增速强劲，长江流域禁捕影响减弱。生猪饲养总量、蔬菜产量、家禽年出栏量、水产品年产量均居全省前列。

【农业产业集群】 2022年，淮安市加快推进优质稻米、小龙虾、规模畜禽、螃蟹、蔬菜五大产业集群发展，五大特色产业一、二、三产业总产值超700亿元。小龙虾和优质稻米两大产业率先突破，建设6个千亩连片稻虾核心基地和10万亩高标准示范推广区，建成优质稻米核心基地11万亩。小龙虾产业获批全国优势特色产业集群，“三院一中心”（江苏省淡水水产研究所盱眙龙虾产业研究院、江苏盱眙龙虾产业研究院有限公司、淮安市盱眙龙虾产业学院，江苏省小龙虾产业研究中心）挂牌成立，盱眙国家现代农业产业园通过认定。洪泽区获批创建全国绿色食品原料（水稻）标准化生产基地。

【农业重大项目】 2022年，淮安市举办春季云招商、夏季福建农业专题招商推介活动，两次活动共签约农业项目64个，总投资额195.9亿元。年内，全市新签约、新开工、新竣工亿元以上农业重大项目分别达111个、82个、63个，累计完成投资额138亿元。连续招引清江浦区益海嘉里粮油加工、淮阴区卫岗乳制品生产等一批高质量重大项目，实现30亿元级、70亿元级农业项目招引历史性突破。百斯特食品智慧创享产业园、盱眙正邦牧业畜牧产业链项目、盱眙全球龙虾交易中心项目等3个10亿元项目竣工投产。

【现代农业发展】 2022年，淮安市加强农业新品种、新技术、新模式推广运用，推进农业现代化建设。围绕粮食和重要农产品稳产保供，主攻农业种子核心技术难题，全年推广稻麦和蔬菜新品种40余个，落实种植新技术20余项，集成技术新成果超过50项。推进省级农业生产全程全面机械化示范县创建，淮安区、淮阴区、洪泽区、金湖县、涟水县、盱眙县6个县区获批省级示范县。积极探索农机农艺有机结合模式，凌桥稻麦产业核心基地实施南粳5718结合机插侧深施肥技术，实现亩产785.8千克。

【农业结构调整】 2022年，淮安市调整优化农业结构，加强农业全产业链建设，推动农业一、二、三产业融合发展。温氏集团年产25万吨饲料加工项目、苏食肉丸香肠深加工项目、华瑞天成肉制品加工项目等竣工投产。发展预制菜产业，江苏百斯特食品科技有限公司、淮安福昌食品科技有限公司等龙头企业建设中央厨房项目。建设完成涟水绿金丰和淮阴区国峰清源二期粪污集中处理中心项目。推进设施农业建设，新增优良食味稻20万亩，开工建设粮食加工仓储项目14个，实现产加销一体化发展。提高适度规模经营水平，依托农村产权交易市场，全年新增土地流转69.9万亩。

7月19日，“诚意满淮，钟厦而来”淮安（福建）农业专题招商推介会在厦门召开 市农业农村局 供

表18　2022年淮安市农业生产情况统计表（一）

指标名称	绝对值	增长（%）	指标名称	绝对值	增长（%）
农林牧渔业总产值（亿元）	768.80	5.0	秋粮	307.72	-0.1
农林牧渔业增加值（亿元）	467.80	4.9	棉花播种面积（亩）	33.00	-56.0
粮食播种面积（万亩）	1024.73	0.1	棉花总产量（吨）	1.80	-55.0
夏粮	476.06	0.0	油料播种面积（万亩）	27.96	-3.7
秋粮	548.67	0.1	油料总产量（万吨）	6.00	-2.5
粮食总产量（万吨）	492.93	0.2	油菜籽产量（万吨）	3.67	-1.8
夏粮	185.21	0.8	花生产量（万吨）	2.25	-3.5

表19　2022年淮安市农业生产情况统计表（二）

地区	农林牧渔业总产值（亿元）	农林牧渔业增加值（亿元）	粮食播种面积（万亩）	油料播种面积（万亩）	总产量（万吨）				单产（千克/亩）	
					#粮食	夏粮	秋粮	#油料	#粮食	#油料
全市	768.80	467.80	1024.73	27.96	492.93	185.21	307.72	6.00	481.0	214.65
淮安区	144.39	87.86	199.20	3.3	98.00	37.97	60.03	0.63	492.0	190.09
淮阴区	139.53	84.90	147.85	3.94	69.92	29.78	40.13	0.93	472.9	236.81
清江浦区	26.65	16.21	19.33	0.22	9.50	3.70	5.80	0.05	491.6	218.88
洪泽区	83.53	50.83	95.83	0.66	49.13	18.8	30.33	0.17	512.6	260.84
涟水县	136.20	82.88	212.27	12.18	97.00	37.25	59.74	2.90	456.9	238.27
盱眙县	139.71	85.01	221.50	4.85	104.85	33.22	71.62	0.77	473.3	158.77
金湖县	91.54	55.70	113.64	2.65	57.33	21.27	36.06	0.52	504.5	195.86
经开区	3.38	2.06	4.46	0.08	2.04	0.90	1.14	0.02	457.5	196.91
工业园区	3.86	2.35	10.65	0.09	5.18	2.31	2.86	0.02	485.8	174.44

（资料来源：市统计局）

【农业保险】 2022年，淮安市按月实施农业保险险种及保费数据统计分析，普及推广小麦投保工作，各农业保险公司推出黄鳝养殖、“生猪+期货”、螺蛳养殖等地方特色农业保险新险种。至年末，全市农业保险保费6.92亿元，创历史新高；农业保险深度1.64%、保险密度948元/人，小麦、水稻、玉米三大主粮农业保险承保面93.2%。

（许正豪）

种植业

【概况】 2022年，淮安市落实各项惠农政策，稳定水稻种植总面积，加强主推技术、主推品种宣传推广，优化播栽方式应用布局，调优粮食种植结构。全年粮食播种面积1024.73万亩，比上年增加6900亩，增长0.1%。其中，夏粮面积476.06万亩，增加750亩，比上年略增；秋粮面积548.67万亩，增加6150亩，增长0.1%。粮食总产量492.93万吨，增加1.2万吨。粮食产量位居全省第三，耕地面积占全省10.4%，粮食产出占全省13.1%。

【粮食作物】 2022年，淮安市印发《关于开展秋收秋种包片指导工作的通知》，加强粮食抢收抢种和田间管理技术指导。全市小麦种植面积473.6万亩，水稻种植面积483.21万亩，玉米种植面积36.85万亩、豆类种植面积23.24万亩、薯类种植面积4.58万亩、高粱种植面积0.8万亩。夏粮总产185.21万吨，增加1.49万吨，增长0.8%；秋粮总产307.72万吨，减少0.29万吨，下降0.1%。分品种看，稻谷总产287.92万吨，增加1.31万吨，增长0.5%；小麦总产184.68万吨，增加1.8万吨，增长1%；玉米总产12.89万吨，减少0.82万吨，下降6%。粮食单位面积产量每公顷7216千克，增加13千克，增长0.2%。分季节看，粮食单产呈现“夏增秋减”的特征。其中，夏粮单产每公顷5836千克，增加46千克，增长0.8%；秋粮单产每公顷8413千克，下降17千克，回落0.2%。

【油料作物】 2022年，淮安市印发《关于做好2022年大豆油料扩种工作的通知》，推行玉米大豆、玉米花生间套种和油菜大豆轮作换茬模式，扩增油料种植面积。全市大豆种植面积22.83万亩，较上年增加2万亩，产量4.25万吨；油菜种植面积21万亩，较上年增加2.25万亩。

【蔬菜及食用菌】 2022年，淮安市印发《蔬菜生产防灾减灾技术措施》，出台《高温天气蔬菜田间管理技术意见》，为蔬菜产量保持稳定提供技术支撑。申创江苏省绿色蔬菜产业基地2个，编制全市“菜篮子”工程绿色蔬菜保供基地规划，推进5万亩绿色蔬菜保供基地建设。全市蔬菜播种面积154.8万亩，增长1.1%。蔬菜及食用菌产量464.2万吨，增长4.4%，其中食用菌产量10.5万吨，增长19.9%。在所统计的十大类蔬菜品种中有九大类产量同比有所增长，分别为叶菜类（0.1%）、白菜类（3.8%）、甘蓝类（1.6%）、根茎类（1.2%）、豆类（10.2%）、茄果类（2.5%）、葱蒜类（4.5%）、水生菜类（16.3%）和其他蔬菜（6.7%），仅瓜菜类下降2.4%；食用菌中干品上涨234.1%，鲜品上涨14.3%。完成蔬菜业总产值132亿元，同比持平略增。

【瓜果】 2022年，淮安市瓜果种植面积10.17万亩，增长3.1%，其中西瓜、香瓜、草莓种植面积分别为6.8万亩、1.1万亩和1.4万亩；总产量28.33万吨，增长7.8%，其中西瓜、香瓜、草莓产量分别增长8.2%、5.6%和1.7%。淮安区苏嘴镇西瓜产业种植面积2.2万亩，年产量达7.5万吨；盱眙县马坝西瓜产业园主打品种“苏梦6号”，种植面积近3000亩，亩均收益超8000元。

【高标准农田建设】 2022年，淮安市坚持“先流转后配套，先平整后建设”原则，新建、改造提升高标准农田59.1万亩，累计建成521.95万亩，占全市耕地比重72.9%。向上争取高标准农田建设面积45.85万亩，其中高效节水灌溉面积1.71万亩，争取财政资金11.53亿元。

（许正豪）

【大豆玉米带状复合种植】 2022年，淮安市推广玉米大豆带状复合种植，整合淮安市农科院、淮安市工学院等技术力量组建专家组，开展线上线下技术指导，建成集中连片规模土地千亩片2个、百亩方5个。印发《关于切实做好大豆玉米带状复合种植配套农机装备保障工作的通知》，成立市级大豆玉米复合种植配套农机装备保障工作专班，协调保障全市复合种植机具。出台《大豆玉米带状复合种植预防高温热害技术意见》《大豆玉米带状复合种植田杂草防控技术指导意见》等，为种植户提供技术指导。全年落实大豆玉米带状复合种植3.3万亩，工作经验在全省大豆玉米带状复合种植机械化生产观摩会上交流。

2022年，淮安市大力发展绿色农业，扩大有机稻米种植面积。图为洪泽区岔河镇有机稻米基地　　陈光晰　摄

【土肥植保】 2022年，淮安市化肥施用量32万吨，较上年下降0.6%。推进测土配方施肥，采集各类土壤样品1099个，完成田间肥效试验、肥料利用率试验、有机肥料试验、三新技术试验47个，发布基肥主体配方25个，主要农作物测土配方施肥技术覆盖率93.5%。落实“一喷三防”（在小麦生长中后期使用杀虫剂、杀菌剂、叶面肥等混配剂喷施，达到防病虫害、防干热风、防早衰的目的）措施，升级大中型高效智能植保机械2813台。全市小麦赤霉病平均病穗率低于0.5%，建立重大病虫测报点24个、植物疫情监测点16个，主要病虫总体防控率90%。

【粮食补贴】 2022年，淮安市及时、足额发放农业支持保护补贴（耕地地力补贴）和稻谷补贴资金，保护农民利益，提高农民种粮积极性。全市发放农业支持保护补贴（耕地地力保护）资金5.75亿元，补贴面积近480万亩；发放稻谷生产环节补贴3.37亿元，补贴面积490万亩；三次发放一次性实际种粮补贴3亿元。

【作物病虫害防治】 2022年，淮安市积极应对农作物病虫害发生复杂严峻形势，提高病虫害预测预报和防控水平，建立3个病虫监测点，举办植保人员业务培训班2期和病虫防治培训班4期，向全市农户发布植保信息80余期，重大病虫害预报准确率超过90%。强化病虫害防治宣传指导，发放病虫防治通知单70余万份，张贴防治情报公告超过3000份、防治宣传条幅700条，开展电视广播病虫防治专题节目6期，提高防控技术到位率。实施农药减量增效，新扩建省级绿色防控示范区34个，建立市级和县级示范片（方）54个，核心示范面积为2.9万亩，进一步推进统防统治，全市高效植保机械统防统治日作业能力超150万亩，统防统治覆盖率超过60%。2022年全市农药使用量较2020年下降1%。

【粮食绿色高质高效示范片创建】 2022年，淮安市申报农业农村部粮食绿色高质高效示范县创建项目，淮安区、淮阴区、涟水县、金湖县成功获批，争取奖补资金2600万元。落实水稻高质高效创建示范片153个，创建总规模51万亩，推广运用水稻机插秧、精确定量栽培、绿色防控等绿色生产技术。

（许正豪）

林　业

【概况】 2022年，淮安市加强林业种质资源保护利用，盱眙县林总场建设的珍贵乡土树种种质资源库获批省级林木种质资源库，编写《淮安市主要林木种质资源鉴别图鉴》。林业部门配合省林业局、市食品安全委员会办公室做好食用林产品质量安全监测等相关工作。推进省政府年度民生实事工程洪泽湖古堰景区森林步道修建工作，新建森林步道4300米，维修原有步道1000米。

【林业产业化】《淮安市"十四五"林业发展规划》提出实施林业产业发展工程。合理布局林木种苗培育、工业原料林培育、林下经济、经济林生产和森林旅游等林业产业发展，有效促进绿水青山向金山银山转化。"十四五"期间，建设完善林木良种苗木生产基地2800公顷、省级林木良种基地1~5个，全市发展林下经济面积达到4.05万公顷。2022年，淮安市结合森林发展和管理，推动林业产业化高质量发展。以保护森林环境为基础，实施可持续森林管理。在实施森林产业化发展战略时，充分考虑森林环境发展和经济发展，强调森林综合效益，加强林产品销售，确保森林经济社会可持续发展。

【造林育林】 参见《生态环境·林业资源保护》

【林下经济】 2022年，淮安市做好林下经济发展工作，发展林下经济60.91万亩，实现产值11.84亿元。全市有国家级林下经济示范基地1个，为盱眙石马山生态农业综合开发有限公司；有省级林下经济示范基地2个，分别为江苏百木源生态农业有限公司、盱眙盛润生态农业开有限公司。

【林业有害生物防治】 2022年，淮安市开展重大林业有害生物综合治理，林业有害生物发生面积94.19公顷，防治作业面积5.34万公顷，成灾面积180公顷，成灾率0.9‰，无公害防治率95.5%，林业有害生物监测覆盖率98.3%，种苗产地检疫率接近100%，树叶保存率达到95%以上。金湖县、淮安区、淮阴区等地建立无公害防治示范区。开展林业有害生物监测预报，市级发布林业有害生物情报8期。开展检疫执法专项行动，探索优化常用低风险植物和植物产品跨区域流通检疫申请流程，全市没有发生疫情扩散事件。组织2022年江苏省林业有害生物防治职业技能竞赛淮安赛区初赛，并参加省级竞赛，获团体三等奖。

2022年，盱眙县发展林下经济，通过在树林下养殖鸡、鸭、鹅等家禽，实现果实与家禽饲养经济效益"双丰收"。图为新华村村民养殖场所

许昌银　摄/视觉江苏网　供

【林地使用管理】 2022年，淮安市严格林地定额管理，依法依规审查审核使用林地材料。审核上报使用林地项目23个，使用林地总面积122.02公顷，其中对上争取国家定额报批长深高速扩建使用林地69.62公顷，保障淮河入海水道二期工程、中天钢铁超高强精品钢帘线项目、环洪泽湖公路淮安段项目、淮安新港三期工程等重大项目建设。严格公益林管理，保持全市重点公益林面积总量稳定，全市重点公益林面积3.83万公顷，其中国家级3733.33公顷、省级3.49万公顷。加强省级重点生态公益林保护，全年公益林调出33.85公顷，调入34.31公顷。

（陈浩田）

畜牧业

【概况】 2022年，淮安市生猪存栏155.96万头，家禽存栏2356万羽；畜禽肉蛋奶产品总产量超50万吨。全市水产品产量31.86万吨，其中养殖产量30.41万吨，捕捞产量1.45万吨。肉蛋奶供应充足，累计供应肉类产品33.4万吨、禽蛋13.7万吨、生鲜乳3.34万吨，肉蛋奶产量分别比上年提升2.5%、9.5%、30%。

【生猪养殖】 2022年，淮安市以"稳种猪、稳规模、稳大县"为重点，稳定能繁母猪存栏量，促进生猪产业持续健康发展。出台《稳定扶持政策促进生猪产业持续健康发展实施方案》，通过稳定金融信贷政策、完善生猪政策性保险、加强财政支持力度和优化环境管理服务，实现全市能繁母猪存栏量和规模猪场保有量稳定。年末全市生猪存栏155.96万头，下降2.1%。全年来看，四个季度末全市能繁母猪存栏量分别为15.5万头、15.45万头、16.17万头、16.35万头，均维持在省定能繁母猪正常保有量目标（12万头）之上。生猪出栏保持高位增长，全年生猪出栏250.2万头，增长2.7%。生猪出栏增幅较2021年明显收窄。全市有规模猪场758个。组织申报国家级生猪产能调控基地36家，全省最多，获批年度国家级生猪产能调控基地40家。

表20 2022年淮安市国家级生猪产能调控基地一览表

序号	名称	县区
1	淮安汉世伟食品有限公司（黄花塘种猪场）	盱眙县
2	淮安汉世伟食品有限公司（观音寺种猪场）	盱眙县
3	淮安汉世伟食品有限公司（五星养猪场）	盱眙县
4	江苏瓦屋生态养殖有限公司	盱眙县
5	江苏立峰牧业有限公司	盱眙县
6	淮安圣山畜牧发展有限公司	盱眙县
7	淮安温氏畜牧有限公司旧铺种猪场	盱眙县
8	淮安温氏畜牧有限公司穆店种猪场	盱眙县
9	淮安温氏畜牧有限公司严岗种猪场	盱眙县
10	淮安温氏畜牧有限公司河桥种猪场	盱眙县
11	淮安温氏畜牧有限公司（王店种猪场）	盱眙县
12	淮安金湖牧原农牧有限公司金湖一场	金湖县
13	淮安金湖牧原农牧有限公司金湖二场	金湖县
14	淮安牧蓝牧业有限公司	金湖县
15	淮安牧蓝牧业有限公司红岭二场	金湖县
16	江苏天华牧业有限公司	金湖县
17	淮安金蓝牧业有限公司	金湖县
18	江苏淮州温氏畜牧有限公司大胡种猪场	淮安区
19	江苏淮州温氏畜牧有限公司高荡种猪场	淮安区
20	江苏淮州温氏畜牧有限公司章集种猪场	淮安区
21	江苏淮州温氏畜牧有限公司大蒋小区	淮安区
22	江苏淮州温氏畜牧有限公司官路小区	淮安区
23	江苏淮州温氏畜牧有限公司朱庄小区	淮安区
24	淮安市亚明扶贫开发投资有限公司	淮安区
25	淮安润牧牧业有限公司	淮安区
26	淮安市强林现代农业发展有限公司	淮安区
27	淮安市淮安区民生生猪养殖农民专业合作社	淮安区
28	淮安市洪泽牧原农牧有限公司洪泽二场	洪泽区
29	洪泽汉世伟食品有限公司（三河母猪场）	洪泽区
30	江苏淮阴温氏畜牧有限公司	淮阴区
31	江苏淮阴温氏畜牧有限公司（淮高养殖小区）	淮阴区
32	江苏淮阴温氏畜牧有限公司（高家堰养殖小区）	淮阴区
33	淮安市爱康生态牧业有限公司	淮阴区
34	淮阴区瑞同养猪场	淮阴区

续表20

序号	名称	县区
35	淮阴区丰德生猪养殖场	淮阴区
36	江苏全稳康源农业发展有限公司	涟水县
37	江苏稳盈农业发展有限公司	涟水县
38	涟水正邦牧业有限公司石湖种猪场	涟水县
39	江苏比米农牧科技有限公司	涟水县
40	淮安市清江浦牧原农牧有限公司清江浦二场	清江浦区

（资料来源：市农业农村局）

【牛羊养殖】 2022年，淮安市肉牛价格处于较高区间，有一定利润空间，养殖户补栏积极性较高。据主要畜禽监测调查数据显示，四季度末全市牛存栏3.61万头，同比增加0.69万头，增长23.2%；全年牛出栏1.32万头，同比增加0.08万头，增长6.5%。四季度末羊存栏12.52万只，同比增加0.8万只，增长6.8%；全年羊出栏17.38万只，同比增加1.23万只，增长7.6%。年末全市奶牛存栏1万头，同比增长98%，牛奶年产量3.34万吨，同比增长30%。卫岗洪泽现代奶业产业园正式落地投产，总投资额3.5亿元。建设配备泌乳牛舍、TMR车间、育肥牛舍、育成牛舍、公犊牛舍等设施，实现奶牛存栏7000头、肉牛存栏5000头。

【家禽养殖】 2022年，淮安市优化家禽养殖区域布局，打造以盱眙县、洪泽区、淮阴区、涟水县为主的肉禽产业带和以淮安区、洪泽区、金湖县为主的蛋禽产业带。淮安市同玉禽业有限公司在洪泽区开工建设，年产鸡苗3500万只。金湖县引进江苏创有禽业有限公司年产500万羽苗种繁殖项目以及江苏裕达禽业有限公司种业智能化生产项目。主要畜禽监测调查数据显示，年末全市家禽存栏2356.2万只，同比增长6.7%；全年家禽出栏7619.67万只，同比增长9.0%；禽肉产量12.72万吨，同比增长4.2%；禽蛋产量13.69万吨，同比增长9.4%。

【畜禽屠宰】 2022年，淮安市推进屠宰标准化建设，出台《淮安市屠宰行业发展规划（2022—2025）》。淮安市超越工贸有限公司和淮安拾分味道食品有限公司通过省级标准化示范建设。优化屠宰产业布局，淮安温氏晶诚食品有限公司年屠宰100万头生猪生产线投入使用，畜禽屠宰产能稳步提升。全年猪肉产量20.26万吨，比上年增长1.8%

【饲料生产】 2022年，淮安市饲料生产销售经营主体登记注册78家，比上年增加4%，其中从事饲料生产的骨干企业有江苏淮阴正大有限公司、江苏天参有限公司、淮安市淮阴大北农饲料有限公司、江苏全稳农牧科技有限公司。全市全年饲料产量228.48万吨，与上年持平，其中配合饲料219.16万吨、添加剂预混合饲料2.94万吨。饲料生产能力达到954.62吨每小时，饲料产品总产值超95亿元，比上年增加12.8%。

【生态养殖场建设】 2022年，淮安市印发《关于做好2022年畜牧标准化生态健康养殖普及行动的通知》，开展省级畜牧生态健康养殖示范创建，创建省级畜牧生态健康养殖示范场26个、通过复审29个。保持动物产品兽用抗菌药使用水平稳步下降趋势，创建省级兽用抗菌药减量化示范场9个。开展动物疫病防控，创建省级动物疫病净化场2个。

2022年淮安市新创建省级畜牧生态健康养殖示范场名录（26家）

淮安金湖牧原农牧有限公司金湖一场
金湖县戴楼金马养猪场
江苏淮州温氏畜牧有限公司（邵蒿育肥场）
淮安区车桥镇王鼎蛋鸡养殖场
淮安区财建生态养殖场
江苏中稳农业发展有限公司
江苏淮州温氏畜牧有限公司（福泰生猪养殖场）
江苏力水生态农业发展有限公司
盱眙孝山生猪养殖场
江苏瓦屋生态养殖有限公司
江苏百益农业发展有限公司
盱眙鲍集邹黄国瑞家禽生态养殖专业合作社（邹黄蛋鸡场）
江苏新和美农牧有限公司
淮安市洪泽牧原农牧有限公司洪泽三场
江苏黎锦养殖有限公司
淮阴区王亚洲生猪养殖场
淮阴区创世纪生猪养殖场
淮阴区如海生猪养殖场
淮安正淮农牧有限公司
淮安禾牧园农牧有限公司
淮安市悦祥牧业有限公司
淮安市悦恒牧业有限公司
江苏全稳康源农业发展有限公司
涟水县鸿展农业科技发展有限公司
涟水牧原农牧有限公司
涟水县晓林生猪养殖场

【动物疫病防控】 2022年，淮安市落实非洲猪瘟、禽流感等重大动物疫病防控措施，印发《关于做好2022年非洲猪瘟等重大动物疫病防控工作的通知》，组织开展淮安市重大动物疫病春秋季集中防疫及夏季集中补免行动。推进春季集中免疫、夏季补免、秋季防疫等工作，全年疫病防控形势平稳。全市免疫畜禽2.06亿头，使用各类疫苗1.62亿头份（毫升），注册成立兽医社会化服务组织17个，完善兽医社会化服务体系。出台《2022年淮安市灭蚊灭蝇灭鼠和清洗消毒行动方案》，持续开展"三灭四消"（灭蚊灭蝇灭鼠和日常消毒、重要时点消毒、突击消毒、应急消毒）行动，分别于3月、5月、7月、9月和11月在全市范围开展统一集中消毒周活动。

（许正豪）

水产业

【概况】 2022年，淮安市水产养殖面积58.86万亩，其中虾蟹等名特优水产品养殖面积占比85.66%。水产品总产量31.8万吨，比上年增长5.33%，增幅居全省第一，其中鱼类15.3万吨、河蟹2.6万吨、虾类12.3万吨。有国家级水产良种繁育场1个、省级水产良种繁育场5个、现代渔业产业园4个、现代渔业精品园1个，良种覆盖率达90%以上。

【小龙虾养殖】 2022年，淮安市小龙虾养殖面积130万亩，其中稻虾综合种养面积112万亩；小龙虾养殖产量11.5万吨，总产值216.8亿元，小龙虾养殖面积与产量均居全省第一。"盱眙龙虾"入选首批中国农业品牌目录农产品区域公用品牌，品牌价值306.5亿元。

【螃蟹养殖】 2022年，淮安市螃蟹生态养殖面积29万亩，与上年持平；产量2.6万吨，比上年略有增长。洪泽区获批创建省级大闸蟹现代农业高质量发展示范园。"洪泽湖大闸蟹"入选首批中国农业品牌目录农产品区域公用品牌。至年末，洪泽湖大闸蟹品牌价值154亿元，排名全国水产类前列。

【水产品加工】 至2022年末，淮安市累计拥有水产品加工企业17家，加工产品涵盖小龙虾、河蚬、淡水鱼等多个品种。在获批小龙虾国家农业产业集群后，重点扶持小龙虾一二三产业发展，着力规划盱眙龙虾深加工基地，打造盱眙龙虾全球交易中心，2022年全年小龙虾加工能力达到2.8万吨。

【白马湖增殖放流】 2022年，淮安市投入增殖放流经费50万元，分批次向白马湖投放大规格青鱼、草鱼、鲢鱼、鳙鱼等鱼苗以及蟹苗、甲鱼苗共150万尾。3月19日，在白马湖前锋观景平台举办"增殖渔业资源，共享绿色发展"第12届渔业资源增殖放流活动。活动仪式现场放流鱼苗、蟹苗30万尾，首次向湖区投放甲鱼苗1500只。

【渔业生产安全】 2022年，淮安市开展渔业安全宣传教育，组织举办渔业系统"万企作宣誓，全员筑安全"活动，动员全市渔业捕捞单位集中学习安全生产法、集中观看《生命重于泰山》安全警示片。加大执法打击力度，市农业农村、交通、公安等多部门联动，在京杭大运河、苏北灌溉总渠沿线水域开展"三无"船舶专项整治行动，防范安全事故发生。全年未发生渔业船舶安全生产事故。

【小龙虾农业产业集群获批国家农业产业集群】 2022年，淮安市小龙虾农业产业集群获批国家农业产业集群，争取中央财政资金1.5亿元。制定出台《淮安市小龙虾产业集群高质量发展实施方案》，成立市小龙虾产业工作专班，完成稻虾扩面改造18万亩、宜养水面改造48万亩。建立小龙虾产业体系推广示范基地6个，示范面积2万亩，实现亩增效益1500元。

（许正豪）

9月29日，第十七届中国洪泽湖大闸蟹节开幕式在淮安举行，现场进行"苏货直播"合作推介、"洪泽湖大闸蟹放心店"授牌、"洪泽湖大闸蟹生态养殖基地"授牌　　陈　凯　摄/视觉江苏网　供

种　业

【概况】 2022年，淮安市开展《中华人民共和国种子法》学习宣传贯彻、种质资源保护利用、种业科技创新攻关、种业企业培育扶优、种业市场净化监管"五项行动"，落实《淮安现代种业三年行动方案》《淮安市种业产业发展行动方案（2021—2025年）》，全市种业管理体系服务逐步完善，初步建立品种综合性测试、质量监督、市场监测等管理服务体系。至年末，全市种子种苗生产经营及以种业引领三产融合形成的延伸产业总产值达92.45亿元。其中，种植业28.88亿元、畜禽41.33亿元、渔业22.24亿元。农作物良种覆盖率超98%，自主选育品种面积占比超95%，种子对粮食生产的贡

献率达40%。金湖县入选农业农村部国家级制种大县名单。

【种质资源保护】 2022年，淮安市加大种质资源保护利用力度。至年末，全市累计收集农作物种质地方品种400余个。市农科院农作物种质资源保存库保有种质资源1.3万多份，育成在全省乃至全国富有影响力的“淮麦”“淮稻”“淮油”“淮豆”系列农作物新品种102个。“淮麦22”入选国家主导品种，“淮安红椒”专用品种“淮红1号”打破国外品种的垄断。组建“中国农科院矮败小麦育种技术创新中心（淮安）”等创新平台22个，成立稻、麦、玉米、西（甜）瓜、豆类育种专家团队，开展产学研合作。

【生猪良种繁育】 2022年出台的《淮安市“十四五”现代畜牧业发展规划》提出，生猪良繁体系以新淮猪、苏淮猪原种场和12家父母代种猪场为核心，加快育种场和扩繁场标准化建设，提高种猪繁殖效率和良种供应能力；持续开展苏淮猪体长系新品系培育，加大资源保护力度，坚持活体保护与遗传材料保存相补充，建设地方猪种资源体细胞库和苏淮猪金浦扩繁基地、苏淮猪备份场。至年末，育成江苏省自主培育的种猪新品种——“新淮猪”和“苏淮猪”；南农大淮安研究院保存苏淮猪体细胞35份、冷冻精液18份、DNA样品约1000份。

【水产育种】 淮安市是大宗淡水鱼优质种苗供应基地。2022年，市水产站在淮安市现代渔业产业园玻璃温室开展大规格鲈鱼苗种培育，培育出一斤50尾的鲈鱼苗种，供给淮安本地及周边市县大规格鲈鱼苗种需求。在完成小龙虾鲈鱼池塘混养成功基础上，探索大规格苗种鲈鱼与小龙虾混养，提高农民养殖效益。至年末，全市累计建立国家级水产种质资源保护区6个，涉及泥鳅、青虾、沙塘鳢、河蚬、银鱼等9个水产品种。有国家级水产良种繁育场1个、省级水产良种繁育场5个。

【林草种苗业】 2022年，淮安市林草育苗总面积42059亩，较上年有所增加，新育面积4985亩，以杨树为主；有苗圃117处，较上年有所减少；苗木产量3634.3万株，主要有杨树、石楠、柳树等。种子实际用量14500千克，主要是黑麦草、百三叶、百慕大、杨树等7种，其中黑麦草和百三叶用量最多，为3000千克；实际用良种穗条133.7万条，以杨树为主；种子用量及种类较上年略有降低。林草种苗总产值9.62亿元。其中，造林苗产值3.32亿元，风景绿化苗产值5.3亿元，商品盆景产值2231.2万元，草种产值600万元，花卉产值7242.1万元。

【种子销售】 至2022年末，淮安市有持证种业企业40家，具有商业化育种能力种业企业4家，拥有自育和买断品种权的稻、麦、玉米品种50余个，年销售量0.75亿千克。江苏高科种业有限公司和江苏天丰种业有限公司常规水稻商品种子销量位居全国前十。淮稻5号、南粳9108、金粳818等优质品种种子销售量居全省前列，推广面积超400万亩。

【江苏明天种业金湖产业园】 2022年，江苏明天种业金湖产业园项目竣工投产，总投资1.5亿元，产业园由国家级产业化龙头企业江苏明天种业科技股份有限公司投资建设。项目占地面积2.5万平方米，建有农作物育种科研楼、种子烘干车间、种子加工车间、仓储物流中心、展示展销中心等，建成智能化标准种子加工生产线1条。产业园主要从事农作物种子科研、制种生产及加工，年加工优质水稻、小麦等农作物种子3万吨。

【金湖县入选国家新一轮制种大县】 2022年3月24日，农业农村部公布国家级制种大县名单，金湖县入选，成为江苏省4个入选县区之一。至年末，金湖县建成塔集施尖、金南时墩和县种业管理服务中心等高标准杂交水稻制种核心基地3489亩、宝应湖农场农科所试验基地156亩、特色种苗中心572亩。杂交稻制种面积1.23万亩，比上年增加0.92万亩，适宜机械种植的制种田连片率为100%。

（许正豪）

农业机械化

【概况】 2022年，淮安市农作物耕种收综合机械化率达86%，投入农机购置补贴2.75亿元，农机安全隐患整改率100%。开展农业生产全程全面机械化行动和农机装备绿色化智能化提升行动，累计建成无人或智能农机应用示范基地12个，各类型智能农机装备保有量5000多台。

【农机装备】 至2022年末，淮安市有在用联合收割机1.14万台，高峰期日收割能力50万亩。烘干机批烘干能力3.77万吨，日烘干能力5.75万吨。大中型拖拉机保有量2.55万台。耕整地机械24.73万台（套）。其中，高性能机具4.06万台套；秸秆处理机械1.92万台（套），包括秸秆粉碎还田机1.85万台、秸秆捡拾打捆机678台（套）、插秧机保有量2.14万台（其中乘坐式插秧机5993台）。

【特色农机化】 至2022年，淮安市累计推广特色农机具1.37万台套，特色农机化水平达63%。年内，建成特色农机化示范点34个，制定发布芦笋、龙虾、蒲菜生产机械化等市级农机作业技术规范10个。开展特色农机具推广、新技术培训、现场观摩等活动58次，开展各类产业调研活动92次。完成特色农机化“四分”（分区域、分产业、分品种、分环节）研究报告5份，在部级、省级特色农机化会议上做典型交流发言3次。

【农机政策补贴】 2022年，淮安市完善农机购置补贴和应用补贴政策，各县区印发农机购置补贴政策、重点机具“二维码”办理流程图等宣传材料。全年累计执行中央及省级农机补贴资

2月26日，在金湖县宝应湖农场，农机手驾驶安装北斗导航系统机械在麦田里进行化学除草作业　　梁德斌　摄/视觉江苏网　供

金2.75亿元，补贴购置机具1.78万台套，受益农户9209户，带动农民和社会投入农机购置资金超11.7亿元。秸秆机械还田水平保持稳定，全年秸秆机械化还田率为83%，发放还田补贴1.27亿元。

【农机安全监管】 2022年，淮安市持续开展农机安全生产三年专项整治行动，排查农机安全隐患192起，整改192起，整改率100%。推进农机安全网格化监管，做好平台运转、事项处置、闭环反馈等工作，网格员通过平台录入隐患85件，整改率、闭环率达100%。规范开展农机报废更新补贴管理，全年报废农业机械433台，补贴资金504.3万元。加强农机维修行业规范经营，将全市104家农机维修点、4个区域维修中心纳入监管范围。

（许正豪）

农田水利

【概况】 2022年，淮安市推动大中型灌区骨干工程与高标准农田建设有效衔接，投入3.69亿元，盱眙县高桥河治理、东灌区一级站更新改造、大中型灌区续建配套与现代化改造、国家水土保持重点工程等项目获得立项或审批。完成农村生态河道建设投资1.39亿元，建成207条、644千米农村生态河道，超额完成省水利厅设定的430千米目标任务。投入1.57亿元，实施淮安区、洪泽区、盱眙县农村供水保障工程建设，新建增压站3座，更新改造管网895千米。

【水土保持】 参见《生态环境·水资源保护》

【农田灌区建设】 2022年，淮安市加强农田灌区建设管理，加快推进小型农田水利设施建设，做好大中型灌区节水配套改造建设，提高农田灌溉水有效利用系数。淮涟灌区、淮安区渠北灌区续建配套及现代化改造项目开工建设，并获省水利重点工程建设资金支持，相关工作经验在全国高标准农田建设会议上作交流发言。继续实施洪湖圩、利农河两个中型灌区2022年度项目建设。淮涟、洪金等9个灌区被水利部命名为国家级节水型灌区，渠南、竹络坝等6个灌区获评2022年度省级节水型灌区，数量位居全省第一。

【洪泽区农田水利改革做法被《人民日报》报道】 2022年12月30日，《人民日报》以《综合管护见实效 汩汩清水润农田》为题报道洪泽区探索农田水利设施管护机制改革做法。2014年11月，洪泽区被列入全国第二批农村改革试验区，承担农田水利设施产权制度改革和创新运行管护机制试点任务。洪泽区整合农村小型水利工程管护、农村环卫保洁、农村交通设施管护、农村公共绿化设施管护、农村公共场所管护事项，统筹资金安排、人员管理等，探索出农村公共环境“五位一体”综合管护新机制。至2022年，实现“三减少三提升”综合管护改革成效：管护人员由2014年前的4158人减少到现在的927人、管护经费由每年3823万元减少到1676万元、管护环节由4级减少到2级，工程完好率由88%提升到98%、水资源利用率由65%提升至74%、群众满意度由80%提升至98.52%。

（殷海平）

农业园区

【概况】 2022年，淮安市推动农业园区集聚集约发展，实施国家级、省级示范农业园区创建，盱眙县被认定为第四批国家现代农业产业园，洪泽区、淮安区获批创建省级现代农业高质量发展示范园，淮阴区获批省级农业现代化先行区。至年末，全市累计建成各类国家级农业园区6个、省级农业类园区15个，稻米、蔬菜、稻虾综合种养等特色主导产业面积占园区总面积的74%；入园企业75家，其中国家、省、市级龙头企业分别为2家、13家、60家。园区农业总产值超110亿元，园区亩均农业产值超1.4万元，带动就业近10万人，人均收入2.6万元以上，初步显现现代农业产业园区产业集聚带动能力。

2022年淮安市农业园区名录（21个）

淮安淮阴台湾农民创业园
淮安淮阴国家农业科技园区
洪泽国家现代农业示范区
淮安区农村产业融合发展示范园
两岸现代农业合作试验区
江苏省盱眙县现代农业产业园
金湖现代农业产业园区（戴楼镇）

金湖现代渔业产业园区（前锋镇）
淮安淮阴现代农业产业示范园
江苏淮安省级农业高新技术产业示范区
涟水现代农业产业示范园
盱眙现代农业产业示范园
清浦区现代农业产业园区
淮阴现代农业产业园区
淮安现代农业产业园区
淮安现代渔业产业园区（流均镇）
涟水现代渔业产业园区（红窑镇）
洪泽现代渔业产业园区（西顺河镇）
盱眙现代渔业产业园区（满江红龙虾产业园）
淮安市洪泽区现代农业产业高质量发展示范园（创）
淮安市淮安区现代农业产业高质量发展示范园（创）

【盱眙现代农业产业园入选国家现代农业产业园】 2022年4月1日，盱眙现代农业产业园入选第四批国家现代农业产业园认定名单，是淮安市首家入选的园区。该园区坚持发展“一园一品”，以虾稻为主导产业，形成“一带二核三区”规划布局。其中，“一带”指原121省道沿线虾稻共生产业带，“二核”指环洪泽湖大道10万亩高效生产核心区、马坝2万亩现代农业科技示范核心区，“三区”指绿色食品加工区、明祖陵三生融合共建区和龙虾小镇服务区。园区构建种养有机结合，集生产、加工、收储、物流、销售于一体的农业全产业链。至年末，该园建成中国工程院院士张洪程工作站、上海海洋大学博士后试验站及南京农业大学、扬州大学、国家粳稻研究中心江苏分中心等一批科研试验示范基地，建设国家园区综合服务中心、盱眙龙虾香米精制中心、龙虾博物馆、龙虾小镇、龙虾全球冷链物流交易中心、绿色食品产业园等一批重点项目；创成国家级绿色食品原料基地，获“两品一标”（绿色食品、有机农产品和农产品地理标志）绿色食品认证26个，创成“盱眙龙虾”“盱眙龙虾香米”两大区域公用品牌，培育“红胖胖”等龙虾品牌26个、“盱贡”等稻虾米品牌12个。

【两个园区入选省级现代农业产业高质量发展示范园】 2022年8月，江苏省农业农村厅、江苏省财政厅公布2022年省级现代农业产业高质量发展示范园创建名单，淮安市淮安区和洪泽区2个现代农业产业高质量发展示范园入选。淮安区示范园以瓜菜种植、生猪养殖为主导产业，瓜菜种植规模2.2万亩，设施蔬菜年亩产8000千克，生猪养殖年存栏量12万头，建成新品种展示园、智慧农业园、淮安红椒园、草莓采摘园、葡提采摘园、生态休闲观光园、现代化生猪养殖、综合种养园等园中园，辐射带动周围地区发展。洪泽区示范园以稻、蟹为主导产业，沿湖规划布局“五镇（街道）一园”，建有洪泽湖河蟹生态养殖基地（含稻蟹共生）4.35万亩、优质蟹塘米稻渔综合种养基地4.45万亩、优质食味稻基地5.24万亩，引进培育稻米深加工龙头企业10家，其中省级以上龙头企业3家。

【淮阴区获批江苏省农业现代化先行区】 2022年11月24日，江苏省农业农村厅、财政厅、发改委公布2022年江苏省农业现代化先行区建设名单，淮阴区入选。该先行区重点发展优质稻米、规模畜禽、绿色蔬菜三大主导产业，建成黄瓜、辣椒、食用菌、西甜瓜、果品5个生产基地，拥有淮安卫岗乳品有限公司、江苏淮安双汇食品有限公司、江苏润通食品有限公司、淮安苏粤食品加工有限公司等畜禽产品加工企业，产业链优质高效，农产品增值明显。其中，黄瓜产业逐步形成“黄瓜+”特色农业产业体系，培养生产职业农民400余人，带动就业100余人，人均年收入增长1.4万元以上。

（淮　鉴）

农业产业化经营

【概况】 2022年，淮安市发挥农业新型经营主体联农带农作用，以产业带动小农户持续增收，新获批省级农业龙头企业5家；新创成国家级农民示范社10家、省级农民示范社20家，总数居全省第一；新培育省级示范家庭农场42家，总数居全省第二。全年实现农民人均可支配收入2.34万元，增长6.9%，增幅居全省第三、苏北地区第一。

【农业龙头企业】 2022年，淮安市开展农业龙头企业培育，江苏百斯特农业发展有限公司、江苏唯思康食品科技发展有限公司、大庭昌粮油食品有限公司、江苏汇丰木业有限公司、江苏御福斋米业有限公司5家企业获省级农业产业化龙头企业认定，新认定市级农业龙头企业13家。至年末，全市有市级以上农业龙头企业335家，其中国家级6家、省级62家、市级267家。全年省级以上龙头企业总销售（交易）额297.7亿元。

2022年淮安市农业产业化国家级龙头企业名录（6家）

淮安天参农牧水产有限公司
江苏海隆国际贸易有限公司
江苏华石农业集团股份有限公司
江苏省淮安新丰面粉有限公司
江苏民康油脂有限公司
江苏百斯特鲜食有限公司

2022年淮安市农业产业化省级重点龙头企业名录（62家）

江苏淮阴正大饲料有限公司
江苏华威农牧发展有限公司
淮安正昌饲料有限公司
淮安柴米河农业科技发展有限公司
淮安快鹿牛奶有限公司
江苏淮香食用菌有限公司
江苏新天地食品有限公司
江苏老侯珍禽食品有限公司
江苏润通食品有限公司
淮安市百欣食品有限公司
江苏淮安双汇食品有限公司
淮安市闽丰食用菌科技有限公司
江苏正林食品有限公司
江苏凯德亚食品有限公司
淮安市澳华农牧有限公司
江苏淮安苏食肉品有限公司
江苏奥斯忒食品有限公司

江苏金都食品有限公司
江苏安佑科技饲料有限公司
淮安市圣玉米业有限公司
江苏杰翔羽绒有限公司
淮安鹏润粮业有限公司
江苏百斯特农业发展有限公司
江苏御福斋米业有限公司
江苏国瑞绿色食品有限公司
淮安明天种业科技有限公司
江苏大湖面粉有限公司
江苏紫山生物股份有限公司
江苏华斯达食品有限公司
洪泽瑞泰生态农业发展有限公司
淮安丰盈现代农业有限公司
江苏唯思康食品科技发展有限公司
江苏大自然食品有限公司
江苏圆绿捆蹄有限公司
江苏康强食品有限公司
涟水县顺兴米面厂
淮安市三升食品有限公司
江苏全稳康源农业发展有限公司
江苏今世缘酒业股份有限公司
涟水县瑞丰农业科技发展有限公司
淮安市汇丰木业有限公司
江苏汇丰木业有限公司
淮安市康达饲料有限公司
江苏中和食品有限公司
淮安温氏畜牧有限公司
江苏省盱眙太粮米业有限公司
江苏永泰食品有限公司
盱眙许记味食发展有限公司
江苏盱眙振兴食品有限公司
江苏甘泉山粮油食品有限公司
江苏景山生态有机农业有限公司
盱眙泗州城农业开发有限公司
淮安市苗香米业有限公司
盱眙大庭昌（江苏）粮油食品有限公司
江苏岛田粮油食品有限公司
江苏广原油脂有限公司
江苏尧乡粮油食品有限公司
江苏天华牧业有限公司
江苏金大地饲料有限公司
金湖润香源米业有限公司
江苏金坊粮食有限公司
淮安海隆饲料有限公司

【农民专业合作社】 2022年，淮安市规范农民专业合作社示范化建设，制定出台《淮安市市级农民专业合作社示范社评定管理办法》。开展淮安市市级示范合作社监测，对2019年评定的100家市级农民专业合作示范社运行情况、产业分布、规范化建设和带动农民增收情况进行监测，取消36家监测不合格市级示范社资格。推进农民合作社示范创建，创建国家级示范合作社10个、省级示范合作社20个，认定市级示范合作社92个。至年末，全市有在市场部门登记的农民合作社5942个，其中国家级合作示范社60个、省级合作示范社177个、市级合作示范社483个，国家级、省级示范社数量均居全省第一。

1月3日，金湖县银涂镇浪里白条水产专业合作社农民在晾晒白条鱼，白条鱼作为年礼销往南京、上海等城市，帮助20多位村民农闲时“家门口”就业
梁德斌　摄/视觉江苏网　供

【家庭农场】 2022年，淮安市印发《2022年开展市级示范家庭农场认定工作的通知》，完善三级示范家庭农场创建机制，推动家庭农场高质量发展，创建省级示范家庭农场42家，新认定市级示范家庭农场132家。至年末，全市完成家庭农场注册登记认定6758家，累计建成县级以上示范家庭农场2776家，其中省级示范家庭农场270家、市级示范家庭农场632家、县级示范家庭农场1874家。年内，盱眙县观音寺善勤稻麦种植家庭农场，金湖县贵荣稻麦种植家庭农场，涟水明天家庭农场、顺吉家庭农场、荣欣家庭农场获评2022年江苏省“百佳家庭农场”。

2022年淮安市入选江苏省省级农民合作示范社名录（20家）

淮安市兴农果树专业合作社
淮安市淮安区马涵洞新天地土地股份专业合作社
淮安市淮安区大施河土地股份专业合作社
淮安市淮安区三庄土地股份专业合作社
淮安市淮阴区凌桥乡泗河王玉祥土地耕作服务专业合作社
淮安市淮阴区时和岁稔稻麦种植专业合作社
淮安市淮阴区孙氏果蔬种植专业合作社
洪泽区大老粗农产品专业合作社
洪泽东双沟镇韦越农机专业合作社
涟水县常盈桥稻麦种植专业合作社
涟水县丰祥瓜蒌种植农民专业合作社
涟水县梁岔镇国兵农机服务专业合作社
金湖县益志农机专业合作社
金湖士海农机专业合作社

金湖县金福粮食专业合作社
盱眙德波水产养殖专业合作社
盱眙新香浓水果专业合作社
盱眙黄花塘金谷庆丰稻麦种植专业合作社
淮安市淮安区东谈土地股份专业合作社
金湖县五星水生蔬菜专业合作社

2022年淮安市入选江苏省省级示范家庭农场名录（42家）

清江浦区万香家庭农场
清江浦区源绿家庭农场
淮阴区双强蔬菜种植家庭农场
淮阴区渔沟镇吴云亮果树种植家庭农场
淮阴区渔沟镇延伦稻麦种植家庭农场
淮阴区傅氏蔬菜种植家庭农场
淮阴区吉龙稻麦种植家庭农场
淮阴区华粮谷物种植家庭农场
淮阴区明红蔬菜种植家庭农场
洪泽县朱坝街道迎春家庭农场
洪泽县东双沟镇报山家庭农场
洪泽县朱坝街道俊峰家庭农场
淮安市洪泽区龙海家庭农场
洪泽县高良涧镇士军稻麦家庭农场
洪泽县梅红家庭农场
洪泽县仁和镇夕勤家庭农场
淮安市淮安区振河家庭农场
淮安市淮安区稻麦丰家庭农场
淮安市淮安区喜悦家庭农场
淮安市淮安区明曙家庭农场
淮安区朱桥镇张峰家庭农场
淮安市淮安区欢杰家庭农场
淮安区博里镇王金洪家庭农场
涟水县九军家庭农场
涟水丽林家庭农场
涟水县陈大屋基家庭农场
涟水县浩荡家庭农场
涟水县王玉功家庭农场
涟水县迎霜家庭农场
涟水县言文家庭农场
金湖县金松粮食种植家庭农场
金湖县国伟稻麦种植家庭农场
金湖县耕耘家庭农场
金湖县政海稻麦种植家庭农场
金湖仁山粮食家庭农场
金湖云山家庭农场
盱眙县铁佛镇远清果蔬种植家庭农场
盱眙观音寺雪松稻麦种植家庭农场
盱眙县仇集镇新家园谷物种植家庭农场
盱眙福丰稻麦种植家庭农场
盱眙贡虾行虾稻共作家庭农场
盱眙福祥谷物种植家庭农场

【农民“双创”】 2022年，淮安市加强高素质农民培育，持续赋能农民创新创业。至年末，全市通过线上线下多渠道，累计开展高素质农民培育1.87万人次，评定高素质农民乡村振兴技艺师职称311人。开展高素质农民创新创优“十佳带头人、十佳标兵”评选活动，为2108个农业经营主体发放农担信用贷款15.98亿元。

（许正豪）

农产品品牌建设

【概况】 至2022年末，淮安市有注册农产品商标9800余件，拥有“盱眙龙虾”“淮安大米”“淮安红椒”“圆绿捆蹄”等中国驰名商标7件，“淮安黑猪”“淮安蒲菜”“淮安黄瓜”“白马湖青虾”等农业农村部认定地标产品8件，“洪泽湖大闸蟹”“金湖鳜鱼”等国家地理标志证明商标129件，居全国设区市前列。“盱眙龙虾”“洪泽湖大闸蟹”入选国家首批农业品牌目录，“岔河大米”“淮蒲蒲菜”“苏悦草鸡”“柴米河稻米”“苏雨禾稻米”5个品牌入选江苏省农业品牌目录，“盱眙龙虾”“洪泽湖大闸蟹”“淮安大米”入选全省首届农业品牌大赛十强。“盱眙龙虾”获“第二届江苏省十强农产品区域公用品牌”称号。

（淮　鉴）

ha20nj11　ha21nj21　ha21nj10

洪泽湖螃蟹　盱眙龙虾香米（淮安大米）　金湖荷藕

表21　2022年淮安市国家地理标志证明商标一览表

序号	区（县）	商标注册人	商标（图样）	商标注册号	类别	核定使用商品或服务
1	清河区	淮安市粮食行业协会	淮安大米及图	4970201	31	未加工的稻
2	清河区	淮安市粮食行业协会	淮安大米及图	4970200	30	米
3	清浦区	淮安市辣椒协会	淮安红椒	7267333	31	辣椒（新鲜蔬菜）
4	淮阴区	淮安市淮阴区畜禽产业协会	淮阴黑猪	11332459	31	活猪
5	淮阴区	淮安市淮阴区畜禽产业协会	淮阴黑猪	11332460	29	猪肉（加工过的）
6	淮阴区	淮安市淮阴区畜禽产业协会	淮阴黄鸡	13283846	29	鸡（非活）
7	淮阴区	淮安市淮阴区畜禽产业协会	淮阴黄鸡	13283847	29	鸡（非活）
8	淮阴区	淮安市淮阴区畜禽产业协会	淮阴黄鸡	13283848	29	鸡（非活）
9	淮阴区	淮安市淮阴区畜禽产业协会	淮阴黄鸡蛋	13283854	29	鸡蛋
10	淮阴区	淮安市淮阴区畜禽产业协会	淮阴红薯粉丝	13283845	29	粉丝

续表21

序号	区（县）	商标注册人	商标（图样）	商标注册号	类别	核定使用商品或服务
11	淮阴区	淮安市淮阴区畜禽产业协会	淮阴红薯粉丝	13283852	29	粉丝
12	淮阴区	淮安市淮阴区畜禽产业协会	淮阴红薯粉丝	13283853	29	粉丝
13	淮阴区	淮安市淮阴区畜禽产业协会	淮阴红薯粉丝	13283864	29	粉丝
14	淮阴区	淮安市淮阴区畜禽产业协会	淮阴黄鸡	13283851	31	活鸡
15	淮阴区	淮安市淮阴区畜禽产业协会	淮阴黄鸡	13283859	31	活鸡
16	淮阴区	淮安市淮阴区畜禽产业协会	淮阴大白菜	13283849	29	腌制大白菜
17	淮阴区	淮安市淮阴区畜禽产业协会	淮阴黄瓜	13283856	29	腌制黄瓜
18	淮阴区	淮安市淮阴区畜禽产业协会	淮阴黄瓜	13283857	29	腌制黄瓜
19	淮阴区	淮安市淮阴区畜禽产业协会	淮阴西瓜	13283850	31	西瓜
20	淮阴区	淮安市淮阴区畜禽产业协会	淮阴黄瓜	13283855	31	新鲜黄瓜
21	淮阴区	淮安市淮阴区畜禽产业协会	淮阴黄瓜	13283858	31	新鲜黄瓜
22	淮阴区	淮安市淮阴区畜禽产业协会	淮阴大白菜	13283860	31	新鲜大白菜
23	淮阴区	淮安市淮阴区畜禽产业协会	淮阴大白菜	13283861	31	新鲜大白菜
24	淮阴区	淮安市淮阴区畜禽产业协会	淮阴西瓜	13283862	31	西瓜
25	淮阴区	淮安市淮阴区畜禽产业协会	淮阴西瓜	13283863	31	西瓜
26	淮阴区	淮安市淮阴区畜禽产业协会	淮阴黑蚬	15376177	29	黑蚬（非活贝壳类动物）
27	淮阴区	淮安市淮阴区畜禽产业协会	淮阴葡萄	15376178	31	新鲜葡萄
28	淮阴区	淮安市淮阴区畜禽产业协会	淮阴花生	15376179	29	加工过的花生
29	淮阴区	淮安市淮阴区畜禽产业协会	淮阴杏鲍菇	15376180	31	杏鲍菇（新鲜蘑菇）
30	淮阴区	淮安市淮阴区畜禽产业协会	淮阴冬枣	15376181	30	冬枣（鲜枣）
31	淮阴区	淮安市淮阴区畜禽产业协会	淮阴大米	15376182	31	米
32	淮阴区	淮安市淮阴区畜禽产业协会	淮阴草莓	16281853	31	草莓（新鲜水果）
33	淮阴区	淮安市淮阴区畜禽产业协会	淮阴香瓜	16281855	31	香瓜（新鲜水果）
34	淮阴区	淮安市淮阴区畜禽产业协会	淮阴山药	16281850	31	山药（新鲜蔬菜）
35	淮阴区	淮安市淮阴区畜禽产业协会	淮阴长豆角	16281852	29	长豆角（干蔬菜）
36	淮阴区	淮安市淮阴区畜禽产业协会	淮阴绿头鸭	16281851	29	鸭（非活）
37	淮阴区	淮安市淮阴区畜禽产业协会	淮阴青椒	16281854	31	青椒（新鲜蔬菜）
38	淮安区	淮安市淮安区茶馓行业协会	淮安茶馓	12461037	30	茶馓
39	淮安区	淮安市淮安区茶馓行业协会	淮安茶馓	12461038	30	茶馓
40	淮安区	淮安市淮安区茶馓行业协会	淮安茶馓	12461039	30	茶馓
41	淮安区	淮安市淮安区茶馓行业协会	淮安茶馓	12461040	30	茶馓
42	淮安区	淮安市淮安区农副产品协会	淮安蒲菜	11953708	31	蒲菜
43	淮安区	淮安市淮安区农副产品协会	淮安蒲菜	11953710	31	蒲菜
44	淮安区	淮安市淮安区农副产品协会	淮安蒲菜	11953707	31	蒲菜
45	淮安区	淮安市淮安区农副产品协会	淮安蒲菜	11953709	31	蒲菜
46	洪泽县	洪泽县洪泽湖大闸蟹协会	洪泽湖螃蟹	7026934	31	螃蟹（活的）
47	洪泽县	洪泽县洪泽湖农产品协会	洪泽白鹅	11186037	31	鹅（活的）
48	洪泽县	洪泽县洪泽湖农产品协会	洪泽大米	11186027	30	大米

续表21

序号	区（县）	商标注册人	商标（图样）	商标注册号	类别	核定使用商品或服务
49	洪泽县	洪泽县洪泽湖农产品协会	西顺河红衣小花生	11186032	31	新鲜花生
50	洪泽县	洪泽县洪泽湖农产品协会	洪泽河蚬	11186034	31	河蚬（活的）
51	洪泽县	洪泽县洪泽湖农产品协会	洪泽河蚬	11186035	29	河蚬（非活）
52	洪泽县	洪泽县洪泽湖农产品协会	洪泽银鱼	11186036	31	银鱼（活的）
53	洪泽县	洪泽县洪泽湖农产品协会	洪泽芡实	11186030	31	新鲜芡实
54	洪泽县	洪泽县洪泽湖农产品协会	洪泽芡实	11186031	30	干芡实
55	洪泽县	洪泽县洪泽湖农产品协会	洪泽白鱼	15854803	29	白鱼（非活）
56	洪泽县	洪泽县洪泽湖农产品协会	洪泽白鱼	15854804	31	白鱼（活的）
57	洪泽县	洪泽县洪泽湖农产品协会	洪泽青虾	15854805	29	青虾（活的）
58	洪泽县	洪泽县洪泽湖农产品协会	洪泽青虾	15854806	29	青虾（非活）
59	洪泽县	洪泽县洪泽湖农产品协会	洪泽菱角	15854807	31	新鲜菱角
60	洪泽县	洪泽县洪泽湖农产品协会	洪泽菱角	15854808	29	加工过的菱角仁
61	洪泽县	洪泽县洪泽湖农产品协会	洪泽草鸡	15854809	29	鸡（非活）
62	洪泽县	洪泽县洪泽湖农产品协会	洪泽平菇	15854810	31	平菇；平菇（鲜食用菌）；平菇（新鲜块菌）
63	洪泽县	洪泽县洪泽湖农产品协会	洪泽平菇	15854811	29	平菇（干食用菌）
64	洪泽县	洪泽县洪泽湖农产品协会	洪泽草鸡	15854812	31	鸡（活的）
65	洪泽县	洪泽县洪泽湖农产品协会	洪泽荷藕	15854813	29	加工过的荷藕
66	洪泽县	洪泽县洪泽湖农产品协会	洪泽荷藕	15854814	31	新鲜荷藕
67	金湖县	金湖县米业协会	金湖大米	6748052	30	米
68	金湖县	金湖县农副产品营销协会	金湖芡实	10154869	30	加工过的干芡实
69	金湖县	金湖县农副产品营销协会	金湖荷藕	10154868	31	鲜藕
70	金湖县	金湖县农副产品营销协会	金湖螃蟹	10154872	31	螃蟹（活的）
71	金湖县	金湖县农副产品营销协会	金湖甲鱼	10154871	31	甲鱼（活的）
72	金湖县	金湖县农副产品营销协会	金湖泥鳅	10154870	31	泥鳅（活的）
73	金湖县	金湖县农副产品营销协会	金湖白鹅	10154867	31	白鹅（活的）
74	金湖县	金湖县农副产品营销协会	金湖甲鱼	12414733	29	甲鱼（非活）
75	金湖县	金湖县农副产品营销协会	金湖螃蟹	12414734	29	螃蟹（非活）
76	金湖县	金湖县农副产品营销协会	金湖泥鳅	12414735	29	泥鳅（非活）
77	金湖县	金湖县农副产品营销协会	金湖白鹅	12414736	29	白鹅（非活）
78	金湖县	金湖县农副产品营销协会	金湖芡实	12414737	31	芡实（新鲜芡实）
79	金湖县	金湖县农副产品营销协会	金湖荷藕	12414738	29	荷藕（加工过的荷藕）
80	金湖县	金湖县农副产品营销协会	金湖莲子	14738768	29	加工过的莲子
81	金湖县	金湖县农副产品营销协会	金湖银鱼	14738769	29	银鱼（非活）
82	金湖县	金湖县农副产品营销协会	金湖龙虾	14738770	31	龙虾（活的）
83	金湖县	金湖县农副产品营销协会	金湖龙虾	14738767	31	龙虾（活的）
84	金湖县	金湖县农副产品营销协会	金湖龙虾	14738766	29	龙虾（非活）
85	金湖县	金湖县农副产品营销协会	金湖龙虾	14738771	30	龙虾（非活）
86	涟水县	涟水县农副产品营销协会	涟水鸡糕	12414723	29	肉糜（鸡肉制品）
87	涟水县	涟水县农副产品营销协会	涟水鸡糕	12414724	29	肉糜（鸡肉制品）

续表21

序号	区（县）	商标注册人	商标（图样）	商标注册号	类别	核定使用商品或服务
88	涟水县	涟水县农副产品营销协会	涟水捆蹄	12414725	29	捆蹄（猪肉食品）
89	涟水县	涟水县农副产品营销协会	涟水捆蹄	12414726	29	捆蹄（猪肉食品）
90	涟水县	涟水县农副产品营销协会	涟水荷藕	12414727	29	加工过的荷藕
91	涟水县	涟水县农副产品营销协会	涟水荷藕	12414728	31	新鲜荷藕
92	涟水县	涟水县农副产品营销协会	涟水萝卜干	12414730	29	萝卜干
93	涟水县	涟水县农副产品营销协会	涟水萝卜干	12414731	29	萝卜干
94	涟水县	涟水县农副产品营销协会	涟水千张	12414732	29	千张（豆腐制品）
95	涟水县	涟水县农副产品营销协会	涟水千张	12414729	29	千张（豆腐制品）
96	涟水县	涟水县农副产品营销协会	涟水荷藕	13731257	31	新鲜荷藕
97	涟水县	涟水县农副产品营销协会	涟水荷藕	13731258	29	加工过的荷藕
98	涟水县	涟水县农副产品营销协会	涟水萝卜干	13731259	29	萝卜干
99	涟水县	涟水县农副产品营销协会	涟水萝卜干	13731260	29	萝卜干
100	涟水县	涟水县农副产品营销协会	涟水鸡糕	13731251	29	肉糜（鸡肉制品）
101	涟水县	涟水县农副产品营销协会	涟水鸡糕	13731252	29	肉糜（鸡肉制品）
102	涟水县	涟水县农副产品营销协会	涟水捆蹄	13731253	29	捆蹄（猪肉食品）
103	涟水县	涟水县农副产品营销协会	涟水捆蹄	13731254	29	捆蹄（猪肉食品）
104	涟水县	涟水县农副产品营销协会	涟水千张	13731255	29	千张（豆腐制品）
105	涟水县	涟水县农副产品营销协会	涟水千张	13731256	29	千张（豆腐制品）
106	盱眙县	江苏省盱眙龙虾协会（驰名）	盱眙龙虾 XUYILONGXIA	3739968	31	龙虾（活的）
107	盱眙县	江苏省盱眙龙虾协会（驰名）	盱眙龙虾 XUYILONGXIA	12584774	29	龙虾（非活）
108	盱眙县	盱眙县农副产品营销协会	盱眙大葱	15928669	31	大葱
109	盱眙县	盱眙县农副产品营销协会	盱眙水蜜桃	15928670	31	水蜜桃
110	盱眙县	盱眙县农副产品营销协会	盱眙大白菜	15928671	31	腌制大白菜
111	盱眙县	盱眙县农副产品营销协会	盱眙大白菜	15928672	29	新鲜大白菜
112	盱眙县	盱眙县农副产品营销协会	盱眙螃蟹	15982807	29	螃蟹（非活）
113	盱眙县	盱眙县农副产品营销协会	盱眙青虾	15982808	29	虾（非活）
114	盱眙县	盱眙县农副产品营销协会	盱眙青虾	15982808	31	虾（活的）
115	盱眙县	盱眙县农副产品营销协会	盱眙草莓	16022254	31	新鲜草莓
116	盱眙县	盱眙县农副产品营销协会	盱眙螃蟹	16022253	31	螃蟹（活的）
117	金湖县	金湖县县农副产品营销协会	金湖鳜鱼	17734891	31	鳜鱼（活的）
118	洪泽区	洪泽县洪泽湖农产品协会	洪泽鲫鱼	19013125	31	鲫鱼（活的）
119	洪泽区	洪泽县洪泽湖农产品协会	洪泽鲫鱼	19013126	29	鲫鱼（非活）
120	金湖县	金湖县县农副产品营销协会	金湖鳜鱼	17744620	31	鳜鱼（活的）
121	洪泽区	洪泽县洪泽湖农产品协会	西顺河红衣小花生	20469101	29	加工过的花生
122	涟水县	涟水县农副产品营销协会	涟水草鸡	26032272	29	鸡（活的）
123	涟水县	涟水县农副产品营销协会	涟水草鸡	26032273	29	鸡（非活）
124	涟水县	涟水县农副产品营销协会	涟水草鸡	26032275	31	鸡（活的）
125	涟水县	涟水县农副产品营销协会	涟水草鸡	26032277	31	鸡（活的）

续表21

序号	区（县）	商标注册人	商标（图样）	商标注册号	类别	核定使用商品或服务
126	涟水县	涟水县农副产品营销协会	涟水草鸡	26032274	29	鸡（非活）
127	盱眙县	江苏省盱眙龙虾协会	盱眙龙虾香米	34372510	30	大米
128	洪泽区	洪泽区蒋坝镇农业技术服务站	蒋坝螺蛳	43105498	31	螺蛳（活的）
129	涟水县	涟水县农副产品营销协会	涟水草鸡蛋	50649656	29	鸡蛋

（资料来源：市市场监管局）

【市场推广】 2022年，淮安市利用国际平台加强农产品品牌展示推介，12月22—25日，组织“淮味千年”品牌授权主体参加第19届中国国际农产品交易会，有14家企业、60多个产品参加展示。加强品牌线上线下实体化运营，与展销国资企业平台签订合作协议，授权使用“淮味千年”品牌，联合开展抖音年货节线上营销宣传活动，至年末，“淮味千年”品牌农产品销售额突破200亿元。

【“淮味千年”农产品区域公用品牌】 2022年，“淮味千年”农产品区域公用品牌推进实体化、市场化、规范化经营，加强“淮味千年+基地+标准+溯源+电商+门店”发展，省、市级累计投入财政资金4000万元。至年末，“淮味千年”授权各类农产品生产主体60家，涉及盱眙龙虾、洪泽湖大闸蟹、淮安大米等在内的14个特色优势农产品品类。在北京、上海、南京等城市举办“淮味千年”品牌农产品推广展销活动40多场，建立线下星级直营门店42家，实现全程质量控制13家，入选江苏农业品牌目录18家。举办“淮味千年”品牌产品包装设计大赛，收到参赛作品近500件，其中筛选入围作品147件，最终获奖作品32件，扩大品牌知名度。

【农产品“三品一标”建设】 2022年，淮安市推进农产品“三品一标”（无公害农产品、绿色食品、有机农产品和农产品地理标志）建设，全市有有效期内绿色食品291个、有机农产品24个、农产品地理标志登记10个。洪泽区创建全国绿色食品原料标准化生产基地，新建成省级绿色优质农产品基地14个，全市有省级绿色优质农产品基地67个，绿色优质农产品比重达70%。提高农产品质量追溯规范化水平，落实承诺达标合格证制度，全市有纳入省农产品质量追溯管理平台监管的规模主体14681户。

【“盱眙龙虾”入选2022年全国农业品牌精品培育计划】 2022年10月31日，“盱眙龙虾”入选农业农村部2022年农业品牌精品培育名单。入选农业品牌可获得基础支撑、品牌营销、渠道对接、消费促进、金融服务和海外推广等方面支持，帮助品牌提升品质、竞争力与影响力。至年末，“盱眙龙虾”品牌价值为306.5亿元，连续7年蝉联全国地理标志产品区域品牌水产类第一。

【洪泽湖大闸蟹节入选全国丰收节庆特色活动】 2022年11月3日，中国农民丰收节组委会公布100个丰收节庆特色活动名单，洪泽湖大闸蟹节入选。9月22—23日，洪泽湖大闸蟹开捕仪式举行，中央电视台财经频道、农业农村频道、新闻频道等媒体予以报道；9月29日，洪泽湖大闸蟹节开幕。至2022年，淮安市连续举办17届洪泽湖大闸蟹节，“洪泽湖大闸蟹”品牌价值150.16亿元，螃蟹年销售额超20亿元，带动农民增收超10亿元。

【盱眙国际龙虾节入选江苏十佳丰收节庆特色活动】 2022年9月23日，盱眙国际龙虾节入选“2022年江苏十佳丰收节庆特色活动”名单。6月12日，第22届中国·盱眙国际龙虾节开幕，龙虾节期间举办中国龙虾产业高质量发展大会、百城千店·火红龙虾宴、盱眙龙虾新味大赛、2022“江苏味道”盱眙龙虾美食促消费等系列活动。至2022年，盱眙县连续举办22届盱眙龙虾节，龙虾产业得到深度融合，带动就业创业20余万人，产生百万“虾富”100余人、千万“虾王”30余人。全县龙虾养殖面积83.5万亩，有龙虾产品加工企业70余家。

【全国推进农业生产“三品一标”培训班】 2022年8月30日，全国推进农业生产“三品一标”培训班在淮安市

8月21日，全国推进农业生产“三品一标”培训班开班仪式在淮安市举行
市农业农村局　供

开班，农业农村部市场司、监管司等6个司局和规划设计研究院专家到班授课，全国31个省、区、市农业农村系统130余人参加培训。培训班组织现场观摩盱眙龙虾博物馆、盱眙诺亚方舟小龙虾养殖基地、盱眙现代农业产业园等地，专家就优质农产品品种培优、品质提升、品牌打造和标准化生产进行授课，吉林省农业农村厅、江西省赣州市、江苏省淮安市盱眙县等9个单位代表作交流发言。

（许正豪）

农业执法

【概况】 2022年，淮安市开展农资打假系列、“中国渔政亮剑2022”系列、白马湖封湖禁渔和“铁牛卫士”农机安全4个专项执法行动。开展执法3345次，出动执法人员21056人次，检查各类执法对象6913家次，查办各类案件571起，移交司法机关处理案件15件，罚没金额156万元。开展各类法律法规和安全生产宣传活动814次，发放宣传品和资料10万份。

【农业综合行政执法改革】 2022年，淮安市建立农业综合行政执法指挥中心，推出“大数据+指挥中心+综合执法队伍”综合执法模式。6月，《淮安市深化农业综合行政执法改革实施方案》印发实施，撤销农业行政执法支队、渔政监督支队、机械安全监理所等6家事业单位；整合渔业、兽医兽药、生猪屠宰等行政处罚、行政强制职能，组建市农业综合行政执法支队，负责全市农业综合执法；清江浦区不再承担相关执法职责，实现“一支队伍管执法”。县区农业农村部门突出日常执法检查、一般违法案件查处。依法赋予镇街农业综合行政执法权限，以镇街名义开展行政执法工作。

【农资执法】 2022年，淮安市推行“互联网+农资企业+农资用户”三位一体监管模式，开展“治违禁 控药残 促提升”专项整治。启动农资打假“夏季百日行动”。推进农业综合执法数字化，开展源头治理和产品抽检，规范农资生产经营秩序，保障农业生产和农产品质量安全。全市出动执法人员847人次，检查各类生产经营主体625个次，抽检种子123批次，抽检农药265批次。印发宣传资料1.7万份，查办违法农资案件12起，其中移送司法机关1起，累计罚没金额28.7万元。

【渔业执法】 2022年，淮安市严厉打击古淮河、里运河、灌溉总渠、白马湖等重点水域非法捕捞、破坏渔业资源违法行为，印发《淮安市“中国渔政亮剑2022”系列专项执法行动方案》。全市查办涉渔违法违规案件105起，查处违规渔具3601张（顶），向公安机关移交涉嫌犯罪涉渔违法案件15起。开展涉渔、禁渔法律法规宣传普及，发放涉渔法律法规宣传单2万余份，悬挂禁渔横幅标语400余条，张贴禁渔公告800张，组织集中公开拆解销毁违法用具活动3场次，提升渔民法律意识。

【畜禽养殖“瘦肉精”监管】 2022年，淮安市开展畜禽养殖“瘦肉精”专项整治，加强“瘦肉精”监管，保障畜产品消费安全。以肉羊、肉牛为重点落实监管措施，全市排查肉牛养殖场户46家，排查肉牛屠宰企业1家，排查肉牛552头；排查肉羊养殖场户45家，排查肉羊640只。

【农机安全执法】 2022年，淮安市加强农忙时节农机安全生产工作，开展“铁牛卫士”农机安全执法检查，严厉打击涉牌涉证、违反安全操作规程等违法行为，全年未发生农机安全事故。重点针对田间作业拖拉机和联合收割机，检查脱检未检、安全设施不齐、无证驾驶、驾驶无证或拼装机具、疲劳驾驶、酒驾等违法行为。开展农机安全执法检查221次，查处违法行为254起，以教育手段提升驾驶人依法用机和安全生产意识。组织农机送检上门服务150多场次，发放农机安全宣传警示标贴、安全生产承诺书等宣传资料8000份，年检农机7000余台。举办“2022年农机送检下乡”活动，全面升级“农机送检下乡”配套服务。

【白马湖封湖禁渔】 2022年2月15日，淮安市出台《白马湖封湖禁渔通告》，明确3—6月为白马湖封湖禁渔期。禁渔期内，出动宣传车、宣传艇，沿环湖大道、渔业村庄、渔岛等渔民集中居住区进行禁渔宣传。全湖范围张贴《白马湖禁渔通告》120余份，散发宣传单2500份，悬挂横幅120条，巡回播放禁渔通告录音800余次。加强禁捕执法，加大执法巡查力度，严厉打击违规入湖偷捕行为，保护封湖禁渔成效。禁渔期间，全市出动执法车、艇205航次，参与执法人员736余人次，立案查处违法垂钓、非法捕捞案件29起。

【首次苏皖边界地区农资打假联合执法行动】 2022年3月11日，淮安市、安徽省滁州市联合开展苏皖边界地区跨区域农资打假联合执法行动，该行动为淮安市首次开展的跨省市区域农资打假联合执法行动，标志着苏皖边界地区农业联合执法机制正式落地。执法行动中，对农药、种子、化肥等农资产品质量，农资门店经营许可证悬挂情况，电子追溯设备、消防设施、农药废弃物回收箱使用情况等开展检查，责令问题产品现场下架整改，涉及线索移交所属执法机构查办。

（许正豪）

工　业

责任编辑：汪　洁

综　述

【工业经济运行】 2022年，淮安市面对经济环境复杂多变和新冠疫情反复冲击，平衡疫情防控和经济社会发展，做好经济运行监测协调与项目建设帮办服务，保障重点企业稳产达产，最大程度稳住经济基本盘，工业经济延续稳定恢复态势。加强政策落实和要素保障，指导企业落实防疫各项措施，建立市稳定供应链产业链工作专班和企业保供服务专班，全市工业经济总量效益实现同步攀升。规模以上工业增加值同比增长8.2%，高于全省3.1个百分点，增幅排名全省第六；规模以上工业投资同比增长20.7%，高于全省11.7个百分点，增幅排名全省第二。制造业增加值占比32%，综合得分居全省第六，较上年提高0.6个百分点、前进2位，其中发展指数排名全省第四。规模以上工业总产值同比增长9.6%；实现规模以上工业企业应税开票销售3008.3亿元，同比增长4.3%。全部工业用电量149.9亿千瓦时，同比增长5.5%。完成规模以上工业企业营业收入3358.9亿元，同比增长6.2%；完成工业入库税金227.9亿元。至年末，全市有规模以上工业企业1861家。

【主导产业】 2022年，淮安市优化升级主导产业，打造绿色食品、新一代信息技术、新型装备制造、新材料四大千亿级主导产业，出台主导产业行动方案，从发展概况、发展思路与目标、发展路径以及工作举措四个方面制定全市“十四五”时期工业经济发展规划，编制产业图谱、头部企业库、重点招商目录、招商地图等。构建“六个一”（成立一个领导小组、组建一个产业专班、聘请一批专家智库、成立一个产发平台、培育一批服务机构、落实一批专属政策）产业发展生态，支持各县区打造一批百亿级特色产业。全市新招引、新开工亿元以上工业项目中四大千亿级主导产业项目占比均为60%以上；全年四大千亿级主导产业实现规模以上企业应税开票销售2283亿元，同比增长8.2%，增速高于全市规模以上工业3.9个百分点，占全市规模以上工业比重75.9%。全市新开工、新竣工亿元以上工业项目中四大产业项目占比均超50%。

【特色产业】 2022年，淮安市结合产业发展趋势和重大项目建设情况，制定《关于加快推动先进制造业集群发展的实施意见》（以下简称《意见》），提出“7+3”优势产业和先导产业集群定位。《意见》围绕打造长三角先进制造业融合发展集聚区，以百亿级龙头项目为产业发展重点，打造新能源及节能装备、新能源汽车及零部件、纤维新材料、化工新材料、PCB电子元器件、绿色食品、生物技术及新医药7个优势产业集群，培育人工智能、集成电路、新兴数字产业3个先导产业集群。强化龙头企业培育，发挥链主企业产业整合力，引进集群核心企业，实施上下游核心原料、关键零部件企业招引，保障项目审批、资源要素供给等方面政策，优化调整市领导挂钩帮扶机制，推进龙头项目发展，加快建设台华新材料、今世缘酒业等优势特色产业集群项目。

【新兴产业】 2022年，淮安市培育推动新一代信息技术、高端装备、新能源汽车、新材料、生物医药等战略性新兴产业发展，促进产业重构升级。全市规模以上工业战略性新兴企业实现产值1498亿元，占全市工业总产值的41.4%，较上年提升2.8个百分点。建立战略性新兴产业企业库，开展保产业链和供应链稳定工作，加强项目招引，服务企业竣工投产和稳定生产，壮大战略性新兴产业发展规模。全市新签约工业项目中，有上市企业、高新技术企业、“专精特新”、行业“小巨人”、行业“独角兽”类企业项目161个，占比30.7%，天合光能、捷泰太阳能电池片、巨石玻纤、天鹏锂能、骏盛新能源电池、比亚迪新能源商用车等一大批投资额超50亿元、100亿元战略性新兴产业重大项目落地，全市产业结构持续优化升级。

【重大项目建设】 2022年，淮安市围绕项目建设“1320”（全年工业投资不低于1000亿元，开工亿元以上工业项目不低于300个，其中50亿元以上项目不低于20个）目标任务，完善重特大产业项目挂钩帮办和定期会办机制，推动项目快落地建设、快投产达效。全年完成规模以上工业投资923亿元，同比增长20.7%。新开工亿元以上工业项目314个、新竣工200个，同比分别增加68个

12月3日，工人在淮安市中天钢铁集团精品钢帘线项目工地紧张施工。中天钢铁集团精品钢帘线项目计划总投资202亿元，是淮安首个投资超200亿元的重特大项目　　贺敬华　摄/视觉江苏网　供

和21个。在建50亿元以上工业项目14个，其中百亿级项目5个；8个工业项目入选省重大项目，项目数量、年度投资额分别是上年的2倍和4倍。全市通过“拿地即开工”方式落地项目140个，总数居全省第二、占比居全省第一，缩短重特大项目从签约到落地时间。提升百亿级项目从签约到实质性开工时效，其中中天钢铁集团精品钢帘线项目100天、台华新材绿色多功能锦纶新材料一体化项目70天、捷泰新能源高效太阳能电池片项目51天、天合光能高效光伏电池32天；荣芯半导体项目、南高齿（淮安）高速齿轮制造项目两个超50亿元项目从开工到投产用时一年。

表22　2022年淮安市规模以上工业经济效益一览表

单位：亿元

地区	产成品	营业收入	利润总额	亏损企业亏损额
全市	151.76	3358.90	189.84	37.97
市直	15.32	515.84	36.64	5.56
淮安区	15.75	351.52	18.46	2.40
淮阴区	12.82	307.64	−0.81	13.66
清江浦区	8.89	167.96	13.86	1.98
洪泽区	16.49	259.97	7.81	3.49
涟水县	16.55	425.95	51.39	1.33
盱眙县	15.22	254.65	5.52	3.46
金湖县	18.34	435.96	13.94	0.94
淮安经济技术开发区	30.44	573.02	41.00	4.22
淮安工业园区	13.90	241.10	18.65	3.22

（资料来源：市统计局）

表23　2022年淮安市在建50亿元以上重大工业项目一览表

序号	项目名称	行业类别	落地县区	开工时间（以进入市考核体系时间为准）
1	庆鼎精密电子高端高密度印刷电路板和类载板项目（第三园区）	新一代信息技术	淮安经济技术开发区	2020.7
2	天合光能高效光伏电池及大功率光伏组件项目	新型装备制造	淮安经济技术开发区	2022.9
3	天鹏锂能高效新型锂离子电池产业化项目	新型装备制造	清江浦区	2021.3
4	益海嘉里食品产业园项目	绿色食品	清江浦区	2021.11

续表23

序号	项目名称	行业类别	落地县区	开工时间（以进入市考核体系时间为准）
5	中天钢铁超高强精品钢帘线项目	新型装备制造	淮阴区	2021.9
6	荣芯半导体年产36万片12寸晶圆项目	新一代信息技术	淮阴区	2022.1
7	台华新材绿色多功能锦纶新材料一体化项目	新材料	洪泽区	2021.10
8	今世缘南厂区智能化酿酒陈贮中心项目	绿色食品	涟水县	2021.1
9	特创科技印制线路板二期项目	新一代信息技术	涟水县	2021.5
10	捷泰新能源年产26GW新型高效太阳能电池智慧工厂建设项目	新型装备制造	涟水县	2022.10
11	隆华高新铝制型材智造产业链及仓储供应链项目	新型装备制造	盱眙县	2021.4
12	南高齿风电淮安扩产项目（一期）	新型装备制造	金湖县	2021.5
13	南高齿海上超大兆瓦齿轮箱生产项目（二期）	新型装备制造	金湖县	2022.9
14	万香科技产业园区项目	新材料	淮安工业园区	2022.5

（资料来源：市工信局）

【工业转型升级】 2022年，淮安市实施百亿企业培育、千企技改、“专精特新”、绿色标杆创建、智能化改造和数字化转型等行动计划，壮大优质企业和自主品牌主体，推动制造业高质量发展、产业结构转型升级。全年创成省级以上标杆示范类企业数量超200家，较上年增加一倍。实施绿色制造培育工程，构建以节能、环保、安全为重点的绿色制造体系，推动传统产业绿色化转型，推动低端低效产能调整退出，实施节能减排技改项目33个，挖掘释放节能量44万吨。建立健全培育体系，实施绿色创建“十百千”（培育10个年产值超过500亿元的绿色技术创新龙头企业，支持100家企业创建国家绿色企业技术中心，认定1000家绿色技术创新企业）行动，出台《淮安市绿色标杆企业认定办法》，帮助引导企业实施绿色化改造，对新获批的市级绿色标杆企业及省级、国家级绿色工厂，分别给予20万元、50万元、100万元奖励，奖励标准居全省首位、全国前列。开展绿色创建行动，培育市级绿色标杆入库企业136家，新创成省级绿色工厂18家，位居苏北地区第一，新增国家绿色工厂1家，新培育国家绿色供应链1个。提升项目招引质态，发挥市产业专班和专家智库作用，对投资10亿元以上项目从投资主体、项目质态、风险分析和产业政策等维度进行前期分析研判，全年完成90个重特大项目的研判报告，为项目决策提供科学参考。新招引重特大项目中，中天精品钢帘线项目按照全球“灯塔工厂”设计布局，台华新材料、天鹏锂能、特创线路板二期等项目按照“智慧工厂”规划建设，采用行业顶尖设备和物联网、人工智能等前沿技术，建成行业标杆。

【重点企业培育】 2022年，淮安市优化竣工项目转化，开展分类指导、“一企一策”培育，推进百亿企业、高新技术企业、上市企业转型发展。出台《关于推动制造业高质量发展的实施意见》，围绕“六项工程”，即重点培育规模企业、上市企业、高科技企业、创新平台载体培育、绿色制造、“智改数转”，实施百亿企业培育、“千企技改”、“专精特新”等行动计划和扶持激励政策。创新财政集成奖补模式和免申即享方式，整合工信、科技、金融、市场监管等部门原有涉企扶持资金，设立工业强市发展专项引导资金总盘子2.43亿元，主要用于标杆示范企业奖励、企业技改和信息化投入奖补。出台专项资金管理办法，优化竣工项目服务转接机制，实行“六项工程”涉及企业的分类建库管理和动态滚动管理；成立工作专班，定期通报培育情况，及时解决存在问题。年内，新增列统企业322家，技术改造类项目完成设备和信息化投入24.9亿元，财政引导资金撬动放大率为1∶20；研发投入奖补资金撬动全社会研发投入增长25%以上；新增技改投入同比增长32.2%。

【专精特新“小巨人”企业】 2022年，淮安市新增国家级专精特新“小巨人”企业2家、省级“专精特新”企业75家，7家企业通过省级“专精特新”企业复核，新认定市级“专精特新”企业138家。年内，江苏天一超细金属粉末有限公司被评为第七批制造业单项冠军示范企业，实现全市国家制造业单项冠军企业“零”的突破。江苏汉邦科技股份有限公司等3家企业获批中央财政奖补资金680万元，数量和金额均位居苏北地区第一。江苏纽泰格科技股份有限公司、江苏科圣化工机械有限公司获批省工业专项资金470万元。至年末，全市累计培育市级以上“专精特新”企业321家，其中国家级专精特新“小巨人”企业14家、省级“专精特新”中小企业95家、市级“专精特新”企业212家。

（刘圣明　宁新匡）

表24 2022年淮安市国家级、省级“专精特新”企业一览表

序号	企业名称	所属县区	级别
1	江苏汉邦科技股份有限公司	淮安经济技术开发区	国家级
2	淮安威灵电机制造有限公司	淮安经济技术开发区	国家级
3	江苏惠民交通设备有限公司	淮安区	国家级
4	江苏视科新材料股份有限公司	金湖县	国家级
5	江苏金石机械集团有限公司	金湖县	国家级
6	金湖县常盛动力机械配件有限公司	金湖县	国家级
7	江苏金卫机械设备有限公司	金湖县	国家级
8	江苏红光仪表厂有限公司	金湖县	国家级
9	江苏科润膜材料有限公司	金湖县	国家级
10	江苏天一超细金属粉末有限公司	盱眙县	国家级
11	江苏三联新材料有限公司	洪泽区	国家级
12	江苏爱吉斯海珠机械有限公司	洪泽区	国家级
13	江苏麒祥高新材料有限公司	淮安工业园区	国家级
14	江苏科圣化工机械有限公司	清江浦区	国家级
15	江苏科环新材料有限公司	淮安经济技术开发区	省级
16	江苏双环齿轮有限公司	淮安区	省级
17	江苏施塔德电梯有限公司	淮安区	省级
18	江苏康乃馨织造有限公司	淮安区	省级
19	西派集团有限公司	金湖县	省级
20	江苏金湖输油泵有限公司	金湖县	省级
21	江苏润仪仪表有限公司	金湖县	省级
22	江苏协诚科技发展有限公司	金湖县	省级
23	江苏华夏仪表有限公司	金湖县	省级
24	江苏阿路美格新材料股份有限公司	金湖县	省级
25	江苏爱可青交通科技有限公司	金湖县	省级
26	淮安展德光电科技有限公司	清江浦区	省级
27	江苏天士力帝益药业有限公司	清江浦区	省级
28	江苏正大清江制药有限公司	清江浦区	省级
29	江苏省金象传动设备股份有限公司	清江浦区	省级
30	淮安麦德森制药有限公司	清江浦区	省级
31	淮阴医疗器械有限公司	清江浦区	省级
32	江苏纽泰格科技股份有限公司	淮阴区	省级
33	万香科技股份有限公司	淮阴区	省级
34	江苏永创医药科技股份有限公司	涟水县	省级
35	江苏神华药业有限公司	金湖县	省级
36	江苏悦丰晶瓷科技有限公司	洪泽区	省级

续表24

序号	企业名称	所属县区	级别
37	江苏威博液压股份有限公司	淮安经济技术开发区	省级
38	江苏瀚康新材料有限公司	洪泽区	省级
39	江苏艾科维科技有限公司	淮安工业园区	省级
40	江苏宇特光电科技股份有限公司	盱眙县	省级
41	江苏华尔威科技集团有限公司	金湖县	省级
42	江苏禾裕泰化学有限公司	淮安工业园区	省级
43	淮安侨新新材料科技有限公司	金湖县	省级
44	淮安市文善电子有限公司	淮安区	省级
45	江苏天利成建筑科技有限公司	金湖县	省级
46	江苏明德立达作物科技有限公司	淮安工业园区	省级
47	江苏瑞洋安泰新材料科技有限公司	淮安工业园区	省级
48	淮安巴德聚氨酯科技有限公司	洪泽区	省级
49	淮安晨化新材料有限公司	淮安工业园区	省级
50	江苏爱特福84股份有限公司	金湖县	省级
51	江苏大通机电有限公司	淮安经济技术开发区	省级
52	江苏新源太阳能科技有限公司	洪泽区	省级
53	江苏永安化工有限公司	涟水县	省级
54	江苏瑞洪盐业有限公司	洪泽区	省级
55	江苏淮河化工有限公司	盱眙县	省级
56	江苏利宏科技发展有限公司	淮安工业园区	省级
57	江苏金麟户外用品有限公司	金湖县	省级
58	卧龙电气淮安清江电机有限公司	淮安经济技术开发区	省级
59	淮安中绿园林机械制造有限公司	淮阴区	省级
60	淮安市鸿富瀚科技有限公司	淮安区	省级
61	江苏新贝斯特智能制造有限公司	金湖县	省级
62	安田化学（江苏）有限公司	涟水县	省级
63	江苏华龙无纺布有限公司	洪泽区	省级
64	安顿雷纳新材料（江苏）有限公司	盱眙县	省级
65	江苏斯德瑞克化工有限公司	洪泽区	省级
66	江苏赛欧信越消泡剂有限公司	金湖县	省级
67	江苏斯必得重工机械有限公司	金湖县	省级
68	江苏神盾工程机械有限公司	金湖县	省级
69	淮安中顺环保科技有限公司	涟水县	省级
70	江苏堃阳自动化设备有限公司	金湖县	省级
71	江苏沃德托普热力科技有限公司	金湖县	省级
72	跃马轮毂（盱眙）有限公司	盱眙县	省级

续表24

序号	企业名称	所属县区	级别
73	江苏亿美电器有限公司	盱眙县	省级
74	江苏宏盛环保科技有限公司	金湖县	省级
75	江苏松上科技有限公司	金湖县	省级
76	江苏湖润泵业科技有限公司	金湖县	省级
77	淮安新瑞电力设备有限公司	洪泽区	省级
78	江苏卫东机械有限公司	金湖县	省级
79	淮安锦纶化纤有限公司	涟水县	省级
80	江苏盛龙机电制造有限公司	金湖县	省级
81	淮安天驰科技有限公司	淮阴区	省级
82	上海豫宏（金湖）防水科技有限公司	金湖县	省级
83	淮安市双宝畜产有限公司	淮阴区	省级
84	江苏金氟隆防腐设备有限公司	金湖县	省级
85	淮安和通汽车零部件有限公司	淮安经济技术开发区	省级
86	江苏天丰种业有限公司	淮阴区	省级
87	久耀电子科技（江苏）有限公司	洪泽区	省级
88	江苏欧西建材科技发展有限公司	洪泽区	省级
89	江苏港缆新材料科技有限公司	洪泽区	省级
90	江苏杰创科技有限公司	金湖县	省级
91	江苏旭阳铝业科技有限公司	金湖县	省级
92	江苏淮江科技有限公司	淮安工业园区	省级
93	江苏恒信诺金科技股份有限公司	淮阴区	省级
94	江苏中立方实业有限公司	淮阴区	省级
95	江苏中信华电子科技有限公司	涟水县	省级
96	盱眙县中材凹凸棒石粘土有限公司	盱眙县	省级
97	江苏华海测控技术有限公司	金湖县	省级
98	淮安柴米河农业科技股份有限公司	清江浦区	省级
99	江苏嘉瑞科技有限公司	盱眙县	省级
100	江苏瑞德磁性材料有限公司	盱眙县	省级
101	江苏力赛柯环保材料科技有限公司	盱眙县	省级
102	江苏艾诺信电路技术有限公司	涟水县	省级
103	江苏快乐电源（涟水）有限公司	涟水县	省级
104	华亿轴承科技（江苏）有限公司	金湖县	省级
105	江苏融昱药业有限公司	淮安区	省级
106	江苏弘晟包装有限公司	涟水县	省级
107	金湖县支点石油科技有限责任公司	金湖县	省级
108	江苏嘉亦特液压有限公司	盱眙县	省级
109	江苏海科纤维有限公司	金湖县	省级

（资料来源：市工信局）

表25　2022年淮安市应税开票超10亿元工业企业一览表

单位：亿元

序号	企业名称	所属县区	类别	应税开票收入
1	江苏沙钢集团淮钢特钢股份有限公司	市直	新型装备制造	166.32
2	庆鼎精密电子（淮安）有限公司	淮安经济技术开发区	新一代信息技术	133.24
3	江苏中烟工业有限责任公司淮阴卷烟厂	市直	绿色食品	131.45
4	江苏今世缘酒业股份有限公司	涟水县	绿色食品	85.02
5	江苏苏盐井神股份有限公司	淮安区	绿色食品	76.58
6	江苏理士电池有限公司	金湖县	新型装备制造	57.46
7	淮安清江石油化工有限责任公司	市直	盐化凹土新材料	43.63
8	南高齿（淮安）高速齿轮制造有限公司	金湖县	新型装备制造	43.38
9	实联化工（江苏）有限公司	淮安工业园区	盐化凹土新材料	41.93
10	富誉电子科技（淮安）有限公司	淮安经济技术开发区	新一代信息技术	34.35
11	江苏韩泰轮胎有限公司	淮安经济技术开发区	新型装备制造	30.67
12	淮安威灵电机制造有限公司	淮安经济技术开发区	新型装备制造	30.08
13	江苏淮安双汇食品有限公司	淮阴区	绿色食品	29.35
14	江苏天淮钢管有限公司	市直	新型装备制造	28.67
15	江苏大通机电有限公司	淮安经济技术开发区	新一代信息技术	26.44
16	江苏淮阴发电有限责任公司	市直	能源	25.52
17	淮安淮鑫新型建材有限公司	清江浦区	新型装备制造	24.08
18	华能淮阴第二发电有限公司	淮阴区	能源	24.03
19	安道麦安邦（江苏）有限公司	市直	盐化凹土新材料	24.01
20	江苏伟复能源有限公司	盱眙县	新型装备制造	23.69
21	江苏富强新材料有限公司	淮阴区	盐化凹土新材料	23.52
22	江苏淮安苏食肉品有限公司	淮安区	绿色食品	21.75
23	江苏天康光电缆仪表有限公司	盱眙县	新一代信息技术	20.02
24	江苏和兴汽车科技有限公司	淮安经济技术开发区	新型装备制造	18.55
25	江苏云达铝业有限公司	金湖县	新型装备制造	18.32
26	宏恒胜电子科技（淮安）有限公司	淮安经济技术开发区	新一代信息技术	18.15
27	建华建材科技（淮安）有限公司	淮安区	绿色建材	15.67
28	淮安达方电子有限公司	淮安经济技术开发区	新一代信息技术	14.43
29	江苏华源生态农业有限公司	涟水县	盐化凹土新材料	14.32
30	江苏双环齿轮有限公司	淮安区	新型装备制造	13.87
31	江苏共创人造草坪股份有限公司	淮安区	纺织及服饰	13.55
32	淮安新奥燃气有限公司	清江浦区	能源	13.07
33	洪泽华胜工贸有限公司	洪泽区	新型装备制造	11.90
34	淮安旺旺食品有限公司	清江浦区	绿色食品	11.39
35	双阳化工淮安有限公司	淮安工业园区	盐化凹土新材料	11.15
36	江苏淮河化工有限公司	盱眙县	盐化凹土新材料	11.11

续表25

序号	企业名称	所属县区	类别	应税开票收入
37	淮安澳洋顺昌光电技术有限公司	清江浦区	新一代信息技术	11.11
38	江苏白玫糖业有限公司	淮阴区	绿色食品	11.04
39	江苏宏邦化工科技有限公司	淮安工业园区	盐化凹土新材料	10.75
40	淮安拾分味道食品有限公司	盱眙县	绿色食品	10.63
41	淮安楚州海螺水泥有限责任公司	淮安区	绿色建材	10.47
42	淮安源通制帽有限公司	涟水县	纺织及服饰	10.27
43	淮安国瑞化工有限公司	洪泽区	盐化凹土新材料	10.24
44	江苏三联新材料股份有限公司	洪泽区	纺织及服饰	10.03

（资料来源：市工信局）

食品产业

【概况】 2022年，淮安市有规模以上食品工业企业218家，涵盖烟草、酒与饮料、肉与饲料、盐与调味品、淮味食品、现代食品和食品包装等行业。骨干企业有江苏中烟淮阴卷烟厂、江苏今世缘酒业股份有限公司、江苏苏盐井神股份有限公司、江苏淮安双汇食品有限公司、江苏淮安苏食肉品有限公司、淮安旺旺食品有限公司、江苏白玫糖业有限公司等。全年实现规模以上开票销售收入537.2亿元，同比增长5.2%，占全市17.9%，户均规模2.91亿元，高于全市73.21%，食品产业营业收入约占全省食品产业的10%。现代食品产业有规模以上企业17家，包括方便食品、休闲食品、健康食品和宠物食品等4个细分门类，骨干企业有淮安旺旺食品有限公司、江苏百斯特鲜食有限公司等。全年实现开票销售收入19.9亿元。

【烟酒饮料产业】 2022年，淮安市烟草行业有规模以上企业2家，为江苏中烟淮阴卷烟厂、江苏鑫源烟草薄片有限公司。其中，淮阴卷烟厂实现开票销售收入131.4亿元，与上年基本持平；江苏鑫源烟草薄片有限公司实现开票销售收入3.2亿元，同比增长36.9%。全市酿酒产业有规模以上企业1家，即江苏今世缘酒业股份有限公司，实现开票销售收入85.1亿元，同比增长28.7%。

【肉与饲料产业】 2022年，淮安市肉与饲料产业有规模以上企业51家，主要包括牲畜家禽肉品、饲料、肉类深加工3个细分门类，骨干企业有江苏淮安双汇食品有限公司、江苏淮安苏食肉品有限公司等。全年实现开票销售收入193.1亿元，同比增长1.7%。

【盐与调味品产业】 2022年，淮安市盐与调味品产业有规模以上企业14家，主要有食盐、调味品、食品添加剂3个细分行业，骨干企业有江苏苏盐井神股份有限公司、江苏白玫糖业有限公司等。全年实现开票销售收入93.9亿元。

【淮味食品产业】 2022年，淮安市淮味食品产业有规模以上企业87家，包括米面油、食用菌、特色水产及加工3个细分门类，骨干企业有淮安市宏瑞米业有限公司、淮安市苗香米业有限公司等。全年实现开票销售收入62.9亿元。

【食品包装产业】 2022年，淮安市食品包装产业有规模以上企业41家，骨干企业有江苏劲嘉新型包装材料有限公司、江苏美瑞嘉包装有限公司等。全年实现开票销售收入43.4亿元。

【绿色食品项目建设】 2022年，淮安市有29个绿色食品产业项目列入全市重大产业项目投资计划表，总投资280.63亿元，其中2022年度计划投资

2022年，今世缘酒业股份有限公司获江苏省省长质量奖　　今世缘酒业　供

99.18亿元。益海嘉里金龙鱼粮油食品股份有限公司、中粮集团、光明集团等企业项目落户淮安。举办第五届中国（淮安）国际食品博览会。年内，丰益国际集团投资的益海嘉里食品产业园项目签约，投资额70亿元，整体规划面积76.67万平方米、建筑面积62万平方米，分为仓储码头、仓储区、加工区及中央厨房区。至年末，该项目进行加工2区变电站、围墙基础施工；完成中央厨房1期1710根桩基，完成静载检测。江苏今世缘酒业股份有限公司实施南厂区技改项目，总投资超100亿元，10万吨陶坛酒库二期投入使用，完成智能化成品酒包装物流中心所有厂房土建工程。

【科技创新】 2022年，淮安市推动食品产业智能化改造与数字化转型，食品产业落实《推动制造业高质量发展的实施意见》《制造业“智改数转”三年行动计划》等政策，促进食品工业“三品”（新品、名品、精品）发展。至年末，全市累计新增食品新品种近3000个。江苏今世缘酒业股份有限公司“浓香型白酒窖泥菌群寡培养技术及其应用”研发项目获中国食品工业协会科学技术奖一等奖，1人获“全国食品工业科技创新杰出人才”称号。

【2022“三品”全国行江苏站暨数字化助力食品工业“三品”战略高峰论坛】 11月9日，2022“三品”全国行江苏站暨数字化助力食品工业“三品”战略高峰论坛在淮安市举行。借助第五届中国（淮安）国际食品博览会暨首届金秋洽谈会平台，活动设置淮安食品工业“三品”成果展，展示全市食品工业“三品”战略发展成果及重点食品企业产品；论坛围绕《数字化助力消费品工业“三品”行动方案（2022—2025年）》政策解读、创新推动产业转型升级、完善食品产业组织体系进行研讨。

（刘圣明　宁新匡）

【重点企业选介】 江苏中烟淮阴卷烟厂　淮阴卷烟厂隶属于江苏中烟工业有限责任公司，是以细支为主的特色卷烟生产基地，主要生产“南京”“苏烟”两大品牌。2022年，公司推进成品库和制丝Z1S线项目竣工验收，提升改造制丝Q1H线工艺。《细支M5连接线输送装置的研制》课题成果在烟草行业QC发布中获一等奖。“李青劳模创新工作室”入选行业劳模和工匠人才创新工作室联盟。全年生产卷烟68.95万箱，产值166.6亿元。

江苏今世缘酒业股份有限公司　公司位于涟水县，是由今世缘集团有限公司控股的A股主板上市公司。2022年，公司占地面积228.98万平方米，总建筑面积104.47万平方米，有职工4338人，总资产181.84亿元。主营今世缘系列白酒的生产、加工、销售。有“国缘”“今世缘”“高沟”三个白酒品牌。全年公司生产白酒成品酒4041.5万升，实现营业总收入78.88亿元，比上年增长23.09%；开票销售收入85.1亿元；净利润25.03亿元，比上年增长23.34%；入库税金31.26亿元。新增建筑面积18.31万平方米，2栋清雅酱香车间、原辅料车间、新制曲中心开工建设。实施各类技术改造项目46项，累计投入4860万元，南厂区技改项目完成厂房建设面积58.84万平方米，在建面积60.39万平方米。至年末，有生产设备5992台套（不含陶坛），其中当年新增设备515台套，报废设备159台套。年内，公司入选胡润中国食品行业百强榜、中国上市公司百强榜，获中国食品工业协会科学技术奖一等奖、全国职工职业道德建设先进单位、江苏省省长质量奖、江苏慈善奖、江苏制造突出贡献奖等，被评为江苏省文明单位。

江苏淮安双汇食品有限公司　公司位于江苏淮阴经济开发区，是河南双汇投资发展股份有限公司的全资子公司。2022年，公司占地面积17.33万平方米，总建筑面积8.08万平方米。从事肉类综合加工，主营生鲜猪肉、冷冻猪肉、高低温类肉制品3大类300多个品种产品，生猪年屠宰量150万头、生产肉制品10万吨。全年实现开票销售收入29.4亿元。

江苏淮安苏食肉品有限公司　公司是以生猪屠宰、肉制品深加工、冷链物流、连锁经营为一体的农业产业化省级重点龙头企业。主营生鲜产业与肉制品深加工。2022年，屠宰生猪150万头，年加工分割肉70万头，年加工气调产品3000万盒，年宰杀家禽1000万只；依托中央厨房平台，生产各类分切冻品、调理品、预制菜产品5万吨。公司实现开票销售收入21.8亿元。

江苏苏盐井神股份有限公司　公司成立于2001年，为江苏省盐业集团有限责任公司控股的子公司，是集科研、生产、销售于一体的全国大型盐资源综合利用上市企业。2022年，公司下辖28个分子公司，资产总额超100亿元。公司有8个大中型井矿盐采矿权，保有资源储量120亿吨，年许可开采量1200万吨；年产盐及盐化产品超800万吨，居全国盐行业前列，其中制盐生产能力500万吨（含食盐120万吨）、纯碱60万吨、芒硝50万吨、氯化钙35万吨。主要产品有工业盐、食用盐、纯碱、元明粉、氯化钙等。全年公司实现开票销售收入76.6亿元，“坚持品牌战略引领，推动企业高质量发展”案例入选国务院国资委发布的2021年度国有企业品牌建设典型案例名单，是江苏省国资委入选的3家企业之一。全年生产盐及盐化产品818.24万吨，销售各类产品813.22万吨。

江苏白玫糖业有限公司　公司成立于1959年，注册资本10140万元。2022年，公司配备原糖、赤砂糖等原料制糖处理生产线，年加工优级“白玫牌”绵白糖15万吨、精幼砂糖5万吨、冰糖2万吨。获“2021年度淮安市50强企业”称号。全年实现开票销售收入11.04亿元。

淮安旺旺食品有限公司　公司由台湾旺旺集团投资设立，总投资3.06亿美元。2022年，公司占地面积33.3公顷。配备旺仔小馒头生产线5条、旺仔牛奶利乐包生产线8条、旺仔牛奶铁罐生产线2条、口袋包饮料及吸吸冰生产线8条、旺仔牛奶A3高速生产线6条、米面生产线4条、碎冰冰生产线10条、冲饮生产线5条、口泡剁线2条，主要生产旺仔小馒头、旺仔牛奶、旺旺口袋便利包、哎哟Q米线、旺旺碎冰冰等产品。实现开票销售收入11.4亿元。

江苏百斯特鲜食有限公司　公司是一家集研发、生产、供应链管理为一体的工业标准化食品制造企业，主要致力于食品研发、生产工艺及食品安全的研发控制。2022年，公司为全日空航空、汉莎航空、北方航空、东方航空、南方航空、海南航空、内蒙古航空、沈阳铁路局等单位提供高铁、航空餐；与海底捞、老娘舅、如意馄饨、吉祥馄饨、和府捞面等餐饮连锁企业，711便利店、罗森便利店、一鸣鲜奶、阿里集团、苏宁集团、美团公司等开展合作。全年实现开票销售收入1.3亿元。

江苏劲嘉新型包装材料有限公司　公司位于淮安经济技术开发区，占地面积8.67万平方米，是由深圳劲嘉集团股份有限公司、香港东方英莎特有限公司、江苏金吉贸易有限公司共同投资兴办的彩印包装制品生产企业。2022年，公司有员工390余人，其中各类专业技术人员50余人。具有制版、凹印、胶印、丝印、智能包装、盒型打样、烫金、凹凸、模切等多工序生产能力，为国内多家烟草、酒类企业提供高中端包装印刷产品。实现开票销售收入4.1亿元。

（王　震　薛余超）

新一代信息技术产业

参见《数字经济·新一代信息技术产业》

新型装备制造产业

【概况】 2022年，淮安市新型装备制造产业有规模以上企业482家，实现应税开票894.01亿元，同比增长8.05%，占全市规模以上工业企业开票销售的29.72%，规模、增速分别居全市主导产业第一、第二。骨干企业有江苏沙钢集团淮钢特钢股份有限公司、江苏理士电池有限公司、南高齿（淮安）高速齿轮制造有限公司、淮安威灵电机制造有限公司、江苏和兴汽车科技有限公司等。初步形成能源及节能装备、新能源汽车及零部件等优势产业集群。江苏纽泰格科技股份有限公司、江苏威博液压股份有限公司两家企业成功上市。

【新能源汽车及零部件产业】 2022年，淮安市有规模以上新能源汽车及零部件企业69家，实现应税开票214.1亿元，同比增长12.68%，占全市新型装备产业的23.95%。具备年产5万辆乘用车、1.5万辆专用车、6万台发动机、1000万条轮胎、3000万米密封条、5000万只齿轮的生产能力，初步形成“原材料—电池电机电控等核心零部件—整车—充电设施和汽车后市场”产业链布局。

【高端智能装备制造产业】 2022年，淮安市有规模以上高端智能装备制造企业257家，实现应税开票265.7亿元，同比增长23.75%，占全市新型装备产业的29.72%。国家级特色产业基地包括国家火炬计划金湖石油机械、仪器仪表、淮安专用设备精密配件、淮安现代教育体育高端装备等，省级以上特色基地园区包括淮安经济技术开发区省级高端装备制造产业基地、盱眙钢管轴承特色产业园等，宁淮智能制造产业园获批省级南北共建园区创新试点。

【项目建设】 2022年，淮安市提升新型装备制造产业竞争力，聚集龙头企业、规模项目投资建设。其中，沙钢集团布局特钢板块，比亚迪集团建设新能源商用车及零部件生产基地，韩泰轮胎、美的集团等龙头企业投资淮安。南高齿风电一期、中化国际骏盛新能源等一批重特大项目投产达效，中天精品钢帘线、捷泰新型高效太阳能电池、天合光能光伏电池及组件项目开工建设，总投资额分别为200亿元、140亿元、100亿元。

【科技创新】 2022年，淮安市培育江苏汉邦科技有限公司、江苏金卫机械设备有限公司、江苏金石机械集团有限公司、金湖县常盛动力机械配件有限公司、江苏威博液压股份有限公司、卧龙电气淮安清江电机有限公司等“单打冠军”企业，新增国家级“专精特新”企业10家，占全市国家级“专精特新”企业总数的70%以上。淮钢特钢股份有限公司通过国家两化融合管理体系AAA级认证。金石集团井口采油（气）树生产规模全国最大，红光仪表工业自动化仪器仪表、卧龙电气高效节能电机、纽泰格车用减震器等产品在细分行业市场占有率居全国第一。推进市场品牌创建，推动装备制造产业企业引入卓越绩效质量管理模式，建立现代化标准体系。

（刘圣明　宁新匡）

【重点企业选介】 江苏沙钢集团淮钢特钢股份有限公司　公司成立于1970年，是江苏沙钢集团的特钢板块。2022年，厂区占地面积约300万平方米，总资产近144亿元，有职工5000余人。年产优特钢330万吨，生产直径Φ100~Φ800毫米的连铸圆坯，轧材产品规格覆盖Φ13~Φ300毫米圆棒、最大尺寸300毫米×110毫米的扁钢，产品覆盖560个规格、1000多个钢种。主要生产汽车用钢、机械工业用钢、能源用钢、工程机械用钢、轨道交通用钢、矿用钢、船用锚链钢七大类特钢产品，产品约35%用于汽车行业、32%用于设备制造业、12%用于工程机械、10%用于能源行业，其余用于矿山、船舶、轨道交通等行业。全年实现销售收入167亿元、利税10.54亿元、净利润7.22亿元、入库税金6.22亿元。年内，开发高端新产品34个，推进智改数转项目12项，其中11项上线运行。取得国家级两化融合管理体系AAA级认证证书，为淮安市首家；获“江苏省智能制造示范工厂”“江苏省智能制造示范车间”称号。超低排

9月14日，江苏翔宇电力装备制造有限公司工人加紧生产钢管塔，加工完成来自肯尼亚超万吨750~500千伏的钢管塔订单

赵启瑞　摄/视觉江苏网　供

放清洁运输及有组织部分项目经中国钢铁工业协会网站公示后顺利通过；淮钢码头获“江苏省四星级绿色港口”称号。

江苏理士电池有限公司　公司成立于2003年，注册资本8200万美元。2022年，公司占地面积18.67万平方米，年生产300万千伏安时，主营通信用阀控式电池、UPS电池、太阳能、风能储能电池、摩托车电池等产品的研发、生产及销售，是国家高新技术企业。全年公司实现销售收入57亿元，实现入库税收1.2亿元。

南高齿（淮安）高速齿轮制造有限公司　公司成立于2021年，位于江苏金湖经济开发区，隶属于南京高速齿轮制造有限公司，注册资本10亿元。一期总投资50亿元，用地面积51.87万平方米，建筑面积32万平方米，主要用于建设联合厂房、热处理车间、锻件车间、制齿车间4栋厂房及辅助配套用房。从事风电齿轮传动设备的研发、生产和销售，主要生产10兆瓦以上风力发电齿轮箱等产品。2022年6月，一期项目试生产；9月，二期项目正式签约。全年实现应税开票48.98亿元，实现入库税收356.8万元。

江苏韩泰轮胎有限公司　公司成立于1996年，位于淮安经济技术开发区，是韩国轮胎与科技株式会社在淮安市投资设立的外资企业。2022年，公司主要产品有载重汽车子午线轮胎和轿车子午线轮胎，为30多家汽车品牌企业提供配套产品，居中国轿车轮胎配套市场占有率第一。公司轮胎产量724万条，工业总产值33.89亿元，销售轮胎696万条，工业销售产值33.91亿元，轮胎出口347万条，出口交货值23.94亿元，实现净利润2.33亿元，入库税金0.87亿元，全年研发资金占营业收入的4%。

淮安威灵电机制造有限公司　公司成立于2004年，是美的集团下设生产基地，注册资本2.8亿元，总资产18亿元。2022年，公司厂区占地面积9.3万平方米，配备实验室2900平方米、大型生产车间3.4万平方米。主营空调及洗衣机类电机研发、生产、销售。实现应税开票29.94亿元，实现入库税收0.59亿元。

（刘圣明　宁新匡　周佳成）

新材料产业

【概况】2022年，淮安市有规模以上盐化凹土新材料行业企业220家，实现规模以上工业开票销售收入442.8亿元，同比上升16.53%，占全市规模以上工业应税开票的14.7%。有开票超1亿元企业81家，超10亿元企业9家，超30亿元企业2家。主要有淮安清江石油化工有限责任公司、实联化工（江苏）有限公司、安道麦安邦（江苏）有限公司、江苏富强新材料有限公司等骨干企业。全市具备年产550万吨盐、350万吨元明粉、220万吨纯碱、60万吨烧碱的基础盐化产品生产能力，形成涵盖原材料开采、基础化工、精细化工、生物化工、凹土材料、电子专用化学品等盐化新材料产业链。

【项目建设】2022年，淮安市新落户台华新材绿色多功能锦纶新材料一体化项目、巨石集团全球最大玻璃纤维智能制造基地项目、源涌新材料绿色差别化功能性纤维产业链项目等重大产业项目，总投资额分别为120亿元、100亿元、60亿元，打造新材料产业制造中心。1月28日，台华新材绿色多功能锦纶新材料一体化项目在洪泽区开工。项目全面投产后，将形成年产10万吨PA6再生丝、年产12万吨PA66纺丝、年产20万吨PA6聚合和纺丝、年产6亿米坯布、年产2亿米成品面料的生产能力。2月10日，源涌绿色差别化功能性纤维产业链项目在洪泽区开工。规划用地面积52.67万平方米，计划新建“差异化纺丝—绿色纤维加弹—智能制造—生态印染—品牌成衣一体化智造”产业链，打造5G智能绿色再生涤纶纤维一体化示范工厂。

【科技创新】至2022年末，淮安市盐化凹土新材料企业创成国家级专精特新“小巨人”企业2家、省级专精特新“小巨人”企业28家。有省级专业化工园区1家，为淮安工业园区，该园区是全省唯一依托地方资源优势建设的特色化工新材料产业园区，为省新型工业化示范基地、省级先进制造业基地、省级新型农药生产基地。产业内有淮安盐化新材料产业园区、江苏省盱眙凹土科技园2家国家火炬特色产业基地。

【重点企业选介】 淮安清江石油化工有限责任公司 公司成立于1958年，总资产15.68亿元。2022年，公司占地面积56万平方米，在册员工数728人。主营原油加工，发展以精细油品、精细化工和各种系列低硫低芳烃特种溶剂油特色业务，配备100万吨/年特油预处理、50万吨/年催化裂化、30万吨/年汽油加氢、20万吨/年柴油加氢、8万吨/年特油加氢等7套运行装置。生产低硫低芳烃特种溶剂、高档铝箔轧制液、轻质白油等特种产品，主要应用于金属加工、电子清洗、气雾溶剂、塑料、皮革、橡胶、油漆、油墨等行业。全年加工原料67.65万吨，其中原油66.51万吨，生产产品59.75万吨，销售产品58.77万吨，实现销售收入43.61亿元、利税9.01亿元。获"2022年度淮安市50强企业"称号，位列入选企业第三。至年末，公司入股新能源材料项目合资意向书以及合资建设年产40万吨负极材料前端生产基地项目获中石化集团发展计划部批复。年产3万吨包覆沥青和20万吨特油切割调合与销售中心项目进入编制可行性研究报告书阶段。

实联化工（江苏）有限公司 公司成立于2009年，位于淮安工业园区，为实联中国控股公司投资建设的联碱生产企业，总投资额13亿美元，年可生产100万吨纯碱、100万吨氯化铵和40万吨液氨。2022年，公司实现开票销售收入41.9亿元，同比增长34.6%，创投产后新高。

安道麦安邦（江苏）有限公司 公司成立于1958年，注册资本2.5亿元，隶属于中国中化控股有限责任公司先正达集团中国下属的安道麦股份有限公司。主要生产氯碱、精细化工和农药，有离子膜烧碱、液氯、乙烯利、三氯化磷、正丁酯、阻燃剂、吡蚜酮等产品。2022年，公司实现销售收入24.05亿元，利润2.81亿元，分别同比增长15.8%和8.5%。实施29个清洁生产方案，投入资金895.65万元，清洁生产等级处于一级水平，获得淮安市绿色标杆企业认定。推进老厂区项目发展式搬迁入园，年产1.3万吨乙烯利（折100%）搬迁升级项目进行试生产。年产1000吡蚜酮（折100%）搬迁升级项目主体结构竣工。入选江苏省2022年度第四批企业知识产权管理贯标备案单位名单，被认定为市级专精特新"小巨人"企业。完成2件专利申请并获得受理通知书，获得4件发明专利授权。至年末，拥有授权专利36件，其中发明专利21件、实用新型专利15件。

江苏富强新材料有限公司 公司成立于2015年，位于淮安工业园区，由山东金岭集团投资建立，总投资额200亿元。2022年，公司占地面积106.67万平方米，建成投产每年60万吨离子膜烧碱、每年30万吨甲烷氯化物、每年30万吨过氧化氢、每年10万吨环氧丙烷、每年10万吨苯胺以及配套盐卤开采、热电联产生产装置，配备每年400万立方米卤水输送、每小时390吨高压煤粉锅炉2台、40兆瓦背压式发电机组及公用码头2台。全年实现开票销售收入23.5亿元，同比增长25.6%。

江苏麒祥高新材料有限公司 公司成立于2011年，位于淮安盐化新材料产业园区，注册资本4000万元，是上海麒祥新材料科技有限公司全资子公司。2022年，公司占地面积3.67万平方米，主营新型高效及复合橡塑助剂新产品的开发、生产和销售，以及绿色、功能型橡胶新材料的研究，拥有低滚阻硅烷、耐高温交联剂、抗湿滑树脂、粘合促进剂、特种补强填料及环保系列操作油六大类核心产品。建成年产新型有机硅烷6000吨、硅烷偶联剂5000吨、年产250吨多功能交联剂988、500吨多功能交联剂HTS、3000吨特殊改性增粘树脂、1000吨分散剂、3000吨抗湿滑树脂和1000吨抗撕裂树脂生产线。全年实现营业收入42196.15万元、利润6354.15万元、纳税1193.59万元。

（宁新匡 宁阿芳 陆增波 肖晨曦）

生物技术及新医药产业

【概况】 2022年，淮安市生物技术及新医药产业有规模以上工业企业38家，实现开票销售收入37.5亿元，同比下降4.2%，占全市应税开票1.06%。骨干企业有江苏天士力帝益药业有限公司、江苏正大清江制药有限公司等。全市医药工业主要分为化学药品原料药和化学药品制剂、医疗器械和辅料、中药饮片和中成药、生物药四大类。化学药品原料药和化学药品制剂实现应税开票27.5亿元，同比增长0.07%；医疗器械及辅料5.0亿元，同比增长17.4%；中药饮片和中成药3.6亿元；生物药1.4亿元。

【项目建设】 至2022年末，淮安市生物技术及新医药产业的重大项目有所突破，多个医药工业项目建设投产。基本完成江苏正大清江制药有限公司新厂区建设，复星医疗器械生产基地项目在建。江苏天士力帝益药业有限公司等企业入驻位于清江浦区的省级淮安生物医药产业园；德鲁克生物技术等企业入驻淮安高新区医疗健康产业园。

【科技创新】 2022年，淮安市生物技术及新医药产业的科技创新成果明显，天士力帝益药业有限公司创成国家企业技术中心，为国家绿色工厂、省专精特新"小巨人"企业。正大清江制药有限公司为国家知识产权示范企业、省制造业突出贡献企业。江苏普仁新材料科技有限公司致力于研发和生产医学影像材料及设备。江苏长寿棒科技有限公司主攻高科技创新产品群等医疗器械，为国家高新技术企业、国家级科技型中小企业。江苏因倍思科技发展有限公司生产预充式导管冲洗器，国家高新技术企业江苏永安制药有限公司、江苏融昱药业有限公司等一批骨干企业初具规模。

【天士力帝益药业有限公司创成国家企业技术中心】1月28日，国家发展改革委、科技部等部门联合印发《关于2021年（第28批）新认定及全部国家企业技术中心名单的通知》。淮安市江苏天士力帝益药业有限公司（分中心）入选，苏北地区唯一，为全市第二家国家企业技术中心。天士力帝益药业企业技术中心立足现代科技创新，推进标准化管理创新和系统化建设，开发培育一批具有自主知识产权的创新性现代化学药产品群。该中心拥有授权专利158件，获得2届中国专利优秀奖，主持国家标准制定修订18件；持有国家一类新药1个、国家二类新药2个、国内首创药物2个、国家三类新药3个；主导产品右佐匹克隆片、替莫唑胺胶囊分别获评江苏省科技进步二等奖、三等奖。

【正大清江制药有限公司投资建设新厂区】2022年，江苏正大清江制药有限公司投资建设新厂区项目，计划总投资20亿元，项目占地面积12.02万平方米。项目按GMP（《药品生产质量管理规范》）要求建设普通固体制剂车间、头孢固体制剂车间、质检研发大楼、综合仓库并配套相应仪器设备及生产线，建设办公综合楼等附属建筑及配套建设环境保护、动力中心等设施，建成后将形成年产60亿片（粒、袋）的生产能力。

【重点企业选介】江苏天士力帝益药业有限公司　公司位于清江浦经济开发区，是天士力医药集团股份有限公司全资子公司。2022年，公司占地面积21.53万平方米，总资产15.03亿元。主要生产化学原料药和口服固体制剂，包括抗肿瘤用药、心血管用药、代谢类用药、精神类用药等系列产品，有替莫唑胺胶囊、右佐匹克隆片、氟他胺片等产品。具备年产300吨的化学原料药制造平台、年产22亿片（粒）的普通固体制剂和抗肿瘤固体制剂制造平台、化学药研发及产业化平台以及高端注射剂制造平台。实现开票销售收入8.8亿元。

江苏正大清江制药有限公司　公司位于清江浦区，为正大制药集团旗下企业。2022年，公司占地面积4.8万平方米。设有固体制剂、中药提取、化学合成原料等生产车间，有中西药片剂、胶囊剂、滴丸剂、头孢类制剂、抗肿瘤原料药及制剂等多条GMP（《药品生产质量管理规范》）生产线。主要生产包括盐酸氨基葡萄糖片（九力）塞来昔布胶囊（苏立葆）、益肾蠲痹丸、利塞膦酸钠胶囊（美舒松）等骨科药物，克洛己新片及干混悬剂（正大素克）、清开灵滴丸、盐酸吉西他滨等产品。销售市场覆盖中国、美国、西班牙、捷克、韩国、印度等国家。实现销售额10.63亿元，净利润8688万元，分别增长19.4%、44.1%，入库税收1.04亿元。主产品九力累计实现销售额4.05亿元，苏立葆累计实现销售额1.32亿元，成为继九力、正大素克后第三个销售过亿元产品。公司获“江苏省绿色工厂”“江苏省儿科呼吸系统药物工程研究中心”“淮安市绿色标杆企业”等称号。

（王　震　史兴儒）

建材产业

【概况】2022年，淮安市建材产业有规模以上企业163家，实现应税开票销售收入152.9亿元，同比减少18.14%。骨干企业主要有建华建材科技（淮安）有限公司、淮安楚州海螺水泥有限责任公司、汤始建华建材（淮安）有限公司、淮安海螺水泥有限责任公司、淮安市华石建材有限公司、江苏山河水泥有限公司等。

【科技创新】2022年，淮安市推动传统建材企业绿色化转型发展，22家建材企业通过三星级上云企业认定，6家企业通过四星级上云企业认定，14家企业通过绿色建材产品认证。阿路美格A2级防火芯卷智能制造车间获评省级智能制造车间。推荐汇丰木业高品质刨花板智能工厂项目申报工信部2023年度建材工业智能制造数字转型案例。

【重点企业选介】汤始建华建材（淮安）有限公司　公司成立于2006年，位于淮安新材料产业园，隶属于建华建材集团，由香港建华集团投资3.5亿元建成。主要生产预应力高强混凝土管桩、高强混凝土、各类型PC构件、轨道枕木等产品。2022年，公司生产各类管桩1000万米、商品混凝土50万立方米。实现开票销售收入15.67亿元。

淮安楚州海螺水泥有限责任公司　公司成立于2008年，是安徽海螺集团公司旗下安徽海螺水泥股份有限公司的全资子公司。2022年，公司配备4.2米×13米带辊压机联合粉磨系统4条，水泥年产能440万吨；拥有1000吨级专用码头泊位5个，年吞吐能力600万吨以上。获评国家“水泥行业安全生产标准化一级企业”。全年实现开票销售收入10.47亿元。

江苏共创人造草坪股份有限公司　公司成立于2004年，专业从事人造草坪的研发、制造和销售，是全球生产和销售规模最大的人造草坪企业。2022年，公司生产基地占地面积80万平方米，分别位于淮安区施河镇、淮安共创工业园、越南西宁省福东工业园，运营中心位于江苏省南京市，海外销售公司位于德国法兰克福。有高分子化合物材料、工艺流程设计、设备研究等方面的研发团队，产品销售范围覆盖140多个国家和地区，全球市场占有率18%。全年销售人造草坪产品6468万平方米，实现营业收入24.71亿元，比上年增长7.35%，主营业务毛利率28.92%，较上年同期提升0.9个百分点；实现净利润4.47亿元，比上年增长17.55%；经营活动产生的现金净流入5.06亿元，比上年增长97.89%。

（刘圣明　宁新匡）

能源产业

【概况】 2022年，淮安市推进淮安区、淮阴区、洪泽区、涟水县、盱眙县5个县区整县区屋顶分布式光伏开发国家试点工作。全年发电总装机规模732.4万千瓦，可再生能源发电量装机占比为49.3%。可再生能源上网电量60.84亿千瓦时，占全社会用电量24.47%。淮安市全社会用电量248.66亿千瓦时，同比增长8.72%。其中，第一产业用电量4.41亿千瓦时，同比增长15.82%；第二产业用电量152.68亿千瓦时，同比增长5.14%；工业用电量149.86亿千瓦时，同比增长5.53%；第三产业用电量45.16亿千瓦时，同比增长12.55%；居民生活用电量46.4亿千瓦时，同比增长17.27%。

【新能源发电】 2022年，淮安市风力、光伏、生物质发电装机规模分别为197.9万千瓦、135.1万千瓦、19.46万千瓦，占全市发电总装机容量分别为27%、18.4%、2.7%，风力、光伏发电装机规模较上年底分别上升3.9%、22.8%。全年累计发电168.8亿千瓦时。新增并网光伏发电25.1万千瓦，新增风电项目并网7.4万千瓦。

【化石能源发电】 2022年，淮安市火电（燃煤）、天然气装机规模分别为227.6万千瓦、144万千瓦，占全市发电总装机容量分别为31.1%、19.7%。全年火电累计发电83.4亿千瓦时，天然气累计发电19.95亿千瓦时。

（贾　儒）

【钧达股份高效太阳能电池片项目签约】 10月8日，海南钧达新能源科技股份有限公司高效太阳能电池片项目签约落户江苏涟水经济开发区空港产业园。项目分两期实施，一期年产13吉瓦，计划总投资约70亿元，其中固定资产投资约56亿元，计划用地约30万平方米；二期年产13吉瓦，计划总投资约60亿元，其中固定资产投资约50亿元，计划用地约26.67万平方米。项目计划建设生产设备、基建、厂房、辅助设施和员工宿舍及配套设施。

【捷泰新能源高效太阳能电池片项目开工】 11月28日，捷泰新能源高效太阳能电池片项目开工奠基。项目位于江苏涟水经济开发区空港产业园，总投资约130亿元，规划产能26吉瓦，是捷泰科技投资产能规模最大基地，为全球单体最大、智能化程度最高的N型太阳能电池制造基地。

【重点企业选介】 **华能淮阴电厂** 该厂成立于1991年，位于淮阴区，占地面积106.67万平方米，是集发电、供热、污泥处置、电力检修与维护、电力职业技能培训于一体的综合服务型现代化能源企业，装机总容量149.21万千瓦，其中光伏发电总容量为17.21万千瓦。下辖华能淮阴发电有限公司、华能淮阴第二发电有限公司、华能泗洪新能源有限公司、涟水鑫源光伏电力有限公司、宝应鑫源光伏发电有限公司。

2022年，华能淮阴电厂光伏发电总量同比增加936.65万千瓦时；机组深度调峰单位容量收益在华能江苏公司排名第一。厂区光伏一、二期项目建成投产，灰场光伏扩建项目10.24兆瓦建成，是华能江苏公司年度首个建成的集中式光伏项目。灰场光伏被列入国家可再生能源首批核查结果合规项目，年度发电量3857万千瓦时，创电站投产以来年发电量历史新高。电厂光伏远程集中监控中心正式建成投入试运行，实现对所属4个光伏电站全时段、全天候、全覆盖运维管理。截至12月31日，实现连续安全生产7931天，连续八年“零非停”。6号机组连续三年获中国电力企业联合会全国发电机组能效水平对标竞赛一等奖（5A级），被授予2021年度全国300兆瓦发电机组可靠性“标杆机组”称号。全年完成江苏省电力交易中心9000余万千瓦时绿色电量市场交易；电源侧储能项目建成投产；首次参与华东辅助服务市场，完成华东跨省调峰电量交易。完成2022年江苏省电力行业热控技能竞赛承办任务，实训基地被华能集团公司评为“2021年度技能实训基地（室）先进单位”。完成发明专利授权2项、实用新型专利授权31项，申请发明专利45项、实用新型专利57项，取得淮安市工业强市发展专项引导资金。

江苏淮阴发电有限责任公司 公司成立于1956年，是上市企业江苏国信股份有限公司下属二级子公司。公司集常规能源与清洁能源为一体，装机容量近200万千瓦，是淮安市最大的发电和供热企业。下辖江苏国信淮安燃气发电有限公司、江苏国信淮安第二燃气发电有限公司、淮安国

11月28日，捷泰新能源高效太阳能电池片项目开工奠基仪式举行
管伟法　摄

信热力有限公司以及江苏国信苏淮热力有限公司4个子公司。公司本部位于清江浦区，装机容量为2台33万千瓦燃煤供热机组；子公司江苏国信淮安燃气发电有限公司位于淮安区，装机容量为2套18万千瓦燃气供热机组；子公司江苏国信淮安第二燃气发电有限公司位于淮安工业园区，装机容量为2套46万千瓦燃气供热机组。

2022年，公司合并完成发电量45.5亿千瓦时，供热量299.41万吨，同比增长31.8%。淮电公司至淮安二燃供热管线互联互通工程3月正式投入运行，管线全长25.65千米，总投资约1.9亿元；淮电公司全年替代淮安二燃供热83万吨，年可节约标煤量约2.3万吨，减排氮氧化物536吨、二氧化硫736吨、粉尘201吨。江苏国信淮安燃煤背压机组热电联产项目于12月底顺利取得核准，该项目是淮安市重点能源基础设施工程。至年末，公司安全运行7435天，实现连续20年安全生产无事故。连续30年、第11次获"江苏省文明单位"称号，位列年度淮安市50强企业第十；淮安一燃二套机组获中电联燃气发电行业对标"AAAA级机组"，淮安一燃一套、淮安二燃二套获"AAA级机组"；1工作室被命名为第三批"省部属企业系统示范性劳模创新工作室"。

（王宏兵　姚　远）

纺织及服饰产业

【概况】 2022年，淮安市纺织产业有规模以上企业253家，实现规模以上应税开票销售收入227.72亿元，同比增长2%。骨干企业有淮安锦纶化纤有限公司、淮安源通制帽有限公司、淮安远达服饰有限公司、江苏康乃馨织造有限公司等。全年在建投资超亿元项目20个。

【项目建设】 至2022年末，淮安市纺织及服饰产业有在建亿元以上项目46个，总投资额156亿元，其中总投资超10亿元项目5个。嘉华特种尼龙（江苏）有限公司在洪泽区投资年产10万吨PA6再生切片项目、年产4万吨PA6再生差别化纤维项目、年产12万吨PA66和10万吨PA6差别化纤维项目，总投资额72.9亿元，总占地面积0.67平方千米，总建筑面积1.27平方千米。年内基本完成年产12万吨PA66和10万吨PA6差别化纤维厂房建设。

【源涌绿色差别化功能性纤维产业链项目开工】 2月10日，总投资60亿元的源涌绿色差别化功能性纤维产业链项目在洪泽区开工。项目涵盖差异化纺丝、绿色纤维加弹、智能制造、生态印染、品牌成衣一体化等多个方面，打造5G智能绿色再生涤纶纤维一体化示范工厂。

【重点企业选介】 淮安锦纶化纤有限公司　公司位于江苏涟水经济开发区，由浙江金轮集团于2003年投资建设，注册资本1亿元，总投资额8亿元。2022年，公司占地面积33万平方米，厂房面积20万平方米，配备聚合、纺牵、加捻、织布、浸胶5个标准化生产车间，专业生产"金轮"牌浸胶帘子布，年生产能力超过7万吨。实现开票销售收入7.79亿元。

淮安源通制帽有限公司　公司位于江苏涟水经济开发区，由亚源国际有限公司于2002年投资建设，总投资额3500万美元，注册资金775万美元。2022年，公司占地面积10.67万平方米，建筑面积4.8万平方米。配备日本百灵达绣花机、自动裁床等设备1250台套，主要生产棒球帽、礼帽、牛仔帽等产品，销往美国、日本、德国等国家和地区。全年生产高档运动帽48万顶。实现开票销售收入10.27亿元。

淮安远达服饰有限公司　公司位于涟水县，2005年由台商投资成立，总投资额6000万元，注册资本30万美元。2022年，公司占地面积4万平方米，建筑面积2.1万平方米。配备电动缝纫机100台、烫帽机6台、全自动电脑绣花机15台，全自动水洗烘干设备若干。年产各类运动休闲帽子300万顶、高中档休闲服饰100万件次，产品主要销往欧美地区。全年实现开票销售收入8.79亿元。

江苏康乃馨织造有限公司　公司成立于1994年，从事酒店纺织品研发、生产、销售、服务一体化布草供应。2022年，公司主营四、五星级高星级酒店纺织品、经济连锁酒店纺织品、航空用纺织品、酒店餐厅用品的设计制造和销售服务，为3000余家全球知名酒店提供高品质客房床品、卫浴巾和餐用纺织品以及配套方案，业务覆盖欧洲、美洲、大洋洲、中东、东南亚等的40多个国家和地区。全年实现开票销售收入5.47亿元。产品出口供应卡塔尔世界杯多家酒店，为巴西、葡萄牙、瑞士等国家队提供布草服务。

（刘圣明　宁新匡）

建筑业

责任编辑：汪　洁

综　述

【建筑业规模】 2022年，淮安市完成建筑业总产值2042亿元，比上年增长3.9%，其中规模以上建筑业总产值1690.8亿元、增长7.1%，占全市地区生产总值比重7.5%。新增规模以上建筑业企业91家，累计820家。全年签订建筑合同额1489.5亿元，增长2%；建筑业企业实现利润总额84.7亿元，增长13.9%。

【建筑市场】 2022年，淮安市建筑业企业在市内完成施工产值1001.5亿元，同比增长3.6%；在外地市场完成产值1040.5亿元，同比下降3.2%。全市建筑业企业出省施工产值557.3亿元，同比增长1.2%。发布《市政府关于加快推进建筑业高质量发展的实施意见》，制定《淮安市建筑业综合实力"三十强"、外埠市场开拓"十强"企业评选办法》，发挥优质企业引领示范作用，激励建筑业企业优化升级、拓展建筑企业对外业务。支持全市建筑业企业聚焦国家发展战略，围绕"一带一路"、长三角一体化、京津冀一体化、粤港澳大湾区等重点发展区域，拓展国内外建筑市场，巩固扩大市外建筑市场份额和拓展境外工程承包市场，提高市场占有率，增强市场竞争力。

【产业升级】 2022年，淮安市出台《市政府关于加快推进建筑业高质量发展的实施意见》，围绕强化政策供给、服务保障、金融支持、监督管理等方面制定激励保障措施。开展线上线下资质管理辅导、咨询和政策解答等，服务企业近400家，现场辅导重点企业10余家。实施2022年度建筑业企业晋级培育。淮安宏能集团有限公司获得电力工程施工总承包一级资质，江苏杰东通信科技有限公司获批通信工程施工总承包一级资质，为苏中、苏北地区首家，填补淮安市两项资质空白。江苏镇淮建设集团有限公司、江苏恒龙装饰工程有限公司、江苏淮阴水利建设有限公司3家企业获省建筑业"百强企业"称号，其中江苏恒龙装饰工程有限公司连续10年获省建筑装饰类"百强企业"称号。江苏天成建设集团有限公司《BIM技术应用在九里悦澜墅一期项目-18#酒店中的施工阶段价值实现》获评省建设工程BIM（建筑信息模型）应用大赛单项应用二类成果。

9月20日，全市建筑业"敢为善为 勇挑大梁"百日攻坚行动推进会召开

市住建局　供

【产业现代化】 2022年，淮安市推进建筑产业现代化建设，创成省级建筑产业现代化示范基地9个、人才实训基地2个、示范项目3个、示范园区1个。鼓励企业因地制宜推广使用先进高效工程技术和装备。开展2022年度省级建筑产业现代化示范申报。淮安凡之晟远大建筑工业有限公司、江苏建源益成新材料有限公司、江苏天工国际集团有限公司、国联龙信示范基地等项目通过第四批省级建筑产业现代化示范评估验收。淮安区绿色建造产业园、吾悦广场9#楼项目获评省级2021年度省级建筑产业现代化示范项目。

【装配式建筑】 2022年，淮安市新开工装配式建筑面积258万平方米（不含工业建筑），占新建建筑的30%。全市有装配式建筑部品部件生产企业16家。其中，混凝土部品部件生产企业14家，设计产能130.8万立方米/年，实际产能95.17万立方米/年，总产值7亿元；钢结构部品部件生产基地2家，设计产能6.5万吨/年，实际产能6.86万吨/年，总产值1.5亿元；在建装配式建筑混凝土部品部件生产企业3家。

（王灵敏　熊君健）

勘察设计

【概况】 2022年，淮安市有甲级设计资质单位9家、乙级设计资质单位19家，有甲级勘察资质单位7家、乙级勘察资质单位4家。全市获2022年度全省城乡建设优秀勘察设计奖26项。市住房和城乡建设局获全省2022紫金奖建筑及环境设计大赛组织促进奖。

2022年淮安市勘察行业、专业资质单位名录（12家）

淮安东大勘测设计有限公司
淮安市测绘勘察研究院有限公司
淮安市华晨岩土工程有限公司
淮安市建筑工程质量检测中心有限公司
淮安市水利勘测设计研究院有限公司
江苏华地勘测有限公司
江苏华信勘测设计有限公司
江苏建纬检测股份有限公司
江苏交科交通设计研究院有限公司
江苏省水文地质工程地质勘察院
江苏省万达勘测检测设计有限公司
江苏省中外地质工程有限公司

2022年淮安市建筑行业专项设计资质单位名录（25家）

淮安国腾建设工程有限公司
淮安泓益坤建设工程有限公司
淮安市城市建设设计研究院有限公司
淮安市德设工程设计有限公司
淮安市东方建筑设计有限公司
淮安市广厦建筑设计有限责任公司
淮安市广筑建筑设计有限公司
淮安市淮海建筑工程设计有限公司
淮安市建筑设计研究院有限公司
淮安市拓思达建筑设计院有限公司
淮安市现代建筑设计研究院有限公司
正军项目管理集团有限公司
淮安市政设计研究院有限公司
江苏华盛工程咨询股份有限公司
江苏美城建筑规划设计院有限公司
江苏南方城建设计咨询有限公司
江苏省子午建筑设计有限公司
江苏天成建设集团有限公司
江苏唯美园林景观设计有限公司
江苏亿豪建设工程有限公司
江苏镇淮建设集团有限公司
金湖县建筑设计院有限公司
蓝地球（江苏）城市景观设计有限公司
盱眙县建筑设计院有限责任公司
中天江苏工程设计有限公司

2022年淮安市幕墙、装饰专项设计资质单位名录（52家）

东联建设科技股份有限公司
淮安金树叶装饰设计工程有限公司
淮安市双兴建设工程有限公司
淮安市泰创屹建设工程有限公司
淮安市天源建筑装潢工程有限公司
淮安市新创佳装饰工程有限公司
江苏毕加索装饰集团有限公司
江苏彩旭建设工程有限公司
江苏诚一建筑智能化工程有限公司
江苏创世纪幕墙装饰有限公司
江苏大科科技有限公司
江苏大筑建设工程有限公司
江苏德盈建筑装饰有限公司
江苏登翔建设有限公司
江苏国人建设（集团）有限公司
江苏恒龙装饰工程有限公司
江苏鸿升建设集团有限公司
江苏沪金建设工程有限公司
江苏华尔泰建设有限公司
江苏华天驰宇建筑装饰工程有限公司
江苏华厦建科工程有限公司
江苏金色黎明建设（集团）有限公司
江苏金字塔装饰工程有限公司
江苏九格幕墙系统工程有限公司
江苏九天建设集团有限公司
江苏巨光建设有限公司
江苏开亮建设（集团）有限公司
江苏科清浩装饰工程有限公司
江苏科学梦创展科技有限公司
江苏蓝景天数字科技有限公司
江苏乐工建设工程有限公司
江苏隆升装饰工程有限公司
江苏南国建设集团有限公司
江苏品汉建设工程有限公司
江苏七建建设工程有限公司
江苏荣居合建设工程有限公司
江苏尚居装饰工程有限公司
江苏实硕建设工程有限公司
江苏苏淮装饰工程有限公司
江苏苏装建设集团有限公司
江苏他石装饰工程有限公司
江苏腾运装饰工程有限公司
江苏天玺装饰工程有限公司
江苏天元峰建设有限公司
江苏天子建设集团有限公司
江苏新起点实业有限公司
江苏亚冠实业有限公司
江苏耀新建设有限公司
江苏亿丰装饰工程有限公司
江苏愚工工程有限公司
江苏远翔装饰工程有限公司
江苏正诚文化科技有限公司

2022年淮安市电力专项设计资质单位名录（15家）

洪泽洪能电力实业开发有限公司
淮安宏能集团有限公司
淮安晟源集团有限公司
淮安新业电力建设有限公司
江苏东江建设科技有限公司
江苏华源新能源科技有限公司
江苏松源电力安装工程有限公司
江苏盱能集团有限公司
江苏友邦电力设计有限公司
江苏云之峰建设工程有限公司
江苏中达电力设计有限公司
江苏中军电力工程有限公司
金湖金尚电力实业开发有限公司
涟水红日电力实业开发有限公司
蜘蛛电网科技（江苏）有限公司

2022年淮安市其他专项设计资质单位名录（11家）

淮安市环境工程设计有限公司
淮安市园林设计研究院
江苏安达工程管理有限公司
江苏成达化工工程设计有限公司
江苏金发消防工程有限公司
江苏致远工程勘测设计有限公司
江苏中通工程设计有限公司
江苏钟山水电勘察设计有限公司
江苏珠峰消防工程有限公司
绿艺建设集团有限公司
司南科技股份有限公司

表26　2022年淮安市获省城乡建设系统优秀勘测设计奖单位、项目一览表

序号	项目名称	勘察/设计单位	获奖等次	奖项类别
1	淮安东站交通枢纽工程地下空间项目	江苏省水文地质工程地质勘察院	一等奖	工程勘察
2	S327高架快速路（徐阳路—广州路段）及进站匝道项目Ⅰ标	江苏交科交通设计研究院有限公司	一等奖	市政公用工程设计
3	淮安市水利局集中建设区河道管理范围内开发管理现状无人机航拍及外业调查与管理平台采购项目	淮安市水利勘测设计研究院有限公司	二等奖	工程测量
4	淮安吾悦首府（B地块住宅小区）	江苏美城建筑规划设计院有限公司、江苏筑森建筑设计有限公司	二等奖	住宅建筑设计
5	杜渚中国青虾学院更新改造项目	江苏美城建筑规划设计院有限公司	二等奖	村镇建筑设计
6	348省道楚州车桥至洪泽县城段工程	江苏交科交通设计研究院有限公司	二等奖	市政公用工程设计
7	淮安区清水互通工程	淮安市城市建设设计研究院有限公司	二等奖	市政公用工程设计
8	淮安市内环高架停车场项目	淮安市城市建设设计研究院有限公司	二等奖	市政公用工程设计
9	淮安高铁新区水系调整工程	淮安市水利勘测设计研究院有限公司	二等奖	市政公用工程设计
10	淮安机场二期扩建工程勘测项目	江苏省水文地质工程地质勘察院	三等奖	工程勘察
11	京沪高速公路莱芜至临沂（苏鲁界）段改扩建工程JHSJ-03标段2标	江苏省水文地质工程地质勘察院	三等奖	工程勘察
12	茂业时代广场项目	淮安市水利勘测设计研究院有限公司	三等奖	工程勘察
13	鹤山市沙坪河综合整治项目	淮安市水利勘测设计研究院有限公司	三等奖	工程勘察
14	枫香苑住宅小区一期	淮安市建筑设计研究院有限公司	三等奖	工程勘察
15	石榴·淮上院子	江苏美城建筑规划设计院有限公司	三等奖	住宅建筑设计
16	淮安市新安医院病房楼	淮安市建筑设计研究院有限公司	三等奖	公共建筑与工业建筑设计
17	淮安西游记文化体验园项目	淮安市建筑设计研究院有限公司、中国京冶工程技术有限公司	三等奖	公共建筑与工业建筑设计
18	淮安市淮安区建筑业总部经济园	江苏镇淮建设集团有限公司	三等奖	公共建筑与工业建筑设计
19	安徽如龙康养中心	江苏美城建筑规划设计院有限公司	三等奖	公共建筑与工业建筑设计
20	淮安市现代农业实训综合楼	江苏美城建筑规划设计院有限公司	三等奖	公共建筑与工业建筑设计
21	淮安市河下古镇历史文化街区尚庐书院工程	淮安市现代建筑设计研究院有限公司	三等奖	公共建筑与工业建筑设计
22	淮安高铁新区核心区路网建设工程顺达路（城东路—高铁路段）	江苏交科交通设计研究院有限公司	三等奖	市政公用工程设计
23	盱眙县淮河干流综合治理生态廊道示范建设项目	淮安市水利勘测设计研究院有限公司	三等奖	市政公用工程设计

续表26

序号	项目名称	勘察/设计单位	获奖等次	奖项类别
24	泰兴市沿江生态廊道工程	淮安市水利勘测设计研究院有限公司、上海市园林工程有限公司	三等奖	市政公用工程设计
25	建湖县建宝路快速化改造工程	淮安市政设计研究院有限公司	三等奖	市政公用工程设计
26	钵池山景区生物多样性示范工程	淮安市园林设计研究院有限责任公司	三等奖	园林绿化工程设计

（资料来源：市住建局）

【勘察设计项目评选】 2022年，淮安市组织全市城乡建设系统优秀勘察设计评选活动，评选出优秀勘察设计奖109项。组织参加全省城乡建设系统优秀勘察设计奖评选，获得奖项26项，获奖总数位列全省第6。其中，市政公用工程设计一等奖1项、二等奖4项、三等奖4项，工程勘察一等奖1项、三等奖5项，住宅建筑设计二等奖1项、三等奖1项，村镇建筑设计二等奖1项，工程测量二等奖1项，公共建筑与工业建筑设计三等奖6项，园林绿化工程设计三等奖1项。获第九届“紫金奖·建筑及环境设计大赛”一等奖1项，入围奖1项，最具人气设计基地奖3项，其中“船影重重系古今——淮安河西造船厂更新改造设计”获学生组一等奖金奖。

【行业管理服务】 2022年，《淮安市建设工程项目施工图审查改革实施办法》《淮安市建设工程施工图免审项目自审承诺管理办法》制定印发。根据“双随机、一公开”要求，按照区域均衡原则，组织开展全市勘察设计质量及市场行为抽查，抽取全市10个县区（园区）20个工程项目进行检查。协助省住房和城乡建设厅开展2022年度工程勘察设计单位资质动态核查，现场核查江苏成达化工工程设计有限公司、淮安泓益坤建设工程有限公司、江苏华地勘测有限公司3家单位，检查被抽查单位资质、人员、市场行为相关台账资料，通报情况并组织约谈，要求限期整改发现的问题。

【1项目获评省级特色风貌塑造项目】 2022年，盱眙第一山历史文化街区（二期）项目获评省级特色风貌塑造项目建设项目，获奖补资金900万元。该项目位于盱眙县北部，与国家AAAA级旅游景区第一山公园互相融合，总规划面积约5平方千米，东、西、南、北方分别为戚大山、淮河、虎头山、象山公园。街区按照“古城、公园、城市客厅”的主题定位和“一座城、一座山、一条河”的规划理念，打造城市文化特色与区域特色。

2022年，盱眙第一山历史文化街区（二期）获评省级特色风貌塑造项目建设项目。图为街区一角　　市住建局　供

【重点单位选介】 江苏省水文地质工程地质勘察院　江苏省水文地质工程地质勘察院成立于1959年，主要从事水文地质工程地质勘察、岩土工程勘察、岩土工程治理、工程测绘、地球物理勘探、液体矿产及水工环勘查、地质灾害勘查评估及设计治理、地下水资源监测论证及调查评价、地热能勘查和岩土水测试等。2022年，公司具备工程勘察综合类甲级、测绘在内的7个甲级资质，海洋工程勘察、地质灾害治理等5个乙级资质。拥有三标体系和安全信息体证书。配备包括海洋钻机在内的各类钻探设备近百台套，RTK、静态GPS、全站仪、测深仪等测绘设备近80台套；高分辨率地震仪、高密度电法仪、多功能找水仪、井中测温仪、流速仪、电导率仪等先进仪器设备12台套。在全球30余个国家开展勘测工作，在肯尼亚注册“苏肯地质勘测公司”。全年完成工程勘察项目210个，总合同额2.39亿元，其中境外工程勘察项目13个、合同额1563.36万元。科研支出786.17万元，新增专利5项，拥有专利44项。

江苏美城建筑规划设计院有限公司　江苏美城建筑规划设计院有限公司成立于1993年，是江苏省首批转制并通过ISO 9001认证的设计院之一，有国家甲级建筑设计、乙级城乡规划、乙级风景园林工程设计、市政公用设计、电力设计等资质。2022年，公司拓展BIM（建筑信息模型）与VR（虚拟现实）的建筑可视化设计、减震技术与高装配率建筑设计、碳中和背景下绿色建筑设计应用等业务，连续7年参加江苏省勘察设计行业建筑信息模型（BIM）应用大赛并获奖。全年完成设计总产值约1.1亿元，涉及工业与民用建筑、市政工程、园林景观、城乡规划等方面。全年获奖24项，其中省级奖项8个、市级奖项16个。科研支出700万元，拥有专利27项。通过国家高新技术企业认定与复审认定，获批江苏省工程技术研究中心。

（王灵敏　熊君健）

建筑施工

【概况】 2022年，淮安市有建筑企业2414家，其中施工总承包特级资质1家、一级资质174家、二级资质1322家、三级资质917家，新升一级企业11家、二级企业19家。建筑业企业房屋建筑施工面积13804.4万平方米，同比增长9.1%，其中新开工面积3361.2万平方米，同比增长3.9%。完成外出施工产值1082亿元，完成境外营业额2.89亿美元。全市有在监建筑工地605个，总面积3583.44万平方米，总造价869.91亿元；新增在监建筑工地446个，新增面积1299.8万平方米，新增总造价279.31亿元；竣工在监建筑工地413个，竣工总面积1203.12万平方米，竣工总造价338.53亿元。

【施工许可与竣工验收备案】 2022年，淮安市核发建筑工程施工许可证762件，施工总面积1622万平方米。主城区（古黄河、韩侯大道、淮海西路、西安路、大运河、漕城路、里运河、天津路、翔宇大道合围区域，以及原清河新区范围）有60个项目取得施工许可。完成竣工验收监督单体建筑工程242个，建筑面积218.82万平方米；备案在建建筑工程692个，建筑面积805.6万平方米。

【工程质量监管】 2022年，淮安市监督巡查市区建筑工程项目185个，其中单体工程618个；发现问题700余项，发放整改通知书80份、停工通知书5份、复工通知书4份、行政处罚建议书4份。监督巡查人防工程项目140个，发现问题329条，发放整改通知书27份、停工通知书1份。对80个项目混凝土强度、钢筋保护层、现浇板厚度进行监督抽测，抽测417个构件混凝土强度、241个构件钢筋保护层厚度、170个构件现浇板厚度，抽检钢筋原材15组，发放整改、抽检通知书11份。

【建筑工地智慧化管理】 2022年，淮安市巩固智慧工地建设成果，部署云服务器本地化设置，对市级智慧工地监管平台进行升级改造。推动新开工项目照单建设，60个新取得施工许可项目按标准建设并接入平台。85个在建政府投资规模以上工程实现智能化管理，实现政府投资规模以上工程智慧工地建设全覆盖，按“5+1”（现场安全隐患排查、项目人员动态管理、扬尘管控与视频监控、高处作业防护预警、危大工程监测预警5个模块以及1个数据集成分析平台）标准建设智慧工地250个，完成省指标的287%。

【建筑工地扬尘治理】 2022年，淮安市加强建筑工地标准引领和典型带动，实施差别化管理，培育豁免建筑工地17个，占全市豁免工地数65%。落实“红黑榜”考评机制，奖优罚劣，全年考评红榜项目21个，黑榜项目11个，定期公开曝光典型案例。加强信息公示，公开《重污染天气应急响应措施公示牌》《扬尘污染防治公示牌》，接受群众监督，确保施工扬尘防治不留真空、不留盲区。

【施工围挡建设】 2022年，淮安市开展施工围挡整治提升专项行动，印发《淮安市建筑工地砌体围挡设置标准》200余册，制作施工围挡整治提升宣传视频。主城区有41个项目设置砌体围挡工程，累计更换公益广告4800余幅，投入建设资金2570余万元，更新砌体围挡公益广告1000余幅。

【重点单位选介】 淮安宏能集团有限公司　公司成立于2002年，注册资本8000余万元，从事220千伏及以下电力工程施工、运维、检修、试验检测、不停电作业，110千伏以下电力工程设计、综合能源服务等业务，是全市唯一国家电力工程施工总承包一级资质企业。2022年，公司营业收入6.84亿元，所有者权益合计2.43亿元，税收1400余万元。3项科技成果分别获得国家发明专利、省安装协会QC小组一类成果、省建筑业QC小组三类成果，2人获评江苏省安装协会“五星建造师”称号。

江苏镇淮建设集团有限公司　公司成立于2000年，前身为淮安市镇淮建筑工程有限公司，注册资本10.18亿元。2022年，公司有各类建造师200余人，各类管理、技术人才500余人。公司有“中华人民共和国对外承包工程资格证书”，是商务部认定的对外援助成套项目总承包企业，在巴布亚新几内亚、塞内加尔、科特迪瓦、赤道几内亚和乌兹别克斯坦等国家开拓市场业务。全年完成建筑业总产值90亿元，新签合同额30亿元，外地市场新签合同额14.4亿元，完成工程结算收入16.55亿元。获评“江苏省百强企业”，获淮海科技创新奖一等奖，获评“翔宇杯”优质建设工程11个、“庐州杯”合肥市政工程质量奖1个、监理项目“翔宇杯”3个、省级建筑施工标准化工地4个。

淮安凡之晟远大建筑工业有限公司　公司成立于2017年，由江苏凡之晟实业发展有限公司、长沙远大住宅工业集团股份有限公司共同投资创立，总投资10.6亿元。2022年，公司有员工200余人、专业技术人员50余人。经营范围包括装配式建筑技术及相关产品的研发、生产、销售、施工，预制混凝土、混凝土、预制构件的生产、销售、安装，新型建筑材料的研发。配备5条PC生产线和1条钢筋生产线，年产装配式混凝土构件15万立方米。全年实现工业总产值1.2亿元，实现销售收入1.3亿元，销售回款1.1亿元。在2022年度江苏省小微企业质量管理体系认证提升行动评选中，被国家市场监督管理总局评选为国家级优良案例。

江苏天工建筑科技集团有限公司　公司成立于2016年，是一家专业从事装配式建筑研发设计、模具开发制造、部品生产安装以及相关技术服务的集团化企业，总投资1.57亿元。2022年，公司拥有数字化钢筋焊网生产线、数字化钢筋桁架生产线、数字化箍筋成型机、数字化高精度钢筋调直机，有循环自动化装配式部品流水线2条、固定模台生产线2条。装配式建筑部品年设计生产能力40万立方米，能够为300万平方米的装配式建筑配套PC部件。全年销售额超6600万元，获"一种混凝土夹心保温墙新型木质连接件"和"一种新型预应力混凝土基坑支护桩"实用新型专利授权。

（王灵敏　熊君健）

装饰装修

【概况】 2022年，淮安市实现装饰装修业总产值194亿元，比上年增长2.7%。有锦绣国际装饰城、大长江家居市场、博德五金建材家居广场、红星美凯龙、淮安国际商城等综合性装饰装修市场。

【装饰装修工程审批】 2022年，淮安市落实《淮安市建筑装饰装修工程审批制度改革实施办法》，解决装饰装修等建筑工程因缺少要件无法申办施工许可证问题。鼓励新建、装饰装修合验，通过建设单位申请、承诺，实行新建、装饰装修合并验收，商业综合体建设单位将承租户商铺装修内容纳入项目整体，整体申请消防设计审查、消防验收，缩短建设周期，降低建设成本。

【重点企业选介】 江苏恒龙装饰工程有限公司　公司成立于1996年，主营建筑装饰、建筑幕墙、建筑机电、电子与智能化、机电设备安装、消防设施、园林景观等建筑装饰设计施工业务。2022年，公司品牌价值27.33亿元，有各类技术人才3000余人。连续9年入选中国建筑装饰行业百强企业、装饰类企业前18强，连续10年入选江苏省建筑业百强企业。在全国设分公司60余家、项目部300余个。全年实现营业产值38.12亿元。

江苏鸿升建设集团有限公司　公司成立于1997年，主营建筑幕墙及建筑装饰设计和施工，业务涵盖机电设备安装、建筑智能化、消防设施、钢结构工程、房屋建筑、展览馆设计与施工、博物馆施工等。2022年，公司居中国建筑装饰行业装饰类第49名、幕墙类第14名、设计类第49名。与淮安新城投资开发有限公司共同出资成立淮安新城鸿升建设工程有限公司。

（王灵敏　熊君健）

建筑行业管理

【概况】 2022年，《淮安市建设工程施工现场关键岗位人员配备和在岗履职管理办法（试行）》出台，规范建设工程施工现场关键岗位人员配备和管理。印发《关于进一步做好淮安市建设工程施工企业信用管理工作的补充通知》，通过信用体系引导建设工程施工企业诚信经营。开展严厉打击建筑工程发包与承包违法行为（建设单位违法发包，施工、监理单位转包、违法分包及挂靠）专项整治行动，开展打击建筑工程发包与承包违法行为暨建筑市场大检查。淮安市"办理工程建设项目审批"营商环境评价得分位于全省第一档次。组织"安全生产月"启动仪式、"万企作宣誓 全员筑安全"集中宣誓等活动。加强招标监管，市区施工、货物、服务类电子招投标率均为100%。加强在淮安职业工程造价咨询企业信用考核，常态化发布工程造价信息。制定2022年度隐患建筑整治清单、隐患建筑三年整治方案、《淮安市自建房安全专项整治工作方案》，开展既有建筑、自建房安全隐患排查整治。

【工程建设项目审批】 2022年，淮安市推进建筑领域审批制度改革，出台《淮安市建设工程项目施工图审查改革实施方案》《淮安市优化施工图审查营商环境提质增效服务市场主体工作措施》《淮安市建设工程施工图免审项目自审承诺制管理办法》等，对20类规模不大、风险较低、易于整改的项目，明确免于施工图审查，对低风险项目实行"自审承诺制"，改事前审查为事中事后监管。出台《关于优化社会投资小型低风险项目统一开工条件告知承诺制办理工作的通知》《社会投资低风险和小型低风险项目审批流程图》，对符合统一开工条件的建设项目，建设单位可以通过承诺制方式提交6项材料，同时申领建设用地规划许可、企业投资项目备案、建设工程规划许可、建筑工程施工许可4项许可，提升社会投资小型低风险项目审批效率和服务质量。县区利用土地挂牌、公示、签约等手续办理前时间，开展施工图审查等工作，同步开展项目勘察、设计、施工、建设等施工许可条件准备工作。打造"图审快车"品牌。分别挂牌成立施工图审查清江浦区、淮安区、淮阴区、洪泽区、涟水县、盱眙县、金湖县、淮安经济技术开发区分中心。实时掌控分中心图审进度，及时与建设单位、勘察设计单位对接协调项目进展。成立"助建工作站"，依托"助建管家"专窗和专门管理服务系统，建立企业诉求受理反馈、部门协同快速办理、超过时限红灯警告、常规问题工单交办、复杂问题专题会办机制，打通工程建设项目在住建系统审批服务通道。

【建筑安全管理】 2022年，淮安市主城区有受监管建筑项目116个，开展日常安全巡查605次，发放整改通知书605份，提出隐患整改意见6080余条，移交处罚12个项目。开展标准化工地创建，85个项目获得"市标化工地"称号，19项目被推荐上报省级星级工地。开展新版省安管系统和监督格式文书试点工作，6月16日正式上线系统，开具"三单"（隐患单、抽查单、停工单）1465份，提出各类隐患问题8696条，为全省建筑安全监管信息化建设提供参考。

【建设工程招投标管理】 2022年，淮安市创新建设工程招投标监管方式，后移招标文件备案监督审查关口，把事前把关变为事中事后监督检查。开辟重点项目“绿色通道”，保障重点项目尽早落地开工。全面启用“不见面”开标，全年市区施工、货物、服务类电子招投标率均为100%，市本级完成“不见面”招投标项目158个，“不见面”率100%。建立招标计划提前发布机制，推行保险、保函等多形式投标保证，在招标文件中明确允许投标人以转账、电汇、网银、保函等多种形式缴纳投标保证金。市本级保险、保函担保形式覆盖158个标段，占比100%。实施投标保证金自动退缴，中标后投标保证金自动退还时间缩短为3个工作日。增设“合同网签”业务办理模块。新冠疫情防控期间，依法依规新增一批涉企招投标类免罚、轻罚清单，坚持过罚相当、惩教结合，实施包容审慎监管。对2家企业轻微违法行为实行“首错不罚”。

【工程造价管理】 2022年，《淮安市建设工程典型工程造价指标》发布。考核183家在淮安执业的工程造价咨询企业信用，随机检查15家工程造价咨询企业及注册造价师，抽查结果向社会公布并录入企业信用平台。指导造价咨询企业解决业务问题200余次，对造价咨询企业进行网上监管，审核无资质造价咨询企业24家，省外企业备案登记10家，专职专业人员添加审核87人，企业信息变更8家，单项业务备案223项，核查项目150余项，上报疑似错误项目32个。举办2022年淮安市工程造价职业（技术）技能竞赛，全市35家企业、51支代表队、153名选手参赛，选出15名选手组成淮安市代表队，参加全省百万城乡建设职工职业技能竞赛工程造价决赛。发布2022年标准工程造价指数，发布工程造价实例分析1例、工程造价典型案例分析1例、典型工程造价指标2例，发布实物工程量人工成本信息价、劳务市场人工信息各4期，发布周转材料、机械租赁信息价各2期，发布建材信息价12期。重点关注水泥、钢材等主材价格波动情况，及时发布价格预警4次，上报调价信息7条。

【工程检测管理】 2022年，淮安市修订质量检测综合报告指导性格式文本，完善工程质量检测项目参数一览表。开展全市建设工程质量检测综合报告制度落实情况专项检查，推进工程质量检测综合报告制度全面落地实施。对全市检测机构建筑水电排水管材、基础工程单桩竖向抗压静载试验能力进行验证评估，全市19家检测机构、51名检测人员参加能力验证活动。完善见证取样送检工作流程，对考核合格人员统一登记编号，做好见证取样工作，加强全流程动态管理。

【建筑人才管理】 2022年，淮安市开展建筑施工企业“安管人员”考核，参与7140人次，通过2914人次，通过率41%，参与线上继续教育5702人次。完成2021年度全国勘察设计注册工程师考后资格后审，通过83人。开展一、二级注册建筑师考试考前资格审核，一级注册建筑师资格考试市级初审通过117人，二级注册建筑师资格考试市级初审通过66人。完成2022年度17个专业、469名勘察设计工程师考试考前资格审核。完成2022年度二级造价工程师审核，报名1063人，实考785人，通过121人。建设工程系列职称初定预审通过110人次，开展建设工程高级职称申报、预审，上报正高级职称22人、副高级职称212人。完成年度建设工程中初级职称申报、评审，评审通过中级职称646人、初级职称114人、技术员6人。

【房屋安全鉴定】 2022年，淮安市有16家房屋安全鉴定单位开展房屋安全鉴定业务，鉴定类别包含民用建筑可靠性鉴定、工业建筑可靠性鉴定、房屋安全性鉴定、抗震鉴定和危险房屋鉴定等。出具房屋安全鉴定（排查）报告1405份，鉴定（排查）房屋2399栋、241.62万平方米，实现产值1258.57万元。部分房屋安全鉴定单位接受委托开展房屋安全排查业务。

（王灵敏　熊君健）

【工程项目欠薪治理】 2022年，淮安市推行工程建设领域劳动合同和维权信息公示制度，印发全市统一的农民工用工合同、施工现场维权信息告示牌范本。市、县区、镇（街道）联动摸排欠薪隐患，开展“清欠行动”“约谈指导”以及春季考核、夏季排查、秋季督导、冬季攻坚“四季行动”，保障农民工工资按时足额支付。对屡清屡欠、风险较大项目企业实行约谈督促、上门指导和定点帮扶，综合运用限期整改、处理处罚、公示警示等手段，加强重点整治和日常监管。健全落实“全员办案”“领导包案”机制，定期组织“回头看”，追发444名劳动者工资待遇405.06万元。全年全国根治欠薪线索反映平台欠薪线索办结率96.25%。运用江苏省农民工工资支付监控预警平台，加强在建工程项目动态监管，通过大数据智能分析，自动研判预警欠薪风险隐患。结合人工比对和线下排查，处置红、橙、黄色预警信息400余条。

（淮安市人民政府网站）

【住宅工程质量信息公示试点】 2022年，淮安市推行住宅工程质量信息公示试点，印发《住宅工程质量信息公示试点工作计划》，明确清江浦区、盱眙县、涟水县为首批试点县区。结合住宅工程施工现场、销售现场情况，通过信息公示二维码向社会公示工程建设进展、使用材料质量等信息。初步拟定试点项目17个，其中清江浦区10个、涟水县5个、盱眙县2个，包含市重点项目、安置房项目、国有投资项目和房地产开发项目。制定信息公示表格清单，规范公示内容标准，制定格式化、标准化公示用表，明确公示部位、公示标准、公示要求。推广住宅工程质量信息公示工作标准化成果，落实建设单位首要责任和施工单位主体质量责任，督促参建主体规范质量行为、履行质量承诺、严控施工过程，提升住宅工程品质。

（王灵敏　熊君健）

商贸服务业

责任编辑：汪　洁

商贸流通

【概况】 2022年，淮安市实现社会消费品零售金额1820亿元，同比下降0.4%，总量全省排名第8，增幅全省排名第10。完成限额以上批发业销售额1770.52亿元，增长8.8%；完成限额以上零售业销售额1611.24亿元，增长4.4%。有营业收入超亿元流通企业290家，完成商品销售收入1183.7亿元。

【商业中心】 2022年，淮安有市级商业中心2个，分别为淮海中心商业区和水渡口中央商务区。其中，淮海中心商业区以淮海广场为核心，由承德路、漕运路、人民路、健康路构成约2平方千米的区域性商贸中心；水渡口中央商务区以水渡口广场为中心，西至承德路、北至古淮河、东至韩泰路（杭州路）、南至里运河，占地约5平方千米。有区级商业中心11个，分别是淮阴区黄河广场、火车北站2个区级商业中心；清江浦区延安东路、清浦新城2个区级商业中心；淮安区漕运广场、淮安新区2个区级商业中心；淮安经济技术开发区弘康兴旺角、综合交通枢纽站2个区级商业中心；淮安生态文旅区、洪泽城区和淮安工业园区3个区级商业中心。全市有重点商业综合体8家，分别是万达广场水渡口店、华信Mall购物中心、苏宁生活广场、吾悦广场淮安凤里店、中央国际新亚商城、金鹰国际购物中心、淮安区万达广场、吾悦广场淮安涟水店。投资200余亿元，推动实施御码头片区、1415街区、文庙街区、都天庙片区、丰济仓文化街区等特色文旅街区建设。

（江　峰）

【现代商贸服务体系构建】 2022年，淮安市在全省率先出台《淮安市县域商业体系建设实施方案》，明确加强县域商业网络体系建设、促进农村物流和电商融合发展、提升农产品流通效率、培育壮大新型市场主体、提升农村消费服务水平、规范农村市场秩序的实施任务。御码头美食街区提升工程被列入2022年市政府为民办十件实事。计划7个县区及淮安经济技术开发区各打造1个特色美食街区，至年末基本完成清江浦区御码头、淮安经济技术开发区威海路、盱眙第一山3条特色美食街区打造任务。印发《淮安市一刻钟便民生活圈建设三年行动试点方案》，淮安市获批省级一刻钟便民生活圈试点培育地区、全省商务信用监管试点地区。清江浦区获批"全省现代商贸流通体系示范创建区"。12家企业入选江苏省内外贸一体化试点企业名单。

2022年，随着淮安金融中心全面启用，水渡口中央商务区商业中心位置更加凸显。图为水渡口中央商务区夜景

糜志翔　摄

表27　2022年淮安市入选全省内外贸一体化试点企业一览表

序号	企业名称	序号	企业名称
1	江苏理士电池有限公司	7	江苏和兴汽车科技有限公司
2	江苏正茂仓储设备制造有限公司	8	江苏汉邦科技股份有限公司
3	西派集团有限公司	9	江苏苏盐井神股份有限公司
4	江苏金卫机械设备有限公司	10	江苏共创人造草坪股份有限公司
5	江苏宝姿实业有限公司	11	江苏利淮钢铁有限公司
6	江苏宝翔体育器材有限公司	12	江苏康乃馨织造有限公司

（资料来源：市商务局）

6月24日，淮安市举办中国·淮安第36届汽车文化节，近60家汽车品牌参展，吸引市民选购　赵启瑞　摄/视觉江苏网　供

【消费促进】 2022年，淮安市出台“纾困45条”“淮政办20条”“淮10条”等促进服务业发展政策措施，将支持消费市场复苏、保住市场主体列入重点扶持事项，开展促消费活动，鼓励企业让利促销。其中，“淮十条”政策明确对纳税30万元以下批零住宿餐饮小微企业和个体工商户，给予自来水、管道天然气、供电费用10%补贴；对疫情期间在保产保供方面作出重要贡献的物流园区给予财政补助。县区开展“一县一特”促消费活动，其中清江浦区、淮安经济技术开发区围绕“游购娱、吃住行”等9大领域，发放惠民消费券1300多万元。全年限额以上批发、零售、住宿和餐饮企业营业额（销售额）增幅居全省前列。推进文旅产业融合、消费示范品牌建设，全年创成省级夜间文旅消费集聚区3个，清江浦景区、御码头运河文化旅游中心入选第二批省级夜间文化和旅游消费集聚区，河下古镇城河步行街入选第三批省级夜间文化和旅游消费集聚区。

（王志峰）

【老字号建设】 至2022年末，淮安市有老字号企业（品牌）49家。其中，中华老字号2家，分别是今世缘酒业、浦楼酱醋；江苏老字号3家，分别是文楼汤包、淮安茶馓、淮顺堂。开展第三批淮安老字号认定工作，认定淮安老字号12家，全市共有淮安老字号44家。

表28　第三批淮安老字号认定企业一览表

序号	企业名称	辖区	品牌	所属行业
1	涟水姚氏鸡糕加工厂	涟水县	姚氏鸡糕	食品加工
2	涟水郑氏健康咨询服务中心	涟水县	郑氏骨康	医药保健
3	涟水蒋氏医药科技有限公司	涟水县	蒋氏骨伤膏	医药保健
4	嵇氏蜂蜡疗（淮安）生物科技有限公司	涟水县	嵇氏竹林堂	医药保健
5	清江浦区闵师傅美食中心	清江浦区	江淮闵氏	餐饮
6	清浦区周大拿养生堂（周大拿膏药）	清江浦区	周大拿	医药保健
7	江苏淮安博士眼镜有限公司	清江浦区	博士眼镜	眼镜
8	淮安市多美手工艺品有限公司	清江浦区	多美	编织工艺

续表28

序号	企业名称	辖区	品牌	所属行业
9	淮安市香喷喷餐饮服务有限公司	清江浦区	肥髀快乐鸡	熟食制品
10	盱眙恒河酿造有限公司	盱眙县	恒河牌食醋酱油	调味品
11	盱眙於氏龙虾餐饮服务连锁有限公司	盱眙县	於氏	餐饮
12	盱眙金谷园饭店有限公司	盱眙县	金谷园饭店	餐饮

（资料来源：淮安市商务局）

粮食流通

【概况】 2022年，淮安市做好全市粮食生产、市场流通、产业发展、应急保障等工作，首次将“粮食收储安全保障率及粮食安全责任制”指标纳入2022年度市对县区高质量跨越发展考核体系。落实粮食企业农用电价格政策，93家粮食企业153个电费账户享受农用电价格政策，电费降幅20%。淮安市被省政府表彰为2021年“粮食安全责任制落实到位、粮油储备规模和补贴到位、优质粮食工程和优质优价收购推进有力、粮食产业发展质量和效益明显提升的地方”。中国漕运博物馆、淮安市直属粮食储备库有限公司、淮安市粮油质量监测所、江苏财经职业技术学院获评“江苏省粮油科普教育基地”，获评“江苏省粮油行业大师工作室”1个，获评“江苏省粮油行业优秀工匠”1人。

11月15日，在淮安市洪泽湖粮食储备直属库粮库，一台智能机器人正在粮库巡检，并通过互联网实时传输库内温湿度、磷化氢浓度等数据

王　昊　摄/视觉江苏网　供

【粮食仓储设施建设】 2022年，淮安市启动粮食仓储建设项目6个，投资总额2.7亿元，其中获得省财政补助1.44亿元，每万吨比非示范市多获得省补资金180万元。提升地方储备保障率，县区扩增储备规模，清江浦区完成区级储备扩储，淮阴区、淮安区扩储计划获批复。各县区报废超设计使用年限仓容19.08万吨。8月11日，全省粮食仓储设施建设现场推进会盱眙县召开。淮安市获评全省首批“整市推进粮食仓储设施建设示范市”，淮安区成功申报“优质粮食工程示范区”。

【粮食收购】 2022年，淮安市全社会收购粮食314万吨，其中小麦120.4万吨、稻谷192万吨、玉米1.6万吨，国有企业收购132.5万吨、非国有企业收购181.5万吨。制定《淮安市粮食购销规范（试行）》《淮安市最低收购价粮收购规范（试行）》。制定粮食收购贷款资金需求计划，农发行淮安分行首批授信10.4亿元。全市粮食收购共同担保基金实行差异化贷款，固定贷款比例由1∶10调整至最高1∶15，粮食收储企业最高可贷款11.6亿元。鼓励多种所有制市场主体入市，支持各类粮食企业开展市场化收购，提高农民售粮收入。

【粮食储备】 2022年，淮安市优化粮食出入库流程，采用数字粮库“一卡通”系统，实现粮食快速收储入库与数据自动采集，确保粮农收入当日结算。推广“满意苏粮”App，推行就近粮库或收储点线上预约，节省运输和时间成本。制定《淮安市地方政府储备粮管理制度（试行）》《淮安市市级政府储备粮轮换管理办法》《淮安市地方政府储备粮财政补贴资金管理办法》等制度，提升规范化管理水平。印发《关于进一步优化淮安市地方储备粮布局和品种结构的实施方案》，市、县级地方储备粮承储企业由16个调整为8个。将稻谷、小麦储备占比分别调整为60%和40%。推动各县区实现政策性职能与经营性职能彻底分开，涟水等县区成立储备粮管理公司。

【粮食应急体系建设】 2022年，淮安市有粮油应急加工企业36家，米、面、油日应急加工能力9210吨，有粮食应急供应网点176个、应急配送中心4家、应急储运企业8家、应急保障中心4家，保障全市粮油产品市场充足供应。全市有国家级粮油价格监测点4个、省级粮油价格监测点10个，保障粮油市场价格平稳运行。印发《关于下达淮安市地方成品粮储备计划的通知》，公开优选成品粮储备企业，明确年产量0.5万吨以上的大米加工企业、面粉加工企业和油脂加工企业建立社会责任储备。

【粮食产销合作】 2022年，淮安市加强与省内南京市以及上海市、浙江省、福建省、广东省等地粮食产销对接，通过即购即销、代购代销、以销促购等方式，促进优质粮源生产、收购、储存、加工、销售全链条合作。全年销往省外粮食（折合原粮）92.3万吨，其中广东省33.4万吨、浙江省28.4万吨、海南省6.5万吨、福建省6.4万吨。举办2022宁淮粮食产销活动，签订《宁淮粮食产销合作战略协议》《宁淮粮食应急保供协议》，扩大南京、淮安两市粮食品牌知名度和影响力，加强粮食产销合作。

【粮油质量监测】 2022年，淮安市有粮食质检机构8个，其中市级1个、县级7个，办公及实验场所4277平方米；各类检测仪器795台套，总价值3382.3万元；工作人员49人，其中专业技术人员37人；通过实验室资质认定的质检机构3个，其中市级1个、县级2个。各级粮食质检机构累计检验粮油样品6317份，其中新收获粮食质量安全监测样品637份、地方储备粮样品155份、其他政策性粮食样品757份。采集国家粮科院品质研究定位样品小麦20份、稻谷18份、《稻谷》国标修订样品7份。接受企业质量、技术咨询50余次，接受企业委托检测样品10份，出具报告10份；开展为农服务769次，检测样品1184份。获“江苏省食品安全工作先进集体”“江苏省粮油科普教育先进集体”称号。

【粮油市场监管】 2022年，淮安市开展粮食流通监督检查174次，其中“双随机”检查（随机抽取检查对象、随机选派执法检查人员）89次，检查企业近1500个次。开展夏秋粮收购现场检查和全市政策性粮油库存检查等，维护粮食流通市场秩序。加强原粮质量安全检查，全市库存政策性粮食抽检比例达40%以上。开展粮食购销领域腐败问题专项整治和“粮食流通监督检查质量年”活动，建立健全粮食流通协同联动监管执法机制，全市103家企业获评全国粮食经营者守法诚信A级。

【节粮减损】 2022年，《淮安市节粮减损行动方案》印发，组织实施粮食生产增产减损行动、粮食收储保质减损行动、粮食运输降耗减损行动、粮食加工转化减损行动、餐饮消费节约减损行动、节粮减损科技创新行动、节粮减损宣传监测行动7大行动。年内，市发展改革委与江苏财经职业技术学院联合创建“节粮减损在行动”网站，宣传节粮减损政策和粮食文化知识，是全国首个以“节粮减损”为主题的特色专题网站，获“全省粮食和物资储备行业创新成果”奖。

（程建飞）

供销合作

【概况】 至2022年末，淮安市供销合作社系统有县区供销合作社7个，基层供销社150个，农民专业合作社700个、为农服务社（中心）1010个，连锁经营网点3000余个。全市供销系统实现销售总额311亿元、农副产品收购额116亿元、农产品批发市场交易额70亿元，利润总额8550.39万元。新增开放办社企业58家，累计125个，实现销售总额221亿元。实施基层供销社改造提升、城乡现代流通、农业社会化服务等各类项目28个，总投资约2300万元，获得省级以上财政奖补资金751万元。落实助企纾困房屋租金减免政策，全系统为243户个体或小微企业减免租金298.65万元。

【基层组织建设】 2022年，淮安市推进县区基层供销合作社老旧房屋与闲置资产盘活，完成基层供销社改造提升10家，改造面积超5000平方米。新建农村综合服务社28家，新发展农民专业合作社14家，县区社龙头企业带动基层社52家，县区社有企业参与基层社新建项目11个。实施清江浦区和平供销商场、洪泽区黄集中心供销商场改造等项目，盘活基层闲置陈旧资产。淮阴区供销社连续4年被表彰为“全省二十强县级社”。清江浦区和平镇，淮阴区徐溜镇、赵集镇，淮安区仇桥镇、顺河镇，金湖县金南镇，盱眙县马坝镇等一批基层供销社建成乡镇经营服务综合体。

【供销流通渠道】 2022年，淮安市供销系统围绕农产品流通探索“农业+电商”新模式，拓宽农产品流通渠道。淮阴区、淮安区、涟水县等县区供销社对接省“鲜丰汇”平台，开设线上消费帮扶馆，上架销售本地消费帮扶农产品130余种。组织百余种商品参加“2022江苏名优农产品进上海展销会”“2022长三角供销合作社名优农产品展销会”等展示展销活动，打响“淮味千年”品牌。金湖县供销社联合江阴市供销社打造中国供销海外购金湖农展中心，通过“展示展销+电商+直播”运营模式，为金湖县优质农产品宣传推介搭建“线上线下”展示展销平台。

【为农服务】 2022年，淮安市供销系统提升农业社会化服务能力，有农业社会化服务平台数超10家，农业社会化服务面积超10.67万公顷。开展乡村公共空间治理，盘活基层供销社低效资产资源5.25万平方米，新改建经营服务面积2.84万平方米。淮安区林集供销社提供智慧农业生产服务，仇桥供销社开展自主承包土地服务试点。建成运营淮阴区刘老庄农业社会化服务中心，提供农资供应、科技施肥、农产品电商和经纪人培训、智慧试验田和信息展示等综合服务，服务周边乡镇1.33万公顷耕地。通过各县区供销社合作参股、上级社公司下沉建设、社会化开放合作三个方向，引导基层社打造农业服务和信息化展示综合平台。与当地金融机构开展战略合作，全系统帮助涉农企业获得授信超过6000万元。疫情防控期间，市供销合作社联合淮安区、淮阴区、涟水县供销社举办专题对接活动，助销滞销农产品；组织果品流通协会成员单位，向疫情防控点一线人员捐赠物资价值20余万元。全系统回收农药废弃包装物180吨，占财政资金补贴回收总量的77.53%，超额完成省市乡村振兴考核不低于30%目标任务。

【社有企业发展】 2022年，淮安市供销社系统围绕“社企分开”，构建淮安“社有资产监督管理实施办法+配套制度”体系，规范运行社有资产管理委员会，理清党组、理事会、市供销社（集团）总公司职责。实施“制度建设完善年”活动，完善机关管理、社有企业监管等6大类39项制度。开展“三降两清一扭”（降“两金”占比、降三项费用率、降资产负债率，清理“僵尸企业”、清理处置经营风险，扭亏增盈）专项行动，全系统社有企业资产负债率同比下降4.77%，“两金”占比下降4.3%，三项费用率下降25.39%，亏损企业减少6家，亏损企业亏损额下降21.24%。

【农资稳价保供】 2022年，淮安市供销社系统加强农资稳价保供，印发《关于开展保农资供应促粮油丰收行动的通知》。组织开展春耕农资需求调查，建立重要农资销售、库存周报制度，保障农药化肥供应，支持春耕生产、保障夏粮丰收。全系统主要农资企业累计销售化肥56.78万吨、农药2.24万吨。针对全年农资价格波动大的问题，依托系统农资连锁企业，推动淮安市兴农农资有限公司、淮安百汇农资有限公司、盱眙县双赢农资有限公司、淮安伏利现代农业有限公司等重点农资企业组团与中化集团、中农集团等国内主要生产厂商对接，拓宽采购渠道，通过“陆水联运”多种方法备货储货，确保农资储备充足。开展“绿色农资”专项行动，引导农民减少有毒有害肥药的使用，洪泽区、淮阴区等地供销合作社与农业执法部门联合开展农资打假专项整治行动。

（左雅静）

专项经营

【烟草专卖】 2022年，淮安市烟草专卖局（公司）下辖淮阴、涟水、淮安、洪泽、盱眙、金湖6个县区局（分公司），全年销售卷烟14.3万箱，实现销售收入58.96亿元，实现税利15.46亿元，卷烟零售户毛利率17.94%。与10余家银行机构合作提供低息“烟商贷”服务，为5871户零售户提供贷款总额13.8亿元。至年末，全市建成吸烟点3380个、吸烟亭65个、吸烟区56个、吸烟室1个，建设密度1.69个/平方千米。

推广现代终端体系建设，扩大“金丝利零售”商业流通品牌规模，全市建有直营终端1个、加盟终端103个、合作终端63个、新现代终端516个。加强卷烟市场“信用评价”体系建设，为AAA级客户配置信用播报器、示范牌等信用物品280个。建立无证经营卷烟联查联处工作机制、未成年人免受烟侵害保护协作机制，印发《关于深化卷烟打假打私联合协作机制的意见》，加强烟草市场监管。成立电子烟管理机构，开展电子烟清理整治专项工作，清理中小学校周围电子烟零售点和互联网电子烟信息，推动电子烟监管规范化、法治化。建立电子烟零售点“一户一档”，全市核发电子烟零售许可证61份。推动常态化监管，约谈电子烟商户24户，严防销售非法电子烟产品、超许可范围经营等情况发生。依法履行市场监管职能，全市查获涉烟违法案件1666起，查获涉案卷烟3508.81万支，案值2793.39万元。

（董海军　王　伟）

【盐业经营】 2022年，淮安市有食盐定点生产企业1家，为江苏井神盐化股份有限公司，并获食盐定点批发企业证书；有食盐定点批发企业7家，分别为淮安市盐业有限公司、淮安市淮阴区盐业有限公司、淮安市淮安区盐业有限公司、淮安市洪泽区盐业有限公司、涟水县盐业有限公司、盱眙县盐业有限公司、金湖县盐业有限公司。在全市大、中型商场及超市开展食盐销售标准化建设与品牌宣传活动，拉动食盐终端销售。组织盐产品调运，保障节日和新冠疫情防控期间食盐市场供应。扩大小苏打、生活用盐等特色产品销售，增强产品竞争力，推动渠道增值。全年累计销售盐产品309.17万吨，其中食盐81.43吨。

（董海军）

【成品油和车用天然气销售】 2022年，淮安市成品油零售企业完成零售总量72.32万吨，其中汽油44.76万吨、柴油27.56万吨。全市有加油站322座，其中中石油加油站50座、中石化加油站162座、中海油加油站5座、其他国有加油站17座、民营加油站88座。主要分布在高速公路、省道国道、县乡道、城区、农村和水域。其中，年经营规模1万吨以上加油站1座，5000吨～1万吨35座，3000吨～5000吨45座，3000吨以下241座。年内，开展成品油问题集中清查，检查船舶码头、物流园区、建筑工地内部用油安全，加强加油站、货车维修厂、成品油批发企业超范围经营、偷税漏税、非法改装等问题检查，将成品油整治纳入镇（街）网格化管理。

中石化淮安石油分公司　2022年，中石化淮安石油分公司油气经营总量53.28万吨、易捷便利店在售商品2000余种，年销售额超1.8亿元。配备分布式光伏站37座、充电站9座，有气液比检测仪器9台，开展库站废气、噪声、雨水自行监测，加强加油站油气回收设备运营管理。打造绿色基层达标站42座，打造全国绿色油库1座。

中国石油淮安销售分公司　2022年，中石油淮安分公司有全资库3座（停运2座）；有加油站55座，运营站48座，其中全资站45座、控股站3座（租赁1座）；成品油年销售能力20万吨，资产总额7.1亿元。全年销售成品油20万吨，非油销售5200多万元。中石油淮安销售分公司淮阴油库通过应急管理部大型油气储存风险评估和省应急管理厅二级企业安全生产标准化审查验收。所有加油站通过三级企业安全标准化建设审查验收。完成47座加油站安装检测井施工作业。

（孙 飞 丁文怡 董青春）

邮政

【概况】 2022年，淮安市完成邮政业务总量42.42亿元，比上年增长7.6%，增幅排名全省第四，常住人口人均快递量172件/年。完成邮政业务收入35.83亿元，增长10.6%，增幅排名全省第三，其中快递业务收入25.13亿元，增长9.1%。至年末，全市有快递企业及分支机构172家，涵盖邮政速递、顺丰、中通近20个品牌，有完成备案快递末端服务站点2627个、智能快件箱919组，初步形成县、乡、村三级寄递物流网络体系。有9个品牌快递公司在淮安设有苏北区域快件转运中心，快递日均转运量近600万件。

【邮政业务】 2022年，淮安市邮政行业完成寄递业务量4.66亿件，增长3.64%。其中，快递业务量3.06亿件，下降0.26%。全年全市邮政公司函件业务量99.08万件，增长54.43%；包裹业务量3.27万件，增长7.57%；订销报纸业务7935.23万份，增长0.2%；订销杂志业务166.33万份，下降5.63%；汇兑业务0.89万笔，下降26.45%。全市邮政行业业务收入（不包括邮政储蓄银行直接营业收入）35.83亿元。快递与包裹服务品牌集中度指数CR8为89.27。

【快递业务】 2022年，淮安市完成快递业务量3.06亿件，下降0.26%。其中，同城快递业务量2804.55万件，下降36.06%；异地快递业务量2.78亿件，增长5.71%；国际及中国港澳台地区快递业务13.14万件，下降8.12%。同城、异地、国际及中国港澳台地区快递业务量分别占全部快递业务量的9.16%、90.8%和0.04%。全年同城快递业务收入完成1.17亿元，下降23.84%；异地快递业务收入12.05亿元，增长4.35%；国际及中国港澳台地区快递业务收入0.58亿元，增长6.22%。同城、异地、国际及中国港澳台地区快递业务收入分别占全部快递收入的4.67%、47.95%和2.29%。

【基础设施建设】 2022年，淮安市加强快递产业园区建设，推进苏北快递产业园、顺丰创新产业园等区域级快递枢纽建设，推动申通三期项目、中通四期项目建设，促进县区快递物流园区升级。打造淮河生态经济带航空货运枢纽，推进航空快运枢纽建设。利用淮安高铁快运物流基地列入国家首批规划建设的高铁快运物流基地机遇，吸引淮安及周边快件通过高铁快运渠道集散，优化干线运输结构。

【邮政服务】 2022年，淮安市将邮政普遍服务“两项审批”办理时限由20个工作日压减至5个工作日，其他备案事项办理时限压减至2个工作日，共按时办理审批备案事项15起。推动邮政综合服务平台建设。引导邮政企业加强警邮、税邮、政邮合作，建设邮政、快递、交通、电商融合发展的综合服务平台。全市建成邮政警邮网点78个、税邮网点50个、警医邮网点44个。按照《2022年淮安市放心消费创建工作意见》要求，组织快递企业推进放心消费企业创建活动，鼓励快递行业协会参与放心消费行业创建，加快推进住宅智能信报箱、快递公共服务站等末端快递服务设施建设，整治超许可范围经营、无证经营、不按址投递等服务违法行为，优化快递服务消费环境。

【邮政快递市场监管】 2022年，淮安市组织开展邮政市场秩序整顿，在全市范围内打击未经许可经营、超地域经营、快递末端网点未备案等违法行为，其中查处未经许可经营快递业务1起、跨区揽件2起、快递末端网点未备案案件20起。突出治理非法使用用户信息、倒卖快递运单等违法违规问题，办结2家分拨中心快递面单泄露案件，作为全省治理信息安全典型案例上报国家邮政局。推进“12305”国家邮政业申诉服务热线电话与市场监管对接。针对提升服务质量，行政约谈顺丰速运、淮阴圆通；针对投递服务问题，书面要求中通、京东快递品牌自查整改。

【绿色邮政建设】 2022年，淮安市提升邮政快递行业绿色发展水平，推进快递包装绿色治理，制定印发《2022年全市邮政行业生态环境保护工作实施方案》。实施行业生态环保“9917”（采购使用符合标准的包装材料比例达到90%，规范包装操作比例达到90%，投放可循环快递箱（盒）达到1000万个，回收复用瓦楞纸箱7亿个）工程，落实法律法规标准、强化包装绿色治理等五类12项工作任务。指导邮政企业全面淘汰国三及以下排放标准柴油邮政车。继续开展快递塑料污染专项治理、快递过度包装和随意包装专项治理等专项行动，印发《淮安市快递包装绿色治理专项行动工作方案》。全年开展监督检查3批次，检查邮政快递企业营业处理场所16处，实施行政处罚2起，处罚金额8000元。通报表彰2021年市级邮政业“绿色网点”6个。

【邮政惠农服务】 2022年，淮安市完善县、乡、村寄递物流体系，印发《淮安市关于加快农村寄递物流体系建设的实施方案》。县、乡、村三级物流服务节点建设覆盖率100%，4个以上邮政快递企业服务稳定通达建制村，运营农村物流末端共同配送线路147条。年内，邮政企业服务农特产品寄递业务量536.75万件，带动农特产品销售额4084万元。淮安顺丰速运公司服务洪泽湖大闸蟹业务量4.1万件，业务收入169.63万元；服务盱眙龙虾业务量16.09万件，实现业务收入

696.81万元。印发《加快推广“交通运输+邮政快递+农村社区”农村寄递物流服务模式，深入推进“快递进村”工程的实施方案》，推动全市81个新型农村社区快递综合服务站点建设，制定四类14项服务站建设标准，打造“快递进村”示范站点。

【邮政普遍服务监管】 2022年，淮安市加强邮政普遍服务监督，印发《提升邮政普遍服务水平八项工作措施》，制定六类26项提升普遍服务水平量化指标清单。开展“喜迎二十大·普服提效能”普遍服务提质达标月活动和邮政普遍服务知识竞赛。组织邮政普遍服务、安全生产和疫情防控监督检查，全年检查普遍服务营业场所39处、邮件处理场地4处。做好纪特邮票销售专项监督检查，检查网点15处。印发机要通信监督管理工作方案，开展邮政机要通信保密安全全覆盖监督检查2批次，组织机要通信专题培训，参加培训近70人。开展全市邮政机要通信运输投递环节疫情防控桌面推演、邮政机要通信应急演练，形成消防安全、疫情防控、车辆救援等环节工作方案。推进寄递渠道“扫黄打非”工作，全市建成“扫黄打非”工作站278个，查堵拦截非法出版物3批次，发放举报奖励1500元。

【寄递安全管理】 2022年，淮安市开展寄递行业“清风·安全生产”、安全生产百日攻坚等专项行动，专题部署重大安全生产隐患排查整治、作业场地“四不”（设备设施不达标、现场管理不到位、员工着装不规范、作业操作不合规）问题整治、车辆交通安全管理、消防安全风险防控等，落实企业主体责任。市邮政管理局联合市人民检察院召开落实“七号检察建议”共筑寄递安全屏障工作联席会议，签订《关于建立寄递渠道安全监管协作配合机制的意见》；联合检察、公安、应急等部门开展寄递安全专项检查；联合市红十字会开展应急救护培训班，30余人取得初级救护员证书；联合市消防救援支队开展邮政快递业第二届消防大赛暨2022年安全生产实战应急演练活动。推进省邮政管理局“绿盾”工程建设，全市172个监控点位、457个摄像头接入国家视频巡查监管系统，日常在线率95.87%。市邮政管理局、市公安局、检察院、国家安全局召开专题动员部署会，专项检查分拨中心、加盟企业及末端网点146家，下达责令整改10起，立案查处13起。

【快递员权益保障】 2022年，淮安市多部门制定印发《关于进一步做好我市快递员群体合法权益保障工作的实施方案》，明确保障快递员合理劳动报酬、规范企业用工管理、加强快递员职业安全保障等10项重点任务。市邮政管理局、市人社局联合印发《关于做好基层快递网点参加工伤保险工作的通知》，维护快递员群体合法权益。推进关爱快递员“暖蜂”行动，全年开展5批次12场慰问活动，慰问从业人员近300人，向全市200名快递员赠送“江苏医惠保1号”医疗保险。快递行业工会联合会与市快递行业协会签订2022—2025年度行业集体合同，淮安顺丰速运公司签订首份公司集体合同。

（蒋艳娥）

【中国邮政淮安市分公司】 2022年，中国邮政集团有限公司淮安市分公司有服务网点170个、在职员工2120人，邮件投递段道651个，邮路总里程3900千米。全年邮政业务总收入10.34亿元，增长10.21%；利润6715.3万元，增长21%。完成邮政基础设施建设投资3292万元，增长33.21%。其中，普洛斯处理中心建设投资1052万元，15个金融网点改造投资1001万元，102个邮政店招、8个营投部“三达标”改造投资364.2万元。完成邮政快递业务收入2.38亿元，增长13.99%。全市有人工自提点6300个，运营智能包裹柜2800个，日均揽收快递量22.99万件，日均投递快递量11.09万件，日均处理邮件量37万件。

推进县、乡、村三级物流体系建设，全市普遍服务网点实现乡镇邮政局所全覆盖。建成县级物流共配中心6个、乡镇物流中心27个、农村物流服务站1345个，开通县乡公交邮路9条、镇村公交邮路16条。与10家社会快递公司进行品牌合作，利用17个乡镇中心交通场站，推动快递到村。打造龙头企业和全国级示范合作社各1家、区域级示范合作社5家，联合邮储银行建成信用村14个。销售农产品4507万元，实现农产品寄递收入2323万元。疫情防控期间，累计承担全省干线分流任务1136个车次、224万袋件邮件，保障药品、紧缺防疫物资邮运渠道畅通。开展“邮乐优鲜”社区拼团活动近2000场次，开展“抗疫保供·暖心助农”直播活动20余场次，销售抗疫保供产品5.4万件，销售额80.5万元，服务2700余人次。

（郑　浩）

电子商务

【概况】 2022年，淮安市实现电子商务零售额170亿元，零售量6.6亿件，其中农产品电商零售额16.9亿元，占全市电商零售总额9.93%。

【电商培训】 2022年，淮安市组织宝哥传媒、乐享商贸等直播、电商企业主播参加江苏电商直播大赛，全市推选10余名选手参赛，以“培训+比赛”的形式提升主播直播带货能力。举办首期“抖音短视频直播运营培训班”，为30名餐饮行业从业人员提供免费技能培训，培育短视频运营、直播人才，拓宽营销渠道。联合北京三快在线科技有限公司（美团公司）为100个社区商家提供免费网络营销辅导，推动社区商业线上化。

（王志峰）

【跨境电商】 2022年，淮安市实现跨境电商交易额15.4亿元。加快跨境电商综合区建设，推进线下园区、基地建设。淮安软件园跨境电商产业示范基地、瀚唐跨境电商创业孵化基地揭

4月15日，第131届中国进出口商品交易会（广交会）通过网络举办。位于淮安洪泽区的江苏悦丰晶瓷科技有限公司通过网络直播方式参加产品展销，工作人员全程英文直播介绍产品　　赵启瑞　摄/视觉江苏网　供

牌。培训跨境电商人才2000余人，年孵化跨境店铺100家，孵化实体注册电商企业20多家，网上销售额1000万美元。淮安区电商现代物流园被评为全市首家省级跨境电商产业园，认定淮安综合保税区等4家市级产业园和淮安新城跨境电商产业园等5家孵化基地。创新"线上线下"平台融合发展模式，制定集跨境电商通关、金融支付、物流、防伪溯源、大数据分析于一体的跨境电商公共服务平台建设方案。阿里国际站、阿里一达通、盛世龙翔淮境通等跨境电商平台在淮安市落户，其中阿里国际站服务淮安、宿迁500多家跨境电商企业，阿里一达通服务淮安、宿迁、连云港900多家跨境电商企业。

（淮安市人民政府网站）

【农村电子商务】 2022年，淮安市创新农村电商发展新模式，拓展农产品线上销售渠道，加快推进"网货下乡、农产品进城"。"淮味千年"公用品牌授权企业全部获得全国农产品全程质量控制技术体系认证，搭建起"产销直通"公益销售渠道，通过"线上+线下"相结合模式拓宽农产品销售渠道。洪泽区线上运营"淘宝网特色中国洪泽馆""京东洪泽特产馆""云谷原食味洪泽馆""洪泽湖螃蟹旗舰店"等销售平台，线下建设"淮味千年"农产品实体旗舰体验店，让消费者随时线上订购线下提货，实现线上线下双循环。盱眙县与天猫平台联合举办第三届天猫盱眙互联网龙虾节，在线上为龙虾节宣传造势。开展全市农产品电子商务"千人培训"、农民电商手机应用技能培训等。运用场景化教学方式，向农民传授手机直播、短视频拍摄等网络营销新技能。餐饮企业推出小份制螺蛳、鱼圆等个性化菜单，提供抖音、微信等多渠道线上预订、网上支付等服务。盱眙县、金湖县农村电商示范县项目通过中期评估，涟水县项目启动招投标。洪泽区县域商业体系建设获省商务厅主要领导批示，金湖县农村电商三级物流配送体系案例在《江苏商务》上登载。年内，全市农产品电子商务网上销售额超98亿元，数字农业农村发展水平为67%。

【数字商务示范中心创建】 2022年，淮安市开展国家级、省级数字商务示范中心创建，江苏康乃馨织造有限公司、江苏今世缘酒业股份有限公司、江苏宝姿实业有限公司、江苏寒舟乐器批发有限公司参加国家级数字商务企业综合评价。江苏爱特福84股份有限公司、金湖苏宁商业管理有限公司申报省级数字商务企业，江苏爱特福84股份有限公司成功获批省级数字商务企业。

【盱眙全球龙虾交易中心入选省县域电商产业集聚区名单】 2022年12月，盱眙全球龙虾交易中心入选第二批江苏省县域电商产业集聚区名单，为全省13家县域电商产业集聚区之一。该交易中心规划占地面积13.33平方米，包括商业、冻库、展厅、办公、公寓式酒店五大板块，涵盖龙虾等农产品展示、交易、农产品检测、冷链物流等功能，集聚生产、加工、销售、流通、服务产业链，旨在推进小龙虾特色产业与电商融合发展，打造国内最大龙虾交易集散中心。项目计划建设1000亩以上龙虾养殖核心基地18个，小龙虾、螃蟹精深加工企业100余家，龙虾调料企业35家，龙虾年交易量100万吨。

（王志峰）

新兴服务业

【律师服务】 2022年，淮安市有律师事务所101家，其中合伙所89家、个人所12家；有律师1605名，其中专职律师1016名、兼职律师49名、公职律师465名、公司律师51名、法律援助律师24名。全市律师行业实现收入3.52亿元。律师办理业务案件38925件，其中民事案件32169件、刑事案件2798件、行政案件1207件、非诉案件1384件、仲裁案件1265件、其他案件102件。开展"守护花开"巾帼律师公益联盟公益普法活动，"同心格桑花""帼彤之家"入选省第二批公益法律服务品牌。新冠疫情防控期间，全市律师行业有22个党组织与社区基层党组织结对共建，配合社区开展疫情防控法律知识宣讲450余次、参与编印疫情防控手册15类12000份、解答和化解社区群众涉疫法律问题120余个。126名律师参与全市"12348"公共法律服务热线平台值班值守，办理法律援助案件1700余件；841名律师担任村（社区）法律顾问，化解各类矛盾纠纷370余起。在"守护花开""洪小蟹说法"等公益品牌抖音平台开设"小微企业法律服务月""个体工商户服务月律师专场法治讲座”等线上公益普法直播。

【公证服务】 2022年，淮安市提升公证服务质效，推广公证远程视频办证系统，全年办证6.21万余件，业务收入1330万元。全市7家公证处全部达到《江苏省公证机构规范化建设标准》要求，均具备涉外办证资格。淮安市成为全省唯一所有县区公证处均完成年办证8000件省考核指标的设区市，公证业务发展考核业绩位列全省第一。

（市司法局）

【司法鉴定】 2022年，淮安市开展重大鉴定案件远程视频评审，打造司法鉴定机构跨区域服务新模式，被《新华日报》《江苏法治报》头版宣传报道。全市10家司法鉴定机构、99名司法鉴定人全部通过省级能力验证，全年完成司法鉴定案件12064件。

（市司法局）

【会计服务】 2022年，淮安市新增各类会计专业技术人员3138人，其中初级职称2568人、中级职称535人、高级职称47人、高级会计师35人。至年末，全市有会计专业技术职称人员28725人，其中初级职称20210人、中级职称7961人、高级职称550人、正高级职称4人。参加继续教育培训19841人，审批代理记账机构206家。举办高级会计师评审材料申报专题讲座，31人参加。优先选择全市上市公司和大中型企业总会计师和财务总监参加第一批财政部总会计师岗位能力培训班，9人参加。48人参加高（正高）级会计师资格评审，通过35人。推选出先进会计工作者23名，其中4人获评省先进会计工作者。

【会计代理】 2022年，淮安市审批代理记账机构206家。8—11月，在全市范围内开展代理记账行业违法违规行为专项整治行动，对代理记账机构无证经营、虚假承诺等违法违规行为进行重点整治。筛选取得营业执照的、经营范围含有“代理记账”字样的企业620余家，督促符合条件企业申请办理代理记账许可证。针对代理记账机构开展自查，根据提交的自查报告，对选定的部分代理记账机构开展专项检查，未发现代理记账机构存在“虚假承诺”行为。

【检验检测服务】 2022年，淮安市有获资质认定检验检测机构179家，比上年增长4.68%。有国家质检中心1家（国家盐化工产品质检中心）、省质检中心2家（省教育装备质检中心、省饲料产品质检中心）、省计量测试中心1家（省螺纹量规计量中心）。从业人员4320人，其中大学本科以上学历占51.67%，具有技术职称人员占54.51%。拥有检验检测仪器设备31037台套，仪器设备资产原值10.44亿元，检验检测机构面积80.78万平方米，参与科研项目33项，期末有效专利307项。检验检测行业以机动车安检、建筑工程、环境与环保为主。出具检验检测报告136.24万份。制定《关于开展检验检测服务酿造（酒）、纸制品产业链专项行动的通知》，实施检企精准对接，主动服务地方酿造（酒）、纸制品产业链，推动产品质量提升和技术创新。实施“双随机、一公开”监管抽取检验检测机构35家。全年营业收入8.43亿元，比上年增长35.1%。

（市市场监管局）

【科技服务】 参见《科学技术·科技服务》

（何琦琦）

【人力资源服务】 2022年，淮安市有人力资源服务机构131家，其中公共人力资源服务机构17家、社会经营性人力资源服务机构114家。有人力资源服务机构从业人员1868人，其中公共人力资源服务机构285人、社会经营性人力资源服务机构1583人。全年为1.1万家次用人单位提供各类人力资源服务，帮助39.9万人次实现就业、择业和流动。

（吴冠卿）

【保险中介服务】 至2022年末，淮安市有保险专业中介机构70家。从机构层级划分，法人保险中介机构7家，均为保险专业代理机构；省外法人在淮安省级分公司6家，其中保险专业代理机构4家、保险经纪机构1家、保险公估机构1家；其他分支机构57家。从机构类型划分，保险专业代理机构58家，保险经纪机构6家，保险公估机构6家。全市有法人银行类兼业代理机构4家，非银类兼业代理机构3家。

（陶琳琳）

【资产评估服务】 2022年，淮安市有涉资产评估业务企业1000余家。全年完成国有企业资产评估项目227项，其中市属企业项目22项、县区（园区）项目205项；涉及评估价值70.73亿元。参见《经济管理·国有资产管理》

【工程造价咨询】 2022年，淮安市有工程造价咨询企业87家，注册一级造价师861人、二级造价师71人，造价咨询企业从业人员1151人。全市造价咨询企业完成咨询项目数1633项、咨询标的额257.27亿元，其中工程结算审核966项、咨询标的额77.34亿元。节约投资19.42亿元，核减率20.16%。

（淮　鉴）

【广告服务】 2022年，淮安市有各类登记在册广告经营主体2200余家，从业人员约1.1万人；广告业营业额30多亿元，其中总部企业江苏万圣广告传媒有限公司、淮安爱德康赛广告有限公司营业额占绝大部分。举办2022淮安市公益广告大赛暨全国公益广告大赛选拔赛评审，收到有效参赛作品526件，其中党政机关组1件、社会组302件、高校组206件、青少年组4件。最终评选出获奖作品81件，其中金奖空缺、银奖4件、铜奖8件、优秀奖20件、入围奖49件。全年市监管部门监测市级大众媒体广告89.23万条次，其中涉嫌违法1583条次；监测互联网广告958.36万条次，其中涉嫌违法广告107条，办理广告案件59件，罚没款80.12万元。聚焦医疗美容、药品、保健食品、房地产等民生服务重点领域，依法依规查处一批违法广告案件，并向社会发布十大典型虚假广告案例。

【拍卖服务】 2022年，淮安市有经资格审查合格的拍卖企业14家，分别是淮安市广源拍卖有限公司、淮安市南方拍卖有限公司、淮安市天信拍卖有限公司、淮安市五鑫拍卖有限公司、淮安市金诚拍卖有限公司、淮安市天润拍卖有限公司、淮安市首信拍卖有限公司、淮安市阳光拍卖有限公司、江苏嘉澜拍卖有限公司、淮安市百纳海拍卖有限责任公司、江苏拍拍乐拍卖有限公司、淮安市中正拍卖有限公司、淮安市网聚源拍卖有限公司、江苏博译德拍卖有限公司。全年完成挂牌出让经营性用地拍卖69宗、面积360.81万平方米、土地出让金333.69亿元。全年市中级人民法院完成网上拍卖77次。

（淮　鉴）

【家政服务】 至2022年末，淮安市有登记注册家政企业254家、家政行业个体户857户，分别新增73户、193户；有家政从业人员（含兼职）4万余人。完善"家服e"家政信用平台，录入平台家政服务门店79家，其中清江浦区36家、淮阴区12家、涟水县8家、其他23家；录入家政员工5628人，其中月嫂1603人、保姆1323人、长期钟点工1303人、育婴师991人、育儿嫂902人、老人陪护员386人、其他880人。开展家政从业人员培训，全市有承担政府补贴性培训机构50余家，其中市区31家，年培训能力1.5万人以上。将家庭服务业等相关职业（工种）列入紧缺型工种补贴目录。举办全市家政服务业、生活服务业职业技能大赛；举办首届家政企业职业经理人培训班，近100名家政从业人员参加。依托江苏省智慧就业云平台和"云智聘"小程序发布招聘信息，开展"火红五月 乐聘吾悦"等户外招聘活动，好苏嫂家政公司等10家家政企业参与。创新家政进社区服务模式，推进传统家政服务与居家育幼、社区养老、社区助餐融合。

（市市场监管局　市发改委　市商务局）

【养老服务】 2022年，淮安市建成运营养老机构210家，有养老总床位4.5万张。其中，公办养老机构103家、社会力量办养老机构107家。年内，出台《基本养老服务指导性目录清单（2022年版）》，细化明确基本养老服务的对象及标准。包括特殊困难老年人家庭适老化改造、家庭养老床位建设等面向特殊老年人的保障服务项目及面向社会老年人的普惠服务项目等清单32项。深化居家社区养老服务改革，通过租金减免、税收优惠等政策，引入禾康、九如城等养老服务品牌，打造"一刻钟养老服务圈"。居家上门服务覆盖200余万人次。按照养老床位照护级别，向社会力量建设、运营的养老机构发放运营补贴以及护理型床位一次性建设补贴。市本级发放养老机构运营补贴68万元、一次性建设补贴75万元，促进养老服务业健康发展。投入152.1万元，提升改造经济发达镇范围内4家敬老院。9月27日，淮安·南京养老服务南北结对帮扶合作签约仪式在涟水县举行，重点加强农村区域性养老服务中心建设提升、社区居家养老设施运营管理、养老护理员交流培训、养老产业互融互通等方面合作。

（陈诗郡）

【托育服务】 2022年，淮安市完善婴幼儿服务体系建设，鼓励民办婴幼儿照护机构发展，构建公办公营、民办公助、校企合作、托幼一体、医育结合等多层次托育服务供给体系。全市有提供托育服务的机构350个，每千常住人口托位数3.5个以上，建成省级普惠托育机构9个、市级普惠托育机构15个，新增普惠托位1124个。创成省级示范托育机构3个、社区托育示范点1个、市级示范托育机构3个、社区托育示范点3个。

表29　2022年淮安市各县区（园区）家政行业企业统计表

单位：家、户

地区	新增企业数	年底实有企业总数	新增个体户数	年底实有个体户总数
全市	73	254	193	857
淮安经济技术开发区	7	32	39	98
清江浦区	21	66	78	345
淮安区	9	25	13	56
淮阴区	9	42	16	101
洪泽区	0	9	7	51
涟水县	13	48	26	131
盱眙县	9	23	10	45
金湖县	1	3	4	26
淮安工业园区	4	6	0	4

（资料来源：市市场监管局）

金融业

责任编辑：李　慧

综　述

【金融经济运行】 至2022年末，淮安市有银行机构38家、保险机构43家、证券期货营业部24家。金融机构本外币存款余额5836.68亿元，同比增长7.99%。金融机构本外币贷款余额6461.76亿元，同比增长16.69%。全市保险公司累计实现原保险保费收入107.61亿元，同比增长7.65%。全市有证券期货机构25家，有挂牌上市企业59家，累计实现股权融资额超80亿元。地方金融组织累计为各类市场主体提供188.32亿元融资服务。加强淮安市综合金融服务平台建设，注册企业超9万家，年内新增2.15万家，累计提供授信支持843亿元，平台接入企业覆盖面并列居全省第一，信贷服务覆盖面位居全省第三。

（赵　晨）

【金融助力乡村振兴】 2022年，淮安市加大金融支持乡村振兴力度。组织实施金融保障粮食安全工程，突出保障耕地和种子两大关键因素，从扩充支持总量、丰富金融品种、提升服务绩效、优化金融生态等方面，为科技引粮、绿色兴粮、品牌强粮、项目增粮提供金融支持。引导金融机构加大对"高标准农田建设""种业振兴""惠农菜篮子"等七大涉农重点领域信贷投放，全年投放150亿元。金湖县高标准推进区块链农信综合平台试点，采集全县1000余家新型农业经营主体、7万多户家庭、1.3万笔农村产权项目数据，支持金融机构在线发布涉农信贷产品，为农户及新型农业经营主体提供多渠道金融服务。该项目被遴选为全省32项政务诚信建设创新举措之一，金湖县以"金融科技赋能乡村振兴"为主题，入选第一批江苏省金融服务乡村振兴示范区。

（张　志）

【金融服务实体经济】 2022年，淮安市出台"金融纾困12条"，推动金融机构建立"绿色通道"，引导金融机构集聚资源，支持实体经济发展。全市制造业贷款余额434.5亿元，同比增长22.89%，全市普惠小微贷款加权平均利率较同期下降4.59个基点。运用小微企业转贷基金为企业办理转贷153.2亿元，保障企业资金接续，国家政策性开发性金融工具投放额度居苏北地区第一。金融机构和淮昆台资合作产业园签署合作协议，助力淮安"台资高地'专精特新'中小企业赋能提升"等活动，帮助企业知晓政策，对接金融需求。

（赵　晨）

【金融服务绿色发展】 2022年，淮安市聚焦绿色金融，创新贷款产品，服务绿色发展。市财政局联合市生态环境局与10家合作银行签署为期3年的"环保贷"合作协议，帮助环保企业拓宽融资渠道、降低融资成本。市生态环境局完成全市首笔排污权抵押登记，南京银行淮安分行为抵押排污权的企业发放首笔排污权抵押组合贷款1000万元，期限1年。农业保险提标扩面，提供农业保险172.59亿元。银行保险机构完善试点示范工作机制，乡镇金融服务顾问组定期摸排金融需求，7个试点乡镇新增3个产业授信44.95亿元，新增基础设施授信7.3亿元。保险机构开办"地方财政补贴型虾稻共作小龙虾养殖保险"，入选农险创新险种。

（陶琳琳）

表30　2022年淮安市金融机构存贷款情况统计表（一）

指标名称	绝对值	增长（%）
年末金融机构各项存款余额（本外币）（亿元）	5836.68	8.0
境内存款	5833.17	8.0
住户存款	2845.86	20.3
非金融企业存款	1946.25	−0.9
非银行业金融机构存款	58.17	43.1

续表30

指标名称	绝对值	增长（%）
境外存款	3.52	13.2
年末金融机构各项贷款余额（本外币）（亿元）	6461.76	16.7
境内贷款	6461.42	16.7
#短期贷款	1940.98	17.7
中长期贷款	4291.26	14.0
境外贷款	0.34	88.9
年末金融机构各项存款余额（人民币）（亿元）	5801.78	8.0
境内存款	5798.30	8.0
住户存款	2840.98	20.3
非金融企业存款	1916.28	-1.0
非银行业金融机构存款	58.17	43.1
境外存款	3.47	16.1
年末金融机构各项贷款余额（人民币）（亿元）	6446.90	16.9
境内贷款	6446.56	16.8
#短期贷款	1926.21	18.2
中长期贷款	4291.18	14.0
境外贷款	0.34	88.9

表31　2022年淮安市金融机构存贷款情况统计表（二）

单位：亿元

地区	各项存款余额（本外币）		各项贷款余额（本外币）	各项存款余额（人民币）		各项贷款余额（人民币）
		住户存款			住户存款	
全市	5836.68	2845.86	6461.76	5801.78	2840.98	6446.90
市区（不含洪泽区）	3903.40	3903.40	4562.29	3876.00	1586.75	4548.24
洪泽区	343.56	203.18	383.81	341.19	203.06	383.22
涟水县	625.26	392.49	515.37	623.93	392.25	515.35
盱眙县	532.11	368.23	584.32	530.81	368.03	584.31
金湖县	432.36	291.15	415.97	429.84	290.88	415.77

（资料来源：市统计局）

银行业

【概况】 2022年，淮安市银行机构总资产7285.26亿元，比上年增加911.31亿元，增长14.3%；总负债7059.57亿元，比上年增加884.54亿元，增长14.32%。金融机构本外币存款余额5836.68亿元。其中，住户存款余额2845.86亿元，增长20.28%；非金融企业存款余额1946.25亿元，下降0.87%。金融机构本外币贷款余额6461.76亿元，增幅居全省第四。其中，短期贷款余额1940.98亿元，增长17.69%；中长期贷款余额4291.27亿元，增长14.05%。资产质量持续向好，不良贷款余额比上年减少3.69亿元；不良贷款率比上年下降0.15个百分点。

（陶琳琳）

【贷款】 2022年，淮安市人民币各项贷款余额6446.9亿元，增长16.85%，增速位居全省第三、苏北地区第二；制造业贷款增长22.89%；普惠小微贷款增长28.43%，高于各项贷款增速11.58个百分点。利用政策性开发性金融工具支持全市10个重大项目建设，投放资金26.6亿元，投放额度居全省第四、苏北地区第一。碳减排支持工具、科技创新、设备更新改造再贷款在淮安落地。12月，全市一般贷款、企业贷款、普惠小微贷款平均利率分别下降15.52个、13.67个和4.6个基点。

（张　志）

【银企对接】 2022年，淮安市发挥贷款市场报价利率改革在优化资源配置中的作用，巩固贷款利率下降成果，全年累计为超过26万户市场主体减免支付手续费3100余万元。出台助企纾困“金融24条”，累计投放支农支小再贷款、再贴现84.05亿元，增长90.76%。发放普惠小微贷款激励资金9542.72万元，直接带动普惠小微贷款投放增加214.22亿元。推广主动授信、随借随还贷款模式，推动全市首笔信贷资产质押再贷款、政采贷业务落地，办理动产抵押贷款2.74亿元、应收账款质押融资62.8亿元，利用跨境金融区块链服务平台提供贸易融资2.81亿美元。

（张　志）

【淮安市首笔“苏质贷”贷款】 2022年11月，淮安市首笔300万元“苏质贷”贷款由金湖农商行发放。“苏质贷”产品由江苏省市场监督管理局、省地方金融监管局联合优质合作银行共同推出，项目面向坚持质量第一、注重质量管理、弘扬质量标杆企业，精准投放信用贷款。该项目将反映企业质量水平的无形资产转化为企业获得授信有形资产，支持其加强品牌管理、产品研发、技术改造和转型升级，为提升企业创新能力和发展活力注入资金支持。

（淮安市人民政府网站）

【中国农业发展银行淮安市分行】 2022年，农业发展银行淮安市分行累计发放贷款142亿元，其中购销储贷款投放41亿元、非购销储贷款投放101亿元。年末贷款余额444亿元，较年初增加59亿元。存款时点余额、日均余额均为104亿元，分别比年初增加12亿元、7亿元。全行继续保持无不良贷款，被农业发展银行江苏省分行授予“经营绩效优胜单位”称号，被农业发展银行总行授予“2022年度突出贡献奖先进集体”称号。

粮食安全服务　面对2022年夏粮丰收、小麦市场价格大幅上涨新情况，农业发展银行淮安市分行创新夏收资金管理模式，投放夏粮收购资金24亿元。发挥共同担保基金防控风险作用，引导企业“边购边销、代购代销”，维护粮食市场稳定，投放秋粮收购贷款14.6亿元。全年投放收购贷款超40亿元，年末粮食购销储贷款余额59亿元。

重点项目服务　支持洪泽湖、淮河、大运河区域整治和大运河百里画廊等重点项目建设，投放水利建设贷款13亿元。完善融资模式，支持农房改善、安置房、城镇更新、产业园建设等项目45个，投放贷款73亿元。运用“农地+”信贷支持模式，支持农村土地流转和土地规模经营项目9个，投放贷款14亿元。

地区发展服务　加快推进政策性金融工具落地，开展平行作业，加快流程进度，投放农业发展基础设施基金10笔，金额26.6亿元，其中国家重点水利项目淮河入海水道二期工程16亿元。

（李曙光）

9月30日，中天钢铁集团与建行淮安分行、农行淮安分行、浦发银行淮安分行和民生银行淮安分行，就淮安市中天超高强精品钢帘线项目签署银团贷款协议，获得35亿元规模银团贷款额度　　刘志钧　摄

【中国工商银行股份有限公司淮安分行】 2022年末，工商银行淮安分行本外币各项存款余额508.18亿元，增加78.62亿元，增长18.3%；人民币各项存款余额498.04亿元，增加76.46亿元，增长18.14%。本外币各项贷款余额501.21亿元，增加67.84亿元，增长15.65%；人民币各项贷款余额495.09亿元，增加65.93亿元，增长15.36%。实现营业收入16.36亿元，增长5.2%；实现拨备前利润12.54亿元，增长5.6%；实现中间业务收入3.16亿元，增长2.62%；实现净利润8.16亿元，增长10.7%。不良贷款余额1.18亿元，不良率0.24%，较年初下降0.25个百分点。

重大项目服务　全年通过贷款审核委员会审核项目57个，金额合计135亿元。成立项目团队敏捷型组织，助力省市重大项目落地，为南高齿风电淮安扩产、台华绿色多功能锦纶新材料一体化等重大项目提供金融服务，授信超25亿元。至年末，累计投放制造业贷款63.33亿元，增加20.1亿元。

普惠金融服务　组建零售信贷业务中心，探索普惠和个贷业务融合，提升服务效能。投放全省首笔苏贸贷300万元。至年末，普惠贷款较年初净增13.64亿元，增长51.27%，计划完成率130%。数字供应链较年初净增1.53亿元，计划完成率102%。全年办理小微贷211笔，计8.23亿元。

助力乡村振兴　推进乡村涉农特色场景搭建，制定“龙虾贷”“芦笋贷”“苏嘴西瓜贷”“种养殖快贷”等特色方案。办理系统内首笔项目项下农村承包土地经营权抵押贷款1.2亿元。与涟水县共同开发的“乡风积分星级管理平台”试点上线。打造普惠特色服务站点，提升农村金融供给，建成“兴农通”农村普惠金融服务点11个，发放贷款9438万元。至年末，涉农贷款净增6.44亿元。

社会责任履行　投放淮安市首笔纾困增产增效贷款115万元。推进网点适老服务，城南支行营业室、涟水支行营业室获评省银协2022年适老网点。聚焦政务、生活、财富、公益、幸福、普惠六大重点场景，推进“工行驿站+”生态运营，新建“工行驿站+”军民融合、公益和普惠网点各1个。为中小微企业提供便捷开户、便捷变更、电子营业执照开户、简易开户等服务，便捷开户率95%以上。落实减费让利政策，为中小微企业减费让利762万元。

金融供给提升　首次办理包括出口信用证福费廷、国内信用证福费廷包买他行、国内信用证福费廷自行买入等多种贸易融资业务。与工银国际控股有限公司签订一笔项目合作及投后委托管理协议，成为系统内首单行司联动跨境并购项目。

（刘　华）

【中国农业银行股份有限公司淮安分行】2022年末，农业银行淮安分行存款、贷款增量均创历史新高，本外币各项存款总量637.3亿元，比年初增加90.7亿元；本外币各项贷款总量653.2亿元，比年初增加121.3亿元，是全市38家银行机构中第一家存贷款主体业务“双超600亿元”的银行，存贷款总量、增量均列全市国有大型商业银行首位。

重大项目建设支持　全年新审批项目40个，金额166.5亿元，累计投放项目贷款98.3亿元，比上年多投放30.3亿元，较年初增加63.1亿元。

重点实体产业服务　加大对主流经济、主流客户营销支持力度，年末制造业贷款余额54.8亿元，较年初增加17.5亿元，总量和增量份额均排名全市国有四大银行第一。

乡村振兴服务　全行年末涉农贷款余额249.5亿元，较年初增加36.8亿元，比上年增加20.9亿元；县域各项贷款余额223亿元，较年初增加45.6亿元，比上年增加20.5亿元。

普惠民生服务　年末银保监口径普惠贷款余额89.5亿元，较年初新增24.3亿元，增速37.3%，高于全行各项贷款平均增速14.5个百分点。服务民生和消费金融，按揭贷款余额219亿元，新增7.5亿元，总量、增量市场份额分别为25.94%和27.48%，均列全市国有四大银行第一。

内部管理提升　加强重点领域信用风险管控，稳住资产质量，加强重点领域客户和潜在风险客户管理。强化科技案防，开展“合规教育年”活动。召开案例警示教育大会，落实员工风险多维排查，提升尽职监督能力，建立健全整改六大机制，提供反洗钱重点可疑线索助力公安部门破案。开展消费者权益保护和反洗钱工作，安全生产、信访维稳、印章、保密、声誉风险管理得到加强，全年没有发生重大风险事件和责任性事故。

（石　砚）

【中国银行股份有限公司淮安分行】2022年，中国银行淮安分行实现营业净收入18.95亿元，比上年增长19.24%，拨备前利润增长22.64%，净利润增长0.74%。年末本外币日均存款余额479亿元，较年初新增56.5亿元，比上年增长13.34%。其中，个人人民币存款增长16.24%，增幅列全省系统第一。人民币贷款新增超100亿元，增长22.38%。

实体经济服务　投放市重大融资项目贷款21个，金额15.1亿元。加大对民营实体经济支持力度，建立制造业项目“白名单”，实现重点领域投放84.94亿元，其中绿色金融突破60亿元、科技金融授信余额突破40亿元。聚焦乡村振兴，年末涉农贷款余额超100亿元，较年初新增16.29亿元。

跨境金融业务　依托中国银行集团“全球化、综合化”布局优势，推出（出口）单证线上“一站式”跨境服务和跨境汇入汇款直入账系统功能。筛选和主动扩容外贸企业纳入“货物贸易便利化和服务贸易便利化”试点名单，确保企业尽享贸易投资便利化政策红利。国际结算、跨境人民币、结售汇业务量全口径市场份额继续保持全市同业第一。

普惠金融业务　发放全省首笔“苏渔贷”，被中央电视台及省市级多家媒体报道。参与市“苏岗贷”“淮知贷”政银企集中签约活动，对接市银保监分局“惠企码上贷”指尖金融超市，上线10余种贷款产品。加大信用贷款、续贷、中长期贷款投放力度，年末普惠金融贷款余额70.07亿元，较年初增加18.51亿元，普惠型小微企业平均贷款利率较上一年下降12个BP（利率基点）。

客户服务　个人住房贷款、个人消费贷款分别较年初新增7亿元、2.27亿元，余额市场份额较年初均有提升。12月，保交楼新增目标达成率167%，充分保障客户权益。投资理财客户、私人银行客户系统贡献度分别提升0.61、0.28个百分点。

内控合规管理　考核口径不良贷款余额较年初下降7300万元，不良率0.71%，较年初下降0.26个百分点。开展运营内控“百日攻坚”行动。开展内控安防“大反思、大讨论”活动，各类教育培训实现各岗位员工全覆盖。开展3次业务中断连续性演练，向总行安防管理平台报送堵截案例15起，未发生营业厅堂诈骗成功案件。

（吴　双）

【中国建设银行股份有限公司淮安分行】2022年末，建设银行淮安分行一般性存款日均余额449.55亿元，较年初新增46.48亿元。各项贷款余额569.92亿元，较年初新增99.04亿元。中间业务净收入3.59亿元，拨备前利润15.09亿元，均保持全市同业第2位次。资产质量稳定向好，不良贷款余额1.83亿元，较年初减少0.91亿元；不良率0.32%，下降0.26个百分点。获评2022年度淮安市50强企业、淮安市金融支持高质量发展突出贡献奖。

贷款投放　继续服务苏盐井神、纽泰格科技、汉邦科技等“上市拟上市企业”和专精特新“小巨人”企业。加大省市重特大项目落地配套融资力度，相继同南高齿（淮安）高速齿轮制造、中天钢铁超高强精品钢帘线、台华新材料等落户淮安的重大制造业项目达成授信合作，支持地方实体经济发展。全年对公人民币非贴贷款余额290.1亿元，较年初新增75.9亿元。监管口径制造业贷款余额34.4亿元，较年初新增11.4亿元。公司类涉农贷款余额76.57亿元，新增28.56亿元，计划完成率居全省系统第四。绿色贷款余额62.5亿元，新增32.6亿元，计划完成率居全省系统第五。个人住房贷款新增6.49亿元，居全市同业第一。个人消费贷款新增2.7亿元，居全市同业第一；计划完成率245%，居全省系统第一。

普惠金融　推进“抵押快贷”“苏叶云贷”等标准化产品下沉网点，提升诚信等级AA级以上烟草客群覆盖度。通过“小微贷”“入园贷”“云知贷”、供应链等产品，有序推进与重点园区、重点企业合作。普惠贷款（人行口径）余额74.86亿元，新增23.42亿元，增长45.52%，居全省系统第一。银保监会口径普惠贷款余额58.3亿元，新增14.93亿元，增长34.42%，居全省系统第一。普惠贷款客户总量6905户，新增1793户，增长35.07%，增长率居全省系统第一。

住房租赁　在全省非试点城市中率先上线保障性租赁住房管理系统。“金湖聚丰苑”“洪泽芳草谷”2个保租房受托运营存房项目落地，为苏北五市中唯一落地存房项目的分行。其中，“金湖聚丰苑”项目为全省首单落地的保租房受托运营存房项目。累计投放保障性租赁住房贷款6.24亿元，资金支持覆盖淮安经济技术开发区、淮安高新技术产业开发区等6个省级以上园区。

金融科技　全年参与科技金融营销服务36项，承接业务需求30项，投产上线21项。清江浦区1050万元政府消费券在建行生活平台发放，新建立合作汽车经销商21户，推动市内重点商户入驻平台。成功上线淮安市不动产非税统缴项目以及淮安区、淮阴区、涟水县二手房资金监管系统，推动场景建设。

客户基础　新开对公结算账户8413户，全量客户新增4618户。开立预算单位纳税账户146户，个人有资产客户新增6.25万人，信用卡新增客户27535户，手机银行月活客户数34.88万户，外汇套保签约金额1849万美元，首办企业客户14户。代发资金121.4亿元，代发客户数（折算后）976.5户，债券承销13.2亿元，非标融资15.5亿元，并购重组1单，托管规模80.94亿元，成功营销江苏纽泰格科技股份有限公司IPO（首次公开募股）募集资金监管2亿元。

渠道建设　新增旗舰型网点3家，3家县域咨询型网点提升为零售专营网点。加大低效自助设备整改力度，全年整改低效设备17台，报废旧设备157台，投放60台自助设备和232个钞箱，提升自助柜员机效能。

风险合规　对案件和违规易发、多发业务薄弱环节加强管控。织密员工行为管理网络，推进“线上智能化+线下网格化”管控体系建设，落实好跨境赌博、电信诈骗专项整治活动。加强反洗钱合规管理，实现义务履行和风险防控“双频共振”。有序暴露不良贷款，及时化解潜在风险客户，压缩逾期贷款。提升营运智能化、精细化、集约化管理水平，加大对基层服务支持力度，城区自助柜员机实行部分集中运维。核对类稽核问题率达到0.04%的优秀线标准，居全省系统第一。

（周长国）

【交通银行股份有限公司淮安分行】 2022年，交通银行淮安分行实现发展提速，系统位次前移，全市同业占比提升。至年末，人民币各项存款时点余额82.05亿元，比上年增加5.51亿元，增长7.20%，列省内辖行第六位；人民币各项贷款时点余额136.26亿元，比上年增加32.10亿元，增长30.82%，位列省内辖行第一。实现经营利润3.34亿元，增长20.48%；人均创利近300万元，排名省内辖行第一。分行不良贷款控制额1020万元，不良率0.09%，远低于全市同业及辖内水平。

实体经济服务　至年末，交通银行淮安分行对公实质性贷款时点余额74.97亿元，比上年增加21.23亿元，增长39.50%。加大对实体经济重点领域的支持力度，全年投放制造业贷款12.43亿元、乡村振兴贷款4.14亿元、绿色信贷6.35亿元、战略性新兴产业贷款3.68亿元。全年投行发生额30.02亿元，落地淮安市首单城投类企业信用风险缓释凭证业务2.3亿元，联动系统内交银信托，为淮安高新技术企业争取信托贷款6亿元。

普惠民生工作　至年末，普惠“两增贷款”时点余额10.73亿元，比上年增加2.81亿元，增长35.49%；普惠科技金融贷款净增1.14亿元，普惠科技金融户数净增28户；普惠涉农贷款净增1.83亿元。消费贷款时点余额47.05亿元，比上年增加6.32亿元。房贷业务发展居全市前列，加快“汽车消费贷款”“优享贷”产品推广力度，打造养老金融服务特色。发展“银发金融”“适老金融”，科技支行获评“江苏省银行业文明规范服务适老网点”，楚州支行获评“淮安区支付结算适老服务化工作先进网点”。

创新转型发展　加大重点领域线上业务战略资源投入，全年对市妇幼保健院新院银医合作、公积金客群贷款系统、淮阴区财政电子票据管理系统、淮安区存量房交易资金监管系统等9个项目开展财务资源投入，预算金额1090万元。搭建服务场景，通过“工程管家”，代发农民工工资2.45万人次，代发金额近4亿元；通过“驾培通项目”，服务驾校150家、学员2.23万人次。加强创新产品运用，创新美元质押项下电费三方国内证福费廷业务；为客户他行贷款续做利率互换13.61亿元；上线“科创E贷”“兴农E贷”等创新产品，拓宽金融服务边界；推广“惠民就医”项目，助力“数字民生”。

（高　璟）

【中国邮政储蓄银行淮安市分行】2022年末，邮储银行淮安市分行各项贷款余额340.08亿元，年净增52.35亿元。其中，支持“三农”及小微企业贷款余额109.45亿元，支持民生消费类贷款余额163.49亿元，支持地方大企业大项目贷款余额67.13亿元。

乡村振兴支持　自2008年开办县域普惠涉农贷款业务起，累计发放小额贷款497.52亿元，服务26.53万人次，笔均金额18.7万元，主要投向县域及以下的农户、新型农业经营主体和小微企业主。至2022年末，涉农贷款余额113.8亿元，年净增11.54亿元；普惠型涉农贷款余额39.11亿元，当年净增6.36亿元。

实体企业服务　加大对制造业绿色低碳发展、先进制造业资金支持力度，加强产品和服务模式创新。至年末，制造业贷款余额19.16亿元，净增1.84亿元。科创类企业贷款余额7.99亿元，较年初增加1.44亿元，其中高新技术企业较年初增加5452万元、科技型中小企业增加14201万元、“专精特新”企业增加8125万元。全口径科创服务覆盖率6.28%，位列全省系统第三。

客户服务优化　有县及县以下区域网点151个，是唯一网点服务覆盖全市所有乡镇的国有金融机构。持续开展养老金代发服务，全年代发社保资金65亿元，覆盖客户超56万户。服务个人客户数超340万人，其中县域客户数量和老年客户数量均列全市国有金融机构首位。加强智能设备和新技术推广应用，优化网点功能布局，提高柜面人员业务技能。提升适老化服务体验，所有营业网点等候区均设置爱心专座，配备老花镜、放大镜和医药箱等便民设备。设立敬老窗口，优先受理老年人业务和咨询需求，设置老年人客群专属号，上线运行手机银行App大字版和专门服务老年客户尊长专线。为行动不便的老年人提供上门延伸服务，解决老年人上银行办理业务难问题。

（张　闯）

【江苏银行股份有限公司淮安分行】2022年末，江苏银行淮安分行各项存款余额595.86亿元，较年初新增55.26亿元；各项贷款余额474.11亿元，较年初新增62.22亿元。

项目建设服务　全年投放市级重大产业项目贷款21笔，累计金额26.31亿元。坚持服务制造业高质量发展，把握“智改数转”业务窗口机遇，优化金融供给。至年末，制造业贷款余额46.11亿元，较年初新增9.71亿元。

绿色金融　通过召开“金环对话”等方式，拓宽政银企三方沟通渠道，发挥“苏银绿金”品牌特色及优势，助力地方绿色产业发展。至年末，绿色信贷余额84.41亿元，较年初新增35.78亿元；清洁能源贷款余额2.53亿元，较年初新增2.08亿元。完善绿色金融服务体系，创新运用多种绿色信贷产品，全年投放“园区绿色升级贷”1.94亿元、“环保贷”3.53亿元、“苏碳融”2.88亿元。

支农支小　至年末，普惠口径小微企业贷款余额48.43亿元，较年初新增12.98亿元，规模较2021年初实现翻番。创新涉农信贷服务机制，推进“融旺乡村”金融品牌，全口径涉农贷款101.94亿元，新增10.8亿元；普惠涉农贷款余额14.39亿元，新增3.51亿元。

客户服务　至年末，储蓄存额余额264.08亿元，较年初新增55.54亿元，个人管理的资产规模422.18亿元。健全消费者权益保护机制，规范厅堂客户服务礼仪，加强理财产品销售合规建设，加强投资者教育与关怀，提升居民理财投资获得感；重视老年客群服务，推进厅堂“适老化”改造，网点设助老志愿者专员，优化手机银行尊老版交互设计等。

（郁　政）

【上海浦东发展银行股份有限公司淮安分行】2022年末，浦发银行淮安分行总存款日均100亿元，总贷款余额145.56亿元，不良率0.35%。全年实现营收4.87亿元。年末，小微企业贷款较年初增加5.34亿元，民营企业贷款占比提升4.3%，制造业贷款占比提升3.5%。

助力地方发展　参与重特大项目银团贷款并授信6亿元；联动浦发银行西安分行投放新能源行内联合贷款5亿元；发放浦发银行南京分行首笔小微贷1000万元；年末制造业贷款余额较年初新增2.4亿元。推动专精特新“小巨人”企业全触达及全量营销合作，服务国家级专精特新“小巨人”企业6家，省级“专精特新”企业14家，高新技术企业110家。

普惠金融赋能　加大对小微实体经济支持力度，全年为69家企业投放106笔4358.3万元纯信用贷款，其中60%投放给小微制造企业。推出线下经营类贷款“三年期按月付息到期一次还本”还款方式。至年末，为124户小微业主累计提供1.88亿元中长期经营性“房抵快贷”贷款。全年累计承担对公财险保费支出4.5万元，为洪泽区“智慧医养”项目投放1.85亿元。

（张海美）

【江苏淮安农村商业银行股份有限公司】2022年末，淮安农村商业银行各项存款余额498.38亿元，较年初增加47.98亿元，增长10.65%。各项贷款余额403.12亿元，较年初增加42.95亿元，增长11.92%，存贷款规模突破900亿元。其中，涉农及小微企业贷款余额335.37亿元，占比83.19%，较年初提升2.35个百分点；普惠型小微企业贷款余额103.3亿元，占比25.63%，较年初提升2.93个百分点。全年纳税总额位居全市金融机构之首，被省银保监局、省农村信用社联合社、市委市政府以及相关部门授予“江苏省银行业金融机构普惠金融服务先进单位”称号及“金融支持高质量发展突出贡献奖”等奖项。在2022年“陀螺”评价体系评价结果中，居城区农商行全国综合排名第19名、江苏省内综合排名第5名、苏北苏中首位。

文旅产业服务　举办“非遗+金融”产业发展论坛，开发特色“非遗传承贷”，向各文旅企业发放融资意向函，购买3万张文旅消费券。发放全省第一笔“乡旅E贷”，该产品亮相2022淮安文化产业嘉年华启动仪式，被市委、市政府纳入“利企惠企金融工具包”。

实体经济支持　至年末，累计投放实体贷款467.64亿元，企业类贷款余额181.72亿元。其中，重点支持高铁商务配套、大运河百里画廊等重大项目44个，金额22.09亿元。通过单列专项信贷计划、在全市率先执行特优特惠信贷政策和创设信贷直通车等方式，为小微企业、绿色企业、“专精特新”企业等各类市场主体减费让利3亿元。开通制造业企业贷款绿色通道，开展“同心抗疫惠三农 精准纾困保实体”系列专项活动，在淮安市综合金融服务平台上线专项产品，与淮安开发金融控股集团有限公司等合作开展“天润转贷”业务，拓宽中小企业便捷转贷续贷路径。至年末，制造业贷款、民营企业贷款、普惠型重点领域贷款余额分别为45.91亿元、166.01亿元、119.92亿元。

乡村振兴推进　自主开发网格化走访系统，搭建涉农主体全量数据库，将超80%信贷资金用于精准支持各类涉农主体和小微企业。实施“阳光信贷——整村授信”提档升级工程，为辖内573个行政村、44.14万户农户建立信用档案，建档农户占辖内农户96.3%；推动授信28.1万农户、金额234.86亿元。推出乡村振兴“巾帼贷”等系列产品，累计提供33.85亿元信贷支持。全年累计投放脱贫人口小额信贷5.36亿元，惠及低收入农户17256户。为3个乡村振兴示范镇和三级先导区累计提供35.85亿元信贷支持，打造400个“小淮驿站”特色普惠金融服务点，承办“品苏嘴西瓜、助乡村振兴”等助农直播活动。

服务体系完善　在全省率先上线试点移动实时审批平台，打造线上赋能、线下引流、双线结合获客模式，实现存贷款规模突破900亿元、信贷客户数突破10万户。在全省率先推动成立淮安市社会保险协会，并被选举为第一届会长单位。通过社银深度合作推动社保经办服务模式转型升级，创设“就近办”服务网点，为群众提供社保民生和普惠金融“一站式”综合服务。联合52家医院开通银医通项目，搭建11个大型停车场缴费项目，服务7所学校日常消费，拓展社保卡服务点86家。完成适老网点改造91个，打造一批“银发”厅堂示范网点，获“2022年度江苏银行业文明规范服务适老网点”“支付结算服务适老化示范网点创建先进单位”称号。

（杨　枕）

【江南农村商业银行股份有限公司淮安分行】 2022年末，江南农村商业银行淮安分行各项存款余额101.19亿元，各项存款日均117.02亿元，较年初增加12.94亿元，增长12.43%。各项贷款余额（不含按揭贷款）154.38亿元，各项贷款日均139.52亿元，比年初增加27.91亿元，增长25.01%。

实体经济服务　至年末，“一保两提”（保小微企业、民营企业、制造业贷款、涉农贷款等服务实体经济各项指标任务完成，提高社会各界对银行业保险业服务满意度，提升辖内银行保险机构服务实体经济水平在全省系统内位置）口径小微企业贷款较年初新增6.94亿元，完成率231.33%；民营企业贷款较年初新增7.48亿元，完成率124.67%；制造业贷款较年初新增1.43亿元，完成率143%。

助力乡村振兴　至年末，涉农贷款余额33.67亿元，较年初新增5.8亿元，增长20.81%；普惠型涉农贷款余额5.09亿元，较年初新增1.45亿元，增长40.22%，完成率290%

客户服务优化　利用金融科技手段，提升客户金融服务体验。将淮阴支行打造为江南农村商业银行淮安地区示范网点。厅堂低柜区域改造为适老专区，设有老年客户专座填单台、爱心专用沙发座椅，配备老花镜，老年大字版报刊、书籍资料，饮水机和便民药箱等设施与物品。为辖内网点配备便携式智能终端，针对行动不便老年客户，采取应急服务、预约上门等方式提供流动金融服务。增加智能金融机具设备投放，老年客户只需点击建立视频键，口述即可委托远程柜员办理业务。

（李艺佳）

【华夏银行股份有限公司淮安分行】 2022年，华夏银行淮安分行实现拨备前利润5.28亿元。年末一般性存款日均120.46亿元，较年初增加5.35亿元。各项贷款余额130.86亿元，较年初增加6.38亿元，资产质量保持稳健。全年落地投行、投融资、专项债、产业数字金融等重点业务及项目55个。对公、个贷、国际、小微企业等客户指标稳步增长。

重大项目服务　设立联席会议制度，开通重大项目“绿色通道”，在准入、审批等环节实施预审前移和重点支持。加强与市交通、水利等部门沟通，全行对接服务市重大项目融资17户，融资金额21亿元。在涟水县设立涟水支行，并与涟水县政府签订战略合作协议。加大地方生态环境产业和基础设施绿色升级领域支持力度，年末绿色贷款余额35.52亿元，较年初增加2.38亿元。全行制造业贷款余额7.96亿元，较年初新增4.14亿元，实现翻番，余额占比6.08%，为全市股份制银行最高。

普惠金融服务　根据惠企“码上贷”政策，累计授信54次、4.06亿元，在全市股份制银行中排名第一。普惠贷款、小微企业贷款分别较年初增加2.6亿元、1.74亿元。落实市外汇管理局助企纾困政策，推动汇率风险管理宣传、资本项目收入支付便利化业务等，连续5年被评为全市外汇业务合规与审慎经营A类行，为全市股份制银行唯一。推动市金融服务平台注册，在平台展示信贷产品和金融政策，满足不同项目主体信贷需求，平台注册户数71户。开展银企高效对接，服务淮昆台资合作产业园，实地走访淮安裕庆金属制品有限公司、淮安伟时科技有限公司等12家昆山重大项目投资企业，提前介入服务。

（朱　瑞）

保险业

【概况】 2022年，淮安市保险机构实现原保险保费收入107.61亿元，增长7.65%，高于全省平均增速1.07个百分点，增速居全省第五；赔付支出40.66亿元，增长7.57%，高于全省平均增速8.12个百分点，增速位居全省第三。其中，财产险公司实现原保险保费收入44.23亿元、增长10.82%，签单数量353.08万件、增长13.44%；人身险公司实现原保险保费收入63.38亿元，增长5.53%，期末有效承保人次1431.49万人次，增长12.81%。全市保险公司累计赔付支出40.66亿元，增长7.57%。其中，财产险公司赔付支出27.92亿元，增长3.64%；人身险业务赔付支出12.74亿元，增长17.31%。

（陶琳琳）

【政策性生猪期货价格保险全省第一单】 2022年6月，淮安市获批成为江苏省生猪"保险+期货"项目试点地区。按照规定，省级财政对开展试点地区的每个市（含具体实施试点的县区）给予不超过总保费的40%（上限500万元）补贴资金，市财政（含具体实施试点的县区）提供资金配比为总保费的40%，参保生猪养殖户自缴保费20%。淮安市确定具体试点地区为盱眙县、淮安区、淮阴区。6月28日，江苏省地方财政补贴型生猪期货价格保险首单在盱眙县落地，由中华联合财产保险股份有限公司江苏分公司签署、弘业期货股份有限公司进行期货端操作，为盱眙县淮河镇4户养殖户的2000头生猪提供541万元的价格保险保障。每头猪保费88.69元，农户自缴保费17.74元。

（淮安市人民政府网站）

【中国人民财产保险股份有限公司淮安市分公司】 2022年，人保财险淮安市分公司保费规模总额19.31亿元，增速8.07%，市场份额43.65%。车险累计承保车辆超32万辆，保障总额7500多亿元。为280多万名群众、46万户家庭、3800多家企业、660多个工程项目、5.4万多笔货物提供各类风险责任超万亿元，赔款和未决超4.19亿元，增长超40%，大幅高于业务增速。其中，责任险赔款增长130%以上、企财险赔款增长40%以上、社保业务亏损超500万元。承办各类农业险种48个，为59万户农户提供农业生产保障102亿元，支付农业各类赔款1.33亿元，增长超30%，受益农户12万人。上缴税金1.61亿元，承担各类社会风险总额2.83万亿元，处理理赔案件超67万件，支付赔款12.14亿元（未决4.83亿元），居全市行业首位。

服务乡村振兴　申请农业创新险种8个，其中全国首单蒲菜种植保险评获人保总公司创新产品优秀奖，全国仅3个农险产品入围；全市唯一的虾稻共作淡水小龙虾养殖保险，被省农险工作组评为农险创新产品；全市首推土地流转履约保险、高标准农田质量保险等。创新推广"保险+防贫"新模式，为全市202个村居、27万名临贫易贫群众提供防贫收益保障超过12亿元。农险理赔结案率、养殖险理赔周期等涉农理赔服务指标均居全省系统前列。

服务交通安全　推行"警保联动"快处快赔模式，配置警保联动查勘车22台、专员20名，参与属地案件协赔处置，协助处理事故1.12万次。全年承保200万元以上第三者责任险23万辆，承保驾意险和座位险19万辆，基本覆盖家庭自用车客户，车险客户人均保障提升27.14%。车险赔案8.16万件，赔付7.61亿元，车险理赔周期、案均结案率、估损准确性等指标均居全省系统前列。

服务健康养老　参与医保体系建设，承办大病保险项目5个、非大病社保经办项目11个，服务280万名参保群众，为7.2万人次赔付医疗费用2.2亿元，人均赔款超过3000元。推广"江苏医惠保1号"项目，全年线下推广超13万人次。开展医疗监管巡查、医疗费用规范审核、大额可疑病案核查等工作，年稽核巡查3.62万人次，医疗审核21.37万件，外伤调查2.05万人次，智能系统审核3.74万件，全年实现医保基金减损7599万元。

服务绿色环保　环责险承保涉污企业44家，提供风险责任总额2.2亿元；食责险承保餐饮和食品企业358家，提供风险责任总额4.5亿元；为4万亩高标准农田建设提供保障5400万元，赔付15万元；承保新能源车近2万辆，增长超过170%。

服务产业发展　信用保险为35家企业对外贸易业务提供3.32亿元保障；产品质量险为4家企业提供超4000万元保障；探索产业链保险，承保各类企业3800多家，保障总额350亿元；产业园区保项目承保各类园区企业679家，保障总额40亿元。

服务社会民生　全年累计承保保单2865件，为企业释放保证金17亿元；为514家中小企业提供各类风险保障超8.2亿元，企财险风控率100%；首创电梯"保险+服务"新模式，覆盖电梯3500台，惠及162个安置房和住宅小区，保障总额280亿元；首创气瓶"保险+科技"新模式，独家开发"淮安市气瓶透明充装系统"，覆盖37家加气站；为117家危化企业提供各类风险保障17亿元；为664个建工项目提供安全生产保障28亿元；首席承保全市校园方责任保险，覆盖学校801所、90.43万名学生，保障总额4200万元；推进学生保险工作，承保学校超过740所，承保学生超过18万人；开办社会治安综合保险，为17万户家庭50多万人口提供保障260亿元，发生报案1.4万起，支付赔款960万元；首席承办全市医疗责任险，承保医疗机构超210家，赔款超过1100万元；联合市县两级应急、民政等部门推行农房保险，承保户数94万户，保障总额8.7亿元。

（庄小涵）

【中国人寿保险股份有限公司淮安市分公司】 2022年，中国人寿淮安市分公司实现总保费收入27.21亿元、新单保费3.62亿元，首年标保、首年期交、10年期交、大短险、政策性健康险年度预算达成率基本实现预期目标。团险短险年度预算达成率94.06%；银保首年标保、首年期交、5年期交年度预算达成率同比增长；综合金融各项指标稳中有进。连续8年与市卫健委联合开展"安康关爱行动"，承保老年人29.3万人、"女性安康关爱"保险承保人数6.6万人。参与养老金融改革，专属养老保费323.24万元，承保人数853人。“医惠保1号”承保人数45916人，赔付人数919人，赔款402万元。承办淮阴区、洪泽区、金湖县及淮安区大病保险，承保居民和职工人数243万余人，保费规模年均1.4亿元。

（公司办）

【中国太平洋财产保险股份有限公司淮安中心支公司】 2022年，太平洋财险淮安中心支公司全险种累计实现保费收入5.7亿元，增速16.2%。其中，车险实现保费收入3.39亿元，增速10.96%；农险实现保费收入1.27亿元，增速21.95%；非车非农实现保费收入1.05亿元，增速28.50%。

主营业务　车险方面，优化客户全生命周期管理模式，加强品质管控，通过存量续保提升、个人非车险业务拓展加固效益建设，为车险品质做基础保障；非车险方面，在全市开展解决相对贫困长效机制工作试点，覆盖人群超过160万人，全年累计赔付830余万元，受益群众近1500人次；农险方面，商业险及创新农险逐步扩大，主承保区域种植业保险承保覆盖率实现大幅提升。

民生服务　连续4年成为中国（淮安）国际食品博览会独家保险服务商；环污险、安责险惠及企业230家，提供风险保障15亿元；协助政府化解农机投保难问题，连续15年承办全市农机保险，承保农机1万余台；创新开发“村集体经济收入保险”项目，连续两年被市委、市政府1号文件列入乡村振兴重点工作，承保村551个；落地全省首单巨灾指数保险，保费24.5万元，保额1250万元。

（公司办）

【中国平安财产保险股份有限公司淮安中心支公司】 2022年，平安财险淮安中心支公司实现保费收入4.58亿元，累计承保保险标的数量63.91万件，提供风险保障4.27亿元，已决赔付2.21亿元，地方纳税总额4600余万元。推进“诉讼财产保全责任保险”，全年为客户提供保障5.03亿元，联合市、县区环保部门推进环境污染责任险，为地方企业承担污染保障360万元。联合市、县区应急管理局推进安全生产责任保险，为530家地方企业提供安全生产保障约41.3亿元。与银行合作，为100多家企业提供企业财产保险保障91.6亿元。利用公司综合金融优势，开展投标保证险、建筑工程履约保证险、农民工工资保证险业务，探索平安综合金融对建筑企业授信，满足企业融资需求。

（公司办）

【中国人寿财产保险股份有限公司淮安市中心支公司】 2022年，国寿财险淮安中心支公司实现保费收入3.09亿元，增长13.44%，市场份额占比7%，提升0.17个百分点。

业务拓展　加强“三农”保险服务团队建设，实现农业保险保费收入4141.3万元，提升111.37%，市场份额5.77%，提升2.37个百分点。实现信保“精品工程”保费收入433.66万元，其中投标保证保险保费收入256.78万元。实现绿色保险保费收入425万元，“地震巨灾”保费收入10.24万元。

客户服务　开展线上线下消保宣传活动，开展以案说险、风险提示、知识普及等活动，在《中国银行保险报》《人民日报》《中国经济周刊》等媒体开展消保及适老化服务宣传；组织“3·15”消费者权益保护教育宣传周活动和金融知识普及月活动，触及消费者近万人次；开展“尊老助老”系列活动，走进养老院、社区、大型广场等场所，开展“预防电信诈骗、打击网络犯罪”公益宣传活动，向老年客群普及金融知识，提升老年客群风险防范意识。

（公司办）

【中华联合财产保险股份有限公司淮安中心支公司】 2022年，中华联合财险淮安中心支公司业务经营范围涵盖非寿险业务各个领域，包括机动车辆保险、企业财产保险、家庭财产保险、工程保险、船舶保险、货物运输保险、责任保险、信用保证保险、农业保险、短期健康保险和意外伤害保险等。实现保费收入4.68亿元，增长11.87%。其中，车险保费收入6352万元，增长16%；农险保费收入3.02亿元，增长23.98%；非车非农保费收入1.02亿元，增长1.2%。新开展生猪“保险+期货”、鸡饲料成本指数、渔业物联网、黄鳝养殖等新险种。全年农险服务农户57.36万户次，提供风险保障1251亿元；累计赔款30690万元，受益农户9.05万户次。生猪“保险+期货”保险在3个试点县区开展11个批次承保业务，为107名养殖户、71920头生猪提供价格风险保障1.9亿元。

（公司办）

【中国平安人寿保险股份有限公司淮安中心支公司】 2022年，平安人寿淮安中心支公司原保险保费收入3.85亿元，减少5.74%。其中，新单规模保费7782.81万元，减少10.99%；续期规模保费3.16亿元，未有较大变动；理赔结案3825件，赔付金额3490万元，豁免保险保费金额480.5万元，平均理赔服务时效1.27天，理赔获赔率99.03%。至年末，新业务（分红险+万能险+投连险）规模保费收入6167.25万元，占规模保费总额16.02%。分红类保险、万能寿险及投连险新单保费规模保费1194.49万元，占累计新单规模保费的15.34%。

（汤　湛）

证券期货业

【概况】 2022年，淮安市有23家证券分支机构，2家期货分支机构，7家私募基金管理人。年内，淮安市金融监管局举办证券期货在淮机构座谈会，增强对全市证券期货市场交易情况掌握，增进与证券期货在淮机构沟通，做好协调服务工作。鼓励各证券期货机构加强与政府合作交流，坚持稳妥创新发展，做好风险评估论证，全面了解投资者风险偏好和需求，确保提供产品或服务与客户风险承受能力相匹配。

引导投资者树立理性投资理念，进行价值投资，加强风险管控和守法合规意识，增强社会责任感。新增上市企业2家，6家企业挂牌江苏价值板，3家企业报江苏证监局辅导备案，新增A股上市公司数量排名全省第6、苏北地区第1。至年末，全市有挂牌上市企业59家，其中在A股上市企业5家、在港交所上市企业1家，累计实现股权融资额超80亿元，上市企业实现沪、深、北交易所和港交所全覆盖。出台《淮安市上市后备企业库入库名单认定办法》，明确市级上市企业后备库入库标准及程序，上半年56家企业入库，下半年60家企业入库，按照重点培育、持续培育、跟踪关注进行分类施策。淮安市实现沪、深、北交易所企业上市全覆盖，初步形成“培育一批、股改一批、辅导一批、上市一批”梯次推进格局。

【企业上市服务】 2022年，淮安市出台《健全五个机制加快推进企业上市工作方案》，建立定期推进会办、及时交办督办、双月培训辅导、季度沟通对接、年度考核激励等机制，为企业上市排忧解难。通过“线上+线下”“引进来、走出去”等形式，举办上市直通车线上培训辅导会、企业上市沙龙（知识产权专场）、资本市场专题培训、淮企上市训练营等系列活动，提升企业专业能力和实操水平。邀请监管部门、证券交易所、中介机构精准对接上市后备企业，研究探讨上市条件、路径和流程，帮助企业完善管理结构，做好政策法规咨询服务。做好企业调研，及时掌握上市进度，帮助企业协调解决在股改、辅导、上市过程中遇到的各类问题。开发“淮企上市通”App，通过“上市贷”“上市投”“上市保”“上市担”等子系统，为企业提供全生命周期金融服务。

（赵　晨）

【上市企业知识产权培育行动】 2022年，淮安市围绕知识产权引领企业创新发展，开展上市企业培育行动，助力江苏纽泰格科技股份有限公司、江苏威博液压股份公司上市。邀请市金融监管局等专委会成员单位、江苏汉邦科技股份有限公司等重点上市后备企业参与知识产权宣传周活动，提升上市后备企业知识产权意识。举办“汇金润淮 共创未来”企业上市沙龙（知识产权专场）活动，对全市56家上市后备企业和30余家高新技术企业的100余位代表进行辅导培训。以2022年全市上市后备库企业为重点，围绕10家重点培育类企业、21家持续培训类企业、25家跟踪关注类企业，利用省市县三级知识产权公共服务机构，组织专家团队开展调研走访，帮助优化知识产权管理和布局。开展知识产权示范企业认定，激励知识产权创造运用和保护。对江苏视科新材料股份有限公司、江苏麒祥高新材料有限公司、江苏汉邦科技股份有限公司等14家上市后备企业奖补190万元。征集58家企业100件注册商标，发布知识产权保护监测报告，根据风险程度分类处置，给出依法采取异议申请等维权建议。发布9期知识产权监测风险信息533条。

【淮企上市训练营】 2022年，淮安市为加快推进企业上市步伐，帮助企业了解上市要求、流程等相关问题，举办淮企上市训练营活动。7月27日，市地方金融监管局联合海通证券股份有限公司淮安淮海北路证券营业部举办第一期淮企上市训练营。10月26日，市地方金融监管局联合国泰君安证券举办了第二期淮企上市训练营活动。训练营活动主要内容包括：IPO审核要点、被否案例分析、公司治理与股权激励等内容进行实操性训练。

（赵　晨）

【江苏威博液压股份有限公司成为北交所注册制上市第一股】 1月6日，江苏威博液压股份有限公司作为北交所注册制第一股、2022年江苏第一股，正式成为淮安市首家北交所上市企业。江苏威博液压股份有限公司专业从事液压动力单元及核心部件的研发、生产和销售，产品主要应用于仓储物流、高空作业平台及汽车机械等领域，自2021年11月15日北交所正式开市后，作为北交所第一审，于2021年11月26日通过上市委员会审核，并于12月16日收到中国证监会同意注册的批复，成为北交所注册制第一审、第一股。

【江苏纽泰格科技股份有限公司在深交所上市】 2月22日，江苏纽泰格科技股份有限公司在深交所上市，成为淮安市在创业板上市的第一家公司，也成为全市第一家登陆深交所上市公司。江苏纽泰格科技股份有限公司主要从事汽车悬架系统、汽车内外饰等领域的铝铸零部件和塑料件的研发、生产和销售，发行股票数量2000万股，发行价每股20.28元，开盘价每股50元。

（淮安市人民政府网站）

2月22日，江苏纽泰格科技股份有限公司在深交所上市　　市工信局　供

5月12日，市金融监管局举办证券期货在淮机构座谈会

市金融监管局　供

【华泰证券股份有限公司淮安淮海东路证券营业部】 华泰证券淮安淮海东路证券营业部前身为江苏省证券公司与中国人民银行淮阴分行合资兴办的江苏省证券公司淮阴业务部，是淮安市首家证券业务部。位于淮海东路18号汇丰中央广场。经营范围包括证券经纪、证券投资咨询、证券承销业务、融资融券、证券投资基金代销、代销金融产品。至2022年末，营业部有合格资金账户6.1万余户，有效户近2万户，托管资产71.66亿元。全年基础交易额1235.75亿元，累计股基份额0.29‰；产品销售20.06亿元，其中非货销量2.65亿元，产品日均保有6.26亿元，两融日均余额7.58亿元。

（叶春柱）

【中国中金财富证券有限公司淮安水渡口大道证券营业部】 中国中金财富证券有限公司淮安水渡口大道证券营业部位于淮安市金融中心，是由中国农业银行证券部、南方证券淮安营业部、中投证券淮安淮海东路营业部发展变化而来。依托中金公司平台优势，提供涵盖境内与跨境市场、多元化金融产品与服务，主要包括全生命周期的PB及中介服务、富有中金特色个人交易服务、多元融资解决方案、一站式产品配置服务、业内领先财富规划服务、ESOP服务、国际化离岸及跨境金融服务、中金环球家族办公室服务。2022年，营业部营业收入1326万元。

（张　杰）

【海通证券股份有限公司淮安淮海北路证券营业部】 1999年6月28日，经淮阴市人民政府批准，淮阴市信托投资公司和海通证券有限公司签订《关于海通证券有限公司受让淮阴市信托投资公司淮海路证券营业部、清浦证券营业部协议》。2001年，海通证券有限责任公司改制为股份有限公司。2002年10月，在淮安市只设立淮安淮海南路证券营业部一个分支机构。2012年5月，经证券监管机构批准，营业部搬迁至淮海北路证券营业部，业务涵盖证券期货经纪、投行、自营、资产管理、私募股权投资、另类投资、融资融券、境外投行等多个领域，为客户提供综合性投资理财和资产配置服务。至2022年末，营业部总客户数6万余户，客户总资产约35亿元，年内新开发客户6329户，营业收入1917万元。

（沈慧琴）

表32　2022年淮安市证券期货机构情况一览表

序号	名称	办公地址
1	东吴证券股份有限公司淮安分公司	清江浦区金融中心中央商务区4、5号楼
2	华泰证券股份有限公司淮安淮海东路证券营业部	清江浦区淮海东路18号1号楼
3	华泰证券股份有限公司淮安韩信南路证券营业部	淮安区韩信南路2−4号
4	华泰证券股份有限公司淮安淮阴北京东路证券营业部	淮阴区北京东路17号
5	华泰证券股份有限公司淮安涟水红日大道证券营业部	涟水县中联壹城新莲壹品Z02幢103、104室
6	华泰证券股份有限公司淮安盱眙淮河东路证券营业部	盱眙县盱城镇淮河东路45号
7	安信证券股份有限公司淮安淮海东路证券营业部	清江浦区淮海东路20号7层
8	东海证券股份有限公司淮安深圳路证券营业部	淮安经济技术开发区深圳路1−1号1幢111室
9	东吴证券股份有限公司淮安淮海南路证券营业部	清江浦区淮海南路金满华府小区1、2号楼G−08
10	光大证券股份有限公司淮安翔宇中道证券营业部	清江浦区翔宇中道万达中心楼1201、1202、1203室

续表32

序号	名称	办公地址
11	中信证券股份有限公司淮安健康东路证券营业部	清江浦区健康东路东壹区118-2、118-3室
12	国联证券股份有限公司淮安北京北路证券营业部	清江浦区北京北路河韵大厦701室
13	国泰君安证券股份有限公司淮安健康东路证券营业部	清江浦区健康东路联通大厦101、601室
14	海通证券股份有限公司淮安淮海北路证券营业部	清江浦区淮海北路50号1、4、5楼
15	华林证券股份有限公司淮安淮海东路证券营业部	清江浦区淮海东路丰惠广场1616室
16	开源证券股份有限公司淮安翔宇大道证券营业部	淮安区翔宇大道宏信大厦1楼
17	南京证券股份有限公司盱眙淮河北路证券营业部	盱眙县淮河北路（商贸中心）I-34
18	申万宏源证券有限公司淮安深圳路证券营业部	淮安经济技术开发区东冠逸轩花苑7幢7-5号
19	中国中金财富证券有限公司淮安水渡口大道证券营业部	清江浦区金融中心中央商务区B2号楼2-1601、2-1604室
20	中国中金财富证券有限责任公司淮安区永怀东路证券营业部	淮安区永怀东路东方希尔顿1、2号楼商铺14-1号
21	中泰证券股份有限公司淮安环宇路证券营业部	清江浦区万达广场二期环宇路商铺2-31、2-32、2-33、2-35室
22	东方财富证券股份有限公司淮安淮海北路证券营业部	清江浦区淮海北路茂业时代广场写字楼33楼3302室
23	兴业证券股份有限公司淮安分公司	清江浦区金融中心B5号楼22楼
24	弘业期货股份有限公司淮安营业部	清江浦区淮海东路曙光国际大厦11楼1111号、1112号室
25	东海期货股份有限公司淮安营业部	清江浦区淮海北路淮海购物广场A区C座1002室
26	淮安普利创业投资中心（普通合伙企业）	淮安经济技术开发区广州路办事处企业服务中心303室
27	淮安天泉成长型产业投资中心（有限合伙）	江苏洪泽经济开发区巢湖东路36号
28	金湖国控基金管理有限公司	金湖县健康西路39号
29	淮安市淮上英才创业投资有限公司	清江浦区淮海东路18号汇丰广场1号楼7层
30	江苏润淮产业发展基金管理有限公司	翔宇大道1005号江苏淮安农村商业银行股份有限公司淮安区支行办公大楼第16层-1、-2
31	淮安市金控创业投资有限公司	淮安市金融中心B2号楼28层2803室
32	淮安市国联基金管理有限公司	淮安经济技术开发区深圳路26-1号B楼10层1001室

（市金融监管局）

其他非银行金融机构

【概况】 2022年，淮安市新设地方金融组织3家，其中小贷公司2家、商业保理公司1家，新设转贷公司1家。至年末，全市有经省地方金融监管部门批准，在淮安市注册成立并纳入监管的地方金融组织100家。其中，小额贷款公司39家（含分支机构1家），融资担保（再担保）公司24家（含分支机构4家），典当行24家（含分支机构1家），融资租赁公司7家，商业保理公司1家，农民资金互助社4家，交易场所1家。有经市地方金融监管部门批准设立的小微企业转贷服务公司4家。地方金融组织年末融资余额215.69亿元，增幅23.9%。小贷公司贷款金额27亿元、典当行典当余额7.37亿元、融资租赁公司资产总额5.85亿元，分别增长8.3%、38.6%、8.9%。

（赵　晨）

表33　2022年淮安市地方金融机构一览表

序号	所在县区	机构名称
		小额贷款公司
1	淮安经济技术开发区	淮安经济技术开发区开发农村小额贷款有限公司
2		淮安经济开发区天一农村小额贷款有限公司
3		淮安市汇银科技小额贷款有限公司
4		淮安市天润科技小额贷款有限公司
5		淮安市美华互联网科技小额贷款有限公司
6	清江浦区	淮安市清河区清江农村小额贷款有限公司
7		淮安市清江浦区汇泽农村小额贷款有限公司
8		淮安市清浦区金长城农村小额贷款股份有限公司
9		淮安市清江浦区增力农村小额贷款有限公司
10		淮安市悦群科技小额贷款有限公司
11		淮安市城源科技小额贷款有限公司
12		淮安市清江浦区益农农村小额贷款有限公司
13		淮安市清浦区中资农村小额贷款有限公司
14		江苏再保科技小额贷款股份有限公司淮安分公司
15	淮安区	淮安市淮安区淮乐农村小额贷款有限公司
16		淮安市淮安区康乃馨农村小额贷款股份有限公司
17		淮安市淮安区融达农村小额贷款有限公司
18		淮安市淮安区万润农村小额贷款有限公司
19		淮安市淮安区国际机遇农村小额贷款有限公司
20		淮安市宏信科技小额贷款有限公司
21		淮安市淮安区宏信农村小额贷款有限公司
22	淮阴区	淮安市淮阴区恒丰农村小额贷款股份有限公司
23		淮安市淮阴区巨一农村小额贷款有限公司
24		淮安市淮阴区恒通农村小额贷款股份有限公司
25		淮安市水投科技小额贷款有限公司
26	洪泽区	淮安市恒泽科技小额贷款有限公司
27		洪泽县银珠农村小额贷款有限公司
28	涟水县	涟水县今世缘农村小额贷款有限公司
29		涟水县福达农村小额贷款有限公司
30		涟水县万丰农村小额贷款有限公司
31		淮安市红日科技小额贷款有限公司
32	金湖县	金湖县金石农村小额贷款股份有限公司
33		淮安市金晟科技小额贷款有限公司
34		金湖县金远农村小额贷款有限公司

续表33

序号	所在县区	机构名称
35	盱眙县	盱眙县锦丰农村小额贷款有限公司
36		盱眙县金润农村小额贷款有限公司
37		盱眙县同庆农村小额贷款有限公司
38		淮安市翔宇科技小额贷款有限公司
39	淮安工业园区	淮安市银融科技小额贷款有限公司
	担保公司	
1	市直	淮安市银信融资担保有限公司
2		淮安市中鑫融资担保有限公司
3		淮安市融资担保集团有限公司
4		淮安市信用再担保有限公司
5		江苏省信用再担保集团有限公司淮安分公司
6	淮安经济技术开发区	淮安开发融资担保有限公司
7	清江浦区	淮安市清江浦银泰融资担保有限公司
8		淮安市银丰融资担保有限公司
9		淮安市清浦企业信用担保投资有限公司
10		江苏省农业融资担保有限责任公司淮安分公司
11		平安普惠融资担保有限公司淮安分公司
12	淮安区	江苏安信融资担保有限公司
13		淮安市誉信融资担保有限公司
14		江苏省信用融资担保有限责任公司淮安分公司
15	淮阴区	淮安市淮阴区开源中小企业融资担保有限公司
16		淮安市恒通融资担保有限公司
17	洪泽区	淮安市华盛融资担保有限公司
18		淮安市润洪融资担保有限公司
19	涟水县	涟水县财富融资担保有限公司
20		涟水县金桥融资担保有限公司
21	金湖县	金湖县金信融资担保有限公司
22	盱眙县	盱眙金惠融资担保有限公司
23		盱眙金普融资担保有限公司
24	淮安工业园区	淮安市国盛融资担保有限公司
	典当公司	
1	淮安经济技术开发区	江苏捷达典当有限公司
2		淮安市大众典当有限公司
3		淮安市天润典当有限公司

续表33

序号	所在县区	机构名称
4	清江浦区	淮安银丰典当有限公司
5		淮安万泰典当有限公司
6		淮安万丰典当有限公司
7		淮安市恒通典当有限公司
8		淮安市百富典当有限公司
9		淮安市瑞丰典当有限公司
10		淮安市及时雨典当有限公司
11		淮安市金方典当有限公司
12		淮安市银顿典当有限公司
13		淮安市天河典当有限责任公司
14		淮安市金源典当有限公司
15		淮安融华典当有限公司
16		淮安市利泰典当有限公司
17		淮安市金桥典当有限公司华盛分公司
18		淮安安洁典当有限公司
19	淮安区	淮安儒商金钥匙典当有限公司
20	淮阴区	淮安市金运河典当有限责任公司
21	涟水县	江苏资生典当有限公司
22		淮安市金桥典当有限公司
23	金湖县	金湖县金缘典当有限公司
24	盱眙县	盱眙鑫发典当有限公司
		融资租赁公司
1	淮安经济技术开发区	江苏永泰融资租赁有限公司
2		淮安市淮融航空融资租赁有限公司
3		昌正融资租赁（江苏）有限公司
4	淮安区	淮安市融盛融资租赁有限公司
5		江苏融创融资租赁有限责任公司
6	洪泽区	江苏洪泽湖融资租赁有限公司
7	金湖县	中储智运江苏融资租赁有限公司
		商业保理公司
1	淮安区	江苏润淮商业保理有限公司
		农民资金互助合作社
1	淮安区	淮安市淮安区漕运镇农友农民资金互助合作社

续表33

序号	所在县区	机构名称
2	金湖县	金湖县前锋镇强宇农民资金互助合作社
3		金湖县黎城街道信诚农民资金互助合作社
4	淮阴区	淮安市淮阴区王营镇德泰农民资金互助合作社
		商品交易中心
1	淮安区	江苏长江国际商品交易中心股份有限公司
		转贷服务公司
1	淮安经济技术开发区	淮安经济技术开发区天润转贷服务有限公司
2	清江浦区	淮安市清江浦区金控转贷服务有限公司
3	盱眙县	盱眙县金瑞转贷服务有限公司
4	淮安生态文旅区	淮安生态文旅区融担转贷服务有限公司

（资料来源：市金融监管局）

【融资担保公司】 2022年，淮安市有融资担保（再担保）公司24家（含分支机构4家）。其中，融资担保法人机构19家，注册资本71.84亿元。全市融资担保机构新发生融资担保金额147.84亿元，增长15.05%。其中，小微企业和“三农”担保金额120.51亿元，增长6.66%；年末在保余额175.47亿元，增长26.73%。

（赵　晨）

【典当公司】 2022年，淮安市有典当公司24家（含分支机构1家），注册资本6.73亿元。至年末，典当余额7.37亿元，增长38.6%；典当总额10.23亿元，其中动产质押典当9020万元、房地产抵押典当6.46亿元、财产权利质押2.94亿元。除动产质押典当减少6.8%外，房地产抵押典当、财产权利质押分别增长2.4%、14.7%。

（赵　晨）

【小额贷款公司】 2022年，淮安市有经省地方金融监管局批准的小额贷款公司38家，其中农村小额贷款公司26家、科技小额贷款公司12家，实收资本24.77亿元。全市小额贷款公司全年发放贷款24.33亿元，下降19.41%；12月末贷款余额27亿元，增长8.26%。

（赵　晨）

【商业保理公司】 7月1日，江苏润淮商业保理公司获批成立，实现淮安市商业保理机构“零”的突破。公司注册资本5000万元，由江苏名城投资控股集团有限公司出资，持股比例100%，是国有独资企业。该公司位于淮安区施河镇，开展商业保理业务。至年末，实收资本5000万元，12月末累计发放保理融资款1860万元。

（赵　晨）

【淮安市融资担保集团获AA+主体信用评级】 2022年11月，淮安市金融发展集团子公司淮安市融资担保集团有限公司获东方金诚国际信用评估有限公司AA+主体信用评级，评级展望为稳定，成为苏北地区首家获评AA+主体信用评级的融资担保机构。至年末，淮安市融资担保集团有限公司在保余额超120亿元，累计担保金额超500亿元，服务中小微企业5000余家，实现利税超5亿元，为社会提供就业岗位2万余个，为政府培育新增税源2亿余元，助推2家企业挂牌上市。

（市金融监管局）

【淮安高投毅达贰号创业投资基金注册】 8月18日，淮安高投毅达贰号创业基金签约仪式举行。2019年，淮安高投毅达创新创业投资基金设立，是市政府重点产业发展基金第一只子基金，合计投资淮安及淮安关联企业8281万元，累计带动毅达资本在淮股权投资3亿多元。淮安高投毅达贰号创业基金发起总规模1.5亿元，重点投向新一代信息技术、新型装备制造、新能源汽车零部件、新材料等“333”制造业主导产业及特色产业，支持淮安本土优质企业做大做强，走向资本市场。

（淮安市人民政府网站）

旅游业

责任编辑：周永达

综　述

【旅游发展规划】　淮安市有“伟人故里”“运河之都”“大湖胜地”“美食之乡”等旅游品牌。在市“十四五”文旅产业发展规划中，淮安总体定位为：具有江淮地区特色的新时代文旅融合优质发展高地，争创国家文化和旅游消费示范城市、国家级全域旅游示范市以及省级全域旅游示范市。功能定位为三大强区：国家运河文化传承创新示范区、淮河生态经济带文旅融合发展先行区、长三角北部地区全域旅游示范区。计划“十四五”期间，争创5个国家级、10个省级乡村旅游重点村，打造一批淮乡记忆乡村旅游示范基地。推动旅游景区提质扩容，每个区县至少新增1个国家AAAA级旅游景区，全市至少新增1个国家AAAAA级旅游景区，争创2个国家级旅游度假区，形成1个旅游演艺精品项目，建成1个国家级夜间文旅消费集聚，形成12~15个具有全国影响力的文旅品牌。到“十四五”期末，全市年旅游接待人次达到7000万人次，旅游年收入达到1000亿元。2022年，全面细化落实“十四五”旅游发展规划，全市形成县区和市级资源普查报告10份，搭建淮安市文旅资源数据库。完成运河百里画廊文旅专项规划编制，推动各县区实施运河百里画廊项目建设编制旅游四位体系建设导则、百里画廊标识体系建设导则等。对旅游集散体系、标识体系和四位服务体系三项建设指引进行专题策划。

【旅游收入】　2022年，淮安市实现旅游业总收入280.85亿元，比2021年下降30.7%，比2020年增长5.24%。其中，国内旅游收入280.02亿元，比2021年下降30.7%，比2020年增长5.25%。旅游外汇收入1212.49万美元，比2021年下降22.7%，比2020年增长0.8%。

【旅游接待】　2022年，淮安市接待境内外游客2493.55万人次，比2021年下降24.3%，比2020年增长13.08%。其中，接待国内游客2492.86万人次，比2021年下降24.3%，比2020年增长13.1%；接待入境过夜游客0.7万人次，比2021年下降23.5%，比2020年下降14.63%。多数游客来自省内其他市，占比60%以上，省外游客主要来自周边及长三角地区。

【全域旅游】　2022年，淮安市推动全域旅游高质量发展，出台《淮安市全域旅游高质量发展奖补实施方案》。涟水县创成省级全域旅游示范区。全市有国家级全域旅游示范区1个，即金湖县；有省级全域旅游示范区5个，分别为清江浦区、淮安区、洪泽区、涟水县、盱眙县，创成数量、县区占比连续多年保持全省第三、江北地区第一。在淮安高铁站设置市级全域旅游集散中心，实现景区公交化通达全覆盖。实现市级全域旅游集散中心和县区级全域旅游集散中心全覆盖。

【国家文旅消费示范城市创建】　2022年6月，淮安市出台《进一步激发文化和旅游消费潜力创建国家文化和旅游消费示范城市行动方案》，围绕丰富产品供给体系培育文旅消费热点、深化产业融合推动文旅消费业态发展、推动消费惠民措施落实激发文旅消费动能、提升消费便捷程度完善文旅消费服务、繁荣假日夜间经济拓展文旅消费空间、规范市场监管执法优化文旅

表34　2022年淮安市旅游收入情况统计表

指标名称	全市	清江浦区	淮安区	淮阴区	洪泽区	涟水县	盱眙县	金湖县	淮安经济技术开发区
旅游总收入（亿元）	280.85	69.50	52.26	11.54	40.66	15.13	45.38	32.36	14.02
增幅（%）	−0.31	−0.31	−0.30	−0.42	−0.22	−0.32	−0.36	−0.34	−0.05
接待国内外游客人数（万人）	2492.86	580.93	499.67	125.05	337.35	150.19	418.81	280.51	100.35
增幅（%）	−0.24	−0.28	−0.21	−0.41	−0.16	−0.24	−0.25	−0.27	0

（资料来源：市统计局）

消费环境6个方面提出17项具体举措。举办“水韵江苏·这里夜最美”璀璨夏夜消费主题活动现场会，淮安市三地获评省级夜间文旅消费集聚区，清江浦区创成省级文旅产业融合发展示范区，淮印时光文创园获评省级文化产业示范园区，盱眙县获评省级文旅消费示范单位，3处网红打卡地上榜“水韵江苏·这里夜最美”网红打卡地名单。举办第五届中国（淮安）大运河城市非遗展暨江苏省首届淮海戏艺术展演，吸引20万人次观展，带动参展项目及周边商户销售超100万元。清江浦景区御码头运河文化旅游中心入选第二批省级夜间文旅消费集聚区，河下古镇城河步行街入选第三批省级夜间文化和旅游消费集聚区建设单位。市文旅集团获100万元省级消费集聚区建设补助资金。

（严　格　李万芬）

旅游资源

【概况】 2022年，金湖县尧想国文化旅游区创成国家AAAA级旅游景区，淮安市樱花园、苏北小延安2家旅游景区升为国家AAA级旅游景区。全市有国家A级旅游景区36家，其中AAAAA级旅游景区1家、AAAA级旅游景区20家。有省级生态旅游示范区2家，分别是古淮河生态景区、天泉湖旅游度假区。有省级自驾游基地3家，分别是古淮河文化生态景区、铁山寺国家森林公园、盱眙太空屋露营基地。有省级工业旅游示范区4家，有省级旅游休闲街区2家，即金湖县尧帝古城上古文化休闲街区、清江浦区御码头运河文化美食休闲街区。

【国家AAAAA级旅游景区——周恩来故里旅游景区】 包含周恩来纪念馆、周恩来故居和河下古镇景点等。

周恩来纪念馆　位于淮安区北门外桃花垠。1992年1月16日落成，邓小平题写馆名。1998年增建仿北京中南海西花厅和周恩来铜像广场，铜像上“周恩来同志”5字由江泽民题写。2008年增建周恩来生平业绩陈列馆和西花苑碑园。纪念馆四面环水。馆区总面积40余万平方米，其中水面面积占70%，建筑面积1.5万平方米。在纪念馆南北800米长的中轴线上，依次有瞻仰台、纪念馆主馆、附馆、周恩来铜像和仿北京中南海西花厅等纪念性建筑。周恩来纪念馆是全国爱国主义教育示范基地、中国红色旅游十大经典景区。全年完成景区建设投资226.7万元，接待游客32.6万人次，营业收入2442.9万元。

周恩来故居　位于淮安区驸马巷内，由东西相连的两个宅院组成。1898年3月5日，周恩来就诞生在院落东侧的一间房子里。1979年3月5日，故居正式对外开放。1984年12月11日，邓小平题写“周恩来同志故居”匾额。周恩来故居是全国重点文物保护单位、全国中小学爱国主义教育基地、全国百家红色旅游经典景区。全年接待游客24.6万人次，营业收入795.7万元。

河下古镇　位于淮安区淮城街道，有2500年以上历史，曾诞生巾帼英雄梁红玉、大文学家吴承恩、抗倭状元沈坤等历史名人。明清两代出过67名进士，有“进士之乡”之称。整个街区保持明清时建筑风格。镇内有一批文物保护单位和保存完好的古迹，如吴承恩故居、左忠壮公祠、清真寺古文楼等。另有一批保存较完好的明清风格的名人故居和传统民居及会馆，如汪廷珍故居、吴鞠通故居、夏曰瑚宅等。全年接待游客78.3万人次，营业收入28万元。

【国家AAAA级旅游景区】 铁山寺国家森林公园　位于苏皖交界处，是江苏省保存最好、面积最大的野生动、植物王国。61.58平方千米的次生林海和群山环抱、水质纯净、9平方千米的天泉湖，构成独特的小气候环境。繁衍生息着40多种野生动物、170多种鸟类、280多种高等植物、800多种中草药，其中绝大多数为南北地域边缘物种，是天然的动植物基因库。区域内山、林、泉、湖、石、洞自然造化，佳景天成。有建于东汉末年、现已修复的铁山禅寺，以及中科院紫金山天文台观测基地和天文科普园、侏罗纪乐园、孔雀国际俱乐部、学生素质教育基地等。全年接待游客71.76万人次，营业收入264.6万元。

第一山景区　位于盱眙县城，原名南山，因盛产都梁香草，又名都梁山。北宋年间，书画家米芾行至此处，忽见秀山，诗兴勃发：“京洛风尘千里还，船头出汴翠屏间。莫论衡霍撞星斗，且是东南第一山。”并书“第一山”三个大字，从此易名第一山。第一山景色秀美，以一山占河山之奇秀，有林、泉、亭、宇之玲珑，融儒、佛、道于一体。它还是一座历史文化名山，早在汉朝，孔子的后裔孔安国为临淮太守时，在此创立“崇圣书院”，历朝历代文人墨客都极为推崇。宋元以后，众多的文人墨客、翰林学士、官府政要慕名而来，留下大量的碑刻和碑碣，其中不乏苏轼、陆游、杨万里、米芾等名家之作。《西游记》对第一山景色有数处生动描绘。园内的“第一山题刻”为全国重点文物保护单位，有极高的历史价值与艺术价值。现存建筑包括大成殿、淮山堂、翠屏堂、春昼亭、玻璃泉亭、明伦堂、摩崖石刻保护廊等。全年接待游客78.4万人次，营业收入36.8万元。

黄花塘新四军军部纪念馆　位于盱眙县黄花塘镇。黄花塘原是一个默默无闻的小村庄，1943年初到1945年初，新四军军部和华中局移驻黄花塘。陈毅、饶漱石、张云逸等领导人在此运筹帷幄，指挥抗日，粉碎日伪军的“扫荡”“清乡”和国民党顽固派的摩擦、进攻，在苏、皖、浙、鄂、豫五省开辟八个敌后抗日根据地，使华中地区成为对敌斗争的主战场。纪念馆占地面积6000平方米，另建有新四军文化艺术馆和退役武器展示平台。全年完成景区建设投资17万元，接待游客23.5万人次。

淮安市博物馆　淮安市博物馆是一座综合性历史博物馆，是淮安市文物收藏、陈列和考古研究中心，创建于1959年。博物馆馆藏文物丰富，有陶瓷器、玉石器、青铜器、钱币、书画等诸多门类。其中馆藏特色为1978年高庄战国墓出土的刻纹青铜器、青铜马车饰件、双囱原始瓷带盖熏炉等战国重器，2004年运河村战国墓出土的木雕鼓车，徐伯璞1984年捐赠的近现代名家书画。2006年，新馆改扩建完工，总建筑面积12000平方米。全年完成景区建设投资1404万元，接待游客11.1万人次。

古淮河文化生态景区　位于清河新区，2006年开工建设，2008年6月整合启动。总占地面积112.3公顷，围绕生态和休闲主题，对滨河绿地系统开发与改造，由青龙湖公园、白鹭湖山庄、清河生态园、净潭广场、“农家乐”、清河城市馆、中国西游记博物馆、长荣大剧院、红娘广场、清河文化馆、古淮楼、中国淮扬菜美食文化博物馆、古淮河生态公园等组成，集运动、休闲、旅游、观光和娱乐为一体。全年完成景区建设投资1796万元，接待游客47.6万人次，营业收入21万元。

淮安府署　位于淮安区东门大街，始建于南宋，初为五通庙，元代为沂郯万户府，明初改建为府署，清咸丰初遭火灾后重建。府署占地面积1万多平方米，有房屋300余间。大堂体量为全国最大。淮安府署是中国保存较为完好的两座知府衙门之一，为研究中国古代衙门文化提供重要的实物标本。全年接待游客33.4万人次，营业收入189.5万元。

中国漕运博物馆　位于淮安区。淮安漕运总督署遗址是2002年中国重大考古发现之一。2011年，整合漕运总督遗址，建成中国漕运博物馆，总建筑面积6300平方米。馆内集中陈列古代漕运（运河水上运输）工具及附属遗留物品，漕运总督府内工作与生活用品，曾经担任漕运总督及其他漕运官员的信函、书札、墨迹及生活用品，以及历代有关漕粮流通的记录、证券、量具、代用品等，向世人完整地展现漕运古迹和历史。全年完成景区建设投资396万元，接待游客124.7万人次，营业收入67.6万元。

吴承恩故居　位于淮安区河下古镇打铜巷内，由故居本体、吴承恩生平陈列厅、玄奘纪念堂、美猴王世家艺术馆、六小龄童工作室5个部分组成，是目前国内唯一综合展示《西游记》文化和纪念吴承恩的场所。故居占地面积15000平方米，建筑面积3800平方米，为明代风格的古典园林建筑群。全年接待游客60万人次，营业收入108万元。

里运河文化长廊·清江浦景区　位于市区古运河段清江浦大闸口历史文化风貌区，含里运河中洲岛以及清江闸以东的航道及两岸区域，占地总面积约16.2万平方米，是一个具有浓厚运河文化特征、浓烈地方文化气息、浓郁生态园林特点的综合性景区，进行运河文化、戏曲文化、名人文化、楹联文化及城市规划的陈列展示。全年完成景区建设投资296.4万元，接待游客269万人次，营业收入796万元。

新四军刘老庄连纪念园　位于淮阴区刘老庄镇境内，始建于1955年，占地面积约32万平方米，是国家级抗战纪念设施、国家级国防教育示范基地、全国红色旅游经典景区、省级烈士纪念建筑物保护单位、省级文物保护单位、省级爱国主义教育基地。全年完成景区建设投资96万元，接待游客7万人次，营业收入415万元。

洪泽湖古堰景区　位于中国第四大淡水湖洪泽湖东岸，总占地面积1200万平方米。景区主要包括洪泽湖大堤、水釜城、渔人湾、欢乐园四大片区。洪泽湖大堤距今有1800多年历史，是世界文化遗产和全国重点文物保护单位，沿线有乾隆御碑、周桥大塘、信坝遗址等众多历史遗迹。大堤逶迤曲折、气势雄伟、树木葱茏，是一处“天然大氧吧”。全年完成景区建设投资1796万元，接待游客135.9万人次，营业收入205.3万元。

五岛湖旅游景区　位于涟水县城中心，包括五岛湖公园、能仁寺景区、涟水县博物馆三大板块，占地面积65.9万平方米，是融合人文自然、历史文化、名人文化、佛禅文化于一体的复合型旅游度假区。其中，五岛湖公园建于1930年，园内夕照山是省级黄嘴白鹭自然保护区；能仁寺始建于唐初，距今有1300多年历史，是集宗教朝觐、旅游休闲于一体的佛教圣地；涟水县博物馆展现涟水历史、文化、民族、民俗文化，是涟水标志性文化建筑。全年完成景区建设投资340万元，接待游客60.1万人次，营业收入461.3万元。

今世缘旅游景区　位于涟水县高沟镇，是以“酒文化”“缘文化”为主题的综合型特色工业文化旅游景区，包括高沟酒非遗保护区、全国工业旅游示范点两大旅游体验板块。高沟酒非遗保护区有酒缘广场、天泉景观、酒源文化馆、制曲工艺展示区、粉碎工艺展示区、蒸馏工艺展示区、传统酿酒设备展示区、老窖池及窖池形成区、消费者自助酿酒体验区等主要景点。今世缘全国工业旅游示范点提升区包括今世缘文化广场、今世缘展示中心、中国白酒智能化酿造示范车间、今世缘光伏发电旅游平台、今世缘美酒银行、“今世缘·等着我”展示馆等核心景点。景区是江苏省非物质文化遗产生产性保护示范基地。全年完成景区建设投资2000万元，接待游客5.9万人次，营业收入2244万元。

金湖荷花荡景区　位于金湖县塔集镇境内高邮湖畔，总面积800万平方米。景区有精品荷花品种200种，是全球最大、品种最全、花期最长的观荷园，是中国荷文化传承基地、国家水利风景区、全国农业旅游示范区。建有游憩园、荷博园、百荷园、百莲园、水上亲子乐园、荷仙广场、荷文化体验馆、水草世界、农事体验馆等数十个景点，并有星·塘度假村、观湖楼、燕来居等餐宿配套设施。全年完成景区建设投资1330万元，接待游客29.3万人次，营业收入221.7万元。

金湖水上森林　位于金湖县银涂镇唐港境内，南临高邮湖，北接宝应湖，东与宝应县隔湖相望，总占地面积733万平方米，是华东地区的人工生态林之一。景区栖息着白鹭、苍鹭、黄鹂、黑腰燕、黄嘴鹦鹉、鸬鹚等多种鸟类。全年完成景区建设投资2733万元，接待游客20.6万人次，营业收入461.3万元。

西游记文化体验园·龙宫大白鲸　由欢乐世界、极地海洋馆、嬉水乐园3个部分组成，以《西游记》中龙宫为主题元素，集海洋生态文化、水上游乐设备、文化秀场和虚拟情景等多种新型娱乐体验于一体。项目于2017年6月全面运营，曾获评全国优选旅游项目、江苏省重点旅游项目、江苏省十大新景区等。全年完成景区建设投资4341万元，接待游客123.8万人次，营业收入1.4亿元。

明祖陵　位于盱眙县明祖陵镇，是明朝开国皇帝明太祖朱元璋之高祖、曾祖、祖父的衣冠冢及其祖父的实际葬地。坐落在洪泽湖西畔的淮河入湖处。清康熙年间泗州城被湖水淹没时，明祖陵也一起沉没于湖水之中。1964年，春旱时露出水面。1996年，被国务院公布为第四批全国重点文物保护单位。全年完成景区建设投资4万元，接待游客19.6万人次，营业收入63万元。

白马湖生态旅游景区　淮安市白马湖旅游度假区三大核心景区之一，位于度假区西北部，占地面积约133.3万平方米，依托白马湖优良的生态基底和秀美的自然风光，彰显“一见清心白马湖”的核心特质。景区建成一品梅园、菊世无双、红枫谷、嗨皮西提生态乐园、卡丁车竞技中心、国际房车露营基地等旅游体验产品，年游客量超80万人次。每年一度的菊花展是江苏省三大菊展之一。全年完成景区建设投资775万元，接待游客44.2万人次，营业收入1856万元。

向日葵的故事景区　淮安市白马湖旅游度假区三大核心景区之一，位于度假区中部西侧，占地面积3平方千米。景区以向日葵的故事为主线，塑造花海葵峰、粉黛秘境、星空营地、小葵农场、愿望三部曲、党建之路等特色景观，营造四季皆美景、处处有韵味的美好景象，是长三角地区生态特色鲜明的农旅融合产业基地。全年完成景区建设投资4500万元，接待游客22万人次，营业收入255.6万元。

尧想国文化旅游区　位于金湖县塔集镇，占地面积近40万平方米，以尧文化、尧母文化为核心，建设尧文化展示馆、尧的礼物文创店、庆都陶艺馆、上古尧帝酒文化体验馆、中草药文化展示馆、尧风华裳沉浸式汉服体验基地、尧想迷你影视城、手作酱醋文化传习基地等场馆。同时，原创制作拥有独立知识产权和专属旅游IP的舞台剧《少年尧帝》，讲述尧帝降生、塔集育尧、庆都别子和火德为帝4个篇章。全年接待游客44.7万人次，营业收入530.2万元。

【尧想国文化旅游区创成国家AAAA级旅游景区】　12月30日，江苏省文化和旅游厅发布公告，金湖县尧想国文旅区正式获批成为国家AAAA级旅游景区，成为金湖县境内第4家AAAA级旅游景区。尧想国文旅区自2019年10月开园以后，累计接待游客120万人次。2020年11月，创成国家AAA级旅游景区；2022年12月，通过国家AAAA级旅游景区景观质量评定。

（严　格　李万芬）

表35　2022年淮安市国家A级旅游景区一览表

序号	景区名称	等级	地址
1	周恩来故里旅游景区	AAAAA	淮安区长安路1号
2	淮安市博物馆	AAAA	清江浦区健康西路146-1
3	里运河文化长廊、清江浦区		清江浦区大闸口中洲岛
4	古淮河文化生态景区		清江浦区河畔路1号
5	中国漕运博物馆		淮安区漕运广场
6	吴承恩故居		淮安区河下打铜巷12号
7	淮安府署		淮安区东门大街38号
8	刘老庄连纪念园		淮阴区刘老庄镇
9	洪泽湖古堰		洪泽区滨湖路2号
10	向日葵的故事景区		洪泽区白马湖环湖大道草泽河北
11	白马湖生态旅游景区		淮安市淮金线森林公园
12	五岛湖旅游区		涟水县常青西路7号
13	今世缘旅游景区		涟水县高沟镇今世缘大道1号
14	第一山景区		盱眙县淮河北路
15	明祖陵		盱眙县明祖陵镇明陵村
16	黄花塘新四军军部纪念馆		盱眙县黄花塘镇黄花塘村

续表35

序号	景区名称	等级	地址
17	铁山寺国家森林公园	AAAA	盱眙县铁山寺森林公园
18	金湖水上森林		金湖县银涂镇
19	金湖荷花荡景区		金湖县塔集镇
20	尧想国文化旅游区		金湖县塔集镇新建路8号
21	西游记文化体验园		开发区南马厂大道99号
22	苏皖边区政府旧址纪念馆	AAA	清江浦区淮海南路30号
23	清晏园		清江浦区人民南路92号
24	周恩来童年读书处		清江浦区漕运西路174号
25	钵池山景区		清江浦区和平大道8号
26	韩信故里		淮阴区淮阴码头韩侯故里景区
27	淮安市樱花园		淮阴区承德路黄河桥北首
28	西顺河二十六烈士陵园		洪泽区西顺河镇陵园路
29	苏北小延安		涟水县成集镇小延安路1号
30	尧帝古城		金湖县人民南路288号
31	桃花坞公园	AA	清江浦西安路157号
32	楚秀园		清江浦区淮海南路85号
33	大胡庄战斗纪念园		淮安区苏嘴镇大胡庄
34	新安旅行团历史纪念馆		淮安区县西街二条营2号
35	勺湖园风景区		淮安区西门大街68号
36	蒋坝老街		洪泽区蒋坝镇

(资料来源:市文广旅游局)

旅游开发

【概况】 2022年,淮安市尧文化体验区、"南葵北菊"项目建成开放,西游记文化体验园、华强方特·东方欲晓、今世缘旅游景区成为淮安文旅新地标,中国漕运城等6个产业项目获批全国优选旅游项目。全市三级旅游集散体系初具雏形,实现公路交通内部网络重点景区全覆盖。白马湖向日葵的故事景区星空营地、金湖县高桥村黄庄、洪泽区水釜城非遗传承基地、淮安西游乐园系列文创、尧想国文化旅游区"少年尧帝"5个项目获评2022年"水韵江苏·网红打卡地"。3处景点入选省文旅厅"水韵江苏·这里夜最美"网红打卡地名单。里运河文化长廊清江浦景区、金湖尧想国"尧想星空 莲美金湖"户外露营活动和第二十二届中国·盱眙国际龙虾节3个项目分别上榜"2021—2022江苏文旅消费热力榜"文旅消费人气目的地、热门新场景和优秀案例。

【旅游线路开发】 2022年,淮安市创建精品旅游线路,提升城市文旅品牌美誉度。"探中国古典文化 悟西游精髓魅力"淮安西游之旅三日游、"养心铁山寺、仰星天泉湖、养生老子山"淮安秋冬休闲二日游入选江苏省20条冬季旅游精品线路,3条线路入选"水韵江苏·冬季游"20条主题线路。淮安古黄河生态民俗园、淮安薰衣草庄园入选江苏省20个春季赏花胜地;淮安三河闸水利风景区入选"江淮明珠 南水北上"精品线路。

【旅游商品开发】 2022年,淮安西游美食主题便签本套装、迷你西游保温杯两个旅游文创商品入选第二届江苏旅游文创商品大赛铜奖。河下老街布点文楼汤包、淮安茶馓(6家)、钦工肉圆、李记纸扎、山阳棋社、徐应成铬铁画等30多个非遗项目,引导非遗传承人建立集生产、展示、销售于一体的非遗文创工作室。联合市旅游协会制定《淮安早茶名店评定标准(试行)》,完成首批"淮安早茶名店"评定与授牌。共青团淮安市委创作推出系列文创产品。包括城市书签、折扇、帆布包、T恤、行李牌等,以淮安著名文旅景区——周恩来纪念馆、淮阴侯韩信故居，城市标志性建筑物——南船北马、大运河网红桥，地方特色美食——淮扬菜文楼汤包等淮安城市传统文化符号为创意题材设计推出，进行城市文化符号展示，打造地域特色突出的精品文创产品。

【重要文旅项目】 参见《文化·文化产业》

【周恩来纪念地旅游开发】 2022年，周恩来纪念馆开展国家一级博物馆创建，完成纪念馆馆藏系统建设、文物库房提升、监控室升级改造和“情归大地”专题展提升改造等项目。开展“心向党、颂总理、爱莲说”主题社会实践和第八届周恩来班精英学子修学团活动。第一部校园励志话剧《为中华之崛起而读书》展演2场，“海棠情志愿者艺术团”演出3场。征集文物藏品6套12件、书画作品7幅、纪念品9件，启动修复国家一级文物14件，完成修复木器文物15件。举行周恩来纪念馆对外开放30周年图片展、“周恩来和老一辈革命家与中国共产党创建”研讨会等系列活动。举办“周恩来与中日友好”图片展，在北京、淮安和日本东京、京都、仙台等地举办巡展活动。举行“海外中共珍稀文献展”、周恩来纪念馆文物保护中心启用暨致公林授牌、纪录片《世纪足音——寻访周恩来纪念地》开机仪式，举办“你是这样的人”——淮安市“政德传承”廉洁文化广场演出。“周恩来家风图片展”全国巡展活动入选2022年度全国文博社教百强案例，邓颖超纪念园获评“全国三八红旗集体”。

【西游旅游开发】 2022年，淮安市西游旅游产业形成以西游乐园为核心，龙宫大白鲸世界、日月洲度假村等为配套的产业新高地。全年各运营板块累计接待游客112万人次，其中西游乐园接待游客71万人次。二次消费收入占比、人均二次消费增长率均破历史纪录。开展国际一流主题公园和国家AAAAA级旅游景区创建。龙宫大白鲸世界获评全国科普教育基地、全国海洋科普教育基地。西游乐园获评游乐界·金冠奖、第六届龙雀奖，并作为国内主题公园唯一代表入选中央广播电视总台《大国建造》第二季，列2022全国“十一”旅游百强榜第12位和现代娱乐类TOP20第9位，全省第一。完成西游文创商品设计236款，其中“西游美食主题便签本套装”“迷你西游保温杯”获“第二届江苏旅游文创商品”大赛铜奖。引入“七分甜”“瑞幸咖啡”“披萨王”等多个品牌入驻景区，满足游客多元休闲消费需求。在新媒体平台开展“中国人自己的主题公园”等话题营销活动，覆盖超3000万人次，阅读量超13亿次。东方卫视《极限挑战》西游乐园特辑收视率位居当日省级卫视黄金档节目第一。全年集团各运营景区累计在中央广播电视总台、《人民日报》、“学习强国”学习平台等国家及省级以上媒体平台宣传报道70次。

（李　琳）

【白马湖旅游开发】 2022年，白马湖旅游产业拥有白马湖生态旅游景区和向日葵的故事景区两个国家AAAA级旅游景区。白马湖生态旅游景区是淮安市“最受市民欢迎景区”，并被《中国国家旅游》评为“最佳生态旅游目的地”。年内，渔乐湾一期项目体验性运行，餐饮集市对外开放；白马湖大道建成通车，星空营地项目完成主体工程。12月12日，中国旅游协会休闲农业与乡村旅游分会公布2022年第一批全国休闲农业与乡村旅游星级企业（园区）名单，白马湖文旅公司（向日葵的故事景区）获评五星级企业（园区）。获批全省中小学劳动教育与综合实践优秀基地、江苏省科普教育基地等。

【淮安方特东方欲晓开园】 7月1日，江苏省首家大型红色文化高科技主题公园——淮安方特东方欲晓开园。该主题公园总投资30多亿元，既是一

7月1日，淮安方特东方欲晓主题乐园开园　　陈光晰　摄

座以红色文化体验为主题的主题公园，也是一座采用现代高科技手段打造的沉浸式互动体验型主题公园。园区包含五大历史主题街区，包括“飞翔”“圆明园”“致远致远”“铁道游击”等8个独具特色的大型高科技主题项目，30多项室外游乐项目，以及数百项特色休闲景观和特色餐饮、商店。至年末，累计接待游客超54万人次，旅游收入超1.35亿元。

【盱眙县入选全国县域旅游综合实力百强榜】 2022年6月，新华网发布《全国县域旅游研究报告2022》，盱眙县列全国县域旅游综合实力百强县第44名。盱眙县整合全县自然、人文、产业等文旅资源，打造高品质旅游核心吸引物。推进龙虾旅游产品开发，设计龙虾之都精品旅游线路，向游客展示龙虾从养殖到烹饪全过程并参与体验。依托铁山寺·天泉湖旅游度假区，打造“亚洲最美星空”新名片。通过“旅游+节庆”，构建“龙虾香、生态美、文化兴”旅游发展新局面。开发体验型文旅产品，增强景区核心吸引力，构建天泉湖旅游度假区、大运河文化带盱眙段“一南一北”两大核心区域，推动各景区连点成线、织线为面。推进“老北头”片区建设，明祖陵景区完成整体改造升级，泗州城遗址得到进一步保护和提升，大云山汉王陵博物馆基本建成，黄花塘新四军军部纪念馆展陈和外部环境提升工程项目完工。建成全域旅游集散中心，在景区游客中心、车站、旅游街区开设旅游购物专区，新建智慧旅游平台，实现全县景区景点线上购票、在线预约等功能。

【涟水县创成省级全域旅游示范区】 2022年6月，江苏省文化和旅游厅公布第五批省级全域旅游示范区名单，涟水县入选。涟水县推动全域旅游，健全全域旅游保障体系，编制《涟水县全域旅游发展总体规划》《古淮河生态旅游风光带专项规划》等规划，将全域旅游纳入多规合一发展中。形成“五横六纵三射”路网框架，干线公路与景区道路实现互联互通，开通多条旅游直通车和旅游专线，建成全域旅游集散中心、全域旅游服务中心。提升今世缘旅游景区、五岛湖旅游区软硬件品质，建成苏北小延安军旅小镇景区；开放文化馆、图书馆、博物馆等文化场馆；创成扁担、朱桥、夏楼等9个省市特色田园乡村和2个特色景观旅游名村。

（严　格　李万芬）

旅游业态

【红色旅游】 淮安市有周恩来纪念馆、周恩来故居、周恩来童年读书处以及黄花塘新四军军部旧址纪念馆、新四军刘老庄连纪念园、苏皖边区政府旧址纪念馆、大胡庄战斗纪念园、新安旅行团纪念馆等著名红色旅游景区。其中，周恩来纪念馆和故居、新安旅行团历史纪念馆、刘老庄连纪念园、黄花塘新四军军部纪念馆是全国红色旅游经典景区，周恩来纪念馆和故居、新安旅行团历史纪念馆是全国爱国主义教育示范基地。淮安区红色旅游融合发展被纳入市“十四五”规划，并作为《淮安市“十四五”文旅产业发展规划》《淮安全域旅游规划》核心内容。2022年，淮安大运河百里画廊红色旅游融合发展带入选全国红色旅游融合发展试点单位，全国共10家。淮安区“红色传承 使命担当”融合发展示范项目入选第一批江苏省红色旅游融合发展示范项目。“大鸾翔宇 时代追梦”“淮水安澜 稻香两岸”两条线路入选省文旅厅“喜迎二十大 见证新江苏”红色精品线路。淮安方特东方欲晓开园，成为江苏首家以红色文化为主题的大型高科技主题公园。周恩来纪念馆入选全国首批“大思政课”实践教学基地，纪念馆《革命伴侣挚爱情深》入选2022长三角红色旅游故事优秀案例。

【乡村旅游】 2022年，淮安市实现乡村休闲旅游农业综合收入34.8亿元。有国家级乡村旅游重点村2家，即洪泽区老子山镇龟山村、金湖县前锋镇白马湖村；有省级乡村旅游重点村10家，分别是盱眙县黄花塘镇盱眙茶场村一队四组、盱城街道新华村、天泉湖镇陡山村、天泉湖镇天泉湖社区，洪泽区蒋坝镇头河村，金湖县吕梁镇孙集村、塔集镇高桥村，塔集镇横桥村、塔集镇金桥村，淮阴区刘老庄镇刘老庄村；有市级乡村旅游重点村12家。每个省挂钩乡村旅游重点村辅导员配备1名市级助理、1名县区助理，推动所在村文旅项目建设，协助开展专题调研、辅导培训等。金湖县前锋镇白马湖村入选创业就业类（创业创新 产业富民）全国乡村旅游扶贫示范案例。盱眙县天泉湖镇陡山村入选文化传承类（传承红色精神 发展旅游经济）全国乡村旅游扶贫示范案例。盱眙县黄花塘镇盱眙茶场一队、金湖县吕良镇孙集村湖畔旺屯获评省级乡村旅游重点村。

年内，全市各特色田园乡村完善基础设施，优化旅游线路，打造乡村商务旅游。盱眙县天泉湖镇陡山村有农家乐15家、民宿8家，周边有五星级酒店——金陵山庄，最多可接待3000人就餐、1500人住宿；洪泽区蒋坝镇头河村依托天鹅湾酒店，可同时举办2场大型商务活动、容纳200人就餐、200人住宿；淮阴区高家堰镇高堰村修缮村庄原有会议室，与牛牛乐园大灶台、星空民宿合作，可提供100人会议、800人就餐、300人住宿服务；淮安区张兴村开发森林氧吧，游客们可以在林中漫步、赏小桥流水，游船垂钓、观赏梅花、体验蔬果采摘、与小动物亲密接触互动；清江浦区和平镇后左庄围绕喜春农场、插花园艺科普基地编制旅游线路，提供休闲采摘、互动娱乐旅游项目；涟水县红窑镇夏楼村建有金鸡坨景区，游客可依次打卡农耕文化体验馆、民俗馆、书院、书画院、爱国主义教育基地、磨盘广场、儿童动物园、垂钓中心，夜晚观看国家级非遗文化“打铁花”表演。

【体育旅游】 2022年，淮安市持续打造金湖水上森林公园等体育旅游品牌。以友好城市交流赛、主题嘉年华等方式，延伸掼蛋体育文化产业链，打造铁人三项等系列赛事，促进体育产业与文化、旅游融合发展，逐步形成具有地域特色的体育旅游品牌。北京冬奥会期间，淮安市古运河滑雪场在中央电视台“一起向未来”专题报道中亮相，带动滑雪场实现直接经济效益100万元以上。全市上报蒋坝镇荧光小道至湿地花田体育旅游精品线路、天泉湖最美线路、龙宫大白鲸世界景区嬉水世界等江苏省时尚体育旅游好去处16处，带动体育消费2000万元以上。推动“体育+旅游”深度融合，在大型赛事活动中开辟专题展示区，免费帮助企业搭建展示平台，通过各级各类媒体推介淮安优质体育旅游项目。

【康养旅游】 2022年，淮安市通过政府购买服务，支持第三方机构运营社区养老服务设施，引进一批康养项目，构建“医养游”融合发展体系。洪泽区老子山镇挖掘老子文化、休闲文化和养生文化，探索高质量打造康养特色旅游小镇的差别化发展之路。盱眙朱雀康养生态谷项目签约，总投资约50亿元。项目集现代多功能健康医养中心，中草药研发、生产、教育基地，高端康养配套居住社区于一体，可为1万名老人提供中医康养服务。年内，淮安市实施“工惠康养·文旅惠民”工程，评定13家单位为首批市级疗休养基地，分别为白马湖旅游度假区、日月洲度假村、淮安宾馆、淮安国家农业科技园区、天鹅湾酒店、淮上明珠温泉度假村、洪泽湖度假村、江苏国缘宾馆、天泉湖金陵饭店、铁山寺国家森林公园、金湖水上森林公园、金湖荷花荡、金湖藕遇民宿。

【工业旅游】 2022年，淮安市有省级工业旅游区4家，分别是今世缘工业旅游区、福标蜂蜜工业旅游区、金湖金卫护理用品工业旅游区、江苏新金菱体育产业集团有限公司工业旅游区。其中，江苏新金菱体育产业集团有限公司首次获批省级工业旅游区。江苏新金菱体育产业集团是一家拥有完整蹦床产业链的企业，有20多家上下游企业，是江苏省体育用品十佳龙头企业、全国大众蹦床生产示范基地、国家体育产业示范单位。在新金菱工业旅游区，游客可以了解蹦床生产工艺，体验蹦床运动。

【研学旅游】 2022年6月，淮安市文广旅游局、市教育局共同成立市研学旅行基地联盟，试行市级基地建设评定标准，命名16家市级基地，分别为淮安市文化馆、淮安市图书馆、江苏食品药品职业技术学院（食品药品科技馆）、西游乐园、龙文国际赛车场、清晏园、淮阴区人民检察院（淮安市中小学生法治教育研学实践基地）、张纯如纪念馆、淮安市樱花园、洪泽岔河老街东滩红色文化研学基地、淮安方特东方欲晓、涟水县苏北小延安研学旅行基地、盱眙县第一山景区、盱眙县龙诚田园研学旅行基地、江苏怡亨酒庄研学旅行基地、白马湖国家湿地公园。年内，淮阴工学院设计艺术学院研学旅行基地等7家单位入选培育单位。12家基地作为代表签订研学旅行基地联盟合作协议，面向全市中学校首次发布5条研学旅行推荐线路和50门研学旅行精品课程，推动研学游市场规范化、精细化发展。淮安市少儿图书馆联合白马湖旅游度假区打造清心研学品牌，南京艺术学院中外学子走进淮安开展研学交流活动。

【美食旅游】 2022年，淮安市推出大运河百里画廊新版全域旅游手绘地图，融合“吃住行游购娱”旅游六要素，标注“御码头”“万达金街”等文旅美食地标、特色美食旅游路线，根据时令推出“春漾淮安，花美螺鲜”“夏润淮安，虾嬉荷田”“秋沁淮安，蟹逅佳宴”等主题活动。各县区举办盱眙龙虾节、洪泽湖大闸蟹节、蒋坝螺蛳节等节庆活动，推进洪泽湖美食城改造提升工程，建设特色网红美食集聚区，推进地方特色美食开发，打造餐饮文旅融合提升新热点。

【淮安大运河夜景游航线入选全国水路旅游客运精品航线试点】 2022年10月，淮安大运河夜景游航线清江浦段入选交通运输部国内水路旅游客运精品航线试点单位。淮安大运河夜景游航线市区游（夜景游）从闸口游船码头出发，途经中洲岛、清江浦楼、越秀桥、清江大闸、石码头桥、大运河文化广场、常盈桥、水门桥、长征桥，然后原路返回闸口游船码头。根据试点内容，该航线进一步提升旅游客运船舶和设施品质，创新推出水路旅游服务产品，开辟大运河水上研学，聚焦打

2022年，淮安大运河夜景游航线入选全国水路旅游客运精品航线试点。图为大运河夜景游航线途经处——清江浦楼　　范玉清　摄

造大运河水上党课、大运河线路水上廉政课堂、大运河历史文化园等实境课堂，多角度展示运河的悠久历史、红色文化、内涵魅力、时代价值、传承保护等。

【淮安区入选全国红色旅游融合发展试点单位】 12月23日，文化和旅游部公布全国10个红色旅游融合发展试点单位名单，淮安区以大运河百里画廊红色旅游融合发展带试点主题入选，是全省唯一上榜单位。淮安区推进革命老区、红色景区融合发展，出台全国首部纪念地保护条例《周恩来纪念地保护条例》，编制江苏省首个省级红色旅游标准《红色旅游景区（点）服务规范（DB32/T 2873–2016）》，获批国家服务业标准化试点并以“优秀”等次通过验收。抓住大运河文化带建设战略机遇，推进红色旅游资源保护开发和活化利用，促进红色旅游产业融合发展。

【淮安区上榜“长三角高铁旅游小城”】 2022年，江苏省文化和旅游厅牵头，联合上海、浙江、安徽两省一市文旅部门，依托高铁网络和站点，开展“第二批长三角高铁旅游小城”遴选活动。12月21日，经过一市三省文旅厅（局）推荐，结合网友投票结果和专家评审意见，“第二批长三角高铁旅游小城”评选结果在“水韵江苏·有你会更美”文旅消费推广第三季线上线下推介活动上发布，淮安区入选长三角高铁旅游小城，江苏省仅9家入选。

（严　格　李万芬）

旅游推介

【概况】 2022年，淮安市构建旅游品牌宣传媒体矩阵，打造淮安旅游品牌IP，通过全媒体宣传投放，提升淮安旅游品牌知名度和影响力。根据主要客源城市不同市场定位、不同客户群体，多渠道、多方位、多角度营销淮安文旅产品。金湖县前锋镇白马湖村被国家文旅部作为2022年“中国旅游文化周”乡村振兴板块向全球推广。

【媒体宣传】 2022年，淮安市在中央广播电视总台、江苏电视台、江苏交通广播、浙江交通广播、上海交通广播等媒体投放淮安文旅音视频宣传广告。与中央电视台财经频道《回家吃饭》栏目合作，拍摄4期淮安特色美食节目，分别于8月15、16日和8月29、30日播出。与上海东方卫视《极限挑战》栏目组合作，拍摄淮安专场节目。在北京首都机场、高铁南京南站以及北京、上海、杭州、南京等城市主要商业街区、高档小区电梯内设置框架广告；在南京地铁、杭州地铁等户内外广告载体投放淮安文旅宣传广告；分别在铁路“12306”App、人民网、澎湃新闻网、新华社客户端、交汇点、腾讯网等主流媒体网站，同程、携程、马蜂窝等旅游OTA平台以及抖音、小红书、微信、微博等新媒体平台发送淮安旅游短视频及软文广告。

【旅游营销活动】 2022年，淮安市举办“全媒助力 文旅惠民”跟着全媒游淮安文旅惠民月活动，推动“淮安人游淮安”，实现淮安文旅消费内外双循环。举办“中国旅游日”淮安市分会场活动，发布淮安露营旅游产品以及2022年“中国旅游日”淮安惠民措施，吸引更多民众加入文化旅游。发布暑期精品文旅活动，并在新华社客户端、人民网、中国旅游网、今日头条等媒体进行宣传推广。承办“水韵江苏·这里夜最美”璀璨夏夜主题活动，组织市内重点文旅企事业单位参加中国（昆明）国际旅游交易会、第四届大运河文化旅游博览会和澳门第十届旅游产业博览会等活动，提升淮安伟人故里、运河之都、美食之都、文化名城四张名片关注度。

【“水韵江苏·这里夜最美”璀璨夏夜主题活动在淮安启动】 8月3日，由江苏省文化和旅游厅、淮安市人民政府主办的“水韵江苏·这里夜最美”璀璨夏夜主题活动启动仪式在淮安市清江浦景区中洲岛举行。该活动是“水韵江苏·有你会更美”文旅消费推广第三季系列主题活动之一。启动会现场发布“水韵江苏·银联助企惠民”活动。由江苏省文化和旅游厅、省广电总台共同主办的2022“水韵江苏·网红打卡地”评选结果正式揭晓。公布“网红美丽乡村”“网红度假空间”“网红非遗体验”“网红文创产品”“网红旅游演艺”各10个。活动现场为6个第二批国家级夜间文化和旅游消费集聚区、12个第二批省级夜间文化和旅游消费集聚区以及15个省级文化和旅游消费示范单位举行授牌仪式。

8月3日，“水韵江苏·这里夜最美”璀璨夏夜主题活动在淮安举办

市文广旅游局　供

【《极限挑战》节目在淮安录制】 2022年8月，东方卫视热播综艺节目《极限挑战》第八季第八期在淮安西游乐园和盱眙县录制。该节目于9月4日21点在东方卫视播出，收视率在当日省级卫视黄金档节目中排名第一，相关话题全网点击量5亿人次。

【淮安文旅产品参展2022中国国际旅游交易会】 7月22—24日，西游乐园、铁山寺国家森林公园、天泉湖旅游度假区、金湖荷花荡、金湖尧想国文化旅游区等文旅单位赴云南省昆明市，参加2022中国国际旅游交易会，全方位展示淮安文旅品牌形象。展示、展销淮安文旅产品100余种、3000余份，涵盖各种饮品、布偶、文具、寝具等，发放宣传资料1万余份，销售文旅商品2000余件。

（严　格　李万芬）

旅游管理

【概况】 2022年，淮安市有星级旅游饭店21家、旅行社126家、持电子导游证导游1758人。初步形成全市A级旅游景区接待人次日报、景区收入节假日报送工作机制。全市范围内推行《淮安市文广旅游领域涉企行政处罚事项“三张清单”》，坚持柔性执法，树立首违不罚、轻违轻罚、重违重罚执法导向。

【助企纾困】 2022年，淮安市提早启动市级旅游专项引导资金项目申报工作，对全市38个项目给予近700万元扶持资金。出台《关于开展商标质押助力商贸、文旅等重点行业纾困“知惠行”专项活动的通知》，转发《关于金融支持文化和旅游行业恢复发展的通知》，为行业小微企业纾困。市文广旅游局与市财政局、中国银行淮安分行签订三方合作协议，向全市文旅企业推出优惠金融产品，向88家文旅企业发放低息惠企贷款3.5亿元。召开金融惠企政策文旅专场发布会，推动银企精准对接，为企业提供低门槛、低成本信贷支持。与中信银行、淮安农商行建立战略合作关系，淮安地区农商行为439家单位和个人发放乡旅E贷9.65亿元。

【旅游市场监管】 2022年，淮安市加大旅游市场管理力度，统筹做好疫情防控和旅游安全管理。成立全省首个全域旅游工作委员会，推行旅游警察、旅游巡回法庭、旅游市场监管分局、旅游综合诉调中心等“1+3+N”旅游综合诉调机制和假日协调机制。探索景区开放指导工作，以方特开园为契机，开展景区运营前综合指导，在客流高峰期对园区及周边治安交通、疫情防控、突发事件处置、应急调度、游乐设施、食品安全、消防安全、限流管控、生态环保、建筑防雷、安全预警等工作进行现场评估，系统梳理提升行业综合管理水平。突出行业自律发展基础，调整并规范旅游协会景区分会，通过行业自律规范推动景区健康发展。通过行业品牌创建，提升文旅企业管理水平和服务质量。全市文广旅游部门联合文化行政执法部门出动408人次，检查全市包括星级酒店、旅游景区在内的文旅场所369家次。

【旅游安全管理】 2022年，淮安市旅游行业开展安全生产月系列活动、安全生产百日攻坚行动、燃气使用安全排查整治行动等。开展“百团进百万企业千万员工”安全生产专题图片宣展活动。在文旅企业同时同步开展“万企作宣誓，全员筑安全”活动；开展全市A级景区室内场馆消防安全大检查行动。开展“全市文物建筑消防安全专项检查行动”“全市A级旅游景区非标游乐设施安全专项整治和私设景点排查行动”“全市A级景区室内（突出冰雪活动）场馆消防安全专项大检查行动”“全市剧本娱乐场所排查摸底行动”。在法定假日、全国“两会”、中共二十大召开前后及会期中，组织10个督导检查小组，采取市、县联动方式，出动109个检查组，939人次，分别对7个县（区）、3个园区内的文旅企事业单位、场所进行安全生产督导检查，共检查711家次，排查整治321个问题隐患，其中320个问题整改到位，整改率99.69%。

【旅行社管理】 2022年，淮安市有旅行社126家，其中四星级旅行社2家、出境社5家。加强旅行社管理，每个季度对旅行社开展“双随机”检查，分别检查旅行社28家、40家、25家、20家，并及时公布检查结果。出台《市政府办关于支持旅行社参与政府采购服务业务的通知》，推动旅行社参与党建、公务活动政府采购。该文件获省文旅厅肯定并全文转发，全市旅行社参与政府采购业务量明显提高，部分达到总业务量的20%左右。开展参与政府采购服务示范旅行社遴选，培育和提高旅行社参与政府采购服务承接能力和接待质量。组织旅行社将旅游服务质量保证金暂退比例由80%提高至100%，累计争取200万元省、市帮扶纾困资金。出台实施“淮安人游淮安”促进文旅消费十条扶持措施，及时拨付旅行社游客招徕奖励资金。开展旅行社行业专题调研，调研信息获省领导批示。

【导游管理】 2022年，淮安市有持证导游1758人。在金湖县举办导游员、讲解员培训班，41家景区、旅行社等涉旅企业超350人次参加培训。培养从业者法律意识和政治意识，从景区导游、文博场馆讲解员中挖掘有法治信仰且热心公益工作人员作为法律明白人，以“懂法律常识、知法律途径、解法律问题”为要求，在为游客讲解时适时加入普法内容，用法治思维和法治方式服务群众。完成年度全国导游资格考试。周恩来纪念地管理局开展讲解员“百日练兵”，举办红色故事大赛暨“十佳”讲解员评选。周恩来纪念馆讲解接待科获评“一星级全国青年文明号”，1名讲解员入选全国红色旅游“五好讲解员”培养项目，全省仅3人入选。4名讲解员入选省第二批红色旅游“五好讲解员”。

【旅游饭店管理】 2022年，淮安市完成限额以上住宿业营业额408.66亿元，增幅1.7%。至年末，全市有星级饭店20家，其中五星级1家、四星级6家、三星级11家、二星级2家。推进旅游星级饭店、星级旅行社创建，组织旅游星级饭店开展文明城市建设实地考察测评标准宣贯和观摩活动。学习落实最新版《宾馆饭店文明城市建设标准》，要求各旅游星级饭店负责人、员工熟记标准、执行标准。市文广旅游局联合市旅游协会制定《淮安早茶名店评定标准（试行）》，完成首批“淮安早茶名店”评定与授牌。推进旅游星级饭店创建工作，盱眙天泉湖金陵山庄获评“江苏省精品休闲度假饭店”，盱眙水韵长淮酒店和洪泽湖国际大酒店获评省文旅厅“金树叶级绿色旅游饭店”。洪泽云沧海民宿入选全国“甲级旅游民宿”，成为江苏第三家、苏北地区第一家国家级旅游民宿。遴选推荐江苏省首批金鼎级文化主题饭店2家，分别是洪泽老子山温泉山庄有限公司、江苏怡亨酒庄有限公司；推荐江苏精品休闲度假饭店2家，分别是盱眙天泉湖金陵饭店物业服务有限公司、江苏洪泽湖旅游发展有限公司天鹅湾酒店。

【市旅游投诉纠纷仲裁中心成立】 9月30日，由市文广旅游局、市仲裁委员会联合组建的淮安市旅游投诉纠纷仲裁中心正式揭牌成立，成为苏北首个、全省第二个成立的旅游投诉纠纷仲裁中心。该中心依据《淮安仲裁委员会旅游投诉纠纷仲裁规则》等要求，具体负责旅游投诉纠纷仲裁案件的确认、调解、审理和裁决，为案件当事人提供集成式、“一站式”仲裁服务。实施“行政调解—仲裁调解—仲裁裁决”三级程序模式，能够达成一致意见的及时出具行政调解书，无法达成行政调解的启动仲裁调解处理程序，仲裁调解失败案件启动仲裁裁决处理程序，由旅游投诉纠纷仲裁中心依法依规进行终极裁决。该模式最大化缩短涉旅投诉处理时限，达到简易案件当天出具调解书或一周内结案，一般案件两周内结案，复杂案件一个月内结案。当事人还能通过市仲裁委“在线网络仲裁平台”办理旅游投诉仲裁申请、受理、调解、裁决等，便利化处理旅游投诉案件。

（严　格　李万芬）

旅游公共服务

【旅游基础设施建设】 至2022年，淮安市全域旅游集散中心和县区级全域旅游集散中心建成，开通全域旅游直通车线路6条、旅游公交专线8条。建成旅游景区干线公路近200千米、旅游景区连接公路超过100千米，实现公路交通内部网络全市重点景区全覆盖。旅游厕所、公共停车场等数量充足、分布合理。完成120余块城区旅游交通标识牌设置，突出淮安方特东方欲晓与西游乐园宣传引导与氛围营造。金湖县牵头编制的《全域旅游示范区导览体系建设规范》省级地方标准正式发布实施。连续两年获评“全国厕所革命先进市”。

【文旅惠民】 2022年，淮安市做好文旅消费惠民工作，累计发放文旅消费券60余万张，价值近1.2亿元，发放文旅惠民卡5.6万余张。春节期间组织“新春游淮安行动”，统筹市内各大景区、酒店、影院等文旅资源，免费发放20万张价值1600余万元的景区门票及20万张满减消费券。“五一”、“5·19”中国旅游日及端午假日期间，市文广旅游局联合全市文旅场所推出70余项旅惠民活动和措施；发放价值2000余万元免费票券，发行4万余张景区门票、15万张涵盖市域16家收费景区的文旅消费券；推出景区门票、住宿餐饮、影院书店优惠活动及美食体验券。启动淮安市“五月缤纷 乐享淮安”文旅惠民月、“缤纷文旅 惠动全城”文旅消费月、“全媒助力 文旅惠民”等多场活动。

【智慧文旅】 2022年，淮安市景区景点实现5G信号全覆盖，建成智慧旅游服务平台，集旅游攻略、讲解、全景等功能于一体，多个项目获评省智慧旅游项目。完善全域旅游智慧旅游平台数据，开展重点节庆活动旅游客情大数据分析。完成淮安市智慧文旅平台功能升级项目采购。

（严　格　李万芬）

房地产业

责任编辑：周永达

土地市场

【土地供应计划编制】 2022年，按照稳地价、稳房价、稳预期要求，淮安市自然资源和规划部门同市发展改革、住房和城乡建设、财政等部门做好国有建设用地供应计划编制工作，经市区土地经营管理委员会第三十五次会议审议通过，于3月7日获得市政府批复，并按要求对外公布。市区（不含洪泽区）全年计划供应各类国有建设用地1084公顷，其中住宅用地293.33公顷、商服用地80.67公顷、工矿仓储用地470.67公顷。

【土地出让】 2022年，淮安市供应各类建设用地191宗，面积1001.45万平方米，土地出让金348.25亿元。其中，挂牌出让经营性用地69宗，面积360.81万平方米，土地出让金333.69亿元；工业用地84宗，面积568.23万平方米，土地出让金14.47亿元；协议出让2宗，面积2.19万平方米，土地出让金900万元；划拨36宗，面积70.23万平方米。全年主城区招标、拍卖、挂牌土地12次，摘牌经营性用地71宗，摘牌土地总面积约370万平方米，总成交价超336亿元。其中，涉宅（含有居住用地）地块53宗，总面积约290万平方米，成交总金额283.125亿元。在涉宅的53宗地块中，有商品房宅地34宗，成交总建筑面积438.89万平方米，平均成交楼板价5595元/平方米。

【土地征收】 2022年，淮安市依法依规做好土地征收审查报批工作，省委托市审批批复项目、实施方案134个批次，征收集体土地1391.98公顷，其中农用地1177公顷（耕地876.82公顷）、建设用地208.36公顷、未利用地6.61公顷，落实征地补偿费用5.66亿元，安置农业人口13084人，其中劳动力8305人，预存社会保障费用12.4亿元。报省审批批复61个批次（项目、实施方案），征收集体土地460.27公顷，其中农用地319.37公顷（耕地242.07公顷）、建设用地137.66公顷、未利用地3.24公顷，落实征地补偿费用2.5亿元，共安置农业人口4287人，其中劳动力2860人，预存社会保障费用4.38亿元。印发《关于进一步规范土地征收征前程序形式审查报件材料的函》《淮安市承接省政府委托土地征收成片开发方案审批权实施方案》，获批土地征收成片开发方案16个，计91个片区、8386.67公顷，拟征收集体土地3420公顷。其中省委托市审批成片开发方案11个，计45个片区、4713.33公顷，拟征收集体土地2413.33公顷。其中报省审批成片开发方案5个，计46个片区、3680公顷，拟征收土地面积1006.67公顷。

房地产开发

【概况】 2022年，淮安市完成房地产开发投资360.4亿元，占固定资产投资比重的21.5%。全市新开工房屋建筑面积615万平方米，累计办理竣工验收面积797万平方米。

【房地产开发企业】 2022年，淮安市有房地产开发企业396家。其中，拥有一级开发资质的企业1家，拥有二级（含暂定二级）开发资质的企业392家，拥有三级开发资质的企业3家。碧桂园、保利、融创、中海、华润、世茂、绿地、新城控股、金地、旭辉等房地产五十强企业在淮安市均有房地产开发项目。

【房地产开发项目】 2022年，淮安市有房地产开发项目167个，其中淮安经济技术开发区16个、清江浦区39个、淮安区11个、淮阴区18个、洪泽区13个、淮安生态文旅区7个、淮安工业园区1个、涟水县27个、盱眙县26个、金湖县9个。市区（清江浦区、淮安区、淮阴区、淮安经济技术开发区、淮安生态文旅区）新开工房地产开发项目面积341.5万平方米，比上年下降70.3%；竣工面积621万平方米，比上年增长5.61%。

表36 2022年淮安市本级房地产开发项目及开发企业一览表

序号	项目名称	开发企业
1	淮安市金融中心中央商务区东地块	淮安市金融中心投资建设有限公司
2	红星国际广场5号商业	江苏联合中邦置业发展有限公司

续表36

序号	项目名称	开发企业
3	烨宸广场	淮安烨宸置业有限公司
4	英伦玫瑰园	淮安市天瑞房地产开发有限公司
5	宁淮阅苑	江苏宁淮现代服务业投资发展有限公司
6	花漾商业城二期	淮安华信投资发展有限公司
7	珑耀苑	宝景房地产发展（淮安）有限公司
8	星雨华府	淮安雨润置业有限公司
9	友创力天尚城二期	淮安力天房地产有限公司
10	悦荣府	瑞鑫集团置业（淮安）有限公司
11	金禧园	淮安天禧房地产开发有限公司
12	淮上江南花园	淮安优运置业有限公司
13	阳光湖畔花苑	淮安市淮碧房地产开发有限公司
14	金吉·华冠苑	淮安金吉置业有限公司
15	潮都望庄（南苑）	淮安绿鸿置业有限公司
16	爱情新街3号地块	淮安宝龙建设发展有限公司
17	爱情新街4号地块	淮安宝龙建设发展有限公司
18	长阳大厦	淮安长松置业有限公司
19	法兰郡	淮安中誉房地产开发有限公司
20	水沐未来印象花园	淮安市宁悦置业有限公司
21	紫光园	淮安市浦悦置业有限公司
22	堂悦花园	保利淮安房地产发展有限公司
23	建华观园	淮安峰景置业有限公司
24	泓著大观花苑	淮安弘通房地产有限公司
25	融创广场	淮安国创房地产开发有限公司
26	水沐明悦府	江苏水利房地产开发有限公司
27	清江诚品花园	江苏三德置业有限公司
28	金樾府	淮安瑞悦房地产开发有限公司
29	南浦佳园	淮安市海鲁置业有限公司
30	清河印花园	淮安新城鸿瑞房地产开发有限公司
31	和府	淮安市联融置业发展有限公司
32	水沐云顶花园	淮安长硕房地产开发有限公司
33	时光印象花园	淮安保鸿置业有限公司
34	水沐未来印象花园（西苑）	淮安市宁悦置业有限公司
35	报业新城	雅乐居（淮安）置业有限公司
36	友创南门尚城	江苏威如房地产有限公司
37	润府	淮安润联悦房地产开发有限公司
38	海尚风华苑	淮安新美龙置业有限公司
39	格林云上雅苑	淮安威悦房地产开发有限公司
40	天玺湾雅苑	淮安兆丰房地产开发有限公司
41	东湖璀璨天成小区	淮安市新璀璨房地产有限公司
42	春晖·海棠苑	淮安富康房地产开发有限公司
43	融茂广场	淮安市融茂置业有限公司
44	新城睿园	江苏新睿控股有限公司

续表36

序号	项目名称	开发企业
45	云樾花苑	淮安泽恒房地产开发有限公司
46	上淮府	淮安市融祥置业有限公司
47	春和景明苑	淮安淮润地产有限公司
48	水沐钟秀府	江苏水利房地产开发有限公司
49	富煌华庭小区	淮安市富煌房地产开发有限公司

（资料来源：市住建局）

【房屋征收管理】 2022年，淮安市发布《关于印发〈淮安市规范房屋征收行为专项行动实施方案〉的通知》，开展全市房屋征收行政执法行为自查自纠，举办全市规范房屋征收行为培训班，规范征收行为。修编《淮安市区国有土地上房屋征收补偿补助标准》《淮安市区国有土地上房屋征收补偿估价技术细则》，完成征求社会公众意见、社会稳定风险评估公示等程序。完善房屋征收信息化系统并投入使用，发挥项目动态监管、房源统筹调配、群众服务透明、征收管理规范、数据信息共享五大功能，实现全市房屋征收信息共享共用。

（王灵敏　熊君健）

房地产销售

【商品房供应】 2022年，淮安市供应一手房6.56万套、643.92万平方米，同比分别下降21.93%、27.27%，其中一手住房4.38万套、511.59万平方米，同比分别下降32.74%、33.65%。至年末，全市批准预售尚未销售一手住房3.69万套、463.7万平方米，去化期20.51个月；市区批准预售尚未销售一手住房2.36万套、300.49万平方米，去化期19.4个月（上述库存情况不含安置房、公寓）。

【商品房销售】 2022年，淮安市一手房销售4.86万套、500.19万平方米，同比分别下降28.36%、30.29%，其中一手住房销售3.48万套、402.84万平方米，同比分别下降33.41%、35.21%。全市二手房销售3.1万套、362.96万平方米，同比分别下降19.64%、18.19%，其中二手住房销售2.79万套、281.25万平方米，同比分别下降18.67%、18.01%。

（王灵敏）

【主要房地产销售企业】 2022年，淮安市本级主要房地产销售企业有：保利发展控股集团股份有限公司、中海企业发展集团有限公司、碧桂园控股有限公司、金地（集团）股份有限公司、新城控股集团股份有限公司、弘阳地产集团有限公司、建发集团有限公司等控股的全国知名房地产企业，淮安市国有联合投资发展集团有限公司、淮安市淮投控股集团有限公司、淮安市交通控股集团有限公司、淮安新城投资开发有限公司等淮安市国有企业控股的当地房地产企业。年内，由知名房地产开发企业参股的房企累计销售商品住房37.65万平方米，金额50.25亿元。根据克而瑞网站数据，淮安水利地产、保利发展、金地商置分别以约33.83亿元、17.07亿元、15.77亿元列房企全口径销售金额榜前三名。保利发展、碧桂园、新城控股分别以17.07亿元、13.71亿元、12.62亿元列房企流量销售金额榜前三名。

【主要房地产销售项目】 2022年，淮安市本级由全国知名房地产开发企业控股子公司开发建设的房地产销售项目有和府、天玺湾雅苑、泓著大观、春和景明、润府、海尚风华、格林云上雅苑、清河印、金樾府等项目，由淮安市国有企业控股公司开发建设的项目有新城睿园、水沐未来城、水沐钟秀府等。根据克而瑞网站数据，保利国联和府、天玺湾雅苑、观天下项目分别以16.58亿元、7.61亿元、7.39亿元列销售金额前三名。

（王灵敏　克而瑞网）

【“美丽淮安·我的家”中国·淮安第29届房展会】 6月18—20日，“美丽淮安·我的家”中国·淮安第29届房展会在市大运河文化广场举办。该房展会由淮安市住房和城乡建设局主办，淮安市房地产协会、淮安报业传媒集团承办，展会坚持“部门主办、媒体

6月18日，中国·淮安第二十九届房展会在大运河文化广场举行，近30家房地产企业30多个项目楼盘参展　赵启瑞　摄/视觉江苏网　供

推动、企业唱戏、百姓受益”宗旨。水沐钟秀府、保利和府、金樾府、新城睿园、清河印花园、报业新城等26个房地产楼盘及多个装饰装修产业链企业参展，为市民提供看房、选房、买房“一站式”服务，为住宅项目搭建品牌推广、产品推介展销平台。

（王灵敏　熊君健）

房地产中介与租赁服务

【概况】 2022年，淮安市区办理备案登记涉房地产中介机构66家，市区有备案登记的涉房地产中介机构544家。年内，加强房地产中介市场监管，整顿和规范房地产市场秩序，保障房地产权利人的合法权益。

【二手房价格】 2022年，根据安居客网站数据，淮安市主城区全年二手房价均价为10121元/平方米。其中，1月房价10319元/平方米，比上月上升0.99%；12月房价9646元/平方米，比上月下降0.15%。12个月中，有4个月价格上升，8个月价格下降。

（安居客网）

【房屋租赁】 2022年，淮安市全面落实房屋租赁登记备案制度，规范房屋租赁经营行为和住房租赁企业经营行为，全年办理商品房屋租赁备案113套，办理公租房备案235套。开展群租房安全管理联合督查、群租房“清仓见底”行动，全市有符合省标准群租房100余户，主要集中在学校、工厂周边。对少数商品房业主擅自改变原房屋设计、违规群租住房等问题，发放整改通知书，责令限期整改。

【房地产中介机构管理】 2022年，淮安市开展房地产中介市场检查，加强房地产经纪机构备案管理，加强存量房交易网签备案及资金监管。完成存量房交易网签合同备案30015件，完成存量房资金监管7771件、监管资金48.35亿元。其中，市区完成存量房交易网签合同备案24018件，存量房资金监管5609件、监管资金34.79亿元。组织开展涉嫌非法集资风险集中排查，通过对在售房地产项目和中介门店集中排查以及接受群众投诉举报等方式，对可能存在的非法集资苗头信息线索早发现、早处置。组织开展房地产中介行业协会乱收费专项清理整治“回头看”，重点整治利用法定职责、行政机关委托授权事项或其他行政影响力违规收费，强制或变相强制入会并收取会费等行为。

（王灵敏　熊君健）

房地产市场管理

【概况】 2022年，淮安市坚持“房住不炒”定位，落实房地产市场长效管理机制，履行政府主体稳控责任。开展“好房名企”推广宣传活动，线上线下为企业与百姓搭建平台。推广和宣传淮安市宜居宜业宜学环境，吸引各类人才到淮安居定居，提振市场消费信心。整治规范房地产市场秩序，打击整治养老诈骗，防范房地产领域非法集资。全面摸清房地产项目底数、工程进展和资金运行情况，加强项目动态管理，优化预售资金监管，提高资金使用效率，用足用好专项借款。稳妥推进重点项目风险化解，做好“保交楼、稳民生”工作，防范化解房地产市场风险，维护房地产市场平稳健康发展。

【房地产政策调整】 2022年，淮安市出台支持当地及外地到淮家庭刚性和改善性住房系列政策。调整棚改征收政策，鼓励货币征收，减少安置房建设量，被征收户购买商品房时享受团购优惠价格；调整人才安居保障政策，大专以上学历及技师职称以上人才可享受不同数额购房补贴，没有自有住房或用人单位未安排住房的，可申请共有产权房，共有比例最低50%；优化住房公积金政策，阶段性提高租房提取公积金限额标准，提高公积金贷款额度，降低公积金贷款首付比例及利率，允许符合条件的住房公积金缴存人办理“商转公”；逐步调整放松优化限购政策，购买144平方米以上改善性住房无须提供购房资格证明，购买一手、二手住房无须提供购房资格证明；加大金融支持，鼓励金融机构适度降低商业贷款利率、灵活执行法人银行房地产集中度管理；优化土地交易政策，土地竞拍保证金调整至20%，允许土地出让金分期缴纳；优化资金监管服务，允许房地产开发单位使用符合条件的银行保函替换等额监管资金；实施购房补贴政策，清江浦区、淮安生态文旅区、淮安经济技术开发区、淮安区、淮阴区、涟水县6个县区根据辖区房地产市场情况陆续实施、调整购房补贴政策；试行房票安置政策。

【房地产市场监测分析】 2022年，淮安市做好房地产数据统计，每日向住建部、省住建厅报送网签数据；按月完成统计数据、税务数据、协税数据、编目数据等统计。按时完成房地产市场运行情况市政府旬报告、统计局月报告和省住建厅半月报告；通过电话问询、到售楼部和中介机构访谈、座谈会议等形式，常态化开展市场调研，关注调控政策落实情况，提出对策建议，维护房地产市场平稳健康发展。完善房地产市场监测分析系统，旬报、日报等重要报告数据自动生成，实时采集全市房地产市场供应、成交、库存、去化期等数据并进行可视化图表展示，掌握房地产市场运行情况。

【房屋交易全流程“不见面”服务】 2022年，淮安市住建部门房屋交易窗口累计办理各项业务7.99万件，通过“不见面”系统办理6.11万件，“不见面”服务比例76.51%。在市区100多家中介机构门店和18家商业银行，利用活体检测、电子签名等技术，在全省首推二手房交易合同网签备案“掌上办”服务。房屋交易当事人无论身处何地，只要通过手机即可完成二手房网签备案，实现二手房网签备案移动办、随时办，方便办事群众。

【“问题楼盘”处置化解】 2022年，淮安市开展“问题楼盘”处置化解工作“回头看”，对辖区内房地产开发项目过细排查，住建部门与供电、信访等部门信息进行比对，结合前期“问题楼盘”处置化解工作进度，补充完善新的“问题楼盘”项目表。召开全市“问题楼盘”处置工作推进会、全市城乡建设领域信访问题专项整治部署会，推进“问题楼盘”化解。至年末，全市166个“问题楼盘”化解161个，化解率97%。印发《关于加强房地产开发建设全过程监管的通知》，避免新增“问题楼盘”。

【不动产登记“一事一码”服务启用】 10月19日，淮安市利用“线上苏小登·淮安E通办”平台，在全市范围内启用统一的不动产登记“一事一码”服务，将不动产相关权利首次登记、变更登记、转移登记、注销登记等高频事项收件指南进行优化调整，并赋予每个业务类型不同的二维码。全市登记中心窗口在醒目位置设置“一事一码”服务指南展牌，办事群众只要扫一扫二维码，即可“码”上获知办理事项的适用场景、材料清单、办理时限、收费标准、咨询电话等信息，实现一扫即查、一点即看，并能随时保存方便查阅。依托不动产登记服务“同市同标”平台，申请人在全市任一不动产登记服务窗口按照“一事一码”提交材料，均可按照统一标准办理全市范围内的不动产登记事项，实现业务全市通办。

（王灵敏　熊君健）

物业管理

【概况】 2022年，淮安市有物业公司758家，有物业管理小区1098个。健全物业行业监管制度体系，加快出台与四级服务标准相适应的清单化政府指导价，推动业主大会和业主委员会指导规则、维修资金管理使用办法等规范性文件颁布实施；研究制定物业服务合同示范文本、物业管理信息公开办法，提升物业服务标准化水平；逐步调整完善物业管理招投标、信用管理、承接查验等制度。出台《关于加快推进市区住宅小区物业管理高质量发展的通知》及7项配套制度。制定2022年度各地各部门物业管理高质量发展任务清单，建立物业管理工作考评机制，开展住宅小区物业管理考评，现场抽查住宅小区并交办整改问题。

【维修资金管理】 2022年，淮安市主城区归集维修资金2.08亿元，完成使用拨付264个批次、1654.03万元，建立维修资金应急使用机制。开展资金银行存储询价16次，询价总金额17.45亿元，年利率最高上浮到3.55%；提升维修资金管理信息系统，实现网上交存、查询、表决，《淮安市住宅专项维修资金管理办法》上报市政府常务会审议。

【物管企业管理】 2022年，淮安市开展物管企业和物管项目服务质量考核评价，通过区级检查、市级抽查，按季度公布考核结果，排定“红黑榜”，实施信用奖惩，清理一批低质物管企业，倒逼物管企业向上向好。严格落实住宅小区物业管理工作考评制度，将物业管理工作与城市长效综合管理同点评、同推进。突出街道在物业管理工作中第一责任，明确县区政府、部门和街道工作职责。组织开展年度星级物管企业评定，以点带面推动物业管理水平整体提升。加强省、市示范物业管理项目培育和创建，创成省级示范项目7个、市级示范项目28个。

【“红色物业”创建】 2022年，淮安市开展“红色物业”创建工作，创成党建引领物业管理服务工作省级示范点11个，10个示范点通过省“红色物业惠万家”优秀案例初评，“三动合一”系统治理让百姓实现“安居梦”项目获得2021年度市创新创优优秀项目一等奖。8月23—24日，省人大常委会到淮安市开展《江苏省物业管理条例》贯彻实施执法检查，调研润园小区、威海小区、悠园新村等小区，充分肯定淮安市条例贯彻工作和“红色物业”创建工作。年内，市领导多次调研党建引领城乡基层治理及“红色物业”创建。

【11个项目被命名为第二批党建引领物业管理工作省级示范点】 2022年6月7日，省委组织部、省委非公有制企业和社会组织委员会、省住房和城乡建设厅党组、省住房和城乡建设行业委员会印发《关于命名第二批党建引领物业管理服务工作省级示范点的通知》，淮安市11个项目被命名为第二批党建引领物业管理工作省级示范点。11个示范点分别是新新家园、西城花园、五洲龙湾、新世纪·润园、红豆国际城、九华学府、花河佳苑、龙源国际南区、水木清华、名人世家、中移在线淮安园区。

（王灵敏　熊君健）

2022年，淮安市住建系统党员志愿者走进小区进行物业管理法规宣传

市住建局　供

交通枢纽建设

责任编辑：李　慧

综　述

【建设规划】 在中共中央、国务院印发的《国家综合立体交通网规划纲要》中，淮安市被列为京津冀至长三角主轴上的重要节点之一，与徐州市、连云港市作为组合枢纽被明确为全国性综合交通枢纽城市。2022年，省交通运输厅与淮安市政府签署《厅市共建交通运输现代化示范区合作框架协议》。《淮安港淮阴港区规划局部调整方案》获省政府批复。《淮安市交通运输现代化规划研究》《淮安市支线航道定级论证研究》形成中间成果，完成《淮安市干线公路网规划》《淮安市“十四五”普通公路发展规划》项目研究，《国家综合货运枢纽补链强链三年实施方案》基本完成编制。

【重点项目建设】 2022年，淮安市完成交通基础设施建设投资101.5亿元。宁淮铁路淮安段全线施工招标结束，推进淮安东站宁淮场及接建站房工程建设，建成京沪高速扩建工程主体。完成长深高速公路扩建工程前期工作，420省道洪泽段、344国道淮河大桥建成通车，环洪泽湖公路基本贯通。开工建设331省道金湖东段、344国道溜子河大桥和264省道淮安区段。开工建设淮安港三期、危化品码头工程，推进上河、黄码作业区、洪泽新港产业园码头项目施工。完成淮安涟水国际机场三期货站国际区改造，开工建设航站区。

【枢纽功能培育】 2022年，淮安市围绕打造“绿色高地 枢纽新城”、全面建设长三角北部现代化中心城市和交通运输现代化示范区建设战略，推进现代综合交通运输体系建设，打造全国性综合交通枢纽。开通淮安—连云港海铁联运班列，成立上港（淮安）国际集装箱码头有限公司，新增淮安至淮滨、大丰、建德以及涟水港区至连云港4条航线，加密淮安至上海、周口、凤阳、嘉兴等航线，开通淮安至成都季节性全货机包机航线。全市水路货运量、港口吞吐量、集装箱吞吐量增长较快，完成集装箱吞吐量47.3万标准箱、增长52%，约占全省内河集装箱总量的40%，持续稳居全省内河第一。

【多式联运】 2022年，《淮安市推进多式联运发展优化调整运输结构工作实施方案（2022—2025年）》印发，明确加快货运枢纽布局建设，按照专业型货运机场要求，加快淮安涟水国际机场三期工程建设，加强货物转运、保税监管、邮政快递、冷链物流等综合服务功能，加快开辟淮安直达国际国内的航空货运航线。围绕提升淮安铁路枢纽集聚辐射能力，打造高铁快运物流基地，提升公铁联运效能，探索开行淮安至省内节点城市的中欧（亚）班列的接续班列。至2022年末，全市稳定运行联运线路9条，数量居全省前列，完成公路、铁路、水路多式联运40.5万标准箱，增长66.1%。

【交通管理】 2022年，淮安市交通部门推进“放管服”改革，推广应用电子证照1.3万余张，办理“跨省通办”“省内通办”近4000件，货车异地年审1300余件，市内审批大件运输400余件，实施货运车辆营运许可等“一件事”改革15项。建成市级国省干线公路养护大中修工程“智慧工地”管控平台，农路“一网一平台”建管养运智能化信息化管理和服务平台投入运行；完成智慧路网“云控平台”二期工程配套建设，公路网运行监测密度居全省第一。完成船舶受电设施改造202艘，港口岸电标准化改造56套，船舶岸电应接率达99%以上。开展“苏水安澜”等专项整治行动，推进隐患排查治理，加大违法行为查处力度。出动海巡艇巡航4000余艘次，巡航8.6万余千米，出动执法人员2.4万余人次，检查船舶3.61万艘次，查处各类违章船舶1.12万艘次。

（林　琳）

铁　路

【概况】 2022年，淮安市铁路营运总里程为263.9千米，其中高铁里程163.4千米、普速铁路100.5千米。徐宿淮盐铁路正线全长约316千米，在淮安境内长约82千米，与连淮扬镇铁路并线段长约22千米；连淮扬镇铁路正线全长约305千米，在淮安境内长约81.4千米，在淮安设有涟水站。新长铁路在淮安境内长81千米，自北向南依次设有徐溜站（会让站）、袁北站（货站）、淮安站（客站）、淮安南站（货站）、淮城站（会让站）、仇桥站（会让站）；宿淮铁路淮安段长19.5千米，在淮安接入新长铁路袁北站，在淮安设有韩圩站（会让站）。全年完成铁路投资12.64亿元，宁淮铁路先开段主体完工，淮安段全线启动施工招标；淮安东站宁淮场接建站房工程施工有序推进。

【建设规划】 2022年，新长铁路扩能改造项目作为“十四五”时期拟实施的干线铁路被列入国家发展改革委批复的《长江三角洲地区多层次轨道交通规划》，前期工作正式启动。淮兴泰铁路被列入《江苏省“十四五”铁路发展暨中长期路网布局规划》远期规划研究项目，年内完成规划研究，被作为重点纳入规划项目上报国家铁路集团。沿淮铁路被列入《长江三角洲地区交通运输更高质量一体化发展规划》远期规划研究项目，淮安段规划研究提前开展，规划线路从宁淮铁路金湖站引出，经盱眙设站后引入合宿新高铁明光站。

【铁路客货运输】 2022年，淮安市境内有新长和宿淮两条干线普速铁路，从事客货运输业务。境内有徐宿淮盐和连淮扬镇2条高速铁路，均为客运专线，设计速度均为每小时250千米。全年淮安地区铁路开行客列3.61万列，较上年减少1.29万列，完成铁路客运678.77万人次，较上年减少31.6%。全年完成铁路货运量235.63万吨，较上年增长2.01%。

【宁淮城际铁路建设】 宁淮城际铁路跨越苏皖两省，线路自北向南由高铁淮安东站引出，跨过京杭大运河，经淮安市洪泽区及金湖县、安徽省天长市、南京市六合区，引入新建南京北站。全线设淮安东、洪泽、金湖、天长、六合、南京北6座车站，设计速度每小时350千米。江苏段长约156千米，是国家高速铁路网中的区域连接线、江苏省沿江城市群城际铁路骨干线、长三角城际轨道交通网的重要组成部分。淮安段境内正线长度约93.18千米，其中利用既有连淮扬镇铁路17.14千米、新建正线长度约76.05千米，初步设计概算投资约125.75亿元。位于淮安区境内的先开段长约2.85千米，于2019年9月20日开工建设，2022年5月完成项目主体施工。淮安东站宁淮场及接建站房工程委托上海铁路局承担工程建设，项目于2022年4月开工。

【淮新高铁】 淮安至新沂高速铁路自淮安引出向北经宿迁市沭阳县引入徐州新沂市，淮安段正线长约65千米，设计速度每小时350千米。线路从新沂向北经山东临沂、潍坊至天津、北京，向南经扬州、南通至上海，是京沪第二通道重要组成部分。淮新高铁与连镇、徐盐和宁淮三条高铁相连，北向与潍新铁路连通，可形成北上便捷新通道。2022年，淮新高铁作为“十四五”期间拟实施的干线铁路，被列入国家发展改革委批复的《长江三角洲地区多层次轨道交通规划》《江苏省“十四五”铁路发展暨中长期路网布局规划》，明确“十四五”期间开工建设。年内，完成项目预可行性研究修编，修编方案中线路从淮安东延伸到黄楼线路所，规划新建淮新—徐盐铁路联络线，可形成多向入沪通道。

（王　亮）

【高铁快运物流基地铁路专用线】 在国家铁路集团开展的《高铁快运发展规划及近期试点方案研究》中，淮安市成为区域性高铁快运物流基地布点城市。2021年，省政府出台《关于进一步加快推进铁路发展的意见》，明确提出支持淮安高铁快运物流基地先行先试。同年该项目取得国家立项，作为全国首条高铁快运物流基地专用线项目被列入2022—2023年铁路专用线重点项目，获国家五部委联合批复。项目总投资约6.58亿元，选址位于淮安区，用地规模为33.14公顷。至2022年末，淮安高铁快运物流基地铁路专用线项目完成用地预审、社会稳定风险评价备案，报省自然资源厅批复。

（王　亮）

公　路

【概况】 至2022年末，淮安市公路总里程为1.37万千米，较“十三五”时期末增长0.7%。其中，高速公路401.97千米，普通国省道895.4千米，农村公路1.24万千米，全社会公路网密度为每百平方千米136.69千米、每万人30.05千米。普通国省道中一级公路占比70.1%，较“十三五”时期末提升2.4个百分点。完成干线公路交通安全设施精细化提升工程和2780千米农村公路安防工程，实施全系统安全生产专项整治。在全省率先开展干线公路建设项目全过程安全性评价。完成264省道苏北灌溉总渠暨淮河入海水道特大桥连续梁0号块首件混凝土浇筑，完成特大桥上部结构施工。

【干线公路】 2022年，淮安市完成干线公路建设投资11.97亿元，为年度计划的107.9%。420省道洪泽段、344国道淮河大桥等4个项目建成通车，总计55.792千米；264省道淮安区段、331省道金湖东段和344国道溜子河大桥开工建设。331省道金湖县乌龙渡大桥建设工程获2021年度江苏省优质工程奖“扬子杯”，344国道淮河大桥及连接线改扩建工程获2021年度全省普通国省干线公路建设工程十佳项目第一名，348省道楚州车桥至洪泽县城段（范集及白马湖段）工程获2022年度全省普通国省干线公路建设工程十佳项目第二名，264省道淮安区段入选2022年度省级公路水运平安百年品质工程创建示范项目。所有新建项目实现智慧工地建设全覆盖。8个项目前期工作取得有效进展，其中264省道淮安区段、344国道淮河大桥及连接线改扩建工程2个项目用地得到批复。开展233国道和205国道等中心城区周边干线公路外绕方案研究。

【高速公路】 2022年，京沪高速淮安段主体工程基本建成，有序开展路面、桥涵施工，完成年度投资额22.8亿元，为年度计划的114%。京沪高速公路扩建工程淮安段全长69.6千米，分为沂淮段、淮江段2个项目，总投资额87.21亿元。该工程紧邻高铁的淮安东互通、淮安互通先行开工建设，分别于2019年4月、8月建成通车。长深高速淮连段完成前期工作和施工招标，房屋拆迁基本结束，完成年度投资6.5亿元，为年度计划的100%。长深高速公路连云港至淮安段改扩建工程在淮安境内长39.59千米，其中涟水县段长36.93千米、淮阴区段长2.66千米。由原四车道改建为八车道，改建高沟和涟水互通，在与规划329省道相交处新建涟水北互通，淮安段工程概算投资额约56.89亿元。

【农村公路】 2022年，淮安市完成农村公路建设投资6.45亿元，建成农村公路170.19千米、桥梁68座，分别为省计划的104.4%和100%，大运河百里画廊重点项目环洪泽湖公路基本贯通。市政府成立农村公路“路长制”领导小组，全市农村公路“路长制”组织管理体系全面建立。推进农村公路管理养护体制改革，各县区均出台农村公路管理养护体制改革实施方案，全市农村公路“一网一平台”建管养运智能化信息化管理和服务平台正式投入运行。金湖县和洪泽区获批江苏省农村公路建设示范创建试点县区。

【公路桥梁】 至2022年末，淮安市有公路桥梁3853座、24.19万延米。其中，特大桥44座、8.22万延米，大桥213座、6.51万延米，中小桥3596座、9.46万延米；国道桥梁600座、10.95万延米（国家高速公路桥梁407座、5.89万延米，普通国道桥梁193座、5.06万延米），省道桥梁262座、3.7万延米，县道桥梁578座、4.17万延米，乡道1561座、3.47万延米，村道852座、1.88万延米。年内，建成344国道淮河大桥，264省道淮安区段苏北灌溉总渠大桥年底完成桥梁桩基等桥梁下部结构施工，主跨悬浇完成65%。

【公路安全】 2022年，淮安市实施公路系统安全生产年度专项整治。加快205国道与233国道安全整治扫尾工作，优化提升429省道淮安段交通安全设施，通过省安委办摘牌销号。开展干线公路建设项目全过程安全性评价，实现各项目全过程安全评价全覆盖，淮安市被纳入全省普通国省道建设安全性评价试点市。264省道淮安区段获评2022年度江苏省公路水运工程平安工地建设省级“示范工程”，348省道等3个项目获评省级“示范工地”，所有干线公路养护大中修项目均创成市级“平安工地”。全面完成干线公路交通安全设施精细化提升工程，提升233国道和344国道路侧护栏防护26.9千米，完成全市干线公路14处公铁并行路段整治，封闭一级公路路中道口161处。完成农村公路安防工程2779.96千米，为省计划的102.4%。完成327省道涟水城东至淮安宋集段“科技兴安”示范路建设。在盱眙县344国道溜子河大桥举办2022年度江苏公路交通省市联合应急演练，为极端天气下突发事件应急管理和应急处置提供典型示范。

（郭长华）

9月4日，施工人员在京沪高速公路改扩建工程（淮安区段）现场进行机械化摊铺沥青　　曹　政　摄/视觉江苏网　供

航　空

【概况】 2022年，淮安涟水国际机场完成旅客吞吐量80.85万人次，较上年下降42.44%；货邮吞吐量1.54万吨，较上年下降21.34%。全年通航城市33个，运营航空公司16家，周航班量约为182架次。累计完成各类飞机起降20486架次，比上年减少10708架次。

【航线网络建设】 2022年，淮安涟水国际机场加强与航空公司合作，引进3架驻场运力，加密重点区域和城市航班。稳定全货机航线运行，开通季节性全货机航班。与郑州机场合作，开通多条空空中转航线，国内通达深圳、昆明、重庆等城市，国际可通达日韩、欧美、东南亚等国家和地区。主动了解企业运输需求，设计“淮安—郑州—大阪”“淮安—郑州—东南亚”等国际及地区空空中转线路，利用全货机至郑州中转，实现深圳、成都、重庆等国内城市当日达，以及进出口越南、韩国、印度等国家。

【机场扩建工程】 6月15日，淮安涟水国际机场三期改扩建工程开工。工程以《淮安涟水国际机场总体规划（2020年版）》近期规划内容为建设依据，以2030年为三期设计目标年，预测年旅客吞吐量750万人次、货邮吞吐量25万吨，总投资额42亿元。按照“一次规划　分步实施”方案，分为货站国际区改造、航站区工程、飞行区

9月26日，淮安至成都首条全货机航线开通

淮安涟水国际机场有限公司　供

工程3个项目。货站国际区改造工程为三期项目先导工程，总投资额3750万，新建海关指定监管场所、机组人员专用通道、查验技术用房等共3972平方米。12月27日，淮安涟水国际机场航站区改扩建工程举行开工仪式，总投资额28.5亿元。主要建设内容有新建国内航站楼6.5万平方米，新增近远机位19个，新建高架桥、地面停车场、地下人防等设施；新建货运站及业务用房1万平方米；新建信息中心、旅客过夜用房、综合业务用房、员工宿舍以及供电、给排水、消防、制冷供热、通信等配套设施。年内，航站楼地下交通核工程先行开工建设。

【安全运行管理】 2022年，淮安涟水国际机场统筹疫情防控和安全运行，构建“一触即发”疫情防控体系，快速处置特情37起。加强作风管理，构筑党委—部门—科室—班组“一线贯通”安全责任体系，被江苏省安委办评为“安全生产月”活动先进单位。6个信息化项目投入验证运行，实现空地一体化协同高效运行，相关建设经验入选中小机场四型机场建设优秀案例候选名单。推出“无忧服务”系列延伸产品，完善T2航站楼设计，打造健康低碳航站楼。

【淮安至成都首条全货机航线开通】 9月26日，在淮安涟水国际机场通航12周年之际，山东航空公司首架B737-800F货运航班载满顺丰速运快件、洪泽湖大闸蟹、电路板等货物从淮安涟水国际机场飞往成都，标志淮安涟水国际机场首条直飞西南地区的全货机航线正式开通。淮安至成都全货机航线是淮安机场继西安、郑州、福州、深圳后开通的第5条国内货运航线，也是山东航空公司首条国内全货机航线。该航线由B737-800型全货机执飞，每周执飞6班。

（戴　罗）

港口航运

【概况】 2022年，淮安市境内航道总里程1483千米，其中三级及以上高等级航道247千米，居全省内河第三。码头岸线27.3千米，有港区7个、码头103个、泊位370个；港口综合通过能力超1亿吨，有500万吨级以上吞吐能力码头5个，千吨级以上泊位92个，集装箱作业区3个，千吨级集装箱泊位14个。发挥视频登记和新版“水上ETC”作用，提供微信代购票服务，开辟水上“绿色通道”。合理制定运行方案，24小时服务复工企业运输需求，保障煤炭、粮油、防疫等重点物资及集装箱船舶优先过闸、优先靠港装卸，放行船舶93994艘，船队4544个。

【重点项目】 2022年，淮安港航事业完成建设投资12.66亿元，占年度计划8亿元的158.25%，在建工程数、完成投资数均创历史新高。京杭运河绿色现代航运综合整治工程航道护岸、淮安锚地、淮阴船闸公路桥等4个施工标段全面开工建设。淮河出海航道（红山头—京杭运河段）整治工程通过竣工验收，增强苏北、安徽等内陆地区通江达海水运能力。淮安新港三期、淮安港危化品码头，上河作业区、黄码作业区、洪泽新港产业园码头一期工程等5个重要港口项目开工建设。《淮安港淮阴港区规划局部调整方案》获省政府批复，中天钢铁码头纳入规划。金宝航线淮安段航道整治工程取得环评、水工程规划批复。开展淮河入海水道二期配套通航工程淮安运东船闸闸位方案研究，提前介入高压线路迁改等工作。京杭运河淮海路大桥改建工程和淮安港涟水港区涟水新港作业区二期工程获评2022年度江苏交通优质工程。

【港航经济】 2022年，淮安港完成集装箱吞吐量47.3万标准箱，增长52.18%，占全省内河集装箱总量的40%。与上海港、江苏省港合资成立上港（淮安）国际集装箱码头有限公司。利用淮安港二类水路开放口岸资源优势，推出“淮安至上海外贸陆改水”“淮安—上海—釜山水水中转CCA”等新业务模式。开展内河集装箱枢纽（ICT）业务，实现在淮安本地属地报关，上海港一体化通关，出口外贸空箱在淮安调配中转，降低物流成本，提高出运时效。全年完成港口吞吐量7544万吨，增长2.3%，完成外贸集装箱5223标准箱。加快构建集装箱海河（江）联运体系，新增淮安至淮滨、大丰、建德，涟水港区至连云港4条航线，集装箱航线总数达18条，开通淮安至连云港海铁联运班列，开展新一轮水运集装箱运输补贴政策研究。

【港航安全管理】 2022年，淮安市统筹疫情防控、行业安全和港航发展，加强双重预防机制建设，及时分析研判安全生产形势。开展安全检查62次，整改问题隐患43项。通过交通运输部和省、市安全生产包保督导检查。完成“三年大灶”专项行动，加强自然灾害水路承灾体普查，建立综合风险数

2022年，京杭运河绿色现代综合整治工程全面开工。图为航运示范区俯瞰　　杨　默　摄

据库，3座船闸实现安全生产标准化一级达标。完成船舶碰撞桥梁隐患治理专项行动，治理跨等级航道159座桥梁隐患，整改桥区水域航道、水上交通、桥梁安全隐患248项，整改率100%。

【航道管理】 2022年，淮安市增强港航服务能力，提高养护资金使用效益。杨庄、朱码二线船闸大修和19个航闸维护项目、6个航闸养护专项工程通过验收。加强干支线航道巡护力度，累计巡航2万余千米，维护航标2376座次。推广应用多波束扫测，实施航道扫床里程1877千米，改造103座内河航标遥测遥控终端，通航保证率、航标正常率、通航时间保证率全部达标。结合视频登记、便捷过闸系统、智能调度等方法，提高船闸运行效率，缩短船舶待闸时间，实施“到闸即放”，全年开放闸2.6万闸次，过闸货物量5962万吨，增长6.58%。严格落实过闸费优惠减免政策，实现船舶过闸网上分类申报，全年征收过闸费5481.39万元，优惠、免征过闸费1650万元，惠及船舶7.25万艘次。编制淮安港航“十四五”信息化实施方案，淮河信息化施工图设计获省水利厅行政许可。加强智慧船闸建设，杨庄船闸在全省率先建成船闸故障自诊断控制系统，高良涧船闸实现闸桥防撞主动预警。

【淮安港】 淮安港是国家二类水路开放口岸，位于京杭大运河淮安市区段与里运河交汇处，主要有港口运营、集装箱航运、铁路、第三方第四方物流、信息化建设、港口配套服务等板块，是江苏省首批多式联运示范企业和省级示范物流园区。2022年，淮安港运营淮安港作业区和淮安工业园区苏淮通用码头两个作业区，主要从事集装箱及大宗货物的港口装卸作业、集装箱内支线驳船运输、CFS（集装箱货运站）拆装箱作业、公铁水多式联运、仓储、金融物流服务等相关业务。航运板块有标准化集装箱船舶8艘、合作运力20余艘，总舱位运力1000标准箱，开通水运集装箱航线21条，周航班总数60余班。新港铁路建有到发线4条，有效长850米；建有货物线2条，有效长940米，容车61辆。开通淮安至上海、宁波、连云港3条海铁联运线路，内河集装箱运输开通18条内外贸航线，年内集装箱吞吐量达47.3万标准箱。

（薛　晗）

【淮河入海水道二期工程正式开工】 参见《淮河生态经济带建设·城市合作》

【淮安港三期工程正式开工】 9月29日，淮安港三期工程正式开工。该工程是江苏省2022年重大项目，也是“十四五”时期全省、全市重要交通基础设施工程。淮安港三期工程占地面积94.33万平方米，总投资额25.87亿元，包括自动化码头、铁水联运、现代物流服务配套3个项目。新布置2000吨级泊位16个，新设铁水联运泊位1个，新开通航线10余条，集装箱吞吐量可达百万标准箱、货物5000万吨。

【上港（淮安）国际集装箱码头公司成立】 9月2日，淮安市港口物流集团、上海国际港务（集团）股份有限公司与江苏省港口集团有限公司合资成立上港（淮安）国际集装箱码头有限公司签约暨揭牌仪式举行，标志三方战略合作进入新阶段。公司注册资本2亿元，其中淮安市港口物流集团有限公司出资40%、上海国际港务（集团）股份有限公司出资30%、江苏省港口集团有限公司出资30%。上海集团和省港集团在运营资源、人力资源等方面支持上港（淮安）国际集装箱码头有限公司建设。11月3日，上港（淮安）国际集装箱码头有限公司正式启动运营。

【淮安—上海—釜山内河支线CCA模式】 2022年，淮安中远海运物流有限公司联合高丽海运开设淮安—上海—釜山内河支线CCA模式，即通过内河水水中转方式，使用内河驳船在淮安新港装载货物运抵上海港出口。通过该模式，客户可在淮安进行清关、交付货物和签发提单“一站式”办理，有效减少操作成本，从空箱调运到工厂装箱至重箱出运仅需3天，进一步提升运输时效。4月16日，首批装有无缝钢管的40尺集装箱由淮安新港运往上海，计4标准箱，货值7.6万美元。

（李梦思）

通过淮安高铁站可直达全国100余个大中城市。全年淮安地区铁路开行客列3.61万列，较上年减少1.29万列。

（王　亮）

淮安东站

【概况】 淮安东站是江苏省规划的铁路主导型全国性综合客运枢纽之一，位于淮安市东侧，京沪高速公路以东、237省道以西，徐杨路与广州路之间。规划打造为铁路客运、公路客运、城乡客运、城市公交、有轨电车、出租、航空候机等多种运输方式“零换乘”的综合交通枢纽。2022年，淮安东站成为集铁路、长途客车、城市公交、出租车等于一体的综合交通枢纽。

【高铁站】 淮安东站高铁站场总设计规模为6台17线，总规划建筑面积4.5万平方米。其中，连淮扬镇铁路、徐宿淮盐铁路合站合场接入淮安高铁东站，站场规模4台10线，在建宁淮铁路车场与连淮扬镇车场并站分场布置，站场规模2台7线。2022年，淮安高铁东站受疫情影响客运量下降较多，日均停靠办理客运列车约90列。其中，始发动车6对，北上至北京6列，至上海超40列，至南京超20列。

【汽车客运站】 2022年，淮安高铁汽车客运站设有售票厅、候车厅、总服务台、自助件寄存处、自助手机充电站、爱心母婴室、书吧、购物中心、洗手间、饮水处、吸烟处等设施。售票厅设8个售票窗，发售该站开行的各条班线客票，另与淮安汽车客运南站（淮安南站）、淮安汽车客运北站（汽车北站）、淮安汽车客运站（汽车总站）实行微机联网售票，出售通达全国15个省（市）300余个县（市）客票。至2022年末，开通盱眙、金湖、洪泽、沭阳、响水等客运班车，开通铁山寺天泉湖、明祖陵第一山、金湖水上森林、蒋坝小镇天鹅湾温泉、白马湖森林公园等淮安全域旅游景区直通车，日发班次近20个，日发送旅客约100人次。

【公交站】 2022年，淮安市公交公司高铁东站分公司开通公交运营线路9条，在2021年基础上优化调整线路4条；运营车辆由原来的127辆减少至88辆；日均740车次，全年共运营27万车次，较2021年的37万车次减少10万车次，降幅27.03%。全年公交客运量157.65万人次，较2021年的257.39万人次减少38.72%。

（刘　笑）

物流业

【概况】 2022年，淮安市以“一带一路”倡议以及长江经济带、淮河生态经济带、长三角一体化等国家战略实施为契机，发挥淮安综合交通优势和产业优势，打造东部沿海综合物流枢纽城市。基本形成以“一龙头、十园区、九结点”为总体框架的物流网络体系。构建区域物流服务网络，形成高效社会物流服务体系，基本确立重要区域性物流枢纽城市地位。至年末，淮安有国家A级物流企业27家，其中AAAA级10家、AAA级17家。

【规划布局】 淮安市重点物流结点空间布局为“一龙头、十园区、九结点”。“一龙头”为淮安空港物流园；“十园区”为淮安现代综合物流园、淮安保税物流园、淮安高铁快运物流园、淮安电子商务现代物流园、淮安生态物流园、淮安新港物流园、淮安黄码港物流园、淮安季桥物流园、淮安盱眙物流园、淮安金湖港物流园；“九结

淮安东站　陈光晰　摄

点”为淮安盐化工物流结点、淮安粮食物流结点、淮安农副产品物流结点、淮安头溪河物流结点、淮安顺丰电商快递物流结点、马坝物流结点、洪泽物流结点、涟水物流结点、金湖物流结点。规划总体发展目标是到2025年，物流业规模稳步增长，年均增长8%以上；物流企业竞争力、一体化运作、网络化经营能力显著增强，全市AAA级以上物流企业达50家。

（淮　鉴）

【政策支持】 2022年，淮安市推进多式联运发展，优化调整运输结构，印发《淮安市推进多式联运发展优化调整运输结构工作实施方案（2022—2025年）》。对物流企业自有（包括自用和出租）或承租大宗商品仓储设施用地，减按所属土地等级适用税额标准的50%计征城镇土地使用税。严格执行鲜活农产品“绿色通道”优惠政策，对通过船闸的集装箱货运船舶免收过闸费政策，交通船闸船舶过闸费、水利船闸船舶过闸费（不含经营性船闸）在原征收标准基础上分别给予20%、10%优惠政策；取消铁路货物运输变更手续费，将运杂费迟交金费率由3‰调整为1‰；落实货物港务费、港口建设保安费等收费标准降低20%以及免征进出口货物港口建设费政策。

【物流业重点项目】 2022年，淮安市建有全国快递企业“前十强”区域分拨中心，现代物流产业集聚和辐射效应显现。4个物流项目被纳入省“十四五”时期物流业重点项目。其中，智慧物流项目1个，即福兴祥电商库及智能自动化设备建设项目（总投资额10亿元）；电商快递和城乡配送项目3个，即今世缘智能化成品酒包装物流中心项目（总投资额30亿元）、顺丰淮安创新产业园项目（总投资额10.3亿元）、中农联华东国际食品和农产品温控冷链贸易中心总部项目（总投资额50亿元）。建成投产德邦淮安电商智慧产业园，固定资产投资5亿元，占地面积约6万平方米，建筑面积37120.31平方米，增加物流设备70台套。

【农村物流】 2022年，围绕《淮安市城乡物流服务一体化发展三年行动计划（2021—2023年）》，淮安市提升城乡物流服务供给，补齐农村物流短板。淮安区、金湖县创成2022年度江苏省农村物流达标县，涟水县“交邮汇·达万家”获评全省“十佳城乡物流服务品牌”；盱眙县、洪泽区被省商务厅列入2022年农村物流达标县创建计划。全市14个乡镇客运站和14条“交邮融合”示范线路实现稳定运营。至年末，全市县、镇、村农村物流服务点覆盖率均达100%。全市建成县级农村物流服务中心15个、乡镇农村物流服务站78个、村级农村物流服务点1325个，开通交邮融合线路140条。

（岳　伟）

【淮安电子商务现代物流园】 淮安电子商务现代物流园成立于2012年，总规划面积367公顷，建成面积133公顷。2022年，园区落户企业25家。其中包括电子商务企业42家，全年开票销售额约50亿元。园区形成电子商务、快递快运、仓储供应链三大主导产业融合发展格局，集聚各类企业160家，其中包括征地企业19家。实现开票销售50.4亿元，增长97.8%；入库税收5979.65万元，增长122.31%。

（马政彪）

【淮安空港产业园】 淮安空港产业园规划面积12平方千米，隶属于淮安经济技术开发区，是江苏省重点物流基地和省级特色园区。园区拥有国家一类航空口岸、国家级综保区、国家跨境电商综试区、淮昆台资合作产业园平台优势，建成海关、国检、边防、企业服务中心、电子商务园、总部经济园、航空制造园、综合物流园等平台设施。2022年，园区签约总投资6亿元的中业慧谷等4个1亿元以上项目，推进总投资额20亿元的联东U谷等重特大项目建设，美诺食品等亿元项目通过市考核体系竣工验收，新增列统企业5家。园区一般公共财政预算税收收入首次突破1亿元大关，达到1.1亿元，较上年增长26.5%。淮安涟水国际机场三期工程开工建设，新建T2航站楼65万平方米，新增机位19个。开工建设空港“邮快跨”平台，打造空港口岸监管通关一体化载体。

（淮　鉴）

【主要物流企业】 2022年，淮安市有淮安中通物流有限公司、淮安融盛圆通速递有限公司、申通快递有限公司淮安中转站、淮安楚韵快运有限公司、淮安高德快运有限公司、淮安德宣供应链管理有限公司6家国内知名快递快运企业，业务辐射苏北、鲁西南、皖北等全部区域。淮安中通物流有限公司、淮安融盛圆通速递有限公司、申通快递有限公司淮安中转站日运转量489万件，年运转量17.9亿件；淮安中通物流有限公司快运量78.5万吨。江苏跨航物流有限公司在淮安设立全国结算中心，新购买货运车辆255台，实现开票销售20亿元，入库税收2561万元。

（马政彪）

【“交邮汇　达万家”获评全省“十佳城乡物流服务品牌”】 6月24日，江苏省交通运输厅发布全省“十佳城乡物流服务品牌”，涟水县“交邮汇　达万家”品牌入选。涟水县交通运输部门加强同邮政、商务、农业、供销和镇街等部门沟通联系，建立协同联动工作机制，围绕公交站点、县镇村三级物流节点体系建设，推进交通运输与邮政快递、商贸等资源融合发展，引导城乡客运、农村物流与特色产业、生产加工、电子商务融合发展，打造“交邮汇·达万家”服务品牌。至2022年末，全县366个村委会均设有服务点，村级物流服务点覆盖率为100%。

（《淮安日报》）

城市建设

责任编辑：王若霜

规划设计

【总体规划】 在《淮安市城市总体规划（2009—2030）》中，淮安市城市定位为国家历史文化名城、生态旅游城市、长江三角洲北部地区重要中心城市、交通枢纽和先进制造业基地。到2030年，市域总人口达到585万人，城镇人口410万人，城市化水平70%，淮安市建设成为长江三角洲北部地区重要的中心城市和具有绿水生态特色的宜居城市。在《淮安市国民经济和社会发展第十四个五年规划和二〇三五年远景目标纲要》中，提出构建“1-2-10-20”市域城镇空间结构体系。其中，“1”是淮安市主城区与洪泽区、涟水县2个副城，“2”是盱眙、金湖2个县城城区，“10”是10个重点中心镇，“20”是20个片区中心镇。

2022年，淮安市“三区三线”划定成果获批并正式启用，将城镇开发边界划定扩展系数争取到1.36，各县区新增规划落地上图空间492公顷，优化市经开区等重点区域永久基本农田布局，有序推进造林绿化空间适宜性评估和上图入库，为经济发展预留空间。《淮安市矿产资源规划》《淮安市“五线”规划》《地下空间利用专项规划》《淮安市养老服务设施规划》等专项规划有序推进。推进大运河文化带建设，制定《大运河核心监控区管控细则》，编制《江苏美丽中轴淮安行动规划》，完成第二批历史建筑挂牌保护工作。推进“三级先导”镇村规划编制，创成12个省级特色田园乡村，新增数量全省排名第五。出台规划师下乡工作站实施管理办法，实现11个先导镇工作站全覆盖。

【中心城区建设规划】《淮安市国民经济和社会发展第十四个五年规划和二〇三五年远景目标纲要》中明确提出，围绕打造淮安大都市区目标，规划形成“一带两心、两轴九片”的空间结构。其中，“一带”是指通过里运河文化长廊与翔宇大道发展轴融合发展打造大运河文化带淮安示范节点，“两心”是指重塑淮海广场—水渡口城市商业金融中心和生态文旅区都市活力中心两大核心，“两轴”是指城市融合发展轴与产业创新发展轴，“九片”是指城中片区、运南片区、淮安片区、城东片区、淮阴片区、工业园片区、空港片区、洪泽副城区、涟水副城区。2022年，编制完成《淮安市中心城区排水工程专项规划》《淮安市城区中小学及幼儿园布局规划》《淮安市城镇住房发展规划》等。

【城市更新专项规划】 2022年，淮安市开展城市更新专项规划编制，探索构建契合淮安实际的更新规划体系。开展专项报告编制7个、专项规划编制26个。完成《淮安市城市集中供热发展（专项）规划（2020—2035）》《淮安市城镇燃气专项（发展）规划（2020—2035）》《淮安市城市给水（专项）发展规划》报批稿编制。完成《淮安市市政基础设施专项报告》《淮安市地下空间开发利用专项规划》《淮安市水利基础设施空间布局规划》专家论证。完成《淮安市中心城区城市更新专项规划》中期成果汇报，完成《淮安市绿地系统专项规划》规划初稿。

【控制性详细规划】 2022年，淮安市开展控制性详细规划制度改革与创新研究，推进控制性详细规划编制。落实国土空间规划体系改革要求，建立相应控制性详细规划制度。加强与国土空间总体规划衔接，推动全市高品质空间发展，落实国土空间规划战略引导和空间管控功能。完成《淮安市详细规划编制单元划分规划》招投标工作，并初步完成中心城区详细规划评估、单元划定等。

【城市建筑设计】 2022年，淮安市规划部门与建设单位、设计单位面对面沟通，主动服务、提前介入。为清江中学新校区、经贸大厦、检察院北侧地块3个地块的设计方案提供前期技术指导。实施模拟审查，针对重点项目和民生工程，按照“告知承诺制”要求，经申请和承诺，实施设计方案模拟审查，出具《建设工程规划设计方案模拟审查意见》。统筹全市及周边地区相关规划、建筑类等领域专家资源，收录近200名高级、正高级以上职称专家进入自然资源和规划专家库，更新完善专家库，规范评审工作，为建筑设计方案审批提供专业技术支持。

（陈浩田）

城市更新

【概况】 2022年，淮安市贯彻落实高

质量发展决策部署，突出古城保护复兴，提升城市综合承载力，持续推进城市更新。淮安中心城市建成区面积216平方千米，人口164.4万人。全年计划实施中心城市建设项目249个，计划投入314亿元。其中，市级政府项目81个，年度计划投资额124.4亿元；区级政府（园区）项目168个项目，年度计划投资额189.6亿元。实际实施项目249个，投入资金315亿元。出台《淮安市市级城市更新奖补资金管理暂行办法》《淮安市既有住宅加装电梯指导意见》等配套政策文件，为推进城市更新行动提供支撑。年内，淮安市完成美丽宜居城市建设工作所有试点项目。

【老旧小区改造】 2022年，淮安市投资5.9亿元，改造老旧小区156个，惠及居民2.64万户。老旧小区改造进度居全省前列，群众满意率90%以上。向上争取资金2.6亿元，占计划总投资额的47%，争取金额位居全省第四，占比位居全省第一。创建省级宜居示范居住区10个，数量居苏北、苏中地区前列。解决小区道路破损、房屋渗漏等群众急难愁盼问题，车辆充电设施、消防设施、技防设施等补短板措施成效明显。管线改造实现移动、电信、联通三网合一，解决空中管线凌乱问题。老旧小区长效管理取得进展，全市7个县区及淮安经济技术开发区落实长效管理单位，黄河花园地块、紫金花苑等小区引入专业化物业公司，创建一批党建引领物业管理示范典型。

【棚户区改造】 2022年，淮安市棚户区改造新开工1.92万套，完成省、市目标任务的124.05%。基本建成1.38万套，完成省目标任务的172.09%。全市共计争取棚户区改造中央补助资金和省级引导资金1.13亿元，其中中央补助资金1.18亿元、省级引导资金1455.19万元。

【大运河标志性城市清江浦段城市更新一期项目】 大运河标志性城市清江浦段城市更新一期项目位于里运河清隆桥至西河口清江浦段8.5千米沿线，由1415历史文化街区、文庙精品休闲街区、御码头运河文化美食中心、都天庙历史文化风貌区、丰济仓（西大街）文化街区、石塔湖城市更新片区、化工新村城市更新7个子项目组成。在对两岸进行人文景观提升、生态修复、水利保护基础上，串联起沿线历史文化旅游项目，延伸里运河文化长廊功能特色，将沿线打造成为历史文化与生态景观相得益彰的特色运河旅游风光带。

2022年，淮安经济技术开发区威海小区完成老旧小区改造，打造小区特色“口袋公园”、养老休闲活动室等　　王　昊　摄/视觉江苏网　供

2022年末，1415历史文化街区一标段工程进入竣工验收阶段，二标段工程招商工作完成80%，其中蜀九香、鮨梅子居酒屋、峨嵋酒家、京八大楼、众二酒馆、戴森凯恩酒吧、Moov live house、安澜SPA等店铺开始营业。文庙精品休闲街区项目完成拆除私搭乱建大遮阳棚等38处，取缔店外经营、乱堆乱放43户，暂扣货架等物品50余件，清除随意吊挂、张贴广告牌36处。御码头运河文化美食中心完成停车场、文化墙、综合管网、智能化及幼儿园外立面改造工程，创新淮扬菜品鉴堂、泊岸空间等企业正式营业，二期项目完成土地摘牌工作。都天庙历史文化风貌区项目开展启动区房屋搬迁及文渠河以南房屋征收；大众剧场、无线电三厂文保修缮工作完成80%；片区东南入口小游园和临时停车场完成施工60%。丰济仓（西大街）文化街区项目完成人民南路周边立面出新、店招店铺改造、杆线入地、古民居修缮、泛光照明等；淮安日报社旧址公房搬迁完成30%。石塔湖片区项目完成保障性住房西侧地块土地证办理、设计方案报审批；完成商住地块土地摘牌；完成教育用地方案设计，教育地块设计方案通过市城乡规划委员会审核。运河里苑地下部分建设完成50%；完成利苑三区等老旧小区城市更新。化工新村城市更新项目完成建筑设计方案调整。

【2个项目入选江苏省城市更新第一批试点】 9月3日，江苏省城市更新第一批省级试点项目名单公布，淮安市清江浦区都天庙片区综合更新项目、淮安区新旅片区文化特色彰显及改善更新项目入选首批48个城市更新试点项目。

清江浦区都天庙片区综合更新项目　该项目突出以保护性开发为主，通过改造提升模式，将原有街巷格局、街巷名称和民俗风情完整保留，挖掘提升片区文化内涵，培育集聚美食、旅游、文化等的综合产业集群，打造传承老城味道的特色历史文化风貌区。片区内有居民1441户，有周信芳故居、

9月3日，清江浦区都天庙片区综合更新项目入选省城市更新第一批试点项目　　市住建局　供

郎静山故居、都天庙等文物点36处。年内，启动房屋搬迁及文渠河以南房屋征收。

淮安区新旅片区文化特色彰显及改善更新项目　该项目包括全国青少年思政教育核心基地、老西门大街历史地段保护复兴工程，总面积约5.56公顷。其中，全国青少年思政教育核心基地主要建设综合楼、200米跑道塑胶运动场、新安旅行团纪念公园、古城墙遗址保护与展示等配套工程，于2022年8月竣工；老西门大街历史地段保护复兴拟开展矶心闸等32处文物和历史建筑修缮及展示。

【2个项目入选《江苏省城市更新实践案例集（2022）》】2022年，淮安市清江浦区化工新村及周边城市更新项目、淮安市省园博园生物多样性营造及可持续管理项目入选《江苏省城市更新实践案例集（2022）》。

清江浦区化工新村及周边城市更新项目　该项目位于清江浦区西南片区，北至解放西路、西至城西路、南至延安西路、东至化工新村，占地面积2.8万平方米。化工新村小区建筑面积24万平方米，有122栋住宅、3456户住户，由电化厂、烟厂、纱厂等多家企业职工宿舍楼组成。项目内容包括拆除部分危旧房屋，新建房屋建筑面积9万平方米，新建综合性小区组团。项目建设遵循“共同缔造”理念，通过先行先试，模式探索，围绕提功能、改老旧、拆危破的更新内涵，融入党建引领“社区管小区”现代化社会治理新模式。工作经验被住房和城乡建设部作为典型案例全国推广，工作分析报告在新华社智库要情专报发表。年内，该项目完成地块控制性规划编制以及建筑设计方案调整。

淮安市省园博园生物多样性营造及可持续管理项目　2005年9月，为筹办江苏省第四届园博会，淮安市建成钵池山公园，项目位于主城水渡口中央商务区，总投资3.5亿元，占地面积120万平方米，其中水域面积45.33万平方米。生物多样性营造及可持续管理项目主要通过提档升级基础设施、优化提升景观环境、创新规范公园管理3个方面，实现省园博园再利用。

（王灵敏　熊君健）

市政公用事业

【概况】2022年，淮安市实施多项市政重点项目，保障居民水、电、气供应。珠海路（南昌路—翔宇大道）综合提升项目完成全线雨水管道、路基路面、人行道、绿化及附属工程施工；承德路（清江浦路—解放东路）综合提升项目完成全线低聚物注浆、沥青路面和人行道铺设及附属工程施工；长生桥改造工程组织竣工验收，惠民桥改造工程全面完工。完成205国道与淮海西路交叉口改造工程初步方案。完成清安路（东风路—石桥路）工程、沙荡路工程、临河路、洪东路等7个项目年度任务。有序实施清隆桥改造及天津路接线工程。

【自来水供应】2022年，淮安市完成自来水供水量1.43亿立方米，售水量1.27亿立方米。完成《淮安市城市供水发展规划》编制。为满足城市供水需求，市区城南水厂扩建产能每日20万立方米，盱眙粤海水务水厂二期每日5万立方米扩建工程投产运行，金湖县推进新水厂建设，淮阴区开展新水源和新水厂选址和论证工作。全市城市供水规模每日119万立方米，实现深度处理能力全覆盖，全省排名第一。继续发挥智能调度系统作用，实时监测和预警供水水质、水压、流量等参数，保障市区供水安全。组织拉网式排查梳理，全市供水设施冻损大幅减少。加强老旧管网更新改造力度，降低供水漏损率。

【电力供应】2022年，淮安市全社会用电量248.7亿千瓦时，比上年增长8.7%；工业用电量149.9亿千瓦时，比上年增长5.5%。全市最高用电负荷502.8万千瓦，刷新历史纪录。金湖电力飞虎共产党员服务队获评全国学雷锋活动示范点。

供电服务　年内，建立多专业会商机制，编发供电业务扩展服务攻坚方案和全流程指导手册，保障151个重大项目接电投运。建立电力接入工程政电共担机制，“三零”（零上门、零审批、零投资）服务覆盖至200千瓦用户，节约客户接电成本3.1亿元。面对夏季高温高负荷，精准实施负荷管理18天，最大压降负荷约54万千瓦。完成餐饮“瓶改电”（用电能替代传统瓶装液化气）219户，助力淮安工业园区打造“无瓶示范区”。30天建成杨庙泵站第二外线工程。推行“电水气讯”业务联办机制，打造服务专厅5家。建成“开门接桩”示范小区8个。服务临时用电转供电小区4个、处理小产权小区用电问题5个。完成第五届中国（淮安）国际食品博览会等重要保电任务90项。打造乡村电气化项目1502个，入选国家电网公司乡村振兴示范点1个。

电网建设　全年淮安电网完成发展总投入19亿元。投产220千伏朱集—水渡线路等基建工程26项。完成配农网巩固提升、老旧小区改造等项目2899个，其中6个项目获评省配网质量评价示范工程。以特高压站为支撑，形成3座500千伏变电站北、中、南独立分区运行，220千伏电网“四环相通、内外互济”，110（35）千伏电网辐射互联，10（20）千伏电网可靠联络的格局。全市有500千伏及以下变电站185座、变电容量2683.1万千伏安。其中，500千伏变电站3座、变电容量650万千伏安，220千伏变电站29座、变电容量900万千伏安，110千伏变电站100座、变电容量987.7万千伏安，35千伏变电站53座、变电容量145.5万千伏安。全市电网35千伏及以上输电线路7061.4千米，10（20）千伏配电线路24972.8千米，配变容量1669.2万千伏安。

（杨东升）

【天然气供应】2022年，淮安市推进燃气保供，市区（含洪泽区、淮阴区、淮安区）天然气总供气量3.06亿立方米。其中，民用气1.43亿立方米（60万户），工商业用气1.45亿立方米，车用气0.09亿立方米。在淮安工业园区、淮安生态文旅区打造无瓶街区示范区。开展燃气安全检查，开展各类执法行动50余次，取缔“黑气点”23个，没收钢瓶724个，行政拘留7人，罚款48.8万元。修订《淮安市城镇燃气管理办法》。利用智慧燃气平台建设，增设市县镇3级入户安检隐患消减功能；开展燃气知识宣传，提高居民燃气使用安全意识。

7月7日，清江浦区电力安装检修公司施工班组工人冒着高温，对运河家苑小区的配电室进行施工改造，保障小区居民用电

桂宝林　朱　静　摄/视觉江苏网　供

表37　2022年淮安市全社会用电情况表

指标名称	绝对值	增长（%）
全社会用电量（亿千瓦时）	248.66	8.7
按产业分		
第一产业	4.41	15.8
第二产业	152.68	5.1
第三产业	45.16	12.5
按行业分		
农林牧渔业	8.81	29.6
工业	149.86	5.5
建筑业	3.01	-11.0
交通运输、仓储和邮政业	3.60	2.0
信息传输、软件和信息技术服务业	3.23	7.1
批发和零售业	9.83	10.4
住宿和餐饮业	2.78	7.2
金融业	0.45	7.6
房地产业	4.11	11.3
租赁和商务服务业	2.04	15.9
公共服务及管理组织	14.54	11.4
城乡居民生活用电	46.40	17.3
城市	23.56	16.7
乡村	22.84	17.9

（资料来源：市统计局）

【道路桥梁养护】 2022年，淮安市开展不平整道路整治，专项整治道路交叉口20余处、面积约1.5万平方米。引入早强混凝土材料修复雨水井盖，提高养护效率。持续开展市政道路井盖排查、整治，组织对缺陷严重道路进行整体维修，完成水渡口大道（南昌路—新长铁路桥）和淮海西路（淮海广场—北京北路）快车道沥青路面维修加固。完成人行道维修3万平方米、路牙沿维修1万米，完成沥青路面维修10万平方米，基础注浆加固2.3万平方米，维修坑塘2800处，维修更换大小井680座。加强内环高架及市管桥梁养护，完成内环高架桥定期检测、高架管理系统一期开发，组织高架管理系统二期开发。安装高架桥声屏障600余米，设置易积水点监控8处，疏通易积水段收水井62处；更换福州路下穿迎宾大道高架限高龙门架1套、防撞垫4套、防眩板26处，安装高架落水管150米。组织开展桥梁经常性检查，完成华兴桥、清河桥等桥梁防撞墩及通航标志安装、永安大桥栏杆维修；开展华兴桥、常盈桥等桥梁集中维修，清理桥梁伸缩缝1800米。

【城镇污水处理】 2022年，淮安市持续推进城镇污水处理提质“333”（“三消除”，即消除城市黑臭水体、消除污水直排口、消除污水管网空白区；“三整治”，即整治工业企业排水、整治“小散乱”排水、整治阳台和庭院排水；“三提升”，即提升城镇污水处理综合能力、提升新建污水管网质量管控水平、提升污水管网检测修复和养护管理水平）行动和生态碧水三年行动，加快补齐城镇污水收集和处理设施短板。新增城镇污水处理能力每日5.15万吨，新改建城镇污水管网275.89千米。完成12个“污水处理提质增效”达标区建设，市区城市生活污水集中收集率比上年提升10个百分点，500吨及以上城镇污水处理厂自动监测设备与省住建监管平台联网率、正常传输率均为100%。

【雨水管网管理】 2022年，淮安市区雨水管道总长1867.45千米。在年度城建重点项目中，有排水防涝项目21个，项目总投资7.9亿元。汛前组建613人的应急抢险队伍，配备水泵132台、泵车40台、发电机42台，疏通雨水干管1331千米，清理检查井和雨水井8万多座、雨水排口707个。

【城市照明】 2022年，淮安市完成快速路一期高架路灯设施接收管养以及快速路亮化项目验收，开展快速路高架路灯应急抢修演练，加强高架路灯日常巡查与维修。对2700套市管路灯接线窨井进行安全排查；精准标注每套路灯接线窨井环境位置、经纬度，拍摄现场实时图片，录入智慧照明监控系统。利用智能监控平台，对安装单灯控制装置的快速路一期高架、淮海北路等路段，实现变功率调光，降低路灯运行功率；关闭市管南苑路、枚皋路以及生态文旅区、淮安工业园区部分道路半夜灯；关闭钵池山公园亮化，调整早上关灯照度。全年接收并及时处理“12345”政务服务便民热线、“数字城管”系统等交办单165件，处理故障3091处，其中维修路灯2213盏、电缆表箱故障767处、接线窨井111套。路灯亮灯率与照明设施完好率分别为99.86%、99.3%。

【城市公交】 2022年，淮安市市区建有大型公交场站15个、公交首末站42处，拥有公交线路96条、公交车1653辆，全年城市公交客运量8348万人次。有新能源公交车2366辆、清洁能源及新能源客车308辆。建成公交充电站15座、充电桩215个、社会层面充电桩9365个。有出租车4394辆，其中巡游出租车1373辆、网约车3021辆。全市所有行政村客运班车通达率100%。投入共享单车1.6万辆，建成单车驿站2155个，实现公交站台和住宅小区周边、核心商圈、轨道交通站点100~150米范围内单车驿站全覆盖。淮安市创成全国绿色出行城市。

【城市水利】 2022年，淮安市实施流域治理、区域治理、城市水利、水生态建设等6大类69项水利工程，完成投资额41.6亿元，完成率133.4%。北门桥控制工程通过省水利优质工程审查，获中国水利大禹奖推荐。获省级水利工程维修养护经费2185万元，其中养护经费1188万元、维修经费997万元。落实市级水利工程维修养护经费980万元。11座工程被认定2022年度第一批省精细化管理工程。创成安全生产标准化单位50家，数量居全省前列。挖掘河道总督署（清晏园）、清口枢纽等文化内涵，编制《驻淮河漕要览》《河道总督署（清晏园）保护提升总体规划》，清晏园列入国家AAAA级旅游景区创建名单。创成淮

8月1日，淮安汽车客运北站举行淮阴区城乡公交一体化运营通车仪式
王德永　摄/视觉江苏网　供

安市清江浦区大口子湖水利风景区、金湖县水上森林水利风景区2个2022年度省级水利风景区，洪泽湖大堤申报国家水利遗产通过水利部专家现场核查。

城市河道管理　开展河湖治理，累计投入约6.25亿元，建设一批生态河道和幸福河湖。淮河入江水道金湖县城区段、涟水五岛湖高分通过水利部淮河水利委员会和省水利厅组织的淮河流域幸福河湖建设验收。开展河道清淤疏浚、生态修复、主题公园建设等项目。加强大运河巡查管理，清理堤防垃圾20余处、违章种植7000平方米，清理处置水葫芦、水花生、水浮萍“三水”植物220余车、1000余吨，保障里运河河道生态环境。

“不淹不涝城市”建设　投入4.71亿元，实施防洪排涝工程项目21个。全面清疏雨水管道及排口，完成珠海路、承德南路（解放东路—文渠河）易涝片区改造，新建雨水管网2000米。全面清疏市管道路雨水管道及排口，对市管道路易积易涝点进行检测、疏通，全年累计疏扒大小井3.5万座次，疏通管道410千米，清疏雨水排口103个。对易积水点管网进行微改造，完成微改造50处、易涝点整治11处，增设雨水收水井90座，新增雨水支管1300米。优化防汛应急预案，提升城区道路积水应急处置能力，全年启动防汛预案8次，出动人员360余人次、车辆110余辆次。（殷海平）

【园林绿化】2022年，淮安市新增绿地面积475.66公顷，建成区有绿地面积8643.82公顷、公园绿地面积2609.3公顷，绿化覆盖率、绿地率和人均公园绿地面积分别为43.23%、40.02%、15.32平方米。修编出台《淮安市城市绿化赔偿补偿办法》，保护城市绿化成果。全市有“城市绿色小客厅”100余个，惠及周边群众60多万人。古黄河生态民俗园入选全省赏花胜地。年内，实施“乐享园林”小型活力空间建设项目6处。新建和改造提升印象游园、香樟园等城市绿色小客厅15个，增设各类健身、游憩设施。为中国（淮安）国际食品博览会、中国·淮安第二届淮河华商大会数字经济发展论坛等全市重大活动布置时令花卉7.5万盆。推广应用市花月季，在翔宇大道、北京路等道路沿线节点栽植大花月季13万余株，总面积约5500平方米。

（王灵敏　熊君健）

【全市首条长三角毗邻公交线路开通】12月9日，淮安市盱眙县马坝镇至安徽省天长市铜城镇省际毗邻公交正式开通试运行，是淮安市首条长三角毗邻公交线路，简称马铜毗邻公交1路线。线路总长18千米，采取两地双向对开模式，起始点分别为盱眙县马坝客运站和天长市铜城综合运输服务站，由两地公交企业共同运营。初步实行公益票价5元，发车时间为7:00—16:30，间隔30~45分钟，两地日发班4个班次。线路基本走向为马坝客运站—东阳村—十里岔—光明村—铜城综合运输服务站。该线路为两地居民出行、经贸往来与沟通提供便利。

（王国玉　张云丰）

淮安生态文旅区建设

【概况】淮安生态文旅区北依主城区，南接淮安区古城，处于淮安城市几何中心位置，面积41.1平方千米，发展定位是花园城市示范区、枢纽门户展示区、现代服务业集聚区。2022年，全区有3个办事处、14个社区，常住人口近20万人。实现一般公共预算收入7.47亿元，完成年度任务的124.6%，化解政府性债务12.45亿元。

【城区建设】2022年，淮安生态文旅区中心城市建设项目完成投资10.15亿元，完成年度计划的108%。高铁商务中心、能源总部经济产业园等一批重点项目按进度推进，总体国家安全观主题公园建成。实施小盐河清淤、河道岸坡及水坝修复等水利工程，疏通改造凤里路等道路沿线城市管网，疏通雨污水管道278千米，完成改造1.5千米。实施枚皋路小学周边景观提升工程，新增公共绿化面积26.52万平方米。集中整治施工裸土、道路黄沙堆放、“小散乱”作坊等问题，空气质量优良天数增长值、$PM_{2.5}$平均浓度下降值居全市前列。开展河长制工作，巡河整改问题56个，创成幸福河湖6条。

【产业发展】2022年，淮安生态文旅区实施精准招商，除开展传统招商活动外，开展云招商活动10批次50余场，协议总投资23.8亿元。青创空间、五九创智街区和智优沃数字经济产业园等平台载体累计新入驻企业89家。青创空间创成省级众创空间、省级创业示范基地。年内，完成技术合同成交额5.54亿元，实现进出口贸易总额约2.2亿元，实际到账外资2200万美元。出台《促进房地产消费带动产业健康发展扶持政策》，完成商品房销售13.89万平方米。淮安新城投资开发集团有限公司、淮安高新控股公司完成纳税1.6亿元，国有资本经营收益4680万元。

【民生服务】2022年，淮安生态文旅区持续做强“学在新城”品牌，教师队伍获批“淮上名师”、市级学科带头人和市“533”人才28人，累计组建名师工作室28个。枚皋路小学、滨河幼儿园建成办学，云林路中学、区实验小学扩建工程有序推进。新增招生8520人，在校学生3.26万人。推进高铁商务区二级社区医院前期工作，实现“15分钟医保服务圈”全覆盖，建成市级示范点1个、医保服务站（点）15个。文荟苑项目交付使用，完成安置小区不动产权证办理2800余户。落实民生保障政策，发放各类救助资金约1200万元，低保对象、困境儿童、残疾人和经济困难失能老年人四类人群保障达标率均为100%。

【社会治理】2022年，淮安生态文旅区通过全省第二批现代社区治理创新实验区结项验收，获江苏省社会治理

淮安生态文旅区远眺　　陈光晰　摄

创新成果奖。创新"全科社工"服务模式,"一站式"办理居民公共事务33项。提升城市管理精细化水平,围绕16个方面问题进行整改,开展市容交通秩序提升月行动,推进建筑垃圾、便民疏导点、机动车停车和户外广告"四项整治"。完善物业联席制度和考评机制,推进物业联合执法队伍进社区。聚焦建筑施工、燃气、消防等重点领域安全生产,排查整治隐患1738处,全年未发生安全生产事故。创建"无瓶街区",完成全区251家餐饮商户"瓶改管、瓶改电"工作。推进社会稳定风险"清源行动",开展矛盾隐患拉网式大排查大起底大化解活动。投入970万元完成模块化机房、视频监控"补盲"等智慧警务项目,全区刑事案件、侵财案件发案量分别较上年下降20.2%、29.8%,破案数较上年提升28.7%。

(淮安生态文旅区)

城市管理

【概况】2022年,淮安市围绕全国文明城市建设,加强城市长效综合管理,推进城市管理标准化、网格化、数字化、精细化、法治化、民本化。制定《关于进一步完善淮安市城市长效综合管理考评工作的实施意见》,制定标准16项378条。完善城市管理委员会工作例会制度。市区平均每天产生生活垃圾约2078吨,全部通过焚烧发电方式再利用。市区有垃圾运输车辆278辆,主次干道有果壳箱9185只、垃圾桶1.76万个;有高压冲洗、清扫、护栏清洗等各类环卫机械作业车344辆;有生活垃圾填埋场2座,处于终场状态;有垃圾中转站83座,其中船舶垃圾收集中转站5座;有垃圾焚烧发电厂2座,设计日处理能力1800吨;有粪便处理厂1座,日处理量70吨;有建筑垃圾处理场2座;有环卫公厕490座,全部免费。

【数字城管】2022年,淮安市市级数字城管平台受理案件17.21万件,处置率94.76%,结案率99.3%,各项指标均超住房和城乡建设部标准。受理"12345"政府公共服务平台交办工单1905件,结案1905件,办结率100%,群众满意率98.21%。

【市容秩序管理】2022年,淮安市落实市容环卫责任区制度,安装更换责任牌6449块、签订责任书1.8万余份,办理不履行市容环卫责任区制度案件2104件,罚款金额32万元。开展露天焚烧、露天烧烤整治。对全市661家烧烤店铺进行登记造册,发放宣传资料5225份,下发行政处罚先行告知书15份,暂扣违规物品680份,整治问题7895起,处罚问题72起,处罚金额9000余元。推进城市家具整治,拆除市区废旧杆线、电箱497处,拆除废弃配电箱17处;修复配电箱、灯杆破损基础333处;清洗、喷漆箱体436处。对新建道路清安路及改造道路长江东西路、北京东西路、华西路等进行箱体合并、多杆合一。开展邮政报刊亭整治,对清江浦区范围内68个邮政报刊亭逐一检查,限期整改完成。开展疏导点整治,全市完成60余条道路疏导点规范管理,清理迁移设置不合理的各类便民设施435处。开展"文明养犬志愿服务"活动,为社区群众宣讲养犬办证流程、犬疫防疫等文明养犬知识和注意事项。

【环境卫生管理】2022年,淮安市推进城市公厕建设和改造,城区新建公厕8座、改造公厕11座。开展"小散乱"企业整治行动,全年排查出960个底数清单,排出各类问题828个,完成问题整改828个。严防城市出入口等部位,严控卫生死角点、扬尘污染等敏感区域,市区全年发放交办单239份,发现问题1840件,印发环卫督查通报12份。市区开展"道路扬尘""公厕管理"等专项督查73次,市、县区两级联合督查2次,交办单401份,交办问题7049件,印发内环高架市场化督查考核通报9期。

【环卫作业】 2022年，淮安市对城市主次干道每天冲洗不低于8小时/车，主次干道机械化冲洗率100%。规范全市生活垃圾转运体系建设和运行。年内，市区生活垃圾产生量约75.86万吨，无害化处理量约75.86万吨，无害化处理率100%。王元垃圾填埋场填埋处置生活固体废弃物4515.4吨，其中餐厨残渣垃圾202.54吨、干化污泥4312.86吨。市粪便处理场处理进场粪便4950车次、1.69万吨。市生活垃圾焚烧发电厂焚烧生活垃圾68.72万吨。全市（不含盱眙县）收运餐厨废弃物7.57万吨。

【渣土运输管理】 2022年，淮安市投资2.33亿元建成建筑垃圾资源化利用厂，并建立特许经营制度，全年处理市区拆除类建筑垃圾130万吨、装修类建筑垃圾30万吨。上线运行智慧渣土管控系统，53家渣土运输企业770辆渣土运输车、17家装修垃圾运输企业392辆运输车安装智慧终端，实现建筑垃圾源头收集、运输过程、处置利用全流程精准监控。实施施工工地、消纳场所、运输线路全程“不见面”审批。全省首创装修垃圾网上预约清运模式，实现物业小区、装修垃圾运输企业、车辆驾驶员、资源化利用厂全链条管理。推进“智慧监管+严格执法”，通过微信小程序实时掌握建筑垃圾运输审批情况和车辆行驶轨迹，及时查处建筑垃圾运输过程中偷运乱倒、抛撒滴漏等违法违规行为。开展渣土运输“净车密闭”百日整治行动和建筑垃圾整治提升行动，整改渣土车453辆次，办理渣土运输行政处罚案件460件，罚款170.09万元。建筑垃圾资源化利用水平居全省前列。

【生活垃圾分类】 2022年，淮安市累计投入5864.96万元，完成167个生活垃圾分类达标小区创建任务，新建垃圾分类亭（房）304座，撤除居民楼前分散设置垃圾桶6000余只。开展“小手拉大手 垃圾分类我先行”社会实践活动52场，开展文艺会演、积分兑换等各类活动近500场，发放资料10万余份，8万余人次参与。开通有轨电车“垃圾分类宣传专列”，在215个候车站台、26辆公交车车身上宣传垃圾分类知识。全市共建成各类垃圾分类宣教中心12个，定期向市民开放，普及垃圾分类知识。制作宣传微视频200个，《新华日报》、今日头条、交汇点、《淮安日报》等媒体报道经验做法，助力垃圾分类宣传。新增农村垃圾分类乡镇20个，有开展垃圾分类乡镇49个。洪泽区三河镇在省级垃圾分类试点乡镇评估验收工作中获评优秀。

【无废城市建设】 2022年4月，淮安市入选国家“十四五”时期无废城市建设名单。淮安市成立无废城市建设指挥部，市城管局成立无废城市专项工作组。出台《淮安市建筑垃圾管理条例》《淮安市市区建筑垃圾资源化利用管理办法》，印发《关于进一步推进城乡生活垃圾分类工作的实施方案》《关于加强市区建筑垃圾资源化利用全过程管理的通知》，建成并运营中心城区建筑垃圾资源化利用项目。推进餐厨废弃物违法违规行为整治，全年开展专项整治行动11次，查处非法收运餐厨废弃物行为26起，市区收运处理餐厨废弃物5.55万吨，日均处理量约152.15吨。销售粗油脂2975.16吨，主要用于生物柴油和工业用油原料。

【城市行政执法管理】 2022年，《淮安市市容责任区划分办法》《市城管局重大行政处罚案件集体讨论制度》制定印发。落实行政执法三项制度、行政执法过错责任追究制度，梳理规范113项城管行政处罚事项自由裁量权，统一全市行政执法工作流程、执法文书和案卷规范，实行执法全过程记录和可回溯管理。开展全市城管行政执法队伍“百日教育整顿”活动，培训2100人次，排查整改执法领域问题51起，整改率100%。推动市容环卫区责任制度落实和宣传。开展全市物业管理综合执法进小区行动。全市办理行政处罚案件3.22万件，罚款金额618.4万元。

【机动车停车管理】 2022年，淮安市新建、新增公共停车泊位1.04万个，完成年度目标的160%。完成市政府中心城市建设重点项目——市第一人民医院立体智能停车库建设任务，为苏北地区首家、体量最大的智能立体停车库，新增停车泊位430个。召开《淮安市停车场管理条例》新闻发布会及培训会，编印单行本和《淮安市停车场管理条例80问》。新的市区停车收费政策于6月1日起实施，推进公共停车场新收费政策落实；开展市区机动车停车整治行动，累计采集违停车辆信息8.57万份，拆除地桩地锁150处，签发规范机动车停泊方向“告知书”792份，实施规划停车方向箭头1.24万个，停车泊位线出新49.8万米。

【《淮安市城市家具导则》制定】 2022年，淮安市多次召开论证会、多方征求意见，编制完成《淮安市城市家具设置导则》。导则围绕3大空间分区、5种特色风貌区，对4大系统13中类38小类的城市家具，推进分级分类提升改造，构建城市家具全空间、全要素、全过程管控与考核体系，对全市城市家具的标准化、系统化建设和管理提供指导意见。在具体实施过程中，自然资源和规划、城市管理、住房和城乡建设等部门建立联控机制，在实施新改建项目中，凡涉及城市家具设计、建设和管养的，实行项目论证，将城市家具设置理念和建设要求落实到具体项目中。

（王　丰）

乡村振兴

责任编辑：汪　洁

综　述

【乡村振兴政策】 2022年，淮安市坚持农业农村优先发展，出台《淮安市"十四五"全面实施乡村振兴战略推进农业农村现代化规划》，推进乡村振兴和农业农村高质量发展。出台《淮安市小龙虾产业高质量发展实施方案》《淮安市"十四五"现代畜牧业发展规划》等文件，推进稻米、小龙虾、生猪等主导产业和特色优势产业发展。印发《关于聚焦乡村振兴重点工作加快农业农村现代化的实施意见》，开展乡村振兴"三级先导"（1个先导区+11个先导镇+160个先导村）建设、乡村公共空间治理工作以及农业五大产业集群建设。明确"四聚焦四突破"主要目标，即聚焦提质增效，推动农业现代化实现新突破；聚焦改革创新，推动乡村公共空间治理实现新突破；聚焦协调互补，推动城乡融合发展实现新突破；聚焦共同富裕，推动富民强村实现新突破，以产业发展、农村改革和公共空间治理为重要抓手，推进乡村全面振兴。印发《关于进一步加强财政金融支持农业农村发展的实施细则》，完善贷款发放、贴息、担保抵押、监管以及保险等方面政策制度。

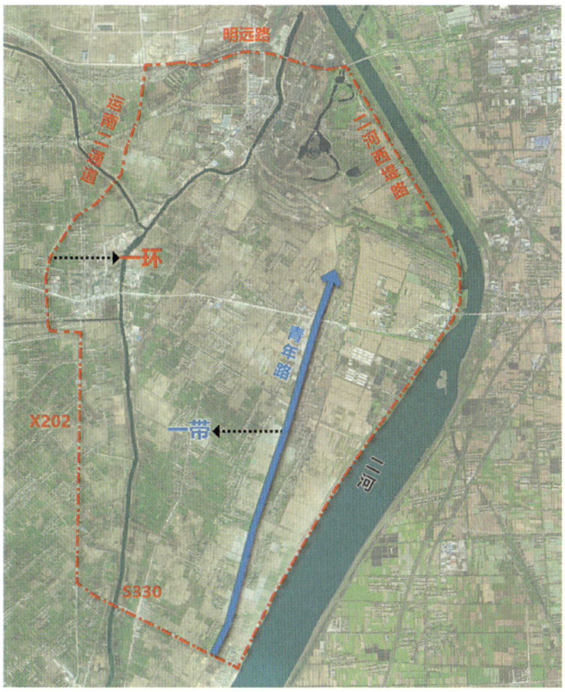

2022年，淮安市提出"1个先导区+11个先导镇+160个先导村"的"三级先导"建设规划。图为"先导区"划定范围　　市农业农村局　供

【乡村振兴财政投入】 2022年，淮安市加大乡村振兴财政资金投入力度，投入财政资金6000万元，支持农业农村发展；投入衔接推进乡村振兴专项资金3550万元，用于重点帮促村发展支柱产业；优化整合利用涉农资金，全市农林水支出预算较上年增加4.64亿元，用于农业农村的资金占土地出让收入的5.83%。7个县区落实可统筹整合资金5.76亿元、部分统筹资金13.95亿元。

【乡村振兴人才建设】 2022年，淮安市出台《关于推进新时代人才强市建设的实施意见》，将乡村人才振兴纳入各级党委人才工作总体部署，加强乡村振兴人才培育。评选市"533英才工程"农业领军人才6名、拔尖人才28名，57个镇成立乡村振兴人才党支部、设立171个特色产业党小组，建成乡村振兴实训基地58个。

（许正豪）

富民强村帮促

【概况】 2022年，淮安市开展富民强村帮促行动，巩固拓展脱贫攻坚成果。推广脱贫人口小额信贷，全年发放脱贫人口小额信贷3.22万笔、10亿元，较上年分别增长13.6%、15.5%。提升帮促资金项目绩效，构建利益联结机制，吸纳脱贫人口参与重点产业发展，带动脱贫人口和重点帮促村增收。印发资产管理系列文件，加强资产确权、运营管护、收益归集分配等监管。全市帮扶资产账面数约19.9亿元，年收益约1.1亿元。

【乡村振兴重点村帮促】 2022年，淮安市组建帮促工作队15支、帮促队员811名，对全市756个重点帮促村实现结对帮促，落实帮促资金3825万元。实现村集体经济收入保险在重点帮促村全覆盖，在全市域累计投保802个村，筹集保费1008.6万元，保障金额2.1亿元。至年末，756个乡村振兴重点帮促村村集体经济平均收入42.97万元，较上年增长27.1%，其中603个村集体收入均超30万元，占比79.7%。

【村集体经营性收入】 2022年，淮安市引导村集体通过出租形式经营物业、领办创办各类服务组织、提供有偿服务等获得持续稳定收入。通过发展现代设施农业、乡村旅游休闲农业、建设特色农产品种养基地等方式增加收入，初步建立村级集体经济收入稳定增长机制。全市1437个涉农村居，实现村级集体经营性收入9.25亿元、村平均集体经营性收入64.37万元，同比增长8%。全市有村级集体经营性收入30万元以上村1237个，占比86%；经营性收入50万元以上村646个，占比45%。

【村集体经济收入保险】 2022年，淮安市村集体经济收入保险业务向普通涉农村（居）延伸，加大市、县区、镇街三级财政资金投入，稳定保费来源。针对各村集体不同条件，分档设计保额，保费金额最低5400元、最高15000元，保险额度最低18万元、最高50万元。对村集体经济收入保险资金实行“统一管理、单独核算、封闭运行、专款专用”，坚持“县区统保、赔款到村”。至年末，全市有802个村参加村集体经济收入保险，基本实现乡村振兴重点帮促村全覆盖，筹集保费1097.92万元，累计理赔55个村、209.98万元。

【乡村公益医疗互助】 2022年，淮安市制定出台《关于推进乡村公益医疗互助项目实施方案》，规范筹资标准、报销标准等方面参考依据，减轻农村居民大病医疗负担，防范化解因病致贫风险。至年末，全市有27个镇（街道）、345个村（居）参与乡村公益医疗互助项目试点，累计筹集资金1218.2万元。引入第三方专业技术机构负责乡村公益医疗互助平台运行，依托“互联网+”和病种大数据优势，实现服务便捷高效、补贴公正公开，累计发放补助5387人次、440.7万元，个人支付占医疗支出比例下降4%。

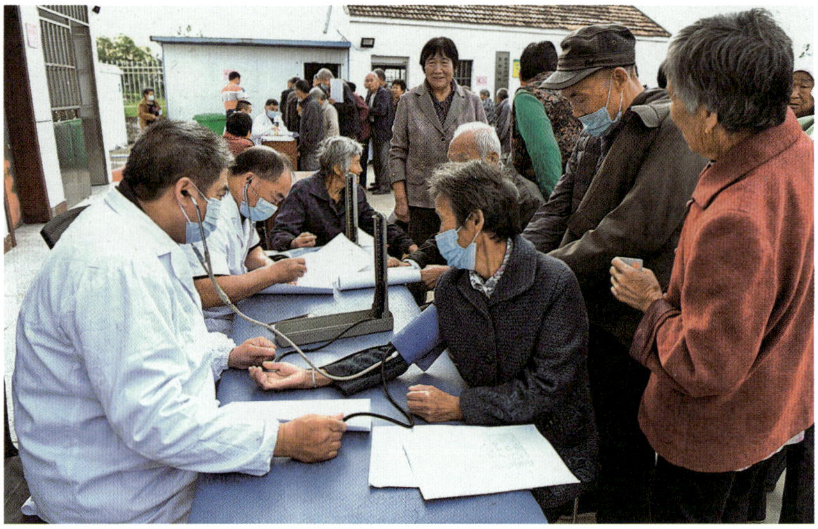

9月21日，洪泽区东双沟镇卫生院组织医护人员开展送医进村（社区）活动，服务全镇65年以上老人、低收入家庭户，共享新型农村合作医疗医改“红利”
刘彬 摄/视觉江苏网 供

表38 2022年淮安市入选全省“共同富裕 百村实践”新型农村集体经济发展典型案例一览表

序号	名称	类型
1	淮安市淮安区车桥镇丰年村	党建引领型
2	淮安市洪泽区岔河镇滨河村	电子商务型
3	淮安市洪泽区西顺河镇于圩村	产业发展型
4	淮安市盱眙县官滩镇古河社区	产业发展型
5	淮安市盱眙县天泉湖镇陡山村	电子商务型
6	淮安市淮阴区淮高镇大福村	党建引领型

（资料来源：市农业农村局）

【6个村入选省“共同富裕 百村实践”新型农村集体经济发展典型实例名单】 2022年，淮安市探索农村集体资产高效利用新路径，巩固发展农村集体经济，构建联农带农机制，引领带动广大农民群众共同富裕。6个村入选全省“共同富裕 百村实践”新型农村集体经济发展典型案例名单，洪泽区岔河镇滨河村还入选全省新型农村集体经济引领共同富裕示范村十佳案例。
（许正豪）

乡村改革

【概况】 2022年，淮安市继续推进乡村改革，深化土地制度改革，新增土地流转面积71.3万亩，规模达到历史新高。探索宅基地制度改革新路径，盱眙县试点宅基地行政处罚权，成功开办“农宅贷”业务。巩固提升农村集体产权制度改革成果，开展政经分离改革试点，探索“村资镇管”新模式，农村产权交易市场监测评价得分居全省第一。

【农村土地承包流转】 2022年，淮安市在高标准农田项目区开展“小田并大田”试点，化解土地零碎化问题，引导土地有序流转，促进土地适度规模经营，新增流转土地面积4.82万公顷。印发《关于做好农村宅基地有关工作的通知》，举办全市涉农负担暨农村宅基地审批管理等政策专题培训班2期、培训270余人次。推进农村闲置宅基地和闲置住宅盘活利用，通过农村产权交易市场成交项目11个，成交额249.7万元，溢价39.2万元。

【"政经分离"改革】 2022年，淮安市启动实施乡村振兴"三级先导"工程，设立先导区1个、先导镇11个、先导村160个。年内，全市从"三级先导"区中选出改革基础好、集体资产体量大、群众有需求的14个村，开展"政经分离"改革试点，即成立村经济合作社，使村集体经济组织和村委会分账管理。发挥农村社区股份合作社管理经营集体资产作用。

【农村集体"三资"管理】 2022年，淮安市加强农村集体"三资"（在集体所有制下，农村集体所有的货币资金、资产和资源）规范化管理，优化升级市、县、镇三级联通农村集体"三资"信息化监管平台。至年末，"三资"信息化监管系统发出预警信息1.79万条，其中资金管理预警4条、资源管理预警0.6万条、资产管理预警0.56万条、产权交易预警0.34万条、合同管理预警0.29万条，处理到位1.75万条，预警信息督办处理率97.8%。

【农村集体产权制度改革】 2022年，淮安市开展农村集体产权制度改革，指导村集体组织开展2021年度村级集体经济组织收益分配，对集体经济实力较强的村按规定弥补上年度经营亏损、提取公积公益金后，依据章程或成员（代表）会议决定方案进行分红，提高农民财产性收入。全市有17个村级股份经济合作社分红，分红总额967.29万元，其中集体股分红总额293.76万元、个人股分红总额673.53万元。

（许正豪）

【农村宅基地制度改革试点】 2022年，盱眙县推进农村宅基地制度改革试点，探索农村宅基地使用权流转交易。出台《盱眙县农村宅基地使用权流转交易办法（试行）》，印发《盱眙县推进镇（街道）集中行使农村村民非法占用土地建住宅行政处罚权工作方案》。健全完善线上线下审批管理制度，建立一个窗口、一支队伍、一套规程、一本档案的"四个一"宅基地联审联办机制，开发农村宅基地管理信息系统和App。制定《农村宅基地档案管理实施办法》和整理细则，推动宅基地申请、审批、监管、档案等全流程数字化，初步形成村级初审、镇级审批、县级监管审批模式，建立起"信息一张图、管理一条链、监管一张网"的农村宅基地审批监管格局。盱眙县基于农村集体经济组织成员身份认定宅基地资格权，在12个试点村开展资格权认定审查，认定资格权农户14529户，不具备资格权329户。

（农业农村部官网）

【农村产权流转交易市场建设】 2022年，淮安市引导农村各类产权进场交易，农村产权自由流动、高效配置，促进集体和农户增收。通过江苏省农村产权交易信息平台交易项目1.51万笔，成交金额35.89亿元，累计交易项目7.27万笔，成交金额212.35亿元。全市通过省农村产权信息服务平台累计产生溢价总金额5.3亿元，溢价率2.6%。在省农村产权交易市场发展监测评价中，淮安市居地级市第一名，连续六年蝉联全省前三名。

（许正豪）

乡村产业

【产业发展政策】 2022年，淮安市保障乡村产业发展用地，编制《淮安市2022年度农村一二三产融合发展项目用地清单》，梳理66个项目用地清单，协调一二三产新增用地计划27.33公顷，增减挂钩计划用于乡村振兴产业项目。印发《淮安市2022年度重特大产业项目攻坚考核办法》《2022年全市农业招商引资工作方案》，实施农业项目建设"五个一"（一项目一档案、每月一调度、每月一排名、每季一观摩、全年一考核）推进机制，加快推进农业重大项目建设和乡村产业发展。

【国家农业产业强镇】 2022年，金湖塔集镇创成国家农业产业强镇，全市有国家农业产业强镇5个，其他4个是涟水县红窑镇、涟水县南集镇、淮阴区丁集镇、淮安区施河镇。塔集镇推进荷藕产业融合发展，全镇荷藕种植面积1600公顷，22家荷藕种植大户整合成立产业发展联盟，推行"龙头企业+合作社+示范园功能区"等多种融合模式，加快荷藕生产向深加工转型，全年荷藕产业链产值突破1亿元。

【农产品加工】 2022年，淮安市有农产品加工园区5家，分别为洪泽农产品加工集中区、涟水县农产品加工集中区、江苏盱眙维桥农产品加工区、江苏金湖县农产品加工集中区、江苏淮安经济开发区农产品加工产业园。有规模以上农产品加工工业企业378户，比上年增加17.03%。全年完成粮油加工业总产值217.55亿元，销售收入206.21亿元，利润总额33.86亿元，比上年分别增长9.61%、2.45%和19.48%。涟水县、淮阴区、盱眙县粮油工业总产值位列前三，分别占全市的45.94%、16.8%、14.94%。大米加工业总产值排名前三的县区分别为盱眙县、淮安区、金湖县，占比分别为43.84%、20.27%、16.11%。小麦粉加工业总产值排名前三的县区为涟水县、淮阴区、盱眙县，占比分别为31.33%、24.68%、23.42%。全市有列统大米加工企业148家，工业总产值41.4亿元，销售收入43.86亿元，利润总额0.72亿元，其中有产值超1亿元以上大米企业9家。

【休闲农业】 2022年，淮安市持续推进农旅深度融合，全市实现乡村休闲旅游农业综合收入34.8亿元。金湖县吕良镇孙集村获批"中国美丽休闲乡村"，"白马湖向日葵的故事"景区获

5月28日，洪泽区第七届禾采插秧文化节在岔河镇开幕，游客和村民参加插秧、摸鱼、抓鸭等比赛，尽情享受“稻田运动会”的快乐

贺敬华　摄/视觉江苏网　供

国家五星级休闲农业和乡村旅游景点认定。开展市级示范点和精品线路推介，举办“苏韵乡情”市级乡村休闲旅游农业示范点评选活动，评选出金湖荷花荡景区等10个首批示范点；推出休闲农业和乡村旅游精品线路4条。与腾讯公司开展公益性合作，邀请网络自媒体拍摄“苏韵乡情·秋游淮安”乡村休闲旅游农业系列短视频，在新华网、新浪微博、腾讯网、抖音等多个平台推介。

【主题创意农园】 2022年，淮安市聚焦有文化说头、景观看头、休闲玩头、市场噱头、效益赚头的创新创意理念和营销模式，积极打造主题创意农园，提升休闲农业发展水平。至年末，全市创成省级主题创意农园31家。

2022年淮安市省级主题创意农园名录（31家）

淮安国家农业科技园区兰趣园
白马湖建管办白马湖森林公园菊花主题农园
淮阴区高家堰诗酒田园
涟水县乔家生态景观主题创意农园
洪泽区吴老头生态农业产业园
盱眙县玉皇山生态果园创意农园
金湖县花卉乐活
淮阴区薰衣草庄园
金湖麦可兔小镇创意园
淮阴区虾藕莲共享园
淮安区多彩苏嘴生态园
涟水璞趣亲子研学农乐园
洪泽区渔家风情万荷园
盱眙蓝莓谷庄园房车露营基地
金湖金绿源乡野庄园
金湖县南望马草滩菊花园
淮阴区彩稻文化创意园
淮安区百斯特创意农园
淮安区蓝水湾绿色果蔬创意农园
清江浦区古庄牛草莓主题创意园
金湖县水衍农耕园
金湖县匪艺嘉蔬立体蔬菜创意园
涟水县麒麟生态园
盱眙春满堂牡丹创意园
淮安区福地张兴荷藕主题农园
淮安区博里农民画主题创意园
淮阴区香园农庄碧根果主题农园
清江浦区普墩锦鲤主题创意园
洪泽区五湖生态农场葡萄创意园
盱眙县龙诚田园葡萄主题创意园
金湖县荷韵龙虾主题创意园

【农耕实践基地】 2022年，淮安市加快农耕实践基地建设，突出传统农耕文化传承、现代农业知识普及和农业技能研学实践等。至年末，全市获批省级农耕实践基地7家，分别为淮安市淮安区百斯特农业观光园、淮安市清江浦区古庄牛生态农业园、淮安市洪泽区国瑞有机稻米产业园、涟水县璞趣园、盱眙县蓝莓谷庄园、盱眙县都梁第一园、金湖县水漾年华景区。

【康美基地】 2022年，淮安市探索“农业+康体、疗养、美食”新模式，拓展度假养老、康体医疗、药膳美食、农事体验、农家生活等农业功能。至年末，全市累计打造省级康美基地5家，分别为淮安市淮阴区古清口生态园、淮安市清江浦区喜春农场、淮安市洪泽区龙禹生态园、淮安市洪泽区洪泽湖度假村、盱眙县祥康中草药养生科普园。

【“一村一品”发展】 2022年，淮安市发挥资源优势，打造“一村一品、一镇一特”产业。至年末，全市有全国“一村一品”示范村镇10个。洪泽区岔河镇韦集村（河蟹）入选第十二批全国“一村一品”示范村镇。韦集村打造“周记天品”大闸蟹品牌，通过“网上+线下”销售模式增收致富，“稻蟹混养”支柱产业年产值突破8000万元，带动农民就业200余人，拉动区域群众增收超400万元。

表39　2022年淮安市全国“一村一品”示范村镇一览表

序号	示范村镇	农产品	入选年份
1	淮安市清浦区黄码乡严卓村	蔬菜	2011
2	淮安市淮阴区丁集镇娘庄村	丁集黄瓜	2012
3	洪泽区西顺河镇	洪泽湖大闸蟹	2013
4	淮安区苏嘴镇	苏嘴西瓜	2013
5	清浦区黄码乡	淮安红椒	2014

续表39

序号	示范村镇	农产品	入选年份
6	金湖县前锋镇白马湖村	白马湖大闸蟹	2014
7	淮安市涟水县红窑镇	芦笋	2020
8	淮安市金湖县银涂镇高邮湖村	鱼虾蟹	2021
9	淮安市涟水县高沟镇胡窑村	瓜蒌	2021
10	淮安市洪泽区岔河镇韦集村	河蟹	2022

（资料来源：市农业农村局）

【乡村特色产业产值强镇强村】 2022年，淮安市推动乡村特色产业集聚化、标准化、规模化和品牌化发展，拓展农业功能，挖掘乡村价值，联动县区、镇（街道），促进产村、产镇一体化发展。淮安区苏嘴镇发展以精品西瓜为特色的瓜菜产业，入选2022年全国乡村特色产业产值超十亿元镇。金湖县银涂镇高邮湖村按照“一村一品”建设思路，发展壮大“一鱼一虾一蟹”特色产业，渔业总产值超1.2亿元，入选2022年全国乡村特色产业产值超亿元村。

【“互联网+”农产品出村进城试点】 2022年，淮安市实施“互联网+”农产品出村进城工程试点，依托互联网，利用电子商务平台打通农产品出村进城销路。盱眙县、金湖县、洪泽区和淮阴区开展试点工作。全市投入3.4亿元，构建新型农产品生产供应链体系、运营服务体系和支撑保障体系，打造“一站式”选品集采、直播“淮味千年”品牌农产品电商基地。盱眙县实施“互联网+”农产品出村进城工程国家级试点县项目，重点围绕“盱眙龙虾”品牌，建设农业农村电商公共服务中心，提升现代农业大数据中心，培育农产品网络经销电商旗舰店。项目建设于5月通过专家组考核验收。年内，全市农产品电子商务网上销售额超98亿元。

【2022·淮安农业春季招商推介会】 4月29日，淮安市举办“云聚淮安 共促振兴”2022·淮安农业春季招商推介会。活动聚焦“项目为王”，释放“亲商兴商”诚意，通过视频连线方式进行招商推介，旨在以重特大农业项目攻坚突破带动全市面上乡村振兴取得新成效。该次春季招商推介活动共签约项目21个，总投资额105.4亿元。

（许正豪）

乡村建设

【乡村建设规划】 2022年，淮安市保障乡村产业发展及农村村民住宅建设用地，印发《淮安市农村一二三产业融合发展工作实施细则》。增减挂钩专项规划获得省自然资源和规划厅批复，规划期内拆旧规模为1.52万公顷，全市流转节余指标393.33公顷，取得指标流转收入52亿元。实施“三级先导”镇村规划编制和工程建设，推进规划引领、制度设计、试点改革，“四规划两计划”（乡村振兴专项规划、国土空间规划、镇村布局规划、“多规合一”实用性村庄规划和国土空间全域综合整治计划、项目库编制计划）完成率超过90%。常态化开展“规划师下乡”服务，出台“规划师下乡”工作站实施管理办法，11个先导镇实现“规划师下乡”工作站全覆盖。统筹区域内农村人居环境整治提升、美丽乡村建设、农业产业化、高标准农田、新一轮农房改善、农村公路、生态河道等项目实施，全市梳理涉农资金项目66个，统筹整合资金2.42亿元。

【公共基础设施建设】 2022年，淮安市推进农村生活污水治理，完成472个行政村农村生活污水治理，农村生活污水治理率35.4%。全年处理农村生活垃圾约38万吨，农村垃圾集中收集率100%；推进农村生活垃圾分类减量和利用，全市实行垃圾分类的涉农镇街占比64.47%，金湖县获评2022年度全国村庄清洁行动先进县。2021—2022年，创建省级绿美村庄96个，全市林木覆盖率24.34%。累计建成农村生态河道2420.3千米，农村生态河道覆盖率33%，淮阴区入选全国水系连通及水美乡村建设试

4月30日，淮安举行“幸福满淮·安心消费”消费助农直播活动，充分发挥电商平台产品销售优势，助力乡村振兴农民增收

管伟法 摄/视觉江苏网 供

点县。编制出台《基本公共服务实施标准（2022年版）》，新改建农村公路244千米、桥梁118座，打造“美丽农村路”“平安放心路”样板路300余千米；金湖县创成全市首个“四好农村路”全国示范县，金湖县和洪泽区获批江苏省农村公路建设示范创建试点县区。新增20个医疗卫生机构通过优质服务基层行推荐达标评估，通过率居全省第三，新建成4个农村区域性医疗卫生中心；打造“15分钟医保服务圈”，镇、村覆盖率分别为100%、99.36%。组建55个小学、34个初中教育集团，农村中小学全部实行集团化办学。

【乡村公共空间治理】 2022年，淮安市系统开展乡村公共空间治理，将生产、生活、生态全要素治理与镇区、园区、社区治理相结合，乡村公共空间治理工作经验在全省推介。调查摸排各村居违规侵占问题，全市排查违规侵占乡村公共空间和集体资源资产问题33866个，村均211.4个，涉及问题面积4646.67公顷，村均29.05公顷。聚焦农地、道路、水体和集体资源资产空间，做好回收资源资产高效利用，盘活镇区园区闲置低效国有资产142处，建筑面积12.4万平方米，新增镇级财政收入854.84万元，村集体通过公共空间治理入账集体收入3963.8万元，村均增收25.41万元。聚焦新型农村社区公共服务、环境整治和就近就业等问题，在洪泽区岔河镇花海康居新型农村社区开展试点，推行苏北农房改善后宜居宜业长效机制。“洪泽区岔河镇花海康居新型农村社区兴产业促就业拓宽农民致富路”入选省农村改革促增收案例，相关经验做法被国家、省乡村振兴简报宣传推广。

（许正豪）

【农房改善与危房改造】 2022年，淮安市对居住在危房中（或无房）的低保户、分散供养特困人员、低保边缘家庭以及支出型困难家庭等农村低收入群体，实施动态监测，及时将动态新增的危房纳入改造计划并实施改造，市级完成改造农村低收入群体危房590户。开展农村自建房安全隐患排查整治，排查农房64.7万户，涉及89个镇街、1194个行政村。存在安全隐患的C、D级房屋共3849户，其中C级危房1874户、D级危房1975户。全年完成C、D级房屋整治2403户，整治率62.43%。其中，C级完成整治488户，整治率26.04%；D级完成整治1915户，整治率97%。

（王灵敏　熊君健）

【农村户厕改造提升】 2022年，淮安市出台《淮安市农村人居环境整治提升五年行动方案》，开展新一轮农村户厕改造提升，印发《2022年农村厕所革命工作实施方案》《关于加强农村改厕质量管理的紧急通知》，实行改厕质量全程监管，加强产品质量、施工全程和运营管护监管。至年末，全市完成农村户厕改造提升3.7万座，新改农村户厕进院入室率超80%，无害化农村户厕占比76%，全市涉农村居实现公厕全覆盖，全部达到城市三类以上标准。

（许正豪）

【小城镇建设】 2022年，淮安市有全国重点镇9个，分别是淮安区车桥镇、钦工镇，淮阴区渔沟镇、徐溜镇，盱眙县马坝镇，金湖县银涂镇，洪泽区岔河镇，涟水县高沟镇、红窑镇；有省级重点中心镇10个，除以上9个镇外，另有盱眙县黄花塘镇。年内，淮安区车桥镇、淮阴区徐溜镇推进省级重点及特色镇项目建设，分别获得900万元奖补资金。盱眙县管仲镇、淮安区苏嘴镇申报2022年省级重点和特色镇发展项目。完成10个省级重点中心镇开工（续建）重点项目43个，累计投资6亿元。完成18个集镇综合整治提升工作，镇区环境得到改善。

【特色田园乡村建设】 2022年，淮安市创成省级特色田园乡村12个，新增数量位居全省第五，累计创成省级特色田园乡村38个，命名市级特色田园乡村67个。将特色田园乡村创建工作列入乡村振兴和人居环境整治考核指标，定期通报督查情况。结合农房改善工作，对农房类特色田园项目开展现场检查20余次，就特色产业发展、自然风貌塑造、基础设施完善、人居环境整治等进行专题指导并提出建议。举办特色田园摄影赛、“丹青妙笔绘田园乡村”等活动，推出“特色田园乡村游”线路，助力特色田园乡村旅游发展；“学习强国”学习平台、《新华日报》等媒体专题宣传推介。

表40　2022年淮安市入选省级特色田园乡村一览表

序号	县区	特色田园乡村	批次	序号	县区	特色田园乡村	批次
1	淮安区	漕运镇李庄新型农村社区	第九批	7	涟水县	岔庙镇洪滨新型农村社区	第九批
2	淮安区	石塘镇卫东新型农村社区	第九批	8	涟水县	五港镇前营新型农村社区	第九批
3	淮安区	车桥镇西官渡新型农村社区	第九批	9	涟水县	高沟镇大胡新型农村社区	第九批
4	淮阴区	渔沟镇蒋桥新型农村社区（一期）	第九批	10	金湖县	金南镇幸福街新型农村社区（二期）	第九批
5	淮阴区	南陈集镇林坪新型农村社区	第九批	11	淮阴区	刘老庄镇刘老庄村丁庄、胡庄	第十批
6	淮阴区	刘老庄镇友谊新型农村社区	第九批	12	盱眙县	淮河镇明祖陵村王庄、朱周	第十批

（资料来源：市住建局）

【美丽宜居乡村建设】 2022年，淮安市完善美丽宜居村庄建设标准，各县区、镇街开展保留村庄基础设施建设工作，完成保留村庄改造提升项目任务38个，完成率100%。提升村庄美丽宜居水平，建成美丽宜居村庄103个。年内，有3个镇（街道）、37个行政村（社区）入选2022年度江苏省生态宜居美丽乡村示范名单，创成市级示范村153个。至年末，全市累计建成美丽宜居村庄849个，美丽宜居村庄建成率达83%。

（王灵敏　熊君健）

【吕良镇孙集村入选中国美丽休闲乡村】 2022年，淮安市金湖县吕良镇孙集村入选农业农村部2022年中国美丽休闲乡村名单，全国共有256个村落入选。吕良镇孙集村辖区面积2.6平方千米，水面面积70.13公顷，耕地面积191.93公顷，是江苏省乡村旅游重点村、淮安市"水美乡村"、淮安市级特色田园乡村。村西侧沿淮金线有杉荷里、佳明苗木公司、金绿源生态庄园等7个家庭农场，北侧有8家特色农家乐以及白马湖向日葵故事景区、白马湖湿地公园，南侧有棋盘古镇等旅游景区。2018年，该村开始发展乡村旅游，年均接待旅客6.3万人次，旅游年收入1045余万元，从事旅游服务业村民130余人。

2022年淮安市获批省级生态宜居美丽乡村示范镇村名录

示范乡镇（街道）（3家）

洪泽区蒋坝镇
涟水县红窑镇
金湖县塔集镇

示范村（社区）（37家）

淮安区漕运镇小李庄村
淮安区车桥镇三庄村
淮安区苏嘴镇大胡村
淮安区石塘镇张兴村
淮安区顺河镇顺西村
淮安区平桥镇九洞村
淮安区范集镇大问村
淮安区钦工镇东支村
淮安区博里镇博里村
淮阴区马头镇太山村
淮阴区马头镇码头村
淮阴区刘老庄镇刘老庄村
淮阴区渔沟镇汤庙村
淮阴区高家堰镇高堰村
淮阴区淮高镇大福村
淮阴区三树镇联盟村
清江浦区和平镇古庄牛村
清江浦区和平镇后左村
清江浦区和平镇三闸村
洪泽区老子山镇龟山村
洪泽区朱坝街道曹庄村
洪泽区蒋坝镇头河村
洪泽区黄集街道曹圩村
涟水县成集镇条河村
涟水县红窑镇夏楼村
涟水县唐集镇月塔村
涟水县高沟镇扁担村
盱眙县黄花塘镇旧铺社区
盱眙县黄花塘镇芦沟社区
盱眙县天泉湖镇陡山村
盱眙县马坝镇高桥社区
盱眙县盱城街道新华社区
金湖县吕良镇张坝村
金湖县塔集镇金桥村
金湖县塔集镇高桥村
金湖县金南镇南望村
金湖县银涂镇高邮湖村

2023年，金湖县吕良镇孙集村入选2022年度中国美丽休闲乡村。图为孙集村湖畔旺屯　市农业农村局　供

乡村文化

【概况】 2022年，淮安市公共数字文化服务乡村覆盖率达100%，建成智慧广电镇（街道）22个。开展农村公益电影放映1.37万场、送戏下乡448场次。各县区制定完善新时代文明实践中心建设信息公开、日常管理、定期报告、经费保障、实绩考核等制度，打造"15分钟文明实践圈"，形成四级实践网络。举办第十二届江苏农民读书节暨2022淮安周恩来读书节活动。

【新时代文明实践中心建设】 2022年，淮安市出台《淮安市建设新时代文明实践中心工作方案》《淮安市新时代文明实践中心、所、站建设标准》等文件，将新时代文明实践工作纳入市高质量发展考核体系和文明城市月度测评体系，与落实意识形态工作责任制、乡村振兴、全国文明城市建设工作挂钩，成立由市委主要领导担任组长的新时代文明实践中心建设工作领导小组。依托公园绿地、医疗机构、文化场馆、城市书房以及组织部门、群团部门的关爱阵地，建成新时代文明实践点3400个。创新建立大运河百里画廊等一批新时代文明实践体验线路。依托清江浦新时代文明实践云平台开展信息发布、指挥调度、活动组织等工作。至年末，全市建成县区实践中心10个、镇（街道）实践所104个、村（社区）实践站1590个，实现新时代文明实践中心、所、站分别在县、镇、村三级全覆盖。

（淮安市人民政府网站）

【农家书屋建设】 2022年，淮安市有农家书屋1452个，其中五星级农家书屋10个、四星级农家书屋23个。1414个农家书屋实现“通借通还”，占全市农家书屋总数97.4%。全市农家书屋配有图书306.3万册，期刊508种，1449个书屋配备电脑。开展农家书屋主题阅读活动6389场次、农民读书节主题阅读活动2738场、新时代乡村阅读季活动3780场。组织农村少年儿童参加“我的书屋·我的梦”作品征集活动，征集作品1370幅，9个作品在省级评比活动中获奖。1033个农家书屋补充更新出版物，采购图书总量14.4万册，其中国家推荐图书占比70%，省推荐图书占比30%；采购期刊2.8万册，全部配送到位。全市新增省数字农家书屋平台用户25.8万人，累计29.1万人；新增平台使用次数96.7万次，累计使用135.5万次。农家书屋新增加喜马拉雅、超星等电子阅读设备180台。推进镇（街道）级淮安书房和淮安小书房（农家书屋、社区书屋）建设，将镇（街道）级淮安书房建设纳入市政府为民办实事项目，全市提升建成镇（街道）级淮安书房95家、示范淮安小书房457家。

（刘盛邦）

【送戏下乡】 2022年，淮安市将“送戏下乡”工作纳入各县区年度考核指标，出台《淮安市“送戏下乡”管理办法（试行）》《淮安市2022年度“送戏下乡”实施方案》。打破传统送戏模式固化、戏曲品种老旧模式，集中利用农闲、乡镇赶集时间，开展“送戏下乡”活动448场次。其中，50%场次节目由当地演出团队演出，50%场次由各县区交流演出，交流演出每场补助3000元。选送《天下民心》《哎呦我的憨哥哥》等获省级以上奖项的淮剧作品，《樊梨花点兵》《牙痕记》等传统剧目和经典折子戏参加“送戏下乡”精品剧目演出。精选演出团队，形成以专业戏曲院团为主、业余演出为补充的格局，培育三河长青文化艺术团、东双沟镇金凤凰歌舞团等业余演出团队。

7月18日，淮阴区长江路街道果林村村民在农家书屋整理图书
刘须连　摄/视觉江苏网　供

【第十二届江苏农民读书节暨2022淮安周恩来读书节】 4月20日，第十二届江苏农民读书节暨2022淮安周恩来读书节在盱眙县启动。该届读书节由江苏省委宣传部等部门联合主办，以“弘扬耕读文化，助力乡风文明”为主题，组织开展“‘迎接宣传贯彻中共二十大’主题阅读”、“新时代乡村阅读季”、“点亮满天星、书送新希望”网络公益项目、“经典润乡土行动”、“我的书屋我的梦”农村少年儿童阅读实践等系列阅读活动。活动现场公布第十二届江苏农民读书节一百种阅读参考书目、“江苏数字农家书屋”2021年度阅读数据，颁发淮安市全民阅读“五十佳”及2021年度“书香企业”“书香机关”“书香校园”“书香家庭”等奖项。

（严　格）

乡村治理

【乡村治理体系建设】 2022年，淮安市探索创新社会协同、公众参与、法治保证的现代乡村治理体制，编制淮安市“村级小微权力清单、村级主体责任清单、村务公开清单和负面清单”等7类清单，在全市1342个涉农村居中全面推广运用。淮安乡村治理经验两次被编入省乡村治理典型案例汇编，“学习强国”学习平台、《新华日报》、《人民日报》等媒体发布报道88篇。

（许正豪）

【新型农村社区治理】 2022年，淮安市完善新型农村社区治理服务体系和运行机制，制定新型农村社区移风易俗公共服务设施建设五项标准。至年末，全市81个新型农村社区实现综合服务设施达标率100%、民主协商机制完善率100%、实行全科服务模式的社区覆盖率100%。淮安区淮城街道闸口村、车桥镇三庄村、施河镇万新村获评2022年省级新型农村社区治理服务示范点。

（陈诗郡）

【乡村文明建设】 2022年，淮安市推进文明村镇创建，建立健全“城乡结对 文明共建”机制，成立县区、镇村文明村镇创建工作专班，将创建指标转化为具体工作项目和为民服务清单；组织市级以上文明单位赴结对村镇开展帮扶，引导城市社会资源、文明要素向乡村有序流动。将全市所有镇（含涉农街道）纳入创建工作考评范畴，常态化开展镇（街道）综合考评和巡查督查，发布考评情况和专题督查通报。实施乡风民风、人居环境、移风易俗等提升行动。加强移风易俗文明宣传，推广盱眙县搭建“YU见盱眙‘盱’你参与”青年交友平台、淮安经济技术开发区徐杨街道严赵村依托有事“码上议”平台坚持“党建+协商议事”等全省首批移风易俗优秀典型案例。面向农村地区公开发布《移风易俗倡议书》，发放“移风易俗·为爱减负”网上调查问卷。开展“大操大办、不文明丧葬、不文明祭祀、借教敛财、低俗娱乐、赌博”六大重点问题整治，明确“移风易俗宣教、自治组织提升、先进文化浸润、生态环境改善、党员干部引领”五项实施路径，集中开展“树新风 除陋习”专项行动。

（刘盛邦）

【法治乡村建设】 2022年，淮安市法院系统一审审结涉“三农”案件2920件。洪泽区法院开发区法庭在方特东方欲晓乐园等景区设置旅游纠纷巡回审判点，保障国家全域旅游示范区创建。涟水县法院陈师法庭建立交通物流集约化解和企业司法护航“两个中心”，助推空港产业园建设。盱眙县法院管仲法庭推进水产养殖纠纷专业化审理，促进龙虾产业发展。服务农村土地制度改革，一审审结涉农地规模化流转和高标准农田建设等纠纷案件121件。淮阴区法院南陈集法庭参与乡村公共空间治理，协助清理村集体土地不规范发包等合同23份。金湖县法院宝应湖法庭设立8个审务工作站，指导村委会签订土地承包经营权流转等合同31次。维护农民工合法权益，全市建立根治欠薪联动机制，为3520名农民工追回钱款6518万元。

（市法院）

【农村网格建设】 2022年，淮安市深化农村网格基础建设，农村地区划分综合网格3573个，配备专职网格员2701人、兼职网格员872人。实施“精网微格4.0”工程，以50~100户为基本单元，结合人、地、物、事、组织等要素，精准划分农村微网格1.25万个；从农村党员、“五老”（老干部、老战士、老专家、老教师、老模范）等群体中逐一选聘微网格联络员，探索形成“镇—村—网格—微网格—楼栋—户”的工作体系。推行“微积分”激励管理模式，提升微网格联络员和农村群众参与治安防控、矛盾化解、便民服务等社会治理积极性。持续开展“一格一品”（一个网格、一个品牌）示范创建活动，打造清江浦区“网格睦邻驿站”、淮安区“微格议事凉亭”、洪泽区“农旅微网格”、涟水县“红色代办”等特色网格品牌。

（朱　军）

【农村矛盾纠纷调解】 2022年，淮安市依托仲裁、调解、诉讼“三位一体”农事纠纷调处机制，处理各类涉农纠纷。全年通过人民调解方式化解各类复杂涉农纠纷197起，其中超三年累案14起。加强涉农纠纷排查，重点掌握辖区内积案累案，组织调解员集中研判，归纳总结争议焦点、纠纷共性等专业问题。做好矛盾预防预控。针对涉及法律和政策问题的矛盾，邀请法院有关业务庭的法官及基层法律服务所专业人员，通过法理讲解和以案释法的方式为当事人提供参考，做到“庭所”联动化解。组织开展现场“评议调解”，发挥两家长辈、老党员、老干部等“五老”人员带头作用，共同参与劝解协调，实现案件实质化解。

（淮安市人民政府网站）

区域发展

责任编辑：周永达　孙　虎

融入长三角

【概况】 全面建设长三角北部现代化中心城市是淮安市"十四五"时期的发展战略，基本确立长三角北部现代化中心城市地位是淮安市2035年远景发展目标。2022年，淮安市全面推进融入长三角一体化发展。推动交通建设，实现互联互通，加强长三角产业合作、科技合作、民生合作。举办上海·淮安城市发展推介月系列活动，签署《共同编制南京都市圈多层次轨道交通体系规划框架协议》《南京都市圈产业"集群强链"行动方案》。

【基础设施互联互通】 2022年，宁淮铁路先开段主体完工，淮泰铁路开展前期规划研究。京沪高速扩建路基工程基本完成，长深高速扩建用地报批通过省级审核。淮安涟水国际机场三期货站国际区改造主体工程基本完成，航站区工程可行性通过专家评审，飞行区工程完善预工程可行性研究报告编制。推进京杭运河绿色现代航运综合整治工程淮阴船闸公路桥、航道疏浚施工工程，淮安港三期工程开工建设，推进黄码作业区、上河作业区一期地基处理和码头水工结构施工，淮河入海水道二期配套通航工程可行性研究、土地预审等前期工作。推出上海至淮安等"陆改水"项目，成立上港（淮安）国际集装箱码头有限公司。

【产业合作】 2022年，淮安市委托长三角知名机构开展招商，建立产业"一图一库一目录"，承接上海产业转移。全市新签约亿元以上项目中，60%属于长三角地区，其中投资50亿元以上项目13个。上海光明食品（集团）有限公司和上海梅林正广和（集团）有限公司并购淮安市苏食集团。将宁淮挂钩合作作为对接融入长三角一体化的快速通道，举办宁淮智能制造产业园2022年首次集中签约仪式，总投资额53亿元。

11月6日，"诚意满淮　共创未来"2022淮安（上海）台资产业合作对接会在上海市举行　　市台办　供

【科技协同创新】 2022年，淮安市聚焦"333"主导产业，着力引进创新创业团队和创业人才。上海交通大学、浙江大学、南京大学、东华大学等多家大学和企业在淮安设立研发中心与高端产业聚集地。至年末，全市累计引进资助"淮上英才计划"创新创业团队37个、领军人才205人。启动科技型企业入驻"科创飞地"工作，6家创新型企业入驻宁淮科创走廊。

【医疗合作】 2022年，淮安市医院门诊开通跨省直接结算，开辟现场备案、国家微信小程序备案、江苏医保云等7种备案渠道，方便参保人群就医备案。建设政务服务长三角"一网通办"专区，实现长三角"一网通办"事项异地可办。落实《南京都市圈高频政务服务第二批通办事项清单》，实现都市圈内"跨省通办"。与复旦大学公共卫生学院开展"公立医院产权制度改革比较研究"合作项目，被评为省公立医院综合改革立项资助课题第一名。市第一人民医院在上海市瑞金医院指导下成立造血干细胞移植中心、淋巴瘤诊疗中心。市第二人民医院急诊科与省人民医院急诊科合作成立"江苏省人民医院体外生命支持中心淮安分中心"。

【生态环境共同保护】2022年，淮安市加强与长三角地区城市共享各类污染源、生态环境监管等领域信息，加强南京都市圈区域大气污染防治规划协同，实施区域大气污染联防联控。围绕淮河、京杭大运河、黄河故道沿线以及洪泽湖周边地区，开展生态保护与修复。落实与南京市签订的《环境安全联防联控合作协议》，提高突发环境事件防范和处置能力。落实跨界水环境区域补偿机制，推动实现生态环境联保共治。

【长三角特色旅游目的地打造】2022年，淮安市以西游乐园、洪泽华强方特东方欲晓等重大文旅项目运营为契机，与长三角地区城市共同打造"明文化""红色文化""生态文化""淮河文化"精品旅游线路，打造长三角特色旅游目的地。与上海东方卫视《极限挑战》栏目组合作，拍摄淮安专场节目。在上海、杭州、南京等城市主要商业街区、高档小区电梯内设置框架广告，在南京地铁、杭州地铁等户内外广告载体投放淮安文旅宣传广告。举办盱眙国际龙虾节、金湖荷花节、洪泽湖大闸蟹节等活动，吸引长三角游客。年内，淮安区入选"长三角高铁旅游小城"。

【淮安区上榜"长三角高铁旅游小城"】参见《旅游·旅游业态》

（吴升前）

宁淮挂钩合作

11月17日，2022年宁淮智能制造产业园高质量发展推介会在南京江北新区召开　　市发改委　供

【概况】2022年3月，江苏省委、省政府优化调整结对关系，开启新一轮南北结对帮扶合作。南京、淮安两市贯彻省委、省政府决策部署，发挥各自产业和资源优势，创新合作方式，共同促进省域南北协调发展、南京都市圈融合发展。两市就教育、科技、养老服务、人力资源、文化旅游、医疗卫生六大领域帮扶合作进行深入对接。年初，淮安市编制印发"2022年度南北结对帮扶合作项目计划表"，全年项目开工率100%，6000万元资金全部拨付到位。

【合作机制建设】2022年，淮安市成立由市委书记、市长任组长的市对口支援帮扶合作工作领导小组，加强综合协调、日常管理服务职能。梳理宁淮挂钩合作18项具体工作任务，制定印发《重点任务分解方案》，细化时间节点，压实工作责任。明确涟水县结对南京市溧水区、盱眙县结对南京市江北新区，举行两地联席会议并签署框架合作协议，有序推进园区建设、人才交流、产业发展、资金拨付等共建事项。

【教育合作】2022年，南京、淮安两市教育局签订宁淮2022年度教育挂钩合作项目协议，明确帮扶合作任务12项。年内，两地11对学校建立结对合作关系，帮助提升淮安市学校教育质量。淮安市选派40名优秀教育管理者、骨干教师赴南京市鼓楼区开展跟岗学习锻炼。1325万元教育帮扶资金拨付到位。

【医疗卫生合作】2022年，南京、淮安两市卫生健康委员会签署医疗卫生领域南北结对帮扶合作方案，明确帮扶合作项目8个。两地医疗卫生单位签订合作协议7份，涉及南京鼓楼医院、南京市一院、南京中西医结合医院、南京市疾控中心、涟水县人民医院、涟水县中医院、涟水县疾控中心、盱眙县疾控中心等。南京市医院在人才交流、专科建设等方面全方位帮扶淮安地区医院。年内，800万元医疗卫生帮扶资金拨付到位。

【文旅合作】2022年，南京、淮安两市文化旅游部门和文化企业加强交流合作，在群众文化骨干培训辅导、现场学习观摩等方面开展合作。南京市文旅局制作《南京都市圈之旅》宣传册，对淮安旅游资源和旅游线路进行宣传推广。淮安市在高铁南京南站、南京主要商业街区、高档小区电梯内设置框架广告，在南京地铁等户内外广告载体投放淮安文旅宣传广告。

【养老服务合作】2022年9月27日，南京、淮安两市民政局签订《宁淮养老服务领域南北结对帮扶合作协议》，明确帮扶项目25个，重点加强农村区域性养老服务中心建设提升、社区居家养老设施运营管理、养老护理员交流培训、养老产业互融互通等方面合作。全年淮安市完成改造提升农村标准化区域性养老服务中心21个，打造街道综合性养老服务中心14家，新增高品质助餐点位10余个，完成养老护理员培训4300人次。

【人力资源合作】2022年8月25日，南京、淮安两市人力资源和社会保障部门签订《南北结对帮扶合作框架协议》。南京技师学院与淮安技师学院合作建立技能实训基地。加强人力资源服务跨区域合作，两市合作举办展示交流活动4场、线上线下专场招聘会5场。规划建设宁淮合作重点项目——金湖技工学校。

【县区合作】 2022年，淮安市两个结对帮扶合作重点县盱眙县、涟水县与南京市江北新区、溧水区深入开展结对合作。盱眙县举办盱眙融入南京都市圈高质量论坛，推动南京都市圈有关县区11家企业签署《共建南京都市圈美食文旅联盟框架协议》，做好宁淮智能制造产业园建设土地规划、帮办服务、基础设施等保障工作。涟水县组织考察宁淮智能制造产业园，推进溧水区—涟水县省级特色园区共建。金湖县与南京各领域互动互融。金湖（南京）产业科创中心正式投入运营，并备案成为市级众创空间和省级科创飞地。金湖县与南京科技局共同举办第一届南京都市圈宁淮科技合作交流会暨金湖县仪器仪表产业发展研讨会。金湖县与南京江宁区达成政务服务战略合作，共同开展跨市业务办理合作，形成“标准统一、相互授权、异地受理、远程办理、协同联动”的“长三角区域通办”政务服务新模式。

【宁淮科创走廊建设】 2022年，南京、淮安两市提出共推科技创新，明确规划建设宁淮科创走廊。两市印发实施《宁淮科创走廊研发基地管理服务办法（试行）》，分别在中国（南京）软件谷科创城和江北新区研创园购置载体，打造宁淮科创走廊。科创走廊载体面积约1万平方米，主要为淮安市各区县（园区）优秀企业服务。形成人才招聘服务、科技资源共享、创新产品展示、企业融资服务、企业上市服务、招商引资合作6种平台服务能力。引导南京高等院校、科研院所与宁淮科创走廊入驻企业开展产学研合作。入驻企业江苏宇特光电科技股份有限公司与南京邮电大学达成产学研合作，江苏神力特生物科技有限公司与三江学院达成产学研合作，江苏神华药业有限公司与南京中医药大学达成产学研合作。至年末，有7家企业入驻宁淮科创走廊。

（吴升前）

【宁淮智能制造产业园】 南京淮安宁淮智能制造产业园（以下简称宁淮产业园）是南京、淮安两市合作共建的省级南北共建园区高质量发展创新试点，于2021年12月正式挂牌成立。园区位于盱眙县南部黄花塘镇境内，与南京市北部行政边界相距12千米，规划面积8.21平方千米。2022年11月，在宁淮产业园建立并挂牌“中国（江苏）自由贸易试验区南京片区联动创新发展区”。

体制机制创新　2022年，宁淮产业园探索以“管委会+公司”模式实现市场化、封闭化运作。设立不定级别管委会，成立党政办公室、投资促进局、经济发展局、财政金融局、规划建设局、企业服务局并划分机构职能。与属地成立的产业园服务中心沟通协作，共同推进园区高质量发展。优化园区干部队伍建设，以南京方为主配齐园区领导班子。建立滚动式、菜单式干部挂职机制，打造专业化、可持续的园区干部队伍。实行园区充分授权封闭运作。成立园区金库，实行独立账户、一级财政、一级预算。获得首批26项市级审批事项授权。组建园区投资发展公司，主要承担园区专业化招商、运营管理、资本运作等；组建园区开发建设公司，主要承担园区基础设施建设、土地整理投资、配套设施投资、项目全过程管理服务；组建投资建设公司，作为园区基础设施建设市场化运作和投融资主体。

基础设施建设　组织编制8.21平方千米国土空间规划、控制性详细规划和产业发展、市政设施、道路、景观、水系等专项规划。对接盱眙县黄花塘镇片区国土空间规划编制，启动16平方千米城市设计，协调淮安市、盱眙县确定城镇开发边界。全年完成2平方千米前期开发建设任务。将30.4千米、总投资13.8亿元的道路项目整体打包，年内建成核心区道路4条。燃气站、消防站启动试运行，110千瓦变电站建设方案获省供电公司批准，污水处理厂改扩建项目签订投资建设协议。机器人产业基地一期、天源产业基地、圣克洛伊饮品等产业载体项目封顶，南京理工大学产学研合作基地投入使用。建设及盘活新增产业配套载体面积约33万平方米。推进高标准职工公寓建设，项目总用地

9月3日，江苏圣柯珞伊饮品集团有限公司年产100万吨饮品项目在宁淮智能制造产业园开工　市发改委　供

4.6万平方米，总建筑面积10.48万平方米，由9栋15层公寓、1栋集中商业楼（邻里中心）组成。

项目招引　招商团队与栖霞高新区、鼓楼高新区、江宁开发区高新园、江北新区智能制造产业园等产业园区签订战略合作协议，建立合作协同招商机制。成立产业投资基金，联合淮安金控、盈科资本、奥联电子、上海建工投资等社会资本，设立首期6亿元园区产业发展基金。采用基金招商形式，加强与资本联动，实现“以投促引”。与各大资本企业以及省属、市属国有投资企业建立长期战略合作，获取项目信息百余条，落地奥联新能源、众仓机器人、亿鹏能源、中天安驰、奥富能机器人、精森新能源等产业项目。围绕新能源、智能装备和机器人两大主导产业，开展资本招商、产业链招商、联合招商，全年签约亿元以上重大项目20余个，总投资133亿元。工业项目完成固定资产投资2.5亿元，新开工工业项目亩均投资强度0.41亿元，当年新开工亿元以上工业项目3个，其中10亿元项目1个。

科技创新　推动“研发+生产”共建。推动10家智能装备与机器人企业生产基地落户宁淮产业园、研发基地落户南京。围绕主导产业打造创新中心，对接南京师范大学、南京理工大学、东南大学，导入重点实验室、产业研究院等创新资源，促进重大科技创新成果在园区转化。对接苏青科技集团等专业化机构，整合创新资源，打造创新创业平台，打通研发至产业流通渠道。与金雨茂物投资管理股份有限公司合作探索成立创新种子基金，为具有成长潜力的初创企业、创业团队提供资金等要素支持。

营商环境　加强与盱眙县技师学校合作，为园区对口培养专业技术人才；推动南京师范大学对盱眙县进行教育帮扶，谋划启动园区南师大宁淮创新实验学校建设；推动园区企业员工随迁子女按当地义务教育招生政策入学。加快推动与南京江北新区实现公积金异地贷，新引进企业人才享受南京社保与积分落户政策；对接医疗医保医药服务一体化机制，推进落实统一的基本医疗保险政策，推动公共服务同城化发展。落实“不见面审批（服务）”，制定完成园区标准化审批流程，做到审批不出园区。组建完成7人宁淮智能制造产业园政务服务和代办帮办工作团队，负责企业全生命周期服务。推动项目“拿地即开工”，优化审批流程，确保园区招商引资项目及时落地。

智能化低碳园区建设　围绕智能制造发展定位，落实国家“双碳”战略部署，探索“数字智能+绿色低碳”模式，打造园区特色。搭建园区数字化管理平台，与阿里云计算公司合作建设“园区大脑”和运行指挥中心，助力制造企业数字化转型，打造工厂内、供应链、产业平台全面协同新基建。建强大数据应用产业，与超讯通信股份有限公司合作建设园区绿色数字经济算力中心，助力企业完成数字化转型关键一步。打造绿色低碳型园区，与中国电力科学研究院、国网江苏综合能源服务有限公司和淮安供电公司合作，制定园区综合能源解决方案，规划建设综合能源站及环形管网，提高园区能源利用效率。实现园区5G网络全覆盖，与中国移动公司合作启动5G专网建设，为5G智慧园区建设打下网络基础。

（吴升前）

援疆工作

【概况】 新疆生产建设兵团农七师位于新疆准噶尔盆地西南部的奎屯河流域，境域分布在奎屯市、乌苏市、克拉玛依市及沙湾县和布克赛尔蒙古自治县境内。2022年，农七师下辖11个团场，面积4525平方千米，人口约30万人。年内，淮安市立足两地实际、尊重两地意愿、发挥淮安优势，按照《“十四五”对口支援兵团第七师项目规划》及年度方案开展工作，全面完成年度目标任务。

【产业援疆】 2022年，淮安市开展“消费帮扶”惠民行动，帮助农七师团场销售农副产品计265万元。开展“疆果入淮”优质农产品推介活动，在淮安开设“疆果”专卖店6家；组织农七师葡萄、羊肉等产品销往淮安批发市场；建立两地市场长效合作联动机制，年销售额1500万元。

【民生援疆】 2022年，淮安市围绕乡村振兴等要求，坚持80%的援疆资金向保障和改善民生倾斜、向基层倾斜。农七师职工文化体育中心、连队基层阵地改造提升、医院医疗卫生提升等项目全部开工建设，胡杨河市政务服务中心、市人民医院、市第一小学、污水处理厂等民生项目投入使用。投入1100万元打造129团5连美丽连队，推进130团15连偏远散户集中安置房建设。发挥700余万元“小援疆”资金作用，完成团场职工活动中心改造、小区亮化、合作社扶持、养老院改造、电商孵化园建设等一批具有淮安印记的特色亮点项目。开展“一地一院一品”职业技术教育能力提升行动。累计投入1.6亿元，在农七师胡杨河市职业技术学校建设就业孵化基地。推动淮安市高级职业技术学校与农七师胡杨河市职业技术学校结对共建，支持胡杨河市职业技术学校重点建设汽车维修与应用专业和实训基地。安排260万元援助资金，专项资助400名在内地普通高校就读的农七师困难家庭学生。

【智力援疆】 2022年，淮安市组织开设农七师党政干部、连队（社区）书记等培训班3个。民建淮安市委、致公党淮安市委、清江浦区、涟水县代表团前往农七师胡杨河市考察交流。拓展“组团式”援疆领域。淮安医疗卫生专家在帮助农七师成立肺小结节诊疗中心基础上，开展胸腔镜肺叶、肺段切除，单孔胸腔镜肺癌根治等高难度手术，填补当地技术空白7项。接诊、义诊病人5000余人次，救治危重病例40余人次，实施手术75台次，帮带提升当地技术人才36人。

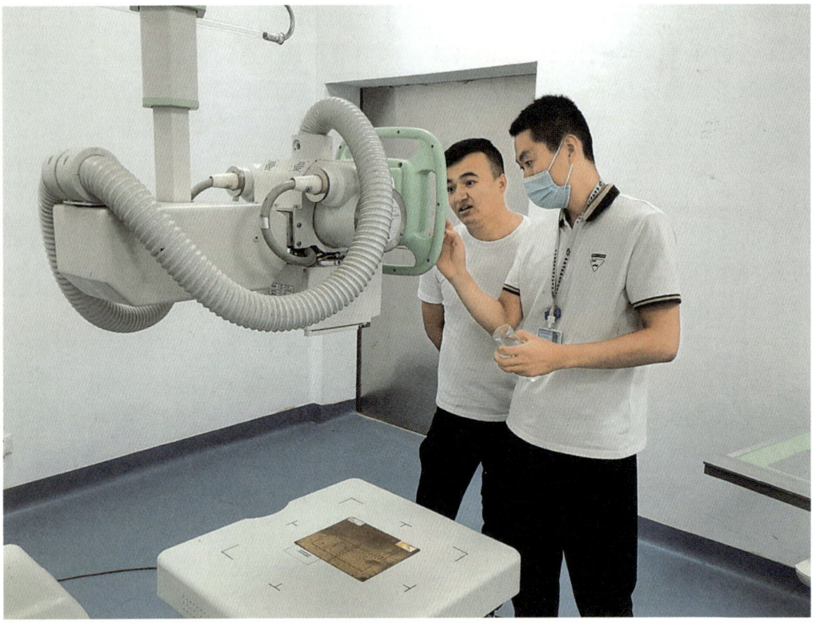

2022年8月，市疾控中心专业人员赴新疆克孜勒苏柯尔克孜自治州指导当地医生开展医用辐射防护监测。图为现场指导图

吴庆贵　摄/市疾控中心　供

20名支教教师在130团中学、胡杨河第一中学任教，开设80余节公开课和30次讲座，传帮带年轻教师15人。淮安市检验检测中心在农七师探索业务合作，淮安特种设备专家对农七师特种设备业务进行全流程指导。

【文化润疆】 2022年，淮安市推动与农七师少年儿童交往，弘扬中华优秀文化。开展少年儿童“手拉手”夏令营、冬令营等交流活动，在130团中学、胡杨河市第一中学开设国学讲堂等。开展文化艺术交流活动，邀请中国书画家协会会员到农七师采风授课，记录兵团儿女生活点滴记忆的诗歌散文随笔《爸爸的孩子们》出版发行。开展“民族团结一家亲”结亲活动。24名援疆干部人才与少数民族家庭结成亲戚，为结亲户解决生活、生产方面问题20余件，购买物品5万余元。

（吴升前）

淮安市与铁岭市对口合作

【概况】 2022年，淮安市与铁岭市对口合作工作按照中央要求和江苏省、辽宁省部署，围绕《江苏与辽宁对口合作实施方案》，聚焦现代农业发展、园区转型升级、文化旅游合作等领域，深入协商合作，推动两市优势互补、互惠互利、合作双赢。

【互访交流】 2022年1月中旬，淮安市发展改革委组织赴铁岭市调研参观两市共同建设的安岭工业园项目和周恩来纪念馆。3月2—5日，铁岭市委组织部副部长带队到淮安市考察调研。6月，由铁岭市招商局牵头，开原市市长带队到淮安市考察，推动两市农业产业化、食品加工等相关产业合作。铁岭市选派西丰县1名副县长挂任淮安市商务局党组成员、副局长，时间1年。

【互动合作】 2022年，淮安、铁岭两市围绕铁岭周恩来少年读书旧址纪念馆与淮安纪念馆、故居的陈列设计、景区管理、宣教策划、理论研究和景区规划等事项开展调研交流，共同探讨如何充分发挥红色基地教育作用。定期召开“淮安铁岭农展会”，连续多年邀请铁岭市参加中国（淮安）国际食品博览会，加强两地农产品电子商务线上线下合作，推动铁岭特色农产品销售。连续三年邀请铁岭30余家农业企业和合作社，参加淮安市在南京举办的“江苏淮安名特优农产品展销会”活动，助力铁岭农产品开拓长三角市场。

【淮安—铁岭工业园区建设】 淮安—铁岭工业园区由铁岭经济技术开发区与淮安经济技术开发区共同出资组建，辽宁安岭经济发展有限公司负责园区开发建设。项目总投资2.5亿元，占地面积14.8万平方米，总建筑面积9.7万平方米。至2022年末，项目一期建筑工程完工，二期建筑完成土建工程。年内，莱尼线束项目入驻园区9号厂房，租赁面积5000余平方米。

（吴升前）

生态环境

责任编辑：周永达

综　述

【生态示范建设】 至2022年，淮安市完成5个生态安全缓冲区建设，分别是洪泽区洪泽湖大堤城区段生态建设一期二期生态安全缓冲区、淮安区生态安全缓冲区、盱眙县第二污水处理厂生态安全缓冲区、金湖县银涂镇生态安全缓冲区、盱眙县第三污水处理厂及配套污水管网工程生态安全缓冲区。金湖县建成首批国家生态文明建设示范县，盱眙县、洪泽区、淮安区建成省级生态文明建设示范县。淮阴区新渡口街道、长江路街道创成省生态文明建设示范乡镇（街道），16个村（社区）创成省生态文明建设示范村（社区）。全市累计建成省级生态文明建设示范乡镇（街道）79个、示范村（社区）71个。共划分生态环境管控单元352个，其中优先保护单元75个、重点管控单元145个、一般管控单元132个。

【生态修复】 2022年，淮安市开展国土空间生态保护和修复规划编制，完成市级生态修复规划编制，开展县区生态保护和修复项目建设研究。申报“国家山水工程”项目6个，获得中央财政2022年度补助资金1.14亿元，省财政一次性补助资金9084万元，合计2.05亿元。做好废弃矿山生态修复，盱眙县97个废弃矿山中，基本完成自然复绿治理68个，29个需采取工程治理措施的项目，完成治理方案市级审查6个。

【环保宣传】 2022年，淮安市推进环保普法进学校、家庭、社区等“六进”活动，宣传普及大气、水、土壤等污染防治法律法规知识，累计发放《生态环境保护法律法规汇编2022版》等宣传册800余册，接受群众环保法律问题咨询100余人次。组织集中采访6次，召开新闻发布会4次，被“学习强国”学习平台采用稿件6篇，在《中国环境报》发表稿件19篇，在《淮安日报》、淮安电视台、淮安电台开设生态环保专题专栏，刊发、播出环保动态1000余篇，全年发表网络宣传文章4000余篇。组织开展六五环境日系列活动，推出《从这里看见美丽中国·淮安》《水佳心安》《三十年的守护》《我想要这世界》《环保“公民十条”三字经》等生态文明宣传作品。《淮安环保三字经》获全省优秀基层理论宣讲文艺作品一等奖，《江苏生态文明20条三字经》获全省青少年环保主题歌曲征集活动二等奖，《“公民十条”环保三字经》为全省唯一获全国2022年度生态环境宣传教育优秀作品。成立淮安市“六个同行”生态环保志愿服务队伍，组织公众看环保活动40次，线上线下参与15万余人次。开展生态文明教育实践基地创建，江苏省涟水中学获“江苏省生态文明教育实践基地”称号。

（曹泓泉）

环境质量

【概况】 2022年，淮安市打好污染防治攻坚战，推动生态环境质量持续改善。全年优良天数比率82.5%，比上年提升0.9个百分点，$PM_{2.5}$年均浓度34.8微克/立方米，比上年改善3.3%，2013年后首次达到国家二级标准。

6月2日，淮安市举办“重走新安路　中国更美丽”淮安市2022年纪念六五环境日启动仪式　　市生态环境局　供

国省考断面水质优Ⅲ比例94.7%，提升5.3个百分点，全部消除Ⅴ类及劣Ⅴ类断面；国考地下水全部达标。土壤环境质量总体良好。生态环境状况良好，调查记录到物种数2648种。公众生态环境满意率93.4%，位居全省第四、苏北地区第一。

【空气环境质量】 2022年，淮安市空气优良天数为301天，优良率82.5%，优良天数比上年增加3天。全年有轻度污染56天，中度污染7天，重度污染1天，未发生严重污染天。各县区空气优良率在80.3%~89.0%，其中，淮阴区最高、金湖县最低。与上年相比，淮阴区比上年上升5.2个百分点，盱眙县同比持平，其余县区均下降，降幅在1.1~3.5个百分点。全市细颗粒物、可吸入颗粒物、二氧化硫、二氧化氮年均浓度分别为35微克/立方米、60微克/立方米、9微克/立方米、24微克/立方米；一氧化碳和臭氧浓度分别为0.9毫克/立方米、159微克/立方米。与上年相比，细颗粒物、可吸入颗粒物、二氧化氮、一氧化碳降幅分别为2.8%、10.4%、4%、10%，二氧化硫、臭氧浓度上升3微克、6微克。臭氧作为首要污染物且超标天数34天，比$PM_{2.5}$作为首要污染物天数多7天，臭氧作为首要超标污染物占比持续升高，2022年达到53.1%，成为全年占比最高的首要超标污染物。

全市降尘年均浓度为2.49吨/平方千米·月，各县区降尘量年均浓度在2.07~2.80吨/平方千米·月，均达到标准。全年经历6次沙尘过程，共10天受到沙尘过程影响，造成3天污染天。与上年相比，沙尘过程减少5次，受沙尘过程影响天数减少14天，受沙尘过程影响导致的污染天减少7天。全市降水pH值在5.84~8.79，全年未发生酸雨。

【水环境质量】 2022年，淮安市水环境质量总体良好，主要河流水质状况稳步提升，湖泊水质保持稳定，集中式饮用水水源地水质100%达标，地下水水质保持良好。

国省考断面 57个国省考断面水质达标率为100%，水质优良（达到或优于Ⅲ类标准）的断面有54个，占比94.7%；水质Ⅳ类断面有3个，占比5.3%；消除Ⅴ类和劣Ⅴ类。与上年相比，省考断面水质优良断面增加3个，优Ⅲ类比例上升5.3%。纳入“十四五”国家地表水环境质量考核的11个国考断面达标率为100%，水质优良的断面有9个，占比81.8%。与上年相比，优Ⅲ类比例保持持平，Ⅱ类断面增加2个。

饮用水水源地 全市城镇饮用水以集中式供水为主。12个饮用水水源地取水量约37023万立方米，水源地水质达标率为100%。

主要河流 淮河、苏北灌溉总渠、京杭大运河、淮河入江水道、淮沭新河、古黄河、分淮入沂水道—二河段、池河水质状况为优；里运河、盐河、淮河入海水道南偏泓、浔河、维桥河、利农河、赵公河、南淮泗河、张福河、团结河、高桥河、南六塘河、跃进河、汪木排河、草泽河、唐响河、头溪河、运西河—新河、一帆河、铜龙河水质状况为良好；周桥灌区总干渠、一帆河水质状况为良；除淮河入海水道北偏泓外，其余河流均达到功能区划要求；淮河、淮河入海水道北偏泓、淮河入江水道、赵公河、南淮泗河总体水质显著好转，其余河流水质均保持稳定。

湖库 淮安片区洪泽湖总体水质为Ⅳ类，湖体高锰酸盐指数和氨氮平均浓度分别为Ⅲ类和Ⅰ类，总磷和总氮平均浓度为Ⅳ类，综合营养状态指数为58.2，处于轻度富营养状态。白马湖水质为Ⅲ类，水质状况良好，综合营养状态指数为52.4，处于轻度富营养状态；与上年相比，水质状况保持稳定，综合营养状态指数下降0.1，富营养化状况无明显变化。高邮湖总体水质为Ⅳ类，湖体高锰酸盐指数和氨氮平均浓度分别为Ⅲ类和Ⅰ类，总磷和总氮平均浓度为Ⅳ类和Ⅴ类，综合营养状态指数为57.6，处于轻度富营养状态；与上年相比，综合营养状态指数上升0.1，富营养化状况无明显变化。淮安片区宝应湖水质为Ⅲ类，水质状况良好，综合营养状态指数为52.9，处于轻度富营养状态；与上年相比，综合营养状态指数上升0.8。龙王山水库水质均为Ⅲ类，水质状况良好，综合营养状态指数为51.3，处于轻度富营养状态；与上年相比，综合营养状态指数降低1.6。化农水库水质均为Ⅲ类，水质状况良好，综合营养状态指数为47.5，处于中营养状态；与上年相比，综合营养状态指数降低1.1。

地下水 全市7个国考地下水井达标率100%；17个省考地下水井中，水质年均值达Ⅲ类的有9个、占比52.9%，水质年均值达Ⅳ类的有7个，水质年均值为Ⅴ类的有1个。与上年相比，地下水状况较稳定，受污染影响较小，水质年均值达Ⅲ类水井增加1个。

【土壤环境质量】 2022年，淮安市土壤环境质量总体较好，18个一般风险监控点土壤监测结果均低于《土壤环境质量农用地土壤污染风险管控标准（试行）》（GB 15618—2018）风险管制值。主要河流及湖泊底质总体环境较好，41个底泥测点均满足《土壤环境质量农用地土壤污染风险管控标准（试行）》（GB 15618—2018）管控要求。耕层土壤pH值变幅为5.5~8.4，平均值为7.2，与上年基本持平。耕层土壤有机质平均值为30.22克/千克，全氮平均值为1.85克/千克，有效磷平均值为24.8克/千克，速效钾平均值为167克/千克，均居较高水平。土壤基础地力贡献率64.2%，肥料贡献率35.8%。

【声环境质量】 2022年，淮安市声环境质量总体稳定。区域环境噪声昼间均值为57.4分贝（A），各县区区域噪声昼间均值在53.5~62.8分贝（A），其中，洪泽区最低、涟水县最高。全市功能区噪声昼间达标率为85.3%，夜间达标率为77.9%；道路交通噪声昼间均值为65.2分贝（A），较上年上升0.2分贝（A），处于“好”水平。

【固体废弃物】 2022年，淮安市产生一般工业固废513万吨，利用处置率为99.69%；危废产生单位合计产生危废22.76万吨，期末贮存4363.57吨，利用处置率98.12%。淮安市有危废焚烧企业3家，危废填埋企业2家，危废处置能力为11.6万吨/年。

【辐射环境质量】 2022年，淮安市辐射环境质量保持良好。空气吸收剂量率、大气和土壤中放射性核素浓度处于本底水平；淮河水系监测点放射性核素浓度处于本底水平；重点饮用水水源地取水口水中放射性指标低于《生活饮用水卫生标准》限值。

（《2022年淮安市生态环境状况公报》）

水资源保护

【水资源总量】 2022年，淮安市年降水量644.5毫米，折合降水总量64.64亿立方米，比多年平均偏少33.8%。全市水资源总量为8.93亿立方米。全市地表水资源量4.4亿立方米，年径流深43.9毫米，比上年地表水资源量偏少88.9%，比多年平均偏少83.1%。全市平均降水量644.5毫米，蒸发量877.9毫米，降雨少、蒸发大，7个县（区）地表水资源量均较多年平均偏少60%以上。全市地下水资源量4.53亿立方米，比上年偏少9.8%。全市平均产水系数为0.14，平均产水模数为8.9万立方米每平方千米。全市供水总量37.05亿立方米，全市用水总量37.05亿立方米，全市耗水总量25.18亿立方米，全市人均用水量813.8立方米。

【水资源利用】 2022年，淮安市供水总量37.05亿立方米，其中地表水源供水36.36亿立方米，占供水总量98.1%；地下水源供水0.175亿立方米，占供水总量0.5%；其他水源供水0.52亿立方米，占供水总量1.4%。与2021年相比，全市供水总量增加6.15亿立方米。全市用水总量37.05亿立方米。其中，生产用水34.709亿立方米，占用水总量93.7%；生活用水2.15亿立方米，占用水总量5.8%；城镇环境用水0.2亿立方米，占用水总量0.5%。生产用水按产业结构划分，第一产业用水30.63亿立方米，占生产用水88.3%，其中农田灌溉用水27.56亿立方米，林牧渔畜用水3.08亿立方米；第二产业用水2.79亿立方米，占8.0%，其中一般工业用水1.35亿立方米、火电工业用水1.28亿立方米，建筑业用水0.17亿立方米；第三产业用水1.28亿立方米，占3.7%。全市总耗水量25.18亿立方米，综合耗水率67.9%。其中，农业耗水量23.18亿立方米，耗水率75.7%；工业耗水量0.63亿立方米，耗水率23.9%；城镇、农村居民生活耗水率分别为20.7%、78.1%；生态环境耗水量0.19亿立方米，耗水率95%。全市人均用水量813.8立方米。按2020年可比价计，万元地区生产总值用水量81.5立方米，一般工业万元增加值用水量9.1立方米。城镇居民每日人均用水量143升，农村居民每日人均用水量101升。农田灌溉亩均用水量470立方米，农田灌溉水有效利用系数0.615。

【水源地保护】 2022年，淮安市实施经济开发区古淮河、盱眙河桥、金湖入江水道3个水源地规范化建设，完成规范化建设取水工程102个，超额完成省定目标任务。开展取水许可执行、用水定额设定、用水计量记录、自流灌区计量及节水成效分析排查，全市9个大型灌区、17个中型灌区全部核发取水许可证，核定用水总量，实行定额管理。全面执行水资源费超计划累进加价制度，加强水资源费（税）征收管理，做到应收尽收、按标准足额征收。

【水土保持】 2022年，淮安市加大水土保持治理力度，投入资金2700万元，完成清江浦区清河西片、淮阴区营东、涟水县高沟小流域治理项目3个。建成市樱花园水土保持科普馆，丰富水情教育基地内容。淮安市连续3年获评全省水土保持目标考核评估优秀等次。

【节水型社会建设】 2022年，《淮安市节约用水管理办法》出台，全市万元地区生产总值用水量较上年下降97%；万元工业增加值用水量下降10.5%；工业用水重复利用率为93%。国家级节水型社会达标建设和省级节水型社会示范区创建实现所有县区全覆盖。淮涟、洪金等9个灌区被水利部命名为国家级节水型灌区，渠南、竹络坝等6个灌区获评2022年度省级节水型灌区，数量位居全省第一。新增省、市级节水型企业15家、节水型单位3家、节水型小区6家，国家级节水型高校2家。至年末，全市所有大中型灌区、90%的机关、80%的学校、20%的社区均创成节水型载体，节水型企业用水量占到全市工业总用水量的80%以上。3项活动在水利部等10部门组织的2022年“节水中国你我同行”联合行动中获评优秀活动。

【水资源管理】 2022年，淮安市落实最严格水资源管理制度，加强区域用水总量控制、河湖生态管控、地下水保护管理，分解下达年度用水计划，落实县区用水总量控制指标和管控责任，推进河湖水量分配和水资源论证区域评估。编制完成张福河、汪木排河等水量分配方案，完成跨县河湖分水工作。完成17个重点河湖生态评估，实现第一轮重点河湖生态状况评价全覆盖。编制完成全市地下水保护利用规划，完成294个地下水取水工程登记造册。完成淮安经济技术开发区、淮安高新技术产业开发区、淮安工业园区等6个省级以上开发区水资源论证区域评估。

【水政执法】 2022年，淮安市开展河湖“清四乱”（乱占、乱采、乱堆、乱建）、洪泽湖违法问题专项整治、违法取用水专项整治等执法行动，推进水文、水资源、河湖空间等执法监管。水利部交办河湖“清四乱”问题8件、防汛保安和水文监测环境及设施保护专项执法排查问题29件，年内全部完成整改。围绕洪泽湖违法圈圩、违法建设等问题开展专项整治，排查问题36件，完成整治28件。建立水行政执法和检察公益诉讼协作机制，在水资源管理、河湖管理、水旱灾害预防、水利工程管理、水土保持、节约用水等6个领域开展协作。

（殷海平）

河湖管理

【概况】淮安市境内河湖众多，水网密布，古黄河以南属淮河水系，以北属沂沭泗水系。淮河水系主要水体有淮河、洪泽湖、白马湖、淮河入江水道、苏北灌溉总渠、淮河入海水道、里运河、二河等；沂沭泗水系主要水体有古黄河、中运河、淮沭河、盐河等。境内有区域骨干以上河道61条，河道总长约1830千米。其中，流域性河道9条，总长约580千米；区域性骨干河道52条，总长约1250千米。2022年，全市完成生态河道建设投资1.39亿元，完成207条、644千米农村生态河道建设，超额完成省下达的430千米建设任务。淮安市河湖长制工作成为全国样板，获2021年度国务院河长制湖长制工作督查激励通报，"实名、压责、赋能、提效"8字工作法在全国推广。淮阴区入选全国2023—2024年水系连通及水美乡村建设试点县，获中央补助资金8000万元。

【幸福河湖建设】深入推进幸福河湖建设，编制印发《淮安市幸福河湖建设总体规划》《淮安市幸福河湖建设实施方案》，完成16条（个）重点河湖"一河一策"修编工作，建成幸福河湖96条，淮河入江水道金湖县城区段、涟水五岛湖高分通过淮委和省水利厅组织的淮河流域幸福河湖建设验收。2022年，淮安市持续优化涉水审批，创新构建重大项目洪评"预审查"工作机制，高效办结大运河百里画廊、苏盐井神卤水管道工程等重点项目行政许可手续，完成小微涉河项目审批53件，相关工作经验得到水利部肯定和推广。开展幸福河湖示范建设，淮河入江水道金湖县城区段、涟水五岛湖高分通过淮委和省水利厅组织的淮河流域幸福河湖建设验收。充分发挥示范引领作用，重点推进94条幸福河湖建设，通过开展河道清淤疏浚、生态修复、主题公园建设等项目，河湖面貌发生显著性转变。全市各级财政累计投入约6.25亿元开展河湖治理，建设一批生态河道和幸福河湖。投资1.26亿元开展洪泽湖大堤生态修复项目，有效改变洪泽湖周边景观风貌，建设让人民满意的"幸福河湖"。淮安市政府与省水利厅签署战略合作协议，共谋幸福河湖建设。淮河入江水道金湖城区段、涟水县五岛湖创成首批淮河流域幸福河湖暨江苏省级幸福河湖。

【联合河湖长制工作体系】2022年，淮安市创新建立"河长制+警长制"、跨界河湖联合河长制等工作体系，全市4716名市、县、镇、村四级河湖长积极履职，累计巡河履职13.9万人次，交办、整改问题3103余件。完成全市18个自排查碍洪问题整改，排查清理"三水"（水葫芦、水花生、水浮萍）问题河湖1258条，清理"三水"面积607万平方米。

【退圩还湖】2022年，淮安市贯彻落实《江苏省洪泽湖退圩还湖规划》和2022年江苏省对洪泽湖治理保护部署要求，推动洪泽湖退圩还湖工作。江苏省洪泽湖水利工程管理处对退圩还湖现场进行监督性测量，开展退圩还湖巡查20次。全市累计完成洪泽湖退圩还湖面积2446.93公顷，超额完成年度任务。2017年起，实施白马湖退圩还湖工程，至2022年，共退养湖面9433公顷，水面面积较治理前翻一番。

【河长制湖长制工作获国务院通报激励】6月2日，国务院办公厅发布关于对2021年落实有关重大政策措施真抓实干成效明显地方予以督查激励的通报，淮安市河长制湖长制工作受到督查激励，获中央奖励资金2000万元。淮安市全面建立"双总河长"与"领导小组+河长办"组织架构。全省率先建立河湖长、断面长、网格长"三长一体"同步实施机制，制定河湖长职责，首创"一河长两助理"等工作制度。境内湖泊均建立网格化管理机制，推广"县乡村三级跨界河道"管护机制，农村河道实施"五位一体"管护机制。建设大运河、白马湖、洪泽湖等市级幸福河湖典型，

10月11日，洪泽区志愿者清理洪泽湖沿岸垃圾，保护洪泽湖环境

陈　凯　摄/视觉江苏网　供

并遴选10条县级幸福河湖样板。以幸福河湖典型、样板为点，骨干河湖水系为线，打造淮安“六横两纵五湖”幸福河湖大格局。

【白马湖生态修复项目成为首批省生态文明建设典型】 2022年7月，江苏省生态环境厅、省精神文明建设委员会办公室发布《关于公布首批全省生态文明建设典型、生态文化宣传示范点的通知》，淮安市白马湖生态修复项目获评全省生态文明建设典型。2017年，淮安片区白马湖测点总磷超标，最大超标倍数达2.08倍。此后，淮安市全力推进问题整改，对白马湖进行整治及生态修复。投资超30亿元实施退圩还湖、清水入湖、清淤净湖、生态养湖“四湖工程”，开展36项生态环境保护工作，对上游10条重要河道进行治理，完成退养湖面9440公顷。转移安置专业渔民855户3319人，清淤4000万立方米，湖区净水面扩大至86.7平方千米，较治理前增加一倍。实施湖岸生态修复约50千米，恢复湖滨带约34千米，增加生态涵养林533公顷。湖区化学需氧量、总氮、总磷年排放量大幅下降，水质由劣Ⅴ类变成Ⅲ类。

（淮　鉴）

土地资源保护

【概况】 2022年，淮安市土地总面积为10030平方千米。根据第三次国土调查，全市耕地面积4771.17平方千米。其中，水田4491.96平方千米，占94.15%；水浇地209平方千米，占4.38%；旱地70.21平方千米，占1.47%。园地面积63.95平方千米。其中，果园30.92平方千米，占48.35%；茶园0.9平方千米，占1.4%；其他园地32.13平方千米，占50.25%。有林地529.5平方千米、草地45.76平方千米、湿地92.96平方千米。水域及水利设施用地2747.46平方千米。其中，河流水面350.88平方千米，占12.77%；湖泊水面997.72平方千米，占36.31%；水库水面59.85平方千米，占2.18%；坑塘水面678.3平方千米，占24.69%；沟渠558.11平方千米，占20.31%；水工建筑用地102.61平方千米，占3.74%。城镇村及工矿用地面积为1476.42平方千米。其中，城市用地212.03平方千米，占14.36%；建制镇用地217.09平方千米，占14.7%；村庄用地1014.23平方千米，占68.7%；采矿用地15.2平方千米，占1.03%；风景名胜及特殊用地17.88平方千米，占1.21%。交通运输用地276.99平方千米。其中，铁路用地7.46平方千米，占2.69%；轨道交通用地24.51公顷，占0.09%；公路用地139.48平方千米，占50.35%；农村道路用地124.61平方千米，占44.99%；机场用地1.98平方千米，占0.72%；港口码头用地3.12平方千米，占1.13%；管道运输用地8.39公顷，占0.03%。

【耕地保护】 2022年，淮安市首次开展市级耕地保护激励绩效评价工作，评价结果经市政府九届第七次市长办公会审议通过。全市共下达奖励资金1980万元。严格耕地用途管制，印发《关于严格管控耕地变化情况的通知》《关于进一步加快耕地“进出平衡”总体方案编制报批备案工作和2022年上半年耕地卫片图斑外业核查举证工作的通知》，推进全市各县区耕地“进出平衡”总体方案编制报批备案和实施工作。做好“三区三线”耕地和永久基本农田划定工作。全市划定耕地46.46万公顷、永久基本农田39.73万公顷，超额完成省下达的46.4万公顷耕地、39.73万公顷永久基本农田划定任务。

【节约集约用地】 2022年，淮安市通过产业更新、增容技改、综合整治等多种模式，处置批而未供土地780公顷，盘活闲置土地446.67公顷，超额完成省下达任务。清江浦区获评江苏省自然资源节约集约利用模范县（市区），并获省政府督查激励通报表扬。

【获省耕地保护责任目标考核第一名】 2022年，淮安市在全省“十三五”时期设区市政府耕地保护责任目标考核中获得第一名。“十三五”时期，全市完成高标准农田建设投资24.75亿元，建设高标准农田9.75万公顷，高标准农田占耕地比重达到70%。全市耕地地力等级平均4.33等，较2015年提高0.9等，基本消除盐碱、砂姜和潜育等土壤障碍，实现耕地连年变肥增绿。全市主要作物测土配方施肥覆盖率稳定在90%以上。2020年，全市农田化肥施用总量下降到33.17万吨，较2015年下降17.3%；单位播种面积化肥施用量下降到27.07千克/亩，较2015年下降6.9%。主要粮食作物化肥利用率达到40.7%，较2015年增长5.7%。

（陈浩田）

矿产资源保护

【概况】 淮安市发现各类矿产资源34种（不含亚矿种），其中查明资源储量15种，发现但未查明资源储量19种，开发利用13种。主要有石盐、芒硝、凹凸棒石黏土、石油、玄武岩、石灰岩和白云岩、地热、矿泉水等矿产资源。石盐、凹凸棒石黏土、芒硝保有资源储量位列全省第一。累计探明石盐矿石资源储量316亿吨，累计探明氯化钠资源储量190.11亿吨，保有石盐矿石资源储量310.03亿吨，保有氯化钠资源储量186.39亿吨；累计探明无水芒硝矿石资源储量6.79亿吨，累计探明硫酸钠资源储量5.7亿吨，保有无水芒硝矿石资源储量4.96亿吨，保有硫酸钠资源储量4.17亿吨；累计探明钙芒硝矿石资源储量306.68亿吨，累计探明硫酸钠资源储量19.59亿吨，保有钙芒硝矿石资源储量300.89亿吨，保有硫酸钠资源储量18.88亿吨；探明凹凸棒石黏土资源储量1960.52万吨，保有资源储量1830.76万吨，探明膨润土矿资源储量289.13万吨，保有资源储量279.26万吨。

表41　2022年淮安市矿产种类一览表

单位：种

矿产类别	发现矿种数	查明资源储量的矿种		未查明资源储量的矿种		已开发利用的矿种	
		矿种数	矿种名称	矿种数	矿种名称	矿种数	矿种名称
能源矿产	3	3	石油、地热、天然气	—	—	2	石油、地热
金属矿产	8	1	含钴铁锰结核	7	铁、铜、金、铅、锌、钼、锰	—	—
非金属矿产	22	10	芒硝、石盐、泥炭、白云岩、石灰岩、玄武岩、凹凸棒石黏土、膨润土、砖瓦用黏土、水泥配料黏土	12	硫铁矿、石膏、磷矿、石棉、瓷（石）土、黄砂、海泡石黏土、高硅黏土、陶粒黏土、陶土、蛋白石、贝壳	10	芒硝、石盐、白云岩、石灰岩、玄武岩、凹凸棒石黏土、膨润土、砖瓦用黏土、水泥配料黏土、黄砂
水气矿产	1	1	矿泉水	—	—	1	矿泉水
合计	34	15	—	19	—	13	—

（资料来源：市自然资源和规划局）

淮安市矿产资源分布既广泛又相对集中。石盐分布于淮安区、淮阴区、清江浦区、洪泽区；芒硝分布于淮阴区、洪泽区；玄武岩、凹凸棒石黏土、建筑石料用灰岩和水泥用灰岩仅分布于盱眙县；地热主要分布于洪泽区、金湖县；砖瓦用黏土分布于洪泽区、涟水县及金湖县；石油、天然气资源主要分布于洪泽区、盱眙县及金湖县。淮安市优势和特色矿产是石盐、芒硝及凹凸棒石黏土。其中，石盐、芒硝主要分布于淮安市区南侧平原地区，石盐资源分布于淮安盐盆和洪泽盐盆，芒硝资源主要分布在淮阴区南部的赵集和洪泽区北部的顺河集一带，凹凸棒石黏土主要分布于盱眙县的低山丘陵区。地热作为一种绿色、清洁、可再生新型能源矿产，在洪泽区探明并开发利用，金湖县、盱眙县地热资源勘查工作取得积极成果；地热资源主要分布于洪泽湖南岸的洪泽区老子山东麓、老子山镇政府东侧、洪泽区城东侧的蒋坝镇以及金湖县涂沟镇唐港境内。有矿业权44个，其中采矿权32个、探矿权12个。全市有石盐矿13个、芒硝矿8个、凹土矿7个。

【绿色矿山创建】 2022年3月至4月中旬，淮安市开展绿色矿山“回头看”工作。对照《非金属矿行业绿色矿山建设规范》等9项行业标准和《江苏省绿色矿山建设工作指南（2020年修订）》绿色矿山建设要求，围绕重点内容逐一实地核查。根据绿色矿山“回头看”开展情况，全市20个绿色矿山检查结论均为“保留”。对全市36个在采矿山开展“互联网+监管”，鼓励创建绿色矿山。

【矿山自然复绿治理】 2022年，淮安市遵循因地制宜原则，合理选择生态修复模式，开展矿山自然复绿治理工作。通过采取地质环境治理、地形重塑、土壤重构、植被重建等具体修复措施，全年共完成68个废弃矿山自然复绿治理工作任务，实现生态系统功能恢复、资源开发再利用及文化艺术价值再现。

【矿业权管理】 2022年，淮安市合理有序开发矿产资源，研究制定年度矿业权出让计划，做好白马湖地热和八仙台矿泉水“净矿”出让准备工作。盱眙县对2宗拟出让玄武岩矿进行矿区勘查、估算资源储量并评估，对黄花塘凹土采矿权进行踏勘并完善“净矿”出让要求。做好矿业权审批登记管理。全面实现矿业权“跨省通办”和“不见面审批”，对省自然资源和规划厅办理的10个矿业权审批事项进行初审，办理1个凹土矿变更登记和3个凹土矿延续登记。做好华尔润盐矿采矿权处置。做好矿产资源开发利用和储量统计管理。组织矿山编制2021年度储量年报，全部通过专家评审。完成2021年度矿山开发利用登记统计工作，数据全部通过省级审查。

（陈浩田）

林业资源保护

【概况】 2022年，淮安市林地面积为529.5平方千米（国土调查口径）。其中，乔木林地300.22平方千米，占56.7%；竹林地7.86平方千米，占1.48%；灌木林地0.67平方千米，占0.13%；其他林地220.74平方千米，占41.69%。全市有国家级公益林3734.3公顷。全市森林覆盖面积21.79万公顷，林木覆盖率24.34%，森林资源持续增长，森林质量不断提升。全市有国家级森林公园2个，即铁山寺国家森林公园、盱眙第一山国家森林公园；有省级森林公园1个，即洪泽湖古堰省级森林公园。

【绿化造林】 2022年，淮安市印发《关于做好2022年全市造林绿化工作的通知》，将目标任务分解落实到县区。在国土空间规划中明确造林绿化空间。做好造林绿化任务落地上图，推动造林绿化精细化、现代化管理。建立造林绿化旬报制度，及时上报造林进度和绿化动态信息。督查盱眙县生态防护林项目推进，对各县区春季造林绿化及绿美村庄建设工作进展情况进行踏查。印发《关于加强新造林管护开展造林绿化工作回头看的通知》，高质量完成省级营造林核查，完成各项造林绿化任务。全年完成造林绿化面积1780公顷，其中新增造林面积323.33公顷，建成省级绿美村庄51个。

【森林抚育】2022年，江苏省林业局下达淮安市森林抚育任务4万亩（2666.67公顷），淮安市实际完成2760公顷。在森林抚育中结合成片造林、林业病虫害防治等林业重点工作，通过修枝、清理枯死木、割灌除草、补植、刷白、浇水、施肥、喷洒农药等措施，加强林木抚育管理。按照森林抚育技术规程要求，做好抚育项目作业设计，为森林抚育提供技术保障。将抚育任务分解落实到山头地块，抓好作业人员技术培训，确保森林抚育每道工序都符合作业规程，严格林木采伐证报批手续，杜绝乱砍滥伐现象发生。

【林业有害生物防控】 参见《农业·林业》

【林地使用管理】 参见《农业·林业》

【林木使用管理】2022年，淮安市严格执行森林采伐限额制度、凭证采伐制度、采伐公示制度等，全年审核报省审批林木采伐面积381.47公顷，蓄积4.78万立方米，其中省级以上重点公益林350公顷。保障两个国家级和省级重点水利工程项目建设。

【"林长制"推行】2022年，淮安市以全面推行林长制为契机，以"林长制"促进"林长治"。全市7个县区、97个镇街、1419个村设立林长，形成市、县、乡、村四级林长体系，有各级林长2687名，市、县两级总林长均由党委和政府主要负责人担任。全年各级林长巡林2000余次，其中市、县级林长巡林200余次，各级林长巡林批示10次。做好工作力量配备、经费保障落实、智慧管理平台建设，形成"林"为根本，"长"为保障，"制"为导向的工作体系。

（陈浩田）

自然保护地保护

【概况】2022年，淮安市有自然保护区5个，自然保护区面积7.09万公顷。有省级自然保护区2个，分别是洪泽湖东部湿地省级自然保护区、面积5.4万公顷，涟水涟漪湖黄嘴白鹭省级自然保护区、面积3430公顷。有市级自然保护区2个，分别是金湖县湿地自然保护区、盱眙县陡湖湿地自然保护区。有县级自然保护区1个，即盱眙县铁山寺自然保护区。

有湿地面积19.64万公顷，其中自然湿地14.19万公顷，占湿地总面积72.26%；人工湿地5.45万公顷，占湿地总面积27.74%。有国家湿地公园2个，分别是江苏古淮河国家湿地公园、白马湖国家湿地公园；有省级湿地公园1个，盱眙天泉湖省级湿地公园；有古黄河和入江水道等湿地保护小区54个。自然湿地保护率为67.3%。

【湿地建设】2022年，淮安市推进国际湿地城市建设，参加国际《关于特别是作为水禽栖息地的国际重要湿地公约》（以下简称《湿地公约》）第十四届缔约方大会。淮安市政府与重庆市梁平区人民政府、南京大学常熟生态研究院在武汉共同主办《湿地公约》第十四届缔约方大会东道国活动——小微湿地保护管理与合理利用研讨会，淮安市就创建国际湿地城市工作中小微湿地保护与合理利用做法作专题交流。白马湖湿地被推荐参加具有国际重要意义湿地名录评选。推进湿地保护小区建设，全市新建湿地自然保护小区9处，受保护湿地面积约5466公顷。建设小微湿地24个，创建湿地乡村（社区）17个。推进洪泽湖湿地修复项目实施，修复湿地30.6公顷；洪泽湖东部湿地省级自然保护区定位站实验楼建设完成，湿地智慧监测系统初步建成并投入使用。

【自然保护地管理】2022年，淮安市运用卫星遥感等高科技手段，加强自然保护地遥感监测，校核省级重要湿地疑似点位，监测监督自然资源要素动态转化和人类活动变化情况。完成生态环境部"绿盾2021"自然保护地监督检查专项行动6个违法违规问题整改销号。完成2022年长江经济带生态环境警示片披露问题涉及盱眙县铁山寺国家森林公园违规畜禽养殖问题省级销号验收。规范疑涉自然保护区建设项目审查，保障重大项目开工建设。

【洪泽湖湿地生态修复实践案例入选国际湿地保护大会生态修复经典案例】2022年，由洪泽湖湿地保护区管理处推荐的"以生境连续性和鸟类丰富度为目标的洪泽湖湿地生态修复实践案例"入选《长江流域十大生态保护与修复案例2022》，并在《湿地公约》第十四届缔约方大会（COP14）"共建生

2022年，白马湖湿地被推荐参加具有国际重要意义湿地名录评选

王 昊 摄

命长江，传承大河文明”长江大保护论坛上正式发布。成为江苏首个且唯一入选国际湿地保护大会的生态修复经典案例。洪泽湖湿地国家级自然保护区是华东地区最大的淡水湿地。伴随着当地生态环境逐步改善，每年都有大批候鸟在这里停歇、栖息、繁衍、越冬。与2013年科考数据相比，洪泽湖湿地生境持续得到改善，生态系统的原真性和稳定性得到大幅提升，浮游动物和底栖生物分别增加66%、62%，鸟类种类由147种增加到226种，其中国家一级、二级保护鸟类分别增加1倍和3倍。

【白马湖湿地获评省首批生态文明建设典型】 2022年7月，白马湖湿地公园获评省首批生态文明建设典型。白马湖湿地公园位于白马湖南侧水域、洪泽区与金湖县的交界处，总面积约32.4平方千米。公园湿地率达93%，2020年12月获批国家湿地公园。白马湖湿地公园通过实施退圩（渔）还湖、清淤净湖、清水入湖、生态养湖“四湖工程”，湿地生态环境明显改善，水质持续稳定在Ⅲ类水标准。贯彻长江流域十年禁捕，每年定期开展增殖放流，保护渔业资源，让湖泊生物种群“休养生息”。公园有鸟类210种，其中国家Ⅰ级野生保护动物4种，国家Ⅱ级野生保护动物32种，鱼类68种，植物316种。

（陈浩田　淮　鉴）

生物多样性保护

【重点保护物种】 至2022年末，淮安市累计观测记录到各类生物2648种，其中维管植物1073种、陆生脊椎生物322种、陆生昆虫579种、水生生物674种。分布有国家重点保护物种72种，占江苏省国家重点保护物种分布总数的45.86%，包括东方白鹳、青头潜鸭等8种国家一级保护物种和野大豆、粗梗水蕨、乌龟、震旦鸦雀、鸳鸯、中国淡水蛭等64种国家二级保护物种。《中国物种红色名录》及IUCN（世界自然保护联盟）收录的珍稀物种达89种，列入《江苏省生物多样性红色名录》物种44种，占比52.38%，包括豹猫、獐、青头潜鸭等7种Ⅰ级红色物种和虎纹蛙、乌龟、震旦鸦雀等37种Ⅱ级红色物种。列入《江苏省生态环境质量指示物种清单》的生态环境指示物种多达75种，占总指示物种数量的63.11%。淮安市生物多样性评价级别为较丰富；湖泊水产品生物残毒的监测结果达到标准要求，生态环境状况良好，生物多样性较丰富，适合人类生活。

【野生动植物资源登记普查】 2022年，淮安市有野生木本植物45科、73属、90种，有野生植物185种。有登记在册古树名木65株，其中一级古树（300年以上）15株、二级古树（100~300年）42株、名木8株。从地区分布看，市区12株、淮阴区3株、淮安区30株、洪泽区2株、开发区1株、涟水县6株、金湖县6株、盱眙县5株。建成区范围内有登记在册古树名木后备资源192株，其中市区128株、涟水县11株、盱眙县52株、金湖县1株。主要树种有

“自然精灵”组照　　徐昌政　摄

朴树、银杏、柘树、圆柏等。有野生动物类群7个300余种，其中鸟类资源194种，隶属14目、40科、76属。国家一级重点保护物种有东方白鹳、青头潜鸭等，国家二级保护物种有野大豆、粗梗水蕨、乌龟、震旦鸦雀、鸳鸯、中国淡水蛏等，列入江苏省生态环境质量指示物种清单的有玉带凤蝶、镇海林蛙、亚洲狗獾、小天鹅、画眉等。

【野生动物保护管理】 2022年，淮安市开展野生动植物人工繁育单位和经营利用单位监督检查。做好野生动植物经营利用审批，全年审批蛇类经营利用申请5起。开展陆生野生动物疫源疫病监测与救护，全年救护野生动物46种117只，其中救助东方白鹳、红隼等国家一级、二级重点保护野生动物34只。根据省林业局统一部署，开展森林、湿地生态系统外来入侵物种普查和一枝黄花除治等工作。

【国家一级保护动物青头潜鸭种群规模创纪录】 2022年2月，环保调查团队在淮安白马湖发现国家一级保护野生动物——青头潜鸭125只，这是江苏省发现该种群数量最多的一次记录。江苏作为青头潜鸭的分布地之一，以往志愿者记录到的个体数量总和仅有20~30只，江苏其他地区记录到的青头潜鸭也往往不超过10只。青头潜鸭属极度濒危珍稀鸟类，是东亚——澳大利西亚迁飞区内最关键的鸟种之一，2013年世界自然保护联盟将其列入濒危物种红色名录，等级为极危。根据2020年全国青头潜鸭越冬期同步调查结果显示，青头潜鸭数量仅存1500只左右，堪称鸟中"大熊猫"，2021年被列为国家一级保护动物。

（陈浩田　淮　鉴）

节能减排

【概况】 2022年，淮安市推进技术节能、管理节能、结构节能，创成全国绿色出行城市。全市484家县区级以上党政机关建成节约型机关，占机关总数的82.59%。编制《淮安市碳排放达峰路径思路研究》和《淮安市碳达峰实施方案》，印发实施《淮安市加快建立健全绿色低碳循环发展经济体系实施方案》。县区新上工业项目单位增加值能耗水平纳入专项考核。在全省首家制定《淮安市能耗指标统筹库管理办法》，提升全市重特大工业项目能耗指标要素保障水平。完成中央、省环保督察反馈问题整改工作及第二轮中央生态环境保护督察工作。光大城乡再生能源（淮安）有限公司生活垃圾焚烧发电二期扩建项目获批污染治理和节能减碳专项2022年中央预算内投资补助资金。基本完成节约型机关、绿色家庭、绿色学校、绿色社区、绿色出行、绿色商场、绿色建筑等创建工作。

【工业节能】 2022年，淮安市构建以节能、环保、安全为重点的绿色制造体系，加快全市产业绿色低碳转型升级。建立在建拟建"两高"（高污染、高耗能）项目动态清单，定期整改并"回头看"。印发《关于进一步做好固定资产投资基本建设项目节能验收工作的通知》，规范做好全市节能审查验收工作。完成中天钢帘线、台华新材料、瀚康新材料等省市重大项目节能审查。投资近70亿元，推动实施淮钢电炉绿色节能提质技改等一批具有较强示范效应的节能降碳重点项目30多个，实现节能量44万吨标准煤。完成2家大运河沿岸化工企业关闭退出，列入整治的10家企业完成8家。以钢铁、化工、建材等传统产业和高耗能行业为重点，对主要用能企业实施大数据管理，加强节能预警监测，发挥能效约束作用，全面推广节能减排适用技术，开展燃煤锅炉改造、余热余压利用等重点节能工程。

（市工信局）

【建筑节能】 2022年，淮安市城镇绿色建筑总面积为915.1万平方米，城镇绿色建筑占新建建筑比例首次达到100%，较上年增长5.7个百分点。全市有拥有建筑业企业资质的预拌混凝土生产企业80家，推广应用预拌混凝土1264万立方米；有效江苏省预拌砂浆生产企业备案证书的预拌砂浆生产企业22家，推广应用预拌砂浆130万吨。全年墙材总产量15.62亿块（折标砖），同比下降8.19%，新墙材占墙材总量的100%。淮安市建筑工程质量检测中心获颁绿色建材产品认证资格，实现"零"的突破。

（市住建局）

【交通节能】 2022年，淮安市城区绿色出行比例为73%，公共交通机动化出行分担率为59.3%，市区范围新能源和清洁能源公交车占所有公交车的99.6%，占比全省第一，绿色出行服务满意率92.1%。建成公交充电站15座、充电桩215个，社会层面充电桩9365个。持续购进低地板及低入口车辆，市区低地板及低入口车辆占公共汽电车总数40.58%，位居全省第二。淮安现代有轨电车每千米能耗2.5千瓦时，开通运营后，实现节能约1179吨标准煤，替代燃料量约850万升标准油，有效减少废气排放1万多吨。共投入共享单车1.6万辆，建成单车驿站2155个，实现公交站台和住宅小区周边、核心商圈、轨道交通站点100米至150米范围内单车驿站全覆盖。全年公共自行车骑行量3399万人次，骑行1.99亿千米。

（市交通局）

【公共机构节能】 2022年，淮安市机关事务管理局联合市发展改革委、市工信局等九部门联合印发"淮安市深入开展公共机构绿色低碳引领行动任务分解表"和"淮安市公共机构绿色低碳引领行动2022年'624'示范举措责任分解表"，对全市开展公共机构绿色低碳引领行动进行任务分解。组织新能源汽车和节能环保产品进机关集中展示。推动垃圾分类进社区、进医院、进学校，推进公共机构太阳能光伏发电和合同能源管理项目试点，分批改造市行政中心1100间办公室节能灯具，年节省电费10余万元。满分通过省对市"公共机构单位建筑面积能耗”指标考核。市级机关服务中心对市行政中心范围内景观照明与路灯照明开展分时段、分区域控制，降低日常用电能耗。优化景观照明与路灯照明启停设置，以智能控制方法节约用电能耗。开展线路改造及分户分表，理顺线路供电权属关系，减少用电费用支出。全年节约标准煤约200吨，减少二氧化碳排放量约495吨。开展公共机构节能宣传周活动，表彰2021年度公共机构节能先进单位20家、先进个人30名。484家县级以上公共机构建成节约型机关，占县级以上公共机构总数的82.59%。

（市级机关事务管理局）

【污染物减排】 2022年，《淮安市主要污染物排放总量指标数据库管理办法》出台，排污权交易服务优质项目相关做法获省政府研究室调研肯定。市生态环境局成立惠企纾困稳经济工作专班，建立重大产业项目挂钩服务、重特大工业项目要素保障等机制，推进产业园区源头治理集成创新行动，服务经济社会高质量发展，先后帮助25个重大项目解决主要污染物排污总量问题。出台《淮安市产业园区源头治理集成创新行动方案》，提出4个方面21条改革措施，服务企业绿色低碳转型。实施绿色发展领军企业计划，完成36家重点行业企业清洁生产审核验收，江苏天士力帝益药业有限公司等4家企业获评省2022年度绿色发展领军企业。完善“金环对话”机制，用好环保贷、环保担、环责险保费补贴等绿色金融工具，为50家企业申报环责险保费补贴33万元，完成排污权抵押贷款1000万元。建立台资企业“政企互通”服务机制，开展“企业环保接待日”“环保青年进企业”等帮扶活动，帮助50余家企业解决环境问题80余个。

【绿色标杆企业建设】 2022年，淮安市开展绿色创建“十百千”行动，建立健全省市县三级绿色标杆企业梯度培育体系，进行星级评定和滚动管理。创新出台《淮安市绿色标杆企业认定办法》，制定详细的激励措施和优惠扶持政策，引导企业实施绿色化改造。其中，对新获批市级绿色标杆企业和省级、国家级绿色工厂的，分别给予20万元、50万元、100万元奖励。此奖励标准居全省首位，为全国前列。全年培育市级绿色标杆入库企业136家，认定市级绿色标杆企业20家，成功创建省级绿色工厂18家，申报数及创建数均为苏北地区第一。

【绿色港航建设】 2022年，淮安市加快落实港口岸电三年建设计划，完成岸电设施建设改造56套，占年度计划的167.7%，实现规模以上港口岸电全覆盖，接电2828次，用电7.17万千瓦时。杨庄船闸光伏发电项目实现全年发电2.9万千瓦时。《绿色港口发展规划研究》通过专题验收。淮钢码头创成全省唯一的内河四星级绿色港口，新港二期码头创成省三星级绿色港口。开展生态环境影响研究，推动航道工程养护与生态有机融合。在杨庄、朱码二号船闸大修工程中推广应用低碳友好型新材料、新工艺，实现工程绿色建造。打造京杭运河绿色现代航运示范区“淮安样板”，获《群众》杂志推介，获中央环保督导组肯定。

【节能监察】 2022年，淮安市通过现场监察与书面监察、“双随机、一公开”与专项监察相结合，推进节能监察执法，提高各用能单位节能意识、规范用能行为。对40家年综合能耗3000吨标准煤以上企业实施日常节能监察，对3家重点企业、5个非工单位开展全社会重点用能单位专项节能监察。现场复核4家企业整改情况，帮助2家企业退出差别化电价名单，助力全市用能水平提质增效。

【创成国家绿色出行城市】 12月29日，交通运输部、国家发展改革委印发《关于公布绿色出行创建考核评价达标城市名单的通知》，淮安市成功入选。至2022年，淮安市连续7年将“公交服务能力提升”纳入市政府为民办实事项目。推进路网通行提效、小微堵点疏通、公交专用道成网、常规公交提质、新业态发展、慢行环境治理、公交站台便民、绿色文化宣贯、客运走廊提速和“一站式”出行十大工程建设。累计完成主次道路新建和改造项目7个、总长13千米；完成机非隔离和人行道建设16.5千米；完成前进西路、支十六路等5条支路建设，天津路、翔宇大道、水渡口大道等道路沿线拥堵节点治理成效显著；建成里运河文化长廊人行、车行、船行、骑行“四行”系统，慢行道里程达54.9千米。建成公交场站45个、途经公交站点2807个，内环高架沿线建成128座智能化公交候车亭，实现建成区500米内公交站台覆盖率100%。依托“城客e家”打造集公交、有轨电车、共享单车、智慧停车、网约车、高铁、旅游等出行服务于一体的MaaS“一站式”出行平台，初步形成全国首个全出行场景MaaS生态体系，累计减少碳排放5176吨。

【国三及以下排放标准柴油货车淘汰任务完成】 至10月31日，淮安市淘汰国三及以下排放标准柴油货车5119辆，提前超额完成省定4800辆任务。2022年5月，市生态环境局、市公安局、市交通运输局联合印发《淮安市2022年度国三及以下排放标准柴油货车淘汰工作计划》；9月26日，印发《关于对淮安市国三及以下排放标准柴油车提前淘汰报废实施补贴的通告》；10月10日，国三及以下排放标准柴油货车提前淘汰报废补贴平台正式开通申报受理办件；至11月1日，办结奖补申请138件。加强对机动车排放检验机构国三及以下排放标准柴油货车环检情况监管，加强移动源尾气排放监督检测，对柴油货车开展路检路查。1—10月，全市路检路查柴油货车2369辆，检查机动车排放检验机构80家次。

【淮安市首笔排污权抵押组合贷款落地】 4月7日，南京银行淮安分行以排污权抵押组合贷款的形式，向江苏清原农冠杂草防治有限公司贷款授信1000万元，期限1年，标志着淮安市首笔排污权抵押组合贷款落地。

排污权抵押组合贷款让企业认识到排污权是一笔隐性资产，推动排污权从“沉睡的资产”变成“流动的资本”，帮助企业破解资金短缺难题，实现企业发展和环境优化的“双赢”。

（淮　鉴）

污染防治

【大气污染防治】 2022年，淮安市坚持减碳和减排、臭氧与$PM_{2.5}$“双控双减”，推进秋冬季空气质量改善六大行动以及“开展三源整治、留住蓝天白云”扬尘管控集中整治月活动。对重点国控站点实行“48小时+12天”专项攻坚，推动24家钢结构、39家包装印刷企业全面实施源头替代以及349家有机储罐企业进行全过程治理。烟尘、氮氧化物、二氧化硫排放量分别同比下降20.22%、27.46%和19.24%，提前超额完成淘汰国三及以下排放标准柴油货车任务。

【水污染防治】 2022年，淮安市组织实施生态碧水三年行动，统筹推进生态活水等五大行动以及大运河淮安段污水治理、全域活水畅流工程、乡村河道“百河千岸”生态修复工程、生态碧水“智慧大脑”四大工程，推动水环境治理“一年打基础、两年上水平、三年有根本性变化”。印发《淮安市排涝泵站和涵闸拦蓄污水整治专项行动方案》，坚持水环境质量旬通报、月例会等制度，做好城镇生活污水收集处理、支流支浜整治、闸坝积蓄污水处置等工作。落实专人驻点值班、定期巡查等制度，常态化开展水源地水质监测，全市所有县级以上在用集中式饮用水水源地水质全部达标。

【土壤污染防治】 2022年，淮安市坚持“预防为主、保护优先、风险管控”的原则，将212家企业纳入土壤污染重点监管单位名录，完成28个高风险遗留地块土壤污染状况调查，达到省定要求。制定地下水环境质量国考点位达标或保持（改善）方案，将25家排污单位纳入2022年地下水污染防治重点排污单位名录，完成淮安市区、金湖县、涟水县、盱眙县地下水污染防治分区划分以及淮安工业园区地下水环境状况调查评估。加强建设用地安全利用管控，土壤环境质量总体保持稳定。

【农村环境整治】 2022年，淮安市印发《2022年全市农村生活污水治理工作方案》，对照“双60%”标准（一个行政村中治理要覆盖60%的自然村、一个自然村中治理要覆盖60%的农户），完成清江浦区、洪泽区、涟水县、金湖县、盱眙县等县域农村生活污水治理专项规划修编，全市农村生活污水治理率达35.4%，达到省定要求。出台《2022年农村黑臭水体治理工作计划》，完成20条农村黑臭水体治理。编制《淮安市“十四五”畜禽养殖污染防治规划》，组织开展畜禽养殖场粪污资源化利用及污染防治专项检查，完成农村人居环境整治项目40个。

【危险废物污染防治】 2022年，淮安市推进危险废物专项整治，印发《淮安市2022年固体废物环境管理工作要点》《淮安市2022年度危险废物规范化环境管理评估工作》等文件。对7家自建危险废物焚烧企业和36家危险废物持证单位进行全覆盖考核评估，全市危险废物库存削减至4681.37吨。召开危险废物经营单位安全生产专题会议和危险废物产生单位规范化环境管理培训会，编制《淮安市危险废物经营单位安全生产资料》《致全市机动车维修单位的一封信》，督促企业提高危险废物规范化管理水平。推进“无废城市”建设，推广全生命周期系统使用，加强危险废物处置设施建设。全市有742家企业、7家高校、121家科研及检测机构实验室纳入系统监管，危险废物填埋、焚烧能力分别为3.2万吨/年和9.4万吨/年。

【“大数据”助力污染防治】 2022年，淮安市生态环境局采取“在线+现场同步联动，市局+县区同向发力，高科技+铁脚板同频共振”方式，成立1个指挥中心和N个现场核查组，开展线上线下污染督查。淮安市生态环境大数据平台打破“行政壁垒”和“条线藩篱”，纵向打通省、市、县三级政府生态环境数据，横向打通12个市直部门环境管理数据，实现重点企业监管无死角，全市生态环境质量数据实时在线全覆盖。全市6个国控点、7个省

6月11日，“公众看环保、环保设施‘云开放’活动”走进光大城乡再生能源（淮安）有限公司　　市生态环境局　供

控点、87个镇（街道）空气自动站点、4个挥发性有机物组分监测站点，共104个自动监测站点数据实现实时上传。国省考断面水质、饮用水水源地监测数据全部集成到全市生态环境大数据平台，平台可进行污染物关联性分析、污染过程分析，助力生态环境部门快速、精准发现污染源，为打好污染防治攻坚战提供现代化技术支撑。至年末，市生态环境局系统通过大数据平台办理水质站超标预警、污染源超标预警11000多条。

（曹泓泉）

生态环境监管

【环保督察】 2022年，淮安市印发《中央生态环境保护督察淮安市保障工作方案》，成立淮安市迎接第二轮中央生态环境保护督察工作领导小组和协调联络组。4月12—19日，中央第二生态环境保护督察组对淮安市开展督察。督察期间，主要采取调阅资料、问询谈话、下沉督察、暗查暗访等方式，重点对大运河保护、黑臭水体整治、河道排口、生态保护和治理、固体废物和土壤污染防治、化工集中区环境管理等情况进行现场督察。淮安市落实中央生态环境保护督察反馈意见，制定整改方案，调整领导小组，落实重点信访件县区主要领导包案、普通信访件分管领导包案制，动态调度整改进展，定期组织联合督查，推动问题快整改、改到位。中央生态环境保护督察反馈的7项问题，2022年底前按时整改完成3项，并通过省验收工作组现场验收；交办的141件信访件，办结124件、阶段性办结17件。

【环境安全】 2022年，淮安市组织开展生态环境领域安全隐患排查整治行动，检查企事业单位1304家，整改隐患问题503个。推进危废安全专项整治三年行动，检查企业266厂次，整改隐患问题142个。建立建设项目环保和安全审批联动机制，开展环境治理设施环保安全联动执法检查行动，检查环境治理设施426个，均完成安全风险评估论证。推进园区三级防控体系建设，开展企业环境应急预案执法检查，定期举行突发环境事件应急演练拉练。全市有社会化环境应急救援队伍4支，分别为安道麦安邦（江苏）有限公司救援队、江苏省环保厅苏北应急物质库淮安储备基地救援队、淮安华昌固废处置有限公司救援队、江苏戴梦特化工科技股份有限公司救援队。加强环境应急值守和信息报告，应对各类突发环境事件，全年未发生等级以上突发环境事件。

【环境执法监管】 2022年，淮安市全面落实行政执法“三项制度”（行政执法公示制度、执法全过程记录制度、重大执法决定法制审核制度）以及重大案件联合调查处理机制，推动实行“局队合一”运行模式，推行非现场执法和异地交叉执法。依法打击环境违法行为，立案查处环境违法行为1028件，处罚金额6300余万元。每月召开行政执法案件审查会，对重大行政执法案件进行审核把关，审议重大执法案件500余件。开展生态环境损害赔偿工作，先后处理生态环境损害赔偿案例47件，损害赔偿和替代修复金额1000余万元。

【淮安市生态环境保护委员会成立】 4月10日，淮安市委、市政府发文成立淮安市生态环境保护委员会，市委、市政府主要领导任主任，相关领导任副主任。市生态环境保护委员会下设办公室和4个专业工作委员会，主要任务是贯彻中央、省、市生态环境保护方针、政策和规章，研究和审定生态环境保护有关决策，制定生态环境保护相关政策，协调、指导、监督和检查全市生态环境保护工作；主要职责为统筹贯彻实施中央、省、市生态环境保护各项决策部署，研究并向市委常委会会议、市政府常务会议提出全市生态环境保护工作重大事项的意见和建议，审定全市生态环境保护专项规划、方案和其他生态环境保护专门事项，组织对各地各部门生态环境保护工作履职情况的相关考核，组织对全市生态环境保护重大问题的检查、调研，履行市委、市政府赋予的其他职责。10月27日，淮安市生态环境保护委员会第一次全体会议召开。会议要求确保全面完成年度生态环境保护治理各项任务，绿色低碳发展向深入推进，真正让绿色成为淮安高质量发展的底色和核心竞争力。

（曹泓泉）

4月11日，淮阴区开展打击违规违禁渔具专项执法行动，保护渔业资源和河道生态环境　　刘须连　杨　彪　摄/视觉江苏网　供

科学技术

责任编辑：刘志平

综　述

【科技投入】 2022年，淮安市将原本分散在工业、科技、市场监管、金融监管等部门的扶持资金整合为2.43亿元的工业强市专项扶持资金，重点突出对制造业企业的扶持。在整合过程中，将科技扶持资金8700万元整体划拨过去。从年底决算情况来看，市科技局实际使用资金为7414万元，比年初预算减少约1300万元，比上年度减少886万元（2021年预算为8300万元），全市财政科技投入占比达到2%。

【科技“双招双引”】 2022年，淮安市继续推进科技“双招双引”（招商引资、招才引智）工作。组织举办淮安·金湖人才科技“双招双引”（苏州）推介会、淮安·涟水（上海）科技投资说明会等推介活动，赴深圳、武汉、苏州、上海、无锡等地开展科技“双招双引”专题活动。全市完成科技型项目招引144项，新竣工高科技工业项目68项。

【国家创新型城市建设】 1月7日，科技部发布支持新一批城市开展国家创新型城市建设名单，淮安市名列全国25个城市之一。4月11日，淮安市召开科技创新暨国家创新型城市创建动员大会。各县区出台完善科技创新支持政策，市委组织部开设全市科技创新与产业转型升级专题培训班，市政府督查室开展国家创新型城市建设情况和促进科技创新高质量发展若干政策落实情况专项督查。全市兑现高新技术企业奖补资金6090万元，研发投入奖补资金6050万元，带动高新技术企业数突破670家、企业研发投入超80亿元，创历史新高。全市新招引科技型项目140余个，签约落地高层次团队项目18个。创成3个“国字号”科创平台，淮安高新技术产业开发区进位幅度居全省之首，建成宁淮合作科创飞地2个。

【科技人才培育】 2022年，淮安市首次开展“533英才工程”科技人才评选，评选科技类领军人才15名、拔尖人才83名、骨干人才160名。首次发布《淮安市科技人才发展报告》，反映全市科技人才发展现状。全市有外国高端人才和外国专业人才179人，比上年增长10.53%。江苏新源太阳能科技有限公司康斯坦丁博士团队获评优秀省级外国专家工作室。

（王小青）

科技项目

【概况】 2022年，淮安市获批国家自然科学研究项目29项。获批省产业前瞻与关键核心技术项目3项、“双碳”（产业前瞻与关键核心技术攻关项目）2项、省级社会发展项目1项、省级现代农业项目2项、省级创新支撑计划项目28项等。获批科技项目争取资金5623.88万元，创历史新高。市级科技计划项目受理项目196个，其中195个进入专家评审，立项支持104项，扶持资金2645万元，当年下达资金825万元。

【科技项目扶持】 2022年，淮安市改革科技扶持资金支持重点，围绕“三新一绿”（新一代信息技术、新型装备制造、新材料、绿色食品）优势主导产业，突出制造业重点扶持，全市制造业科技扶持资金占扶持资金点数75%以上。改革科技计划项目组织方式，优化“创新挑战赛”等“揭榜挂帅”式组织方式，首次实施“碳达峰碳中和”科技专项，项目资金更加精准有效。

【14个项目获省科学技术奖】 6月9日，江苏省科学技术奖励大会召开，表彰2020年度、2021年度省科学技术奖和首届省科技创新发展奖获奖单位（集体）、企业和个人。淮安市14个项目获省科学技术奖，其中二等奖2个、三等奖12个，获奖数量、质量均有较大提升。

（王小青）

表42　2020年度、2021年度淮安市获省科学技术奖项目一览表

序号	成果名称	获奖年度	获奖等级	获奖单位
1	凹凸棒石基高性能复合材料的研发与应用	2020	二等奖	淮阴师范学院，江苏永安化工有限公司
2	生物医药用千吨级液相色谱分离纯化系统关键技术研发与产业化	2020	三等奖	江苏汉邦科技有限公司

续表42

序号	成果名称	获奖年度	获奖等级	获奖单位
3	可再生能源高渗透率电网无功资源优化及高效应用技术	2020	三等奖	江苏省电力试验研究院有限公司，国网江苏省电力有限公司淮安供电分公司，南京南瑞继保工程技术有限公司，东南大学，南京软核科技有限公司，南京丰道电力科技有限公司
4	高压自愈式电容器关键技术研究及产业化应用	2020	三等奖	无锡市电力滤波有限公司，中国电力科学研究院有限公司，华中科技大学，华北电力大学（保定），卧龙电气集团辽宁荣信电气传动有限公司，荣信汇科电气技术有限责任公司，国网江苏省电力有限公司淮安供电分公司
5	矿山煤基固体废弃物井下规模化处置关键技术及应用	2020	三等奖	徐州中安科技股份有限公司，中国矿业大学，淮阴工学院，江苏苏凯特钢科技有限公司
6	特种铺面性能提升关键技术创新及工程应用	2020	三等奖	东南大学，江苏扬子江高速通道管理有限公司，中设设计集团股份有限公司，交通运输部公路科学研究院，苏交科集团股份有限公司，江苏高速公路工程养护有限公司，南京林业大学
7	公路沥青路面服役性能高效提升关键技术与工程应用	2020	三等奖	东南大学，江苏省南京市公路管理处，苏交科集团股份有限公司，江苏高速公路工程养护有限公司，河南省高远公路养护技术有限公司
8	设施瓜果类蔬菜土壤连作生物障碍微生态调控关键技术及应用	2020	三等奖	江苏省农业科学院，中国农业科学院蔬菜花卉研究所，南京师范大学，扬州大学，江苏省耕地质量与农业环境保护站，江苏徐淮地区淮阴农业科学研究所，江苏天补生态肥业有限公司
9	泥鳅健康养殖关键技术与示范推广	2020	三等奖	苏州大学，江苏海洋大学，连云港市海洋与渔业发展促进中心，宿迁市水产技术推广站，徐州市水产技术推广站，淮安市水产技术指导站，连云港市赣榆区墩尚镇农业技术服务中心
10	京杭运河智能协同高效通航关键技术研究及应用	2020	三等奖	京杭运河江苏省交通运输厅苏北航务管理处，中设设计集团股份有限公司，武汉理工大学，东南大学，南京思创信息技术有限公司
11	传统酒类的智能化酿造关键技术及应用	2021	二等奖	江南大学，江苏今世缘酒业股份有限公司，无锡美湖信息科技有限公司
12	A2级无机防火芯卷制造关键技术及成套设备研发与产业化	2021	三等奖	江苏阿路美格新材料股份有限公司，南京工程学院，江苏协诚科技发展有限公司
13	高效智能化护理用品柔性生产成套装备	2021	三等奖	江苏全卫机械设备有限公司，南京工程学院
14	边缘计算下多源交通大数据融合感知协同分析关键技术与系统	2021	三等奖	浩鲸云计算科技股份有限公司，东南大学，淮阴工学院，南京理工大学

（资料来源：市科技局）

科技平台

【概况】 2022年，淮安市新增省级企业工程技术研究中心10家、市级69家，新建市级重点实验室10个。江苏天士力帝益药业有限公司成功获批国家企业技术中心，江苏视科新材料股份有限公司获批省级院士工作站。淮安精密配件特色产业基地获批国家火炬特色产业基地，江苏电子信息职业学院互联网众创园获批国家级众创空间。持续完善科创载体绩效评价机制，新备案市级众创空间2个、科技企业孵化器1个、科创综合体5个，获批省级众创空间2个。建成盱眙宁淮科创走廊软件基地、金湖（南京）协同创新中心宁淮合作科创飞地2个。全市累计建成国家火炬特色产业基地6个，省科技产业园9个，国家级农业科技园区1个、省级5个，国家大学科技园1个，国家级科技企业孵化器2个、省级11个、市级6个，国家级众创空间3个、省级14个、市级24个，市级备案科创综合体16个，国家级星创天地5个、省级4个，省级科技公共服务平台14个、市级69个，省级农村科技服务超市20个，省级重点实验室4个、市级82个，省级院士工作站3个，省级工程技术研究中心104个、市级801个。

表43　2022年淮安市新增科创载体一览表

序号	名称	依托单位	地区	类型
1	江苏电子信息职业学院互联网众创园	江苏电子信息职业学院	市直	国家级众创空间
2	淮安青创C空间	淮安市青商之家企业管理有限公司	淮安生态文旅区	省级众创空间
3	晶创空间	淮安中科晶上智能网联研究院有限公司	淮安经济技术开发区	
4	中芯汇众创空间	中芯汇科技产业园运营管理（淮安）有限公司	淮安经济技术开发区	市级众创空间
5	金湖（南京）协同创新中心	中聚（淮安）科技产业园运营管理有限公司	金湖县	
6	荣安智创孵化器	淮安市玖信控股集团有限公司	淮安区	市级科技企业孵化器
7	欧美工业园科创综合体	淮安诚意达商务策划有限公司	淮安经济技术开发区	市级备案科创综合体
8	日资工业园科创综合体	淮安新区物业管理有限公司	淮安经济技术开发区	
9	盱眙久有天地科技产业园	盱眙联谷智能科技有限公司	盱眙县	
10	湛钢（江苏）智能仪表产业园	上海湛钢科技集团、江苏股份有限公司	金湖县	
11	江苏聚智产业园	江苏华仲科技集团有限公司	金湖县	

（资料来源：市科技局）

【国家火炬特色基地建设】 2022年，淮安精密配件特色产业基地获批国家火炬特色产业基地，实现淮安市2018年后国家火炬基地评审“零”的突破。全市国家火炬特色产业基地累计有6家，分别是金湖石油机械特色产业基地、淮安盐化工特色产业基地、盱眙凹土特色产业基地、金湖仪器仪表特色产业基地、淮安现代教育体育高端装备特色产业基地、淮安精密配件特色产业基地。

【科创综合体建设】 2022年，淮安市继续推进科创综合体建设。欧美工业园科创综合体、日资工业园科创综合体、盱眙久有天地科技产业园、湛钢（江苏）智能仪表产业园、江苏聚智产业园5家综合体（产业园）新备案为市级科创综合体。全市累计备案科创综合体有16家。

【众创空间建设】 2022年，《淮安市众创空间、科技企业孵化器管理工作指引（试行）》出台，完善科创载体绩效评价机制。江苏电子信息职业学院互联网众创园获批国家级众创空间；淮安青创C空间、晶创空间获批省级众创空间；中芯汇众创空间、金湖（南京）协同创新中心备案为市级众创空间。

【科创飞地建设】 2022年，淮安市首次倡导区域性科技创新合作。借助南京都市圈区域战略，建立“企业在淮、研发在宁”的创新飞地共建机制，建成盱眙宁淮科创走廊软件基地、金湖（南京）协同创新中心宁淮合作科创飞地2个。

【5家国家级“星创天地”通过评估】 2022年，淮安市洪泽食品产业星创天地、淮阴现代农业星创天地、淮安智慧猪业星创天地、洪泽区互联网特色农业星创天地、清江浦区柴米河现代农业星创天地通过国家级“星创天地”评估。淮安市加大“星创天地”培育力度，立足农业产业发展需求，累计建成国家级“星创天地”6家、省级“星创天地”4家，为推进乡村振兴和农业创新驱动发展提供科技支撑。

（王小青）

科技创新

【概况】 2022年，淮安市全社会研发投入占地区生产总值比重的1.9%，比上年增长0.12个百分点；全市技术合同成交额200亿元，占地区生产总值比重的4.14%，比上年增长2.7个百分点；高新技术产业产值占规模以上工业总产值比重的30%，比上年增长0.9个百分点；科技进步贡献率59.2%，比上年增长0.8个百分点；全市预期有效期内高新技术企业数672家，比上年增长15.56%；科技中小评价入库企业数2106家，比上年增长4.88%。

【高新技术产业发展】 2022年，淮安市高新技术产业产值占规模以上工业总产值比重29.1%。新获认定国家高新技术企业297家（公示数），有效高企累计672家。推荐申报国家高新技术企业439家，公示297家企业，比上年增长85.63%，通过率67.65%，通过率居全省第二位、苏北地区第一位。

【创新型领军企业培育】 2022年，淮安市遴选创新型领军企业67家。其中，江苏井神盐化股份有限公司、江苏共创人造草坪股份有限公司等科技上市企业4家，淮安柴米河农业科技股份有限公司、江苏金象传动设备股份有限公司等科技上市培育企业31家，淮安中顺环保科技有限公司、江苏视科新材料股份有限公司市潜在“独角兽企业”2家，江苏科圣化工机械有限公司、江苏迈尔汽车零部件有限公司等市级“瞪羚企业”30家。江苏视科新材料股份有限公司获批省级潜在“独角兽企业”，江苏迈尔汽车零部件有限公司、江苏纽泰格科技股份有限公司、江苏辰威生物科技有限公司3家企业获批省级“瞪羚企业”。

【企业研发机构建设】 2022年，江苏天士力帝益药业有限公司获批国家企业技术中心，江苏视科新材料股份有限公司获批省级院士工作站。江苏省（富鼎）农用化学品工程技术研究中心、江苏省高保形与低碳功能纤维工程技术研究中心、江苏省数字化建筑工程技术研究中心、江苏省心血管类药物工程技术研究中心、江苏省立体车库减速电机工程技术研究中心、江苏省节能型LCD液晶显示屏工程技术研究中心、江苏省（锦乔）复合益生菌类工程技术研究中心、江苏省汽车进排气关键部件工程技术研究中心、江苏省高精度铝合金型材工程技术研究中心、江苏省废热梯级利用水源热泵热水机工程技术研究中心10家企业研发机构获批省级企业工程技术研究中心。全市新备案市级企业工程技术研究中心69家，新建市级重点实验室10个。

【2022年中国·淮安创新创业大赛】 2022年中国·淮安创新创业大赛于5月启动，12月初结束，历时半年多。大赛包括人才团队精英赛、创新创业选拔赛和技术难题挑战赛三类赛事。其中，人才团队精英赛重点聚焦国内外高层次人才团队，设置深圳、武汉、苏州等分站赛，吸引高层次团队项目196个，其中博士团队项目140个；创新创业选拔赛重点面向大众双创团队和淮安科技型中小企业，对接省科技厅、科技部举行的创新创业赛事，为有意在淮创业团队和淮安科技型中小企业搭建市级、省级、国家级联动的创新创业平台；技术难题挑战赛重点围绕淮安骨干企业重大技术创新需求50项，邀请国内外高校科研院所和各类创新团队联合攻关，集聚更多创新创业资源，合力支撑产业技术转型升级。

11月1日，2022年江苏省J-TOP创新挑战季高端装备制造产业专场（淮安）暨中国·淮安创新创业大赛难题挑战赛决赛在淮安举行　　市科技局　供

【上海交大淮安新材料技术创新中心建成运营】 2022年9月，淮安工业园区、上海交大苏北研究院、江苏宏邦化工科技有限公司共同参股的上海交大淮安新材料技术创新中心建成运营。该中心是淮安市第一个混合所有制科技创新平台，对全市面向主导产业建设科技创新平台起到示范引领作用。

（王小青）

产学研合作

【概况】 2022年，淮安市组织苏北五市产学研对接会、新型装备制造产业技术对接会、宁淮科技企业对接会等12场重点活动，发布技术需求288项，发布科技成果500项，促成产学研合作170余项，157个项目获省立项。获批省科技副总项目71项，新备案省级校企联盟102家。

【淮安新型装备制造产业技术成果对接会】 3月30日，2022年淮安新型装备制造产业技术成果对接会举行。该次对接会以“携手创新、制造未来”为主题，中科院系统、上海交通大学、南京大学、东南大学、天津大学、兰州大学、南京航空航天大学、南京邮电大学、南京工程学院等高校院所的443项科技成果在线上发布。上海交通大学、淮阴工学院、淮阴师范学院的专家教授通过线上、线下形式进行主旨演讲。对接会系首届江苏产学研合作对接大会的延伸和深化。200余家企业参加线上项目路演和对接洽谈，达成合作意向80余项。

【金湖仪器仪表产业发展研讨会】 11月18日，首届南京都市圈宁淮科技合作交流会暨金湖县仪器仪表产业发展研讨会在金湖县举行。研讨会以政府为主导，为两地企业家、学会、高校建立联系，打造“政产学研用”相结合的创新平台。南京、淮安两地仪器仪表产业30余家企业参加活动，共同探讨行业未来如何更加依赖科技路径跨越发展，并进行企业间的交流对接。南京、淮安两市科技局签署共建科创飞地协议；金湖仪表企业与南京智慧智能系统自动化企业合作签约；金湖县仪表企业与高校劳模创新工作室签署合作签约。

（王小青）

行业科技

【气象科技】 2022年，淮安市建立地质灾害预警研判机制，建立灾害性天气监测预警预启动机制和叫应服务制度。推动气象监测预报预警信息接入"城市大脑"，将气象数据接入市域治理现代化平台、市应急指挥中心等，建立快速高效的信息共享和应急联动机制。全年开展大规模人工影响天气作业18次。采用遥感技术、现场勘查和工程勘测等相结合方法，开展地质灾害致灾体调查与评估、地质灾害承灾体调查、地质灾害历史灾害灾情调查与综合减灾能力调查等。向社会推广应用地震烈度速报与预警系统建设系统，向公众提供地震预警和科普服务。

【农业科技】 2022年，淮安市组织进农村送科技活动11次，培训24场次，培训农业技术人才1136人次。结合省创新支撑计划乡村振兴类项目实施，推进科技助力乡村振兴行动，重点支持"秸秆基质化栽培双孢蘑菇技术应用示范"等农业科技成果应用示范项目15个，落实专项支持资金1980万元。年内，省财政厅、省科技厅下达省科技计划（创新支撑计划乡村产业振兴）专项资金，淮安市19家企业获批立项，其中15家企业获批省农业科技成果应用示范项目、4家企业获批农业科技社会化奖补；获得资金2420万元，在苏北5市中位列第二。至年末，全市有国家农业科技园区1个，省级农业高新技术产业示范区1个，国家级、省级星创天地9个，省级农业科技园区5个，省级农业产业技术创新战略联盟2个，省级农村科技服务超市20家。

科技保供给促增收强产业行动 组建专业技术服务团队和包干队各6个、专家36名，发布农业生产技术指导意见38条，组织开展技术培训与观摩会70余次，培训种植大户与各类经营主体5000余人次，制作农技指导小视频和图文课件54件，网络直播6场，远程问诊人次超300次。组织农技人员通过中国农技推广和农技耘App回答问题3.4万余条，上报农情信息2.7万余条。发布大豆玉米复合种植技术、小麦赤霉病防治技术等为农服务信息100余条。集中举办"云端"农技推广培训、线上对接会20次，培训与学习人员2300余人次。

基层农技推广体系完善 至年末，全市遴选出农业科技示范户8510户；建设县级农业科技示范展示基地29个；安排农技推广人员参加省级培训405人次，开展县级农技人员培训879人次。

现代农业产业技术体系示范基地建设 新获批桃基地、生猪基地和芦笋基地3个省级示范基地，全市26个省级示范基地开展试验研究100余项，试验示范新品种200余个、展示新技术新模式100余项，组织农民培训和现场观摩活动超6000人次。

（王小青 许正豪）

【淮安市农业科学研究院】 淮安市农业科学研究院（又名江苏徐淮地区淮阴农业科学研究所）是一所集科研、开发、示范推广于一体的新型农业科研机构，主要从事农业应用型、开发性、特色性研究。2022年，全院有在职人员146人，其中科技人员128人；设有科学研究部门8个、管理服务部门6个；有科研创新团队12个。有办公园区、江苏省植物生长调节剂工程技术研究中心、国家稻麦科研育种创新基地、淮安现代农业高新科技园4处用地，其中实验用地48公顷。建有国家小麦、西甜瓜产业技术体系淮安综合试验站、江苏现代农业产业技术体系（水稻、小麦、食用菌、甘薯、藜麦、肉羊、生猪）推广示范基地，包括核心示范基地8个和示范点40个。

农业科研项目 全年获批立项国家、省市科技计划项目15项。其中，"大豆GmHPL基因在植物响应病原菌胁迫中的功能研究"项目获国家自然科学基金青年基金立项资助，"西瓜抗白粉病2WF生理小种基因图位克隆及功能分析"项目、"大豆脂肪含量主效QTL qOil-10-3的精细定位及分子标记开发"项目分别获省自然科学基金青年基金和面上项目资助。另有2项省重点研发计划现代农业（后补助）项目和2项省农业科技自主创新资金项目获立项资助，实现科研项目立项新突破。

农业科技创新 组建"智慧农业""功能农业""特色农业"等创新团队，发展"羊肚菌""精品小西瓜""富硒高钙米""酒粮糯稻"等高产值农产品关键技术，淮麦49高产攻关田实收亩产739.7千克，实现本地产量历史突破。全年获市厅级以上科技成果奖16项，其中"高产稳产多抗广适优质专用小麦新品种淮麦33选育与推广应用"获全国农牧渔业丰收三等奖，并入选农业农村部2022年粮油生产主导品种；"设施西甜瓜新品种及优质绿色简约化生产技术集成推广"获全国农牧渔业丰收二等奖；另有2项技术分别获省科学技术进步二、三等奖。审定农作物新品种10个，授权植物新品种权8个，授权专利10件，立项地方标准3件，发表学术论文68篇，其中SCI论文6篇，鉴定科技成果2件，苏梦6号等3个新品种和羊肚菌栽培技术等4项技术入选省主导品种和主推技术。

农业科研成果转化 全年转让水稻、小麦、大豆、西瓜等品种17个，签订淮稻40、淮麦51、淮豆18等品种经营权转让合同6个，累计转让金额1202万元，其中淮麦13794交易价格为683万元。销售良种2500万千克，销售额1.25亿元。科技成果转移转化率持续保持90%以上运行。

农业科技服务 全年实施"科技保供给促增收强产业"专项活动15期，发布生产技术指导意见18条，示

范推广新品种20个、新技术8个，组织开展技术培训与观摩会20余次，培训种植大户与各类经营主体1000余人次。开展小麦“科技壮苗”专项活动8次，组织现场会、技术培训会与观摩会42次，累计培训农技人员和农户5223人次。在淮阴区新建设施蔬菜与优质珍稀食用菌核心展示区1个（占地33.33公顷）；在丁集镇、马头镇、刘老庄镇等地建设栽培示范点5个，引进黄瓜、辣椒和番茄新品种32个；在丁集镇推广黄瓜、辣椒等设施蔬菜种植100余公顷，累计推广羊肚菌种植20余公顷，示范栽培羊肚菌优质菌株3个。对接涟水县高沟镇四安庄村，投入资金402.35万元，建立高素质农民培育省级示范田间学校“酒粮种植技术服务中心”，帮促实施6个农业项目、推广种植礼品西瓜、发展酒用高粱产业，实现特色产业发展和订单农业增收。

【工业科技】 2022年，淮安市实施百亿企业培育、千企技改、“专精特新”、绿色标杆创建、智能化改造和数字化转型等行动计划。全年创成省级以上标杆示范类企业数量超200家。推动传统产业绿色化转型，推动低端低效产能调整退出，实施节能减排技改项目33个。培育市级绿色标杆入库企业136家，新创成省级绿色工厂18家。73个技术改造类项目完成设备和信息化投入24.9亿元，财政引导资金撬动放大率为1∶20；研发投入奖补资金撬动全社会研发投入增长25%以上；新增技改投入同比增长32.2%。新增国家级专精特新“小巨人”企业2家、省级“专精特新”企业75家，7家企业通过省级“专精特新”企业复核，新认定市级“专精特新”企业138家。

（市工信局）

【水利科技】 2022年，淮安市围绕“十四五”时期水利科技创新重点，发挥水利科技创新的引领和支撑作用。加强水利科技研究，向省水利厅申报19个项目，其中获得立项2个，获省补资金40万元。依托重大规划、重大项目、重大工程、重大平台和重点任务等载体，为水利行业企事业单位开展科技创新与人才培养提供人力、财力、物力等方面的支持保障。开展科技推广工作，结合与省水利厅签订的战略合作协议、与河海大学签订的人才培养培训战略合作协议，推广新型式、新材料、新技术，组织相关单位参加水利部、省技术交流会，研究推广先进实用技术。持续开展科普宣传工作，在“中国水周、世界水日”期间，利用淮安市水利科普馆、两园科普示范基地，做好全市水利科学知识的科普宣传工作，增强全民水患意识、节水意识、水资源保护意识。

（市水利局）

【市农科获批院淮河下游种质创制重点实验室共建单位】 2022年1月，淮安市农科院获批农业农村部淮河下游种质创制重点实验室共建单位。年内，收集水稻、小麦、玉米等新资源500份，并鉴定评价稻瘟病抗性、赤霉病抗性、肥料利用率、优良品质等性状；构建抗稻瘟病、抗赤霉病、肥料高效利用、品质表型鉴定平台各1个。明确克隆基因的关键功能位点50个，同时对优异种质资源和当地主推品种杂交配组，开发利用实用分子标记50个，异地（就地）加代500份，服务淮河下游地区农业高质量发展。

获批国家农业科学淮安观测试验站 2022年3月，淮安市农科院获批国家农业科学淮安观测实验站。年内，依据观测实验站建设规划，可行性研究报告获批，明确项目建设主管单位、建设地点、建设性质、建设期限、建设目标及建设内容和规模。编制初步设计方案，重点围绕可行性研究报告开展建安工程、田间工程建设及仪器设备购置等，规范项目实施。

（吴　妍　张　凯）

科技服务

【科技金融服务】 2022年，淮安市召开全市科技金融工作座谈会暨第二批“淮科贷”合作银行签约仪式，中国建设银行股份有限公司淮安分行、中国农业银行股份有限公司淮安分行、江苏淮安农村商业银行股份有限公司、中国民生银行股份有限公司淮安分行、上海浦东发展银行股份有限公司淮安分行、中国邮政储蓄银行股份有限公司淮安市分行6家第二批“淮科贷”合作银行业务部门负责人与市生产力促进中心进行现场签约。全市“淮科贷”累计合作银行15家，备案金融产品累计69个，授信729笔，授信金额35.27亿元。全年发放“苏科贷”91笔，金额4.06亿元。

【科创服务】 2022年，淮安市以建设科技创新综合服务平台为支撑，推进科创综合体布局，提升科创服务能力。印发《2022年重点平台（科技云）创新突破工作方案》，对平台建设中的任务和需求进行细化分解落实。年内，科技云平台投入使用，基本实现平台PC端的科技资源共享，科技大数据分析、企业研发管理和手机端程序、科技助企模块等功能集成。完善管理机制建设，相继出台《淮安市众创空间、科技企业孵化器管理工作指引（试行）》和《淮安市科创综合体（科技产业园）管理工作指引（试行）》等管理规定。开展科创综合体备案工作，通过专业人员培训、科技企业培育、省级以上科创载体认定等业务指导，鼓励科创服务平台进一步完善管理机制，提升服务能力。

【新增4家省科技创新券服务机构】 5月9日，江苏省科技资源统筹服务中心公布2022年度第二批省科技创新券服务机构入库名单，淮安市江苏省环洪泽湖生态农业生物技术重点实验室（淮阴师范学院）、南京农业大学淮安研究院等4家机构入选。至年末，全市在省科技资源统筹服务平台累计入库创新券服务机构20家，面向全省科技型中小企业提供可享受补贴的科技创新服务，在提升机构大型科学仪器使用效率、降低企业研发创新成本方面持续发挥作用。

（王小青）

教 育

责任编辑：刘志平

综 述

【教育资源】 2022年，淮安市有学校960所，有在职专任教师6.59万人，有学生92.75万人。年内，启动实施中小学及幼儿园建设项目46个，总投资57.57亿元，新增学位1.95万个。创成省优质幼儿园6所、市优质幼儿园20所，20所省优质幼儿园通过复审，淮安市普惠性幼儿园覆盖率在全省排名第一，在省市优质幼儿园就读幼儿占全部入园就读幼儿总数的90%。实施教育信息化2.0行动，提升师生信息素养，探索教育数字化转型，累计建成省级智慧校园356所、省级智慧校园示范校11所。依托省市网络名师工作室，开展线上线下研修、城乡同步课堂、同课异构等活动300余次，建设优质教学资源1.2万余件。改造提升105所义务教育学校照明。淮安市儿童青少年标准化近视率较上年下降5.55个百分点，9所学校获批江苏省儿童青少年近视防控示范学校。

【教育内涵发展】 2022年，淮安市推进“七八九十”质量提升行动，丰富教育发展内涵。实施职业教育“七个聚焦”，创新开展中职专业星级评估，出台市优先发展专业目录，持续构建“三全育人”格局，新增省优秀中职学校3所、省优秀中职专业12个，创成省职业教育课程思政示范课程2个、“三全育人”案例2个、省级“双师型”教学团队4个，2项校企合作成果入选省典型案例。聚焦“八项培育”，改革小学教育评价制度，13所小学获批市级小学内涵建设培育项目，2所小学获省基础教育成果奖特等奖。继续推进初中“九项举措”、高中“十项行动”，全市组建初中教育联盟34个，实现教育集团（联盟）全覆盖，召开推进普通高中高质量发展工作会议。聚焦县中振兴，广泛开展调研，形成市人大、市政协关于振兴市内县域高中的专题报告。制定《关于推进淮安市县中高质量发展实施方案》。开展“助力县中振兴提升全面质量”全市普通高中调研视导周周行活动，促进高中教育水平整体提升。

年内，淮安市新增全省基础教育前瞻性教学改革实验项目3个、特殊教育发展项目4项、幼儿园课程游戏化项目3项、中小学课程基地与学校文化建设项目4项、中小学生品格提升工程项目4个。全省教学成果奖评选中，淮安市报送的41个项目有27个获奖。其中，2个项目获特等奖，2个项目获一等奖，23个项目获二等奖。在江苏省基础教育（含中等职业教育）教学成果奖评选中，31个项目获奖。1名学生入选全国“新时代好少年”，全省唯一；4名学生获评“新时代江苏好少年”。

【教师队伍建设】 2022年，《关于推进淮安市基础教育人才队伍建设的实施方案》出台，明确人才培养“2211”总目标，即到2025年，引进和培养20名（个）左右全国知名的名师名校长（教育领军团队），200名左右“苏教名家”培养对象、省特级教师、省教学名师和正高级教师，1000名左右市级学科（专业）带头人，1万名左右县级骨干教师。年内，引进“名校优生”139人，引进和培养各类教育人才1551人，260名定向师范生落实就业。评选全国名校长1人、正高级教师26人、省教学名师10人，选拔市“533英才工程”培养对象512人，评选市第五批学科

5月31日，学习贯彻习近平总书记重要回信精神一周年暨庆祝六一国际儿童节主题活动演出在淮安市文化馆举办　　市教育局　供

带头人500人、淮上名师50人、市优秀教师100人、市优秀班主任299人。创成13家省级中小学网络名师工作室，选派40名优秀教师到南京跟岗学习锻炼。全年市本级人才经费投入1700万元，其中发放人才奖补资金1080万元。

【青少年思政教育】 2022年，淮安市建成全国青少年思政教育实践基地，5所中小学获评全省思政育人特色学校。坚持“三突出三融合”，构建大中小学一体化思政课程体系，创成323个市级“周恩来班”，创建经验向全省、全国推广。市青少年党史学习教育做法获全国人大教科文卫委肯定，《江苏改革简报》《江苏教育工作简报》予以专题报道。市未成年人思想道德建设工作典型做法获中央文明办推介，《光明日报》《新华日报》《江苏改革简报》等予以报道。

【教育综合改革】 2022年，《淮安市深化新时代教育评价改革实施方案》《淮安市全面加强新时代中小学劳动教育实施方案》出台。全市有2个案例入选江苏省教育评价改革试点项目。严格落实“划片招生、就近入学”，推进义务教育“阳光招生”“公民同招”，深化体育中考改革。构建“5+2”课后服务体系，实现义务教育学校开展课后服务和满足有课后服务需求的学生两个100%。义务教育阶段学科类校外培训机构压减率96.66%，进入全省前列。新增省“双减”示范创建学校3所，获评省“双减”工作典型案例4个，11个典型做法被省“双减”专报刊载推介，中央电视台等媒体多次报道淮安市经验做法。盱眙县、淮安区分别作为全省唯一县、区，在全国、全省会议介绍校外培训监管工作经验。

（蒋留成　刘晓刚）

学前教育

【概况】 2022年，淮安市有成规模幼儿园492所，其中公办幼儿园445所、民办幼儿园47所。有在园幼儿12.57万人，幼儿教师0.96万人，幼儿教师专科及专科以上学历占比99.4%。全市学前3年教育毛入园率96.5%。年内，新改扩建幼儿园9所，总投资2.6亿元，新增学位3210个。加强优质幼儿园创建，幼儿园办学品质进一步提高。

【优质幼儿园建设】 2022年，淮安市创建省优质幼儿园6所、市优质幼儿园20所。全市有省优质幼儿园315所、市优质幼儿园111所，省市优质幼儿园覆盖率90%以上，其中省级优质园比例为70%。年内，全市有22所幼儿园为省优质幼儿园复审对象，其中20所幼儿园申报复审、2所幼儿园申请延期复审。经过材料评审、现场考察、评后整改、项目组审核，20所幼儿园全部通过复审。

【“学前教育宣传月”活动】 5月20日至6月20日，淮安市开展第11个全国学前教育宣传月活动，围绕“幼小衔接，我们在行动”，营造全社会理解支持幼小衔接的工作氛围。分2批报送29个学前教育宣传月视频案例，得到省教育厅肯定。

【幼儿园课程游戏化项目】 2022年6月，省教育厅公布“2022年江苏省幼儿园课程游戏化项目”，淮安市新星幼儿园《培植幼儿生活力：基于幼儿生活经验的园本课程建构与实践》、清江浦区教育局《“活教育”思想引领下的“清江浦+”课程架构与实施》、淮安经济技术开发区社会事业局《幼儿园“蓝本”课程域本化实践研究》3个项目获批“幼儿园课程游戏化项目”。年内，淮安推进幼儿教育课程游戏化项目成果获教育部官方微信公众号“微言教育”推介。

【幼儿园教师指导用书和幼儿用书排查清理】 2022年，根据《关于转发国家教材委员会办公室组织开展幼儿园教师指导用书和幼儿用书排查清理的通知》要求，淮安市排查幼儿园教师用书116种。经专家组审核，“建议清理”类有5种，“其他存在的问题”类有4种，全部排查清理到位。

（蒋留成　刘晓刚）

义务教育

【概况】 2022年，淮安市有小学232所，其中公办小学225所、民办小学7所；有初中169所（含44所九年一贯制学校），其中公办初中149所、民办初中20所。有小学生34.63万人、初

10月25日，淮安市实验小学值周老师在学校门口给学生书包称重，提醒孩子为书包“瘦身”　王　昊　摄/视觉江苏网　供

2022年，洪泽湖实验小学将国家级非遗项目《洪泽湖渔鼓舞》引进学校，丰富校园生活，传承非遗文化　　万　震　摄/视觉江苏网　供

中生17.04万人；有小学教师2.33万人、初中教师1.54万人，小学教师本科及本科以上学历占比100%，初中教师本科及本科以上学历占比100%。年内，新改扩建小学7所、初中3所，总投资8.08亿元，新增学位14810个。全市义务教育阶段巩固率100%，义务教育优质均衡发展水平持续提升。

【“双减”政策落实】 2022年，淮安市坚持校内外同步推进“双减”政策落实。提升学校招生管理、教学管理、考试管理、家校社协同管理等，强化作业统筹制度、公示制度、评价制度和教辅管理制度，做到作业设计科学、课业负担合理和课内教足教好、校内学足学好。全市所有义务教育学校全部开展课后服务，参加课后服务学生占学生总数的98.76%，参与课后服务教师占教师总数的90.48%。发挥少年宫、青少年活动中心等校外活动场所作用，开设剪纸、泥塑、瓷雕等特色课程，满足学生多样化需求。整治校外培训机构，组织近400批次督查检查，查处校外培训机构违规行为，建成全省首批校外培训预付费监管平台；全市原有学科类培训机构778家，压减至33家，且均证照齐全，压减率95.76%。年内，淮安市获批省推动基础教育高质量发展实验区。

【教育集团化办学】 至2022年末，淮安市小学阶段成立48个教育集团，将小学全部纳入集团管理，实施集团化办学管理“五统一”和捆绑考核，促进龙头学校和成员学校良性互动、两头发力，带动一批新建学校和薄弱学校加快发展。初中阶段所有学校全部纳入34个教育联盟，从活动质量、质量提升等维度对学校进行考核，并纳入对学校的综合考评。

【民办义务教育】 2022年，淮安市有民办义务教育小学7所、民办初中20所。民办义务教育学校在校生占所有义务教育阶段学生数5%。民办义务教育进一步规范发展。实施政府购买学位专项工作，按公办学校收费标准缴费，不允许民办学校多收、乱收任何费用。

【1个项目入选省对外合作交流重点资助建设项目】 4月27日，省教育厅公布《2022年基础教育职业教育对外合作交流重点建设项目》，淮安市天津路小学申报的《基于文化自信的国际友好学校校际合作与交流》获批重点资助建设项目，为全市唯一通过评审答辩获得立项的项目。天津路小学自2015年与澳大利亚哈卡维小学开展友好合作后，两校通过电子邮件及定期视频会议、建立“孔子课堂”、建立师生电子笔友俱乐部等形式开展教育、教学经验交流，增进双方文化理解和文化认同。

【中小学生艺术展演】 7月15—17日，淮安市举行中小学生艺术表演节目展演。艺术展演活动包括艺术表演节目、艺术作品、艺术实践工作坊、优秀美育案例评比4个方面的内容。经各县区和市直学校评选推荐，全市有108个艺术表演节目、378幅艺术作品、19个艺术教育工作坊和47篇美育案例参加展演。

【少先队活动辅导技能展示获省综合团体特等奖】 12月14—15日，团省委、省教育厅、省少工委联合主办2022年江苏省少先队辅导员少先队活动辅导技能展示。淮安市教育局选派7名优秀少先队辅导员参加，团体总分排名全省第二，获综合团体特等奖，继续保持全省领先。

（蒋留成　刘晓刚）

【淮阴师范学院第一附属小学】 淮阴师范学院第一附属小学是首批江苏省实验小学、模范学校、全国文明校园、全国现代教育技术实验学校和全国新媒体新技术应用“卓越学校”。2022年，学校有淮海路校区和健康路校区2个校区，总占地面积4.5万平方米，总建筑面积近5万平方米。有在校生近6000人。有教师员工400余人，其中江苏省人民教育家培养工程培养对象1人、在职特级教师7人、正高级教师5人、市学科带头人112人次、省“333”和市“533”等高层次人才50多人次。年内，学校“本真课堂：指向真实学习的教学探索三十年”获2021年度江苏省教学成果（基础教育类）特等奖。在江苏省少先队辅导员少先队活动辅导技能展示中，学校2名教师入选淮安市代表队参赛，均获得一等奖。在2022年“领航杯”江苏省信息化教学优质课大赛中，学校1名教师获一等奖。

【淮安市实验小学】 淮安市实验小学是首批江苏省实验小学、模范学校，获得中国少年科学院“小院士”优秀组织单位、首批STEM教育实验学校和江苏省文明校园等荣誉。2022年，学校有实小校区、长征校区、新城校区3个校区，领办或协办9所学校。年内，在第21届江苏省青少年机器人竞赛中，学校代表队在无人机编程挑战赛中获得全省第一名，1名学生获得冠军。在2022年“领航杯”江苏省中小学生信息素养提升实践活动中，学校2个社团的作品获一等奖，其中2名学生在“乐高FLL挑战”中获得一等奖，并代表江苏省参加全国交流活动。

【江苏省淮阴中学开明分校】 江苏省淮阴中学开明分校是江苏省淮阴中学的初中部，先后获得江苏省最具影响力初中、江苏省教科研先进学校、江苏省STEM教育项目试点学校（样板学校）、江苏省科学教育综合示范学校、江苏省十佳科技创新学校、江苏省首批教师发展示范基地校等荣誉。2022年，学校占地面积6.7万多平方米，建筑面积4.2万平方米。有学生近3000人，教职工200多人。年内，学校2名学生获评2022年度全国优秀少先队员，全市仅2人。在全国信息学奥林匹克联赛中，1名学生达到全国一等奖分数线。

【江苏省淮阴中学新城校区】 江苏省淮阴中学新城校区是淮阴中学于2011年创办的初中部。2022年，学校占地面积13.23万平方米，总建筑面积9.74平方米。有学生4000余名，教职工300余名。年内，1名教师获第七届江苏省中学中职学校微团课大赛获特等奖。1名学生获2022年全国“新时代好少年”称号。

（淮　鉴）

普通高中教育

【概况】 2022年，淮安市有普通高中39所，其中公办高中29所、民办高中11所。有四星级普通高中15所、三星级普通高中14所，省三星级以上普通高中比例为76.92%。有高中生10.63万人，高中教师0.96万人，高中教师研究生学历占比23%。年内，新改扩建高中4所，总投资2.12亿元，新增学位1950个。全市高中阶段毛入学率100%。提升教育教学管理质量，振兴县中，推进普通高中教育教学管理、招生政策优化，普通高中办学质量稳步提升。

【县域高中振兴】 2022年，淮安市聚焦县域高中振兴，广泛开展调研，形成市人大、市政协关于振兴全市县域高中的专题报告。制定《关于推进淮安市县中高质量发展实施方案》，提出一系列具体举措。开展“助力县中振兴 提升全面质量”全市普通高中调研视导周周行活动，促进高中教育水平整体提升。

【淮阴中学建校120周年发展大会】 11月6日，江苏省淮阴中学举行建校120周年发展大会。淮阴中学是淮安市教育局直属的公办全日制高中，是江苏省首批四星级高中，2019年成为江苏省首批20所“高品质示范高中”建设立项学校。该校肇始于1902年创办的江北大学堂，在120年的办学历程中，秉承“竖起脊梁担事”的精神，经几代人的传承与坚守，形成独特的“担当教育”文化体系，培养数以万计的优秀人才。学校为“全国文明单位”，2次获评全国文明校园，获“全国教育系统先进集体”等称号。

淮阴中学建校120周年发展大会期间，淮安市举办第三届淮中科创论坛，邀请国内高层次学者、企业家、淮中杰出校友以“百廿精神传承、科创同频共振”为主题，围绕市“十四五”规划确定的战略性产业需求，深入交流新技术、讨论新业态，寻求合作机遇，洽谈落地项目。

【清江中学与南师附中签订联合办学协议】 5月26日，宁淮2022年度教育挂钩合作项目举行签约仪式。南京市教育局、淮安市教育局签订《宁淮2022年度教育挂钩合作项目》，明确“组建南京师范大学附属中学、江苏省清江中学办学联合体”。南京师范大学附属中学、江苏省清江中学两校签订《南师附中与清江中学成立办学联合体协议》，双方以“优势互补、资源共享、互惠双赢、共同发展”为原则，通过选派师资、借鉴融合、教研互通、资源整合、平台共建等，促进清江中学珠海东路新校区高品质建设、高质量发展。

（蒋留成　刘晓刚）

11月6日，江苏省淮阴中学建校120周年发展大会举行　管伟法　摄

【江苏省淮阴中学】 江苏省淮阴中学是淮安市教育局直属的公办全日制高中，是江苏省首批四星级高中、江苏省首批20所高品质示范高中建设立项学校。学校为北京大学、清华大学等全国50多所一流高校的优质生源基地，获得“全国文明单位”“全国教育系统先进集体”“中国创新型学校”等称号。2022年，学校占地面积17万多平方米。有学生3000多人；有教职工216人，其中特级教师11人、正高级教师6人、市学科带头人54人。年内，学校举办建校120周年“百廿华章，竖起脊梁”校庆系列活动；举办省高品质示范高中建设第19期轮值研讨活动；《恩来精神涵育时代新人的淮安实践》课题获省教学成果奖一等奖并被推荐上报国家教学成果奖。1名教师获“江苏教学名师”称号，1名教师获全国高中英语课堂教学优课评比一等奖，3名教师获省教育教学基本功大赛一等奖。学生在全国五大学科奥林匹克竞赛中，获银牌2块（数学、物理），获国家一等奖11人；在“叶圣陶杯”作文大赛、创新作文大赛全国决赛中，各有1人获全国决赛特等奖。

【江苏省清江中学】 江苏省清江中学是淮安市教育局直属的公办普通高中，是全市仅有面向全市招生的两所高中之一，是江苏省首批重点中学、江苏省首批四星级高中。学校获“全国文明校园”“全国国防教育示范学校”“全国群体工作先进集体”等称号。2022年，学校有正高级教师、省特级教师、省“333工程”培养对象、市有突出贡献的中青年专家、淮上名师26人。年内，学校启动高品质示范高中创建申报，推进高质量跨越式发展。学校获第34届江苏省中小学生金钥匙科技竞赛团体一等奖，2项课题获评省教育科学规划精品课程。1名教师获全国英语教学基本功竞赛二等奖，1名教师教学创新案例在全国线上展播。学校国防班学生参加第七届全国军事训练营。1名学生获省“学宪法 讲宪法”决赛一等奖。学生朗诵节目《人民万岁》获中华经典诵读总决赛全国一等奖。

（蒋留成 刘晓刚）

特殊教育

【概况】 2022年，淮安市有特殊教育学校7所，学生1100人，特殊教育教师200人。残疾儿童少年享受15年免费教育比例100%。全市实施“十四五”特殊教育提升计划，构建15年特殊教育体系，推动特殊教育向两头延伸。至年末，有2所学校能够基本满足15年特殊教育。有省特殊教育发展工程项目40个。淮安市特殊教育学校与市残联康复中心签订合作办学协议，优化资源配置，服务特需学生。

【特殊教育融合资源中心建设】 2022年，经多部门联合评估认定，淮安市在普通中小学和幼儿园建成特殊教育融合资源中心285个，实现各级融合教育资源中心建设全覆盖。市形成以普通学校随班就读为主体、以特殊教育学校为骨干、以送教进社区和送教上门及远程教育为补充的特殊教育体系，全面提高特需学生教育普及程度。

【师生参赛】 2022年，淮安市组织开展特殊教育教师教学基本功展示和融合教育优秀教育教学案例遴选活动，3名教师的教学基本功案例获省教育厅表彰。在省第二届听障儿童演讲比赛中，1名教师、1名学生分别获一等奖。

（蒋留成 刘晓刚）

中等职业教育

【概况】 2022年，淮安市有中等职业学校13所，学生4.43万人，教师0.28万人，全市中高职院校向社会输送技能型人才2.3万人。“淮安市中等职业教育高质量综合评价改革”项目被立项为省级试点项目，全省市级层面唯一。

【优质职教资源建设】 至2022年末，淮安市中等职业教育学校设立三年制中职教育和五年制高职教育两种学制，三年制中职开设59个专业、145个专业点，五年制高职开设31个专业、43个专业点，创成37个省级品牌特色专业和26个省级现代化专业群、23个省级现代化实训基地、9个省高水平五年制专业群。年内，新创3所优秀中职学校建设培育单位，11所公办中职学校全部创成省级领航、优秀或示范特色校。新获批12个省优质专业，数量在省内排名第五。新增3个江苏省职业教育“双师型”名师工作室、1个省技术技能创新传承平台、1个省职业教育示范性虚拟仿真实训基地培育项目。

【职业学校专业星级评估】 2022年，淮安市制定职业学校专业星级评估标准。开展首轮专业星级评估，对全市中职学校招生专业按办学成果、育人成效和校企合作紧密程度进行星级评定，评定三星级以上专业近70%。

【职业教育产教融合发展】 2022年，淮安打造中等职业教育区域合作优秀范例，做好典型引领。全市新增4家省级产教融合型企业。“淮安生物工程—南京卫岗”校企合作组合被认定为2022年江苏省职业教育校企合作示范组合培育项目，淮阴商业学校牵头成立的“淮安市淮扬菜职业教育集团”被认定为2022年江苏省示范性职业教育集团（联盟）培育单位。

【师生参赛】 2022年，在全国职业院校技能大赛中职组蔬菜嫁接赛项中，淮安生物工程高等职业学校1名学生代表江苏省参赛并获得金牌，1名教师获评全国优秀指导教师。在江苏省职业院校教学能力大赛中，淮安市中职组获得的金牌数位列全省第四、综合排名全省第二，市教育局、淮安生物工程高等职业学校获最佳组织奖。在江苏省中等职业学校班主任能力比赛中,淮安市获一等奖数位列全省第三,总成绩位居全省第四。

【《淮安市职业院校优先发展专业目录(2022版)》发布】 2022年,淮安市在全省率先出台地方版职业院校优先发展目录——《淮安市职业院校优先发展专业目录(2022版)》。该专业目录设置现代特色农业、绿色食品、新一代信息技术、新型装备制造、生态文旅、现代商贸、民生发展、紧缺工种(职业)8个服务方向,细分为35个产业图谱,确定146个优先发展专业及专业培养目标,深化职业教育产教融合,提升职业院校对接全市“333”产业精准度。

【市第十七届职业学校技能大赛】 10月27日至11月1日,淮安市举办第十七届职业学校技能大赛,共设11个专业大类48个赛项,分别在11个赛点校开赛,近1200名选手参赛。大赛遴选出414名选手,参加全省职业院校技能大赛。

(蒋留成　刘晓刚)

【江苏省淮安技师学院】 江苏省淮安技师学院为国家级高级技工学校、省重点技师学院。2022年,学校占地面积9.87万平方米(其中主校区6.53万平方米、商技校校区2.13万平方米、驾培公司1.2万平方米),总建筑面积8.6万平方米。设有7个二级学院。有教职工291人、全日制在籍学生4789人。全年开展社会培训5593人、技能等级认定14406人次。

内涵建设　推进开展工学一体化教学模式改革,电气自动化设备安装与维修专业被列入全国技工院校工学一体化第一阶段建设院校及建设专业名单,药物分析与检验专业入选首批72个专业国家技能人才培养工学一体化课程标准和课程设置方案开发工作团队。组织师生参加省、市各类技能大赛和创新大赛,获得省级以上大赛奖牌12枚,在第六届江苏技能状元大赛取得突破性成绩,获“高技能人才摇篮奖”。强化经典特色专业建设,淮扬菜学院和市淮扬菜美食文化研究会共同开发完成《淮安全鳝席》一书并出版发行。

师资队伍　3名教师分别获评江苏联合职业技术学院优秀教师、优秀班主任、优秀教育工作者,3名教师获评江苏省技术能手。1名教师获评江苏技能大师,其工作室被评为江苏省一体化名师工作室。1个工作室获评淮安市名班主任工作室。《淮安日报》头版头条以《修师德 强师能 育新人——淮安技师学院办好人民满意的教育》专题报道学校师资培育。

学生培养　深化“三全育人”改革,打造“淮技师特色”的育人之路。年内,4个班级被命名为淮安市“周恩来班”。优化“领导干部结对班级”和“巡赏校园”育人品牌,学校47名领导干部与92个班级结对,实现新生班级全覆盖。构建“大思政”格局,邀请“江苏大工匠”获得者、杰出校友参与思政教育,丰富育人内涵。与新安旅行团纪念馆、恩来干部学院等地方特色思政教育基地建立合作关系,拓展育人渠道。申报全国技工院校思政研修基地,通过省级评审。

培训鉴定　发挥淮安市首批职业技能等级认定第三方评价机构作用,全年开展初、中、高级工以及技师、高级技师5个层次共计59个职业工种技能等级认定14406人次。开展企业技能提升培训、退役士兵就业培训、安全管理员培训、危险品驾驶员培训等5593人次。

(郑琳琳　李　爽)

2022年,淮安技师学院代表队在江苏省职业院校技能大赛中获沙盘模拟企业经营项目金牌　淮安技师学院　供

【淮安生物工程高等职业学校】 淮安生物工程高等职业学校是淮宿连地区唯一一所农业类高等职业学校。2022年,学校占地面积33.39万平方米,建筑面积16.44万平方米。设有六系一部,另设3个函授站点。开设中高职专业22个,其中中职专业8个。有教职员工329人,在校学生4988人。

内涵建设　建成园艺技术专业群、畜牧兽医专业群、汽车运用与维修专业群3个省现代化专业群,园艺技术专业群获批江苏省五年制高等职业教育高水平专业群,畜牧兽医专业群与计算机应用技术专业群获批江苏联合职业技术学院高水平专业群。

师资队伍　建立健全技能竞赛长效机制,实行指导教师选聘制度,做好参赛学生和指导教师的梯队建设,形成以赛促教、以赛促学的良好氛围。

表44　2022年淮安生物工程高等职业学校对口支援新疆及合作开展情况表

序号	活动名称	活动时间	活动内容	参与师生数（人）
1	养羊技术支援助推巴依托海镇农民增收技术讲座	2022.4	技术讲座	15
2	养羊技术支援助推巴依托海镇农民增收入户指导	2022.4	技术培训	15
3	校企合作新疆行	2022.6	赴新疆联系实习企业，对接学生实习就业工作	8
4	与新疆生产建设兵团第七师农业农村局签订战略合作框架协议书	2022.6	高素质农民培训，镇村后备干部培养，顶岗教育实习，毕业生就业	8
5	与通州中等专业学校交流	2022.8	新疆内职班办学经验交流	30
6	新疆应用职业技术学院	2022.6	洽谈合作联合培养学生	15

（资料来源：淮安生物工程高等职业学校）

学生培养　重视学生技术技能水平培养，将日常技能教学、教学大赛、技能大赛、学业水平考试、职业资格考证相融合，学生考试通过率、职业资格获证率、技能大赛获奖等级均有很大提升。2022届604名毕业生中，537名学生获得相关职业资格证书，取证率88.9%，其中园艺技术、软件技术、计算机应用技术、物联网技术、汽车检测与维修技术和机电一体化技术6个专业取证率100%。有25%的学生获得2个或2个以上的相关职业资格证书。

服务"三农"　全年组织完成16期1443人次的培训任务。其中，2021年涉农大学生双创集中培训与技能鉴定617人次，2021年高素质农民培育、第二届农民创新创优带头人评选、红色主播第一期培训203人，2022年部级高素质农民培育任务1013人次，各类委托培训任务227人次。打造特色专业，新增农产品加工与质量检测、农村电子商务2个涉农专业，五年制高职涉农专业数达到9个。

合作交流　立项畜牧兽医现代学徒制试点项目，并顺利结项。与北大青鸟职业教育科技发展有限公司、江苏敏安电动汽车有限公司等开展订单培养，进一步深化校企合作。申报与参与"1+X"证书（学历证书+若干职业技能等级证书）试点工作，获批数字创意建模等4个项目试点，开展6批次211人次的试点考证工作，通过率66.35%。做好援疆建设。学校新疆班有在籍学生486人。与新疆地方政府和高校开展合作。

（蔡翔宇）

【江苏省淮阴商业学校】　江苏省淮阴商业学校是一所全日制普通中专校。2022年，学校占地面积28.33万平方米，校舍面积12.8万余平方米。设有5个系部。有全日制在校生5552人、教职工287人。

内涵建设　年内，学校完成江苏省领航职校建设任务，项目总投资4016.34万元。根据省教育厅相关规定，学校自动转入江苏省优秀中职学校序列。建筑工程技术专业被评为江苏省优质专业。全年立项省第五期课改课题9个、省规划课题1个、省联院课题2个、黄炎培职业教育思想研究规划课题2个、市级规划课题9个，结项省职教学会课题1个。

师资队伍　推进"双站耦合，四轮驱动"递进式教师成长共同体建设，实施青蓝工程，加快教师梯队培养。全年新增正高级讲师1名、高级讲师8名，新增省教学名师1人。2名教师获评省教科研先进个人。

学生培养　依托校企合作，研发"五彩全纳"评价体系平台。以"一日常规评价"促进习惯养成，以"课堂表现评价"转变学习态度，以"劳动表现评价"磨炼吃苦品质，以"学习成绩评价"提升专业水平，以"社团活动评价"彰显优势特长。"五彩全纳"三全育人模式成为学校特色品牌，《中国教育报》职教周刊进行专题报道。

服务地方　学校牵头成立的淮扬菜职业教育集团入选2022年江苏省示范性职业教育集团（联盟）培育单位（全市中职学校唯一）。与江苏镇淮建设集团有限公司共建智慧建造仿真虚拟实训基地，获评江苏联合职业技术学院"示范性虚拟仿真实训基地"。与淮粮控股有限公司签署战略合作协议，筹建"淮味千年"电商直播基地，助力乡村振兴。全年完成高级工鉴定1029人次，完成7个批次近4万人次的社会考试工作。

（程　焱）

【淮安市高级职业技术学校】　淮安市高级职业技术学校（淮安开放大学）是国家级重点职业学校，集中、高等职业教育与远程开放教育、社区教育于一体，有徐杨、明远路2个校区。2022年，学校占地面积24.31万平方米，总建筑面积20余万平方米。有教职工317人，在校生4860人。

内涵建设　学校成为全国物流职业教育教学指导委员会副主任委员单

位（全国中职学校唯一），获批承办省职业院校技能大赛中职工业机器人赛项，2个专业获评为省优质专业，2个专业被确定为江苏联合职业技术学院现代学徒制示范专业点。

师资队伍　培养一批在教育教学、技能科研等方面能力突出的教师人才，打造“有思想、善实践、会创造，严谨治教、诲人不倦”的活力型、实力型、魅力型、智慧型的教师团队。获省教学成果奖一等奖1项，新增正高级教师1名，1名教师获批“苏教名家”培养对象，1名教师获批省教学名师。新增省“双师型”名师工作室1个。在省教学大赛中获一等奖、二等奖各1个。学校通过省“四有”好教师团队及省教师发展示范基地校终期验收。

学生培养　探索自我教育、自我管理、自我发展“三自”德育模式，构建全员育人、全程育人、全方位育人“三全”育人体系，重点推进特色劳动教育和体育分项改革。强化技能普测制度建设，加大各类大赛激励力度。开展体验式德育和第二课堂项目化活动，全年组织拓展训练和心理团辅86场，参与学生数2800人次。打造“一系一品”志愿者服务品牌，全年学生志愿服务超过3000人次。

社会服务　成人学历教育全年招生1020人，新增4个老年教育专业，完成6487人次普通话水平测试任务。承办全国物流职业教育教学指导委员会（2021—2025年）成立大会。与市应急管理局合作成立淮安市应急管理学院，为全省地级市首创。承接三期全市危化品重大危险源企业工伤预防能力提升培训，共计199人次参加。获批省淮安工匠学院，设立苏盐井神职工教培中心以及富士康鸿腾精密、今世缘酒业人才发展学院等8个分院。

合作交流　与富士康集团开展新型学徒制合作，成立模具人才和自动化人才2个专班，为企业输送专班学员50人。年内，学校作为校企合作典范，接受省人大常委会《江苏省职业教育校企合作促进条例》贯彻执行情况检查，以及省对设区市履行教育职责督导评价实地督查。加盟新疆伊犁州职业教育集团联合会，1名教师获评2022年春季学期江苏省优秀援疆教师。新疆农七师胡杨河职业学校、西藏日喀则职业学校等多所职业院校到校考察交流。

（曹红梅）

6月20日，山阳湖小学挂牌成立淮安文化艺术学校附属小学　刘冰 摄

【淮安文化艺术学校】　淮安文化艺术学校是淮安市唯一主要培养艺术人才的公办中等学校。2022年，学校占地面积近5万平方米，总建筑面积近4万平方米。设有6个专业。有在校学生575人、专任教师42人。

内涵建设　创新开设职教高考班。创建省级中小学生职业体验中心和市中职校名班主任工作室。完成舞蹈表演、音乐表演省优质专业申报、2022年江苏省艺术基金申报。4个课题获省级立项。年内，学校有应届毕业生91人，58人升学（其中6人考入中戏、南艺等本科院校），31人就业，就业率97.8%。

师生参赛参展　10名师生参加2022年江苏省职业技能大赛，获得金牌1枚、银牌1枚、铜牌3枚。1个教学团队参加2022年江苏省职业院校教学能力比赛，获三等奖。学校中国舞啦啦队参加2022全国啦啦操联赛总决赛，获花球校园（大课间）啦啦操自选动作第一名。1名教师的刻字作品受邀参加第七届丝绸之路国际艺术节现代刻字艺术展。1名学生篆刻作品入围第四届中华经典诵写讲大赛“印记中国”师生篆刻大赛。1名学生篆刻作品入展2022笔祖·蒙恬杯全国书画篆刻大赛。

产教融合　加强校际合作，与中国戏曲学院达成初步意向，学校挂牌中国戏曲学院教学实践基地、生源基地，推进中国戏曲学院淮安校区建设。在山阳湖小学挂牌成立淮安文化艺术学校附属小学，开设2个“小梅花班”，培养艺术特长生。小梅花艺术团面向社会开展成人舞、器乐培训等课程，累计服务1300人次。参加清江浦区周末大舞台惠民演出、御码头实景演出、剧本朗读会等活动30余场。

（黄美艳）

普通高等教育

【概况】　2022年，淮安市有普通高等教育学校8所，分别是淮阴师范学院、淮阴工学院、南京林业大学淮安校区3所本科院校，江苏电子信息职业学院、江苏食品药品职业技术学院、江苏财经职业技术学院、江苏护理职业学院、炎黄职业技术学院5所高职院校。有在校生13.46万人，教师0.5万人。高等教育毛入学率65.1%。

【淮阴师范学院】 淮阴师范学院是一所以教师教育为主要特色、具有硕士学位授予权的江苏省属高等院校，有长江路、交通路两个校区。2022年，学校占地面积130多万平方米，校舍面积63万平方米。设有17个二级学院，专业设置涵盖9个学科门类。有全日制在校普高生2万余人，在校硕士研究生近100人。有专任教师近1300人，其中具有正高级职称近200人。

内涵建设 2022年，学校化学、工程科学学科进入ESI国际学科排名全球前1%。4个专业获批国家一流本科专业建设点，7个专业获批省一流本科专业建设点。3个师范专业通过二级认证，3个师范专业接受进校现场论证考查；生物工程专业通过全国工程教育专业认证。3个专业入选中国顶尖应用型专业；3个专业获批省产教融合型品牌专业；1个专业入选工信部第一批产教融合专业合作建设试点专业，学校入选试点单位。在"十四五"省重点学科申报中，7个申报学科全部获批立项，其中2个学科获B类立项。新增国家基金项目22项；新增部省级项目147项，其中教育部社会科学研究项目10项，立项总数位居全国第69，连续5年进入全国前80强；新增省社科基金20项，实现重点、一般和青年项目全覆盖，立项总数位列全省第4。获省哲学社会科学优秀成果奖一等奖1项、二等奖3项、三等奖4项；获市哲学社会科学优秀成果奖48项（占全市获奖总数的43.64%）。获省教学成果奖13项；获批省高校"高质量公共课教学改革研究"专项重点课题1项。获批现代渔业省重点产业学院1个。发表学术论文629篇；获申请发明专利107件，授权发明专利49件，授权实用新型专利41件。

师资队伍 1个团队入选省高校"青蓝工程"优秀教学团队；1人获评省教学名师，7人入选省"333高层次人才培养工程"，1人获省"333工程"项目资助，7人入选省"双创计划"博士，8人入选省"青蓝工程"中青年学术带头人和骨干教师；4人入选斯坦福大学"终身科学影响力排行榜"（1960—2022），9人入选斯坦福大学"2022年度科学影响力排行榜"；2人入选科睿唯安2022全球"高被引科学家榜单"。全年引进博士学历33人，其中35岁以下24人；委托培养23名教师取得博士学位。教师教学能力不断提升，获全国课程思政示范案例教学大赛一等奖、外研社"教学之星"大赛全国总决赛冠军、省高校思政课教学比赛特等奖、省高校青年教师教学竞赛一等奖等。18位教师获评淮安市社科人物，占全市入选总数的51.4%。

学生培养 招生录取分数再创历史新高，连续8年超过苏北地区同类型高校。毕业生周就业率排名并列全省第一，离校就业率、初次就业率、年终就业率均高于同期全省本科高校平均就业率，高质量就业比例42.77%。获批教育部供需对接就业育人项目3项，获评省高校毕业生就业工作量化督导A等第。近400名学生在国家和省级重大赛事中获奖。开启研究生培养工作，制定研究生教育教学管理规章制度，做好导师选聘、招生宣传、基地建设等。获批省研究生教改课题重点项目1项、一般项目3项、省研究生实践创新计划项目4项。2名学生分别入选"中国好人榜""中国大学生自强之星"。

社会服务 决策咨询报告获国家领导批示1件、省部级领导批示6件、市厅级领导批示15件。获批淮安市决策咨询研究重点基地2个、市重点实验室1个。获批省科技副总项目31项、省产学研合作项目108项。完成科技成果转化118项，100万元以上的技术转让项目6项。成立淮安市应急管理教育学院，与淮安市大学科技园管理有限公司签订合作协议，完成注册科技型企业6家。建立淮安盱眙龙虾产业学院，获批农业农村部小龙虾产业集群子项目。获批江苏省农业农村厅农业种质资源保护单位（江苏省农业微生物种质资源库——食用菌）。助力洪泽区乡村人才振兴改革试验，成果刊登于农业农村部《农村改革动态》，在全国推广。增建乡村振兴服务站点2个。

开放办学 与淮安市文化旅游局签订战略合作协议，与淮安西游集团共建"西游文化研究与创新实践中心"，与淮安市文物保护和考古研究所签订科研合作协议，参与新安旅行团展馆设计、淮北村抗日英雄余勤馆建设等。与淮阴区政府合作建设淮阴师范学院附属实验学校。介入地方中小学、幼儿园发展，承担县区的多层次教

11月23日，淮阴师范学院为考研学生发放能量包，为学生备考加油鼓劲
赵启瑞 摄/视觉江苏网 供

师培训，全年培训中小学（幼儿园）教师2000余人次；参与中小学教育教学管理，合作研究成果获得8项省基础教育类教学成果奖。获批省高校国际化人才培养品牌专业建设项目1项，完成小学教育专业中美合作办学项目评估工作，主办第五届两岸大学生运河文化体验营（线上）活动。

获批教育部省部共建协同创新中心　2022年，教育部办公厅印发《关于认定2021年度省部共建协同创新中心的通知》，淮阴师范学院申报的“区域现代农业与环境保护省部共建协同创新中心”位列其中，实现学校国家级科研平台的突破。

（羊　森）

【淮阴工学院】　淮阴工学院为江苏省属普通本科院校。2022年，学校有枚乘路、北京路、萧湖3个校区，校园占地面积170万平方米，校舍面积67万平方米，设有22个教学科研单位。有全日制在校研究生、本科生、留学生2.2万余人；有专任教师1300余人，其中副高级以上职称600余人。

内涵建设　2022年，学校工程学学科进入ESI全球排名前1%，较上年进步249位。获批6个“十四五”省级重点学科，其中3个B类、3个C类。新增国家级一流本科专业建设点2个、省级一流本科专业建设点11个、省产教融合型品牌专业4个、省嵌入式服务外包类专业3个、省“十四五”高校国际化人才培养品牌专业1个，通过工程教育认证专业2个、现场考查1个，通过工程教育认证专业总数增加到8个，位居全国同类高校前列、省内第一。获批省产教融合型一流课程5门，成立苏盐井神学院等校级产业学院13个。获批省高校“高质量公共课教学改革研究”专项课题4项，其中重点课题2项。全年获批省部级以上项目91项，其中国家基金项目7项。首次获批省碳达峰碳中和科技创新专项资金项目，总经费500万元，为省同类高校唯一。获批省产学研合作项目66项、省高校自然科学研究重大项目4项、面上项目16项。新增省级科研平台3个。获批授权专利423件，其中授权发明专利305件。发表高水平论文272篇。获江苏省科学技术奖6项，其中一等奖2项，获奖项目数量和层次均创历史新高；首次获国家级学会奖第一等次2项。

师资队伍建设　引进国家级重点人才5人、博士学历30人，自主培养博士毕业10人，专任教师中博士学位占比50.89%。新增省高校“青蓝工程”优秀教学团队1个，实现省级教学团队数量“四连增”。获评省教学名师1人；获批省级以上人才76人次，其中入选省“双创计划”博士7人。入选省高校“青蓝工程”培养对象8项。获批省技能大师工作室、省高校网络思政名师工作室、淮安市技能大师工作室各1个；新增正高级职称21人、副高级职称63人。获省教育教学成果奖一等奖3项，获奖数量位居全省高校第11、同类高校第1。教师在省级以上教学竞赛中获奖46项，其中国家级奖项19项。

学生培养　坚持用周恩来精神育人，获全国“第十七届大学生年度人物”入围奖1人，获评淮安市周恩来班创建先进集体、淮安市周恩来班6个。在校研究生规模突破1000人，获评省研究生“优秀招生单位”，获批省优秀研究生工作站1个，新增省优秀硕士学位论文1篇。本科生获省级优秀毕业设计（论文）一等奖1篇、二等奖3篇、三等奖6篇以及优秀团队奖1项。学生考研录取率21.16%，连续5年超过20%。开展书记、校长访企拓岗促就业专项行动，毕业生就业率96.33%，获评省就业工作先进集体。加强学生创新创业教育，获批国家级大学生创新创业项目53项、省级95项、校级项目234项。持续推进“翔宇创新精英班”优培计划和“一院一品”工程，学生在省级及以上学科竞赛中获奖2257项，获“互联网+”国赛银奖2项、铜奖1项，全国大学生数学建模竞赛一等奖2项等A类竞赛奖项213项。学校获批教育部大学生创新创业就业服务基地项目。

社会服务　实施校城融合“1111”工程（1名校领导联系1个县区、帮扶10家以上规模企业、每年创造1亿元以上经济社会效益）升级版，与淮安市各县区、企业合作，实现苏北地级市全覆盖。推动实施“跨江发展、向南图强”战略，与常熟高新区、宜兴市等对接并达成合作意向。实现专利转化338件，转化金额1392万元，其中首次以专利作价入股转化8件，名列中国高校专利转让百强榜。获省技术转移工作促进奖、省职工十大科技创新成果奖，当选省高等学校知识产权研究会副理事长单位，获批省知识产权战略推进计划项目，经费200万元。发挥苏北研究院汇智聚力作用，智库成果获省领导批示3份、市主要领导批示7份，入选“2022中国智库索引（CTTI）最佳实践案例”1项，入选江苏智库实践十佳案例1项。

对外交流合作　获批省“十四五”教育对外开放质量提升工程项目3项。新增境外友好院校13所、企业2家。新增海外高层次人才引进重点平台、国际合作联合实验室、国际化人才培养品牌专业各1个；首次招录来华留学研究生40人；留学生本科生考研录取率31.8%，在国际高水平期刊上发表科研论文3篇。“江苏省外国专家工作室”绩效考核获评优秀。获“江苏省五一劳动荣誉奖章”“江苏省人民友好使者”称号各1人。学校获评省“来华留学生教育先进集体”。获批教育部对台教育交流项目1项。

新增2个国家级一流本科专业建设点　2022年6月，教育部办公厅公布2021年度国家级和省级一流本科专业建设点名单，淮阴工学院土木工程和工商管理2个专业获批国家级一流本科专业建设点，生物工程、金属材料工程等11个专业获批省级一流本科专业建设点。至年末，学校获国家级一流本科专业建设点8个、省级17个。

（韩锦标　张　月）

【南京林业大学淮安校区】　南京林业大学淮安校区位于淮安大学城，实行“2+2”办学模式（一、二年级在淮安校区学习，三年级开始在南京校区学习)。2022年,校区占地面积33.35万平方米,建筑面积18.58万平方米。有在校学生4800余人。

教育教学　推进以大学生思想引领、基础强化、素质拓展三大工程为框架的学生成长"领航计划"。组织新生入学教育、专业导论、职业生涯规划辅导36场,开展"大学生职业生涯规划嘉年华"活动,引导学生合理设计安排学习和发展路径。开展"喜迎二十大　建功新时代"年度教师职业能力培训、教师教学能力大奖赛等6场活动。全年开展教育教学督导4次,学生学业优良率84.6%,各项重要学习质效指标均名列南京林业大学前列。

学生参赛　组建"大学英语""数学建模"等各项基础学科竞赛班,对学业优秀和特长学生进行拔高培养,参加全国、省、市各类重要竞赛。全年获国家、省级(协会)以上竞赛奖243项,其中全国大学生数学建模竞赛获一等奖、二等奖、三等奖各1项,第四届国际大学生混凝土龙舟邀请赛特等奖1项,全国高校数字艺术设计大赛(NCDA)省级二等奖、三等奖各2项。

恩来特色文化建设　以弘扬周恩来精神为特色,打造以"南林文化"与"恩来精神"为主题的校园特色文化展示区1处,组建"翔宇"青年读书班、周恩来青年读书会,举办"恩来精神"主题宣讲7场。赴恩来干部学院开展"学思践悟二十大 弘扬传承恩来精神"沉浸式教育。在学校"一院一品"特色文化教育评比展示中,淮安校区恩来特色文化建设表现突出。

(郭岩辉)

【江苏电子信息职业学院】江苏电子信息职业学院是由江苏省人民政府主办、江苏省工业和信息化厅主管的全日制高等学校。2022年,学校占地面积72万平方米,建筑面积30.5万平方米。设有10个学院和1个教学部共11个教学单位,有在校学生1.4万余人,教职工700余人。

高水平学校建设　成立江苏省中国特色高水平学校建设工作领导小组、相关职能组和工作组,制定实施方案,健全项目管理制度,学校建设方案获省教育厅A档评价。全年完成建设任务801个,获得省级及以上标志性成果34项,其中国家级标志性成果7项。实施江苏省职业教育提质培优行动计划,44项指标中的37项指标提前达成总体目标。

内涵建设　2个核心专业入选工业和信息化部首批产教融合专业合作建设试点专业,入选省职业教育校企合作示范组合培育项目1个。开展现代职教体系建设试点项目,获批高职与本科"3+2"分段培养项目3个、高职与本科"4+0"联合培养项目2个、中职与高职"3+3"分段培养项目15个。牵头制定电子产品制造技术专业国家标准,立项省工业和信息化厅属院校重点专业群建设项目3个。学校国家专业教学资源库通过验收。全年入选省"十四五"规划教材11部,出版省重点教材6部。入选国家在线精品课程4门、省级17门,入选数量居全国高职院校第52位、全省第11位。以职业教育教师、教材、教法为主的"三教"改革典型做法2次被《中国教育报》报道。获批江苏高职院校首个国家级众创空间。获批省知识产权信息公共服务网点、市大学生创业园。首次获批省发改委工程中心。科研经费到账2119万元。获批省科技厅产学研项目41项、大型仪器共享研究项目2项,省工信厅重点技术创新项目15项,省人文社科项目41项。获省高校科学技术研究成果奖二等奖1项。

师资队伍　引进各级各类人才53名。开展"苏电英才工程",组织知名职教专家专题培训,促进教师教学能力提升与专业成长。教师获职业院校教学能力比赛省赛一等奖3项、二等奖4项、三等奖5项,一等奖数量位居全省第4,学校获最佳组织奖。获批省级教学科研团队和平台3个,入选省级人才培养工程9人。获批省"青蓝工程"优秀教学团队、省职业教育大数据技术"双师型"名师工作室、省职业教育刻瓷技艺技能传承创新平台各1个,获"省技能大师"等省级以上人才称号9人。

学生培养　获批教育部"一站式"学生社区综合管理模式建设自主试点单位,入选省高职院校全员育人、全程育人、全方位育人"三全育人"工作典型案例、省高职院校二级院系德育特色案例。获国家奖学金18人、国家励志奖学金547人,获中国大学生"自强之星"称号、省"2022大学生年度人物"入围奖、省职校生标兵称号、省优秀毕业生称号、省三好学生称号等省级以上荣誉23人。学生在各类竞赛中

2022年8月,江苏电子信息职业学院代表队在全国职业院校技能大赛(高职组)"智能电梯装调与维护"比赛中获团体一等奖　卢成飞　摄

获得国家级奖项12项、省级奖项227项。其中，全国职业院校学生技能大赛一等奖2项、三等奖1项，省赛一等奖3项；获第八届中国国际“互联网+”大学生创新创业大赛国赛金奖1项，取得历史性突破，获省赛一等奖1项、二等奖4项、三等奖1项，奖项数量和等次位居全省第一方阵。

产教融合　探索校园、园区“双园融合”校地协同共建机制，获批工信部首批示范性产教融合型职业院校培育单位。获批江苏省示范性职业教育集团（联盟）。

国际交流　与泰国格乐大学共建“郑和学院”，完成560人次海外培训。与海外高校签署合作备忘录4项、签订软件技术等5个专业的专升本（硕）协议，聘请海外教授8人，受聘海外客座教授8人，招收留学生22人。获批省教育厅“十四五”高校国际化人才培养品牌专业1个。

东西职教协作　开展“志智资”三扶、校企协同育人，举办苏藏跨区域育人成果线上交流会。指导西部职业学校获西藏自治区教学成果奖特等奖1项、一等奖1项，获第八届中国国际“互联网+”大学生创新创业大赛职教赛道银奖1项。

（姜霏霏）

1月15日，江苏省职业院校技能大赛虚拟现实（VR）设计与制作项目比赛在江苏食品药品职业技术学院举行　赵启瑞　孙启迪　摄

【江苏食品药品职业技术学院】　江苏食品药品职业技术学院是江苏省人民政府主办、省教育厅主管的全日制普通高等学校。2022年，学校占地面积84.6万平方米，总建筑面积近30万平方米。设有12个二级学院、39个专业，涵盖食品、药品、健康服务等大健康产业领域。有在校生1.4万余人；教职工802人，其中拥有高级职称教师291人、博士学位65人。

内涵建设　2022年，学校在取得食品领域CMA资质认定基础上，进一步获得药品领域CNAS认可，成为省属高职院校中唯一双证双领域单位，检测服务辐射苏北地区乃至全省。依托苏食院e·BABY托育服务中心，被中华全国总工会、国家卫健委评为“全国爱心托育用人单位”。“酸奶及冰淇淋生产技术”“中国元素”“食品生产技术”“药物分析技术”4门课程被教育部认定为职业教育国家在线精品课程。

师资队伍　全年引进、培养博士研究生12人，新聘企业领军人才、大师名匠8人，新增江苏省产业教授4人、省“双创”博士1人、省科技副总6人，入选省“333高层次人才培养工程”第三层次培养对象5人、省“青蓝工程”优秀教学团队1个、中青年学术带头人培养对象1人、优秀青年骨干教师培养对象3人、江苏省教学名师1人。组织教师参加教学能力大赛，获省赛金奖3项。学校入围全国高职院校教师发展指数100强。

学生培养　构建“三阶四融”双创竞赛组织体系，“大水漫灌—精准滴灌—孵化催熟”三阶递进，“双创学院—二级院系—指导教师—参赛团队”四元融合。打造“8+1+N”双创实践孵化平台，以8个二级学院孵化基地为主体、1个校级众创空间为引擎、N个校外创业园区为支撑。学生获中国国际“互联网+”大学生创新创业大赛国赛银奖、铜奖各1项，省赛一等奖4项（获奖数位列全省高职校第2），学校第四次获江苏省“互联网+”大学生创新创业大赛优秀组织奖。在全国第九届创青春乡村振兴专项中获金牌、银牌、铜牌各1枚。获全国职业院校技能大赛三等奖1项，省技能大赛一等奖2项，二、三等奖15项，学校获评2022年江苏省职业院校技能大赛先进学校。

产教融合　助力淮安“世界美食之都”建设，政府、行业、企业、职业院校共建国际淮扬菜学院、龙虾产业学院、龙虾研究院、淮扬菜预制研究院，传承、创新与发展淮扬菜产业。与淮安经济技术开发区医院、涟水县中医院、洪泽区中医院3家医院合作共建附属医院，拓展临床教学基地，提升医护专业教学和人才培养质量。

国际交流　学校入选教育部“人文交流经世项目”，成为2022年度英国国家学历学位评估认证中心优秀会员单位、职业教育国际合作与交流典型院校。与爱尔兰斯莱戈理工学院合作举办的药学专业高等专科教育项目正式获批，成为学校“十四五”期间首个中外合作办学项目。

（马　威）

【江苏财经职业技术学院】　江苏财经职业技术学院是经江苏省人民政府批准、教育部备案的全日制普通高等学校。2022年，学校占地面积54万平方米，建筑面积23.66万平方米，设有12个教学单位，开设33个专业。有全日制在校生12637人，教职工557人。

内涵建设　持续推进专业智能化改造和数字化转型，优化专业结构，专业与区域产业匹配度96%。会计和金融管理2个专业群通过省高水平专业群年度检查。新增江苏省现代职教体系贯通培养高职本科“4+0”项目2个、高职本科“3+2”项目3个，获批江苏省第三批中小学生体验中心1个，获批淮安市中小学生体验中心2个。获省高校微课教学比赛一等奖1项，省职业院校教学能力大赛二等奖1项；获省2021高等教育科学研究优秀成果奖特等奖1项，省社科应用研究精品工程奖二等奖1项。立项省级在线开放课程4门，“财经法规与会计职业道德”获批国家在线精品课程，获批省职业教育电力设计与施工技艺技能传承创新平台1个、省“十四五”首批职业教育规划教材7部。立项省社会科学基金项目1项、省科技厅产学研合作项目1项，其他省市级各类项目40余项，获批省社科普及示范基地1个；授权发明专利7项，完成横向课题合同185项，完成专利技术转化登记合同57项。

师资队伍　学校“双师型”教师占比82.2%，获批教育部和省职业教育“双师型”教师团队协作组副组长单位。组织新入职教师培训等各类培训30余场次，参加国家级、省级培训87人次，新增博士27人，新增省高校“青蓝工程”优秀团队1个、中青年学术带头人2人、优秀青年骨干教师3人，省教学名师1人，市“533英才工程”拔尖人才12人，省科技副总1人，产业教授3人，省“双师”团队培育单位2个。

学生培养　推进德育、智育、体育、美育、劳动教育“五育并举”融合育人工作体系建设，构建学生发展质量标准体系，编制“五育图谱”，持续推进学生评价改革，工作实效被《人民日报》《中国青年报》《中国教育报》、“学习强国”学习平台等主流媒体报道。案例《“五育并举”育人体系实践》被省教育厅评为江苏省职业院校“三全育人”典型案例。学生获全国职业院校技能大赛二等奖3项、“2022高教社杯全国大学生数学建模竞赛”一等奖1项、省职业院校技能大赛一等奖4项。获中国国际“互联网+”大学生创新创业大赛国赛银奖1项，省赛一等奖1项、二等奖3项、三等奖5项。获第十二届“挑战杯”江苏省大学生创业计划竞赛金、银、铜奖各1项，获第九届“创青春”中国青年创新创业大赛（乡村振兴专项）国赛金奖1项。省大学生安全知识竞赛成绩居全省第一等。

校企合作　实施学校领导进企业计划和校领导访企拓岗促就业专项行动。有校外实习实训基地650处，订单班学生人数1300人，订单就业人数800人。为建档立卡等重点群体毕业生发放求职创业补贴25.95万元。2022届毕业生就业率97.39%，毕业生对学校总体满意度95.62%，社会用人单位对毕业生满意度96.73%，学校智能工程技术学院获市政府2022年“留凤奖”。

社会服务　开展“财税培训”“粮油安全”“法律援助”“创新创业”等财经特色培训服务51914人次；承担市人社局考试项目及全国会计职称考试等服务47274人次。开展法律援藏工程，为藏区培养法律人才500余人；开展普法宣传300余场，走进西藏29个地市区，获《中国青年报》、“学习强国”学习平台等媒体报道上百次。与市人社局合作成立“江苏省电商直播培训基地”，帮助淮阴区13个镇建设特色农产品直播基地；与市发展改革委共建全国首个以节粮减损为主题的特色专题网站——“节粮减损在行动”，学校被批准为江苏省粮油科普基地。

（杨　智　陈　洁）

【江苏护理职业学院】　江苏护理职业学院是江苏省属全日制公办普通高等学校。2022年，学校占地面积30多万平方米，有黄河路和科技路两个校区。设有护理与助产学院等7个二级教学单位，有15个专业。有全日制在校学生8700余人、教职工近500人，建有6所附属医院、170个校外实习基地。

内涵建设　学校申报言语听觉康复技术专业，卫生检验与检疫技术专业实现首次招生。推进护理、药学、康复、医学技术4大专业群建设。牵头制定《国家高等职业教育本科医学检验技术专业简介》，参与《国家高等职业教育专科医学检验技术专业简介》《国家高等职业教育专科医学检验技术专业教学标准》修订。获批国家级职业教育在线精品课程2门、省级职业教育在线精品课程4门、省社科基金项目1项、省“十四五”职业教育规划教材1部、省职业教育课程思政示范课程1门，获评全国首批国家级医疗护理员培训基地。建设、改造医学遗传与生殖免疫研究所、生物医学研究所，提升学校科技服务社会能力。获批市厅级以上科研项目60项，其中省部级项目5项，首次实现省级社科基金“零”的突破。以第一作者或通讯作者在EMBO等国际一流期刊发表论文63篇，加强科研合作，签订技术合同231项，成交额1935.93万元，同比增长38.64%；专利获批53项，其中发明专利12项，发明专利同比增长91.6%；专利转化70项，实现技术转化成交额552.7万元。

师资队伍　教师参加技能大赛获国赛一等奖3项，全省教学能力大赛获奖率100%；参加全省高校微课教学比赛，获一等奖2项、二等奖及三等奖各6项，学校两次获评最佳组织奖。组织114名专业教师赴医院（企业）参加为期30天的企业实践，33名教师获得“1+X”证书，“双师型”教师占比85%。与马来西亚林肯大学、韩国世翰大学、菲律宾圣保罗大学对接培养护理专业博士，24名教师参与境外读博项目，8人入学读博。获评省“333高层次人才培养工程”第三层次人才1人、中青年学术带头人1人、省“青蓝工程”优秀青年骨干教师2人，获批省职业教育技艺技能传承创新平台培育单位1个、省级优秀教学团队1个。

学生培养　学生首次参加全国职业院校技能大赛健康与社会照护赛

项，获金牌1枚。毕业生护考首次通过率99.61%，在省内同类高校中名列第一。获省、市创新创业比赛各类奖项10项，其中1个项目获省“创业江苏”科技创业大赛优秀团队，并获市创新创业大赛一等奖；1个项目入围“创客中国”江苏赛区创客组20强，为淮安市唯一获奖项目。获国家级体育竞赛一等奖1项，获省级体育竞赛冠军8项、特等奖3项、一等奖1项。获评中国大学生“自强之星”1人，5人被省“乡村振兴计划”录取，赴基层开展为期一年的志愿服务。多名学生获评省最美职校生、省优秀志愿者等，开展创新型劳动教育教学，获批劳动教育“1+X”证书试点院校。在第五届全国高校心理情景剧网络展示中，获评“优秀剧目”1项；在苏北地区2022年心理健康教育主题系列活动竞赛中，获特色活动立项1项，学校获优秀组织奖。全年计划招生2610人，录取2610人，实际报到2548人，录取率、报到率分别为100%、97.62%。年终就业率96%，蝉联全省就业A等高校。

社会服务　推进智慧医护实训中心中医中药实训区、数字生命科学馆、思政VR实训馆、健康中国实境课堂、虚拟仿真实训平台建设，打造跨界融合、跨专业整合、信息化契合的智慧医护实训中心。与南京医科大学、徐州医科大学、江苏大学、南京中医药大学等高校联合举办成人学历教育，在籍学生3017人。与市公安局合作，为“特殊群体”提供保健按摩、心肺复苏等技能培训。与街道、老年机构共创社区健康学院，面向社会开展卫生健康技能培训84329人次。研发“苏护社区健康教育在线课程”，制作健康科普视频50多个，在线培训1万余人次，为近200家企业一线职工提供职业病防治等培训，面向社会培训医疗护理员等3万余人次。与金湖县人民政府合作建设“江苏护理—金湖医院”医教发展共同体，获批立项为江苏省职业教育校企合作示范组合培育单位。牵头全省“政行企校”百余家单位，共同组建江苏医养结合职业教育协作体并当选理事长单位。牵头筹建淮安市基层卫生协会。

国际交流合作　发起成立“中德护康研究院”，在课程开发、学术交流、人才培养等方面融合共建，打造中德国际护理健康促进与科教研究平台。对发达国家职业教育开展研究，将人才培养质量与国际接轨，同时引入德国“护理职业实践指导教师资格证”证书本土化开发，为国内首家。学校成为中非职业教育联盟“公共卫生安全检验检疫技术员”职业标准开发牵头单位。护理专业获批为省教育厅立项的“国际化人才培养品牌专业”，争取资金30万元；获批与韩国完州郡合作“汉语+中医适宜技术”培训项目等3个省级以上品牌项目。

（徐　蕾）

【炎黄职业技术学院】 炎黄职业技术学院是涟水籍台胞、教育家、爱国实业家蒋志平筹资创办、江苏省人民政府批准建立、教育部核准正式备案的一所全日制民办普通高校。2022年，学校占地面积20.6万平方米，校舍建筑面积近12万平方米，8个教学单位。有教职员工263人，其中专任教师165人。

内涵建设　邀请校外专家、行业专家开展专业人才培养方案评估修订，通过听取汇报、查阅资料、召开座谈、现场考察和随机听课等方式，对学校人才培养工作提出系列改进建议。4—5月，统一采用“三次备课、三轮打磨”方式，开展为期两个月的磨课活动，参与讲课教师1268人次，参与评课、议课教师6000余人次。

师资建设　严格师德考核，把思想政治素质、道德品质作为教师年度考核、职称评聘、派出进修和评优奖励等的重要依据，执行“师德一票否决制”。坚持培训为重点，强化教师专业素质。组织教师参加省师培中心组织的国家级和省级培训。2021—2022学年度参加省职业教师素质提高计划及教学能力提升等培训49人次。通过带学生到企业实习，参加校企合作项目，参加校外实训实习基地建设，开展技术服务，参与企业生产、管理和经营等途径，提升专任教师的教学实践及课程开发、课程改革能力。

学生培养　加强学生思想政治工作，将思政课专任教师分派到各教学系，指导和帮助专业课教师推进课程思政建设，推行“知识+技能+思政”课程思政教学改革，引导专业课教师深入挖掘各门课程蕴含的思想政治教育元素和所承载的思想政治教育功能，形成课程思政与思政课程协同育人格局。开展美育教育，每学期开设美育类公共选修课10门，主要包括音乐、美术、舞蹈、戏剧、戏曲、影视、书法等，以鉴赏类课程为主，同时根据学生兴趣爱好开设一些艺术表演类课程，供全校学生选修。开设劳动教育课程，将劳动教育内容有机地融入各实践性教学环节，形成具有综合性、实践性、开放性的特色劳动教育课程体系，学生在校期间须完成规定小时的校内劳动实践，掌握基本劳动技能。

社会服务　面向行业企业，开展技术服务、技术培训、技术推广、技术咨询、考证培训等技术类服务。根据社会成人教育事业发展需要，开展多形式、多层次成人学历教育。学校有专科成教培养专业，同时是南京晓庄学院和盐城工学院函授站，是淮阴师范学院自考教学点、江苏开放大学教学中心，每年本专科招生累计超过2000人，为社会青年学历提升提供服务。

（张　丹）

继续教育

【社区教育】 2022年，淮安市市、县区、镇（街道）三级社区教育中心开展各类社区教育活动，内容包括婴幼儿教育、青少年校外辅导、青壮年培训、老年人教育、残疾人教育等，培训人次占常住人口的60%以上。年内，淮安市社区教育获江苏省社会教育教学成果一等奖1项，新创成省级社区教育品牌3个。3个江苏省社会教育规划课题开题，2个结题。金湖县戴楼社区教育中心的“手机摄影构图”等6个项目在江苏省2022年“能者为师”社区教育教师能力大赛中获奖。

【老年教育】 2022年，淮安市推进职业院校和开放大学等举办老年教育，发挥开放大学办学系统在老年教育中的骨干作用。开展老年学历教育和非学历继续教育，老年人参加社区教育等各类活动超过30万人次。年内，印发《关于推动镇街老年教育资源建设的通知》，在全省率先明确乡镇老年教育机构设置标准和程序，强化老年教育阵地建设。各地依托社区教育中心，建立老年教育教学点（分校），至年末，全市有88个镇（街道）建立老年大学分校（教学点），覆盖率84.6%。

【成人学历教育】 2022年，淮安市落实“推动建设庞大的知识型、技术型、创新型劳动者大军，为我国向第二个百年目标挺进奠定坚实的人力资源基础”政策，加大成人学历教育力度。配合疫情防控，按照全省统一安排，开通网络助学提升学历报名通道，部分专业最快一年毕业。65岁以下成人，不限学历、户籍，免试入学，有专本连读、高升专、专升本、第二学历等学历教育途径。全市有成人高校招生校外教学点28家。

2022年淮安市成人高校招生校外教学点名录（28家）

南京信息工程大学淮安市恒龙文化艺术培训学校函授站

南京农业大学淮安生物工程高等职业学校函授站

南京林业大学江苏食品药品职业技术学院函授站

中国药科大学江苏食品药品职业技术学院学历继续教育校外教学点

南京审计大学淮安市新元会计教育培训中心函授站

南京工程学院淮安品千教育培训中心有限公司函授站

南京师范大学淮安市淮阴区七星教育培训中心函授站

南京医科大学江苏护理职业学院学历继续教育校外教学点

南京中医药大学江苏护理职业学院学历继续教育校外教学点

江苏科技大学淮安市翰林教育培训中心函授站

常州大学淮海经济区淮安楚天科技管理学校函授站

扬州大学江苏食品药品职业技术学院函授站

中国矿业大学淮安函授站

徐州医科大学江苏护理职业学院学历继续教育校外教学点

淮阴师范学院校本部

淮阴师范学院淮安市现代科技教育培训中心函授站

淮阴师范学院淮阴区教师发展中心函授站

淮阴师范学院江苏省盱眙中等专业学校函授站

淮阴工学院校本部

江苏财经职业技术学院校本部

江苏食品药品职业技术学院校本部

江苏食品药品职业技术学院淮安市新思维教育培训学校函授站

江苏海洋大学淮安市恒龙文化艺术培训学校函授站

江苏医药职业学院江苏护理职业学院学历继续教育校外教学点

江苏电子信息职业学院校本部

连云港师范高等专科学校淮安市淮安区教师发展中心函授站

徐州幼儿师范高等专科学校淮安市淮阴区教师发展中心函授站

炎黄职业技术学院校本部

【全民终身学习活动周】 12月12—18日，淮安市举行“学习贯彻二十大 终身学习向未来”全民终身学习活动周。活动周期间，各县区开展中共二十大精神宣讲、新冠疫情防控政策宣传、文化艺术作品展示等活动，营造全民终身学习良好氛围。活动期间，市教育局通报2022年度淮安市“百姓学习之星”“社区教育先进工作者”“社区教育优秀志愿者”“最美社区教师”获奖名单。

（蒋留成　刘晓刚）

大运河文化带建设

责任编辑：刘志平

建设规划

【《关于统筹推进大运河百里画廊建设全力打造大运河国家文化公园"淮安样板"的决定》出台】 6月24日，淮安市第九届人民代表大会常务委员会第三次会议审议并通过《关于统筹推进大运河百里画廊建设全力打造大运河国家文化公园"淮安样板"的决定》（以下简称《决定》）。《决定》从明确建设目标、坚持规划引领、加强统筹协调、突出项目建设、做强产业支撑、彰显文化特色、保证长效管理、维护群众利益8个方面，对大运河百里画廊建设提出明确要求。《决定》要求将大运河百里画廊建设作为推进大运河文化带国家战略在淮安落地的重要抓手，力争将百里画廊建成大运河国家文化公园国家级示范段、国家文化和旅游产业融合发展示范区，率先形成大运河国家文化公园建设"淮安样板"，打响淮安"运河之都·百里画廊"品牌。

【《关于加快推进淮安市大运河百里画廊建设的实施意见》印发】 3月4日，《关于加快推进淮安市大运河百里画廊建设的实施意见》（以下简称《实施意见》）印发出台。《实施意见》突出大运河百里画廊建设的统揽作用，展示大运河淮安段精华，注重内容整合统筹、功能提升植入、板块缝合联动，按照"文兴、水清、岸绿、业盛、人和"的建设思路，以项目为突破口，明确"淮上四卷·运河八园"8大重点建设任务和5项重要配套工程，打造人文、生态、富民、宜居的综合性"画廊"。

【《江苏美丽中轴淮安行动规划》通过审议】 8月31日，淮安市自然资源和规划局组织编制的《江苏美丽中轴淮安行动规划》（以下简称《行动规划》）经市国土空间规划委员会议第十三次会议审议通过。《行动规划》落实"美丽江苏"的发展战略，聚焦"江苏美丽中轴"发展主题，落实国家、省《大运河文化保护传承利用规划》以及《大运河国家文化公园建设保护规划》相关要求，在对现状认知和价值研判基础上，提出"淮上美丽轴，运河如意洲"愿景定位。整体层面构建"一轴、两区、一洲"的规划结构，分区层面形成"两点、四心、五片"空间结构；提出修复运河、活化运河、通达运河、装点运河、韵味运河的规划策略。突出项目化思维，运用行动规划推进"江苏美丽中轴"建设，打造大运河沿线空间品质提升示范样板，强化淮安在建设"江苏美丽中轴"上的意义与贡献。

1月6日，2022·淮安大运河百里画廊项目开工　　管伟法　摄

【《淮安市大运河百里画廊景观风貌及配套服务设施专项规划》印发】 2022年10月，《淮安市大运河百里画廊景观风貌及配套服务设施专项规划》（以下简称《规划》）印发。《规划》以《淮安市大运河百里画廊战略规划》（以下简称《战略规划》）为基础，落实《战略规划》总体目标，指导区县项目实施建设。规划范围延续《战略规划》确定的125千米总长，北起淮安船闸，南至盱眙县龟山村。综合考虑滨水景观界面、管控引导方式、四卷八园布局等因素，划定风貌控制区、协调区两级范围，总面积约236.9平方千米。《规划》遵循以实施路径支撑发展战略、规划策略与空间设计相结合、规划管控与项目建设引导相结合的思路，提出水韵、绿美、廊连、淮文、人和、城融6大策略，明确"总体纲领+分卷指导+分段图则+设施导则"4层指引路径，将总体框架构建与分层管控引导进行衔接，指导区县项目实施。

（吴鹤飞）

大运河百里画廊建设

【概况】 1月6日，淮安市举行大运河百里画廊项目开工仪式。当日开工项目6个，总投资超150亿元，年内计划投资37亿元。至年末，中国水工科技馆主体建筑出正负零，板闸遗址公园基本完工，华强方特东方欲晓主题园建成投运。环洪泽湖公路开工84.26千米，道路部分基本贯通。二河西堤道路和生态修复一期工程、东港体育公园等基础设施投入使用。里运河文化长廊“四行”（人行、骑行、车行、船行）系统基本建成，全国青少年思政教育核心基地建成使用，河下古镇文化商业街提升改造项目、御码头运河文化美食中心等均完成年度计划任务。

（吴鹤飞）

【大运河遗产风貌保护】 2022年，淮安市持续发挥大运河文化遗产监测预警平台功能，对清江大闸等重点遗产进行全时段视频监测。督促涉及世界文化遗产建设项目依法履行审批程序，制定《泗州城遗址保护规划》《江苏省盱眙县大云山汉墓群遗址核心区文物保护方案》。做好全国重点文物保护单位清晏园、第一山题刻文物保护项目计划申报，清晏园淮香堂、叶园修缮工程获国家文物局和省文物局批复同意。开展“清口水利枢纽遗址考古调查勘探”“淮河史前遗址（淮安）考古调查勘探”等重大课题研究，在有效保护前提下，推动考古成果活化利用。向上争取保护资金，淮安板闸遗址考古资料整理、周桥大塘文物保护——老石工墙抢险加固等6个项目获国家级文物保护专项补助资金总计763万元；中国水工科技馆（板闸遗址公园）、淮安御码头运河文化美食中心等4个项目入选2022年江苏省重点文旅产业项目；清江浦景区夜间文化和旅游消费集聚区、“印象运河”文旅产业园（一期）等5个项目获省文旅发展专项资金730万元。

（严　格）

2022年，板闸遗址公园主体工程完工　　市大运河办　供

【大运河文化研究】 2022年，淮安市大运河办、淮阴工学院联合成立市大运河保护与高质量发展决策咨询研究基地。组织编纂《淮安城河变迁史》，开展《淮安建设“运河之都”》等课题研究。首期《智库专报》获得省人大相关领导批示肯定。调研淮安大运河立法成果，《人民日报》民生周刊推出专题报道《江苏淮安：大运河立法回应群众民生诉求》。

【大运河文化旅游】 2022年，大运河百里画廊入选全国红色旅游融合发展试点单位，淮安市成为全国10个、全省唯一上榜城市。“淮安大运河夜景游航线”作为全国唯一大运河特色文化游项目，被交通运输部评为全国50条水路旅游精品航线之一。“大鸾翔宇　时代追梦”“淮水安澜　稻香两岸”2条精品线路入选江苏省“喜迎二十大　见证新江苏”红色旅游20条精品线路。河下古镇城河步行街入选第三批省级夜间文化和旅游消费集聚区名单，淮安市大运河百里画廊区域内有省级夜间文旅消费集聚区3个。

【中国水工科技馆建设】 中国水工科技馆项目位于翔宇大道西侧、里运河东侧、静园路北侧、枚皋路南侧，总用地面积11.27万平方米。建设内容为集科普、展示、体验、教育、交流、休闲等功能于一体的“水工”主题创新复合型科技文旅综合体。2022年，项目完成投资3.8亿元。至年末，主体建筑出正负零，地库全面封顶，一层钢结构开始施工。

【板闸遗址公园建设】 板闸遗址公园项目位于翔宇大道西侧、里运河东侧、枚皋路北侧、福地路南侧，总用地面积7.27万平方米。建设内容包括板闸遗址本体保护与展示工程、三元宫、钞关等文保建筑及遗址的房屋修缮与环境整治工程、展示馆土建和布展工程、遗址公园景观及配套服务工程。2022年，项目完成投资1亿元。至年末，项目范围内所有建筑主体施工完成；板闸本体、三元宫、钞关、码头等古建筑、遗址均完成修缮；室外地面铺装、景观、管网等配套工程建设到位，室外公园区域具备开放条件。

【里运河文化长廊“四行”系统建设】 里运河文化长廊“四行”系统项目北起清江浦区大闸口，南至淮安区友谊桥，主要任务是对里运河文化长廊15.6千米核心区的人行、骑行、车行、船行“四行”系统进行提升，包括道路铺装改造、全线地面划线、绿化景观提升、城市家具采购、标识标牌制作、厕所驿站改造、服务设施提升与建成后运营管理服务等。2021年9月，项目正式开工。2022年，清江浦景区、1415片区、清隆桥片区完成景观绿化并进入日常养护期，淮安龙首湾驿站投入试运营，淮安船厂遗址公园项目进入收尾阶段。年内，该项工程基本建成，全系统慢行道总里程54.9千米。

2022年9月，第五届中国（淮安）大运河城市非遗展在淮安里运河畔举办
市文广旅游局　供

【东港体育公园建设】 东港体育公园项目位于京杭运河北岸，通甫路大运河桥北桥下，运北东路南侧。整个项目场地宽约100米，长约1.2千米，总占地面积11.1万平方米，总投资约6000万元。主要内容包含堤顶公路和建筑改造、新建一座中小型桥梁、场地绿化提升、音乐喷泉、篮球场地、足球场地、儿童场地、观景塔和服务驿站等。至2022年末，项目全部建成并对外开放。

【环洪泽湖公路建设】 环洪泽湖公路淮安段项目全长170.87千米，起自淮阴区与泗阳县交界处，止于盱眙县与泗洪县交界处，串联淮阴区、洪泽区、盱眙县三地，约82公里路段路况较好，其余路段多为“瓶颈路”“断头路”或路况较差。环洪泽湖公路新改建里程88.89公里（含新建5座大中桥梁），全线道路按照三级公路标准建设，铺设沥青混凝土路面。2022年，开工建设84.26千米。至年末，道路部分基本贯通。

【二河西堤道路和生态修复一期工程】 二河西堤生态修复工程北起五河口，南至淮阴区与洪泽区交界处，全长22.92千米。项目按照“一次规划、分步实施”的思路，计划总投资约2亿元，分三期实施。一期工程包括道路工程和绿化工程两部分，道路工程主要是将原有道路拓宽建设为宽7米的三级公路；景观绿化工程主要是对道路两侧绿化带进行林木生态更新修复，同时依据大运河百里画廊要求，增加多个景观节点。至年末，堤顶道路和生态修复一期工程基本竣工。

（吴鹤飞）

【大运河百里画廊入选2022年大运河文化保护传承利用10件大事】 12月28日，中国大运河智库联盟发布2022年大运河文化保护传承利用10件大事，“淮安以大运河百里画廊引领‘运河之都’”入选。2022年1月，淮安大运河百里画廊项目开工，涵盖文旅融合、乡村振兴、城市更新、产业转型和基础设施等内容。1月20日，淮安大运河百里画廊被列入《江苏省政府工作报告》2022年重点工作安排范畴。9月30日，淮安打造“运河之都”智库报告显示，淮安以大运河百里画廊项目引领，推进大运河文化带暨大运河国家文公园建设，建设京杭大运河沿线设区地级市的先导段和示范区，其时间轴和行动轴均将快于、优先于同称为“运河之都”的其他设区市。

（严　格）

【2案例入选全省大运河文化带和国家文化公园建设创新案例】 2022年2月，《淮安市成立全省首家大运河文化带建设实体管理机构》《淮安市实施大运河“百里画廊”战略引领工程重现运河之都辉煌盛景》2个案例入选全省大运河文化带和国家文化公园建设创新案例，在地级市单独报送的创新案例中，淮安市获得表彰数量列全省第一位（与苏州并列）。

（吴鹤飞）

大运河品牌宣传

【媒体宣传报道】 2022年，中央广播电视总台报道淮安市大运河文化带建设20余次，其中在《焦点访谈》栏目的《千年运河 重焕生机》节目中，淮安内容约占三分之一；《新华日报》《光明日报》等刊发相关报道40余篇；人民日报社《民生周刊》杂志专题宣传推广淮安大运河立法工作。国内主流媒体刊发淮安市大运河百里画廊相关报道50余条，江苏卫视报道淮安市大运河百里画廊10余次。《淮安日报》发表大运河百里画廊相关文章62篇，淮安电视台推出报道120多篇。

【大运河文艺创作】 2022年，淮安市挖掘运河红色文化资源，中国儿童艺术剧院与淮安市委宣传部联合创排的儿童剧《新安旅行团》成功首演。《百里画廊话百诗》《百里画廊话底蕴》等系列精品图书编辑出版。举办“运河之都·百里画廊”美术摄影作品展，创作百尺巨幅长卷。举办大运河文化进校园暨“运河之都·百里画廊”主题征文，征集文章3.2万余篇，近30万人次关注，500万人次参与线上投票。举办“百里画廊文旅同行”戏曲剧本及文学作品征集，收到剧本类作品39件、文学类作品790件。举行大运河百里画廊项目推介会暨《声律大运河》首发式。

【“中国运河之都”淮安文艺晋京系列活动】 7月25日至8月2日，“中国运河之都”淮安文艺晋京系列活动在北京举行。活动由中共淮安市委、淮安市人民政府、江苏省文学艺术界联合会主办，包括“运河之都 百里画廊”——淮安文脉丹青传承展暨书法美术晋京展，“相析共赏　薪火传文”——淮安市文化“名师带徒”文学、剧本研讨会等板块。新华社、《光明日报》、中央电视台书画频道、《文旅中国》、《中国艺术报》、《北京日报》、北京电视台、中国书画网等30多家媒体关注并报道。

【第五届中国（淮安）大运河城市非遗展】 9月9—11日，第五届中国（淮安）大运河城市非遗展在淮安里运河畔举行，江苏省首届淮海戏艺术展演月系列活动同期开幕。展览展出运河沿线8个省33个市的90余项非遗项目，以“沉浸式、场景化、多元化”布展设计，打造“香约运河”“戏游运河”两大活动片区和运河好食荟、运河小吃铺、倍有“面”儿、淮安好味道、世界美食之都“双城记”、“戏剧秀场”互动体验等11个活动板块。展会发放惠民券2万张，累计吸引游客近20万人次，带动参展项目及周边商户销售超100万元。20多家主流媒体专题报道，多名百万级“粉丝”网红大V、视频拍客、旅游达人等打卡体验，新浪微博相关话题阅读量超1.2亿次。

【第三届著名作家“运河之都·淮安”采风行】 9月10—14日，第三届著名作家“运河之都·淮安”采风行活动在淮安市举行。中国作协书记处书记、《光明日报》文艺部负责人邓凯，山西省作协原副主席、鲁迅文学奖得主蒋韵，中国科普作协科幻研究基地主任、世界华人科幻协会名誉会长王晋康，全国政协委员、中国作协全委会委员、中国出版集团有限公司原副总裁潘凯雄等10人组成采风团，走访盱眙第一山、洪泽湖大堤、惠济祠、枚乘书苑、清口枢纽、清晏园等大运河百里画廊重要点位，参观中国水工科技馆、板闸遗址公园、二河西堤等重点建设项目施工现场，积累创作素材和灵感。

【参加第四届中国大运河文化旅游博览会】 9月22—25日，第四届大运河文化旅游博览会在苏州市举办。淮安市文旅集团、西游集团、华强方特等10余家文旅企事业单位组团参展，展出40余种500余件展品。淮安展台设计以“运河之都、百里画廊”为主题，突出大运河淮安段国家文化公园统揽项目“大运河百里画廊”。将“大运河百里画廊”与伟人故里、运河之都、美食之都、文化名城四张城市名片标志性符号进行提炼融合，利用中国传统卷轴画形式，借助主题推介、灯箱海报、产品展示、艺术表演、宣传资料发放等方式全方位推介方式，集中呈现周恩来故里旅游景区、淮扬菜、盱眙龙虾、水上立交、西游乐园、华强方特·东方欲晓等淮安特色文旅产品。

（吴鹤飞）

【李东平《中国大运河全景图》摄影展】 11月18日，由淮安市文学艺术界联合会、淮安市文化旅游集团股份有限公司主办，淮安市文艺评论家协会、市摄影协会、市文艺创研室承办的第三届“郎静山杯”中国新画意摄影双年展李东平《中国大运河全景图》摄影展暨艺术研讨会在淮阴区文化馆举行。摄影展暨艺术研讨会邀请全国知名摄影学者、资深艺术评论家以及文化艺术领域内的专家学者，通过线下和线上方式，对李东平大运河摄影的文化价值和艺术价值进行交流与学术研讨。《中国大运河全景图》全书60多张巨幅图片，全部采用无人机航拍，从京杭大运河北京的起点燃灯塔，到浙东运河宁波三江口，有古运河遗址、重要水利枢纽、水利设施、著名景点、文化名城、历史古镇百余处，视野开阔，内容丰富，将纪实摄影与艺术摄影完美结合，俯瞰京杭大运河，为展开大运河及其沿线城市的类型学研究提供重要基石，也为运河史研究、城市史研究乃至自然生态史研究提供丰富样本。

（淮　鉴）

大运河生态保护

【京杭运河（淮安段）绿色现代航运综合整治】 2022年9月2日，京杭运河淮安段绿色现代航运综合整治工程全面开工建设。整治工程全长61.8千米，计划总投资6.7亿元，工期20个月，从护水、治污、建景等方面保护运河沿线生态环境。2019年，淮安市在全省率先启动京杭运河绿色现代航运示范区建设。2020年，淮安市高质量完成淮安船闸至九龙湖公园段16千米建设任务，被省交通运输厅列为全省4个代表性航段之一。

【洪泽湖大堤城区段生态修复示范项目】 至2022年末，洪泽湖大堤城区段生态修复示范项目二期工程基本完工，洪泽湖大堤城区段生态环境得到极大改善。项目一期工程于2020年7月开工建设，当年12月底完工，北起洪泽湖大桥，南至进水闸，总绿化面积25万平方米，主要包括生态修复、景观道路、体育设施、景观小品建设及现有水利设施修缮等。二期工程于2021年6月开工，北起高良涧复线船闸，南至洪泽湖大桥，与一期项目搭接，片区长1200米，规划总面积30多万平方米，主要进行生态修复，沿线栽植樱花等景观树种，对水塘边坡进行整理，对废弃塘口进行修复改造，并对一期项目不足进行完善。

【运河生态保护审计】 2022年，淮安市以审计监督推动大运河、里运河水资源可持续利用、污染防治、水生态环境保护。持续推进运河水环境整治，制定印发监测方案，开展加密监测，密切关注水质变化动态，为及时采取应对措施提供数据支撑，运河9个国省考断面均稳定达到Ⅲ类水质。加强对大运河、里运河沿线工业企业的执法监管，严厉打击企业污水偷排行为。

（吴鹤飞）

文　化

责任编辑：刘志平

文化场馆

【概况】 2022年，淮安市有市级、县区级文化馆8个，公共图书馆9个（含少儿图书馆），美术馆2个，其中国家一级文化馆8个、一级公共图书馆7个。有镇（街）文化站95个，行政村（社区）综合性文化服务中心覆盖率100%。有经省文物局备案的博物馆（纪念馆）14个。

【淮安市图书馆】 2022年，淮安市图书馆新增图书38447种79460册，上架期刊5378册、报纸23603份，参考咨询回复10865条，新增办证读者9220人。全年组织各类读者活动1200余场，接待读者1535838人次，借阅册次近625018册。开展第十七届文津图书奖获奖图书、第十八届江苏读书节暨第二十七届南京读书节推荐优秀图书等荐书90余种。在元旦、春节、"五一"、端午等节日期间，开展"我们的节日"主题阅读，举办"国学诗词诵读""新春猜谜""新年诗会""纵横经纬 阅史知今"系列讲座。关注少年儿童读书成长，做大做强"爱阅宝贝""阅读筑梦""馆员姐姐"三大少儿阅读品牌，开展0~6岁儿童早期阅读推广，开办父母阅读指导课堂、举行亲子故事会、红色图书进校园进社区活动。加强线上推广，举办"线上冬奥知识学习、英文绘本线上直播、"青年大学习"主题问答、现代唯美诗集展、樊登读书会线上听书等活动。

【淮安市博物馆】 淮安市博物馆为国家二级博物馆，有文物总数30571件，其中国家一级文物140件、二级文物112件、三级文物895件。2022年，市博物馆组织临时展览10场，开展线上线下社教活动42场。"民以食为天——淮安市博物馆藏中国古代饮食器具文化特展"入选2022年江苏省博物馆精品展览项目，"淮安市第五届民间工艺美术精品展"获"新时代颂"——2022江苏美术摄影主题联展优秀展陈奖；馆藏文物"战国木雕鼓车"入选2022年度"江苏人气宝藏"。

【淮安市美术馆】 2022年，淮安市美术馆接待到馆人数近20万人次，举办精品展览35场，创作书画作品近40件，累计线上直播5次、网上云展览24次、VR展厅5个。获评2021年度江苏省美术家协会组织工作先进单位，被市委宣传部、市文联授予淮安市文艺晋京系列活动"特别贡献奖"。

【淮安市文化馆】 2022年，淮安市文化馆举办各类高品质群众文化活动近百场，接待群众和各类团体25.8万人次。文化活动预约率、签到率居全省第一位，公共数字文化服务地区及人群覆盖率100%，全省第一。坚持公益性第一原则，开设艺术类免费培训班，主要包括青少年免费培训班、老年大学免费培训班，常设书法、摄影、美术、葫芦丝、古筝、太极拳、中国舞、时装模特、乒乓球等34个课程。全年开设春季、暑期及秋季3期公益培训班，累计培训6.06万人次。

【苏皖边区政府旧址纪念馆】 2022年，苏皖边区政府旧址纪念馆接待游客200多批次。结合传统节日，组织开展各项特色活动。寒假期间，开展"学史崇德开新局　红色基因永传承""童心向党　快乐成长"研学活动；与清江浦区政协联合开展"浸润书香 畅享书韵"读书分享会。"七一"前后，与清江浦区施家桥社区联合开展庆祝中国共产党成立101周年主题党日活动。国庆节前，与市实验小学、淮海花园幼儿园联合开展"升国旗　忆往昔 庆国庆"主题爱国主义教育活动。中国共产党第二十次全国代表大会召开前，开展"争做好少年　喜迎二十大"主题教育。

【新增5家备案博物馆】 2022年，淮安市新增5家备案博物馆，其中国有博物馆3家（涟水县博物馆、盱眙县大云山汉王陵博物馆、淮扬菜文化博物馆）、非国有博物馆2家（铁霞轩古花盆博物馆、万雅奇石陶瓷博物馆）。

涟水县博物馆建筑面积3221平方米，展陈面积2591平方米，以图、史结合的形式，有序展现从古至今在政治、军事、经济、文化等方面对涟水乃至中国有重大贡献的典型人物及事迹。盱眙县大云山汉王陵博物馆是以西汉第一代江都王刘非的王陵遗址为展示主题的遗址类博物馆，建筑面积12300平方米，陈列由"江都王·王的日常""江都国·国运起伏""同制京师——西汉诸侯王墓""东阳旧事""旧年照眼青铜镜——盱眙铜镜展""征西车马羽书迟——盱眙车马兵器展"6个部分组成，系统、直观展示大云山汉王陵考古发掘和研究成果，以及西汉王陵墓葬制度和盱眙地域历史文化特色。淮扬菜文化博物馆以淮扬菜发展历程为主线，通过现代高科技手段布展，集学术性、知识性、趣味性、参与性于一体，展示淮扬菜文化发展、创新、鼎盛过程，让参与者全面了解淮扬菜悠久的历史文化内涵。

铁霞轩古花盆博物馆入列博物馆序列，实现淮安市非国有博物馆备案“零”的突破。博物馆占地面积550平方米，陈列300多件古花盆，收藏范围从元末龙泉窑到明宣德青花，藏品数量丰富，种类繁多。万雅奇石陶瓷博物馆占地面积2000平方米，有天外来客馆、古今奇石馆、碑文名帖馆、文物精髓馆、白石后人书画馆、西北名人书画馆6个主题展馆，珍藏展品1000余件。

【淮安市图书馆联盟成立】 7月18日，淮安市图书馆联盟揭牌成立。该联盟实行淮安市区域性图书馆一体化协作机制，有成员单位25家，其中公共图书馆10家、高校图书馆10家、其他企事业单位图书馆5家。联盟搭建资源共建共享服务系统，打通不同成员之间的信息壁垒，逐步实现纸质文献通借通还、数字资源共建共享、总分馆联动服务，是一个满足全市城乡群众文化需求的跨系统图书馆服务共同体。

【专业主题书房建设】 4月27日，淮安首家法律专业主题书房“淮安书房·市法院致微书苑”暨淮安市图书馆市法院分馆正式开放。该书房面积200平方米，馆藏各类法律专业主题文献4000余册，融丰富馆藏、专业交流、智慧服务、休闲阅读于一体，为全市首家专业主题淮安书房。

10月26日，淮安首家税务主题书房“淮安书房·税阅书房”暨淮安市图书馆市税务局分馆正式开放。该书房面积300平方米，藏书近1万册，配备自助借还机、图书瀑布流、喜马拉雅有声听书机和全国总工会的电子阅读屏等智慧化阅读设备，与市图书馆之间实现一卡通、通借通还。

2022年2月，喜马拉雅·淮安运河书房在御码头特色文化示范街区正式营业

市文广旅游局 供

11月13日，淮安首家博物科普主题书房“淮安书房·万有博物书店”揭牌。该书房位于钵池山公园东侧，内有博物主题图书5000册，陨石、化石、矿物宝石、自然标本1000余件，另配备天文望远镜、显微镜等一批科学实验设备，兼具咖啡茶饮、讲座沙龙、交流休闲等功能，融阅读空间与自然博物馆为一体。

【喜马拉雅·淮安运河书房】 2022年2月，喜马拉雅·淮安运河书房在清江浦区御码头特色文化示范街区开始运营，为国内领先的音频分享平台喜马拉雅在江苏的首家线下实体书店。该书房依托省级文保单位仁慈医院建设而成，将传统阅读与有声阅读及休闲娱乐相结合，提升城市文化品位，推动文旅创新融合。

（严　格　李万芬）

群众文化

【群众文化服务】 2022年，淮安市将“优化公共文体服务”列入市政府十大民生实事项目，涵盖志愿服务活动、送戏下乡、文博场馆公教活动等7类项目。人均接受公共文化场馆服务次数4.6次。公共数字文化服务乡村覆盖率100%，较2021年增加85.49%，位居全省前列。累计开展志愿服务活动20172场次，开展送戏下乡448场次，开展文博场馆公教活动189场次，培育优秀群众文化团队17支，辅导培训群众文艺骨干400名，建设智慧广电乡镇（街道）22个，发行文旅惠民卡56255张，按省标准和“书香淮安”建设要求提档升级全市乡镇（街道）文化服务中心95个。

全市建成江苏省“最美公共文化空间”15个，分别为淮安市图书馆、淮安市少儿图书馆、淮安市文化馆、淮安区图书馆遂园书舍自助图书馆、淮安区图书馆海棠书屋自助图书馆、清江浦区图书馆、清江浦区文化馆、清江浦非遗工坊、中国印博物馆、洪泽湖博物馆、涟水县图书馆、涟水县文化馆、黄花塘新四军军部纪念馆、徐梁村综合文化服务中心、荷韵小镇新时代文明实践站。新建淮安市政协文史馆、淮安文学馆等主题场馆。

年内，举办“喜迎新春·云上闹新年”主题和“礼赞新时代　奋进新征程　喜迎中共二十大江苏省主题群众文艺”线上巡演活动淮安专场，服务146.5万人次。建立乡镇移动美术馆巡展站点库，在县区开展“移动美术馆”书画惠民项目活动24场。引进“2022开淮一笑”北京曲艺团相声专场演出、中国煤矿文工团曲艺专场演出、北京·爱乐男声合唱团专场音乐会、公益儿童剧《巨人计划之勇气》等国家级、省级活动。

【书香淮安建设】 2022年，淮安市优化阅读版图，在市法院、高铁新区、市税务局、淮安武警支队、淮安吾悦广场、九龙湖公园建成市图书馆分馆或淮安书房。至年末，全市建成24小时自助服务淮安书房26个（包含借阅服务的城市微客厅“月季小筑”21个）、市图书馆与机关企事业单位合作建设分馆31个，形成以市图书馆为核心的“1+80+N”的阅读服务网。

【书画惠民】 2022年，淮安市实施“移动美术馆”书画惠民项目。遴选一批淮安书画院和各县区书画家的精品力作，形成以“淮上花开——淮安书画院作品展”“淮安书画院采风写生展”等特色展览为基础，汇集各县区书画名家作品的全新艺术展出形式。项目自2022年5月启动，全年累计开展巡展30次，策划巡回展出展览6个，走进各县区的基层文化场馆、旅游景区、中小学校、商贸综合体等，在全市范围内营造书画艺术氛围。

【百场法治文艺进基层】 2022年，淮安市实施“百场法治文艺进基层”项目。全市优秀文艺骨干、专业文艺团队、业余文艺团体等文艺宣传力量参与创作演出，将各种不同艺术类别与法治元素相融合，创作、编排小品《过招》、音乐快板《法典护航幸福生活》、小戏《告洞房》、情景剧《和谐家庭是社会稳定的基石》等一批贴近群众生活的法治节目，艺术形式包括戏曲、歌舞、快板、小品、诗朗诵、说唱等。全年演出130余场，范围覆盖全市，惠及群众6万余人。

【省群众文化艺术创作和实践基地落户淮安】 2022年6月，江苏省第二家群众文化艺术创作和实践基地落户盱眙县天泉湖。基地以“请进来”和“走出去”发展模式，与全省文艺界的专家学者达成协作，聘任各艺术门类的导师、教师，邀请其到盱眙交流、采风、教学，创作更多反映天泉湖题材的群众文化作品。

【2部作品入选全国“群星奖”】 2022年，经文旅部遴选初评和公示，淮安市戏曲作品《芝麻官钻笆斗》、群众合唱作品《运河谣选曲》2部作品入围全国第十九届群星奖决赛。其中，《运河谣选曲》为江苏省群众合唱类唯一进入决赛作品，演唱选段《我们是运河的流水》《追寻》带有浓郁的地方特色，唱出运河两岸人们的美好生活和悠悠情韵。《芝麻官钻笆斗》讲述基层村民小组长曹芝麻为乡村振兴开发乡村旅游顶住压力，揽下条河村彩虹桥工程的故事，反映基层干部在人情与党性原则面前，甘愿受辱三钻笆斗的崇高素质与正义形象。年内，该剧还入选全国小戏小品优秀作品展演，获得江苏省“五星工程奖”。

【1个展览入选2022年度全国文博社教百强案例】 2022年，淮安市周恩来故居管理处“周恩来家风图片展”全国巡展活动入选全国文博社教百强案例。该展览是周恩来故居基本陈列展，由中国中共文献研究会周恩来思想生平研究分会审核把关，展出80余张珍贵的历史图片，生动诠释周恩来不仅是治国理政的楷模，也是修身齐家的典范。全国巡展活动自2018年1月启动，走进北京、上海、天津、重庆、浙江、山东、山西、贵州等20多个省市以及南开大学、天津大学等多所高校，直接受众300万余人次。

（严　格　李万芬）

文学艺术

【舞台艺术创作】 2022年，淮安市围绕中国共产党第二十次全国代表大会召开等重要节点，开展文艺精品创作生产工程。创排淮海戏《荡湖船》、现代淮剧《村官八把手》、儿童剧《新安旅行团》，打磨提升现代京剧《杰出楷模周恩来》等一系列红色革命题材、乡村振兴现实题材的舞台作品。复排《桃李梅》《皮秀英四告》《牙痕记》《乾坤福寿镜》《龙凤呈祥》《四郎探母》等50余部各类经典传统曲目。

【书画创作展览】 2022年，淮安市书画家集体创作的《百尺诗书画印长卷》入选“运河之都 百里画廊——淮安文脉丹青传承展暨书法美术作品展”，在中国美术馆展出。作品《高铁进山啦》入选由中央宣传部、中国文学艺术界联合会主办，中宣部文艺局、中国美术家协会、中国共产党历史展览馆承办的“礼赞新时代——主题性美术作品展览”。作品《运河船家》入选“第四届全国（宁波）综合材料绘画双年展”。作品《星期六》获“2022江苏省文艺大奖第四届美术奖”提名奖，《斑马线》《新时代颂》《一路书香》获“2022江苏省文艺大奖第四届美术奖”入选资格。作品《雨润青山》入选省青年美协举办的2022年“青春梦享”新人奖。

美术馆推出“第四届全国新钢笔画学术展”“第九届中国北京国际美术双年展捐赠作品淮安巡展”“从你到我——当代女性艺术家绘画提名展”“水韵江苏——‘一景一诗一书’江苏省书法院精品巡展（淮安站）”“运河之都 百里画廊——淮安文脉丹青传承展暨书法美术作品展”等文艺展览35场，推出11位书画家的个人展览。不间断开展线上服务，用多维宣传和推介方式克服后疫情时代一系列制约。其中，“淮上花开年度大展”线上直播获12.7万人次观看，受到广泛好评。5—9月，市博物馆举办“艺术巨匠 民族风骨——走进潘天寿的书画人生专题特展”。该展览为“名家大师书画精品专题系列展”之一，分艺术人生、作品赏析、师友唱和、市场热点4个部分，展示“20世纪传统中国画四大家”之一画家潘天寿的人生简历、艺术履历、非凡成就、艺术贡献等。

【文学创作】 组织剧本创作，开展课本剧创作、抗疫题材作品创作、中共二十大题材创作、小说改编剧本创作等主题作品创作活动，完成戏剧作品20余个，剧本大纲近10个。组织各种形式艺术作品创作，创作《最美逆行者》《党的生命线》《不负青春永向前》《梦里水乡是淮安》《老农新歌》《百年奋进新征程》《荷花美》等文艺作品。淮安市淮剧团排演新编历史剧《永巷悲歌》。完成《雨水公园》《半夜鸡叫》《运河之晖》《回家》《近处的灯火远方的河》《叔叔》等作品创作。在《小十月》《扬子江诗刊》《瀚海潮》《中国校园文学》《解放军文艺》《山西文学》《解放军文艺》《少年文艺》等期刊发表小说、散文、诗歌等作品总计20余万字。戏曲剧本《平江伯陈瑄》获第二届紫金戏剧文学奖。

【“双名”工程建设】 2022年，淮安市继续推进“双名”（名家名作）工程建设。发布《淮安市“双名”工程项目申报指南》，出台2022年度“双名”工程扶持类项目申报指南。创造性开展“双名工程”免申直补，制定《淮安市“双名”工程奖励类项目免申直补方案》，对符合奖励条件的名家名作直接奖励补助，调动文艺工作者的创作积极性。落实戏曲振兴工程，每年投入1000万元用于扶持帮助传统戏曲院团。与中国戏曲学院洽谈合作，探索合作办学，培养青年艺术基础人才。开展“德艺双馨”培训和名师带徒活动，形成老中青梯次结构合理的文艺骨干队伍。

5月30日，儿童剧《新安旅行团》在淮安市首演　　市文广旅游局　供

【儿童剧《新安旅行团》在淮安首演】 5月30日，儿童剧《新安旅行团》在淮安大剧院举行首场演出。该剧是中国儿童艺术剧院探索“新时代种子计划”的首部作品，由中国儿童艺术剧院与淮安市共同打造，600余人现场观看，众多网络平台现场直播。剧目以当下的新安小学为背景，讲述校园戏剧社的孩子们在老师的带领下排演一部名叫《新安旅行团》的话剧，以回溯历史的视角，探寻新安旅行团的故事，体会当年孩子们的成长历程。剧目时间跨度选取1935—1945年，以新安旅行团的社会活动为主线，以戏中戏的方式，在穿越时空式的叙事体结构下，让现代与过去多时空交叉穿行。首演之后，该剧在江苏省内继续演出，并沿“新安旅行团”路线巡演。

2022年8月，淮剧小戏《芝麻官钻笆斗》入围江苏省“五星工程奖”
市文广旅游局　供

【歌剧《周恩来》2022全国巡演淮安首站演出】 1月8日，歌剧《周恩来》2022年全国巡演首场演出在淮安大剧院举行。该剧是中宣部、文化和旅游部、中国文联“庆祝中国共产党成立100周年优秀舞台艺术作品展演”入选剧目，获2019紫金文化艺术节特别奖，入选第四届中国歌剧节优秀剧目。剧目以歌剧咏叹调独有的浪漫方式，展示湘江之战、遵义会议、万隆会议等周恩来几次“化危机为转机”的历史场面。首演结束后，该剧赴北京、天津、绍兴等周恩来生前工作或学习过的地方继续巡演，以文艺的形式，讲述一代伟人的崇高品质，以舞台艺术作品的形式赓续共产党人的精神血脉。

【7部作品入围江苏省“五星工程奖”】 2022年8月，省文化和旅游厅公布第十五届江苏省“五星工程奖”评奖结果，淮安市7部作品入围。其中，小淮剧《收汗水》《芝麻官钻笆斗》，淮剧小戏《暖爸孝女》，油画《啸西风》入选获奖作品，戏剧《山里山外》《收汗水》、曲艺《非喷不可》入选网络最佳人气作品。

【淮安市文化艺术中心成立】 12月8日，淮安市文化艺术中心揭牌成立。该中心整合原省淮海剧团、省长荣京剧院、市淮剧团、淮安人民大会堂以及市戏曲非物质遗产传承发展中心5家单位，内设淮海戏传习所、长荣京剧传习所、淮剧传习所及文艺创作部等，保留事业单位性质，强化公益属性。年内，出台《淮安市文化艺术中心员额演职人员管理办法》，调整演职人员资源配置，推动文艺精品生产创作。

（严　格　李万芬）

文化遗产保护

【文化遗产】 2022年，淮安市有市级以上文物保护单位187处，其中全国重点文物保护单位13处（包含板闸遗址、总督漕运公署遗址、清江大闸、钞关遗址等17处重要节点），省级文物保护单位32处，市级文物保护单位142处。有不可移动文物1557处，其中古遗址439处、古建筑434处、古墓葬277处、石窟寺及石刻48处、近现代重要史迹及代表性建筑329处、其他30处。全市有三级以上馆藏文物2580件（套），其中一级文物237件（套）、二级文物358件（套）、三级文物1985件（套）。有市级以上非物质文化遗产代表性项目202项，其中国家级7项（楚州十番锣鼓、淮海戏、京剧、淮剧、金湖秧歌、洪泽湖渔鼓、淮安区南闸民歌）、省级32项、市级163项。有国家级非物质文化遗产项目代表性传承人4人、省级26人、市级250人。

【文物保护与管理】 2022年，淮安市出台《关于全面推进考古前置工作的实施意见》，将全市重大项目纳入考古工作主动服务、优先服务、重点服务名单，缩短用地环节周期，降低建设单位投资风险，保障重大项目实施。全年开展考古调查勘探41项，考古发掘10项，文物资源区域评估12项，考古调查勘探面积409.9万平方米，文物资源区域评估实施面积3820.7万平方米，为地方和企业节约费用1.72亿元。

加大文物巡查力度，制定《淮安市文物保护巡查工作方案》，建立文物安全巡查员队伍，明确市、县两级文物保护巡查职责。全国重点文物保护单位清晏园关帝庙修缮项目计划、洪泽湖大堤信坝遗址保护修缮项目计划获国家文物局同意。加大古城保护更新力度，系统实施文化遗产活化解读工程，清晏园淮香堂、叶园修缮工程获国家文物局和省文物局批复同意，完成方案核准。完成中国水工科技馆遗址区发掘工作并通过验收，完成全国青少年思政教育基地考古调查勘探和《淮安府城西南城墙遗址保护展示方案》评审。淮安区利用革命老区红色资源，创成全省首批红色旅游融合发展示范区和国家红色旅游融合发展试点单位。

制定出台市博物馆改革发展行动计划，市博物馆开展国家一级馆创建工作。邀请专业团队，对市博物馆的展陈内容、功能布局进行重新设计。完成“国家历史文化名城——淮安”基本展陈的细节优化提升建设并正式对外开放。完成涟水县博物馆、盱眙县大云山汉王陵博物馆、铁霞轩古花盆博物馆、淮扬菜博物馆备案，实现非国有博物馆备案“零”的突破。涟水县博物馆、金湖县博物馆纳入免费开放资金补助范围。围绕“5·18”博物馆日开展系列主题活动，举办特色专题展览，面向社会开展“博物知旅”主题短视频征集活动。周恩来纪念馆入选江苏省博物馆志愿服务“十佳案例”。完成2022年度博物馆“双随机、一公开”藏品检查工作。完成全市2700余件（套）珍贵文物备案复核，完成文博场馆公教活动189场。

做好周恩来故居防雷工程、江淮大学旧址左家楼修缮、周恩来童年读书旧址保养维护等14项革命旧址修缮、提升工作。加强红色文化遗址保护利用，盱眙县淮南中学旧址、洪泽区新四军四师拂晓剧团演出旧址两处不可移动文物入选第二批江苏省革命文物名录。江淮大学旧址、苏皖边区政府旧址纪念馆等革命文物获国家、省级文物专项资金245万元。安排市级文保经费补助周恩来童年读书旧址保养维护、李绍武烈士陵园红色文化展陈提升、新安旅行团历史陈列展提升等革命文物项目。两位革命讲述人分别入选2022年度“江苏双十佳革命文物讲述人”“江苏最美革命文物守护人”名单。

表45　2022年淮安市国家级非物质文化遗产代表性项目一览表

项目类别	项目名称	申报地区或单位	批次	公布时间
传统音乐（3项）	楚州十番锣鼓	淮安区	第一批扩展	2008.06.07
	金湖秧歌	金湖县	第四批扩展	2014.11.11
	南闸民歌	淮安区	第五批	2021.06.10
传统舞蹈（1项）	洪泽湖渔鼓	洪泽区	第四批	2014.11.11
传统戏剧（3项）	淮海戏	省淮海剧团	第二批	2008.06.07
	京剧	省长荣京剧院	第三批	2011.05.23
	淮剧	市淮剧团	第三批	2011.05.23
总计	7项			

（资料来源：市文广旅游局）

表46　2022年淮安市省级非物质文化遗产代表性项目一览表

项目类别	项目名称	申报地区或单位	批次	公布时间
民间文学（6项，根据非遗项目属地管理原则进行统计，水漫泗州城传说为洪泽区和盱眙县共同申报，淮安市计为2项）	巫支祁传说	洪泽区	第二批	2009.06.20
	水漫泗州城传说	洪泽区、盱眙县	第二批	2009.06.20
	韩信传说	淮阴区	第一批	2007.03.24
	朱元璋传说	盱眙县	第四批	2016.01.14
	淮安灯谜	淮安工人文化宫	第四批	2016.01.14
传统舞蹈（3项）	淮阴马头灯舞	淮阴区	第一批扩展	2009.06.20
	闵桥莲湘	金湖县	第三批	2011.09.02
	三河花船	洪泽区	第四批	2016.01.14
传统戏剧（3项）	金湖香火戏	金湖县	第二批	2009.06.20
	淮剧	涟水县	第四批	2016.01.14
	黄梅戏	盱眙县	第四批	2016.01.14
曲艺（3项）	工鼓锣（淮海锣鼓）	涟水县	第一批	2007.03.24
	苏北琴书	涟水县	第二批	2009.06.20
	淮海琴书	淮阴区	第四批	2016.01.14
传统美术（1项）	金湖剪纸	金湖县	第三批	2011.09.02
传统技艺（11项）	洪泽湖渔具制作技艺	洪泽区	第二批	2009.06.20
	淮安茶馓制作技艺	淮安市	第二批	2009.06.20
	楚州文楼汤包制作技艺	淮安区	第二批	2009.06.20
	平桥豆腐制作技艺	淮安区	第二批	2009.06.20
	洪泽湖木船制造技艺	洪泽区	第二批	2009.06.20
	高沟酒酿造技艺	涟水县	第二批	2009.06.20
	钦工肉圆制作技艺	淮安区	第三批	2011.09.02
	淮帮菜烹制技艺	淮扬菜美食文化研究会	第四批	2016.01.14
	淮安全鳝席烹制技艺		第四批	2016.01.14
	浦楼白汤酱油酿造技艺	清江浦区	第四批	2016.01.14
	码头汤羊肉烹饪技艺	淮阴区	第四批	2016.01.14
传统医药（3项）	阙氏膏药制作技艺	淮安区	第三批	2011.09.02
	骨康外敷药酒炮制技艺	清江浦区	第四批	2016.01.14
	蒋氏骨伤膏药制作技艺	涟水县	第四批	2016.01.14
民俗（2项）	洪泽湖渔家婚嫁礼俗	洪泽区	第二批	2009.06.20
	渔沟花鼓会	淮阴区	第四批	2016.01.14
合计	32项			

（资料来源：市文广旅游局）

表47　2022年淮安市全国重点文物保护单位一览表

序号	文物保护单位名称	县区	序号	文物保护单位名称	县区
1	明祖陵	盱眙县	8	月塔	涟水县
2	周恩来故居	淮安区	9	泗州城遗址	盱眙县
3	洪泽湖大堤	洪泽区、淮阴区	10	第一山题刻	盱眙县
4	淮安府衙	淮安区	11	黄花塘新四军军部旧址	盱眙县
5	苏皖边区政府旧址	清江浦区	12	淮安中共中央华中分局旧址	淮安区
6	青莲岗遗址	淮安区	13	京杭大运河（淮安段）	淮阴区、清江浦区、淮安区
7	文通塔	淮安区			

（资料来源：市文广旅游局）

表48　2022年淮安市省级文物保护单位一览表

序号	文物保护单位名称	县区	序号	文物保护单位名称	县区
1	东阳城遗址	盱眙县	17	甘罗城遗址	淮阴区
2	关天培祠墓	淮安区	18	双金闸	淮阴区
3	琉球国京都通事郑文英墓	淮阴区	19	韩信城遗址	清江浦区
4	漂母墓	淮阴区	20	磨脐墩遗址	金湖县
5	镇淮楼	淮安区	21	宋墩遗址	金湖县
6	清江文庙	清江浦区	22	大云山汉墓	盱眙县
7	铜钟	淮安区	23	城头村遗址	淮安区
8	铁牛	洪泽区	24	考城遗址	盱眙县
9	高堰铁牛	淮阴区	25	盱眙淮河石工堤遗址	盱眙县
10	八十二烈士墓	淮阴区	26	盱眙古城墙遗址	盱眙县
11	周恩来童年读书处旧址	清江浦区	27	抬饭墩遗址	金湖县
12	龟山遗址	洪泽区	28	嵇安墓	涟水县
13	吴承恩墓	淮安区	29	北山墓群	盱眙县
14	高良涧进水闸	洪泽区	30	福音堂及仁慈医院旧址	清江浦区
15	三河闸	洪泽区	31	江淮大学旧址	洪泽区
16	二河闸	洪泽区	32	高沟老窖池群	涟水县

（资料来源：市文广旅游局）

【非遗传承与利用】 2022年，淮安市发挥非物质遗产资源价值，举办“文化进万家——视频直播家乡年”、壬寅新春“虎文化”特展等新年文化主题活动，举办2022年“文化和自然遗产日”全市非遗宣传展示活动暨“非遗购物节”线下线上系列活动、第五届大运河城市非遗展，推进实施无限定空间非遗进景区示范项目。在香港举办“同乡文化名胜展”，组织项目参展长三角城市非遗特展、扬州大运河博物馆非遗展、“留住乡愁——非遗产品项目进景区”活动，弘扬优秀传统文化。

健全非遗保护传承体系，申报第六批国家级非遗代表性传承人，4人入选省文旅厅推荐名单。推荐入选第七批市级非遗代表性项目名录7类36项。推荐19个项目参选第五批省级非遗代表性项目。修订出台《淮安市非物质文化遗产代表性传承人绩效考评管理办法》，完成年度国家、省、市级非遗代表性传承人绩效评估以及国家级非遗代表性项目保护单位履职尽责评估工作。

【传统村落保护】 2022年，淮安市从保留村庄、特色田园乡村中筛选出一批村庄，作为创建省级传统村落备选名单；各县区挖掘本地文化资源，结合产业发展对历史遗迹实施保护性开发。淮安区流均镇马铺村马铺、清江浦区黄码镇杨庙村三组、四组、五组入选第六批江苏省传统村落名录。全市有国家级传统村落1个，即洪泽区老子山镇龟山村；有省级传统村落14个，即洪泽区老子山镇龟山村三组、岔河镇淮宝居委会老街、岔河镇白马湖村王骆殿，盱眙县黄花塘镇莲塘村莲塘古驿道、管仲镇分金亭居委会园东组、黄花塘镇茶场村一队四组、金湖县塔集镇高桥村黄庄、盱眙县泥沛村街南组、淮阴区高家堰镇高家堰村高堰、涟水县月塔镇唐集村八组、淮安区平桥镇九洞村池塘组、淮阴区马头镇太山村石工头、淮安区流均镇马铺村马铺、清江浦区黄码镇杨庙村三组、四组、五组。

（王灵敏）

【新增2处不可移动革命文物】 2022年7月，盱眙县淮南中学旧址、洪泽区新四军四师拂晓剧团演出旧址2处不可移动文物入选第二批江苏省革命文物名录，淮安市累计有不可移动革命文物37处。

淮南中学旧址位于盱眙县天泉湖镇陡山村，是新民主主义革命时期（1919—1949年）淮南行署开办的一所学校。1944年春，淮南区党委将第六中学与淮南中学合并，学校仍命名为淮南中学，迁至古城办学，曾设6个班，后开设师范班，全校学生曾达300多人。1945年春，淮南区党委决定改组淮南中学为淮南公学。淮南中学在古城期间，教师队伍逐步壮大，教学形式灵活多样，学生生活丰富多彩，为淮南根据地培养大量人才。

新四军四师拂晓剧团演出旧址位于洪泽区岔河老街北首、市级文保单位淮宝县办公旧址北侧，紧邻新四军骑兵团广场，为砖木结构，建筑面积179平方米。该建筑始建于民国，1941年作为拂晓剧团（由彭雪枫将军组建，通过文艺演出宣传报道抗日军民英勇杀敌的事迹和中国共产党的各项政策）排练、演出场所使用，一年半后，拂晓剧团离开。

【11个地名入选省级地名文化遗产名单】 根据2022年江苏省省级地名文化遗产名单，淮安市“淮安”“淮阴”“清江浦”3个地名入选古城地名，“河下”“平桥”“马头”“渔沟”“蒋坝”“高沟”6个地名入选古镇地名，“青莲岗”“龟山”2个地名入选古村落地名。

【淮安市非遗宣传展示活动】 6月10—12日，淮安市在御码头运河文化美食休闲街区开展非遗宣传展示活动暨非遗购物节。活动展出三大板块10项活动37个非遗项目，包括非遗项目展演、指尖上的非遗、舌尖上的非遗、身边的非遗、文创潮玩生活秀、收藏鉴宝等，为非遗匠人和非遗作品打造展示、展销的平台，为市民、游客展示非遗之美。

（严 格 李万芬）

哲学社会科学研究

【理论研究阐释】 2022年，围绕中国共产党第二十次全国代表大会的召开，淮安市社科联组织开展“喜迎中共二十大 追逐城市复兴梦”主题有奖征文，收到文章300余篇；在《淮安日报》推出5个专版31篇专家研究阐释文章，在《淮安社会科学》专栏推出60余篇文章；发布思政专项课题21项。邀请驻淮大中专院校和各县区委主要负责人带头撰写理论文章，分批次组织社科智库、学会负责人等社科学者撰写学习心得体会文章，并在“淮安宣传”微信公众号第一时间推出相关解读文章。11月16日，举办江苏省社科界第十六届学术大会“学习贯彻中共二十大精神”学术专场会议，邀请清华大学、山东大学、南京大学等高校教授作主旨报告。

【社科平台建设】 2022年，淮安市社科研究基地呈“雁阵式”发展模式。在市社科联的推动下，淮安市大运河保护与利用研究基地、淮安市碳中和研究院、淮安现代化研究院3家决策咨询研究重点基地，淮安市大运河保护与高质量发展决策咨询研究基地、淮安市食品产业绿色发展研究中心2家决策咨询研究培育基地相继成立。各研究基地成为专业特色鲜明、决策功能互补、管理运行规范的高端专业智库。

【社会科学研究】 2022年，淮安市社科联梳理重点研究选题28项，发布立项市社科研究课题103项。至年末，全部完成结项，其中21项成果获得市委、市政府主要领导批示或在省级以上期刊发表。年内，市社科联与市社科研究基地淮安现代化研究院联合召开“新型城镇化与区域协调”江苏青年智库学者系列沙龙专场会议。中国社科院、中国人民大学、上海财经大学、南京大学等10多家高校和研究院所的专家及青年学者通过线上、线下开展交流研讨，为系统谋划新型城镇化与区域协调发展的新路径出谋献策。

【社科成果评审】 2022年，淮安市启动第十六届哲学社会科学优秀成果评奖。收到申报的集体和个人成果285项。经评审专家委员会审定，评选出获奖成果110项，其中一等奖16项、二等奖27项、三等奖67项。

【社科队伍建设】 2022年，淮安市举办首期社科研究能力提升培训班，100余名市直机关及高校社科研究人员参加培训。创新评选推出35位“淮安社科人物”，增强全市社科工作者使命感、荣誉感。在《淮安日报》开设《对话淮安社科人物》专栏，展现“淮安社科人物”成长经历和学术研究成果，营造良好学术氛围。

【学会组织管理】 2022年，淮安市强化社科类社团意识形态管理，组织召开全市社科学术社团工作会议，对社科学术社团意识形态风险防范工作进行专题部署和业务辅导，市社科联与各社科类社团组织签订《淮安市哲学社会科学学术社团意识形态安全责任书》。开展社团规范化建设，完成全部社科组织的年检，完成4家“僵尸型”社科组织的注销登记。市党建学会、市家庭教育研究会、市名人研究会等社团完成换届。印发《关于加强社科学术社团学术研究活动的通知》，鼓励各学会以学术活动彰显自身价值，培育学术品牌，发挥行业专业智库功能。在省社科联第十六届学术大会学会专场会议中，市人力学会、市现代物流学会相关成果分别获一、二等奖。

【社科成果普及】 2022年，淮安市出版首部以“淮安运河文化”为主题的志书——《淮安运河文化志》。该书24万多字，设11个章节，采用方志体例，以分类叙事的方式全面记述淮安根脉深厚、源远流长、精深博大的运河文化。推出淮安历史文化小传系列图书——《缘念淮安》，以隋、唐、五代十国、宋、元时期的淮安历史文化为根基，通过淮安文艺青年或诗情画意，或妙趣横生的二次创作，让淮安从隋到元的700年时光跃然于当代人的生产生活之中。开展社科普及宣传周系列活动，通过市县联动，组织各地各单位针对不同群体开展社科知识现场问答、展板宣传、社科普及视频发布、社科讲座等各类普及活动40余场。

（朱鸿雁）

党史编研

【党史宣传教育】 2022年，中共淮安市委党史工办联合摄制新安旅行团题材纪录片《中华小号手》，在江苏公共新闻频道播出。参与新安旅行团历史陈列馆展陈升级布展大纲撰写。联合举办“礼赞新时代 追梦复兴路”第三届淮安市“百姓名嘴”主题宣讲大赛、“喜迎二十大 奋进新征程”2022年江苏“学习达人”挑战赛，开展“寻初心·担使命·谱新篇”——市级机关党员瞻仰横沟农民暴动纪念地主题党日活动。做好淮安党史陈列馆讲解服务，全年接待省、市级机关企事业单位38批次。

【淮安党史“三卷本”撰写】 2022年，中共淮安市委党史工办紧跟中央党史和文献研究院最新决策和理论成果，开展《中共淮安地方史第三卷》（简称“三卷本”）相应时期的资料征集和大纲编纂。至年末，完成3编16章，共计36万字文稿。同时，加强对县区“三卷本”编写的指导，开展全市“三卷本”工作情况调研，审读洪泽区、清江浦区、淮阴区等县区的“三卷本”初稿，提出针对性修改建议。

3月5日，小学生在市党史馆接受党史教育　　徐　菲　摄

【大运河红色画廊建设】 2022年，中共淮安市委党史工办牵头制定大运河红色画廊建设方案，召开打造大运河红色画廊推进会，挖掘大运河文化带周边红色资源，梳理革命历史人物在此期间的革命足迹、重要事件和战斗的遗址遗迹，编印《大运河红色资源开发建设项目一览表》等材料，推动项目开展。指导督促县区发掘和建设陈毅渡湖碑、胡田大队渡运河遗址等一批红色景点，纳入运河红色文化体系。编撰《淮安红色资源概览》读物，推出首部反映红色画廊微纪录片《追寻红色足迹 建设红色画廊》，在“学习强国”等平台播出；在《淮安日报》推出12期《追寻红色足迹，建设红色长廊》专栏，进一步提高大运河百里画廊的红色文化影响力。

【“艺心向党”——淮安党史题材书画展】 10月11—18日，中共淮安市委党史工办在淮安市图书馆一楼展厅举办“艺心向党”淮安党史题材书画展，97幅优秀作品入展。作品生动地展现中国共产党在淮安的革命历史、红色记忆，歌颂中共十八大后淮安大地的巨大变化和万千气象。

【“奋进十年　亲历者说”融媒体直播】 2022年，中共淮安市委党史工办策划“奋进十年　亲历者说”直播活动，邀请亲历者、建设者，讲述回顾中共十八大后淮安经济社会发展变迁及攻坚克难的奋斗历程，展现奋斗者、建设者们的精神与情怀，激励全市党员干部在新征程上创造新奇迹、展现新气象。活动分为《交通改变淮安》《一见倾心白马湖 生态价值实现地》2期，采取访谈方式，通过“淮安发布”微信公众号进行预告和现场直播，超过10万人次在线收看直播并参与互动留言，《淮安日报》、人民日报客户端全文刊登直播内容。

（成　静）

地方志编纂

【概况】 2022年，淮安市地方志办公室做好编志修鉴主责主业，记录传承地方历史文化，服务经济社会发展。《淮安年鉴（2021）》继续被评为省一等年鉴，《淮安年鉴（2022）》被评为省精品年鉴，全省仅3部。推出即时性记录《淮安市情简介（2022）》《淮安记录》，线上线下同步宣传，实现淮安市情“一看即知、一点即通”。全面启动镇（街道）志编纂文化工程，全市20家镇、街道启动编纂工作；《江苏名镇·马坝镇志》出版，《渔沟镇志》通过终审。开展地方文献整理，《光绪盱眙县志稿》完成出版。全市地方志系统编辑出版《精神长存——纪念朱毅、陶涛同志》《烽火记忆》《吴觉自述》《湖光杉色，荷您有约》等地情书籍。完成年度市社科研究课题1项。1人获“淮安社科人物”称号。

【年鉴编纂】 2022年，淮安市编纂完成综合性年鉴8部，分别为《淮安年鉴（2022）》《清江浦年鉴（2022）》《淮安区年鉴（2022）》《淮阴年鉴《2022）》《洪泽年鉴（2022）》《涟水年鉴（2022）》《盱眙年鉴（2022）》《金湖年鉴（2022）》。其中《淮安年鉴（2022）》获评江苏省精品年鉴。编纂完成专业性年鉴1部，即《淮安统计年鉴（2022）》。

【专题志编纂】 2022年12月，江苏省地方志编纂委员会办公室主持编纂的《中国淮扬菜志》出版发行。该书一函五册，全面系统记述淮扬菜的历史与现状，反映淮扬菜的发展历程、菜系特点和美食文化。淮安市志办负责对该书中的淮安部分进行校对和资料补充，提供修改意见20多条，补充资料（图片）30余条（幅）。对《江苏省对口支援新疆建设志》三审稿进行校对并提出修改意见，提供淮安市4批援疆干部人才的资料。

【即时性记录编纂】 2022年，淮安市志办编纂完成简明实用即时性读物《淮安市情简介（2022）》。创新推出《淮安市情简介》“姊妹刊”——《淮安记录（2022）》，以大事记体例梳理2022年度全市大事要闻。各县区志办编纂完成《清江浦印记》《清江浦微记录》《淮阴手册》《洪泽纪事》《我在盱眙等着你》《又见星期一》《涟水大事记》等即时性记录产品。其中，盱眙县志办编纂的即时性记录《你好，星期一》被省志办评为2022年度市县地方志特色创新项目。

【运河文化宣传研究】 2022年，淮安市志办参与中宣部立项批准的《记住乡愁》国际版、中央广播电视总台《行走大运河》、浙江卫视《大运河》、淮安广播电视台《运河十二时辰》等节目的摄制工作，并提供咨询论证服务。参与淮安市大运河百里画廊建设等重大项目。参加“运河遗产与致富河、幸福河”学术研讨会、“盐运南北、河通古今——大运河文化带建设高端论坛”，为运河文化研究贡献淮安方志智慧。

7月1日，淮安市志办邀请原外交部拉美司副司长徐贻聪（左）作《大国外交》专题讲座　　市志办　供

【方志文化驿站建设】 11月4日，淮安方志文化驿站政务服务中心站正式启用。该驿站为全省首个“方志+政务”文化驿站，设“水韵淮安”“运河之都”“枢纽新城”“伟人故里”“文化名城”“美食之都”6个板块，市民在办事之余，可以通过图文影音、延伸阅读、趣味互动等，沉浸式了解淮安地情文化。至年末，全市累计在高校、军营、图书馆等场所建成方志文化驿站4个。

【地情文化宣传】 2022年，淮安市地方志系统围绕时事热点及重大节点，打造“志在淮上”地情文化讲坛，面向学校、社区、军营、警营、机关单位等举办活动8期，社会反响热烈。拍摄淮安方志成果宣传微视频，在省级新媒体播放宣传。全年在“方志江苏”微信公众号发表淮安地情文章5篇，总阅读量超过1万次，市志办被评为全省方志文化宣传工作优秀单位，1人获评全省方志文化宣传工作先进个人。“方志淮安”微信公众号年度点击量4.15万余次，关注人数增长50%，多篇地情文章被市内外其他媒体转载。

【《淮安年鉴（2022）》获评省精品年鉴】《淮安年鉴》创刊于1995年，一年一鉴，连续编纂28卷，曾两次在全国地方志系统年鉴评比中获特等奖，连续6年被评为江苏省一等年鉴。2022年，淮安市志办对照省精品年鉴创建要求，调整创新框架设计，突出地方特色和时代特点，展示年度亮点和重大成就。至年末，《淮安年鉴（2022）》获评江苏精品年鉴。全书90万字，设43个类目，随文收录图片230余张、表格54张，详尽记载2021年全市政治、经济、文化、社会、生态建设方面发展情况。此外，设置视频二维码30余个，收录全市经济社会发展方面的珍贵影像资料，打造全媒体年鉴。

【《江苏名镇·马坝镇志》出版】 2022年7月，《江苏名镇·马坝镇志》由江苏人民出版社出版发行。全书15万余字，收录图片96幅，设置音视频二维码25个，设镇情概览、镇村建设、特色产业、红色印迹、精神文明、物产美食、文物古迹、风土人情、姓氏宗族、名镇名人10个部分。该志书从文字、图片、音视频3个维度，全面记述盱眙县马坝镇的历史与现状，彰显地方特色，是淮安市第二部公开出版的全媒体新型志书。

（王信波）

档案管理

【概况】 2022年，淮安市档案馆承办江苏大运河档案文化联盟淮安年会暨全省档案工作者年会，省、市、县区档案部门共280余人参加。年内，清江浦区档案馆、淮安区档案馆、金湖县档案馆被评为江苏省示范档案馆，江苏宿淮盐高速公路管理有限公司、国家电网淮安供电公司、江苏淮阴发电有限责任公司3家单位档案室被认定为“江苏省示范档案室”。清江浦区、涟水县、金湖县档案馆新馆启用。

【档案资源】 2022年，淮安市加强档案移交与接收工作，制定《淮安市档案馆档案移交与接收工作流程》，优化档案接收进馆机制。市档案馆接收16个全宗的1.4万卷、5.62万件档案资料进馆，馆藏累计档案13.64万卷、64.8万件，资料2.89万册。其中，接收市直医疗机构出生医学证明档案2.39万件，自2019年《江苏省出生医学证明档案管理办法》颁布后，共计接收进馆出生医学证明档案21.68万件，提前完成省卫健委、省档案馆规定的移交接收任务。“淮安拍档”后台审核照片2175张。利用非线性编辑系统，对《淮安新闻联播》栏目定期采集，完成4800分钟视频采集，定期备份。

【档案征集】 2022年，淮安市到上海查找收集新安旅行团相关档案资料，征集到一批具有重要查考和史料价值的珍贵资料。围绕庆祝中国共产党第二十次全国代表大会召开，在“淮安档案”网站、“淮安档案”微信公众号发布淮安红色档案资源征集公告，征集历届党代会与淮安地区相关的档案资料。围绕北京冬奥（残奥）会主题，征集到北京冬奥会、冬残奥会传递火炬和冰墩墩、雪容融吉祥物等档案资料。开展援藏工作者口述档案以及重要人物档案征集，征集到2名淮安市早期援藏工作者、中国好人金驹、国家一级美术师王树文、招商银行首任行长王世桢等个人档案资料，并建立个人全宗。年内，市档案馆通过现场捐赠、邮寄捐赠、上门征集等方式，征集到重要人物个人档案资料500余件、书籍91本、实物档案139件、光盘等电子档案23张（套）约88G。

6月9日，市档案馆举办“喜迎二十大 档案颂辉煌”系列活动之淮安区漕运总督府遗址前宣传活动　　市档案馆　供

【档案信息化】 2022年，淮安市档案馆完成纸质档案数字化转换1101卷3.9万件45万幅，累计建成馆藏档案目录数据库344万余条、全文数据库1230万余页。推进电子文件单套制归档，金湖县虚拟档案室系统全面投入应用，洪泽区电子文件单套制归档平台通过专家组验收。

【档案服务】 2022年，淮安市“一镇三村”（淮阴区渔沟镇、淮安区石塘镇大庄居委会、洪泽区岔河镇滨河村、金湖县塔集镇双庙村）档案服务农村基层社会治理试点工作通过国家档案局验收。市档案馆做好重大项目、重大活动以及突发事件档案指导服务，推动党史学习教育、大运河百里画廊建设项目、申创“世界美食之都”、新冠疫情防控等专题档案规范化管理。开展道德模范建档工作，推出道德模范“家庭档案示范户”，打造家庭档案示范样板。开展“远程查档，跨馆服务”，实现异地跨馆查档，全年通过全国档案查询利用服务平台查档23人次，接待查档群众1471人次，调阅档案资料4195卷（件），复印、摘抄12852页。

【档案编研】 2022年，淮安市用好用活档案资源，推出系列档案编研成果。编纂《我们这十年——走进新时代的淮安》，由江苏人民出版社出版发行，分10个篇章，从点、线、面3个维度，立体呈现淮安高质量发展的十年答卷，抒发中国共产党领导淮安人民踔厉奋发的斗争精神和家国情怀。挖掘淮安美食文化内涵，以县区为单位，推出“烟火淮安”系列微信推文。按月编发《淮安大事记》，编印2022年度合集，收录全市经济社会发展的大事要事，为各级领导决策和各部门查考提供服务。

【档案宣传】2022年"6·9"国际档案日，淮安市围绕"喜迎二十大 档案颂辉煌"主题，开展系列宣传活动，在淮安区漕运总督署遗址前、市行政中心、市中级人民法院宣传《中华人民共和国档案法》，提供现场咨询。发挥爱国主义教育基地功能，组织开展"档案馆开放日"活动，接待清河中学、淮阴中学等15批次200余人参观。利用"淮安档案"网站、"淮安档案"微信公众号等推送档案工作动态，全年发布工作信息61条、推文69期，在《中国档案报》、"学习强国"江苏学习平台、央广网等省级以上媒体平台发布宣传文章9篇。

【档案安全】2022年，淮安市推动档案执法监督，探索建立联动行政执法检查机制，抓好重点地区、重点行业、重点企业的档案监督检查，开展档案安全工作专项检查，提升档案规范化管理水平。加强档案网络安全工作，开展档案网络安全自查、应急演练及信息安全培训，排查处理预警漏洞，对平台系统弱口令进行整改完善。档案管理综合应用平台新增数据库审计系统、管理交换机等运维软硬件，完成公安三级备案及网站登记，通过验收测评，达到公安部信息系统安全三级等级保护要求。市档案馆托裱修复破损档案，分批次对新进馆档案进行消毒，全年消毒档案22106件，抢救修复93件736页。组织开展灭火和应急疏散演练，通过模拟演练，掌握人员疏散、火灾扑救等实用技能，确保档案实体、信息和人员安全。

（韩仁先　徐芳敏）

大众传媒

【概况】2022年，淮安市广播电视台有"四频率"（四个广播频率：综合、经济、交通文艺、农村）、"三频道"（三个电视频道：综合、公共、影视娱乐）、"一报"（《江苏声屏·淮安广播电视》）、"一网"（淮安视听网）、"一端"（无线淮安手机客户端）、"两微"（"无线淮安"微信公众号、"无线淮安"微博）、"六号"（"真淮安·正淮安"抖音号、"无线淮安"视频号、央视频号、人民号、新华号、今日头条号）。淮安日报社所属媒体有"三报"（《淮安日报》《淮海晚报》《淮海商报》）、"一刊"（全国公开发行《家长读本》）、"一网"（淮安新闻网）、"两微"（"淮安发布"微博微信、《淮海晚报》微博微信抖音）、"四号"（今日头条号、澎湃号、人民号、新华号）、"一端"（"掌上淮安"新闻客户端）。全市属地网站有7600家。有重点微信公众号1000多个。

【广播电视】2022年，淮安市通过有线网络传输广播节目21套、电视节目152套；有广播电视节目制作经营许可证持证单位47家；有广播电视播出机构7家，分别是淮阴区、淮安区、洪泽区、盱眙县、金湖县、涟水县融媒体中心及淮安市广播电视台，有广播电视传输机构7家，分别是江苏有线淮安分公司、淮阴区分公司、淮安区分公司、洪泽区分公司、盱眙县分公司、金湖县分公司、涟水县分公司。全市广播电视综合人口覆盖率100%；有线数字电视有效用户数49.64万户。

广播电视管理　2022年，淮安市完成22个智慧广电乡镇（街道）建设，打造"一镇一屏"区域电视门户，为居民提供多样化、本地化点播服务。实施农村低保户免费收看有线电视惠民工程，截至9月16日，全市有29260户农村偏远地区低保家庭享受到免费收看有线电视政策，提前超额完成省目标任务。开展防范5G基站干扰广播电视卫星接收工作，全年广播电视播出传输未因5G干扰出现大的问题。开展打击非法境外电视网络接收软件（设备）和卫星地面接收设施专项整治行动，对辖区内非法卫星地面接收设施安装、使用情况开展全面督查，破获一批大案要案，涉案总金额近16亿元。全市5家单位境外卫星电视传播秩序专项整治工作获省级表彰。推荐参加2021年度江苏省优秀广播电视节目评奖，51件作品获奖，其中特别奖5件、一等奖7件、二等奖9件、三等奖30件，特别奖、一等奖数量名列苏北地区第一。《世界屋脊来了普法宣传队》《洪泽湖区首次发现大规模中国淡水蛏野生种群》分别获评第一季度、第二季度江苏省优秀电视新闻作品。在2022年长三角白暨豚原创网络视频大赛中，淮安市有3部作品入围100部获奖名单，其中1部作品获优秀男演员奖。

安全播出　2022年，淮安市广播电视台（集团）播出地面数字电视21024小时、调频广播59130小时、中波广播35537小时，无责任事故和重大安全播出事故。年内，投入近2000万元，建成启用新的电视高清播控系统和广播制播系统，完成地面数字发射机700M迁移和改频改造、央广经济之声发射机和省交通广播备用发射机安装调试、广播传输中心发电机组升级改造和981千赫主机网络调配等，提高播控系统、传输通道的安全性和稳定性。

迎庆中共二十大策划　2022年，淮安市广播电视台（集团）围绕迎庆中国共产党第二十次全国代表大会主线，做好各项宣传贯彻工作。开展"喜迎二十大　奋进新征程"2022年江苏"学习达人"挑战赛淮安专场活动、"礼赞新时代　追梦复兴路"第三届淮安市"百姓名嘴"主题宣讲大赛，全市数千名党员干部群众参与；策划组织"奋进新征程 建功新时代"全媒新闻行动和《非凡十年》《领航中国》等专题专栏，推出相关稿件600余篇，生动全面展示十年发展成就；组织推出"礼赞新时代 奋进新征程"优秀电视剧展播活动，播出《平凡的世界》等多部优秀电视剧作品。策划推出《二十大精神在基层》《奋战六十天 打赢收官战》等专题专栏，报道全市贯彻落实中共二十大精神的具体举措，阐释解读中共二十大精神；设置《习语嘹亮》《领导干部笔谈》等专区，做好人民网、新华网重点理论文章转载摘播，遴选刊登中共二十大精神学习体会文章，把学习贯彻中共二十大精神引向深入。

主题策划　2022年，淮安市广播电视台（集团）谋划组织战役性主题宣传，策划推出专题专栏60余个，推出主题报道2000余条，形成主题宣传强劲声势。围绕学习宣传贯彻习近平新时代中国特色社会主义思想，组织电视、广播开设《在习近平新时代中国特色社会主义思想指引下——新时代新作为新篇章》专栏，播出相关报道200余条。围绕结合"绿色高地 枢纽新城"打造、重特大项目攻坚、营商环境优化等，策划启动《融入长三角 跑出加速度》全媒新闻行动，组织开展《新时代 新征程 新伟业》主题采访，组织推出《敢为善为 勇挑大梁》《一号招商员在行动》等专题专栏，推出相关报道520余条，深入报道全市推进重特大项目攻坚"突破成势"的火热实践。围绕统筹做好新冠疫情防控和经济社会发展宣传，聚焦"二十条""新十条""乙类乙管"等疫情防控措施，聚焦群众关心的防疫热点问题，及时发布《淮安市疫情防控"五问五答"》《最新最全！淮安市开设发热门诊的医疗机构名单》等图文报道，第一时间回应社会关切、凝聚发展共识。

对外宣传　2022年，淮安市广播电视台（集团）实现中央电视台新闻用稿165条，其中《多彩活动庆"六一"》等23条稿件在《新闻联播》栏目播出；中央广播电视总台新闻用稿111条，其中《中国之声》用稿53条。江苏省广播电视总台电视新闻用稿1260条、广播新闻用稿539条，电视、广播用稿数量分别位居全省设区市第一、第二。参与"潮起东方"新闻行动宣传，摄制系列节目《奋楫深水区》，在江苏卫视、江苏公共·新闻频道播出，展示淮安市通过全面深化改革实现政府和企业之间共赢的经验做法。

精品节目打造　2022年，淮安市广播电视台（集团）实施"新时代精品"工程，以策划促精品、以项目谋精品、以传播扬精品，精品项目生产有力有效。纪录片《红色苏皖边》、广播剧《本色》、歌曲《天下运河》获江苏省第十二届精神文明建设"五个一工程"奖，广播系列报道《跨越75年的两封回信：殷殷寄语，纸短情长》获第二十五届江苏新闻奖；电视诗歌《黄花塘》等2部作品获"江苏省文艺大奖·电视奖"，广播剧《本色》等2部作品入选省优秀文艺成果奖励项目。在全省优秀广播电视节目奖评选中，49件作品获奖，其中获特别奖、一等奖作品14件，特别奖、一等奖获奖数量创新高。创作生产的广播剧《新安旅行团》在中央广播电视总台《中国之声》播出，文化类有声读物《淮安味道》上线喜马拉雅、蜻蜓FM等平台。

（严　格　李万芬　林光耀）

【报刊】2022年，淮安市有公开发行出版的报刊10家。其中，报纸6家，即《淮安日报》《淮海晚报》《淮海商报》《江苏声屏·淮安广播电视》《淮阴师范学院报》《淮阴工学院报》；期刊4家，即《家长读本》《淮阴师范学院学报（哲学社会科学版）》《淮阴师范学院学报（自然科学版）》《淮阴工学院学报》。

《淮安日报》　2022年，《淮安日报》围绕学习宣传贯彻中国共产党第二十次全国代表大会精神主题主线，打造江苏省首部重大题材手绘条漫——"总书记回信一周年"系列作品，展现新安旅行团17年光辉历程，全系列5部作品均被江苏省委网信办全网推送，获得2022年度江苏省好新闻（新闻漫画类）一等奖。参与"百年奋斗路·百城访初心"大型全媒体报道，获第32届中国新闻奖二等奖，通讯《四十三年的"全票支书"——淮阴区杨庙村党总支书记单业高的无悔人生》获2021年江苏省新闻媒体"走转改"优秀作品一等奖，为苏中、苏北地区报刊类唯一。推出H5作品《向总书记报告》，展示新时代十年淮安人民接续奋斗、建设总理家乡的成果，入选全国城市党报中共二十大报道融媒体精品案例，获得2022年度江苏省好新闻（媒体融合类）一等奖、2022年度江苏省新闻媒体"走转改"优秀新闻作品一等奖。

围绕城市名片打造，实施"对话千年运河 打开百里画廊""千年古镇复兴梦"等新闻行动，与《扬州日报》联合开展"美食双都"系列报道，多件作品阅读量超百万次。做好对外宣传，85篇稿件被《人民日报》等中央媒体及"北京西路瞭望"微信公众号采用，5篇稿件在《新华日报》头版头条刊登，632篇稿件被"学习强国"学习平台采用，63篇稿件被江苏省委网信办全网推送。

围绕社会经济发展，推出"融入长三角　奋进复兴路"融媒新闻行动，组织采访团赴上海、苏州、南通、泰州等地调研，探求淮安融入长三角一体化的路径和前景。开展"探秘我市'专精特新'企业的成功之道"新闻行动，推出《虎年踏虎步 镜见大项目》系列报道，2项相关工作经验被《江苏省新闻战线"三项学习教育"活动工作简报》向全省推介，融媒体采访中心获评全国"城市党报'双胜利'宣传先进集体"，1名记者获评全国2021—2022年度城市党报百名优秀新闻工作者。

《淮海晚报》　2022年，《淮海晚报》聚焦培育和践行社会主义核心价值观，与阿里公益、多家媒体联合发起全国年度"最美家乡人"评选，推荐的淮安区苏嘴镇沙吉村党总支书记于洪军获2022年度全国"最美家乡人·责任担当奖"。实施"以你的名字记住你"新闻行动，寻访淮安市以英烈姓名命名的村镇，发稿20余篇，挖掘地名背后的红色故事，传承红色基因。聚焦乡村振兴战略，推出"好人好柿""花开心暖"2场连续报道，以"线上+线下"方式发动100余家机关、餐饮企业及近万名热心市民助销淮阴区、洪泽区农产品超50万千克。聚焦淮安文脉传承，举办"连接现代生活 绽放迷人光彩"——2022淮安非遗发展论坛，开设《跟着记者看非遗、学非遗》专栏，邀请淮安非遗代表性传承人现场教授市民非遗产品制作技艺，培训近500人次。聚焦全媒矩阵打造，"淮海晚报"微信公众号全年开展直播、评比、答题等民生互动类活动20余场，"淮海晚报"抖音号全年浏览量超2亿次。

（许　乐）

【网站】 2022年，淮安市有属地网站7600家。有新闻网站5家，即淮安新闻网、淮安视听网、洪泽新闻网、盱眙新闻网、涟水新闻网。有知名商业网站（论坛）6家。其中，淮水安澜是淮安最活跃的论坛，注册用户量100万人次，日最高同时在线13.3万人次；淮安网是淮安最具影响力的地方综合信息社区门户，注册用户量70万人次，日浏览量55万次。

淮安市人民政府网　淮安市人民政府网（www.huaian.gov.cn）于2022年正式开通运行，承载信息发布、解读回应、办事服务、互动交流等功能，是全面的政务公开平台、权威的政策发布解读平台、及时的回应关切和便民服务平台。2022年，网站总访问量378.7万次，发布各类信息总数8215条。上报省政府门户网站信息1714条，被采用380条。年内，网站完成升级调整，优化网站布局和栏目类型，将搜索引擎内的搜索标签更新为“淮安之窗——淮安市人民政府门户网站”，增强政府门户网站的舆论引领力和社会影响力。打通与“i淮安”App资讯服务共享、互动交流功能，提高政府门户网站影响力、互动性。作为全市政府信息公开的主力军，新上线汇聚全市政府网站政策信息数据的“政策文件库”，并不断完善信息资源库，推动跨网站、跨系统、跨层级的资源相互调用和信息共享互认。至年末，收录全市公开发布的行政法规、规章和行政规范性文件34118条。

淮安视听网　淮安视听网（www.habctv.com）是淮安市广播电视台（集团）依托自身广电资源打造的本土第一视听综合门户网站，取得国家广电总局颁发的信息网络传播视听节目许可证以及二级安全网站证书。网站提供淮安市广播电视台（集团）旗下3个电视频道、4个广播频率的全天候直播、点播服务，并设有论坛、影视、播客、资讯、房产、交友、旅游、美食等10多个特色频道和栏目，为市民提供海量新闻资讯和衣、食、住、行等全方位本地生活指南、商业信息服务。2022年，网站日页面浏览量6.5万人次，日独立访客2.8万人次。年内，深入挖掘淮安本土文化资源，不断扩大主流媒体宣传覆盖面、渗透率。深化跨界融合，建立常态化联系县区、社区和市直部门联动机制，与淮安市市场监管局联合打造“淮安食品安全全逢‘十’行动”，与淮安市委网信办联合筹建全市短视频生产联盟，汇集全市重点单位、商业网站、自媒体、网络红人、网络大V等，联动制作、推广优质短视频，展示地方新气象，凝聚发展正能量。

淮安新闻网　淮安新闻网（www.ha101.cn）创办于2000年，是江苏省重点新闻网站，主要有推荐、国内、要闻、县区、城韵、资讯、民情、视觉、时评、综合、专题、拍客12个板块。2022年，网站刊发稿件10万余篇，总阅读量4.86亿次。

做好习近平新时代中国特色社会主义思想网上宣传，推出《习语嘹亮》《学习进行时》《沿着总书记的足迹》《领航中国》等专题专栏，运用理论文章、评论言论、一图读懂、短视频等形式，第一时间报道习近平总书记重要会议、重要活动和重要讲话精神，全方位多角度进行宣传阐释。推出可视化报道《屏话这十年 喜迎二十大》，获得江苏省“美好这十年 我来show巨变”微视频大赛最佳故事奖。生产《喜迎中共二十大“淮安号”邀您来试驾》《喜迎中共二十大 淮报带你去打卡》系列融媒作品，在《人民日报》客户端、新华网客户端等平台广泛传播，阅读量2900万次，参与答题、送祝福的网民397万人。短视频《青春的回答》获“百年风华·青春奋进”江苏优秀短视频展播大赛一等奖，短视频《对话百年向未来》获江苏省“新时代新展望”系列征集活动二等奖。

展示淮安经济社会发展成就，开设《非凡十年》《十年看变化》《党代表话十年》《我家这十年》等栏目，全年发稿10万余篇。做好全国、省、市两会，新冠疫情防控，网络中国节，社会公益等宣传，4件公益海报作品分获2022年度江苏省科普公益作品大赛一、二、三等奖。《“小口罩”做活融合传播“大文章”》入选江苏省抗疫融合传播优秀案例。

（高　原　于维维　白留伟）

【移动新媒体】 2022年，淮安市有重点微信公众号1000多个，新闻客户端8个，“无线淮安”新闻客户端下载量52万次，“掌上淮安”新闻客户端下载量27.1万次。政务新媒体107个，“淮安发布”政务微博“粉丝”总数55.3万人，“淮安发布”政务微信“粉丝”数近152万人，“真淮安·正淮安”抖音号“粉丝”数105万人。

“无线淮安”新闻客户端　无线淮安新闻客户端以移动智能终端为载体，以融媒体技术为支撑，依托淮安市广播电视台（集团）专业采编优势、媒体品牌优势，实现内容权威发布、精准推送，致力打造立足淮安本土、服务群众生活的新闻信息客户端和公共服务客户端，打造一批有网感、接地气、互动性强的融媒体精品力作。2022年，客户端下载量52万次，有新闻、视听、政务服务、便民服务等四大类功能模块，“1+4”融媒政务服务项目入选省媒体融合优秀案例。累计推送新闻及信息60多万条，创新推出《新思想这样讲》通俗理论作品、《味道淮扬》系列微视频等；31件网宣网评作品获省委网信办推送，5件作品获中央网信办推送；与长三角、南京都市圈主流媒体开展合作，联合推出《“江山多娇”淮安篇：打造大运河百里画廊 再现“运河之都”胜景》《“牛奔虎啸迎新春”南京都市圈城市陪您过大年》等高品质融媒直播。

“淮安发布”微信公众号　“淮安发布”政务微信公众号是中共淮安市委宣传部认证、淮安日报社运营的官方信息发布平台，创办于2014年，既有新闻发布、政策解读、宣传推送、便民服务等功能，又是群众参与广泛、爱听爱看、产生共鸣的新型政务媒体。2022年，公众号“粉丝”数突破152万人，生产阅读量10万+作品97件，在江苏省政务微信排行榜中位列第六。创新打造《早安淮安》栏目，全年总阅读量1465.3万次，篇均阅读量超4万次，处于全省地市级政务发布微信同类栏目前列。

“真淮安·正淮安”抖音号 “真淮安·正淮安”抖音政务号账号主体为中共淮安市委宣传部，由市委网信办管理，淮安市广播电视台（集团）运维。至2022年末，有粉丝105万人，其中淮安用户占比33%、淮安以外用户占比67%。总播放量超10亿次，总点赞量5122万次。《淮河入海水道二期工程开工建设》等326个抖音作品播放量超10万次。抖音号聚焦中心工作，展现淮安市发展变化、城乡建设情况，反映人民幸福生活场景，塑造淮安市宜居宜业宜养城市形象；聚焦榜样先锋，展示全市各行各业榜样先锋，彰显不同群体精神风貌，寻找最美工作者；聚焦地域文化，讲述淮安特色文化、美食美景，突出别具一格，独一无二；聚焦凡人善举，秉持“为淮安正能量发声”的态度，弘扬社会主义核心价值观，办好《暖心淮》专栏合集，寻找更多身边的感动。

（于维维　许　乐）

文化产业

【产业规模】 2022年，淮安市有规模以上文化产业企业425家，其中当年新增家70家。文化产业实现增加值59.56亿元，其中文化核心领域企业实现增加值29.21亿元、文化相关领域企业实现增加值30.35亿元；实现总营收292.36亿元，其中文化核心领域企业实现营收144.2亿元，文化相关领域企业实现营收148.16亿元。

【文化产业资金争取】 2022年，淮安市4个项目入选省重点文化和旅游产业项目，分别为淮安华强方特复兴之路文化创意基地、淮安水工科技馆（板闸遗址公园）、淮安御码头运河文化美食中心、荣盛·盱眙星空小镇，计划总投资143.9亿元。5个项目获省文旅发展专项资金（第四批）支持，累计630万元，分别为淮安西游记文化体验园、“印象运河”文旅产业园（一期）、金湖荷韵小镇荷你一起全球购、藕遇精品民宿建设、盱眙天泉湖铁军训练营，其中淮安西游记文化体验园项目获得2022年度全省最高支持额500万元资金扶持。4个项目入围省文旅厅景区提质扩容项目，分别为金湖水上森林景区、白马湖生态旅游景区、洪泽湖古堰景区、五岛湖旅游景区，争取到省级引导资金260万元。市文旅集团获100万元省级消费集聚区建设补助资金。

【文化产业示范建设】 2022年，淮安市河下古镇城河步行街入选第三批省级夜间文化和旅游消费集聚区建设单位。清江浦区文化产业和旅游产业工作被纳入省政府督查激励事项，清江浦区创成首批省文化和旅游产业融合发展示范区。淮印时光文创园入选省级文化产业示范园区建设单位。盱眙县创成省级文化和旅游消费示范单位。

【2022淮安文化产业嘉年华】 6月28日，“文化赋能　产业兴淮”2022淮安文化产业嘉年华在洪泽区华强方特东方欲晓主题园启动。其间，2021第七届“智创淮安”文化创意设计大赛评选结果和淮安市首批“小巨人”“瞪羚”“雏鹰”文化企业榜单发布，紫金文创研究院淮安分院揭牌。淮安市与新华报业传媒集团等8家省属重点文化企业（机构）签署文化产业发展战略合作协议；洪泽“零碳”农光科技文化园等8个文化产业重点项目现场签约，活动签约项目35个，总引资94.92亿元；6家文化企业与驻淮大中专院校签订校企人才合作协议，9个投资授信合作项目签约，6个2021第七届“智创淮安”文创大赛优秀作品孵化落地签约。此外，《淮安

表49　2022年淮安市文化产业经营情况表

指标	增加值（万元）	比重（%）	营业收入（万元）	比重（%）
合计	595606.4	100.00	2923552.5	100.00
文化核心领域	292101.8	49.04	1441977.7	49.32
新闻信息服务	18530.3	3.11	85879.7	2.94
内容创作生产	139554	23.43	530487.0	18.15
创意设计服务	81785.8	13.73	534972.5	18.30
文化传播渠道	21399.1	3.59	174599.8	5.97
文化投资运营	−288.1	−0.05	8981.1	0.31
文化娱乐休闲服务	31120.7	5.23	107057.6	3.66
文化相关领域	303504.6	50.96	1481574.8	50.68
文化辅助生产和中介服务	194483.4	32.65	989694.9	33.85
文化装备生产	46659.3	7.83	182585.0	6.25
文化消费终端生产	62361.9	10.47	309294.9	10.58

（资料来源：市文广旅游局）

6月28日，2022淮安文化产业嘉年华活动启动。图为活动场景
陈 凯 摄/视觉江苏网 供

市“十四五”文化产业发展行动方案》《淮安文化产业发展白皮书（2021）》，以及大运河文旅基金、文化银行、“乡旅E贷”等利企惠企政策发布。

【金融支持文化产业发展系列政策出台】 2022淮安文化产业嘉年华启动会上，淮安市发布促进文化产业高质量发展系列金融政策，包括《2022年度淮安大运河文旅发展基金项目融资申报指南》《中国银行淮安分行“文化银行贷”申报指南》《淮安农村商业银行“乡旅E贷”专项信贷产品申报指南》《2022年度淮安市市级文化产业发展引导资金申报指南》。其中，大运河（淮安）文化旅游发展基金是省大运河文化旅游发展基金（有限合伙）淮安区域子基金，是大运河文化带建设的长期战略性政府投资基金，重点投资服务于大运河文化带淮安段的文化保护传承利用、文化产业发展及文旅融合发展。“文化银行贷”始于2015年，至2022年末，累计向全市近80家文化企业提供融资近5亿元。“乡旅E贷”由省文旅厅与省农村信用社联合社共同推出，2021年底在淮安首家试点，主要通过流动资金贷款、项目贷款、票据融资、个人经营贷款等方式，为个体工商户、小微企业主及广大农户提供服务，扶持乡村旅游重点村、民宿“农家乐”、乡旅特色纪念品销售等发展。文化产业发展引导资金每年投入2000万元，用于扶持和撬动全市文化产业发展，重点扶持新闻信息服务、文化装备生产等9大类文化企业。

（严 格 李万芬）

文化市场监管

【概况】 2022年，淮安市出台《2022年淮安市文化市场综合执法全程全域调度工作实施方案》，优化精准错时执法机制。市文化旅游局与市公安局建立网吧联合执法检查工作机制、案件互相移交机制，与市检察院建立未成年人保护司法衔接机制，与其他行政执法部门开展联合执法检查及“双随机、一公开”检查。在全市范围内推行《淮安市文广旅游领域涉企行政处罚事项“三张清单”》，柔性执法，树立首违不罚、轻违轻罚、重违重罚的执法导向。

【文化市场执法行动】 2022年，淮安市严查非法生产、销售、安装、使用卫星地面接收设施行为，开展有害出版物及信息专项整治工作。严查涉未成年人含有不良思想意识的书籍，检查各类文化市场经营场所，严禁违规接纳未成年人及容纳未成年人参与营业活动的行为。

专项整治艺术品经营市场涉老诈骗、无证经营娱乐场所、未经许可经营旅行社业务及不合理低价游、出版物市场等违法违规行为。全面排查辖区宾馆酒店境外卫星接收设施使用情况，指导督促清江浦区创建无“小耳朵”示范区。打击流动售卖CD摊点，查办售卖违规印刷品案件，加强所谓“私人影院”新业态联合检查，建立基础数据台账。出台全域执法调度实施方案。针对文化市场活跃度的峰谷特征，持续开展错时执法。实施执法办案无量纲化评估，提升案件办理质效，特色案件破壁计划实现新突破。出台评查制度，全面完成对县区文化市场行政执法案件卷宗档案的巡查。

【“绿色网吧”评定】 2022年，淮安市有持证经营网吧165家。年内，开展“绿色网吧”评定及互联网上网服务营业场所等级评定。经评定，全市有6家“绿色网吧”星级互联网上网服务营业场所，分别是淮安市心恋网吧古末口店、洪泽区远宏网吧、无锡市灏艺网盟软件科技涟水县共享连锁加盟网吧、涟水趣尚网吧、金湖县英联网吧、盱眙新天地网咖厅。

【“11·02”案件入选江苏“护苗”专项行动首批典型案件】 2022年5月，江苏省公布2022年“护苗”专项行动首批典型案件共7起，淮安查办“11·02”制售盗版中小学教材案入选。淮安市文化市场综合执法支队对辖区内多家书店进行执法检查中，发现网络销售盗版中小学教材线索。经公安机关侦查，犯罪嫌疑人刘某等人，从外省大量购进盗版教材，通过20多个线上线下书店进行销售，涉及数十种出版物及多家印刷厂。至2022年5月，抓获犯罪嫌疑人14名，查获仓库8处，扣押涉嫌盗版教材29万余册。

（严 格 李万芬）

卫生健康

责任编辑：刘志平

综　述

【医疗机构】 至2022年末，淮安市拥有医疗卫生机构2298个，其中三级医院11所、二级医院35所、乡镇卫生院80所、社区卫生服务中心31个、村卫生室1420个。11所三级医院分别是市第一人民医院、市第二人民医院、淮安八十二医院、市妇幼保健院、市中医院、市第三人民医院、市第四人民医院、市肿瘤医院、涟水县人民医院、盱眙县人民医院、盱眙县中医院。其中，市第一人民医院、市第二人民医院为三级甲等综合医院，市妇幼保健院为三级甲等妇幼保健院，市中医院为三级甲等中医医院，市第三人民医院为三级甲等精神病医院。全市医疗卫生机构实有病床数3.13万张，有卫技人员3.82万人，其中执业（助理）医师1.46万人、注册护士1.73万人。每千人口医师数、护士数、床位数分别为3.2人、3.8人、6.88人。全市医疗卫生机构资产总量209.4亿元，年业务收入168.9亿元，万元以上设备数量2.92万台，年门急诊量2563.71万人次，年出院人数88.02万人次。

（朱安钦）

【新冠疫情防控】 2022年，淮安市继续坚持科学高效处置新冠疫情。成立前线指挥中心，实行扁平化管理，统筹市、县区资源力量，做到快响应、快决策、快处置。突出重点，构筑联防联控体系，及时按照要求并结合疫情防控形势发展变化调整防控措施。12月7日国务院联防联控机制发布优化疫情防控措施的“新十条”后，淮安市多渠道收集监测数据，科学精准开展形势研判，优化调整方式，加强就医、用药等服务保障，及时回应群众关切、解决实际困难。

【综合医疗改革】 2022年，淮安市加强医保制度改革，出台《关于深化医疗保障制度改革的实施方案》和《淮安市推动公立医院高质量发展实施方案》，实现6042个病种分值、40个适合基层医疗机构收治的住院病种实行统一系数结算。淮安市被作为“双通道”管理药品及单独支付药品经办结算全省唯一试点地区。注重协同推进，进一步深化“三医联动”，市第一人民医院全面托管市传染病医院，市第三人民医院创成三级甲等专科医院，市第一人民医院、市第二人民医院、市妇幼保健院、涟水县人民医院、盱眙县人民医院开展公立医院高质量发展市级试点。全市新增20个达到国家推荐标准的基层医疗卫生机构，4个农村区域性医疗卫生中心建设单位均达到二级综合医院服务能力要求，涟水县高沟卫生院进入“中国乡镇卫生院100强”。市级4大医疗集团、县域17个医联体有效运作，建成63个专科联盟，公办基层医疗卫生机构全部加入医联体。

【卫生健康科技】 2022年，淮安市卫生健康系统获批国家自然科学基金项目6项、立项省卫健委卫生健康科研项目9项，获省卫健委医学新技术引进奖9项、其他省厅级科研立项14项。开展全市卫生健康新技术引进评估，激发医务工作者科研动力，促进医学科技成果转化。市科技局科研经费资助卫生健康项目31项，新建4个市级重点实验室，获资助科研经费700余万元。全市有省级临床重点专科41个、市级临床重点专科54个，市第一人民医院肿瘤学入选省医学重点学科建设单位，全市有6个学科入围“中国医院科技量值百强榜”。开展国家级继续医学教育项目20个、省级继续医学教育项目77个、市级继续医学教育项目197个、县区巡回讲学24场。县级以上医疗单位开展继续医学教育覆盖率保持100%。

【医疗服务能力建设】 2022年，淮安市坚持完善医疗服务能力建设，实行分时段预约诊疗、诊间预约和集中预约检查检验等措施，完善住院床位、日间手术预约服务。扩大多学科诊疗试点，建立多学科联合诊疗和查房制度。8家三级医院、23家二级医院完成结构化门急诊电子病历系统升级改造。所有三级医院电子病历系统应用水平达4级标准。探索通过信息化加强护理质量安全管理，落实护理核心制度，推进“互联网+护理服务”与家庭医生签约、家庭病床、延续性护理等服务相结合。建成市第三人民医院急救分站、涟水县第三人民医院2家标准化急救分站，推进城乡偏远地区院前医疗急救服务网络全覆盖。

（朱安钦）

疾病预防控制

【概况】2022年，淮安市传染病总发病率278.24/10万。以乡镇为单位适龄儿童免疫规划疫苗接种率高于95%。建有儿童预防接种门诊150个（均数字化）、产科预防接种室62个、成人预防接种门诊186个、狂犬病暴露预防处置门诊144个。高血压、2型糖尿病规范管理率75.26%、74.98%，常住人口粗死亡率8.72‰。设市疾控中心1家、县区疾控中心8家、乡镇卫生院（防保所）133家。

【传染病疫情报告与管理】2022年，淮安市依据《中华人民共和国传染病防治法》，对法定传染病实行网络实时监测、预警、报告和管理。无甲类传染病报告。报告乙类传染病发病率131.38/10万，较上年增长9.83%，保持在省控范围内，前五顺位病种依次为乙肝、新冠、肺结核、梅毒、丙肝。报告丙类传染病发病率146.86/10万，较上年增长51.39%。处置传染病自动预警信息1277次，较上年增长84.27%。全市传染病疫情报告信息质量综合率99.98%。

【急性传染病防治】2022年，淮安市急性传染病形势平稳可控。

呼吸道传染病　采取以接种流感疫苗为主的流感综合防治措施，定点监测流感、禽流感、急性呼吸道传染病，处置流感（样）疫情8起，流感发病率63.10/10万，无不明原因肺炎。

肠道传染病　2022年4—10月，全年医疗机构肠道门诊实行疫情值班和腹泻病就诊登记、检索、旬报告制度，登记腹泻16450例，总人群检索率1.68‰，无霍乱病例，外环境采样506份，无霍乱弧菌。开展托幼机构和小学校手足口病督导与健康教育，报告手足口病聚集性病例疫情4起，重症3例，无暴发疫情和死亡病例。

其他急性传染病　设置狂犬病暴露预防处置二级门诊8个、一级门诊136个，流调狂犬病1例，无一犬伤多人事件。实施发热伴血小板减少综合征、致病菌等专项监测。

【免疫规划】2022年，淮安市接种免疫规划疫苗67.09万人次，分县区接种率高于95%，乙肝疫苗首剂及时率高于91%，维持无脊灰状态。报告疑似预防接种异常反应808例，调查及时接种率高于90%，个案项目填写完整率100%。调处免疫规划相关疾病疫情106例，个案流调率、实验室诊断率100%，无乙脑、流脑、新生儿破伤风病例。严格落实预防接种询问诊筛查、知情告知和“三查七对”制度。

【艾滋病防治】2022年，淮安市检测艾滋病毒抗体133.76万人次，新发艾滋病毒感染者较上年增长12.4%，处置职业暴露7起。现存感染者及病人予以随访管理、淋巴细胞检测、病毒载量检测、免费抗病毒治疗，65岁以上老年人群免费提供艾滋病毒抗体检测。完成5个国家级、2个省级性病艾滋病哨点综合监测。推广发放艾滋病毒自测服务包1583份。进家庭开展防艾滋病宣传52470户。运行社会组织参与艾滋病防治项目3个。

【肺结核病防治】2022年，淮安市大疫情报告本地区肺结核和疑似肺结核患者总体到位率97%。登记活动性肺结核患者病原学阳性率67.14%。2021年度登记活动性肺结核患者成功治疗率95.74%。耐药肺结核筛查率为新病原学阳性患者98.1%、高危患者97.95%；发现利福平耐药案例21例，纳入治疗19例。定点医院登记结核病患者管理率99.58%。处置学校聚集性结核病疫情5起，入学新生EC/PPD筛查阳性率0.99%。为65岁以上老年人和糖尿病患者施行结核病筛查。

【慢性非传染性疾病防治】2022年，淮安市慢性病监测系统网络报告常住人口死亡38689人，户籍人口死亡39035人，肿瘤新发12586例、死亡9287例，心脑血管事件31656例。县区肿瘤登记数据被国家肿瘤年报整体收录，获国家癌症中心全国肿瘤登记工作杰出贡献奖3个、优秀奖3个、进步奖1个。所有慢性病综合防控示范区实行动态管理，清江浦区通过国家级示范区复审。医疗卫生机构35岁以上人群首诊测血压。全市管理高血压病例471367例、2型糖尿病病例151606例，血压控制率61.99%，血糖控制率59.17%，组建慢性病患者及高

5月26日，市疾控中心检验科被省总工会授予“江苏省工人先锋号”称号
吴庆贵　摄/市疾控中心　供

危人群自我管理小组109个。开展第二阶段全民健康生活方式行动,落实省级与市级运动促进健康中心建设,推进"体医融合"。重点癌症免费筛查与早诊早治(2022年市政府为民办实事项目)、淮河流域癌症综合防治、心血管病与糖尿病、慢阻肺高危人群早期筛查与综合干预等项目有序实施。

【寄生虫病防治】 2022年,淮安市查螺面积3115.85万平方米,未发现螺情;巩固性药物灭螺20.23万平方米;查治血吸虫病,无新病例。疟原虫的RDT(快速检测试剂)、镜检发热病人各2842人次、432人次,发现国外输入性疟疾2例,与上年持平,患者正规治疗率、疫情报告率、个案调查率、疫点处置率和血片复核符合率100%。新建档慢性丝虫病患者2人。监测肝吸虫病、土源性线虫、蛲虫病、小龙虾肺吸虫囊蚴等重点寄生虫。

【地方病防治】 2022年,淮安市监测盐碘、水碘、人群碘营养,防制碘相关疾病,居民户盐碘均值24毫克/千克,碘盐覆盖率99.3%、合格率98.7%,合格碘盐食用率98%,分县区均高于95%;水碘中位数12.5微克/升,儿童尿碘中位数228.6微克/升,孕妇尿碘中位数158微克/升,儿童B超检测甲状腺肿大率1.8%。病区村降氟、降砷改水工程监测率、达标率均达100%,氟斑牙发病率3.94%,无中、重度氟斑牙,发现以往可疑砷中毒患者1例。完成重点甲状腺疾病调查、地方病防治健康教育项目、地方病现症病人随访管理。

【消毒与媒介生物防治】 2022年,淮安市实施病媒生物生态学、密度控制水平、抗药性、蜱类专项、登革热媒介伊蚊监测,"四害"密度为:蚊1.86只/灯·小时、蝇3.707只/笼、鼠捕获率0.356%、蟑螂0.12只/张(侵害率5.942%)。消毒质量监测合格率医疗机构98.48%、托幼机构96.56%,发热门诊和集中医学观察场所核酸采样均阴性。

【公共卫生】 2022年,淮安市疾病预防控制系统依据职能提供多种公共卫生监测服务。

职业卫生　全市受理职业病诊断70余人次,确诊16例。市级健康体检企业职工7550人次、从业人员2677人次。调查企业职工职业健康素养18家906人次;监测企业等工作场所职业病危害因素231家。重点职业病监测覆盖率100%,完成体检102292人、尘肺病主动监测1004人、尘肺病随访750例。网报职业病确诊22例、疑似27例,农药中毒129例。

放射卫生　监测放射性危害因素,哨点放射诊疗机构8家、非医疗核技术利用机构44家,初检合格率100%。监测职业性放射性疾病,放射诊疗机构234家1469人,个人剂量监测率100%,职业健康检查率97.07%,所有哨点医院年有效剂量均低于5mSv(毫希弗)。

食品卫生　利用全民营养周、"5·20"中国学生营养日、食品安全宣传周开展合理膳食指导。开展食品化学污染物和有害因素、食品微生物及其致病因子、食源性疾病、校园食品和饮用水安全、食品中放射性污染、冷链食品及进口货物新冠疫情等食品安全风险监测,处置食源性突发事件11起,无食品安全事故发生。

环境卫生　监测城市、农村饮水水样各424份、922份,合格率100%,无突发饮水污染事件报告。监测调查农村环境卫生、空气对人群健康影响、重点公共场所健康危害因素、农村地区环境新冠病毒、公共场所环境新冠病毒。

学校卫生　纳入江苏省学生健康监测系统管理462所学校62.2万名学生,监测覆盖率100%,缺课上报率99.63%,缺课非零上报率60.44%,报告缺课预警信息2387起。中小学每年进行一次学生健康体检,体检信息网报率54.40%。监测学校环境卫生、学生伤害信息、学生常见病和健康影响因素。开办淮安市学生常见病防控系列讲座8期。

【卫生检验】 2022年,淮安市疾病预防控制系统实验室承担完成新冠病毒、食品安全风险、国家致病菌、地方病、体检、其他送检、国家流感病毒哨点、手足口、不明原因肺炎、艾滋病、空气污染、饮用水、职业病危害因素、突发事件等多种检测任务。市疾控中心实验室通过检验检测机构资质认定迁址评审和职业卫生检测机构迁址评审。

【省级紧急医学救援基地淮安急救中心项目】 9月29日,江苏省省级紧急医学救援基地淮安急救中心项目开工建设。该项目是淮安市中心城市建设重点项目,总投资2.1亿元,总建筑面积2.37万平方米,规划设计为苏北区域首个系统配备空中医疗救援体系、单体最大的现代化急救中心,承担淮

9月29日,省级紧急医学救援基地淮安急救中心项目开工

市第一人民医院　供

安及周边地区批量伤病员的现场救治、转运救护和院内收治等紧急医学救援任务，覆盖人口2000余万人，满足为重特大突发公共卫生事件提供24小时内筹备200张应急床位，同时开展20台急救手术的应急响应需求。

（宗　飞）

城乡医疗卫生

【概况】 2022年，淮安市推进城乡医疗卫生发展，谋划紧密型县域医共体建设、基层卫生资源优化整合和基本公共卫生服务项目升级，基本公共卫生服务经费补助标准提高至年人均不低于93元。全市机构代码为B/C的基层医疗卫生机构全部参加国家优质服务基层行活动，通过国家优质服务基层行推荐标准20个，覆盖率52.25%。

【社区卫生服务】 2022年，淮安市以县区为单位整体推进社区医院建设，推进符合条件的基层医疗卫生机构转设社区医院。申报16个基层医疗卫生机构，通过线上审核、省级现场评价，15个机构被明确为江苏省社区医院。至年末，全市有34所社区医院，排全省前列。

【农村区域性医疗卫生服务】 2022年，淮安市将农村区域性医疗卫生中心建设纳入市政府民生实事项目。坚持“一万”“双十”“三百”六大核心指标，即业务用房面积达1万平方米以上，辐射10万人口，设置10个以上临床科室，拥有职工100名以上，设置床位100张以上，能看100个病种。淮阴区丁集中心卫生院、淮安区漕运镇中心卫生院、淮安经济技术开发区徐杨卫生院、金湖县吕良中心卫生院4个农村区域性医疗卫生中心建设单位均达到二级综合医院服务能力评估要求，顺利通过省级验收。

【基层卫生资源优化整合】 2022年，淮安市根据群众实际需求，重新调整基层医疗卫生机构布局，强化分类管理。撤并服务人口减少、服务能力较弱的乡镇卫生院，转设为周边建制镇卫生院的分院或者门诊部，推动转型发展。全市137个基层医疗卫生机构合并为111个。

（朱安钦）

妇幼保健

【概况】 2022年，淮安市孕产妇死亡率4.71/10万，婴儿死亡率2.03‰，5岁以下儿童死亡率3.3‰，出生缺陷发生率16.51‰，严重多发致残出生缺陷发生率3/万，住院分娩率100%，托幼机构卫生保健合格率100%。全市深入开展普惠托育专项行动和科学育儿公益性指导活动，提升托育机构和婴幼儿家庭的照护能力。制定《托育机构综合检查与质量评估标准（试行）》，开展托育机构年度综合检查和质量评估，加强托育服务人才队伍建设，举办“生活服务业”育婴员、保育师职业技能竞赛和托育机构负责人、保健人员培训班，106人新获上岗证。全市医疗卫生机构建成母婴室183个（含9个移动母婴室）。

【基层妇幼健康】 2022年，淮安市进一步提升农村地区妇幼健康服务水平，推动妇幼保健机构标准化建设和规范化管理。全市建成省级示范基层医疗卫生机构妇幼健康门诊12家、市级示范基层医疗卫生机构妇幼健康门诊94家，建制乡镇（街道）基层医疗卫生机构妇幼健康规范化门诊建成率75.81%。

【“两癌”筛查】 2022年，淮安市进一步开展“两癌”筛查项目，降低女性宫颈癌、乳腺癌的发病率和死亡率。在涟水县和金湖县试点开展宫颈HPV检测，共46187人接受HPV检测。全市宫颈癌检查172794人，早诊率95.72%，阳性病变治疗率100%；乳腺癌检查173596人，早诊率93.18%，阳性病变治疗率100%。

【基本公共卫生妇幼新增项目】 2022年，淮安市累计为18756名准备怀孕和怀孕3个月内的农村妇女免费增补叶酸，任务完成率106.53%，全市各县（区）目标人群叶酸服用率99.10%，目标人群叶酸服用依从率96.76%，目标人群相关知识知晓率99.60%。全面启用江苏省妇幼健康管理平台进行叶酸出入库、发放、随访工作。

【生殖健康】 2022年，淮安市开通“互联网+”药具发放服务平台。全市免费避孕药具自助发放机进高校11台，进市直公立医疗机构及二级以上医疗机构33台；为150家企事业单位、47家机关单位提供免费药具服务。按照“政府主导、部门协作、群众参与、综合管理”的工作思路，重视基本避孕手术项目工作开展，全市协议机构开展免费避孕服务手术占比58.64%，高于省定40%标准。

【国家免费孕前优生检查】 2022年，淮安市为32097人提供免费孕前优生健康检查，覆盖率为99.55%。在提升服务便捷性的同时，严抓服务质量，年内，在省级免费孕前优生项目临床检验室间质量评价活动中，淮安市获优秀等次。

【出生缺陷综合防治】 2022年，淮安市加强出生缺陷综合防治民生实施项目管理，规范服务行为，提高服务质量，出生缺陷综合防治实现区域全覆盖。全年新生儿遗传代谢病筛查率99.5%，新生儿听力筛查率99.7%，新生儿先天性心脏病筛查率99.95%，产前筛查率95.8%。

（朱安钦）

职业健康

【概况】 2022年，《淮安市“十四五”职业病防治规划》出台。召开全市职业病防治工作联席会议，印发重点任务分工方案。实施重点行业企业职业病防治能力提升培训工程，对全市企业近1万名职业卫生管理人员进行免费培训。完善职业健康技术支撑服务体系，全市有职业健康技术服务机构24家，实现县域全覆盖、诊断项目全覆盖。组建新一届市职业卫生专家库。建立健全职业健康领域重大风险隐患排查化解长效管理机制，印发《关于进一步加强职业健康领域风险隐患排查化解工作的通知》，按照“早发现、早防范，早处置，早化解”原则，排查化解职业健康领域省级风险隐患3家、市级风险隐患7家。

【职业健康专项行动】 2022年，淮安市确定1714家用人单位纳入职业病危害专项治理，受新冠疫情影响，完成治理129家，监督检查治理245家。开展全市放射诊疗机构和非医疗放射工作单位放射防护管理专项整治行动，对全市277家放射诊疗机构中除牙科诊所以外的213家纳入专项整治，对33家非医疗放射工作单位纳入专项治理。完成防暑降温专项检查，对348家用人单位组织开展防暑降温专项检查，发现问题45项，均及时下达整改意见，杜绝职业性中暑职业危害事故的发生。

【职业健康风险管控】 2022年，淮安市持续推进放射性危害因素监测、职业性放射性疾病监测、工作场所职业病危害因素监测和重点职业病监测等多项职业健康风险管控项目监测。完成8家哨点医院医用辐射防护监测，初检合格率均100%。全市放射诊疗机构有放射工作人员1469人，个人剂量监测1469人，个人剂量监测率100%。开展放射工作人员职业健康检查1426人，检查率97.07%。完成工作场所职业病危害因素监测项目任务231家，其中重点行业230家，涉及危害因素主要包括矽尘、电焊烟尘、锰、铅、苯系物、噪声等。

【职业健康宣传培训】 4月25日至5月1日是《中华人民共和国职业病防治法》宣传周。淮安市围绕“一切为了劳动者健康”主题，开展进企业、进社区等活动。利用微信群、微信公众号、官方网站、QQ群等网络媒介开展宣传，受众人数16万人。举办市首届职业健康达人技能竞赛，评选出职业健康达人专业奖、促进奖各10名，职业健康团队一等奖、二等奖、三等奖各1名，优秀组织奖3名。

（朱安钦）

老龄健康

【概况】 2022年，《淮安市“十四五”老龄事业发展规划》和《淮安市“十四五”健康老龄化规划》印发出台。市第五人民医院、盱眙县人民医院按照老年医院标准完善科室设置、人员配备和适老化改造，建成老年医院。全市27家二级及以上医院设置老年人挂号优先窗口88个、缴费优先窗口87个、取药优先窗口55个，为无亲属陪护的80岁以上高龄老人提供伴医服务3900余人次。新建设优化护理院3个，完成3万名老年人运用智能技术专项普及培训工作。

【医养结合】 2022年，淮安市继续推进医养结合机构服务质量提升行动。印发《医养结合机构服务质量提升行动实施办法》和医疗卫生机构与养老机构规范签约合作文件，全市医疗机构与养老机构签订规范合作协议197份，覆盖养老机构193家，规范签约率91.9%。立足市第二人民医院省老年健康和医养结合培训基地，开展老年医学和医养结合人才专项培训和专题论坛。

【老龄健康教育】 2022年，淮安市开展老年健康教育和促进“十、百、千”计划，即开展10场主题宣传活动，评选100个老年健康优秀服务案例，组织100名专家基层行活动，组织100场老年健康大讲堂活动，组织1000家医疗卫生机构参与健康科普活动。组织上报老年健康服务案例11个。印发《2022年老年健康宣传周活动方案》，围绕“改善老年营养，促进老年健康”主题，开展老年健康知识宣传进家庭、进农村、进社区、进养老机构等活动，走进机构158个，发放宣传资料2.4万余份，制作展板264块，开展义诊咨询服务1.7万余人。

【老龄关爱项目】 2022年，淮安市深入实施各类老龄关爱项目。印发《老年人心理关爱项目工作手册》和《老年人心理健康评估与干预手册》，实行老年人心理关爱项目县区全覆盖。组织参加省第三届老年书画摄影作品展，市老龄办获“最佳组织奖”。组织参加省第三届老年大学合唱节、省老年太极健身推广、“老年达人”竞赛等活动。开展打击整治养老诈骗专项行动，印发《淮安市打击养老机构内违法开展医疗卫生服务专项行动实施办法》和《打击养老机构内违法医疗卫生服务专项行动宣传标语》。

（朱安钦）

健康促进

【概况】 2022年，淮安市推进健康城市发展，提升健康城市建设水平，获评全国健康城市样板市。全市居民健康素养监测、干预活动以县区为单位覆盖率100%。开展爱国卫生运动，累计组织劳动5000余人次，组织城乡环境卫生集中整治1500余次，整治乱堆乱放2000余处，累计清理卫生死角3000余处，清理垃圾杂物100余吨，清除“四害”滋生地5000余处。

【卫生镇村创建】 2022年，淮安市组织多轮线上线下基层卫生培训指导，累计培训2000人以上。结合农村人居环境整治和文明城市创建，对集镇街道、社区单位、农贸市场、“五小”行业等进行专项治理，促进镇容镇貌改善提升。淮安区车桥镇、平桥镇及淮阴区三树镇3个镇建成江苏省卫生镇，全市省卫生镇覆盖率80.7%；淮安区三阳街道王口村等188个村建成江苏省卫生村，全市省卫生村覆盖率71.54%。市卫生镇覆盖率100%；新建市卫生村173个，市卫生村覆盖率97%。

【病媒生物防制】 2022年，淮安市坚持“条块结合，以块为主，标本兼治，治本为主”和“环境治理为主、药物防治为辅”的病媒生物防制原则，开展一系列病媒生物防制活动。印发《关于开展春季全民灭鼠活动的通知》《关于开展夏秋季灭蚊灭蝇灭蟑活动的通知》，组织各县区、各单位整治环境，清除滋生地5000余处，采购病媒生物防制药物2685千克，统一灭杀，将蚊蝇、蟑螂、老鼠密度控制在国家标准范围内。

【居民健康素养监测】 2022年，淮安市开展全市居民健康素养监测工作。监测工作覆盖全市7个县区，采用分层多阶段随机抽样的方法，各县区抽取3个街道（乡镇），各街道（乡镇）抽取2个居委会（村），各居委会（村）完成有效调查45户。各家庭采用KISH表法抽取15~69岁常住人口1人为调查对象。得到有效调查问卷2194份。其中，城市人口1080人，占调查总人数的49.2%，农村人口1114人，占调查总人数的50.8%；男性1042人，占调查总人数的47.5%；女性1152人，占调查总人数的52.5%。监测结果显示，全市居民健康素养水平为31.7%，比2021年提高5.4个百分点。从基本知识和理念、健康生活方式与行为、基本技能3个维度评价，2022年淮安市居民基本知识和理念素养水平为34.62%，健康生活方式与行为素养水平为37.01%，基本技能素养水平为36.30%，较2021年分别提升5.12个、3.41个、5.6个百分点。六类健康问题素养水平由高到低依次为：安全与急救素养65.09%、科学健康观素养50.72%、健康信息素养50.25%、基本医疗素养33.73%、慢性病防治素养31.34%和传染病防治素养23.36%。

【健康场所建设】 2022年，淮安市加强健康细胞和支持性健康场所建设。新建健康主题公园11个、健康小屋23个、健康教育一条街10个、健康步道20条。推进健康镇、村（社区）建设，涟水县五港镇、金湖县吕良镇建成江苏省健康镇，清江浦区和平镇古庄牛村、黄码镇谢碾村等39个村（社区）建成江苏省健康村（社区）。

【健康教育宣传】 2022年，结合各种卫生纪念日，开展健康教育宣传，发放宣传资料超过110万份。举办健康教育讲座1154场、健康巡展1173次、健康咨询1282场，播放健康素养短剧总时长32万余小时。开展健康科普进社区、进企业、进机关、进学校、进家庭等活动超过1800次，参与居民20万人以上。组织参加健康中国行动知行大赛线上答题活动，遴选优秀作品参加“健康江苏——给你骨力”健骨操比赛。举办“我为控烟发声”、淮安市控烟宣传作品大赛、淮安市健康促进（爱国卫生）技能竞赛等活动。开展市首届“健康达人”评选。

【获评全国健康城市样板市】 2022年，全国爱卫办依据《全国健康城市评价指标体系（2018版）》，对全国地级行政区划的407个市（区）2021年度健康城市建设工作开展评价。根据评价结果，确定2021年度全国健康城市建设样板市名单和2021年度各省（区、市）健康城市建设样板市名单。淮安市成功入选2021年度全国健康城市建设样板市。

（朱安钦）

卫生监督

【概况】 2022年，淮安市完成“双随机”卫生监督抽检任务1650单，牵头完成市级“双随机、一公开”联合检查28户，国抽、省抽完成率排名全省第一。组织开展医疗市场、传染病防治、职业卫生、公共场所、生活饮用水、消毒产品、餐具饮具集中消毒服务、学校卫生、托育机构等各项日常卫生监督和专项执法检查32项次，全市共检查各类场所单位3.3万余户次。

【卫生行政许可】 2022年，淮安市完成放射源诊疗技术和医用辐射机构许可24个、放射诊疗建设项目职业病危害预评价备案12个、放射诊疗建设项目职业病危害设施竣工验收备案13个、医疗机构麻醉药品一类精神药品购用印鉴卡审批24个、医疗机构执业登记80个、医疗机构校验47个、医疗广告审批59个。完成护士首次注册、变更、延续注册等3818人；完成医师首次注册、变更、延续注册1938人；完成职业病医师注册9人。完成省级卫生行政部门委托下放25家消毒产品生产企业卫生许可证资料申请、受理、审查和现场审核。完成对16家卫生用品生产企业现场生产布局指导和图纸的审查。完成对9个单位申报职业病危害项目的审查。

【公共场所卫生监督】 2022年，淮安市在春节、中秋节、国庆节等节假日期间，开展重点公共场所卫生监督专项检查，检查各类场所4851户次，发现并督促整改新冠疫情防控、卫生制度落实等问题800余个，立案查处24起。开展公共场所集中空调通风系统专项检查，检查单位109户，消除卫生隐患17户，采样检测13户，全部合格。开展公共场所控烟专项检查，检查重点场所1749户，督促整改存在问题单位258户。对39个游泳场所开展卫生监督检查和游泳池水采样送检，检查合格27户、不合格12户。

【学校卫生监督】 2022年，淮安市开展学校卫生监督专项检查3次、联合检查3次，完成学校卫生监督专项行动1次。检查学校2132户次，发现问题学校数729所，发出卫生监督意见书1130份，对问题严重的4所学校依法给予行政处罚。

【生活饮用水卫生监督】 2022年，淮安市对市政供水单位、千立方米以上水厂、二次供水设施等80家单位进行卫生监督现场快速检测，存在问题单位立即整改，5个无证农村水厂依法受到处罚。开展涉水产品、现制现售饮用水卫生监督抽查，检查涉水产品生产企业2个，对生产的3个产品进行采样检测，检测结果全部合格。对3家现制现售饮用水经营单位的11个自动售水机进行卫生监督检查，对7台自动售水机出水水质采集检测，检测结果全部合格。对4个网店销售的9款水质处理器、实体店销售的2款净水器进行卫生监督抽查。

【职业健康卫生监督】 2022年，淮安市完成560家用人单位职业卫生“双随机”监督检查，限期整改132家，立案查处37家，罚款22.15万元。开展职业卫生日常卫生监督检查，检查职业健康检查机构21家、职业病诊断机构2家、职业病鉴定办事机构1家、职业卫生技术服务机构9家，对3家职业健康检查机构给予警告行政处罚，并责令限期改正。组织全市放射诊疗机构放射防护管理专项整治行动，检查放射诊疗机构213家，发出监督意见书51份，立案查处17家，罚款3.5万元。开展全市非医疗放射工作单位放射防护管理专项整治，完成对33家工业企业的110个放射源及射线装置的监督检查，17家企业发现问题，发出监督意见书17份。开展防暑降温专项监督整治工作，检查用人单位348家，发现并督促整改问题45个。开展职业病危害因素监测超标及报告职业病、疑似职业病的用人单位专项执法检查，对2021年度职业病危害因素监测超标的60家用人单位和省卫健委通报的质量控制检查存在问题的7家职业健康检查机构开展执法检查。

【传染病防治卫生监督】 2022年，淮安市开展医疗废物卫生监督专项检查行动，检查医疗卫生机构1983家，立案查处11起。开展新冠病毒实验室卫生监督专项检查，检查核酸检测机构22家，提出整改意见和建议76条，对1家第三方检测机构给予警告行政处罚。开展集中隔离医学观察场所卫生监督专项检查，检查集中隔离医学观察场所20家。开展预防接种疫苗卫生监督专项检查，检查预防接种单位160家。

【消毒产品卫生监督】 2022年，淮安市在春节、妇女节、儿童节、重阳节前开展消毒产品卫生监督检查，检查消毒产品经营单位164家，检查产品467个，抽检样品120件，检测结果全部合格。完成抗（抑）菌制剂卫生监督检查，检查抗（抑）菌制剂生产企业16家、经营和使用单位169家，抽查产品数212个，向2个抽检不合格生产企业所在地卫生健康行政部门通报情况。做好消毒产品备案，完成51个消毒产品的网上备案和备案更新。

【餐饮具集中消毒单位卫生监督】 2022年，淮安市在春节、中秋节假日期间开展餐具饮具集中消毒质量抽检，抽检48个批次247套餐饮具，经检测全部合格，获《中国食品安全报》报道。对3家餐具饮具集中消毒服务量化分级A级单位开展复评审。

【医疗机构卫生监督】 2022年，淮安市开展医疗机构依法执业专项整治行动，检查医疗机构1620家，立案处罚121家，罚款63.20万元。开展中医监督和医疗质量管理专项检查，检查中医医疗机构130家，立案处罚14家，罚没款金额72.91万元。开展医养结合医疗机构专项监督检查，检查医养结合医疗机构33家，立案查处1例未取得医疗机构执业许可证在养老场所非法行医案件。开展医疗质量专项检查，检查二级以上医疗机构16家，对涉嫌违法的6家单位依法立案处理。

【母婴保健卫生监督】 2022年，淮安市开展“两非”（非医学需要的胎儿性别鉴定和选择性别的人工终止妊娠）和人类辅助生殖技术专项检查120家。对1家个体诊所违法开展计划生育的行为依法立案查处，对4家发现问题的医疗机构发出《卫生监督意见书》责令整改。对10家医疗机构开展母婴保健计划生育技术检查。

【打击非法行医】 2022年，淮安市开展打击非法行医“风雷”行动。市卫生监督所对县区进行4次打击非法行医暗访巡查，接受县区关于打击非法行医、非法医疗美容、医疗机构依法执业等方面的咨询60多次，指导帮助县区开展医疗乱象整治，配合县区查处非法行医违法行为。全市处罚无证行医单位90家，取缔90家，没收违法所得金额11.94万元，罚款金额359.18万元，移送案件11起。

【“双随机”卫生监督抽检】 2022年，淮安市及时更新“双随机、一公开”卫生监督检查对象名录库和执法检查人员名录库，制定“双随机、一公开”监督检查方案，完成“双随机、一公开”监督检查任务1650户。完成市级“双随机、一公开”联合检查28户。在年度国家“双随机”抽检和省“双随机”抽检中，淮安市任务完成率均排名全省第一。

【卫生监督服务城市长效管理】 2022年，淮安市以“三小”场所（小档口、小作坊、小娱乐场所）长效长治为重点，开展市级卫生监督调研督导和专项督导，督查“三小”场所295户，对44所中小学校周边社会文化环境开展巡查。在全国文明城市创建复审暗访期间，抽查“三小”场所274户次。

【卫生监督信用监管】 2022年，淮安市落实卫生监督行政许可、行政处罚“双公示”制度，通过市公共信用一体化归集平台推送行政处罚公示信息27条、行政许可公示信息4991条。推进医疗机构不良执业行为记分管理，对6家有不良执业行为的医疗机构进行记分处理。开展全市涉水产品生产企业卫生信用评价。对28个失信惩戒期相对人进行失信行为整改“回头看”和全面监督检查。实施“两书同达”，即发送《行政处罚决定书》的同时，送达《信用修复告知书》，推进失信行为整改和信用修复，为31家失信市场主体提供信用修复指导服务，完成信用修复6家。

【卫生监督执法稽查考核】 2022年，淮安市落实卫生监督稽查制度，提升卫生监督依法行政、依法履职、依法办事能力。全年开展卫生监督执法行为稽查14次、监督质量稽查14次、监督文书稽查7次、投诉举报稽查2次。

（夏　天）

中医药服务

【概况】 2022年，淮安市提升中医药参与突发公共卫生应急能力，依托市中医院建设省级中医紧急医学救援（疫病防治）基地，组建中医应急医疗队。加强中医医疗质量监控，规范中医诊疗行为，强化中医临床诊疗指南、技术操作规范的实际应用。实施中医药文化建设发展行动，组织"中医药宣传月"、第12届"中医药就在你身边"健康巡讲、"岐黄校园行"。发展中医药对外交流合作，进一步发展中医药惠侨服务。

【中医药服务体系】 2022年，淮安市促进中医医院发展，市中医院、楚州中医院基础设施建设达标。做优做强市中医院，加快推进国家中医特色重点医院项目建设。持续推进基层医疗卫生机构中医馆分级建设和等级能力评价，创成9个五级、19个四级、46个三级中医馆。

【中医药服务能力】 2022年，淮安市组织申报新一轮省中医重点专科，7个专科入选省级中医特色专科建设项目。加强基层中医药服务能力建设，规范开展基层卫生技术人员中医药知识和技能培训。推动中医药在家庭医生团队服务中实现全覆盖，将治未病项目纳入家庭医生签约服务包。

【山阳医派传承发展】 2022年，淮安市搭建山阳医派学术思想研究、交流、推广平台，加强对山阳医派特色优势的挖掘整理和传承研究。举办山阳医派学术研讨会、"山阳杯"中医药知识与技能竞赛等活动。收集整理山阳医家传承资料，出版全国名老中医顾维超专著《神农本草经研究与运用》、严冰专著《中医临证三得集》。成立山阳名医传承工作室11个，传承名中医学术经验。召开山阳医派工作推进会，完成2项市科协山阳医派相关课题验收结题。

（朱安钦）

2022年，江苏省名中医严冰（前右）、汪再舫（前左）两位专家当选第七批全国老中医药专家学术经验继承工作指导教师，4位青年中医入选继承人名单

李立群　供

医政药政管理

【概况】 2022年，在国家三级公立医院绩效考核中，淮安市第一人民医院上升至全国第69名、全省第五名，获A+等次，市第三人民医院位列同类医院全国第34、全省第二，涟水县人民医院、盱眙县人民医院分别较2021度进位256位、95位。市第二人民医院被确认为全国脑出血外科诊疗能力提升项目基地，市中医院成为国家中医特色重点医院项目建设单位。加强短缺药品供应保障，推进家庭药师居家药学服务，全市基本药物使用金额占比较2021年提高1.34个百分点。强化药品供应保障，实施基本药物制度，加强短缺药品供应，稳步推进药品临床综合评价，持续开展居家药学服务，保障群众用药需求。

【平安医院建设】 2022年，淮安市营造安全有序稳定的医疗环境，开展平安医院建设。以构建人防、物防、技防"三防合一"的安全防范体系为重点，加强医院智慧安防建设，二级以上医院全部开展安检工作。做好医院安全生产，各医疗卫生机构建立健全并落实危险化学品等安全管理规章制度和各项措施。

【分级诊疗体系】 2022年，淮安市进一步落实首诊负责制和转诊审核责任制，持续监测基层首诊和双向转诊指标，加快医保支付方式改革，规范医疗机构间双向转诊。居民2周患病首选基层医疗机构占就诊人群的72.13%，县域内就诊率96.76%，合理转诊率（下转/上转）53.55%。全市4个城市医疗集团、17个县域医共体，实现111个社区卫生服务中心、乡镇卫生院全覆盖，提高医疗服务效率和连续性，分级分类做好医疗救治工作。二、三级医院专家走进基层医疗卫生机构，为家庭医生团队提供技术支持，提升基层诊疗能力，推进分级诊疗建设。印发《淮安市县级医院综合能力提升实施方案》，全市6所县级医院纳入县级医院能力提升范畴，制定“一院一案”具体工作方案。开展江苏省县级医院医疗服务能力评估，2家医院自评优秀，4家医院合格。

【卫生健康投入保障】 2022年，淮安市各级财政安排卫生健康投入60.37亿元。其中，公立医院投入3.61亿元，基层医疗卫生机构投入5.14亿元，公共卫生投入11.77亿元，中医药投入993万元，计划生育事务投入2.4亿元。市级财政安排卫生健康投入13.5亿元。其中，公立医院投入1.51亿元，公共卫生投入1.55亿元，中医药投入582万元，计划生育事务投入60万元。全年争取中央和省级卫生健康补助资金5.62亿元。

【价费管理】 2022年，淮安市重点围绕口腔种植收费方式和种植牙全流程医疗服务，开展口腔种植收费和医疗服务价格调查登记。调查涉及全市各级各类医疗机构（含定点、非定点公立医疗机构和非公立医疗机构），着重调查2021年口腔种植的医疗服务价格、种植体系系统价格、牙冠产品价格或加工服务收费、口腔种植总体费用情况，规范全市医疗机构口腔种植类医疗服务价格。

【药品医用耗材采购】 2022年，淮安市组织召开药品医用耗材阳光采购带量采购调度会、药品医用耗材阳光采购信息系统现场培训会、药品医用耗材阳光采购监测工作宣传培训会等，推进采购行为阳光透明，交易过程公平规范。淮安市医用耗材带量采购有新品种落地，涉及超声刀头、腔镜吻合器（非电动）、神经专用弹簧圈、真空采血管四类，其中超声刀头平均降幅49%，腔镜吻合器（非电动）平均降幅79%，神经专用弹簧圈平均降幅54%，真空采血管平均降幅37%。至年末，累计组织医疗机构参加医用耗材集采12批次，累计节约资金2.5亿元，持续推进公立医疗机构阳光采购，推动医疗机构采购行为全过程、全用量上网，医用耗材采购生态持续向好。

【“中国医师节”活动】 8月18日，淮安市举办第五个“中国医师节”庆祝活动，评选表彰“淮安市首席医学专家”10名、“淮安市医学科技精英”10名、“淮安市优秀青年医师”20名、“淮安市优秀全科医师”20名。8月16—19日，全市卫生健康系统统一开展“中国医师节”大型义诊巡诊活动，解决群众医疗实际问题。

【胰岛素专项国家集中采购】 5月31日，国家组织集中带量采购第六批（胰岛素专项）在淮安市开始执行，为期2年。全市有139家医疗机构参加，涉及餐时人胰岛素、基础人胰岛素、预混人胰岛素、餐时胰岛素类似物、基础胰岛素类似物、预混胰岛素类似物六大类别75个品种。中选产品价格平均降幅48%，最高降幅73%。

（朱安钦）

医疗卫生机构选介

【淮安市第一人民医院】 淮安市第一人民医院又名南京医科大学附属淮安第一医院，是一所集医教研防为一体的大型综合性三级甲等医院。2022年，医院占地面积13.26万平方米、总建筑面积21.88万平方米、医疗用房面积19.26万平方米，核定床位数2320张。有在职职工3439人，其中高级职称588人。全年服务总诊疗161.59万人次、出院12.52万人次，手术室手术5.88万人次。

综合医改　推进“一院多区”发展战略，与淮安生态文旅区管委会、洪泽区政府商谈医院共建合作项目。融入长三角区域一体化发展，加入多个顶尖学术研究和培训项目，联合组建淮海经济区现代医院管理联盟。加强医疗集团建设，对市第四人民医院进行整体托管，并启动感染性疾病医疗中心共建计划。与成员单位8个专科结成共建合作，组建医、护、药和党建联盟11个，开设专家工作室2个。统筹推进医保DIP（按病种分值付费）改革，被确立为医保DIP支付方式改革省级联系点。DIP改革经验被《健康报》专题刊载。

管理创新　建立健全内控体系，上线使用经济合同全生命周期动态管理系统。推动智慧医院建设，全面完成HIS（医院管理信息系统）、LIS（实验室信息管理系统）、PACS（影像归档和通信系统）三大基础系统迭代升级和WINEX临床信息平台框架建设。持续优化运营管理，改进工作流程50项，优化资源配置237项。在最新全国三级公立医院绩效考核55项指标评价中，有9项指标达满分值。医院再次获中国医院管理奖运营管理主题东部区域优秀奖1项，获省医院协会第六届医院品管圈大赛一等奖。

学科建设　聚焦国家“百千万工程”，持续开展学科动态考核排名，推动学科提档升级。推进诊疗模式转型，制定出台MDT（多学科协作诊疗）评价管理办法，建成消化、肿瘤、介入超声3个一体化中心。开展诊疗技术研究，立项临床研究课题37项，准入新技术新项目119项，获批成为省卫生健康委临床研究试点单位。在全国三级公立医院绩效考核评价中，CMI值（病例组合指数）、四级手术人数两个单项连续第三年高分入围全国百强。营养科创成国家卫生健康委临床营养科建设试点单位。神经内科获批成为国家一级抗癫痫中心，全省仅有4家通过认证。肝胆胰外科团队以江苏大区初赛第一名晋级全国腹腔镜肝切除东部赛区菁英赛，获三等奖。

学术科研　启动研究型医院建设，出台科研活跃度积分管理办法，专设对外合作和成果转化办公室，推出“医路研途”系列讲堂，系统完善医院科研学术环境。围绕国家自然科学基金等重点项目，建立申报、指导、审查、评定等全周期管理机制，推动完成科研项目结题验收。全年获

9月1日，淮安市第一人民医院承办《健康报》2022年全国新闻宣传工作会议暨全国站长交流会　　市第一人民医院　供

批市级以上科研立项26项、学术成果奖49项，包括国家自然科学基金项目5项、省医学新技术引进奖5项。获批市级重点实验室2项。GCP机构药物临床试验量值位列全国2021年排行榜总榜第128、全国医院专榜第100。发表SCI论文156篇，总影响因子474分。创成省肿瘤学重点学科建设单位、攻克省社会发展临床前沿项目1项，实现临床科研重大项目“零”的突破。

医疗质量　启动患者安全提升年活动，多维制订患者安全十大目标，专项组织医、护管理能力提升培训，坚持按月开展基础医疗质量考核排名和评估整改。按照省级医学救援基地标准，启动急救中心工程建设。通过依法执业、产前诊断等省、市质控检查，获批成为国家首批肝癌规范诊疗质量控制试点单位，获国家卫生健康委医疗质量循证管理持续改进研究项目立项1项。胸痛中心及新生儿危急重症救治中心通过认证复审。卒中中心最高月度综合排名位列全国第30。

诊疗服务　启动“一日门诊”目标改进工程，统筹设立入院服务中心，引入人工智能心脑血管辅助诊断等人工智能系统，出院结账时间缩短至2分钟，CT（电子计算机断层扫描）、MRI（磁共振成像）、超声预约等待时间缩短至1天以内。改善患者就医体验，举办门急诊出诊医师能力提升培训和青年医师医患沟通竞赛，推动改进问题和不足90余项，完成服务类品管圈项目结题7个。开展适老化改造工程，联合组建区域老年护理专科联盟，获评“省老龄健康工作十佳案例”，获批省卫生健康委老年医学重点项目和面上项目各1项。互联网医院启动实质运转，上线15个“线上专科门诊”，新增4个“线上护理门诊”。

高级卒中中心综合排名进入全国30强　2月，国家卫生健康委脑防委公布对全国高级卒中中心（含建设单位共595家）的综合排名，淮安市第一人民医院高级卒中中心综合排名进入全国30强，静脉溶栓技术综合排名第22、AIS介入再通技术综合排名第14、动脉瘤夹闭、栓塞术综合排名第59、颈动脉支架置入术综合排名120、颈动脉内膜切除成型术综合排名128。

1项目获国家卫生健康委立项　6月，国家卫生健康委医院管理研究所在全国范围组织开展医疗质量循证管理持续改进研究项目招标。淮安市第一人民医院申报的“DIP新形势下促进医院高质量发展的基础医疗质量评价体系建设模型研究”获批立项，为苏北地区唯一，江苏省仅8家。

多学科进入中国医院科技量值“双百强”　8月4日，中国医学科学院发布2021年度中国医院科技量值（STEM）暨五年总科技量值（ASTEM）。淮安市第一人民医院5个学科进入科技量值全国百强，分别为胸外科学第56名、急诊医学第69名、耳鼻咽喉科学第91名、血液病学第94名、烧伤外科学第96名。4个学科进入五年总科技量值全国百强，分别为胸外科学第57名、急诊医学第69名、耳鼻咽喉科学第90名、血液病学第90名。

新急诊大楼暨江苏省省级紧急医学救援基地淮安急救中心项目开工　9月29日，淮安市第一人民医院新急诊大楼暨江苏省省级紧急医学救援基地淮安急救中心项目举行开工仪式。该项目总投资2.1亿元，总建筑面积2.37万平方米，总工期22个月，为苏北区域首个系统配备空中医疗救援体系、单体最大的现代化急救中心，在高效完成群众急诊救治需求的同时，为重特大突发公共卫生事件提供24小时内筹备200张应急床位、并开展20台急救手术的应急响应需求。

（董迎春　张伟一）

【淮安市第二人民医院】　淮安市第二人民医院又名徐州医科大学附属淮安医院，是一所集医教研为一体的国家公立三级甲等综合性医院。2022年，医院拥有淮海南路院区和厦门路院区，核定床位1500张。有在职职工1797人，其中高级职称383人。全年门急诊662807人次，出院64270人次，手术29744台次，总收入14.06亿元。

综合管理　优化运营管理，成立运营管理委员会、物资管理领导小组和能源设备增容改造项目专班，围绕床位、人力资源、物资管理、专科运营等开展专题调研60余次。健全内控体系，强化全面预算管理，发挥审计监督职能。围绕智慧医院建设，实施基础信息化建设、运营管理、单病种、VTE（静脉血栓栓塞症）智能防治系统、科研平台、物资管理、人力资源管理等。优化流程布局，动态调整就诊及收治流程，整合医技科室、诊疗中心及病房布局，扩大医疗用房。完成特需病房、急诊隔离手术室、厦门路院区血液科病房及净化舱、EICU（急诊重症监护室）等重点项目改造。

学科建设　成立学科建设推进领导小组，定期组织学科建设推进会、座谈会及专题培训，围绕重点评价指标，对标找差，以评促建。国家血液系统疾病（苏州）临床医学研究中心淮安分中心、全国脑出血外科诊疗能力提升项目基地和江苏省人民医院体外生命支持中心淮安分中心落户市二院。高级卒中中心综合排名位列全国第47，脑梗死急性期血管内治疗全国排名第17。

医疗技术　在苏北地区率先开展ECMO支持下的心脏修补术、微创缝线固定治疗人工晶体囊袋复合体脱位术，ECMO开展例数位居全省急诊领域第二、苏北地区第一。在全市率先独立开展ECMO支持下远程转运、足踝关节镜、双气囊小肠镜、超声引导下小肝癌消融术，在院内首开腹腔镜下胆囊癌根治术、肝胆管细胞癌根治术、眼眶壁骨折修复术、脑静脉窦血栓介入开通治疗等高难度四级手术。开展超声气管镜、单重血浆置换、单孔胸腔镜肺癌根治、腹腔镜前列腺根治性切除、三叉神经半月节球囊压迫术等项目。

科研教学　获批江苏省医学新技术引进奖3项，立项市级以上科研项目15项，获得国家实用新型专利和发明专利15项。发表SCI论文94篇，其中影响因子5分以上28篇，单篇最高20.69分。申报各级科研项目129项，多个项目获淮海科技奖一等奖，获奖等级和数量位列淮海经济区第一。加快科研平台建设，获批市重点实验室1个，新备案医疗器械临床试验专业组2个，建成院中心实验室。购置高清胃肠镜、小肠镜、西门子C臂机、关节镜、肝脏影像分析系统等设备，保障新技术开展。

医疗质量　改进医疗质量，修订医疗质量评分表，构建具有专科特色的科室质控指标体系，开展QC（质量控制）小组"回头看"专项督查。加强病案质控管理和合理用药管理，优化感染防控措施，各项感控指标均达标。医院护理团队获第五届全国医院质量管理工具应用成果一等奖2项、二等奖1项。获评江苏省职业健康检查机构质量控制考核最高等级A等。新增10个MDT（多学科协作诊疗）团队，每周轮流组织公开讨论会，形成特定病种的专家共识，开展多学科诊疗159例，提高复杂疑难疾病的确诊率和治愈率。推动康复科与骨科、神经科等学科合作，皮肤科与整形科融合发展。成立彩超中心、呼吸内镜中心和耳鼻咽喉头颈外科中心，丰富医疗内涵。

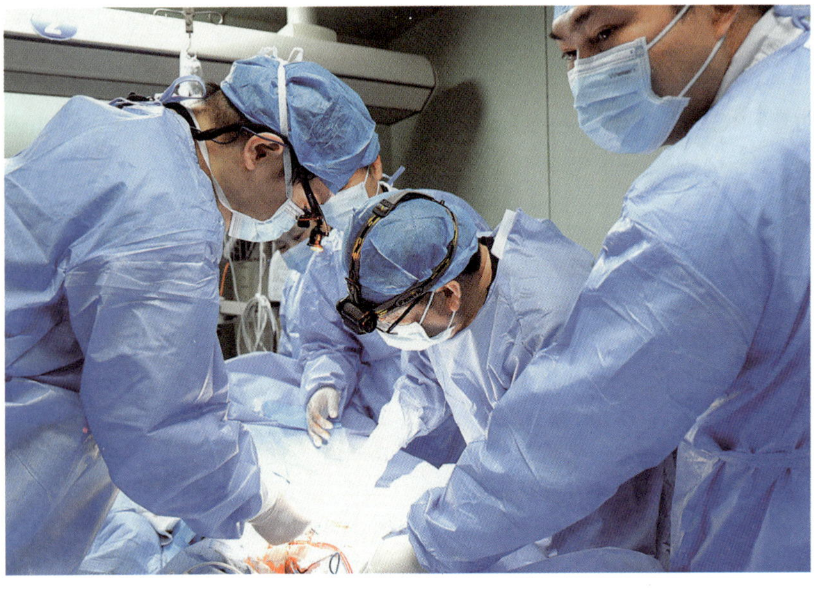

2022年，市第二人民医院成功实施苏北地区首例ECMO支持下的心脏修补术　　市第二人民医院　供

诊疗服务　推广就诊前签到系统，缩短预约后排队等待时间5.59分钟。新增特色专病门诊14个、周末门诊8个、多学科联合门诊5个，在候诊区开展健康宣教20余场。加强日间诊疗服务，执行日间手术病种61个，全院平均住院日缩短0.19天。为5个病区近1万名患者提供床边结算服务，打造专科特色护理15项，出院患者综合满意度95.18%。拓展"互联网+"应用，互联网医院开设9个网医门诊，实现在线问诊、线上处方、物流配送，送药服务量同比增长30%，总诊疗量位居全省前三。构建"互联网+慢病""互联网+随访""互联网+护理"平台，提供便捷、连续的全周期医疗健康服务。全省首批实现医保移动脱卡支付，被确定为全市首家工伤保险跨省异地就医直接结算协议机构。

医疗集团建设　拓展医疗集团单位2家、专科联盟11个。与4个县区卫生健康委签订战略合作协议。帮扶淮安经济技术开发区徐杨卫生院和淮安区第二人民医院创建二级医院、清江浦区武墩卫生院建设发热门诊和PCR（聚合酶链式反应）实验室、金湖县中医院创建卒中、胸痛和创伤三大中心。推进急慢分治，畅通双向转诊渠道，通过互联网医疗平台实现57家医疗集团远程医疗服务全覆盖。在省内率先开展国家慢阻肺和心血管病高危人群早期筛查及消化道癌早诊早治筛查，其中心血管筛查项目被评为江苏省先进项目单位。

（季　慧　吴振君）

【淮安市第三人民医院】 淮安市第三人民医院是一所以精神科、心理科、神经科、睡眠医学科四大优势专科为特色的三级甲等专科医院，是苏北地区精神、神经疾病治疗、康复、预防、鉴定及心理咨询的权威机构之一。2022年，医院编制床位840张，开放床位1297张。有在职职工近800人，其中卫生中高级职称341人。全年门诊近20万人次，住院1万余人次。

医疗质量　开展病历全覆盖质控活动，组织归档病历推磨式普查，检查考核结果与绩效挂钩，全年发放通报120份。执行18项医疗核心制度，重点质控指标每日查，定期动态调整督查内容，提高医疗质量安全意识。加强医疗管理工具使用培训，举办医疗质量持续改进比赛，以赛促进、以赛促改。召开医疗质量评议会，提高医务人员质量安全意识。坚持强专科、大综合发展战略，开展新业务，设置学习困难门诊、青少年注意障碍门诊等特色门诊；建成内镜中心，提升内科服务能力；组建中医科，增加中医特色治疗技术和中药治疗手段，促进学科融合发展。

科研建设　新获批国家级继续教育项目2项、省级继续教育项目4项、市级继续教育项目10项。3个项目获市科技局立项，获济宁医学院实践教学教育研究计划项目立项1项，获国家实用新型专利3项。发表论文45篇，其中SCI论文5篇、中华系列期刊论文3篇、核心期刊论文9篇。获淮安市第十九届自然科学优秀学术论文二等奖2篇、三等奖4篇。

平台打造　以全省同类同批第一名通过国家三级甲等医院现场评审。创成国家记忆障碍防治中心，苏北地区唯一，全省仅3家。精神康复楼竣工，医技楼建设完成前期规划，GCP（药品临床试验管理规范）和区域医疗中心创建有序进行。在江苏省医院品管圈大赛中，医院获3组别5个奖项，获奖数量并列市直医院第一。省民生实事项目"三院急救分站"通过省级验收。

严重精神障碍管理　成立严重精神障碍患者服务管理工作专班，明确工作职责，组织专题培训。对全市严重精神障碍患者服务管理排查整治专项行动工作进行督导，发出县区质控周通报70份，完成信息系统简报12期。年内，进行省内外患者信息核查工作2352人次，信息迁入迁出协调及处理5773人次，完善全市所有在册患者相关信息，每周及时反馈信息平台数据，并督促各县区项目办及时整改，应急处置258人。

（李彩君　朱宇琛）

【淮安市第四人民医院】 淮安市第四人民医院是三级乙等传染病医院。2022年，医院占地面积9.07万平方米，建筑面积8万平方米，设置床位500张。有职工407名，其中高级职称105名。全年门诊量5.8万人次，急诊量1.7万人次。

全面接受市一院托管　根据市委、市政府决策部署，5月13日，市第一人民医院全面托管市第四人民医院，选派管理团队进驻市四院。年内，市四院成立改革工作领导小组，形成18项托管工作清单，选派180余名医疗、护理、管理人员赴市一院参加同质化管理培训。按照"强专科、大综合"功能定位，在专科层面对原有学科评估评价，提出发展规划，市一院派驻专家团队参与指导临床、教学、科研工作等。多次组织两院相关科室开展感染性疾病诊疗中心建设研讨，细化建设方案，分阶段推进。依托市一院团队，重点发展胸痛、卒中、创伤三大中心以及感染性疾病诊疗中心，实行同质化管理，提升危急重症救治水平。

传染病救治　全年收治新发普通传染病报告2638例（不含新冠病毒检测阳性患者）。结核病专项管理161人，新增艾滋病管理病人147人，全程管理1317人，收治耐多药结核病人18人，完成艾滋病检测4585人次。

医院运营管理　推进管理模式和运行方式转变，成立运营管理委员会，优化运营管理工作机制，培养专科运营助理，推进院、科两级精细化运营质量分析，以问题为导向，促进医院运营提质增效。推进采购全流程闭环管理，明确医院改革工作领导小组为采购工作的领导机构，出台医院采购管理办法，明确职责分工，实现采购前、采购中、采购后全过程闭环管理。推进医疗设备采购工作。

（赵加梦）

【淮安市第五人民医院】 淮安市第五人民医院是一所公立三级综合医院，是扬州大学附属淮安医院（建设单位）。医院于2022年1月20日启用，建筑面积22.5万平方米（规模位居全市第二），核定床位1000张。设置职能管理科室16个、临床业务科室35个、医技科室7个，有职工1419名，其中高级职称291名。年内，医院门急量46.93万人次，出院3.12万人次，开展手术11178例，其中三、四级手术占比69.34%。

医院管理　医院成立后，制定完善医院章程、各项制度26项，投资1250万元引入医院管理系统（HRP）、医疗耗材管理系统（SPD）、楼宇智控系统，在全市率先运行静配中心，推动医院管理规范化、精细化、科学化。推行科主任领导下的诊疗组长负责制，收入向临床一线倾斜，医生绩效同比增长30%，护士绩效同比增长25%。

内涵建设　与扬州大学、扬州大学附属医院、东南大学附属中大医院、苏州大学第二附属医院构建紧密型合作关系，建成中大医院李俊生工作室、王红星工作室，复旦大学附属肿瘤医院相加庆工作室、吕俊杰工作室，扬州大学附属医院王强工作室等9个名医工作室。成为扬州大学临床学院，中大医院"医联体单位"及康复医学中心、泌尿外科诊疗中心、重症医学科诊疗中心、介入与血管外科诊疗中心、神经内科诊疗中心等淮阴分中心。成为扬大附院心脏大血管中心淮阴分中心，集百级层流手术室、杂交手术室、心脏外科术后监护室、普通病房为一体。2022年6月，心脏大血管中心淮阴分中心开展首例心脏手术。至年末，累计开展各类心脏手术近40例，多例手术在苏北县区级医院为首次开展。

医疗技术　培育优势学科，发展微创手术，三、四级手术及日间手术，构建多学科诊疗模式（MDT），推动新技术、新项目开展。人工肺ECMO救治、急诊溶栓术、动脉取栓术、颅内动脉瘤栓塞术、颅内外动脉支架置入术、腹腔镜下解剖性肝切除（左右半肝切除、复杂肝段切除）、腹腔镜下保留脾脏/不保留脾脏胰体尾切除术、经尿道输卵管镜钬激光碎石、经皮肾镜激光碎石取石术、腹腔镜下肾癌根治术、盆底重建术、宫腹腔镜手术等技术达三级医院标准。

惠民医疗　设每月1日、16日为义诊日，当天就诊患者享受免挂号费、检查费减免50%的优惠，所有职能科室当天前往门诊，提供预检分诊、咨询、引导等服务。开展“爱在淮阴”惠民年活动，医院运行前3个月，在医保无法报销的情况下，为住院患者予以50%医疗费用减免，总计减免1825万元（其中门诊减免410万元、住院减免1415万元）。实施联合救助行动，与淮阴区慈善总会联合开展“大爱淮阴阳光慈善助医行”活动，对患有消化道肿瘤、肺癌、脑肿瘤、心脏大血管疾病、尿毒症等疾病的贫困患者实施惠民减免，符合救助标准的，个人仅承担医保报销后的10%费用，全年有307人受益，减免金额435万元。全市首家开设中晚班免费取鱼刺门诊，首家开展24小时核酸检测服务，坚持节假日专家上门诊、做手术。

（王　晨）

【淮安市妇幼保健院】　淮安市妇幼保健院是一所集保健、医疗、康复、科研和教学为一体的三级甲等妇幼保健院。2022年，医院有职工1200余人，其中高级职称182人。全年门急诊总量66.57万人次，出院病人24035例，手术17182人次，分娩数6016人次。

专科建设　围绕学科重点发展方向、新老院区分配等，累计召开专题学科发展座谈会9次，制定学科发展的总体思路和方向。全市首辆低龄重症患儿转运车投入使用，转运市内及周边地区多名危重症患儿。妇科二级专科宫颈病专科独立为一级临床业务科室。与复旦大学附属儿科医院结成协作医院，小儿疝气和腹壁外科疾病微创研究中心暨教学基地挂牌成立。首次成为徐州医科大学护理学专业（助产护理）驻点班。儿童康复科感统训练中心启用，开设

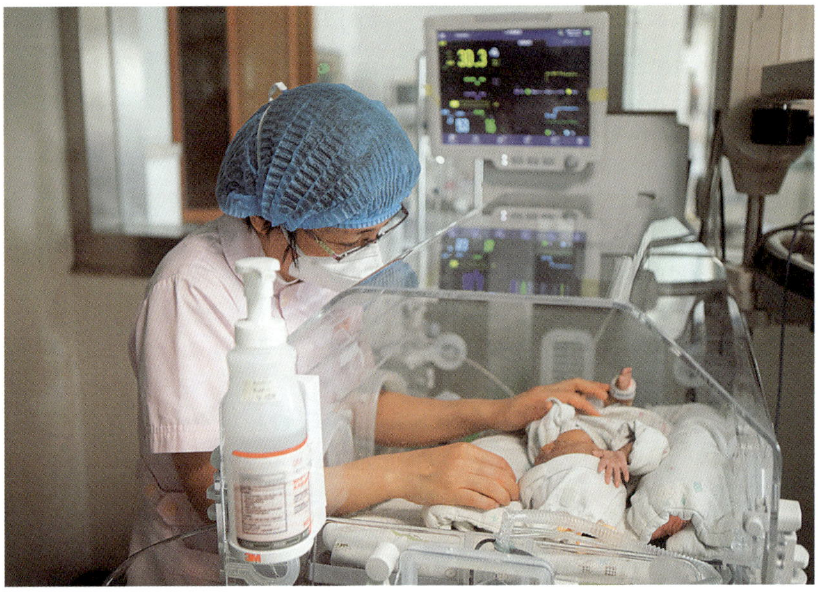

2022年，市妇幼保健院新生儿科成功救治出生体重仅490克早产儿，为淮安市成功救治的体重最低、孕周最小患儿　　市妇幼保健院　供

舒适化口腔门诊，拓展耳鼻喉科外聘专家坐诊、手术业务。

医疗技术　新生儿科成功救治出生体重仅490克早产儿，为淮安市救治的体重最低、孕周最小患儿。生殖医学科开展供精试管婴儿技术服务，成功妊娠6例供精试管婴儿。小儿外科为体重只有1.4千克、胎龄仅28周加3天的早产儿施行动脉导管未闭先心手术。妇科在复杂子宫内膜异位症手术中首次使用泌尿系统逆行荧光导航技术。乳腺科开展以手术为主，化疗、放疗、内分泌治疗、分子靶向治疗为一体的复杂乳腺疾病治疗模式。眼科精确完成700克早产儿视网膜病变眼球内药物注射。检验科被授予“大数据AI多中心示范实验室”称号。

科教研工作　获国家自然科学基金青年基金项目1项，江苏省卫生健康委科研项目面上项目1个，省妇幼健康科研项目1个，省中医药项目1个。获省卫生健康新技术引进二等奖1个。在省级以上刊物发表专业论文163篇，其中在SCI期刊发表29篇、中华系列期刊7篇、核心期刊4篇，1人参编专著1部。获实用新型专利11项。

妇幼保健管理　完成新生儿筛查4664例，开展业务指导21次。举办基层妇幼保健培训14期，培训4689人次。在2021年度国家妇幼保健机构绩效考核中，以799.36分、A+等次在全国273家三级妇幼保健院中位居第41名，位列全国地市级三级妇幼保健院第25。

（张春雷　刘甜甜）

【淮安市中医院】　淮安市中医院是全市唯一一所国家三级甲等中医医院和南京中医药大学附属医院。2022年，医院服务门（急）诊患者（含核酸检测）59.2万人次，单纯门诊人次较上年同期增长27.66%；出院患者1.35万人次；实施三、四级手术2162例，占比47.79%。

学科建设　肾病科、心血管科、康复科、肿瘤科完成省级中医重点专科现场评审。“江苏省名中医霍介格工作室”落户该院，与省中医院、上海中医西医结合医院、省中西医结合医院建立稳定合作机制，邀请专家到院坐诊、手术、查房。院领导挂钩重点专科，业务院长定期进行查房。召开重点专科建设推进会10次，遴选学科带头人44人、学科继承人42人。放大中医经典病房（病床）品牌效应，发挥中医非药物疗法优势，以中医为主治疗的出院患者比例指标水平居全省前

列。出院患者中药饮片使用率和出院患者使用中医非药物疗法比例均高于上年，门诊中医非药物疗法比例较上年增长超过5个百分点。

科研项目　获省卫健委课题1项、省中医药管理局课题4项、市社科联专项课题1项、南京中医药大学教改课题2项、市科技局课题4项，获批“淮安市慢性肾脏病中医药防治重点实验室”，市级重点实验室增至3个。获评江苏中医药科学技术三等奖1项，获市第十九届自然科学优秀学术论文一等奖1项、二等奖2项、三等奖5项。获发明专利7项，发表SCI论文8篇、核心期刊5篇，编写专著1部。举办省级继续教育论文项目4项、市级继续教育项目6项。

公立医院改革　加快推进医疗集团建设，淮安市中医院肛肠科专科联盟暨淮安市名中医王斌学术传承工作室在淮阴区吴城卫生院签约并揭牌；与徐杨卫生院开展紧密型合作项目，与青海省湟源县中医院举行对口帮扶视频签约仪式，促进优质资源下沉和医疗资源共享。组织293名学员参加江苏省基层中医药知识与技能培训，在集团内医疗机构推广应用中医护理适宜技术6项。

诊疗服务　完成国家医保移动支付验收，实现支付宝端医保卡脱卡支付。骨伤科、妇产科、肛肠科、脑病科、内分泌科、心血管病科、肾病科、重症医学科8个科室增开专病门诊。在儿科、针灸科开设夜间门诊的基础上，新增妇产科、彩超室夜间门诊。升级“互联网医院”服务，6个省、市级中医重点临床专科20余名专家坐诊，发挥线上诊疗优势。开展中医药健康巡讲、岐黄校园行等线下活动17次，线上开展健康讲座100余次。

1个工作室获批全国名老中医药专家传承工作室建设项目　2022年5月，淮安市中医院严冰工作室获批全国名老中医药专家传承工作室建设项目。严冰，淮阴区人，吴鞠通学术第四代传人、全国老中医药专家学术经验继承工作指导老师、江苏省名中医、南京中医药大学博士生导师。在国内外学术会议或医学刊物上发表学术论文100余篇，著有《严冰中医文集》《吴鞠通研究集成》《温病条辨析评》等9部医著。从事中医临床和带教60余年，擅长内科、妇科，对糖尿病、肾病、脑血管病、癌肿、外感热病等难治病和疑难病颇有研究。2016年成立“严冰学术传承工作室”，组建学术传承工作梯队。至2022年，工作室有成员11人，其中高级职称7人、博士2人、硕士4人。

2名专家当选第七批全国老中医药专家学术经验继承工作指导老师　2022年5月，淮安市中医院严冰、汪再舫当选第七批全国老中医药专家学术经验继承工作指导老师。2018—2021年，严冰、汪再舫作为第六批全国老中医药专家学术经验继承工作指导老师，尽心竭力培养市中医院4位中医继承人。2021年底，4位继承人通过考核，顺利出师。两人当选第七批全国老中医药专家学术经验继承工作指导老师后，市中医院再次有4位青年中医入选继承人名单。

（李立群）

【淮安市第一人民医院一分院】淮安市第一人民医院一分院（淮安市耳鼻咽喉医院）是市第一人民医院在市区西南片设立的以耳鼻咽喉头颈外科为特色的一所综合性医院。2022年，医院业务收入16943.97万元，门急诊就医人数132252人次，出院5985人次，手术2585台次。

综合医改　根据市第一人民医院“一院一特色”的方针，结合实际，明确以省级临床重点专科耳鼻咽喉科为基础的等级医院达标上等发展目标。成立采购办，规范招采流程，实现“管采分离”，降低采购成本，提高物资品质及采购效率。规范库房管理，根据实际消耗量动态调整采购计划，严格管控存货数量，盘点检验科、血透室、手术室等7个二级库房，完善二级库物资出入监管。

学科建设　耳鼻咽喉科开展耳内镜水下技术治疗中耳疾患、高选择性翼管神经分支切断术、支撑喉镜下纤维缝合技术、经口内镜下咽旁肿瘤切除术等新技术新项目，完成8例人工耳蜗植入手术。骨科确立足踝关节特色的发展方向，开展脊柱内镜技术、膝关节单髁置换技术、OCM微创髋关节置换技术、跗骨窦切口微创治疗跟骨骨折等新技术新项目。消化科开展无痛胃肠镜检查、内镜电子染色项目，开展普通胃肠镜检查990人次、无痛检查585人次。与市广播电视台合作，推出“一专科一特色”的常见急症应急处置系列健康教育小视频4条。采购耳鼻喉医用显示器、嗅觉障碍诊断系统、手术牵引架、麻醉监护仪等设备。

基本公共卫生服务　推进家庭医生签约服务，全年签约7150份。落实社区疫情防控“五包一”公共卫生任务，完成上门采样1.10万人次、街道自排5.75万人次、重点人群排查1.78万人次、学校排查10.24万人次、环境采样1343次。参与全民核酸采样任务，共采样74.47万人次，配合街道做好“落地检”工作80余天，合计采样2.6万人次。

推进国家医疗保障按病种分值付费（DIP）试点　与医保部门对接，邀请专家到院开展以“医保政策送上门，惠民服务零距离”为主题的市医保中心首站巡讲培训。开展院内培训27次，参加院外培训16次；全院医务人员DIP相关医保知识测试合格率100%。开展以骨科“疾病诊断、基层病种”与DIP主目录进行合理入组的培训、指导、模拟、实操演练试点，并在全院病区推行。

（曹　静　段易乐）

体　育

责任编辑：刘志平

体育场馆

【概况】 淮安市是江苏省首批、苏北地区唯一省级公共体育服务体系示范区。至2022年，全市有16个公共体育场馆，其中拥有500个以上观众座位的公共体育场馆11个，享受中央或省级免费低收费开放补助的场馆9个。各享受免费低收费补助场馆均严格按照《公共体育场馆基本公共服务规范》，做好对外开放服务。年内，市体育局、市发展改革委联合印发《淮安市2022年全民健身场地设施补短板实施方案》，新建10个体育公园、125千米健身步道，更新700套健身器材。全市利用城市废地、空闲地打造各式体育公园200个、健身步道950千米。

【淮安市体育馆】 淮安市体育馆始建于1985年，1986年投入使用，集体育比赛、运动训练、全民健身、文艺演出、各类会展等服务功能为一体，是淮安市主城区唯一一座综合性体育场馆、淮安市大型体育服务综合体之一、苏北地区具有一定规模的体育用品销售集聚区。体育馆占地面积2103平方米，建筑面积2863平方米，室内场地面积1054平方米，有观众座位3100座、附属用房760平方米，门前有占地面积2.1万平方米的市民健身广场。2022年，举办、承办淮安市武术大赛、全民健身日夏夜大舞台、二级社会体育指导员培训、中石化职工运动会、2022年江苏省小篮球联赛淮安赛区选拔赛等赛事活动。全年坚持免费、低收费对外开放，接待健身群众8万余人次。

8月28日，江苏省第二十届省运会开幕。图为淮安市代表队

市体育局　供

【淮安市体育中心】 淮安市体育中心于2014年建成并投入使用。位于淮安生态新城西片区，占地面积43.34万平方米，总建筑面积15.7万平方米，主要由体育场、体育馆、游泳馆、网球馆以及交通工程、环境景观等配套工程组成。其中，体育场有3.3万个座席，建筑面积5.03万平方米；游泳馆有1500个座席，建筑面积2.48万平方米；体育馆有5000个座席，建筑面积2.04万平方米；网球馆建筑面积7044平方米。中心正式运营后，完成江苏省第十八届运动会、淮安市第八届运动会、纪念周恩来120周年诞辰文艺演出和中国（淮安）国际食品博览会等活动。2022年，中心被命名为“国家田径队2022—2024年思想政治工作共建基地”。

【淮安市全民健身中心】 淮安市全民健身中心成立于2008年11月，是集运动、休闲、健身锻炼、培养运动人才、业余队训练等于一体的综合性场所，为国家级全民健身中心，总建筑面积2.29万平方米。2022年，中心与20家体育培训机构合作，举办淮安市青少儿体育培训消费大补贴展示会，促进体育消费。举办淮安市少儿体育特训营，开设篮球、羽毛球、乒乓球、武术、跆拳道、自由搏击、空手道、少儿体适能、中考体能、围棋、平衡车、拉丁舞、中国舞、轮滑14个少儿体育项目，年培训人数约5000人次。

（濮颖雅）

学校体育

【概况】 2022年，淮安市推进落实江苏省青少年“5621”计划［即每个县（市、区）至少推动5个运动项目，每个项目至少布局6所小学、2所初中、1所高中］，利用寒暑假、双休日等，开展曲棍球、排球、篮球、攀岩、橄榄球、轮滑、滑板、跆拳道、蹦床、街舞、足球11个项目的青少年体育冬、夏令营活动，丰富课后体育服务供给，参与人数2000余人次。举办趣味田径、棋类、跑酷、体能闯关、幼儿基本体操、足球6个项次的青少年阳光体育比赛，搭建优质体育竞赛平台，惠及数千名中小学生。以“政府、社会、市场”相结合的多元模式推动各相关单位开展各类青少年体育活动，开展淮安市青少儿体育培训消费大补贴展示会，营造全市青少年体育参与氛围。为体教融合足球特色学校向上争取器材设施，淮安市银川路实验小学等4所学校获省配发青少年校园笼式足球场地设施，向淮安市西宋集幼儿园等20所学校、幼儿园配发青少年校园足球训练器材。开展校外体育培训机构审批，全市有12家机构通过审批。

【青少年体育人才培养】 2022年，淮安市向省高水平运动队输送运动员14名，向省三线运动队输送运动员45名。1人入选2022年全国2007年龄段女子足球精英训练营；3人入选江苏省国际跳棋队，备战第五届全国智力运动会；2人入选国家乒乓球青少年集训队。全年审批国家二级运动员82人，审核一级运动员71人。

【11所学校入选全国校园足球特色学校】 2月8日，教育部公布2021年度全国青少年校园足球特色学校、试点县区、“满天星”训练营、改革试验区和全国足球特色幼儿园。淮安区顺河中学等3所学校获评“全国青少年校园足球特色学校”，洪泽湖幼儿园等8所幼儿园获评“全国足球特色幼儿园”。至年末，全市有全国校园足球特色学校（幼儿园）181所。

【青少年体育攀岩联赛】 10月15—16日，淮安市举行第八届中小学体育艺术文化节暨2022年“星海辰”杯青少年体育攀岩联赛。全市9支代表队70余名小运动员参加比赛。比赛设难度赛、速度赛两个项目。竞赛组别为12~14岁组、9~11岁组。参赛单位为开设攀岩科目的学校、俱乐部，参赛运动员为在校在籍在读学生。各单项组别分别录取前六名；各单项组别积分累计计入团体总分，录取前六名。另外，设立“体育道德风尚奖”“最佳教练员奖”。

11月18日，淮安市沁春路小学学生在课间运动，锻炼身体

赵启瑞 摄/视觉江苏网 供

【2022年省青少年羽毛球锦标赛在盱眙举行】 12月10—14日，2022年江苏省青少年羽毛球锦标赛在盱眙县奥体中心体育馆举行。比赛设15~17岁组，男、女单打，男、女双打，混合双打，男、女团体7个项次的比赛。全省11支队伍130余名青少年羽毛球运动员参赛。连云港市、南京市选手表现优秀，多个项目获得冠军。

【1小学获评省象棋特色学校】 2022年，金湖县吕良镇中心小学获评江苏省象棋特色学校。吕良镇中心小学自2018年开始，依托乡村学校少年宫，开展象棋进校园活动：每周两节象棋课，在师生间普及象棋知识；每月一次象棋主题活动，让师生感悟象棋的文化内涵；每学期一次象棋比赛，让学生在比赛中提高棋艺与实战能力。至2022年，该学校基本实现人人会下棋、处处可下棋。

【淮安市体育运动学校】 江苏省淮安体育运动学校是国家级重点中等职业学校、国家高水平体育后备人才基地、江苏省高水平示范性职业学校、江苏省四星级职业学校、江苏省优质特色职业学校。学校遵循运动员培养和青少年成长的规律，形成集训练、教学、科研、培训于一体，幼儿园、小学、初中、中专、大专函授、本科函授于一体的办学特色。2022年，在第二十届省运会上，淮安体校选派17支专项运动队、495名运动员参赛，获得金牌63枚、银牌44枚、铜牌52枚，在多个项目上实现突破与跨越。4月，学校入选全国排球高水平后备人才基地（2022—2025年）。9月，举行新校区启用仪式，新校区与淮安市体育中心相邻，总规划用地面积10.84万平方米，包括教学综合楼、综合训练馆、体育训练设施、生活用房等。

（濮颖雅）

群众体育

【概况】 2022年，淮安市实施“百场

健身讲堂、百场健身培训、千场健身活动”进基层活动，举办以广场舞、瑜伽、剑道、健步走、门球等项目为代表的科学健身大讲堂100场、体育培训100场、群体性体育活动1000场，全民健身氛围浓厚。年内，江苏省体育局发布《关于表扬2018—2021年度全省群众体育先进单位和先进个人的通报》，淮安市15家单位和5名个人获表彰。

【体育社团管理】 2022年，淮安市新增市级单项体育协会3个，注销“僵尸型”体育俱乐部1个。全市登记注册体育社会组织373个，其中登记注册市级体育协会57个、民办非企业单位55个，县级体育社会组织447个。年内，印发《关于加强市本级单项体育协会规范管理的指导意见（试行）》《淮安市体育社团“日日练、周周训、月月比、季季赛、年终评”活动实施方案》等文件，推进体育社团制度规范化、活动系统化、管理精细化，激发全市体育社团活力。全市各级各类体育社团举办有规模的赛事活动200余场次，线上线下参与人数3万余人次。

【健身模范市创建】 2022年，根据国家体育总局办公厅发布《关于开展全民运动健身模范市和全民运动健身模范县（市、区）申报评审工作的通知》，淮安市印发《淮安市全民健身实施计划（2021—2025年）》，从制度和规划层面对创建工作提出整体性意见。各县区出台县区级“十四五”全民健身实施计划。召开全市全民健身联席工作会议，健全全民健身组织领导，推进健身模范市创建工作。

【冰雪项目推广】 2022年，淮安市举办“‘河’你相约、喜迎冬奥”冰雪项目推广活动，吸引全市1300余人次现场参加。组织举办16期“滑雪项目培训班”，开展10场“冰雪运动大讲堂”进机关、进企业、进校园、进社区活动，惠及群众1万余人，群众参与冰雪运动热情高涨。中央电视台新闻频道《一起向未来》特别节目报道淮安市“古运河边建雪场 南方也能玩冰雪”的冰雪运动实况，时长4分钟，新华网直播17分钟，江苏卫视报道2分钟。淮安古运河滑雪场高峰期每天进场滑雪超过2000人次。

8月7日，2022淮安首届千人瑜伽大会在大运河广场举行

市体育局　供

【市第五届全民健身运动会】 6月23日，2022淮安市全民健身运动会开幕。该届运动会的主题为“健康淮安，e起来运动”，以“网络化、趣味性、综合性”为原则，采用线上“云”端赛和线下（小型、分散）赛相结合的创新赛制，选手通过云端秀、云打卡、云对抗、冠军云擂台等方式报名参赛。比赛项5—10月举行，设置项目45个，竞赛项目数创历史新高。赛事同步融入国家体育总局全民健身线上运动会和江苏省第三届网络全民健身运动会，首次实现既是市运会、又是省运会、更是全国运动会的办赛新模式。

【国内首个“掼蛋”地方标准发布】 2022年10月，淮安市发布国内首个“掼蛋”地方标准《群众体育智力运动掼蛋术语与定义》（DB3208/T 173—2022）。该标准由淮安掼蛋文化协会主导编制，适用于掼蛋组织和宣传活动中术语的规范和统一，对掼蛋的牌手、牌张、牌型、行牌以及掼蛋等级进行定义解释。淮安作为掼蛋文化的发源地，发布国内掼蛋术语与定义地方标准，对推动掼蛋运动标准化、产业化发展有重要作用。

【苏北地区首个街舞协会成立】 10月28日，淮安市街舞运动协会成立，为苏北地区首个市级街舞协会。街舞作为时尚新兴的运动项目，竞技性和观赏性兼备，以其独特的魅力吸引着越来越多的人加入该项运动。被列为2024年巴黎奥运会、第十四届全国运动会和第三届亚青会的正式比赛项目。至2022年，淮安市有近百家街舞机构，运动员200余人，教练员50余人，裁判员15人，街舞运动员在国内赛场多次取得优异成绩。

【1项目入选2021全民健身志愿服务项目库】 2022年，国家体育总局公布2021全民健身志愿服务项目库，洪泽区“舞动乡村”志愿服务项目入选。该项目由洪泽区新时代文明实践志愿服务总队、洪泽区广场舞运动志愿者协会组织实施，有会员1600多人，主要由退休干部、退休职工及社会体育健身志愿者组成。项目自2019年实

施后，连续数年开展广场舞公益培训进乡村、进社区活动，受到农村群众和社区居民欢迎。

【长三角体育节定向运动赛在盱眙举行】 8月13—16日，由江苏、上海、浙江、安徽三省一市体育局联合主办的第二届长三角体育节定向运动邀请赛暨长三角定向运动巡回赛在盱眙县开幕。比赛为期4天，300余名选手参赛，年龄从9岁至70岁。

【省体育行业职业技能大赛在淮安举行】 11月22日，江苏省体育行业（游泳指导员、救生员）职业技能大赛在淮安市体育中心举行。比赛分为职工组和学生组，设置专业理论知识竞赛、50米自由泳带救生浮标技能竞速、50米蛙泳潜泳过障碍技能竞速、游泳教学指导竞赛、心肺复苏+除颤仪技能竞赛、100米6人施救技能接力6个项目。全省22支代表队的200余人参赛。

（濮颖雅）

竞技体育

【概况】 2022年，淮安市竞技体育综合实力持续增强，优秀后备人才不断涌现。推进体教融合，举办多项青少年体育赛事活动，青少年身体素质和健康水平得到提高。全市注册运动员增长至2917名，向国家队、省队、省三线队伍（省体校）培养输送900余名优秀运动员，培养国家一级运动员280余名、国家二级运动员931名。创成国家级高水平体育后备人才基地1所、国家级高水平体育后备人才单项基地2所、省级高水平体育后备人才单项基地4所。建成淮安体育运动学校新校区，总投资5亿元。淮安市人民政府与中国田径协会签署战略合作框架协议，就共建中国田径国际训练基地、培育打造精品赛事、加强培养后备人才等方面达成合作共识。

【2022年全国蹦床青少年锦标赛在金湖举行】 8月23日，“凌韬杯”2022年全国蹦床青少年锦标赛在金湖县闭幕。全国各地11支代表队的200多名青少年参加，展现“空中芭蕾”之美。大赛设11~12岁组、13~14岁组、15~16岁组3个竞赛组别，每个组别设蹦床、单跳、双蹦床三大竞赛项目。赛事决出24个小项的冠、亚、季军。

【2022—2023中国女子排球超级联赛在淮安举行】 11月21—24日，2022—2023中国女子排球超级联赛第一阶段（淮安赛区）女排第二站D组比赛在淮安市体育中心体育馆举行，7支代表队参赛。江苏中天钢铁女排和福建安溪铁观音女排获得三场全胜。中央电视台体育频道《体坛快讯》节目报道淮安赛区女排赛况。

11月21—24日，2022—2023中国女子排球超级联赛第一阶段D组比赛在淮安市举行　赵启瑞　摄/视觉江苏网　供

【参加江苏省第二十届运动会】 2022年，在江苏省第二十届运动会中，淮安体育代表团获得107枚金牌、280块奖牌，总积分3147.5分，金牌数和奖牌数排名全省第六、总积分排名全省第七，包揽青少年部比赛参赛成绩奖、突出贡献奖、设区市人才输送奖、学校体育工作奖、俱乐部参赛奖、优秀组织奖、体育道德风尚奖7个奖项。

【1名运动员在全国拳击锦标赛中获冠军】 11月14—19日，2022全国拳击锦标赛在浙江省绍兴市举行。比赛设男子48公斤、54公斤、60公斤、67公斤、86公斤5个级别，女子51公斤、57公斤、60公斤、69公斤、75公斤5个级别。全国各省市专业队、高校队等28支队伍146名拳击运动员参赛。淮安市运动员袁慧平在决赛中以绝对优势战胜对手，获得女子69公斤级冠军。

（濮颖雅）

体育产业

【概况】 2022年，淮安市率先在全省出台实施争取上级扶持资金、建立全周期服务机制、提振体育消费市场等“纾困解难十条”。为全市13家体育企业向上争取体育产业引导资金860万元，项目量位居全省第三、苏北地区第一。畅通“建行阳光体育贷”等专项信贷融资渠道，帮助江苏新金菱体育产业集团、江苏奇乐娃实业有限公司等企业申请贴息贷款近4000万元，解决体育企业融资还贷的实际困难。帮助全市9个体育场馆向中央或省级申请大型公共体育场馆免费低收费开放补助资金，2022年度获得中央和省级补助498万元。帮助承租户渡过新冠疫情期间的经营难关，对承租市体育系统事业单位房产的有关承租户减免3个月的租金143.66万元。

【施河共创体育产业园】 施河共创体育产业园位于淮安施河现代教育装备产业园内。施河镇是江苏省体育健康特色小镇，建有占地面积200万平方米的施河教学具产业园和占地面积35.73万平方米的共创体育产业园，集聚产业260多家，年产值超百亿元。2022年，共创体育产业园江苏共创人造草坪股份有限公司、江苏华辰教学设备有限公司、江苏新起点实业有限公司等5家企业进入淮安区税收50强企业，产值40多亿元。

【银涂体育产业链】 金湖县银涂镇体育用品产业基地是江苏省特色类体育产业基地、体育产业示范单位。至2022年，该基地形成以蹦床项目为特色的体育产业链，汇集60家体育用品制造企业名单，年产值20亿元。

【体育彩票】 2022年，淮安市体彩销售额8.39亿元，其中乐透数字型游戏2.58亿元，竞猜型游戏5.17亿元（含传统足球），即开型游戏6503万元。全年体育彩票销售占全市份额的73.71%，份额排名全省第五。

【体旅融合发展】 2022年，淮安市体育局推荐蒋坝镇荧光小道至湿地花田体育旅游精品线路、天泉湖最美线路、龙宫大白鲸世界景区嬉水世界等申报江苏省时尚体育旅游好去处。中央电视台冬奥会专题报道推荐市古运河滑雪场，带动滑雪场直接经济效益100万元以上。

【10个项目获省级体育产业发展专项资金】 2022年10月，江苏省体育局对2023年江苏体育产业发展专项资金项目进行公示，淮安市10个项目获得省级体育产业发展专项资金共计860万元，位居苏北地区第一、全省前列。受新冠疫情影响，大部分体育企业发展增速缓滞。淮安市体育局帮助企业争取省级体育产业发展资金，在申报专项资金过程中，采取集中学习文件、集中培训业务、集中申报材料和上县区筛选、上企业指导、上项目审核“三集中三上门”的工作方式，确保上报企业通过率。为减轻企业负担，协调财政部门安排资金为政府采购专业会计事务所服务，免费为申报企业开展财务体检，化解申报中的专业问题。

【新金菱集团入选国家体育产业基地名单】 5月10日，国家体育总局印发《关于命名、认定2021年国家体育产业基地的通知》，江苏新金菱体育产业集团有限公司被认定为国家体育产业示范单位。江苏新金菱体育产业集团是一家拥有完整蹦床产业链的企业，集研发、设计、生产、销售、贸易、赛事训练、体育服务于一体，且形成集群优势，拥有20余家上下游企业，年内新建金湖蹦床体验馆和训练馆。集团注重科技研发，有各类专利100余件，获“全国大众蹦床生产示范基地”“江苏省高新技术企业”“江苏省民营科技企业”等称号。产品销售额在全国蹦床市场占比50%。

【共创草坪公司入选省先进制造业和现代服务业深度融合试点单位】 2022年，江苏共创人造草坪股份有限公司入选第二批省先进制造业和现代服务业深度融合试点单位。该公司为一家专业从事人造草坪研发、制造和销售的体育产业企业，是全球生产和销售规模最大的人造草坪企业，获得“国家体育产业示范单位”称号。试点主要针对人造草坪的个性化定制服务，以客户需求为导向，依托原有研发平台及设计中心研发创新能力，通过工业设计在人造草坪产品全生命周期的应用，研发新产品，丰富产品系列，进一步提升市场占有率。

（濮颖雅）

收入与分配

责任编辑：汪　洁

居民收入

【概况】 2022年，淮安市全体居民人均可支配收入36706元，比上年增长5.7%，增幅比上年下降4.1%。按常住地分，城镇居民人均可支配收入46041元，增长4.7%，增幅比上年下降4.3%；农村居民人均可支配收入23404元，增长6.9%，增幅比上年下降4%。农村居民收入增幅比城镇居民收入增幅高出2.2个百分点，城乡收入差距进一步缩小。城乡居民收入比值为1.97，较上年缩小0.04。

【工资性收入】 2022年，淮安市市直、清江浦区、淮安经济技术开发区最低工资标准为2070元，非全日制用工小时最低工资标准为20元/小时；淮阴区、淮安区、洪泽区、盱眙县、涟水县、金湖县最低工资标准为1840元，非全日制用工小时最低工资标准为20元/小时。当年，全体居民人均工资性收入20615元，比上年增长5.9%，增幅比上年下降2.9%；工资性收入占全部可支配收入的56.16%，比上年提高0.16个百分点，是人均可支配收入的主要组成部分。

【经营性收入】 2022年，淮安市升级优化营商环境措施，帮助市场主体发展，促进居民经营性收入提高。出台《淮安市持续深化“放管服”改革打造一流营商环境若干措施》。印发《关于进一步帮助市场主体纾困解难着力稳定经济增长的具体实施细则》，明确45条纾困解难措施。出台《关于贯彻落实省政府办公厅有效应对疫情新变化新冲击进一步助企纾困政策措施的通知》，提出20条实施细则。印发《关于进一步发挥市场监管职能惠企纾困助力发展的意见》，推出12项惠企服务举措。聚焦消费、旅游、交通运输等重点行业领域，制定发布“淮十条”扶持措施，精准帮助服务业小微企业和个体工商户等市场主体。印发《关于进一步支持个体工商户纾困解难健康发展的若干措施》，从出台20项扶持政策，惠及全市近67万个体工商户。全年全市居民经营性收入得到提升，实现净收入7259元，增长3.5%，占总收入的19.78%。

【转移净收入】 2022年，淮安市完善落实社会保险、社会救助、社会福利政策，保障低收入人群、困难群众生活。继续提高企业退休人员基本养老金、城乡居民基本养老保险基础养老金。城乡居民医保参保率98.51%，城乡居民医保政策补偿比70.5%。印发《淮安市加快发展保障性租赁住房实施方案》，加快发展淮安市保障性租赁住房。全年城乡居民人均转移净收入5988元、增长10%，占人均居民总收入的16.3%、比上年提高0.6个百分点。

（淮　鉴）

居民消费

【概况】 2022年，淮安市全体居民人均消费支出20826元、比上年增长4.9%。按常住地分，城镇居民人均消费支出24785元、增长3.6%；农村居民人均消费支出15184元、增长7%。城乡消费支出差距有所缩小。

【居民消费结构】 2022年，在淮安居民消费结构中，食品烟酒类消费支出6318元，比上年增长6.31%，占全部消费支出的30.34%；衣着类支出1364元，增长0.8%，占全部消费支出的6.55%；居住类支出4792元，增长9.5%，占全部消费支出的23%；生活用品及服务类支出1333元，增长3.5%，占全部消费支出的6.4%；交通、通信支出2785元，增长6.9%，占全部消费支出的13.37%；教育、文化、娱乐支出2313元，减少6.3%，占全部消费支出的11.1%；医疗保健类支出1393元，增长3.4%，占全部消费支出的6.69%；其他用品和服务类支出529元，增长13.8%，占全部消费支出的2.54%。城镇人均住房建筑面积50.2平方米，农村人均住房建筑面积57平方米。全市私家客车保有量694485辆、摩托车保有量61745辆。

【消费需求】 2022年，淮安市消费市场总体平稳。全年实现社会消费品零售总额1820.19亿元，比上年下降0.4%。从消费形态看，限额以上单位商品零售额549.92亿元，增长4.7%；餐饮收入42.39亿元，增长7.4%。从商品类别看，基本生活消费保持平稳，限额以上单位粮油食品类、烟酒类商品零售额分别增长7.5%、6.6%；升级类消费需求加快释放，家用电器和音像器材类、金银珠宝类商品零售额分别增长14.7%、13.9%。

12月15日，2022“幸福满淮·安心消费”冬季购物节举行启动仪式，发布2022“幸福满淮·安心消费”冬季购物节活动方案　　管伟法　摄

【消费购物节】 2022年，淮安市举办“幸福满淮·安心消费”四季购物节，策划十城百企万店让利优惠活动，发挥热门商圈、特色步行街、大型商场等载体辐射带动作用，推动消费回暖复苏。多场购物节围绕“吃、住、行、游、购、娱”六大元素，涵盖汽车、家电、电商、餐饮、百货、体育、文旅、农业等行业，组织全市县区（园区）联动。夏季购物节联合全市1万多家优质企业，策划安排100多场商家让利优惠活动，实现“月月有主题、周周有特色、天天有打折”。节假日期间，重点商贸企业、汽车销售行业等在做好常态化疫情防控前提下，抓住消费旺季，采用换购、联合银行消费满减、会员日特卖等购物节促销手段吸引客流，激发消费潜力。

（淮　鉴）

表50　2022年淮安市居民收入与支出情况表（一）

指标名称	绝对值	增长（%）	指标名称	绝对值	增长（%）
全体居民人均可支配收入（元）	36706	5.7	衣着	1364	0.8
#城镇常住居民人均可支配收入	46041	4.7	居住	4792	9.5
农村常住居民人均可支配收入	23404	6.9	生活用品及服务	1333	3.5
#工资性收入	20615	5.9	交通通信	2785	6.9
经营净收入	7259	3.5	教育文化娱乐	2313	−6.3
财产净收入	2844	1.5	医疗保健	1393	3.4
转移净收入	5988	10.0	其他用品和服务	529	13.8
全体居民生活消费支出（元）	20826	4.9	城镇人均住房建筑面积（平方米）	50.2	—
#食品烟酒	6318	6.1	农村人均住房建筑面积（平方米）	57.0	—

（资料来源：市统计局）

表51　2022年淮安市居民收入与支出情况表（二）

地区	全体居民人均可支配收入（元）	城镇常住居民人均可支配收入（元）	农村常住居民人均可支配收入（元）	地区	全体居民人均可支配收入（元）	城镇常住居民人均可支配收入（元）	农村常住居民人均可支配收入（元）
全市	36706	46041	23404	涟水县	30145	38273	21848
淮安区	32031	40032	23813	盱眙县	35152	46182	23539
淮阴区	32515	42859	21938	金湖县	36539	46601	25789
清江浦区	52788	55512	28971	经开区	—	52407	—
洪泽区	36153	46151	25603				

（资料来源：市统计局）

市场物价

【概况】2022年，淮安市完善价格调控管理机制，开展清费降本减负工作，物价水平保持在合理区间。居民消费价格指数（CPI）比上年上涨1.9%，低于全省平均水平0.3个百分点。从类别看，食品烟酒价格上涨2.7%，衣着价格上涨1.7%，居住价格上涨1.1%，生活用品及服务价格上涨2.3%，交通、通信价格上涨3.1%，教育、文化、娱乐价格上涨1.5%，医疗保健价格上涨0.2%，其他用品及服务价格上涨1.7%。

【粮油蔬菜水果价格】2022年，淮安市主副食品价格波动较多，粮食价格上涨0.4%，食用油价格上涨3.8%，鲜菜价格上涨5.8%，鲜果价格上涨14.9%。

粮油价格　二级东北粳米、特一面粉价格分别下降8.33%、3.23%；黄豆、红小豆价格分别上涨2.17%、1.23%；5升桶装浸出菜籽油、大豆油、花生油、大豆调和油价格分别上涨6.85%、23.26%、6.67%、11.59%；粮油价格呈现升多降少走势。

蔬菜价格　与上年同期相比，2022年末市区32种蔬菜价格15升2平15降，平均单价每500克4.72元，上升4.14%。其中同比升幅超过20%的蔬菜有青菜、豆角、菠菜、生姜、丝瓜5种，升幅分别是91.30%、78.26%、54.29%、42.86%、36.07%；同比降幅超过20%的有大白菜、西芹、西红柿、尖椒、薄皮青椒5种，降幅分别是20%、23.81%、25.45%、30.30%、42.86%；蔬菜价格整体有所上涨。

水果价格　受新冠疫情影响，年末市区水果尤其是橙子、梨价格显著高于上年同期，其中橙子、苹果、香蕉、梨价格分别上涨48.94%、2.04%、3.45%、46.63%；西瓜价格下降30%；水果价格整体较高。

【肉禽蛋水产品价格】2022年，淮安市食品价格波动加多，猪肉价格下降1.9%，鸡蛋价格上涨8.1%，禽肉类价格上涨3%。

肉禽蛋价格　年中猪肉价格出现大幅上涨，年末猪精瘦肉、肋条肉、后腿肉价格比上年同期高出较多，分别上涨19.13%、21.88%、25.32%。牛腱子肉、去骨羊肉、带骨羊肉价格分别下降0.63%、0.43%、2.56%；牛腩价格上涨1.14%；白条鸡价格下降0.94%；鸡场蛋、草鸡蛋价格分别上涨11.32%、6.33%；肉禽蛋价格呈现升多降少走势。

水产品价格　鲫鱼、花鲢、鳊鱼、草鱼、鲳鱼价格分别下降5.83%、10.47%、5.10%、16.67%、6.14%；带鱼、鲳鱼价格分别上升19.75%、14.58%；水产品价格呈现降多升少走势。

（淮安市发改委价格监测中心）

2022年5月3日，“五一”小长假期间，淮安市区菜市场各类菜品供应充足，质优价稳　张照久　摄/视觉江苏网　供

表52　2022年淮安市市场价格指数表

指标名称	上年=100
居民消费价格总指数	101.9
一、食品烟酒	102.7
粮食	100.4
鲜菜	105.8
畜肉	99.3
水产品	98.2
蛋	107.2
鲜瓜果	114.9
二、衣着	101.7
三、居住	101.1
四、生活用品及服务	102.3
五、交通和通信	103.1
六、教育文化和娱乐	101.5
七、医疗保健	100.2
八、其他用品和服务	101.7
商品零售价格指数	102.4

（资料来源：市统计局）

社会保险

【概况】 2022年，淮安市实施全民参保计划，贯彻企业职工基本养老保险省级统筹制度，推进机关事业单位养老保险和工伤保险制度改革，企业退休人员基本养老金实现“十七连调”，城乡居民基本养老保险基础养老金标准“十一连增”。出台市本级争取2022年度省级统筹激励实施方案，开展社会保险扩面和缴费工资基数稽核专项行动，加强工作进展监测调度和通报检查。开展扩面征缴政策宣传，开展“百人千企”“全国个体工商户服务月”和社保政策“五进”（进社区、进乡村、进企业、进学校、进家庭）宣传活动。比对已纳税未参保企业数据，推动基层网点快递员优先参加工伤保险，摸底排查人力资源、中介机构等行业未参保人员，多渠道提醒灵活就业人员及时缴费。

（吴冠卿）

【养老保险】 城乡居民养老保险　2022年，淮安市城乡居民基本养老保险保障水平为241.44元，增幅16.56%，在省Ⅲ类地区排名第一，全省排名第二。稳定延续执行困难群体城乡居民基本养老保险扶持政策，为5.61万名困难群体代缴城乡居保643.81万元。巩固退捕渔民社保安置成果，为2991名退捕渔民代缴、退返保费3049.23万元，为721名退捕渔民发放养老补助金623.37万元。实行征地项目预审批制度，优化审批流程，缩短审批周期，确保新增被征地农民及时、全部纳入城乡基本养老保险体系。全年共审核征地项目141批次，纳入社会保障16992人。至年末，全市城乡居民基本养老保险参保人数为197.35万人，当年新增参保2.58万人。

企业职工基本养老保险　至2022年末，淮安市企业职工基本养老保险在职参保人数78.37万人，全年征缴企业养老保险费97.56亿元，为39.27万名企业离退休人员按时足额发放养老金112亿元。完成2022年度退休人员基本养老保险待遇调整，为37.43万名企业退休人员调整发放养老金4.89亿元，调整待遇后月人均增加养老金109.37元。

机关事业单位养老保险　至2022年末，淮安市机关事业单位养老保险参保人数为16.32万人，其中在职参保人数10.11万人、领取待遇人数6.21万人，发放养老金49.98亿元。

（吴冠卿）

【医疗保险】 至2022年末，淮安市基本医疗保险参保人数有494.14万人，覆盖率98.51%，其中职工基本医疗保险参保103.08万人、城乡居民基本医疗保险参保391.06万人，基本实现应保尽保。截至年末，城镇职工基本医保最高支付限额为每年31万元，城乡居民基本医疗保险最高支付限额为每年24万元。2022年，全市城乡居民医保政策补偿比达70.5%。

医疗保障制度建设　《淮安市深化医疗保障制度改革实施方案》印发，确定24项改革任务，明确未来5~10年医保改革方向。印发《关于建立健全职工基本医疗保险门诊共济保障机制的实施意见》，统一全市职工医保门诊统筹基金起付标准、支付比例、最高支付限额的设置方法，改进个人账户计入办法。在全市范围内推广与基本医疗保险相补充衔接的普惠性商业补充医疗保险产品——江苏“医惠保1号”，投保人数32.5万人。贯彻落实国家待遇清单制度，调整优化职工医保市内待遇、完善新生儿参保等政策。

职工基本医疗保险　2022年，全市职工基本医疗保险参保人数103.08万人，较上年增加4.37万人。其中，在职职工74.18万人、退休人员28.89万人，较上年分别增加4.05万人和0.3万人。全年职工基本医疗保险基金收入56.24亿元，基金支出42.49亿元，当期结余13.75亿元。

城乡居民基本医疗保险　2022年，全市城乡居民基本医疗保险参保人数391.06万人，医疗保险基金收入39.69亿元，基金支出36.67亿元，当期结余3.02亿元。其中，按规定标准财政补助收入25.38亿元，人均财政补助649元。

医保支付方式改革　推进国家DIP（区域点数法总额预算和按病种分值付费）付费示范市建设，打造市一院、市二院省级DIP改革示范联系点，提前实现统筹地区、医疗机构、病种分组、医保基金全覆盖，DIP付费医保基金占统筹区住院基金98%以上，分级诊疗扩围基层病种至40种。获国家医保局现场交叉评估优秀等次，相关改革举措被《中国医疗保障年鉴》《中国医疗保险》《中国卫生》等省级以上媒体刊发推介。

药品医用耗材招采　全面落实国家和省药品医用耗材集中采购（以下简称集采），各类国家、省级集采品种落地价格平均降幅最高为82%，累计减轻群众医疗费用支出8亿元。全年药品及医用耗材阳光采购平台采购金额分别达32.52亿元、20.94亿元，注册在线医疗机构172家，在线药品品规数1.69万个，医用耗材产品数11.76万个。落实医疗服务价格动态调整机制，调整价格210项。

医保基金监管　印发《关于推进医疗保障基金监管制度体系改革的实施方案》，构建医保基金安全防控机制。开展打击欺诈骗保专项整治行动，针对医保基金使用风险点开展专项稽核，做到现场检查、自查自纠和抽查复查全覆盖，全年共追回、拒付、处理违规金额1.07亿元。加大曝光宣传力度，公开曝光案例954例。完善医保智能监控系统建设，开展事中事后“双随机、一公开”监管，监督检查定点医药机构409家。组织“两定机构”（定点医疗机构和定点药店）开展自查自纠，主动上缴违规费用1100余万元。淮安市基金监管综合指标位居全省第一，市医保局获“全国平安医院建设工作表现突出集体”称号。

医保公共服务　推进“15分钟医保服务圈”建设，推出“医保红色驿站”“医保主题公园”“医保便民专车”等特色服务，建成省级示范县区2个、镇（街道）医保服务站103个，覆

10月20日，市医保中心走进淮安市广播电视台“政风热线”直播间，向广大观众宣讲医保惠企惠民政策及医保经办服务，回应社会关切，答复医保疑难问题　　市医保局　供

盖所有镇街，累计建成村居医保服务点1561个，办理业务近14.81万件。规范实施综合柜员制，明确37项“全市通办”业务，市、县两级经办机构“全市通办”业务年办件量5.6万件。全省首家上线医保参保征缴及业财一体化功能，省内率先建立“智慧医保”管理服务中心。推动32项清单“网上办”、20项清单“掌上办”、7项清单“自助办”，实现“线上+线下”同步经办服务。医保经办服务典型案例获全国医保经办规范建设典型案例一等奖，全省唯一。

异地就医直接结算　实现与全国所有省份统筹地区间门诊、住院、5个门诊特定病与门诊慢性病试点病种直接结算，开通异地就医定点医疗机构329家、定点零售药店1532家，实现定点零售药店异地联网直接结算开通全覆盖；开通门诊特定病与门诊慢性病直接结算定点医疗机构22家，实现县域开通全覆盖。惠及群众就诊68.2万人次，双向直接结算医疗总费用25.34亿元。其中，长三角地区累计直接结算66.2万人次，直接结算医疗费用24.33亿元；省内直接结算61.2万人次，直接结算医疗费用21.19亿元。

常态化疫情防控医疗保障　向全市定点医疗机构提前预拨付医保资金5.47亿元，累计支付医保基金9亿元。实施阶段性缓缴职工医保政策，涉及3.42万家单位、缓缴医保费3.3亿元。

（马晓玲）

【失业保险】至2022年末，淮安市失业保险参保人数58.15万人，全年失业保险基金收入4.58亿元。出台失业保险稳岗位提技能防失业若干政策实施细则，拓宽失业保险助企扩岗政策受益范围，实现失业保险稳岗返还提标扩面、免申即享，为1.59万家企业发放稳岗返还资金1.5亿元，惠及37.41万名职工，为1889家企业落实留工培训补助1583万元，为1268家企业落实一次性扩岗补助507万元。

【工伤保险】2022年，淮安市建立工伤预防部门联动机制，出台《淮安市补充工伤保险试行办法》，编制《淮安市工伤保险预防项目实施指南》，维护职工合法权益。全市收到工伤案件申报4128件，受理3881件，办结3716件。全市工伤预防支出383万元，实施工伤预防项目33个，工伤康复358人次。至年末，全市工伤保险参保人数80.53万人，全年认定工伤3905件。实施“同舟计划”二期项目，推动全市危化品行业和建筑业等高风险领域工伤保险应保尽保。全市建筑业新开工项目工伤保险参保率超90%。完成2021年工伤保险定期待遇调整和补发工作。

（吴冠卿）

【生育保险】2022年，淮安市有职工生育保险参保人数65.37万人，其中女性30.82万人，覆盖机关、企业、事业单位、社会组织以及有雇工的个体商户及其职工（含个体工商户招用的雇工）。全市生育保险待遇支出2.22亿元，享受生育保险待遇6.6万人次。

【大病保险】2022年，淮安市职工大病保险受益人数0.6万人，享受大病保险待遇3.38万人次，基金支出7502.54万元。全市城乡居民大病保险受益人数3.67万人，享受大病保险待遇17.21万人次，基金支出3.85亿元。全市职工和城乡居民大病保险参保人员因住院、门诊特定病发生的高额医疗费用，经基本医疗保险基金支付后，由大病保险基金对个人负担的合规医疗费用超过1.5万元的部分再给予不低于60%的补偿，大病保险不设最高支付限额。对医疗救助对象，大病保险起付标准降低50%，报销比例比上年提高5个百分点。

（马晓玲）

【社保基金监督管理】2022年，淮安市落实“社会保险基金管理提升年行动方案”，开展自查自纠、市级互查以及“社保基金安全警示教育月”活动。开展巡察审计整改，成立领导小组并制定工作方案，基本完成涉及问题整改。在全省率先出台市一级经办机构内部控制管理办法，全市核查反馈疑点数据7.45万条，依法开展违规领取社保待遇人员核查追缴工作，出台资格认证经办规程，全市退休人员认证率达97.6%。注重运行监测，开展全市基金财务专项检查、基金安全评估工作复评，与合作银行签订委托代发业务合作补充协议，建立完善基金业务财务对账等制度。

（吴冠卿）

社会救助

【概况】 2022年，淮安市开展救助管理机构“开放日”“寒冬送温暖”“夏季送清凉”活动，调整完善四级救助网络，全市发起“小网格·大救助”暖心助困行动，发动8500余名基层党员干部、社区网格员对辖区困难群众集中开展排查，走访对象18.2万人，将10764名困难群众纳入重点帮扶范围并明确帮扶责任人。财政预算优先安排保障基本民生，全年发放各类民政救助保障资金12.3亿元，惠及群众54.2万人次。

9月5日，盱眙县健康促进会和盱眙阳光艺术团在县大剧院开展宣传《中华人民共和国慈善法》文艺演出志愿服务活动　　市民政局　供

【城乡居民最低生活保障】 2022年，淮安市城乡居民最低生活保障标准为每人655元/月，全市有城乡低保对象34770户、65877人，其中城市低保3092户、5179人，农村低保31678户、60698人。全年发放城乡低保金3.97亿元。2022年8月，按每人100元的标准，为全市在保城乡低保对象发放一次性生活补贴。

【特困人员救助】 2022年，淮安市常态化开展特殊困难群众巡访关爱工作，保障特困人员温暖过冬、清凉度夏。特困人员基本生活标准不低于低保标准的1.3倍，分档确定照料护理标准。至年末，全市有特困供养人员21157人。其中，城市特困供养人员550人，包括集中供养人员262人，分散供养人员288人；农村特困供养人员20607人，包括集中供养人员3154人，分散供养人员17453人，全年发放特困供养金2.26亿元。2022年8月，按每人100元标准，为全市特困人员发放一次性生活补贴。

【临时救助】 2022年，淮安市加大对因疫因灾遇困群众临时救助力度，推行“急诊救助”“先行救助”，全面落实镇（街）临时救助备用金制度。全年实施临时救助19994人次，发放救助金1877万元。《中国社会报》《江苏民政》等媒体宣传推介淮安市社会救助领域工作做法。在涟水县试点开展的“支出型困难家庭临时救助实践”被评为全省社会救助领域最佳案例。

【流浪乞讨人员救助】 2022年，淮安市优化基层救助点布局，建立完善街面长期滞留人员信息库。民政、公安、城管等部门联合开展综合治理，减少“职业乞讨”现象，提高全市流浪乞讨人员救助管理水平。全市有救助管理站6个，共救助流浪乞讨人员867人次，其中市救助管理站救助322人次，救助流浪未成年人23人次。将142名符合条件的流浪乞讨长期滞留人员纳入本地特困人员救助供养范围，解决其基本生活和医疗问题。通过人脸识别、人像识别、DNA数据库等进行甄别寻亲，打造“六心”（坚定信心、秉承恒心、倾注耐心、奉献爱心、不忘初心、真情用心）寻亲品牌，全年帮助120余人寻找到亲人，回归家庭。

【慈善救助】 2022年，淮安市开展“慈善一日捐”“精准济困”“计生润家”“阳光助医”“关爱青少年”“关爱国防”“关爱警察”等20余项“慈善淮安”精品救助项目。慈善公益组织开展服务社会，涉及救灾、扶贫、助学、助残、助医、助房、安老等8个方面，全年投入善款近1亿元，持续开展救助活动，受益者逾20万人次。启动慈善总会资助公益项目，为54个公益项目投入资金200万元。民政部门指导慈善组织创新开展药品援助项目，向全市社会组织购买公益创投项目25个，引入专业社会力量参与救助，每月向260余名低保患者、中低收入家庭患者发放价值320万元的药品。

（陈诗郡）

【医疗救助】 2022年，淮安市印发《关于健全重特大疾病医疗保险和救助制度的实施方案》，明确全市医疗救助对象范围、救助标准等，减轻困难群众和大病患者医疗费用负担。落实市政府民生实事医疗救助对象住院费用政府托底项目，财政负担困难群体在县域内定点医疗机构住院合规费用报销比例低于90%部分，共2125万元。全市资助参加重特大疾病医疗保险46.21万人，资助参保金额1.58亿元；实施医疗救助153.03万人次，发放救助金2.2亿元。

（淮　鉴）

【红十字救助】 2022年，淮安市常态化开展“红十字博爱送万家”活动，累计慰问困难群众869.4万元；帮助38名白血病患儿申请天使基金项目，提供救助128万元。实施大病救助462人，总计98.95万元。为成功捐献造血干细胞、遗体器官捐献者困难家庭制定关爱政策，打造“博爱淮安”品牌。市红十字会与市市场监督管理局签订食品安全抽检合格备份样品捐赠协议，将合格备份样品用于救助困难群众。参见《群众团体·淮安市红十字会》

（吴　涛）

【教育救助】 2022年，淮安市完成教育资助13万人，资助金额2.25亿元。其中，学前教育助学金资助1.05万人、资助金额1048万元，学前教育免学费0.02万人、48万元；义务教育生活补助5.11万人，资助金额7056万元；普通高中国家助学金1.29万人、资助金额2573万元，普通高中免学费0.76万人、1207万元；中职国家助学金资助0.58万人、资助金额1158万元，中职免学费3.97万人、8727万元；新入学大学生一次性资助0.22万人，资助金额645万元。对当年考入本、专科院校的困难家庭大学生分别给予4000元、2000元一次性资助。推进“福彩圆梦·孤儿助学工程”，维护孤儿受教育权益。将被认定为孤儿身份、年满18周岁后在普通全日制本科学校、普通全日制专科学校、高等职业学校等高等院校和中等职业学校就读的中专、大专、本科学生和硕士、博士研究生列为助学对象。按照孤儿助学1万元/（人·年）的标准，按学期发放助学金，51名孤儿纳入助学工程，资助助学资金29.5万元。

（陈　飞　陈诗郡）

【计生困难家庭救助】 2022年，淮安市各基层卫生机构将计生特殊家庭成员纳入“家庭医生”签约重点人群，全年签约5337人，愿签尽签率达到100%，737个家庭医生服务团队为计生特殊家庭提供医疗服务2.16万次。全市二级以上医院建立计生特殊家庭“就医绿色通道”，享受挂号、就诊、缴费、检查、取药门诊“五优先”服务，符合诊疗规范、病情危急的享受优先安排住院和“先诊疗后付费”政策。连续7年开展“慈善淮安·计生润家”项目，为1533户无固定收入失独家庭发放2600元/户救助金，为497户有固定收入失独家庭发放500元/户救助金；县区为每户失独家庭赠送一份500元及以上住院护理补贴综合保险。全年项目总投入626.78万元，帮扶覆盖计生特殊家庭2030户。市财政安排计划生育公益金30万元，为305户因重病致贫计生困难家庭发放节日慰问金。

（淮　鉴）

社会福利

【困境儿童福利】 至2022年末，淮安市有困境儿童6300名。其中，机构供养孤儿105名、社会散居孤儿248名、父母监护缺失儿童895名、父母无力履行监护职责儿童877名、重残重病儿童4175名，全年累计发放困境儿童基本生活费7563万元。从2022年7月1日起，机构集中供养孤儿基本生活费标准提高至2677元/（人·月），社会散居孤儿标准提高至1821元/（人·月），父母监护缺失儿童生活费提高至1457元/（人·月），父母无力履行监护职责儿童生活费按照不低于当地社会散居孤儿补贴标准的60%发放，纳入困境儿童保障的重残重病儿童生活费按照不低于当地社会散居孤儿补贴标准的50%标准发放。社会散居孤儿基本生活费补贴标准与集中供养孤儿基本生活费补贴标准比例提高至68%，超过省定苏北地区标准。开展“福彩助学”项目，为121名困境儿童解决上学费用问题，累计资助金额140余万元。

【残疾人福利】 2022年，淮安市开展走访排查行动，及时发现、救助生活困难残疾人，帮助符合条件的对象申请困难残疾人生活补贴和重度残疾人护理补贴。全市发放困难残疾人生活补贴和重度残疾人护理补贴约3.9亿元，惠及近6万人。困难残疾人生活补贴标准包括：低保家庭内的重度残疾人按照当地低保标准35%发放，低保家庭内的非重度残疾人按照当地低保标准25%发放，低保家庭外的无固定收入智力、肢体、精神、视力重度残疾人按照当地低保标准100%发放，家庭人均收入在当地低保标准2倍以内一户多残、依老养残特殊困难残疾人按照不低于当地低保标准60%发放。重度残疾人护理补贴标准包括：一级肢体、盲视力、听力、言语以及一级、二级智力、精神残疾的重度残疾人护理补贴标准为190元/（人·月），二级肢体、盲视力、听力、言语的重度残疾人护理补贴标准为160元/（人·月）。有公办、民办残疾人康复服务机构33家，市、县区有公办残疾人托养机构8个，全市建成“残疾人之家”157个。参见《群众团体·淮安市残疾人联合会》

【老年人福利】 2022年，淮安市持续实施尊老金制度和经济困难高龄、失能等老年人补贴制度，为15.75万名高龄老年人发放尊老金1.2亿元。印发《淮安市基本养老服务指导性目录清单（2022年版）》，明确基本养老服务项目32项。通过政府购买服务方式，为全市80周岁以上老年人、低保对象、特困供养对象中的重度和中度失能老年人提供居家上门服务，惠及全市17.54万余名特殊困难老年人。

（陈诗郡）

【退休人员福利】 2022年，淮安市继续实施退休人员“万人康乐工程”，创新打造城乡一体化退管服务新模式。至年末，累计为169.93万名企业退休人员进行七轮免费体检。向鳏寡孤独、高龄重病、残疾贫困等特殊退休群体发放春节慰问金6.85万元，向75岁以上高龄市直企业退休人员发放重阳节慰问金69.37万元。

（吴冠卿）

【“关爱之家”建设】 2022年，淮安市建成未成年人保护工作站儿童“关爱之家”91个，其中省级示范性“关爱之家”8个，为全市以困境儿童和农村

6月30日，洪泽区举办“洪泽区水上百合朱坝街道儿童关爱之家示范成果展示”，小朋友们展演国家级非遗项目洪泽湖渔鼓、中华武术、英语情景剧和学习剪纸等　万　震　摄/视觉江苏网　供

留守儿童为重点的未成年人提供文体娱乐、心理咨询等关爱保护活动，惠及儿童5700余人次。至年末，累计为6万余人次儿童开展课业辅导、美术教学、文体娱乐、素质拓展等服务。

【福利彩票】 2022年，淮安市实现福利彩票销售2.99亿元，筹集市、县区两级福彩公益金3670万元，用于全市各类公益慈善项目。全市共建设各类销售网点822个，提供直接就业岗位近2000个。市福利彩票发行中心创建“福彩爱心助学”“福彩爱心敬老”“福彩志愿服务”等公益品牌，开展“新人喜结良缘 福彩送福添彩”“相约七夕 为爱定制”移风易俗公益活动，联合市救助管理站增设“爱心救助点”10个。

（陈诗郡）

住房保障

【概况】 2022年，淮安市完善实物配租和货币补贴结合的住房保障机制，落实住房保障政策，为市区3950户家庭提供住房保障。新开工棚户区改造住房1.92万套、基本建成1.37万套，改造老旧小区156个，改造完成数、向上争取资金量均居全省前列。创成省级宜居示范居住区10个。开展“超期过渡安置”攻坚行动，惠及家庭4457户。落实住房保障动态调整机制，出台加快保障性租赁住房发展、人才住房筹集实施方案，公租房、保障性租赁住房新开工量超额完成省定目标。

【保障性住房建设】 至2022年末，淮安市建成保障性住房项目16个，分别是银都商城、东风花园、和达雅苑、福星花园、东方金色家园、奥林晴园、康居花园、新兴和苑、南惠佳园、运通郁金蓝湾、丰球白鹭湖庄园润园、叶语世家、华德力运河城、东湖怡景苑、香格里拉、越河小区，保障房3209套。完成水沐和禧园200套公寓交付验收和产权办证，完成保障性租赁住房资质认定，获得保障性安居工程央补资金500多万元。开展在保家庭年审工作，完善申请审核、复检复核制度，健全退出管理机制，提高管理效率。提供住房保障申请不见面服务水平。

【公共租赁住房保障】 2022年，淮安市规范保障性租赁住房项目审批与实施，出台《淮安市加快发展保障性租赁住房实施方案》《淮安市保障性租赁住房项目认定实施细则》。市区提供公共租赁住房保障6189户次，发放补贴374.14万元。其中，租赁补贴家庭5186户次，补贴金额314.08万元，轮候期实物配租家庭1003户次，补贴金额60.06万元，租赁补贴应保尽保。组织开展公开摇号分房活动，分配公租房67套；累计收取2115户承租家庭租金529.28万元，减免租金933.78万元。其中，低保户246户，减免租金170.42万元；低收入户1349户，减免租金639.04万元；中等偏下收入户520户，减免租金124.32万元。

【住房政策提标扩面】 2022年，淮安市印发《市住房保障工作领导小组关于调整2022年度市区住房保障标准的通知》，新标准结合淮安市上年度城镇人均可支配收入、普通商品住房价格、租赁住房租消费价格等指标，降低准入“门槛”，扩大保障范围。公租房实物配租保障范围增加城市低收入、中等偏下收入无房家庭中70岁以上老人和重度残疾或重大疾病患者两类情形；新就业人员保障范围扩大至中专及以上学历。低收入家庭人均月收入标准线由1680元调整至1831元，中等偏下收入家庭人均月收入标准线由3246元调整至3296元。外来务工人员申请共有产权房的，未婚或已婚家庭未满3人的按3人保障。

【人才住房保障】 2022年，淮安市实施人才强市战略，出台《市政府关于加强淮安市人才安居保障工作的实施意见》《市人才住房筹集实施方案》等人才安居政策。大专以上学历人才，没有自有住房或用人单位未安排住房的，可按照住房保障相关政策申请共有产权房，在政府出资份额最高为保障标准50%的条件下，与政府形成共有产权。将全市人才安居保障方式与市民住房保障工作相结合，建立人才保障机制，扩大人才保障范围，增加人才保障方式，规范人才保障标准，人才申请共有产权房政府出资份额比例由40%调整至50%；做好人才公寓筹集工作，通过收购、租赁、盘活等方式加大人才公寓筹集力度，满足人才多样化住房需求。

【共有产权房助购】2022年，淮安市继续推广共有产权住房保障制度，促进县区共有产权房发展。江苏银行淮安分行、建设银行淮安分行、市住房公积金管理中心与市住房保障中心为符合条件的共有产权住房申购人提供单一贷款或组合贷款模式。7户家庭取得共有产权助购资格，助购共有产权住房家庭9户，助购资金325.6万元，户均助购金额36.17万元。鼓励助购临到期家庭回购政府产权，有申请回购家庭12户，回笼财政资金100.79万元。年末，淮安市被列为全省第三家“公租房申请一件事”试点城市之一。

【超期过渡安置攻坚行动】2022年，淮安市印发《市区征收（拆迁）安置超期过渡问题攻坚行动实施方案》，完善“一案一策”，定期对攻坚工作实施情况开展督查通报。市区有26199套延期交付安置房，其中清江浦区3217套、淮安区7235套、淮阴区13397套、洪泽区2107套、淮安经济技术开发区95套、淮安工业园区148套。化解5982套延期交付安置房交付问题，其中清江浦区383套、淮安区4589套、淮阴区859套、洪泽区3套、淮安工业园区148套。

（淮　鉴）

【住房公积金管理】2022年，淮安市归集住房公积金88.11亿元，新增缴存职工5.44万人；提取住房公积金63.03亿元，增长6.61%，增幅位居全省第二；发放住房公积金贷款5583笔、24.44亿元，支持职工改善住房面积66.65万平方米；为实现增值收益2.99亿元，增长9.04%；提取廉租房资金2.73亿元，增长9.27%。至年末，全市住房公积金开户单位数10977个、开户职工账户数67.1万人，累计归集住房公积金661.14亿元，发放住房公积金贷款14.43万笔、365.56亿元，期末个贷比率77.01%，逾期率0.04‰。

住房公积金归集　建立住房公积金归集扩面新机制，分阶段满足不同群体住房保障需求。扩大住房公积金合作银行范围，发挥商业银行资源优势，出台《住房公积金专户存款竞争性存放管理规定》《商业银行承办住房公积金金融业务考核办法》。以百人以上未建制企业及建制缺口百人以上企业作为重点扩面对象，拓展质态良好的企业。对确有困难的企业实行分步建制，对生产经营困难的中小微企业，允许缓缴或降低比例缴存住房公积金，对恶意侵害职工权益的企业启动执法程序。发布《淮安市灵活就业人员住房公积金管理规定》，明确灵活就业人员申请设立住房公积金账户时可在10%~24%的区间内自主选择住房公积金缴存比例。

住房公积金提取与贷款　降低租房提取“门槛”、阶段性提高提取额度，5.6万人次办理租房提取3.29亿元。实施住房公积金贷款最高额度动态调整机制，单方、双方缴存住房公积金贷款最高额度达48万元、72万元。加大刚性住房需求支持力度，首套首次、二套再次贷款最低首付款比例均降至20%。重启“商转公”贷款（个人商业性购房贷款转住房公积金贷款）业务，实施商转公贷款动态启停机制，创新“带押转贷”方式，减轻缴存人还贷压力。出台人才安居政策，住房公积金贷款最高额度提高至最高基准额度的1.5~4倍。

住房公积金助企纾困　扩大企业住房公积金缴存比例区间，调整最低缴存基数标准，出台阶段性支持政策，支持受疫情影响企业阶段性缓缴降比，企业缓缴期间，不影响职工正常提取和申请住房公积金贷款。全年为企业减负1880.26万元。

住房公积金账户结息　全市有65.8万职工住房公积金账户参加结息，结付职工住房公积金账户利息2.63亿元，结息金额比上年增加0.32亿元，增长13.85%。结息资金自动存入缴存职工个人住房公积金账户。

信息化建设　在全省率先通过住房和城乡建设部数据共享平台接入二代征信系统，职工无须到征信网点打印个人征信报告，通过信息系统可自主查询个人信用信息。推进住房公积金分布式审批模式，形成“自动审批为主、分布式审批为辅、柜面审批为补充”格局，该模式获得年度全市创新创优优秀项目。加强与金融机构、业务关联部门数据共享，打造网上营业厅、手机App、微信公众号、全国公积金小程序等一体化线上服务平台，实现51项高频业务线上办、23项业务自动批，提取自动审批率达67.95%，综合业务离柜率91.53%。向全市7236家缴存单位发放CA证书（数字签名证书授权），单位网厅、开发商网厅业务种类增至15项。

（李杨扬）

社会事务

责任编辑：汪　洁

人口家庭

【人口规模】 至2022年末，淮安市登记户籍人口551.11万人，比上年减少4.14万人，其中城镇人口330.05万人，占全市总人口的59.89%。常住总人口455.31万人，比上年减少0.91万人。其中，城镇常住人口304.29万人，比上年增加2.23万人；常住人口城镇化率66.83%，比上年增长0.62个百分点。年内，全市出生登记人口26782人，比上年下降19.77%；从市外迁入37008人，比上年下降59.83%；迁出56430人，比上年下降50.17%；全年乡村转城镇人口23416人，比上年下降59.5%。

表53　2022年淮安市户籍人口情况表

地区	年末总户数（万户）	年末户籍人口（万人）			出生人口（万人）	死亡人口（万人）
			男	女		
全市	172.23	551.11	282.69	268.43	2.68	4.88
淮安区	32.55	112.06	58.45	53.61	0.49	1.06
淮阴区	28.82	87.14	45.41	41.73	0.44	0.69
清江浦区	21.78	59.43	29.31	30.12	0.35	0.41
洪泽区	11.41	35.22	17.77	17.45	0.13	0.43
涟水县	31.70	108.29	56.65	51.63	0.51	1.08
盱眙县	21.66	77.74	39.76	37.98	0.36	0.69
金湖县	12.23	33.57	16.78	16.79	0.12	0.32
淮安经济技术开发区	7.03	20.83	10.26	10.58	0.16	0.13
淮安工业园区	1.23	4.85	2.40	2.45	0.02	0.03
淮安生态文旅区	3.82	11.99	5.91	6.08	0.09	0.04

（资料来源：市统计局）

表54　2022年淮安常住人口情况表

地区	年末常住人口（万人）			出生率（‰）	死亡率（‰）	人口自然增长率（‰）	城镇化率（%）
		城镇人口	乡村人口				
全市	455.31	304.29	154.16	4.78	8.38	−2.70	66.83
淮安区	78.88	44.01	35.62	4.04	7.83	−2.51	55.79
淮阴区	74.07	43.13	31.49	4.04	10.51	−5.22	58.23
清江浦区	58.97	54.05	5.16	5.80	6.14	−0.35	91.66
洪泽区	28.32	17.18	11.34	2.82	7.4	−2.81	60.68
涟水县	81.82	46.68	35.87	4.99	9.86	−3.87	57.06
盱眙县	60.39	37.52	23.35	5.12	8.75	−2.64	62.13
金湖县	28.77	17.62	11.34	2.78	9.02	−4.15	61.25

续表54

地区	年末常住人口（万人）			出生率（‰）	死亡率（‰）	人口自然增长率（‰）	城镇化率（%）
		城镇人口	乡村人口				
淮安经济技术开发区	30.14	30.14	—	7.00	5.67	1.35	100
淮安工业园区	2.77	2.77	—	3.65	10.95	-3.69	100
淮安生态文旅区	11.18	11.18	—	10.85	4.52	0.95	100

（资料来源：市统计局）

【户籍管理】2022年，淮安市全面实施户口迁移以及户籍事项证明“跨省通办”，受理户口登记、迁移等事项23.22万件，办理开具户籍类证明、父母投靠子女、工作调动户口迁移等“跨省通办”“省内通办”事项1233件。围绕新生儿出生、人才落户等，协助办理“淮上关爱一件事”8923件。其中“新生儿出生一件事”1721件、“人才落户一件事”12件。开展无户口人员排查落户工作，年内排查解决无户口人员落户问题375人。受理居民身份证办理26.67万张，其中跨省证件4135张、审核制证相片27.06万张、审核签发数据24.66万条。受理港澳台居民居住证办理130条，至年末，累计办理1070张。办理临时身份证5.59万张，受理长三角地区首次申领证件168张，全国其他省份首次申领证件28张。提供身份证邮政寄递服务11.33万件次。

【出生登记】2022年，淮安市办理新生儿出生登记25990人。其中，按性别分，男性13485人、女性12505人；按行政区域分，清江浦区3442人、淮安经济技术开发区1582人、淮安区4719人、淮阴区4268人、洪泽区1195人、涟水县4933人、金湖县1222人、盱眙县3504人、淮安工业园区230人、淮安生态文旅区895人。积极探索推动“新生儿出生一件事”服务，“新生儿出生一件事”在政务服务大厅或助产医院实现线下“一窗受理、内部联办、一窗出件”。

（陶　涛）

【收养管理】2022年，淮安市依法依规开展收养登记管理工作，保障被收养儿童合法权益。加强对县区收养管理业务指导，规范收养程序，完善收养手续，加强收养登记规范化、标准化建设。年内，全市办理收养登记14例，解除收养关系1例。

（陈诗郡）

5月20日，一对新人到淮安市清江浦区民政局婚姻登记处领证结婚，见证爱情　　王　昊　黄煌摄/视觉江苏网　供

【流动人口管理】2022年，淮安市加强出租房屋和流动人口登记管理，累计登记流动人口44.08万人，其中16周岁以上42.32万人、16周岁以下1.76万人。年内采集更新信息28.5万人，累计登记出租房屋12.73万户。年内采集更新信息5.46万户，累计制发居住证31.88万张，制发居住证1.93万张。

【流浪乞讨人口寻亲】2022年，淮安市开展流浪乞讨、精神障碍等特殊妇女儿童专项排查工作，摸排重点单位2740家，累计走访10.45万户、22.8万人。做好流浪乞讨人员救助服务工作，通过DNA、人像等技术比对，帮助2名无身份人员认亲，并安全回归家庭。

（陶　涛）

【婚姻登记服务】2022年，淮安市婚姻登记机构依法办理结婚登记26995对，其中“跨省通办”68对、“省内通办”86对、“全市通办”5154对。受理离婚申请15569对，实际办理离婚登记8601对。优化婚姻登记服务，开展婚俗改革试点，举办第三届淮安市青年人才户外集体婚礼，结合“2022·2·22”“5·20”结婚高峰日，在省级婚俗改革试验区试点清江浦区、金湖县举办“新人喜结良缘 福彩送福添彩”系列公益活动。盱眙县率先在国家AAAA级旅游景区——盱眙第一山国家森林公园黄牌街打造全新“偶园”婚姻登记服务中心，整合婚姻登记、婚庆服务、餐饮旅游等资源，为群众提供“结婚+旅游”新型登记服务。创新推出小品《福彩良缘》，倡导婚俗新风尚。构建“1+4”婚俗改革新格局（“婚姻登记+福彩”“婚姻登记+旅游”“婚姻登记+婚礼”“婚姻登记+护航”）。推进婚俗改革做法被《中国社会报》报道。

【生育政策支持服务】 2022年，淮安市加强“三孩”生育政策宣传，优化生育登记服务。开展涉及计划生育规范性文件专项清理工作，做好政策衔接。全年生育二孩占比37.85%，生育三孩占比6.05%，医疗卫生机构建成母婴室183个（含9个移动母婴室）。

【殡葬管理】 2022年，淮安市优化殡葬设施布局规划，编制《淮安市区殡葬综合性服务中心规划》，打造集守灵、殡仪、安葬和祭扫服务于一体的淮安主城区身后事全程服务中心。组织论证《淮安市区殡葬设施布局规划（2018—2035年）》局部调整方案，调整新增市永思园公墓3.38万平方米用地。实施市殡仪馆原址新建项目，项目规划占地面积2.73万平方米，总建筑面积约2万平方米，投资额1.3亿元。新建集殡葬、殡仪和生命博物馆于一体的盱眙县“福慧园”综合性殡葬服务设施，投资额1.5亿元。清江浦区落实2.4万平方米用地，投资1.1亿元建设骨灰堂。建成省民生实事公益性骨灰安放（葬）设施改扩建项目16个。涟水县殡葬服务设施建设管理工作获省政府2021年真抓实干督查激励表彰，该县被确定为全省丧葬礼俗改革试点县。开展“共抗疫情 文明祭扫”集体公祭活动，推广运用“淮安云祭祀”平台，累计超27万人次通过平台在线祭祀，相关做法被中央电视台、《人民日报》《光明日报》等媒体报道。

（陈诗郡）

劳动就业

【概况】 2022年，淮安市新增城镇就业6.29万人，完成省定目标任务的104.76%，全省Ⅲ类地区排名第二。失业人员再就业5.23万人，城乡就业困难人员就业1.41万人，公益性岗位新增托底安置就业困难人员850人。发放富民创业贷款6030笔，贷款金额11.06亿元。完成城乡劳动者就业技能培训3.31万人，创业培训2.14万人，扶持城乡创业2.43万人次。培育打造省级劳务品牌5个，新增认定省、市级创业示范基地5个，优秀创业项目38个。

【职业技能培训】 2022年，淮安市开展职业技能培训7.3万人次，组织职业技能鉴定4.4万人次，核发职业资格证书3.5万人次，新增高技能人才0.9万人。推行“招工即招生、入企即入校、校企双师联合培养”企业新型学徒制培训，培养企业新型学徒2522人。加强高技能领军人才培养，新增省技能大师工作室1个，10名技能人才获评“江苏省企业首席技师”。开展职业技能竞赛20余场，参赛人数4000余人次。

【就业服务】 2022年，淮安市加强招聘求职服务，集中开展春风行动、民营企业招聘月、金秋招聘月、就业援助月、服务业招聘月等主题就业服务活动。全年举办线上线下招聘会740场次，累计参加企业10419家次，发布岗位118397个次，达成用工意向32239人次。运用江苏智慧就业云平台、微信公众号、门户网站等媒体和载体举办网络招聘会30余场，发布岗位信息2000余条，在线接收求职简历500余份。邀请60余家企业通过智慧云平台、抖音、电视直播开展招聘业务，直播浏览量达到50余万人次，求职者投递简历3000余份。淮阴区通过“淮阴融媒”将岗位信息推送至全区13个镇街道；金湖县通过“金湖就业创业”微信公众号，推送10家重点企业用工岗位；淮安区通过“淮安区就业”微信小程序发布“2022年服务业专场网络招聘会”信息，让求职者足不出户就能实现居家择业。构建“政策引领+部门牵头+社会送工+校企合作”用工服务链，主动对接全市390个重大产业项目和1824家规模以上重点工业企业用工需求，“一对一”服务解决鹏鼎控股庆鼎精密电子（淮安）有限公司、中天钢铁集团（淮安）新材料有限公司、台华新材绿色多功能锦纶新材料一体化项目、南高齿（淮安）高速齿轮制造项目等重点企业、重特大项目紧急缺工8700余人次。

【创业服务】 2022年，淮安市新增发放富民创业担保贷款11.06亿元，扶持6030个创业主体发展。通过政银合作，全市“苏岗贷”授信金额12.58亿元，期末贷款余额5.83亿元，贷款笔数166笔。打造“创响江苏”“创富淮安”活动品牌，落实《促进大学生来淮留淮就业创业的若干措施》，扩大覆盖人群、新增补贴项目、提高补助标准，发

6月9日，清江浦区人社局举办“花开盛夏　人社送岗”高校毕业生现场招聘会，餐饮、建筑房产、机械制造、金融、贸易等2000多个岗位吸引人才前往双选

张照久　摄/视觉江苏网　供

放各类创业补贴974.93万元。全市累计推荐备案省级创业示范基地27个、省级大学生优秀创业项目223个。在第五届“中国创翼”“创响江苏”创业创新大赛劳务品牌专项赛中，淮安市“盱眙龙虾全产业链培训”项目获得全省二等奖，并作为长三角地区唯一代表晋级全国总决赛并获得优秀奖。

【和谐劳动关系建设】 2022年，淮安市劳动关系总体和谐稳定，完善劳动合同制度，全市规模以上企业劳动合同签订率超过99%。依托市协调劳动关系三方机制，开展和谐劳动企业创建和劳动关系和谐企业培育共同行动，推动企业和职工协商共事、机制共建、效益共创和利益共享，创新完善劳动关系协商协调机制，依法保障和发展职工基本权益，提升企业劳动用工管理水平。江苏威博液压股份有限公司等13家企业获评省优秀劳动关系和谐企业。

【劳动权益保护】 2022年，淮安市开展清理整顿人力资源市场秩序、工时和休息休假权益维护、“制度全覆盖”、集中整治拖欠农民工工资问题、根治欠薪百日攻坚战5次专项检查，结合“双随机”执法检查要求，劳动保障监察部门开展用人单位监察检查，人均检查64户次。年内，全市督促补签劳动合同212份，追发8788名劳动者工资待遇4712.7万元，其中农民工工资3416.42万元，追缴社会保险191.8万元，维护职工合法权益。

【农民工工资保障】 2022年，《淮安市农民工工资保证金管理细则》出台，加强欠薪问题源头治理。畅通线上线下维权渠道，开通“12333”劳动保障监察举报投诉专席本地接听功能，公布全市人力资源和社会保障部门及工程建设领域行业主管部门投诉电话、窗口地址，定期开展集中接访、驻点联合接访活动。排查整治工程建设领域、加工制造等行业企业，累计摸排项目企业2471家次，追发农民工工资待遇1019.54万元，依法向社会公布重大劳动保障违法行为10件。

【劳动人事争议一体化调处机制】 2022年，淮安市推进完善劳动人事争议一体化调处机制，打造“‘和’护淮商”工作品牌，建立民营企业劳动争议调裁对接机制，形成民营企业劳动争议化解合力。至年末，全市培育“全国和谐劳动关系创建示范企业”1家，劳动人事争议调解成功率70%以上，累计培育和谐劳动关系企业163家，其中国家级2家、省级55家。

（吴冠卿）

妇女儿童事务

【妇女儿童权益维护】 2022年，淮安市推进侵害妇女儿童权益问题排查整治，出台《关于推动“双融合”工作机制发挥妇联组织在基层社会治理中作用的实施意见》，建立以网格化服务管理为依托，妇联骨干共同参与、多元化力量为补充的矛盾纠纷排查化解体系。直接帮扶妇女儿童280余人次，办理相关法律援助案件500余起，受众8000余人次，回访好评率100%。市妇女儿童心理健康公益联盟开展心理健康服务活动113场，受益群众3558人次。市“守护花开”巾帼律师公益联盟面向妇女儿童群体开展公益普法讲座进社区、入校园、走企业、访乡村、至机关62场，受益群众2万余人。开展“巾帼心向党 学习二十大 奋进新征程”妇女议事主题活动232次，参与议事7835人次。开展男女平等基本国策进党校活动。推动《淮安市“十四五”妇女儿童发展规划》宣传实施，推出“规划大家讲”系列微视频10期。

【妇女儿童公益服务】 2022年，淮安市推进“一户一策”精准微关爱项目实施，争取资金125万元，为124户试点家庭量身定制微关爱计划，探索“试点先行、按户施策、多元协同、机制保障”工作路径。实施女性公益人才培养三年计划，争取各级资金116万元、指导实施妇女儿童和家庭公益社工服务项目16个。开展关爱困境儿童服务系列活动142场次，开展留守困境儿童关爱阅读活动30期，走访慰问儿童965人，结对帮扶留守孤困儿童348人，受益家长、儿童6083人。推进免费“一站式”婚检，优化免费婚检项目，全市免费婚检率达96.82%，居全省前列。为376名贫困“两癌”（乳腺癌、宫颈癌）妇女和困境妇女儿童购买江苏“医惠保1号”。全年为1606名单亲贫困母亲购买女性安康保险，发放救助金160.6万元。围绕“喜迎二十大七彩夏日行”主题，开展暑期公益活动150余场，受众约8000人次。开设女童保护公益课1284节，惠及学生、家长6万余人次。全年承接省级妇女儿童和家庭公益社工服务项目9个，市县区两级妇联联动实施妇女儿童民生实事项目7个、执委领办项目65个。妇女儿童家庭公益社工服务项目终期评估成绩位列全省第四、苏中苏北第一。

【妇女创业就业】 2022年，淮安市搭建政企直通平台，开展“创富大讲堂”之“惠创嫫才 政好为妳”政企直通活动7期，设立女性人才会客厅2个。出台《淮安市推进科技创新巾帼行动的若干措施》，建立女性人才数据库，收录全市女性人才数据3294条。召开市巾帼科技创新人才联盟工作会议，形成产学研合作项目30个。推行“巾帼科创贷”，全年为全市女性科技工作者企业放款11笔，贷款总额5750万元。举办市女企业家协会交流会8场。汇总编发市女企业家协会会员单位产品目录，指导制定服务套餐，惠企便民。搭建公益抖音直播平台，助力企业电商营销。创成全国巾帼现代农业科技示范基地1个。选树2022年度省妇女“双学双比”示范基地，其中获评省级巾帼现代农业科技示范基地、巾帼示范家庭农场（种粮大户）、精品民宿、新业态助农创新示范基地等27个。命名市级女大学生创业就业实践基地10个。全市215个巾帼文明岗与农村、企业结对共建。推动家政服务提质扩容，打造巾帼家政服务社区工作站11个。

（市妇联）

【基层儿童工作队伍建设】 2022年，淮安市建立完善以镇（街道）儿童督导员、村（居）儿童主任为工作力量的全覆盖基层儿童工作队伍。全市有儿童督导员107人、儿童主任1614人。对全市儿童督导员和儿童主任开展年度分级培训，参训率100%。市级财政按照400元/人·月标准，向儿童督导员发放工作补贴，保障基层儿童工作队伍待遇。

（陈诗郡）

老龄事务

【概况】 至2022年末，淮安市有60周岁及以上老年人口1202381人，占全市户籍人口总数的21.82%，比上年增加40252人。其中，80周岁及以上老年人口157500人，占全市老年人口总数的13.1%。

（淮　鉴）

【老龄政策法规建设】 2022年，淮安市建立养老服务机构“红橙黄绿”安全标准分级分色管理机制，印发《淮安市养老服务机构“红橙黄绿”安全生产标准化建设工作方案》。规范公办养老服务机构资金管理使用，印发《淮安市公办特困供养机构大宗食品等物资统招分签采购工作实施方案》和《关于进一步加强特困人员供养服务机构规范管理的通知》。

【老年宜居环境建设】 2022年，淮安市持续开展困难老年人家庭居家适老化改造，累计为6743户特殊困难老年人提供辅具安装、助行改造等服务，同步优先为高龄、失能的老党员、老军人打造家庭照护床位290张。

【养老机构建设】 2022年，淮安市提升改造和新建标准化农村区域性养老服务中心24个，新增完善床位2610张，实现每个县区拥有至少3家标准化农村区域性养老服务中心。至年末，全市有各类养老机构210家。其中，公办养老机构103家，床位数14090张；社会力量兴办或运营的养老机构107家，床位数12523张；护理型养老机构床位数占比为67.5%。

【居家养老服务】 2022年，淮安市加强社区养老设施建设，全市有街道老年人日间照料中心46个；城乡社区居家养老服务中心（站）1601个，其中城市社区居家养老服务中心（站）303个、农村社区（村）居家养老服务中心（站）1298个；老年人助餐点390个，实现全市城乡社区居家养老服务全覆盖。建设以“淮安市虚拟养老院”平台为中心的“互联网+”智慧养老网络，“点对点”为老年人提供居家上门服务。

12月12日，洪泽区西顺河镇于圩村老人在爱心食堂用餐。西顺河镇采用“党建+为老服务”模式，在于圩村开设爱心食堂，解决该村70岁以上老人“做饭难”“吃饭难”问题　　周太松　摄/视觉江苏网　供

【养老服务人才队伍建设】 2022年，淮安市放大省级养老服务人才实训基地功能，提供“虚拟养老院”信息化技术支持、江苏护理职业学院专业化师资保障，全年新冠疫情期间通过线上线下累计培训养老护理员5000余人次。选送养老烹饪人才参加江苏省首届“福彩杯”养老服务机构老年人营养餐大赛，淮安市参赛队伍获团体一等奖、适老套餐二等奖、适老热菜三等奖，淮安市民政局被评为优秀组织单位。

（陈诗郡）

【1项工作获评全国优秀案例】 2022年3月，民政部办公厅、财政部办公厅联合印发《关于公布居家和社区养老服务改革试点工作优秀案例名单的通知》，从203个试点地区中遴选出51个优秀案例，淮安市“明确产权归属　实现社区养老服务设施‘五统一’”案例入选。淮安市是国家第五批居家和社区养老服务改革试点城市。2020年，淮安市民政局、市资规局、市住建局、市行政审批局、市税务局、市财政局6个部门联合出台《淮安市新建住宅区配套建设养老服务用房规划、建设、验收和交付管理实施办法》，实现规划配建、配建标准、产权归属、管理运营、监管评价“五统一”，将新建小区配建养老服务用房标准提高到每百户25平方米，并创新配建养老服务用房产权归属民政部。文件实施后，全市审核121个新建小区规划方案，累计规划用房建筑面积2.27万平方米，惠及6万户居民，涟水县、盱眙县等地累计接收养老服务用房2385平方米。

（陈诗郡）

退役军人事务

【概况】 2022年，淮安市推进老兵调解、品质安置、幸福双拥等退役军人事务工作，创新打造“尊戎江淮”“戎创江淮”“戎耀江淮”特色品牌。“强兵兴业”工作法获省推荐参加全国典型评选，“老兵综合调解”入选“中国改革2022年度地方全面深化改革典型案例”，“品质安置”工作经验在全省作交流发言。淮安市退役军人事务局连续3年被退役军人事务部表彰为宣传先进单位。

2022年，淮安市开展退役军人优待证领取工作

市退役军人事务局　供

【退役军人服务体系建设】 至2022年末，淮安市建成市、县、镇、村四级退役军人服务中心（站）1699个。加快推进“戎耀之家”建设，建成省级优秀“戎耀之家”8家，服务退役军人近万人次。淮安西游产业集团“戎耀之家”挂牌运行，为全省首家国有企业特色退役军人服务站。市退役军人事务管理局联合市总工会开展优秀“戎耀之家”创建，依托“职工之家”建设“戎耀之家”，配备老兵谈心室、文体活动室、退役军人荣誉墙、光荣榜等。开展“老兵永远跟党走”系列活动，线上线下宣传优秀“戎耀之家”先进典型事迹。启动实施10个“基本示范村”、20个“重点中心镇”和2个“先行示范县”退役军人服务机构建设。7个站点获评2022年全省100个优秀退役军人服务中心（站），建成省级示范机构74个，打造市级五星级服务站34个，挂牌法律援助工作站15个。市退役军人服务中心被授予“退役军人服务保障先进单位”称号，1个服务站入选全国百家红色服务站，6个服务站入选全省百家精品服务站。

【退役安置】 2022年，淮安市率先在全省实施“品质安置”工程，开展重点对象直接安置、专业人才对口安置、特殊人才选调安置、具备资格转任安置相结合的“直通车”式安置。“品质安置”工程获省军区批示肯定，入选全省典型案例，获评市创新创优二等奖。年内，在全省率先完成全市转业军官、政府安排工作退役士兵、退出消防员移交安置任务。妥善安置军转干部随调家属、复员干部、伤病残士兵和离退休干部等。

【退役军人教育管理】 2022年，淮安市推行党员领导干部挂钩县区或镇街、联系困难退役军人、走访调研基层服务站点的“党建+服务”保障工作模式，开展“最美退役军人”评选、退役军人党员“微党课”授课竞赛、“戎耀之家”建设等创建活动。创作推出《天路淮军》《新安旅行团》《淮安市老复员军人风采录》等文化作品，分别获评江苏报告文学奖金奖、江苏紫金文化奖“优秀剧目奖”、文化旅游部“新时代现实题材创作工程”重点项目。组建“老兵宣讲队”进机关、企业、校园和军营宣讲，邀请知名军事专家在淮安开设讲座，因地制宜建设国防教育阵地，新安旅行团历史纪念馆、红色金南人民兵工馆、苏北小延安人选全民红色教育基地。

【退役军人就业创业】 2022年，淮安市打造退役军人特色培训平台、就业创业示范基地、创业孵化基地等“戎创江淮”服务品牌，连续多年被列入市政府民生实事项目。全年开展龙虾烹饪、短视频直播、淮扬菜烹饪等特色培训18期，培训学员1057名。组织开展江苏省第四届百城联动退役军人专场招聘会21场，参与单位603个，提供岗位12454个，其中745人签订就业意向协议。市公安局、第一人民医院、中天钢铁集团等一批用人单位，面向退役军人定向招录。开设乡村振兴、产业振兴带头人培训班，实施“兵支书”“兵委员”“兵网格员”培养计划，制定出台《关于促进退役军人赴村（社区）任职的意见》。全省率先出台《关于鼓励支持退役军人就业创业十条意见》，在市、县区两级退役军人服务中心内设就业创业指导站，建成市级首个退役军人就业创业孵化基地，为退役军人创业者提供场地支持、政策咨询、水电减免等政策支持，首批入驻退役军人创业项目7个。在2022年全省退役军人创业创新大赛中获二等奖。

【退役军人志愿服务】 2022年，淮安市持续打造“戎耀江淮贺新春”“戎耀江淮·暖心义诊”等志愿服务品牌，全市有退役军人志愿服务队伍1401支，吸纳1.53万名志愿者。全年开展志愿服务活动3659场次，志愿服务时长约18万小时，志愿服务活动受益人数65.86万人。志愿服务队围绕“强兵兴业”“老兵调解”“英模宣讲”“拥军优抚”“文明实践”5个方面，用心用情服务退役军人；开展“进学校、进企业、进军营、进社区、进家门、进福利院”活动，扩大志愿服务的覆盖面；做好“送政策、送技术、送文化、送健康、送关爱、送便利、送服务”服务。

【优待抚恤】 2022年，淮安市落实抚恤补助动态增长机制，实施物价上涨临时补贴政策，组织优抚对象短期疗养和医疗巡诊，健全常态化联系困难退役军人工作机制，帮助退役军人及其他优抚对象解决生活困难。全市有优抚对象2.3万人。其中，残疾军人3246人，在乡老复员军人494人，烈士遗属105人，因公牺牲军人遗属72人，病故军人遗属167人，带病回乡退伍军人1720人，农村籍退役老兵13145人，老年烈士子女1223人。全年发放各类抚恤金和生活补助资金2.73亿元。发放义务兵家庭优待金4800余万元，向入伍大学生发放奖励金1300余万元。

【基层服务】2022年，淮安市退役军人事务管理部门组织“岗位练兵”知识竞赛活动，278名窗口人员开展“联试联考”业务培训，推行“一站办理”“一网通办”服务，开展学好、练好、服务好“三好标兵”评选活动，提升基层服务水平。开展县区退役军人服务中心（站）业务培训，县镇两级、服务对象300人以上村级服务站业务骨干参训。打造“电力飞虎”“为您健康”“文艺轻骑兵”“盱爸盱妈”等“一县一特”志愿服务品牌。招募组建退役军人志愿服务队，开展“送政策、送技术、送文化、送健康、送关爱、送便利、送服务”等志愿服务活动29场，参加志愿者580人，累计服务时长3.36万小时。

【烈士纪念与褒奖】2022年，淮安市开展烈士纪念日和清明祭英烈活动，开展清明节烈士陵园祭扫活动，做好新冠疫情防控期间网上祭扫、代为祭扫等工作，组织“9·30”中国烈士纪念日纪念活动。开展县级以下烈士纪念设施整修，中央和省财政拨付补助资金691万元，县区财政配套资金141.81万元。全市整修烈士陵园38个，纪念广场、纪念塔、纪念碑计9处，152座零散烈士墓迁移至就近烈士陵园，签订迁移协议尚未迁移的22座，就地修缮烈士墓377座。

【“老兵调解”工作】2022年，淮安市推进“老兵调解”工作，开展退役军人事务领域思想疏导、矛盾化解、权益维护、困难救助。全年选聘专兼职老兵调解员285名、人民调解员117名、网格化信息员584名。按照“专职为主、兼职为辅、专兼结合、自愿参与”原则，组建“多元+专业”调解队伍。将“老兵调解”与全市信访工作体系，人民调解体系，就业创业、优抚保障、救助关爱工作体系相融合。“老兵调解工作室”被纳入全市退役军人服务保障、高质量跨越发展考核、基层网格化管理、分级财政保障范围，开展实境情景教育等，服务退役军人近1万人次。

（李　孟）

社区建设

【概况】2022年，淮安市印发《“十四五”城乡社区服务体系建设实施方案》《关于加强基层治理体系和治理能力现代化建设的若干措施》等政策文件，明确“十四五”期间社区建设目标任务创新以社区为主导、社会组织为枢纽、社会工作者为支撑、社区志愿者为辅助、社会慈善资源为补充的“五社联动”机制，整合利用各类社会资源，引导居民群众全过程参与自治。

【基层自治组织建设】2022年，淮安市有村（社区）1584个，其中城市社区204个、村（涉农社区）1380个。在全省率先开展村（居）民委员会规范化建设探索，制定《淮安市村（居）委员会规范化建设指标体系（试行）标准》，围绕基层自治组织及其下属委员会组织架构、职能运行、服务建设、保障落实4个方面规范化建设，在淮阴区三树镇联盟村、淮高镇刘河村、刘老庄镇三河社区开展试点，总结形成《淮安市村（居）民委员会规范化建设指标体系（试行）标准》。

【协商议事】2022年，淮安市将“有事好商量”协商议事平台与基层社会治理工作相衔接，重点解决基层议事协商议题征集难、群众广泛参与难、各方资源融合难、成效评议监督难等问题，探索以全过程人民民主推动基层社会治理创新。引入协商机制和协商资源，在全市基层议事协商中普遍应用“码”上议平台，形成基层群众全过程参与协商议事的“有事好商量——‘码’上议”模式。进一步规范协商议题来源、协商议事主体、协商议事规则、协商议事方式和议案执行等环节流程，全市城乡社区民主协商机制完善率为100%。年内，淮安市盐河街道吴圩村通过国家级村级议事协商创新实验试点中期评估。

【社会工作队伍建设】2022年，淮安市有镇街社工服务站102个，实现镇街覆盖率100%。各社工服务站配备不少于3名专（兼）职工作人员。全市有持证社会工作者3038人，其中社会工作师614名、助理社会工作师2422名，每1万人中约有社会工作者6.6人。开发社会工作者职业培训线上平台，开设中级社会工作师考前培训课程32节。5—6月，开展多轮次社工免费考前培训；8—9月，举办以儿童、老年人、社区、社工站建设等为主题的社工高级研修班，近1万人次参训。全市530人通过2022年度社工职业资格认证，实现倍数增长。年内，2人被民政部评为“全国优秀城乡社区工作者”，1人获评第八批江苏省社会工作领军人才，3人获评2022年江苏省第四届“最美社工”。全市5家社工机构项目获评江苏省第二批次优秀社会工作案例、项目，其中“失独不失爱，战‘疫’亦战己”案例为苏北地区唯一获得一等奖的案例项目；2个社会工作服务项目获评“江苏省妇女儿童和家庭公益社工服务示范性项目”。试点推广社工服务站“1344”运行模式，即发挥社工站一个引擎作用；定位基本民生保障、基本社会服务、基层社会治理三大目标；统筹各站点做好基层社会救助、困难及“三留守”、社区治理、社工专业四项“一站式”服务；整合辖区内社区、社会组织、专业社工、志愿者等资源，实现人员队伍由分工转向合作赋能，民生保障由托底转向温度温情，社会服务由覆盖转向精准专业，基层治理由管理转向共治共享。围绕基础服务、兜底服务、党群服务、社区治理服务及民政服务对象需求，聚焦重点人群，实施一批民政领域社会工作服务项目。

【社区志愿服务】 2022年，淮安市有注册登记志愿者114.2万名，志愿者组织6988个，每1万人拥有志愿服务团体数15.3个。全面建立城乡社区志愿者服务站，有社区志愿服务队伍700余个、社区志愿者30万余人。全市登记社区志愿团队5662支，实现社区志愿服务团队全覆盖。

【基层减负】 2022年，淮安市完善基层减负工作机制，明确村级组织16项主体责任清单、12项协助办理事项准入清单、11项履职负面事项清单。规范民生台账样本，全市基层清理台账57项，保留24类55项，清理率51%；清理整合信息化平台60个，保留8个，整合清理率达88%；明确不应由村（居）出具的证明事项20个。

（陈诗郡）

社会组织管理

【社会组织注册登记】 至2022年末，淮安市有注册登记社会组织4992家，其中社会团体2287家、社会服务机构（民办非企业单位）2689家、基金会16家。市级注册登记社会组织690家，其中社会团体469家、社会服务机构（民办非企业单位）210家、基金会11家。开展“僵尸型”社会组织清理整治专项行动，清理整顿“僵尸型”社会组织444家，其中撤销登记78家、注销134家、限期整改230家、警告2家。

【社会组织等级评估】 2022年9月，省民政厅发布江苏省社会组织评估等级公告，淮安市淮安区慈善总会、淮安市宿迁商会、淮安市医学会被评为AAAAA级社会组织。年内，市民政局组织开展淮安市社会组织等级评估，评出AAAA级社会组织32家、AA级社会组织6家。

表55　2022年度淮安市社会组织等级评估表

等级	名称
AAAA等级（32家）	淮安市水泥工业行业协会
	淮安市清江浦区文化艺术团
	淮安市清江浦区康馨特殊儿童康复中心
	淮安恩来枫叶双语学校
	淮安经济技术开发区卓文实验学校
	淮安市洪泽区爱心助学基金会
	涟水县清晨之雨助残服务社
	盱眙县全民阅读促进会
	盱眙欣欣社会工作服务中心
	盱眙经济开发区商会
	盱眙县爱心公益协会
	盱眙阳光社工服务中心
	金湖县金北街道星缘残疾人之家
	金湖县心理咨询师协会
	淮安市足球运动协会
	淮安市清江浦区太极拳协会
	淮安市清江浦区与光同行自闭症儿童康复中心
	淮安市装饰服务业商会
	淮安市清江浦区亿力未来幼儿园
	淮安区馨和社会工作服务中心
	涟水县阳光助残服务社
	涟水县助残志愿者协会
	涟水县清风社会工作服务中心
	盱眙县影视协会
	盱眙芯悦社工服务中心
	盱眙心苑社会工作服务中心
	盱眙金龄老年人服务中心
	盱眙县兴国爱心工作室
	金湖县翰林职业教育培训中心
	金湖县武术运动协会
	淮安市信鸽协会
	金湖县拥军协会
AA等级（6家）	淮安市江西商会
	淮安运河之星足球俱乐部
	淮安正武陈氏太极拳会馆
	淮安市好人好报志愿者协会
	淮安市拳击运动协会
	淮安市超越跑步俱乐部

（资料来源：淮安市民政局官网）

【社会组织培育发展】2022年，淮安市建成市、县区级社会组织培育发展中心9个、乡镇（街道）级社会组织培育服务中心45个，为初创期社会组织提供注册登记、项目指导等专业服务。投入140.2万元，支持社会组织实施公益创投项目、培育发展中心运营、等级评估及困难群体心理关爱服务等，为社会组织参与创新社会治理、发展公益事业搭建平台。印发《淮安市2022年社会组织公益创投活动工作方案》，支持社会组织发展公益事业，重点推动社会组织开展为老服务、困境儿童关爱、救助帮困服务、社区社会组织培育、能力提升等项目。

【社会组织作用发挥】2022年，淮安市引导社会组织助力高校毕业生就业，全市社会组织面向高校毕业生发布就业岗位142个，实际招聘高校毕业生115人；面向高校毕业生发布就业见习岗位48个，实际招收就业见习高校毕业生50人；推动41家会员单位面向高校毕业生发布就业岗位93个；开展各类就业服务活动52场。清江浦区惠民社会工作服务中心"'惠'用心　暖童心　为社区儿童健康成长护航"等5个项目获评江苏省社会组织优秀案例。洪泽区水上百合志愿者协会党支部书记邓红当选为中共二十大代表，该协会参与社区养老工作被中央电视台《新闻联播》栏目宣传报道。

【社会组织品牌建设】2022年，淮安市运用"四联四强"（强联建、强联办、强联培、强联通）工作法，推进社会组织"三强三好"（引领性强、党建活动好，政策性强、履职增效好，公益性强、社会评价好）品牌建设，获省民政厅批示，被《中国民政》杂志推介。参加2022年度第三期"优化环境添动能　助企纾困促发展"惠企直播间活动，现场答疑解惑，引导行业协会商会主动降低、减免收费累计904.8万元。淮安市行业协会商会满意度评价工作在江苏省优化营商环境考核中实现三年三进位。

【"633"工作法获民政部批示】2022年，淮安市社会组织党建"633"工作法获民政部批示，该做法建立民政、业务主管单位、人选所在单位（街道）、公安、征信、纪检监察6个部门联合审核支部书记工作机制，打通社会组织党支部与业务管理（主管）部门支部联建、与属地社区党支部联建、与业务内容相近或相似的社会组织党支部3个支部联建通道，搭建淮安市"两新"工委、淮安市社会组织综合党委、淮安市机关工委3部门联合培养培育社会组织党务工作者平台，被《中国社会报》宣传报道。

（陈诗郡）

区划与地名管理

【区划管理】2022年，淮安市贯彻落实国务院《行政区划管理条例》，省政府《江苏省设立镇标准》《江苏省设立街道标准》,《县乡人民政府驻地迁移申报审核工作办法》等法规文件，规范行政区划管理。组织开展"两区一县"（清河区、清浦区、洪泽县）行政区划调整五年效果评估和金湖县金南镇政府驻地搬迁工作调研，以市政府名义上报省政府《关于金湖县金南镇人民政府办公场所搬迁工作的情况报告》，上报省民政厅《淮安市关于设立清江浦区、洪泽区效果评估的报告》。

【地名管理】2022年，淮安市学习宣传国务院《地名管理条例》，通过政府网站、"淮安发布"微信公众号、"淮安市民政局"微信公众号等媒体进行宣传。印制宣传资料、张贴宣传标语，深入村居广泛推广，引导社会各界了解地名管理相关法律法规。建立地名命名备案公告制度，联合市住建部门制定地名命名更名备案、公告模板和工作流程，全年规范审批、备案及公告地名32个。组织开展国家地名信息库数据质量建设行动第二阶段工作，联合市住建、市水利、市交通等部门对2.8万余条地名进行修改完善，完成国家地名信息库质量提升建设工作。加强与市住建部门协作，做好住宅区、大型楼宇命名更名审批职能移交。建立地名命名前征求民政部门意见管理制度，确保住建部门及时审批相关地名，保障地名命名管理系统完整。淮安区被民政部确定为"深化乡村地名服务 点亮美好家园"试点地区。

【地名文化保护】2022年，淮安市开展首批地名文化遗产评定工作，评选出首批市级地名文化遗产20个，淮安（古城）、河下（古镇）等11个地名被评为首批省级地名文化遗产。探索地名文化保护途径，新设置历史地名保护碑牌18个。淮安市6个地名入选江苏省第二批100个红色地名名单。组织红色地名短视频拍摄、地名专家编纂地名故事，发布在"学习强国"学习平台等媒体平台，点击率超过2万人次。开展标准地名录编纂，利用国家地名信息库，编制完成市、县（区）两级标准地名录共8本。

表56　2022年淮安市首批地名文化遗产一览表

序号	地名	类别	序号	地名	类别
省级（11个）					
1	淮安	古县	7	渔钩	古镇
2	淮阴		8	蒋坝	
3	清江浦		9	高沟	
4	河下	古镇	10	青莲岗	古村落
5	平桥		11	龟山	
6	马头				

续表56

序号	地名	类别	序号	地名	类别
市级（20个）					
1	淮安	古城	11	高良涧	古镇
2	淮阴		12	蒋坝	
3	清江浦		13	高沟	
4	河下	古镇	14	涟城	
5	淮城		15	青莲岗	古村落
6	车桥		16	下关	
7	平桥		17	城头	
8	钦工		18	龟山	
9	马头		19	越城	
10	渔沟		20	金城	
县级（24个）					
1	淮安	古城	13	涟城	古镇
2	淮阴		14	五港	
3	河下	古镇	15	岔庙	
4	淮城		16	龟山	古村落
5	车桥		17	越城	
6	平桥		18	青莲岗	
7	钦工		19	下关	
8	马头		20	城头	
9	渔沟		21	金城	
10	高良涧		22	杰勋	
11	蒋坝		23	大飞	
12	高沟		24	严庄	

（资料来源：市民政局）

淮安市省级红色地名名录
（14家）

苏皖边区政府旧址纪念馆
周恩来纪念馆
周恩来故居
中共中央华中分局旧址
新安旅行团历史陈列馆
车桥村
刘老庄
黄花塘新四军军部旧址
周恩来童年读书处旧址
大胡庄（大胡庄战斗纪念地）
横沟村（横沟寺农民武装暴动纪念地）
淮海二中旧址
新四军江淮大学纪念馆
高邮抗日民主政府旧址

【界线管理】 2022年，淮安市联合连云港、宿迁两市开展“连—淮”“淮—宿”两条市际界线联检工作。经联检，“连—淮”“淮—宿”两条市际界线走向清晰，界桩完好无损。完成“淮安区—洪泽区”“洪泽区—盱眙县”两条县际界线联检，开展县区平安边界创建活动。

（孙银凤　陈诗郡）

社会矛盾纠纷预防化解

【概况】 2022年，淮安市实现矛盾纠纷大调解机制与法院、检察院、公安、信访、人社、住建等部门有效对接，全市矛盾解决率91.36%，位居全省第二。完善非诉讼纠纷多元化解综合体系。市、县两级行政争议纾解机构纾解疑难复杂行政争议66件，行政纾解工程获评全省法治政府示范项目。全市各级调解组织和调解员调解各类矛盾纠纷55212件，调解成功率99.99%，全市有5篇案例入选司法部人民调解指导案例库，位居全省第一。开展“百所进千企法治体检”专项法律服务活动，全市108个基层法律服务所、219名基层法律服务工作者深入1132家小微企业开展法治体检，化解涉企矛盾纠纷685件，挽回经济损失1216万元。开展“信访突出问题攻坚化解年”行动，承担的省高质量发展指标考核位居第一等次，在全省信访工作综合考核中位列第二。

【阳光信访创新】 2022年，淮安市发挥阳光信访效应，升级“阳光信访”11.0版，推动“互联网+信访工作”深度融合。创新推出全域考核预警平台，实时监测全市重点考核指标运行动态；全线运行“领导驾驶舱”决策平台，通过大数据技术转化运用，及时推送访情动态、热点难点、考核运行等情况；升级办理服务平台，推出优化“补丁包”、数据交换“互通宝”，打通平台关隘，实现信件全网判重、扬言实时调度、信件分类办理等全流程服务。市信访部门及时受理率、按期办结率、重复信访件同比等3项指标位居全省第一，责任单位满意率、参评率、网上信访一次性化解率等重点指标均位居全省前列。

【“一线三包”工作】 2022年，淮安市开展党政领导“一线三包”（广泛推行一线工作法，在一线接访、一线会办、一线督导；党委领导包联系地区、政府领导包分管领域、各级领导包疑难案件）活动。市委、市政府主要领导、分管领导到挂钩县区接待来访群众、会办解决问题、抽查包案领导、督导责任落实。全年市、县（区）两级党政领导开展“一线三包”活动1442场次，接待群众2185人次，解决疑难复杂信访问题1748件。

【信访标准化建设】 2022年，淮安市开展信访标准化建设，建立涵盖全方位信访渠道和全流程办理服务标准规范169项，对每件信访事项办理情况进行实时验证、实时提醒、实时评价，信访事项标准化验证合格率超过95%。淮安市信访事项办理“四率”（及时受理率、按期办结率、群众参评率、群众满意率）指标连续6年位居全省第一，其中及时受理率、按期办结率保持100%，群众满意率98.26%。淮安市《人民建议征集工作规范》被列入江苏省地方标准立项。

【重点信访矛盾化解】 2022年，淮安市重点实施“信访突出问题攻坚化解年”行动。市信访联席办成立工作专班，设立8个工作小组，实行“日调度、周动态、月分析、季考评”机制，推进专项行动开展。中央信访联席办交办的重复信访事项化解率99.73%；省信访联席办交办的信访突出问题“事心双解”实体化解145件，化解率98.2%，案件化解质效位居全省前列、Ⅲ类地区第一。“四方责任”（党委政府、包案领导、属地属事单位、信访联席办四方责任）和“五个一律”（对攻坚化解行动中进展不力的一律函询提醒；对包案领导履责不到位的一律点名通报批评；对进展缓慢、没有成效的一律警示约谈；对形势严峻、访量居高不下的一律重点管理；对造成不良影响的一律追责问责）做法在全省推广。开展“初信初访治理攻坚年”行动，提高信访问题一次性解决成效，重复信访件次下降9.63%，降幅位居全省第一。

【信访服务场所建设】 2022年，淮安市开展信访线上线下“人民满意窗口”建设，推行定制快办、星级交办机制。网上信访占比80.44%，人民网“领导留言板”留言办理回复率、满意率两项指标分别位居全省第一、第二。建设基层信访阵地，延伸市县直部门、镇街信访服务，全市90%以上镇街达到市级“人民满意窗口”建设标准。开展信访评议进社区、访调对接“百室千案”活动，设立访调对接室161个，化解矛盾纠纷1000件以上，调解评议各类矛盾纠纷1317件。

（王志德）

民族宗教事务

【概况】 2022年，淮安市有少数民族户籍人口约2万人，流动人口约1.1万人。有涟水县黄营镇朱桥村（回族）、淮阴区马头镇张庄镇村（回族）、洪泽区西顺河镇街西居委会（回族）、盱眙县管仲镇刘岗村（多民族）4个民族村；有清真饭店8家，清真食品生产企业3家；有新疆班2个，即江苏省淮州中学新疆高中班、淮安生物工程高等职业学校新疆班。有佛教、道教、伊斯兰教、基督教四大宗教。有市级宗教团体5个，分别是市佛教协会、市道教协会、市伊斯兰教协会、市基督教三自爱国运动委员会、市基督教协会，有县级宗教团体17个。年内，市级民族团结促进会成立；淮安市基督教三自爱国运动委员会被中央统战部表彰为首届全国宗教界先进集体；淮安生物工程高等职业学校申报的“新疆少数民族地区学生职业技能培养新模式实践”项目获国家民委2022年度各族群众互嵌式发展计划试点示范项目。

【民族团结建设】 2022年，淮安市开展民族团结进步宣传月、民族健身操舞蹈展演、“流动少数民族群众游淮安”“我在淮安有个家”等系列品牌活动；开展“打造县区民宗工作品牌特色行动”，推动各县区打造1~2个特色品牌。开通11条“民族团结号”公交专线，实现“民族团结号”公交专线在淮安市县区全覆盖。淮阴区、淮安生物工程高等职业学校被省民宗委评为第一批全省民族团结进步示范区示范单位。

【少数民族帮扶】 2022年，淮安市开展“民族村乡村振兴行动”，扶持民族村产业发展，争取各级民族发展资金，重点培育各民族村特色产业。争取2022年中央和省级财政衔接推进乡村振兴补助资金（省级少数民族发展补助）600万元。

【“红石榴家园”创建】 2022年，淮安市开展“红石榴家园优化行动”，重点打造“红石榴家园”示范工程。至年末，全市建成省级“红石榴家园”26家，首批命名市级“红石榴家园”22家，实现机关、企业、学校、村居、社会组织等全覆盖。推进“红石榴就业行动”，全年帮助民族八省区（内蒙古自治区、宁夏回族自治区、新疆维吾尔自治区、西藏自治区、广西壮族自治区、贵州省、云南省和青海省）1200多名少数民族群众在淮安就业创业。

【宗教场所建设】 2022年，淮安市开展安全大检查和消防安全等专项整治，全年检查出问题隐患231个，19处C级、11处D级既有建筑隐患全部按要求整改到位。举办首届全市宗教活动场所消防技能比武竞赛活动。加强市级宗教界爱国主义教育基地建设，指导宗教界开展和谐宗教活动场所创建，新增全市和谐宗教活动场所30个。组织开展全市宗教界“崇俭戒奢”主题教育活动。为市级民族宗教团体提供经费120万元。

【民宗领域教育宣传】 2022年，淮安市开展“4·15”全民国家安全意识教育日活动，增强民族宗教领域风险防范意识。召开高校民族宗教工作座谈会，建立高校民族宗教工作联席会议制度。举办民族宗教主题讲坛4期，开展“民宗队伍能力提升行动”“民宗业务周周学”活动。举办2022年淮安市民族团结进步宣传月启动仪式暨铸牢中华民族共同体意识主题教育活动，现场公布省级第二批“红石榴家园”单位名单、全市小学生“小小石榴籽　筑梦向未来”优秀绘画作品获奖名单，市民宗局向江苏省淮州中学和淮安生物工程高等职业学校新疆班捐赠物资。

（胡　颖　吴锦泉）

公共安全

责任编辑：周永达

应急管理

【概况】 2022年，淮安市健全市、县、镇三级应急预案体系，入库各类专项预案2818个，完善市应急委员会成员单位间信息共享、会商联动、预报发布、应急处置机制。对30处地质灾害隐患点、81个中心城区易涝点进行全面排查，全市消防力量和28支市级专业救援队伍按照专业分工与区域分布，进行力量前置、靠前驻防。组织各类演练6182场次，承办2022年江苏省洪泽湖滞洪区撤退转移演练，举办危化品企业生产安全事故等应急演练活动，妥善处置“6·16”涟水冰雹大风、“7·20”淮阴区龙卷风、台风“梅花”过境等气象灾害。

【应急指挥规范化建设】 2022年，淮安市推进应急指挥中心规范建设，市县两级指挥中心全部达到“一厅三室一车”（指挥大厅，会商室、视频会议室、综合值班室，移动指挥车）办公标准，完成天地一体化应急通信网络覆盖，统一指挥、专常兼备、反应灵敏、上下联动、平战结合的重大风险监测预警防范体系初步形成。市应急管理创新实行“四个1”全员大应急值班值守模式，即全局成立12个应急值班组，每个组由1名带班领导，1名带班处长，1名值班员，另每个组配备1名值班助理。常态化开展对县区值班值守视频点调，及时处置各类突发事件125起。

【应急管理平台建设】 2022年，淮安市应急管理综合应用平台一期项目接入公安、气象、园区和企业各类监控视频，对全市59家危化企业、114个重大危险源、52个重点监管工艺进行24小时在线监测，二期项目进入实施阶段。加快系统优化和迭代更新，丰富平台业务功能，全市应急系统协同办公系统上线运行，灾害信息员App可实现灾害现场情况实时回传。实行指挥中心、科技和信息化、减灾、救灾等部门“大部制”管理，完成应急指挥平台和云视讯系统融通整合，各县区（园区）和20家市直重点部门视频终端全部接入。对县区（园区）视频终端、外勤装备统一标准，健全全市重点行业主管部门24小时应急值班值守和突发事件信息报告规范标准，确保应急调度5分钟内设备连线、人员到位。年内，承担省应急管理数字化视频应用升级试点工作。

【应急物资储备】 2022年，淮安市构建应急物资储备多元储备格局，苏北五市发改部门联合签订《应急救灾暨疫情防控物资保障区域联动协议书》，做到储备信息交流共享、应急状态互助救援、特殊情况临时代储；与相关企业签订《应急救灾物资供应商储备协议》，拓宽协议储备范围；投入26.95万元采购帐篷、应急灯等生活安置类应急物资，完善应急物资品类和数量。与中国邮政淮安市分公司签订《战略合作协议》，发挥专业力量在物资储备和交通物流等方面作用，

9月1日，淮安市应急管理学院在淮安开放大学明远路校区成立

市应急管理局　供

提升储备管理效能。分两批次投放市级储备猪肉57.637吨，发挥储备猪肉保供应、稳市场、惠民生作用。履行新冠疫情防控物资保障组职责，做好重点部门所需防控物资保障，助力全市疫情防控安全。

【应急管理资金争取】 2022年，淮安市向上争取应急管理资金717万元，其中安全生产专项资金、应急管理学院建设经费和自然灾害救灾资金430万元，中央自然灾害救灾资金250万元，龙卷风灾害救灾资金37万元。省应急管理厅下拨85万元在盱眙县建成苏北应急物资储备前置点，首批150万元物资全部入库。

【应急人才培养平台建设】 2022年，淮安市推进应急管理体系和能力现代化建设，解决应急人才短缺、能力不足、平台匮乏等问题。9月1日，由淮安市应急管理局、淮安市教育局、淮安开放大学合作共建的淮安市应急管理学院在淮安开放大学明远路校区成立。市应急管理学院采用政校合作模式，旨在充分发挥学校和应急管理局双方资源优势，在人才培养、技能培训、技术服务以及应急教育等方面开展多领域、深层次、全方位合作。11月16日，由市应急管理局与淮阴师范学院合作共建的淮安市应急管理教育学院在淮阴师范学院成立。市应急管理局和淮阴师范学院在专项课题研究、人员教育培训、职场压力疏导、基层党组织结对共建、推进校地全面协作和深度融合等方面进行战略合作。

【应急管理执法】 2022年，淮安市应急管理部门检查企业1704家，查处隐患5717条，其中重大事故隐患立案55件，立案率100%。全市共立案1053件，其中事前处罚立案949件，“一案双罚”（指安全生产执法部门发现生产经营单位违法生产，在要求生产经营单位整改的同时，直接对其处以罚款，主要负责人未履行法定的职责还要处罚企业责任人）413件，增长159.7%。累计罚没款4817万元，增长50.39%，案均值2.45万元，增长49.4%，其中事故处罚2629万元、事前处罚2188万元。曝光14批次77家企业，典型案例报送率、合格率均为100%。成立3个执法突击队，开展“雷霆执法行动”。开展“阳光护企，安全同行”服务企业主题活动，服务企业800余家，提出各类安全生产建议9500余条，向2000多家企业发放4000余份安全“一封信”。金湖县、涟水县、盱眙县应急管理综合行政执法大队标准化创建通过省级验收。工作经验及成效被新华社、应急管理部网站、《中国应急管理报》、省政府网站、市政府网站等刊发采用近60篇次。

【卫生应急】 2022年，淮安市通过传染病与突发事件公共卫生事件信息报告管理系统报告突发公共卫生事件9起，其中一般事件6起、相关信息3起。疾病预防控制机构执行突发公共卫生事件应急值班、风险评估、能力建设等制度，处置新冠疫情相关异常事件114起，支援上海、海南、四川、新疆、重庆及省内其他市140人次。市级编制日常风险评估报告12期、专题风险评估3期，组织各级各类应急培训演练26次、覆盖2000余人次，保障重大活动103项，按规定足量储备应急物资，参与组建公安流调协查专班和“12345”政务服务便民热线疫情应对专班。

【市应急管理综合行政执法监督局成立】 7月25日，淮安市应急管理综合行政执法监督局正式成立。市应急管理综合行政执法监督局以原市安全生产监察支队为基础组建，依法行使有关危险化学品、烟花爆竹、非煤矿山、工贸等行业领域安全生产，以及地质灾害、水旱灾害、森林火灾等有关应急抢险和灾害救助、防震减灾等方面的行政处罚、行政强制职能。组织查处全市范围内跨区域和具有重大影响的复杂案件，负责受理职责范围内的投诉、举报。参与生产安全事故调查处理，依法对相关责任单位和个人实施行政处罚。该局的成立，是淮安市应急管理规范化、法治化、正规化建设的一个重要里程碑。

【“9·17”淮阴区液化石油气罐闪爆事故处置】 9月17日上午8时11分左右，淮阴区幸福城小区二期一门店发生液化石油气罐燃气泄漏闪爆事故。事故发生后，省、市领导作出批示指示。市住建局、应急局、消防支队、卫健委主要领导分别在现场和医院组织伤员救治工作。淮阴区消防、公安、应急、住建、卫健部门以及王家营街道等单位开展应急处置工作。人员搜救完成后，立即组织对爆炸现场进行清理，防止发生次生、衍生事故。至17日17时左右，现场清理工作结束。18日中午，现场周边群众生产生活基本恢复正常。事故造成2人死亡、4人受伤。

（庞　黎）

防灾减灾

气象灾害防御

【概况】 2022年，淮安市总体气候呈现气温偏高、降水偏少、极端性天气频发的特点。淮安市气象部门按照“早、准、快、广、实”的要求，提前预警、精准预报、全程服务，发挥气象防灾减灾第一道防线作用。发挥淮河生态经济带气象灾害联防合作联盟作用，成功应对雨雪冰冻、冰雹、暴雨、龙卷风、持续高温干旱、台风“梅花”等灾害性天气，全年启动外部应急响应4次，内部气象灾害应急响应8次，制作气象服务材料295期。

【气象灾害预警】 2022年，淮安市修订印发《淮安市气象灾害应急预案》，开展年度台风暴雨气象服务应急演练。市气象局与市应急管理局、市自然资源和规划局联合建立地质灾害预警研判机制。气象灾害防御融入基层网格化社会治理。建立灾害性天气监测预警"预启动"机制和"叫应"服务制度。市气象局与市广播电视台、市应急管理局等部门进一步规范预警信息播发，加强传播服务工作的"靶向、精准"。建立自然灾害风险研判会商制度、"不淹不涝城市"周会商制度、地质灾害预警研判机制。推动气象监测预报预警信息接入"城市大脑"，将气象数据接入市域治理现代化平台、市应急指挥中心等，建立快速高效的信息共享和应急联动机制。

【灾害天气】 2022年，淮安市灾害性天气主要有干旱、暴雨、冰雹、龙卷风等。2月至3月上旬，淮安市北部地区出现轻度至中度干旱。3月上旬，全市范围持续无有效降水，加之旬内气温异常偏高，田间蒸散发量较大。大部分地区10厘米土壤的相对湿度小于60%，墒情略差。

4月29—30日，淮安市自北向南出现雷雨大风、冰雹等强对流天气。此次强对流过程影响严重，特征明显，风力影响范围广，4月30日全市126个测站（包含加密站）有67个出现8级以上大风。风力影响强度大，过程最大风速36.2米/秒（淮安国家基准气候站，4月30日），超过淮安20年内极大风记录。7月20日白天，大部分地区出现中到大雨，并伴有雷电、雷暴大风、短时强降水和局地龙卷风等强对流天气。全市32个站点出现8级以上阵风，最大瞬时风速为24.7米/秒（10级），出现在洪泽区洪泽湖避风港。根据现场灾情调查和中国气象局、江苏省气象局专家认定，12时20分左右在淮阴区淮高镇大兴庄出现EF1级龙卷风天气。

4月1日至6月20日，全市各地降水量27.5（淮安区）~85毫米（涟水），比常年同期偏少5.8~9.4成，其中淮安、洪泽、金湖降水量创历史同期最少，盱眙、淮安区、涟水历史同期排名第四到第六少。平均气温20.4℃，比常年同期偏高1.1℃，日照时数643.2小时，比常年同期偏多2.5成。6月20日，金湖县、涟水县、淮阴区10厘米土壤相对湿度在50%以下，金湖只有23.5%。洪泽、淮安区在60%左右。由于降水偏少，日照偏多，气温偏高，同时叠加6月上中旬高温少雨的影响，田间蒸散发不断加大，干旱面积不断扩大，程度持续加重，一度造成夏种用水紧缺。

6月中旬到8月下旬初期，全市多晴热高温天气，持续晴热高温和少雨导致8月上旬南部地区旱象逐渐显现，8月中旬旱情进一步发展，部分地区气象干旱达中旱等级，中下旬部分地区达到重旱，持续高温伏旱对农作物生长和水产养殖等影响较大。8月4—15日，盱眙县境内部分地方连续11天最高气温超过37℃，无有效降水，高温导致的干旱情况普遍。由于高温持续时间长、强度强、范围广，导致土壤水分蒸发快，加之降水稀少，部分地区失墒严重，旱情发展。高温与干旱叠加，对秋熟作物的生长产生不利影响。

【人工增雨】 2022年，经市政府同意，市气象局印发《2022年淮安市人影工作计划》，规范人工增雨工作。8月，淮安市出现持续高温、无有效降雨天气，全市开展大规模人工影响天气作业18次，有效缓解干旱，受到市政府领导肯定，多个主流媒体作集中报道。

【防雷工作】 2022年，淮安市完善防雷安全监管体系和监管方式，履行行业安全监管责任，制定年度防雷安全整治任务清单、安全隐患排查手册。召开防雷监管联席会议，签署《信用承诺书》。完成全市472家危化企业现场检查"全覆盖"，实现闭环管理。加强防雷、氢气球施放等活动管理，加强联合执法检查，推进各专业领域防雷安全监管。对全市138家防雷重点单位开展现场全覆盖检查，发出整改通知18份，通过批评教育、现场指导、科普宣传、专家授课等方式促进企业依法合规开展生产经营活动。

【全省率先修订印发《淮安市气象管理办法》】 2022年，《淮安市气象管理办法》在全省率先完成修订印发，5月1日正式实施。原《淮安市气象管理实施细则（试行）》出台于2004年，不能完全适应新形势下气象事业高质量发展要求。修订后的《淮安市气象管理办法》共25条，未分章节。依据上位法有关规定，根据淮安市实际情况，从责任落实、规范要求等方面进一步细化气象管理工作，旨在推进气象法治建设，夯实气象法治基础，提升淮安市气象管理水平。

【防御第12号台风"梅花"】 2022年，在"梅花"台风影响期间，淮安市落实防汛抢险队伍、社会救援队伍69个、5410人；落实机泵356台（套），移动泵车23辆，吸污车、叉车等排水救援车辆10辆、机械设备79台；累计排查危化企业125家，消除龙门吊、塔吊、围挡等建筑工地设施隐患389处，建筑工地停工19处，通知回港避风船只615条，排查广告牌1804块、消除广告牌隐患34处，关闭景区园区7处，排查地质灾害风险隐患30处。气象部门启动短信全网发布，覆盖全市短信用户402万人次，漫游至外地短信用户82万人次。

（市气象局）

地质和地震灾害预防

【地震监测预报】 2022年，淮安市制定震情跟踪和应急准备工作方案，落实震情监视与短临跟踪，加强台站管理和台网建设。投资6万余元在金湖地震台增设1台电场监测设备，加强南部地区地震监测能力；淮阴区完成地震台站土建工程，进入仪器安装阶段。全市所有地震观测资料连续率保持在99.7%以上。

【地震应急保障】 2022年，完成《淮安市地震应急预案》编制、印发，开展应急指挥平台测试，编制月度地震观测目录、报告及台网运行月报，运用EQIM地震短信平台自动发送震情短信息，发送震情信息74次，覆盖5000多人次。继续推进地震活动断层成果应用，建成数据查询系统并进入行政审批中心数据系统，供群众查询。

【地震烈度速报与预警系统】2022年，淮安市向社会推广应用地震烈度速报与预警系统建设，向公众提供地震预警和科普服务。完成学校、医院等人口密集场所34台接收终端安装调试工作，地震预警App上线试运行。该系统能在破坏性地震发生后及时发布预警信息，有效指导市民地震应急避险，提高次生灾害易发地区应对地震的应急处置能力，提升城市防灾减灾能力水平。地震烈度速报与预警系统建设项目总投资623万元，2020年建设数据处理中心，2021年3月通过专家验收。

【短周期密集地震台阵三维探测】2022年，淮安市继续开展短周期密集地震台阵三维探测专题项目，完成611个测点野外观测任务，完成野外工作验收报告。基本完成区域构造三维阵列、小震区三维阵列和盐矿核心区三维阵列数据处理工作，分别建立三个尺度三维数据集。开始野外观测资料整理归档和野外施工报告编写，对观测数据进行初步编辑和分析。完成区域地质资料、第四纪等厚线、水域、速度结构、活动断裂、历史地震、地震反射剖面，初步构建三维地震构造模型，并下载区域年尺度InSAR卫星观测数据。

【地震灾害风险普查】2022年，淮安市实施地震灾害风险普查项目，完成157份工程勘查钻孔资料入库，完成工程地质条件调查任务；实施5个标准孔探测，完成地震工程地质条件补充探测；提交的普查数据通过审核，汇交并形成市级调查成果，6月9日通过省级验收。

【地质灾害风险普查】2022年，淮安市按照国务院统一工作部署，市县统筹推进，全面完成地质灾害风险普查工作。该项工作于2021年9月启动，历时一年。此次普查采用遥感技术、现场勘查和工程勘测等相结合方法，开展地质灾害致灾体调查与评估、地质灾害承灾体调查、地质灾害历史灾害灾情调查与综合减灾能力调查等，重点调查面积555.9平方千米，遥感解译面积3777.5平方千米，调查点467个。开展地质灾害风险评估与区划，编制地质灾害风险评估区划等系列图23幅，为有效开展地质灾害防治和应急救援工作提供数据基础和保障。

【地质灾害防治】2022年，《淮安市地质灾害防治"十四五"规划》完成编制印发。开展汛前地质灾害隐患排查，摸清全市地质灾害隐患底数。印发《淮安市2022年度地质灾害防治方案》，明确年度防治任务，落实地质灾害防治措施。加强汛期值班值守，编排汛期地质灾害应急值班表，所有值班人员24小时保持通讯畅通。加强检查巡查，多次检查盱眙县、洪泽区地质灾害防治工作，压实防灾减灾责任。推进地质灾害风险普查，市级及盱眙县、洪泽区均完成普查，市级普查成果汇交省自然资源和规划厅和市普查办。加强盐矿开采区地面沉降监测，市自然资源和规划局专题向市政府报送2021年度盐矿开采区地面沉降监测情况，并向全市所有盐类矿山企业通报监测情况。

【防震减灾宣传】2022年，淮安市开展"5·12""7·28"防震减灾宣传活动，参加"江苏省安全应急科普环省行（淮安）"暨"国际减灾日"主题宣传活动。开展淮安市第一届防震减灾科普讲解大赛，并推荐4名优秀选手参加省防震减灾科普讲解大赛，分别获得三等奖及优秀奖，淮安市地震局获优秀组织奖。开展国家级综合减灾示范社区和示范学校创建，分批组织淮阴中学学生走进市防震减灾服务中心开展暑期社会实践活动。组织全市中小学生参加江苏省"地震科普 携手同行"主题作品征集活动，获得一等奖2名、二等奖7名、三等奖14名，淮安市地震局获优秀组织奖。

【周恩来防震减灾科普馆布展工程通过验收】11月4日，周恩来防震减灾科普馆布展工程竣工验收会召开，专家组从展品的主要内容、质量控制、施工进度等方面进行评审，一致同意周恩来防震减灾科普馆布展工程项目通过验收。周恩来防震减灾科普馆位于淮安市青少年综合实践基地西侧，占地面积9485平方米，总投资7600万元，其中中国地震局投资800万元、淮安市政府投资500万元。

（市防震减灾中心）

防汛抗旱

【概况】2022年，淮安市开展"不淹不涝"城市建设，提升防洪保安能力。主城区防洪主要依靠流域性河道堤防226千米及相关挡洪闸，除涝主要依靠城区泵站、河道及管网等。有外排泵站32座，排涝能力521立方米/秒。城区防洪标准为100年一遇，排涝标准达10年一遇。编制完成《"不淹不涝"城市建设工作实施方案》《淮安城市水利工程调度方案》《淮安城市突发性强降雨应急排涝预案》，组织建立网格化巡查助排机制，落实区域排涝网格化责任。完成市级物资储备仓库建设，新增防汛物资储备超1000万元，新组建65人防汛抢险救援队伍，完成81处积水点问题整改，开展"防汛实战演练月"活动，开展堤防抢险、城区泵站应急排涝、行滞洪区撤退演练等9场防汛抢险演练，组织5期240人次全市防汛抢险队员培训演练，加快推进年度防汛应急工程实施。

【雨情】2022年1—3月，淮安市累计面平均降雨113.1毫米，与常年同期112毫米接近。其中，1—2月全市累计面平均降雨32.1毫米，比常年同期58.7毫米少45.3%；3月全市累计面平均降雨81.0毫米，比多年平均53.2毫米多五成以上。4—9月全市累计面平均降雨量382.8毫米，比常年同期743.8毫米少近五成，比干旱典型年2019年同期降雨534.3毫米还少近三成。

表57　2022年淮安市4—9月面平均逐月雨量与常年雨量比较表

指标	4月	5月	6月	7月	8月	9月
2022年雨量（毫米）	17.5	4.1	97.9	161.3	69.2	32.9
多年平均雨量（毫米）	59.8	72.3	125.3	238.4	152.8	95.3
典型干旱年（2019年）	55.7	12.5	86.2	106.4	238.0	35.5
距平百分率（%）	-70.7	-94.3	-21.9	-32.3	-54.7	-65.5
距典百分率（%）	-68.6	-67.2	13.6	51.6	-70.9	-7.3

梅雨期平均降雨量117.1毫米，比多年同期平均降雨量134.3毫米少12.8%，比多年平均梅雨期降雨量223毫米少47.5%。出梅后至9月30日，全市累计面平均降雨218.2毫米，较多年同期平均降雨401.7毫米少45.7%，其中金湖县降水仅111.4毫米，较多年同期387.5毫米少71%，其他地区均较常年同期偏少1~5成。1—9月，全市累计面平均降雨495.9毫米，比常年同期855.8毫米少42.1%。

【水情】 3月中下旬，淮河流域发生多次降雨过程并引发春汛。淮河干流自3月22日起来水量逐渐增多，入洪泽湖最大瞬时流量3570立方米/秒，3月22日至4月7日，吴家渡流量均超过1000立方米/秒，流量超过3000立方米/秒累计9天，4月中旬逐步减少。6月27日19时，蒋坝水位降至11.18米，低于死水位0.12米。7月4—12日，淮河干流来水明显增加，淮河吴家渡最大瞬时流量为2460立方米/秒，入湖最大瞬时总流量为2944立方米/秒，累计入湖总水量13.7亿立方米，洪泽湖水位明显上涨，蒋坝水位从11.5米上涨至12.36米。7月18日至8月4日，淮河中上游有一轮明显来水过程。淮河吴家渡最大瞬时流量为1320立方米每秒，入湖最大瞬时总流量为2455立方米每秒，累计入湖总水量20.3亿立方米。主汛期，洪泽湖入湖总水量38.7亿立方米，比多年同期平均总入湖水量少79.5%，其中淮河干流入洪泽湖总水量23.7亿立方米，比多年同期平均总入湖水量少85.1%，出洪泽湖总水量40.4亿立方米，出湖水量比入湖水量多1.7亿立方米。

【防汛调度】 3月22日12时，三河闸首次开闸泄洪800立方米每秒，并于3月25日12时加大泄量至1200立方米每秒，4月14日关闸。其间，三河闸累计泄洪量16.76亿立方米。洪泽湖蒋坝最高水位13.65米（4月1日10时）。为控制洪泽湖水位不超汛限水位，7月30日18时三河闸开闸放水流量200立方米/秒、31日7时增加至800立方米/秒，14时再次增加至1200立方米/秒，后逐步减小，直至8月4日关闸，其间，三河闸累计泄洪3亿立方米。

6月13日，由省应急管理厅、市政府主办，市应急管理局、洪泽区政府承办的洪泽湖滞洪区撤退转移演练在洪泽区西顺河镇举行　　市应急管理局　供

【抗旱】 2022年，淮安市农作物累计受灾面积2.98万公顷，其中成灾面积1.58万公顷，绝收面积1560公顷。盱眙县农作物受灾面积2.19万公顷，成灾面积1.09万公顷，绝收面积560公顷；淮阴区农作物受灾面积5320公顷，成灾面积3360公顷，绝收面积693.33公顷；洪泽区农作物受灾面积1740公顷，成灾面积973.33公顷，绝收面积300公顷；金湖县农作物受灾面积840公顷，成灾面积566.67公顷。全市水产养殖受灾面积1.05万公顷，水产养殖绝收面积9993.33公顷，灾害共造成直接经济损失2.64亿元。

5月9日至7月5日以及8月9日起，江苏省防汛抗旱指挥部两次启动引江济淮工程。至10月底，引江济淮工程江都站、宝应站、淮安站、淮阴站、金湖站、洪泽站和石港站分别累计开机142天、108天、128天、114天、29天、31天和67天，累计翻水113亿立方米，相当于3个洪泽湖正常蓄水量。加强雨洪资源利用和用水计划监管，完成抗旱浇灌面积11.96万公顷，实现抗旱减灾效益52.04亿元，其中减少粮食（含经济作物）损失3.57亿元，水产养殖减少损失17亿元，航运因抗旱提水受益3.9亿元，城市及工业供水效益27.57亿元。

【第一届“淮水杯”防汛抢险技能竞赛运动会】 5月31日，淮安市水利局第一届“淮水杯”防汛抢险技能竞赛运动会在市防汛抗旱应急中心越闸演练基地举行。运动会由市总工会、市委市级机关工委、市体育局、市水利局联合主办。全市水利系统100名工作人员参加比赛。运动会按照防汛抢险实战要求，将防汛抢险与运动竞赛相结合，具有创新性、实战性和趣味性。运动会共设运送沙（土）袋、投抛救生圈、搬砖、装土等8个项目，集运动、协作和竞争于一体。

（殷海平）

消防安全

【概况】 2022年，淮安市有消防安全重点单位2670家。其中，市消防救援支队列管的一级消防安全重点单位90家，辖区消防救援大队列管的二级消防安全重点单位1094家，公安派出所列管的三级消防安全重点单位1486家。全年市消防救援支队共接警8882起，其中扑救火灾5314起、抢险救援1714起、社会救助1538起、其他出动316起，出动警力1.3万辆车次、7.6万人次，营救疏散人员678人，抢救保护财产价值4.8亿余元。2个集体、1名个人分别获评第六届全国119消防先进集体、先进个人。

【消防基础建设】 2022年，淮安市推进消防队站建设，开工新建消防站5个、投勤8个。出台《淮安市消防救援装备建设专项规划（2022—2025年）》和《全市消防队站和装备建设三年规划》。投入6200万元，委托采购消防车17辆、器材装备7000余件（套）。完善综合战勤保障体系，开展战勤保障队伍等级评定创建，加强遂行卫勤保障机制建设，承办全省战勤保障实战拉动演练现场直播活动并作经验交流发言。

【基层消防建设】 2022年，淮安市创新探索“一委一所一专员”（消防安全委员会、消防所、消防专员）基层监管模式，107个镇（街道）消防所挂牌运行，实现基层消防“一委一所一专员”全覆盖。全市103个镇（街）全部完成“双备案”（消委会组织架构及工作职责备案、辖区单位消防安全监管主体备案）工作。研发镇街消防安全综合治理平台，加强监督指导、加大考评力度，镇（街道）火灾起数、死亡人数同比下降21.3%、50%。市消防救援支队联合市公安局部署基层消防安全联合执法整治百日行动。年内，淮安市作为全国两个地级市代表之一在全国基层消防力量建设视频会议上作经验交流。

【消防救援能力建设】 2022年，淮安市围绕“高低大化”（高层建筑、地下建筑、大型综合体、石化企业）灭火救援难题，开展灭火救援“三个一百”（集中100天时间，选定100个作战目标，全力攻关、破题研究形成100套灭火救援战术战法）专项行动和化工灭火救援专项训练。探索实施消企联防、联训、联勤、联用“四联”工作机制，推进地震、水域、森林等专业队伍建设，完成消防救援局抗洪抢险专业队拉动检查和全市危险化学品企业生产安全事故应急救援演练任务。开展全员普考、比武竞赛，获全省冬训体技能比武竞赛团体总分第四名。加强政府专职消防队伍建设，组织2批180名新入职政府专职消防员开展集中岗前培训。市消防救援支队与市大数据管理局会商建立数据共享与联动协作机制，完善“一体化值守、协同化调度、常态化会商”的指挥调度体系。成功处置“6·16”异辛烷、“6·18”异丁醛槽罐车泄漏等事故，火焰蓝驾培中心培训培养驾驶员350名，考核通过率达99%。

【森林防火】 2022年，淮安市及时清理林下可燃物，并在森林防火重点区33个入口、9个出口启用防火码。各级林业主管部门组成检查组45个，督导检查57次，检查单位39家，发现问题隐患2个并整改到位。盱眙县投入200多万元建设的森林防火视频监控系统投入使用；继续实施“引水上山”，全年建埋藏式储水罐10个，蓄水量10立方米；合理规划建设护林房10间，建立“蓄能驿站”。省级投入500多万元建设的盱眙森林防火指挥中心加快建设。盱眙县完善镇街半专业防火队伍，推进村级群众防火队伍建设，8个重点镇街、3个国有林场均建成一支半专业森林防火队伍，村级5~6人群众防扑火队伍初具规模。其他各县区依托森林公园、国有林场等森林经营单位相应组建专业森林防火队伍，积极开展森林防火器材现场培训和森林防火队伍应急演练活动。

（陈浩田）

【消防安全管理】 2022年，淮安市对全市3.8万家“九小场所”（小学校或幼儿园、小医院、小商店、小餐饮场所、小旅馆、小歌舞娱乐场所、小网吧、小美容洗浴场所、小生产加工企业）消防安全“三员”（消防安全员、日常指导员和挂钩联系员）进行登记造册，严格落实“三员”责任。全市16家5万平方米、18家2万~5万平方米大型商业综合体全部完成消防达标创建，1823个居民住宅小区全部完成消防安全治理“百日攻坚行动”排查整治任务。

部署开展商场市场、“厂中厂”等专项治理，督改火灾隐患1.06万处，销案重大火灾隐患19家。发挥消委会平台作用，压实消防工作责任，配合市纪委监委、市安委办开展“机动式”履职督导检查和“联动式”专项督导检查。加强执法规范化建设，1起行政处罚案例获评全国优秀执法案例，获全省火灾调查处理比武竞赛二等奖。出台便民利企8项措施，精准保障企业复工复产。提升全民消防安全意识，1个作品获全国消防好新闻三等奖，全民消防安全学习云平台常住人口注册使用率和人均学习积分均列全省第一，在全省“我眼中的火焰蓝”故事讲述活动中获二等奖1个、三等奖4个。

【两单位获评第六届全国119消防先进集体】 11月9日，应急管理部第六届全国119消防先进集体和先进个人表彰大会在北京召开。淮安区翔宇消防救援站、淮安区淮城街道恩来社区居民委员会被授予"第六届全国119消防先进集体"称号。

淮安区翔宇消防救援站位于周恩来总理故乡淮安区，并以他的字"翔宇"命名。至2022年，翔宇消防救援站成立47年，曾获评"全国消防部队先进基层党组织""全国五四红旗团支部""全国敬老文明号""全国消防救援队伍改革转制教育整训先进集体"，立集体二等功2次、三等功3次。

恩来社区居民委员会设有社区消防安全委员会，按照小区实施网格化管理，社区网格长担任商户消防安全员，并指导监督物业落实消防责任。对接物业和充电桩厂家，落实建成200多个充电集群。开展防火检查巡查4272人次，督促整改火灾隐患6805处。打造微型消防体验点，累计接待群众2万人次。通过悬挂宣传横幅，滚动播放消防宣传视频等方式，普及消防安全知识，提高居民火灾防范意识，累计开展消防宣传800余场次，受益群众5万人次。获评国家综合减灾示范社区、全国民主法治示范社区、江苏省先进基层党组织等。

（苏　晨）

社会治安管理

参见《法治·公安》

安全生产

【概况】 2022年，淮安市发生各类生产安全事故55起，比上年减少35起，同比下降38.9%；死亡37人，比上年减少29人，同比下降43.9%。其中，道路运输（生产经营性）行业发生事故37起，死亡17人；工矿商贸（含建筑施工）行业发生事故18起，死亡20人；农业机械和渔业船舶行业未发生伤亡事故。

【安全生产责任落实】 2022年，淮安市推动安全生产党委、政府领导责任落实，推动市县镇三级"双主任"（党委、政府主要领导共同成为安全生产工作第一责任人）模式全覆盖。印发《关于开展县级党政领导干部安全生产"四包一落实"工作的通知》["四包一落实"指包分管领域和挂钩（联系）镇街安全生产工作、包重点企业安全生产工作、包重大危险源排查和重大隐患治理、包各级挂牌督办问题及督导交办问题闭环整改，落实行业监管责任、镇街属地责任、企业主体责任]，全市县区、园区129名县级党政领导干部对106个镇街道（园区）安全生产工作、355个重点企业安全运行、122个重大危险源有效管控和2020年后国务院安委会督导组和省督导组交办的674个问题按期整改进行全面包保。落实部门监管责任，细化制定年度工作要点。推动企业主体责任落实，运用约谈警示、通报曝光等手段，倒逼企业落实主体责任。全年曝光企业113家，对1038人约谈警示，对130家生产经营单位实施联合惩戒。

【安全生产专项行动】 2022年，淮安市推动安全生产专项整治三年行动收官，重点抓好年度276项任务落细落实，全省率先启动电气焊等动火作业专项整治，完成全市1.18万家餐饮企业燃气使用安全升级，全链条开展醇基燃料安全排查整治。各重点行业领域累计派出检查组1.2万个，检查企业5.8万家次，排查隐患总数6.7万个，整改6.6万个，整改率98.1%。开展百日攻坚行动，制定23个重点行业领域攻坚子方案，压茬推进"厂中厂"专项整治，严防小企业发生大事故，排查涉及出租企业1255家，承租3929家，取缔56家，停产30家。

（庞　黎）

【危化品安全】 2022年，淮安市开展危化品安全风险集中治理和危化品使用安全专项治理，推动重点危化品企业优化自动化控制系统，出台《化工医药企业过程安全管理"十一条禁令"》。对58家危化品企业开展安全审计，形成风险隐患清单、管控整改清单和责任人清单的立体管控模式。开展两轮危化品重大危险源企业交叉互查，发现一般隐患1137条、重大隐患8条，全部完成整改。对全市125家危险化学品生产企业实施驻厂指导服务。在危化品企业较为集中的淮安工业园区，实施联防、联训、联勤、联用"四联"专项行动，提升企业应对突发事件救援处置能力，对园区73家化工企业应急救援人员开展驻点脱产轮训，对30家重点化工企业专职应急人员开展集中强化训练。

【特种设备安全】 2022年，淮安市开展特种设备超期未检整治、电梯质量安全提升、"黑气瓶"治理等专项行动，检查特种设备生产使用单位2621家，整治安全隐患2973条。创新推进智慧监察，发布全省首部安全防范类地方标准《特种设备安全风险告知规范》，"'保险+服务'新型电梯安全监管方式"入选首期《淮安改革案例》。全市在册电梯数量34301台，在用电梯数量31242台，其中纳入"96333"平台管理的乘客电梯数量29125台，增长12.86%。淮安市电梯应急处置中心"96333"热线平台接处电话32725次，处置诉求8609起，其中困人求救4071起、电梯故障报修2734起、法律法规咨询及其他1804起，解救被困人员6791人。救援到场平均用时13分21秒，缩短3.61%，相比法定用时缩短50%以上。现场救援平均用时3分16秒，比上一年缩短7.98%。

（周　泉）

【冶金工贸安全】 2022年，淮安市深化精准执法、安全生产大检查、工贸行业安全生产"百日清零行动"，防范化解重大安全风险，推动企业自查自改与部门检查核查。对深井铸造、粉尘涉爆类企业实施"照相""打卡"制度，完成钢铁、铝加工（深井铸造）、粉尘涉爆企业全覆盖检查，重点安全事项全部清零。

【道路交通安全】 至2022年末，淮安市机动车保有量88.7万辆。其中，客车74.17万辆，占比83.62%，包括私家客车69.45万辆；货车6.73万辆，占比7.59%；摩托车6.17万辆，占比6.96%。有驾驶人144.6万人，比上年增长3.72%。其中，A类驾驶人8.11万人，B类驾驶人13.2万人，C类驾驶人116.77万人，摩托车类驾驶人31.27万人。全年查处道路交通违法行为295.6万起，全市道路交通事故死亡人数比上年下降10.45%，未发生死亡3人以上道路交通事故。道路交通安全形势持续平稳。

城市道路交通安全 开展"一盔一带"安全守护、工程运输车长效治理、酒醉驾专项整治等系列行动，全年查处酒驾3530起、醉驾1230起、无证驾驶3316起，工程运输车重点违法3.5万余起，非机动车、行人违法80.25万起。开展停车秩序整治、炸街车整治专项行动，全年查处机动车违停行为59.63万起，查扣炸街车162辆，查处摩托车涉牌涉证1250起、非法改装67起、不戴头盔1479起。完成灯控路口智能化改造508个、信号灯优化配时374次，主城区310处信号灯实现远程控制，19条主干道67个路口实现绿波协调控制，全市主要路口信号灯通行效率提升20%以上，淮安交通顺畅指数稳居全国前6名。

农村道路交通安全 排查整治农村道路隐患突出路口路段、事故多发点段，整改销号部级督办隐患4处、省级督办隐患4处、市级督办隐患25处，完成40个减速带改造任务。在国省县乡道路开展联合执法行动313次，查处客车超员715起、货车超载2.19万起，普通干线公路超限率控制在0.14%，低于省定0.5%的年度控制目标。

高速公路交通安全 开展高速公路"雷霆2022"专项行动，实行交警、路政联合巡逻、错峰巡逻机制，全年查处六类重点违法5849起，查获涉嫌非法营运车辆1138辆。排查整治京沪、宁连高速公路施工路段安全隐患，增设、更新监控设备，协调增加现场安保人员20余人。

公共交通安全 开展公共交通"平安守护"专项行动，全年视频巡查点位4260个，安检客运车辆15.6万班次、旅客110万人次。实体化运作全市道路交通安全委员会，建立例会、联络员、专报、工作评价等10项常态机制，交办回溯道路交通隐患400余处。

（市公安局）

【天然气安全】 2022年，淮安市持续推进燃气具及消防产品整治，全覆盖、多轮次对"灶管阀"生产、销售企业实施检查。对燃气领域问题进行挂牌督办，全链条压实燃气安全责任。改造城镇燃气老旧管网10.6千米，排除一般隐患2430个、管道占压重大隐患3个。全市餐饮商户全面完成带切断保护装置更新安装、橡胶软管更换任务。在淮安工业园区试点建设全省首家餐饮场所"无瓶示范区"。

【自建房安全】 2022年，淮安市开展自建房特别是经营性自建房安全隐患排查。排查出经营性自建房50801栋，初判存在安全隐患经营性自建房950栋，通过工程措施解危86栋，通过管理措施解危340栋。制定隐患建筑三年整治方案，按序时推进整治工作，确保清单管理、动态销号，并完成信息系统数据录入。通过压实出租方、承租方和监管方责任，整改隐患9229个。

【安全生产宣传】 2022年，淮安市开展安全生产月系列活动，全市累计开展1827场安全生产专题宣讲，选树一批落实主体责任优秀企业进行展播，创新开展"万企作宣誓，全员筑安全"活动，被中央电视台报道。"古楚平安哨"融媒体平台"粉丝"数超100万人，每天互动量超20万人次。开展"百团进百万企业千万员工"活动。全市3.7万人次参与"学重要论述促安全发展"平台网络学习，超过10%常住人口注册使用全民消防安全学习云平台。建立重点行业领域班前五分钟安全教育制度，开展"万企作宣誓全员筑安全"安全生产宣誓活动，对燃气、市政有限空间作业企业开展约谈警示，教育引导企业向"我要安全"转变。

（庞　黎）

【安全生产轻微违法行为"首违不罚"清单出台】 7月18日，《淮安市安全生产轻微违法行为"首违不罚"清单》印发，规定15项安全生产轻微违法行为不予行政处罚，主动为企业发展提供容错支持。明确对非高危行业生产经营单位安全管理履职、安全教育培训、事故隐患排查、应急预案制定演练、安全警示标志设置、事故风险告知、安全风险报告等15项轻微违法行为，属于首次被发现并及时纠正，没有造成危害后果的，不予行政处罚。

【获全国"安康杯"竞赛多项表彰】 11月2日，全国"安康杯"竞赛活动表彰暨经验交流电视电话会议召开，对2020—2021年度全国"安康杯"竞赛活动先进集体和优秀个人进行表彰，淮安市4个集体、1名个人入列全国"安康杯"竞赛活动受表彰名单。江苏苏盐井神股份有限公司热电分公司被表彰为全国"安康杯"竞赛活动优胜单位，江苏韩泰轮胎有限公司生产3Team 2Unit压出C组、江苏淮阴发电有限责任公司发电部五单元获评优胜班组，淮安区总工会被评为优秀组织单位，市总工会劳动和经济工作部马传忠荣获"优秀个人"称号。

（淮　鉴）

食品药品和医疗器械安全

【概况】 2022年，淮安市完善市食品安全委员会组织领导机构，新增市委组织部、市检察院等5个部门为成员单位；成立淮安市药品安全委员会、淮安市集中打击整治危害药品安全违法犯罪工作领导小组。统筹推进零售药店疫情防控和药械质量安全监管，保障群众药械使用安全。清江浦区、洪泽区、金湖县高分通过省级食品安全示范城市跟踪评价，盱眙县高分通过省级食品安全示范城市命名评价。加快推进市场监管一体化信息平台建设，推动各类平台信息互通互认互享，发挥数据预警作用，打通监管“最后一公里”；嵌入风险监测场景，实现药品安全风险早发现、早研判、早预警、早处置。

【药械化监测体系建设】 2022年，淮安市加强药械化监测体系和制度建设，推进药械化不良反应监测哨点建设，市场监管部门与公安部门实现药物滥用数据共享和信息互通，与卫健部门建立医疗机构不良反应工作考核和定期通报制度。全年收集药品不良反应报告8104例，其中严重报告910例，每百万人口报告1781例。审核器械不良事件报告2923例，其中严重报告250例，每百万人口报告642例，上报情况位居全省前列。探索药械监管智慧化新场景、新应用，接入1000余路零售药店经营场所视频监控，对药师不在岗、不戴口罩、未穿工作服等违规行为实行全程监控。至年末，上线经营使用单位7921家，产生相关数据信息800余万条。

【食品安全监管】 2022年，淮安市开展“逢十（食）”专项检查行动18期次，在线观众达百万人次，发现问题隐患1000多个，立案查处11起。建立风险会商、明察暗访等5项工作机制，食品生产经营主体检查覆盖率、问题处置到位率均达100%，有关做法被国家媒体和省食安办工作简报宣传30余次。全市8起食品案件入选省市场监管局典型案例。建立末端发力终端见效工作机制，推动食品安全“两个责任”（食品安全属地管理责任、食品生产经营单位主体责任）工作，全市3.8万余家获证食品生产经营企业包保责任落地落实。办好食品小作坊整治提优民生实事项目，投入资金8万余元，通过公开招标方式聘请第三方机构对全市81家食品小作坊进行全方位技术指导。在涟水县举行食品安全事故（四级）应急处置演练活动，提升重大食品安全事故处置能力。全年累计检查食品抽样3.11万批次，超额完成省布置任务159.3%。免费发放5万份“食安封签”，确保“最后一公里”餐食安全。聘请68名外卖骑手担任市级食品安全监督员。关注“一老一小”等重点使用人群，开展特殊食品规范店创建和婴幼儿配方乳粉质量提升专项行动，累计建成特殊食品优质规范店30家。开展食品安全宣传周活动，全市发放食品安全宣传资料10万余份，制作宣传展板50余块，组织各类咨询活动30多场，参与人数达20多万人次。

【食品安全标准跟踪评价】 2022年，淮安市承担《食品安全国家标准水产制品生产卫生规范》（GB 20941—2016）及《食品安全地方标准集体用餐配送膳食》（DBS 32/003—2014）的标准跟踪评价工作任务。市卫生监督所采用集中座谈和个别走访相结合的方式，现场宣传解释目标标准的知识、现场调查表和问卷调查表要点，确保问卷调查表的填写质量和高回收率。最终综合专家意见，形成标准修订意见13条，涉及GB 20941—2016的7条、涉及DBS 32/003—2014的6条，完成食品安全标准跟踪评价工作任务。

【药品安全监管】 2022年，淮安市检查疾病预防控制机构和疫苗接种单位199家次，覆盖率100%。检查药械经营使用单位3236家，覆盖率66.63%，超额完成省下达任务。上报药品不良反应报告8104份，医疗器械不良反应事件2923份，上报工作排名全省前列。规范网络销售市场秩序，保障公众化妆品使用安全。制定印发《2022年淮安市药械经营使用监管工作要点和监督检查计划》，推进日常监管，开展各类专项整治，市场监管部门联合市卫健、医保和公安等部门开展联合监管，加大高风险品种和企业监管力度，落实闭环管理。

【医疗器械质量安全监管】 2022年，淮安市提升医疗器械质量安全监管水平，保障群众医疗器械使用安全。以新冠病毒检测试剂、集中带量采购中选产品、无菌和植入性医疗器械等用量大、风险高的品种为重点，加强对既往监管问题多发企业、疫情防控器械经营使用单位和医疗美容机构等重点单位的日常监管。开展医疗器械质量安全隐患排查整治专项行动，开展许可备案和经营使用行为等方面风险隐

9月19日，淮安区在府衙广场集中开展食品安全宣传活动

秦志贵　摄/视觉江苏网　供

患排查，全面梳理问题企业清单，依法处置医疗器械质量安全风险。市场监管部门联合公安机关全面开展违法违规行为监督检查，打击经营使用无证医疗器械、未经许可（备案）从事经营医疗器械等违法犯罪行为。全市排查检查经营许可企业769家，经营备案企业2847家，使用单位2263家。其中，主动申请注销许可证46家，主动取消备案凭证91家，依法公告标注备案凭证122家企业，责令整改29家次，立案查处6件。

【防疫药械物资监管】 2022年新冠疫情防控期间，淮安市成立稳价保供工作专班，第一时间发布多份涉疫物资生产经营通告，检查相关单位600余家，处理群众投诉举报200余起，查处价格违法案件并向社会发布涉疫典型案例。"淮安百源堂药房有限公司哄抬连花清瘟价格案"被国家市场监督管理总局收录至第二批查处涉疫药品和医疗用品违法典型案例。建立24小时应急响应机制，根据新冠疫情防控"第九版""二十条"和"新十条"因时因势调整措施，守好进口冷链食品输入关口。疫情防控政策优化后，协调外市生产企业调拨药品4万余盒，协助当地药品经营企业采购N95口罩200余万只，抗原检测试剂20余万人份，布洛芬等药品7万余盒。

（周　泉）

【首届全国食品安全抽检大比武决赛在淮安举办】 8月31日，首届全国市场监管系统食品安全抽检监测技能大比武决赛在淮安举办，上海、江苏、浙江、山东、四川、吉林6支代表队参加决赛。上海队获得团体一等奖，江苏队、浙江队获得团体二等奖，山东队、吉林队获得团体三等奖。因疫情原因未能到达比赛现场的四川队获得特别奖。江苏省淮安市市场监管局杨波获最佳风采奖。首届全国市场监管系统食品安全抽检监测技能大比武预赛于1月举行，全国共有16207人参赛，在线答题超过4.76万人次。

【1案例入选国家总局"铁拳"行动典型案例】 2022年11月16日，市场监管总局公布2022民生领域案件查办"铁拳"行动（第七批）典型案例。淮安市盱眙县市场监管局查处胡某某无证生产非法添加染色剂的食品案入选。2021年11月5日，根据群众举报，盱眙县市场监管局对胡某某生产加工场所进行现场检查。2022年4月20日，依法对胡某某未经登记从事食品生产加工活动和在食品中添加食品添加剂以外的化学物质及其他可能危害人体健康的物质的违法行为作出警告，没收成品牛肉（熟牛肉）118.1千克、生牛肉77.52千克、"洛阳旭日袋色"250袋、规格为25千克的焦糖色食品添加剂5桶等生产原材料和制作工具若干，作出罚款10.59万元的行政处罚。

（淮　鉴）

农产品质量安全

【概况】 2022年，淮安市推进食用农产品"治违禁　控药残　促提升"三年行动，加大农产品质量安全监测及不合格产品溯源核查力度，加强农产品质量安全执法，落实"最严厉的处罚"要求，确保地产农产品质量安全。开展源头治理、抓好产品抽检，严厉查处违法违规行为，健全完善"互联网+农资企业+农资用户""三位一体"监管模式，推进农业综合执法数字化，规范农资生产经营秩序。开展风险监测预警，加强农产品质量安全宣传教育，督促生产主体严格落实投入品使用等有关规定。全市主要农产品监测总体合格率稳定在99%以上。完成省、市、县（区）风险（例行）监测10355批次，主要农产品监测合格率为99.38%。提升乡镇监管标准化，淮阴区丁集镇、洪泽区东双沟镇监管站被命名为省五星级乡镇监管机构，全市累计有省五星级乡镇监管机构4个。

【农产品质量追溯】 2022年，淮安市提高农产品质量追溯规范化水平，落实承诺达标合格证制度。推进农产品产地准出与市场准入有效衔接，建立健全农产品全程可追溯体系，出台质量追溯行动方案，推进规模主体入网行动。至年末，全市入网监管主体14681户，有效入网主体占比达99.8%，打印追溯标签5605张。

【夏粮质量安全】 2022年，淮安市开展夏粮质量安全监测，设小麦监测183个，油菜籽监测点3个，覆盖全市7个县区74个镇（街道）。检验样品243份。其中，质量调查小麦183份、油菜籽3份，品质测报小麦28份；食品安全监测小麦28份、油菜籽1份。经检测，小麦农药残留、重金属含量、真菌毒素含量均远低于国家标准限量值，脱氧雪腐镰刀菌烯醇检出率10.7%，玉米赤霉烯酮检出率3.6%。油菜籽重金属含量均低于国家标准限量值。

【秋粮收获质量安全】 2022年，淮安市开展秋粮质量安全监测，监测主要对象是稻谷和玉米。设稻谷监测点284个，其中籼稻谷87个、粳稻谷197个，采集原始样品284份，覆盖7个县区284个村284个种粮户；玉米监测点3个，采集原始样品16份，覆盖5个县区16个乡镇。检验样品394份，其中质量调查样品300份、品质测报样品47份、食品安全监测样品47份，获得检验数据4714个。有机磷农药残留量、重金属含量和真菌毒素含量等食品安全指标全部符合国家标准。

【省级农产品质量安全监测】 2022年，淮安市根据省农业农村厅统一部署，分别于3月、5月、8月、10月开展4次农产品（蔬菜）质量安全抽检，涉及全市6个农业县区，每次抽检例行监测168个蔬菜样品。在监测抽样同时，工作人员指导农产品生产经营户合理用药，加强农产品质量安全宣传，保障农产品质量安全；对种植大户进行科学安全用药指导，客观了解全市农产品质量安全现状、及时开展风险评估、有效防范风险隐患。

【肥料质量安全风险监测】 2022年，淮安市全面启动登记肥料质量安全风险田头监测，共梳理出市内肥料登记生产企业12家，实施部省级耕地质量提升、化肥减量增效和退化土壤治理项目用肥计划7个，有针对性地确定配方肥、生物有机肥、微生物肥料等20个肥料品种作为田头监测重点。根据肥料供应进度，组织人员直接到肥料集中供应田头进行不间断抽样检测。全年肥料质量安全形势稳定。

【农资打假"夏季百日行动"】 2022年，淮安市开展农资打假"夏季百日行动"，全市出动执法人员847人次，检查各类生产经营主体625个次，抽检种子123批次，抽检农药265批次。印发宣传资料1.7万份，查办违法农资案件12起，罚没金额28.7万元，移送司法机关案件1起。

（许正豪）

9月5日，洪泽区网络安全宣传周启动仪式暨网络安全"进社区"主题活动在高良涧街道盛世华庭小区广场举行　　崔德圣　摄/视觉江苏网　供

网络信息安全

【网络安全演练】 2022年，淮安市建成网络安全防护系统和安全态势感知平台，定期开展网络安全应急演练，在全市范围常态化开展电子政务网络安全监测、漏洞扫描，月均抵御网络攻击达200多万次，有效保障网络和平台系统安全稳定运行。首次在全市范围开展网络攻防演练，创新实施"淮网筑盾""三互查三提升"现场检查，相关工作经验被中央网信办简报推介。

【电信网络诈骗治理】 2022年，淮安市推进电信网络诈骗案件"每案必研"，拦截、止付、冻结被骗损失1.99亿元，电诈案件发案下降5.5%，破案率增加8.9个百分点。公安部门在淮安移动公司配合下打掉本地首个便携式手机诈骗窝点，破获诈骗团伙10个，缴获诈骗设备40余台；在淮安联通公司配合下打掉境内诈骗犯罪团伙5个，抓捕犯罪嫌疑人10余人。常态化开展反诈宣传，提高人民群众防诈反诈意识。侦破网络犯罪案件115起，查处网络行政案件1086起，网络专案被公安部通令嘉奖，获集体一等功。

（市公安局）

【网络安全管理】 2022年，淮安市设计开发全市互联网违法和不良信息举报综合平台，推动网络举报一体化机制高效运转，获评全省一体化举报机制建设十大创新案例、全省网络举报十大典型案例各1个。在全省率先探索全链条规范网络传播秩序，印发《淮安市党务政务新媒体管理负面清单》，围绕9类重点整治问题，对全市党政新媒体账号、互联网新闻媒体单位、商业网站论坛开展线上常态化覆盖管理。培育省级首批网络安全应急指挥中心试点单位1个。健全联合研判、线上线下同步管理机制，全年启动各级各类互联网响应12次104天。常态长效开展网络安全立体防护，深入开展"网安2022·淮安行动"。

（市委网信办）

【无线电管理】 2022年，淮安市加强对航空、铁路、电力等重点行业重点频率保护，通过健全长效管理机制、沟通协调机制和快速响应的干扰排查机制，对重点频段开展保护性监测。排查不明信号124个，查处重大无线电干扰事件18起，查处率100%。完成全国两会、中共二十大、第17届台商论坛、第五届中国（淮安）国际食品博览会等6次重要时期、重大活动保障及公务员招录、研究生全国统一招生考试等22场重要考试无线电安全保障。开展在用台站、公众移动、无线电发射设备销售与备案监督检查，市工信局联合文广旅局开展全市乡村调频小广播排查和清理，发现并封存乡村调频小广播10个。开展打击治理"黑广播""伪基站"违法犯罪专项行动，查处"黑广播"案件7起，收缴设备7台（套）。升级改造Ⅱ类移动监测站1座。

（市工信局）

辖区发展

责任编辑：王若霜

清江浦区

【概况】 清江浦区是淮安市主城区，东与淮安区接壤，南与洪泽区毗连，西、北与淮阴区隔淮沭新河（二河段）和古淮河（废黄河）相望。全区面积420平方千米（区政府实际行使行政管辖权面积247.2平方千米），辖2个镇、14个街道、81个城市社区和51个行政村（含18个村居合一组织）。2022年末，户籍总人口59.43万人，常住人口58.97万人。主导产业有生物医药、绿色食品、锂电能源、现代物流、黑色金属冶炼和压延加工等。名特优产品有淮安红椒、淮安大米、淮安黑猪等区域公共品牌及浦楼酱醋、淮香食用菌等。风景名胜有古淮河文化生态景区、里运河文化长廊清江浦景区、钵池山公园、周恩来童年读书处旧址、苏皖边区政府旧址和清晏园等。年内，清江浦区入选全国高质量发展百强区、综合实力百强区、投资潜力百强区。

【地方经济】 2022年，清江浦区实现地区生产总值702.77亿元。其中，第一产业增加值14.79亿元，第二产业增加值176.32亿元，第三产业增加值511.66亿元。三次产业结构比例为2.1∶25.1∶72.8。人均地区生产总值119927元，按当年平均汇率折算为17830美元。实现公共财政预算收入33.9亿元。年末，全区有内资非私营企业2892家，注册资本2873.6亿元；私营企业22604家，注册资本2212.38亿元；个体工商户93833家，注册资本92.52亿元。

农业 全年实现农林牧渔业总产值26.64亿元。其中，农业总产值18.2亿元，林业总产值0.25亿元，畜牧业总产值4.14亿元，渔业总产值1.71亿元，农林牧渔服务业总产值2.34亿元。粮食总产量9.5万吨，蔬菜及食用菌总产量37.16万吨，肉类总产量1.17万吨，禽蛋总产量1.28万吨，水产品总产量0.49万吨。林木覆盖率25%。农机总动力20.46万千瓦，全年机耕面积1.89万公顷、机播面积1.68万公顷、机收面积1.54万公顷，实施机插秧面积0.48万公顷，实施机械化秸秆还田面积0.78万公顷。

工业和建筑业 全年完成工业投资90亿元，比上年增长45%。实现规模以上工业总产值189.99亿元。其中，私营企业产值占比72.6%，实现营业收入167.96亿元。江苏省金象传动设备股份有限公司等3家企业获批省级企业技术中心，江苏科圣化工机械有限公司获国家级专精特新“小巨人”企业认定。全区有具备资质等级的总承包和专业承包建筑业企业168家，建筑业总产值增长6.8%，签订合同额增长11.3%，从事建筑业活动的平均人数同上年基本持平，实现建筑业增加值61.03亿元，可比价增幅8.5%。

服务业 全年实现服务业增加值511.66亿元，比上年增长2.7%，占地区生产总值比重72.8%。新注册服务业企业3931户，增长8.9%。实现社会消费品零售总额559.01亿元，下降0.4%。限额以上单位商品销售中，粮油、食品类，服装、鞋帽、针纺织品类，日用品类等基本生活消费类商品销售额分别增长16.2%、-5.1%、-8.4%；金银珠宝类、家用电器和音像器材类、汽车类等升级类消费类商品销售额分别增长2.7%、-5.0%、-11.5%。

固定资产投资 全年规模以上固定资产投资增长20.1%。其中，工业投资增长45.2%，建安工程投资增长34.9%，民间投资、高技术产业投资分别占规模以上固定资产投资比重的74.4%、15.8%。新入库10亿元以上项目9个，总投资34.36亿元的淮河入海水道二期工程清江浦段开工建设。实现商品房销售面积195.45万平方米，下降31%；实现商品房销售额177.17亿元，下降32.2%。

国内贸易和开放型经济 全年实现社会消费品零售总额559.01亿元，服务业增加值511.66亿元，完成外贸进出口总额42.75亿元。华信Mall、梦乐城、融创广场等商业综合体项目开业，引入品牌首店超50家。中海高端商业综合体、华润万象城启动建设，金融中心入驻企业超230家，获评全省现代商贸流通体系示范创建区。注册外资实际到账6006.9万美元，下降64.2%。新设外资项目11个，其中3000万美元以上项目6个。完成外贸进出口总额42.75亿元，增长16.5%。

旅游业 全年接待境内外游客480万人次，实现旅游业总收入57.59亿元。御码头运河文化美食中心获评省级旅游休闲街区并入选2022年江苏省重点文化和旅游产业项目。淮印时光文创园获评省级文化产业示范园区。古庄牛生态农业开发有限公司获评全国休闲农业与乡村旅游五星级精品企业。大运河夜景游航线入选全国首批水路旅游客运精品航线，清江浦景区、御码头运河文化旅游中心入选省级夜间文化和旅游消费集聚区，文化和旅游产业工作获省政府督查激励，获评全市唯一省文化和旅游产业融合发展示范区。

财政　全年实现公共财政预算收入33.9亿元，下降7.4%。其中，税收收入23.83亿元，下降19.2%，非税收入10.07亿元，增长41.4%。实现公共财政预算支出44.48亿元，下降7.7%，其中一般公共服务支出3.71亿元，下降27.7%。

【城乡建设】 2022年，清江浦区统筹实施39个中心城市建设项目，改造棚户区6.23万平方米，建设保障性住房3536套，提升老旧小区24个。加快建设大运河百里画廊沿线项目，都天庙历史文化街区入选省首批城市更新试点项目，御码头美食中心等3个美丽宜居城市建设试点项目通过省级验收。投资6000万元的东港体育公园建成开放，古黄河生态休闲带开放连通工程清江浦段全线贯通，明远路、武黄路一期等12条"断头路""瓶颈路"被打通，西安路片区等4个易积易涝点完成整治。全域推进乡村振兴"三级先导"（先导区、先导镇、先导村）工程，完成"多规合一"实用性村庄规划（整合村土地利用规划、村庄建设规划等乡村规划，实现土地利用规划、城乡规划有机融合的村庄规划）编制，古庄牛、后左、三闸3个村建成省级生态宜居美丽示范村，杨庙村入选省传统村落名录。开展农村人居环境整治，建成污水处理设施17个，新改厕所入户率100%，"微循环"推动乡村绿色转型做法获省政府肯定。淮河入海水道二期工程清江浦段开工建设，柴米河黄码港段完成改道通水。新增生态河道8条，11个国省考断面水质优Ⅲ比例为100%，入选第二批省级水域保护示范区试点。新建城市绿色小客厅2个，城市绿化覆盖率44%。古淮河生态修复、里运河长廊慢行系统入选全省公众喜爱的高品质绿色空间实践项目。

【社会事业】 科学技术　2022年，清江浦区科技研发投入资金6.39亿元，向上争取科技项目资金725.58万元。组织27家企业申报国家高新技术企业，获批17家，全区高新技术企业增加到50家。科技型中小企业培育入库138家。拥有各类专业技术人员2.11万人，其中高技能人才12984人、中级以上职称2533人。新增高技能人才1009人，获批省科技副总3人，引进外国高端人才和专业人才51人。

文化　全年新增规模以上文化制造业、限额以上批发零售业、规模以上文化服务业"三上"文化企业20家，向上争取各类文化资金近1000万元。建成赛珍珠声音博物馆。新建4个24小时翔宇书房，翔宇书房总数增加到29个。培育省级优秀群众文化团队3个。创成省级最美文化空间3个。依托基层文化阵地，举办百场演出进社区、周末大舞台、送戏下乡等惠民活动3400场次。创立"文物会说话 扫码听故事"文化品牌，创作推出《百枚印章雕刻百里画廊》《百米长卷画说百里画廊》《井娃的传说》等非物质文化遗产作品。举办"非遗线下购物节""水韵江苏·这里夜最美"现场发布会和"中国（淮安）大运河文化带城市非遗展"三大省市重大品牌活动。

2022年9月，大运河城市"非遗"展在里运河畔举办　　文广旅游局　供

教育　全区范围内（含市直学校）有中小学及幼儿园113所，其中幼儿园62所、小学21所、初级中学15所、九年一贯制学校7所、高级中学6所、十二年一贯制学校1所、特殊教育学校1所。有在校（园）学生115086人，其中学前幼儿18906人、小学学生54786人、初中学生24858人、高中学生16336人、特殊教育学校学生200人。有专任教师8428人，其中学前教育教师1443人、小学教师3432人、初中教师2099人、高中教师1401人、特殊教育学校教师53人。

卫生　全区有医疗卫生机构272个。其中，医院23个（三级医院6个、二级医院5个、一级医院12个），基层医疗卫生机构249个（门诊部55个，社区卫生服务中心15个，社区卫生服务站25个，乡镇卫生院4个，诊所、卫生所及医务室112个，村卫生室38个）。医疗卫生机构（含6个市直医院）有床位5941张，每千人口床位数10.42张。每千人口执业（助理）医师2.13人，每千人口注册护士3.04人（不含辖区内市直医院）。

体育　建成清河桥体育公园和延安路高架东、里运河东等四条15千米健身步道，更新安装健身路径70套，人均体育场地面积超过4.2平方米，当年新增统计面积超过80万平方米。举办科学健身大讲堂20场、体育项目培训33场、群众性体育活动166场。创成市青少年校园足球特色学校2所、市少儿趣味田径项目特色学校1所。清江浦区运动队参加省第二十届运动会，获金牌6枚、银牌12枚、铜牌14枚。

居民生活　实现全体居民人均可支配收入52788元。其中，城镇居民人均可支配收入55512元，农村居民人均可支配收入28971元。完成38个民生项目。新增城镇就业8175人，淮印时光文创园获评省级大学生创业就业实践基地。城乡居民基础养老金实现“十一连增”，年内救助各类困难群体14.17万人次。完成居家适老化改造420户，新增托育机构2家，北京北路社区获评全国示范性老年友好型社区。

社会保障　全年参加企业养老保险8.48万人、居民养老保险3.75万人、失业保险6.75万人。基本医疗保险参保人数增加到43.42万人。有城乡低保户2122户3928人，累计发放城乡低保资金2811.89万元。救助临时困难家庭391户，累计发放临时救助金203.58万元。有养老机构17家，养老床位1354张，其中护理型床位994张。

生态环境　全区$PM_{2.5}$浓度34.3微克/立方米，下降3.9%；空气质量优良天数比率为80.8%，降低1.1个百分点；水环境质量稳定达标，各断面水质均达到Ⅲ类水体标准，地表水达到或好于Ⅲ类水质比例100%；2022年期末危废库存量112.02吨。

【古庄牛生态农业开发有限公司获评全国五星级精品企业】 2022年1月26日，江苏古庄牛生态农业开发有限公司获评2021年全国休闲农业与乡村旅游五星级精品企业。该公司自2013年开始，在淮河入海水道与淮沭新河二河段交汇的清江浦区和平镇古庄牛村建设生态休闲庄园，打造千亩采摘园、千亩花海、千亩水乡、千亩示范基地。一期开发占地66.67公顷，是江苏省三星级乡村旅游区。至2022年，建成集农业种植养殖、科技展示、生态观光、休闲度假于一体的休闲庄园。

【御码头运河文化美食中心被确定为省级重点文旅产业项目】 2022年3月9日，省文化和旅游厅公布2022年江苏省重点文化和旅游产业项目，淮安御码头运河文化美食中心入选在建项目名单。该项目位于清江浦区里运河北岸，地处淮安市大运河国家文化公园核心节点，2020年被列为省级夜间文旅消费集聚区建设单位。项目建设包括提升御码头街区整体风貌、功能品质，将文物点打造成最美书局、运河文化会客厅，打造承载运河历史记忆的文化休闲体验区与生活工作一体化的多元化创客空间。

【大运河夜景游航线入选全国首批水路旅游客运精品航线】 参见《旅游业·旅游业态》

（章树林）

淮安区

【概况】 淮安区位于淮安市东南部。全区面积1452.3平方千米，辖13个镇、3个街道、338个村（社区）。2022年末，有户籍总人口112.06万人。主导产业有高端装备制造、电子信息、盐化工、绿色建材等。风景名胜有青莲岗文化遗址、淮安府署、镇淮楼、文通塔、周恩来故居及纪念馆、吴承恩故居、漕运博物馆、沈坤状元府等，其中周恩来故里旅游景区为苏北地区首批国家AAAAA级旅游景区。年内，淮安区创成第四批江苏省生态文明建设示范区、江苏省第十二届双拥模范区、江苏省第二批农村物流达标县。

ha21nj17

钦工肉圆

【地方经济】 2022年，淮安区实现地区生产总值751.14亿元，比上年增长4%。其中，第一产业增加值84.51亿元，增长4.7%；第二产业增加值323.98亿元，增长5.5%；第三产业增加值342.65亿元，增长2.6%。人均地区生产总值94817元。产业结构加快调整，三次产业比重调整为11.3∶43.1∶45.6。第二产业增加值占地区生产总值比重提升0.5个百分点。年末，全区登记私营企业20370家，注册资本1128.46亿元；个体工商户61429户，实有资金数额87.37亿元。实现新增大个体企业2家，新增列统企业（不含投资）139家。新开工亿元以上重特大产业项目47个，其中10亿元以上4个，即润阳电子产业集聚平台项目、荣庆传动设备有限公司高端传动设备智能制造设计项目、英利光伏发电有限公司新能源光伏组件项目、中通快递四期项目；新竣工亿元以上重特大产业项目31个，其中10亿元以上1个，即百斯特食品智慧创享产业园项目。

农业　全年粮食作物播种面积13.28万公顷，与上年持平。粮食总产量98万吨，增加0.21万吨，增长0.2%。其中，小麦总产量37.95万吨，增长0.9%；水稻总产量58.27万吨，下降0.3%。其中，夏粮总产量37.97万吨，增长0.9%；秋粮量总产量60.03万吨，下降0.2%。全年粮食平均亩产491.96千克，增产0.96千克，增长0.2%。年底生猪存栏29.85万头，增长1.8%；出栏53.71万头，增长4.5%；猪牛羊禽肉产量5.57万吨，增长2.6%；禽蛋总产量2.58万吨，增长28.6%；水产品总产量4.93万吨，其中淡水养殖4.58万吨、淡水捕捞0.36万吨。

工业和建筑业　全年规模以上工业总产值增长10%。其中，轻工业增长13.2%，重工业增长6.4%。分经济类型看，集体工业下降34.2%，股份制工业增长10.5%，外商及港澳台商投资工业下降8%。民营企业增长12.2%，其中私营工业企业增长19.2%。规模以上工业增加值增长10.8%。新增规模以上工业企业36家。国家电网中全部工业用电量16.14亿千瓦时，增长9.4%。规模以上工业企业实现主营业务收入351.52亿元，增长4.1%；实现营业利润17.8亿元，增长43.5%；年末亏损企业46家，亏损面17%。完成规模以上工业应税开票销售333.1亿元。累计创成省级工业互联网标杆工厂3家，数量占全市总数33%，位列全市第一。新增星级上云企业44家，数量占全市总数27%，位列全市第一。实现具有资质建筑业企业总产值422.86亿元，增长8.3%；竣工产值278.43亿元，增长30.8%；具有资质建筑企业实现利润总额12.9亿元，与上年持平。建筑业企业房屋建筑施工面积4952.32万平方米，增长1.4%；新开工面积971.7万平方米，增长17%；竣工面积1103.26万平方米，增长62%，竣工率22.3%，其中住宅竣工面积945.55万平方米，增长78.8%。

服务业　全年实现服务业增加值342.65亿元，增长2.6%。实现规模以上服务业营业收入79亿元，增长42.6%；净服务收入79.93亿元，增长97.9%；利润总额5.51亿元，增长166.7%。从事服务业活动的从业人员数17191人，减少14.4%。

固定资产投资　全年规模以上固定资产投资增长15.8%。按类型划分，项目投资增长23.1%，工业投资增长24.2%，房地产开发投资下降25.3%。商品房销售面积100.93万平方米，下降23.7%，其中住宅销售面积71.97万平方米，下降24.6%。

国内贸易和开放型经济　全年实现社会消费品零售总额251.97亿元，下降0.8%，其中限额以上社会消费品零售总额23.06亿元，下降1.8%。批发业实现销售额324.74亿元，增长9.8%；零售业实现销售额217.99亿元，增长5.4%；住宿业实现营业额7.15亿元，增长1.2%；餐饮业实现营业额49.54亿元，增长4%。全年外贸进出口总额4.83亿美元，增长2%；协议注册外资额30517.8万美元，下降73.6%；注册外资实际到账16102.2万美元，下降5.2%。

交通运输和邮政　全年完成公路客运量223万人次，客运周转量0.79万人千米。完成公路货运量670万吨，下降3.2%；货运周转量12.79吨千米，增长4.8%。完成水路货运量1196万吨，增长0.08%；货运周转量31.72亿吨千米，增长1.4%。完成港口吞吐量1386万吨，下降4.6%。全区有公路总里程2330千米，其中等级公路2330千米，高速公路里程81千米，一级公路162千米。拥有公共汽（电）车456辆，客运量223万人次。中国邮政集团有限公司淮安市淮安区分公司实现营业总收入1.83亿元，增长14.02%，其中寄递业务收入3493.58万元。

旅游业　全年累计接待游客1170万人次，旅游综合收入128亿元。获评2022年全国市辖区旅游发展潜力百佳区，入选全国红色旅游融合发展试点单位、第二批长三角高铁旅游小城。

财政　全年实现财政总收入53.47亿元，增长3.6%。完成一般公共预算收入34.88亿元，增长8.3%，其中税收收入24.57亿元，下降11.4%。税收收入占一般公共预算收入比重70.4%。上划中央“四税”（增值税、消费税、企业所得税、个人所得税）18.58亿元，增长0.8%。政府性基金收入62.17亿元，下降13.4%。全区公共财政预算支出91.88亿元，下降11.1%。主要支出中，教育支出17.07亿元，增长3.7%；社会保障和就业支出17.03亿元，下降5.3%；住房保障支出10.87亿元，增长2.2%；一般公共服务支出8.90亿元，下降22.8%；农林水支出8.49亿元，下降23.3%。

金融　至年末，人民币存款余额729.46亿元，增长11.5%，比年初增加75.08亿元。其中，居民储蓄存款余额474.86亿元，增长16.6%，比年初增加67.77亿元，增速较上年增长6.8个百分点。人民币贷款余额675.3亿元，增长21%，比年初增加117.4亿元，增速增长7.4个百分点。

【城乡建设】 2022年，淮安区实施城建重点项目37个，总投资159.5亿元。完成棚户区改造新开工8694套（户），基本建成6484套（户）；新开工保障性租赁住房182套（间）。完成漕运小区、紫金花苑、广电宿舍楼等老旧小区及单栋住宅楼综合改造37个，共116幢楼3566户，面积33.96万平方米。完成百寿坊等10条后街背巷改造。改造关天培路等市政道路，打通杜康桥路等“断头路”6条，海棠大道竣工通车。新建城区污水管网10条3.48千米，乡镇污水管网21.1千米。完成淮河入海水道二期工程1285户19.1万平方米征收。完成杜康桥一期、金夏学府、文鼎佳苑、西城花园等8个安置小区5288套房屋安置结算。完成承恩大道节点环境提升、月湖周边环境整治等重点绿化工程，新建淮安医院北侧游园等城市绿色小客厅10个，新增绿化面积20万平方米。完成罗柳河、新路圩河、新路斗渠、头河、板跳河、城河、广济河、萧湖等黑臭水体及其关联水体整治。打造农村生态河道22条、104千米，渠南灌区获评江苏省2022年度节水型灌区。新改建农村公路21千米、农村桥梁16座、农村公路安防工程504千米。新建农村

2022年，淮安区完成萧湖黑臭水体治理。图为萧湖景区　　市水利局　供

生活污水治理设施17座，行政村覆盖率34.7%。农村生活垃圾收运处置体系实现自然村（组）全覆盖，新增农村生活垃圾分类省级试点乡镇2个。完成农房改善1150户。完成省级生态宜居美丽乡村示范村创建11个，车桥镇西官渡社区、漕运镇李庄社区、石塘镇卫东社区创成省级特色田园乡村。苏嘴镇获评全国乡村特色产业十亿元镇。苏嘴镇现代农业产业园区获批建设省级现代农业产业高质量发展示范园。

【社会事业】 科学技术 2022年，淮安区获发明专利授权48件，发明专利拥有量443件；万人有效发明专利拥有量5.56件。国家高新技术企业累计达到81家。150余家企业进入“千企升级”培育库，淮安市文善电子有限公司、淮安市鸿富瀚科技有限公司、江苏融昱药业有限公司被评为省级专精特新“小巨人”企业。累计培育国家级专精特新“小巨人”企业1家、省级11家、市级35家。

文化 中国漕运博物馆获评“江苏省粮油科普教育示范基地（五星）”。遂园书舍和海棠书屋2家公共文化空间入选省级“最美公共文化空间”。河下古镇城河步行街入选第三批省级夜间文化和旅游消费集聚区。开展“我们的节日”系列活动，开展文化进万家品牌活动，组织开展纪念周恩来诞辰124周年系列纪念活动。在漕运博物馆、淮安府署、沈坤状元府、吴承恩故居等景区景点开展群众文化活动（含线上）50场次，参与群众超10万人次。

教育 全区有各类学校171所，其中普通中学36所、小学54所、幼儿园78所、中等职业学校2所、特殊教育学校1所。有专任教师10492人，其中普通中学教师4297人、小学教师4070人、幼儿园教师1531人、职业教育学校教师563人、特殊教育学校教师31人，另聘请校外教师59人。有在校学生131427人，减少4056人。其中，高中生18969人，减少13人；初中生27945人，减少443人；小学生54813人，减少1740人；幼儿19040人，减少1949人。各类学校招收新生32266人，其中高中生6100人、初中生9469人、小学生7852人、幼儿5273人。各类学校毕业生36194人，其中高中生5918人、初中生9949人、小学生9338人、幼儿7698人。义务教育阶段学生巩固率100%，初中毕业生升学率98.6%，学生体质健康及格率98.49%、优秀率16.23%。

卫生 全区有各类卫生机构410个（不含诊所），其中医院6个、卫生院17个、妇幼卫生保健机构1个。有国家级卫生镇1个、省级卫生镇8个、省级卫生村195个。有病床4739张。有卫生技术人员5386人，其中执业医师1487人、执业助理医师707人、注册护士2158人。

体育 新建高品质游园10个、体育公园2个、健身步道20千米，新增体育场地面积120万平方米，人均体育场地面积4.02平方米，增幅全市第一。全区万人拥有晨晚练健身点9个，万人拥有社会体育指导员41人，有健身志愿者2200人。有在民政部门注册登记的体育社团30个、民办非企业组织10个；在体育部门登记备案的体育健身团队720个。经常参加体育健身人口占总人口的44.6%。举办市级以上体育赛事9期。开展500人以上规模全民健身活动12次，开展500人以下规模全民健身活动210项次。楚州中学女子足球队获得2022“省长杯”卡尔美江苏省青少年校园足球联赛高中组总决赛亚军。

居民生活 全年居民人均可支配收入32031元，增加1794元，增长5.9%。按常住地分，城镇居民人均可支配收入40032元，增加1884元，增长4.9%；农村居民人均可支配收入23813元，增加1545元，增长6.9%。按收入构成分，工资性收入19779元，占全部收入60.1%；转移净收入增长最快，增幅7.7%。居民人均消费支出19754元，增长5.1%。其中，交通、通信类增速第一，增长9.9%；食品消费支出比重略有下降，恩格尔系数为30.2%。

社会保障 全年新增农村劳动力转移6940人，城乡劳动者就业技能培训6076人次。实施全民参保计划，全区城镇职工基本养老保险参保人数9.77万人，基本社会养老保险覆盖面98%。

生态环境 开展生态碧水三年行动，推进淮河入海水道北泓、渔滨河流域整治，新建污水管网24.6千米，国省考断面优Ⅲ比例为100%，争取国家“山水工程”专项资金超亿元。开展夏季大气污染攻坚、秋冬季空气质量改善等六大行动，完成重点治气工程93个，率先完成全市国三及以下柴油货车淘汰任务，$PM_{2.5}$浓度32.5微克/立方米，较上年下降10.2%，优良天数比率82.7%。推进土壤污染防治，建设用地安全利用率100%，创成省生态文明建设示范区。

【第三届吴承恩长篇小说奖】 2022年9月11日，第三届吴承恩长篇小说奖颁奖典礼在淮安区举行。7部长篇小说获奖，分别为邓一光《人，或所有的士兵》、蒋韵《你好，安娜》、王晋康《宇宙晶卵》、胡学文《有生》、张平《生死守护》5部全国获奖作品以及于兆文《大胡庄·1941》、魏嘉陵《特别党产》2部淮安籍本土作家作品。第三届吴承恩长篇小说奖于2021年6月起面向海内外征稿，全国26个省（自治区、直辖市）作家与文学爱好者投稿，征集作品近300部，比前两届有较大幅度增加。吴承恩长篇小说奖于2016年设立，由淮安区主办，人民文学杂志社和江苏省作家协会为学术支持单位，该奖已产生20部具有较高思想艺术价值的获奖作品，其中首届吴承恩长篇小说奖获奖作品《主角》、第二届吴承恩长篇小说奖获奖作品《人世间》获茅盾文学奖，并被搬上屏幕。

【淮安精密配件特色产业基地入选国家火炬特色产业基地】 2022年9月21日，科技部火炬中心公布2022年国家火炬特色产业基地名单，淮安区淮安精密配件特色产业基地入选。该基地以推进传统制造业转型升级为导向，逐步完善专用设备精密配件全产业链和技术创新链体系。至2022年末，淮安精密配件特色产业基地有规模以上精密机械类企业40余家，配套企业100余家。

【修正集团淮安项目签约】 2022年11月10日，修正集团淮安项目签约仪式在淮安区举行。项目总投资约106亿元，是淮安区体量最大的超百亿元制造业项目，主要规划建设医药制剂、药膳、保健食品、功能性食品等板块，设立全国药品销售结算中心及相关配套产业。项目一期总投资约55亿元，主要建设符合国家新版GMP标准的绿色智能化生物医药生产基地，打造国内一流的智能化数字生产线，同步建设符合GSP标准的全国药品销售结算中心。

（陈国红）

淮阴区

【基本情况】 淮阴区位于淮安市区北部，南濒洪泽湖（高家堰镇洪湖村挡浪堤向南延伸7千米），东到淮高镇盐西电站隔盐河与涟水县保滩街道相邻，北至徐溜镇冯庄村隔六塘河与沭阳县钱集镇相望，西到竹络坝电站隔大运河与泗阳县毗邻。全区陆地面积1034.44平方千米，占总面积的81.83%；水域面积229.66平方千米，占总面积的18.17%。2022年末，有户籍总人口871388人，辖9个镇、4个街道，259个村（社区）。主导产业有绿色食品、新型装备制造、新一代信息技术。风景名胜有韩侯故里、枚乘故里、新四军刘老庄连纪念园、张纯如纪念馆等。年内，淮阴区创成中国社会科学院"全国百强新城区"；淮阴台创园在全国27个台创园考核中获评优秀等级。

【地方经济】 2022年，淮阴区实现地区生产总值658.33亿元，比上年增长4.2%。其中，第一产业增加值80.98亿元，增长2%；第二产业增加值275.55亿元，增长5.7%；第三产业增加值301.8亿元，增长3.7%。三次产业增加值比例由上年的12.63∶40.21∶47.16，调整为12.3∶41.86∶45.84，第二、第三产业比重持续提高。

农业　全年粮食种植面积9.86万公顷，增加140公顷。粮食总产量69.92万吨，增加0.2万吨。其中，夏粮产量29.78万吨，增产0.27万吨；秋粮产量40.13万吨，减产0.08万吨。油料产量0.93万吨，增产0.01万吨。肉类总产量7.29万吨，增长3.9%。其中，猪肉产量4.21万吨，减少0.5%；牛肉产量0.1万吨，与上年持平；羊肉产量0.03万吨，与上年持平；生猪年末存栏31.13万头，增长3.4%；生猪出栏51.52万头，增长2%；禽蛋产量2.54万吨，增长8.1%。水产品产量2.51万吨，增长5%，其中养殖水产品产量2.37万吨，增长15%。木材产量2.5万立方米，增长111.9%。

工业和建筑业　全年工业增加值225.89亿元，增长6.1%。规模以上工业实现利润-1.61亿元，下降6.3%。三大主导产业产值比上年增长6.7%，其中绿色食品产业、新型装备制造产业、新一代信息技术产业分别增长5.8%、2.8%、36.8%。建筑业完成总产值285.7亿元，外出施工产值78.6亿元。全社会建筑业增加值49.74亿元，增长4%。全区具有资质等级的总承包和专业承包建筑业企业实现利润23.93亿元，增长2.7%。

服务业　全年实现服务业增加值306亿元，增长4%，占地区生产总值比重的46%。承办全市"幸福满淮·安心消费"冬季购物节。富康城铂悦汇购物中心、淮安铂尔曼酒店、淮安高新区全季酒店开业。淮阴电商配送中心开工，入驻电商企业63家，电商网络销售额突破5亿元。规模以上物流企业有41家，其中AAA级以上物流企业10家，占全市三分之一。淮安市综合大市场入选"省级现代服务业高质量发展集聚示范区"创建名单。

固定资产投资　全年规模以上固定资产投资增长21.5%，其中固定资产项目投资增长29%。按产业划分，工业投资增长45.1%，高技术产业投资增长440.4%。房地产开发投资下降4.7%，其中住宅用房投资增长14.2%。商品房销售面积107.43万平方米，增长4.7%。

国内贸易和开放型经济　全年社会消费品零售总额194.91亿元，下降1.1%，其中限额以上单位商品零售额58.35亿元，增长10.9%。粮油类销售额增长38.8%，肉禽蛋类下降20.2%，服装类下降21.8%，化妆品类增长3.2%，日用品类增长65.1%，家用电器和音像器材类增长53.3%，中西药品类增长22.9%，文化办公用品类增长8.7%，化工材料及制品类增长21.2%，汽车类增长4.6%。全年货物进出口总额20.27亿元，增长70%。其中，出口总额12.38亿元，增长18.2%；进口总额7.89亿元，增长447.6%。注册外资实际到账12885.85万美元，下降1.9%。其中，一产注册外资实际到账2510.72万美元，二产注册外资实际到账6609.96万美元，三产注册外资实际到账3765.17万美元。

交通运输和邮政　全年实现交通运输、仓储和邮政业增加值18.89亿元，增幅下降3.6%。辖区公路总里程1986.51千米，公路密度1.52千米/平方千米。干线里程中，一级路81.78千米、二级公路17.97千米。农路公路里程中，一级公路7.82千米、二级公路266.01千米、三级公路128.1千米、四级公路1484.14千米。全区有载货车辆7142辆（挂车1752辆）、货运企业550家、货运船舶126艘。营业性公路客运量258万人次、客运周转量5730万人千米；公路货运量279.7万吨，货运周转量20.5亿吨千米。航道总里程173.02千米，其中三级航道23.89千米、六级航道73.04千米、等外航道72.92千米、专用航道3.17千米。机动车保有量161359辆。邮政业务总量增长76.71%，总收入增长67.62%。

旅游业　全年旅游总收入55亿元，增加值25.67亿元。打造省级乡村旅游重点村1个、市级乡村旅游重点村2个、省级乡村旅游区9个、市级研学旅行实践教育基地6个。组织乡村旅游产品参加国家、省级旅游宣

2022年，樱花园景区创成国家AAA级旅游景区　　市文广旅游局　供

传推介会，打造“缤纷四季·乡约淮阴”——乡村旅游文化节品牌，推出淮高镇果蔬采摘节、丁集黄瓜节、“出彩徐溜”等农文旅节庆活动。高家堰文化旅游区入选2021年省“运河百景”名录，丁集薰衣草庄园获批2022年省春季赏花胜地。樱花园景区创成国家AAA级旅游景区，马头、高家堰缤纷旅游区和清口枢纽三大文化公园建设并联推进，“百里画廊·印象淮阴”品牌底色持续擦亮。

财政　全年一般公共预算收入44.92亿元，增长6.2%。税收收入24.4亿元，下降8.2%。一般公共预算支出82.13亿元，增加6.4%。教育支出11.84亿元，下降15.8%；卫生健康支出6.47亿元，下降15.1%；社会保障和就业支出16.02亿元，增长18.4%；城乡社区支出7.77亿元，增长84.8%；节能环保支出1.07亿元，增长7.6%；科学技术支出2.06亿元，增长107.1%；农林水支出12.59亿元，增长20.7%；文化旅游体育与传媒支出6062万元，下降67.6%；财政对社会保障基金补助支出9.99亿元，增长8.7%。

金融　至年末，金融机构本外币存款余额562.65亿元，增长10.7%；金融机构本外币贷款余额750.52亿元，增长16.8%。全年保险公司保费收入8亿元。区政府与南京证券股份有限公司签订战略合作协议，搭建平台促进产业资源与金融资源对接。加强全口径债务管理，严控新增非标融资和高成本融资，完善常态化监测和风险评估预警机制，落实“一企一策”债务风险处置机制，新增经营性债务规模增幅不超过13.2%，压降平台类企业11家。开展高成本经营性债务化解置换，经营性债务成本控制在7.5%以下。加大重点企业债务、非法集资等风险排查化解力度，完善金融风险处置和长效防控机制，打击电信网络诈骗和金融类违法犯罪行为，治理恶意拖欠账款与逃废债行为。

【城乡建设】 2022年，淮阴区实施市政项目8个。长江东西路提升改造、东城污水处理厂二期、淮河东路、晋江路、南昌路和盐河小区管网改造等工程竣工；完成1.06平方千米污水处理提质增效“达标区”建设；完成24座污水沉井、4.4千米雨污水管网建设。完成黄河花园12–16地块、幸福新苑、长江路小区等14个改造项目，改造面积29.89万平方米，惠及居民2932户。完成棚改3103套，新增配售共有产权经济适用房23套，发放廉租住房租金补贴65户、13.15万元。新增绿化面积119.51公顷，绿化覆盖率41.33%，绿地率39.19%，人均公园绿地14.3平方米，提升改造绿化面积31.34公顷。完成江苏省特色田园乡村建设4个、淮安市特色田园乡村建设6个；申报江苏省传统村落2个。全年动态新增危房175户，竣工验收157户。投入1000万元，完成渔沟临川人家、刘老庄杨庄社区、姜庄社区、南营社区、淮高集玉家园二期管道及泵房建设；完成三树、渔沟、徐溜等10个镇街道10080户老旧小区改造；投入1000万元，在马头、淮高、古清口等10个镇街工业园区新建消火栓85个，新建取水码头5座。新建成市级美丽宜居乡村18个。

【社会事业】 科学技术　2022年，淮阴区专利授权量1954件，其中发明专利授权128件。规模以上企业研发投入12.15亿元，技术合同成交额26亿元。新建淮阴师范学院生化楼，打造国家和省级重点实验室建设主阵地。新引进“国家重大人才工程”入选者领衔创业团队2个、全职博士8人、高校毕业生1200人，入选市“淮上英才计划”创业人才（团队）2个。获批省级工程技术研究中心2个、市级工程技术研究中心8个，淮安高新区获评2022年度江苏省知识产权建设示范园区，全国科普示范区创建通过中国科协考核验收。

教育　全区有学校149所。其中，幼儿园67所、小学44所、初中20所、九年制学校9所、高级中学6所、完全中学1所、公办特殊学校1所、普通中职学校1所。小学招生7421人，在校生55013人，其中女生25637人，毕业生10377人。初中招生9187人，在校生27648人，其中女生12981人，毕业生9852人。高中招生6393人，在校生17950人，其中女生8768人，毕业生3872人。幼儿园在园幼儿17843人。有在职在编教师5812人，其中小学教师2526人、初中教师1833人、中职教师307人、高中教师1076人、幼儿教师35人、特殊教育教师35人。

文化　全区有艺术表演团体1个、文化馆1个、新时代文明实践所13个、村级文化综合服务中心258个。有公共图书馆1个，图书总藏量13.7万册；电视台1座，电视节目综合人口覆盖率100%；广播电台1座，广播节目综合人口覆盖率100%；城区有线数字电视约

2万户，入户率27%；乡镇有线电视用户约3.2万户，入户率约23%。

卫生　全区有医疗机构319个，其中医院10个、卫生院20个、社区卫生服务中心4个、疾病预防控制中心（防疫站）1个、卫生监督所1个。有卫生技术人员4583人，其中执业医师和执业助理医师2173人、注册护士2922人。有床位5498张。5岁以下儿童死亡率3.38‰，婴儿死亡率1.97‰，新生儿死亡率0.85‰，产妇住院分娩比例100%。

体育　全区在省以上竞技体育比赛中获奖牌50.5枚，在省锦标赛中获金牌15.5枚、银牌13枚、铜牌22枚。向市以上运动队输送优秀体育后备人才70人。有拳击、散打、空手道、乒乓、田径、足球、轮滑、少儿体适能8个运动队，在册运动员593人。

人民生活　全区居民人均可支配收入32515元，增长5.9%。其中，农村居民人均可支配收入21938元，增长7%；城镇居民人均可支配收入42859元，增长4.8%。居民家庭食品消费支出占消费总支出的比重（恩格尔系数）为29.74%。

社会保障　全年城镇新增就业5594人，城镇登记失业人员再就业4788人，城镇登记失业率控制在5%。参加企业职工基本养老保险7.54万人，增加0.41万人；参加基本医疗保险78.2万人，其中参加城镇职工医疗保险9.4万人；参加失业保险5.0万人，增加0.72万人；参加城乡居民社会养老保险22.61万人，减少0.83万人。有养老机构30个、床位4004张。255位城镇居民得到政府最低生活保障，14833位农村居民得到政府最低生活保障，4707位农村居民得到政府“五保”救济。

生态环境　全年空气优良率89%，增长5.2%；PM$_{2.5}$浓度34.2微克/立方米，下降5.3%；降尘量完成市下达3.6吨/平方千米目标。16个国省考断面水质达到Ⅲ类水标准比例93.75%，无劣Ⅴ类水；饮用水水源地水质达标率100%；村级污水处理达双60%标准（每个行政村60%的自然村完成治理，每个自然村60%的农户完成治理）；城区污水处理率96.2%；林木覆盖率23.93%，城市绿化覆盖率41.33%。

【中天钢铁集团精品钢帘线项目开工】 2022年1月8日，中天钢铁集团精品钢帘线项目开工仪式在淮阴区举行。该项目是淮安市首个投资超200亿元的重特大项目，计划建设6个生产分厂，新建标准化厂房140万平方米、办公楼5万平方米，新上湿拉机、捻绳机等设备35000台（套）。2025年项目全部达产后，预计年产精品钢帘线130万吨、胎圈丝20万吨，实现年销售超200亿元，税收超20亿元，直接创造就业岗位8000个。通过上下游产业集聚，到“十四五”期末，以精品钢帘线制造基地为核心形成年营收超500亿元的新材料产业集群。

【入选全国2023—2024年水系连通及水美乡村建设县】 2022年11月7日，水利部办公厅、财政部办公厅公布纳入中央财政支持的2023—2024年水系连通及水美乡村建设试点县名单，全国40个县（市、区）入选。淮阴区成为淮安市唯一、全省两个入选的县区之一，获中央补助资金8000万元。2023—2024年，淮阴区计划总投资4.8亿元，对古运河、张福河、太平河等44条河道和泰山湖进行综合整治，整治河道总长137.06千米、湖泊面积0.15平方千米，并建设太山村、陶闸村等5个水美乡村。

【江苏京华智能科技有限公司项目开工】 2022年12月11日，江苏京华智能科技有限公司项目在淮阴区开工。项目总投资50亿元，占地面积100多万平方米。项目依托京华日钢控股集团优势资源，贯彻现代化智能工厂建设理念，致力打造制管行业绿色、智能、可持续发展的标杆企业。一期达产后可实现年产焊接钢管、方矩管、镀锌防腐钢管及盘扣式脚手架等各类产品280万吨，1年内实现产值超百亿元，新增就业岗位1800个。

（于行行）

洪泽区

【概况】 洪泽区位于淮安市南部，地处淮河下游，洪泽湖东畔。全区面积1273平方千米。至2022年末，有户籍人口35.22万人，常住人口28.32万人，辖1个省级经济开发区、6个镇、3个街道、121个村（社区）。主导产业有纺织、电子、化工、机械制造等。风景名胜有洪泽湖大堤、洪泽湖古堰景区、白马湖生态旅游景区、三河闸水利风景区、老子山温泉旅游度假区、江淮大学旧址、新四军骑兵团广场、中国传统村落龟山村等。年内，洪泽区获评全国农作物病虫害绿色防控整建制推进县区，成为全省首家开发水稻碳减排交易县区，“蒋坝螺蛳”成功注册国家地理标志证明商标。

洪泽湖白鱼　　蒋坝鱼圆

【地方经济】 2022年，洪泽区实现地区生产总值412.11亿元，比上年增长4%。其中，第一产业增加值48.05亿元，增长4.4%；第二产业增加值172.45亿元，增长5.9%，其中工业增加值148.34亿元，增长5.5%；第三产业增加值191.61亿元，增长2.6%。人均地区生产总值145236元，增长4.9%。三次产业增加值比为11.7∶41.8∶46.5。

农业　全年完成农林牧渔业总产值83.53亿元，增长5.9%。其中，农业45.46亿元、增长6.2%，林业4.49亿元、增长5.2%，牧业10.8亿元、增长3.7%，渔业18.24亿元、增长4.2%。粮食种植面积6.39万公顷，增长0.02%，总产量49.13万吨，增长0.4%。其中，小麦总产量18.75万吨，水稻总产量30.12万吨，油料种总产量0.17万吨。生猪饲养量17.01万头，增长3%；家禽饲养量1377.05万只，增长13.8%。水产品产量5.24万吨，增长6.7%。

工业和建筑业　全年规模以上工业企业完成工业总产值286.4亿元，增长10.3%。规模以上工业企业实现主营业务收入260亿元，增长5.5%。机械装备、纺织产业、电子信息、食品产业四大主导产业实现产值123.7亿元，增长2%，占全区规模以上企业总产值43.2%。全年用电量22.03亿千瓦时，增长14%，其中工业用电量15.72亿千瓦时，增长13.4%。具有资质以上建筑企业完成总产值88.3亿元，增长6.8%。房屋建筑施工面积368.21万平方米，下降1.6%。

固定资产投资　全年完成规模以上固定资产投资128.23亿元，增长20.1%。其中，项目投资118.14亿元，增长25%；房地产投资10.09亿元，下降12.3%。第一产业完成投资9.73亿元，增长120.6%；第二产业完成投资70.85亿元，增长42.3%；第三产业完成投资37.56亿元，增长69.3%。三大产业占项目投资比例为8.2∶60∶31.8。全区商品房销售面积35.18万平方米，下降10.1%。其中，住宅销售面积25.03万平方米，下降6%；商品房销售额20.53亿元，下降10.5%，其中住宅销售额16.47亿元，增长0.12%。

国内贸易和开放型经济　全年实现社会消费品零售总额125.78亿元，减少1.7%。批发业销售额191亿元，增长8.4%；零售业销售额122亿元，增长2.8%；住宿业营业额5.5亿元，增长3.9%；餐饮业营业额31.7亿元，增长1.3%。新签外资项目20个，较上年减少1个；协议注册外资6.11亿美元，增长16.5%；注册外资实际到账1.06亿美元，增长46.2%。进出口总额5.05亿美元，增长26.3%，其中出口总额4.43亿美元，增长30.7%。

交通运输和邮政　全年完成公路客运量295万人次，下降16.9%。港口货物吞吐量758.25万吨，增长14.26%。拥有公路里程1602.29千米，比上年增加12.65千米。新改建农村公路27.76千米、农桥14座。完成邮政业务收入8096.7万元，增长10.4%。

旅游业　全年接待游客超407万人次，旅游综合收入超57亿元。蒋坝镇、龟山村入选首批省级地名文化遗产名单，方特东方欲晓、岔河老街东滩入选市级研学旅行基地名单，老子山镇龟山村获批市级研学旅行基地培育单位。洪泽湖国际大酒店通过四星级旅游饭店评定性复核并获“金树叶级绿色旅游饭店”称号，大千天鹅湾温泉酒店、淮上明珠温泉度假村、洪泽湖度假村获批淮安市首批职工疗休养基地，云沧海民宿入选全国甲级旅游民宿。洪泽湖古堰景区、三河闸水利风景区入选省红色旅游精品线路。

财政　全区财政总收入（不含土地出让金收入）37.94亿元，增长4.8%。公共财政预算收入23.9亿元，增长7.9%，其中增值税收入6.48亿元。公共财政预算支出61.95亿元，增长22.46%，其中一般公共服务支出4.54亿元，下降11.33%。

金融　年末全区金融机构存款余额343.56亿元，比年初增加10.9亿元，增长3.28%。贷款余额383.81亿元，比年初增加73.32亿元，增长23.61%。存款中，住户存款余额203.18亿元，比年初增加33亿元；非金融企业存款93.61亿元，比年初减少19.56亿元。贷款中，住户贷款121.21亿元，比年初增加14.33亿元；非金融企业及机关团体贷款262.6亿元，比年初增加58.99亿元。

2022年，龟山村入选首批省级地名文化遗产名录　市文广旅游局　供

【城乡建设】 2022年，洪泽区实施中心城市建设项目23个，其中续建项目10个，新建项目13个。累计完成投资30.3亿元，主要有420省道洪泽段、洪泽湖大道改建工程、医养融合体周边道路（一期）、城镇污水处理提质增效项目（一期）、11个老旧小区改造、城区排水能力提升等项目。完成1653户棚户区改造任务。改建道路6千米、面积9.6万平方米，改建污水管道2.66千米、雨水管道5.54千米，维修道路面积3.2万平方米。建成区绿地总面积967.88公顷，绿化覆盖面积1019.88公顷，绿地率39.34%，绿化覆盖率41.5%，公园绿地面积238.62公顷。完成户厕改造2737座，完成率119.99%。完成东双沟镇集镇整治提升工程，岔河镇韦集村获评全国"一村一品"示范村。完成保留村庄改造提升3个。公共空间治理带动先导村平均增收超20万元，建成岔河镇其虎村、朱坝街道富民村新型农村社区，获批建设省级现代农业产业高质量发展示范园。

【社会事业】 科学技术　2022年，洪泽区实施"1123"工程（围绕高质量考核一个中心，贯穿国家创新型城市建设一条主线，深化部门联动、过堂通报两项推进机制，重点抓好创新主体培育、创新平台优化、创新生态构建三个方面工作）。"洪泽区互联网特色农业星创天地""洪泽食品产业星创天地"通过国家级星创天地评估，获批数位居全市第一。新源太阳能外国专家工作室获评全市唯一优秀省级外国专家工作室。"大尺寸碳化硅单晶"项目在"创业江苏"科技创业大赛新材料组中获得全省第五名。获批国家高新技术企业22家、市级创新型领军企业11家。组织科技型中小企业入库257家，新培育规模以上工业企业1家。新增"两站三中心"20家。其中，省级工程技术研究中心2家、市级工程技术研究中心6家。获批市级重点实验室1家。

教育　全区有幼儿园24所、小学12所、初中4所、九年制学校5所、普通高中2所、中等专业学校1所、特殊教育学校1所。有在校生36309人，其中在园幼儿6129人、小学生15726人、初中生7725人、普通高中生5527人、中等专业学生1084人、特殊教育学校学生118人。有教职工4133人，其中幼儿园教职工950人、小学教职工1595人、初中教职工932人、高中教职工527人、中等专业学校教职工129人。全区小学、中学入学率和义务教育阶段学生巩固率分别为100%、98.7%。中小学生体质健康优良率52.91%、及格率97.8%。有6~14周岁残疾儿童159人，在籍学生118人，在普通义务教育学校随班就读41人，入学率100%。印发《淮安市洪泽区教育高质量发展三年行动计划》。

文化　全年建设乡镇书房9个，推进少儿图书馆建设。推动洪泽湖博物馆、中国印博物馆、数字资源体验馆、文化馆等提档升级，优化展陈设施和服务水平。开展文物违法违规拓印排查整治行动，实现不可移动文物巡查全覆盖。出动执法人员1200人次，检查场所260余家次。常态化开动流动文化舞台车、图书车、放映车，开展送戏下乡44场、送图书下乡18场、送电影下乡1472场。举办"祝福2022·第十一届洪泽湖古堰水釜城新春嘉年华"摄影展、"筑梦新时代 翰墨颂党恩"书法绘画展等群众文化展览活动。湖光潋滟艺术团、夕阳红艺术团、天湖戏剧艺术团入选省千支优秀群众文化团队。原创音乐作品《渔鼓情歌》获"喜迎二十大 逐梦向未来"淮安市优秀主题演唱作品征集评选一等奖，《欢乐渔鼓》入选省新的社会阶层人士献礼中共二十大作品展，《童心渔鼓》获第八届江苏省少儿才艺大赛特等奖。

卫生　全区有医疗卫生机构158个，其中二级甲等医院2所、二级妇幼保健机构1所、疾病预防控制机构1个、卫生监督机构1个、镇（中心）卫生院9个、街道社区卫生服务中心3个。推进胸痛中心、标准版国家级胸痛中心、卒中中心、创伤中心等创建。2家卫生院达到服务能力"推荐标准"，9家卫生院达到"基本标准"。建成省级基层特色科室1家、市级基层特色科室1家。建成省级甲级村卫生室4家。开展爱国卫生运动，创成省级卫生村18个、通过省级卫生镇复审1个（三河镇）。

体育　全区有各类体育社团31个，其中民办非企业社团5个。新增三级社会体育指导员91人、二级社会体育指导员40人、一级社会体育指导员6人。举办科学健身大讲堂9场、体育项目培训9场、体育赛事活动90场，超过10万人次参与。新建体育公园1个，新增健身步道10.5千米，更换健身路径69套。新增体育场地面积15万平方米，全区体育场地面积113.25万平方米，人均体育场地面积3.97平方米。在江苏省第二十届运动会武术套路比赛中，获1枚金牌、1枚银牌、2枚铜牌。

居民生活　全体居民人均可支配收入36153元，增长6%。其中，城镇居民人均可支配收入46151元，增长5.1%；农村居民人均可支配收入25603元，增长6.7%。人口出生率2.82‰，减少1.33‰；死亡率7.4‰，上升3.06‰。人口自然增长率-2.81‰。

社会保障　全区企业养老保险参保人数5.4万人，覆盖率保持在98%以上；机关事业单位基本养老保险参保人数11607人，征收保险费1.54亿元，征收职业年金7698.1万元；城乡居民基本养老保险参保6.45万人，城乡居民基础养老金提高到208元/月；为958人次失业人员发放失业保险金749万元；为997家企业发放稳岗返还补贴1007万元，惠及企业职工2.3万人。工伤保险参保6.2万人，参保单位3642家；受理工伤认定358件，征收工伤保险费2061.69万元，发放伤残津贴、护理费和供养亲属抚恤金232.62万元。开展"洪雁回归"专项行动，完善重点群体就业支持体系，新增城镇就业4600人。开展特殊困难群体救助帮扶专项排查整治行动，做到应救尽救、应帮尽帮。城乡居民基本医疗保险参保24万人，财政补助最低标准提高到每人每年640元。畅通异地就医结算渠道，东双沟镇医保服务站创成省级示范点。

生态环境　全区$PM_{2.5}$年均浓度为32.4微克/立方米，优良率82.2%，均排名全市8个县区第4。10个国省考断面年均值均达到考核要求，优Ⅲ比例90%，水源地水质100%达标，无劣V类水体。土壤环境符合国家标准。涉农行政村农村生活污水治理率36.45%，完成市级34%的考核任务。功能区噪声、区域环境噪声、道路交通噪声均符合国家标准。放射源排查率100%，辐射隐患整改完成率100%，全面消除辐射风险隐患。推行“危险废物全生命周期监控系统”“固体废物综合管理系统”运用，实现固危废产生、转移和贮存信息化监管。年内，洪泽区被评为全省首家开发水稻碳减排交易县区。

【江苏省首个农业领域碳汇转换县区】 2022年9月2日，洪泽区农业农村局与深圳柏能低碳环境技术有限公司签订碳汇交易合作协议，洪泽区农业减碳增汇价值实现工作正式启动，洪泽区也成为江苏省首个在农业领域进行碳汇转换的县区。洪泽区依托和农业农村部农村经济研究中心合作共建的“淮安市洪泽区化肥减量碳标识体系构建”项目，探索推进水稻低碳认证和标识制度，挖掘低碳农产品环境溢价。洪泽区还承担省化肥农药减量增效机制创新改革试验任务，在这个过程中产生一定量的温室气体减排，将其核定并进入市场交易，让农民从减排中得到收入。根据协议，深圳柏能低碳环境技术服务有限公司主要负责洪泽区农业碳减排项目开发并促成交易。

【悦丰晶瓷获市长质量奖】 2022年，江苏悦丰晶瓷科技有限公司获年度“淮安市市长质量奖”，为洪泽区首家获得该荣誉的企业。江苏悦丰晶瓷科技有限公司于2011年落户洪泽区，是江苏省“专精特新”企业。2020年，公司投资5.18亿元的新厂区正式投产，成为国内最大、全球前三的乳白玻璃器皿生产企业。公司生产的富有中国传统文化意蕴的日用品在“一带一路”新兴市场逐步热销，销售额从2011年的6000万元增加到2022年的3.4亿元。

（洪泽区志办）

涟水县

【概况】 涟水县地处江苏省北部，淮河下游，东与盐城市阜宁、滨海、响水三县为邻，西与淮安市淮阴区、宿迁市沭阳县接壤，南与淮安经济技术开发区、淮安区隔古淮河相望，北与连云港市灌南县毗连。全县面积1678平方千米。2022年末，有户籍人口109.07万人，辖12个镇、4个街道，372个村（社区）。主导产业集群有绿色食品、新一代电子信息（PCB电子元器件）、智能装备及新能源、纤维新材料。风景名胜有五岛湖风景区、今世缘旅游景区、能仁寺、妙通塔、月塔等。

ha20nj20 涟水掼蹄　　ha21nj16 涟水芦笋

【地方经济】 2022年，涟水县实现地区生产总值700.37亿元，首次突破700亿元大关，增长4.1%。其中，第一产业增加值78.33亿元，增长4.3%；第二产业增加值314.15亿元，增长6.5%；第三产业增加值307.89亿元，增长1.9%。第一、第二、第三产业增加值在地区生产总值中的构成比例为11.2∶44.8∶44。县域经济综合竞争力上升至全国第108名、进位24名。

农业　全年实现农林牧渔业总产值136.2亿元，增长5.2%。实现农林牧渔业增加值82.88亿元，增长5.1%。粮食总产量97万吨，增加1747吨，亩产量456.9千克，增加0.2千克。油料总产量2.9万吨，增加145吨，亩产量238.27千克，与上年持平。蔬菜总产量111.8万吨，增加6.34万吨。生猪出栏51.50万头，增加0.74万头，增长1.5%；家禽出栏1251.67万只，增加162.42万只，增长14.9%。生产禽蛋2.21万吨，增长27.4%。水产品总产量2.82万吨，增长21.2%。年内，入选省级耕地保护激励单位。

工业和建筑业　全年规模以上工业企业实现总产值464.4亿元，增长14.8%；规模以上工业增加值增长13.2%；规模以上工业实现应税开票销售327.88亿元，增长10.7%；工业入库税金22.5亿元，增长3.6%；全部工业用电量12.97亿千瓦时，增长2.1%。新增规模以上工业企业61家，规模企业总数达到263家。有产值超亿元企业91家，增加9家；开票销售超亿元企业65家，入库税金超千万元企业15家。建筑业总产值292.03亿元，增长8.1%；建筑业企业实现利润总额20.76亿元，增长27.9%。

服务业　全年新增规模以上服务业企业38家，年末有规模以上服务业企业141家。规模以上服务业企业实现营业收入62亿元，增长14.2%，其中其他营利性服务业营业收入51.98亿元，增长30.2%。有住宿与餐饮企业1764家，其中规模以上住宿与餐饮企业73家。投入100万元，整合生产资料公司营业大楼资产，建设涟水县现代农业服务中心。建设11个邮件快件共同配送中心。创成省级电子商务示范镇2个、省级电子商务示范村7个、省级乡镇特色产业园（街道）区2个、省级电子商务示范基地1个、省级电子商务示范企业1个、省级数字商务企业1个、省级工业电子商务发展示范企业2个。

固定资产投资　全年实施规模以上固定资产投资项目423个，完成固定资产投资额246.89亿元，增长21.9%，完成工业投资167.48亿元，增长45.1%。其中，第一产业投资8.07亿元，第二产业投资167.48亿元，第三产业投资71.41亿元，三次产业投资比例为3.2∶67.8∶29。民间投资占投资总额84.1%；高技术产业投资占比15%。

国内贸易和开放型经济　全年实现社会消费品零售总额224.45亿元。限额以上贸易企业及大个体销售收入291.17亿元，增长16%。其中，限额以上批发业、零售业、住宿业和餐饮业销售额分别增长15.3%、19%、1.4%和15.1%。注册外资实际到账1.61亿美元，增长4.9%。完成进出口总额4.58亿美元，增长23%，其中出口4.09亿美元，增长29%。

交通运输和邮政　全县拥有高速公路2条、国道1条、省道6条、县道27条，农村公路通车里程1910.35千米。清水路大桥成功合龙，新改建道路27.3千米。全县通航航道9条，其中干线3条。航道通航里程170.9千米，其中干线88.75千米。实现交通运输、仓储和邮政业增加值32.29亿元。

旅游业　承办淮安市研学旅行基地联盟成立仪式，3个研学基地和4门研学课程成为全市精品研学基地和课程。苏北"小延安"景区创成国家AAA级旅游景区。今世缘旅游景区通过国家AAAA级旅游景区评定性复核。拥有非物质文化遗产类文旅资源19个，其中五级文旅资源2个、四级文旅资源3个、三级文旅资源14个。有大型旅游宾馆及酒店4家、旅行社16家。有全国工业旅游示范点1个、国家AAAA级旅游景区2个、国家水利风景区1个、国家AAA级旅游景区1个、淮安市乡村旅游示范基地2个、市级乡村旅游重点村1个。开通4条旅游直通车、4条旅游专线、5条乡村旅游公交，新建22处生态停车场。建成全域旅游集散中心、全域旅游服务中心和8个咨询服务点、13个景区游客接待中心，形成三级咨询导览体系，设置形象标识、交通标识牌、全域全景牌120余处。获评为省级全域旅游示范区。

财政　全年实现财政总收入100.05亿元，增长13.5%。其中，公共财政预算收入30.02亿元，增长18.2%，税收收入20.84亿元，税收收入占公共财政预算收入的69.4%。企业所得税和个人所得税增长较快，分别增长14.7%和155.7%。财政支出100.05亿元，其中一般公共预算支出78.99亿元，增长6.4%，其中科技、农林水、教育支出分别增长54.9%、28.2%和10.5%。

金融　年末金融机构人民币存款余额625.26亿元，增长16.6%。其中，住户存款余额392.49亿元，定期存款余额164.15 亿元，活期存款余额127.7 亿元。金融机构人民币贷款余额515.37亿元，增长14.2%。中长期贷款余额316.62亿元，其中个人住房贷款余额 148.75 亿元。

2022年，今世缘旅游区通过国家AAAA级旅游景区评定复核。图为今世缘美酒银行一角　　市文广旅游局　供

【城乡建设】 2022年，涟水县实施交通建设项目20个，总投资9.4亿元，年度投资3.9亿元。清水路盐河大桥主桥合龙，长深高速公路扩建工程完成征地搬迁。完成327省道大修工程，完成农路提档升级工程19千米、危桥改造11座；完成安全生命防护工程815.3千米。建成淮安市首个垃圾分类示范教育基地。改造城区公厕22座，新建公厕6座，改造老旧公厕1座。完成县实小垃圾中转站及谷嘴中转站建设。新建西张河、公兴河自然湿地保护小区2个，主城区五岛湖创成省级幸福河湖。完成9个老旧小区、1246套棚户区改造，新改建排水管网16千米。完成农村房屋安全隐患排查16.3万户，完成老旧农房改善3158户，新增省级绿美村庄8个、省级特色田园乡村3个。创成国家芦笋设施栽培标准化示范区，获全省乡村振兴实绩考核综合排名第一等次。

【社会事业】 科学技术　2022年，涟水县实现专利授权1305件，新增注册商标企业486家，新培育国家高新技术企业35家，科技型中小企业入库193家；新获批省级科技副总5人、省产学研合作项目7个。推进"智改数转"三年行动，获批省级星级上云企业17家，建成5G基站560个。获评全国农业科技现代化先行县综合考评优秀等次，创成省级知识产权建设示范县，涟水经济开发区获评省级知识产权建设示范区。

教育　全县有普通中等专业学校2所、普通中学45所、小学57所；在校学生分别为1.06万人、5.48万人和6.57万人。年末有幼儿园77所，在园幼儿6.52万人。有普通中等专业学校专任教师494人、普通中学专任教师5203人、普通小学专任教师4425人。在全市率先实现学校食堂食材统一配送。投资7亿元，建成使用红日小学等8个教育基建项目。新增市学科带头人35人，获评市优秀教师96人。涟水中等专业学校获评省级优秀中职学校。

文化　涟水县图书馆、文化馆入选全省最美公共文化空间打造名单，县图书馆有藏书12.77万种、28.5万册。《村里来了花喜鹊》《芝麻官钻笆斗》等淮戏作品获得市级及以上表彰15项，其中国家级表彰4项、省级表彰9项、市级表彰2项。县淮剧团获评全国文旅系统先进集体，创成省级全域旅游示范区。淮戏《芝麻官钻笆斗》获首届全国小戏小品优秀作品展演优秀剧目奖。

卫生　县人民医院晋升全市县区唯一三级乙等综合医院。高沟中心卫生院进入“中国乡镇卫生院100强”、苏北唯一。国家级“心肺复苏中心”落户涟水县人民医院。完成6个急救点建设。累计建成乡贤名医工作室20个、中医馆16个。年末有卫生机构472个，其中医院10所、卫生院16所、疾病预防控制中心（防疫站）1个、妇幼保健院1个。有床位4816张。有卫生技术人员5114人，其中执业（助理）医师2104人、注册护士2297人。

体育　新建体育公园2处，有各类运动员166人，其中自行车运动员37人、羽毛球运动员8人、武术运动员14人、田径运动员12人、跆拳道运动员41人、少儿体适能运动员44人、乒乓球运动员10人。举办各类比赛105次，参加市以上比赛202人次。获省级奖牌13枚，其中金牌5枚、银牌3枚、铜牌5枚。为市级以上输送运动员10人。

居民生活　全县居民人均可支配收入30145元，增加1674元、增长5.9%。其中，城镇居民人均可支配收入38273元，增加1753元、增长4.8%；农村居民人均可支配收入21848元，增加1429元、增长7%。居民人均消费性支出18116元，增加898元，增长5.2%。城镇居民人均消费性支出22677元，增加800元，增长3.7%；农村居民人均消费性支出13461元，增加903元，增长7.2%。

社会保障　全县企业职工基本养老保险参保人数8.2万人，工伤保险参保人数7.58万人。城乡居民基本养老保险参保人数25.18万人，城乡居民基本养老保障覆盖率99.7%。城乡居民基本医疗保险参保人数81.09万人。九类困难人员免费参加城乡居民基本医疗保险11.51万人。全年发放困难群众保障资金2.4亿元，资助家庭经济困难学生3.96万人次、2742万元。

生态环境　全年空气优良天数302天、优良率82.7%，$PM_{2.5}$年均浓度32微克/立方米，实现“双达标”。6条国省考断面水质均值全部达标，优Ⅲ比例83.3%，古淮河幸福大桥断面连续两年达到Ⅱ类水标准。完成成片造林967公顷，增加567公顷；完成路旁、沟旁、渠旁、宅旁“四旁”植树（含珍贵树种栽植）100万株，全县林木覆盖率24.24%。新增省级绿美村庄8个、省级特色田园乡村3个。

【省运会青少年部自行车（山地）赛金牌数第一】 2022年6月27日，江苏省第二十届运动会青少年部自行车（山地）赛在泰州医药高新区（高港区）凤栖湖体育生态公园举行。徐州、苏州、常州、淮安、泰州5个地级市选手参加男子17~18岁组山地越野赛、女子17~18岁组山地越野赛、15~16岁组男女山地混合团体赛、17~18岁组男女山地混合团体赛、男子15~16岁组山地越野赛、女子15~16岁组山地越野赛等项目比赛。涟水县自行车队代表淮安市参赛，在6个项目决赛中，为淮安市代表团夺取4金、1银、3铜，金牌数居全省首位。

【创成国家芦笋设施栽培标准化示范区】 2022年11月17日，涟水县国家芦笋设施栽培标准化示范区项目通过国家标准化管理委员会组织的评估验收。2020年4月，涟水县芦笋设施栽培项目获得国家标准委第十批农业标准化示范区立项。此后，涟水县组织搜集、制定相关标准150项，其中国家标准74项、行业标准30项、地方标准3项、内部标准43项。发布实施淮安市地方标准《芦笋设施栽培技术规程》，通过ISO 9000认证。获得无公害农产品产地认定证书、绿色食品证书、无公害农产品产地认证证书和十佳畅销农产品、淮安名牌产品等荣誉，带动300多人就业。建起一支100余人的标准化人才队伍，对周边农业生产起到良好的示范效应。基地设施芦笋年均亩产量2000千克，亩均效益1.6万元，实现农民增收800万元左右。

【今世缘酒业获省长质量奖及江苏制造突出贡献奖】 2022年9月17日，江苏省人民政府印发《省政府关于授予2022年江苏省省长质量奖的决定》，授予全省10家组织2022年江苏省省长质量奖，江苏今世缘酒业股份有限公司入选。12月7日，中共江苏省委、江苏省人民政府发文表彰“江苏制造突出贡献奖”优秀企业、先进个人和先进单位，授予全省50家企业“江苏制造突出贡献奖”优秀企业称号，今世缘酒业入选。

（涟水县志办）

盱眙县

【概况】 盱眙县位于淮河下游，洪泽湖南岸，江苏省中部。全县总面积2497平方千米。2022年末，户籍人口78.59万人，辖10个镇、3个街道、154个村（社区）。主导产业有龙虾、轴承、电器、凹土加工产业等。风景名胜有铁山寺国家森林公园、第一山国家森林公园、明祖陵、黄花塘新四军军部纪念馆、古泗州城遗址、大云山西汉江都王陵等。

ha21nj19　ha21nj20

盱眙蜂蜜　盱眙龙虾香米

【地方经济】 2022年，盱眙县实现地区生产总值525.08亿元，比上年增长3.8%。其中，第一产业实现增加值81.87亿元，增长5.3%；第二产业实现增加值203.14亿元，增长5.5%；第三产业实现增加值240.07亿元，增长2.1%。

农业　全年粮食总产量104.85万吨，盱眙龙虾节获评江苏十佳丰收节庆。特色农机化率67.18%，获批省农业生产全程机械化智能化典型基地、省农业社会化服务典型案例。绿色优质农产品占比76%，全国“三品一标”现场会在盱眙县举行，获批中央农作物秸秆综合利用重点县、全国畜牧业优秀生产监测县、省农产品质量安全县。盱眙“龙虾米”再获全国稻渔综合种养优质渔米金奖，盱眙龙虾入选农业农村部2022年农业品牌精品培育计划，品牌价值连续第7年获得全国地理标志产品区域品牌水产类第一名，并获得首届江苏品牌农产品营销促销大赛金奖，小龙虾产业获批国家优势特色产业集群，盱眙县获批为省级农业全产业链标准化示范基地。

工业和建筑业　全年工业增加值184.39亿元，增长5.7%。修订出台《扶持先进制造业发展实施办法》，规模以上工业总产值增长10%，规模以上工业增加值增长11%，实现规模以上工业应税开票240亿元。新增工业列统企业42家。江苏宇特光电科技股份有限公司等10家企业入选省“专精特新”企业名单，新增数量超历史总和。江苏伟复能源有限公司、江苏爱美塑业有限公司入选第七批省服务型制造示范企业名单。全年建筑业增加值18.81亿元，增长3.8%。全县拥有一级资质建筑业企业3家、二级资质建筑业企业3家，房屋建筑新开工面积151.45万平方米，增长83.67%；房屋建筑竣工面积87.88 万平方米，增长37.4%。

服务业　推进26个市级服务业特色产业项目建设，金陵天泉湖养生养老社区翡翠园二期等3个项目纳入省级服务业重点项目。举办“苏新消费冬季购物节”等促消费活动，社会消费品零售总额189.4亿元，比上年增长4.4%。发展农村电子商务，农产品网上销售额超10亿元，全球龙虾交易中心获批省县域电商产业集聚区。

固定资产投资　全县规模以上固定资产投资比上年增长15.5%，位列全市第七。其中，工业投资增长15.1%，位列全市第七；房地产开发投资下降33.2%，位列全市第八。

国内贸易和开放型经济　组织企业参加第132届中国进出口商品交易会（广交会）、第五届中国国际进口博览会等活动。全年实现注册外资到账7200万美元，货物贸易总额14.43亿元。融入南京都市圈发展，举办融入南京都市圈高质量发展论坛，与江北新区签署区域融合发展战略合作协议，新能源动力系统等20个项目落户宁淮智能制造产业园。盱眙县成为省委省政府深化南北结对帮扶合作重点县之一。发挥龙虾节纽带作用，成立驻德侨务工作联络站，加强对外交流合作。

交通运输和邮政　完成公路客运量174.8万人次，下降27.28%；客运周转量2.89亿人千米，下降27.88%；水路货物运输量287.32万吨，下降11.62%；货运周转量45725.8万吨千米，下降1.87%。肖嘴汽渡通航，马坝镇至安徽省天长市铜城省级毗邻公交开通。实现镇级农村物流站和村级农村物流服务点覆盖率100%；编制完成盱眙县省级农村物流达标县创建实施方案，完成3条农村物流交邮融合示范线路创建。建制村直接通邮率和县以上党报当日见报率保持100%，营业服务达标率100%，投递频次和深度达标率100%。龙虾香米、螃蟹上架“邮乐购”电商平台销售，实现农产品交易额410万元，农产品寄递收入314.55万元。

旅游业　新四军文化园建成运营，大云山汉王陵遗址公园加快建

2022年，黄花塘新四军军部纪念馆通过国家AAAA级景区评定复核　市文广旅游局　供

设，10394件（套）文物安全回归。大运河百里画廊盱眙段整体建设进度走在全市前列。新四军军部纪念馆、铁山寺国家森林公园通过国家AAAA级旅游景区复核，铁山寺峡谷漂流等项目组成的“夏日淮安·博采气息”之旅入选省夏季乡村旅游精品线路，雨山茶场创成省乡村旅游重点村，盱眙县被评为省级文旅消费示范单位。

财政　全年一般公共预算收入20.47亿元，增长8.1%，推进财政电子票据改革，探索用“数字化”改革支撑“便民化”服务新思路。完善优化财政非税收入管理系统，实现电子缴款书全流程电子化管理，构建全程无纸化、渠道多元化和入账电子化非税收入收缴管理体系。推进预算管理改革，落实全省预算管理一体化改革要求，将预算编制、执行、监督、分析全过程全面纳入财政预算管理一体化系统，全县183家部门预算单位实现编制和执行全覆盖。

金融　全年金融机构各项存款余额532.11亿元，比上年增长7.7%，增速位列四县区第三。金融机构各项贷款余额584.32亿元，比上年增长12.1%，增速位列四县区第四。

【城乡建设】 2022年，盱眙县推进县城城镇化示范县建设，完成滨河休闲廊道、金源南路提升、城北片区基础设施配套等工程。完成老旧小区改造18个，教师新村建成省级宜居示范居住区。在全市率先启动特色田园乡村示范区规划设计，打造具有盱眙特色的田园乡村样板。培育省级生态宜居美丽乡村示范镇1个、示范村14个，明祖陵村王庄、朱周获批省级特色田园乡村，马坝镇获评全省乡村振兴先进集体。完善城乡路网，虎泵路等3条城区道路开工建设，创建“美丽农村路”45千米，改造农村危桥13座，淮河大桥全线通车。新建自来水主管网65.5千米，第二水厂一期扩建工程正式投运，城区日供水能力达到17.5万立方米。完成都梁天宸等20个小区雨污管网改造，城东大沟等13条城区黑臭水体得到治理。新建公共停车场9个，新增城区停车位9700余个。建筑垃圾处理厂试运营，创成省垃圾分类达标小区15个。文明城市创建综合排名进入全省前十行列。

【社会事业】 科学技术　新获批国家高新技术企业27家，科技型中小企业259家。规模以上工业企业研发投入7.3亿元，增长25%；技术合同成交额17亿元，增长70%。实施智改数转企业126家，获评省星级上云企业21家、“两化”融合贯标企业3家。盱眙天生服装有限公司创成省级智能制造示范车间。省、市工程技术研究中心总数达到100家。实施“创业·盱眙”行动计划，引进高层次人才创业项目6个，申报省产学研合作项目8项。

教育　教育投入超10亿元，开工建设盱眙县二中开发区分校，泽兰路幼儿园等5所新建改建学校投入使用。义务教育标准化建设合格率100%。高考本科达线人数比上年净增441人。在全市率先完成“民转公”任务。在省幼儿园课程游戏化区域整体推进项目县终期评估中获优秀格次，学前教育评价体系获批省2022年教育评价改革试点项目。

文化　建成开放江淮剧场，公共数字文化服务实现乡村全覆盖，县文化市场综合执法大队被表彰为全国基层文化市场综合执法队伍先进集体，全市唯一。开展全民阅读活动，举办第十二届江苏农民读书节暨淮安周恩来读书节启动仪式，通过省书香城市建设示范县验收。

卫生　维桥、鲍集等区域医疗卫生服务中心主体竣工，县镇村三级医疗卫生体系更加健全。基层卫生院实现三级标准化中医馆全覆盖。开展优质服务基层行基层机构达到国家推荐标准覆盖率，8家基层医疗机构达到推荐标准。盱眙县人民医院获评“全国红十字模范单位”，获批省级科研项目3项，确认市级临床重点专科3个。盱眙县中医院获批省级科研课题2项，确认市级中医临床重点专科1个，淮安市山阳名医——陶春祥传承工作室建设项目通过市级验收。

体育　完成古桑贤亮体育公园、宁淮产业园多功能运动场、10千米健身步道建设，更新全民健身路径90套，人均体育场地面积达到4平方米。全年举办健身讲堂13场、体育培训13场、健身活动130余场次，受益群众1.5万人次。盱眙县橄榄球队参加江苏省第二十届运动会取得历史最好成绩。

居民生活　实施“精网微格4.0”创建工程，打通服务群众“最后一公里”。常态化开展扫黑除恶斗争，做好特殊困难群体救助和妇女儿童权益保障问题专项排查整治，严厉打击养老诈骗和电信网络诈骗，推进“智慧版”技防城建设。开展“信访突出问题攻坚化解年”行动。推进安全生产专项整治“三年大灶”，深入排查整治各类安全隐患，安全事故起数和死亡人数保持“双下降”。

社会保障　全年发放失业保险稳岗返还资金1359.25万元，惠及企业1511家、员工超3万人。发放富民创业贷1.18亿元、惠及群众697人，全年新增市场主体7748个，新增城镇就业5600余人。投放脱贫人口小额信贷、赔付防贫保险、补充医疗救助近亿元，官滩镇古河社区入选省“共同富裕百村实践”新型农村集体经济发展典型案例。城乡基本养老保险参保缴费率上升1.2个百分点。累计向城乡低保对象、困难残疾人员等弱势群体发放帮扶资金3.17亿元、惠及5.2万余人。

生态环境　城市绿化率41.69%，林木覆盖率27.04%，天泉湖镇陡山村、黄花塘镇芦沟社区获批省生态文明建设示范村（社区）。空气优良率84.1%，空气质量稳居全市前列，连续第三年被评为“全国百佳深呼吸小城”。开展水环境治理，完成36条生态河道和14条幸福河湖建设，全县10个国省考断面水质稳定达标。推进“净土工程”，完成68个宕口复绿整治，土壤环境质量安全可控。加快“国家山水工程”盱眙项目建设，统筹“山水林田湖草沙”治理。

【盱眙淮河大桥全幅通车】 2022年12月17日，盱眙淮河大桥全幅通车仪式举行。盱眙淮河大桥是盱眙县东西贯通的重要通道，起于344国道与淮河路交叉处，终于淮河镇大洲路，全长2.06千米，采用双向六车道一级公路标准建设，设计时速80千米每小时。盱眙淮河大桥右半幅于2018年3月开工建设，2020年6月通过交工验收。左半幅于2020年7月开工建设，2022年12月12日通过交工验收。

【盱眙现代农业产业园入选国家现代农业产业园认定名单】 2022年，盱眙现代农业产业园入选第四批国家现代农业产业园认定名单，是淮安市首家入选园区。（参见《农业·农业园区》）

【天一超细粉末入选国家第七批制造业单项冠军】 2022年10月24日，江苏省工信厅公示第七批国家级制造业单项冠军企业通过名单，江苏天一超细金属粉末有限公司入选，成为淮安市首家获国家级制造业单项冠军认定企业。公司成立于2001年，位于盱眙经济开发区，专注微纳米金属材料技术领域研发、生产，是国家火炬计划重点高新技术企业，国家级专精特新"小巨人"企业。拥有年产4万余吨五羰基铁并以此为原料制取1万吨以上微、纳米羰基铁粉及镍铁包石墨等复合材料以及年产1万吨超高压水雾化&高压气雾化非晶、合金粉的生产能力。

【华润新材料项目签约】 2022年10月7日，华润新材料盱眙产业园项目签约仪式举行。华润新材料盱眙产业园项目计划建设凹凸棒基新材料深加工产业园和精品骨料生产线，配套凹凸棒石和玄武岩矿山资源，打造集"资源+研发+产业"于一体的产业布局。该项目总投资102.6亿元，分为凹凸棒研发和深加工、玄武岩深加工及应用、绿色建设产业项目三个板块，竣工投产后年可实现开票销售100亿元以上。

（毛　雨）

金湖县

【概况】 金湖县位于江苏省中西部，淮河下游。全县面积1394平方千米。2022年末，有户籍人口33.57万人，常住人口28.77万人，辖5个镇、3个街道、144个村（社区）。主导产业有高端装备、新材料、大健康等。风景名胜有金湖荷花荡、水上森林公园、尧想国文旅区、水漾年华、白马湖生态渔村、三河湾水利风景区、柳树湾湿地公园等。年内，金湖县获批国家节水型社会达标县、入选新一轮国家制种大县，蝉联"绿色发展""投资潜力""科技创新"三个全国百强县。

金湖芡实

【地方经济】 2022年，金湖县实现地区生产总值411.51亿元，高于全市平均增幅0.9个百分点，全市排名第一。其中，第一产业增加值52.95亿元，增长6%；第二产业增加值174.62亿元，增长6%；第三产业增加值183.94亿元，增长2.9%。全县三次产业结构比为12.9∶42.4∶44.7。人均地区生产总值突破14万元大关，达142811元。新增私营企业1150家，新发展个体工商户2540家，拥有私营企业10118家、个体工商户22553户。新增规模企业114家，规模企业总数633家。

农业　全年实现农林牧渔业总产值91.54亿元、增加值55.7亿元，分别增长6.3%、6.2%。粮食播种面积7.58万公顷，增长0.1%。粮食总产量57.33万吨，增长0.3%。其中，夏粮总产量21.27万吨，增长0.1%；秋粮总产量36.06万吨，持平略减。蔬菜总产量25.63万吨，增长4.9%。生猪出栏16.92万头，增长18.4%；家禽出栏291.45万只，增长0.5%；猪牛羊禽肉产量1.85万吨，增长10.1%。全年水产品总产量5.69万吨，增长2.6%。入选新一轮国家制种大县，获中央财政奖补资金1.5亿元。建成国家级生猪产能调控基地6个。新增稻（藕）虾综合种养示范基地1个。塔集镇入选国家农业产业强镇创建名单。

工业和建筑业　全年实现规模以上工业总产值450.51亿元，增长12.1%。其中工业战略性新兴产业总产值占工业总产值比重的52.4%，提高14.5个百分点。全部工业增加值153.97亿元，增长6.1%。制造业增加值占地区生产总值比重的35.2%，提高1.6个百分点。全部工业实现应税开票486.24亿元，增长16.1%。工业用电量12.18亿千瓦时，增长11.9%。建筑业增加值20.7亿元，增长5.7%。在库42家总专业承包企业完成建筑业产值123.49亿元，增长7.2%。

固定资产投资　全年规模以上固定资产投资177.42亿元，增长20.1%，其中工业投资142.96亿元、增长28%。高技术占规模以上固定资产投资比重17.2%，民间投资占规模以上固定资产投资比重88.8%。全县建筑安装工程投资增长25.2%。通过市认定签约项目146个、开工项目73个、竣工项目51个，其中10亿元以上开工项目比上年增加近1倍。

国内贸易和开放型经济　全年实现贸易总额326.44亿元，增长6.7%。社会消费品零售总额130.42亿元，下降1%。其中，全县批发业实现销售额157.65亿元，增长9.6%；零售业实现销售额136.92亿元，增长4.8%，批发和零售业占贸易总额的90.2%。住宿餐饮业实现营业额31.87亿元，增长1.4%，占贸易总额9.8%。全年进出口总额6.03亿美元，下降3.4%。其中，出口总额5.84亿美元，下降5.4%；进口总额0.19亿美元，增长171.9%。注册到账外资1.2亿美元，下降13.5%。

交通运输和邮政　全县有营运客车371辆，其中城市公交车60辆、城乡公交车83辆、镇村公交34辆、城区出租车147辆、长途客运班车47辆。完成公路客运量21万人次，客运周转量32万人千米。宁淮铁路金湖段开工建设。331省道改扩建工程完成总工程量40%以上，宝应湖大桥主体竣工。推进盐蚌高速金湖段、金天仪高速金湖段工程前期工作。实施金宝航线金湖段航道整治工程，加快石港船闸升级改造。争创国家级城乡交通运输一体化示范县、电子商务与邮政快递协同发展示范区。全县有邮政业务网点25个，邮政业务收入0.79亿元。有固定电话用户1.99万户、移动电话用户31.42万户、互联网用户14.52万户。

旅游业　举办首届江苏省荷产业高层论坛暨第22届中国·金湖荷花节。实施白马湖南片区景观提升工程，湖畔旺屯入选省级乡村旅游重点村，荷花荡景区入选全国科普教育基地，水漾年华获批全国五星级休闲农业精品企业。尧想国文旅区创成国家AAAA级旅游景区，水上森林公园景区创成省级水利风景区。

财政　全年实现财政总收入44.88亿元，增长5%，其中一般公共预算收入27.28亿元，增长7.8%。税收收入占财政总收入的80.7%。

金融　至年末，全县金融机构人民币存款余额429.84亿元，比上年增长22.3%，比年初新增78.39亿元；人民币贷款余额415.77亿元，比上年增长25.5%，比年初新增84.42亿元。制造业贷款余额占比14.5%，全市第一。

【城乡建设】2022年，金湖县实施市政城建项目53个，竣工项目52个。完成顺河路、交通路、便民巷等16个背街后巷提升改造；完成平安路、金荷路等5条道路人行道改造以及龙港小区、县烟草公司路口改造，完成神华大道、衡阳路等主要道路布设隔离护栏；完成衡阳路雨水工程、建设东路雨污水工程。改造升级城区停车场22个、停车位2668个。对城区公园、游园、广场、主干道等重要节点进行绿化、美化、亮化提升改造，总投资4233万元。城区建成区道路面积达347万平方米，绿化面积1338.11公顷，绿化覆盖率43.41%，人均公园绿地面积21.6平方米。建设县城和乡镇等污水处理厂13座。争取老旧小区改造督查激励资金1345万元，争取美丽宜居城区建设和农房改善等资金1744万元。投入5100万元，改造县造纸厂家属区、人保财险宿舍楼等36个小区、75栋楼，涉及居民1555户，总建筑面积17.77万平方米。新建城市绿色小客厅3个；完成绿化整治工程8项，新增绿地面积37.43公顷，绿地率40.2%。加快城东新区基础设施建设，完善市政、园林、亮化等配套工程。维修道路3348.95平方米，维修大理石人行道2554.42平方米、面包砖人行道2932.94平方米、路缘石3660.6米；清理城区大雨水窨井21087个、小雨水窨井20018个。完成城区排水管网检测、三里桥河水质净化站项目及城区排水专项规划。金南镇幸福湾社区被命名为省级特色田园乡村。

【社会事业】科学技术　2022年，金湖县新认定国家高新技术企业35家，有效国家高新技术企业数达到131家，培育省级以上专精特新“小巨人”企业2家。引进高层次人才团队2个、高层次人才40人。在苏州市建设金湖离岸孵化器，创建省“科创飞地”1个。支持中重科技（江苏）有限公司创建省院士工作站，建成省级企业研发中心4家。新增专利授权800件以上。

教育　全县有各类学校（幼儿园）58所。其中，幼儿园29所，小学19所，初中6所，普通高中2所，职业中专、特殊教育学校各1所。在校学生3.2万人，其中学前幼儿6540人、小学学生14421人、初中学生5758人、高中学生3685人、中职学校学生1103人、特殊教育学校学生76人。有教师3152人，在编教师2682人，其中在编幼儿教师189人、小学教师1202人、普通初中教师581人、普通高中教师436人、中职学校教师185人、特殊教育学校教师18人、县教师发展中心教师71人。校外培训机构监管实现全覆盖，吴运铎实验学校小学部完成“民转公”。金湖中学、金湖第二中学获评市普通高中综合考评“优秀单位”。金湖中等专业学校教学楼、育才幼儿园投入使用。

文化　建成看看书吧3个、阅读新空间7个、淮安书房8个。县智慧广电乡村平台获评省智慧广电示范项目。县新时代文明实践中心入选省网络文明素养实践教育基地。县档案馆获评省示范档案馆。

卫生　全县有卫生机构13个，其中综合医院2所、卫生院5所、社区服务中心3所、妇幼保健院1所、疾病预防控制中心（防疫站）1个、卫生监督所1个。有床位1456张。有卫生技术人员1846人，其中执业医师592人、助理医师85人、注册护士827人。新建核酸检测基地1个。组织防控技能培训10场，开展应急处置演练5次。县人民医院建设急危重症救治中心，县中医院发热门诊楼启动建设。

体育　投入近50万元，将人民公园改建成体育公园，并添置体育器材，划分功能区域。承办全国蹦床青少年锦标赛，建成县蹦床训练馆、体验馆。县女子手球队参加省第二十届运动会，获金牌6枚。

居民生活　全县居民人均可支配收入36538.8元，增长5.8%。其中，工资性收入23948.5元，增长5.5%；经营净收入5864.3元，增长4.5%；财产净收入1826.7元，增长0.5%；转移净收入4899.3元，增长11.1%。城镇居民人均可支配收入46600.9元，增长4.6%；农村居民人均可支配收入25789.4元，增长7.3%。城镇居民人均居住面积56.7平方米，农村居民人均居住面积65.1平方米。城镇居民人均消费支出28395元，增长4%，恩格尔系数为29.9%；农村居民人均生活消费支出20895元，增长6%，恩格尔系数31.2%。

社会保障　全县社保综合覆盖率98.6%。发放富民创业担保贷款9086.5万元。城乡居民医保财政补助最低标准提高至每人每年640元，基本医保覆盖率97.7%。发展职工医疗互助保障1.39万人。城乡特困供养标准分别为每人每月1660元、1020元。发放特殊群体各类救助金6162万元。孤独症儿童基本康复服务实现全覆盖。

生态环境　全县空气优良天数293天，$PM_{2.5}$平均浓度30.9微克/立方米。建立城区河道轮浚机制，实施常态化保洁，推进城区控源截污工程，新建水质净化站、污水调蓄池等，清理疏通雨污管网15千米。新建农村污水处理设施352个，建成生态河道19条、幸福河湖11条。完成重点地块土壤污染状况调查49个，出让地块实现应查尽查。戴楼街道创成省生态文明建设示范街道。

【水漾年华获批全国休闲农业与乡村旅游五星级精品企业】 2022年1月5日，中国旅游协会休闲农业与乡村旅游分会公布2021年第二批全国休闲农业与乡村旅游精品企业（园区）名单。江苏富金农业科技发展有限公司（水漾年华）获批全国休闲农业与乡村旅游五星级企业。水漾年华项目位于金湖县荷花荡风景区内，占地面积36公顷，是中国首家水主题农业旅游目的地。园区依托水资源、水生态、水文化、水产业优势，集中展示水科技、渔文化在内的农耕文化。结合荷花荡景区区位优势，规划建设荷风化雨馆、匪艺嘉蔬馆、水衍农耕馆等九大场馆，以旅游+农业方式，延伸农业高科技示范园农业带动、辐射效应。2022年，园区展示动植物品种1200种以上，开展现代农业高新科技展示及科普200项、互动体验项目及景观节点150项。

【塔集镇入选全国农业产业强镇创建名单】 2022年4月2日，农业农村部计划财务司、财政部农业农村司联合公示2022年全国农业产业强镇创建名单，江苏8个镇入围，金湖县塔集镇为淮安市唯一入选乡镇。塔集镇域资源优越，拥有40多年的荷藕种植历史和1600公顷荷藕种植面积。该镇放大荷藕资源优势，以“荷”为媒，从荷度假、荷文化、荷产业3个方面打造全国荷藕产业强镇。2022年，塔集镇实现农业总产值7.9亿元，其中荷藕年产量4万吨，荷产业产值4.48亿元。

【第二十二届中国·金湖荷花节】 2022年6月18日，首届江苏省荷产业高层论坛暨第二十二届中国·金湖荷花节开幕。金湖县人民政府与南京农业大学、江苏省中国科学院植物研究所、江苏省农业科学院分别签订合作协议，揭牌国家荷藕产业强镇创建单位，发布“金湖红”等观赏荷花新品种6个，开启“精品旅游线路、湖鲜精品美食推荐”“为荷而来，心动一夏”文旅消费季百万大礼包活动。该届荷花节从6月持续至10月，围绕“促发展，展形象，惠民生”主题，开展“以荷为媒，集聚产业”“以花引客，美丽生金”“以节造势，展示大美”三大板块22项活动。节日期间，举办理士新能源智造园区项目开工典礼暨第二十二届中国·金湖荷花节开工项目集中展播活动、首届江苏省荷产业高层论坛、金湖“名店、名菜、名厨”评选、金湖特色龙虾宴等系列活动。《人民日报》、《新华日报》、新华网等多家主流媒体进行宣传报道。

（吴文慧）

8月26日，金湖县在尧帝城门广场举行特色龙虾宴

赵启瑞　摄/视觉江苏网　供

人物 荣誉

责任编辑：王信波

先进人物

全国“人民满意的公务员”

李思雪 淮安市人民检察院检委会委员、第二检察部主任、一级检察官，2022年被中共中央、国务院表彰为全国“人民满意的公务员”，是淮安市首位获此殊荣的公务员。作为全省最年轻的首批入额检察官，李思雪勤于钻研，坚持公正司法、为民办案。她善于改革创新，围绕矛盾化解、优化社会治理、服务企业发展等重点工作，建立认罪认罚轻罪速裁“一周审结”办案机制，探索“民转刑”案件诉前矛盾化解机制，建立涉案企业“回溯”机制。她所办案件曾被评为全省优秀诉讼监督案例。相关工作经验分别被最高人民检察院、江苏省人民检察院向全国、全省检察机关推广。曾获得“全国检察机关侦查监督业务标兵”“江苏省十佳侦查监督办案能手”等称号，分别被最高人民检察院、江苏省人民检察院记一等功、二等功，入选“江苏好人榜”，获评“淮安市劳动模范”，入选全省政法系统百名先进典型，有关事迹被《江苏政法先进典型风采录》刊载。

（淮　鉴）

中国好人

潘　宇 淮安区博里镇文化站站长、农民画辅导老师，入选2022年第一季度“中国好人榜”（敬业奉献类）。潘宇从小喜爱画画，他的作品画面丰盈、内涵丰富，充满故事性，构思也很精巧。他经常顶风冒雨，深入到村居农民画作者家中指导作画。在他的精心指导下，博里农民画整体艺术水平显著提升。1991—2019年，在江苏省农民美术书法大赛上，博里农民画蝉联六届一等奖。他建立农民画院，将农民画作品推向市场，博里农民画刺绣产品远销东南亚、美国、欧洲等地。潘宇尝试将博里农民画与传统刺绣工艺相结合，并成立刺绣坊。通过“公司+农户”合作模式，每位绣娘月均收入可达5000元。2020年新冠疫情防控期间，潘宇组织农民画作者拿起画笔，创作大量共抗疫情农民画作品。他创作的多幅公益画在中央、省级新媒体上展示。

严　慧 江苏淮阴师范学院学生，入选2022年第一季度“中国好人榜”（孝老爱亲类）。严慧12岁时失去双亲，和双目失明的奶奶相依为命，承担起家务。2018年，严慧考到城区读中专，她始终惦记着留在家中的奶奶。中专二年级秋季学期刚刚开始，奶奶在家突发疾病，幸亏有邻居及时发现送到医院救治。严慧决定带着奶奶一起上学。在老师和爱心人士关心帮助下，她终于带着奶奶一起走进校园。严慧学习刻苦，成绩一直名列前茅，曾获得国家奖学金。2021年，严慧考入淮阴师范学院。她再次向学校争取，带着奶奶一起上大学。学校为祖孙俩布置一间温暖的“淮师小家”。严慧始终陪伴在奶奶身边。

马强刚 生前系江苏省淮安市无偿献血志愿服务队队长、淮安市爱心传递公益社志愿者，入选2022年第三季度“中国好人榜”（助人为乐类）。1996年，马强刚入伍，驻守兰州，他定期到兰州血站无偿献血。1999年，马强刚退伍回到家乡淮安。2006年，马强刚发起成立淮安市无偿献血志愿者服务队。他不但带头献血，还组织伙伴们在血站附近、街头巷尾，向市民宣传无偿献血知识、推广无偿献血理念。自1997年第一次献血，马强刚97次捐献全血11890毫升、成分血77个治疗量。2015年，马强刚加入淮安市爱心传递公益社，他经常走访帮助农村困难学生家庭，为他们修缮房屋、购置家具。他参与的“金网工程”精准扶贫项目获全国志愿服务大赛金奖。2016年，马强刚成为淮安蓝天救援队一员，每年出勤率稳定在全队前三。马强刚还加入市民文明巡访团，巡访督查“脏乱差”不文明现象67处，向市民发放绿色环保、爱国卫生等各类宣传单4000多份，巡访发现的问题全部整改到位。2020年5月，他参与“使用公勺公筷”文明用餐宣传，被中央电视台《新闻联播》节目报道。2021年2月，马强刚被确诊为多发性脑胶质瘤。2022年2月签署《人体器官捐献》文件。2022年4月16日，马强刚逝世。家人尊重他的心愿，与淮安红十字会工作人员签署遗体捐献文件。

郭万勤 洪泽区东双沟镇郭贝村村民，入选2022年第四季度“中国好人榜”（孝老爱亲类）。郭万勤从小家境困难，母亲和弟弟患有先天性精神病。她从小就和父亲一起照顾母亲和弟弟。1995年，郭万勤和同村小伙结婚，夫妻一同抚养弟弟，郭万勤就担起"母亲"重担。2008年，她和丈夫商量后，把父母接到身边。2012年6月，郭万勤父亲被查出得了食道癌。郭万勤东拼西凑，一天打多份零工，终于成功为父亲做了手术。父亲手术后不久，公公又病倒去世。婆婆也患上脑血栓，坐在轮椅上无法站立。郭万勤扛起照顾家里3位行动不便老人重任。2021年初，郭万勤弟弟突发脑溢血，做了两次脑引流手术，这让原本不富裕的家庭更加雪上加霜。出院后，她弟弟基本和植物人差不多。但她没有叫苦叫累，而是默默地坚持着。虽然遍尝生活艰辛，郭万勤却依旧乐观。

（葛梦琪）

新时代好少年

杨路然 淮阴中学新城校区学生，其先进事迹在中共中央文明办、教育部、共青团中央、全国妇联、中国关工委联合举办的2022年"新时代好少年"先进事迹发布活动上展示，成为全省唯一代表。2021年，当时就读于新安小学五年级的杨路然代表五（8）中队写了封信寄给习近平总书记，向习爷爷汇报他们学"新旅"、学党史的收获。2021年5月30日，他们收到习爷爷的回信。她认真组织队员们反复学习回信。她累计参加各类"新旅"故事宣讲30余场次，走上中央广播电视总台《少年中国说》舞台，向全国少先队员讲述新安旅行团故事。她组织各类主题队会，组织队员们排演《一群小好汉》音乐情景剧。2021年暑假期间，杨路然作为16名"小好汉"代表之一，沿着新安旅行团前辈足迹深入江苏镇江、南京及安徽等地。杨路然曾获全国小学生优秀作文比赛一等奖、江苏省第24届珠算式心算能力比赛个人全能二等奖、江苏省第15届中小学生硬笔·软笔书法展示赛一等奖，2022年5月获"新时代江苏好少年"称号。

（淮 鉴）

全国特级优秀人民警察

邓 欢 淮安市公安局巡特警支队四大队大队长，2022年5月被人力资源和社会保障部、公安部联合表彰为全国特级优秀人民警察。2006年，邓欢从部队退伍转业从警，他苦练警务技能，钻研排爆知识，成长为一名优秀排爆能手、拆弹专家。作为主排爆手，他运用"防、搜、运、处"排爆工作法，安全执行安检排爆任务160余起，成功转移处置疑似爆炸物、废旧炮弹300余枚，始终保持"零事故"纪录。新冠疫情防控期间，他第一时间取消休假，主动请战参加应急突击队，参与到路面巡防、隔离劝阻和信息核查工作中，并首批增援淮安区开展防疫工作。作为警务实战教官，他发挥自身专长和优势，累计授课、培训学员1000余人次，为淮安市在全省特警比武、集训、考核活动中屡获佳绩作出突出贡献。邓欢曾荣立个人一等功1次、个人二等功1次、个人三等功3次，获"全国优秀人民警察""江苏最美警察""江苏省模范退役军人""江苏省文明职工""淮安十大杰出青年""淮安最美退役军人"等称号。

（市公安局）

全国优秀人民警察

王 猛 淮安市公安局网安支队五大队大队长，2022年5月被公安部表彰为全国优秀人民警察。2010年，王猛开始从警，他参与侦破涉网大要案件360余起，其中部、省督办案件160余起，支撑抓捕犯罪嫌疑人3000余人。作为部级网侦专家，他参加部、厅牵头专项会战30余次，发表技战法20余篇，并8次远赴五省藏区支援当地工作。作为会战组长，他带领全国参战队员开展技术攻坚，取得重大成果，获得中央政法委、公安部、省公安厅领导批示肯定。作为全市网安特侦条线技术带头人，他牵头组建淮安"猛禽战队"，7次在全国性网络攻防赛事中获得佳绩，自主研发的"智能挖掘预警平台"获2020年省公安厅科技强警三等奖。王猛曾荣立个人二等功2次、个人三等功5次，获评"全国公安机关'我为群众办实事'成绩突出个人""全国网安技术标兵""全国专项工作成绩突出个人""江苏省青年岗位能手""江苏最美警察提名奖""淮安市十大杰出青年""淮安市劳动模范""淮安市最美警察"等。

李 宁 淮安市公安局淮阴分局刑警大队副教导员，2022年5月被公安部表彰为全国优秀人民警察。2008年，李宁开始从警，在基层岗位从事现场勘查、痕迹检验工作，累计参与现场勘查各类案件现场5133起，成功提取各类痕迹物证5850份，通过技术比对直接抓获犯罪嫌疑人635人，破案2818起，为群众挽回损失200余万元。作为公安部命案积案攻坚行动专家组成员、江苏省刑侦指纹比对专家，李宁多次被公安部、国务院联席办、省公安厅抽调参与专项工作。指纹查档等多项个人成绩连续多年保持全省前列、全市第一，总结的"七多工作法"被省公安厅推广。李宁首批入选省级刑事技术青年人才，入选全国刑事技术青年人才库。曾荣立个人一等功1次、个人二等功2次、个人三等功3次，获"全国刑事技术破案会战优秀刑事技术民警""江苏青年五四奖章""江苏省优秀共产党员""江苏公安青春警星""淮安市劳动模范""淮安最美警察"等称号。

华庆永 金湖县公安局前锋派出所教导员，2022年5月被公安部表彰为全国优秀人民警察。1989年，华庆永开始从警，他扎根农村派出所，把群众当亲人，手机里存储近千名群众联系方式，24小时为农村百姓排忧解难。前锋派出所辖区毗邻白马湖，湖区范围大、条件艰苦，交通极为不便，他凭借"湖区愚公"精神，从步行到骑车，再到开车、乘船，足迹遍及辖区全部120平方千米陆地和4000公顷水域。他创新工作方式，将社区议事协商会、群防群治委员会、流动人口管理站、民事调解委员会等合并到“警民共治会”，创建“共建、共治、共享”平安治理格局，实现辖区“发案少、破案快、人民满意度高”目标。华庆永曾荣立个人三等功3次，获评“全省李树干式派出所民警”“淮安市最美警察”“全市人民满意警察”“全市优秀人民警察”等。

（市公安局）

“全国五一劳动奖章”获得者

张　冬　国网江苏省电力有限公司淮安供电分公司职工，高级工程师、高级技师，2022年4月被中华全国总工会授予“全国五一劳动奖章”。1999年，张冬开始从事电网不停电作业工作，主持完成科技项目、群众性创新项目12项，获得发明专利5项、实用新型专利15项。多项成果获江苏省十大操作法及淮安市科技进步奖等表彰。2017年，张冬研制带负荷更换跌落式熔断器辅助装置，每次作业可少停电80分钟，其带领的团队获“全国优秀质量管理小组”称号。2020年，张冬创新应用机器人开展不停电作业，在省内首次完成带电带载单回线路不停电接入工作，并在国内率先完成双回路安装接地环工作。新冠疫情防控期间，他带领团队助力企业复工复产，累计为客户开展不停电接入作业17处，为企业配电设备消缺64处。2021年，张冬获“江苏省劳动模范”称号。

陈广东　淮安市实验小学党委书记、校长，正高级教师，2022年4月被中华全国总工会授予“全国五一劳动奖章”。1992年，陈广东开始从事教育工作。作为语文教师，他探索形成独具特色的教学模式和教学风格，引领儿童积极传承发扬中华优秀传统文化，培养其学科素养，树立儿童独有文化自信。作为特级教师，他主动认领带徒，培养一批市级学科带头人和青年名师。作为校长，他深化学校“幸福·学习”实践研究，带领3个紧密型校区、2所领办小学、7所协办小学均成为品牌学校。推进“幸福教育乡村行”活动，有近1万名教师参加，覆盖全市乡镇小学，促进全市义务教育优质均衡发展。组织骨干教师走进新疆、云南、贵州、四川等西部地区支教、讲学，将“幸福·学习”教育理念传向西部大地。

朱玉庭　江苏双环齿轮有限公司生技科长，高级技师，2022年4月被中华全国总工会授予“全国五一劳动奖章”。2014年，朱玉庭进入该公司工作。他成功开发大众、福特、麦格纳、采埃孚等多个千万元至亿元级重大项目并顺利批产。以其命名的“朱玉庭劳模创新工作室”获30多项国家专利。其主导的工艺攻关项目累计为公司创造直接经济效益超过2000万元。通过理论和实操相结合的方式为公司培养出5名高级技师、9名中级技师以及20余个调试工程师。他还非常重视理论知识学习，通过项目管理PMP（项目管理专业人士资格认证）等专项认证。

（市总工会）

全国信访系统先进个人

骆四清　淮安市信访局局长、一级调研员，2022年5月被表彰为全国信访系统先进个人。骆四清始终把“信访工作率先实现现代化”作为信访工作目标追求。持续创新升级淮安市“阳光信访”系统平台，平台先后获评全国创新社会治理十大最佳案例、“数字江苏”十大优秀实践成果、智慧江苏优秀案例、长三角城市数字化转型创新案例等。打造标准信访，2019年立项启动全省试点，2020年以全场最高分通过省级验收，2021年3月被国家标准化管理委员会确定为全国试点，成为全国唯一信访综合标准试点项目。

第六届全国119消防先进个人

姬民国　淮安生态文化旅游区福地路办事处悠园社区党委书记、居委会主任，2022年11月被应急管理部授予“第六届全国119消防先进个人”称号。姬民国拓宽思路，不断推进社区消防力量建设，治理隐患顽疾，开创社区“群防群治”新局面。在姬民国的带领下，悠园社区率先开展社区消防安全管理“12345”工作法，即记好一本消防安全日记，对社区消防重点部位、特殊群体人员做到心中有数；每天两次进楼道巡查；牢记户籍人员、公共消防设施、不稳定因素三种情况；发现问题四小时内落实整改举措；做到五个“家”（服务走访到各家、各类意见听到家、建立感情心到家、细致工作做到家、好事实事办到家），全面助推社区消防安全工作深入开展。悠园社区曾获“全国综合减灾示范社区”“江苏省和谐社区建设示范社区”“淮安市十佳社区”等称号。

（淮　鉴）

全国优秀社区工作者

夏　梦　清江浦区淮海街道健康路社区党委书记、居委会主任，2022年11月被民政部表彰为全国优秀城乡社区工作者。夏梦推行“领办轮岗”，帮助社区工作者补短板、强弱项；动员社区居民参与社区共建共治，组织召开社区党务、居务和财务专题公开讨论会22次、社区建设交流会34场、“服务好不好，请您来点评”评议会48次。组织晨馨园小区打造“红帽子”服务队，制定“5341”快速反应机制，即5分钟到达现场，30分钟内解决问题，重大问题4小时内解决，特殊复杂问题1天内形成方案。累计参加志愿服务1500多小时，组织六色“家门口”社区服务队，为五类特殊人员提供“送餐、送菜、送爱心”贴心服务。创新基层社区治理模式，搭建“有事说事”协商议事平台，120余个问题被逐一妥善解决。在“99公益日”，发动辖区92个中小微企业、社会组织，为辖区老人、未成年人送去关爱与温暖等等。

卢攀峰　淮安区车桥镇丰年村党总支书记、村委会主任，2022年11月被民政部表彰为全国优秀城乡社区工作者。卢攀峰把党史知识送到种植大户田头，确保学习无盲区。积极争取将丰年村列为区“党建引领、集成振兴”试点村。采取“村集体+合作社+基地农户”发展模式，动员村民带土地、带机械入股。2021年，村级集体经济继续突破100万元。制定新的村规民约，有效杜绝乱停乱放、乱扔垃圾，以及奢侈浪费、邻里不和等现象发生。坚持决策民主化，村务公开化、财务透明化、公示制度化、成立专门党员治安巡逻队、党员业余网格员队，及时摸清全村社会矛盾和信息。邀请有威望老党员、老干部参加村民调解委员会，做到大事不出村、小事不出组。在卢攀峰带领下，丰年村被评为江苏省民主法治示范村、江苏省卫生村，创成全国乡村治理示范村。卢攀峰曾获“全国脱贫攻坚先进个人”“江苏省优秀党务工作者”“江苏省百名示范村（社区）书记”“江苏省最美退役军人”称号。

（市民政局）

全国优秀共青团干部

张　越　淮阴区王家营街道西坝社区党委副书记、团总支书记，2022年4月被共青团中央表彰为全国优秀共青团干部。张越曾是一名军人，到社区基层团总支工作后，锐意进取，投身基层共青团事业中。带领社区团总支“强三力 比奉献”，加强团的引领力，扩大团组织力。把“我为群众办实事”作为每次集体活动重要载体，贯彻落实上级团委关于基层团总支所期、所望、所盼，提升青年团员满意度和获得感。张越曾被表彰为淮安市优秀共青团干部、江苏省委政法委“双胜利”平安卫士、江苏省优秀共青团干部。

全国优秀共青团员

熊伟繁　淮安生物工程高等职业学校畜牧兽医专业牧高1802班学生，2022年4月被共青团中央表彰为全国优秀共青团员。熊伟繁认真学习相关知识，提高理论水平和综合素质。学习上，她制定相应学习计划并采取灵活学习方法，自觉性强，有针对性选择学习内容，课外生活丰富健康。工作上，她认真负责，服从安排，主动开展活动。生活上，乐观开朗，乐于助人，群众基础良好，主动帮助同学解决困难。积极做好志愿者工作，牵头成立志愿者服务队，利用假期走进乡间田野，为当地居民讲解畜病防治知识。在校期间担任学生会副主席。时熊伟繁曾被评为“江苏省最美职校生”“江苏省三创优秀学生干部”“江苏省三创优秀学生”“淮安市最美中职生”“淮安市优秀共青团员”，曾获得国家奖学金、省技能大赛二等奖、市技能大赛一等奖。

刘安琪　淮阴区妇幼保健院护士，2022年4月被共青团中央表彰为全国优秀共青团员。2020年2月9日，刘安琪随第五批江苏省援鄂医疗队驰援武汉。顺利完成穿脱防护服及院感相关培训，并于2月15日正式进方舱医院。入舱后，刘安琪与“战友”一起为病患测量生命体征和做心理疏导等。在刘安琪和同事们的不懈努力下，武汉体育中心方舱医院于3月8日正式闭舱，实现患者零死亡、医护零感染目标。2020年3月，刘安琪获武汉开发区（汉南区）新冠疫情防控指挥部颁发的“新冠肺炎疫情防控白衣卫士”称号，被评为“先进标兵”；获淮安市新型冠状病毒肺炎疫情联防联控工作指挥部颁发援鄂战“疫”先锋证书。

潘巨伟　金湖县青荷青年志愿者协会会长、江苏尧园纺织后整理有限公司董事长，2022年4月被共青团中央表彰为全国优秀共青团员。2017年，面对苏南地区产业转移，潘巨伟协助父亲开展招商引资，达成投资5.8亿元，年利税近2000万元，带动就业300余人。2019年，潘巨伟成立金湖青荷青年志愿者协会，有会员80人，开展志愿服务活动50场次，服务超3000人次。新冠疫情期间，潘巨伟坚守岗位，参与社区防疫，值守“疫区”，落实重点行业“保供给”职责。2021年，潘巨伟创办江苏尧园公司，动员社会力量共同参与金湖县“梦想改造+关爱计划”公益募捐和志愿服务，受到市级表彰。潘巨伟曾获“江苏省优秀共青团员”“淮安市梦想改造+关爱计划”志愿服务奖等荣誉。

全国优秀少先队辅导员

韩争艳　淮安市淮阴小学少先队大队辅导员，淮阴区少先队总辅导员，2022年12月被共青团中央、教育部、全国少工委联合表彰为2022年度全国优秀少先队辅导员。2012年，韩争艳开始担任少先队辅导员，她注重少先队日常教育，引导队员们立下与祖国同奋进理想志向。连续5年带领少先队员开展红领巾寻访活动，打造少先队活动品牌。她热心公益，经常资助困难家庭，组织少先队员开展关爱留守儿童、困难学生和孤寡老人活动。在韩争艳带领下，其所在学校获“江苏省优秀少先队集体”“江苏省少年军校工作先进单位”等30多项少先队集体荣誉。连续两届以最高票被评选为“感动校园”十佳教师。她主持的江苏省少先队课题于2022年6月通过论证；撰写的少先队论文、案例多次获省特等奖，多篇少先队活动案例在《少年号角》发表。她曾被评为江苏省优秀少先队辅导员、淮安市新时代好人、江苏省优秀共青团干部、淮安市功勋教师、全国青少年普法教育优秀辅导员。

（团市委）

全国优秀少先队员

刘承希　淮阴师范学院第一附属小学六（6）中队少先队员，2022年12月被共青团中央、教育部、全国少工委联合表彰为2022年度全国优秀少先队员。刘承希作为学校文化长廊志愿讲解员，参与省、市级重要接待活动30余场次。和“小雷锋志愿者”团队成员演绎情景剧，在“致心中的周总理”全省青少年诵读活动和市“六一”儿童节晚会等活动中展示。在班级成立“爱心社团”，定期帮助贫困儿童，累计为近200名贫困儿童捐赠图书3000余本、衣物超1000件，各类文具、体育用品价值超5000元。他所在社团获评江苏省优秀红领巾小社团。中国少年先锋队队刊《中国少年儿童》刊登他所在爱心社团事迹。在全国、省、市级各类竞赛中获奖项80余个，他的书法作品被《书法报》《中华好书法》等刊物收录。他还多次受省、市电视台邀请录制钢琴曲演奏、毛笔字书写等节目。他曾被评为淮安市新时代好少年、江苏好少年、淮安市十佳少先队员。

赵艺舒 江苏省淮阴中学开明分校初二（18）中队少先队员，2022年12月被共青团中央、教育部、全国少工委联合表彰为2022年度全国优秀少先队员。赵艺舒积极参与周恩来童年读书处讲解员活动，成为淮安市“翔宇鸾娃公益宣讲团”成员，累计接待游客上千人。2021年6月1日，在学习“习近平总书记给淮安市新安小学回信”活动中，她策划制定具体班队会流程，主持整个班队会，她撰写的学习体会刊登在“青春淮安”微信公众号。曾主持淮安市少年先锋队建队70周年主题活动、市英语“广阅读”展示活动。参加省、市级各类比赛，获得省第二届中小学诵读大赛一等奖，省《时代学习报》初中数学文化节一等奖，省古文诵读大赛特等奖，多次获得市级朗诵比赛特等奖和一等奖。曾被评为江苏好少年、江苏省优秀少先队员。

（淮　鉴）

表58　2021—2022年淮安市退役军人获重要荣誉情况表

序号	姓名	性别	出生年月	籍贯	政治面貌	退役时间	获得奖励名称	获得奖励时间
1	刘　康	男	1990年12月	江苏淮安	中共党员	2021年4月	二等功 三等功 全军优秀士官人才奖（二等奖）	2019年12月 2013年12月 2014年12月
2	周克林	男	1988年2月	江苏淮安	中共党员	2022年4月	全军优秀士官人才奖（三等奖）	2014年8月
3	王　彬	男	1982年2月	河南荥阳	中共党员	2021年3月	二等功	2005年12月
4	沈义军	男	1979年2月	江苏宝应	中共党员	2022年3月	全军优秀参谋	2010年
5	晁海军	男	1986年9月	淮安洪泽	中共党员	2018年10月	二等功	2016年9月

（资料来源：市退役军人事务局）

表59　2022年淮安市入选江苏好人榜一览表

序号	姓名	性别	所在地	身份	获评时间
1	杜秀兰	女	淮安区	淮安区漕运镇新兴村村民	2022年1月
2	张崇善	男	清江浦区	江苏省运河公司退休职工、淮安市清江浦区清江街道北门社区第一党支部书记	2022年2月
3	孙　岩	女	淮阴区	淮安市第一人民医院护理部科护士长	2022年2月
4	李顺来	男	淮安区	淮安区石塘镇百姓理论说唱团团长	2022年3月
5	单业高	男	淮阴区	淮阴区渔沟镇杨庙村党总支书记、村委会主任	2022年3月
6	翟晶晶	女	淮阴区	淮安城市名人酒店行政管家	2022年4月
7	徐　磊	女	清江浦区	淮安市公安局清江浦分局清安派出所副所长	2022年4月
8	潘　晴	女	淮阴区	淮安市第五人民医院检验科主任	2022年5月
9	杨　容	女	清江浦区	淮安市妇幼保健院儿童健康中心团支部委员	2022年5月
10	马强刚	男	淮阴区	生前系淮安市无偿献血志愿服务队队长	2022年5月
11	周春芝	女	金湖县	金湖县水务局离退休老干部党支部书记	2022年5月
12	高　峰	男	涟水县	涟水县游泳协会会长	2022年6月
13	郭万勤	女	洪泽区	洪泽区东双沟镇郭贝村村民	2022年6月
14	朱玉荣	女	盱眙县	盱眙县希望小学教师	2022年7月

续表59

序号	姓名	性别	所在地	身份	获评时间
15	周　婷	女	盱眙县	盱眙县人民法院审判委员会专职委员	2022年7月
16	周晓平	女	金湖县	江苏和成律师事务所副主任、金湖县荷都法轩普法艺术队理事长	2022年8月
17	丁友才	男	金湖县	金湖县塔集镇横桥村村民	2022年8月
18	王振宇	男	清江浦区	清江浦区审计局办公室主任	2022年9月
19	潘永兵	男	涟水县	生前系涟水县公安局警务督察大队教导员	2022年9月
20	徐新禄	男	洪泽区	洪泽区退役军人事务局退休干部	2022年10月
21	周　芳	女	淮安区	淮安区车桥镇官渡村党总支委员、妇联主任	2022年10月
22	尹雪峰	男	淮安经济技术开发区	淮安公交公司二分公司公交司机	2022年11月
23	蒋贵清	男	金湖县	前锋镇白马湖村党总支书记	2022年12月

（资料来源：市委宣传部）

表60　2022年淮安市获江苏省五一劳动奖人员一览表

序号	姓名	单位	职务/工种
1	张　超	江苏弘晟包装有限公司	生产主任
2	杨　勇	江苏科圣化工机械有限公司	检验员
3	尹淑红（女）	国网江苏省电力有限公司淮安市洪泽区供电分公司营销部	六级职员
4	李　婕（女）	金湖小青青机电设备有限公司	办公室主任
5	孔令福	江苏共创人造草坪股份有限公司	副经理
6	沈　苗（女）	中共淮安市委营商环境优化办公室	一级科员
7	金绍武	江苏今世缘酒业股份有限公司酿酒中心	副主任
8	罗一民	中国移动通信集团江苏有限公司淮安分公司	党委书记、总经理
9	丁　霞（女）	淮安生态新城实验幼儿园	园长

（资料来源：市总工会）

先进集体

2022年度淮安市创新创优优秀项目名单

一、特等奖（2个）

经济建设类

1.“八字工作法”打造河湖长制工作“淮安模式”　市水利局

2. 聚焦中天钢铁项目快速落地推动营商环境提档升级　淮阴区

二、一等奖（10个）

（一）经济建设类

1. 建立全市重特大工业项目要素统筹保障机制　市政府办公室

2. 推进企业“智能化改造数字化转型”增强产业发展新动能　市工信局

3. 构建省市重大项目自然资源要素保障新机制　市资规局

4. 激发小龙虾产业集群高质量发展新动能　市农业农村局、盱眙县

5. 聚焦重特大项目“突破成势”高质量完成“3530”招引目标　市商务局

6.打造运河文旅产业融合发展示范高地　清江浦区

（二）公共管理类

1. 构建主动安全体系助力市委高效统筹发展和安全　市委办公室

2. 商贸流通体系建设　洪泽区

（三）党建和精神文明类

1. 学习贯彻总书记重要回信精神让红色薪火代代相传　市委宣传部、市教育局

2. 党建领航 监督护航 擦亮101%金质营商服务品牌　　金湖县

三、二等奖（22个）

（一）经济建设类

1. 汇聚统战资源 放大淮河华商大会品牌示范效应　　市委统战部

2. 创成全省首批整市推进粮食仓储设施建设示范市　　市发改委

3. “暖企纾困 助企发展”执行攻坚　　市法院

4. 实施重特大产业项目税收组合套餐服务　　市税务局

5. “优营商　促销费”经济发展赋能行动　　市文广旅游局

6. 工程建设项目“五证联发”“拿地即开工”改革　　市行政审批局

7. 服务全市高质量跨越发展“四个一”统计基础工程　　市统计局

8. 打造“政企共担”重大项目接电新模式　　淮安供电公司

9. “党建领、容缺办、并联审、模拟批”工业项目审批新模式　　涟水县

（二）公共管理类

1. “惠民生 助发展”代表履职建功行动　　市人大常委会办公室

2. 构建全过程数字化管理和服务“慧提案”新模式　　市政协办公室

3. “严防·快处·长治”全周期社会稳定风险防控体系　　市委政法委

4. 打造市域治理现代化建设“淮安样板”　　市委编办

5. 治安基础要素精准化管理实战化应用新模式　　市公安局

6. 打造“品质安置”淮安品牌　　市退役军人局

7. “厂中厂”安全整治　　市应急管理局

8. 创成国家支付方式改革示范市　　市医保局

9. “三个清单”风险管控建设　　淮安工业园区

（三）党建和精神文明类

1. “清风盈淮”廉洁文化建设　　市纪委监委机关

2. “四联四同”构建外卖配送行业党建新模式　　市委组织部、市市场监管局

3. 打造“国字号”西游记文化体验园　　淮安经济技术开发区

4. 党建“融汇”厚植产业发展新势能　　淮安区

四、三等奖（7个）

（一）经济建设类

1. 打造非公企业法律纠纷全覆盖服务平台　　市工商联

2. 高品质建设大运河百里画廊　　市大运河办

（二）公共管理类

1. 包容审慎监管执法　　市委营商办、市司法局

2. 推进经营性资产集中统管实现国资保值增值　　市财政局

3. “+”模式全方位服务保障企业用工　　市人社局

（三）党建和精神文明类

1. “一户一策”困境妇女儿童家庭精准微关爱服务　　市妇联

2. 党性教育“翔宇先锋在行动”　　恩来干部学院

表61　2022年淮安市部分获国家级荣誉先进集体一览表

荣誉名称	获评单位	授奖单位	表彰时间
全国五一劳动奖状	庆鼎精密电子（淮安）有限公司	中华全国总工会	2022年4月
全国工人先锋号	淮安市城市公共交通有限公司22路线	中华全国总工会	2022年4月
全国工人先锋号	江苏协诚科技发展有限公司生产车间	中华全国总工会	2022年4月
全国五四红旗团委（团工委）	江苏沙钢集团淮钢特钢股份有限公司团委	共青团中央	2022年4月
全国五四红旗团支部（团总支）	江苏盱眙农村商业银行股份有限公司营业部团支部	共青团中央	2022年4月
第九届全国基层文化市场综合执法队伍先进集体	盱眙县文化市场综合执法大队	中央宣传部、文化和旅游部、国家广播电视总局	2022年4月
全国公安机关爱民模范集体	淮安市公安局洪泽分局城东派出所	公安部	2022年5月
全国优秀公安基层单位	盱眙县公安局交警大队车辆管理所	公安部	2022年5月
为群众办实事示范法院	淮安市中高级人民法院	最高人民法院	2022年12月
全国家庭工作先进集体	淮安市妇联	全国妇联	2022年5月
第六届全国119消防先进集体	淮安区翔宇消防救援站	应急管理部	2022年11月
第六届全国119消防先进集体	淮安区淮城街道恩来社区居民委员会	应急管理部	2022年11月

续表61

荣誉名称	获评单位	授奖单位	表彰时间
全国优秀少先队集体	淮安市新安小学少先队大队	共青团中央、教育部、全国少工委	2022年12月
全国优秀少先队集体	淮安市天津路小学五（9）中队	共青团中央、教育部、全国少工委	2022年12月

（淮 鉴）

逝世人物

叶 枫（1929.2—2022.3） 男，江苏省淮阴县人。1945年6月参加革命工作，同日加入中国共产党。1945年6月至1959年2月在华中建大学习，后在山东民站部行政科、华东军区文青政治处、三野后勤部工作。1959年2月至1969年6月任南京军区政治处保密室主任，司令部五局办公室副主任；1969年6月至1978年11月任南京军区政治部副政委，安徽省军区国防工办处长，浙江省军区三门县人武部政委。1978年11月至1989年10月任淮阴地区采煤指挥部副指挥，淮阴市矿务局副书记。1989年10月离休。2022年3月5日于淮安逝世，享受副地市级政治生活待遇、副省长医疗待遇。

李 亚（1923.12—2022.6） 男，江苏省淮安市人。1943年1月加入中国共产党，1943年4月参加革命工作。1943年4月至1949年4月任淮安县青工队队员，仁桥乡指导员，淮安县人民政府科员。1949年4月至1952年6月任河南荣校参谋。1952年6月至1962年5月任河南省公安总队教导营教导员。1962年5月至1974年2月任河南省宁陵县人武部部长。1974年2月至1976年6月任河南省商丘县人武部部长。1976年6月至1977年12月任河南商丘地区商业局局长。1977年12月至1978年12月任河南商丘地委党校书记、校长。1978年12月至1979年8月任河南商丘地区检察院检察长。1979年8月至1982年6月任河南商丘地区铁路局、交通局书记、局长。1982年6月至1983年7月任淮阴地区交通局副局长。1983年7月至1985年12月任淮阴市政协常委、对台侨务委员会副主任。1985年12月离休。2022年6月4日于淮安逝世，享受副地市级政治生活待遇、副省长医疗待遇。

陈福忠（1922.1—2022.9） 男，安徽省定远县人，1940年2月参加革命工作，1943年3月加入中国共产党。1940年2月至1947年11月参加新四军，先后任班长、文化教员、7师19旅55团7连副政指。1947年11月至1953年3月任第三野战军七纵文化教员，217团指导员，团部政治协理员。1953年3月至1955年1月任华东军区后勤运输部航运站政治教导员，政治协理员。1955年1月至1959年1月任浙江温州军区云和县、景宁县兵役局副政治委员。1959年1月至1963年3月任南京大学仪器厂厂长。1963年3月至1968年10月任清江市委整党队组长。1968年10月至1969年11月任清江市104干校三连连长。1969年11月至1973年11月任清江市拉链厂书记、主任。1973年11月至1979年12月任清江市市管会副主任。1979年12月至1982年10月任清江市人防办副主任。1982年11月离休。2022年9月3日于淮安逝世，享受副地市级政治生活待遇、副省长医疗待遇。

萧 兵（原名邵宜健）（1933.10—2022.9） 男，福建省福州市人。1949年10月参加工作。1949年10月至1950年8月于华东海军福建分校三大队十三中队学习，1950年9月至1951年4月于二十九军政治部文化工作训练队学习。1952年2月至9月任厦门海军基地司令部、机炮连见习文化教员。1952年9月至1953年5月在华东军区第一速成中学附属师范部中文系学习。1953年5月至1958年5月任海军上海第三文化速成中学语文组教员，后兼任教研组组长，其间在复旦大学中文系旁听四年。1955年被授予少尉军衔。1958年5月至1961年12月在淮阴丁集、公墓公社监督劳动。1961年12月至1965年9月任淮阴戏剧委员会创作组、淮剧团编辑。1965年9月至1980年5月任清江市搬运公司业务员。1980年5月至1987年12月任淮阴师范专科学校（淮阴师范学院前身）中文系教员。1987年12月至2004年6月任淮阴师范专科学校中文系教授。其间，1988年1月当选为人大代表，1988年1月至2004年6月任淮阴市人大常委会副主任。2004年6月退休。2022年9月24日于淮安逝世，享受地市级政治生活待遇。

（市委老干部局）

附　　录

责任编辑：王信波　周永达

组织机构及负责人名录

说明：名录中，涉及市委、市人大、市政府、市政协领导，市法院院长、市检察院检察长，淮安经济技术开发区党政正职的，统计时间点为2023年10月31日；其他名录统计时间点为2022年12月31日。党委委员（党组成员）所列人员，指仅任此一职务的同志，行政副职进党委（党组）的，不重复列出。

中共淮安市委

书　记　史志军（2023年3月任）
　　　　陈之常（2023年1月免）
副书记　顾　坤（2023年7月任）
　　　　赵正兰
常　委　史志军　顾　坤　赵正兰
　　　　李　森　吴晓丹
　　　　董　晟（2023年7月任）
　　　　岳　岭　孙　虎　周　青
　　　　徐子佳
　　　　林小明（2023年8月任）
　　　　陈之常（2023年1月免）
　　　　张立军（2023年6月免）
秘书长　李　森
副秘书长　江　山　戴淮玲　花　群
　　　　　何　喆　范　彬

淮安市人大常委会

党组书记　史志军（2023年3月任）
主　　任　史志军（2023年8月任）
党组书记、主任
　　　　　陈之常（2023年1月免）
党组副书记　赵洪权
副主任　赵洪权　赵　权　范更生
　　　　徐利华　周茂萱
秘书长　殷　强
副秘书长　陈兴红　陈　灼
　　　　　施恩佩　沈　冰

淮安市人民政府

市　长　顾　坤（2023年8月任）
　　　　史志军（2023年2月免）
党组副书记　林小明（2023年8月任）
副市长　林小明（常务，2023年8月任）
　　　　王向红　董国喜　赵立宏
　　　　邱华康　张　笑
　　　　张冲林（2023年10月任）
　　　　许　宏（挂职，2023年5月任）
　　　　韦　峰（2023年1月免）
　　　　许　明（挂职，2023年6月免）
党组成员　刘爱国（2023年9月免）
秘书长　刘爱国（2023年10月免）
副秘书长　黄克清　郝道君　骆四清
　　　　　朱鹏程　马　雪　张　伟
　　　　　王长俊　石　颖（挂职）

政协淮安市委员会

主席、党组书记　戚寿余
党组副书记　吴晓丹　周　毅
副主席　周　毅　肖天奉　张志勇
　　　　韩文军　王苏君　毕丰书
　　　　张惠扬
秘书长　徐效文
副秘书长　曹新军　邱金义　刘一红
　　　　　沈　潭

中共淮安市纪律检查委员会、淮安市监察委员会

市纪委

书　记　岳　岭
副书记　陈孝红　王海洋
常　委　孙达道　宋建国　李振亚
　　　　李洪林　姚　娟
秘书长　李振亚
办公室主任　卢金富
组织部部长　陈翠梅
宣传部部长　朱　旭
案件审理室主任　王海龙
案件监督管理室主任　苗大成
信访室主任　吴兆荣
法规研究室主任　卢东为
监督审查技术室主任　骆　庆
第六监督检查室主任　施金虎
第七监督检查室主任　马方波
第八监督检查室主任　朱红娣
市纪委监委派驻第一纪检监察组组长
　　　　程晓峰
市纪委监委派驻第二纪检监察组组长
　　　　蔡桂宝
市纪委监委派驻第三纪检监察组组长
　　　　赵　辉
市纪委监委派驻第四纪检监察组组长
　　　　李明华
市纪委监委派驻第五纪检监察组组长
　　　　胡继军
市纪委监委派驻第六纪检监察组组长
　　　　空　缺
市纪委监委派驻第七纪检监察组组长
　　　　陶光忠
市纪委监委派驻第八纪检监察组组长
　　　　祖兆国
市纪委监委派驻第九纪检监察组组长
　　　　高　展
市纪委监委派驻第十纪检监察组组长
　　　　费泽林
市纪委监委派驻第十一纪检监察组组长
　　　　徐建国
市纪委监委派驻第十二纪检监察组组长
　　　　徐　海
市纪委监委派驻第十三纪检监察组组长
　　　　张汉中
市纪委监委派驻第十四纪检监察组组长
　　　　吉士忠
市纪委监委派驻第十五纪检监察组组长
　　　　王仁山

市纪委监委派驻第十六纪检监察组组长
王业平
市纪委监委派驻第十七纪检监察组组长
徐承业
市纪委监委派驻第十八纪检监察组组长
张凌云
市纪委监委派驻第十九纪检监察组组长
张年松
市纪委监委派驻第二十纪检监察组组长
陈玉波

市监察委员会

主 任 岳 岭
副主任 陈孝红 王海洋
委 员 孙达道 宋建国 戈利民
李洪林 公 元

淮安市中级人民法院

院 长 郁 奇（2023年8月任）
章 润（2023年5月免）
副院长 时恒支（常务） 王新阳
韩 俊 颜 赤
政治部主任 朱介进
审委会专职委员 尤铁梅

淮安市中级人民法院执行局（准县级单位）

局 长 姚月梅

淮安市人民检察院

检察长 薛国骏
副检察长 刘月进（常务） 赵 文
施 展
政治部主任 张洪斌
检委会专职委员 葛 蕾 王 刚

中共淮安市委工作部门及直属单位

市委办公室（挂“市委机要局”“市国家保密局”“市国家密码管理局”牌子）

主 任 江 山
副主任 张天祥 张庭勇 吉文爱
程福康 王 璐

市委机要局

局 长 江 山
副局长 嵇友胜

市国家保密局

局 长 江 山
副局长 陆 军

市委国安办

副主任 张春荣

市档案局

局 长 江 山

市委研究室

主 任 花 群
副主任 周 杰

市档案馆

馆 长 金德海
副馆长 马新文 张宝权 薛同武

市委巡察办

主 任 孙达道
副主任 钱士伦 张惊雷

市委巡察组

组 长 徐鹏羽 于明星 张亚刚
高 荣 戈利民 吴一航
副组长 钟 建 赵 进 陶 陶
陈少波 黄沛淮 刘苏豫
孙 洁 瞿静波 许 芹
王 卫 罗 明 姚 敏

市委组织部（挂“市公务员局”牌子）

部 长 孙 虎
副部长 顾 强（常务） 姜筱卉
姜洪洋 张 锋 罗高阳
赵 进

市委企业和社会组织工委

副书记 吴小松

市委党建办

主 任 罗高阳
副主任 赵 进

市考核办

主 任 顾 强
副主任 马 涛

市公务员局

局 长 姜筱卉

市委老干部局

局 长 姜洪洋
副局长 许国忠

市委离退休干部工委

书 记 姜洪洋
副书记 干国宇

市委机构编制委员会办公室

主 任 张 锋
副主任 陆 文 刘春梅 徐睿睿

市事业单位登记管理局

局 长 张 锋
副局长 荣道禧

市委宣传部［挂“市新闻出版局（市版权局）牌子”］

部 长 李 森
副部长 杨恒忠（常务） 赵志鹏
杨 静 张建闯 曾业桃

市文明办

主 任 杨恒忠
副主任 王建国

市新闻出版局（市版权局）

局 长 杨 静
副局长 周广峰

市委网信办（市互联网信息办）

主 任 曾业桃
副主任 李 炘 孙一萌
唐卫东（兼）

市委讲师团

团 长 张 莹
副团长 夏莉莉

市委统战部（挂“市政府侨务办公室”牌子）

部 长 吴晓丹
副部长 王子政（常务） 刘天培
张 峰 施 勇 陶 忠

市委政法委员会

书 记 周 青
副书记 章益雷（常务） 李海波
刘宝虎 王占龙
政治部主任 高 俊
市法学会专职副会长 顾晓燕

市委台湾工作办公室（市人民政府台湾事务办公室）

主 任 周海滨
副主任 徐宜祥 王 睿 周小兵
杨全权 金 雄（挂职）

市委市级机关工作委员会

书 记 费香峰
副书记 刘 磊 张安雷 刘中山
王兆宇
纪工委书记 王正行

市委营商环境优化办公室

主 任 孙登涛
副主任 张文兵 孙 鹏 姜永华

市委农工办

主 任 谢 鹏
副主任 徐礼球

市委党史工作办公室

主 任 张春荣
副主任 陈志勇 闵兆良 陈 涌

市委党校

校 长 孙 虎
副校长 陈俊祥（常务） 耿庆彪
杨 广 史以功
校务委员 王 盛

市行政学院

院 长 孙 虎

市社会主义学院

院 长 王子政

淮安市人大专门委员会及常委会组织机构

市人大财政经济委员会
主任委员　胡锦尧
副主任委员　倪　明　张晓鹏
市人大社会建设委员会
主任委员　刘晓录
副主任委员　李　谷
市人大法制委员会
主任委员　王军林
副主任委员　周玉美
市人大监察和司法委员会
主任委员　张晓秀
副主任委员　褚忠琴
常委会办公室
主　任　陈兴红
副主任　钱亚东　张子辉
常委会研究室
主　任　张光亚
副主任　邢文峰
常委会内务司法工作委员会
主　任　张晓秀
副主任　褚忠琴
常委会农业经济工作委员会
主　任　张晓红
副主任　潘华春　江海军
常委会环境资源城乡建设委员会
主　任　倪建华
副主任　李长青
常委会教科文卫工作委员会
主　任　魏　强
副主任　蒯　平
常委会人事代表联络工作委员会
主　任　徐　鹏
副主任　陈　剑
常委会民宗侨台（外事）工作委员会
主　任　刘晓录
副主任　李　谷
常委会预算工作委员会
主　任　胡锦尧
副主任　王　洁
常委会法制工作委员会
主　任　王军林
副主任　周玉美

淮安市人民政府工作部门及直属机构

市政府办公室（挂“市大数据管理局”牌子）
机关党组书记　刘爱国（2023年9月免）
机关党组副书记、主任　黄克清
副主任　任　军　姚凤雷　王开权
　　余章德
机关党组成员　王怀忠　汪　垚
市政府研究室
主　任　郝道君
副主任　汪　垚
市大数据管理局
局　长　黄克清
副局长　王怀忠
市市志编纂委员会办公室（准县级参照管理单位）
主　任　周　平
市政府新闻办公室
主　任　张建闯
副主任　孙清阳
市发展和改革委员会（挂“市粮食和物资储备局”牌子）
主　任　蒋继贵
副主任　吴国飞　赵联建
　　张如中　苏云亮
党组成员　杨宝鹤
　　秦　娟（市委军民融合办副主任）
市粮食和物资储备局
局　长　蒋继贵
副局长　杨宝鹤
市教育局（市委教育工作委员会）
局　长　皇甫立同
副局长　谷玉红　薛祝其
　　朱士东　赵　慧
市委教育工委副书记　纪明珠
市科学技术局
局　长　胡长青
副局长　汪永源　谢筱会　高　毅
　　陈　明
市工业和信息化局（挂“市乡镇企业局、市中小企业局、市盐务局”牌子）
局　长　杨维东
副局长　陈大龙　刘大浪　王海东
　　彭　雪　朱爱民
市民族宗教事务局
局　长　张　峰
副局长　朱德章　陈　莉　王育专
　　朱　姝
党组成员　胡　波
市公安局
局　长　赵立宏
副局长　唐卫东（常务）　潘家新
　　张　焱　张　波　丁　锐
　　费凌云
政治部主任　朱国海
党委委员　徐　源
市公安局交通警察支队（准县级单位）
支队长　空　缺
政　委　赵新华
市公安局治安警察支队（准县级单位）
支队长　王爱荣
政　委　空　缺
市公安局刑事警察支队（准县级单位）
支队长　孙向阳
政　委　胡正洲
市公安局经济犯罪侦查支队（准县级单位）
支队长　刘临跃
政　委　耿志军
市公安局政治安全保卫支队（准县级单位）
支队长　胡　波
政　委　查永清
市公安局技术侦查支队（准县级单位）
支队长　高　翔
政　委　陈　斌
市公安局巡特警支队（准县级单位）
支队长　陈宏波
政　委　顾　欣
市公安局网络安全保卫支队（淮县级单位）
支队长　金建宇
政　委　邵　钧
市公安局大数据管理支队（淮县级单位）
支队长　钱树军
政　委　空　缺
市警察学校（准县级单位）
校　长　李新阳
政　委　孙　静
市民政局
党组书记　沈在宏
局　长　李　萍
副局长　董　刚　周为民　张　健
　　韩文治　周　华
市司法局（市委全面依法治市委员会办公室）
局　长　蒋东明
副局长　郑劲松　吴政霖　周　利
　　马文晶　周安宁　毛鸿远
政治部主任　林建和

党组成员 万大权
胡海洋（市委依法治市办副主任）

市财政局（挂“市政府国有资产监督管理委员会”牌子）

局 长 徐亚平
副局长 杨 军 薛乐飞 王海兵 王 会

市政府国有资产监督管理委员会

主 任 徐亚平
副主任 李玉龙 杨继银

市财政局财政国库支付中心（准县级参照管理单位）

主 任 空 缺

市人力资源和社会保障局

局 长 曹曙春
副局长 徐承光 王乃岩 陈树国 周 焰
党委委员 唐小青

市人才中心（准县级参照管理单位）

主 任 唐小青

市劳动就业管理中心（准县级参照管理单位）

主 任 陈朝晖

市社会劳动保险基金管理中心（准县级参照管理单位）

主 任 周晓波

市劳动保障监察支队（准县级参照管理单位）

支队长 翟传豹
政 委 周亚飞

市自然资源和规划局

党委书记 陈海洋
局 长 王 剑
副局长 陈海洋 金兆成 王余江 高 鹏 籍荣生 黄向阳
总规划师 朱旭枫
党委委员 张津海

市规划管理监察支队（准县级参照管理单位）

支队长 徐 磊

市生态环境局

局 长 杨 凯
副局长 王成明 戚善功 刘玉山
总工程师 徐晓春
党组成员 唐旭光

市环境监察局（支队）（准县级参照管理单位）

局长（支队长） 唐旭光

市住房和城乡建设局（挂“市人民防空办公室”“市园林局”牌子）

局 长 秦 浩
副局长 刘立硕 黄富国 刘 白 邵中明
党委委员 李正国 李明卫 王向东 靳德勤
总工程师 马 唯

市人防办

主 任 秦 浩
副主任 王向东

市园林管理局

局 长 秦 浩
副局长 李明卫

市地震局

局 长 秦 浩

市防震减灾服务中心

主 任 李正国
副主任 吕桂军 戴 明 陈 卿

市园林绿化管理中心（准县级参照管理单位）

主 任 李明卫

市市政管理服务中心（准县级参照管理单位）

主 任 靳德勤

市城市管理局（挂“市城市管理综合行政执法局”牌子）

局 长 汪 冲
副局长 费月兵 周伟芬 吴欣园 沈义军 骆东华
党组成员 崔 璨

市城市管理综合行政执法局

局 长 汪 冲
副局长 崔 璨

市城市管理行政执法支队（准县级单位）

支队长 胡文斌
政 委 李 红

市交通运输局

局 长 徐成东
副局长 赵知春 姜卫东 汪登群 夏迎春 赵锦云 蒋 涛（市邮政管理局局长）
总工程师 许万根
党委委员 赵正刚

市水利局

局 长 沈启涛
副局长 熊安腾 潘光杰 于立忠
总工程师 曾庆祝

市防汛防旱指挥部办公室

副主任 刘军洲 高中卫 李 军

市水政执法支队（准县级参照管理单位）

支队长 安礼忠
政 委 刘生国

市农业农村局（市委农村工作领导小组办公室，挂“市乡村振兴局”牌子）

局 长 谢 鹏
副局长 周伟丁 刘正柱 王兴龙 郑贤明 李 锐
总农艺师 耿 毅
总畜牧兽医师 周凤建
党委委员 徐礼球 王文为

市乡村振兴局

主 任 谢 鹏
副主任 王文为

市农业执法支队（准县级单位）

支队长 李祥峰

市商务局（市口岸办公室）

局 长 龚晓琴
副局长 许志豪 刘 旻 施爱军 周 菲 王洪志（挂职）
党组成员 姚文钧 赵春丽

市口岸办公室

主 任 龚晓琴
副主任 赵春丽

市文化广电和旅游局（挂“市文物局”牌子）

局 长 许长坡
副局长 席雨中 徐 克 周智如 徐建华 王 丽
总工程师 寿新浩
党委委员 王贻文

市文物局

局 长 许长坡
副局长 魏廷贵 傅建霞

市文化行政综合执法支队（准县级参照管理单位）

支队长、政委 孙 河

市卫生健康委员会（挂“市中医药管理局”牌子）

主 任 郑东辉
副主任 俞伟男 刘近祺 赵国强 吴云生
党委委员 张 飙

市中医药管理局

局 长 郑东辉
副局长 张 飙

市卫生监督所（准县级参照管理单位）

党总支书记 郑洪超

市退役军人事务局

局 长 杨冬梅

副局长　宋德成　郭道来　陶　涛
岁亭飞　吴双喜（兼）

市应急管理局

局　长　崔步银
副局长　刘洪九　黄　欧　王　淮
张建中　储国志　孙旻辉
金　泉
党委委员　吴从荣

市安委会

副主任　吴从荣

市安全生产监察支队（准县级参照管理单位）

支队长　孙旻辉
政　委　顾广群

市审计局

局　长　马乃骏
副局长　蒋启波　夏开封　曹　成
总审计师　刘孝武
党组成员　冯　静（市委审计办副主任）

市政府外事工作办公室（市委外事工作办公室、市政府港澳事务办公室）

主　任　朱　钰
副主任　黄天亮　方红艳　郝　萌
党组成员　林　冬

市政府港澳事务办公室

主　任　朱　钰
副主任　林　冬

市政府侨务办公室

主　任　刘天培
副主任　李晓秀

市行政审批局（市政务服务管理办公室）

局　长　吴　苏
副局长　陈照新　尤劲松
丁永祥　陶效春
总工程师　孙召武
党组成员　严　斌（市政务办副主任）

市市场监督管理局（挂“市知识产权局”牌子）

局　长　王　锐
副局长　张　曦　吴林昌　苏简政
王　松　申如龙　刘广波
杨兆权
总工程师　陈兆辉
党委委员　胡明东（市知识产权局副局长）
张　军（食品药品总监）

市体育局

局　长　祁德霞
副局长　时正洲　薛　睿　蒋兆红

市统计局

局　长　姜耀武
副局长　严夕夏　辜卫东　宋菊明
刘巍巍
总统计师　孙永军
党组成员　曹　强（省统计局淮安调查局局长）

市医疗保障局

局　长　印亚琴
副局长　杨振龙　徐天笔　谢　婧
党组成员　陈雪峰

市医保中心（准县级参照管理单位）

主　任　王　樱

市信访局（市委信访局）

局　长　骆四清
副局长　杨建华　梁　宏　范　蓬
信访督查专员　杨海兵　徐海泉
汤　荣

市地方金融监督管理局（挂“市政府金融工作办公室”牌子）

局　长　徐洪云
副局长　马为民　施卫华

市机关事务管理局

局　长　郭士贵
副局长　景冬平　宋会超　蔡金花
王玉成　翟启荣　赵　兵

市供销合作总社［市供销（集团）总公司］

主任（总经理）　魏宏亮
副主任（副总经理）　丁海涟　邓安存
陈　亚　周洪明
姜　波
监事会主任　匡明华

周恩来纪念地管理局

局　长　刘震生
党委副书记　包志坚
副局长　谭建华　李永权　刘　辉

政协淮安市委员会办事机构

办公室

主　任　曹新军
副主任　刘海弘　何　强

研究室

主　任　刘一红
副主任　罗成宝

提案委员会

主　任　郭明文
副主任　曹　吉

经济科技和城乡建设委员会

主　任　王兆文
副主任　徐永刚

农业和农村委员会

主　任　刘训杰
副主任　沈　潭

教卫体和人资环委员会

主　任　冯长尧
副主任　王烨晔

文化文史委员会

主　任　马继峰
副主任　黄少基

社会法制和民族宗教委员会

主　任　顾　晖
副主任　成　锦

港澳台侨（外事）委员会

主　任　吴　勤
副主任　徐春年

群众团体

市总工会

主　席　张志勇
党组书记　王立华
副主席　王立华　李士壮　张修和
张长青　宋剑峰

共青团淮安市委员会

书　记　何　喆
副书记　刘　浏　朱莎莎

市妇女联合会

主　席　王　娟
副主席　丁　伟　沈春香　朱沛军
党组成员　李轶婧（市妇儿工委办主任）

市工商业联合会

主　席　张惠扬
党组书记　施　勇
副主席　施　勇　陶光华　尹元兵
刘志勃

市科学技术协会

主　席　解满启
副主席　张竹殿　朱从实　冯晓佳
王　利

市文学艺术界联合会

主　席　王维国
副主席　沈　军　叶华洲　闫振国

市哲学社会科学界联合会

主　席　赵志鹏
副主席　董　峰　李　斌

市归国华侨联合会

主　席　田益民
副主席　张永明

市残疾人联合会

理事长　江　迈

副理事长　龚李萍　刘亚明　孙　霖

中国国际贸易促进委员会淮安支会（中国国际商会淮安商会）

会　长　姚文钧

副会长　刘　锋　张俊梅

市红十字会

党组书记　张　柏

副会长　张　柏（常务）　颜成陆
　　　　张天翔

市台湾同胞联谊会（准县级单位）

会　长　方小青

民主党派

中国国民党革命委员会淮安市委员会

主　委　邱华康

副主委　张家欣　王　剑（不驻会）
　　　　谢文章（不驻会）
　　　　郁士宽（不驻会）

中国民主同盟淮安市委员会

主　委　毕丰书

副主委　王应标（不驻会）　朱春霞
　　　　张言彩（不驻会）
　　　　冯海洋（不驻会）

中国民主建国会淮安市委员会

主　委　韩文军

副主委　庞进亮　马　荣（不驻会）
　　　　张玉琴（不驻会）

中国民主促进会淮安市委员会

主　委　李　萍

副主委　张智勤　马世良（不驻会）
　　　　胡　珍（不驻会）
　　　　赵　桐（不驻会）

中国农工民主党淮安市委员会

主　委　郑劲松（不驻会）

副主委　俞伟男（不驻会）　孙　悦
　　　　谢华山（不驻会）
　　　　毛　莉（不驻会）

九三学社淮安市委员会

主　委　范更生

副主委　王　樱（不驻会）
　　　　高　毅（不驻会）
　　　　杨　颖（不驻会）

县　区

清江浦区委

书　记　朱海波

副书记　赵洪涛　石　斌（挂职）
　　　　高进锋

常　委　朱海波　赵洪涛
　　　　石　斌（挂职）　高进锋
　　　　陈克富　吴守明　赵以宏
　　　　孙爱超　戴向峰　薛　莉
　　　　贾孝武　王　磊

清江浦区人大

主　任　史卫东

副主任　颜海燕　朱从越　谢华山
　　　　张红梅

清江浦区政府

区　长　赵洪涛

副区长　石　斌（挂职）
　　　　戴向峰（常务）　尹希海
　　　　刘玉梅　周　杰　方　野

清江浦区政协

主　席　叶　蓓

副主席　王应标　张增元　朱卫东
　　　　许昌盛　杨春燕

清江浦区纪委、监委

书记、主任　陈克富

清江浦区法院

院　长　张　强

清江浦区检察院

检察长　韩少芹

淮安区委

书　记　颜　复

副书记　邓　萌　郭玉振（挂职）
　　　　王　星

常　委　颜　复　邓　萌
　　　　郭玉振（挂职）　王　星
　　　　朱书文　祁素娟　袁安宝
　　　　吴洪刚　彭　凯　毛善德
　　　　俞向林　朱　亚

淮安区人大

主　任　胡启新

副主任　葛　明　谈效艳　李晓旭
　　　　刘宏彬

淮安区政府

代区长　邓　萌

副区长　郭玉振（挂职）
　　　　朱书文（常务）　黄沛江
　　　　汪　磊　王成伟　陈祖敏
　　　　印　祺　钟　马　朱　赤

淮安区政协

主　席　关晓卫

副主席　高　超　马世良　汤荣平
　　　　徐向阳　嵇　栩

淮安区纪委、监委

书记、主任　袁安宝

淮安区法院

院　长　段庆丽

淮安区检察院

检察长　臧雪青

淮阴区委

书　记　王建军

副书记　陈　张　张延峰

常　委　王建军　陈　张　张延峰
　　　　杨　韬　丁凤珍　殷　俊
　　　　黄克涛　蔡　昀　李冬生
　　　　高　龙　李鹏飞

淮阴区人大

主　任　张在明

副主任　赵　欣　陈玉国　沈正尧
　　　　万家胜

淮阴区政府

区　长　陈　张

副区长　黄克涛（常务）　胡　珍
　　　　徐　源　胡娟娟　胡　垚
　　　　范晓东

淮阴区政协

主　席　时洪兵

副主席　郑　静　张　强　曹正锋
　　　　张玉琴　高传荣

淮阴区纪委、监委

书记、主任　杨　韬

淮阴区法院

院　长　陈来强

淮阴区检察院

检察长　刘庆国

洪泽区委

书　记　张冲林

副书记　张　灏　黄　涛（挂职）
　　　　梁同景

常　委　张冲林　张　灏
　　　　黄　涛（挂职）　梁同景
　　　　陈　磊　刘　然　丛晓健
　　　　宋月霞　何延超　王加祥
　　　　左　鹏

洪泽区人大

主　任　杨步新

副主任　曹文龙　黄　河　薛良柱
　　　　韩学红

洪泽区政府

区　长　张　灏

副区长　黄　涛（挂职）
　　　　宋月霞（常务）
　　　　应　磊　费凌云　谢文章
　　　　管桂芬　陆　珉

洪泽区政协

主　席　孙晓燕

副主席　徐　琳　徐加奎　胡妍慧

洪泽区纪委、监委

书记、主任候选人　刘　然

洪泽区法院

院　长　李　玲

洪泽区检察院

检察长　石海伟

涟水县委

书　记　洪　然

副书记　朱永兴　李义翠

常　委　洪　然　朱永兴　李义翠
李金平　刘永军　滕金霞
王　伟　刘双喜　郎跃明
孙以东　吴芳剑

涟水县人大

主　任　张　超

副主任　刘泽年　吴建峰　孙　辉
周宏昌

涟水县政府

代县长　朱永兴

副县长　李金平（常务）　马　荣
姜井旭　马仁慧　吴　勇
吉　海

副县长提名人选　张云哲

涟水县政协

主　席　姜　杰

副主席　姚　兵　朱金文　左　健
周建华

涟水县纪委、监委

书记、主任　刘永军

涟水县法院

院　长　刘　洋

涟水县检察院

检察长　龚怀军

盱眙县委

书　记　邓　勇

副书记　孙志标　王兴国

常　委　邓　勇　孙志标　王兴国
袁　来　王　斌　高　辉
姚　娟　陈秉鑫　李　阔
陈劲松　袁　康

盱眙县人大

主　任　林　波

副主任　郑海梁　雍　梅　葛天成
章文凤

盱眙县政府

县　长　孙志标

副县长　陈秉鑫（常务）　周海洋
张远涵　朱云亮　陈　俊
夏　嫣

盱眙县政协

主　席　张静洋

副主席　高为森　朱正荣　张瑞晴
陈　健　王　静

盱眙县纪委、监委

书记、主任　姚　娟

盱眙县法院

院　长　孙宪腾

盱眙县检察院

检察长　姚文武

金湖县委

书　记　贺宝祥

副书记　万旭东　李尚武

常　委　贺宝祥　万旭东　李尚武
刘玉春　胡天翔　杨　宏
张　宝　张荣平　梁喜洲
王　洪　包志强

金湖县人大

主　任　吴佩坤

副主任　赵卫宇　黄锦国　陈晓泉
朱士华

金湖县政府

县　长　万旭东

副县长　刘玉春（常务）
唐凤娥　杨鸿明
张云辉（挂职）　叶　楠
毕宁军　顾海芸

金湖县政协

主　席　何如进

副主席　杨发余　高昌萍　沈华东
张太华　陈春艳

金湖县纪委、监委

书记、主任　胡天翔

金湖县法院

院　长　徐冬然

金湖县检察院

检察长　周海波

园　区

淮安经济技术开发区

党工委书记　徐子佳

管委会主任　刘爱国（2023年6月任）

党工委副书记　张　明

管委会副主任　刘晓松　程国民
张培刚　卫龙君
高　山　朱　峰

党工委委员　李洪林　葛玉海
张　洪

淮安市人大常委会经济技术开发区工作委员会

主　任　韩高峰

副主任　马慧明

中共淮安市纪律检查委员会经济技术开发区工作委员会（监察工委）

书记（主任）　李洪林

副书记（副主任）　侯润天　方云飞

党政办公室

主　任　周立东

党群工作部（机关工委）

部长（书记）　葛玉海

经济发展局

局　长　孟东波

招商局

局　长　汤其兵

住房和城乡建设局

局　长　朱　兵

人力资源和社会保障局

局　长　刘　彬

财政与国有资产管理局

局　长　朱天予

社会事业局

局　长　孙大高

综合行政执法局（挂“城管局”“安全生产监督管理局”牌子）

局　长　徐　超

行政审批局

局　长　胡鸿章

市场监管局

局　长　蒋洪涛

淮安经济技术开发区综合保税区管理办公室

主　任　郑　清

党组副书记　成向东

副主任　丁　川　骆　强　谢丽丽

淮安经济技术开发区科教产业发展办公室

主　任　陈　静

副主任　曾志鸿　李　阳　杨松青
王亚民

淮安经济技术开发区留学人员创业园管理办公室

主　任　尹树文

副主任　周　鑫　王爱东　史纪锁

淮安经济技术开发区空港产业发展办公室

主　任　赵正洪

副主任　谢洪元　胥明义

淮安经济技术开发区公安分局
局　长　张　洪
政　委　朱太昆
淮安经济技术开发区人民法院
院　长　薛　兵
淮安经济技术开发区人民检察院
检察长　徐蔚敏
淮安工业园区
党工委书记　沈晓红
管委会主任　杨国仁
党工委副书记　胡春雷
管委会副主任　徐红兵　黄如良　周　庆
纪工委书记　周岭峰
盐碱办主任　沈晓红
盐碱办副主任　丁本松　张小中　汪厚明　金　林
淮安高新技术产业开发区
党工委书记　王建军
管委会主任　陈　张
管委会副主任　胡娟娟　周　文　周青松　刘　亮
纪工委书记　钱　澄
淮安生态文化旅游区
党工委书记、管理办主任　方庆华
管理办副主任　张大伟　蒋　峰　张　政　施明祥
纪工委书记　熊志宁
宁淮智能制造产业园
党工委书记　许　宏（挂职，2023年5月任）
　　　　　　许　明（挂职，2023年5月免）
主　任　张　巍（挂职）
党工委副书记　陈志勇（挂职）
副主任　张峥嵘（挂职）
　　　　陈秉鑫（挂职）
　　　　殷　杰（挂职）
　　　　姚　凯（挂职）
纪工委书记　苗大成（挂职）
党工委委员　薛国华（挂职）

其他正处级以上事业单位

江苏省淮安技师学院
党委书记　江泽清
党委副书记　朱延华　曹国平
院　长　朱延华
副院长　姜亚群　史爱民　高恒星
纪委书记　王国芹
恩来干部学院
院　长　孙　虎
副院长　陈俊祥（常务）　郑　超　黄桂林　沈　洁
淮安报业传媒集团（淮安日报社）
社　长　董　蔚
总编辑　刘　葆
党委副书记　周　凌
副总编辑　梁宝华　王欣欣　张娇娇
纪委书记　高文忠
市广播电视台（市广播电视传媒集团）
台　长　黄　诚
党委副书记　陈志雪
副台长　陈　娟　章海军　张文太　王文军
纪委书记　张登高
市高级职业技术学校
校　长　孙　杰
副校长　冀益萍　王学品　林以猛　徐丰昌
纪委书记　叶寿清
淮安生物工程高等职业学校（江苏省淮阴农业学校）
校　长　韩永胜
党委副书记　石国安
副校长　赵守东　禹立馨　李　慧　刘　慧
纪委书记　郤学位
江苏省淮阴商业学校
校　长　程永清
副校长　傅毓海　林　宁　茆仁忠　潘　进
江苏省淮阴中学
校　长　朱留明
副校长　周长虹　俞光军　郑先翠　张明兵　张　霞　陈　凯
纪委书记　唐友爱
江苏省清江中学
校　长　陈　欣
党委副书记　陆延礼
副校长　王应标　王耀松　乔中云　蔡正鹏
纪委书记　王　坚
市第一人民医院
党委书记　徐克平
院　长　杨晓钟
党委副书记　石西洋
副院长　于　亮　高　勇　林　宁　李淑艳
纪委书记　顾芝梅
市第二人民医院
党委书记　吉雅玲
院　长　郑玉龙
副院长　田小丰　张晓雨　徐　永
纪委书记　徐继凡
市白马湖规划建设管理办公室
主　任　朱维佳
副主任　刘书苏　方高干
市大运河文化带建设管理办公室
主　任　王　冰
副主任　谢建东　张宇松　孟爱民　单　波
周恩来纪念馆
馆　长　刘震生
副馆长　施春生　严定忠　庞廷娅
江苏徐淮地区淮阴农业科学研究所（淮安市农业科学研究院）
所长（院长）　彭　杰
党委副书记　章安康
副所长（副院长）　赵桂东　汪国莲　孙苏阳
纪委书记　漆海涛
市住房公积金管理中心
主　任　彭少卿
副主任　张宪龙　桑　棋
纪检组组长　吴二东
市铁路建设办公室
主　任　赵知春
副主任　赵正刚　段文扬
总工程师　丁天锐
市仲裁委秘书处
秘书长　蒋维林
副秘书长　金　科　陈忠竹
市市域治理指挥中心（大数据中心）
主　任　王怀忠
副主任　陈　刚

（市委组织部）

践行嘱托再出发　逐梦复兴向前进 奋力在新时代新征程更好展示“象征意义”

——在中国共产党淮安市第八次代表大会
第二次会议上的报告

陈之常

（2022年12月28日）

同志们：

现在，我代表中共淮安市第八届委员会向大会作报告。

在奔腾不息的岁月长河中，总有一些历久弥新、穿透未来的重要时刻。2013年3月全国两会期间，习近平总书记殷切嘱托淮安代表“把周总理的家乡建设好，很有象征意义。”这是越是回望就越发闪光的重要时刻，赋予了淮安光荣使命，标定了淮安发展航向，在淮安发展史上留下了极为深刻、极为重要、极为鲜明的印记，激发起淮安儿女奋斗前行的无穷力量；2021年5月，总书记给我市新安小学少先队员回信，这是继一份嘱托之后淮安发展史上又一重要时刻，是饱含深情、寄予厚望的再次激励。今天，我们召开市第八次党代会第二次会议，就是要感悟感恩总书记对淮安的深切关怀、殷切期望，坚持以习近平新时代中国特色社会主义思想为指导，深入学习贯彻党的二十大精神，认真落实中央经济工作会议和省委十四届三次全会、省委经济工作会议决策部署，动员全市各级党组织和广大党员干部群众践行嘱托再出发、逐梦复兴向前进，全面推进中国式现代化淮安新实践，奋力在新时代新征程更好展示“象征意义”。

一、紧扣迎接党的二十大、学习宣传贯彻党的二十大精神这条主线，迈出追逐中心城市复兴梦想的坚实步伐

即将过去的这一年，是党的二十大胜利召开之年，也是全面落实省市党代会精神、全面展开“153”发展战略、向着中心城市复兴梦想全面起步进发之年。市委深入学习贯彻习近平总书记重要指示精神，认真贯彻中央和省委决策部署，坚定落实“疫情要防住、经济要稳住、发展要安全”重大要求，坚决扛起“勇挑大梁”重大责任，高效统筹疫情防控和经济社会发展，统筹发展和安全，全市经济社会发展呈现出大局稳定、动能增强、预期改善的良好局面，各项工作取得新进展、新成效。

一年来，我们精准施策顶住下行压力，推动经济运行在合理区间。围绕“力争实现最好结果”，全力巩固经济回稳向上基础，目前省公布排名的19项指标中我市有13项增速位居前六、7项位居前三，前三季度地区生产总值增幅高于全国全省平均水平、预计全年增长4%左右，1—11月份一般公共预算收入同口径增幅全省第三、预计全年同口径增长7%以上、突破300亿元；粮食生产实现丰收。多措并举稳投资、促消费、扩出口，1—11月份规模以上固定资产投资、规模以上工业投资增幅均居全省第二，方特东方欲晓开园，创成省级全域旅游示范区1个、省级夜间文旅消费集聚区3个，淮安区获批全省唯一全国红色旅游融合发展试点单位，内河集装箱吞吐量增幅近50%，外贸进出口、实际利用台资分别增长12.5%、45%。全面落实上级稳增长政策，精准制定助企纾困“45条”“20条”和稳增长“15条”等一揽子措施，累计为各类市场主体退减免缓税费105.8亿元，纽泰格、威博液压成功上市，天一超细金属粉末获评国家制造业单项冠军，省级以上“专精特新”企业达到136户，预计全年国家高新技术企业超过670户、科技型中小企业入库2100户、“四上”单位新增900户，入选全国首批国家知识产权强市建设试点城市。

一年来，我们聚焦项目为王、环境是金工作导向，推动项目攻坚突破成势。突出重特大产业项目攻坚，扎实开展深圳、苏州投资环境说明会、上海城市推介月、淮河华商大会、食博会等系列招商活动，1—11月份全市新签约亿元以上项目791个，其中50亿元以上项目20个、百亿级项目7个；新开工、新竣工项目分别达379个、192个，其中工业项目较去年分别增加78个、36个，平均每周新签约16个项目、新开工8个项目、新竣工4个项目，迎来了淮安产业项目发展高峰期。全力加快重大工程建设，省重大项目数量和年度投资较去年分别翻了一番和两番，市重大产业项目数量和年度投资分别增长70%、62%，国家政策性开发性金融工具投放额度苏北第一；中心城市建设项目有力推进，淮河入海水道二期、淮安港三期开工建设，里运河文化长廊“四行”系统、板闸遗址公园基本完工，环洪泽湖公路基本贯通，京沪高速扩建淮安段、宁淮城际铁路先开段主体建成，机场三期货站国际区竣工投用。持续深化营商环境集成改革，重特大项目落地速度不断刷新，财政奖补集成服务改革被评为全国法治政府建设示范项目，“数字化联合审图”入选全国典型案例，“拿地即开工”项目占比、不见面交易率全省第一，全国工商联“万家民企评营商环境”满意度全省第二。高质量完成“三区三线”划定工作，进一步拓展了未来发展空间。

一年来，我们把保障和改善民生放在突出位置，推动群众生活品质不断提升。认真做好稳岗、减负、扩就业工作，在全国首创“村集体经济收入保险”，1—11月份民生类支出增长8.6%，新增城镇就业5.86万人，前三季度全体居民人均可支配收入增长6.1%、增幅全省第三。全面完成为民办实事十大类50个项目，入选省推动基础教育高质量实验区、全国健康城市建设样板市、全国DIP改革示范城市，通过省书香城市建设示范市验收，深化文艺院团改革、整合成立市文化艺术中心，6部作品获评省“五个一工程”奖，省运会取得历史最好成绩。出台城市长效管理“16项”标准、物业管理“20条”措施，改造老旧小区156个，乡村振兴“三级先导”工程取得明显成效。扎实抓好生态环境保护督察整改，获批“十四五”时期“无废城市”建设试点，顺利完成生态环境质量省定任务，创成全国绿色出行城市，白马湖湿地被推荐列入国际重要湿地名录，河湖长制工作获得国务院督查激励。

一年来，我们强化“时时放心不下”的责任感，推动安全稳定局势总体向好。全力以赴防风险、保安全、护稳定，实体化运行市域社会治理现代化指挥中心，行政纾解工程、未成年人检察、诉调对接等做法在全国产生影响，信访突出问题攻坚化解质效稳居全省前列，公众安全感达99.3%、全省第三，圆满完成党的二十大安保维稳任务。慎终如始抓好疫情防控，较短时间内控制多轮突发疫情，因时因势调整工作重点，有效保障经济社会大局稳定向好，得到省委省政府主要领导高度肯定。深入开展安全生产“百日攻坚”行动，“厂中厂”专项整治、基层消防力量建设等经验在全国推广，安全生产事故起数和死亡人数全省最少、“双下降”幅度全省第二，安全生产专项整治“三年大灶”顺利收官。

一年来，我们坚持和加强党的全面领导，推动干事创业合力充分凝聚。认真做好喜迎二十大主题采访、系列宣传、群众性文化活动，大会闭幕后迅速开展传达学习、宣讲宣传、贯彻落实等一系列工作，推动党的二十大精神深入人心。精心举办学习贯彻总书记重要回信精神一周年系列活动，儿童剧《新安旅行团》在全国引发热烈反响。创新打造市理论宣传联盟和智库联盟，党建引领乡村治理等工作纳入全国全省试点，恩来干部学院成功列入中组部“党性教育干部学院目录”，纪巡审“三类监督”贯通协同等工作经验被中央纪委、省委推介，全面从严治党群众满意度稳步提升。人大司法监督工作获全国人大常委会领导批示肯定，“码”上议、“慧”提案赋能政协工作全国叫响、全省推广，“大统战”工作格局不断完善、效能加速提升，从组织上实现党管武装工作全域落实，获批全国首个市级公共法律服务标准化试点项目，产教融合产改经验、“梦想小屋”建设做法、困境妇女儿童“一户一策”精准微关爱服务项目成为全省亮点。

这些在复杂严峻外部环境和多重超预期因素下取得的成绩，进一步增强了我们战胜前进道路上各种困难挑战的信心决心，进一步厚植了我们全面推进中国式现代化淮安新实践的坚实基础，尤为重要的是为我们牢记总书记嘱托、建好周总理家乡提供了更加主动的精神力量。在此，我代表中共淮安市委，向全市共产党员和广大干部群众，向各民主党派、无党派人士、各人民团体，向驻淮部队指战员、武警官兵、消防救援队伍指战员，向所有关心支持淮安发展的社会各界朋友，致以崇高敬意和衷心感谢！

在肯定成绩的同时，我们也要清醒看到发展中存在的短板和问题：产业竞争力还不强，对外开放广度深度仍需拓展，创新驱动发展水平不高，部分行业、企业发展比较困难，城乡区域结构优化调整任务艰巨，民生改善、城市建设等方面的财政保障压力较大，干部队伍专业化能力和人才支撑作用有待强化，等等。对此，我们要在党的二十大精神指引下，准确认识问题，全面、系统、认真地加以解决。

二、深入学习贯彻党的二十大精神，满怀信心紧跟习近平总书记奋进新时代新征程

党的二十大是在全党全国各族人民迈上全面建设社会主义现代化国家新征程、向第二个百年奋斗目标进军的关键时刻召开的一次具有里程碑意义的重要会议，是一次高举旗帜、凝聚力量、团结奋进的大会。学习宣传贯彻党的二十大精神，是当前和今后一个时期的首要政治任务。市委专门起草了《关于深入学习贯彻党的二十大精神在全面推进中国式现代化新征程上更好展示“象征意义”的决定（草案）》，提交本次会议审议，将有力推动党的二十大精神在淮安落地生根。我们要认真贯彻中央和省委部署要求，在前期推进的基础上持续兴起学习宣传贯彻热潮，进一步向深处走、往实处落，坚定自觉用党的二十大精神统一思想、统一意志、统一行动。

——深刻领悟“两个确立”的决定性意义，坚定不移在思想上政治上行动上同以习近平同志为核心的党中央保持高度一致。“两个确立”是新时代10年最大政治成果、最重要历史经验、最客观实践结论，是我们应对一切不确定性的最大确定性、最大底气、最大保证。要深刻把握“两个确立”在学习宣传贯彻党的二十大精神中的引领地位，将其贯穿谋发展、作决策、抓落实的全过程各方面，矢志不渝做“两个确立”的坚定捍卫者、忠实践行者。要内化为信仰。深入理解“两个确立”的逻辑体系，用心体悟习近平总书记马克思主义政治家的远见卓识和雄韬伟略、习近平新时代中国特色社会主义思想的真理力量和实践伟力，不断增强忠诚核心、信赖核心、紧跟核心、维护核心的意志决心，毫不动摇地坚守“两个确立”这一新时代中国共产党人的政治信仰。要实化为行动。把“两个确立”作为必须把牢的重大政治原则、重大实践要求，时时处处同总书记重要指示要求和党中央决策部署对标对表，把践行总书记嘱托作为坚定捍卫“两个确立”的鲜明态度、具体行动，确保总书记有号令、党中央有部署、淮安就有行动、行动必有实效。要固化为制度。聚焦坚定捍卫“两个确立”、坚决做到“两个维护”，全面落实党的二十大关于坚持和加强党中央集中统一领导的重大要求，认真贯彻中央和省市委规定，深入推进具体化、常态化、精准化的政治监督，确保全市上下始终在以习近平同志为核心的党中央周围团结成“一块坚硬的钢铁”。

——深刻领悟习近平新时代中国特色社会主义思想的世界观和方法论，坚定不移用马克思主义中国化时代化最新成果武装头脑、指导实践、推动工作。习近平新时代中国特色社会主义思想是当代马克思主义、二十一世纪马克思主义，是中华文化和中国精神的时代精华。要按照中央部署深入开展主题教育，聚焦“两个结合”“六个坚持”，把握好习近平新时代中国特色社会主义思想的世界观和方法论，坚持好、运用好贯穿其中的立场观点方法。要在深学中领会真理。坚持全面系统学、及时跟进学、深入反复学，正确理解把握其科学体系、核心要义、丰富内涵，不断深化认识、提高认知、增进认同，做到知其言更知其义、知其然更知其所以然，自觉用马克思主义中国化时代化的最新成果改造主客观世界。要在细照中纠正偏差。全面对标对表习近平新时代中国特色社会主义思想，深化推进“对标找差、补短强特、创新实干”解放思想大讨论，与思想实际、发展实际和工作实际紧密结合起来，及时纠正一切与这一伟大思想不相适应的地方，不断校准思想之舵、把准行动之尺。要在笃行中务求实效。坚持知行合一，深刻把握进入新发展阶段、践行新发展理念、服务构建新发展格局这一重点，着力解决实践遇到的新问题、改革发展稳定存在的深层次问题、群众急难愁盼问题、党的建设面临的突出问题，提升各项工作的科学性、预见性、主动性、创造性，推动事业发展迈上新台阶、开创新局面。

——深刻领悟新时代新征程党的使命任务，坚定不移在中国式现代化淮安新实践中更好展示“象征意义”。党的二十大报告指出，从现在起，中国共产党的中心任务就是团结带领全国各族人民全面建成社会主义现代化强国、实现第二个百年奋斗目标，以中国式现代化全面推进中华民族伟大复兴。周恩来同志生前多次代表我们党提出和重申“四个现代化”、对建设社会主义现代化国家念兹在兹，作为他的家乡淮安，我们与全国同步迈上了中国式现代化新征程，这也是践行总书记嘱托要求10年再出发的新征程，理应坚定扛起光荣使命，把总书记巨大关怀转化为开启新征程、开创新事业的强大动力，创造更多展示“象征意义”的实践成果。市第八次党代会以来，市委把握时代大势、落实省委要求、回应群众期盼，鲜明提出了围绕聚焦打造“绿色高地、枢纽新城”、全面建设长三角北部现代化中心城市“一个奋斗目标”；探索建设具有较强产业支撑力、创新驱动力和开放竞争力的现代化经济体系，形成中心城市特质彰显、城乡区域协调发展的现代化空间格局，打造独具江淮水韵魅力、人与自然和谐共生的现代化生态样板，构建安全底盘牢固、智慧精准高效、更有韧性和温度的现代化社会治理体系，开创物质和精神文明同步提升、全体人民共同富裕的现代化美好生活“五个现代化布局”；实现在省域内速度与质量跨越赶超、在长三角中特色与功能跨越赶超、在全国发展中实力与排名跨越赶超“三个跨越赶超”的“153”发展战略。其中，“1”是着眼中华民族伟大复兴宏大场景，立足城市荣耀记忆确立的现代化建设引领目标和核心任务，要求我们激发重现“壮丽东南第一州”繁华盛景的雄心壮志，主动对标长三角更大格局，抢抓用好战略机遇和资源禀赋优势，加快中心城市功能和地位重塑，积极探索具有鲜明特色、体现淮安气度的中国式现代化新实践；“5”是着眼全面建设社会主义现代化国家战略安排，立足新的特征要求确立的现代化建设工作布局和实践内涵，要求我们深刻把握中国式现代化五大特征和本质要求，在建设现代化经济体系、形成现代化空间格局、打造现代化生态样板、构建现代化社会治理体系、开创现代化美好生活上不断赋予新的内涵，积极探索具有过硬成效、体现淮安厚度的中国式现代化新实践；“3”是着眼省委对苏北提出的“跨越赶超”更高要求，立足区域发展实际确立的现代化建设节奏安排和竞逐赛道，要求我们完整准确全面贯彻新发展理念，更好统筹扩总量和提质量、补短板和强特色等关系，集成运用好模式、好做法，跨越产业结构演进、发展模式更迭的常规道路，走出一条后发地区的高质量跨越发展之路，积极探索具有借鉴意义、体现淮安贡献度的中国式现代化新实践。“153”发展战略构成了中国式现代化淮安新实践的总蓝图、总抓手，只要我们坚定不移向前推进、与时俱进丰富提升，就一定能够开辟发展新境界，在新时代新征程上更好展示“象征意义”。

——深刻领悟新时代党的建设新的伟大工程新部署新要求，坚定不移以党的自我革命引领社会革命。全面建设社会主义现代化国家、全面推进中华民族伟大复兴，关键在党。要牢记“全面从严治党永远在路上、党的自我革命永远在路上”，全面把握和落实新时代党的建设总要求，确保党始终成为淮安现代化建设坚强领导核心。要突出政治首位度。坚持以党的政治建设为统领，把政治标准和政治要求贯穿党的建设各项工作始终、融入重大决策部署制定落实全过程，推动各级党组织和党员干部传承革命老区红色基因和光荣传统，严明政治纪律和政治规矩，在政治信仰、政治领导、政治能力、政治生态上实现新提升，不断提高政治判断力、政治领悟力、政治执行力。要注重制度体系化。认真落实健全全面从严治党体系、完善党的自我革命制度规范体系的重大要求，坚持党性党风党纪一起抓，统筹规划、一体推进、有效衔接党的建设制度创新，构建尊崇党章、贯彻民主集中制、落实党内法规、健全监督体系等规范机制，以体系化建设压实管党治党责任、提升管党治党水平。要增强严的坚定性。直面“四大考验”“四种危险”，进一步增强坚定不移全面从严治党的政治定力，把严的基调、严的措施、严的氛围长期坚持下去，坚决防止老问题复燃、新问题萌发、小问题坐大，造浓“清风盈淮”氛围，建设人民满意的“廉洁淮安”，将新时代党的伟大自我革命进行到底。

习近平总书记深刻指出，“实现第二个百年奋斗目标也就是一两代人的事，我们正逢其时、不可辜负，要作出我们这一代的贡献。”我们要坚定不移沿着总书记指引的方向，以“功成不必在我”的襟怀和“功成必定有我”的担当，大力弘扬脚踏实地、创新实干的过硬作风，在民族复兴、城市复兴的道路上踔厉奋发、勇毅前行，不负时代重任、不负人民期盼、不负历史荣光！

三、推动高质量跨越发展行稳致远，努力实现全面推进中国式现代化淮安新实践精彩开篇

明年是全面贯彻党的二十大精神、全面推进中国式现代化淮安新实践的启程之年，也是牢记和践行总书记嘱托、更好展示“象征意义”再出发的起步之年，处在“十四五”发展规划中期的承上启下重要节点，做好明年工作意义重大。客观分析当前和今后一段时期形势，一方面宏观环境持续变化，不确定性因素仍然较多。国际局势日趋动荡，世界经济可能陷入衰退；国内需求收缩、供给冲击、预期转弱三重压力仍然较大，外部输入性通胀压力加大，经济恢复发展基础尚不牢固，部分企业和个体工商户生产经营困难还在延续；我市经济增长“三驾马车”动力分布不够合理，居民消费、房地产市场受大环境影响需要较长时间修复，外资外贸薄弱现象未得到根本转变，部分重点行业增速回落，经济仍面临较大的下行压力。另一方面企稳向好势头提升，确定性举措不断强化。围绕贯彻落实党的二十大精神，中央和省级层面在推动“稳经济”一揽子政策及接续措施效能持续释放同时，正在并将陆续出台一系列新的重大政策、重大举措，加之疫情防控措施不断优化，各方面信心加速修复，将有力释放市场潜力、增加企业投资机会，经济基本面预期明显改善；随着“153”发展战略的深入实施，特别是重特大项目攻坚的持续突破、优质资源要素的不断集聚，正处在“重塑”发展阶段的淮安迎来了新动能喷薄而出、加速发力的大好局面，尤为可贵的是由此锻炼了一批有眼界、有能力、有干劲的优秀干部，全市上下对实现城市复兴梦想的底气更足、信心更强。总的来看，我们既要乘势而上，也要因势利导，着力破难题、解新题，全力打好主动仗、把牢主动权。

明年工作的总体要求是：围绕贯彻党的二十大精神这条主线，聚焦高质量发展这一首要任务，深入推进“153”发展战略，坚持稳字当头、稳中求进，坚持对标找差、补短强特，坚持项目为王、环境是金，坚持系统观念、底线思维，更好统筹疫情防控和经济社会发展，更好统筹发展和安全，推动经济运行整体好转、持续向好，推动各项工作展现新气象、新作为，确保践行总书记嘱托要求再出发、推进中国式现代化淮安新实践开好局、起好步，在全省“走在前、挑大梁、多作贡献”中展现淮安担当。实际工作中，要把握好“四个方面关系”，即在战略全局上把握好阶段目标与长远发展的关系。坚持从“153”发展战略长期任务出发，高起点谋划不同阶段重点任务，将其细化落实到明年产业发展、城乡建设、民生改善、市域治理等具体工作目标中，一步一个脚印向前推进，不断形成阶段性、标志性成果，在久久为功中达成城市复兴梦想。在思维格局上把握好借势借力与自信自强的关系。突出“以我为主”的策略取向，深化党的二十大明确的一系列重大战略研究对接，从中捕捉机遇、主动创造机遇，积极参与外地“客场”活动、塑造“主场”影响，善于整合运用生态文化等资源优势和枢纽交通地位优势，将其充分地转化为产业协作优势、区域竞争优势、经济发展优势，更好参与和融入长三角产业链、供应链、创新链。在发展动能上把握好扩大增量与激活存量的关系。聚焦要素投入这个关键任务，一方面把重特大项目攻坚作为一项引领性工作，紧扣“333”主导产业和中心城市建设需要，加速集聚更多外部优质资源要素；另一方面把闲置低效资源盘活利用作为一项全局性工作，与发展空间激活、产业布局优化、城市功能提升等紧密衔接起来，不断提升要素供给和配置水平，为高质量跨越发展注入更多动能。在工作策略上把握好统筹兼顾与精准实施的关系。强化高效统筹，抓好发展和安全两件大事，推进经济社会发展各领域工作，使面上安排高效有序、松紧适度，形成协调联动的整体性效果；同时把精准思维贯穿不同领域不同工作，聚焦主要矛盾和矛盾的主要方面，精准分析、精准发力、精准落地，狠下一番“绣花”功夫，真正把工作做扎实做到位，努力以局部有效突破促进全局有力推进。

综合分析研判形势，市委考虑，明年全市经济社会发展主要预期目标是：地区生产总值增长7%左右，一般公共预算收入增长6%左右，全体居民人均可支配收入与经济增长基本同步，社会消费品零售总额增长7.5%，规模以上固定资产投资增长12%，外贸进出口总额、注册外资实际到账分别增长7%、5%，规模以上工业增加值增长9%，约束性指标完成省定任务，粮食生产保持稳定。具体要抓好以下几个方面工作。

*一要以高水平开放服务构建和融入新发展格局。*坚持把开放作为淮安高质量跨越发展的关键突破口，着力转变观念、拓展视野、提升本领，不断深化区域合作、集聚资源要素，加快塑造现代化建设新优势。要主动对接融入重大战略。以深度融入长三角一体化发展为重点，积极构建常态化参与平台和机制，更大力度对接承接产业转移和优质资源外溢，加快拓展文旅、农业、康养等市场；深化宁淮合作和淮昆台资经济协同发展，推动宁淮智能制造产业园全面出形象、淮昆台资合作产业园建设上水平，打造长三角台商投资最佳目的地，努力在长三角一体化发展功能分布和协作分工上展现更大作为。积极拓展京津冀、大湾区、沿江、沿海、江淮等区域协作，用好RCEP红利，加强与日韩、东南亚、欧洲等地区和国际友城的经贸合作，制定实施市级重点内外贸促进计划，构建多维度开放格局。谋细谋实国家和省重大战略在淮触点落点，争取更多重大项目、事项和改革试点在淮安布局实施。要持续巩固提升枢纽地位。突出抓好重大枢纽工程建设，加快淮河入海水道二期、宁淮城际铁路、机场三期、淮安港三期、黄码港建设，开工建设长深高速扩建、金宝航线淮安段航道整治工程，深化京杭运河绿色现代航运综合整治，做好沂淮、淮兴泰铁路前期工作，打造互联互通、快联快通的立体交通网络。深入推进枢纽集疏运体系建设，加密与上海港联运航线，力争新开通国际全货机航线、开工建设高铁快运物流基地，不断提高通道运能运力。要全面加强园区平台建设。深化落实开发园区“1+N”制度体系，支持和推动淮安经济技术开发区创建国家级营商环境示范区、淮安高新技术产业开发区创建国家知识产权强国建设试点园区、淮安工业园区创建省级化工园区、涟水开发区创建国家级开发区，做实国家跨境电商综试区、做优跨境电商产业布局，提高综保区、自

贸区联创区建设运营水平，真正使园区平台成为活力充沛、动力强劲、实力跃升的经济发展主战场、对外开放主阵地、科技创新主力军。外面的世界很精彩，我们要主动“走出去”博得“一方新天地”，大胆“请进来”激起“一池春江水”，努力以开放聚资源、促改革、谋跨越，在拥抱精彩世界中创造美好未来！

二要始终树牢项目为王、环境是全工作导向。坚持把重特大项目作为经济发展的最强劲引擎、把营商环境作为最核心竞争力，全力推动项目攻坚积势增效，不断激发高质量跨越发展新动能。要抓谋划攻重点。认真研究国家和省重大政策、“十四五”时期重大规划，密切关注企业投资、行业发展新动向，结合“153”发展战略实施，聚焦当前所急和长远所需，抓好重大项目谋划策划，更好以政府投资撬动社会投资。在重特大产业项目上，要以制造业项目为重点，紧扣建链补链强链，既抓投资体量大、产业带动力强的50亿元以上项目，也抓成长性好、行业竞争力强的“专精特新”项目，实现大项目“顶天立地”、好项目“铺天盖地”协同并进，形成骨骼精壮、有血有肉的项目格局。在重大基础设施项目上，要聚焦交通、水利、能源、生态环保、物流、新型基础设施等关键领域，用好中央预算内投资、政府专项债券和政策性金融工具等措施，全力争取更多项目纳入上级“盘子”。在中心城市建设项目上，要与重大基础设施项目统筹起来，优先编排实施有利于面上发展、民生改善和城市治理的项目，着力建强做优城市功能。在民生实事项目上，要注重延续性和可持续性，更多在内涵提升、服务提效、品牌提质上下功夫，多做雪中送炭的工作，稳步提高民生“七有”水平。要抓推进增实效。深入实施项目招引“4633”工程，精心策划开展食博会、台商论坛、淮河华商大会等“3+7+5”招商活动，围绕央企、龙头民营企业、知名外企和市内重点企业等广泛开展大拜访、大走访活动，发挥“一号招商员”示范作用和驻外招商局桥梁作用，不断提高招商引资市场化、专业化、精准化水平，全力实现项目招引新突破。完善重特大产业项目挂钩帮办、问题会办和攻坚拉练等机制，实施制造业项目建设“1422”工程，推动项目快落地、快建设、快达效。结合开展第五次经济普查，全面推进闲置低效资源盘活利用工作，再储备一批优质的集中连片500亩以上建设用地，强化土地、能耗、环境容量等关键要素市级统筹调度，更好保障重特大项目建设所需，不断提升投入产出效率。要抓环境促提升。研究制定优化营商环境条例，出台101%营商服务规范地方标准，推出财政奖补集成服务改革3.0版本，拓展应用“五证联发”“拿地即开工”“数字化联合图审”等改革成果，持续擦亮“三走进·诉接速办”品牌，深化“淮安关爱一件事”改革；用好党政亲商会等平台带动各层各级帮助解决企业困难，持续释放助企纾困政策效应，大力提振市场信心，更大力度支持和引导民营经济发展，以实际行动落实“两个毫不动摇”，加快打造“全国一流、全省领先”营商环境。

三要全力促进消费复苏和回补潜力释放。坚持把促消费作为贯穿四季的一条轴线，将商业、文旅、美食、体育等各类消费结合起来，深入实施消费扩容提质行动，切实发挥消费基础作用和拉动作用，不断激发城市活力。要提振城乡消费市场。紧扣重要节庆、流行热点，认真组织开展“幸福满淮·安心消费”四季购物节活动，进一步扩大汽车、家电等传统消费，大力拓展农村大宗消费、电商消费，更好带动城乡“烟火气”回归回升；积极引导消费结构升级，优化重点商业街区和商务载体业态布局，支持传统商贸企业引进更多苏北首店和旗舰门店，精心培育和发展“夜经济”、“宅生活”、绿色消费等新型消费，加快打造有影响、有品位的长三角北部消费中心。支持住房改善消费，推动房地产业向新发展模式平稳过渡。要打响文旅消费品牌。放大西游乐园、方特东方欲晓两大文旅品牌带动力，加快白马湖省级旅游度假区建设，丰富文化产业嘉年华活动内涵，加速构建全域旅游发展格局，不断拓展长三角文旅消费市场，打造全国红色旅游融合发展示范带，争创国家文化和旅游消费示范城市。放大世界美食之都效应，丰富河下古镇、1415街区、御码头美食街、盱眙第一山等重点载体经营业态，大力发展淮扬菜预制菜，形成更多元的消费体验。深化与重量级媒体和行业协会、龙头企业合作，精心策划特色文旅高端平台，争取承办省大运河博览会、中国大运河文化讲堂等活动，不断扩大淮安文旅影响力。坚持文旅体融合发展，精心组织2023淮安马拉松，高水平承办“一带一路”青年体育交流周等活动，打响“赛事淮安”品牌，更好撬动体育消费。要营造良好消费环境。多措并举稳住消费服务市场主体，优化消费领域相关证照办理手续，充分调动商贸企业、商业协会和电商平台“真金白银促消费”的主动性，加强消费领域执法监管和消费者维权服务，全面推行消费争议先行赔付，规范市场秩序、畅通物流循环，让消费这驾马车更快跑起来。

四要加快产业转型升级。坚持把发展经济的着力点放在实体经济上，坚定不移大抓产业、重抓制造业，持续优化“六个一”机制，促进产业量质并升。要推动集群发展。聚焦培育“333”主导产业体系，制定出台制造业特色产业集群发展实施意见，以百亿级项目和龙头型企业为引领，优化产业集群图谱、产业发展生态，加快实现千亿产业集群突破，真正让产业筋骨壮起来、把“四梁八柱”立起来，全力打造长三角先进制造业融合发展集聚区。大力推进物流与商贸、电商融合发展，引导鼓励物流行业龙头企业拓展在淮产业链供应链，积极建设交易结算中心、电商运营中心等，加快形成集群效应。要强化创新赋能。以国家创新型城市建设为统领，突出企业创新主体地位，提升研发机构、科技园区、科创载体、公共研发平台建设水平，“一企一策”培育百亿企业、高新技术企业、“专精特新”企业、上市企业。坚持产城融合、产才融合，加大“双招双引”和校企联合培养力度，建立“一站式”人才服务保障体系，促进创新链、产业链、人才链深度融合。要推进数字变革。坚持数字经济与实体经济深度融合发展，实施数字经济发展、智能化改造数字化转型三年行动，做强优势数字产品制造业，扎实开展千企技改、千企上云等行动，争创一批“灯塔工厂”“黑灯工厂”和智能制造标杆企业。加快“双千兆城市”创建，打造全国一体化算力网络长三角国家枢纽节点。

五要全面提升城市功能品质。坚持以现代化标准审视城市发展，深入推进以人为核心的新型城镇化，塑造以文为魂、以水为脉、以绿为韵、以人为本的城市气质。要完善空间格局。认真做好“三区三线”划定后续工作，突出县域在城镇化建设中的重要载体作用，加快编制“三级三类”国土空间规划，构建高质量国土空间布局。树牢“大市区”理念，统筹中央活力区、老城更新示范区、枢纽新城区建设，做强中心城市发展内核。用好宝贵河湖资源，统筹优化沿线生产、生活、生态空间，尤其要发挥好大运河百里画廊在优化城市空间、做强城市功能、提升城市品质中的引领性、关键性作用，更好体现淮安三分山水七分平原、湖风河韵江淮水乡的特点。要彰显文化特质。聚力擦亮“伟人故里、运河之都、美食之都、文化名城”四张名片，突出抓好百里画廊建设，绘制好“淮上四卷”“运河八园”，确保中国水工科技馆主体封顶、板闸遗址公园开放、环洪泽湖公路通车，加快“四湖一垠一镇”、大闸口等重点片区开发建设，深挖整合沿线河工、漕运、红色、名人、美食等特色文化资源，形成更多可观可感的标志性成果，让大运河这条“珍珠项链”更加光彩夺目；按照“守底线、攀高峰、全覆盖”要求抓好高水平全国文明城市建设，积极打造“为中华之崛起而读书”书香城市品牌，提高公共文化场馆服务效能，使城市处处散发出文化的气质、文明的温度。要厚植生态底色。深入实施城乡生活污水处置、生态保护、环境监测等基础设施建设年度重点项目，统筹国际湿地城市和国家森林城市、生态园林城市创建，扎实开展绿廊绿道、立体增绿和林荫化建设改造，同步推进生态碧水三年行动和“无废城市”、节水型城市、幸福河湖建设；拓展白马湖“试验田”成效、加快拥湖发展，深化金湖县省级生态产品价值实现机制试点，让良好生态持续释放价值内涵。要建设人民城市。坚持人民城市人民建、人民城市为人民，有序推进以棚户区和老旧小区改造为重点的城市更新，深入开展“问题楼盘”化解攻坚和长效机制优化工作，结合文明城市建设分年度、有重点地解决群众反映强烈的城市治理方面突出问题，做好205国道、新长铁路等货运通道外绕前期研究，让城市更为宜居；扎实开展不淹不涝城市建设，实施城南水厂扩建工程，统筹推进地下综合管廊建设，让城市更有韧性；全面升级智慧城市云平台，加快数字化、网络化、智能化新型城市基础设施建设布局，让城市更加智慧。

六要做好乡村全面振兴大文章。坚持农业农村优先发展，强化集成整合运用、提高资源组织能力，加快打造长三角北部绿色发展生态富民的乡村振兴“淮安样板”。要着力壮大农业产业。严格落实粮食安全责任制，按照集中连片、整体推进、一体联动的思路，加快高标准农田建设，注重与水利交通工程、快递网点建设等贯通起来，更好扛起农业大市担当。把发展绿色高效农业贯穿始终，大力培育和引进农业龙头企业，积极发展数字农业，实施省级农业园区创建全覆盖行动，推动农业品牌影响提升、规模提升、主体提升，聚力打造小龙虾、稻米等百亿级全产业链农业优势产业，加快向农业强市迈进。要全面建设和美乡村。瞄准“农村基本具备现代生活条件”目标，深化乡村建设行动，深入实施乡村振兴“三级先导”工程攻坚行动，同步开展新一轮农房改善，统筹推进承包地集中流转、农村宅基地有偿退出试点、农村集体经营性建设用地入市试点等改革，加快农村基础设施更新，打造路美、水清、岸绿、林秀的乡村环境；制定出台农村人居环境改善促进条例，全市域开展乡村公共空间治理，实现与文明乡风养成、乡村治理体系完善的良性互动。要持续推动强村富民。整合优化农业农村帮扶机制，大力实施村级集体经济提升三年行动，扎实做好承包期再延长30年各项工作，推进“三资”产权线上交易全覆盖，积极发展新型集体经济经营实体，促进政策、人才、社会资本进村落地，推动巩固脱贫攻坚成果与乡村振兴有效衔接，以集体强带动农民富。

七要用心用情保障和改善民生。树牢以人民为中心的发展思想，聚焦群众急难愁盼，尽力而为、量力而行，坚持在发展中保障和改善民生，激励群众通过共同奋斗创造美好生活，不断增强群众获得感、幸福感、安全感。要进一步提高群众收入水平。把稳就业放在突出位置，重点抓好青年特别是高校毕业生就业，落实“服务保障企业用工15条”，加大以工代赈力度，实施重点群体专项培训计划，努力让群众好就业、就好业。深化收入分配制度改革，扎实开展中等收入群体壮大行动和农民收入十年倍增计划，促进城乡居民可支配收入持续增长。要进一步优化公共服务供给。深入实施教育领域综合改革，强化高层次师资培养激励，着力提升学前教育优质普惠和义务教育优质均衡水平，出台推进县域高中高质量发展实施意见、大力推动县中振兴，扎实推进中高职院校升格和区域性高水平大学建设，努力办好人民满意教育。深化医疗、医保、医药联动改革，统筹医疗卫生资源布局，积极创建国家区域医疗中心、国家重点专科，支持有条件的县级中医院转设三级中医院，全力打响“医在淮安”品牌。平稳有序实施新型冠状病毒感染“乙类乙管”，做好重点人群健康调查和分类分级健康服务，着力保健康、防重症，不断提升突发公共卫生事件应对能力。加快建设社区养老“15分钟服务圈”，推进农村标准化区域性养老服务中心社会化运营，落实生育配套支持政策，发展普惠托育服务，为“一老一幼”托起稳稳的幸福。要进一步健全社会保障体系。全面推进灵活就业和新业态从业人员参保，认真落实养老保险全国统筹和工伤保险省级统筹工作，落实职工医保门诊共济保障机制，加强民政救助、医疗救助、慈善救助等政策衔接，保障好困难群众生活。

八要有力有效统筹发展和安全。增强忧患意识、树牢底线思维，坚定贯彻总体国家安全观，着力构建新安全格局。要狠抓风险隐患防范化解。把维护政治安全摆在首位，完善风险评估预警、信息共享、精准化解、协同处置等制度，建立健全重点领域安全保障体系，加快形成全市域统一、市县镇贯通的大安全大应急格局。严格落实意识形态工作责任制，突出提升网络安全事件应急处置能力。深化国有企业改革，发挥国有企业融资监督、交易服务两个平台作用，大力压降融资平台数量和经营性债务成本，更好促进国企实体化、市场化转型，确保不发生区域性系统性金融风险。要守住生态环境质量底线。扎实抓好第二轮中央和省生态环境保护督察反馈问题整改，出台碳达峰实施方案，狠抓$PM_{2.5}$和臭氧“双控双减”，科学稳妥推动高耗能重点领域节能降碳技术改造，推进国信燃煤发电异地迁建、盱眙抽水储能、张兴盐穴储气等项目建设，坚决遏制“两高”项目盲目发展。要完善安全生产监管体系。巩固提升“三年大灶”成果，深入开展危化品、消防等重点领域安全风险专项整治，大力推进餐饮场所“无瓶街区”创建，抓好工贸企业本质安全提升、非工业企业安全风险报告等工作，对安全生产问题突出行业领域实行挂牌督办，严格食品药品安全监管，坚决遏制重特大事故发生。要深化市域社会治理创新。深入推进平安创建活动，开展星级示范网格和网格中心、网格站点评比，提升网格精准精细治理能力；扎实开展信访突出问题攻坚巩固提升年行动，加快构建集约式矛盾纠纷化解体系；推进立体化、信息化社会治安防控体系建设，常态化开展扫黑除恶斗争，确保高标准创成全国首期市域社会治理现代化试点合格市。

四、纵深推进全面从严治党，为在新时代新征程更好展示“象征意义”提供坚强保证

全面从严治党是党永葆生机活力、走好新的赶考之路的必由之路。要大力弘扬伟大建党精神，坚定不移全面从严治党，全面推进党的自我净化、自我完善、自我革新、自我提高，努力以高质量党建保障高质量跨越发展和中国式现代化淮安新实践。

一要深入开展党的二十大精神学习宣传。突出多形式、分层次、全覆盖，把党的二十大精神、党章和总书记重要讲话精神作为各级党委（党组）理论学习中心组学习的第一议题，分层分批对党员干部开展专题培训、集中轮训，分类建设基层党建实训课堂，推动党的二十大精神牢牢扎根。把学习宣传工作与弘扬践行周恩来同志崇高风范结合起来，推动恩来干部学院争创全国党员教育培训示范基地，加快打造全国知名党性教育新高地。强化宣传阐释，扎实推进基层理论宣讲和通俗理论作品创作，结合“153”发展战略深入开展理论性、对策性研究，把党的二十大精神充分转化为奋进新时代新征程的强大力量。

二要着力提升基层党组织政治功能和组织功能。扎实开展“五聚焦五落实”深化提升行动和强基提质三年行动计划，推进党支部标准化规范化建设，高质量推动有形有效覆盖。健全党领导下的基层治理机制，深化党建引领乡村治理、重点村分类管理等全国试点建设，完善社区管小区治理模式，推动资源力量向下沉，更好把党的政治和组织优势转化为治理效能。建强基层党组织骨干队伍，健全“双专”体系，实施“定制村干”工程和村（社区）干部学历提升“8090”计划，加大在新经济组织、新社会组织、新就业群体发展党员力度，加强党员教育管理，激励广大党员争当“翔宇先锋”，带动全市人民投身现代化新实践。

三要紧扣“153”发展战略实施锻造高素质干部队伍。坚持党管干部原则和新时代好干部标准，深化领导干部实绩纪实考评，注重在项目攻坚前沿、基层民生一线、重点工作专班中考察干部，精准识别实绩突出、评价较高和干劲不足、履职不力的“两头”干部，扎实推动能上能下，引导各级干部牢固树立和践行正确政绩观，切实把忠诚干净担当的干部选出来、使用好。深入实施领导干部现代化建设能力提升五年行动计划，有序推动干部跨地区、跨部门复合历练，切实加强镇街党政正职队伍建设，持续推进年轻干部挂职锻炼“双百计划”，不断加强针对性培训和实战化演练，切实增强干部推动高质量发展、服务群众、防范化解风险的本领。落实“三个区分开来”，更大力度鼓励激励干部担当作为，旗帜鲜明为尽心尽责、敢为善为的创新实干者撑腰鼓劲。

四要以严的基调深化正风肃纪反腐。持续纠治形式主义、官僚主义，坚决纠正少数党员干部的特权思想和特权行为，精准整治工作中层层加码、麻痹松懈、任性用权、不担当不作为等问题，进一步为基层减负赋能；建立健全整治违规发放津补贴、公款吃喝、收受礼金等易反复问题的“小特精”制度，把中央八项规定及其实施细则精神落细落实落到位。用好“一把手”监督评价平台和廉政档案，深入推进纪巡审“三类监督”贯通协同，高质量开展常规巡察和专项巡察，延伸推进对村（社区）巡察。深化整治权力集中、资金密集、资源富集领域的腐败，严肃查处政法系统、开发园区、融资平台等方面的违纪违法案件，坚决惩治兜底保障、农村集体“三资”等群众身边的“蝇贪”，做实案件查办“后半篇文章”，提升一体推进“三不腐”的综合效能，维护好发展好风清气正的政治生态。

五要坚持在党的领导下团结奋斗。全面、系统、整体地落实党的领导，健全市委总揽全局、协调各方的领导制度体系，不断提升党委把方向、管大局、作决策、保落实的能力水平。深入推进全过程人民民主的淮安实践，丰富拓展“三位一体”人大代表联系群众渠道和内容，加快政协“码”上议与基层社会治理深度融合，进一步打响“慧”提案工作品牌，统筹做好民主党派和无党派人士、党外知识分子和新的社会阶层人士、民族宗教、民营经济、港澳台侨、网络统战等工作，深化群团组织改革和建设，最广泛地动员和组织全体人民以主人翁地位投身社会主义现代化建设。深化全面依法治市，加快推进法治政府示范创建，更好发挥法治固根本、稳预期、利长远的保障作用。认真开展全国双拥模范城“六连冠”创建，做好新体制下国防动员工作。全市各级党组织和广大党员干部要始终牢记“三个务必”的谆谆教导和团结奋斗的时代要求，增强志气、骨气、底气，激发以城为荣的自豪感、谋城复兴的使命感，带动广大群众在学习阅读中滋养美丽心灵、在绿色低碳中练就健康体魄、在自然简约中感受幸福人生，推动形成“干部敢为、地方敢闯、企业敢干、群众敢首创”的浓厚发展氛围，同心续写“壮丽东南第一州”的新时代新征程新篇章！

同志们，新征程是充满光荣和梦想的远征。在这场远征中，淮安因肩负着展示“象征意义”光荣使命而更显责任重大，因追逐着中心城市复兴梦想而更应焕发精彩。让我们更加紧密地团结在以习近平同志为核心的党中央周围，在习近平新时代中国特色社会主义思想指引下，全面贯彻党的二十大精神，以高质量跨越发展新成效全面推进中国式现代化淮安新实践，为聚焦打造“绿色高地、枢纽新城”、全面建设长三角北部现代化中心城市而团结奋斗！

政府工作报告

——2023年1月6日在淮安市第九届人民代表大会第二次会议上

淮安市人民政府市长　史志军

各位代表：

现在，我代表市人民政府向大会作工作报告，请予审议，并请各位政协委员和其他列席同志提出意见。

一、2022年工作回顾

过去一年，我们坚持以习近平新时代中国特色社会主义思想为指导，以迎接党的二十大、学习宣传贯彻党的二十大精神为主线，坚定落实党中央“疫情要防住、经济要稳住、发展要安全”的重大要求，紧紧围绕省委、省政府和市委决策部署，以敢为善为、勇挑大梁的坚定自觉，积极有效应对各种风险挑战，全市经济社会发展呈现出大局稳定、动能增强、预期改善的良好局面。我们众志成城，打赢了多轮次的疫情防控阻击战歼灭战，统筹疫情防控和经济社会发展工作得到了省委、省政府的高度肯定；我们奋力攻坚，引进了一大批50亿和百亿级项目，带动了产业高质量转型升级，全市产业发展的信心和能级明显增强；我们锐意创新，河湖长制、财政奖补集成服务改革等获国家级表彰激励，制造业智能化改造数字化转型、消费促进、粮食安全责任制落实、综合医改、商事制度改革等21项工作获省政府督查激励，全国工商联“万家民企评营商环境”满意度全省第二。一年来，我们将许多不可能变成了可能，淮安的发展变化得到了上级领导的充分肯定和社会各界的广泛认可，淮安人民正以更加自信的姿态奋进现代化建设新征程。

（一）疫情防控和稳定增长双战双赢。坚持人民至上、生命至上，不折不扣贯彻落实中央和省疫情防控方针政策，多轮突发疫情均以最小代价、在第一时间得到有效控制。因时因势优化调整防控措施，加强老年人等重点群体和学校、医院等重点机构防护，提升应急处置和诊治服务能力，实现平滑有序过渡。认真落实中央和省稳增长政策措施，制定助企纾困“45条”“20条”和稳增长“15条”等一揽子政策，加强经济运行监测调度，发挥“12345”政务服务便民热线企业保障服务专班、驻厂员等作用，用足用好国家政策性开发性金融工具，投放额度全省第四、苏北第一，推动组合式税费政策直达快享，累计办理退税、缓税、减税107亿元，制造业贷款增速高于各项贷款增速。全市主要经济指标增速持续位居全省前列，预计全年实现地区生产总值4750亿元，同比增长4%左右，一般公共预算收入同口径增长7.9%，规模以上工业增加值增长8.5%，规模以上固定资产投资、工业投资分别增长10%和20%，社会消费品零售总额增长0.5%。

（二）项目攻坚和产业培育突破成势。成功举办食博会暨金洽会等系列活动，新签约亿元以上项目789个、协议引资额4045亿元，其中亿元以上工业项目533个，50亿元以上项目31个，玻纤新材料、天合光能高效光伏电池和组件等百亿级项目7个，全面完成“3530”项目招引任务。一年来，围绕招商引资这一头号工程，全市人民同心同向、聚智聚力，各地各部门争先恐后、尽锐出战，300名专职招商干部长年在外不辞辛劳、奋力拼抢，广大客商对淮安信任有加、精诚合作，形成了中流奋楫、竞相迸发的淮安大招商生动局面，这充分表明“项目为王、环境是金”工作导向更加深入人心，已成为全市上下的思想共识和行动自觉！为保障项目引得进、建得快，我们着力完善重大项目要素保障和服务机制，各县区均储备了500亩以上集中连片工业用地，百亿级项目从签约到落地，由100天到70天，再由52天到32天，不断刷新“淮安加速度”。预计完成工业投资920亿元，新开工亿元以上工业项目310个、新竣工201个，同比分别增加64个和22个，其中新开工50亿元以上工业项目10个，较好实现了项目建设“1320”目标。省重大项目数量、年度投资较上年分别翻了一番和两番，市重大产业项目数量、年度投资分别增长70%和62%。工业经济快速增长，出台推动制造业高质量发展实施意见，整合设立工业强市发展专项资金，四大主导产业开票销售同比增长8.5%，新增销售超150亿元、超80亿元工业企业各2户，淮钢特钢通过国家两化融合管理体系AAA级认证，今世缘酒业获省长质量奖，天一超细金属粉末获评国家制造业单项冠军，纽泰格、威博液压成功上市，新增国家级专精特新“小巨人”企业2户。现代服务业提档升级，商贸物流业加快转型，完成内河集装箱吞吐量47.3万标箱、增长52%，放大“世界美食之都”品牌效应，加快发展预制菜产业，打造3个省级夜间文旅消费集聚区，涟水创成省全域旅游示范区，淮安区入选全国红色旅游融合发展试点单位，方特东方欲晓开园。现代农业提质增效，加快建设五大产业集群，建成高标准农田59.1万亩，粮食生产实现丰收，绿色优质农产品占比达

70%，小龙虾产业入选全国优势特色产业集群，金湖入选新一轮国家制种大县，淮阴区获批省级农业现代化先行区，洪泽区、淮安区获批建设省级现代农业产业高质量发展示范园。

（三）改革创新和扩大开放互促并进。持续推进“淮上关爱一件事”改革，简化厂房和仓储类项目审批，推行工业用地供应管理权限委托试点，“数字化联合审图”入选全国典型案例，“拿地即开工”项目占比、招投标不见面交易率全省第一，创新推出惠企“码上贷”。在全省率先编制市级部门职责边界清单，开发园区去行政化系列改革深入推进。实现行政事业单位经营性资产集中统一管理，完成国企改革三年行动预定目标。整合利用存量土地资源3.13万亩，获省用地指标奖励。扎实推进国家创新型城市建设，预计有效期内高新技术企业670户、同比增加90户，全社会研发投入增长10%以上。天士力药业创成国家企业技术中心，淮安精密配件特色产业基地获批国家火炬特色产业基地。入选首批国家知识产权强市建设试点城市，技术合同成交额200亿元。新增省级质量标杆企业200户，实现企业参与国际标准修订“零”的突破。与南京大学、东南大学开展战略合作，新备案省级校企联盟102家。出台“人才强市22条”，举办人才发展云推介、创新创业大赛等活动，引进高层次人才团队和创业领军人才项目77个、“揭榜挂帅”项目15个。开放合作水平持续提高，预计到账外资10.3亿美元，外贸进出口增长15%。举办淮安城市发展上海推介月、淮河华商大会、对日投资环境说明会等活动，加快对接实施长三角区域一体化发展、大运河文化带、淮河生态经济带等国家战略。启动宁淮科创走廊和自贸区联动创新发展区建设，新能源动力系统等20个项目落户宁淮智能制造产业园，总投资133亿元。台资集聚示范区建设新获7项省支持政策，建立政企互通台商台胞服务机制，淮昆台资经济协同发展成效显著，新设及增资台资项目65个、实际利用台资3.6亿美元。新增跨境电商企业50户，整体通关效率保持全省前列。

（四）城市建设和乡村建设融合发展。实施十大类249个城建重点项目，完成投资315亿元。中央活力区建设步伐加快，华信商业综合体正式运营，金融中心二期竣工交付，华润万象城开工建设。大运河百里画廊渐次展开，先导段和示范区建设入选全国大运河文化保护传承利用十件大事，建成里运河文化长廊“四行”系统和东港体育公园，中国水工科技馆有序实施，萧湖旅游度假区、板闸遗址公园主体竣工，环洪泽湖公路基本贯通。宜居水平不断提升，都天庙、“新旅”周边片区入选城市更新省级试点，新开工棚户区改造1.92万套，改造老旧小区156个，创成省级宜居示范居住区10个，建成15个城市绿色小客厅，古黄河生态休闲带全线贯通，竣工人防工程40个。全力打造“不淹不涝”城市，整治易积易涝点81个。建成主城区控源截污、餐厨废弃物收运处理扩建、建筑垃圾资源化利用等项目，获批“无废城市”建设试点。开展“超期过渡安置”攻坚行动，惠及4457户群众。有序推进住宅小区安装新能源汽车充电设施，实行机关事业单位停车泊位错时对外开放。初步建成智慧城市一体化基础支撑和城市运行“一网统管”平台，数字政府建设入选智慧长三角数字化转型优秀案例。文明城市建设迈向高水平，建立“六化、四高”城市长效综合管理机制，出台小区物业管理“1+7”政策，提请市人大常委会审议通过《淮安市农贸市场管理条例》《淮安市建筑垃圾管理条例》，开展城市“无裸土”整治行动，全面推进停车、疏导点和“城市家具”示范路试点，城市更加干净整洁有序。扎实推进乡村建设行动，完成“三级先导”区域“多规合一”村庄规划编制，建成美丽宜居村庄103个，创建省级特色田园乡村12个，培育48个省级生态宜居美丽示范村，新改善6000多户农民群众住房条件。全面开展乡村公共空间治理，共整治160个先导村3万多个问题，有力促进了资源资产高效利用和集体经济增收。推动灌区与高标准农田建设有效衔接，建设改造农村公路170千米、桥梁68座，新建农村生态河道644千米，改造农村供水管网895千米，提标改造12座建制镇污水处理厂，改造提升农村卫生厕所3.1万座，淮阴区入选全国水系连通及水美乡村建设试点县。

（五）枢纽建设和绿色发展相得益彰。积极打造全国性综合交通枢纽城市，完成交通基础设施投入101.5亿元。建成宁淮铁路先开段，高铁东站宁淮场加快建设。实施机场三期改扩建工程，其中货站国际区竣工投用，航站区改扩建工程开工，开通淮安至成都季节性全货机航线。开工建设淮河入海水道二期工程、淮安港三期、黄码港、洪泽新港产业园码头，与上港、省港集团合资成立上港（淮安）国际集装箱码头公司。京沪高速扩建工程淮安段主体建成，长深高速扩建工程连淮段有序推进，331省道金湖东段开工建设，建成420省道洪泽段、344国道淮河大桥、白马湖景区连接线。坚持生态优先、绿色发展，进一步完善国土空间规划体系，高质量完成“三区三线”划定工作，为未来发展留足空间。开展环境基础设施提升行动，完成投资33.3亿元，实施95个重点项目。基本完成中央生态环保督察反馈问题年度整改任务。开展“三源整治”和秋冬季空气质量改善六大行动，优良天数比率82.5%、同比提升0.9个百分点，改善幅度全省第一，$PM_{2.5}$年均浓度34.8微克/立方米、同比下降3.3%，首次达到国家空气质量二级标准，是全省唯一实现优良天数比率、$PM_{2.5}$年均浓度双改善、双达标的设区市，创成全国绿色出行城市。深入实施生态碧水三年行动，完成12个污水处理提质增效达标区和96条幸福河湖建设，市区城市生活污水集中收集率较上年提升7个百分点，国省考断面水质优Ⅲ比例达94.7%、同比提升5.2个百分点。白马湖被推荐列入国际重要湿地名录，金湖入选生态产品价值实现机制省级试点。建立“两高”项目动态清单，创成省级绿色工厂20户。

（六）民生保障和社会治理统筹推进。全面完成十大类50件民生实事。积极推动富民增收，预计全体居民人均可支配收入同比增长6%，城镇新增就业6.7万人，防返贫保险、重点帮促村集体经济收入保险实现全覆盖。城乡居民基础养老金标准实现“十一连增”，出台“一老一小”整体解决方案，社区养老服务设施“五统一”做法获评全国改革试点优秀案例，困境妇女儿童“一户一策”精准微关爱服务项目入选省级改革试点。基本医保覆盖率达98.3%，困难群众住院费用实际报销比例达80%以上，医保公共服务专项评价全省第一，医保支付方式改革入选国家示范点。新改扩建中小学幼儿园20所、新增学位1.5万个，稳步推进“双减一规范”工作，入选省推动基础教育高质量发展实验区。加快县域高中振兴步伐。高等教育、职业教育快速发展，校地合作成效显著提升。深入学习贯彻习近平总书记重要回信精神，儿童剧《新安旅行团》在全国引发热烈反响，全国青少年思政教育核心基地投入使用。市一院在全国公立医院绩效考核中位居全省前列，市妇幼保健院新院区即将交付使用，市三院创成三级甲等医院，建成4个农村区域性医疗卫生中心，获评全国健康城市样板市。提档升级95个镇街书房，改革组建市文化艺术中心，6部作品获评省“五个一工程奖”。成功承办中国女子排球超级联赛淮安赛区比赛，省运会取得优异成绩，群众体育蓬勃发展。实体化运行市域社会治理现代化指挥中心。社会治安防控体系不断完善，推动扫黑除恶长效常治，刑事案件和治安案件实现“双下降”，公众安全感全省第三。圆满完成党的二十大安保维稳任务。信访突出问题攻坚化解质效稳居全省前列。基层综合执法规范化建设、包容审慎执法和“八五”普法走深走实，公共法律服务入选国家综合标准化试点，“品质仲裁”影响力持续提升。用好纪巡审贯通协同机制，充分发挥审计的监督、服务和保障作用。安全生产专项整治“三年大灶”顺利收官，市县镇三级安委会全面推行“双主任”制，创新建立县级党政领导“四包一落实”工作机制，“厂中厂”整治、基层消防力量建设等经验在全国推广，生产安全事故起数和死亡人数全省最少、“双下降”幅度全省第二。食品安全监管工作保持全省前列。全面完成政府性债务化解年度目标，金融环境平稳有序。国防动员、退役军人事务工作迈出新步伐，5个县区被命名为省双拥模范城。援疆等对口支援合作工作成效显著。国家安全、民族宗教、机关事务、统计、外事、气象、供销、档案、公积金、地方志、边检等工作取得新成效，工会、老龄、慈善、红十字、残疾人等事业实现新发展。

一年来，我们始终以政治建设为统领，坚持初心使命不褪色、踔厉奋发不停歇、自我革命不懈怠，持续提升政府履职尽责能力。更加突出科学谋划。完整准确全面贯彻新发展理念，紧紧围绕市委“153”发展战略，在长三角一体化的坐标系中找准定位、谋划布局，聚力实施工业强市战略，努力提高各项工作的前瞻性、主动性和实效性，全力实现量的快速增长和质的有效提升，在纵向比较、横向比拼中加快跨越赶超步伐。更加突出高效落实。坚持目标导向、问题导向、结果导向，以“勇挑大梁”的劲头和“事不过夜”的作风，强化督查考核、形成工作闭环，以上率下抓好招商引资、项目推进和企业服务，坚决兑现对企业和群众作出的承诺，高效办理人大代表建议和政协提案，让重落实、快执行成为政府工作的鲜明特质。更加突出攻坚克难。直面问题挑战，在关键处创新，从要害处突破，进一步打通项目审批服务中的痛点堵点，深入化解“超期过渡安置”、问题楼盘、工业厂房不动产权证办理等难题，全面理顺城市管理体制机制，进一步规范物业管理服务，系统推进水环境治理、国企转型发展等工作。严格落实党风廉政建设主体责任和“一岗双责”，全面加强法治政府建设，主动接受各方监督，始终保持风清气正的政治生态。

刚刚过去的2022年是极不平凡的一年，面对复杂严峻的形势，我们立足于拼、着眼于抢，迎难而上、砥砺前行，成绩来之不易，这是省委、省政府和市委正确领导的结果，离不开市人大、市政协的监督支持，凝结着全市人民的智慧和汗水，展现了各级干部的昂扬斗志和务实作风。我谨代表市人民政府，向全市广大干部群众，向市人大代表、政协委员和离退休老同志，向各民主党派、工商联、无党派人士和人民团体，向驻淮部队和部省驻淮单位，向所有在淮投资兴业的企业家、关心家乡建设的各位乡贤、支持淮安发展的海内外朋友，致以崇高的敬意和衷心的感谢！

我们也清醒地看到，发展中还存在一些问题和不足，突出表现为：经济下行压力加大，企业运行较为困难，稳增长走前列的基础还不牢固，部分指标未达年初预期目标；产业规模不大、竞争力不强，项目集聚带动与跨越赶超仍有差距，创新发展动能不足；城市功能配套还不完善，空间形态和品质有待优化提升，由于政策性财力因素影响，快速路二期等基础设施项目未能实现年内开工目标；国企深化改革尚未取得突破性成效，市场化转型步伐还不快；公共服务供给不够均衡，生态环境改善还有薄弱环节；少数干部担当精神、专业能力不足，作风效能有待进一步提升。我们将坚持志不求易、事不避难，高标准严要求做好各项工作，决不辜负全市人民的期待。

二、2023年工作安排

今年是全面贯彻党的二十大精神、全面推进中国式现代化淮安新实践的启程之年，也是牢记和践行习近平总书记嘱托、更好展示“象征意义”再出发的起步之年，处在“十四五”发展规划中期的承上启下重要节点，做好各项工作意义重大。综观当前形势，今年全国经济运行有望总体回升，但外部环境更趋复杂多变，长期向好的稳定性与短期的不确定性相交织，战略机遇与风险挑战并存。我们要充分认识到，长三角区域一体化发展等国家、省重大战略叠加实施所孕育的新机遇，淮安交通地位、产业结构和中心城市功能加快“重塑”所厚植的新优势，项目攻坚加速突破、产业培育整体成势所赋予的新动能，“敢为善为、勇挑大梁”生动实践所激发的新干劲，这些都为我们实现跨越赶超增强了底气和信心。同时也要看到，在高质量跨越发展中，我们要面临扩总量和提质量的双重压力，要应对提升含金量和含绿量的双重挑战，要承担稳增长和惠民生的双重责任，要创新落实强特色和补短板的双重举措，要强化促发展和保安全的双重意识，这些都要求我们必须提高站位、解放思想、科学统筹、精准施策，不断开辟发展新境界，让中心城市复兴梦想更好地联结现实。

今年政府工作的总体思路是：坚持以习近平新时代中国特色社会主义思想为指导，全面贯彻党的二十大精神，按照市第八次党代会第二次会议部署要求，聚焦高质量发展首要任务，坚持稳中求进工作总基调，完整准确全面贯彻新发展理念，加快融入新发展格局，坚持"153"发展战略不动摇，坚持"对标找差、补短强特"不动摇，坚持"项目为王、环境是金"不动摇，强化系统观念和底线思维，更好统筹疫情防控和经济社会发展，更好统筹发展和安全，突出做好稳增长、稳就业、稳物价工作，全力推动经济持续回升向好，高质量完成全年目标任务，确保践行习近平总书记嘱托要求再出发、推进中国式现代化淮安新实践开好局、起好步。

今年经济社会发展主要预期目标是：地区生产总值增长7%左右，一般公共预算收入增长6%左右，规模以上工业增加值增长9%，规模以上固定资产投资、工业投资分别增长12%和15%，社会消费品零售总额增长7.5%，外贸进出口总额增长7%，注册外资实际到账增长5%，研发支出占地区生产总值比重1.95%，居民人均可支配收入与经济增长同步，节能减排、大气与水环境质量、粮食安全等约束性指标完成省定目标，社会大局保持安全稳定和谐。重点抓好八个方面工作。

（一）坚持主攻项目、优化环境，持续注入高质量跨越发展的强劲动能。始终把项目作为经济发展的主抓手，集中力量、集聚资源、集成政策，以项目的快集聚带动发展大跨越。

实施项目招引"4633"工程。围绕项目总量、质量和规模"三个提升"，既抓顶天立地的重特大项目，也抓铺天盖地的高质量中小科技型项目，全年协议引资额超4000亿元，其中工业不低于3300亿元，签约投资亿元以上工业项目600个，其中50亿元以上项目30个，当年签约项目开工300个。坚持高位推动、全域动员、专业主攻，充分发挥各级"一号招商员"和专业招商队伍作用，大力开展委托招商、以商引商、驻点招商，积极拓展基金招商。精心办好食博会暨金洽会、淮河华商大会等"3+7+5"招商活动，围绕央企、龙头民营企业等广泛开展大拜访，深入开展招商竞赛，持续保持招商热度。完善招商项目研判认定、跟踪管理、督查考核等机制，确保招商项目数量和质量"实打实"。

实施项目建设"1422"工程。强化主动服务、协同服务、专业服务，完善跟踪推进机制，努力把问题解决在工程受阻之前，促进项目快建设、快转化、快达效，全年完成工业投资不低于1000亿元，新开工超亿元工业项目400个以上，其中超50亿元项目20个以上，竣工项目转化为列统企业200户。实施省市重大产业项目400个，完成年度投资1470亿元，推动捷泰新能源、玻纤新材料、修正生物医药、南高齿风电二期等项目全面开工，中天精品钢帘线、台华新材料等项目部分投产，天合光能高效光伏电池和组件、庆鼎高密度印刷线路板等项目投产达效。完善要素保障机制，统筹调度用地、能耗、环境容量等指标，强化用工和融资服务保障，不断降低水电气等要素成本。

打造一流营商环境。对照"全国一流、全省领先"目标，持续推进"四最"营商环境建设。切实落实"两个毫不动摇"，恪守契约精神，发挥党政亲商会、政企微信群的连心桥作用，进一步提升民营企业发展的信心和预期，让企业家安心经营、放心投资、专心创业。出台101%营商服务规范地方标准，打响"12345"热线惠企便民"总客服"品牌，健全防范和化解拖欠中小企业账款长效机制。深化工程建设项目审批制度改革，拓展应用"五证联发""拿地即开工""数字化联合审图"改革成果，推广企业开办"一窗受理、全程代办、整链条办理"模式，让项目落地至简至快。推出财政奖补集成服务改革3.0版，加大制造业、普惠金融等重点领域信贷投放，完善融资担保体系，更大力度为市场主体减负纾困。

（二）坚持创新驱动、工业强市，不断夯实高质量跨越发展的产业基础。始终把发展经济的着力点放在实体经济上，聚力推进新型工业化，以创新城市、数字淮安支撑工业强市建设。

强化科技创新引领。全面推进国家创新型城市建设，促进创新链、产业链、资金链、人才链深度融合。实施高企"蹲苗"计划，加强政策引导和全生命周期服务，引进科技型项目200个以上，新获批高新技术企业200户，新增省级以上企业研发机构20个，高新技术产业产值占比提升到30%。实施人才"育英"计划，优化人才资源开发与配置，强化科技人才"双招双引"，全面落实省"双创计划"、市"淮上英才计划"，新引进产业领军人才100人以上、人才创业项目200个以上。实施创新生态"沃土"计划，深化科技体制改革，完善产业关键核心技术攻关、科技与金融深度融合等机制，高水平建设国家大学科技园，提升与高校院所合作成效，开展重点企业注册商标和发明专利清零行动，创成国家级知识产权保护中心，实施重大成果转化项目10个以上，技术合同成交额220亿元。

促进产业集群发展。围绕打造长三角先进制造业融合发展集聚区，以百亿级龙头项目为产业之"锚"，加强前瞻性谋划、战略性布局，出台产业集群发展实施意见，重点打造新能源及装备、新能源汽车及零部件、纤维新材料、化工新材料、PCB电子元器件、绿色食品、生物技术及新医药7个优势产业集群，着力培育集成电路、人工智能和机器人、新兴数字产业3个先导产业集群，力争"十四五"末形成一批产值超500亿元、过千亿元的产业集群。打造"纵向一体化"的产业链条，科学制定产业链图谱，精准开展强链补链固链，加快培育光伏、风电装备、新能源汽车、PCB印制电路板、纤维新材料、酿造等重点产业链。优化“横向一体化”的产业生态，以一个产业联盟、一个核心生产基地、一个公共研发平台、一批产业智库专家为基础，整合协作配套企业、生产性服务业企业、科研院所、金融机构等资源，构建多方参与、优势互补、开放共享的产业生态体系。

*培育骨干企业梯队。*坚持沿链布局、培优扶强、协同发展，积极构建以百亿级“链主”企业为核心、以规模以上企业为支撑、以“专精特新”企业为骨干、以上市企业为突破的企业梯队。深入推进百亿企业培育行动，强化领导挂钩帮扶和“一企一策”支持，新增销售超百亿元企业2户、超50亿元企业3户。实施“小升规”“千企技改”和新一轮质量提升行动，推动企业扩产增效，确保工业产值增量500亿元以上。充分发挥企业服务专员、高质量发展巡诊、金融赋能提升等机制作用，打造更多细分市场“隐形冠军”和产业链“配套专家”，新增省级以上“专精特新”企业超20户。加大上市企业储备力度，强化政策引导和业务辅导，力争新增上市企业2户，加快实现上市企业县区全覆盖。

*发力数字经济新赛道。*实施数字经济发展、制造业智能化改造数字化转型三年行动计划，做大做强仪器仪表、电子元器件等数字产品制造业，大力培育软件和信息服务业，持续壮大数字经济核心产业规模。扎实开展“千企上云”“千亿投资”“千企问诊”“百企示范”等行动，规模以上工业企业辅导覆盖率超过80%，滚动实施智能化数字化技改项目500个以上，努力建设一批“灯塔工厂”“黑灯工厂”，新增市级以上智能制造标杆企业30户。推动建设一批数字化物流平台、交易结算中心和电商运营中心，提升现代物流业发展水平。加快5G网络优质覆盖、光纤网络扩容升级，争创“双千兆城市”，规模化应用工业互联网标识解析体系，全面升级智慧城市云平台，打造全国一体化算力网络长三角国家枢纽节点，夯实数字经济发展基石。加强数字政府建设，打造“淮安的四季”等城市治理标志性应用场景，全面提升数字化治理服务能力。

（三）坚持富民优先、做强农业，精心勾画高质量跨越发展的乡村画卷。围绕建设农业强市，畅通城乡要素流动，激发农村改革活力，全力打造乡村振兴的淮安样板。

*加快现代农业发展。*坚持“藏粮于地、藏粮于技”，建设高标准农田45.8万亩，确保粮食产量稳定在98.4亿斤以上。大力推动规模化专业化经营，建设农业社会化综合服务平台，新增土地流转面积30万亩，培育更多新型农业经营主体。做优做强五大产业集群，引进一批投资超亿元的农产品加工企业。强化“淮安大米”品牌带动，新增优良食味稻面积25万亩，建成优质稻米核心基地12万亩。彰显“盱眙龙虾”品牌效应，建设6个千亩连片高标准养殖核心示范区，招引培育万吨级加工企业，争创国家现代农业全产业链标准化示范基地。以黄码港为依托，规划建设长三角北部食品加工和粮食储存中心。支持淮安农科园争创国家级农高区、国家现代农业产业园，推进农业科技示范项目、绿色农产品基地建设，全面提升农业园区发展水平。优化市农业大数据平台，完善农村寄递物流、冷链物流体系，支持农村电商发展，助力农业发展搭上数字化快车。

*扎实推进乡村建设。*瞄准“农村基本具备现代生活条件”目标，完善镇村布局规划、乡村振兴专项规划。全面实施乡村振兴“三级先导”工程攻坚行动，统筹推进路美、水清、岸绿、林秀四大工程，每个先导镇形成不少于3个千亩连片田块，储备不少于200亩相对集中的集体建设用地。深入实施农村人居环境整治提升行动，建设美丽宜居村庄80个、省级特色田园乡村8个。推进淮涟、渠北、临湖等大中型灌区续建配套与现代化改造，提升农村供水保障水平，实施农村公路100千米、安防工程500千米。推进环主城区农地空间综合利用，探索农业地、生态地、景观地功能合一，塑造自然和谐的城乡风貌。

*大力推进强村富民。*巩固拓展脱贫攻坚成果同乡村振兴有效衔接，推进黄河故道生态富民廊道建设，实施一批重点片区帮促项目，确保低收入人口和省定重点帮促村脱贫巩固率保持100%，促进农民收入持续增长。大力实施村集体经济提升三年行动，确保通过公共空间治理村均增收超18万元，集体经营性收入超50万元的村占比达50%以上。探索和推广农村闲置宅基地盘活利用、农村集体经营性建设用地入市等路径，落实土地出让收入支农政策，加大涉农资金整合力度，优化农村金融服务，为乡村振兴注入强劲动能。

（四）坚持深化改革、扩大开放，加快释放高质量跨越发展的活力潜力。以思想大解放用好改革开放“关键一招”，在更深层次激发内生动力，在更大范围集聚优质资源要素。

*深化重点领域改革。*纵深推进“放管服”改革，全面构建市县两级行政许可清单体系，深化“淮上关爱一件事”“一证办理”“一网通办”改革，强化“双随机、一公开”监管和重点领域信用监管，持续推进政务服务标准化、规范化、便利化。围绕构建统一大市场，探索建立市场准入效能评估制度，深化要素市场化配置改革，规范不当市场竞争和市场干预行为。加快国有企业实体化市场化转型，力争2户市属国企获AAA主体信用评级，2户以上县属国企获AA+主体信用评级。全面推进低效闲置资源盘活利用。深化产业工人队伍建设改革。巩固新型城镇化综合配套改革试点成果，支持盱眙建设国家新型城镇化示范县，推进高沟、施河、银涂等集成改革，不断激发城镇发展活力。

*提升开放合作水平。*高质量对接实施长三角区域一体化发展、淮河生态经济带、江淮生态经济区等重大战略和“一带一路”倡议，更大力度集聚资源要素。强化“研发在宁、生产在淮”协同创新，高水平建设宁淮智能制造产业园，新引进亿元以上项目20个，加快打造宁淮科创走廊。用好台资集聚示范区省联席会议扶持政策，强化淮昆台资经济协同发展，落户一批具有较强产业带动力的台资企业，新设及增资台资项目70个以上，进一步巩固提升台资“北

有淮安”的地位。深化与日韩、东盟等交流合作，积极引进外资总部企业，新设投资超1000万美元外资项目120个以上，制造业利用外资占比40%。促进外贸高质量发展，推动综保区二期通过封关验收，探索建立综保区与淮安港、空港联动发展机制，新培育外贸进出口企业100户，机电和高新技术产品出口占比60%以上，新培育跨境电商企业50户。深度融入RCEP，深化国际友城交流合作，支持有条件的企业加快“走出去”步伐。

推进园区创新发展。深化落实“1+N”制度体系，优化产业定位和空间布局，加强功能园区建设，搭建公共创新和产业投融资平台，支持经开区创建国家级营商环境示范区、高新区创建国家知识产权强国建设试点园区、工业园区创建省级化工园区、涟水开发区创建国家级开发区。每个省级以上开发区都要有50亿元以上项目落户，开发园区新招引亿元以上项目数量和投资额占全市80%以上，全力在省考核中进位争先。树牢“亩均论英雄”导向，强化工业用地提质增效和空间整合利用，更大力度“腾笼引凤”，进一步提升园区的承载能力、集聚水平和产出效益。全力推动各开发园区打造500亿级产业集群，加速县域经济跨越赶超，支持涟水加快建成全国百强县。

（五）坚持增强功能、提升品质，聚力打造高质量跨越发展的重要支撑。树牢人民城市理念，立足大市区格局，着力打造让人民更有自豪感的宜居、韧性、智慧城市。

做优城市功能。完成国土空间规划编制，优化中心城区空间结构和片区功能定位。全面推进大运河百里画廊建设，加快实施“淮上四卷・运河八园”标志性工程，提升城区段夜行系统和运河遗产点标识系统，推进京杭运河绿色现代航运综合整治，实现环洪泽湖公路全线通车。运营金融中心风情街，积极发展首店经济，进一步提升中央活力区消费服务能级。精心打造高铁商务区、白马湖旅游度假区，做优新功能片区。积极推进城市更新，探索建设完整社区，棚户区改造新开工1万套，改造老旧小区201个，同步完善适老托幼等设施；推进都天庙、老西门大街等街区保护与活化利用，规划建设10个“一刻钟便民生活圈”。基本完成“超期过渡安置”攻坚行动任务。持续推进“不淹不涝”城市、地下综合管廊建设，加快实施城南水厂扩建工程，提升城市抗风险能力。

提高管理水平。扎实推进高水平文明城市建设，力争3个县城全部创成全国文明城市。深化“六化、四高”长效综合管理机制，实行市容环卫责任区制度，开展停车秩序、户外广告、渣土运输整治攻坚行动，推进城市道路“多杆合一”，提升市政管网、动静态交通等智能化管理水平，营造清朗有序的公共空间。加快物业服务标准化、专业化、精细化建设，开展综合执法进小区，不断提升群众的满意度和获得感。加强内环高架沿线等区域环境整治，规范提升“城市家具”，全面整治“不平整”道路，提高盲道、健身等设施完好率，因地制宜建设街角游园和文化客厅，让城市有颜值、有气质、更有温度。

加快枢纽建设。围绕打造全国性综合交通枢纽城市，加快构建立体多元、内联外畅的交通网络。全线推进宁淮铁路建设，争取开工高铁快运基地铁路专用线，加快沂淮、淮泰铁路前期工作。全面推进机场三期航站区建设，力争新开通国际全货机航线。加快淮河入海水道二期建设和配套通航工程前期工作，实施金宝航道整治，争取开工京杭运河淮安四线船闸。加快实施淮安港三期等项目，加密与上海港联运航线，大力发展多式联运和内河集装箱运输。加快实施长深高速连淮段扩建工程，建成348省道范集和白马湖段。

激发消费活力。充分发挥消费的基础作用，多措并举扩内需、促消费，带动服务业高质量发展，加快打造长三角北部消费中心。办好“幸福满淮・安心消费”四季购物节，支持新能源汽车、绿色家电、养老服务等消费，促进直播电商、智慧零售等新业态发展，打造一批放心消费网店，满足多样化品质化消费需求。坚持房住不炒定位，支持刚性和改善性住房需求，有力有序促进房地产市场平稳发展。加大旅游精品线路开发推介力度，加快培育文旅新业态，打造全国红色旅游融合发展示范带，争创国家文化和旅游消费示范城市，创成大运河省级旅游度假区。评选发布“淮扬美食IP”，精心打造特色美食街区，开展淮扬厨艺推广、中外美食文化交流等活动，打造全产业链预制菜营销传播中心，进一步擦亮“世界美食之都”品牌。

（六）坚持生态优先、绿色发展，着力彰显高质量跨越发展的美丽颜值。强化一体化保护和系统治理，确保生态环境质量“只能更好、不能变坏”，让淮安的生态底色更加靓丽。

健全生态文明体系。严格执行“三线一单”管控要求，落实永久基本农田特殊保护制度。编制国土空间生态保护和修复规划，统筹国际湿地城市和国家森林城市、生态园林城市创建，加强洪泽湖大堤沿线生态修复和水利遗产保护利用，建设农村生态河道580千米，完成造林绿化2.75万亩，建设省级绿美村庄23个。拓展白马湖“试验田”成效，深化金湖省级生态产品价值实现机制试点。强化生态环境保护委员会统筹协调职能，持续开展领导干部自然资源资产审计。

深化污染防治攻坚。实施140个生态环境基础设施项目，加快推进市区新污水处理厂建设、池塘标准化改造和生活垃圾智慧化分类，不断提升生态环境监测监控和应急保障能力。突出抓好夏季臭氧、秋冬季$PM_{2.5}$污染防治，强化扬尘污染精准治理，确保空气质量持续改善。深入推进生态碧水三年行动，统筹实施污水治理、生态活水、生态湿地、幸福河湖、绿色产业等重点项目，推动城市建成区黑臭水体长制久清，完成15条农村黑臭水体整治。全面推进城乡“散乱污”系统治理，建立全过程土壤污染风险防控体系。健全建筑垃圾无害化资源化运营机制，加快建设“无废城市”。

有序推进“双碳”工作。坚持降碳、减污、扩绿、增长协同推进，出台碳达峰实施方案，坚决遏制“两高”项目盲目发展。实施节能降耗改造提升项目20个，异地迁建国信燃煤发电项目，推进盱眙抽水储能、张兴盐穴储气等项目。开展产业园区源头治理集成创新，加快清江石化、安道麦安邦发展式搬迁。积极推广清洁生产，创成省级绿色工厂10个以上。加快节水型城市建设，倡导绿色出行，全面推广绿色建筑，让人与自然和谐共生理念更加深入人心。

（七）坚持发展为民、共同富裕，努力提升高质量跨越发展的幸福质感。坚持以人民为中心的发展思想，尽力而为，量力而行，不断实现人民对美好生活的向往。

保障改善基本民生。健全就业促进机制，完善高校毕业生、农民工、退役军人等重点群体就业支持体系，城镇新增就业6万人。完善多层次社会保障体系，扎实做好灵活就业人员参保、养老保险省级统筹、困境妇女儿童和残疾人救助保障等工作。实施职工医保门诊共济、重特大疾病医保和救助等制度，开展国家级综合标准化医保试点，积极发展长期护理险、商业医疗保险，不断减轻群众就医负担。着力打造社区养老"15分钟服务圈"，统筹推进老年友善医疗机构建设。落实生育配套支持政策，大力发展普惠托育服务。

努力办好人民满意教育。落实立德树人根本任务，构建大中小幼一体化德育工作体系。加大师资统筹配置力度，新改扩建中小学、幼儿园18所，促进城乡基础教育优质均衡发展。以高中教育高质量发展为突破口，坚持教学、教师、教研协同发力，深化招生考试制度、绩效评价机制改革，打造更多优质特色高中。积极支持区域性高水平大学建设和中高职院校升格，大力培育应用型和高技能人才，促进产教、校地深度融合发展。健全学校家庭社会育人机制，持续办好老年教育，营造全民终身学习浓厚氛围。

推进健康淮安建设。持续深化综合医改，积极推动公立医院高质量发展，建设紧密型县域医共体，加快实施市一院急救中心等项目，促进优质医疗资源扩容和高效利用。加快建设市中医院国家中医特色重点项目，支持有条件的县级中医院转设三级中医院。实施全民健身场地设施"补短板"工程，新改扩建健身步道50千米，促进群众体育和竞技体育全面发展。

繁荣发展文化事业。深入挖掘历史文化底蕴，进一步擦亮伟人故里、运河之都、美食之都、文化名城四张名片。健全公共文化服务体系，提升公共文化场馆服务效能，组建市博物馆总馆，办好第六届大运河城市非遗展。巩固院团改革成果，创作一批彰显时代精神、具有运河文化特征的精品力作，促进文化产业发展。发挥图书馆联盟作用，深化全民阅读活动，创成省书香城市建设示范市。

（八）坚持科学应对、精准施策，坚决筑牢高质量跨越发展的安全基石。积极构建"大应急、大治理"格局，切实打好风险防范化解主动仗，努力营造安全稳定和谐的社会环境。

认真做好新阶段疫情防控工作。平稳有序实施新型冠状病毒感染"乙类乙管"，着力保健康、防重症，突出抓好老年人和患基础性疾病群体的防控，加强发热门诊建设、社区管理服务和农村防控能力建设，完善分级诊疗机制，全力满足群众用药需求，确保平稳转段和社会秩序稳定。健全公共卫生和疾控体制机制，持续提高应对重大疫情的能力和水平。

提升本质安全水平。巩固提升"三年大灶"成果，深入推进重点行业领域风险专项整治，加大挂牌督办力度，实行镇街"一支力量管安全"，不断巩固提升安全生产管理水平。完善灾害监测预警体系，加强市县应急指挥中心标准化建设，实施应急物资前置储备点改造等工程，积极应对极端天气，着力提升防灾减灾救灾能力。压实政府性债务、国有平台公司债务化解责任和措施，规范国企投融资行为，持续压降融资成本，牢牢守住不发生区域性系统性金融风险的底线。严格食品药品安全监管，推进农贸市场规范化管理，切实保障群众舌尖上的安全。

提升社会治理效能。深入推进"精网微格"工程，加强基层治理能力建设，培育新型调解组织，发挥仲裁优势，推动行政争议纾解，创成全国首批市域社会治理现代化试点合格市。积极创建平安中国建设示范市，完善社会治安防控体系，常态化开展扫黑除恶斗争。

健全严重精神障碍患者等特殊人群服务管理机制。常态开展"一线三包"活动，巩固提升信访突出问题攻坚成效，打造全国信访工作标准化示范点。深入实施"八五"普法。高质量完成第五次全国经济普查任务。做好新体制下国防动员工作，落实抚恤优待政策，推动军民融合发展，奋力夺取全国双拥模范城"六连冠"。

各位代表，在广泛征集意见的基础上，我们编排了今年"五优化五提升"十大类民生实事方案，提请本次人代会票决。我们将坚持硬件与软件双向发力，实行清单化管理、项目化推进，全力把实事办到群众的心坎上。

三、全面加强政府自身建设

党的二十大吹响了奋进中国式现代化建设新征程的号角。我们要永葆"赶考"的清醒和坚定，厚植人民情怀，强化答卷意识，着力打造创新型、学习型、服务型、法治型政府。

一是忠诚履职勇担当。坚持把政治建设摆在首位，弘扬伟大建党精神，持续掀起学习宣传贯彻党的二十大精神热潮。坚持不懈用习近平新时代中国特色社会主义思想凝心铸魂，深刻领悟"两个确立"的决定性意义，增强"四个意识"、坚定"四个自信"、做到"两个维护"。坚持把党对一切工作的领导贯彻到政府工作各领域各方面，确保中央大政方针、省委省政府和市委决策部署不折不扣落地见效。坚持一级带着一级干，一级做给一级看，以发展的实际成效体现"勇挑大梁"的责任担当。

二是创新实干善作为。深入解放思想，弘扬敢为人先精神，支持干部敢为，鼓励基层敢闯，助力企业敢干，引导群众敢首创。强化争先意识，紧盯高质量跨越发展，对标先进，攀高比强，推动各项工作走前列、创一流。大兴实干之风，坚持目标精细化、工作项目化、管理闭环化、督查全程化，确保干一件、成一件。强化系统思维，积极应对复杂局面，坚持高效统筹、协同推进，善于十个手指弹钢琴，力争把各项工作做得更加完美。拓宽眼界思路，着力提升经济工作的科学化专业化水平，坚决纠正因专业素养局限而影响改革发展大局的现象。

三是依法行政重规范。深入贯彻习近平法治思想，着力提高政府各项工作法治化水平，争创全国法治政府建设示范市。严格落实重大行政决策程序，提升决策科学化、民主化、法治化水平。持续推进综合行政执法改革，加强行政复议应诉、执法监督等工作，规范行政裁量权基准制定和实施，不断提高行政执法质量和效能。加强诚信政府建设，深入推进政务公开，像爱护自己的眼睛一样爱护政府公信力。落实全过程人民民主，依法接受人大及其常委会法律监督和工作监督，自觉接受政协民主监督和社会舆论监督，让权力在阳光下运行。

四是清正廉洁葆本色。发扬自我革命精神，深入践行“三个务必”，推动全面从严治党不断向纵深发展。严格落实中央八项规定及其实施细则精神，锲而不舍纠“四风”树新风，持续精简会议文件，坚决整治“中梗阻”现象。认真落实上级“一把手”抓下级“一把手”要求，加强重点领域、重要部门、关键岗位廉政风险防控，加大审计监督、财政监督力度，让铁规铁纪成为政府工作人员的自觉遵循。恪守“亲”“清”政商关系，光明磊落与企业家交朋友。坚持过“紧日子”思想，深化财政预算绩效管理，通过改革创新和优化管理提升效能，倡导“不花钱能办事”“花小钱办大事”，把有限的财力用在发展紧要处、民生急需处。

各位代表，路虽远，行则将至；事虽难，做则必成。面对时代的召唤和人民的期待，我们将更加紧密地团结在以习近平同志为核心的党中央周围，在省委、省政府和市委的正确领导下，自信自强、守正创新，踔厉奋发、勇毅前行，奋力谱写中国式现代化的淮安精彩篇章！

统计资料

表62　2018—2022年淮安市经济和社会发展主要指标表（一）

指标名称	单位	2018年	2019年	2020年	2021年	2022年
人口						
年末户籍总户数	万户	166.64	168.27	169.74	170.94	172.23
年末户籍人口	万人	561.33	560.48	557.97	555.25	551.11
农业人口	万人	244.29	238.10	230.04	225.43	221.06
非农业人口	万人	317.04	322.38	327.93	329.83	330.05
男性人口	万人	287.89	287.59	286.22	284.07	282.69
女性人口	万人	273.45	272.89	271.75	271.19	268.43
经济总量						
地区生产总值	亿元	3601.25	3840.21	4003.37	4503.73	4742.42
第一产业	亿元	358.70	386.20	409.70	423.32	445.42
第二产业	亿元	1508.11	1586.18	1608.98	1855.32	2011.90
第三产业	亿元	1734.44	1867.83	1984.69	2225.09	2285.10

表63　2018—2022年淮安市经济和社会发展主要指标表（二）

指标名称	单位	2018年	2019年	2020年	2021年	2022年
财政						
财政总收入	亿元	476.58	522.42	500.03	573.14	560.69

续表63

指标名称	单位	2018年	2019年	2020年	2021年	2022年
一般公共预算收入	亿元	247.27	257.31	264.21	297.02	300.08
上划中央收入	亿元	229.31	265.11	235.82	276.12	259.58
一般公共预算支出	亿元	486.81	529.13	568.48	613.01	660.43
物价						
市区居民消费价格总指数	上年=100	102.1	102.7	102.4	101.2	101.9
市区商品零售价格总指数	上年=100	101.7	102.3	101.9	102.0	102.4
农业						
乡村从业人员	万人	211.87	209.29	206.97	204.72	200.42
农林牧渔业	万人	84.60	82.95	76.76	73.03	69.91
农林牧渔业总产值	亿元	662.58	656.19	700.30	727.04	768.80
粮食产量	万吨	482.26	489.25	490.36	491.72	492.93

表64　2018—2022年淮安市经济和社会发展主要指标表（三）

指标名称	单位	2018年	2019年	2020年	2021年	2022年
交通运输						
公路总里程	千米	13436	13508	13610	13616	13706
#高速公路	千米	404	402	402	400	400
铁路客运量	万人次	217	231	309	993	679
铁路货运量	万吨	85	90	172	231	236
公路客运量	万人次	7920	7711	4151	1761	793
公路货运量	万吨	6857	7112	5079	5893	4939
水上客运量	万人次	13	12	6	7	6
水上货运量	万吨	6057	6066	7408	5848	6622
港口货物吞吐量	万吨	5664	7810	7153	7373	7544
邮电通信						
邮政业务收入	亿元	35.28	45.73	53.66	32.39	35.83
电信业务收入	亿元	32.67	35.77	37.40	41.73	44.80
固定电话用户	万户	37.05	36.17	31.00	28.54	29.90
移动电话年末用户	万户	488.17	490.06	498.82	481.85	504.80
互联网宽带接入用户数	万户	91.00	102.00	125.81	170.28	212.90
电力						
全社会用电量	亿千瓦时	186.59	191.26	193.81	228.72	248.66
#农林牧渔业	亿千瓦时	4.55	5.35	5.74	6.79	8.81

表65　2018—2022年淮安市经济和社会发展主要指标表（四）

指标名称	单位	2018年	2019年	2020年	2021年	2022年
工业	亿千瓦时	115.97	117.37	117.62	142.02	149.86
城乡居民生活用电	亿千瓦时	35.54	35.63	36.89	39.57	46.40
国内贸易						
社会消费品零售总额	亿元	1239.70	1334.49	1675.85	1828.25	1820.19
批发零售业零售额	亿元	1116.30	1203.70	—	1575.73	3381.77
住宿餐饮业零售额	亿元	123.40	130.79	—	139.53	299.19
对外经济						
进出口总额	亿美元	50.10	47.05	49.85	59.86	64.30
出口额	亿美元	33.67	33.80	34.31	43.54	48.27
进口额	亿美元	16.43	13.25	15.54	16.32	16.03
注册外资实际到账额	亿美元	10.43	10.49	10.58	12.01	10.18
旅游						
入境过夜游客	人次	26032	25462	8183	9091	6951
外国人	人	14019	14081	3916	3756	3345
港、澳、台同胞	人	12013	11381	4267	5335	3606
国内旅游收入	亿元	409.23	465.66	266.04	403.90	280.02
旅游外汇收入	万美元	2357	2387	1203	1568	1212
金融保险						
年末金融机构各项存款余额（人民币）	亿元	3638.01	4137.49	4852.00	5372.85	5801.78
年末金融机构各项贷款余额（人民币）	亿元	3303.00	3861.80	4630.79	5517.41	6446.90

表66　2018—2022年淮安市经济和社会发展主要指标表（五）

指标名称	单位	2018年	2019年	2020年	2021年	2022年
保费收入	亿元	93.92	93.58	99.56	99.96	107.61
教育						
普通高校	所	7	7	8	8	8
在校学生	万人	7.18	7.95	8.99	12.24	13.46
专任教师	万人	0.41	0.44	0.47	0.48	0.50
普通中等专业学校	所	15	15	14	14	13
在校学生	万人	5.56	5.15	5.09	4.49	4.43
专任教师	万人	0.28	0.28	0.29	0.28	0.28
普通中学	所	196	201	205	211	208
在校学生	万人	24.34	25.90	26.55	27.18	27.54

续表66

指标名称	单位	2018年	2019年	2020年	2021年	2022年
专任教师	万人	2.12	2.26	2.34	2.43	2.50
技工学校	所	4	5	5	5	6
在校学生	万人	0.72	0.97	1.24	1.19	1.28
专任教师	万人	0.05	0.07	0.07	0.08	0.09
小学	所	245	241	244	249	232
在校学生	万人	35.16	34.93	35.35	35.11	34.63
专任教师	万人	2.26	2.31	2.37	2.42	2.08
科技						
专利申请受理量	件	17227	13052	15989	14831	11624
发明	件	4746	2554	2568	974	1095

表67 2018—2022年淮安市经济和社会发展主要指标表（六）

指标名称	单位	2018年	2019年	2020年	2021年	2022年
文化						
剧场、影剧院数	个	7	9	7	7	8
公共图书馆	个	9	9	9	9	9
公共图书馆图书总藏量	千册、件	3839	4166	4532	4461	4983
卫生						
卫生机构数	个	2229	2200	2290	2316	2298
医院、卫生院	所	193	198	189	173	146
卫生技术人员	人	34342	35963	36756	36882	38200
执业医师、执业助理医师	人	13394	14579	14632	14429	14582
卫生机构床位数	张	29417	30376	30430	30222	31322
医院、卫生院床位数	张	26969	28186	27930	27509	28171
人民生活						
全体居民人均可支配收入	元	27696	30192	31619	34731	36706
城镇居民人均可支配收入	元	35828	38952	40318	43954	46041
农村居民人均可支配收入	元	17058	18567	19730	21884	23404
城镇职工基本养老保险参保人数	万人	91.3	92.3	94.4	76.3	78.4
城乡居民基本医疗保险参保人数	万人	426.3	412.8	410.1	405.9	391.1
失业保险参保人数	万人	66.8	51.5	54.0	56.2	58.2
社会福利收养性单位数	个	289	288	107	102	98
社会福利收养性单位床位数	张	23806	23956	14641	13945	13292

表68　2018—2022年淮安市经济和社会发展主要指标占全省比重一览表

指标名称	2018年	2019年	2020年	2021年	2022年
年末常住人口	6.1	6.1	5.4	5.4	5.3
地区生产总值	3.9	3.9	3.9	3.9	3.9
第一产业	8.7	9.0	9.0	9.0	9.0
第二产业	3.7	3.7	3.7	3.6	3.6
第三产业	3.7	3.7	3.7	3.7	3.7
一般公共预算收入	2.9	2.9	2.9	3.0	3.2
社会消费品零售总额	3.7	3.8	4.5	4.3	4.3
进出口总额	0.1	0.1	0.8	0.7	0.8
出口	0.1	0.1	0.9	0.9	0.9
注册外资实际到账额	4.1	4.0	3.7	3.8	3.3
年末金融机构各项存款余额（人民币）	2.6	2.7	2.8	2.8	2.7
年末金融机构各项贷款余额（人民币）	2.9	2.9	3.0	3.1	3.2
人均地区生产总值★	70.2	70.9	71.8	72.8	72.1
人均一般公共预算收入★	51.9	53.2	53.7	55.3	60.5
全体居民人均可支配收入	72.7	72.9	72.9	73.1	73.6
城镇居民人均可支配收入	75.9	76.3	75.9	76.1	76.5
农村居民人均可支配收入	81.8	81.9	81.5	81.7	82.2

注：带“★”指标均按年平均常住人口计算。

表69　2022年江苏省各设区市主要经济指标统计表（一）

城市	地区生产总值（亿元）	第一产业	第二产业	第三产业	按常住人口人均地区生产总值（元）	农林牧渔业总产值（亿元）	规模以上工业企业（亿元）				房地产开发投资（亿元）	工业用电量
							资产总计	营业收入	营业成本	利润总额		
南京市	16907.85	315.56	6069.64	10522.65	178781	525.65	17349.88	16046.06	13504.63	825.91	2758.77	355.25
无锡市	14850.82	133.65	7177.39	7539.78	198404	220.83	23489.81	22666.56	19452.69	1460.33	1386.79	600.40
徐州市	8457.84	771.89	3593.22	4092.73	93731	1361.24	6992.81	6292.94	5217.92	360.56	756.13	249.20
常州市	9550.06	172.36	4664.47	4713.23	178243	296.04	17180.99	16499.88	14236.74	939.73	847.56	456.39
苏州市	23958.34	192.98	11521.41	12243.95	186024	351.10	45656.68	45491.80	39156.89	2401.36	2691.38	1213.31
南通市	11379.60	510.04	5611.06	5258.50	147057	950.63	14533.68	12015.53	10227.02	740.89	967.1	388.12
连云港市	4005.03	424.23	1814.25	1766.55	87042	776.48	6260.32	4018.36	3210.25	301.16	297.54	159.52
淮安市	4742.42	445.42	2011.90	2285.10	104054	768.80	3386.78	3358.90	2739.04	189.84	360.45	149.86

续表69

城市	地区生产总值（亿元）	第一产业	第二产业	第三产业	按常住人口人均地区生产总值（元）	农林牧渔业总产值（亿元）	规模以上工业企业（亿元）				房地产开发投资（亿元）	工业用电量
							资产总计	营业收入	营业成本	利润总额		
盐城市	7079.78	793.81	2927.78	3358.20	105647	1415.20	8154.82	7985.55	6950.58	444.56	566.95	293.99
扬州市	7104.98	326.62	3470.02	3308.34	155132	579.85	6321.45	6752.27	5853.33	262.48	717.32	200.15
镇江市	5017.04	163.87	2471.61	2381.56	155823	284.06	6479.16	5309.64	4608.20	239.55	336.83	211.30
泰州市	6401.77	334.41	3158.01	2909.35	141830	558.75	7437.15	7792.25	6324.64	551.88	353.23	254.53
宿迁市	4111.98	374.55	1843.98	1893.45	82452	649.60	4158.11	4107.07	3435.92	344.84	370.56	182.33

表70　2022年江苏省各设区市主要经济指标统计表（二）

城市	社会消费品零售总额（亿元）	进出口总额（亿元）	出口总额	实际使用外资及港澳台资（亿美元）	一般公共预算收入（亿元）	一般公共预算支出（亿元）	金融机构人民币存款余额（亿元）	年末金融机构人民币贷款余额（亿元）	全体常住居民人均可支配收入（元）	全体常住居民人均消费支出（元）	城镇常住居民人均可支配收入（元）	城镇常住居民人均消费支出（元）	农村常住居民人均可支配收入（元）	农村常住居民人均消费支出（元）
南京市	7832.41	6292.13	3827.91	48.50	1558.21	1828.69	48372.91	48201.43	69039	40313	76643	43629	34664	25322
无锡市	3337.60	7373.07	4852.64	38.26	1133.38	1365.68	23613.48	19562.10	65823	41381	73332	45298	41934	28920
徐州市	4102.73	1291.09	1111.96	12.24	517.43	1031.79	10553.62	9338.85	35950	22277	42610	24984	25210	17911
常州市	2856.16	3228.45	2507.37	28.31	631.78	826.06	15438.33	13777.88	59514	35216	68578	39059	37852	26031
苏州市	9010.71	25721.11	15475.04	74.18	2329.18	2588.54	44500.47	45247.30	70819	42889	79537	47451	43785	28746
南通市	3956.87	3665.25	2350.38	29.52	613.00	1147.22	17993.40	16007.07	49093	30958	59605	36389	30819	21515
连云港市	1197.69	1075.68	398.37	7.80	212.81	535.74	5223.01	6004.64	33723	21735	41282	25853	22667	15714
淮安市	1820.19	428.32	321.38	10.18	300.08	660.43	5801.78	6446.90	36706	20826	46041	24785	23404	15184
盐城市	2700.59	1372.38	926.05	11.83	453.26	1094.21	9870.57	9586.97	38798	23062	45896	25194	27794	19755
扬州市	1518.91	1101.19	870.82	15.35	325.49	699.33	8903.02	8115.69	44828	27581	53673	30888	29332	21786
镇江市	1364.02	1038.82	774.61	5.68	303.96	535.60	7344.33	7921.03	52615	32079	61552	35071	33129	25556
泰州市	1588.36	1307.33	895.82	11.39	416.65	703.91	9623.68	8579.05	46363	29192	56576	33619	29417	21846
宿迁市	1465.89	560.07	503.32	11.76	271.78	622.43	4986.59	5136.62	30796	18939	36756	22093	23058	14844

（资料来源：市统计局）

地名命（更）名情况表

表71　2022年淮安市区住宅小区、建筑物命（更）名汇总表

序号	部门全称	文号	申请人	申请项目名称	批复时间
1	淮安市民政局	淮民地复〔2022〕1号	淮安市宏信国有资产投资管理有限公司	三庄佳苑	2022年1月10日
2	淮安市民政局	淮民地复〔2022〕2号	江苏水利房地产开发有限公司	水沐和瑞府（南苑）	2022年1月25日
3	淮安市民政局	淮民地复〔2022〕3号	江苏水利房地产开发有限公司	水沐和瑞府（西苑）	2022年1月25日
4	淮安市民政局	淮民地复〔2022〕4号	淮安秀锦置业有限公司	“君悦澜湾花苑”更名为“紫宸华府”	2022年1月25日
5	淮安市民政局	淮民地复〔2022〕5号	淮安市体育中心发展有限公司	闻达府	2022年2月17日
6	淮安市民政局	淮民地复〔2022〕6号	淮安高新置业有限公司	能源大厦	2022年4月11日
7	淮安市民政局	淮民地复〔2022〕7号	淮安高新置业有限公司	文萃苑	2022年4月11日
8	淮安市民政局	淮民地复〔2022〕8号	绿地集团淮安置业有限公司	淮安绿地世纪城六期	2022年4月19日
9	淮安市民政局	淮民地复〔2022〕9号	淮安市运河城市文化产业发展有限公司	运河里苑	2022年4月19日
10	淮安市民政局	淮民地复〔2022〕10号	淮安市清浦新城置业有限公司	水岸风情街	2022年4月22日
11	淮安市住建局	淮住建地复〔2022〕1号	淮安市宏信国有资产投资管理有限公司	富民佳苑	2022年6月10日
12	淮安市住建局	淮住建地复〔2022〕2号	淮安市宏信国有资产投资管理有限公司	康居雅苑一期	2022年6月10日
13	淮安市住建局	淮住建地复〔2022〕3号	淮安市宏信国有资产投资管理有限公司	沙口小区	2022年6月20日
14	淮安市住建局	淮住建地复〔2022〕4号	淮安市宏信国有资产投资管理有限公司	平东家园	2022年6月20日
15	淮安市住建局	淮住建地复〔2022〕5号	淮安市投控城市更新建设发展有限公司	水岸祥和家园	2022年7月14日
16	淮安市住建局	淮住建地复〔2022〕6号	淮安市润通置业有限公司	九里铂悦小区	2022年9月9日
17	淮安市住建局	淮住建地复〔2022〕7号	洪泽县洪泽湖房地产开发有限公司	阅湖福居	2022年11月11日
18	淮安市住建局	淮住建地复〔2022〕8号	洪泽县洪泽湖房地产开发有限公司	阅湖茗居	2022年11月11日
19	淮安市住建局	淮住建地复〔2022〕9号	淮安市恒辉置业有限公司	阅湖佳苑	2022年11月11日
20	淮安市住建局	淮住建地复〔2022〕10号	淮安市恒辉置业有限公司	阅湖雅苑	2022年11月11日

续表71

序号	部门全称	文号	申请人	申请项目名称	批复时间
21	淮安市住建局	淮住建地复〔2022〕11号	淮安市泽惠置业有限公司	阅湖盛苑	2022年11月11日
22	淮安市住建局	淮住建地复〔2022〕12号	淮安市泽惠置业有限公司	阅湖景苑（南区）阅湖景苑（北区）	2022年11月11日
23	淮安市住建局	淮住建地复〔2022〕13号	淮安市宏信国有资产投资管理有限公司	谢庄小区	2022年12月6日
24	淮安市住建局	淮住建地复〔2022〕14号	淮安市国融投资建设有限公司	梦华庭	2022年12月6日
25	淮安市住建局	淮住建地复〔2022〕15号	淮安市建旭房地产开发有限公司	“融尚嘉玺广场”更名为“嘉玺广场”	2022年12月9日

表72　2022年淮安市区部分道路命名更名汇总表

序号	县区	道路名称	地理位置
1	淮安区	芝龄路	位于淮安区淮城街道、山阳街道范围内，东西走向，东起楚东村居民区，西至楚州大道
2		千红路	位于淮安区河下街道范围内，东西走向，东起楚州大道，西至怀恩路。
3		冠廷路	位于淮安区河下街道范围内，东西走向，东起城西北路，西至海天路
4		吉祥路	位于淮安区河下街道范围内，东西走向，东起城西北路，西至海东路
5		吉庆路	位于淮安区河下街道范围内，南北走向，南起里运河北堤，北至冠廷路
6		海棠大道	原名华西路，位于淮安区淮城街道、山阳河下街道范围内，东西走向，东起 G2 高速，西至楚州大道
7	清江浦区	汇能巷	位于清江浦区长西街道范围内，东西走向，东起华能小区北门，西至农垦生活院
8		汇能东巷	位于清江浦区长西街道范围内，南北走向，南起华能小区北门，北至淮海西路
9		汇能西巷	位于清江浦区长西街道范围内，南北走向南起农垦生活院，北至淮海西路
10		漕新路	位于清江浦区清浦街道范围内，南北走向，南起滨河大道，北至延安东路
11		康通路	位于清江浦区清浦街道范围内，东西走向，东起漕新路，西至市第四人民医院
12		康和路	位于清江浦区清浦街道范围内，南北走向，南起清安河，北至漕城路
13		康平路	位于清江浦区清浦街道范围内，东西走向，东起康和路，西至通甫路大桥辅路
14		佳元路	位于清江浦区盐河街道范围内，东西走向，东起三支排河，西至王元中心路
15		华金街	位于清江浦区淮海街道范围内，东西走向，东起知行路，西至淮海北路
16	淮安经济技术开发区	砖井路	位于市经济技术开发区徐杨街道范围内，南北走向，南起深圳东路，北至嘉兴路
17		福宁路	位于市经济技术开发区徐杨街道范围内，南北走向，南起嘉兴路，北至河畔路

（资料来源：市民政局）

索　引

责任编辑：周永达　汪　洁

说　明

一、本索引采用分析索引方法，按汉字拼音字母（同音字按声调）顺序排列。部分首字符为特殊字符或符号的，未按音序排列，而是单独置于前面。

二、索引名称后的阿拉伯数字表示内容所在的页码，数字后的字母a、b、c表示该页码的左、中、右版面区域。

D

E

F

G

H

J

M

N

P

Q

R

S

T

Z

淮安市地图

审图号：淮H（2022）3号

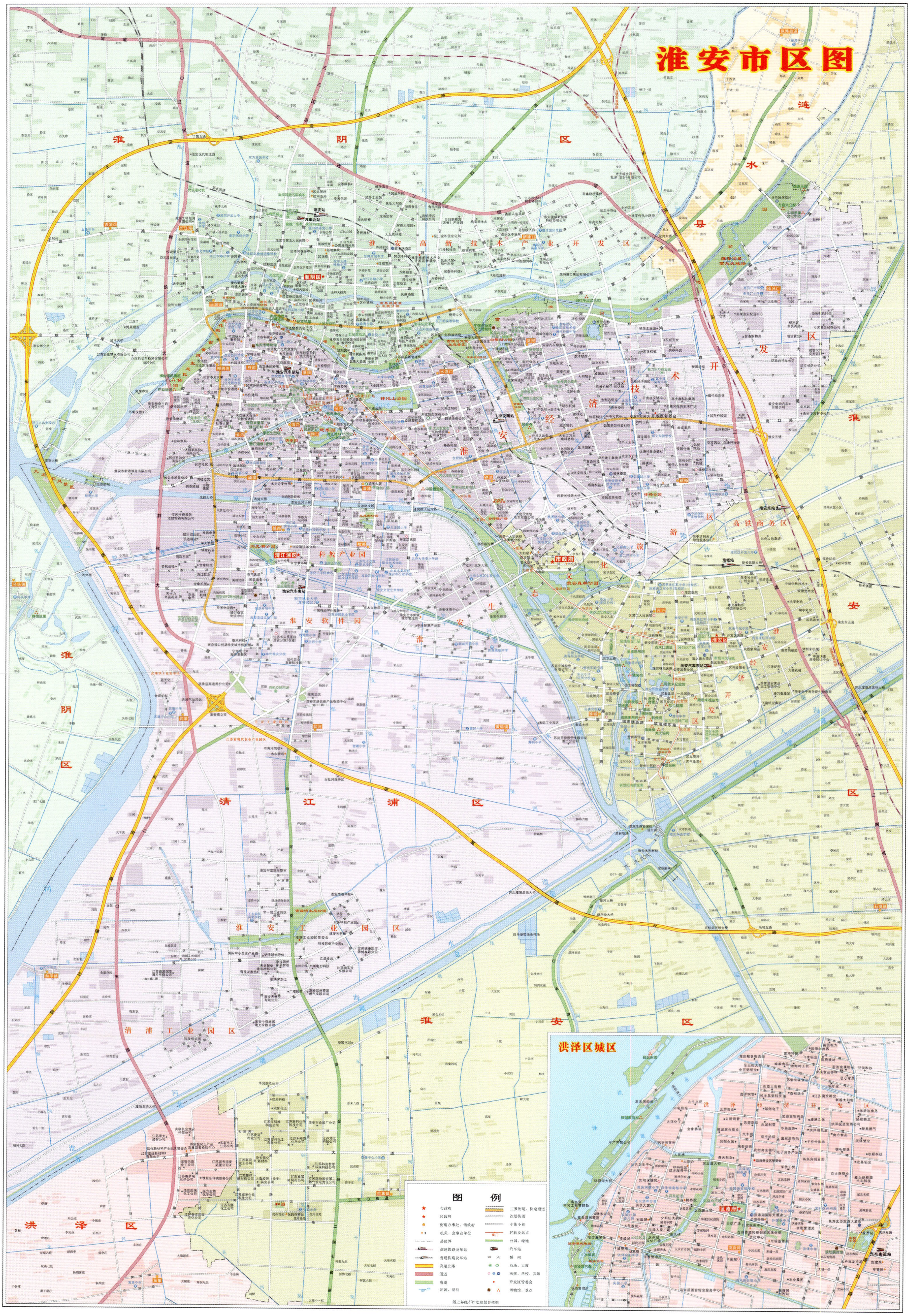

审图号：淮H（2022）3号